山大法学集萃

山东大学
法学学科复办40周年
纪念文集

上卷

主编　徐显明
副主编　周长军　李忠夏

法律出版社 LAW PRESS · CHINA

序

《山大法学集萃——山东大学法学学科复办40周年纪念文集》的编撰，在山东大学校史上是一件大事，意味着山大法学学科接续了历史，继承了传统，走过了再生期，进入成熟期，现正朝向更高的目标迈进。

1901年创办的山东大学堂，是继京师大学堂之后中国创办的第二所国立大学，也是中国第一所按章程办学的大学。在百廿山大的历史上，法学学科源远流长，起源于20世纪初山东法政学堂和山东法律学堂的设立。1906年，山东巡抚杨士骧、提学使连甲筹议创设山东法政学堂；1910年，山东提法使司创办山东法律学堂。1912年，这两所学校分别更名为山东第一法政学校、山东第二法政学校。1913年，两校合并，成立山东公立法政专门学校。1926年，奉系军阀张宗昌将包括山东公立法政专门学校在内的山东六个公立专门学校合并，申办“省立山东大学”，开设法学院，下设有法律系，山东大学自此正式开始了自己的法科历史。1928年，济南“五三惨案”发生后，山东大学东迁青岛，接收私立青岛大学校产，校名更为“国立青岛大学”。1932年，复名为“国立山东大学”，但法学学科陷入中断状态。

1980年，山东大学在科学社会主义系开设法学专业，招收首届法律大专班，开启了现代意义上的山东大学法科教育。以著名法学家、法学教育家、法史学家乔伟先生为代表的新一代山大法学人筚路蓝缕，呕心沥血，潜心学术，追求真理，塑造了山东大学法学学科在国内外的卓越声誉，成为国家法学教育的重镇。自复办以来，为国育贤，已向社会输送法治英才十万余众。

值此山东大学法学学科复办40周年之际，法学院组织教师对40年来的科研成果进行了梳理，将现任教师、曾在学院工作后来调离的教师以及兼职博士生导师的代表作结集出版。我认为，这是一项极具价值和有创意的工作。它不仅较为全面地展示了山东大学法学学科的发展脉络，较为客观地总结了山东大学法学学科的学术贡献，而且充分体现了学术庆典的色彩。它既是对过去四十年山东大学法学研究的一次总结，又为未来谋求更大学术发展提供阶梯。我相信，山东大学的法学学人们会在既往成就的基础上，继往开来，推陈出新，再创辉煌。

是为序！

徐显明

2020年11月

目 录

上 卷

法理学、法史学

宪法学与行政法学

中 卷

民商法学

刑 法 学

下 卷

诉讼法学

经济法学、环境法学

国际法学

法理学、法史学

论我国封建法律制度的三次重大改革及其历史教训

乔　伟*

中华民族是一个勇于改革和创新的民族。在中国历史上,曾经有许多关于经济、政治、文化和科学技术方面的改革、发明和创造,对推动人类社会的发展作出了巨大的贡献。我国古代的法律制度内容丰富,源远流长,在全世界范围内曾被称为"中华法系"而独树一帜。中国封建法律制度之所以能成为世界古代比较完备的法律制度,并对亚洲各国封建法制建设产生了重要的影响,其根本原因之一就在于我国古代有一批很少保守、勇于革新的地主阶级政治家和思想家。他们能顺应历史潮流,不断地对法律制度进行改革,从而使我国古代的法律制度在地主阶级上升时期,比较能够适应封建经济发展的需要。促进了封建社会的繁荣兴盛。

我国现时正处于经济体制改革和政治体制改革的伟大历史时期,回顾我国历史上法律制度的改革,正确总结其经验教训,是有重要的理论意义和现实意义的。

战国时商鞅对法律制度的改革

战国时期,是我国封建社会的开端。这时奴隶制度已经基本上瓦解,封建剥削制度刚刚建立。但国家尚未统一,仍然处于七雄并峙的分裂局面。齐、楚、燕、韩、赵、魏、秦七个大国,他们一方面欺凌和侵伐小国,一方面又互相进行兼并,因而战争越演越烈。后人称这个时期"暴师经岁、流血原野、力功争强,胜者为右"。[1] 连年不断的战争,给人民群众带来了极大的灾难。他们"争地以战,杀人盈野;争城以战,杀人盈城",[2]严重地摧残了社会生产

* 乔伟(1932~1997年),山东大学法律系首任系主任、教授。

〔1〕 刘向:《战国策序》。

〔2〕《孟子·离娄上》。

力。与此同时,奴隶制生产方式虽然退出了历史舞台,但奴隶主残余势力还很强大。封建的生产方式虽然已经确立起来,但与之相适应的上层建筑,特别是政治和法律制度还远远落后于经济发展的需要。因此,新兴的地主阶级若想确立和巩固自己刚刚取得的统治,一方面要改革那些不适应封建经济基础的政治和法律制度,另一方面则要实现国家的统一并建立君主专制的中央集权。这是当时摆在地主阶级面前的二位一体的历史任务。商鞅的法制改革也正是在这样历史条件下进行的。

秦国是一个后起的奴隶制大国。在商鞅变法前虽然进行了一定程度的封建改革,但与其他六国相比,其政治、经济、文化的发展仍然比较落后。《史记·秦本纪》说:"秦僻在雍州。不与中国诸侯之会盟,夷翟迁之。"如不奋起直追,迎头赶上,则"非侵于诸侯,必劫于百姓",[1]问题就这样尖锐地摆在秦国封建统治者的面前。那么出路何在呢?商鞅认为,若想在群雄并立的局势下,巩固秦国封建政权并进而实现国家的统一,就必须放弃礼治,专任法治。他说:"夫利天下之民者莫大于治,而治莫康于立君,立君之道莫广于胜法。"[2]又说:"民本,法也。故善治者塞民以法,而名地作矣。"[3]所谓"胜法",就是弃礼任法;所谓"塞民以法",就是专用法律强制手段去治理国家和统治人民。他认为在当时的历史条件下,只要封建统治者能做到这一点,就可以达到名尊地广,成就王业的目的。商鞅为了贯彻自己的法治主张,还对儒家所倡导的仁政学说作了严厉的批判。他强调指出:"仁者能仁于人,而不能使人仁。义者能爱于人,而不能使人爱。是以知仁义之不足以治天下也。"[4]对于相互争夺的剥削者来说,这个批评是击中了要害的。因此,商鞅认为:"效于古者,先德而治;效于今者,前刑而法。"[5]他特别强调:"圣王不贵义而贵法,法必明,令必行,则已矣。"[6]商鞅就是在这种弃礼任法思想的指导下进行法制改革的。

针对秦国的具体情况,商鞅法制改革的基本纲领是"变法修刑,内务耕稼,外劝战死之赏罚",[7]即用法律强制手段来推行农战政策。其法制改革的主要内容有:(一)改法为律。奴隶制的法叫作"刑",主要用于镇压被统治阶级的反抗。到春秋战国之交,随着封建势力的兴起,地主阶级又将刑改为法,并赋予法以赏功罚罪,公平正直的新含义。如《说文》释法为平之如水,触不直者去之。但何谓"公平正直"?各阶级各阶层的人们都有不同的理解。商鞅为贯彻法家的法治主张,使任何人的行为都不能置于法律之外,遂在李悝法经的基础上改法为律。《说文》谓律,均布也,即范天下之不一而归于一。把各种不同人们的行为都纳入法律调整的范围之内,充分发挥法律在促进改革中的作用。(二)明法重刑。明法有两

[1] 《商君书·慎法》。
[2] 《商君书·开塞》。
[3] 《商君书·画策》。
[4] 同上。
[5] 《商君书·开塞》。
[6] 《商君书·画策》。
[7] 《史记·秦本纪》。

方面的含义,一是"燔诗书而明法令",[1]即取缔其他各家特别是儒家的礼治学说,用国家的法律法令来统一人们的思想;二是"为法必使明白易知",使"万民皆知所避就",[2]就是要注重法律的宣传教育,使人民知法、懂法、守法。重刑,即重罚轻罪。其中包括行刑重轻——"行罚重其轻者,轻者不穿,重者不来"[3],处罚将过——"刑用于将过,则大邪不生"[4],不赦不宥——不论任何人犯了法,都要"刑无等级",[5]依法治罪,决不"损刑"或"亏法";奖励告奸——"不告奸者腰斩,告奸者与斩敌首同赏,匿奸者与降敌同罚"。[6](三)用法律手段推行农战政策。商鞅认为:"国之所以兴者,农战也。"[7]故其法律规定:"有军功者,各以率受上爵;为私斗者,各以轻重被刑大小。勠力本业,耕织致粟帛多者复其身。事末利及怠而贫者,举以为收孥。[8]"商鞅指出,"苦者无耕,危者元战"[9]。若使人民努力于农战,非用重赏重罚不可。(四)剥夺旧贵族的特权。为保证改革的顺利进行,必须消除旧贵族的反抗。为此,商鞅废除了世卿世禄制度。规定"宗室非有军功,论不得为属籍"。[10] 同时普遍推行县制,县令、丞由国君任免,从而打破了旧贵族垄断地方政权的局面。由于商鞅在法律制度上进行了这样一些重要改革,促进了封建经济的迅速发展,使秦国从一个落后的封建制小国一跃而成为国富兵强的封建制大国,"天子致伯","诸侯毕贺",[11]从而为统一六国奠定了基础。

商鞅的法制改革之所以取得成功,其根本原因是顺应了社会发展的规律并在某种程度上体现了人民群众的要求。但从这次改革的具体过程来看,作为秦国最高统治者的秦孝公对改革的有力支持,也是取得成功的一个重要条件。商鞅在魏失意后虽以布衣入秦,却得到秦孝公的无比器重,任之为卿相,授之以政权。他们之间互相信任,亲密无间。秦孝公始终如一、坚定不移地支持商鞅的改革,这在封建时代是很少有的。特别是当商鞅的改革遇到了以太子为首的贵族势力的反对时,商鞅对孝公说:"法之不行,自于贵戚。店必欲行法,先于太子。太子不可黥,黥其傅师。"[12]孝公接受了商鞅的建议,"刑其傅公子虔,黥其师公孙贾。明日,秦人皆趋令。"[13]这个事实充分说明,只要当权者有改革的决心,并敢于对破坏改革的上层人物坚决予以打击就没有克服不了的阻力。同时,作为改革家的商鞅,他为了

---

〔1〕《韩非子·和氏》。
〔2〕《商君书·定分》。
〔3〕《商君书·靳令》。
〔4〕《商君书·开塞》。
〔5〕《商君书·赏刑》。
〔6〕《史记·商君列传》。
〔7〕《商君书·农战》。
〔8〕《史记·商君列传》。
〔9〕《商君书·慎法》。
〔10〕《史记·商君列传》。
〔11〕《史记·秦本纪》。
〔12〕同上。
〔13〕《史记·商君列传》。

地主阶级的长远利益,能够做到"极身无二虑息尽公不顾私。……内不阿贵宠,外不偏疏迟,是以令行而禁止息法出而奸息"。[1] 这也是取得改革成功不可缺少的条件。后秦孝公死,反对改革的贵族势力策划阴谋,以"商君欲反"的莫须有罪名将其杀害并诛灭其家。但商君虽死,秦法未败。由于他经过改革所创制的法律制度非常适合地主阶级统治的需要,因而汉唐及其以后虽有损益,但基本原则和主要制度却一直沿袭了下来。

汉初文景二帝对法律制度的改革

秦统一六国以前,由于封建诸侯割据称雄与人民大众统一要求之间的矛盾十分尖锐,国而农民阶级与地主阶级的矛盾在一个时期内则退居到次要的地位。及至秦统一六国以后,情况就不同了。封建制经济的进一步发展,迫切要求消除上层建筑里的奴隶制残余。省刑罚,轻徭役,使农民大众有一个从事和平劳动重建家园的机会。但是秦始皇在上层建筑领域虽然也进行了一些重大的改革,可他对商鞅所创制的那些严刑峻法却丝毫未加触动,反而在全国范围内变本加厉地推行起来。正如陈胜的大将武臣所说:"秦为乱政虐刑以残贼天下,数十年矣。北有长城之役,南有五岭之戍,外内骚动,百姓罢敝,头会箕敛,以供军费,财匮力尽,民不聊生。重之以苛法峻刑,使天下父子不相安。"[2]结果在秦始皇死后很快就爆发了农民大起义,终于推翻了秦朝的暴政。西汉王朝的封建统治者对秦王朝的横征暴敛,严刑峻法,从而激起农民大起义以导致二世而亡的历史教训,不仅有亲身的体会,而且还一直铭记在心。为了巩固汉王朝的统治,避免重蹈秦王朝的覆辙,就迫使他们在政治上不得不对农民阶级作出一定的让步,以缓和当时的社会矛盾。西汉初期文景二帝对法律制度的改革,就是在这样历史条件下产生的。

商鞅是以法家思想为指导来改革法律制度的。而文景二帝则与之相反复他们主要处以儒家学说作为改革法律制度的指导思想。这就是说,秦朝立法的指导思想是弃礼任法,轻罪重罚;而汉朝立法的指导思想则是礼法并用,罪刑相称。为什么地主阶级的法制思想会有这样大的转变呢?这是因为时代不同了,地主阶级的历史任务和统治方法也必然要随之而改变。贾谊在总结秦亡的历史教训时就说过:"秦主怀贪鄙之心,行自奋之志,不忙功臣,不亲士民,废王道,立私权,禁文书而酷刑法,先诈力而后仁义,以暴虐为天下始。夫兼并者高诈力,安定者贵顺权,此言取与守不同术也。秦离战国而王天下,其道不易,其政不改,是其所以取之守之者无异也。"他认为"取之守之"不能采用相同的方法,夺取政权主要靠武力和诈力,但巩固政权则主要靠礼义教化。封建统治者只有根据不同的历史任务及时调整自己的政策措施,才能巩固自己的统治地位。贾谊说:"借使秦王计上世之事,并殷周

---

〔1〕《史记》集解引《新序》。
〔2〕《史记·张耳陈余列传》。

之迹,以制御其政,后虽有淫骄之主而未有倾危之患也。"[1]贾谊的这些见解都是非常深刻的。西汉统治者正是基于这种认识,他们虽以武力取天下,但却以宽仁治天下。正如司马迁所说:"汉兴,反秦之敝,与民休息,凡事简易,禁网疏阔。"[2]"萧、曹为相,慎以无为,从民之欲,而不扰乱,是以衣公滋殖,刑罚用稀。"[3]无为,并不是无所作为。无为之治的实质,就是地主阶级的法治。西汉王朝虽然"汉承秦制",沿用秦朝的法律制度,但在适用法律时邦小心谨慎,力求做到宽刑省罚。其"将相皆旧功臣,少文多质,惩恶亡秦之政。论议务在宽厚,耻言人之过失"。[4] 正是在这种思想的指导下,文景时期才对法律制度进行了大刀阔斧的改革。

我国奴隶制的刑罚制度为墨、劓、剕、宫、大辟五刑。除大辟为死刑之外,其他都是残害犯人肢体的肉刑。及至进入封建社会以后,各诸侯国继续沿用,秦统一六国后也仍然不改,这样就使得封建刑法的残酷性比之奴隶制刑法并无区别,自然要引起人民群众的强烈不满。西汉王朝建立之初,汉高祖刘邦虽命萧何作律九章,废除了秦朝的一些苛法,但在刑罚制度上却无所改变,仍然采用墨、劓、剕、宫、大辟五刑。西汉文帝对法律制度改革的主要内容,就是废除肉刑。他下诏说:"今法有肉刑三,而奸不止,其咎安在?非乃朕之德薄,而教不明与!吾甚自愧。……今人有过,教未施而刑已加焉,或欲改行为善,而道亡繇至,朕甚怜之。夫刑至断肢体,刻肌肤,终身不息,何其刑之痛而不德也?岂称为民父母之意哉?其除肉刑,有以易之;及令罪人各以轻重,不亡逃,有年而免。具为令。"[5]具体改革内容为黥刑改为髡钳城旦舂,劓刑改为笞三百,斩左趾改为笞五百,斩右趾入于死刑。还废除了"刑徒"终身服劳役的制度,对徒刑都规定了一定的期限,如髡钳城旦舂为五岁刑,完城旦舂为四岁刑,鬼薪白粲为三岁刑,司寇为二岁刑,罚作、复作为一岁刑,凡达到服刑年限者一律免去"刑徒"身份,皆为庶人。宫刑也与肉刑同时废除,但旋即恢复,故《汉书·刑法志》始不载。景帝时,因为"加笞与重罪无异,幸而不死,不可为人",[6]又经过两次改革,将笞五百改为笞二百,笞三百改为笞一百,并制定箠令,对笞箠的长短,厚薄及加笞的部位和执行的方法,都作出了明确的规定,"自是笞者得全,然酷吏犹以为威。"[7]由此可知,文景时期法律制度的改革,主要用徒刑、笞刑与死刑来代替黥、劓、斩左右趾等三种肉刑,并分别对每一种徒刑都规定了服刑期限。究竟这一改革是由重入轻,还是由轻入重,在历史上是有争论的。但就这次改革所涉及的范围来看,是将夏商周以来奴隶制下所实行的肉刑从法律上一举废除了,从而为封建刑法中的笞、杖、徒、流死的五刑制度奠定了基础,向消除上层建筑中

---

〔1〕《史记·秦始皇本纪》。
〔2〕《汉书·循吏传》。
〔3〕《汉书·食货志》。
〔4〕《汉书·刑法志》。
〔5〕同上。
〔6〕同上。
〔7〕同上。

的奴隶制法律制度的残余又前进了一大步,促进了封建经济与文化的迅速发展,这在中国法制史上不能不说是划时代的事件,其进步意义是不能否定的。

必须指出,在中国历史上,任何一项重要的法律制度的改革,都不会是一帆风顺的。由于剥削阶级的偏见和传统的习惯势力,使一些人总是留恋和保守旧的制度而反对新的制度。这样在革除一项旧的制度以后,一般都要经过长期的反复和斗争。文景时期的法制改革也是如此,这不仅在当时就遭到一些人的反对与非议,而且在魏晋南北朝的几百年间一直有关于恢复肉刑的争论。凡是主张恢复肉刑的人无不认为文景时期的刑罚改革,是把刑罚改轻了,而不是改重了,故不足以镇压人民群众的反抗。如东汉光武帝建武十四年,群臣上言曰:“古者肉刑严重,则人畏法令;今宪律轻薄,故奸宄不胜。宜增科禁,以防其源。”[1]特别是在阶级斗争比较尖锐的时候,封建统治阶级中恢复肉刑的呼声也就越高。据《晋书·刑法志》载:“是时天下将乱,百姓有土崩之势,刑罚不足以惩恶,于是名儒大才故辽东太守崔实、大司农郑玄、大鸿胪陈纪之徒,咸以为宜复行肉刑。”之所以如此,是因为在每一王朝末期,封建统治者为了挽救其垂危统治,总要进行拼死挣扎,故不得不求助于严刑峻法。但历史发展的进程,虽然也有曲折与反复,而总的发展趋势却是不可逆转的。尽管魏晋南北朝时期关于恢复肉刑的争论一直未断,甚至肉刑在一定时期及局部地区得以恢复,但却始终未能重新形成法律制度。这种情况说明文景时期关于刑罚制度的改革是成功的。

唐初李世民对法律制度的改革

唐朝是在隋末农民大起义以后窃夺农民战争的胜利果实而建立起来的一个封建王朝。唐初的统治者认真地总结并吸取了隋亡的历史教训,认为经济上的残酷剥削和政治上的残暴压迫,是导致隋末农民大起义推翻隋朝统治的根本原因。鉴于此,唐初的统治者“动静必思隋氏,以为殷鉴”。[2] 唐太宗李世民经常用舟与水的关系来比喻君与民的关系。他对太子说:“舟所以比人君,水所以比黎庶,水能载舟,亦能覆舟。”[3]他认为君主能不能保住其统治地位,既不能依靠上天的保佑,也不能仅仅依靠统治集团内部的支持,而主要是取决于民心向背。唐太宗对侍臣说:“可爱非君,可畏非民。天子者,有道则人推而为主,无道则人弃而不用,诚可畏也。”[4]他对人民群众的力量与作用有了比较深刻的认识,从而得出了“为君之道,必须先存百姓”[5]的重要结论。为此,唐初统治者提出并实行了“安人宁国”的基本国策,减轻人民的负担,缓和阶级矛盾,保证人民群众在丧乱之后有一个休养生息、重

---

[1] 《后汉书·杜林传》。
[2] 《贞观政要·刑法》。
[3] 《贞观政要·教诫太子诸王》。
[4] 《贞观政要·政体》。
[5] 《贞观政要·君道》。

建家园的社会环境。而唐初的法制改革既是唐初统治者实行“安人宁国”政策的一个重要的组成部分,也是他们推行这一基本国策的重要保证。

以李世民为首的唐朝封建统治集团,继承并发展了自汉代董仲舒以来所一贯奉行的“礼法并用,德主刑辅”的法律思想,而这种法律思想在立法上的具体应用,就是约法省刑。早在高祖李渊时,就提出了“务以宽简,取便于时”,[1]作为立法的指导思想。及至唐太宗李世民即位以后,又一再指出:“死者不可复生,用法务在宽简。”他对大臣们说:“古人云:鬻棺者,欲岁之疫,非疾于人,利在棺售故耳。今法司核理一狱。必求刻深,欲成其考课。今作何法,得使平允?”[2]唐太宗从立法和司法方面来探讨宽刑省罚的途径,并认为做到这一点的有效办法除了善于选用执法的人才以外,就是在立法时务求作到简约。贞观十年,唐太宗说:“国家法令,惟须简约,不可一罪作数种条。格式既多,官人不能尽记,更生奸诈,若欲出罪即引轻条,若欲入罪即引重条。……宜令审细,毋使互文。”[3]由于唐高祖唐太宗等人的提倡和坚持,宽与简遂成为唐初立法的一个重要的指导思想。所谓宽,是针对前朝法令严苛,民不堪命,因而力求做到轻刑省罚,以缓和阶级矛盾;所谓简,是针对前朝法令繁多,互相抵触,因而力求做到约法简文,以防止任意出入人罪。唐太宗正是在这一立法思想的指导下,对法律制度进行了重要的改革。

唐高祖武德年间修律,是以隋开皇律为样本,除将五十三条新格编入以外,没有什么更大的改动。及至唐太宗贞观年间修律,因为封建国家的统治基础已经基本稳固,为了贯彻“安人宁国”的基本国策,虽然仍以隋开皇律为基础,但却比武德律作了重大的改革:一是降死刑为流刑。贞观年间修律时,魏征、戴胄等言“旧律令重”,于是议绞刑之属五十条,免去死罪,改为斩右趾。这样一来,应判死刑者,多蒙全活。后唐太宗对斩右趾“念其受痛,极所不忍”,[4]于是除断趾法,改为加役流三于里,居作二年。二是废除了连坐俱死的规定、自秦汉以来,凡谋反大逆者,虽“兄弟分居,荫不相及”,亦要“连坐俱死,子孙配没”。唐太宗认为此种立法是极不合理的。他说:“然则反逆有二,一为兴师动众,一为恶言犯法,轻重有差,连坐俱死,岂朕情之所安哉?”[5]因而在贞观修律时,废除了连坐俱死的条款,规定:“祖孙与兄弟缘坐,俱配没。其以恶言犯法不能为害者。情状稍轻,兄弟免死配流为允。”[6]三是确立了封建时代比较宽平的五刑制度,即笞、杖、徒、流、死。自西汉文景除肉刑以后,经过魏晋南北朝的发展沿革,到隋朝的开皇律才确定笞杖徒流死为法定的五刑。但隋炀帝又“行轘裂枭首之刑,或森而射之,命公卿以下,窗啾其肉”,[7]这无疑是对封建刑罚制度的严

---

〔1〕《旧唐书·刑法志》。

〔2〕《贞观政要·刑法》。

〔3〕《贞观政要·赦令》。

〔4〕《旧唐书·刑法志》。

〔5〕同上。

〔6〕同上。

〔7〕《隋书·刑法志》。

重破坏。故而在贞观修律时,明确规定废除这些历代相沿的残酷的刑罚手段,再次肯定笞杖徒流死为五种法定的刑罚方法。自是以后,宋元明清各朝虽然有所发展,但封建制五刑在立法上却始终相沿不改。必须指出,唐太宗对封建法制的这些改革,对完善封建法律制度有重要意义。经过这些改革,不仅“比古死刑,殆除其半”,而且“削烦去蠹,变重为轻者,不可胜纪”。[1] 这样就使唐律与唐代高度发达的封建经济比较适应,从而推动了我国封建社会的迅速发展。

唐太宗不仅对封建法律制度进行了重要的改革,还特别强调要做到有法必依,取信于民。他对诸葛亮为政时那种“开诚心,布公道,尽忠益时者,虽仇必赏;犯法怠慢者,虽亲必罚”的刚正不阿与公平正直的执法精神,非常钦佩。因而初即位时即向大臣们表示:“君人者,以天下为公,无私于物。昔诸葛孔明,小国之相,犹曰‘吾心如称,不能为人作轻重’,况我今理大国乎?”[2]因而他主张对违法犯罪的人,不分亲疏,不别贵贱,一断于法。并能虚心听取臣下的谏诤,随时注意纠正执法中的“吏皆深文”的倾向。正由于唐太宗能顺应历史之潮流,合乎人心之需要,及时改革封建的法律制度,比较注意维护封建法制的权威,因而在贞观时期的法治与吏治情况都是比较好的。正如魏征所说:“贞观之初,志存公道,人有所犯,一一于法。纵临时处断或有轻重,但见臣下执论,无不忻然受纳。民知罪之元私,故甘心而不怨;臣下见言无忤,故尽力以效忠。”[3]而唐太宗尤其“深恶官吏贪浊,有枉法受财者,必无赦免。在京流外有犯赃者,皆遣执奏。随其所犯,置以重法。由是官吏多自清谨。”[4]既有较好的法治,又有较好的吏治,这就缓和了阶级矛盾,促进了经济与文化的高度发展,从而把我国封建社会推向了全盛时期,达到了天下大治的目的。所以“贞观之治”的出现不是偶然的,它是封建统治阶级自觉地进行经济与政治体制改革的结果。当然,推动封建统治者进行社会改革的根本原因,还在于每次农民大起义所给予他们的深刻的历史教训。

我国封建法律制度三次重大改革的历史教训

如上所说,战国时商鞅对法律制度的改革,是由奴隶制法制向封建制法制转变时期的法律改革。西汉初期文景二帝对法律制度的改革。是封建法制确立时期的法律改革。唐初李世民对法律制度的改革,是封建法制完备时期的法律改革。因此,这三次法制改革恰好代表了我国封建法律制度的形成、确立和完备的三个不同的发展阶段,它们在中国法制史上都具有划时代的历史意义。而这三次法律制度的改革,虽有反复,但从其主流来看还

---

〔1〕《旧唐书·刑法志》。
〔2〕《贞观政要·公平》。
〔3〕同上。
〔4〕《贞观政要·政体》。

是成功的。这些改革不仅推动了封建社会上层建筑的改造,还推动了封建社会的经济与文化的飞速发展。正因如此,尽管这些改革都是由“帝王将相”等剥削阶级代表人物所发动的,但其历史功绩仍然是应当肯定的。

我国封建法律制度这三次重大改革为什么能够取得成功,都有哪些经验与教训,这是需要我们认真总结的。

(一)我国封建法律制度的三次重大改革表明,只有把政治法律制度的改革与经济体制的改革结合起来,使这两方面的改革同步进行,互相促进,互相保证,才能达到浊期的目的。商鞅改革的步骤就是用法律强制手段开路,先“定变法之令”,以扫除改革道路上的妨碍。尽管“令民为什伍,而相牧司连坐”等法令过于严苛,但对于一个无法治传统和习惯的国家,不失为一副良药猛剂,使全国上下贵贱为之震动。特别是那些游手好闲,不事农桑的贵族阶级,他们因既得利益受到限制或被剥夺,拼命地反对改革,出现了“法之不行,自上犯之”[1]的局面。对此如不给以严厉惩处,改革就无法进行。作为改革家商鞅的可贵之处,就在于他面对强大的反对改革的保守势力毫不动摇,坚决绳之以法,因而“行之十年,秦民大说,道不拾遗,山无盗贼,家给人足。民勇于公战,怯于私斗,乡邑大治。”[2]在法制改革初步取得胜利的基础上,商鞅又对政治体制和经济制度进行了重要的改革,“而集小都乡邑聚为县,迁令、丞,凡三十一县。为田开阡陌封疆,而赋税平。”[3]这两项改革,一是从政治上剥夺了世袭贵族统治其领地的权力,而把地方官的任命权收归国村所有;二是彻底废除了奴求制下以“阡陌封疆”为标志的井田制,从而为封建地主经济的发展清除了障碍。西汉初期文景在废肉刑的前后,在经济上也改革了秦朝的“见税十五”的赋税制度。汉高祖时规定田租十五而税一,景帝时又改为三十而税一。文帝在位时,针对秦朝徭役繁原的情况,多次诏谕郡县“务省摇役以便民”。唐太宗在改革法制的同时,也对经济制度进行了重要改革,一方面实行“均田制”,基本上满足了农民对土地的要求,另一方面推行“租,庸、调”法,相对地减轻了农民的负担。上述事实证明,政治法律制度的改革既是经济发展的必然结果,又是推动经济体制改革顺利进行的强有力的保证。在历史上,任何一次经济体制和政治体制的改革,如果没有法制改革的配合、促进和保障,若想取得成功是根本不可能的。

(二)我国封建法律制度的三次重大改革,不但改革的具体内容不同,而且其指导思想也不完全一样。商鞅法制改革的指导思想是弃礼任法,轻罪重罚。文景时期法制改革的指导思想是反其道而行之,叫作礼法并用,罪刑相称。唐太宗时法制改革的指导思想是继承和发展了汉朝的立法思想,叫作以礼为主,德主刑辅。故后人称“唐律一准乎礼,而得古今之平”。为什么封建法律制度的三次重大改革会出现不同的指导思想呢?这是因为我国封

[1] 《史记·商君列传》。
[2] 同上。
[3] 同上。

建社会所处的发展阶段不同,因而地主阶级所面临的历史任务也不一样。战国时期为封建社会的开端,地主阶级面临着巩固新生的封建制度、清除奴隶制残余和实现国家统一的历史任务。由于当时旧形势是"周室敝,诸侯力政,争相并。"[1]所以商鞅放弃了"迂远而阔于事情"的礼治学说,转而采用比较注意增强国家实力的法家学说,应当说这是一种正确的选择。因为若不如此,尤不能狠狠打击奴隶主残余势力的复辟活动,也不能有效地控制农民阶级的反抗,从而难以巩固新生的地主政权并进而实现国家的统一。

但汉唐以后,情况就不一样了。封建剥削制度不仅已经牢固地确立起来,而且成为不可逆转的历史发展趋势。尽管封建王朝的统治可以易人,但封建政权的地主阶级专政的本质却不会改变。在这样的历史条件下,汉唐统治者把自己立法的指导思想又从法家转变到儒家,从弃礼任法、轻罪重罚转变到礼法并用、罪刑相称,也是完全正确的、有效的。因为这种学说虽然对地主阶级夺取政权作用较小,但对他们在夺取政权以后巩固政权却作用甚大。正如叔孙通所说:"夫儒者难于进取,可与守成。"[2]可谓一语道破了儒家礼治学说的本质,也是对历史经验的正确总结。上述事实说明,任何一次认真的社会改革,都必须有一定的理论学说为指导,才能使改革明确方向,不脱离既定的轨道。同时也告诉我们,每一次改革的指导思想都不应囿于已有的理论与学说,不能踩着前人的脚印亦步亦趋,而要根据时代的需要,对过去的理论(哪怕是行之有效的理论)重新加以审查,有用的就坚持,无用的就抛弃。社会经济、政治的改革必须以理论改革为前提。没有改革的理论,就不会有改革的实践,这就是历史给我们的重要启示。

(三)我国封建法律制度的三次重大改革之所以成功,关键在于既要有领导改革的人才,又要有执行改革的人才。这二者是缺一不可的。像秦孝公、商鞅、汉文帝、汉景帝、唐太宗等这样一些地主阶级政治家,都能高瞻远瞩,深刻理解本阶级的历史任务与使命。他们为了地主阶级的长远利益和整体利益,认真地总结历史经验,虚心听取臣下的谏诤,因而才能作出进行社会改革的正确决定。例如,秦孝公为富国强兵,下令国中求贤。他不以商鞅为布衣而对他有所轻视,虚心听取商鞅的建议,甚至"语数日而不厌"。[3] 对于一个封建君主来说,这种不耻下问的精神是难能可贵的。唐太宗也说过:"夫以铜为镜,可以正衣冠;以古为镜,可以知兴替;以人为镜,可以明得失。朕常保此三镜,以防己过。"[4]正由于他们都能虚心纳谏,集思广益,才能制定出比较合乎实际的政策,创造出前人未有的光辉业绩。但是仅有这样一些勇于领导改革的领袖人物还不够,还必须有一大批善于推行改革的官吏。正如沈家本所说:"甚矣!有国家者,非立法之难,而用法之难也。"[5]为什么说用法比立法

---

〔1〕《史记·秦本纪》。
〔2〕《史记·叔孙通列传》。
〔3〕《史记·商君列传》。
〔4〕《贞观政要·任贤》。
〔5〕《历代刑法考·刑制总考三》。

还难呢？难就难在国家立法之后，缺少善于执法的人才。“夫法之狩者，仍在于有用法之人。苟非其人，徒法而已。”[1]这就是说，国家虽然对法律制度作出了重大改革，并制定了各种推行和保障改革的法律法令，如果没有善于执法用法的人，则改革也只能流于空谈，不会有一点实际意义。试观唐朝之初，太宗削烦去蠹，约法省刑，对法律制度进行了重大的改革。由于魏征、戴胄等一批官吏信守法制，公正无私，故据史载贞观四年，天下断死罪者才39人，几致刑措。刑罚轻而犯者少，夜不闭户，路不拾遗，可以称为封建盛世。然而武则天执政以后，恐人心之不服，她竟以威刑肃天下，并未改变唐初所制定的法律制度，但由于任用周兴、来俊臣等一般酷吏，连兴大狱，诬陷善良，使宗室贵戚及士民百姓咸受其害。由此可知，有其法者尤贵有其人。大抵用法者得其人，法律即使严刻，亦能施其宽仁于法律之中；用法者失其人，法律即使宽平，亦能逞暴虐于法律之外。所以法制的改革及其推行，可以说成于吏，亦败于吏。因此，无论任何一项社会改革，除了有坚持改革的领导者以外，如果没有一支热心改革并善于执法的官吏队伍，不管是多么美好的改革蓝图都不可能变成为现实。

（四）中国封建法律制度的三次重大改革，都发生在封建社会的初期和中期，这时的地主阶级正处于其发展中的上升阶段，从总体来看，封建社会的上层建筑和经济基础还是基本上相适应的。但是即使在这种情况下，是不是就不需要进行改革了呢？历史给予我们的回答恰好相反。为了推动封建经济与文化的迅速发展，不论在封建社会的任何一个发展阶段上，都需要通过改革来不断调整上层建筑中那些与经济基础不相适应的部分。关键在于看准时机，勇于并善于改革。我国封建法制的这三次改革，从时机选择上来看都是非常合适的。

第一次法制改革是在封建法制形成时期，第二次法制改革是在封建法制确立时期，第三次法制改革是在封建法制完备时期，而每一次改革对推动封建社会的发展都起了划时代的作用。尽管改革的发动者——封建统治阶级没有自觉地掌握社会的发展规律，但从他们对法制改革时机的选择上来看，证明他们是有充分治国经验的。当然，这三次法制改革，也反映了地主阶级上升阶段的那种勇于进取的革新精神。与此相反复在历史上也确有某些王朝的封建统治者因为贻误了改革的时机，造成了不可挽回的严重后果。这种情况在宋朝和明朝都可以看到，而最明显的例子是清朝末年的法律改革。清朝在中国历史上也曾是一个疆域辽阔，国力强盛的封建王朝，但自1840年鸦片战争沦为半殖民地半封建社会以后，由于帝国主义者的侵略和清朝统治者的腐败无能，遂致国弱民穷，日益衰落。这时有许多仁人志士纷纷要求清朝统治者仿效英日等资本主义国家进行君主立宪式的改革。如果清朝统治者抓住时机，决心改革，那历史可能要重新书写。而以慈禧太后为首的清朝保守势力，视改革为洪水猛兽，顽固坚持那些野蛮落后的政治和法律制度。后来在人民革命风暴的冲

---

〔1〕《历代刑法考·刑制总考三》。

击下，虽然被迫答应改革，但又毫无诚意，一拖再施，错过了良好的改革时机。1911年辛亥革命的一声炮响，使革命烈火燃遍了大江南北，终于把这个坚持反对改革的封建王朝彻底摧毁。这说明，对于墨守成规、反对改革的顽固派，人民的忍耐是有限度的。如果封建统治者不能顺应历史潮流，选择最好时机，坚决进行改革，待到人民群众起来造反复虽欲改革也不可能了，这个历史教训是非常深刻的。

（原载于《法学研究》1988年第1期）

生存权论

徐显明*

作为明确的法的概念,“生存权”最早见于奥地利具有空想社会主义思想倾向的法学家安东·门格尔1886年写成的《全部劳动权史论》,[1]该书认为:劳动权、劳动收益权、生存权是造成新一代人权群——经济基本权的基础。生存权此时被揭示为:在人的所有欲望中,生存的欲望具有优先地位。社会财富的分配应确立一个使所有人都能获得与其生存条件相适应的基本份额的一般客观标准,“社会成员根据这一标准具有向国家提出比其他具有超越生存欲望的人优先的、为维持自己生存而必须获得的物和劳动的要求的权利”,这种由个人按照生存标准提出而靠国家提供物质条件保障的权利就是生存权。

生存权概念的出现引发了人权理论上的一场革命。第二代人权的孕育即以安东·门格尔的创见为“胎盘”。如果说人权体系近代与现代的分期是以其核心内容是否发展变化为标准,那么在生存权的地位被抬高到自由权之上的见解在理论上得到阐明的时候,人权观念上的自由权本位向生存权本位的换代实际上已经开始。我们发现,这种现象与人权规范确立之初先是由思想家们对人权进行论证而后才有人权法的规定一样,现代人权的出现也经历了一个理论上的说明早于法的规定的过程。

生存权的规范于安东·门格尔提出它的概念三十年后才出现。立法上接受这一概念,说明概念所表达的事物的质的规定性已为社会所认识,它已具有了既是精神的又是物质的双重力量,进而才影响了全世界。那么,生存权的概念是怎样逐步成熟的,它在形成过程中经历了哪些阶段,它是基于解决人权实践中的什么矛盾才被提出的,它包括哪些内容,其保障原理如何,由生存权的性质所决定的生存权与其他人权的区别及其独特保障方式又是什么,等等。本文就这些作初步探讨。

---

* 徐显明,山东大学法学院首任院长,现任山东大学法学院名誉院长、博士研究生导师。

〔1〕 参见[日]衫原泰雄编:《宪法学的基本概念Ⅱ》,劲草书房1983年版。

一、生存权的形成和发展

(一)生存权的思想萌芽

从保证使获得了生命形式的人能够活下去的最低要求考察,生存权的内容远在人类认识了自体不同于动物的社会价值之后就已存在了。生存作为一种原始的愿望,是与人学会了怎样向自然界索取并如何从共同劳动成果中分得一份的方法一起产生的。最初的财富匮乏,是影响人类生存的根本因素。正因为财富对人的生命有决定性的作用,才有在原始的常规被打破之后,掌管财富分配的少数人为了自己的生存而聚敛财富,进而将人划分为阶级的历史。私有制的确立,使关心集体能否生存下去的意识仅存在于失去了生存条件的那部分人当中,有产阶级则不再关心他人的死活。后者甚至在为了满足自己某些欲望的时候把他人杀死也不被认为违反按照他们的标准所确立的道德。这种情况一直持续到中世纪。

神学政治统治建立之后,此前的一部分人把另一部分人不当作人而当作物的观念开始受到以神的名义的挑战,随时都可能被剥夺生命的那部分人开始受到“神”的保护。中世纪中叶,神学家托马斯·阿奎那不但认为生存条件不全的人与生存条件齐备的人在神的面前有同等的地位,而且认为根据神法而产生的人法在确定财产秩序的时候也不得违背自然的法则。既然神准予人出生,那么神就要保证被他批准降世的人活下去。如果万能的上帝不能保障人的生存,那么上帝就是矛盾的。他在《神学大全》中写道:“由人法产生的划分财产并据为己有的行为,不应当妨碍人们对这种财富需要的满足,如果存在迫切而明显的需要,因而对于必要的食粮有着显然迫不及待的要求——例如,如果一个人面临着迫在眉睫的物质匮乏的危险,而又没有其他办法满足他的需要——那么,他就可以公开地或者用偷窃的办法从另一个人的财产中取得所需要的东西”〔1〕。托马斯·阿奎那的重定财产秩序以解除人所面临的贫困的思想后来得到了被称为自然法理论之父的格劳秀斯的赞同。格劳秀斯认为:“在极度必须的时候,关于诸物的使用的原理可复活为原始权利,这时候物的状态是共有的。为何?因为根据人类法派生的一切财产法都是把极穷状态排除在外的”〔2〕。换言之,人在生存受到威胁的时候,这种威胁应由有财产的人与其共同承担,人为解除生存威胁而拿别人的物是他的权利。格劳秀斯的观点不仅证明了生存是人的自然权利,而且也为权利起源于私有制的论断增添了一个佐证。与其论见一脉相承的还有卢梭在《论人类不平等

〔1〕 [意]托马斯·阿奎那:《阿奎那政治著作选》,马清槐译,商务印书馆1963年版,第142~143页。

〔2〕 转引自[日]阿部照哉、池田政泳:《宪法(3)》,有斐阁1983年版,第26页。

的起源》、威廉·葛德文在《政治正义论》中所阐明的思想。[1]

从中世纪的托马斯到近代的启蒙思想家,他们揭示了共同的生存原理,与人的生存联系最紧密的因素是财产。他们一致的观点是人在极度穷苦中为求得生存而获取社会上富人的财产,不仅不是犯罪,反而是应有的权利。

对上述观点,后世法学家们从不同的角度给予了肯定。民法、刑法学家认为,这些思想是"紧急避险权"的源头,而人权学家则认为,他们播下了到现代才开花结果的人权的种子——生存权。也有人把思想家们假设的极端情况下的权利称为"极穷权的生存权"[2]。而我们则把它认作生存权思想的萌芽,因为它还停留在道德的领域而未变为人权规范。

(二)生存权的自然权形式

在近代众多的自然法思想家中,洛克的观点曾在最初被直接平移为人权规范。他的关于人的生命与人的自由、财产一样归个人所有的思想被早期的两部人权法所全面吸收。在这一阶段,自然权是生存权的表现形式。

在1776年美国独立战争中诞生的《弗吉尼亚人权法案》是人权史上最早的人权规范。它的第一条明显地带有洛克的思想痕迹:"一切人生来享有平等的自由权、自立权以及一定的固有权和在其进入社会时,其生命和自由不得以任何契约而丧失或剥夺并且有权获得和占有财产,有权追求和得到幸福与安全。"[3]这条规定在6周后被《独立宣言》提炼为"人人都享有上帝赋予的某些不可让与的权利,其中包括生命权、自由权和追求幸福的权利。"

早期的另一人权规范是对后世产生过巨大影响并被人们当作"人权的古典正文"而模仿和照搬的法国《人权和公民权宣言》。其第2条规定"人的自然的和不可动摇的权利是自由、财产、安全和反抗压迫。"很明显,这条规定的根据来自洛克的《政府论》。耐人寻味的是,法国人权宣言的内容曾几经变动。1793年的宣言把自然权利改为"平等,自由,安全和财产",平等权产生了,而反抗权消失了。1795年的宣言又把这些权利定性为"存于社会的人的权利。"

把早期的两个人权规范作一比较可以看出,作为人的自然权利首要内容的生命权在美国和法国有不同的对待方式。美国把它置于人权首位明言予以保障,而法国则在规范中不出现它的概念而将其融汇于其他权利中予以保障。其共同点则在于,其一,无论规范中是

〔1〕 参见[法]卢梭:《论人类不平等的起源和基础》,李常山译,商务印书馆1962年版,第127页。[英]威廉·葛德文:《政治正义论》(第2、3卷),何慕李译,商务印书馆1982年版,第590页。需要指出的是,在其他场合,一些思想家们也曾对自己歌颂的权利给予过否定的说明。如威廉·葛德文指出,"人据说有生存和个人自由的权利,如果承认这一命题,也必须附有很大的保留。在他的义务要求他舍弃生命时,他就没有生存的权利。"参见[英]威廉·葛德文:《政治正义论》(第2、3卷),何慕李译,商务印书馆1982年版,第113页。这无疑又等于推翻了他们已求证的结论。判断上的矛盾是思想不成熟的表现,但不排除其有价值的内容对后世的启迪作用。

〔2〕 参见[日]阿部照哉、池田政泳:《宪法(3)》,有斐阁1983年版,第41页。

〔3〕 [日]高木八尺等:《人权宣言集》,岩波书店1957年版,第109页。

否出现生命权的概念,生命权的内容都是存在的。没有生命权概念的法国人权宣官在明示自然权利之前首先假定了一个前提:“在权利方面,人生来是而且始终是自由平等的”。这其中有“生”的含义。其二,生命作为权利,其实现的必备条件是国家负有保障之责。作为人权的生命权(不是作为“禁止杀人”推导出来的权利)第一次具有了为国家活动划定界限的意义。美国的规范中有“为了保障这些权利,人们组成自己的政府”,“任何形式的政府,只要危害上述目的,人民就有权利改变或废除它”的原则,法国的规范中则更简练地以一句话表明了国家的价值:“任何政治结合的目的都在于保存人的自然的和不可动摇的权利”。其三,早期的人权规范都把生命作为生存的基本形式,在处理生命权与其他人权关系的时候,总是把其他权利作为个人实现生命权的手段,而其中主要的手段是财产权,财产权这时被赋予了绝对不受限制的神圣性。基于这样一种认识——财产自由如果受到限制,个人的生命将失去物质条件,因而为保障生命权,财产自由必须受到人权规范的鼓励。其四,国家担负保障人的生存权之责的方式是间接的,即通过保障人的自然权而使人得以生存。国家对个人权利领域的态度是抑制自己,不行干涉。

以上四点作为人权规范最早肯定生存权的共同内容,在人人都有财产可实行生存的自我保障的条件下确能使处于朦胧状态的生存权得到顺利实现。然而问题恰恰在于,社会上尚有大量无财产权.可行使的人业已存在或正在出生,他们的生命却处于危险之中。对于这些人,人权规范虽肯定了他们的生命权,却无法保障他们的生存。这一现实向以生命权这种自然权为表现形式的尚不定型的生存权提出了改进要求。

(三)生存权的社会权形式

社会权在人权法上的出现,标志着古典的自然权思想在历史上的终结。人的权利一旦超出了“与生俱来”的范围,其权利的性质就不再是自然的或不证自明的。1791年的《法国宪法》最早设定了不同于自然权的社会权。该宪法在《宪法所保障的基本条款》中有如下规定:“应行设立或组织一个公共救济(Secours publics)的总机构,以便养育弃儿、援助贫苦的残疾人,并能对未能获得工作的壮健的贫困人供给工作”。1793年这一规定在人权宣言中又进一步发展为“公共救济是神圣的义务。社会对于不幸的公民负有维持其生活之责,或者对他们供给工作,或者对不能劳动的人供给生活资料。”作为人权的特殊主体——不幸的公民,他们有从社会(这时还未明确为国家)获取救助的权利。这种权利因以社会救济机构为相对义务主体,因而可以称为社会权。很显然,社会权已不再是孤立的自然权,而是发展了自然权的一种新权利,其意义则在于维持一部分不具有生存条件的人的生存。

社会救济条款的出现,对巩固刚刚取得革命胜利的资产阶级政权有极大的意义。一大批在原始资本积累过程中被驱赶到贫困边缘的人因这一条款而看到了一线生机,他们很快团结在资产阶级民主派的周围。对生存救济条款的政治意义认识得最深刻的是1792年法兰西第一共和国成立后成为雅各宾派代表人物的罗伯斯比尔。他在1793年的国民公会上第一次批评了 1789 年的《人权宣言》,认为宣言所保护的财产权原则是“许多灾难和犯罪的根源”。他主张“财产平等对于个人幸福还不如对于社会福利那么需要”,因而他建议对人权宣言进行修改。他还为此提出了自己的人权法案[1],该法案的突出的特点是主张以社会权的方式保障人的生存。作为世界人权史上第一次提出对所有权和经济自由进行法律限制,他的思想虽未被当时立法所接受,但却对垄断资本主义时期反垄断法和社会法的制定产生过巨大的影响。

从法兰西第一共和国到第二共和国(1884 年)的半个多世纪内,罗伯斯比尔曾试图解决的社会问题日益突出。伴随工业革命的进行,原来的小手工业者、农民被迅速瓦解分化,有的被吸收为产业工人,而有的则被淘汰得除了双手别无长物。所有权不受限制的实质是压榨和利润的自由,它的结果必然是握有财产的人财富日增,而出卖劳动力的人生活日穷。在把失业者这一产业“预备军”当作经济杠杆使用的时候,失业者的队伍不断壮大,因之生存无着落的人也就日益增多。这一问题反过来开始制约资本主义的发展。资产阶级国家第一次觉察到了社会的危机。

以法国 1848 年“二月革命”为契机,“社会权”首次被规定为国家的义务。“二月革命”后成立的包括两名工人在内的临时政府决定设置“国立劳动场”以保障失业工人享有劳动权;与劳动权配套的其他措施,如准许工人建立劳工组织,限制过长的劳动时间,改善劳动条件等随后也进入了立法范围。这些革命成果后来甚至在有明显倒退痕迹的法兰西第二共和国宪法中也仍然得到了肯定,并由此确立了该宪法在解决生存的社会问题上由近代向现代过渡的性质及它第一次把贫困、失业等问题作为生存权问题解决的意义,这表现为如下几个特点:其一,它改变了由资产阶级革命初期对市民社会每个人作等质对待的认识,开始承认在劳动关系上工人与资本方的不平等,对人权的保护随这种认识而有了原则性变化,即改变过去无差别保护所有的人为有差别对失去生存条件的人予以特殊保护。其二,它确立了人权内容的两个重心。一方面它一如既往地承认所有权的自由性,而另一方面又有开创性地肯定劳动权的自由性,在人权体系上设计了二元体制。这一特点可以视为近代人权向以生存权为核心的现代人权转换的尝试。其三,它第一次确立了社会保障制度。被保障的主体由 1793 年宪法中“不幸的市民”具体化为失业者、弃儿、病弱者、老人等。保障方法由 1793 年宪法中“社会救济机构”履行义务变为国家履行义务。这一特点与现代宪法关于社会保障的特点极其相似,或者可以说是它设计了现代宪法中的社会保障方案。

社会权的主要内容是劳动权与救济权。法兰西第二共和国集中解决了社会权的问题,它在世界人权史上占有承前启后的地位。它的问世促成了劳动法的诞生,进而开拓了人权的范围。自由资本主义向垄断资本主义发展时期的社会弱者正是靠争取劳动权和社会救济才得以生存的。因此,该时期的生存权是以社会权为表现形式的一种权利。

---

〔1〕 [法]罗伯斯比尔:《革命法制和审判》,赵涵舆译,商务印书馆 1986 年版,第 136 ~ 137 页。

（四）生存权的定型化

纵观自《人权宣言》问世至20世纪初的百余年资本主义历史，为解决人的生存问题，资产阶级国家大致采用了下述几种方法：其一是在资本主义自由竞争体制内部设立人的自我救济制度，即所谓社会救济制，国家对此不承担义务，它的救济物资的来源是富有者的施舍，获得社会救助的人不限于产业工人，其他"不幸"的人也有机会从救济机构那里领取所需的一部分。其二是为保证劳动力有出卖劳动的机会，法律上承认工人享有劳动自由。以法国1848年宪法为开端，劳动的诸种权利如组织劳工团体的权利、罢工自由等开始形成，这些权利重新调整了工人与国家及资本家的关系。工人团体权利的获得，被认为是工人对国家在刑事处罚关系上的解放，同时也被认为是工人对资本家在民事补偿关系上的解放。劳动权登上人权舞台，实质上等于宣布一切以契约为自由形式的制度已被修正。国家可因劳动时间过长、劳动条件过差、劳动报酬过低等干预资本方的活动，从而为劳动者的生存提供一点支持的力量。其三是国家直接插手生存问题的解决，即把保障社会弱者生存作为自己的义务。自19世纪末开始，技术革命迅速推进，使大批不适应技术要求的体力型劳动者失业，公害的出现，衍生了许多非人的自然免疫力所能避免的疾病，垄断的形成，则进一步导致结构性工厂倒闭和大批失业。这些像裂变一样涌现的社会问题——摆在政府面前。对此，国家一方面以强制性的保险制度替代原来的任意性的相互扶助制度，另外，增加了以妇女、儿童、残疾人、老人为特殊保护对象的为防止他们生存条件恶化的人权立法。上述三种办法，与资本主义发展的不同阶段相适应，具有递进性。而当第三种办法被普遍使用的时候，生存权的定型化已具备了充分的条件。

第一次世界大战的爆发，为生存权规范的问世起了催生作用，它的两个后果——苏俄的《被压迫被剥削劳动者权利宣言》的问世和资本主义经济危机的产生，从正反两个方面为生存权的诞生开启了大门。《劳动者权利宣言》继承了全部有益于劳动者的资本主义人权立法的经验，从根本上消除了不利于劳动者生存的资本主义基础，从而成为一部最彻底最典型的生存权法案。它开始成为资本主义国家的劳动者羡慕不已的东西。1919年产生的以生存权为人权特征的《魏玛宪法》就是资产阶级国家模仿《劳动者权利宣言》的产物。

《魏玛宪法》的时代印记被烙在其第二编第五章的《共同生活》上。该章由经济目的与三个规范群所构成。经济目的设定为："经济生活秩序必须与公平原则及维持人类生存目的相适应"（第151条）。该目的是资产阶级人权学者所称的人权换代的原始规范，生存权的法律根据皆出自于它。为达成这一目的的第一规范群可概括为劳动者的各种权利，这些权利的实现方法是国家设立不因劳动者疾病老弱而影响生活的保险制度，保障这种制度的主体不是社会而是国家；第二规范群是关于所有权与经济自由权的规定；第三规范群是关于对从事农业、商业等活动的独立的中间阶层给予生存保障的规定。上述三个规范群，呈现出与已往所有资本主义人权规范不同的三大特点：其一，《魏玛宪法》公开承认了社会内部劳动阶级与资产阶级的阶级对立，它比法国1848年宪法只承认人的不平等更进了一步。为使这种对立趋于缓和，该法调整了人权的重心，即对生存权作了概括性设立。尽管从实质意义上分析，规定生存权这种全新的人权是资产阶级为了延续资本主义制度所采取的措施，其目的不在于为劳动阶级建造天堂而在于使剥削制度生存下去，但其进步意义仍不可忽视。其二，以生存为目的重新调整经济秩序是《魏玛宪法》最突出的特点。在生存的目的制约下，经济活动从自由转向不自由，所有权被定性为义务，这等于承认自由资本主义的历史已经终结。在新的资本主义时期，人们有权依据生存原理对抗对自己生存不利的所有经济活动，生存权随之被推上了体现全部经济秩序最高价值的地位。[1] 表现现代资产阶级国家外部特征的所谓福利政策就是依据"生存目的"而制定的。其三，随着生存目的被解释为生存的人权规范，国家从消极转为积极，它开始全面介入垄断资本主义固有矛盾——财富急剧集中于少数人之手和社会多数人迅速贫困化——的解决。《魏玛宪法》关于国家以公益的名义强制组建公共经济组织并以税收方式实现社会财富的二次分解、把被集中的社会财富分割出一部分施于贫苦者的规定，使国家获得了前所未有的力量。国家开始大有作为。《魏玛宪法》的这一特点曾为社会主义国家在政权建立后如何处理生产资料提供过借鉴经验。但在德国施行的结果，导致了后来给全人类的生存带来灾难的法西斯主义。

《魏玛宪法》的制定，标志着生存权的全面定型化。人的生存问题从此再也不像以前的人权规范那样只是作为个别人的问题。以《魏玛宪法》关于生存的三个规范群为开始，生存权具有了主体、内容、客体的法定要素，因而成为与所有人都密切相关的问题。穷人的生存联系富人的义务，国家成为生存权的保障人。在这个意义上，生存权重新规范了个人与国家、社会弱者与强者、劳动者与剥削者的关系，它开启了具有连带特征的人权的新时代。

二、生存权的现代内容

生存权在世界范围内的普遍化，开始于20世纪30年代资本主义经济大萧条之后。特别是第二次世界大战以来，几乎所有制定宪法的国家都在其人权规范中增加了生存权的内容。从有代表性的东西方宪法可以看出，生存权在现代各国有着如下几方面通解：

1. 生命仍是生存权的自然形式。与早期人权规范中作为自然权的生命权不同，现代作为生存权的生命权，已增加了尊严权的内容。生命与尊严的结合，可以理解为人的"体面地生存的权利"。尊严权是第二次世界大战结束后新出现的人权子族，在生存权理论上它被认为是人的生命的外围屏障。如果一个人的生命是在屈辱状态中被保全，那么他的生命至

[1] 作为"经济目的"出现在宪法中的"生存"是否可以被作为人权规范直接适用，在德国人权学界曾存有分歧，一种观点认为它不过是关于人权的原则和纲领（纲领说），而另一种观点则认为它是不需补充即成立的法规范，具有一般适用的人权效力（规范说），后一种观点被普遍接受。

多是奴隶式的动物形式,其生存的价值不在自己而在屈辱施加者。尊严权是从法西斯主义践踏人的尊严的教训中反刍出来的人权。人权体系中有无它的规定,是判断一国人权是否现代化的根据之一,也是判断一国保障人的生存权是否全面的标准之一,其意义可与生命权并列。

2. 财产是生存权实现的物质条件。与近代人权规范不同的是,为求生存而获得财产不以生存者履行义务为前提,反以财产所有人履行义务为前提,国家具有接受生存请求的责任。失去生存能力的人有权向国家提出获得必需的物质帮助的权利,国家通过强制财产所有人履行义务实现自己向生存请求者提供物质帮助的义务。在保障生存者获得物质条件的方法上,社会主义国家与资本主义国家有根本性的差别。社会主义国家向生存者提供的是创造社会财富的生产资料,资本主义国家向生存者提供的是赖以生存的生活资料。在现阶段,社会主义国家以解决人民温饱问题为解决生存权的首要问题,资本主义国家则已超越这一标准而转入实施福利政策。

3. 劳动是实现生存权的一般手段。随着劳动者的生存决定着全社会生存的认识在立法上得到肯定,劳动者在现代人权法上受到了特殊保护。劳动是财富的源泉,保障劳动者获得劳动权,不仅使劳动者本人在创造财富过程中有取得劳动报偿的资格,而且也为不能参与财富创造的人准备了提留后的份额。劳动权的内涵则较之过去丰富得多,劳动就业权、职业选择权、报酬权、劳动保护权、休息权、交涉权、争议权、管理决定权、劳动保险权等正随劳动者价值的提高而成为劳动权族中日显重要的组成部分。生存权问题最早是由劳动者而引起,解决了劳动权问题也就等于解决了社会多数人的生存权问题。

4. 社会保障是生存权的救济方式。如果生存者是通过"劳动—财产—维持生存"的定式完成了生存权的自我实现的话,那么另一种定式"物质请求—国家帮助—维持生存"就是一些例外的人生存权实现的救济方式。对社会的多数成员来说,生存权是通过第一种定式而得到保障的,第二种定式只适用于具有生存障碍的社会弱者。分析一个国家生存权制度是否完备,在现代具有三个尺度,一是看生存的保障义务是否由国家履行;二是看国家是否制定了与其经济状况相一致的生存标准;三是看国家是否有使低于生存标准的人达到这一标准的具体措施。这三个尺度联系养的共同内容,就是社会保障制度。在现代社会化大生产过程中,即使有生存能力的劳动者也避免不了随时都可能发生的意外灾难,社会保障制度对他们具有生存的救济预备恁义。而对于老、弱、病、残、妇、幼等社会弱者来说,社会保障是他们须臾不可离开的护身符,社会保障制度无时不在消除他们的生存障碍。从社会保障与弱者生存的关系考察,甚至可以这样认为,受社会保障权就是社会弱者的生存权。这种形式的生存权对于社会强者只是在他是强者时才不需要,而一旦他沦为弱者,受社会保障就是他原来生存权的自然延伸。

5. 发展是生存权的必然要求。伴随新技术革命的进行,社会发展的步伐在20世纪60年代以来空前加快,社会向人提出的适应要求越来越高。生存权的设立,解决了适者生存、不适者也生存的问题，但是，生存权中并无限制适者生存得更好的平均因素。生存权可以确定生存的最低标准，而它却不反对社会强者对社会适应的更高追求。在没有上限的生存欲求中发展个人，并使之与社会进步相一致，因适应社会要求而成为一种必然。例如，在一些新技术产业，劳动者要么成为新技术的掌握者，要么被新技术淘汰而另就他业或失业。一旦出现后一种情况，其生存问题随之产生。为防止类似的个人与社会差距拉大的问题出现，发展自己的权利开始被列入生存权的范围。个人发展的主要途径是享有受教育权。人自幼开始接受一般智能教育，国家承担培养高素质劳动后备军的义务。受教育者无偿获得知识与技术，这样才能使其在进入社会时解除后顾之忧。正是从保证人的生存角度考虑，"接受教育"才具有既是权利又是义务的双重性质。人在进入工作岗位后，为使自己不断与所在岗位要求相适应而接受的继续教育，也具有同样的性质。发展权中不限于受教育权一种，它还包括个人为显示自己能力所进行的各种自由追求。如公职竞争自由、兼职自由、职级晋升权等。生存权中包含发展权的内容，首先是社会发展的需要，其次也是人权中必须承认人的先天差别的需要。生存权中只确定生存的最低标准，这本身即蕴含着对人的发展权的肯定。

6. 环境、健康、和平是生存权的当代内容。生存权是发展变化着的权利。在温饱问题解决之后，财富贫乏对人生存的威胁已降为次要地位，而人类在创造物质财富过程中对自然环境的破坏以及由此而引起的各种疾病开始对人的所为进行报复。这种报复是当代人类生存最无情的敌人。它们呈立体形态全方位地向人类生存展开攻势。它们的肆虐导致一些现代病的出现。因此，创造良好的自然环境和保持身心的健康就成为替代人类对衣食住行要求的新要求。这种要求在生存权上的表现就是环境权与健康权，诸如净气权、阳光权、稳静权、净水权、远眺权等都是它们的内容。

生存权的时代内容因不同国家对它的不同追求而分成两支：把环境与健康作为生存首要问题对待的是一支，把和平作为生存首要问题对待的是另一支。后者以第二次世界大战为人类制造的惨祸为背景。人们注意到战争是生存的最大威胁，因而有了在和平环境中生存的要求，反战权、反核权，免除核威胁权等成为和平生存权的内容。

7. 国家职能的转换是生存权的保障。近代国家对公民的生存权只以旁观者身份出现，现代国家则把自己变成了生存权的关系人。第二次世界大战之后，重新修订宪法的西方各国都另行标定自己的性质，德国标榜自己是"社会联邦国家"，法国自称是"社会共和国"，意大利将自己定性为"以劳动为基础的民主共和国"。国家性质的重新表述，表明国家职能的转换，以保障生存权的名义全面干预经济即是资本主义国家在现代的新职能。社会主义国家大都表明自己的人民性，这说明保障人民的生存权是社会主义国家的根本任务。

三、生存权的保障原理

生存权在人权体系中的核心地位确立之后，人权制度随之发生了三方面的根本性变化。在人权内容上,传统的以自由权为构成基础的近代人权让位于以生存权为构成基础的现代人权。在人权目的上,传统的以社会成员个人对自由、幸福的追求变换为社会整体对平等、生存的追求,人权主体也因人权价值取向的转移而由有生命的个人扩展为具有复合性质的人的某类,集体的权利开始登上人权舞台。〔1〕在人权保障方法上,传统的只对人权侵害加以预防和在预防失灵时对侵害加以排除的消极保障方式开始变换为国家直接向人权主体提供人权实现条件和清除人权实现障碍的积极保障方式。公民对国家的抵抗和国家所必须保持的抑制被公民对国家的依赖和国家所必须进行的介入所取代,国家从不惊扰个人权利生活的"守夜人"变成了应公民请求而行的奉事者。人权制度的上述变化表明,作为现代人权标识而确立的生存权,其性质已不同于作为起始的人的解放符号的自由权。如果说自由是人的重要天性而承认人有与这种属性相适应的各种权利是文明在社会制度上的表现,那么,生存权就是给人的自由设置最合理的界限,而达到社会共同自由就是文明在制度上的最大发展。自由权强调的是人的个性的充分实现,生存权强调的是所有人共性的一般实现。生存权为自由权重新划定了界限,国家则在协调两种有冲突的基本人权的关系中发挥着任何其他社会组织无法取代的作用。国家对于生存权的实现具有决定性意义。

人权不同于一般私法关系上的权利的特征之一是,凡被称为人权的权利必定同国家发生联系。公民通过人权的中介同国家结成四种权利义务关系并形成四种地位。第一种是公民对国家的服从关系。在这种关系中,公民处于被动地位,他对来自国家的法律、政府的自由裁量、司法的裁决只有遵奉的义务而无讨价还价的权利。如果在服从关系中公民有不可侵犯的利益,那至多是公民对超量义务的拒绝权,但这种拒绝恰恰说明公民对国家履行了法定量的义务。第二种是公民对国家的抵抗关系。在这种关系中,公民处于消极地位。人权自产生那天起即以国家为防御对象。限制国家不干涉公民的权利生活,人权就能受到最大限度的尊重。在抵抗关系中,公民获得的是各种形式的自由。第三种关系是公民对国家的决定关系。在这种关系中,公民处于主动地位。只要承认主权在民是人权制度的基本原则,就必须承认公民有权决定国家的一切,公民因这种地位而获得广泛的政治权利。第四种是公民对国家的请求关系。在这种关系中,公民处于积极地位。国家应公民的请求为当为的行为而使公民受益,国家活动的内容受公民的请求所支配。公民的请求一旦得到满足,其结果就是实在化的权利。国家负有满足公民请求的法定义务,这种性质的权利就是生存权。

由生存权所表明的公民对国家的积极关系可以看出,生存权的实现方式已不同于公民处在其他地位上而获得的其他人权的方式。国家是否允许公民拥有提出请求的人权地位,允许公民占据请求者的地位而请求是否被国家接受,国家不接受公民请求是否为不作为违

---

〔1〕在国际人权法中,集体权利又称集体人权。它最早出现于第一次世界大战时期,国与国之间关于少数民族保护的双边条约,其形态是民族的权利;第二次世界大战之后,集体人权的概念始广为流行,现已成为国际人权法的基本范畴。

法，国家的不作为行为最终能否被公民纠正过来，这一组问题的解决就成了生存权有无切实可行的制度保障的原理所在。

首先，是否赋予公民在生存遇到来自自身的或社会的困难的时候向国家提出帮助请求的地位，直接决定着公民能否成为生存权的主体。如果像德国人权学者早期对《魏玛宪法》关于生存的条款所作的解释那样，只是把“共同生存”理解为国家活动的原则和纲领，那么生存的保障问题只不过是国家政治和道义上的责任，它的表现形态是政治规范而不是基本的人权。纲领说直接否定了生存条款的权利性，同时也否定了国家所应承担的法律责任。公民处在不能提出请求的地位，其对生存的希望只能是消极的等待。在国家遵循道义的纲领而施仁政的时候，公民的生存问题有可能被国家的具体措施所顾及，而一旦国家背弃政治原则，则公民的生存问题又有可能受到冷落。这样，即使国家有基本成型的福利制度，公民的受惠也带有很大的偶然性。这种状态的生存权，与其称其为基本的人权，倒不如称其为特权更合适，因为它无法成为人人平等享有的权利，偶尔地享有，也只是恩惠式的例外。

其次，确认公民有向国家提出生存请求的法律地位，但同时又准许国家对公民的请求持自由态度——既可以接受，又可以不接受，这种性质的生存权仍是缺乏强制性义务作为保障的生存权。在20世纪30年代的德国和20世纪50年代末期的日本，人权理论界曾将请求权的生存权解释为抽象的权利，[1]其含义是，公民有权向立法机关提出补救生存保障立法之不足和向行政机关提出纠正生存保障措施之不当的请求，但不能把请求转化为对物或劳动机会的索取。由于这种请求权不是具体的，而且带有政治色彩，所以称其为抽象的权利。抽象权利说比纲领说有两个明显的进步：一是承认生存请求权是公民普遍享有的权利，它比纲领说的“特权论”更接近平等的人权原则，二是赋予了公民生存权的主体资格，保障生存的责任不再是国家的道德义务而是法律责任。但是，抽象权利说也清楚地显示出其不足，一是它所承认的公民请求权缺乏可操作性，公民排除生存障碍的请求得不到司法的保护；二是在抽象权利说中，公民的请求只被当作国家了解社会问题的窗口，公民请求解决的问题只有具有社会普遍意义的时候，请求才可能得到重视，而对于因人而异的个别请求，国家则可予以否定。抽象权利说的缺陷说明，生存权此时正处于抽象的被肯定和具体的被否定的矛盾之中。该说曾在很长一段时间内被国家作为规避具体义务的根据。生存权在这段时间内的实践还表明，抽象权利说是利于生存强者而不利于生存弱者的生存学说。

再次，法律是否允许公民对国家不接受公民的具体生存请求指责为不作为违法，是生存权向制度化保障靠拢的重要关口。理论上对这种靠拢作出强有力说明的是超越抽象权利说的具体权利说。[2] 具体权利说产生的背景在于20世纪60年代开始的各国社会保障法的普遍化和依据社会保障法而出现的诸多生存权判例。该说从生存权实践所总结出来

---

〔1〕［日］桥本公亘：《宪法原论》，有斐阁1959年版，第238～239页。

〔2〕［日］高田敏：《生存权保障规定的法性质》，公法26号1964年，第95页。

的原则中发展了抽象权利说。既然公民有对国家关于生存权的立法提出请求的权利,那么当立法机关出现立法侵害时,[1]对消极的立法侵害,公民同样有权利按照宪法的监督机制对立法机关提出不作为违宪审查的程序,以纠正立法的不法。具体权利说把生存权当成了违宪审查的标准,这就迈出了国家对保障生存权实现负有法律义务的关键的一步。具体权利说对国家行政机关所提出的制约远远大于对立法机关。在生存保障有法可依的前提下,如果负有社会保障法实施之责的行政机关也以不作为方式漠视公民的生存请求,公民则可直接将行政机关作为诉讼上的控告对象。大凡建立行政诉讼制度的国家,在公民的行政诉讼诉由中都有行政不作为的内容,这是具体权利说对行政诉讼制度所产生的影响。在诉讼过程中,生存权是行政不作为行为被司法审查的基本标准。具体权利说赋予了生存权对立法、行政的约束力,使生存权成为当代立法的本源和行政措施的出发点。该说所证明的结论是,哪里的生存权不具有这种约束力,哪里的生存权就是不受保障的生存权。

最后,公民的生存请求能否转化为属于自己的生存利益或生存条件,是生存权是否具有法定性格的标志。比具体权利说更现实化的生存权理论是法定权利说。[2] 该说认为,生存权只有成为决定当事人利益的审判规范时,生存权才是在终极意义能够实现的人权,其法定权利的表现形态是在司法上获得救济。依据人权保障的一般原理,哪项权利不能提起诉讼,哪项权利就没有护卫屏障,司法救济是人权的防波堤,它的意义在于阻遏来自国家和社会的生存冲击。人权侵害与人权保障总是结伴而行的。没有不受侵害的人权,也没有不受保障的人权。人权保障有积极、消极之分。生存权的积极保障在司法上的体现,即依据司法上的命令,公民可向国家兑现适合社会一般生存标准的各种利益。它可以是物质的,也可以是行为的,还可以是某种机会。司法上对生存权的救济,是生存权保障的最后环节。

从上述生存权渐次获得法律上的效力可以看出,以请求权形态表现的生存权所最终要求的是国家在立法、行政和司法三个方面的积极性,有关生存权的规范如果能够对国家产生这样的制约作用,则生存权就是受法律保障的基本人权,否则,它只是主观意义的、在受到蔑视和侵害的时候无法获得实际保护的权利。展示生存权的保障原理在于强调国家的作用,从而规约国家在法律上和物质条件上向生存权主体提供双重支持,消除国家的不作为因素和使公民能够获得由司法裁判命令支付的来自国家方面的物质利益是生存权保障的制度机制。

---

〔1〕 立法机关的立法侵害有二种方式:一种是对已定式化的生存权用立法的方法加以限制或剥夺,另一种是对已确立的生存权以怠慢的态度不制定使其实现的具体规范,前者称积极的立法侵害,亦称作为侵害;后者称消极的立法侵害,亦称不作为侵害。参见徐显明主编:《公民权利义务通论》,群众出版社1991年版,第57~60页。

〔2〕 [日]芦部信喜编:《宪法Ⅱ人权(2)》,有斐阁1981年版,第338页。

四、有关生存权的几个理论问题

20世纪,人权理论别开生面之处是生存权原理在世界范围内被普遍接受。无论对立着的东西方或南北方各国在实际上是否认真对待了生存权,但还没有一个国家不承认生存权是人民的首要人权。生存权在不同国家所拥有的共同地位,向生存权的理论提出了共同的问题。在生存权尚处于发展、完善阶段的当今,回答这些问题仍是各国人权理论界共同的任务。

(一)生存权产生的必然性

恩格斯在论证人权形成为制度的自然过程时指出:"一旦社会的经济进步,把摆脱封建桎梏和通过消除封建不平等来确立权利平等的要求提到日程上来,这种要求就必然迅速地获得更大的规模,这种要求就很自然地获得了普遍的、超出个别国家范围的性质,而自由和平等很自然地被宣布为人权"。[1] 这说明,人权的最一般表现形态是自由与平等。它们的存在,表明的是人对经济的关系。

只要服膺马克思主义经典作家的经济决定论的唯物史观,就不能不拿它去分析自由与平等的关系。而一旦把自由与平等与经济原因相连接,就会立刻发现,自由和平等从胎动那天起就已陷入不可自解的矛盾之中。资产阶级的人权史实际上是一部自由与平等的矛盾斗争史。自由的最大价值在哪里?从形式上观察,它在于通过法律拒绝来自国家对个人身心的束缚,但从实质上审视,它却是为资本和财产而准备的。有产者所以始终把它当作自己的"宠儿",其原因就在于只有它才能实现资本与劳动最大限度的结合。资本与劳动结合得越充分,资本者由结合后产生的利益所体现的人格价值就越大,同时由结合而带来的两个后果也就越明显结合前劳动者的自由变成了资本的奴隶——被结合的人的自由消失了;结合前契约上的平等变成了役使关系——被结合的人的平等被吞噬了,尤其当资本形成垄断而使其他资本也难以自由的时候,甚至连有产者也会感觉到在自由问题上的不平等,于是最先认识到这种不平等的有产者也会像无产者一样反对不利于自己的自由。这时候,统治危机便会因统治者内部利益均衡的被打破而首先在本阶级中产生。自由资本主义时期所出现的各种社会矛盾,就是自由埋葬平等的结果。在这种背景下,生存权走到人权的前台,承担了调处大资产者与中小资产者的矛盾(使中小资产者免于破产)以及有产者与无产者的矛盾(使无产者免于失业)的重任。它以限制财产权的绝对自由为出发点,试图恢复平等权昔日的光辉。从上述自由与平等的冲突中认识生存权,可以说生存权是以自由权叛逆的身份出现的平等权的附属品,它是本来就难以协调的两种基本人权矛盾的必然

---

〔1〕《马克思恩格斯选集》(第3卷),第145页。

产物。

生存权产生的另一原因可以从资本主义生产过程中所制造的劳动者与有产者双方在生存欲望上的统一中得到说明。作为经济人的资本家,其生存的基础是在资本的运动中投入劳动力以使其变易为商品。维持劳动力生存的条件同时也是维持资本主义生产方式的条件。对劳动力的过度榨取,不但会因劳动力资源趋于枯竭而使商品生产难以为继,而且作为以自己资本为核算单位的资本家个人还要考虑劳动力价格提高而生产成本增加所造成的负担。把劳动力成本降低到最低限度的最经济的做法是既保持在资本周围形成一支失业常备军,又维持失业者随时出卖其体能的最低条件。这样,劳动者生存下去的欲望与资本家降低劳动成本的欲望在商品生产过程中统一起来。在业的劳动者以其所得维持生存,失业的劳动者以从国家征取的社会生产总成本中的所谓保障资金中求得生存。资本家以纳税方式缴于国家的资金,实质是其预投的劳动成本的一部分。让劳动者及其繁衍的后代享有维持生存最一般条件的权利,在长远上只是资本主义生产战略的计谋,劳动者的生存是为了有产者更好的生存。

劳动者力量的增强和在生产过程中的反抗是生存权产生的阶级原因。社会化大生产在把劳动者通过分工和流水线组织起来的同时,也把他们统一为整体。当劳动者知道自己是被作为一个阶级受到榨取的时候,收回全部劳动成果的要求便会提出,[1]但这种要求在私有制不变的前提下永远无法得到满足。于是无产阶级整体对资本的对抗就是难以避免的社会问题。为此,资本方不得不作出让步。马克思曾指出:“如果允许无限期地出卖劳动力,那就会使奴隶制立刻恢复起来”,[2]首先从确定出卖劳动力的最大期限——劳动时间开始,劳动者的劳动权和劳动基本权渐次被资本方所容忍。[3] 劳动者的生存权是伴随其劳动等的权利一并法定化的。生存权的被肯定可以说是劳动者阶级在百余年间通过市民社会的战场对有产阶级的胜利。

资产阶级政党斗争格局的改变是生存权产生的政治原因。政党政治以多党并存、政党地位平等为原则。不管一国问鼎政权的政党有多少,其性质大致可分为主自由的和主平等的两类。自由和平等都是通向民主的桥梁。无论哪种性质的政党,其标榜的“来自人民、为了人民”的政纲都是相同的。在解决社会矛盾的策略上,各该党可以为争取选民而持针锋相对的观点,但成功与否最终要经选民民主程序的选择。在自由资本主义时期,民主自由的政党一直占据政治上风,这种格局被认为是选民对自由铁律的公认。但是,对社会的多数成员来说,与其奔向自由王国还不如奔向食物王国更有实际意义。所以当主平等的政党首先提出生存的口号而争取民心时,原来的政治格局迅速瓦解,生存权的提案成了在野党

---

〔1〕 安东·门格尔所创设的“全部劳动收益权”的概念即指劳动者有收回自己所创造的一切劳动成果的权利。

〔2〕《马克思恩格斯选集》(第2卷),第179页。

〔3〕 在人权理论中,劳动权与劳动基本权是有区别的两个概念。前者指劳动者在生产过程中的权利,如就业权、休息权、报酬权、受保护权等,后者指劳动者在生产过程以外的权利,如罢工权、争议权、团体结合权、集体交涉权等。

爬上权力宝座的阶梯。这也正是生存权得以在规范上确立的政治原因。

综上分析，生存权是人权制度内部自由与平等矛盾运动的必然结果，是由经济的、阶级的、政治的原因共同促成的，其必然性即存在于社会各种矛盾的斗争之中。

（二）两种生存权的差异

在西方的人权学说中，因生存权在获取方法上的差异而有两种不同的主张。“自上而下”获得生存权的方法认为，只要国家积极主动地为公民作出生存安排，公民就能获取生存权，它以公民的受益权为表现形态；“自下而上”获取生存权的方法则认为，生存权乃是劳动者及其受益人对劳动权和社会保障权的享有，国家应公民的请求而积极提供公民生存的条件。本文不拟对这两种观点的不同作进一步分析。这里所要探讨的是，两种社会制度下生存权在形式相同基础上的实质的差异，这是具有现实意义的重要理论问题。

差异之一，资本主义的生存权以解决垄断阶段两极分化所导致的社会危机为目的，以对自由权进行改良和修正为方法，这两方面都不触动私有制的根本制度。而社会主义生存权则直接否定资本主义的生产关系，并以不同形式的生产资料公有制作为生存权的经济保障。

差异之二，资本主义生存权在调整与所有权关系时只以对其神圣不可侵犯的原则施以限制为其划定界限，所有权并不因附带义务而失去其最基本的人权的法性格，它始终处于人权体系“恒星”的地位上，生存权不过是由它决定的在速度上服从它而在方向上围绕它的“卫星”。而社会主义的生存权则把其与所有权的关系颠倒过来，所有权在社会主义的人权族林中不再是基本人权。社会主义国家保障公民合法的收入和财产，但在方法上是把它作为私法关系上的权利对待的，这就决定了社会主义生存权的地位远在所有权之上。两种生存权对所有权的关系截然不同。

差异之三，资本主义的生存权在把平等原则引入其中的同时又无情地践踏了平等原则。生存权主体人格与法律地位的平等依赖于资本特权法律化的不平等，因特权的活化而威胁平民生存权的条件依然存在。而社会主义的生存权则把平等的原则与实践统一起来，人人具有平等的生存条件，资本特权在生存权面前归于消灭，使生存权在事实上成为社会主义在法律上的表征。两种生存权对平等关系直接对立。

差异之四，资本主义生存权以社会共同体为理论依据，〔1〕这种理论认为，作为全体的国家和作为其成员的公民是有机结合的，国民个人的生存发展也是国家的生存发展，国家整体的向上进步也是国民个人的向上进步，在协同关系中，权力与生存合二为一、共存共荣。共同体论掩盖了在生存权问题上的阶级矛盾。而社会主义的生存权则以科学社会主义原理为理论依据，它主张剥夺剥夺者以消灭差别，生存权主体具有相同的占有生产资料的机

〔1〕［日］我妻荣：《新宪法和基本人权》，有斐阁1948年版，第110～117页。

会,在平等的起点上共同富裕。两种生存权的理论根据迥然不同。两种性质不同的生存权起到了不同的历史作用,资本主义的生存权缓解了资本主义的社会矛盾而使资本主义制度渡过危机并得以发展,社会主义的生存权则标志着被压迫被剥削人民地位的解放。在今后相当长的时期内,这些历史作用还将得到进一步发挥,特别是,随着社会主义社会生产力的进一步发展,社会主义生存权的经济保障将更为充分和完善,两种不同的生存权也将展现出不同的历史命运。

(三)生存权的效力

生存权作为多种权利的复合体其性质具有多重性。它与自由权的相容说明其自身也具有自由权的效力,只是从根本上说生存权是最终通过公民积极地位实现的权利,因而它具有对国家的强制力。强制与排斥是生存权对国家的第一类效力表现。

不是根据法律去判断生存权,而是根据生存权去判断法律,这是生存权对国家立法的约束力。以此为标准,立法机关既不能通过妨碍和取消生存权的立法,也不能制定使生存权落无实处的法律。消极不制定生存权的法律更为生存权所不容。这是生存权对立法权的强制表现。同理,生存权对行政机关和司法机关也有相同的要求,有违生存权的行政措施最终将被宣布为无效。生存权的请求权的性质强制国家积极履行作为义务,生存权的自由权的性质排斥国家对公民追求生存权的干涉。生存权的第一类效力为国家规定了作为和不作为两种责任。

生存权对国家的第二类效力表现为它是当代法律所遵循的共同原则。20世纪新兴的法律部门大多以生存权为立法原理,经济法的表征是调整经济关系,但其精神却是维持社会生存。环境保护法在归类上可以划为公法,但其保护的真正利益却是私法上的人格权,亦即人有免受对身体的、健康的、精神的、生活的侵害的权利。教育、科技、文化等方面的法具有管理社会事业的职能,但其实质却是为了人们适应时代的发展与进步,说到底是不致使人落伍而能文明地生存。当代新出现的诸多兼有生存权和自由权两种特征的人权如学习权、知识产权、知情权、信息调取权等无一不植根于生存权的基础之上。

生存权对国家的第三类效力表现在对司法原则的改变上。依传统的人权理论,国家对公民财富的依法征收(如纳税)以平等为原则,但依据生存权的原理,当公民被强制纳币或纳物之后生活清楚明白地无法维持时,司法不再支持平等原则,“清楚明白的标准”取代了平等原则。民事侵权赔偿责任在加害者支出应当支出的数额后生存受到威胁时,司法上可将赔偿责任转由国家偿付。各种诉讼的保全,以不妨害被保全人生产、生活资料的使用为限,这已成为各国民事诉讼的通例。司法原则因生存权的约束而发生的最大变化是“举证责任转移”。它是指在公害、产品等侵害生存权的案件中,权利主张者不再负有证明加害行为与其后果之间因果关系的举证责任,而只要加害方提不出反证,其加害即告成立的责任确定方式。司法制度的变化说明生存权对司法机关已产生了约束力。

生存权除了对国家的三类效力之外，对社会组织和个人也具有约束力。新的人权效力理论——对第三人效力的理论因生存权的产生而产生，[1]它的意义在于指明个人与社会组织和个人签署的有违生存权的契约无效、社会组织制定的侵害公民生存权的内部规约违法。

(四)生存权的界限

像人格权、尊严权、健康权等自然权只服从产生它们的主体的自身条件而不受法律制约一样，生存权在国家制定法中也呈现出无限性。自由权界限的原理在于确立个人自由与国家权力大小的比例关系，生存权界限的原理在于辨别国家对公民生存请求满足的积极与不积极的作为程度。

自由权的人权在国家为其明确界限时，一般以其与其他主体的权利相切接的最大外延为观察点，因之自由权在法律上往往只有上限而无下限。生存权的界限则正好相反，国家在为其确定界限的时候，一般以一部分主体与另一部分主体所享权利的差距为观察点，因之生存权在法律上只有下限而无上限。这个下限就是国家在综合了全体经济情况后为生存权主体确定的国民最低限度的生活标准。

维持生存权的最一般条件是经济条件，但仅把建立在由经济条件所决定的最低限度的生活标准理解为生物式的生存是不够的。人的文化欲求毫无疑问与人的生物式生存有相互渗透的关联性。生存是文化适应于人的目的，文化与物质条件一样是人不同于动物般生存的条件，经济与文化都是确定生存标准的内在要素。

最低限度的生活标准既是抽象的又是相对的概念。抽象产生于对具体经济、文化生活的一般概括，这是国家应做的工作；相对则预示着标准的流动性变化，国家负有适应国民各种生活水平的提高而不断修改标准的责任。以下六种情况是国家确定生存权界限的主要根据：国家的财政状况——不是根据预算来确定生存权，而是根据生存权决定国家预算；国民的平均生活水平——不是强调生存权的平均主义，而是强调低于平均值的国民具有受保障的优先地位；城乡生活差距——不是用同一标准适用一切人，而是用两个标准适用于不同的人；国民生活感情与劳动倾向——不是鼓励人们争做惰者，而是鼓励公民蔑视坐食嗟来之食者；强制保障受益人数——不是建立生存权的特惠制度，而是建立全民皆保险的保障体制；国家对救助请求的满足程度——不是使请求人生活水平高于不曾提出请求者，而是使请求者获得生存的最低条件。当这些被国家通过技术处理为数字指标时，生存权的下限就是具体和明确的。由国家根据不同时期变化着的经济、文化等状况定期上调这个下限，生存权的界限又总是相对的。

既保障有生存自救能力的人不断创造适于自己的生存环境，又保障生存弱者不断依据

---

[1] 参见徐显明主编：《公民权利义务通论》，群众出版社1991年版，第62～63页。

国家确立的生活水平的最低限度提出帮助请求并满足其请求,生存权的界限以其两重性向法律和国家提出了不同的要求。对前者的界限,国家需以"合理性界限"对待之,对后者的界限,国家需以"明白性界限"对待之。它们分别与国家的不作为义务和作为义务相对应。

(原载于《中国社会科学》1992年第5期)

“仁”的起源、本质特征及其对中华法系的影响

武树臣*

“仁”是中国古代社会处于基础地位的思想观念。它发端于商周，兴盛于春秋，并对整个中国古代社会的政治法律实践施以重大影响。但是，“仁”是怎样产生的，它和远古社会生活有什么联系，其本质特征是什么，对中华法系有何影响，这些最基本的问题仍然值得进一步探索。

一、“仁”的起源：从古文字窥测远古风俗

“仁”是春秋时代形成的思想观念。由于历史材料的局限，今天，我们探讨“仁”观念的起源、形成过程和本质特征，不能不更多地关注于古文字。中国象形文字是古代社会生活的真实记录。今天，我们通过古文字，仍然能够窥见当初古代先民造字时所依据的生活环境和思想认识。这就使通过古文字来研究“仁”的缘起和轨迹成为可能。

（一）甲骨文中的“仁”

甲骨文是我国古代最早最系统的文字。在甲骨文被发现之前，根据清代阮元（1764～1849年）的意见，“仁”字始见于西周。他认为周人继承了殷人“相人耦”的文化传统，并在此基础上创造了“仁”字[1]。于省吾亦认为：“仁德之仁，至早起于西周之世”[2]。

19世纪末殷墟甲骨文的发掘，开拓了古文字研究的新纪元。1913年，罗振玉所撰《殷

---

* 武树臣，山东大学人文社科一级教授、博士研究生导师。

〔1〕 阮元《论语论仁论》：“仁字不见于虞夏商书及《诗》三颂《易》卦爻辞之内，似周初有此言而尚无此字。……盖周初但写‘人’字，周官礼后始造仁”；《孟子论仁论》：“夏商以前无仁字。……故仁字不见于尚书虞夏商书。《诗》雅颂《易》卦爻辞之中此字，明是周人始因‘相人偶’之恒言而造为仁字……然则仁字之行，其在成康以后乎？”参见（清）阮元：《揅经室集》（上），邓经元校，中华书局1993年版，第179、206页。

〔2〕 于省吾：《释人尸仁𡰥夷》，载《天津大公报·文史周刊》1947年1月29日。

墟书契》(《殷墟书契前编》)收录疑似"仁"字字形,但并未将其注释为"仁"字[1]。其收录疑似"仁"字字形见下图:

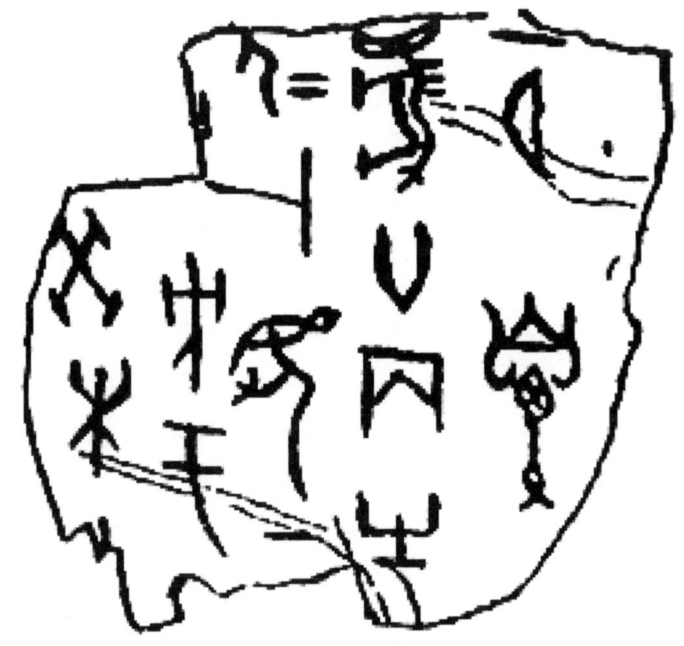

此后,商承祚、罗振玉、孙海波等先后将此字形注释为"仁"字[2]。此间,亦有学者对甲骨文"仁"字形提出谨慎怀疑意见[3]。

1953年,董作宾先生作《古文字中之仁》指出:"甲骨文中,所谓仁字者只此一见,盖由于误认"。该字"右边二字,乃是记卜兆次数之数字,正在卜兆上,与下方之一同,非仁字右边之二也","仁之一字关系吾国政治哲学人生哲学者至钜,为伦常道德之本原,儒家思想之中心。而考之甲骨金文,皆不可见。此不足证殷周之必无仁字也"[4]。几十年来,董作宾的"卜兆次数"说影响极大。尽管学界存在诸多怀疑和否定殷商甲骨文中有"仁"字的

〔1〕 罗振玉:《殷墟书契》,上虞罗振玉日本永慕园影印本1913年版,卷二第十九页第一行收录。

〔2〕 参见商承祚主编、罗振玉考释:《殷墟文字类编》(番禺商承祚不移轩刻本1923年)卷八第一页释右第三行第一字形为"仁"字;孙海波主编:《甲骨文编》,大东书局1934年版;徐文镜主编:《古籀汇编》:上海商务印书馆1934年版,均取商承祚之说,列为"仁"字。

〔3〕 最具代表性的学者有叶玉森和于省吾。1934年,叶玉森所撰《殷墟书契前编集释》(上海大东书局影印本1934年)卷二第三十四页著录此版卜辞,并注谓"亻上不完,似非仁字";1947年,于省吾所撰《释人尸仁尸夷》(《天津大公报·文史周刊》1947年1月29日):"商承祚主编《殷墟文字类编》第八有'仁'字,系误摩";"初无仁字,后世以人事日繁,用各有当,因别制仁字。仁德之仁,至早起于西周之世"。

〔4〕 董作宾:《古文字中之仁》,载《董作宾先生全集》(乙编·第4册),台北:台北艺文印书馆1977年版。转引自宋镇豪、段志洪主编:《甲骨文献集成》(第11册),四川大学出版社2000年版,第392页。

意见[1],但是,董作宾的"卜兆次数"说更具有"一票否决"的权威,似乎成为甲骨文中无"仁"字的铁证,支配学界60年之久,至今无人质疑。

众所周知,董作宾先生是"甲骨四堂"之一,学界景仰的甲骨学大师。他的研究成果极丰,为甲骨文研究作出卓越贡献。但是,董作宾先生的"卜兆次数"说并非无懈可击。因为"卜兆次数"说不符合卜辞中使用序数的一般规律。这主要表现在:第一,甲骨卜辞中,如一、二、三、亖这样的序数,一般都被刻画在卜辞的上下左右比较空旷的位置,而不刻画在字里行间,以避免序数与卜辞相混淆,误为卜辞的组成部分,同时也可能是为了便于占卜人员分辨卜辞的不同区域和段落。第二,甲骨卜辞中的序数,像"仁"字形那样,左为偏旁,右为序数的用法,很难找出同样例子。第三,有不少甲骨卜辞的版面上只有序数,没有卜辞,据此推测,可能是先刻序数,以便合理使用版面。据韩鉴堂推测,"商人在占卜时,往往一事多卜,占卜史官每灼烧一次甲骨,就要在卜问过的兆枝上方刻上一个序数。有一块甲骨上刻着十几个兆序,说明这次占卜,史官灼烧了十几次甲骨。在兆序刻完之后再刻卜辞。"而且,"字不能刻在兆纹上,如果和兆纹重叠,就是'犯兆'了"[2]。如果是这样,处于字里行间的"仁"字形右侧的"二",就不可能是事先刻画的序数,也就不可能在序数"二"的左侧再刻上"亻"字。第四,从卜辞书写刻画的规律来看,序数如一、二、三、亖,笔画简洁平直清瘦,而"仁"字形右侧之"二",笔画厚实,两端浑圆,上一与下一两者长短不一。而再审视序数之"二",两横长短几乎是一样的。可见,卜辞文字中的"二"与卜辞序数之"二"风格迥异。反过来说,"仁"字形右侧之"二"如果是序数之"二",就应当符合序数书写的一般特征。第五,从刻有"仁"字形的卜辞版式来看,"仁"字形右侧的"二"似乎不在卜兆的纹路上,与下方的"一"上下位置明显不对称,"二"居竖行之右,"一"居竖行之中。因此,确认"二"与"一"之间存在逻辑关系的证据仍显不足。第六,如果按照孟世凯的意见,"此卜辞应是某方国向商王朝进贡二十匹马的记录"[3],那么,此版卜辞当属"记事刻辞"而非"占卜刻辞"。因此"仁"之"二"是不是"卜兆序数",就

[1] 这些意见主要有以下几种:其一,郭沫若1944年在《孔墨的批判》中指出:"'仁'字是春秋时代的新名词,我们在春秋以前的真正古书里找不出这个字,在金文和甲骨文里也找不出这个字。这个字不必是孔子所创造,但他特别强调了它是事实。"参见郭沫若:《十批判书》,载《郭沫若全集》(第2卷),人民出版社1982年版,第87页。其二,侯外庐,"'仁'字在可靠的古书中,不但不见于西周,而且不见于孔子以前的书中","更据地下材料,'仁'字不但不见于殷代甲骨文,更不见于周代吉金,其为后起之字,实无问题"。参见侯外庐:《中国思想通史》(第5卷),人民出版社1956年版,第612页。其三,1965年,李孝定编著的《甲骨文字集释》将"仁"字列入"存疑"类,并指出:亻旁的"二"及下文的"一","并卜辞序数,非仁字。古人、仁当无别,仁应是后起字"。参见李孝定:《甲骨文字集释》(第14卷),台北,"中研院"历史语言研究所、乐学书局有限公司1965年版,第4529页。其四,孟世凯认为,"此卜辞应是某方国向商王朝进贡二十四马的记录","目前还没有看出哪些字或词是属于概念性的,尤其是反映道德、伦理方面的"。参见孟世凯:《甲骨文中礼、德、仁字的问题》,载《齐鲁学刊》1987年第1期。其五,白奚认为:"仁的观念产生于春秋时期,最早也早不过西周,因此,我们也很难想象这种极为深刻而重要的观念来自比西周还要早一千年的夷狄之邦"。参见白奚:《仁与相人偶》,载《哲学研究》2003年第7期。这些意见的共同之处是排除了殷商甲骨文中有"仁"字的可能性。

[2] 韩鉴堂:《图说殷墟甲骨文》,文物出版社2009年版,第118、120页。

[3] 孟世凯:《甲骨文中礼、德、仁字的问题》,载《齐鲁学刊》1987年第1期。

更值得推敲。

毋庸置疑,甲骨文中的“仁”字是个孤例。然而认定“仁”之右侧之“二”为占卜序数,似乎也是一个孤例,况且不符合使用占卜序数的一般规律。如果“卜兆次数”说不能成立,那么,甲骨文中的“仁”字形尽管是个孤例,尽管“亻”上方有一点残缺,但仍然不足以构成否定其为“仁”字的客观性。仅以“仁”字形只出现一次而简单地否定“仁”字的存在,总是显得有点武断。换一个角度看问题,“仁”字形的罕见自有其道理,也许是因为当时的“仁”字有多种写法,而从人从二的“仁”字是在最后阶段出现的新字。对此,后文将专门论述。尽管如此,问题的最终解决,仍有待于新史料的出现。

(二)金文中的“仁”

郭沫若在20世纪40年代曾经断言:“‘仁’字是春秋时代的新名词,我们在春秋以前的真正古书里找不出这个字,在金文和甲骨文里也找不出这个字”[1]。但是,到了1974年,考古界有了新发现。考古人员在河北省平山县发掘了战国时期中山国墓葬群,在其中的M1号墓发现中山王鼎,其铭文为“天降休命于朕邦,有厥忠臣賙,克顺克卑,无不率仁,敬顺天德,以左右寡人。”该墓主下葬时间在公元前310年左右[2]。有学者认为铭文“无不率仁”的“仁”字应当读作“夷”[3]。也有学者认为应当读为“仁”[4]。还有学者认为“这是金文中迄今所见唯一的一个‘仁’字”[5]。该字写作𡰥。从铭文内容和字形来看,以读“仁”为宜。此例是战国时期金文中存在从人从二的“仁”字的新证。

但是,事物总是不肯停下它的脚步。1981年8月4日,周原考古队在陕西省扶风县黄雄乡强家村发掘了一座西周墓,编号81强M1,出土文物600余件,均收藏于宝鸡市周原博物馆。其中一件夷伯夷簋,又称夷伯簋,被定性为西周晚期(懿孝之际)之器。此器分甲乙簋,器、盖同铭,款式稍异,盖铸铭文5行38字,器铸铭文4行34字,缺“辰在壬寅”4字。

盖铸铭文如下:

隹(唯)王征(正)月初吉辰才(在)壬寅尸(夷)白(伯)尸(夷)于西宫益贝十朋敢对阳(杨)王休用乍(作)尹姑宝簋子二孙二永宝用

器铸铭文如下:

---

〔1〕 郭沫若:《十批判书》,载《郭沫若全集》(第2卷),人民出版社1982年版,第87页。

〔2〕 引自河北省文物管理处:《河北平山县战国时期中山国墓葬发掘简报》,载《文物》1979年第1期。

〔3〕 朱德熙、裘锡圭:《平山中山王墓铜器铭文的初步研究》,载《文物》1979年第1期。

〔4〕 容庚:《金文编》,中华书局1985年影印本,第559页。

〔5〕 白奚:《仁字古文考辨》,载《中国哲学史》2000年第3期。

隹(唯)王征(正)月初吉仁白(伯)尸(夷)于西宫益贝十朋敢对阳(杨)王休用乍(作)尹姞宝簋子二孙二永宝用[1]

上述盖铸铭文和器铸铭文的图片见下图:

两相对照,可以看到,"尸(夷)白(伯)尸(夷)于西宫"与"仁白(伯)尸(夷)于西宫",上句是"尸白,"下句是"仁白。"这说明"尸"字和"仁"是可以互代的通用字,尸伯、夷伯、仁伯是一样的。这无形中又一次佐证了学界关于古代"尸""夷""仁"为一字的论断。西周晚期(懿孝之际)的夷伯夷簋是西周金文存在从人从二的"仁"字的有力证据。

《夷伯夷簋铭》"仁伯"之"仁"字写作⺁。穆海亭以为此字是"尼"字,读作"夷"[2]。此系采取郭沫若的意见。郭沫若在《两周金文辞大系考释·畧卣》中指出:"《孝经》'仲尼居,'释文:'尼本作𡰥,古夷字。'《汉书·高帝纪》'司马𡰥,又《地理志》越巂郡苏示下𡰥江在西北,颜师古均以为𡰥古夷字。'按𡰥当是古尼字,从尸二声。……唯尸夷尼迟古音相近,故得通用耳"[3]。但是,东汉人却认为𡰥是"仁"的古字。东汉许慎《说文解字》:"仁,亲也。从人二。忎,古文仁,从千心。𡰥,古文仁,或从尸"可证。清段玉裁《说文解字注》在注释"仁"字时,直接援引了东汉郑玄关于"人相耦"的注释,并强调𡰥,古文仁。或从尸,按古文"夷亦如此"。如此,则𡰥即"仁"字。

看来,自汉代以后,对𡰥字就有两种注释:一是认为𡰥是"仁"的古字;二是认为𡰥是古代的"尼"字,读作"夷"。其实𡰥和"仁"二字没有质的差别,因为"尸"与"亻"都是"人"形,只不过膝盖弯曲程度不同而已。因此𡰥就是"仁",或者说,当时的"仁"就写作𡰥。关键在于"二"是读音还是重文符号。"二"应当是重文符号,而带有重文符号的字往往是晚出的。于

〔1〕 霍彦儒、辛怡华主编:《商周金文编》,三秦出版社2009年版,第16页。

〔2〕 穆海亭、郑洪春:《夷伯簋铭文笺解》,载《中国考古学研究论集——纪念夏鼐先生考古五十周年》,三秦出版社1987年版,第292页。

〔3〕 郭沫若:《两周金文辞大系考释》,东京文求堂书店1935年版,第15页。

省吾指出,“尼”字形“象人坐于人上之形”,反映了远古的生活状况,“作为独体字的尼字的发生时期,当然要早于商代中叶武丁之世,它很可能产生于夏末商初之际”[1]。既然“尼”字在先𡰥字在后,那么,为什么将𡰥释为古“尼”字而非古“仁”字呢?这是不是无形中受到春秋始有“仁”字的成见的影响呢?

西周金文有“仁”字,其意义重大:第一,西周金文有“仁”字,是殷商可能有“仁”字的一个有利的逻辑凭证。因为,周人继承“仁”字比自己发明“仁”字更为合理;第二,西周金文有“仁”字,对判断《尚书》《诗经》等史料中的“仁”字之真伪提供了一个客观的参照物。西周金文的“仁”字与《尚书·金滕》的“予仁若考(予仁而孝),能多才多艺,能事鬼神”和《论语·尧曰》的“周有大赉,善人是富。‘虽有周亲,不如仁人。百姓有过,在予一人’”,似乎可以互相印证。“仁”字的罕见可能与“仁”的其他异体字的使用有关。

从人从二的“仁”字又见于春秋早期的《鲁伯俞父簋铭》。其铭文为:“鲁伯俞父作姬仁簋,其万年眉寿永宝用”[2]。这段铭文的图片见下图:

在这里,铭文的“仁”字形写作[illegible],这可能是“仁”字的一种过渡型的写法。该字之所以将“二”横写在“亻”字中间,很可能是为了与带有重文符号的字形相区分。《兮甲盘铭》“至于南淮尸(夷)淮尸(夷)旧我帛畮人”,被加上重文符号“二”而简写为“淮二尸二”[3],其图片见下图:

〔1〕 于省吾:《释尼》,载《吉林大学社会科学报》1963年第3期。
〔2〕 中国社会科学院考古研究所编:《殷周金文集成》(第4册),中华书局2007年版,第2938、3442页。
〔3〕 同上书,第5482页。

又如前述《睘卣铭》中“尸白尸白”，简化成“尸二白二”。很显然，由两个“尸”字简化而成的𡰥，与作为“仁”之本字的𡰥字形，都写作[illegible]。仅从外形上来看的确无法区分。但是，如果换一个角度来看，这一特征正好说明作为“仁”之古字的𡰥字，最初正是由两个“尸”字演化而成的。这无意间揭示了“仁”字与重文符号之间的内在联系。或者说，重文符号虽然为了简化而多用于文字之间，但也少量地施用于单个文字之内[1]。这也许是创造新字的一个途径。在考察重文符号的功能时，也许应当注意不能以一种倾向掩盖另一种倾向。

综上，我们也许可以推测，从人从二的“仁”字始见于甲骨文，又见于西周、春秋、战国时期的金文。这一推测是我们今天探讨“仁”观念的衍生历史的一个前提。前文董作宾所云“仁”字“考之甲骨金文，皆不可见。此不足证殷周之必无仁字”，他并不认为“不见”就等于“必无”，足见老一辈学者治学之严谨和客观。

（三）“夷俗仁”：“仁”源于东夷风俗

甲骨文中从人从二的“仁”字形虽然是个孤证，但是，从字形字义来看，“仁”字形并不是孤立无源的。一方面，在古文字当中，人、夷、尸、𡰥、仁诸字是可以互相替代的[2]；另一方面，在甲骨文里面存在“仁”字形的几种原形字。从人从二的“仁”字很可能是在“兼并”了其他几种原形之后，被加工抽象而形成的后起的字形。那么，“仁”的原形都有哪些呢？这些原形又蕴含着什么意义呢？

殷商甲骨文已是相当成熟的文字系统。在殷商之前，甲骨文经历了漫长的形成过程。

---

〔1〕 甲骨文有单字使用重文符号的例子。比如“弜”字分别以“二”“丨丨”作重文符号就变成“勿”“弗”。参见朱岐祥：《释勿弜同字》，载《甲骨文论丛》，台北，学生书局1993年版；张宗骞：《卜辞弜弗通用考》，载《燕京学报》1940年第28期。

〔2〕 于省吾：《释人尸仁𡰥夷》，载《天津大公报 · 文史周刊》1947年1月29日。

殷民族是东夷民族的一支。[1] 因此，在甲骨文形成过程中，自然吸收了东夷民族的风俗习惯和文化传统。《说文解字》所谓“夷俗仁”，正好概括了“仁”与东夷风俗的内在联系，并暗示着研究“仁”字起源的基本方向。

在甲骨文当中，“仁”字的原形具有共同的特点，就是双人结构。诚如董作宾《古文字中之仁》所谓：“仁，人字重文，古或作仌，又作仁，意谓人与人之间，互相亲爱，为人之道，亦即人道，义自可通……《春秋元命苞》：‘二人为仁’，此与徐灏之说，皆近情理”[2]。董作宾所指的“仌”，很可能是在甲骨文当中的诸多上下结构的双人字形的基础上抽象而来的。这些上下结构的双人字形有上“亻”下“亻”、上“大”下“大”、上“卩”下“卩”，等等。特别重要的是，董作宾不仅指出了由“仌”发展到“仁”的内在轨迹，还提出了“重文”符号在“仁”字形成中的特殊作用。正是在董作宾的启发下，我们从人的对应关系（人相偶）作为切入点，试图寻找“仁”字的原形。

“仁”字的第一个原形是“夾”。甲骨文写作[illegible]。叶玉森认为“夾”是“仁”的初文。他说：“卜辞之夾，疑即仁之初文。篆从二人，仁谊不显。此象一小人在大人臂亦下，隐喻提携扶持之意，乃仁之真谛”[3]。“夾”字的蕴意可能是母亲抱哺其子女，表现了母亲对子女的爱护。后世的“夾辅”之义可能就是从这里演化而来的。东夷民族用“夾”表示亲人之爱，而亲人之爱正符合“仁”的本义。

“仁”字的第二个原形是“化”。甲骨文写作[illegible]。该字形为左右结构，左为正人，右为倒人。学界将此字释为今天的“化”字也许是个失误。从战国时的“化”字来看，该字由左刀右匕组成的，表示变化、货币。[4] 似乎可以推测，这个左亻（或刀）右匕的“化”字应是后起的字。面对甲骨文左为正人右为倒人的字形，如果从上方俯瞰，那是一幅二人靠背而眠的姿态。东夷民族可能有靠背而眠的习俗。在寒风凛冽的冬季，兄弟们靠背而眠，相互取暖。所以，有靠背而眠的习惯的民族就自然被称作“化”，即“仁”或“夷”。如果此说成立话，甲骨卜辞中跨时代频繁出现的“臿化”“疋化”“臿疋化”[5]，似应当读为某某夷或某某仁。

“仁”字的第三个原形是被学界误认的“乘”字。甲骨文写作[illegible]。该字形为上下结构，上为正大，下为倒大。“大”即正立的人形。将此字释为今天的“乘”字也许是一个疏忽。甲骨文的“乘”字是上大下木，表示人在木上，写作[illegible]。两个字的区别在下半部分，一个是倒立的

[1] 在学术界，关于殷商民族及其文化的来源问题，笔者赞成如下观点：“商人原出于东夷”；“原始的商族可能是山东地区东夷族之一支”。参见张富祥：《东夷文化通考》，上海古籍出版社2008年版，第321、431页。

[2] 董作宾：《古文字中之仁》，载《董作宾先生全集》（乙编·第4册），台北，艺文印书馆1977年版。转引自宋镇豪、段志洪主编：《甲骨文献集成》（第11册），四川大学出版社2000年版，第392、393页。

[3] 叶玉森：《殷墟书契前编集释》卷七，大东书局1934年版，第26页。转引自于省吾：《甲骨文字诂林》（第1册），中华书局1999年版，第238页。

[4] 何琳仪：《战国古文字典》（下册），中华书局1998年版，第835页。

[5] 张秉权：《卜辞臿疋化说》。转引自宋镇豪、段志洪主编：《甲骨文献集成》（第24册），四川大学出版社2001年版，第219页。

大字,一个是正立的木字。面对甲骨文上为正大下为倒大的字形,如果从上方俯瞰,那是一幅二人抵足而眠的形象。东夷民族可能有抵足而眠的习俗,所以,就用抵足而眠的习惯来称呼东夷民族,这个字形即"仁"或"夷"。如果此说成立话,甲骨卜辞中跨越年代十分久远且频繁出现的"望乘",就应当读为"望夷"或"望仁",用以表示族名或地名[1]。正"大"和倒"大"组成的字形,也可能经过独立的简化演变过程,加上重文符号就变成"亼""太"和后来的"泰"字。《说文解字》说"泰"之古文作"亼"[2]。上大下二的"亼"字形与左亻右二的"仁"字形已经十分接近,没有本质差别了。假如这个推测能够成立,那么东夷故地的"泰山"似本应当读"仁山"或者"夷山"。而《左传·庄公十一年》所记"乘丘之役"的"乘丘"(在今山东曲阜),就本应当读"仁丘"或者"夷丘"。

"仁"字的第四个原形是"尼"字,甲骨文写作。该字形为上下结构,上为左向坐姿之人,下为右向伏姿之人。(尼字)"从反人,从尸,会二人相背嬉戏亲暱之意。典籍通作暱。《说文》:暱,日近也。从日,匿声。《春秋传》曰:私降暱燕。昵暱或从尼。尸亦声。战国文字承袭甲骨文。《说文》:尼,从后近之。从尸,匕声。女夷切。许慎所谓从后近之,参《医心方》十三:男女相背,以两手两脚俱据床,两尻(臀部)相柱"[3]。在甲骨文里面,虽然有"秜"和"伲"字,但独立的"尼"字却未见,可能"尼"字曾经被形近义近的"化"字所代用,以后才独立出来。

"仁"字的第五个原形是"弔"字,甲骨文写作。该字形实为"夷"字,亦为"仁"字[4]。"弔"由"亻"和"缴"(有绳之矢)组成。东夷是弓矢的发明者,故以此表示东夷族的身份。根据东夷人的观念,"人见白骨为死"。人死后至其骨现为真正死亡。[5]《易·系辞下》:"古之葬者,厚衣之以薪,葬之中野,不封不树,丧期无数"。《说文解字》:"弔,问终也。古之葬者,厚衣之以薪,从人持弓,会殴禽"。亲人死后被置之荒野。此间,死者子女每日探望,以待复活,且以"缴"驱赶鹰隼豺狼。此即三年之丧和孝的源头,亦即《说文解字》"仁者寿"和"不死之国"的真谛。"三年之丧"源于东夷对死这一现象的理解和对亲人的深爱之情。《论语·阳货》载:孔子学生宰我嫌三年太久了,孔子批评道:"予之不仁也","三年之丧,天下通丧也"。可见,不孝和不仁是同义词。而重孝与崇仁是相联系的。"《礼记·杂记》所载被孔子称赞为'善居丧'的'东夷之子'少连、大连,均可见东夷人对仁的崇尚"[6]。《论语·学而》:"孝悌也者,其为仁之本欤"道出了"仁"与"孝"的内在关系。

---

[1] 张秉权的《殷虚文字丙编考释》认为:"望乘是人名。是武丁时代下危的一员主将";林沄的《甲骨文中的商代方国联盟》认为:"可定望为方","把他们理解为商王属下的将领是不妥的";裘锡圭的《论望组卜辞的时代》认为:(望乘)"这种人名为什么也重复出现于不同时期呢?立足于人名为族氏这一基点上的异代同名说,对此也无法作出完满的解释"。分别参见于省吾:《甲骨文字诂林》(第1册、第3册),中华书局1999年版,第298、2390、766页。

[2] 严一萍:《释太》,载宋镇豪、段志洪主编:《甲骨文献集成》(第12册),四川大学出版社2001年版,第16页。

[3] 何琳仪:《战国古文字典》(下册),中华书局1998年版,第1229页。

[4] 王献唐:《炎黄氏族文化考》,齐鲁书社1985年版,第36、37、39页。

[5] 周清泉:《文字考古》,四川人民出版社2003年版,第59页。

[6] 张富祥:《东夷文化通考》,上海古籍出版社2008年版,第409页。

“仁”字的第六个原形是“屖”,甲骨文写作。“屖”的本字是“夷”[1]。“屖”字由“尸”“辛”组成。“尸”代表东夷之“人”,“辛”即文身的刀具。“屖”的本义是“有文身标记的东夷人”。故《礼记·王制》云:“东方曰夷,被发文身”。“夷”本身就含有文身之义。文身是东夷的古老习惯,亦夷礼、殷礼的重要内容。周清泉《文字考古》指出,殷人行成童、成人礼时文身。即男孩8岁文额、女孩14岁文乳、男童20岁文胸。甲骨文中的“童”“母”“妾”“奭”形字、“文”形字是其证明。[2] 文额、文乳、文胸的文化功能是以清晰的符号标明其血缘身份,杜绝母子、父女、兄弟姐妹之间的性行为,亦即后世的“同姓不婚”的滥觞。后来,有文身的东夷人被打败变成了奴隶,文身才逐渐演变成黥刑。“屖”字揭示了“仁”与“礼”的原生联系。

从造字规律来推测,从人从二的“仁”字很可能是在以上几个原形字的基础上抽象集约而成的。在古代生活的某个阶段,一方面,某些古文字在不断分化更新当中被赋予更确切的内涵,另一方面,出现了将几个同音同义字加以简化,同时将其内涵加以提升的需要。正如王念孙所谓:“窃以诂训之旨,本于声音,故有声同字异,声近义同,虽或类聚群分,实亦同条共贯”;段玉裁谓:“圣人之制字,有义而后有音,有音而后有形,学者之考字,因形以得其音,因音以得其义”[3]。于是,上述几个原形字就经过重文符号“二”的抽象加工[4],整合了它们共同具有的含义,从人从二的“仁”字便应运而生。

二、“仁”的本质特征是“相人耦”(人相偶)

“仁”的本质特征是“相人耦”或曰“人相偶。”“仁”字本身就有“耦合”之义。清王念孙《广雅疏证》:“惠爱恕和人仁也”,疏引宋均注:(仁)“与他人相耦合也。”“仁”的相偶之义源于甲骨文“仁”的几个原形所代表的古老风俗。这些风俗似乎还应当包括“烹渔”“耦耕”那样的生产活动。该风俗可能源于“在母系继嗣模式中进行的”“商人的二合偶族姊妹交换及

---

〔1〕 何琳仪:《战国古文字典》(下册),中华书局1998年版,第1232页。

〔2〕 周清泉:《文字考古》,四川人民出版社2003年版,第559~717页。

〔3〕 引自(清)王念孙:《广雅疏证》序,江苏古籍出版社2000年版,第12页。

〔4〕 清代徐灏最早论及“仁”与重文符号的关系问题。据董作宾《古文字中之仁》:“于《说文解字》之外别立新说者,当推徐灏。徐氏作《说文解字注笺》于仁字下笺云:戴氏侗引尤叔晦曰:古文有因而重之以见义者:因子而二之为孙,子二是也。因人而二人为太,大二是也。因人为二人,为仁,亻二是也”;“徐氏此说,谓二是重文,于甲骨金文均有其证。甲骨又又(有佑)作又二,金文尤习见。则仁即人字重文,右或作夊,又作亻二,意谓人与人之间,互相亲爱,为人之道,亦即人道,义自可通”。参见宋镇豪、段志洪主编:《甲骨文献集成》(第11册),四川大学出版社2001年版,第393页;章太炎认为:“人儿夷夊仁𡰥六字于古特一字……古彝器人有作夊者,重人则为夊,以小画二代重文则为仁,明其非两字矣”。田倩君撰“释夷”一文所引《章氏丛书·检论》。参见宋镇豪、段志洪主编:《甲骨文献集成》(第12册),四川大学出版社2001年版,第358页;王献唐说:“什么是仁?仁字是人的重文;什么是人?人和夷是一个字”。参见王献唐:《山东古国考》,齐鲁书社1983年版,第219页;刘文英同意章太炎的说法,认为“仁”字之“二”系重文符号。参见刘文英:《仁之观念探源》,载《天府新论》1990年第6期;周清泉指出:“仁字本是人人二字的重文。在金文中,如子子孙孙的重文多写作子二孙二,其子孙字下的二,是表示重文的符号”。参见周清泉:《文字考古》,四川人民出版社2003年版,第447页。

双边交表婚"[1]制,可能源于《周易·归妹》"归妹以娣"的"媵"婚制,也可能源于"兄终弟及"的继承习惯,甚至还可能涉及东夷民族多产双胞胎的生理特点。《广雅疏证》:"釐孳健颔匹偶耦孪也。"疏:"方言,陈楚之间,凡人兽乳而双产谓之釐孳,秦晋之间谓之健子,自关而东赵魏之间谓之孪生。《尧典》传云:乳化曰孳,釐健语之转,釐孳犹言连生。方言:娌,耦也,娌与釐亦声近义同,健亦连也。"所谓"乳化曰孳",乳,生子;"化"即双人结构,意为生两个孩子叫作孳(孪)。"夾"字亦母哺双子之状。《广雅疏证》"双耦娌匹贰乘再两二也",疏:"《周官校人》乘马,郑注云:二耦为乘。凡经言乘禽乘矢乘壶乘韦之属,义与此同也"[2]。即便是那个被掩盖了本义的"乘"字,竟仍然保留着"双耦"之义,恐非偶然。

(一)"相人耦":夏商以来之恒言

清段玉裁在注释"仁"字时,直接吸收了东汉许慎、郑玄等人的研究成果:"仁,亲也。见部曰:亲者,密至也,从人二。会意。《中庸》曰:仁者,人也。注:人也,读如相人耦之人,以人意相存问之言。《大射仪》:揖以耦。注:言以者,耦之事成于此意相人耦也。《聘礼》:每曲揖。注:以相人耦为敬也。《公食大夫礼》:宾入三揖。注:相人耦。《诗·匪风》笺云:人耦能烹鱼者,人耦能辅周道治民者。正义曰:人耦者,谓以人意尊尊偶之也。《论语》注:人耦同位人耦之辞。《礼》注云:人耦相与为礼仪皆同业。按:人耦犹言尔我亲密之词。独则无耦,耦则相亲。故其字从人二"[3]。

通过许慎特别是郑玄的注释,我们可以得到什么启发呢?第一,仁者亲也,从人二。仁表示一个人和另一个人之间的相互亲密的关系,这种关系源于人们之间的感情,这种感情的基础与血缘有关。第二,仁者人也,人即相人耦之人。仁的前提是人,仁与人没有本质差别,人不是孤立的,人首先是人的集体,人是人们组成社会关系的一个符号。第三,仁是"以人意相存问之言"。仁是一种特殊的语言文字符号,即把所有区别于动物的人,无论其氏族、长幼、男女,都视为与自己毫无二致的人一样对待,当你把你的对方视为人的时候,就是仁。第四,以相人耦为敬。礼仪强调互相对等,没有差别,体现互相尊重的含义。第五,相人耦就是合作。合作才能捕鱼,合作才能治理国家。可见,"仁"的基本精神主要有两方面:一是血缘群体内部的互相友爱之情,二是超血缘群体之间的相互对等、互相匹配。

用"相人耦"注释"仁"之本义,是汉代学术界通用的"恒言",也是"秦汉以来民间恒言",甚至是周人之恒言。阮元《论语论仁论》指出:"康成所举相人偶之言,亦是秦汉以来民

---

〔1〕 赵林:《殷契释亲》,上海古籍出版社2011年版,第265页。

〔2〕 以上3处引文,参见(清)王念孙:《广雅疏证》(卷一上、卷三上、卷四上),江苏古籍出版社2000年版,第12、82、114页。

〔3〕 (东汉)许慎撰:《说文解字注》,(清)段玉裁注,浙江古籍出版社2006年版,第365页。其中,鱼即渔。"烹渔"可能是像"耦耕"那样靠多人合作的一种捕鱼方法。参见宋镇豪主编:《商代经济与科技》,中国社会科学出版社2010年版,第290页。

间恒言,人人在口,是以举以为训。初不料以后此语失传也";阮元《孟子论仁论》指出:"明是周人始因'相人偶'之恒言而造为仁字"[1]。

西周初期"以德配天"的"德"之思想,第一次通过神的折射把人民推上政治舞台。在周人心目中,民心向背决定着"天命"的得与失,即《左传·襄公三十一》年引《泰誓》"民之所欲,天必从之"和《尚书酒诰》"人无于水监,当于民监"。统治集团把人民当作一面镜子,临鑑对视,也是一种"相人耦"。西周初期的"德"恰是"周人始因'相人偶'之恒言"而被赋予全新的内涵。西周的重"德"思想和"怀保小人""明德慎罚"的政治法律实践,为后世"仁"观念的兴起提供了土壤和营养。

到了春秋时代,前代关于"仁"和"相人耦"的传言,在民间广为传播。"偶"字似乎就已成为具有特定意义的字眼儿了。比如,《左传·桓公六年》:"人各有偶。"《左传·僖公九年》:"送往事居,耦俱无猜。"孔子:"我非生而知之者,好古,敏以求之者也。"(《论语·述而》)孔子关于"仁"的认识自然与前代文化有着密切关系,而前代文化的载体就包括"夏商以来相传之言",即"古人之恒言"。故阮元说:"孔门师弟所述,半为古人之恒言"[2]。《左传·僖公三十三年》所记晋臼季之言:"臣闻之,出门如宾,承事如祭,仁之则也",《论语·颜渊》:"仲弓问仁。子曰:'出门如见大宾,使民如承大祭。己所不欲,勿施于人。在邦无怨,在家无怨'";《左传·昭公十二年》:"仲尼曰:'古也有志:克己复礼,仁也'";《论语·颜渊》:"子曰:'克己复礼为仁。一日克己复礼,天下归仁焉。为仁由己,而由人乎哉'";再加上《论语尧曰》载商汤所说:"朕躬有罪,无以万方,万方有罪,罪在朕躬"以及周武王所说:"周有大赉,善人是富。虽有周亲,不如仁人。百姓有过,在予一人"[3];以及《论语·为政》:"子曰:书云:'孝乎为孝,友于兄弟,施于有政'",《论语·微子》:"周公谓鲁公曰:'君子不施其亲,不使大夫怨乎不以,故旧无大故,则不弃也,无求备于一人'",等等,这些与"仁"有关的格言警句,大都是上古以来之恒言[4]。这些恒言可能直接进入孔子的课堂并编进"教科书"。孔子关于"仁"的思想正是在"相传之恒言"的基础上加工升华而成的。

(二)孔子把"相人耦"之风俗提升为"人己和"之道德

就某种角度而言,孔子之"仁"与上古之"仁"的区别,在于将"相人耦"的精神上升为"人己和",即自己和对方友好相处的新道德观。如前所述,"克己复礼为仁"的恒言,上升成"为仁由己,而由人乎"(《论语·颜渊》);"出门如宾,承事如祭,仁之则也"(《古传·僖公三

---

〔1〕 (清)阮元:《揅经室集》(上),邓经元校,中华书局1993年版,第194、206页。

〔2〕 同上书,第185页。

〔3〕 刘宝楠《论语正义》引宋翔凤语,谓此句系周武王封诸侯之辞,尤其像封姜太公于齐之辞。参见杨伯峻:《论语译注》,中华书局1980年版,第203页。著者以为此说可信。武王对身为东夷后裔的姜太公言说东夷常用之语,是很自然的事。反映了武王希望姜太公忠心辅佐周王室的殷切心情,不同民族之间以诚相待,君臣合作,正是"仁"的内涵之一。

〔4〕 在春秋时代,仅《左传》所记夏之恒言(夏书、夏训)就有14条。参见武树臣:《儒家法律传统》,法律出版社2003年版,第223~231页。

十三年》)的恒言,上升成“己所不欲,勿施于人”(《论语·卫灵公》)。至此,原先“人相偶”(“相人耦”)的朴素精神,终于进入哲学意义的主观世界,使某一个具体的自然人由于能够与其他个体自然人相对应,并结合成人的群体而获得社会价值。任何一个人的生存和发展都离不开他人和人的群体,而任何个人的生存和发展都以他人和群体的生存和发展为前提。这个新的意识充满个人的平等和真诚的合作精神,即《论语·雍也》所说“己欲立而立人,己欲达而达人”。于是,一个初看起来与农耕社会宗法家族毫无瓜葛的似乎有点早熟的“仁”的学说,就在一代哲人悲天悯人的情怀当中诞生了。

阮元说:“仁之篆体从人二,训为相人偶,《论语》中已备论之矣”〔1〕。然而《论语》并未论及“相人偶”之义。也许是因为在周文化的语境中,孔子不便公开追述遥远的东夷传统。《论语》在很多地方涉及“人己”关系(自己和他人的关系)。《论语》言仁109见,言“人”162次,言“己”29处〔2〕。从《论语》第一篇《学而》的“不患人之不己知,患不知人也”到最后一篇《尧曰》的“不知言,无以知人也”,“人己对称”之言者甚多。诸如“修己以安人”(《论语·宪问》)、“修己以安百姓”(《论语·宪问》)、“君子求诸己,小人求诸人”(《论语·卫灵公》)、“不患人之不己知”(《论语·学而》)、“躬自厚而薄求于人”(《论语·卫灵公》)、“古之学者为己,今之学者为人”(《论语·宪问》)、“我不欲人之加诸我也,吾亦欲无加诸人”(《论语·公冶长》)等,不胜枚举。正如阮元所说:“人己对称,正是郑氏相人偶之说”。〔3〕

孔子的“人己”说就是前代的“人偶”说。孔子正是通过讨论血缘范畴和超血缘范畴的“人己”关系来阐述“仁”之内涵的。孔子的“人己”理论有几个特征:一是普遍性,即社会中的每一个成员,一切社会关系,血缘群体中的父子夫妇兄弟,社会生活中的君子小人朋友同乡,政治领域中的君主大臣平民百姓,“君君臣臣父父子子”都无一例外地嵌入“人己”关系中。面对“人己”关系,一切区别于禽兽的人类,不论其国籍、阶级、贫富、贵贱、长幼、尊卑、亲疏,都毫无例外地获得加入“人己”关系之中的自然权利。因此,就某种角度而言,孔子的“人己”理论是对人的类观念(“人类”概念)的深刻诠释。二是对偶性,即社会中的每一个具体的成员,一切具体社会关系,都是一对矛盾、一对相辅相成的对应体。如果没有男,亦即没有女。没有君,即没有臣。对应的双方既互相依存,又可以在一定条件下相互转化。如果处理得当,就可以保持长久的平衡。三是自律性。任何个人都能够在这种“人己”关系所编织的网络中找到他自己的位置,并承担相应的道德伦理责任。君臣父子兄弟朋友都应当恪守自己的道德行为规范。这种行为规范是通过学习感悟而获得,变成内心的荣辱观念,从而自觉约束自己的行为。孔子的“普遍教育”思想和“有教无类”、因材施教的教育方法,正是其“人己”理论的一个组成部分。四是实践性。君子是国家社会的支配群体,是推

---

〔1〕(清)阮元:《揅经室集》(上),邓经元校,中华书局1993年版,第201页。

〔2〕杨伯峻:《论语译注》,中华书局1980年版,第213、218、221页。

〔3〕(清)阮元:《揅经室集》(上),邓经元校,中华书局1993年版,第183页。

行仁政的主动力量。因此,对君子应当有特殊要求。你是君子就要像君子,就要符合君子的条件。就要完成"宽""惠"等道德教条,于是你必须对人民行宽容恩惠之政。这样,人民就成为使君子成为真正君子仁人的客观条件。至此,西周初周公的"以德配天"便演化成孔子的"以人配人"。如果说中世纪欧洲的"人文主义"是现实社会的人通过上帝的折射来发现自己的价值,那么,中国先哲孔子的"仁"则是个体自然人通过对方的眼睛来审视自己的映像。孔子相信,只要在上者带头克制自己的行为,以"爱人"之心推行"泛爱众"的仁政,妥善处理自己方与对偶方的关系,就能够实现虽然存在社会差别,却不会发生社会冲突的"天下归仁"的和谐社会。

三、"仁"对中华法系的影响

在探讨"仁"的起源时,我们不难发现,"相人耦"之"仁"的基本精神是"爱人"。由于爱之主体与客体之异,"爱人"又分为两方面:一是血缘群体的亲人之爱,即"孝悌";二是超血缘群体的对等之爱,即"忠恕"。可见"仁"的内涵本身就不是单一的而是"相耦"的。"仁"的血缘意识来源于氏族社会的血缘群体,即亲人之间的互相友爱之情。这种亲情的萌芽从甲骨文的"夾""弔"字可略见一斑,《论语·阳货》所谓"三年之爱"和"三年之丧"即由此演化而来。这种血缘意识又经过文身、礼仪、禁忌的综合作用而变得根深蒂固。"仁"的超血缘意识来源于氏族部落社会的交往,即姻亲和族际合作关系。这种超血缘社会关系的雏形,可以从甲骨文的上人下人的"尼"、左人右人的"化"、上大下倒大的"乘"字形体现出来[1]。在实行族外婚的母系氏族时代,族外的男青年嫁到本族,一方面和本族女子建立婚姻关系,产生男女之情;另一方面,来自异族的男青年们在日常劳动、狩猎和战争中结成深厚的兄弟之谊。"四海之内皆兄弟"(《论语·颜渊》)的情怀盖源于此。而异族的首长"大人"之间实即氏族部落之间的交往,更促进了合作精神的养成。

中华法系起步于西周至唐代最终确立。中华法系的形成,除了农耕生产方式、宗法家族组织、君主集权政体诸原因之外,还受到传统思想意识的影响,其中最重要的就是"仁"。"仁"所具有的血缘亲情意识和超血缘的对等匹配意识,从内容和形式两方面对中华法系施以重大影响。这主要表现在以下几个方面:

第一,"仁"与古代法的伦理主义精神。中华法系作为世界主要法系,其特征之一就是伦理主义精神。伦理主义亦即家族主义,即崇尚宗法家族的秩序、行为规范和伦理道德。伦理主义是在血缘亲属之间"相偶"关系的基础上形成的。世界上没有哪个古老法系像中

---

〔1〕 在甲骨文中"大"表示正立的人,亦即"大人"。"大人是在没有王以前的氏族领袖"。参见周清泉:《文字考古》,四川人民出版社2003年版,第343、367页,亦即《礼记·礼运》所谓夏商周三代之后,"大人世及以为礼"的"大人"和《周易》中的"大人"。甲骨文中上"大"下倒"大"组成的"乘"字形,表示氏族之间的平等合作关系。

华法系那样,始终以伦理主义作为其法律实践活动的价值目标。“家族主义及阶级概念始终是中国古代法律的基本精神和主要特征,它们代表法律和道德伦理所共同维护的社会制度和价值观念”[1]。伦理主义的社会基础是宗法家族的亲人之爱。这种亲人之爱一方面维系着家族的生存与发展,另一方面又作为一种基本生活体验而推广到社会,即“仁及天下”。至迟到西周,就出现了具有伦理色彩的法。《尚书·康诰》以“不孝不友”为“元恶大憝”,要求“刑兹无赦”。此乃《孝经·五刑》“五刑之属三千,罪莫大于不孝”的滥觞。秦律规定:免老告子不孝,官府应立即查办。西汉奉儒学为一尊,尔后“以服制论罪”、“犯罪存留养亲”、“子孙违犯教令”、“同姓不婚”、父母在禁止“别籍异财”、“七出”、“义绝”、“三不去”、“官当”、“八议”、“十恶”等相继入律。及至《唐律疏议》“一准乎礼”,原先的民间礼仪大都因为被国家提升为成文法律而获得极大权威。

第二,“仁”与君臣共治传统。中国古代居支配地位的国体既不是西方那样的民主政体,也不是寡头政体,而是君主政体。中国君主政体的基本特点是君臣共治,君臣之间也是一种“相偶”关系,即所谓“君子和而不同”(《论语·子路》)。这一传统最早可以追溯到原始社会末期的部落联盟的尧舜时代。西周春秋的贵族政体是培育君臣共治传统的政治土壤。天子、诸侯、大夫构成了血缘君臣关系和超血缘君臣关系的共同体。臣子在君主面前有相当的发言权。春秋战国时代的孔子、孟子对贵族政体进行总结,提出仁义之君和社稷之臣的概念。要实行君臣共治,必须贯彻“君使臣以礼,臣事君以忠”(《论语·八佾》)的原则。相反,如果“君之视臣如土芥,则臣视君如寇仇”(《孟子·离楼下》)。臣下对君主的忠诚在本质上是忠于国家社稷,“以道事君”(《论语·先进》)。“君子之仕也,行其义也”(《论语·微子》),故臣下为维护天下利益应当敢于直言犯上。这些贵族气质即使在后世的集权帝制时代依然发挥积极影响。在集权帝制时代,君臣共治体现在皇族与官僚群体共治,在地方则是地方官僚与乡绅共治。应当看到,君臣共治并没有被法律化、制度化,其状态在很大程度上取决于皇帝的觉悟。君臣共治得好,皇帝的专断行为就往往被约束,好的意见就容易被采纳,国家就清明,否则就衰败。明末清初的启蒙思想家黄宗羲提出限制君权、提高相权、学校议政的建议[2],这是对儒家君臣共治传统的最集中的诠释。

第三,“仁”与贤哲主义。中国古代虽然经历过神权时代,但是在政治领域,很早就摆脱了神权的羁绊,加之又经历了较长的贵族时代,君主个人素质之优劣十分重要,从而形成了尊崇圣君贤哲的传统。尧舜禹汤文武,都是圣君的形象。伊尹、箕子、微子、比干、伯夷、叔齐,周公旦、管仲、子产、叔向,都是贤臣的形象,其中多有被孔子称之为“仁”者。孔子反对以“唯其言而莫予违”(《论语·子路》)为乐趣的丧邦之君,孟子更主张“唯仁者宜在高位”“君仁莫不仁,君义莫不义”“其身正而天下归之”(《孟子·离娄上》)。先秦儒家将这一传

---

〔1〕 瞿同祖:《中国法律与中国社会》,中华书局 1981 年版,第 327 页。

〔2〕 黄宗羲:《明夷待访录》,中华书局 1981 年版,参见《原君》《原臣》《置相》《学校》诸篇。

统总结为“人治”思想，即《礼记·中庸》所谓“为政在人”，“文武之政，布在方策，其人存则其政举，其人亡则其政息”。儒家还提出达成贤哲的方法，就是自修和实践。自修即“为仁由己”“克己复礼”(《论语·毅渊》)；实践就是泛爱民众、宽惠于民。历代统治者十分重视法官的选任。如《尚书·吕刑》：“非佞折狱，惟良折狱”，又如唐代《宝曆元年正月南郊赦》：“大理寺官署，比来礼部所授，多非其才，宜令精选有志行文学，兼详明法律者，注拟”[1]。民间教育是培育未来官僚的基地，选拔任用考核官僚的制度，是实现贤哲的政治条件。在法与人的作用上，古代社会的主流意见都更倾向于人。法是人制定的，又靠人来实行。法律难免出现漏洞，全靠人来补救。于是，在成文法不宜于时用之际，就创制适用判例(案例)。从而形成中国古代独有的成文法与判例制度相结合的混合法。在司法活动中，法官常常将国法和人情结合起来，发挥个人感召力量并通过教育来调解结案，以期实现“无讼”和谐的理想。

第四，“仁”与德治仁政。在中国古代史上，虽然出现过迷信暴力、专恃刑罚的特殊阶段。但是，总体而言，国家施政的基本政策是德治仁政。孔子在吸收周公“以德配天”“明德慎罚”思想的基础上，形成了系统的德治理论。德治的简洁表述就是“富而后教”。首先，统治者要约束自己的过分行为，杜绝大兴土木、横征暴敛、穷兵黩武、与民争利。要轻徭薄赋、予民休息，让人民富裕起来。其次，在此基础上对人民进行教化，使人们在心中树立道德伦理观念，从而自觉约束自己的行为。如果相反，则必然招致人民的反抗甚至灭亡。统治阶级和被统治阶级的关系也是一种“相偶”关系。两者既可以相互依存，又可以互相转化。即《荀子·王制》所谓：“传曰：‘君者舟也，庶人者水也，水则载舟，水则覆舟’”。儒家“德治”并不是一般地排斥刑罚的作用。但是，正如《论语·为政》所说：“道之以政，齐之以刑，民免而无耻；道之以德齐之以礼，有耻且格”。道德伦理规范的作用高于国家法律，能够持久地发挥作用并实现长治久安。要让人民做到有耻守礼，只能靠教育而不能靠政令刑罚。而要求人民接受教育，必须改善他们的物质生活条件。为此统治者必须实行德治仁政。在一定条件下，儒家的德治思想有利于制约统治阶级的任意行为，有利于社会的稳定和生产的发展。

第五，“仁”与慎刑恤狱。在历代统治阶级看来，法律刑政虽然不可废止，但治理国家不能单靠法律刑政。而且，一味推行法律刑政，往往会引起社会动乱。慎罚的思想起源很早。《左传·襄公二十六年》：“夏书曰：‘与其杀不辜，宁失不经’”。西周产生了区别犯罪的故意、过失、累犯、偶犯诸情节，提出“罪止其身”(罪人不孥)、“勿庸杀之，姑为教之”(《尚书·酒诰》)的刑罚原则。孔子、孟子视犯罪为社会现象，应从改变引起犯罪的社会条件即施行仁政入手，而反对一味严刑。《论语·子张》谓：“天下失道，民散久矣，如得其情，则哀矜而勿喜”。可以说，“仁”成为历代恤刑的精神支柱。历代恤刑之举，首推汉文帝除肉刑。汉文

[1] (宋)宋敏求编：《唐大诏令集》卷七十《典礼》，中华书局2008年版，第393~394页。

帝在废除肉刑的诏书中指出:"夫刑至断人肢体刻肌肤终身不息,何其刑之痛而不德也,岂称为民父母之意哉"[1]。汉代以降,慎刑恤狱措施甚多。例如,疑难案件的集体详谳制,皇帝死刑复核勾决制、热审、秋审、大赦之制等。清末修律,修律大臣沈家本上奏:"治国之道,以仁政为先。自来议刑法者,亦莫不谓裁之以义而推之以仁,然则刑法之当改重为轻,固今日仁政之要务,而即修订之宗旨也"[2]。他建议删除凌迟、枭首、戮尸,缘坐、刺字诸酷刑,废止民族、良贱歧视,禁止人口买卖等,事皆施行。这些改革开启了中华法系近代化的征程。

总结全文,"仁"作为中国古代最重要的哲学观念,起源于远古的风俗、礼仪、禁忌,进而演变成古老的行为规范。在行为规范的基础上又形成思想观念或学说。"仁"作为一种社会价值观,天然地远离鬼神,既重视人们内心的修养,又重视人们的社会实践;"仁"作为现实生活的宗旨,既重视血缘亲族之爱,又重视超血缘的个体自然人之间的对等联系;"仁"作为一种最高道德,既诉诸谦谦君子,又涵盖寻常百姓;"仁"作为一种社会理想,既关注人的物质生活条件,又关注人的心性良知。总之,"仁"作为中华文化的精髓,不仅曾经对古代的政治法律实践活动施以重大影响,而且对今天仍然具有现实意义。中华民族伟大复兴本身即包含文化的复兴,"仁"的价值内涵应当而且也能够成为重塑中华民族道德情操的精神寄托。

[原载于《山东大学学报(哲学社会科学版)》2014 年第 3 期]

[1] 沈家本:《历代刑法考》(第 1 册),中华书局 1985 年版,第 165、178 页。

[2] 沈家本:《寄簃文存·奏议》,载沈家本:《历代刑法考》(第 4 册),中华书局 1985 年版,第 2023 页。

法律人思维中的规范隐退

陈金钊*

现在我们能隐约感觉到,法律人思维中的法律因素越来越少,这不是说法律的数量在减少,而是讲,在法律思维过程中决定法律人判断的法律外因素在增多。在法律因素与其他因素的较量中,法律的地位被矮化,规范作用在减弱。而这一切都与法律的本质被描绘成道德正义、阶级意志、政治政策、事物的本质以及社会关系等有密切的关联。在很多法学家的著述中,具体的法律规范越来越被边缘化,不再是法律人思维的主要根据。在法学研究中,法律已经被描述为被改造、修正或者可废止的对象,在有些人们看来法律甚至是可有可无的,主张无法司法以及无须法律的秩序。与热火朝天的立法事业所期待的目标——建构法律体系,实现依法治国的目标相反,司法被描述成了重新构造法律意义的活动。这样,传统民主法治所强调的主权在民、议会至上成了虚幻的说辞,议行合一被分裂为各行其是。不容置疑的是,主权在民一直是我们的信念,人民代表大会制度是根本政治制度。在党和人民的意志上升为法律规范以后,就需要维护宪法和法律的权威,捍卫法律的尊严。而当下立法者以及法律的权威受到了挑战,以解释的名义否定法律规定的做法似乎被正当化了。这使法治论者倍感焦虑。最近全国人大常委会通过的刑法修正案(八),确定了危险驾驶罪。这改变了交通肇事罪的处罚方式,规定不管是否造成严重后果,只要危险驾驶都予以处罚,即所有的危险驾驶一律入罪,但来自最高人民法院的法官却放声,醉驾不一定入罪,要根据事实情节恶劣程度来确定。这非常明显地使人感觉到立法权威的失落和规范作用的降低。实际上,不仅政治修辞、道德意识常常压抑着法律意义的释放,而且常理、常识、人情等,堂而皇之地成为解释法律依据。创造性成了法律解释的本质,对法律的忠诚很少被人提及,法律的规范约束作用越来越小。代之而起的是法律解释的系统论、整体论、循环论、融贯论以及对话商谈理论,在这些言之凿凿的维护实质主义法治的理论中,制度和法律

* 陈金钊,曾在山东大学法学院工作,现为华东政法大学科学研究院教授、博士研究生导师。

的权威受到了质疑，打着各种旗号的能动司法被倡导，形式主义法治所张扬的规范作用在降低。换句话说，法律规范作用的隐退已经在法学研究中实现了“软着陆”，成了时髦法学的显著特征。各种法学都在改造着法治的原初理想，规则之治实际上已经被荒废。很多法学家的观点中似乎暗含着一种“去法治化”的情绪，而这种“去法治化”的理论一旦与所谓能动司法的理念结合，法治就会走向虚无。

一、法律决断论与主体选择论的冲突——尴尬的规范

法律解释学或法律方法论发展的症结点在哪里？或者换个问法，一百多年来各个法学流派研究法律问题的关节点在哪里？各种各样的法律解释方法之间争论的焦点在哪里？我多年的研究发现，法律社会学、自然法学和实证主义法学实际上都在研究法律规范，但是，站在不同研究立场上的法学家对法律规范有不同的态度，因而在如何解决问题上也有不同的方法。各个不同学派争辩的焦点在对待法律规范的不同态度上了。各法学流派的观点分歧，无非是围绕着法律意义的封闭或开放而展开。这引发出法律方法论研究的两种代表性倾向：思维判断的法律决断论和主体选择论。法律决断论认为法律思维具有独断性特征，强调根据法律进行思考是法律思维的基本形式，法律人思考问题的出发点和归宿都是法律。与这一思想相合拍的法学流派包括分析法学、注释法学、文本论，教义学法学、法律逻辑学等。然而，法律意义的主体选择论在近一百多年世界法学发展中声音明显看涨。其主流思想在于强调法律人的思维，应该从法律规范的绝对约束下解放出来，主体应该根据案件所涉及的正义、具体的语境、社会的要求等等思考法律问题的解决方法。支持这一观点的法学流派包括法律社会学、自然法学、实用主义法学、现实主义法学等。

根据法律进行思考的法律决断论，表达了对法律的绝对忠诚；主体选择论则表达了有条件的改善、修改、废止，甚至创造法律规范的愿望。虽然这两种观点都是在研究“法律”问题，都要用“法律”解决现实的纠纷，但在思维倾向上存在明显的不同。法律决断论强调的是把法律作为推理的前提或思维的根据，运用演绎推理和类比推理方法确定法律的意义，或者把法律直接作为修辞来确定思维的方向，用法律规范和法律语词作为关键词来修饰事实的法律意义，还包括用法律及其专业语词来修饰诸如正义要求、案件事实。在法治论者看来，正义应该是法律修饰下的正义，对事实的认定所散发的也应该是法律的意义。法律在思维中的强势、权威地位是明显的，功能是强大的。而主体选择论强调的是法律人根据自己的法律世界观，选择某种因素，如政治政策、社会的本质、政党意志、正义公平、道德伦理等作为修饰法律的语词，改变、修改法律规范或者创造法律。我们可以把此称为司法语境中的政治话语、正义修辞或社会学的校正等。从法学研究的角度看，这两种观点都有道理，站在那一个方面都是感觉到理性十足、理由充分。但是人们常常忽视的基本立论是：法治是人类的理性选择，没有根据法律思考的决断论就不可能有法治。但是，这一维护法治

的观点在具体案件的审理中却常常碰壁，因为非要坚持法律决断论就可能出现机械司法，出现法律与社会正义、法律与政治、法律与社会本质等的冲突。但是如果不坚持法律决断论而任由主体进行选择，法治最根本的东西可能就会失去。所以，很多法律方法论的研究者，把寻找创造与服从法律之间的“度”作为不懈的目标。

在我看来，最近一百多年的多数法学流派在一定程度上都在瓦解法律的规范性，甚至在法律的规范作用出现消退的时候，那些被称为法学家的人们还没有感觉到一丝迷茫，还在唱着根本就不能成立的所谓“实质主义法治”的高调，端着法律的饭碗以瓦解法律、毁灭法治为己任。在后现代法学和法律社会学等学派中，法律的刚性被一些所谓的法学家们唱衰了。我们很难否定法律社会学、利益衡量论、批判法学和后现代法学对法学研究的积极意义，但也不能忽视它对法治的消极意义。法学家必须对规范的存在起码的尊重姿态，否则法律的脊梁骨会因软化而成为任人揉捏的肉团。因而，严肃的法学家不得不在法学已经进入所谓后现代的时候，继续谈论和坚持法律解释的决断论的意义。按照法治的基本原则，坚持“根据法律的思考”的法律思维方式，[1]这实际上就是在最低意义上坚持法治理想。但我们必须清楚，法治不是纯粹的理想，通过决断论的立场我们可以逐步接近法治。在新的形势下，法律解释的独断性还有相当的市场，只是我们不能把它绝对化，而应该把法律放到特定的语境中运用。根据法律的思考不是机械司法，而是要把沟通论、融贯论、实质论、循环论的合理成分都用在建构法律的思维之中。在法治情境下，我们不能把道德修辞、政治话语、社会矫正的任何一种放到首位，这些应该成为法律所修饬的对象。在法治社会中应该流行法律话语或者法律修辞，把法律作为修辞是法治时代的思维特征。

法律决断论关心的是思维根据和法律效果，而主体选择论关心的是社会结果。两者有不同的价值取向。一般来说，法律实施的法律效果与社会效果是统一的，有法律效果也就意味着有社会效果。两种效果的区分主要来自观察分析问题的角度不同。法律效果考察的是法律规范落实的程度，社会效果揭示的是法律实施与社会关系的吻合程度。两种效果是同一个法律实施过程的两个方面。虽然在多数情况下法律效果与社会效果是一致的，但在有些情况下，法律效果与社会效果也会出现矛盾。在法治原则下，我们能不能轻易用社会效果否定法律效果，如果非要用社会效果否定法律效果，也必须在具体语境下作出充分的论证，最后才能在两种效果之间进行取舍。法治原则要求我们不能一般地、不符条件地用社会效果否定法律效果。因为现在的法律人还没有掌握获取社会效果的科学手段与方法。有些法律人所言说的所谓的社会效果，只是从直觉意义上根据自己的价值倾向所推断出来的“社会效果”。实际上，有一个问题一直在拷问社会效果至上论者：你所说的社会效

[1] 虽然在语境论中“坚持”一词的意义含有快顶不住的意味，但根据法律的决断论对法治建设来说确实是需要坚持的。对法治信念的坚持，有些法学家是靠不住的，因为他们太了解法律的运作过程。法治在一定程度上需要公众和官员对它的信任以及由此而带来的法律权威。对法治的证成固然重要，但对法律信心可能更为重要。

果如何是可信的，是如何得出的？我们认为，法律实施的社会效果不能仅靠逻辑来推断。真正的社会效果是案件裁判以后，再用科学手段认真研究的基础上才能得出结论，它不可能在案件没有作出决断之前就得出所谓的社会效果。而司法的效率原则要求法官应该及时判案，不能持久地等待所谓社会效果的出笼。另外，我们也不能用实质正义否定形式正义，这实际上等于用一种正义反对另一种正义。当前，尤其要反对以所谓社会效果的名义否定规范法律的效力来搞所谓能动司法。搞不清楚这一点，法治对我们来说永远是不可企及的梦想。

有人说法律决断论、主体选择论与司法克制主义、司法能动主义的主张基本相似。然而，这两者还是有很大的区别。克制与能动虽然与上述两种观点接近，但是这两种主义只是法律人的姿态，其本身并不包含解决问题的方法，而法律决断论与主体选择论都是由方法论来支撑的。虽然决断论和选择论的方法都与法律人的姿态有关，但姿态只是其中的一部分，方法是更主要的。新近兴起的关于法律解释的沟通论、循环论、融贯论等只讲了具体的方法，并没有讲清楚法律规范在思维中的作用，所以，把法律作为修辞的方法就显得特别重要。〔1〕 这里面既有逻辑方法提供的思维的规则，又有法律作为修辞在语境中发挥支配作用，含有法律对社会的控制和对语境的左右。法治原则、法律规范、法律原则等法律要素，在法律作为修辞的场景下被激活了。在法律语词的运用中，我们还须注意到语境因素对法律规范的含义所产生的微妙变化，但只要法律解释独断性的原则没有丢弃，法律人的思维就会接近法治理想。虽然法律解释的独断性并不能消除对法律解释的“创新”，但只要法律能在一定程度上引领人们的思维，专断和任意的决策就会减少。人们对法律的态度既是复杂的，也是带有矛盾倾向的。当人们渴望秩序的时候，法律被概括为行为的规范、裁判的标准，要求每一个人都依法办事。而持此立场的法学家则设想或者要求，法律应该以独立的力量发挥对社会的调整作用。但是，法律的刚性与有些人的政治目标或者和眼前的目的发生冲突的时候，很多人会举出一般法律规范与公平正义、法律目的与社会目的、政治目标与法律目标之间的矛盾，以此来松动法律的严格，消解法律与其他社会关系的紧张关系。在法律方法上人们会举出，一般性的法律规范被用于具体案件的时候，法律的规范性与人的社会性之间就会出现紧张关系，于是法学家就千方百计地把法律规范的意义，解释得更加适合社会性或人的目的性的要求。可以说，20 世纪的很多法学家（也许是在不自觉中）极力所做的一件事情就是把法律隐身、软化法律的刚性，为法律决断探索法律规范外的合理性、正当性或合目的性。尤其是形式合法性和实质合法性的分野出现以后，人们便打着“法律的合法化”的旗帜，把制度与规范的刚性不仅消解于政治之中，而且也消解在人情、社会关

〔1〕 关于如何“把法律作为修辞”的观点，参见陈金钊：《法律修辞学与司法公正的实现》，载《中山大学学报》（哲学社会科学版）2011 年第 5 期；陈金钊：《把法律作为修辞——认真对待法律话语》，载《山东大学学报》（哲学社会科学版）2012 年第 1 期。

系和道德价值之中。法治本来是追求一种在“法律至上”原则之下限定主体选择的范围;在依法办事的法治情景下,把主体的自主性选择压缩到最小的空间。然而,多年来的法学研究,尤其是一百多年前开始的“自由法学运动”以来的法学研究,恰恰是在证明这种努力是一种失败的记录。建立在“根据法律思考”基础上法律决断论或者称为独断性的法律解释,在法学中已经成浪漫主义的理想。法律的规范作用在以法律社会学为代表的法学研究中,以各种各样的正当的理由被埋藏了。法律的规范成了法学家们批判的对象,各种各样的法学似乎都在为能动司法准备理论依据。所以,我国能动司法理念的提出是有理论根据的。只可惜这些能动司法的信奉者没有看到,中国当下的社会需要的正是一种刚性的法治,根据法律思维思考应该成为主流的思维方式,而不是放逐已经成为体系的法律规范。

二、法学主体性及法官自主性的张扬——规范的隐退

在社会主义法律体系已经形成的情况下,法律人该如何对待这一体系,这对我国的法治建设来说是一个非常重要的现实问题。我们看到,人们在欢呼法治建设的这一政绩工程的时候,缺乏明确的司法立场或者说如何实践的方法论诉求。社会主义法律体系的建成,主要是指立法任务的初步完成。这对法治建设来说,只是完成了一个前提性的条件,法律体系的建成离法治的实现还有很大距离。如何落实法律实现法治就成了法律人的主要任务。这意味着,在新的历史时期,法律人的立场不能以完善立法为己任,法律人(包括法学研究在内)的立场应该由立法中心主义转向司法中心主义,主要任务就是根据法律,哪怕是存在一些缺漏的法律解决当下的案件。看来在今后的时光中,法律解释学的兴盛已经成为必然。在这种情况下,如何提升法律人准确地理解、解释和运用法律的能力,以及培养法律人修辞论辩的能力,成了法学研究的主要任务。纵观现在法学的主流,我们发现法学家们对法律实现方法论没有给予足够的重视,要么在延续着后现代法学的基本思路解构法律,要么在立法中心主义思想的支配下,指出法律文本存在这样那样的问题,因而呼吁进一步完善立法。实际上,文本性的法律面对纷繁复杂、发展变化的社会关系,什么时候也不会完善,能做到的完善也只能是相对完善。从法治发展的规律来看,在法治建设的起步阶段,应该坚持严格法治的原则,从认真落实法律开始来树立起法律的权威。然而,我们的学者们却在法治刚刚萌动的时候,不停批判严格法治的缺陷,甚至还出现了要求把能动司法制度化的呼喊。除了严格依法办事的口号以外,法律决断论一直没有在我国法学中流行,但很多法学家还是念叨在法律决断论之下,人、政党等主体岂不是成了法律的奴隶。人们对法治之下都应该根据法律进行思考不屑一顾。

制定一部完美的法典、最好是成体系法律,寄托了许多法学家们的梦想,即使能够参加立法文件起草、讨论已经值得炫耀,如果能在文本中留下自己思想的印记那将终身获益。但令立法者难堪的是:一方面,当各种法典成功出台以后,人们发现人作为主体已经被异化

为客体了,人本意义上的主体已经失去了踪影,成了法律所规制的对象。尽管法律所保障的权利也是人作为主体的权利,但是对权利范围的限制以及权利相对应的义务的存在,主体实际上已经不是自由、自主、自在的主体,而是已经被法律化了的(甚至可以说是客体化了)、法治秩序中的主体。另一方面,留下立法者印记的法律文本,其实并不能决定法律的命运。按照法律解释学的研究结论,法律文本的意义不是由立法者说了算,读者决定论以及由此而带来的对法官等法律主体选择性的张扬,也使文本的权威性以及意义的固定性进一步蒙羞。法律文本仅成了那种具有象征意义的符号。法律的形式尽被实质所取代,文本意义被法官的自主性生成所替换。不断退却的法律规范,最终在中国的"法治建设"中实现了隐身。这可能是我们的立法者不愿意看到的现实。

法学研究中规范地位失落导致了法律思维中规范隐退。其主要表现就是能动司法成了司法的理念。借助能动司法的理念,法律规范被正义、政治、社会情势、社会本质、政党政策等代替,法律成了随时可以被超越的规范,成了没有权威的文本;规范性的法律失去了规范作用,成了在主体自主选择下被瓦解、解构的对象。法律人思维中的规范隐退大体上包括两个方面的意思:一是哲学化、过度概括的概念充斥在法律解释学著述中,掩盖了具体的法律的意义。二是司法者故意丢弃法律,强调法律外因素对法律思维的影响,张扬主体对方法、价值以及在情境中的选择作用。法律人思维中的法律规范隐退,意味着主体性张扬和自主性强化。在张扬解释的主体性与自主性因素的时候,法律不见了踪影,法治成了纯粹的修辞,掩盖着打着实质主义旗帜专断和任意。在法律隐退中,法律运用的灵活性反复运用,在一些被称为典型案件中,严格按照法律办事的处理方式被讥为"机械司法"从而成了批判的对象。在更多的案件中,法律思维中的法律隐退直接导致了任意裁判的盛行。法治出现了危机。这种情况的出现是有其思想和社会背景的。

从思想史的角度看,尽管主体性哲学在20世纪哲学中遭受了空前的批判和反思,但是还是能够看到一些哲学家的哀叹:主体性原则像教育、法权、道德等领域的贯彻至今未完成。[1] 由于法学研究的滞后性和保守性,在哲学领域猛烈地批判主体哲学的时候,在法学思想史上却在开展张扬法律主体性的各种研究。这里的主体性主要是指活动着的人,表征着人的自觉意识;意味着人的特性和能动性。可以说,这些年来西方的主流法学一直在瓦解或者至少是动摇法律的规范作用。根据法律的思考被一种更为宽泛的情景思维所代替,法律意义的语境论在我国法学中行情看涨。我们发现,能动司法的要害之处在于,作为规范和程序的"法律"被隐身,法律效果被社会效果所取代,法制统一原则成为泡影。这本来不该发生在中国,因为我们的法理学教科书始终都强调法律是统治阶级意志的体现,而这一意志是必须要贯彻下去的。但是,在司法实践中,法律的意志和当政者的意志往往是被撕裂的。很多人故意把二者混淆起来,不讲已经法律化的意志——统治阶级的整体意志,

〔1〕 刘森林:《追寻主体》,社会科学出版社2008年版,前言第1页。

而只讲当下统治中的个人的意志。[1] 这对一个国家的阶级统治来说是很危险的。用法理学语言来表述就是,法律人自主性的张扬与根据法律进行思考的合法性之间存在张力。法律随时都可以根据“理性”的目的予以改造,法律的自治或自主是现代法律的基本特征。形式主义法学在中国喊了几声诸如依法办事、程序优先、认真对待规则以后就销声匿迹了。

在资本主义进入帝国主义阶段以后,在世界范围内出现了规则的普遍失落,接着而来的就是法律的规范功能隐退,各种张扬法律的主体性、法官的自主性的法学粉墨登场,都针对规则和程序的权威性提出挑战。尽管法学研究的主体性张扬与哲学思潮不完全一样,带有明显的法学特色,但是,在思维的整体走向上有很多相似的地方,张扬主体性的法学观点主要散布在现实主义法学、后现代法学、解释学法学、法律社会学等流派中。主要观点包括集中在反对法律思维中的法律决断论,认为根据法律的思考,存在机械性或者说僵化,与社会关系、法律价值、政治目标的分裂,因而必须运用系统论、整体论、融贯论、解释论、沟通论对根据法律进行的思维的直线思维模式进行改造,应该建构立体的、沟通的、系统的思维模式,以解决法律与社会之间的复杂关系问题,即不仅仅是法律在调整社会,更主要的是那些掌握法律的人,要在真正理解“法律”的基础上适应社会。各种各样的思维方式都具有相当的合理性和正当性,但唯一失去的是法律的规范性和程序性。法治所要求的“根据法律进行思考”原则中所反映出来的“法律的规范性功能”——被各种合理性、正当性等实质合法性取代了。代之而来的法律人的主体性,法官的自主性、法律的开放性,以及所体现的所谓能动司法、无法司法、灵活司法、目的解释、社会学解释、法律论证、价值衡量、利益衡量等方法登上了法学研究的舞台,成为司法实践中松动法治严格的理论依据,结果导致了法律以及规范功能的隐退。法律的规范性无可挽回地失落了,退到了法律人思维活动的角落。这时候,规范性法律一直在拷问着法学家:你们口口声声所要追求的法治在哪里呢?你们这些法学家不是一直指望着运用规则来实现法治吗?

在过去学习法律的时候我感觉到,法律的本质在于约束人们的行为,但在胡克看来,法律的本质在于沟通。这也许是有道理的,因为,法律思维过程主要不是在进行法律解释,最主要的就是把法律作为修辞,影响我们的思维过程。法律的生命在于运行。法官在法律思维过程中扮演着评价公民行为的角色,法官既要使用语法方法、系统方法、历史方法、目的方法等,也面临着各种解释结果的选择。但是法官的选择是要受约束的,其裁决结果必须合法,其途径就是商议性的沟通。正是“这些商议过程提供了司法审查和一般性的司法能动主义之民主合法化。”[2]但我们必须看到,胡克其实不是对法律解释和法律思维的描述,而是对法律生命的研究。但正是这种对法律生命的思考,引发了法律解释决断论和主体选

〔1〕 关于这一点作者已经撰文专门进行论述。参见陈金钊:《能动司法及法治论者的焦虑》,载《清华法学》2011年第3期。

〔2〕 孙国东:《自治性与合法性之间》,载[比]马克·范·胡克:《法律的沟通之维》,孙国东译,法律出版社2008年版,译者导言第12页。

择论的相互争宠。一种关于实质合法性的争论一直支配着人们的思维走向。人们发现,法律解释既然是一种思维活动,那就意味着解释结果实际上存在法律因素与法律外因素的争斗。法律因素多了,法律外因素就会少。在法律解释中完全排除人的主体因素是不可能的,但是解释过程中主体性因素占多少,人们还可以称某种解释为法律解释,是值得我们认真思考的。在传统的法学理论中,一直压抑解释者的主体性与自主性因素,强调法律解释的最显著特征是解释的独断性,或者称为法律决断论。但不可否认的是:关于法律解释的理论无非是压制主体性因素(张扬法律的约束作用)或者张扬主体性因素(压制法律因素)两种。

我国目前的法治现状也许可以称为"法退官进"——主体性得到了张扬,而法律受到了抑制。最近有一些人所倡导的"能动司法姿态",能够转换成司法理念就是一个例证。在能动司法之下,可以突破规则和程序办案,依法办事似乎是无关紧要的;法律解释的独断性很少提及,相反,解释的情景因素、方法的选择、价值选择、目的因素等带有人的主体能动因素的解释成了思维的主导。这样的法学研究留给人的印象是:法律约束思维的能力在减弱,解释者的自主性在增强。如果法律作为约束思维的客观因素在减少,根据法律的思考就会被更多地指责,而法律外的合理性或者所谓实质合法性则会被更多强调,甚至能动司法这种司法例外的姿态,竟也堂而皇之被认为是司法理念。这种观点不仅在后现代法学思维中成为主流,而且也得到了法律社会学的支持。司法者这一转身,没有进行推敲和论证。这打乱了法治论者的心绪,他们对司法克制主义被放逐心怀不满,对把法律解释的创造性视为司法的本质耿耿于怀。在司法过程和法律解释中,追寻法律的原意似乎已经成了笑柄。人们忘记了,法律的独断性是与法律解释的探究性相联系的,而只是在以探究的方式寻找意义。这不符合辩证法的要求,因为辩证法是要在独断与探究中发现、探寻、证成法律的意义,而不是只强调独断或探究一个方面。主体性张扬的是人的本能,虽然不是说主体性张扬不需要方法,至少它不需要法律决断论的方法,决断论或独断性解释追寻的是法意,而自主性解释则可能有多重意义,如社会的本质、自然、正义等,当然有时也包含个体自己的价值追求或者私利。我们不知道在这些法律外修辞的使用中掩盖了多少个人目的和私利。对这个问题需要对个案逐一分析才能知晓。

三、可以选择使用的法律与方法——规范隐退的原因

与早期法治论者的设想不同,法律规范与待决案件之间并非都是完全对应的关系。在案件事实与法律规范关系的对接时需要人的思维活动。从认识论的角度来看,适用哪些法律具有可选择性,一个案件事实可能对应多个法律,究竟选择哪一些法律涵盖修饰事实,需要主体能动地选择。这就使得法律规范的功能发挥,离不开法律人这一主体。司法活动的这一现实所带来的问题是,对多数法律规定来说并不都是绝对必须适用的,在使用哪些法

律的问题上,法官等法律主体享有很大的自由裁量权。这样就使得法律规范的严肃性、权威性就受到质疑。从方法论的角度看,法律方法具有更大可选择性,使用什么样的方法来论证法律人作出的判断是合法的,是法律人的自由。如果说面对法律,人不是奴隶,那么面对方法,人就是主宰。所以法律解释学不是说强化了法律规范的作用,而是泛化了法律的作用。虽然运用法律解释方法所论证出来的法律判断越来越接近法治了,但是,在主体的选择性面前,法律规范的刚性效力退缩了。这表明社会关系的复杂性远非能用简单的规范就能够应对;法治不仅是规则之治,实际上也是方法之治。关键是为了提升法治的水准,我们需要在方法中加入更多的法律因素,而不是法律外的因素。

(一)对机械司法的批判使得法律的选择性不可避免

自对法学的自由研究运动开展以来,由机械司法所带来的法律僵化一直是法学家们批判的对象。司法三段论备受诟病,概念法学、机械法学等一些不实之词,一直是套在"根据法律进行思考"的独断性解释身上的枷锁。"根据法律进行思考"本来是法律思维方式的根本之处,但是,作为思维根据的"法律",其范围越来越宽泛,法律规范的唯一性被打破了,其权威地位一直下滑。我们的研究发现,西方法学家们对机械司法的担心是有问题意识的,因为他们已经把法律决断论绝对化了,但在中国却是没有针对性的。从整体思维方式上看,我国的法律人普遍缺乏严格法治的精神,所以,当能动司法的理念还没有得到充分论证的时候,多数法律人已经接受它的指令。其实,我们平时的司法也都是在能动。相反,根据法律思考、严格办事被的原则已经视为迂腐。我们的担忧主要是来自西方人对概念法学的排斥,以及对机械司法的负面作用考量。如果我们把能动司法和中国的固有文化结合起来综合考虑,出现这种现象也是能够说得通的。因为我们传统文化的基因中,更多的是辩证法,形式逻辑的思维规则并没有被多少人看重。我们老早就知道了西方法学家最近才揭示的所谓司法真相。如司法者可以改变、修正法律,法律解释的实质是创造等。中国政治文化的早熟性,决定了我们的很多官员在看待西方法治的时候,总带着一种嘲笑的眼神,总觉得他们的法治是那么的可笑和幼稚。观察西方法治的时候,总是嫌他们灵活度不够;总觉得西方法治的良好运转是由于体制的完善而造成的。但实际上我们已经看到,很多好的制度移植到中国以后不能很好地起作用,除体制因素之外,主要还在于从领导到群众,根本就没有认真对待规则。这恰恰是我们应该反思的问题——不认真对待法律规则肯定会造成规范功能的减退。

在很多场景下,我们对合理性的接受在一定程度上超过了合法性。在这一观念的支配下,人情、天理、甚至来自西方的自由、平等、公平等法律价值,还有政治优先下的政策对法的干预等,都在和严格法治较劲。一般来说,法律解释的自主性如果和法律价值结合起来,原本也不会出问题。但我国法治建设还处在起步阶段,在这种情况下丢掉法律规范,而去张扬法官等自主性选择,会使法治出现更多的问题。实际上,我国目前的权力运作机制是最需要严格法治的。没有法治的兴盛,国家不可能长治久安。现在,各级干部似乎都在讲法治,但真正愿意搞的是那种方便管理意义上的法治,而不是限权意义上的法治。这当然不是说官员们会在口头上反对法治,而是说在人的意识里,任何权力的拥有者几乎都不愿意接受法律的制约。甚至可以说,摆脱规范的约束已经是很多人潜意识的组成部分。在各种权力的拥有者的心目中,法律规范和法律方法总是次要的。一次又一次超常规行为的成功,激励着权力的拥有者更大胆地突破规则。对权力追逐方式与运行的非规范化,使我们的思维方式没有形成合法性追问的习惯。官本位的机制也容不得人们对行为决策的合法性拷问。但这绝不是法治社会思维方式的常态。

把依法办事嘲讽为机械司法和迂腐,这是扣在法律人头上的不实之词。为了避免机械司法,我们必须讲究法律方法,把文本性的"死法"盘活。不讲究法律方法,对法律的理解就会出现一些问题。法律方法是对自由裁量权或者说运用法律选择的限制。我们看到,"有些法律(如刑事制定法)是为了让全体公民看的,而有些则是给专家看的(如税法典的某些条款),在法律语境中,文本可能是这个意思,但在技术手册或小说中,它可能是另一层意思。因此,法律文本的平白含义就类似于这样一种东西:阅读者是这种自然语言的合格使用者,阅读者在该法律文本的预期的读者范围之内,并且阅读者了解他所阅读的特定种类的法律文本,在这三种条件具备的情况下,该阅读者所理解的文本意义即为平白含义。"〔1〕其实,即使是平意解释在很多场景下也是需要法律方法的。然而,在我们现实的司法中,长期权力专断的浇灌,使得人们不愿意使用技巧与方法,懒惰以及由此带来的信口开河成了一些官员的习惯。在我们调研中发现,法官们对把法律方法和现行的司法运作机制挂钩不以为然。这既有文化习惯以及环境的原因,也有司法运作模式天然地在抵制法律和法律方法的因素。当然也包括权力对权利的傲慢,很多人更愿意在政治修辞中理解法律的意义。很多法官认为,法律方法这套东西太学究气、用起来也太麻烦、太复杂,认为还是老办法更好用一些。当然,由于法学教育的失误,我们很多法律人也不清楚法律方法对法治的意义,缺乏法治的方法论素养。〔2〕这道出了一个重要的、显而易见的,但又被以往的法学原理所掩盖遮蔽的事实:法律和法律方法是可以选择的。在法律问题上没有正确答案,只有不同答案。这种思想更是强化了规范功能的隐退。

(二)被夸大的法律缺陷,掩盖了法律的功能

近百年来法学家对法律缺陷的揭露非常起劲。如法律的不确定性、法律的不周延性、法律存在空白、法律意义的流变性、法律的僵化性、没有唯一正确答案等常被提起。然而,

---

〔1〕[美]劳伦斯·索伦:《法理词汇——法学院学生的工具箱》,王凌皞译,中国政法大学出版社2010年版,第162页。

〔2〕参见[澳]何包钢:《协商民主:理论、方法和实践》,中国社会科学出版社2008年版,第130~131页。

法律的这些缺陷被法学家们夸大了。很多人在谈论法律的不确定性的时候,忘记了法律在一定程度上的明确性;在强调法律的流变性的时候忘记了法律的稳定性;在强调解释必要性的时候,忘记了法律的明晰性;在创新解释法律的时候,忘记了法律规范本身意义的固定性;在探寻不到唯一正确答案的时候,放弃了对可接受答案的证成。在很多法学家的著述中,几乎所有的案件都成了疑难案件。我国的一些法学家,在继受西方法学的这些观点的时候,也遗忘了西方人的问题意识,只管照单接受他们的观点。西方法学在批判法律的明确性、意义的固定性的时候,是带有问题意识的。我们在翻译作品和介绍观点的时候却往往忽视这一点。在接受西方思想家的观点的时候,往往忽略中国文化传统和法律实践与西方的不同,而夸大法律的缺陷又是中国文化的一个特点。在思考决策解决问题的时候,我们往往是抓住一点不顾其余,对法律的灵活变通则是我们长期的惯习。从"徒法不足以自行"的反复引用的语境中就可以发现,在法律还很简陋的时候就已经意识到了法律的缺陷。正是因为中国人很早就认识到了法律的缺陷,所以,在文化意识里很少有单纯用法律解决问题的想法。以至于余秋雨说的中国文化的三大弊病中就有一种疏于法治观念。[1]

我们知道,法律存在缺陷并不意味着法律功能的完全丧失。虽然法律规范功能的发挥离不开人的主体性,但是离开了法律,主体所发挥的也就不是法律的功能。在法律规范功能与主体的意图的争斗中,我们不能轻易放弃法律对思维的规范约束作用。"虽然文本论没有提供最理想的语义学或规范性法律的解释理论,它却仍然可能是最佳的解释实践方法,并且这种解释方法同现实中法官和官员的能力相适应。假如我们想要解释法律以实现立法目的,乍一看,要求法院和法官运用意图论的方法论来获得用于证明立法意图的记录可能是比较好的方法。但是作为一个实践问题,实际情况可能是法官并不擅长这样做。因此真实世界的法官更有可能会以相对朴素的平白文义方法为方法论贯彻立法意图。"[2]法律的主体选择性是重要的,因为法律规范不可能自动在社会中实现,法律也不可能是一看条文就能够理解。这一点完全不像郑渊洁所说的:"法律如果是有弹性的,就成了纵容犯罪的酵母。"[3]法律必定是要有弹性的。我不知道,郑渊洁是什么场景下说的这句话,但这无疑是法律的缺陷之一。法律不明确是它的缺点,但法律只要过于明确就可能会产生罪恶。我们发现,说者意义和句子意义的划分说明,法治的实现不是光靠文本就行了,法律人也许就是法律的化身,而要做到这一点,还不仅靠法律人掌握法律知识,更重要的是要言说出法

---

〔1〕 其他两种是疏于公共空间和疏于实证意识。其实疏于实证意识与疏于法治观念是有联系的,二者之间的地位相互强化。"中国文化对法律观念的疏淡,严重影响了广大民众快速进入现代文明。让人担忧的是,现在,有很多官员还在忙着表演离开法律程序的所谓'亲民'举动,把上访看作起诉,以调解代替审判,用金钱抚慰非法,结果,是非混淆,法律蒙尘,凶者得利,善者受损。更严重的是,不少活跃在传媒和网络上的文人,把自己的喧嚣围啄当作民间法庭。"参见余秋雨:《中国文化的三大弊病》,载《特别关注》2011年第6期。

〔2〕 参见[美]劳伦斯·索伦:《法理词汇——法学院学生的工具箱》,王凌皞译,中国政法大学出版社2010年版,第165页。

〔3〕 参见《特别关注》2011年第6期"侃点"栏目。

律意义,除遵守逻辑之外还要把法律作为修辞讲清楚法律的意义。法律不因为它有缺陷就不发挥法律的功能。这是研究者必须注意到的现实问题。

(三)法律和法律方法的多样性,强化了主体的选择行为

从司法的角度来看,有多种形式的法律渊源。在司法中,法律价值、社会关系以及其他规范对法官判断的渗透,导致了法律渊源的多元性。从文化的角度来看,法律更是具有复杂多样性。这就导致了法律应用的复杂性以及法律主体选择的可能性。一个案件究竟归属于什么样的法律部门、法律部门中哪一个法律、是适用单一的法律还是综合使用几种法律,法律人都有相当大的可操控性。同时,法律以及法律形式的多元化,为人们理解法律带来了不少的困难,这就需要有一门专门帮助理解法律的学问——法律方法。法律方法论的目的在于给法律参与者(法官、律师、行政官员和公民)提供关于解释技巧的实践性建议,以用于解释各种法律文本。[1] 从总的方面来看,法律方法主要包括逻辑推理方法、修辞论证方法和法律解释方法。而这其中的每一个方法又都是一个法律方法论系统。像法律推理就包含演绎推理、类比推理以及实质推理等;像法律解释就包含文义解释、体系解释和目的解释等。即使是法律论证也包括内部证成与外部证成等方法。任何一个司法案件的解决都可能包含综合方法的运用,但究竟是重点运用哪一种方法,法律不可能作出明确的规定,因而法官等法律解释主体有很大的选择空间。

法律渊源的多元化打破了制定法作为法源的唯一性,因而使法律在司法中呈现出开放性。从理论层面来看,法律自治性与合法性之间的张力源自秩序和正义两大可能产生冲突的价值需求。法律的封闭性可能导致法律的保守与僵化,或者换句话说只追求形式意义的合法性就会造成法律应用的封闭性。因而,就需要主体性参与其中,把实质合法性引入法律解释。这样法律解释就具有了向法律价值和社会本质的开放性,可以说,法律的发展就是在开放与封闭、形式与实质等的不断争斗中进行的。“在开放性和忠于法律之间存在某种紧张关系,这种紧张关系构成了法律发展的一个主要问题。”[2] 在阿列克西的表述中使用了最广义的解释概念和广义解释概念的区分。在最广义的解释概念中,法律解释者有能力把文本和事实联系起来。但问题在于他究竟表达的是法律的意思,还是自己的意思?假如法律人有能力只表达法律的意义,那么存在的问题是他自己的意思是不是也在其中了。或者换句话说,法官只要表达了对法律的忠诚,是不是就是在表达法律的意义?看来问题并不是很好回答。这是一个反复折磨法哲学家的一个问题。也许哲学问题只能由哲学家来回答。需要指出的是,解释概念的客观化以及法律解释的客观性原则,并不能够完全排除

---

〔1〕 参见[美]劳伦斯·索伦:《法理词汇——法学院学生的工具箱》,王凌皞译,中国政法大学出版社2010年版,第161页。

〔2〕 [美]诺内特、塞尔茨尼克:《转变社会的法律与社会》,张志铭译,中国政法大学出版社2004年版,第84~85页。

解释过程的主体性。

法律解释的独断性不承认法律解释中存在主体因素的解释,它要求法官必须完全根据法律进行解释。但是,任何具体的法律解释“涉及的始终是主体的行动与表述的阐释,该主体有能力将他们的行动和表述与某个意义联系起来。”[1]在广义的解释概念中,涉及的不是对任何具有意义的对象的解释,而仅仅是对语言表述的理解。由于解释有多种含义,因而它本身也是需要被解释的,当然由此也造成了解释方法的多样性。“在诠释学内部可以区分为理解的方法论和理解的结构理论。方法论的对象是注释的规则和解释的技艺。解构理论的对象是理解的可能条件。”[2]尽管法律解释是一种被解释对象所约束的解释形式,也正是基于这种约束才把法律解释的特征描述为独断性的,但是这种独断性只是一种姿态,并不是说真的解释者作出的结论是就是法律的意思。法律解释的对象诸如,法律文本、类型化了的法律事实,确实不是解释者创造出来的,但是都是经过解释者的思维选择或过滤的。我们承认法律解释过程中主体活动的积极意义,但也反对把主体性因素当成决定性因素。法律规范是对解释思维过程的一种约束,但并不能泯灭主体的选择。所谓法律的规范作用首先是对人思维的约束,在此基础上才有对行为的规范。“解释的对象不是由单个主体创造出来的,它也可能是多个主体提出来的。所以一种共同的实践、一种社会制度或一个法律体系都可以成为解释的对象。有争议的是,所谓自我解释是否也被看成是解释。”[3]任何解释都不可能逃避选择的可能性。不管是法律方法还是法律解释方法,选择哪一种或者几种方法于具体的案件都不可能有法律直接规定,只能是法律人在具体情境中进行选择。

四、独断论与沟通论的融合——规范隐退的克服

在司法过程中能否张扬法律解释者的主体性,关系到司法独断与司法民主的问题。司法独断讲究法官裁判只服从法律,而司法民主则要求把法律放置到民意之下,倾听民众对法律的诉求。但在法治原则之下,法官对是否实行司法民主有很大的选择权。法律规范和司法民主都是对法官自主性的抑制,那么,我们该如何安置法官在司法中的主体性?如何对待法律解释的独断性?我们认为,对法官解释法律的自主选择性不能过分强调;对所谓的民意也应该慎重对待。在纷繁复杂的理论世界中,也许我们应该奉行一种折中的行动方案,即坚持法律解释独断性的基本姿态,在法律思维中根据法律进行思维,把法律作为修辞来修饰事实的法律意义,但又不拘泥于法律而刻板地依法办事,我们主张在尊重服从法律

---

〔1〕[德]罗伯特·阿列克西:《法理性商谈——法哲学研究》,宋光、雷磊译,中国法制出版社2011年版,第64页。

〔2〕同上书,第67页。

〔3〕同上书,第63页。

的前提下,通过法律和法律方法超越法律,在最终目标上实现法治,而不是拘泥于直接根据法律的裁判。

(一)法律解释的独断性是保障法治实现的基本原则

几乎所有关于法治能否成立的命题是建立在假定基础上的。其中,法律解释独断性特征是一种理论的假定,对它的证成是一个逻辑问题,法学家也许更加关心这些假定的命题是如何实现的问题。法律解释的独断性,假定了事实的法律意义在被解释出来以前,是存在于法律文本之中的,法官解释只能解释出法律的意义,而不能是法官个人的意思。法律解释独断性的这一含义,和演绎推理多少有些相似,即作为司法推理大前提的法律,已经包含推理所得出的结论。它对法律解释者的姿态选择有重要的引导作用。但这种假定没有提及实际上存在的解释者在模糊空间中的创造性因素。因而备受现实主义法学的攻击。很多学者发现,在独断性原则支配下,对法律的意义阐释被看成是单向度的;抹去了解释过程的主体性,特别是主体思维的复杂性。独断性的解释假定了作为司法推理大前提的法律具有确定性,文本性的法律仅依靠逻辑的推理就可以服务于自身的安定性。根据法律解释出来的法律意义,虽然超越了事实,但法律人在对事实的类型化处理过程中并没有超越法律的一般性规定。解释者赋予事实的仍然是一般法律中的已有意义。然而,这只是一种逻辑推理的结论,并不是法律解释的实际过程。在这种丢弃了解释者自主性的思维模式中,舍掉了太多的情景因素和其他社会规范的存在。因而,当代逻辑哲学一直对这一命题进行攻击,反复强调法律在逻辑思维过程中的可废止性和可修正性。法律解释的独断性只是描述了法律解释过程,其内容相当于阿列克西所讲的内部证成。而实际上"解释的固有领域是外部证成。各个被选择的解释都要在外部证成中被证立。什么是好的证立、什么是坏的证立、什么是正确的解释、什么是错误的解释,其标准在根本上是要通过解释的目标来确认。"〔1〕而外部证成就是要通过法律与其他社会规范的沟通实现法律与其他社会规范的融贯。

在两百多年前,西方社会有过一个严格法治阶段,法律解释的独断性是这时候法治的基本原则。但是,法律解释的独断性从来也没有真正成为法律解释的唯一原则。"因为法官的意志与任意性在司法实践中无法避免,制定法的作用毋宁是证明,法官作出的符合实际的判决是根据制定法进行的,因此依然受制定法约束。在这个意义上,制定法构成了司法裁判的界限,或者说法官活动不得逾越的下限。"〔2〕这就意味着,尽管法官判案有很大的自由裁量权,但是还必须证明判决是法律之内的意义。法律解释的独断性只是强化了法官

〔1〕 [德]罗伯特·阿列克西:《法理性商谈——法哲学研究》,宋光、雷磊译,中国法制出版社2011年版,第74页。

〔2〕 雷磊:《康特罗维茨与自由法运动(代译序)》,载[德]赫尔曼·康特罗维茨:《为法学而斗争——法的定义》,雷磊译,中国法制出版社2011年版,译序第32页。

与法律关系的垂直关系,"法律解释是满足法学之实践任务的一种手段。它要说明,在具体案件中,法律所要求、禁止或允许的行为是什么。而关于具体案件中法律所要求、禁止或允许的行为是什么的判断,属于具体的法律应然判断。这也就是说,法律解释是在具体法律应然判断的证立框架内发生的。"[1]然而,由于法律解释的目标在很多场景下都是有争议的,因而导致主观说与客观说的对立长期争论。这一矛盾从哲学的角度来说根本无法解决,但却是法律解释的一种存在方式。因为,独断性解释承认了法律独立意图的存在,而实际上法律的独立意图又经不起哲学上的无穷追问。法律的意图就和解释者意图的割裂与重合搅在一起,就成了难以说清的问题。在独断性原则支配下所解释出来的意义,被理论家们进一步细化概括为:立法者的意图和法律文本的意图。而立法者也被进一步区分为实质上的立法者和形式上的立法者。两者有可能是重合的,但多数情况下是分离的。即使按照严格法治的逻辑,法治在理论上的成立也存在很多说不清的难题。因而,对严格法治理论的抛弃在任何一个社会中也都是时间问题。

在资本主义社会稳定以后,法律的严格成了社会发展牢笼。于是,在一百多年前,很多法学家就开始攻击司法的机械。这集中表现在从严格法治的束缚下解放出来的自由法学运动。"无论是纳粹时期对自由法学说的误用,抑或是法律实用主义理论,一个重要的倾向在于对'制定法约束'这一要求的反动。"[2]他们发现,法律解释独断性存在的问题主要包括:(1)解释者解释出来的必须是法律的意义。当然这只是一种假定,法律的意义还是由人来决定的。但它的意义在于强调了客观方法的重要性,像演绎推理、类比推理、文义解释、体系解释方法的必要性。(2)受解经学启示发展而来的法学教义学,与真正的教义学比较,存在主体缺失的问题,它不像解经学那样存在无须证明的上帝存在,法律人所解释出来的意思,究竟是立法者的意图还是法律的意图常常是一个糊涂账。(3)这种奠基于假定的理论,在哲学上也无法证成。因而,坚持解释的独断性仅成了一种姿态。法律在实施中不得不突破法律自身的封闭性。法律解释的独断性与形式意义上的合法性大体相当,但还是有些细微区别。独断性与自主性之间的矛盾可以描述为合法性与自主性之间的紧张关系。"法律的自治性和合法性之间的张力与实证论和自然法分别直接相关而主宰着法律哲学的问题史。"[3]二者之间的张力为我们研究社会秩序生成机理及其合法性提供了宏大视域。但是我们必须看到,"自治性与合法性之间的吊诡在于:过于强调法律的自治性,必然导致法律的精英化与系统的封闭性,从而割裂与丰富生活世界之间的联系,使法律的合法性受

---

〔1〕[德]罗伯特·阿列克西:《法理性商谈——法哲学研究》,宋光、雷磊译,中国法制出版社2011年版,第71~72页。

〔2〕参见雷磊:《康特罗维茨与自由法运动(代译序)》,载[德]赫尔曼·康特罗维茨:《为法学而斗争——法的定义》,雷磊译,中国法制出版社2011年版,第30页。

〔3〕参见孙国东:《自治性与合法性之间》,载[比]马克·范·胡克:《法律的沟通之维》,孙国东译,法律出版社2008年版,第7页。

到挑战；而法律的合法性对于法律而言又非常重要；人们对教会和体育规则不满可以随时退出这些组织，但人们却不能因为对法律系统不满而自由地离开某个国家。”〔1〕法治论者不得不接受法治的不纯洁性，而面向自主性或实质合法性开放。

对法律解释独断性的尊重，不是要把法律当成机械遵守的对象，而是要把它当成行为指南，当成思维的依据、言说的修辞，当成约束我们任意行为的规范。然而，这样做似乎并没有使理论问题得到圆满的解决，可问题在于司法实践并不会等待我们解决了理论问题才会开展。也许在司法实践问题上只要我们有了这个姿态，就会朝着法治迈出坚实的一步。法治需要对法律的尊重与服从，当然也需要在情境中沟通与变通。自由法学好像完全揭开了“法律解释独断性”的面纱，使传统法律解释方法无处藏身。“那么现在的问题是，这样一种剥夺了客观方法保障的理论，能提供什么样的手段来反对法律适用者在适用法律时可能存在的过度主观主义呢？”〔2〕所以在我看来，旨在坚持法律解释独断性原则的前提下，只有把法律作为修辞，在逻辑与修辞共用的基础上，形成新的法律思维方式才能进一步维护法治。在这种新的思维方式中既要讲法也要说理，并且要在理性的基础上把法理说清楚，以增大法律言辞的说服力。

（二）把法律作为修辞以及反对解释的原则

在如何对待法律体系和法律规范的问题上，很多法学家像康特罗维茨一样，又回到了主体性上，认为法官誓言、法官民选制度、审级制度等可以保障法律意义的安全性。但是这种考虑不是没有作用，而是说在中国这种语境下很难有大的作为。〔3〕我们拥有世界上最复杂的制度系统、最完善的监督机制，但是我们法律运作状况也最令人揪心。在我们看来，在制度完善的情况下，还必须配置以思维方式的改革。长期以来兴盛的政治修辞在法治社会中的主导角色必须改变，法律应该融贯于日常生活、政治生活，对思维决策有规制意义。我们知道，文本性的法律是一种语言的表达。从修辞学的角度来看，司法无非是法律语词的运用，谁掌握了法律语言，谁就掌握了法律世界。法律思维就是在尊重逻辑规则的基础上对法律语言的运用。因而司法过程就是把法律作为修辞修饰事实的法律意义，并在此基础上讲法说理的过程。把法律作为修辞，一方面是对法律因素的强调，要求思维者用法律确定正义的含义、修正正义的范围，修饰事实的意义；另一方面也不反对法律外因素进入法律，以增大法律合理性以及对社会关系的适应性。从西方法治国家的现实来看，把法律作

---

〔1〕 参见孙国东：《自治性与合法性之间》，载［比］马克·范·胡克：《法律的沟通之维》，孙国东译，法律出版社2008年版，第5页。

〔2〕 参见雷磊：《康特罗维茨与自由法运动（代译序）》，载［德］赫尔曼·康特罗维茨：《为法学而斗争——法的定义》，雷磊译，中国法制出版社2011年版，第17页。

〔3〕 参见陈金钊：《难以践行的誓言——关于法官信念的考察报告》，载《河南政法干部管理学院学报》2011年第5～6期。

为修辞对一个国家的法治环境有极其重要的意义。

反对解释是我近些年来一直倡导的法律解释原则。这一原则来自法律解释的独断性特征。要重视法律规范的作用就必须坚持法律解释的明晰性原则，即在一个案件中，如果针对个案的法律规范是明确的勿须解释，直接作为修辞使用就行了。这一原则非常鲜明地反对把能动司法作为理念，从而直接提升了法律规范功能。〔1〕 然而，我们看到，在法理学上支持能动司法的理论很多，除了自然法学、社会法学暗含支持能动司法外，实用主义法学、自由法学等都比较明确地支持能动司法。自由法学运动的目标就在于突破教条主义的束缚，解放法律人（尤其是法官）的意志与个性。德国法学家康特洛维茨认为，在制定法之外尚存在自由法。自由法分为两种：个人法与共同法。个人法建立在法官确认的基础上，共同法是建立在集体确信的基础上。他认为，法律适用涉及的首先是一种意志与感觉行为，而非认知行为。法律经常是在适用中才被创设。自由法学拒绝传统的教义学提倡的所有方法：如类比、扩张解释与限缩解释、拟制、追溯制定法的目的或者精神，认为这些根本是有害的，因为它遮蔽了意志与感觉行为的优先性，所以他将这些方法都斥之为伪逻辑技术。相信，真正起作用的是意志与感觉，正是意志与感觉首先要得出某种结论，它们才事后被选择来提供这种思想表达的结果。〔2〕 康特罗维茨的断定有一些道理，但这种鄙视逻辑的想法，不仅是违背基本思维规则的，而且也是远离法治理想的。对法治论者来说是断难接受的。

（三）在沟通论中坚持法律的主导作用

用什么思维方式拯救法治——沟通理论是否真的能行？法律的沟通之维大体是解决这一问题的思路。“在沟通主题之下，法律是人之互动的一种手段，而不是理解为某种自主的目的。法律不是一个闭合系统，而是开放式的，它允许宽泛和多元的分析，适用于不同观点的交流。”近百年的法学研究表明，不存在封闭的法律系统，很少有学者不承认法律系统的开放性，但人们往往忽略法律在体系化以后的相对独立性。很多学者只是一味强调法律与社会之间的关系属性，而对其独立性以及独特作用重视不够。“法律世界与外部世界密切相关，这种关系就是一种不断沟通的过程，而非单向的信息流动。这种沟通似乎在法院——在那里，案件的具体事实、具体环境有时也影响社会的观点和其他因素——对法律的解释中占最突出的地位，它影响着案件的判决；这种沟通是如此强烈，这种认知开放是如此普遍，以致法律制度的‘自我生成’必然是脆弱的。”体系性的法律文本提供了相对独立的法律形式，同时司法活动也为人们提供了交流沟通的平台。在司法活动中不仅法律文本、

---

〔1〕 具体的论述可参见陈金钊最近四年关于“法治反对解释”的7篇论文。

〔2〕 参见雷磊：《康特罗维茨与自由法运动（代译序）》，载［德］赫尔曼·康特罗维茨：《为法学而斗争——法的定义》，雷磊译，中国法制出版社2011年版，第15～17页。

立法者的意图、法律的目的,司法者的立场等,在案件审理中都有了登台的机会,而且情境因素、社会关系、法律价值等有了在法官思维中有了沟通与碰撞。然而,法律人始终不能忘记把法律作修辞引领思维的方向。人们看到,“以奥斯丁为代表的法律命令说将法律等同于主权者的命令,在解释规则时,过于强调规范发出者的意志,而忽视了规则的字面含义和法律实践中规范接受者的能动性。现实主义运动则将整个法律化约为规范接受者的观点。”〔1〕还有,美国的现实主义法学把法官作为规范接受者的主体,斯堪的纳维亚的现实主义把公民作为规范接受的主体。在胡克看来,现实主义进路抽出了法律规则的规范内容,完全否弃了规范发出者的权威,因而不能正确地理解法律。规范发出者和规范接受者之间的沟通决定着规范的含义。

我们发现,沟通论是解决独断论弊端的有效方法,但问题在于,沟通论不过是解释者在法律与社会的关系中把握法律,强调法官等法律主体在理解和解释过程中,不惟法律,而应该把公平正义、社会关系、政治诉求、人情关系、具体的情景等都当成法源,并且在各种法律主体之间进行循环沟通。在沟通论中,文本性的法律和其他法源具有一样的地位。法律已经不是封闭的规范体系,而成了动态的、由法律人在沟通中重新塑造的法律。这种观点尽管披着系统论的外衣,但实际上与早期的现实主义法学并无本质的区别。只不过,过去的一些法学流派强调了某一个方面的重要性,如法官决定论、正义决定论、社会决定论等,而沟通论则强调了多元主体之间和多元法源之间的融贯与循环。新近兴起的哲学解释学对这种创造性的开放观点也是倍加赞赏的。然而我们必须看到,理解与解释方法的分野以及解释的循环都在促成法律的开放性,这就导致了司法克制与能动对立。这是包括法治论者甚至是一般的解释者都难以避免的内心纠结。这不是法律解释的独断性的要求能够解决的。“法律思维在根本上是沟通的:它立基于法律领域的不同参与者——律师、法官、立法者、当事人和行政官员——相互之间及其他们之间的持续沟通。法律思维的复杂性意味着法律方法论有必要多样化;为理解这一点,学者们必须避免把法律方法论化约为一种论证理论的倾向。”〔2〕我们感觉到,沟通论是重要的,但需要确立法律在思维过程中的权威地位。这一点在法治国家也许不是问题,但在中国倡导沟通论就必须明确:我们需要在尊重宪法和法律权威的前提下,为实现公平正义司法而进行沟通。

我们感觉到,沟通论赞成司法民主,而反对司法专断,因而是对法律解释的独断性的一种反动。按照沟通论,“立法者与公民之间、法庭与诉讼当事人之间、立法者与司法之间、契约当事人之间以及某一审判中的沟通法律解释过乃是法律合法化的渊源,而当事人之间的

〔1〕 徐亚文、孙国东:《一种沟通主义的法律观》,载[比]马克·范·胡克:《法律的沟通之维》,孙国东译,法律出版社2008年版,附录1第330页。

〔2〕 於兴中:《沟通视角下的法律学》,载[比]马克·范·胡克:《法律的沟通之维》,孙国东译,法律出版社2008年版,附录2第342~343页。

一种合乎理性的对话则是‘正确’地理解和适用法律的最终保证。”[1]但我国现实的情况是:在人们还不习惯根据法律进行思考的时候,已经贸然开始了对沟通论的赞扬。我们的很多学者对规范性的法律知之甚少,但却开始对如何理解法律指手画脚,并且还振振有词。原因就在于,近代以来的很多法学流派的观点大多是反基础、反规范性法律的。然而,在具体的法律问题研究中,只要以讲究用法律解决问题,具体、详细的法律就会“浮出水面”,所谓的理论专家就不能胡乱说道。这不是说沟通性法律思维方式不重要,而是说我们首先要具有理解法律的能力,起码对法律有相当的了解,然后才能够进行所谓的沟通。不然,法盲也会讲如何司法,不法也就必然伴随在法律判断之中。“如果没有对具体法律应然判断之证立结构的洞见,就不可能有一种充分的法律解释理论。”[2]我们认为,可以把沟通思维视为“根据法律思考”的独断性解释补充。无论沟通论者为司法设计多么完美的探究过程,但法律解释只有一个主体有权得出独断性结论。这是不可避免的,即无论怎么沟通,得出权威结论的主体只能是一个,否则就会法出多门。

按照法治的要求,所有来源于法律之外的论据都应该依附于法律文本,都应该披上法律实证主义的外衣,因而我们必须考虑,把“法律合法化”的任务都交给法官。然而问题在于“即以法官为中心的司法能动主义保证了法律系统的自治性,同时商谈性沟通对法官影响力的存在又保证了法律的合法性,但这是不是法官‘不可承受之重’呢?我们又如何避免可能带来的‘司法专横’呢?”[3]关于正确理解与解释的观点几乎被后现代所解构。在各种各样对法律的看法中,规范性的法律已经没有了踪影,人们已经不知道法律还有什么用处。从这个角度来看,沟通论似乎还不如循环论和融贯论,因为在循环论和融贯论中还是有一些规范作为标准,但在沟通论中主体性因素得到更进一步的强化。因为沟通论强调合法性不是来自法律,而是来自沟通。这种合法性已经没有了形式和实质的区分。甚至可以说形式意义上的合法性已经代替了实质意义的合法性。所以,坚持沟通论的同时,我们还必须和循环论、融贯论结合起来。“法官被动地适用立法者制定的法律;而在循环关系中,立法者对法官实行有限的控制,同时,法官可以进行司法审查,质疑立法的合宪性。而且,今天的法官也从事法律的制定、变通和发展工作。”[4]我们应该学会利用三种诠释学循环形式:一是前理解与文本之间的关系。文本本身无所谓有没有问题,但理解者的加入成了反思的条件。这是诠释学循环的反思假定。二是部分与整体之间的关系。这与传统的体系解释

---

〔1〕 邓正来:《后形而上时代的“沟通主义法律观”》,载[比]马克·范·胡克:《法律的沟通之维》,孙国东译,法律出版社2008年版,译序第4页。

〔2〕 参见[德]罗伯特·阿列克西:《法理性商谈——法哲学研究》,宋光、雷磊译,中国法制出版社2011年版,第72页。

〔3〕 孙国东:《自治性与合法性之间》,载[比]马克·范·胡克:《法律的沟通之维》,孙国东译,法律出版社2008年版,第19页。

〔4〕 於兴中:《沟通视角下的法律学》,载[比]马克·范·胡克:《法律的沟通之维》,孙国东译,法律出版社2008年版,附录2第343页。

密切相关,使理解的统一性和融贯性成为理解的方法。这是诠释学循环的融贯假定。三是规范与事实之间的关系。这是诠释学循环的充分条件假定。在个体思维的三向循环中,主体之间对法律与事实的理解不断升华,找到最佳的解决问题的方案。循环论、沟通论和融贯论之所以要和法律解释结合,就在于"诠释学循环理论无法解决对法律规范进行正确解释的问题,因为它不包含解释正确性的实质标准。"[1]我们想提醒的仅在于,当法学家们眼观社会本质、社会关系和社会正义的时候,别忘了法律。当法律面对社会的时候,社会比法律更有根基,当法律面对正义的时候,法律会显得世俗,因而我们只有放宽视野,把法律与社会、法律与正义尽收眼底,而不采取非此即彼的思维,才能真正地理解法律。

(原载于《中国法学》2012 年第 1 期)

---

〔1〕 参见[德]罗伯特·阿列克西:《法理性商谈——法哲学研究》,宋光、雷磊译,中国法制出版社 2011 年版,第 69 页。

所指确定与法律解释

——一种适用于一般法律词项的指称理论

陈　坤*

法律规则采用一般词项来传达立法者所设想的行为与裁判的标准。这一传达的成功依赖于：人们在特定的场景下能够判断某一对象（主体、事物或行为）可否被规则所采用的一般词项所涵摄。虽然这一条件在多数时候能够得到满足，[1]但的确可能（甚至经常）发生哈特所说的情况："对于某一词项能否应用到特定事例上这一问题来说，同时存在支持与反对的理由，且没有任何共识能够告诉人们应当怎么做。"[2]当这种情况发生时，人们首先需要确定该一般词项的所指，然后在此基础上判断该特定对象是否在所指的范围之内。这一活动也就是本文所要探讨的法律解释。

从这一简短讨论中可以看出，法律解释与语言哲学中的指称理论密切相关——甚至可以说，在任何一次法律解释活动的背后都隐含了解释者对于所指如何确定的一般看法，尽管它们可能是零碎的、不融贯的或根本没有为解释者本人所明确意识到的。就此而论，语言哲学中已有的指称理论理应能够为我们思考法律解释问题提供理论与方法的一般性指导。

然而，如下两个事实却使情况不像设想般那样乐观。其一，语言哲学界在所指由何确定这一问题上缺乏基本的共识；其二，语言哲学中已有的指称理论往往不会注意到法律实践作为一种独特的交流活动所具有的区别性特征——当然，这并不是语言哲学本身的过错，但不注意到这一点，则会使人们误以为某种既有的指称理论能够直接运用到法律领域中来。

---

* 陈坤，曾在山东大学法学院工作，现任南京大学法学院副教授。

〔1〕 See, e. g., Mark Van Hoecke, *Law as Communication*, Oxford: Hart Publishing, 2002, p. 152; Ken Kress, "Legal Indeterminacy", *California Law Review* 77, 1989, p. 295.

〔2〕 H. L. A. Hart, *The Concept of Law*, 2nd ed., Oxford: OUP, 1994, p. 127.

在当下的语言哲学中,有三种不同的指称理论,分别为描述指称理论、直接指称理论与意向性理论。本文第一、二、三部分旨在表明,对于法律规则中的一般词项来说,这三种理论都不能作为所指确定的指导性理论。这或者是由于指称理论本身的缺陷;或者是由于法律实践与一般交流活动之间的区别过大,从而突破了相关理论的适用范围。在此之后,本文第四部分试图提出一种适用于法律领域的指称理论,以作为上文所限定的法律解释的指导性理论。这一指称理论主张,语言惯习、立法意图与客观知识共同决定了法律规则中一般词项的所指。其中,语言惯习的作用是限制性的,立法意图与客观知识的作用则是指引性的;在所指确定的过程中,立法意图与客观知识的分工不同,立法意图提供所指确定的标准,客观知识明确所指的范围。

一、描述指称理论与法律解释的传统思路

(一)描述指称理论:意义决定所指

描述指称理论也称指称的摹状词理论,其大意是说:名称的所指由意义决定,名称的意义则由共所指的摹状词给出。弗雷格、罗素开创了这一理论,提出了"专名既有意义、也有所指""所指由意义决定"等主张。[1] 维特根斯坦、塞尔发展了这些想法,提出了所谓的"不定簇摹状词理论",认为专名的意义由全部共所指的摹状词的某个子集所揭示,而这个子集中究竟包括多少以及哪些摹状词是不确定的。但他们并没有给出哪个子集占优的一般原则。[2] 在塞尔之后,描述指称理论的现代支持者通常认为,哪些摹状词决定了名称的意义取决于语言共同体的接受或认可。比如,埃文斯说:"名称表示什么取决于我们(语言共同体)用它表示什么。"[3]陈波教授对语言的社会性、约定性以及历史性做了细致地探讨,并在此基础上强调:"语言表达式的赋义主体不是个别语言使用者,而是语言共同体。个别人的赋义活动必须得到语言共同体的认可,才能转化为公共的赋义活动;否则,该赋义活动将因得不到认可和传播而失败。"[4]换句话说,那些被语言共同体所认可的摹状词或者说公认的描述性特征构成了所指识别的标准。

虽然传统的描述指称理论是针对专名的——基于其独特的本体论看法以及谓词逻辑

---

〔1〕 See Gottlob Frege, "Sense and Reference", *The philosophical review* 57, 1948, p. 210; Bertrand Russell, *Introduction to Mathematical Philosophy*, London: George Allen & Unwin, 1919, p. 174; Bertrand Russell, *The Philosophy of Logical Atomism*, London and New York: Routledge, 2010, p. 79.

〔2〕 参见[奥]维特根斯坦:《哲学研究》,李步楼译,商务印书馆2000年版,第55~56页;[美]塞尔:《专名》,载[美]A. P. 马蒂尼奇编:《语言哲学》,牟博等译,商务印书馆1988年版,第525页。

〔3〕 Gareth Evans, *Collected Papers*, Oxford: OUP, 1985, p. 12.

〔4〕 陈波:《社会历史的因果描述论——一种语言观和由它派生的一种名称理论》,载《哲学分析》2011年第1期。从陈嘉映教授关于意义是凝结在词语上的概念内容等谈论中可以发现,他同样持有这一看法。参见陈嘉映:《语言哲学》,北京大学出版社2003年版,第320页。

的构造方式,但在维特根斯坦之后的学术讨论中它逐渐发展为一种针对所有那些通常被用以指称对象的词语的一般性理论。比如,上述陈波教授的主张就不是仅针对专名的。此外,一些学者虽然是在讨论专名,但在讨论的时候经常会不自觉地使用通名的例子。[1] 因此,可以将描述指称理论理解为针对所有作为指称性表达的词语的理论。它可以被总结为如下两个核心主张:(1)公认描述揭示了词语的意义;(2)词语的意义决定了它的所指。

(二)公认描述、语言惯习与法律解释

描述指称理论告诉我们,词语指称什么对象,取决于词语的意义;而词语的意义又由语言共同体所认可的公认描述所揭示。因此,当某人无法判断某个对象能否被某个词语所涵摄时,他/她所需要做的就是去考察作为词语意义的公认描述。

通过揭示词语的意义来判断某个对象能否被它所涵摄,这一思路在很大程度上是符合直觉的,因此在法律领域中常被非自觉、非反思地加以接受,并成为一种传统的解释思路。比如,德国法学家魏德士说:"法官的首要任务就是在词汇解释时确定语言习惯。这就涉及查明词语的含义。词语的含义取决于语言共同体的理解。……对法官而言,为了查明发挥作用的语言习惯,参考德语词典也不失为一个好办法。"[2]魏德士之所以认为参考词典"不失为一个好办法",是因为一般说来,词典对某一词项的释义正是由语言共同体所公认的描述性特征所构成,从而在公认描述与词典意义之间可画一个约略的等号。[3]

然而,问题在于,如果公认描述果真能够帮助法官(或其他从事法律推理的主体)判断手头案件事实中的个别对象能否被相关规则中的一般词项所涵摄,那么也许从一开始,解释就是没有必要的。这是因为,公认描述正是来源于对如下这样一种语言惯习的总结:它主要涉及人们关于某个对象能否用某个词语来指称的直觉判断。如果假定法官是合格的语言使用者,他/她理应分享由这些直觉判断,从而自发的理解也就能够达成了。

实际上,当法官对某一对象是否能用某个一般词项所涵摄存在疑虑时,往往并不是因为他/她不知道公认描述,更可能是因为他/她所知道的公认描述并不具有规范意义上的妥当性。例如,在"鼓浪屿水族博物馆诉厦门市鼓浪屿区地方税务局征税案"中,[4]主审法官之所以对鼓浪屿水族博物馆能否被《中华人民共和国营业税暂行条例》第六条第一款第(六)项规定中所说的"博物馆"所涵摄感到疑虑,并不是因为他不知道"博物馆"一词的公认描述(也许他不能清晰地表述出来,但可以合理地假定他知道该水族博物馆的确属于日

---

〔1〕 See, e. g., John R. Searle, *Speech Acts*, London: Syndics of CUP, 1969, p. 171.

〔2〕 [德]魏德士:《法理学》,丁小春等译,法律出版社2003年版,第326页。

〔3〕 在词典编纂问题上,有描述主义与规定主义之争。前者认为词典应当如实地报道人们的用法,而后者则强调用法有对错之分,词典应当纠正错误的用法、倡导正确的用法。当下人们一般认为,词典主要是描述性的。然而,词典的描述不太可能是统计学形式的,更可能是对所谓"正常用法"的报道;因此兼有一定的规范性。参见沈家煊:《词典编纂"规范观"的更新》,载《语言教学与研究》2005年第3期。

〔4〕 参见福建省厦门市鼓浪屿区人民法院(1996)厦鼓行初字第1号。

常意义上的博物馆),而是因为,如果依据《现代汉语词典》对博物馆的释义判断该水族博物馆属于博物馆(从而对之免税),将与该条款的立法目的相冲突。

当公认描述与立法目的发生冲突时,分析性的语言哲学无法提供任何论据。无论我们支持何方,都需要一种规范性的论证。例如,通常被称为文本主义(textualism)〔1〕的解释立场通常建立在这样一种规范性论证的基础上:只有严格遵循词典意义,法律才具有公共可理解性,其旨在达成的稳定预期的价值也才能实现。〔2〕 本文将在第四部分相关处指出,公共可理解性与合理预期的保障,并不要求法官严格遵循公认描述或词典意义,而只要求其尊重由聚合性的直觉判断所构成的语言惯习本身。换句话说,并没有充分的理由表明:当公认描述与立法目的发生冲突时,法官应当遵循公认描述。

上面的讨论涉及两种情况:(1)依据公认描述能够判断手头案件事实中的个别对象能否用相关法律中的一般词项来涵摄,并且据此判断是妥当的。(2)依据公认描述能够判断手头案件事实中的个别对象能否用相关法律中的一般词项来涵摄,但据此判断是不妥当的。上文已述,在第一种情况下,法律解释从一开始就是不必要的;而在第二种情况下,没有充分的理由表明应当遵循所谓的公认描述。此外,还有另一种情况。(3)依据公认描述不能判断手头案件事实中的个别对象能否用相关法律中的一般词项来涵摄。

事物具有无穷多的描述性特征,公认描述只能基于过往的实践经验而作出,因此不可能是全面的。正如魏斯曼所说:"不管我给出一个事物多少特征,也不管我表明了该事物与其他事物之间存在多少联系,或对它的生命历程作出多少描述,永远都不可能达到严格详尽的地步。……没有最大化的描述。"〔3〕换句话说,总是存在这样的可能性:人们发现某个对象所具有的一些以前没有考虑到的属性,从而依据公认描述或词典意义无法判断某个一般词项能否适用于它。例如,在朱某某故意毁坏财物案中,朱某某为泄私愤,故意侵入他人股票账户,并采取高进低出的方式使他人财产遭受巨额损失。〔4〕 朱某某的行为是否属于《刑法》第275条所说的"故意毁坏他人财物"?对此,作为公认描述之文字体现的《现代汉语词典》对"毁坏"的释义并不能给出一个答案。〔5〕

在这种情况下,描述指称理论告诉我们什么呢?它告诉我们,这正是意义的开放性的

---

〔1〕 主张当法律规则中的一般词项具有清晰的词典意义,或者说依据词典意义能够判断手头案件事实中的个别对象的归属时,法官应当严格遵循词典意义,哪怕这并不能实现立法目的,甚至与之相悖。

〔2〕 许多学者都从不同的角度出发论证了这种公共可理解性的重要性。参见 e. g., Lon Fuller, *The Morality of Law*, New Haven, London: Yale University Press, 1969, pp. 63 – 64; Joseph Raz, T*he Rule of Law and its Virtue*, in Raz, *The Authority of Law*, New York: OUP, 1979, p. 214。

〔3〕 Waismann, Language Strata, in A. Flew, (ed.), *Logic and Language*, Second Series 11, Oxford: Basil Blackwell, 1961, p. 27.

〔4〕 参见最高人民法院:《上海市静安区人民检察院诉朱某某故意毁坏财物案》,载《最高人民法院公报》2004年第4期。

〔5〕 该释义为"损坏;破坏"。参见中国社会科学院语言研究所词典编辑室:《现代汉语词典》(第6版),商务印书馆2012年版,第580页。

体现。在《哲学研究》第80节,维特根斯坦问道,如果一把椅子在我们面前不断地出现与消失,那么我们还能否用"椅子"来称呼它?在他看来,这一问题并没有一正确的答案,因为没有明确的规则能够确定"椅子"这个词语的每一次正确的应用。在该书的第142节,他再次谈道:"只有在正常情况下,才能清楚地规定词的使用;我们知道,并且毫无疑惑,在这种或那种情况下该说什么。情况越不正常,我们就越发疑惑该说什么。"〔1〕不断消失而又出现的椅子显然是不正常的情况,对于这种情况,我们不知道该说些什么。因此,在接受了描述指称理论的法律学者(如哈特)看来,在类似于朱某某案这样的情况下,法官所能够做的,仅是在"不同的利害关系之间进行选择"。〔2〕

然而,这并不是法律参与者的真实想法。比如,在朱某某案中,虽然不同的刑法学专家对朱某某的行为能否被《刑法》第275条中所用的"毁坏"一词所涵摄存在不同意见——陈兴良教授认为可以,〔3〕张明楷教授则认为不行〔4〕——但他们显然都认为这一问题是存在正确答案的。这一想法绝非特例:绝大多数的法官在与之类似的疑难案件中,都认为自己是在据法裁判,而不是在"不同的利害关系之间进行选择",或者说,是在适用已有的法律而非另立新法。〔5〕实际上,对所有的法律学者与法律实务工作者来说,对正确答案存在的这种确信都是他们能够学术真诚地从事法律推理的前提。

这意味着,如果法律规则中一般词项的所指只能依据公认描述来确定,那么旨在追求正确答案的上述人们要么犯了极为天真的错误,要么只是在玩一种虚张声势的游戏,假借法律推理来为基于特定的实质性道德观或政治意识形态的判决结论披上合法性的外衣。虽然这两者在逻辑上都有可能性,但也都实在令人难以置信。相较而言,比较可信的是,公认描述并不是所指识别的唯一标准——考虑到情况(2),它甚至不是可靠的标准。正因如此,有学者主张,即便在那些公认描述能够解决问题的案例中,如果考虑到法律规则是一种沟通产物,也应该优先考虑立法者的意图而非公认描述。〔6〕对此问题的进一步讨论将放在第四部分相关处进行,这一部分的论证目标仅在于揭示,对于法律解释来说,描述指称理论所提供的识别标准要么是多余的,要么不可靠的或无用的。因此,描述指称理论不能给法律解释提供一般性的指导。

---

〔1〕 参见[奥]维特根斯坦:《哲学研究》,李步楼译,商务印书馆2000年版,第57、84页。

〔2〕 See H. L. A. Hart, *The Concept of Law*, 2nd ed., Oxford: OUP, 1994, p. 129.

〔3〕 参见陈兴良:《故意毁坏财物行为之定性研究》,载《国家检察官学院学报》2009年第1期。

〔4〕 参见张明楷:《刑法学》(第3版),法律出版社2007年版,第749页。

〔5〕 参见David Lyons, "Open Texture and the Possibility of Legal Interpretation", *Law and Philosophy* 18, 1999, p. 302; [美]德沃金:《法律帝国》,李冠宜译,时英出版社2002年版,第20页。

〔6〕 See, e. g., Antonin Scalia & Bryan A. Garner, *Reading Law: The Interpretation of Legal Texts*, Eagan, Minnesota: West, 2012, pp. 16-19.

二、直接指称理论视角下的法律解释研究

(一)直接指称理论:严格指示词与本质属性/根本性质

主要由克里普克(Saul A. Kripke)与普特南(Hillary Putnam)所阐发的指称理论之所以被称为“直接”指称理论,是因为在它看来,专名、自然种类词语与其他一般词项直接指称对象,不需要语言共同体所认可的一组描述或者说意义作为中介。

克里普克的直接指称理论建立在区分严格指示词与非严格指示词的基础上。严格指示词是指所指能够保持“跨可能世界同一性”(trans-world identification)的指示词,专名与自然种类词语均是严格指示词。严格指示词没有含义,只有所指。它们与所指之间的联系起始于命名仪式,并在语言实践中通过人们的谈论传播出去;在传播的历史进程中,“听说这个名称的人往往会带着和传播这个名称的人相同的指称来使用这个名称”,〔1〕这使名称与所指之间的联系得以维持。自然种类词语之所以能够作为严格指示词,是由于任何一个自然种类都具有规定性的本质属性。本质属性决定了该自然种类的成员具有什么样的描述性特征。〔2〕虽然这些描述性特征是可变的,但本质属性并不可变。它通常由旨在发现自然规律的最新的科学理论来加以揭示。普特南的指称理论与克里普克总体上相近,但细节有所不同。普特南认为事物的根本性质决定了相关种类的识别标准,“根本性质”一般是指该样本所具有的“最为重要”的性质。〔3〕在该样本属于一个自然种类的情况下,它有时等同于该自然种类所具有的本质属性。但该样本可能并不是某个自然种类的样本。

因此,我们可以将克里普克与普特南所提出的关于“某个特定对象 x 是否在一般词项 T 所指称的范围之内”的判断标准分别总结如下:(1)克里普克标准:x 是否具有(命名仪式中)实指样本 i 所在的那个自然种类 N 的本质属性(一般词项 T 为自然种类词语)。(2)普特南标准:x 与 T 的实指样本 i 是否具有相同的根本性质(一般词项 T 并不必须是自然种类词语)。下一小节旨在表明,无论这两个标准本身在各自的适用领域内是否成立,它们都不能适用到法律领域中来。

(二)直接指称理论的法律解释学借鉴及其批判

在法学领域,大卫·布林科(David Brink)与迈克尔·摩尔(Michael Moore)明确将直接指称理论运用到法律解释的研究中来。

布林科首先指出:任何一种妥当的法律解释理论都必须建立在妥当的关于法律词项的

〔1〕 [美]克里普克:《命名与必然性》,梅文译,上海译文出版社 2005 年版,第 81 页。

〔2〕 确切地说,成员所具有的描述性特征是由所在自然种类的本质属性与外在环境共同决定的,这导致描述性特征在不同成员间的分配可能是不均匀的。

〔3〕 Hillary Putnam, *Mind, Language, and Reality*, Cambridge: CUP, 1975, p. 233.

语义学理论的基础之上，而任何一种妥当的语义学理论都应满足如下条件：(a)在词项的意义或所指与人们关于词项的外延的信念之间做出有效的区分，(b)承认对词项外延的确定涉及(可能超出说话者的知识范围的)多种不同的理论考量。[1] 描述指称理论不能满足这两个条件，直接指称理论则可以；因此，直接指称理论更适合作为法律解释研究的指导性理论。"直接指称理论表明，法律词项的意义与指称由制度、实践以及人们之间持续进行的相互作用的真正本性所决定，而不是由惯习性地与这些词项联系在一起的那些描述或者人们关于这些词项的外延的信念所决定。"[2]概言之，"世界所是的方式"(the way the world is)决定了法律领域中的那些一般词项的所指；而世界所是的方式又要由最新的科学理论来加以揭示。[3] 因此，法官应当依据最新的科学理论作为判断"某个法律词项能否适用到手头案件事实中的个别对象"的标准。例如，对于一个1945年制定的对处理毒剂施加严格注意义务的环境法令来说，何为"毒剂"并不取决于人们有关"毒剂"的信念，也不取决于立法者的意图，而是取决于给何为"毒剂"提供了最佳证据的最新科学发现。[4]

摩尔同样认为，是事物的本性而非人们的信念决定了一般词项的意义与所指，并将这样一种观点称为"意义的实在论"(realist theory of meaning)。意义的实在论在三点上区别于传统的意义理论：其一，传统的意义理论认为一般词项的意义与所指被惯习性地确定，而意义的实在论则认为由事物的真正本性而决定；其二，在遇到新情况时，意义的实在论不会像传统的意义理论那样手足无措，也不会认为在"新情况中的对象是否在相关的一般词项的所指的范围之内"这一问题上不存在正确答案；其三，当人们关于某个词项的意义与指称的信念发生改变时，意义的实在论并不认为它们本身发生了改变。例如，当人们关于"隔离是否平等"的信念发生改变时，意义的实在论并不认为"平等"的意义与所指发生了改变。[5] 在摩尔看来，意义的实在论适用于法律中的所有一般词项，包括自然种类词语、功能种类词语与道德种类词语；它们的例子分别为"死亡""割草机""公平"。自然种类的本性当然是由最新的科学理论来揭示；功能种类的本性是它们具有的功能，以割草机为例，"任何能够用以割草的都是割草机，而不管它们的结构性特征是什么样的"；[6]道德种类的本性由正确的道德理论来揭示。

根据上一小节的总结，布林科与摩尔的法律解释理论有如下两种可能的理解：(1)布林

---

[1] See David Brink, "Semantics and Legal Interpretation: Further Thoughts", *Canadian Journal of Law and Jurisprudence* 2, 1989, p. 181.

[2] Ibid., p. 185.

[3] See David Brink, "Legal Theory, Legal Interpretation, and Judicial Review", *Philosophy & Public Affairs* 17, 1988, p. 117.

[4] Ibid., p. 122.

[5] Michael Moore, "A Natural Law Theory of Interpretation", *Southern California Law Review* 58, 1985, p. 294.

[6] Michael Moore, *Law as a Functional Kind*, in Robert P. George, (ed.), *Natural Law Theory: Contemporary Essays*, Oxford: OUP, 1992, pp. 207 – 208.

科－摩尔理论运用的是克里普克标准,将所有法律领域内的一般词项都视为自然种类词语(或至少可以作为自然种类词语来加以分析的准自然种类词语),从而以是否具有某个自然种类的本质属性作为判断手头案件事实中的个别对象能否被某个法律词项所涵摄的标准;(2)布林科－摩尔理论运用的是普特南标准,即依据手头案件事实中的个别对象是否与实指样本具有相同的根本性质来判断它能否被相关的法律词项所涵摄。

无论采取哪一种理解,布林科－摩尔的法律解释理论都是不妥当的。第一种理解下的布林科－摩尔理论是不妥当的,因为法律领域中的绝大多数词项既不是自然种类词语,也不能被视为自然种类词语。虽然迄今为止并没有一个广为接受的对自然种类的定义,但从克里普克等学者关于自然种类的有限共识中,可以总结出成为它的一些必要(可能并不充分)的条件,以及某个类别是或不是自然种类的(非决定性)证据,对于目前的讨论来说已经足够了。

自然种类词语之所以被克里普克等学者所关注,是因为它们被认为可以像专名那样作为严格指示词。这意味着,对于每个自然种类K,均存在单一性质p作为K的本质属性,并为K的每一个成员所分享;正是该单一性质p,保证了K具有跨世界的同一性,从而是否具有p也就成为判断某个对象x是否属于K的充分必要条件。比如,单一性质"分子式为H_2O"为某种液体是否属于水的充分必要条件;单一性质"原子序数79"为某块金属是否金子的充分必要条件。

作为自然种类K的本质属性的单一性质p,并不是任意选取的;而是通过对该种类的科学研究获得的。作为本质的单一性质必须具有解释性与预测性。解释性是指,它能够解释该自然种类的成员所具有的一些描述性特征;比如,水的分子式解释了它为什么在常温下呈液态。预测性是指,基于那些正确地刻画了本质属性与描述性特征之间联系的一般性理论,人们能够预测出某个自然种类的成员在特定环境下的状态以及变化过程。正基于此,自然种类的存在才得到了诸多科学实在论者的支持。[1]

人们之所以能够通过科学研究发现某个自然种类K的本质属性,除了K的成员在形而上学的意义上的确具有一些性质决定了它所具有的描述性特征之外,一般来说,还依赖于人们在哪些对象属于K这一问题上存在足够强的共识。这些共识在实际上固定住了所要研究的对象。正是在此基础上的科学研究才能达成被科学共同体所广泛接受的一般性结论,以使普通公众在某个自然种类存在什么样的本质属性这个问题上可以信赖专家;"只有很少数的人能将水和与之相似的液体区别开来,其他人依赖于专家的判断……(通过这种语言分工)水的本质属性成为这一词项的社会意义的一部分"。[2]

---

〔1〕 See, e. g., P. E. Griffiths, *Squaring the Circle: Natural Kinds with Historical Essences*, in R. A. Wilson, (ed.), *Species: New Interdisciplinary Essays*, Cambridge, Mass.: MIT Press, 1999, pp. 208－228.

〔2〕 Hillary Putnam, *Mind, Language, and Reality*, Cambridge: CUP, 1975, p. 228.

上述讨论总结了某个类别K为自然种类的两个必要条件:其一,存在单一性质p,p为判断任一对象x是否属于K的充分必要条件,其二,p能够解释K的成员所具有的描述性特征,并预测其在特定环境下的状态与变化过程;以及K是否为自然种类的两个非决定性证据:其一,人们在哪些对象属于K这一问题上存在足够强的共识,其二,K的本质属性为p这一主张在科学共同体内具有足够强的主体间性。

法律领域中绝大多数一般词项(如"法人""销售""车辆""故意毁坏")所指称的类别都不满足上述两个必要条件。比如,很难相信存在某种单一性质可以作为车辆的本质属性,并能够解释各种不同的车辆所具有的描述性特征。实际上,无论是布林科经常谈起的"毒剂",还是摩尔作为典型例子的"死亡",所指称的都不是一个自然种类。[1]

法律领域中的许多一般词项是功能指向的。例如"办公用品",除了常用于办公这一相同的功能以外,不同的办公用品几乎没有任何相同的描述性特征。那么,可否像摩尔所设想的那样,将具有某种功能作为相关类别的本质属性呢?答案是否定的。这是因为,作为本质属性的单一性质应是恒定的:如果某个对象具有该性质,那么它在不同的情况下都能保留该性质;然而,功能是针对人们的需要而言的,某个对象是否具有某个功能,完全取决于它与人类生活发生联系的独特方式,而并不取决于对象本身。换句话说,对象具有或不具有某种功能与人们如何使用它密切相关。同一个容器用来装咖啡就是"杯子",而用来盛土豆泥就是"碗"。[2] 因此,功能不能用以作为固定类别同一性的本质属性。

除了功能种类,布林科与摩尔还谈论道德种类。在他们看来,所有的道德疑难都和科学问题一样存在不取决于人们的相关信念的正确答案。例如,正像某种液体是否是水并不取决于人们关于水的信念那样,某种刑罚是否是残酷的也不取决于人们如何理解"残酷",而取决于它是否具有"残酷"所指称的那个道德种类的本质属性。[3] 在所有残酷行为的背后,是否存在一种能够被称为"残酷性"的本质属性,在(形而上学意义上的)道德实在论者与道德怀疑论者之间一直争论不休,这里无意对这一问题发表看法。但我们知道,作为一个社会学事实,不同文化背景下的人们对什么样的行为算作残酷的(或仁慈的、公平的等)有着不同的看法,并且在此问题上并无专家可以信赖——实际上,进行独立的道德判断并依此而行为在很大程度上是每一个人所肩负的道德责任。在没有结论性的论证之前,这些

---

〔1〕 "毒剂"是一个相当宽泛的词项,它包括各种不同的物理形态(气体、蒸汽、烟、雾、粉尘)、化学类属(无机、有机)、作用原理(刺激性、窒息性、麻醉性、全身性)以及危害发生途径(神经系统、呼吸系统、血液系统、泌尿系统等)的事物。在这些不同的事物背后,并没有一个共同的本质属性。对于"死亡"来说,人们对一些事件是否属于"死亡"(如"大脑功能停止但心肺功能尚存"的人是否已经死亡)存在严重的分歧,不同的学科(比如物理学、有机化学、生理学)对于什么是死亡也有着不同的看法;因此很难相信它指称某个单一的种类。Brain Bix也对死亡是一个自然种类的看法提出过质疑。参见Brian Bix, *Law, Language, and Legal Determinacy*, Cambridge: OUP, 1993, p. 140。

〔2〕 See William Labov, *The Boundaries of Words and Their Meanings*, in C. J. N. Bailey & R. W. Shuy, (eds.), *New Ways of Analyzing Variation in English*, Washington: Georgetown University Press, 1973, pp. 349 – 351.

〔3〕 See Michael Moore, "The Interpretive Turn in Modern Theory", *Stanford Law Review* 42, 1989, p. 882.

事实可以作为道德种类并非自然种类的非决定性证据。

法律领域中的许多一般词项并不是自然种类词语,也不能视为自然种类词语来加以分析,因此第一种理解下的布林科-摩尔理论是不妥当的。那么第二种理解下的布林科-摩尔理论呢?当然,在法律解释领域运用普特南标准会遇到一个技术上的障碍:实指定义中的最初样本很难考证,但这一障碍可以通过以典型样本(相关一般词项明显可以指称的正常样本)来替代实指样本来克服。这正是普特南的做法:"当我们使用铅笔这个词语的时候,我们倾向于用它来指称任何与现实世界中的正常样本(normal examples)具有相同的根本性质的东西。"[1]这样一来,第二种理解下的布林科-摩尔理论所采取的解释思路就是:考察手头案件事实中的个别对象与典型样本是否具有相同的根本性质,并依此判断它能否用相关的一般词项加以指称。

这一思路的问题在于,在典型样本所具有的诸多性质之中,哪一种性质是根本的是不清楚的。因此,如果它要行得通,法官必须通过额外的途径来确定何为根本性质。普特南标准本身并不能提供根本性质的识别途径。也许有人会说,如果典型样本属于某个自然种类,这个问题就不会存在了,因为自然种类的本质属性自然成为典型样本的根本性质。但正如上文所说,法律领域中的多数一般词项所指称的类别并非自然种类,也不能被当成自然种类来加以分析。

此外,更为重要的是,即便一个法律词项的典型样本属于某个自然种类,该典型样本的根本性质也未必是该自然种类的本质属性。这是因为,何为根本性质是兴趣依赖的,当人们的实践需要改变时,最重要的性质也会随之改变。正是在这个意义上,Francois Recanati说:"我们的语言具有这样的特点,我们可以设想一些语境,在这些语境中,无论所说的东西是否为H_2O,只要这种东西具有某些现象/功能性特征,那么,针对这种东西说'这是水'仍然为真。"[2]换句话说,自然种类的本质属性并不具有天然的重要性。只有当人们的兴趣在于认识自然世界、总结自然规律时,它才成为最重要的,而在法律实践中,人们的兴趣并不在此,而在于设置或实施符合某种需要的规范方案。因此,对于认识自然来说最为重要的性质对于法律实践来说则未必。综上,直接指称理论不能作为指导法律解释的一般性理论。

三、意向性理论与分析进路的意图主义解释立场

(一)意向性理论:语用学转向背景下的指称理论

描述指称理论与直接指称理论在所指由何确定这一问题上意见不一,但它们都认为:

---

[1] Hillary Putnam, *Mind, Language, and Reality*, Cambridge: CUP, 1975, p. 243.

[2] [法]Francois Recanati:《字面意义论》,刘龙根等译,外语教学与研究出版社2010年版,第145页。

指称是包括词语在内的指称性表达本身所具有的一种性质或功能，每个词语与它的所指之间存在固定的联系。这一想法首先被斯特劳森（P. F. Strawson）所批判。在斯特劳森看来，弗雷格与罗素等人的理论忽视了“表达式”与“表达式的使用”之间的区别，进行指称的不是词语本身，而是词语的使用。“意义是句子或词语的一种功能，而提及、指称以及真与假，则是语句或词语的使用的功能。给出词语的意义就是为它的使用者给出用它进行指称的一般指导，而给出语句的意义就是给出用它做出真或假的论断的一般指导。”[1]

林斯基（Leonard Linsky）赞同斯特劳森的这一看法，[2]并举了一个例子作为辅证：在一个晚宴上，某人指着一位女士和她的男伴说，“她的丈夫对她很好”，但实际上，该女士并没有结婚。即便如此，这人所指的仍然是这位男伴。因此，决定一个表达式之所指的，并不是它的意义，而是使用这个表达式的说话者的意图。

斯特劳森与林斯基等人的看法使对指称问题的关注从语义学层面转移到语用学层面，这与语言学领域中一般的语义研究的语用学转向相呼应。一段时间以来，人们在语义问题上持有这样的看法，句子的意义是由包括词语在内的更小的表达式的意义按照一定的规则组合而成的，而这些更小的表达式的意义则是独立的与规约性的。但自20世纪50年代以来，不断有学者指出，这种看法完全误置了词语意义与句子意义之间的关系：词语并不具有独立的意义，它的意义要由它对于句子意义的贡献而给出，而句子的意义则由说话者的一系列意图所决定。比如，格莱斯（H. P. Grice）认为句子本身的意义可以通过句子在特定场合下的意义来揭示，而句子在特定场合下的意义大体等同于说话者通过该句子所表达的意义。[3]

塞尔批评格莱斯忽视了意义的规约性方面，[4]但赞同其通过意向性来分析意义与指称的总体思路：“‘语言如何与实在相关联’这一问题，只是‘心灵如何与实在相关联’这一问题的特殊情形，而正如关于语言的问题被归化为关于各种类型的言语行动的问题，关于心灵的问题也可以归化为各种形式的意向性的问题。”[5]具体到指称问题上，他说：“语言上的指称总是依赖于心灵的指称，或者它其实就是心灵的指称的一种形式，（而）心灵的指称总要依靠包括背景和网络在内的意向内容。”[6]

总体来说，在语言学转向之后，指称不再被视为表达式与对象之间的一种二元关系，而

---

[1] See P. F. Strawson, “On Referring”, *Mind* 59, 1950, p. 327.

[2] See Leonard Linsky, *Reference and Referents*, in Danny Steinberg & Leon Jakobovits, (ed.), *Semantics* : *An Interdisciplinary Reader in Philosophy, Linguistics and Psychology*, Cambridge: CUP, 1976, p. 76.

[3] See H. P. Grice, *Studies in the Way of Words*, Cambridge, Mass.: HUP, 1989, pp. 86 - 116, 117 - 137.

[4] See, e. g., John R. Searle, *Speech Acts*, London: Syndics of CUP, 1969, p. 45.

[5] [美]塞尔：《意向性：论心灵哲学》，刘叶涛译，上海人民出版社2007年版，第203页。

[6] 同上书，第239页。

是被视为表达了言者、表达式、听者与对象之间的一种四元关系；[1]所指确定也不再被视为一个纯粹的语义问题，而被视为一个语用问题，最终通过探究说话者的意图来加以确定。

（二）意图主义的妥当性：从规范性论证到分析性论证？

概括地说，意图主义是指这样一种解释立场，它主张法官在其他从事法律推理的主体在进行解释活动时致力于探究立法者的意图。传统的法学理论往往通过某种规范性论证来为这一解释立场的妥当性提供支持。其中最常见的是基于民主的论证，其大意是说：法官不是民主选举产生的，因此不应做出基于自己的政治道德观念的决定，而应当尊重并执行具有民主基础的立法者的决定。[2] 当下，这一论证逐渐丧失了它的说服力，因为越来越多的学者意识到，立法者的决定之所以是民主的并因此是值得尊重的，并不仅是因为它们体现了立法者的意图，而是因为它们是通过合法的、公开的程序做出的。这意味着，法官在解释法律时所要认真对待的，并不是立法者的意图，而是它们通过制度化的方式所转化成的法律文本；说到底"是规则的言辞，而不是起草者的意图，才是'法律'"。[3]

在这一背景下，马默提出了新的规范性论证。该论证基于拉兹所阐发的权威理论。拉兹认为，如果比起自己去权衡各种理由，直接服从某些命令或规则更有可能使人们做出正确的决定，那么人们的理性选择就是径直按照这些命令或规则行事。[4] 在马默看来，法律之所以应当被服从，正因为它能够帮助人们做出正确的决定；并且，至少对于部分法律来说，这根源于立法者所具有的专业知识。因此至少对于这部分法律来说，当表述模糊不清时，探究立法者的意图是明智之举，这与处方模糊不清时应当探究医生的意图是一样的道理。[5] 这一论证的问题首先在于，许多时候，法律的权威来源于它在解决集体行动问题上的协调能力，而不是它能够帮助人们做出正确的决定。这意味着，即使该论证成立，也无法使意图主义成为一种具有普适性的解释立场。其次，即便有些法律的权威来源于它能够帮助人们做出正确的决定，也没有什么证据能够表明，这是由于立法者具有更多的专业知识或更强的道德敏感性——实际上，这更有可能是由于，在民主商谈的公共决策程序中，各种理由的权衡更容易达成正确的结论。

在支持意图主义的规范性论证遇到各种障碍的同时，有一些学者主张，法官在进行解

---

〔1〕 See, e. g. , Kent Bach, *On Referring and not Referring*, in Jeanette K. Gundel & Nancy Hedberg, (eds.), *Reference: Interdisciplinary Perspectives*, New York: OUP, 2008, p. 15.

〔2〕 See, e. g. , Paul Breast, "The Misconceived Quest for the Original Understanding", *Boston University Law Review* 60, 1980, p. 204; Robert Berger, *Government by Judiciary*, Cambridge Mass. : HUP, 1977, p. 291.

〔3〕 Frank H. Easterbrook, "The Role of Original Intent in Statutory Construction", *Harvard Journal of Law and Public Policy* 11, 1988, p. 60. Laurence H. Tribe 也强调在法律解释的过程中不应寻求主观的、未被制度化的立法意图，而应寻求法律文本的客观的、制度化的意义。参见 Laurence H. Tribe, "Judicial Interpretations of Statutes: Three Axioms", *Harvard Journal of Law and Public Policy* 11, 1988, p. 51。

〔4〕 See Joseph Raz, *The Morality of Freedom*, Oxford: Clarendon Press, 1986, p. 53.

〔5〕 See, Andrei Marmor, *Interpretation and Legal Theory*, 2nd ed. , Oxford: Hart Publishing, 2005, p. 135.

释活动时对立法意图的探究并不是他/她“应当”做的,而是他/她“正在”做的;探究立法意图是法律解释的题中之义,如果不探究立法意图,就根本不是在进行法律解释。[1] 从这个意义上说,并不需要某种规范性论证来“支持”意图主义的妥当性,而只需要通过一个能够厘清立法意图与法律解释之间的概念性联系的分析性论证来“揭示”它的妥当性。这一分析性论证可以简单概述如下:

(1)法律解释旨在明确法律规则中一般词项的所指;

(2)法律规则是一个沟通文本;

(3)在一个沟通文本中,一般词项的所指就是说话者所要指称的某类对象;

因此,(4)探究立法意图是法律解释的题中之义。

这一论证从形式上看是有效的,并且前提(1)并无问题;因此,它是否可靠,就取决于(2)(3)这两个前提是否为真。

虽然将法律视为一种沟通文本在一定程度上说是法理学中的正统观念,[2]但在当代的文献中,的确有一些学者主张(2)为假。例如,沃尔德伦(Jeremy Waldron)就认为,“将现代立法行为描述为一种有意识的交流活动是说不通的”;[3]谢普瑟(Kenneth A. Shepsle)也强调,“个人有意图、目的与动机,而由个人组成的集体则没有”,“立法机关是一个‘他们’,不是一个‘他’”。[4] 这些学者往往从公共选择理论出发,通过论证个人意图无法理性加总为集体意图(从而不存在统一的立法意图)来为反对将法律视为一种沟通文本的观点辩护。本文将在第四部分表明,这一论证并不成立,尽管法律具有独特性,但仍然不失为一种沟通文本。因此,上述分析性论证是否可靠就完全取决于(3)是否为真了。

上一小节所讨论的意向性理论为(3)提供了支持。如果意向性理论是一种没有缺陷的指称理论,那么(3)也就是成立的。但意向性理论忽视了语义学所指与说话者所指之间的区别。正如克里普克所揭示的,“说话者所指由说话者在某个特定场合用以指称某个对象的特殊意向所给出”,语义学所指则由“语言里的某些约定”以及“关于世界的各种不同事实”给出。[5] 让我们回到林斯基所举的那个例子。虽然“她的丈夫”这一表达式的说话者所指是那一情景下的男伴,但它的语义学所指并不是。因此,如果(3)要成立的话,必须能够证明:(4)对于沟通文本中的一般词项来说,不存在语义学所指,只存在说话者所指。

---

〔1〕 这一主张的代表人物是 Stanley Fish,参见 Stanley Fish,“Intention Is All There Is:A Critical Analysis of Aharon Barak's Purposive Interpretation in Law”,*Cardozo Law Review* 29,2008,p. 1113 ; Stanley Fish,“There Is No Textualist Position”,*San DiegoLaw Review* 42,2005,p. 650。

〔2〕 See,e. g. ,Mark Van Hoecke,*Law as Communication*,Oxford:Hart Publishing,2002,pp. 130 – 131.

〔3〕 Jeremy Waldron, *Legislative Intentions and Unintentional Legislation*, in Andrei Marmor, (ed.), *Law and Interpretation*,Oxford:OUP,1995,p. 332.

〔4〕 Kenneth A. Shepsle,“Congress Is a ‘They’,Not an ‘it’:Legislative Intent as Oxymoron”,*International Review of Law and Economics* 12,1992,p. 239.

〔5〕 参见[美]克里普克:《说话者指称与语义学指称》,载[美]A. P. 马蒂尼奇编:《语言哲学》,牟博等译,商务印书馆1988年版,第493页。

实际上,这正是菲什(Stanley Fish)、亚历山大(Larry Alexander)、肯纳普(Steven Knapp)和迈尔克斯(Walter B. Michaels)等人的主张。[1] 他们主要通过三个论证来支持该主张,下文将逐一考察并反驳,以维护沟通文本中的一般词项同样存在语义学所指的观点。

首先,菲什等人不止一次地强调,"所有的文本都是作者传递信息的尝试",[2]如果没有意图,那么"不仅没有意义,而且没有理由去探究意义",[3]"如果不提及某个意图通过一些符号或声音来传递信息的真实的或假想的作者,那么人们无法将意义赋予这些符号或声音的"。[4] 因此,"文本意义就是作者意指的任何东西",[5]"除了作者意指的东西之外,文本没有意义"。[6] 如果沟通文本的唯一意义就是它的说话者意义,那么对于沟通文本中的一般词项来说,它唯一的所指也就是说话者所指了。

显然,多数有意义的文本都是人们有意识创造的,但是否所有的文本都是如此?如果蚂蚁在沙滩上留下了形同某个词语(如"明月")甚至某个句子(如"明月松间照")的痕迹,这些痕迹是否有意义?或者说,它们是文本吗(这其实是同一个问题)?人们在此问题上有着不同的看法。菲什等人坚持认为,在此情形以及与之类似的那些情形(比如,猴子打印出"美国宪法")中,没有任何有意义的文本存在。[7] 然而,也有学者主张,没有意图的字符串(string of words)也可以构成有意义的文本;比如,闪电击中大树所造成的"停"标志就可能构成了一个(在一些情况下甚至可以具有法律效力)的有意义的文本。[8] 这一问题的答案很可能取决于人们对于"文本"的理解。但即便菲什等人的说法是正确的,只有那些人们有意识创作的字符串才是文本,也无法据此认为:文本唯一的意义就是它的说话者意义。菲什认为,如果文本具有这种字面意义的话,那就意味着这一意义通过某种方式被固定在文本中了,从而会排除其他的理解。[9] 这一想法无疑是错误的。文本有字面意义,并不意味着字面意义被"固定"在文本上;反过来,人们可以偏离字面意义,也不意味着没有字面意义。实际上,正是因为存在这种字面意义,人们才能意识到对它的偏离。

---

〔1〕 See, e. g., Stanley Fish, "There Is No Textualist Position", *San DiegoLaw Review* 42, 2005, p. 629. Larry Alexander & Saikrishna Prakash, "Is That English You're Speaking? Why Intention Free Interpretation is an Impossibility", *San DiegoLaw Review* 41, 2004, p. 967; Stephen Knapp & Walter B. Michaels, "Not a Matter of Interpretation", *San DiegoLaw Review* 42, 2005, p. 651; Steven Knapp & Walter B. Michaels, "Against Theory", *Critical Inquiry* 8, 1982, p. 723.

〔2〕 Larry Alexander & Saikrishna Prakash, "Is That English You're Speaking? Why Intention Free Interpretation is an Impossibility", *San DiegoLaw Review* 41, 2004, p. 361.

〔3〕 Stanley Fish, "There Is No Textualist Position", *San DiegoLaw Review* 42, 2005, p. 632.

〔4〕 Larry Alexander & Saikrishna Prakash, "Is That English You're Speaking? Why Intention Free Interpretation is an Impossibility", *San DiegoLaw Review* 41, 2004, p. 974.

〔5〕 Ibid., p. 361.

〔6〕 Stanley Fish, "There Is No Textualist Position", *San DiegoLaw Review* 42, 2005, p. 649.

〔7〕 "没有意图的词句本身,没有力量,没有语义形态,从而并非语言"。参见 Stanley Fish, "There Is No Textualist Position", *San DiegoLaw Review* 42, 2005, p. 632。

〔8〕 See Walter Sinnott-Armstrong, "Word Meaning in Legal Interpretation", *San DiegoLaw Review*42, 2005, p. 474.

〔9〕 Stanley Fish, "There Is No Textualist Position", *San DiegoLaw Review* 42, 2005, p. 634.

第二个论证是说,人们可以用任何表达式来指称任何想要指称的对象或传递任何想要传递的信息,“没有什么能够妨碍任何字符串能够成为任何意图的载体”;[1]因此,谈论沟通文本的字面意义或语义学所指是没有任何意义的。这一论证的前提是错误的。我们知道,维特根斯坦曾提出过这样的问题:“我是不是能够说着‘布布布’而意指‘如果天不下雨我就去散步’呢?”[2]菲什对这一问题的回答是:当然可以,也许你不能成功地将这个意义传递给读者,但能否成功传递意义和能否用某个字符串来意指某种意义是两回事。[3] 肯纳普与迈尔克斯也持有同样的看法:“没有任何人能够理解我这一事实在任何意义上都不影响我的言说的意义。”[4]但事实是,人们在使用表达式来传递意图时有一定的任意性,但没有彻底的任意性;离开了语言的规约性,人们不仅无法成功传递意图,甚至根本无法形成稍微复杂一点的意图。对此的论证可以从人类语言与动物信号之间的区别谈起。

陈嘉映等学者正确地指出,人类语言与动物信号之间的区别在于:“信号是囫囵的,不由更小的意义单位组成,语句则具有内部结构,由更小的意义单位组成。”[5]实际上,正是这种切分使人类语言具有毕克顿(Derek Bickerton)所说的“开放性”,[6]即用已有的、有限的符号去谈论新遇的、无限的境况与事物;如果没有这种切分,人类的语言将只能用来表达有限的信息,并且无法随时随地地扩展。从个体的角度看,这一切分给语言提供了包括一般词项在内的更小的意义单位,人们才有可能对周遭世界形成秩序化的复杂经验。从这个意义上说,至少对于稍微复杂一点的意图来说,不是先有意图,然后用语言来表述它,而是语言本身参与了意图的形成。换句话说,不依赖于一些具有规约性意义的语言单位以及相应的组合规则,人们便无法组织自己的想法,而不仅是无法将它成功地传递给他人。

菲什等人提出的第三个论证是,在许多情况下,只有借助作者意图,才能明确某一表达式的意义或所指。肯纳普与迈尔克斯举例说,对于词语“canard”来说,说英语的人会认为它指的是fib(谎言),而说法语的人会认为它指的是duck(鸭子)。这一表达式本身并不能告诉人们它究竟指什么,只有当我们知道它的使用者说的是哪种语言,才能明确它的意义。[7] 这当然是对的。但这不过意味着,相同的字符串在不同的语言里可能具有不同的意义与所指,并不意味着它没有语义学所指。如果它没有语义学所指,我们是如何在知道了它的使用者说的是哪种语言之后,就能明确说话者所指呢?

总体来说,菲什等学者并没有证明沟通文本中的一般词项没有规约性意义与语义学所指,相反,通过上面的论述可以看出,只有在承认沟通文本中的一般词项具有规约性意义与

---

〔1〕 Stanley Fish, “There Is No Textualist Position”, *San DiegoLaw Review* 42, 2005, p. 634.
〔2〕 [奥]维特根斯坦:《哲学研究》,李步楼译,商务印书馆2000年版,第28页。
〔3〕 Stanley Fish, “There Is No Textualist Position”, *San DiegoLaw Review* 42, 2005, p. 634.
〔4〕 Stephen Knapp & Walter B. Michaels, “Not a Matter of Interpretation”, *San DiegoLaw Review* 42, 2005, p. 659.
〔5〕 陈嘉映:《语言哲学》,北京大学出版社2003年版,第347页。
〔6〕 See Derek Bickerton, *Language and Human Behavior*, University of Washington Press, 1996, p. 16.
〔7〕 Stephen Knapp & Walter B. Michaels, “Not a Matter of Interpretation”, *San DiegoLaw Review* 42, 2005, p. 975.

语义学所指的情况下,包括上述例子在内的一些语言现象才能得到更好的解释。因此,分析进路的意图主义解释立场是不成立的。但值得注意的是,这并不意味着法律解释不应探究立法意图,而只意味着,法律解释是否应当探究立法意图以及与之相关的问题要通过规范性的考察来回答,而无法仅通过语言分析来获得答案。

四、一般法律词项的所指确定

上一部分谈到,沃尔德伦等学者基于对立法过程的实证考察与理论分析得出了它不是一种交流活动的结论。如果这一结论成立,那么一般法律词项的所指就和立法意图没有任何关系了。正如菲什等学者关于沟通文本仅有说话者意义的主张如果成立的话,那么一般法律词项的所指完全由立法意图所决定那样。上文已述,菲什等学者的主张是不成立的。这一部分论证:沃尔德伦等学者的主张同样是不成立的,立法活动虽然具有自身的独特性,但仍然不失为一种交流活动。的确存在规范性的理由要求法官在进行法律解释时尊重特定类型的立法意图(但基于立法活动的独特性,也存在一些规范性的理由要求法官忽视或排除某些类型的立法意图,并接受语言惯习的限制)。

(一)作为一种交流活动的立法

从雷丁(Max Radin)开始,不断有学者指出,现代的制定法并不是一个单一的立法者所制定的,而是由一个众多成员所组成的立法机关所制定的(这些成员往往具有不同的知识背景、利益诉求与价值观念)。由于立法机关不像个人那样能够形成意图(并在此基础上行动),因此现代的制定法不能被视为一种有意识地交流活动的产物,而最好被视为一个无意思的投票机器的产物。[1] 这一论证对现代立法活动的社会学描述并无问题,但立法机关真的无法形成任何意图吗?

在雷丁看来,意图是一种心理状态。因此,严格说来,只有单个的自然人才有意图,由多个人所组成的集体是没有意图的;关于集体意图的谈论只是以简略地方式来谈论个人意图(例如,“芝加哥队意图赢得比赛”只是“芝加哥队中的全部或多数队员意图赢得比赛”的简略说法)。[2] 这意味着,所谓集体意图,实际上是集体中全部或多数成员所共享的个人意图。那么,如果一个立法机关中的全部或多数成员共享某种心理状态,不就可以合理地谈论立法意图了吗?但在雷丁看来,这几乎是不可能的,“数百人在脑海中有着完全相同的确定状态的机会是无限小的”。[3]

---

〔1〕 See Jeremy Waldron, *Law and Disagreement*, Oxford: Clarendon Press, 1999, pp. 126 – 127.

〔2〕 See Max Radin, “Statutory Interpretation”, *Harvard Law Review* 43, 1930, p. 863.

〔3〕 Ibid., p. 870.

在德沃金看来,如果将立法视为一种交流活动,那么就只能将立法意图视为雷丁所说的个人的心理状态。“只要我们仍旧认为,立法意图是关于‘某个人脑袋中想什么并透过投票打算传达什么’的问题,我们就必须把特定人们的精神状态作为出发(点),因为机构没有心灵,从而我们必须忧心(的难题是):要如何把个人的诸意图,加总为一个集体的、虚构的团体意图。”[1]加总个人意图的第一个难题是,应该把哪些人的意图算在内?“制定该法的每位国会成员,包括投票反对的那些成员吗?某些成员的思想——比如在辩论时发言或最常发言的那些成员——比其他成员的思想更重要吗?准备最初草案的行政官员助理如何呢?签署法案使之成为法律的总统如何呢?……写信给国会意愿或承诺或威胁说,视他们如何表决而决定是否投票给他们,或者作出或撤回选举献金的私领域公民如何呢?扮演着现在习以为常之角色的各种游说与行动团体如何呢?……还有更加复杂的情况。制定法的存在非仅归因于人们作出制定它的决定,而且也归因于后来其他人不修正或不撤销它的决定。……(是否要考虑)数十年来可能撤销制定法但未这样做的众多立法者之意图呢?”[2]假定这一个问题的答案是,应当加总的是那些投赞同票的成员的意图,并且所有这些成员的意图应被平等对待。[3] 仍然可能会碰到下面这样一个难题,即这些成员的意图是彼此不同的,并且更有可能发生的是,当下的处境根本没有被任何立法者所想到过。德沃金设想的第三个难题是,心理状态有很多种,“信念、态度或其他精神状态中的哪一个,构成了……意图?”[4]在德沃金看来,对所有这些难题的回答,都只能依赖于解释者对于“立法者信念的一般结构”的理解,而非依赖于“立法者的希望、预期、或最直接相关的具体意见”,[5]从而使解释者从探寻立法意图转向基于整全性的意义建构。

雷丁与德沃金关于个人意图无法加总为集体意图的主张是正确的,但这并不能证明集体意图是不存在的,因为意图并不一定是个人的心理状态。正如有学者所指出的那样,雷丁与德沃金的论证严格说来是丐题的(question-begging),“如果从一开始就假定意图是个人的心理状态,那么根据定义,机构便不可能有意图(因为它没有心智)”。[6] 因此,雷丁与德沃金仅仅揭示了集体意图不能还原为个人意图——这的确是许多法律学者所误以为的,如马默与拉兹都将集体意图理解为不同成员所共享的个人意图[7]——并没有证明立法机关不能具有非还原性的集体意图。

---

〔1〕 [美]德沃金:《法律帝国》,李冠宜译,时英出版社2002年版,第342页。

〔2〕 同上书,第327页。

〔3〕 G. MacCallum持有这一主张。参见G. MacCallum, *Legislative Intent and Other Essays on Law, Politics, and Morality*, Madison: University of Wisconsin Press, 1993, pp. 17-18。

〔4〕 [美]德沃金:《法律帝国》,李冠宜译,时英出版社2002年版,第329页。

〔5〕 同上书,第343页。

〔6〕 Victoria Nourse, "Elementary Statutory Interpretation: Rethinking Legislative Intent and History", *Boston University Law Review* 55, 2014, p. 1636.

〔7〕 See Andrei Marmor, *Interpretation and Legal Theory*, 2nd ed., Oxford: Hart Publishing, 2005, p. 162; Joseph Raz, *Between Authority and Interpretation*, Oxford: OUP, 2009, p. 284.

实际上,有一些集体能够具有集体意图,已经成为当代学者的共识;人们争论的不是有没有集体意图,而是如何解释集体意图。[1] 因此,关键的问题是:一个集体要满足哪些条件才能够具有集体意图?以及,立法机关是否满足这些条件?对第一个问题的回答存在较多的共识。如果将意图理解为用以解释主体行为合理性的理论实体,那么能够合理规划与安排自己的行为显然是一个主体具有意图的必要条件。在佩蒂特(Philip Pettit)看来,如果一个集体能够集合理由(collectivising reason),那么它就能够将行为决策建立在自己所形成的(敏感于证据且不彼此冲突的)信念与目标的基础上,也就能够合理规划与安排自己的行为从而具有集体意图。[2] 那么立法机关能集合行为理由吗?谢普瑟、沃尔德伦等学者从阿罗不可能定理(Arrow's Impossibility Theorem)出发得出了否定的回答。阿罗不可能定理是对孔多塞投票悖论的一般化,其大意是说,在一些合理的、符合直觉的限制条件下,多数决的投票程序无法避免循环(cycling)。[3] 在谢普瑟与沃尔德伦看来,这意味着采用多数决投票程序的立法活动不能确保得出立法机构中的多数成员想要的结果,"一个聪明的议程设置者能够(通过多数决的投票程序)产生任何他/她想要的结果"。[4] 然而,正如有些学者所发现的那样,真实的立法过程并不像公共选择理论所设想的那样饱受不稳定性与不融贯性的困扰。[5] 一般地说,当理论预测与经验事实发生冲突时,中肯的态度是反思理论预测而非经验事实。如果理论没错的话,很可能是由于它所要求的条件没有得到满足。例如,立法机构成员的偏好可能并不像阿罗定理所要求的那样是独立的与固定的,而是可以在商讨过程中予以修正的,这在很大程度上能够避免循环的发生。"真实的情况是,国会通过相继的程序来工作。……这种相继的程序会导致一些成员重新审查自己的偏好。"[6]

立法机关能够集合行为理由并在此基础上作出其意图作出的决策不仅符合经验观察,而且是人们设置立法机关的基本预设。如果立法机关无法集合行为理由,那么它就无法确保最终的决策是合理的(或者说是建立在相关的信念与目标的基础之上的);换句话说,它就不能按照自己的意愿来行使立法权力,从而赋予立法机关以立法权也就没有任何意义了。正是在这个意义上,加德纳(John Gardner)说:"一个主体有意图地行为是因为它基于某些理由而行为。立法者,无论是自然人还是机构,都必须基于某些支持或反对改变法律

---

[1] See Schweikard & Schmid, *Collective Intentionality*, The Stanford Encyclopedia of Philosophy (Summer 2013 Edition), E. N. Zalta (ed.), URL = http://plato.stanford.edu/archives/sum2013/entries/collective-intentionality.

[2] See Philip Pettit, *Collective Intentions*, in Ngaire Naffine, Rosemary Owens, and John Williams, (eds.), *Intention in Law and Philosophy*, Burlington: Ashgate, 2001, pp. 241 – 254.

[3] See Kenneth Arrow, *Social Choice and Individual Values*, 2nd ed., New Haven: YUP, 1963, pp. 52 – 59.

[4] Kenneth A. Shepsle, "Congress Is a 'They', Not an 'it': Legislative Intent as Oxymoron", *International Review of Law and Economics* 12, 1992, p. 244.

[5] See, e. g., Gordon Tullock, "Why So Much Stability?", *Public Choice* 37, 1981, p. 189; Daniel Farber & Philip Frickey, "Legislative Intent and Public Choice", *Virginia Law Review* 74, 1988, p. 435.

[6] Victoria Nourse, "Elementary Statutory Interpretation: Rethinking Legislative Intent and History", *Boston University Law Review* 55, 2014, p. 1642.

的理由而行为。否则立法政策问题上的任何公共商讨都没有任何意义了。这些商讨的意义正在于,无论谁是立法者,在立法的过程中,都会对那些支持或反对改变法律的理由做出回应。”[1]

由于立法机关能够集合理由、形成意图并且按照自己的意图行使立法权力,因此立法活动可以视为一种交流活动,这一活动所产生的文本(法律)也可以视为一种旨在传达特定意图的沟通文本。

(二)立法意图的种类及其相关性

如果法律规则是按照立法者的意图来创制的,那么很自然的一个想法是,它应该按照立法者的意图来得到理解。毕竟,“如果我们不按照立法者的意图来理解法律的话,那么为什么还要选择一个立法者来确定应当如何行为的规范呢?”[2]当前,这不仅是一个想法,实际上,许多法官正是以立法意图为论据做出裁判的,比如上文所提到的鼓浪屿水族博物馆诉厦门市鼓浪屿区地方税务局征税案。

虽然按照立法意图来解释法律是很自然的想法,这一主张仍然需要规范性的论证。一个可靠的论证可以概述如下:只有按照立法意图来解释法律,法官所得出的裁判结论才是值得服从的。人们之所以有服从判决的义务,并不是因为它是由法院所作出的,而是因为判决是根据法律做出的,而人们有服从法律的义务。法律中的行为规范是立法者在权衡各种理由的基础上有意识地创制的;因此,根据法律做出判决要求法官尊重立法意图。这一论证并不是诉诸民主的论证,而是诉合法性链条(the chain of legitimacy)的论证。归根结底,判决并不具有天然的合法性,它的合法性只能来源于法律,而无论法律自身的合法性来自何方[3],只要我们假定它的确具有合法性,就要假定它是理性决策的产物——正是在这个意义上拉兹谈论纯粹自然事件的产物不能被赋予合法性[4]。这既使具有立法意图的理性主体成为必要预设,也使尊重、探寻立法意图成为在规范意义上具有优越性的解释立场。

如果在法律解释中探寻立法意图的理由是将法律的合法性传递给判决,那么,显然不是所有的立法意图都需要被考虑,因为不是所有的立法意图都有助于或反映了立法者的理性决策,从而不是所有的立法意图都与法律的合法性相关。在雷丁提出了对意图主义解释立场的批判之后,[5]兰蒂斯(James M. Landis)通过区分“作为意想的意义的意图”(intent as intended meaning)与“作为目标的意图”(intent as purpose)进行了回应。[6] 在他看来,认为

[1] John Gardner, *Some Types of Law*, in D. Edlin, (ed.), *Common Law Theory*, Cambridge: CUP, 2007, p. 57.

[2] Larry Alexander, “Originalism: The Why and the What”, *FordhamLaw Review* 82, 2013, p. 540.

[3] Ken Kress 总结了关于法律的合法性从何而来的几种理论,其中获得较多认可的有社会契约理论与拉兹所提出的服务权威理论。参见 Ken Kress, “Legal Indeterminacy”, *California Law Review* 77, 1989, p. 290。

[4] See Joseph Raz, *Between Authority and Interpretation*, Oxford: OUP, 2009, p. 281.

[5] See Max Radin, “Statutory Interpretation”, *Harvard Law Review* 43, 1930, p. 863.

[6] See James M. Landis, “A Note on ‘Statutory Interpretation’”, *Harvard Law Review* 43, 1930, p. 886.

这两者都既是相关的,也是可认识的。兰蒂斯提出的这一区分的重要性在于,许多时候,人们正是由于混淆了不同的意图,从而在意图是否存在、是否可认识以及是否具有相关性等问题上产生了一些错误的看法。[1] 但兰蒂斯所说的"作为意想的意义的意图"与"作为目标的意图"并没有得到明确的界定,它们均可以用来指称多种而非一种意图;而在它们所指称的多种意图中,可能有些是存在的、可认识的、相关的,而另外的则并非如此。下面试图对兰蒂斯所提出的这两种意图进行进一步的区分、限定,并着重讨论它们的相关性问题。

首先,"作为意想的意义的意图"可能有三种不同的理解。第一种理解是,立法者在(制定某个规则的过程中)使用某个一般词项时脑海中所浮现的某个事例的具体形象。例如,当立法者在使用"毁坏"一词时,脑海中可能浮现出"把电脑砸坏"或"把汽车焚毁"等行为的主观形象。我们可以把这种意图称为"心理形象意图"(metal images intentions)。几乎没有任何严肃的学者会认为这个意图是相关的。严格说来,每两个具体事例的具体形象都是不同的,因此这一理解将会使法律指引、规范社会生活的功能无法实现;没有哪个理性的立法者会真的意图只将一般词项适用到其所设想的那一具体事例上。正如亚历山大所说,由于立法者制定"禁止车辆进入公园"这一规则时脑海中所浮现的是蓝色的雪弗莱汽车,就认定它不适用于红色福特轿车,这显然是荒谬的。[2]

第二种"作为意想的意义的意图"是,立法者在使用某个一般词项时所采用的描述性特征。例如,当立法者在使用"毁坏"一词时,可能采用了"破坏性行为方式"这一描述性特征。我们可以把这种意图称为"主观意义意图"(subjective meaning intentions)。这种意图同样是不相关的。一来立法者在使用某个一般词项时,通常并没有明确意识到自己采用的是什么样的描述性特征,因此并没有可靠的途径去获取这一意图。二来为了使所制定的法律规则能够发挥作用,一般来说,立法者在使用一般词项时遵循语言共同体的习惯用法,并意图其所使用的一般词项在通常的意义上被理解。[3] 这使在公认描述之外谈论具有相关性的主观意义意图成为不必要。

第三种对"作为意想的意义的意图"的理解是人们经常谈论的"适用意图"(application intentions),即立法者是否将其所制定的规则适用到特定事例之上的意图。在不少学者(包括意图主义的支持者与批判)看来,意图主义就是指以立法者的适用意图为标准来判断规则应否适用的解释立场。比如,在上文提到的鼓浪屿水族博物馆诉厦门市鼓浪屿区地方税务局征税案中,鼓浪屿水族博物馆是否属于"博物馆"就取决于立法者是否认为它是。然而,正如许多学者所指出的那样,对于规则能否适用到特定的事例之上这个问题,立法者很

---

[1] See Gerald C. MacCallum, "Legislative Intent", *Yale Law Review* 75, 1966, p. 756.

[2] See Larry Alexander & Saikrishna Prakash, "Is That English You're Speaking? Why Intention Free Interpretation is an Impossibility", *San DiegoLaw Review* 41, 2004, p. 370.

[3] See, e. g., "Aileen Kavanagh, Original Intention, Enacted Text, and Constitutional Interpretation", *The American Journal of Jurisprudence* 47, 2002, p. 272.

可能完全没有想到过——鼓浪屿水族博物馆案即是如此——考虑到所有的案例都发生在规则制定之后而立法者只有有限的预见性,这种情况的确很可能发生。斯卡利亚大法官(Justice Scalia)甚至说:“对于那些提交到法院的争议来说,99.99%是没有立法(适用)意图的。”[1]

对此,这一版本的意图主义的支持者们有两种回应。第一种回应是,赋予立法者反事实的意图(counter-factual intentions),并将“如果立法者遇到这种情况会怎么做”这一问题的答案视为立法者的适用意图。在意图主义的批评者看来,这一回应的问题在于,这一反事实问题是很难回答的,缺乏可靠证据的支持,最终只能靠猜测。[2] 第二种回应是,斯卡利亚大法官的估算是错误的,尽管在许多情况下立法者没有预见到特定的事例,但也有许多时候的确存在适用意图;而在存在适用意图的时候,“我不明白为什么法院能够拒绝立法者的选择而替代为自己的”。[3]

在存在适用意图的时候,法官能否拒绝立法者的适用意图呢?或者换句话说,如果适用意图存在,它就一定应当作为法律解释的标准吗?我们将在考察完兰蒂斯所说的另外一种意图——“作为目标的意图”——之后回答这一问题。

“作为目标的意图”这一表述同样可以在不同的意义上来理解。第一种理解是立法者在制定法律时旨在达成的个人目标;例如,立法者通过制定法律以迎合选民心意、稳固自己地位或获得经济资助的意图。对于这种意图,正如马默所说,即便那些意图主义的“狂热支持者”也不会认为它具有相关性。[4] 原因在于,人们之所以应当通过探究立法意图来确定一般法律词项的所指,并不只是因为法律决策是立法者做出的,而更是因为人们假定它们是立法者基于正确的理由做出的,而这也正是立法者最初被授予立法权的原因所在。

第二种理解是立法者在制定法律时旨在通过相关规则所达成的社会目标。有的学者将其细分为“旨在推动公共的善的意图”与“旨在消除公共的恶的意图”;前者如“提高非熟练工人的工资待遇”,后者如“消除对残疾人的歧视”。[5] 但由于一般来说,推动公共的善,同时也就是消除(相应地)公共的恶,反之亦然;因此我们这里不做这一区分,将它们统一称为“目标意图”(purposive intentions)。“目标意图”并不是一个新颖的概念,实际上,许多学者都曾提到,任何一部法律都是立法者基于特定的目标而制定出来的。[6] 目标意图还可以细分为两种。一种是直接作为某个法律规则之理由的目标意图,例如,《治安管理处罚法》

---

〔1〕 Antonin Scalia, *A Matter of Interpretation*, Princeton: Princeton University Press, 1997, p. 32.

〔2〕 See, e. g., “Aileen Kavanagh, Original Intention, Enacted Text, and Constitutional Interpretation”, *The American Journal of Jurisprudence* 47, 2002, p. 266.

〔3〕 R. Bork, “Neutral Principles and Some First Amendment Problems”, *Indiana Law Review* 47, 1971, p. 13.

〔4〕 See Andrei Marmor, *Interpretation and Legal Theory*, 2nd ed., Oxford: Hart Publishing, 2005, p. 128.

〔5〕 See Joseph P. Witherspoon, “Administrative Discretion to Determine Statutory Meaning: ‘The Middle Road’: I”, *TexasLaw Review* 40, 1962, p. 796.

〔6〕 See, e. g., Richard Ekins, *The Nature of Legislative Intent*, Oxford: OUP, 2012, p. 128.

第66条第1款之所以规定了对卖淫、嫖娼的行为处以拘留、罚款,直接的目标可能是维护良好的社会风气。这种目标意图可以称为"直接目标意图"(direct purposive intentions)。与此相对的间接目标意图(indirect purposive intentions)包括所有将直接目标意图作为手段而实现的更为一般化的社会目标——所有的法律规则都有一个最终的间接目标意图,促进善与正义。

一般来说,包括促进善与正义在内的抽象的社会目标究竟要求什么是不明确的,而具有不同文化背景、社会角色与价值观念的人们对此问题的回答也往往处于巨大的争议之中。即便这些问题是存在正确答案的,人们无论如何也不可能等到发现正确答案之后再来安排有秩序的社会生活。正因如此,人们才需要通过民主立法的方式来决定这些抽象的社会目标究竟要求什么以及通过什么样的方式来实现它们;而无论是我们自己对这些抽象的社会目标的认识,还是立法者旨在追求什么样的抽象目标这一事实,都不能告诉我们立法者究竟做出了什么样的决策。就此而论,对于法律解释来说,间接目标意图并不具有相关性。

(三)直接目标意图、客观知识与语言惯习

在上文所讨论的六种意图中,有四种已经被排除了相关性,留下的是"适用意图"与"直接目标意图"。上文已述,在许多学者看来,适用意图是最有相关性的立法意图。例如,在一些意图主义者看来,美国宪法所规定的禁止残酷与不寻常的惩罚适用死刑吗,"这一问题的答案取决于立法者是否意图它适用到这个问题上。"[1] 上文提到,不少批评者指出,立法者很有可能根本没有考虑过这个问题。但为了探讨适用意图的相关性问题,现在让我们假定立法者的确考虑过这一问题,并共享统一的适用意图:它不适用于死刑——考虑到宪法制定时死刑的普遍性,这一假设有较大概率是真的。假设这是由于,这一规则的直接目标是消除不符合人道主义的惩罚,而在当时的立法者看来,死刑与人道主义并不抵触。再假设道德理论的进步使人们认识到,死刑的确不符合人道主义。那么当下的法官能够弃立法者的这一适用意图于不顾吗?在我看来,的确可以。原因在于,当立法者基于人道主义的目标要禁止残酷与不寻常的惩罚时,所要禁止的是那些"的确与人道主义相抵触的刑罚"而非"其所认为的与人道主义相抵触的刑罚"。如果死刑的确与人道主义相抵触,而法官仍然以立法者的适用意图为标准,将挫败其消除不符合人道主义之惩罚的直接目标意图,而这一意图正是这一规则之所以能够存在的理由。

再如,假设出于保障食品安全的需要,立法者规定"禁止患有消化道传染疾病的人员从事接触直接入口食品工作"。基于当时的医学知识,人们普遍认为某种疾病D属于消化道

---

[1] See, e. g., "Aileen Kavanagh, Original Intention, Enacted Text, and Constitutional Interpretation", *The American Journal of Jurisprudence* 47, 2002, p. 265.

传染疾病。那么可以合理地假定,立法者具有将该规则适用到D之上的适用意图。如果医学知识的进步使人们认识到,D其实并不传染,那么在相关的争议案例中,法官是否仍然应当以这一适用意图为标准将规则适用到D之上?在我看来,基于同样的理由,答案是否定的。将规则适用到D之上并不能达成立法者所具有的直接目标意图。

从上面的例子中可以看出,对于任意的规则来说,立法者的适用意图,如果有的话,是由它的直接目标意图与它所具有的一些相关信念所共同决定的。从而如果相关的信念是假的,将会导致适用意图与直接目标意图无法同时被遵循。此时法官所面临的问题,不是要不要遵循立法者的意图,而是要遵循它的何种意图。基于如下理由,法官在这种情况下应当选择直接目标意图而非适用意图:首先,从本体论的视角来看,直接目标意图作为制定相关规则的理由,更容易为立法机构中的不同成员所共享,从而通过相关程序上升为立法意图。其次,从认识论的视角来看,直接目标意图也更容易从规则制定的社会背景中推断出来,比如《刑法修正案(八)》中所规定的危险驾驶罪的直接目标意图很容易从当时多次酒驾造成重大交通事故的社会背景中推断出来。

本体论与认识论的理由使我们认识到,只有取向于直接目标意图而非适用意图,才可能使意图主义成为一种具有一般性的解释立场,但它们的确不是在适用意图存在并可被认识时也应让位于与其不一致的直接目标意图的决定性理由。在我看来,这一决定性理由是,上文已述,敏感于理由与事实是任何理性决策的前提,而作为一种理性决策的产物又是法律具有合法性的前提。直接目标意图与适用意图之间的相互冲突意味着立法者所具有的相关信念是错误的,此时只有选择直接目标意图,才会使相关法律既敏感于理由也敏感于事实,从而成为可能具有合法性的规范性文本。因此,本文所倡导的意图主义的解释思路,并不是指直接以立法者的适用意图为标准来判断规则是否适用,而是指以立法者的直接目标意图为标准并结合客观知识来加以判断。比如,对于鼓浪屿水族博物馆诉厦门市鼓浪屿区地方税务局征税案来说,鼓浪屿水族博物馆不属于"博物馆"从而不适用《营业税暂行条例》第6条第1款第6项的规定,并不是由于立法者认为它不属于——立法者可能从来没有想到过这个问题;而是由于这一条款的直接目标意图是减免相关财政预算单位的营业税,而鼓浪屿水族博物馆并非财政预算单位。

有两点值得注意。首先,这里所说的客观知识是指将规则适用到某个事例之上是否能够与该规则的直接目标意图相一致这一客观事实,而不是指从某种科学理论出发所得出的关于某个事例是否的确在该规则中相关一般词项的外延之中这一事实。我们可以通过帕特森所举的一个例子来说明这一点。

> ……1945年颁布的法规:禁止在50海里范围内捕鱼。我们假设在法律颁布的时期,议会错误地相信鲸鱼和海豚是鱼……议会宣称这一法规的目的是防止所有的鱼种类灭绝,包括鲸鱼和海豚。

……很明显,议会的目的是将鲸鱼和海豚包括在法规的范围内以禁止捕捉鲸鱼和海豚,他们这样做是基于传统理论的错误分类。"鱼"的意义不是由"世界的存在方式"决定的,而是由议会认为的世界的存在方式决定的。换句话说,是议会的相信而不是自然的规定决定了法庭在应用此法规时的解释。[1]

帕特森试图通过这个例子来说明(布林科等人)将直接指称理论运用到法律解释中来的荒谬性。因为按照直接指称理论,鱼是一个自然种类,而最新的科学发现告诉我们鲸鱼和海豚都不是鱼,因此不能将这一法规适用到鲸鱼和海豚之上。这显然是荒谬的。

在该例中,存在两种客观知识。一是根据科学分类,鲸鱼和海豚不是鱼;二是如果将鲸鱼和海豚排除在规则适用的范围之外,将使立法者的直接目标意图(实际上是保护所有人们通常称为鱼的水底生物)落空。当帕特森说不应根据第一种客观知识来解释法律时,他是对的;但当他说应当根据议会的信念来解释法律时,他是错的。正确的思路是将直接目标意图与第二种客观知识相结合。虽然在这里,通过这一思路所得出的解释结论将与帕特森得出的解释结论一致,但在其他案例中,并不一定如此——例如,如果按照帕特森的思路,在上文所说的关于食品安全的例子中,得出的结论就是,要将旨在保障食品安全的规则适用到其实并不具有传染性的疾病 D 之上,而这一结论是错误的。

其次,并不是在所有的情况下,某个规则应否适用到某个事例之上都是由作为直接目标意图的立法意图与相关的客观知识共同决定。考虑下面这个案例:

2007 年 9 月,河南省漯河市一对表兄妹(父母为亲姐弟)到民政部门办理结婚证。民政部门以法律规定禁止近亲结婚以保证后代健康为由予以拒绝。随后女方到医院做了绝育手术,并向医院索要了绝育手术证明,二人于 2008 年 1 月再次要求办理结婚登记,但婚姻部门仍然拒绝。在经过行政复议仍被拒绝登记后,2008 年 5 月,两人向漯河市郾城区人民法院起诉民政局婚姻登记部门,要求其为原告二人办理结婚登记手续。经审理后郾城区人民法院认为:我国《婚姻法》规定了直系血亲和三代以内的旁系血亲禁止结婚,该规定属于强制性规范,不允许随意变通适用;原告二人为表兄妹关系,属于《婚姻法》规定的三代以内旁系血亲,应禁止结婚。……所以,对原告二人的请求不予支持。2008 年 8 月,法院判决驳回原告的诉讼请求。[2]

在这个案例中,婚姻法相关条款的直接目标意图一般被认为是保护后代健康,相关的客观知识是,将这一条款适用到该二人之上并不会促进这一直接目标意图的实现。如果根

〔1〕 [美]帕特森:《法律与真理》,陈锐译,中国法制出版社 2007 年版,第 80 页。

〔2〕 参见邓红阳:《表兄妹绝育结婚,法律能否网开一面》,载《政府法制》2009 年第 1 期。

据上文的讨论,将直接目标意图与相关的客观知识相结合,那么将得出不应经该条款适用到该二人之上的结论。但这一结论显然是荒谬的,原因在于,该二人确定地属于该条款所说的"三代以内旁系血亲"。如果将法律解释理解为某一对象可否被规则所采用的一般词项所涵摄存疑时才需要进行的活动,那么此时展开法律解释的前提并没有得到满足,而如果将法律解释宽泛地理解为旨在明确一般法律词项之所指的活动,那么无疑应考虑到一般法律词项所在的法律文本所具有的特殊性。

虽然法律文本是一种沟通文本,但它不同于一般交流活动中的沟通文本的地方在于,它是面向一般公众的,而不是仅面向某个或某些确定的听话人。"公众在听。……这一交流活动是指向公众的,因为法律的目标是控制公共行为、服务公共利益。因此……法律通常是立法者与公民之间的公共交流。"[1]正是这一特征使一般公众所共享的语言惯习成为一种具有规范重要性,从而在法律适用中必须予以考虑的因素。上文已述,法律具有合法性的另外一个前提是,它必须具有公共可理解性。只有具有公共可理解性,人们才能遵循法律而行为或基于法律开展各种活动,从而立法者所具有的各种具体意图也才有可能实现。从这个意义上说,如果在某个语言共同体中,人们对于某一对象是否能被相关规则所采用的一般词项所涵摄具有一致的看法,那么这一看法应得到法律的解释者尊重。

最后需要强调的是,值得解释者尊重的是作为直觉判断的语言惯习本身,而不是基于这种语言惯习而构建起来的公认描述。一方面,公认描述有可能会滞后于语言惯习的发展。例如,虽然"卖淫"当下的词典含义仍然是"妇女出卖肉体",但多例男性卖淫现象的出现已使传统的语言惯习消解了,或者说,人们对于男性出卖肉体是否为"卖淫"并不存在具有一致性的直觉判断。另一方面,并不是所有的直觉判断都是从公认描述或词典含义出发的。比如,在指导性案例第26号中:"原告于2011年6月1日通过广东省人民政府公众网络系统向被告提交了政府信息公开申请,申请公开广州广园客运站至佛冈的客运里程数。政府公众网络系统生成了相应的电子申请编号,并向原告手机发送了申请提交成功的短信。"[2]在这种情况下,人们有着一致的直觉判断:被告已经"收到"原告的公开申请。这并不是因为人们对"收到"这一词项的公认描述有着统一、清晰的认识;而是因为,如果这种情况都不算"收到",那么人们将无法得知自己的公开申请何时被收到,从而相关的期限规定也就没有任何意义了。这意味着,某个一般词项是否具有明确的公认描述,对于人们是否具有一致的直觉判断来说,既非必要条件,也非充分条件。而只要不存在一致的直觉判断,解释者就会面临何种判断更具有合理性这一问题;而无论解释者对这一问题作出什么样的回答,都不会损害法律文本的公共可理解性,因为在这一问题上本没有统一的公共理解。

---

[1] See Walter Sinnott-Armstrong,"Word Meaning in Legal Interpretation",*San DiegoLaw Review* 42,2005,p.488.

[2] 参见指导案例26号"李某某诉广东省交通运输厅政府信息公开案",载中华人民共和国最高人民法院网:http://www.court.gov.cn/shenpan-xiangqing-13330.html,最后访问日期:2016年9月9日。

五、结　　论

法律解释的一个重要任务是判断手头案件事实中的对象是否能被相关规则中的一般词项所涵摄。为了完成这个任务,一些学者求助于语言哲学。然而,语言哲学中已有的三种指称理论都无法适用到法律领域中来,这或者是由于这些指称理论本身的缺陷,或者是由于法律文本作为一种沟通文本所具有的区别性特征。一般法律词项的所指既不取决于描述指称理论所说的公认描述,也不完全取决于直接指称理论所谈论的本质属性或意向性理论所谈论的说话者意图,而是由作为直接目标意图的立法意图、相关的客观知识以及作为直觉判断的语言惯习共同决定的。立法意图提供了所指识别的标准,相关的客观知识明确了所指的外延范围;但将它们相结合所得出的结论不能突破语言惯习的限制。

(原载于《法学研究》2016 年第 5 期)

“法治中国”:世界意义与理论逻辑

范进学*

党的十五大报告正式提出“依法治国,建设社会主义法治国家”的治国方略之后,1999 年 3 月第九届全国人大第二次会议就通过了《宪法修正案》,将“中华人民共和国实行依法治国,建设社会主义法治国家”载入我国《宪法》之中,这本身“意味着共产党治国方略的根本转变,为中国在未来坚定不移地走法治之路提供了宪法保障,它标志着在治国理念上已经彻底摒弃了人治而选择了法治”。[1] 党的十五大以及《宪法修正案》通过之后,党、国家政府与全社会都始终致力于依法治国、建设社会主义法治国家的伟大事业,并取得了巨大的成就。2013 年 11 月党的第十八届三中全会通过的《中共中央关于全面深化改革若干重大问题的决定》则以党的文件的形式首次提出了“推进法治中国建设”之重大政治命题,党的十八届四中全会通过的《关于全面依法治国若干重大问题的决定》则将这一命题具化为 190 多项法治实践措施。党的十九大提出“成立中央全面依法治国领导小组,加强对法治中国建设的统一领导。”因此,随着推进法治中国建设的一系列举措相继出台并加以实施,中国的法治事业取得了世人瞩目的巨大进步。近年来,法学界围绕“法治中国”的历史、理论与实践展开了卓有成效的学术研究[2],

---

* 范进学,曾在山东大学法学院工作,现任上海交通大学凯原法学院教授、博士研究生导师。

〔1〕 范进学:《中国特色社会主义宪政发展论》,上海世纪出版集团 2010 年版,第 299 页。

〔2〕 参见葛洪义:《法治中国的逻辑理路》,载《法制与社会发展》2013 年第 5 期;韩大元:《简论法治中国与法治国家的关系》,载《法制与社会发展》2013 年第 5 期;付子堂:《法治中国的一个中心、两个基本点》,载《法制与社会发展》2013 年第 5 期;周叶中:《法治中国内涵的思考》,载《法制与社会发展》2013 年第 5 期;郑成良:《法治中国的时空维度》,载《法制与社会发展》2013 年第 5 期;夏锦文:《法治中国概念的时代价值》,载《法制与社会发展》2013 年第 5 期;杨清望:《论法治中国概念的现实意义与理论意义》,载《法制与社会发展》2013 年第 5 期;姜明安:《以五位一体的总体布局推进法治中国建设》,载《法制与社会发展》2013 年第 5 期;葛洪义:《法治中国的逻辑理路》,载《法制与社会发展》2013 年第 5 期;杨春福:《法治中国建设的路径探寻》,载《法制与社会发展》2013 年第 5 期;黄文艺:《对法治中国概念的操作性解释》,载《法制与社会发展》2013 年第 5 期;陈云良:《加快法治中国建设可走的四条捷径》,载《法制与社会发展》2013 年第 5 期;孙笑侠:《法治中国的三个问题》,载《法制与社会发展》2013 年第 5 期;张文显:《法治中国的前沿问题》,载《中共中央党校学报》2014 年第 5 期;张文显:《建设中国特色社会主义法治体系》,载《法学研究》2014 年第 6 期;汪习根:《论法治中国的科学含义》,载《中国法学》2014 年第 2 期;马长山:《法治中国的建设与出路》,载《法制与社会发展》2014 年第 3 期;周叶中、庞远福:《论“法治中国”的内涵与本质》,载《政法论丛》2015 年第 3 期;王旭:《“法治中国”命题的理论逻辑及其展开》,载《中国法学》2016 年第 1 期;马长山:《法治中国建设的“共建共享”路径与策略》,载《中国法学》2016 年第 6 期;公丕祥:《全球秩序重构进程中的法治中国建设》,载《法律科学》2016 年第 5 期;谢红星:《习近平的“法治中国”:释义、构成及创新》,载《中共天津市委党校学报》2017 年第 2 期;等等。

为"法治中国"命题奠定了深邃的理论基础与框架体系。然而,笔者也注意到,法学界虽然就"法治中国"撰写了大量学理文章,但针对法治中国与依法治国、法治国家之间的内在逻辑关联展开论述的较少,[1]它们之间的理论逻辑关系未展开充分论证,因此,十分有必要从逻辑涵摄的角度予以展开阐释。笔者试图在已有学术成就的基础上,立足于文本,对法治中国的内在理论逻辑展开思考,欲回答四个基本问题:一是中央文件中的法治中国建设与《宪法》中的"依法治国,建设社会主义法治国家"是一种怎样的种属关系?二是法治中国建设与"两个坚持"即坚持依法治国、依法执政、依法行政共同推进,坚持法治国家、法治政府、法治社会一体建设是一种怎样的逻辑关系?三是试图解释,中央全会在现阶段提出"法治中国"建设这一重大政治与法治实践命题,意义何在?四是提出关于法治中国建设的路径。

一、"法治中国"的世界意义

"法治中国"作为一个政治性概念,虽然第一次出现于党的十八届三中全会的中央文件中,但作为一个学术性概念,早在 2001 年就已提出。经笔者考证,2001 年 10 月季卫东在《战略与管理》第五期杂志上发表了一篇《法治中国的可能性》的文章;2002 年 4 月刘俊武在《改革与开放》第四期杂志上发表了《解读 WTO 时代的"法治中国"》一文,也使用了"法治中国"的概念。据笔者在中国知网上的初步统计:自 2003 年至 2012 年,篇名中包含"法治中国"的各类主题文章、报道等共计 106 篇。2013 年 1 月 7 日,习近平在就做好新形势下政法工作作出的重要指示中第一次提出了要全力推进"平安中国""法治中国"建设的要求,自此,"法治中国"才真正成为学术界主流学术概念与政治概念,仅在 2013 年 11 月十八届三中全会之前,篇名中包含 "法治中国"的各类主题文章、报道就达 241 篇,超过前 10 年文章的数量总和还多。党的十八届三中全会正式提出"推进法治中国建设"命题之后,"法治中国"这一学术概念真正成了中央领导决策层的政治性概念。

问题是,既然《宪法》已经把"依法治国,建设社会主义法治国家"确立为党领导人民治理国家的基本方略,那么中央全会为何又提出"法治中国"这一划时代的重大政治命题?笔者以为,以习近平同志为核心的党中央之所以在宪法文本基础之上提出"法治中国"的重大政治命题,是站在国际法治体系的全球战略高度,以建构人类命运共同体的天下胸怀,向世界各国展现一个孜孜以求国际法治价值理想与秩序的中国,一个遵循国际法治、维护国际公平正义的中国,一个坚定不移走和平发展道路的中国,因此,法治中国就是一张向世界各国展示的中国"名片",它向世界展现中国在当代国际法治体系中的良好的国家形象。

---

〔1〕 郭道晖、韩大元、陈金钊等教授提到过这一观点,但在理论逻辑上未充分展开讨论。参见韩大元:《简论法治中国与法治国家的关系》,载《法制与社会发展》2013 年第 5 期;陈金钊:《"法治中国"的意义阐释》,载《东方法学》2014 年第 4 期;郭道晖:《法治新思维:法治中国与法治社会》,载《社会科学战线》2014 年第 6 期。

《宪法》中虽然确立了“依法治国,建设社会主义法治国家”的治国基本方略,但是,依法治国的基本方略强调的是党领导人民如何治理国家的问题,突出的是国内法治,即当代中国依法治国的理论与实践。然而,随着中国综合国力的日益增强以及国际影响力的不断扩大,中国参与国际关系与国际事务的深度与广度日趋深入,中国在致力于国内法治建设的事业中,也应当让世界各国政府与人民看到中国一直是一个坚持、遵循并奉行国际法治的国家。将国内法治与国际法治统一起来的范畴,仅仅采用“依法治国”或“社会主义法治国家”显然是不够,因为这两个概念均偏重于国内法治。“依法治国”强调的是治理国家的方式是依照本国的宪法法律进行治理;“法治国家”中的“国家”,其含义虽也可指主权意义上的中国,但更偏重于国家主权,因为从“国家”最初产生时,就首先表示的是一种权力的占有,然后表示政治性的组织,最后表示政治的统一体和共同体。[1] 即使在我国《宪法》文本中,“国家”一词最常用的用法就是表示整个统一的政治实体,具体又可以分为主权意义上(对外)的国家和主权权力意义上(对内)的国家两种;同时还表示在与社会相对意义上的“国家”以及与地方相对的意义上的“国家”。[2] 若是加上“社会主义”限定词,则更强调意识形态意义上的国家,所以,在“依法治国”与“社会主义法治国家”之上需要一个更概括、更宏观的概念范畴,这一概念范畴既包括国内法治,又含括国际法治,而“法治中国”的概念则恰恰适应并满足了这种客观要求。“法治中国”中的“中国”,不仅意味着一个拥有五千年悠久历史与光辉灿烂文化的中国,更意味着一个富强、民主、文明、和谐、美丽的当代中国。在世界四大古代文明中,惟有华夏中国文明被完整得传承至今,英文“China”(中国)一词就来源于Chin(秦),因此,“中国象征着数千年的文化、经济、军事和政治经验及学识”。[3] 20世纪以来的中国虽被冠以“中华民国”“中华人民共和国”等国名,但无论“中华民国”还是“中华人民共和国”,都是同一个“中国”,“中国”不仅承载着“中华人民共和国”,还承载着港澳台三地历史、文化与传统,在此意义上,“一中(国)两制”是中国在地理、历史、文化、传统与制度层面最完整的表达,诚如韩大元所说:“一个中国范围内的法治是大家共同分享的价值,也是增强民族凝聚力的载体,在未来的国家统一和基本法实施中,法治是最大的公约数,包含着国家统一与稳定的价值共识。”[4] 因此,“法治中国”中的“中国”,既能承继历史上的中国,又承载着世界国际秩序体系的现代中国。

“法治中国”的世界意义,首先意味着一个孜孜以求国际法治价值理想与秩序的中国。法治及其精神是国际社会共同遵守的普遍价值。美国学者塔玛纳哈指出,在世界面对诸多新的不确定性的情况下,有一点且只有一点出现了一种超越所有裂痕的普通共识:“法治”

---

〔1〕［德］奥特弗利德·赫费:《政治的正义性——法和国家的批判哲学之基础》,庞学铨、李张林译,上海译文出版社1998年版,第47页。

〔2〕韩大元:《简论法治中国与法治国家的关系》,载《法制与社会发展》2013年第5期。

〔3〕［美］古德诺:《解析中国》,蔡向阳、李茂增译,国际文化出版公司1998年版,第12页。

〔4〕韩大元:《简论法治中国与法治国家的关系》,载《法制与社会发展》2013年第5期。

有益于所有人。[1] 1984年6月6日,工业化民主国家七国元首在伦敦纪念第二次世界大战诺曼底登陆40周年之际共同签署了一份500字的《民主价值宣言》,该《宣言》指出:“我们相信法治,它公正地尊重和保护每个公民的权利和自由,提供使人类精神能够自由而多样发展的条件。”[2]法治除了保障人的权利和自由,还促进经济的可持续发展,没有法治,就没有良好的经济发展环境,所以世界银行和国际货币基金组织从20世纪90年代开始就把受援助国实施法治作为提供金融援助的条件。即使发展中国家也重视法治,备受争议的津巴布韦总统穆加贝曾说:“只有从属于法治的政府才有道德权利要求它的公民服从法治。”[3]俄国总统普京继续将司法改革和法治原则的实施置于国家最优先考虑的事务之一。[4] 习近平总书记则宣称中国“坚定不移贯彻全面依法治国基本方略和依法执政基本方式,坚定不移领导人民建设社会主义法治国家”。[5] 党的十八届三中全会专门通过了《关于全面推进依法治国若干重大问题的决定》,对全面推进依法治国作出重要部署,这是“向世界发出中国建设法治国家的明确信号”。[6] 党的十九大更明确指出:“全面依法治国是国家治理的一场深刻革命,必须坚持厉行法治”,据统计,仅“法治”一词在十九大报告中就出现过54次;同时,将“法治”也纳入社会主义核心价值观之中,成为党和国家倡导的核心价值。习近平曾指出:“法治是人类文明的重要成果之一,法治的精髓和要旨对于各国国家治理和社会治理具有普遍意义,我们要学习借鉴世界上优秀的法治文明成果。”[7]习近平在和平共处五项原则发表60周年纪念大会上指出,应该共同推动国际关系法治化,在国际关系中遵守国际法和公认的国际关系基本原则,用统一适用的规则来明是非,促和平,谋发展。上述中国领导人的表达都深刻阐明了中国致力于维护和建设国际法治的坚定立场。

其次,“法治中国”表征着一个坚持、遵守并奉行国际法治、维护国际公平正义的中国。中国外长王毅指出:“坚持国际法治是中国基于自身经历做出的郑重选择。鸦片战争后的100多年里,殖民主义、帝国主义给中国带来了深重灾难。中国长期被列强无端剥夺了平等适用国际法的权利。中国人民为维护国家主权、独立和领土完整进行了不屈不挠的斗争,终于建立了新中国。新中国坚定选择以国际法为基础,根据和平共处五项原则与各国建立新型国家关系,冲破了帝国主义、霸权主义的孤立、封锁和军事威胁,恢复了在联合国的合法席位,实行了改革开放,全面融入国际体系,取得了令世人瞩目的发展成就。抚今追昔,中国人民深知主权、独立与和平之珍贵。中国比任何国家都更希望在国际关系中以法治反

---

〔1〕 [美]布雷恩·Z.塔玛纳哈:《论法治——历史、政治和理论》,李桂林译,武汉大学出版社2010年版,第1页。

〔2〕 “*Declaration of Democratic Values*”,reprinted in Washington Post,9 June 1984.

〔3〕 Mugabe,*Told He has Lost Moral Right to Govern*,Independent,1 August 2002.

〔4〕 Robert Cordy,*Gulags Give Way to the Rule of Law*,Boston Herald,18 November 2002.

〔5〕 习近平:《在中共中央召开的党外人士座谈会上的讲话》,载《人民日报》2014年10月25日,第1版。

〔6〕 王毅:《中国是国际法治的坚定维护者和建设者》,载《光明日报》2014年10月24日,第2版。

〔7〕 习近平:《加快建设社会主义法治国家》,载《求是》2015年第1期。

对霸权强权,以规则维护公平正义,不愿看到我们经历过的屈辱和苦难在其他国家重演”。[1] 事实上,遵守并奉行国际法治是新中国一贯的国际承诺与国际法治实践。早在20世纪50年代,由中国、印度、缅甸共同倡导的互相尊重主权和领土完整、互不侵犯、互不干涉内政、平等互利、和平共处五项原则就“体现了各国权利、义务、责任相统一的国际法治精神”。[2] 五项原则不仅载入中国《宪法》序言,还写入与160多个国家的建交公报、双边条约中,成为中国奉行国际法治的基石。中国在重大国际和地区问题上,始终捍卫国际法治,奉行以《联合国宪章》为核心的国际法基本原则和国际关系基本准则,通过谈判解决边界问题。中国作为联合国五个常任理事国之一,不仅参加了“联合国”的创建,而且参与了《联合国宪章》的起草和缔约,1944年在华盛顿敦巴顿橡树园会议上,由于中国代表团的提议,才促使联合国宪章写进了“依正义及国际法之原则”解决国际争端这一提法;[3] 同时,中国也是第一个在《联合国宪章》上签字的国家,1945年6月26日上午,中国代表团的顾维钧和董必武以此在宪章上签字。[4] 中国还是《世界人权宣言》的主要起草国,民国时期的张彭春作为中国驻联合国经社理事会常任代表和联合国人权委员会唯一副主席,与人权委员会主席罗斯福夫人及其他几位核心成员共同开启了《世界人权法案》的起草工作,成为主要起草人,有学者称他是“世界人权体系的重要设计师”。[5] 张彭春为国际人权事业做出了中国贡献。中国在联合国始终扮演着国家人权捍卫者的角色。中国已缔结了23,000多项双边条约,加入了400多项多边条约,参与了几乎所有政府间国际组织,按照“条约必须信守”原则忠实履行条约义务,担当国际大国责任。[6]

最后,“法治中国”标志着一个坚定不移走和平发展道路的中国。中国是世界上最大的发展中国家,中国领导人在党和政府的工作报告中始终强调“发展是硬道理”的国家发展战略思想,党的十八大报告明确指出:“以经济建设为中心是兴国之要,发展仍是解决我国所有问题的关键”;“必须坚持发展是硬道理的战略思想,绝不能有丝毫动摇”。[7] 党的十九大报告指出:“发展是解决我国一切问题的基础和关键。”中国作出了“始终不渝”“坚定不移”走和平发展道路的战略抉择,这条道路的基本原则就是和平、发展、合作、共赢。事实上,和平、和谐一直是中国文化所追求的最高哲学理念,中国传统文化的一个核心理念就是“和”,儒家提出的“礼之用,和为贵”的思想,老子提出的“不争之德”思想[8]、《易经》中提

---

[1] 王毅:《中国是国际法治的坚定维护者和建设者》,载《光明日报》2014年10月24日,第2版。

[2] 习近平:《弘扬和平共处五项原则,建设合作共赢美好世界——在和平共处五项原则发表60周年纪念大会上的讲话》,载《中国青年报》2014年6月29日,第2版。

[3] 《顾维钧回忆录》(第5分册),中华书局1987年版,第421页。

[4] 王杏芳主编:《联合国春秋》,当代世界出版社1999年版,第79~80页。

[5] 参见孙平华:《张彭春:世界人权体系的重要设计师》,社会科学文献出版社2017年版,第62~65页。

[6] 王毅:《中国是国际法治的坚定维护者和建设者》,载《光明日报》2014年10月24日,第2版。

[7] 《中国共产党第十八次全国代表大会文件汇编》,人民出版社2012年版,第18页。

[8] 老子在《道德经》指出:“水善利万物而不争”(第8章)、“唯不争,故天下莫能与之争”(第22章、第66章)、“不争之德,古之极”(第68章)、“天之道,利而不害;圣人之道,为而不争”(第81章)。

出的"太和"[1]思想,都表明中国传统文化所蕴含的和谐、和平是其根本。北京故宫中的"太和殿""中和殿""保和殿"的命名本身就是凝聚了中国传统"和"文化的精髓。当下的中国人民和中国政府同样秉承中国"和"文化的传统与理念,坚持"要和平不要战争,要发展不要贫穷,要合作不要对抗"的基本原则。[2] 然而,"和平""发展""合作"都需要一个和平稳定的国际环境,正如习近平在党的十九大报告所说:"实现中国梦离不开和平的国际环境和稳定的国际秩序。"而良好的国际秩序则首先源于对国际法治的坚守,按照国际法和国际规则处理国与国之间的利益关系,正如雅典历史学家修昔底德所说:"无论国家或个人间,利益相同才是最牢固的纽带。"[3]而"法者,天下之准绳也。"[4]在国际社会中,法律应该是处理国与国之间利益的共同准绳,"遵循法治是全世界范围内政府正统性的公认标尺。"[5]法治是全球各国的最大共识,遵守《联合国宪章》及其国际法条约是达成国际法治的唯一选择。所以,法治中国,强调中国坚持国际法治,是中国走和平发展道路的必然选择与要求。

二、"法治中国":一个统合性政治概念的理论逻辑

"法治中国"从一个学理概念变为政治概念,它与"依法治国""法治国家"这两个宪法概念是一种什么理论逻辑关系尤其值得探讨。

(一)"法治中国"是统合"依法治国,建设社会主义法治国家"的政治概念

从理论逻辑上看,"依法治国,建设社会主义法治国家"是现行《宪法》的法律表述,而"法治中国"则是统合"依法治国,建设社会主义法治国家"两个宪法概念的政治性表述,[6]属于统合性政治概念。实质上,法治中国的理论内涵只有两个:一是依法治国,二是建设法治国家。党的十八届三中全会通过的决定第九部分"推进法治中国建设"中明确指出:"建设法治中国,必须坚持依法治国、依法执政、依法行政共同推进,坚持法治国家、法治政府、法治社会一体建设"。依法执政、依法行政与科学立法、严格执法、公正司法、全民守法皆是"依法治国"基本方略的核心内涵,法治国家建设的基本内容就是建设法治政府与法治社会。正如前文所论,法治中国的政治表达是基于彰显中国在国际法治体系中的国家形象的客观需要,是为了向世界各国发出中国建设法治国家的明确信号。法治中国的理想要化为法治中国的具体实践,还是要全面推进依法治国,切实落实党的十八届四中全会提出了190

---

〔1〕《易经·乾卦》。

〔2〕《中国共产党第十八次全国代表大会文件汇编》,人民出版社2012年版,第43页。

〔3〕参见[美]汉斯·摩尔根:《国家间政治:权力斗争与和平》,徐昕等译,北京大学出版社1991年版,第22页。

〔4〕《春秋·文子》。

〔5〕[美]布雷恩·Z.塔玛纳哈:《论法治——历史、政治和理论》,李桂林译,武汉大学出版社2010年版,第4页。

〔6〕陈金钊也指出:关于"法治中国"的思索,使我们找到了法治国家、法治政府和法治社会的上位概念。参见陈金钊:《"法治中国"的意义阐释》,载《东方法学》2014年第4期。

多项全面推进依法治国的具体措施,一步一个脚印地建设社会主义法治国家。党的十八届三中全会、四中全会提出的推进法治中国建设的种种措施,实际上都是全面落实依法治国基本方略的部署和要求,最终建成社会主义法治国家;党的十九大还把"坚持全面依法治国","建设中国特色社会主义法治体系,建设社会主义法治国家"作为14个构成新时代坚持和发展中国特色社会主义的基本方略之一。在阐述新时代中国特色社会主义思想时,重申"全面推进依法治国总目标时建设中国特色社会主义法治体系、建设社会主义法治国家"。而最根本的是,依法治国是党和国家确立的治国理政的基本方略,建设社会主义法治国家是依法治国的最终目标,这一基本方略与目标为党的文件和《宪法》一致确认。因此,法治中国这一概念范畴是对依法治国基本方略与建设社会主义法治国家目标的统合提炼与升华,是"依法治国"之手段与建设"法治国家"之目的的高度有机统一。

(二)"依法治国"与"依法执政""依法行政"的关系

"共同推进"与"一体建设"作为法治中国战略思想,是习近平总书记在2012年12月4日首都各界纪念现行《宪法》公布施行30周年大会上的讲话中第一次提出来的,2013年2月23日习近平在党的十八届中共中央政治局第四次集体学习时的讲话中第二次重申;以党的全会文件的形式正式提出则是党的十八届三中全会通过的决定,决定要求:"建设法治中国,必须坚持依法治国、依法执政、依法行政共同推进,坚持法治国家、法治政府、法治社会一体建设";党的十八届四中全会通过的决定第四次重申,习近平在《关于〈中共中央关于全面推进依法治国若干重大问题的决定〉的说明》中也重申过;党的十九大报告中是第六次重申。那么,依法治国与依法执政、依法行政除了形式上的并列关系,在本质内涵上三者之间是一种什么逻辑关系?

笔者认为,依法治国、依法执政、依法行政三者强调的核心在于"依法",即无论治国还是执政、行政,都必须依照宪法和法律,只有依法进行,才能保证治国理政的合法性、正当性与程序性以及政治的正义性实现。从治国的主体来看,谁在治国理政?党的十五大报告对"依法治国"的概念含义作出了解释:"依法治国,就是广大人民群众在党的领导下,依照宪法和法律规定,通过各种途径和形式管理国家事务,管理经济文化事业,管理社会事务,保证国家各项工作都依法进行,逐步实现社会主义民主的制度化、法律化,使这种制度和法律不因领导人的改变而改变,不因领导人看法和注意力的改变而改变"。我国《宪法》第2条也对此作出了规定:"中华人民共和国的一切权力属于人民。人民行使国家权力的机关是全国人民代表大会和地方各级人民代表大会。人民依照法律规定,通过各种途径和形式,管理国家事务,管理经济和文化事业,管理社会事务"。

从党的政策和《宪法》规定分析,治国的主体是人民或广大人民群众,然而,人民在宪法上仅仅是主权意义上的主体,即"中华人民共和国的一切权力属于人民"。为了体现人民当家作主的宪法地位,所有国家机关一律叫"人民":人民政府、人民代表大会、人民法院、人民检察院;正如习近平在庆祝全国人民代表大会成立60周年大会上的讲话中指出:我们国家的名称,我们各级国家机关的名称,都冠以"人民"的称号,这是我们对中国社会主义政权的基本定位。[1] 党的文件也不断重申"坚持人民主体地位""保证人民当家作主","保证人民依法实行民主选举、民主决策、民主管理、民主监督"。习近平在党的十八届中央政治局第一次集体学习时的讲话中指出:"中国特色社会主义时亿万人民自己的事业,所以必须发挥人们主人翁精神,更好保证人民当家作主。"党的十九大报告中也强调"坚持人民当家作主","保证人民当家作主落实到国家政治生活和社会生活之中";"用制度体系保证人民当家作主"。人民虽然"依照宪法和法律规定,通过各种途径和形式,管理国家事务,管理经济和文化事业,管理社会事务",但人民自身是无法治理国家的,由于人民是一个抽象的集合,依照《宪法》,人民行使国家权力的机关是人民代表大会,然后由人民代表大会选举产生"一府两院","一府两院"分别行使国家的行政权与审判权、检察权,由各级国家机关以及工作人员行使具体的治权。同时,由于共产党是中国长期的执政党,中国特色社会主义现代化事业都是在中国共产党领导下进行的,所以,执政党在我国是治国理政的最重要的主体。由此可见,治国的主体分为两种:一是主权意义上的治理主体,这就是人民;一是治权意义上的治理主体,这就是执政党与国家机关。执政党作为治国主体既是中国人民的选择,也是历史选择;各级人大是由人民授权的代表组成,以行使立法权的形式管理国家。"一府两院"是人民的代表构成的人大选举产生,其职权是由人民二次授权赋予的,可见,人民是隐形的治国主体,执政党与国家机关则是显性的直接的治国主体,因此,依法治国的治理主体包含着主权意义的人民与治权意义上的执政党与国家机关两个层面上的主体。

既然人民、执政党与政府都是治国的主体,那么,它们的所有治理国家的活动都必须依法进行,人民依法治理整个国家,执政党依法执政,政府依法行政,因此,依法治国当然包括了依法执政与依法行政两个部分[2],依法执政是对执政党的执政合法性要求,依法行政是对各级政府对行政管理活动的合法性要求。在该意义上,依法治国就是一个对"依法执政""依法行政""依法治军"[3]等多方面高度概括与统合的概念,只不过,在依法治国基本方略中,依法执政与依法行政是关键,是核心,正如习近平所指出的:"能不能做到依法治国,关键在于党能不能坚持依法执政,各级政府能不能依法行政。"[4]党的十八届三中全会文件中也指出:"依法执政是依法治国的关键"。可见,依法治国建设关键取决于依法执政与依法

[1] 《习近平在庆祝全国人民代表大会成立60周年大会上的讲话》,载《中国青年报》2014年9月6日,第2版。

[2] 事实上,人民依法治国的范围不止这两项,还包括依法立法、依法司法、依法治军,等等。

[3] 2012年12月8~10日,习主席就任军委主席后,第一次到战区部队视察。视察中,他反复强调,要坚持依法治军、从严治军方针。载中国共产党新闻网:http://cpc.people.com.cn/n1/2017/0918/c64387-29542960.html。党的十八届四中全会通过的《关于全面推进依法治国若干重大问题的决定》把依法治军从严治军纳入依法治国总体布局。2015年2月,中央军委印发了《关于新形势下深入推进依法治军从严治军的决定》。该决定强调,一个现代化国家必然是法治国家,一支现代化军队必然是法治军队。

[4] 习近平:《加快建设社会主义法治国家》,载《求是》2015年第1期。

行政的建设。

(三)"法治国家"与"法治政府"、"法治社会"的关系

依法治国、依法执政、依法行政,其实都是一种具有形式性、手段性、工具性的合法性要求,其目的或目标分别指向法治国家、法治政党、法治政府。党的文件与宪法关于"实行依法治国,建设社会主义法治国家"的规定是一体的,实行依法治国的目的,就在于建设社会主义法治国家,而法治国家建成的标志就是法治政党[1]、法治政府、法治社会、法治军队的实现。

法治国家中的"国家",在我国《宪法》文本中的含义是什么?根据韩大元教授的考察与分析,他认为:"国家"一词在宪法文本(包括目录、章节标题、正文)中共出现了151次;宪法文本中的国家一词最常用的用法就是表示整个统一的政治实体,即主权意义上的国家,此外,还有与社会相对的意义上的"国家"以及与地方相对意义上的"国家"含义。[2] 从宪法字义与目的解释方法观之,《宪法》第5条第1款中的"法治国家"之中的"国家"必然是在国家主权意义上的使用的,而主权意义上的国家包括三大要素:领土、人口与政权组织。人口的组成就是广大人民群众,政权组织在我国就是执政党及其领导人民成立的政府。不言而喻,法治国家中的"国家",是一个包括政府、社会在内的属概念,韩大元教授在另一篇文章中也认为,法治国家中的国家是包括社会在内的综合概念,不是简单指国家机构,在现代社会中,共同体为追求幸福生活所达成的合意就是宪法,也就是通过最高规范来凝聚社会共识,为社会与国家的协调发展提供基础,法治国家所倡导的共同体不是某一具体领域的共同体,是一种涵盖不同领域共同体形式的综合性概念。[3] 在此意义上,宪法文本中的"法治国家"已经包含着"法治政府"与"法治社会"。换言之,法治政府与法治社会的建设就是法治国家建设的核心内容,如果从治国主体上考察,法治政党、法治军队也应当是法治国家的重要内容。如此一来,法治国家包含着法治政府、法治社会、法治政党、法治军队等标志性的目的指标与内涵。

(四)新"十六字"方针与"法治国家"建设

社会主义法治的新"十六字"方针是针对旧"十六字"方针而言的,1978年12月党的十一届三中全会提出了中国法治的"十六字"方针,即"有法可依、有法必依、执法必严、违法必究";2012年11月党的十八大报告除了把法治作为治国理政的基本方式外,还提出了新时

---

〔1〕 黄文艺认为:加强依法执政,建设法治政党这是法治中国建设的关键环节,中国共产党作为中国的执政党,不仅要带头遵守宪法和法律,在宪法和法律范围内活动,还要自觉把执政活动纳入法治轨道,加强党内法规建设,把自己建设成为法治政党。参见黄文艺:《对法治中国概念的操作性解释》,载《法制与社会发展》2013年第5期。

〔2〕 韩大元:《简论法治中国与法治国家的关系》,载《法制与社会发展》2013年第5期。

〔3〕 同上,韩大元文。

代下中国法治的"十六字"方针:"科学立法、严格执法、公正司法、全民守法"。从旧"十六字"方针到新"十六字"方针,是中国特色社会主义法治文明与进步的标志,是新对旧的升华与发展。"有法可依",强调的是立法;"科学立法"突出的则是立法的科学性,即立法要科学,所立之法是良法、善法,只有良善之法才能达到善治。"有法必依"虽然强调人们依照法律行事,但没有明确什么人有法必依;用"全民守法"取代"有法必依"更具明确性、针对性、科学性,因为"全民守法,就是任何组织或者个人都必须在宪法和法律范围内活动,任何公民、社会组织和国家机关都要以宪法和法律为行为准则,依照宪法和法律行使权利或权力、履行义务或职责"。〔1〕"执法必严、违法必究",是将具有执法职能的行政权与司法权进行了概括性要求,它固然强调了行政机关与司法机关执法的严格性与追究违法行为的必然性,但它忽视了执法与司法中的公正性;而"严格执法、公正司法",除了强调执法的严格性,更注重执法、司法的公正性,尤其是新"十六字"中的"公正司法",因为公正司法就是"受到侵害的权利一定会得到保护和救济,违法犯罪活动一定得到制裁和惩罚",〔2〕它是维护社会公平正义的最后一道防线,"公正司法"不仅包括"违法必究"的全面内涵,重要的是蕴涵着权利的保护与救济的价值。因此,对立法机关而言,"科学立法"是其要求;对执法机关而言,"严格执法""公正司法"是其要求;对公民而言,"全民守法"是其要求。只要立法机关制定的法律是良法,执法机关依照善法、良法治理国家,公正处理纷争,同时全民共同守法,法治中国建设就能够实现。

三、"法治中国"建设的路径

如前文所述,法治中国既是宪法原则规范即"依法治国,建设社会主义法治国家"的上位概念,也是对国内法治与国际法治的统合性概念,当然还是一个学术性与政治性概念。由于"法治中国"的提出对于向世界彰显中国的国家形象具有重大国际意义,同时也能够向世界各国表明中国遵守、奉行国际法治的大国义务与责任担当,因此,"法治中国"这一对外带有某种意识形态的政治概念,在当下乃至一个较长时期,"法治中国"都具有极其重要的学术价值与国际政治意义。虽然"法治中国"是一个政治性概念、是一个宪法概念,但"推进法治中国建设"政治要求与"依法治国,建设社会主义法治国家"宪法原则在具体措施与最终达成的目标上并行不悖,鉴于此,笔者认为,"法治中国"与"法治国家"两个建设同时抓,只是对外与对内的宣传战略与建设的路径与方法的选择上有所侧重,国际法治建设使用"法治中国",国内法治建设则需回到现行宪法确认的"依法治国,建设社会主义法治国家"

〔1〕 习近平:《在十八届中央政治局第四次集体学习时的讲话》,载《党的群众路线教育实践活动学习文件选编》,党建读物出版社2013年版,第90页。

〔2〕《习近平关于全面依法治国论述摘编》,中央文献出版社2015年版,第67页。

的宪法原则与宪法目标上。[1] 在推进法治中国建设过程中,回到“法治国家”建设之宪法目标上来,是基于以下考量:

第一,“法治中国”建设本身所需。法治中国之内容构成实质上就是“依法治国,建设社会主义法治国家”,党的十八届三中全会通过的决定也明确指出:建设法治中国,必须坚持“共同推进”与“一体建设”的原则。正如前文所论,依法治国包含着依法执政、依法行政、依法立法、依法执法司法、依法治军等多重内涵,法治国家同样包含着法治政党、法治政府、法治社会、法治军队等法治目标,在此意义上,建设法治中国与建设法治国家之目标是完全一致的。要建设法治中国,还是要踏踏实实落实依法治国的基本方略,加快建设社会主义法治国家,也就是围绕国内法治进行建设。只有依法治国基本方略实现之日、社会主义法治国家达成之时,才是法治中国之梦实现的那一刻。

第二,“依法治国,建设社会主义法治国家”是执政党一直重申强调的政治主张与致力于建设的法治实践。自党的十五大提出依法治国、建设社会主义法治国家并把依法治国作为党领导人民治理国家的基本方略以来,党的十六大把坚持党的领导、人民当家作主和依法治国有机统一起来作为发展社会主义民主政治的核心;党的十七大强调要全面落实依法治国基本方略,加快建设社会主义法治国家;党的十八大提出全面推进依法治国;党的十八大以来,党中央高度重视依法治国,强调落实依法治国基本方略,加快建设社会主义法治国家,党的十八届四中全会专门通过了《中共中央关于全面推进依法治国若干重大问题的决定》,这是执政党第一次以党的政治文件的形式就全面推进依法治国、加快社会主义法治国家建设作出的战略部署。该《决定》第一句就是“为贯彻落实党的十八大作出的战略部署,加快建设社会主义法治国家,十八届中央委员会第四次全体会议研究了全面推进依法治国若干重大问题,作出决定”,决定明确提出,全面推进依法治国的总目标是建设中国特色社会主义法治体系,建设社会主义法治国家。决定通篇都没有提到“法治中国”。党的十九大提出:“坚持全面依法治国”。习近平总书记在其重要讲话中提到最多的还是“依法治国”“全面推进依法治国、建设社会主义法治国家”。可见,执政党和国家其实一直致力于全面有效地贯彻落实《宪法》所确定的依法治国基本方略的法治实践,并给出了依法治国基本方略全面落实的时间是2020年。这些都足以表明,依法治国、建设法治国家是党和国家政府始终不变的理想与目标。

第三,“依法治国,建设社会主义法治国家”是全体人民共同的宪法价值共识,是构筑宪法精神、宪法意识与宪法信仰的社会基础。依法治国的宪法原则是1999年由第九届全国人大第二次会议通过的《宪法修正案》确立的,而它的通过却是人民民主的产物。时任全国人

---

〔1〕 韩大元教授认为:“法治中国”的提出在当下的中国有其政治与社会意义,但它毕竟不是法律命题也不具有规范的依据,自然对国家生活的约束力是有限的,也不能夸大其界限与功能,推动“法治中国”的发展,必须回归宪法文本,以“法治国家”的宪法规范为基础,进行话语体系的转换,使之具有明确的法律与学术意义。参见韩大元:《简论法治中国与法治国家的关系》,载《法制与社会发展》2013年第5期。

大常委会副委员长的田纪云在第九届全国人民代表大会第二次会议上所作的《关于中华人民共和国宪法修正案(草案)的说明》[1]中指出:中共中央成立了宪法修改小组,组织草拟了关于修改宪法部分内容的初步意见,经中共中央政治局常委审定并经中央政治局会议原则通过后,于 1998 年 12 月 5 日发给各省、自治区、直辖市党委,中央各部委,国家机关各部委党组(党委),军委原总政治部,各人民团体党组和中央委员、中央候补委员征求意见;12 月 21 日,江泽民主持中共中央召开的党外人士座谈会,就中共中央提出的修改宪法部分内容的初步意见,征求各民主党派中央、全国工商联负责人和无党派代表人士的意见;12 月 22 日和 24 日,李鹏主持中共中央宪法修改小组召开的法律专家和经济专家座谈会,就宪法修改问题征求意见。中共中央认真研究了各方面的意见,对下发征求意见的初步意见又作了修改,经中共中央政治局常委会议和政治局会议讨论通过,形成了中共中央关于修改中华人民共和国宪法部分内容的建议。1999 年 1 月 22 日,中共中央向全国人大常委会提出了关于修改中华人民共和国宪法部分内容的建议;九届全国人大常委会第七次会议讨论了中共中央的建议,提出关于中华人民共和国宪法修正案(草案),并提请九届全国人大二次会议审议;3 月 9 日至 11 日,第九届全国人大第二次会议全体与会的人大代表近三千人发扬民主,进行了认真的讨论和审议;3 月 14 日,大会主席团会议根据各代表团的审议意见,决定将修正案草案提请大会全体会议表决;3 月 15 日,全国人大全体会议以绝对多数赞成票通过了宪法修改案,“依法治国,建设社会主义法治国家”正式成为宪法原则规范。由于依法治国基本方略与建设法治国家的目标获得了全体人民的认同与选择,从而法治国家就成了全体人民共同的宪法价值共识,是构筑宪法精神、宪法意识与宪法信仰的社会基础。

第四,回归于“法治国家”建设目标上,是培育人民尊重宪法、敬畏宪法、信仰宪法,凝聚社会共同价值共识之需要。我国《宪法》是中国人民追求国家独立富强、民族解放团结、民主自由、社会文明、人权保障的象征,我国《宪法》序言提出国家的根本任务就是“把我国建设成为富强、民主、文明的社会主义国家”。宪法目标及其蕴涵的价值是全体中国各族人民共同追求并享有的客观价值,宪法文件是全体中国各族人民共同订立的社会契约,并诞生于庄严的人民大会堂,无疑宪法具有其神圣性。既然我国《宪法》内容与价值是全体中国人民自己的选择,《宪法》条款是全体中国人民自己同意的,其条款语言也体现了全体中国人民每一个人的理想以及可能实现的愿望,那么,这样的宪法文件是全体各族人民信仰的象征与基础。由于《宪法》是全国各族人民同意的法律文件,而政府是全国各族人民选举建立的结果,因而政府及其具体行为的合法性是建立在全体人民同意的基础之上的。由于宪法是政府及其行为合法性的来源,因而宪法也提供了社会稳定的制度架构,因为人民相信,所

---

〔1〕 中国人大网:http://www.npc.gov.cn/npc/flsyywd/xianfa/2010-04/14/content_1567091.htm。

有的国家与社会问题都能够在宪法框架内得以解决。全体人民对宪法的最广泛共识是宪法神圣与宪法信仰的社会基础。美国的托马斯·格雷曾说过:“实际上,从批准的那刻起,宪法就一直是国家自身的神圣标志和强有力的象征。”[1]共和国的公民正是基于“宪法是国家追求民主、平等主义与物质文明的象征而受到公民的尊敬。[2] 笔者相信,党领导人民治理国家的基本方略只有回到《宪法》所确认的法治国家建设目标上来,才能慢慢培育人民尊重宪法、敬畏宪法、信仰宪法的心理与意识,并凝聚起社会共同的价值共识,最终实现社会主义法治国家之中国梦。

四、结　　语

通过对“法治中国”的世界意义与理论逻辑考察与分析,笔者得出的基本结论是:从“法治中国”的自身理论逻辑观之,它作为一个重大政治命题与政治性概念范畴,是党中央基于国家治理体系和治理能力现代化,为全面推进依法治国、建设社会主义法治体系与建设社会主义法治国家而提出来的,既出于统合“国际法治”与“国内法治”全球战略意义考量,也出于对党领导人民依法治国基本方略与建设社会主义法治国家之价值目标统合提炼与升华考量。就其世界意义而言,是中国党和政府欲向世界各国展现一个孜孜以求国际法治价值理想与秩序的中国、一个遵循国际法治、维护国际公平正义的中国、一个坚定不移走和平发展道路的中国,以此向世界人民展现中国在当代国际法治体系中的良好的国家形象;就“法治中国”之自身理论逻辑而言,“依法治国,建设社会主义法治国家”是我国现行《宪法》的法律表述,“法治中国”则是党中央政治文件的政治表述,然而,“法治中国”建设的基本内涵依然是“依法治国”与“建设社会主义法治国家”:首先,由于治国主体包含着主权意义的人民与治权意义上的执政党与国家机关,依法治国自然包括依法执政与依法行政两个核心内容,在该意义上,依法治国是一个对“依法执政”“依法行政”“依法治军”等多方面概括统合的上位概念;其次,《宪法》文本中的“法治国家”也是一个包含“法治政府”“法治社会”“法治军队”等诸多法治目标的上位概念,因此,“法治中国”的内涵建设必须以“依法治国”与“建设法治国家”为鹄的,最终回归到党的十九大报告所提出的“完善以宪法为核心的中国特色社会主义法律体系,建设中国特色社会主义法治体系,建设社会主义法治国家”目标上来。由于“法治中国”含有国际法治的世界价值与意义,所以在当下乃至今后一个相当长的时期,“法治中国”是一个极其重要的政治概念与学术范畴,故而建议,“法治中国”与“法

---

〔1〕 Thomas Grey,“The Constitution as Scripture”,*Stanford Law Review* 37,1984,p. 3.

〔2〕 See John B. Attanasio,“Everyman's Constitutional Law:A Theory of the Power of Judicial Review”,*Chicago Law Review* 72,1984,p. 1711;A. Miller,“Constitution and Court as Symbols”,*Yale Law Review* 46,1937,pp. 1295 - 1296,1298.

治国家”两个建设同时抓，只是对外与对内的宣传战略与建设的路径与方法的选择上有所侧重，但法治中国建设的路径最终需回归于我国《宪法》所确立的“依法治国，建设社会主义法治国家”基本原则与根本目标建设。

（原载于《法学》2018 年第 3 期）

宋朝的章奏制度与政治决策

傅礼白*

长期以来,“皇帝出口为敕”的说法一直左右着人们的观念,差不多已经成了评价中国古代政治法律决策的一种思维定式。然而,征诸史实,乃大谬不然。唐代即有“不经凤阁鸾台,何以为敕”之说,凡不经中书门下,而由内宫直接发出的指令被朝野视为“斜封墨敕”,因其未经法定程序颁布,理论上不具有法律效力,有关行政部门可拒绝执行。南宋学者陈亮在其《龙川文集·论执要之道》中论述宋朝诏令制度时说:“自祖宗以来,军国大事,三省议定,面奏获旨。差除即以熟状进入,获可始下中书造命,门下审读。有未当者,在中书则舍人封驳之,在门下则给事封驳之。始过尚书奉行。有未当者,侍从论思之,台谏劾举之。此所以立政之大体,总权之大纲。端拱于上而天下自治,用此道也。”可见诏令的拟定、颁行是一个有多种机构共同参与,分工明确,各司其职,层层审核的复杂过程。皇帝对章奏的批示也是如此——它只能被视为诏令的初始形态,而不是具有法律效力的政令。

现代决策理论认为,信息是决策的基础。决策的过程,就是信息输入、转换和输出的过程。各种组织(包括国家组织)要想顺利生存和发展,必须及时准确地掌握有关自身和周围环境方面的信息,以便及时采取必要的措施,应付内部和周围环境的变化。然而,信息不会自动传递,要想及时准确地掌握有关信息,就必须建立有效的信息沟通体系,其中包括一系列正式和非正式的沟通渠道。组织的沟通渠道是否合理、畅通,决定信息的传送、分析处理是否及时、准确、迅速、有意义,进而又决定着该组织管理的有效性和效率的高低。

在中国古代社会中,同样存在政治信息的收集、整理、传输和处理问题,从周朝的肺石,到魏晋南北朝的登闻鼓,再到唐代的匦函,历代统治者都在探索更为合理的运行程序和运行规范,宋朝的章奏制度便是借鉴千百年制度设计经验而打造出的一个集信息收集、整理、传输和处理为一体的政治决策系统。

---

* 傅礼白,山东大学法学院教授。

章奏制度是政务决策和诏令形成机制必不可少的一个组成部分。在宋代章奏运行的制度设计中,臣下向皇帝上书依其身份地位和章奏内容不同采用不同的文书形式,通过不同的渠道呈递,由不同的机构管理;奏章的内容、封装、投送、转呈,均由相应的制度予以规范;奏章的看详与处理不仅自有章程,且与皇帝临朝视政时的臣僚上殿奏事、面陈政见相互表里,共同构成国家决策酝酿、政令拟定的生成与产出机制。因此,从某种意义上说,君主处理臣下章奏的过程即是法律的孕育与分娩的过程。通过宋代章奏制度的研究不仅可以解析当时的政治决策与立法过程,而且可以观察其国家权力的配置格局与运行状况。

一、宋代章奏的不同形式及其相关规范

章奏是臣下向皇帝进言奏事使用的文书。除临朝视事外,君主"勤政"的主要内容就是批阅奏章。通过阅读奏章,皇帝得以了解来自方方面面的政务情报,为其行使最高决策权获取必要的信息资源。通过对奏章的批示,皇帝把自己的意志传递给政府系统各个有关部门,成为国家法律的基本渊源。因此,批阅章奏是皇帝了解与处理政务的一种基本工作形式。有关章奏书写、递呈、收转、看详、批阅的各种规范的总和便是章奏制度。

宋朝各级官员依其身份和奏请事务的性质而使用不同的奏章。京外官员中的前两府大臣以及奏报军情急务者,在京官员中上殿奏对及任职大两省的官员,允许使用札子奏事。札子也是宰相处理政务的一种文书形式——"故事,惟中书执政官行札子,以出政令"〔1〕。除上述人员外,其他官员及平民百姓奏事均要使用奏状。

奏章有两种封装方式。宋朝法律规定:事涉机密者,如急事、灾异、妖术、狱案,或臣僚自有所陈,或奉旨分析事状,均采用实封,其余的一律通封。臣下接到尚书六曹等中央机关的行政指令后有不同意见也允许实封复奏。违规错用章奏封装方法的官员要受到"杖一百"的严厉处罚。〔2〕 奏章实封是法律明文规定的一种特殊封装程式。"凡系实封者,并令依例程封书毕,更用纸折角重封,准前题字及两折角处并令用印,无印者细书名字。"〔3〕南宋时期的行政法典中载有文书式,对章奏实封的方法有十分缜密的规定:"诸奏事应实封而无印者,文书及内外封面须一手写。""诸申发章奏及公文皆书实口应书名者亲书其报应,仍具承受月日要速机密仍实封其公文。""诸奏状应印而无印者,借非钱谷、刑狱印。"〔4〕上述规定说明,立法者对国家的情报安全已经有了非常深刻的认识。

章奏是上达于君主的正式文书。为了使君主能够获得真实、有效、充分和独享的情报资源,宋朝政府制定了各种规范以约束各级官员的上奏行为:

---

〔1〕 李焘:《续资治通鉴长编》卷二八五,中华书局1985年版。
〔2〕 《庆元条法事类》,《文书门》卷一六,中国书店1990年版。
〔3〕 徐松:《宋会要辑稿》,《职官》二之四六,中华书局1957年版。
〔4〕 《庆元条法事类》,《文书门》卷一六,中国书店1990年版。

1. 诚实无欺。诚实无欺是臣下对君言事的基本要求。《宋刑统》中规定:“诸对制及奏事、上书,诈不以实者,徒二年,非机密而妄言有密者,加一等。”[1]有的放矢,实事求是是臣僚上言的基本要求,捃拾细微、不知轻重、于事无补的言论进入奏章将会受到法律的制裁。

2. 禁止讦人阴私和发人赦前之事。官民相互往来的文字书信“非情涉不顺”不得上缴,不得摘录其中文字以言人过失,违者“杖八十”,如上奏于皇帝则罪“加二等”。奏章中也不得揭发别人在大赦以前所犯的罪错,“否则科违制之罪”[2]。

3. 严格遵守“应奏”标准。宋朝各级官员的职权范围均有明确的法律规定,需要请示汇报的事项也有相应的规定:“诸事应奏而不奏,不应奏而奏者,杖八十。应言上而不言上,虽言上,不待报而行,亦同。不应言上而言上,及不由所管而越言上,应行下而不行下,及不应行下而行下者,各杖六十。”[3]此制可谓一举两得:一方面可以防止主管官员推诿责任,另一方面也能防范某些官员擅权乱政。

4. 同僚联署,一事一状。宋朝法律规定,除紧急事务外,官员奏事采取同僚联署制。奏状采用一事一状制度,非同一宗事者不得同为一状。奏疏正文意犹未尽,可将需要补充的内容撮其要处以黄纸别书附贴于后,称“贴黄”。个人对同僚议定的方案如有不同意见,应别具章疏申明理由。这样,一是可以分清责任,二是便于皇帝“兼听”。

5. 奏状呈递后,上奏者必须严守机密。臣僚如果将所上章疏令人抄录出外,或泄露给他人传扬,上疏人将会受到严厉的行政处分。但章奏保密制度并非适用于所有官员,台谏弹劾的奏章就是一个例外。例如,知谏院包拯在弹奏张尧佐时,即把弹劾札子同时抄送中书。[4] 宋朝惯例,大小官员一旦得知自己被台谏弹劾就要离职待罪,因此,台谏们以“录副”“露章”的方式上疏是追求监察效应而采取的一种特殊弹奏形式。

来自四面八方的奏章是君主了解国家统治机器运行情况和全国政治动态的基本途径,也是其作出决断的基础。各种上达的信息是否真实、安全,必然会影响到政治决策的最终效果。此外,鸡毛蒜皮的陈年旧账属于垃圾信息,会占用有限的信息通道,也会对君主造成严重的信息干扰。因此,奏章的内容必须符合必要性和有效性的质量要求。宋朝章奏制度的上述规定不仅缜密合理,反映了中国古代行政法的高度发达,而且蕴含着现代信息决策理论的科学因素,体现了先人的政治智慧和制度设计水平。

二、章奏传递的职能机构及其管理制度

信息不会自动传递,决策者要想获得有用的情报,就必须建立一定的信息沟通渠道。

---

[1] 窦仪:《宋刑统》,《诈伪律》卷二五,法律出版社1998年版。
[2] 《宋史》,《刑法志》,中华书局1985年版。
[3] 窦仪:《宋刑统》,《职制律》卷一零,法律出版社1998年版。
[4] 《包孝肃奏议》,《中书札子第一道》卷六,中华书局1963年版。

宋朝承转章奏的职能机构是进奏院、通进银台司、登闻鼓院、登闻检院和理检院。这些机构面向不同身份的官员和民众各行其政，其职责相互关联，工作环环相扣，共同构成了一套完整的下情上达的信息传递网。在宋朝的国家机关体系中，这些部门既是政务情报收集、筛选与上传的基本渠道，也是中央决策和法令下达的基本渠道。其制度设计的基本理念是防范情报的壅蔽和漏失，确保臣民的章奏在遭到有关部门留滞时，能够通过其他途径呈递到皇帝的手中。

进奏院是负责转呈各地官员章奏和公文，转发朝廷命令给各地的专职机构。进奏院官吏履行职务的基本要求是及时、安全与保密。每当收到各州奏案，进奏院必须及时转送银台司。如果收到的是诸州的实封奏状，则要验视其封弥是否完整无缺，有损动者，必须重新封装后转送银台司，并追究收接者的责任。进奏院实行官员责任连保制度，文件送达进奏院后，进奏官们定时与保头等“共同点检封角，并开拆分明，上历印题，关防发遣”〔1〕。进奏官承发文件必须在进奏院中办理，不得将其带回家中，以免泄露机密。实封章奏是专呈皇帝亲阅的，没有皇帝特许，他人无权过目，所以外地官员的实封奏章，进奏院不得拆封，而且要即到即发。

通进银台司是承转中央和地方各种文书的总枢。宋初，通进银台司隶属于枢密院，凡内外奏复文字必须经过二司才能呈进。由于宋朝官职与差遣分离，给事中徒有其名而不任其事，其封驳职权实际上也由通进银台司行使。按时、保密与安全也是通进银台司工作的基本准则。通进银台司收发奏状，“急速事限五日，常事限半月，仍令诸处行遣讫，旋具事宜关报银台司点检勾凿，有稽滞者，依条举奏”〔2〕。政府各部门将奏章涉及问题的处理情况限期反馈到银台司，说明银台司并不是一个单纯的传达机构，还具有一定的督察职能。奏状内容如在通进银台司漏泄，“事涉机密，重者当行极断，轻者亦行朝典”〔3〕。通进银台司有严格的文件登记责任制度：“通进司本帖子并须计定未降出文件数，系本司臣僚姓名，写本帖子，用印进入，不得只用白帖子。”〔4〕为了净化工作环境，通进银台司依照三司和开封府制度，禁止官员及诸色闲杂人等进入。言及当年情况，宋人曾经写道：“通进司掌天下章奏案牍，在京百司文武近臣表疏进御颁布之事，职任为重。是以在于祖宗时，检查甚备。有谨密之戒，有漏泄之禁，有封题之式，有辄入之罚。虽旧任官高，时任要职，苟于格法不当者，不得上达也。”〔5〕这一描述无疑是北宋制度规范的一个真实写照。

登闻鼓院、登闻检院是受理章奏的特别机构。“掌受文武官及士民章奏表疏。凡言朝政得失、公私利害、军期机密、陈乞恩赏、理雪冤滥，及奇方异术、改换文资、改正过名，无例

〔1〕 徐松：《宋会要辑稿》，《职官》二之四六，中华书局1957年版。

〔2〕 同上书，《职官》二之三七。

〔3〕 同上书，《职官》二之二六。

〔4〕 同上书，《职官》二之二八。

〔5〕 徐松：《宋会要辑稿》，《仪制》七之三一，中华书局1957年版。

通进者,先经鼓院进状;或为所抑,则诣检院。"[1]显然,登闻鼓院负责收接的章奏是进奏院和通进银台司拒绝收接的各种文书。如果上奏者本人是文盲,允许使用口述的方式,由判院官当面写录奏状。进状者如果认为登闻鼓院的处理意见不近情理,就可以到登闻检院进状。检院如认为鼓院的裁决合理,应在判状中说明缘由,交进状人收执。检院如认为鼓院的裁决不当,则开具不当事件与进状一起呈送皇帝批阅。如批阅奏状的官员不及时处理,允许进状人到御史台陈诉。未经鼓院进状,检院不予接收,未经检院,不得邀驾。如果不按规定的程序投送,则对进状者依法科罪。登闻鼓院和登闻检院处理问题不当,则要承担相应的法律责任。

邀车驾是臣民进状的最后手段,邀驾进状的前提是曾经到登闻鼓院和登闻检院投诉未被受理或理诉不当,所以邀驾必须持有登闻检院的判决文书。"未经检院,不得接驾,进状者依法科罪。"邀驾进状的内容不得涉及珍禽异兽、妖妄文字、诸般进奉、书札、药方、图画等;除官吏外,举人、僧道、草泽等诸色人等也可以就朝政缺失与公私利弊上奏,但个人的诗赋杂文及诸般撰述不得投进,"如违,科违敕之罪"[2]。邀驾进状后,随之而来的是对有过错一方的责任追究。"如披诉得实,判鼓院、检院官必行朝典;如是虚妄,本人科上书诈不实之罪。"[3]如此规定,可谓一箭双雕:对于鼓院和检院的官员而言,玩忽职守,滥用职权,将会受到法律的制裁。对于邀驾者而言,弄虚作假,无事生非,也会受到应有的惩罚。鼓院和检院恪尽职守,邀驾者据实陈诉,这就可以有效地防止"车驾每出,词状纷纭,洎至披详,无可行者"[4]的情况出现。

章奏呈递渠道畅通是下情上达的基本保证。为此,宋朝采用进奏院、通进银台司、登闻鼓院、登闻检院和理检院等多个机构层层负责、逐级监控的方式,以防因某一部门失职而造成章奏不能上达。完善的组织建设,合理的职能分工,严格的问责机制,特别是独具匠心的章奏运行规范,是信息沟通渠道畅通的可靠保障。宋朝中央政府在内外交困中能够控制全国政局长达三百年之久,在一定程度上也得益于这套行之有效的信息系统。

三、章奏的不同处理形式与政治决策的设计理念

信息处理是决策的最后阶段。就宋代的决策过程而言,批阅奏章即是君主处理政治信息的基本手段。章奏经过相关程序上达后,根据其内容的不同,宋代君主一般采取以下几种处理办法:亲自批阅,交宰相研究,交有关部门研究;指令某些要员研究;发送有关地方官员研究。除亲自批阅外,其余各处均要将议定的意见报告皇帝,由皇帝作出最后的裁决。

---

〔1〕《宋史》,《职官志》,中华书局1985年版。
〔2〕徐松:《宋会要辑稿》,《职官》三之六四,中华书局1957年版。
〔3〕同上。
〔4〕李焘:《续资治通鉴长编》卷六五,中华书局1985年版。

批阅章奏是皇帝了解与处理政务使用最多的一种工作方式。例行的前殿视朝听政以后,皇帝通常是去后殿批阅内外奏章。宋仁宗"每退朝,凡天下之奏,必亲览之"[1]。宋神宗励精图治,勤于政事,"凡所措置,悉该圣虑,一有奏禀,皆出宸断"[2]。阅读章奏几乎是君主每天必做的功课。从《续资治通鉴长编》《建炎以来系年要录》等编年体史书记载的情况来看,宋代君主对臣下的章奏大多都是亲自处理的。

根据章奏的不同内容,皇帝一般采取以下三种处理方法:

1. 对章奏内容认可的,便在章奏上画"可"表示对所请示事项的批准,如果感到有必要或有把握自己独立作出决策的,还会写出自己的批示意见。需要特别指出的是,皇帝的这种批示并不是人们通常所说的诏令,而只是诏令的胚胎。它还要经过中书起草、给事中封驳等法定程序,才能成为具有法定效力的正式诏令。其间,宰相的异议,中书舍人的缴还词头和给事中的封驳,都有可能导致皇帝的旨意被驳回而不能形成诏令。

2. 如果皇帝对章奏中请示的问题认为价值不大,或一时难以处理,或皇帝不同意臣下的要求,一般会作出"留中"的决定。所谓留中,就是把奏章留在禁中,不批示,不交议。例如,王安石变法中,朝野内外对青苗法的看法不一,哲宗即位后,王岩叟、苏辙等人"屡有封事,乞罢青苗,皆不蒙付外"。奏章被留中,便起不到任何作用。因此,他们要求"尽付三省,公议得失"[3]。

3. 交给有关部门评议。臣下在章奏中请示的多半是无法可依、无例可循的问题,如果君主刚愎自用,率意妄为,一旦指挥有误将造成难以挽回的后果。所以君主"独断"的决策方式在宋代的政治实践中并非常态,多数情况下皇帝是将章奏转发给有关臣僚评议,形成初步方案后再做定夺。

宋朝时期,中书作为国家权力中枢机关,"掌进拟庶务,宣奉命令,行台谏章疏。群臣奏请与兴创改革,及中外无法式事。应取旨事"[4]。中书的职责恰恰正是臣僚章疏依法"应奏"的范围。皇帝"所与共天下之治也,惟二三执政大臣而已"[5]。因此,臣僚的章疏不仅在皇帝批准后要送中书拟旨,当皇帝不知如何处理或举棋不定时也会交给中书"详定"。这是宰相执政的日常工作,也是宰相的职责所在。例如,至道三年(997 年)7 月,宋真宗对宰相谈及阅览章奏的观感时说:"今诏中外咸贡直言,庶闻朝政之缺,以警朕心……惟田锡、康戬陈词不繁,指事尤切,张齐贤颇留意于民政。"并拿出章疏要求宰相吕端等:"卿等详酌行之。"[6]咸平二年(999 年)4 月,宋真宗对辅臣曰:"尽览言事封章,日不下百数,时亦有得,

---

〔1〕 李焘:《续资治通鉴长编》卷一一三,中华书局 1985 年版。

〔2〕 江少虞:《宋朝事实类苑》,上海古籍出版社 1984 年版,卷五。

〔3〕《宋史》,《食货志》,中华书局 1985 年版。

〔4〕《宋史》,《职官志》,中华书局 1985 年版。

〔5〕 李焘:《续资治通鉴长编》卷三七零,中华书局 1985 年版。

〔6〕 同上书,卷四一。

卿等更详之,如事理可采者,别取进止。"[1]熙宁二年(1069年)12月,神宗下诏特别强调:"文武臣僚、内臣等进呈公事,并批送合属,中书、枢密院别取进止,不得辄批依奏及直送诸处行遣。如违,并当重行朝典。"四年(1071年)6月,又诏令,"罢委官看详臣僚所上封章,令中书门下看详以闻。"[2]

臣僚章奏中议论的很多问题属于政府职能部门管辖的事务范围,因此,为慎重起见,皇帝经常将章奏交付有关部门研究。有关部门形成处理意见后,再由皇帝作出最后的决定。由于职能部门熟悉所辖领域的事务原委,对章奏所议问题的利弊得失比较清楚,常能提出切实可行的解决方案,尤其是在章奏涉及的问题比较专业时,皇帝更多地依赖职能部门拿出论证方案。如宋真宗就曾要求宰相"自今事理有关,轻重不侔者,当先访有司,具陈可否,然后降敕"[3]。如茶法的改革,宋朝时期,榷茶收入是国家财政的一项重要来源。宋初,秘书丞刘式请罢诸榷务,西京作坊使杨允恭认为"罢榷务令就茶山买茶不可行"。宋太宗遂命宰相召盐铁使陈恕等与刘式、杨允恭商议,并征询茶商的意见。茶商们一致赞同刘式的主张,但有关职能部门赞同杨允恭说,刘式"议遂寝"[4]。宝元元年(1038年)改革茶法的议论又起,宋仁宗命御史中丞张观等人"与三司议之"。皇二年(1050年)知定州韩琦及河北转运司又上书论奏茶法之弊,宋仁宗的处理办法仍是"下三司议之"。景三年(1036年)叶清臣曾上书建议废止榷茶制度,通商收税,"时下三司议,皆以为不可行"。嘉年间(1056~1063年)有人上书请开茶禁,宰相富弼、韩琦、曾公亮"决意向之,力言于帝",但宋仁宗仍然是委派官员"即三司置局议之",并最终按三司议定的方案发布诏令。[5]从宋代茶法的多次变化中可以看出,每当有人指责茶法存在的问题,提出改革意见时,皇帝总是将奏章转给主管财政的职能部门——三司,尽管时有宰相、御史中丞、翰林学士等高官参与审议,但制定具体方案的还是三司,皇帝决策所采纳的多半还是三司这个职能部门的意见。

宋朝时期,经常奉命审阅臣僚章奏的是翰林学士等负责起草诏令的两制官员以及台谏官、诸殿阁学士、待制、枢密直学士等清要官员。其中,皇帝依赖最多的当属翰林学士。翰林学士职掌制、诰、诏、令撰述之事。宋朝有"执政四入头"之说,翰林学士为宰相的候补人选之一。在宋太宗眼里,"学士之职,清切贵重,非他官可比"。撰述王命,备对顾问的性质决定了翰林学士是皇帝最为亲信的近臣。[6]而翰林学士"撰述王命"的职掌中就包括以"批答"的形式"批敕群臣表奏"[7]。在《宋大诏令集》以及苏轼、欧阳修等词臣的文集中都有大量的"批答",这些"批答"当然是在了解到章奏的具体内容之后才能撰写。因此,翰林

---

〔1〕李焘:《续资治通鉴长编》卷四四,中华书局1985年版。
〔2〕徐松:《宋会要辑稿》,《仪制》七之二四,中华书局1957年版。
〔3〕李焘:《续资治通鉴长编》卷六六,中华书局1985年版。
〔4〕《宋史》,《食货志》,中华书局1985年版。
〔5〕同上。
〔6〕江少虞:《宋朝事实类苑》卷二九,上海古籍出版社1984年版。
〔7〕同上。

学士的工作性质与阅读群臣章奏是密切相关的。当皇帝需要有人代他处理章奏时，让翰林学士在其奉命书写诏令的法定职权之外，先行审阅并提出建议，可视为其备对顾问职能的一个体现。翰林学士审阅章奏与两府和职能部门不同：中书、枢密院是中枢机构，拥有一定范围的处置权力；职能部门分工明确，只审议其业务范围内的事项。翰林学士则要全面处理所有奏章，斟酌评鉴，为皇帝决策筛选有用的信息和提出个人的咨询建议。

宋朝翰林学士皆加知制诰衔，称内制。以他官知制诰称外制，与内制合称两制。外制官员也会奉命“共详中外章疏”。御史、谏官、枢密直学士、诸殿阁学士、待制等清要官员常会受此委任，如咸平四年（1001 年）正月诏“内外官上封事者，委枢密直学士冯拯、陈尧叟详定以闻”[1]。天圣七年（1029 年）6 月诏“应内降群臣转对章疏及诸色投进文字，但干陈述利便，理诉冤枉者，已差资政殿学士晏殊、龙图阁直学士赵忭、天章阁待制陈荐同共详定前降手诏许中外臣疏所上差役利害章奏”[2]。熙宁三年（1070 年）5 月，诏集贤校理孙洙、馆阁校勘蒲宗孟“同看详转对封章，以封章条事甚多，欲采用之也”[3]。

呈送给皇帝的奏章多数来自地方，奏章所议论的也多为有关地方的局部事物，有些问题如不了解当地具体情况往往难以作出决断。因此，将章奏发送有关地方当局“相度”，由地方当局提供“可行性”论证报告，是皇帝经常采用的奏章处理方式。宋代文献中这一类的记载俯拾皆是。例如庆历六年（1046 年）辽朝遣使挑起边界争议。于是，程琳上奏要求“以河朔兵为四路”，以防辽兵入侵，宋仁宗乃“下其章”征询边境守臣的意见。判大名府夏竦奏请“以大名府……建为北京路”。夏竦调任枢密使后，贾昌朝判大名府，仍然坚持夏竦的意见。宋仁宗于是下诏分河北兵为四路，“凡兵屯将领，悉如其议”[4]。宋仁宗时，贾黯奏请设立民社义仓，宋仁宗“下其说诸路以度可否，以为行者才四路，余或谓赋税之外两重供给，或谓恐招盗贼，或谓已有常平足以振给，或谓置仓烦扰”。贾黯奏言：“人情可与乐成，不可与谋始，愿自朝廷断而行之。”但这一违背正常决策原则的要求未被采纳，义仓之设“当时牵于众论，终不果行”[5]。熙宁七年（1074 年），京东路察访邓润甫等人奏称山东沿海州郡农田多，丰年谷物价格低廉，可招募人员从事海上运输，将山东的粮食运往河朔地区供应军需。神宗乃诏京东、河北路转运使司研究是否可行。[6]

为了使皇帝交议的奏章得到及时的信息反馈，有关官员奉命“相度”公事必须在法定时限之内向皇帝报告，过期不报将被依法追究责任。景德三年（1006 年）诏规定：“自今凡受宣敕，并许当日内施行，律限内结绝。若别行会问，得实限内未了者，亦须于限满日具事由

---

〔1〕 徐松：《宋会要辑稿》，《仪制》七之一九，中华书局 1957 年版。

〔2〕 同上书，《仪制》七之二四。

〔3〕 李焘：《续资治通鉴长编》卷二一一，中华书局 1985 年版。

〔4〕《宋史》，《兵志》，中华书局 1985 年版。

〔5〕《宋史》，《食货志》，中华书局 1985 年版。

〔6〕 同上。

奏裁。如敢依前稽缓,官吏并当勘劾,以律科罪,仍委中书门下、枢密院置簿提举。"[1]诏书中所谓"稽缓制书,律有明禁"系指《宋刑统》"制书稽缓错误"条的相关规定:"稽缓制书者,一日笞五十,腾制、敕、符、移之类,皆是。一日加一等,十日徒一年。"在此律条之下对律文的含义尚有具体的注疏与律并行:"议曰:制书,在令无有程限,成案皆云'即日行下'称'即日'者,为百刻内也。写程:通计符、移、关、牒满二百纸以下,给二日程。过此以外,每二百纸以上,加一日程。所多加者,总不得过五日。其赦书,计纸虽多,不得过三日。军务急速,皆当日并了。成案及计纸程外仍停者,是为'稽缓',一日笞五十。"[2]此外,诸司定夺公事向皇帝奏报时还必须说明具体的法律依据,没有法律规定或者事理不明的,要一一分析其利弊得失,寻求客观公正、长期可行的解决办法请皇帝裁定。没有法律规定或者事理不明的,不允许模棱两可,不置可否;不允许揣摩观望,如有挟情罔上的"许人论告,重行朝典;或止是畏避,亦量行责罚"[3]。总之,受命官员必须认真负责地分析有关公事的症结所在及解决方案,并说明理由,为君主的"圣断"提供切实可行的决策依据。

章奏的审阅处理实际上就是国家的决策过程和法令的孕育过程。因此,当奏章所议的问题关系到法制变更和政策调整时,就需要反复论证,谨慎处置。在这种情况下,为防止决策失误,皇帝一般要从中书、枢密院、两制、台谏、职能部门和地方官员等处多方征求意见,从中选定相对合理的处理方案。所以,宋朝的重大政治决策多数情况下都是集中官僚群体的经验与智能,群策群力的结果。例如,在宋代役法改革中,围绕里正、衙前的存废问题,仁宗、神宗曾多次派员实地考察,"相度利害"[4]。在一起普通的民女杀夫自首案(阿云之狱)中,围绕据以定罪量刑的"杀伤自首"的律义解释问题,宋神宗不仅三番五次地征询各方意见,而且几次进行御前讨论,并将各种奏议发送中书、枢密院研究论证,并根据多数宰执的意见作出了最终决定。[5]

宋朝对章奏中所议重大问题通过"下其章"于不同部门、不同官员议定的办法,已经形成了比较成熟的决策机制。这种博采众议的章奏处理模式显然是为克服君主个人独裁所固有的主观臆断、偏听偏信等弊端而设置的预防对策。在君主制度所能允许的范围内,这种制度设计理念无疑是切实可行的明智选择,其合理性应予充分肯定。此外,宋朝政务决策机制中尚有二府合议、两制杂议、都堂议事、百官合议等规范化的议事形式,虽与本文内容密切相关,因限于篇幅,笔者将另有专文讨论,此不赘述。

---

[1] 徐松:《宋会要辑稿》,《仪制》七之一九,中华书局1957年版。
[2] 窦仪:《宋刑统》,《职制律》卷一零,法律出版社1998年版。
[3] 李焘:《续资治通鉴长编》卷六六,中华书局1985年版。
[4] 《宋史》,《食货志》,中华书局1985年版。
[5] 《宋史》,《刑法志》,中华书局1985年版。

四、结　　语

在君主专制政体下，君主是法的主人，法是君主的专利。法自君出的理论假设是君主圣明。所以君主乃圣明的化身，君主的决断谓之圣断，君主的命令谓之圣旨。什么是圣？圣即事无不通，聪明睿智，穷神知化，超越凡人。显然，这样的帝王在古往今来的现实世界里根本不可能存在。正如朱熹所言："人君身居九重，安知外间许多曲折？"[1]"孤家""寡人"的处境带来的是孤陋寡闻，君主身居九重，极易被见多识广的臣下以各种手段蒙蔽视听。在权力高度集中于君主一人的专制体制下，君主的"无知""偏信"所产生的情绪性、盲目性决策随时都有可能造成灾难性后果。因此，在君主政体的决策机制中注入一定的理性因素，以弥补个人独裁所固有的制度性缺陷，既是君主企求江山永存、长治久安的必然选择，更是参与政权的官僚士大夫群体意志的共同要求。宋代章奏制度中各种制约机制的设计便是这种理性思考的结果。

宋代章奏制度的各项规范与科学决策的基本原理是大有相通之处的。臣僚的章奏是君主政务信息的主要来源，臣僚章奏的真实性直接影响到君主对事实的判断和对问题性质的判断。因此，"如实奏报"作为一条基本规范，在各种法律文件中都有明确规定。为使君主及时了解有关情报，宋朝还建立了严格的雨雪灾害、谷物收成等信息的定期报告制度。通过实行严格的应奏制度，促使各级官员对其职权范围内的事务必须独立负责处理。惩戒"不应奏而奏"，在于防止官员们为逃避责任事事汇报，造成传输渠道壅堵和对皇帝形成过量信息的干扰；制裁"应奏不奏"，在于防止官员们越权行事，率意而为，造成行政管理秩序的紊乱和法制的破坏。

章奏呈递渠道畅通是下情上达的基本保证，为此，宋朝设置多种机构，多种呈递方式，以确保臣庶的章奏在遭到一个机构的拒绝后，能够通过其他渠道呈递到皇帝的手中。这是防止左右近臣通过控制信息供给，蔽塞皇帝视听，使之丧失判断能力的有效措施；章奏承转机构凭藉明确的业务分工、严格的责任制度和详细的工作规范，保障其有效运行，实现其传输政务信息的职能目标；通过工作人员联保制度，以保证信息的安全；通过章奏承转时限制度，以实现信息的快捷传递；通过将各种章奏梳理分类，以淘汰无用信息和有害的信息；通过章奏处理情况的备案和催办制度，以监控章奏的运行……凡此种种，均体现出宋朝章奏传送管理的规范化程度和制度创立者的良苦用心。

章奏的审阅、处理相当于决策过程的拟订方案和选定方案阶段。在这一过程中，皇帝的作为并非如人们一般所认为的那样独断专行，肆意妄为。在重大政务问题上，皇帝不仅要和宰相班子经常讨论，商定国是，而且要求不同层次的各类官员进行评议，提出解决方

〔1〕《朱子语类》卷一二八，中华书局1994年版。

案。有时还要反复论证,多方辩难,直到事理分明,皇帝才会作出决断。这一过程从形式上看仍是皇帝个人独裁独断,实际上其决策已不全是出自皇帝个人意志,而是融进了官僚士大夫群体的智能和经验。在中国历史上,诏令总是以皇帝的名义颁布的,但是,当现实生活中的皇帝面对群臣章奏中提出的那么多,那么复杂,有些还颇具专业性的问题时,他不可能有那么多时间、精力和耐心,也没有那么广博的知识和阅历去一一亲自处理。皇帝需要他人助理帮办,然而谁是最合适的人选呢?身边的后妃、宦官以及外戚这些皇权的孪生物作为乱政之源被宋朝历代统治者排斥于政坛之外,依靠与之"共天下"的官僚士大夫集团是其唯一的选择,当然,这也是一个明智的选择。这样做,既可以帮助皇帝减轻批阅章奏的工作压力,又可以避免因一人独断造成决策的失误。将大量奏章交给有关臣僚调研论证,拟订方案,可以使决策更为客观合理。集思广益,博采众长,既为皇帝的"圣断"增添了"圣明",又为官僚士大夫集团参与决策,把握国家和自身的命运提供了条件。

宋朝的章奏运行机制,即政治法律决策模式显然是符合皇帝与官僚士大夫集团双方利益的。这一制度设计蕴涵的政治智慧和决策理念闪烁着理性的光辉,是中国古代政治文明高度发达的一个典型例证。由此也可以证明,中国传统法律文化绝非如某些论者所言是一堆需要彻底废弃的历史垃圾。中华民族所创造的制度文明曾支持着中华文明领先于世界几千年,丰厚的积淀蓄积了无数宝贵的资源,无视、蔑视或唾弃她并无助于今天的法制建设。只有客观地面对我们祖先留下的文化遗产,我们的政治法律现代化才有可能找到维持其生长所不可缺少的文化根基。

(原载于《文史哲》2004年第4期)

权利实现的差序格局

郝铁川[*]

权利应当平等,而现实中的权利往往不平等。这是一个老问题。

自休谟以后,权利的二分法——应然权利与实然权利——成了一种经典。然而,这种划分忽视了一个对权利主体而言最为重要的步骤:自身的权利如何从应然转化为实然?无疑,应然权利的法定化是权利实现的一个最重要的途径,尽管权利的法定化并不等于权利的实现。本文试图考察的正是权利的实现过程,因而更乐意接受在应然权利和实然权利之中加上"法定权利"的权利三分法。其中,应然权利(idealistic rights)是指道德权利,即权利主体应当享有的权利;法定权利(legal rights)是由立法(国内立法和国际立法)加以确认的那些应然权利;实然权利(actual rights)是指权利主体能够实际享有的应然权利和法定权利。三种权利并非并行关系,而是层级关系,其中有很大一部分是重叠的。〔1〕

近年来,中国学术界论证权利的普遍性(应然权利)卓有成效、臻于成熟,但对法定权利和实然权利的研究基本上还停留在古典自然法学派的水平上,尤其是对权利不平等的考察还欠火候。〔2〕 本文的兴趣在于从社会历史的角度,以实证方法考察历时性的权利不平等以及由此衍生的应然权利的实现问题;本文研究的权利类型主要是实然权利,并以权利的法定化作为权利"实现"的主要判断依据;〔3〕研究的权利内容主要是公民的基本权利,如选举

---

* 郝铁川,华东政法大学教授,曾任山东大学法学院教授、博士研究生导师。

〔1〕 王家福、刘海年主编:《中国人权百科全书》,中国大百科全书出版社1998年版,第116、535、646页。

〔2〕 对"权利的不平等"的理解至少存在历时性和共时性两个角度。对共时性的权利不平等,即不同种类权利——比如言论自由权和名誉权——的位阶高低、冲突以及可能的救济途径,国内学者早有关注,比如,苏力:《〈秋菊打官司〉案、邱氏鼠药案和言论自由》,载《法学研究》1996年第3期;刘作翔:《权利冲突的几个理论问题》,载《中国法学》2002年第2期。而对历时性的权利不平等,国内学者则鲜有论及。

〔3〕 权利的"法定化"确实不能等同于权利的实现。以什么标准才能真正衡量权利的"实现",是一个不可回避、值得深入研究的问题。笔者认为,法定权利与实然权利的差距,并不否认本文把权利的"法定化"当作权利"实现"的主要衡量标准而具有的证明力。因为,通常而言,法定权利总是先在于实然权利;如果法定权利存在滞后,同应然权利有差距,它的真正实现也必然是滞后和有差距的——这就像中国古代刑事判决中使用的"举轻以明重"规则。这也正是本文想通过史料揭示的道理。

权、财产权、言论自由权以及受教育的权利等。

通过对相关史料的考察,笔者发现世界各国的权利实现的不平等性惊人的一致。这种不平等体现于权利实现中的个体差异、地区差异和群体差异。笔者把它称为权利实现的"差序格局"。[1] 所谓权利实现的"差序格局",是指权利实现中的一种状态,包含两层意思:第一,现实中的权利主体是逐步扩大的,即一部分人先享有法定权利,然后推而广之及于其他人;第二,现实中不同种类(政治、经济、文化、社会等)权利的法律化及其实现是循序渐进而非一蹴而就的。传统的身份社会是一种"义务"的差序格局,现代社会则是一种"权利"的差序格局。

一、西方国家权利实现的经验考略

权利主体范围逐步扩大,权利种类循序渐进地增多,权利享有和实现的程度日益充分,这是西方主要国家权利发展和实现的一种普遍现象。见表1~表4所示。[2]

从表1~表4可知,这是一个实现权利的范围逐渐推广和种类逐渐增加的过程。从权利主体来看,先是男性公民享有政治权利,再扩及女性公民、然后扩及所有民族的公民;而在男性公民中,又是有一定财产数额的男性公民先享有政治权利,然后再推广到无财产的其他男性公民。从权利种类来看,公民先实现的是人身、财产和政治权利,再到经济文化权利,然后到社会权利。

表1 西方10国财产权、言论自由权和信仰自由权实现序列

国家	受法庭保护的男子财产权	受宪法法律保护的言论自由	受宪法法律保护的信仰自由	受法庭保护的已婚妇女财产权
	开始年份	开始年份	开始年份	开始年份
丹麦	1788	1849	1849	1925
荷兰	1581	1581	1815	1957
瑞典	1695	1776	1809	1921
奥地利	1867	1945	1945	1945
法国	1815	1815	1815	1965
德国	1815	1949	1949	1977
瑞士	1648	1803	1803	1980
美国	1795	1795	1795	1905
日本	1879	1947	1947	1947
英国	1689	1795	1795	1883

[1] "差序格局"一词是从费孝通先生的《乡土中国》一书中借用过来的。参见费孝通:《乡土中国》,三联书店1985年版,第21页。

[2] 表1~表4均摘自托马斯·雅诺斯基:《公民与文明社会》,柯雄译,辽宁教育出版社2000年版,第248~255页。作者对原表格有所删节。

表 2　西方 10 国选举权实现序列

国家	有财产男子有权在全国选举中投票	所有男子有权在全国选举中投票	妇女有权在全国选举中投票	所有民族 种族有权在全国选举中投票
	开始年份	开始年份	开始年份	开始年份
丹麦	1901	1915	1915	1950
荷兰	1887	1917	1922b	—
瑞典	1909	1918	1918	1918
奥地利	1955	1955	1955	1955
法国	1884	1884	1944	—
德国	1949	1949	1949	1949
瑞士	1848	1880	1971	—
美国	1776	1830	1921	1970
日本	1950	1950	1950	—
英国	1932	1918	1928	—

表 3　西方 10 国社会权利实现序列

国家	实施的第一项权利	实施的第二项权利	实施的第三项权利	实施的第四项权利	实施的第五项权利
	开始年份	开始年份	开始年份	开始年份	开始年份
丹麦	SU1907	SW1916	SO1922	SH1933	SF1952
荷兰	SW1901	SH1909	SO1909	SU1916	SF1939
瑞典	SH1891	SO1913	SW1916	SU1934	SF1948
奥地利	SW1887	SH1912	SU1920	SO1927	SF1948
法国	SH1930	SW1946	SO1946	SF1952	SU1967
德国	SH1883	SW1884	SO1889	SU1927	SF1963
日本	SW1911	SH1922	SO1941	SU1947	SF1971
瑞士	SW1911	SH1911	SO1946	SF1960	SU1976
美国	SW1912	SU1935	SO1935	无	无
英国	SH1911	SU1920	SO1925	SF1945	SW1946

缩写字说明：SW = 工人工伤补偿方面的社会权利；SO = 退休金方面的社会权利；SH = 医疗卫生方面的社会权利；SU = 失业保险方面的社会权利；SF = 困难家庭补助方面的社会权利。

表4　西方10国公民参与权实现序列

国家	实施的第一项权利	实施的第二项权利	实施的第三项权利
	开始年份	开始年份	开始年份
丹麦	WD1974	ALMP1980	无
荷兰	WC1971	ALMP1980	无
瑞典	ALMP1960	WD1973	WC1946
奥地利	WC1952	WD1977	无
法国	ALMP1975	无	无
德国	WC1951	WD1952	ALMP1970
日本	无	无	无
瑞士	无	无	无
美国	无	无	无
英国	ALMP1975	无	无

缩写字说明:WC＝载入法律的劳资联席会;ALMP＝积极的劳动力市场政策(标准:其支出在1950～1990年的任何5年中大于国民总产值的0.50%);WD＝载入法律的公司董事会劳资共同决策权。

我们再考察这些国家的相关权利立法,发现它们对权利差异在立法上的确立甚至都没有蒙上“虚伪的面纱”。[1] 它们对公民的权利都是公开地作差别性规定的,各国公民在立法上迄今没有实现完全的平等。对于公民权利的不平等规定,有些国家是采用认可的方式,有些则是以法条明示;有些是先认可,然后再以法条否定。现择其有代表性的几个国家的立法加以说明。

美国作为现代法制最为完备的国家之一,在规定公民的基本权利方面的立法差异为全世界做出了“榜样”。众所周知,实现男性与女性公民之间、白人与黑人之间在美国宪法上的平等经历了一百多年的时间。根据《美国宪法》,诸如衣、食、住和受教育的权利,工作、休息、劳动保护和社会保障的权利等,都不属于“人权”范畴。美国迄今没有加入《经济、社会和文化权利国际公约》,不保障社会弱势群体免于饥饿和匮乏的权利。美国学者L.亨金直言不讳地指出:“我们为之自豪的民权法案是设计用来支持‘消极的权利’,来保护个人自由和权利不受侵犯;在积极促进自由或权利的享有方面,它们并不涉及社会或法律。国会不必拨款以使得穷人能够真正享受他们的权利,而且它甚至可以运用拨款的权力阻碍穷人对

[1] 学术界和实务界对“法律面前人人平等”这一现代法治基本原则的理解,大都认为是指司法平等,而不包括立法平等,这一原则并不反对在立法上对公民的权利作差别性规定。日本学者官泽俊义认为:“法之下平等之原则,并非如其文字之表面然,所有之法律上差别,均予禁止之意。法律上之差别自身,纵令由个人主义之理念观之,亦非皆系恶事。本条,依照个人主义之理念,应为禁止不合理差别之意。”桥本公亘认为:“法的平等,所以非为绝对的平等之意,而为相对的平等之意者,系由于现实生活中之具体的人类,具有事实上之差异,如忽视此种差异,而实现数学的平等,宁为不平等之强制。”参见林纪东:《比较宪法》,台北,五南图书出版公司1980年版,第183页。

这些权利的享有,例如,为生孩子提供财政援助而不为人工流产提供财政援助。宪法不要求国会制定法律补充 20 世纪的福利权利或保证福利的利益得到平等享受。"[1]对劳动者的权利,美国的立法经历了从不承认、限制到承认的过程。19 世纪 70 年代,美国的劳动关系还主要靠合同法来调整。19 世纪 70 年代以后,劳动立法才逐步建立。对于工人的结社权,19 世纪 90 年代法院还通过判例予以禁止,把劳工联盟视为一种"非法联名体"。直到 1933 年国会才通过《国家工业复兴法》确认了工会的组织权,但不久后在 1935 年 5 月便被联邦最高法院认定违宪而归于无效。

在英国,人身自由、财产自由及言论、结社、集会自由等基本权利较早地受到法律的确认,而平等权则长期没有得到重视。1688 年"权利法案"规定,国会议员实行自由选举。但在 1711 年,法律对下议院议员进行了高财产资格限制:郡议员必须是每年土地收入在 600 镑以上,市镇议员每年不动产收入在 300 镑以上。1832 年制定的"英格兰与威尔士人民代表法",降低了选民资产资格。但通过这次立法取得选举权的只限于土地所有者和中产阶级,无产阶级和妇女仍无选举权。1867 年,英国进行了选举改革,但是,不平等选举问题仍未解决。这表现在两个方面:

一是每个投票人所投的票不平等——称为复数投票制度,即选举人在其地区之外,以营业为目的,占有每年租金 10 镑以上的土地或房产,可在其财产所在地再投一票。因此,1918 年以前,英国投票得费时二个星期,供有复数投票权的人到处投票。最多的选举人享有 80 个投票权。英国这种制度至 1948 年工党执政后才被废除。二是每票的价值不平等——称为等级投票制度,即选举人按纳税多少分 3 级排定次序,每级选举人纳税额等于总税额的 1/3,每一级各选出相同数目的议员。因而选举人虽各投一票,但每票的价值不相同。种族平等和男女平等也长期不为英国宪法保护。19 世纪以前,妻在法律上的人格被看作合于其夫的人格。除少数例外(如女王),妻无独立占有和处分财产的能力。妇女结婚后,其婚前财产完全归丈夫支配,就连不动产的租金或其他收益,丈夫亦有不经妻同意而任意处分的权利;妇女应当以丈夫的住所为住所。在离婚手续上,夫可因妻与人通奸请求法院判决离婚;而妻必须证明夫与近亲属通奸、犯重婚罪、强奸罪,或虐待妻、遗弃妻 2 年以上等理由诉请离婚。在英国,直到 1975 年制定《英国性差别法》,婚姻关系、雇佣、教育等方面的男女不平等才被禁止;直到 1970 年制定《英国平等薪金法》,男女才实现同工同酬权;直到 1976 年制定《英国种族差别禁止法》,种族不平等才被禁止。直到 1919 年,妇女才获得一定的选举权。

法国 1791 年《宪法》把公民划分为有选举权的积极公民和被剥夺选举权的消极公民。积极公民必须是年满 25 岁的法国人,有合法的住所,已缴纳了相当于 3 个工作日价值的直接税;处于奴仆地位者、被提起公诉者、破产者、不能还清债务者等,都属于消极公民;妇女

---

〔1〕 [美]L. 亨金:《权利的时代》,信春鹰等译,知识出版社 1997 年版,第 191 页。

没有公民资格。这一规定剥夺了绝大多数公民的选举权和被选举权。1795年宪法规定只有缴纳土地税和人头税的人才有选举权。1814年宪法规定,交纳300法郎以上直接税的人才有选举权,交纳1000法郎以上直接税的人才有被选举权。从1820年起,交纳高额直接税的公民还享有两次投票权。1875年《宪法》规定妇女、军人、殖民地本地居民都不享受选举权。1791年的《法国列·霞白利法》剥夺了工人的集会结社权。工人任何关于罢工和增加工资的要求都被视为"违反宪法、侵害自由",领导者将被剥夺公民权一年。直到19世纪末20世纪初,法国才制定了一些承认工会合法、8小时工作日、禁止妇女儿童夜间劳动的法律;1804年的《法国民法典》规定,父母婚姻关系存续中,亲权由父单独行使;子女婚姻不经父亲同意,不得缔结;妻应顺从其夫,未经夫同意,除遗嘱外,妻不得处分自己的财产,妻不得进行民事诉讼;非婚生子女绝对不得为继承人。婚姻家庭领域的这些不平等规定到了20世纪70年代才被逐步废除。17、18世纪,法国未实行初等义务教育,穷人子弟受教育权无法实现。直到1882年的《费里教育法》才实行国民教育的义务、免费和世俗三条原则。

1889年《日本选举法》规定,交纳一年以上直接国税15元(3年以上所得税)的男性公民才有选举权。当时日本总人口为3990万人,有选举权者仅45万人,占总人口的1.24%。1900年日本修改选举法,将选举人资格的纳税额降低为10元,取消被选举人必需纳税的资格。当时人口为4496万人,有选举权者为98万人,占总人口的2.1%。1919年又修改选举法,纳税额下降为3元。当时总人口5596万人,有选举权者共为306万人,比例为19.8%。1925年日本形式上取消了财产资格的限制,但妇女依然被剥夺选举权,直到第二次世界大战后才实现了形式上平等的普选权。1899年7月开始实施的《明治民法》,同样是严格维护家长特权和男女不平等原则。

二、清末新政以后中国公民权利实现的经验考略

相比而言,西方的现代化属于原发型或先发型,而中国的现代化属于追赶型或后发型。在这种背景下,中国急于通过大规模立法来实现不同种类的权利。见表5、表6。

表5　清末新政到民国时期(1898~1949年)的公民政治权利立法序列

权利种类	开始年份
选举权	1912年《中华民国临时约法》
言论、出版、著作	1908年《钦定宪法大纲》
集会、结社	1908年《钦定宪法大纲》
人身自由	1908年《钦定宪法大纲》
通讯秘密	1912年《中华民国临时约法》
财产权	1908年《钦定宪法大纲》

续表

权利种类	开始年份
信仰自由	1912 年《中华民国临时约法》
择业权	1923 年《中华民国宪法》
营业自由权	1903 年《商人通例》《公司律》

表 6　清末新政到民国时期公民经济、文化权利立法序列

权利种类	开始年份
劳动者成立互助组织权	1931 年《中华民国训政时期约法》
劳工生活保障权	1931 年《中华民国训政时期约法》
妇女儿童权益保障权	1931 年《中华民国训政时期约法》
男女受教育权平等权	1931 年《中华民国训政时期约法》
学龄儿童享受义务教育权	1931 年《中华民国训政时期约法》
劳动者就业保障权	1947 年《中华民国宪法》
公民受教育机会平等权	1947 年《中华民国宪法》
已逾学龄受教育权	1947 年《中华民国宪法》
经济落后地区公民受教育权受特别保障权	1947 年《中华民国宪法》
边疆地区各民族发展受特别保障权	1947 年《中华民国宪法》

从表 5、表 6 可以看出，从清末新政到国民党在中国大陆统治结束的 50 年间，历届政府完成了西方三百多年才逐步实现的公民基本政治、经济、社会和文化权利，以及特殊群体（残疾人、妇女、儿童）权利等方面的立法任务。但中西近代法制史有一个显著不同，即西方法制比较务实，注重“刚性”，不能实现的权利一般不写进法律，因此法律生效之日往往就是权利实现之时；中国法制比较“浪漫”，有“宣言”的特点，短时间内把知道的权利都写进法律，但法律生效之日未必就是公民权利的真正实现之时。让我们具体来考察一下这段时期中国公民权利实现的情况：[1]

清末新政时期（1898～1911 年）。在这段时期经济（财产、营业自由等）权利的实现在所有权利的实现中是最好的，其中最明显的表现为公民的营业自由权利。出于振兴实业的目的，清政府先后颁行了《商人通例》《公司律》《破产律》《商标注册试办章程》《公司注册试办章程》等一系列经济法律。这些法律彻底改变了重农抑商这一流行了两千年的基本国策，保护并奖励工商业的发展，大大促进了私人资本主义的发展。例如，在纺织业方面，从 1895 年至 1913 年，民间共设立工厂 159 家；[2] 在面粉业方面，民间从 1896 年至 1913 年新

〔1〕 对权利的“实现”，这里采用的判定标准是实际享有某项权利的人数以及它们占总人口中的比率。通过对这些数字的考察，我们试图找出权利实现的发展态势。

〔2〕 汪敬虞：《中国近代工业史资料》（第 2 辑·下册），中华书局 1962 年版，第 890～904 页。

设立企业57家;[1]在火柴业方面,民间在1894年以前仅有12家,到1913年达到52家;[2]在烟草方面,民间从1899年到1908年,私人投资烟草业达18家;[3]在煤矿业方面,从1896年至1911年,民间开办机械采煤企业达25家;[4]在机器制造业方面,从1895年至1913年,民间开办企业13家。[5]

部分公民受教育权得到实现。1904年1月,清政府公布《奏定学堂章程》——因在阴历癸卯年公布,又称"癸卯学制"。这是中国近代由中央政府颁布并首次得到施行的全国性法定学制系统,标志着中国公民受教育权被法律所承认。此后,实际享受公民受教育权的人数见表7。[6]

表7　清末新政时期受教育权实现情况

学年度	学生数		
	高等教育	中等教育	初等教育
1907		30, 734	900, 364
1909	约19, 000多	38, 881	1, 492, 147

可以看出,公民受教育的人数逐步增加。在1909年,初等教育、中等教育和高等教育入学人数与人口总数(4亿)的比例分别为1∶268、1∶10, 287和1∶13, 999。不过,这一时期公民的受教育权在立法上是不平等的。各级各类学堂尽管无明确的等级限制,但进入大学堂"须觅同乡京官为保人,出具确实保印结",[7]客观上限制了普通民众享受高等教育的权利。

公民政治权利实现的程度最低。清朝政府采取的策略是经济、教育控制适当放开,而政治控制相对强化。所以《钦定宪法大纲》虽然规定了公民享有言论、出版、结社、游行、集会等权利,但无不加上"于法律范围之内"而予以限制。在清末,最有可能依法结社、集会的就是知识分子和宗教人士。清政府对此很清楚,所以在其制定《结社集会律》和《各学堂管理通则》中特意剥夺学校师生、宗教人士的结社、游行、集会等权利。在言论自由方面,清政府在"新政"期间颁布了5个近代意义上的新闻法规,即《大清印刷物专律》(1906年7月)、《报章应守规则》(1906年10月)、《报馆暂行条规》(1907年9月)、《大清报律》(1908年3月)和《钦定报律》(1911年1月)。但是这些法律不是旨在保障《钦定宪法大纲》规定的公民享有言论、出版自由的权利,而是反其道而行之——对于报业管制,由最初的呈报制,到

---

〔1〕 中国科学院经济研究所编:《旧中国机制面粉工业统计资料》,第32~33页。

〔2〕 祝慈寿:《中国近代工业史》,重庆出版社1989年版,第545页。

〔3〕 吴承明:《中国资本主义与国内市场》,中国社会科学出版社1985年版,第125页。

〔4〕 祝慈寿:《中国近代工业史》,重庆出版社1989年版,第566页。

〔5〕 白寿彝主编:《中国通史》(第11卷),上海人民出版社1999年版,第460页。

〔6〕 本表根据李华兴:《民国教育史》;邰爽秋:《第一次中国教育年鉴》(丙编);《光绪三十三年教育统计图表》等有关统计数字汇编而成。

〔7〕 朱有:《中国近代学制史料》(第2辑·上册),华东师大出版社1987年版,第816页。

特准制，最后向保押金制加事前检查制过渡。[1]

南京临时政府时期（1912 年 1～3 月）。在这短短的 3 个月内，孙中山的临时政府在保障民权方面最有建树的就是根据《中华民国临时约法》而制定的《众议院议员选举法》。但这部法律规定“年纳直接税 2 元以上者”“有值 500 元以上不动产者”“有与小学校以上毕业相当之资格者”才有选举权，这就把中国绝大多数人的选举权和被选举权剥夺了。

北洋政府时期（1912～1927 年）。公民实现的经济权利增多。北洋政府除沿用前清法律中关于保障公民财产权和营业自由权的规定之外，还颁布了一系列确认和维护私人权益、促进工商业发展的法律法规。这一时期民间企业数量大大增多。例如，到 1920 年，纺织企业增至 475 家；[2] 到 1919 年，面粉企业增至 99 家；[3] 机器制造业方面的私人企业总数在 1913 年有 15 家，而到 1920 年就达到 252 家。[4]

公民受教育权得到完善，实现受教育权的人数也增多。形成于 1912～1913 年法定的壬子癸丑学制，正式确认了男女平等的受教育权，不分男、女、儿童，都应接受义务教育，初等教育阶段可以男女同校，废止清末高等教育中的所谓保人制度。具体情况见表 8。[5]

表 8　北洋政府时期受教育权实现情况

学年度	学生数　女生数		
	高等教育	中等教育	初等教育
1912	2076　未详	52, 100　677	2, 795, 475　未详
1913	3084　未详	57, 980　470	—
1914	3208　未详	67, 254　956	—
1915	3458　未详	69, 770　948	4, 140, 066　未详
1916	3609　未详	60, 924　724	3, 843, 454　未详
1922	未详	未详　3249	6, 601, 802　未详
1923	未详	103, 385　3249	6, 581, 335　35, 182
1925	21, 483　972	129, 978　7956	未详
1926	43, 161　2135	未详	未详

与清末新政时期相比，这时期公民的入学比率也有较大程度的提高。这一时期公民政治权利的实现程度依然很低。在选举权一项上，一般来说，西方国家的选举权是沿着由少

〔1〕 张宗厚：《清末新闻法制的初步研究》，载《新闻研究资料》（第 8 辑）。

〔2〕 陈真、姚洛：《中国近代工业史资料》（第 1 辑），三联书店 1957 年版，第 56 页。

〔3〕 中国科学院经济研究所编：《旧中国机制面粉工业统计资料》，第 32～33 页。

〔4〕 陈真、姚洛：《中国近代工业史资料》（第 1 辑），三联书店 1957 年版，第 56 页。

〔5〕 本表根据邰爽秋《第一次中国教育年鉴》（丁编），《最近三十五年之中国教育》，《第二次中国教育年鉴》，《第三次中国教育年鉴》；毛礼锐等：《中国教育通史》；李华兴：《民国教育史》；郑世兴：《中国现代教育史》等有关统计数字汇编而成。

数人逐渐向多数人乃至全民实现的道路演进的。而中国从清末到北洋政府却是反其道而行之。例如,1912年南京临时政府的选举法规定年纳直接税2元以上,或有500元以上之不动产者有选举众议院议员之权,而1917年北洋政府的选举法修正案则提高为年纳直接税4元以上、有1000元以上之不动产者。在言论、出版、新闻自由方面,北洋政府同样实行严厉控制政策。袁世凯政府在1912年至1914年先后颁布了《戒严法》《治安警察法》《报纸条例》《出版法》,对报纸的登记、出版、发行、编辑、采访、写作及版面内容都做了严格限制。例如,《报纸条例》规定,报纸发行前,须呈请该管辖区警察官署认可,给予执照;每日报纸发行前须缴纳保押费;应于发行日递送警察官署存查。《出版法》中又明确规定发行或散布前要先呈送备审,后来干脆恢复了清末的报刊预检制度。各地军警机关都派有专人分驻各报审阅大样,随意删改或扣发稿件。[1] 在结社、集会、游行等权利方面,北洋政府时期首次出现了结社、集会、游行,表明这方面的公民权利有所实现。这是一种进步。

国民党政府时期(1928～1949年)。公民经济权利的实现情况不如以前,主要表现为民营工业发展的增长速度不如清末新政和北洋政府时期。公民受教育权的实现程度较前有所推进。具体情况见表9。[2]

表9　国民党政府时期公民受教育权实现情况

学年度	入学人数 女生数		
	高等教育	中等教育	初等教育
1928	25, 198　1835	188, 700　24, 870	—
1930	37, 566　3526	396, 948　59, 939	10, 943, 979　1, 653, 016
1932	42, 710　5161	409, 586　未详	12, 223, 066　未详
1934	41, 768　6272	401, 499　未详	13, 188, 133　未详
1936	41, 922　6375	482, 522　未详	18, 364, 956　未详
1938	36, 180　6648	389, 009　未详	—
1940	52, 376　10, 200	642, 688　未详	—
1942	64, 097　12, 273	831, 716　未详	—
1944	78, 909　14, 843	929, 297　未详	—
1946	未详	1, 878, 532　379, 087	—

公民入学人数总体上是增加趋势。1945年,高等教育、中等教育和初等教育方面的入学人数与人口总数(5亿)比例分别为1∶5980、1∶396、1∶22,这与此前时期相比是有显著提高的。

---

〔1〕 徐培汀、裘正义:《中国新闻传播学说史》,重庆出版社1994年版,第217页。

〔2〕 此表根据《第二次中国教育年鉴》《第三次中国教育年鉴》等有关统计数字汇编而成。

公民政治权利的实现水平较前降低。从1928年到1947年12月,是国民党政府的所谓训政时期。“训政”的核心是“以党治国”,“一切权力皆由党集中、由党实施”。公民的选举权与被选举权在“训政”中被停止行使20年之久。1947年颁布的《中华民国宪法》关于公民权利的规定,比以往任何一部宪法性文件都要具体。但就在该宪法生效的同一天,国民党政府又公布了《戡乱时期危害国家紧急治罪条例》,1948年5月修正了《戒严法》,还制定了《动员戡乱时期临时条款》。这些法律规定,只要当局认为有必要,便可以相应理由限制公民的各项自由权利。

中华人民共和国时期(1949年以后)。在确立了社会主义制度的中国,也并不意味着所有公民所有权利在立法上平等。以公民选举权为例,1953年中国选举法对农村与城市每一代表所代表的人口数作了不同规定,即自治州、县为4∶1;省、自治区为5∶1;全国为8∶1。1995年新的选举法即使有所调整,也仅是统一把各级人民代表大会中的农村代表与城市代表所代表的人数改为4∶1。同时规定,在直辖市、市、市辖区,每一位农村代表所代表的人口数,应多于市区每一代表所代表的人口数。对于上述不平等现象的存在,邓小平在1953年制定选举法时曾解释道:“在城市与农村间,在汉族与少数民族之间,都作了不同比例的规定,就某种方面来说,是不完全平等的,但是,只有这样规定,才能真正反映我国的现实生活,才能使我国各民族、各阶层在各级人民代表大会中有与其地位相当的代表。”〔1〕

除了选举权之外,农民的其他权利也未得到立法的重视。例如,中国的劳动权仅是部分人的权利,仅是城市户籍拥有者的权利。农民对农田的耕作在法律上不被认为是“劳动”,因而没有设立农村的劳动权;在受教育权方面,城镇义务教育主要由国家财政投入完成,而农村义务教育主要由农民自己投入完成;在受保障权方面,国家对社会保障制度的设立只以部分人受保障为设计主体,受到国家保障的人仅限于特定身份的城镇人口,其权利范围与劳动权主体相同,而农村广大农民的受保障权以另一种制度对待之。〔2〕

与立法确认不同主体享有不同权利相伴随的是,中国公民权利的实现也是个逐步扩大的过程。以公民受教育权的实现为例,1949年以后,中国公民受教育权的实现状况大体上可以划分为三个阶段:中华人民共和国成立的第一个10年,公民享有受教育权的人数大大超过以前,发展良好;第二个、第三个10年,因国家经济困难和频繁的政治运动等原因,公民受教育权的实现程度不如前10年;改革开放以来,公民受教育权的实现水平逐年提高。具体情况可见表10。〔3〕

〔1〕《中华人民共和国人民代表大会文献汇编》,中国民主法制出版社1990年版,第131页。

〔2〕徐显明:《人权的分类及体系》,载《中国社会科学》2000年第3期。

〔3〕此表由上海市教科研究院智力开发研究所所长陈国良研究员提供的数据汇编而成。

表10 中华人民共和国公民受教育权实现简况 单位:万人

学年度	高等教育（普通高校）	中等教育（高中+初中）	初等教育
1950	13.7	130.5(23.8+106.7)	2892.4
1955	28.8	390.0(58.0+332.0)	5312.6
1960	96.2	1026.0(167.5+858.5)	9379.1
1965	67.4	933.8(130.8+803.0)	11,620.9
1970	4.8	2641.9(349.7+2292.2)	10,528.0
1975	50.1	4466.1(1163.7+3302.4)	15,094.1
1980	114.4	5508.1(969.8+4538.3)	14,627.0
1985	170.3	4705.9(741.1+3964.8)	13,370.2
1990	206.3	4586.0(717.3+3868.7)	12,241.6
1995	290.6	5371.0(713.2+4657.8)	13,195.2
2000	599	7457.5(1201.3+6256.2)	13,013.3

我们还可以观察相关的比率数字。1998年,占全国人口73%的地区普及了九年制义务教育;小学学龄儿童入学率由1949年前的20%左右提高到99.3%;初中阶段入学率约达到87%;全国小学女童入学率已由1949年的15%提高到98.86%,基本上保障了女童接受义务教育的权利;普通高校在校学生中女性比例由1949年的19.8%提高到38.3%,初中阶段的女性比例由1950年的26.5%提高到46.5%,小学女生比例由1951年的28%提高到47.6%。

在政治权利方面,享有选举权的公民范围逐步扩大。在1953年的全国基层选举中,被剥夺选举权的人数占选举地区18周岁以上人口总数的2.82%;而在1981年的第一次全国县级选举中,被剥夺选举权和不进行选民登记的人数只占选举地区18周岁以上人口总数的0.03%。另外,比较成功的是,中国与世界上大部分国家相比,更加落实了男女同工同酬的平等权利。1998年,中国女性从业人员为34,067万人,占社会总从业人员的48.7%,高于世界平均34.5%的比例。世界上妇女工资达到男子80%以上的国家只有5个,中国妇女收入是男子收入的80.4%。

三、权利实现的规律及其制约条件

上述关于中外公民权利的实现状况的考察,印证了前文提出的假设:第一,一部分人先享有权利,然后再渐进地推而广之。比如在选举权方面,西方国家一般都经过从直接财产限制和与财产有关的住所限制、教育程度限制、性别限制和民族种族限制,到逐步减少乃至消灭这些限制的过程;中国也经历过一个相似的过程。在受教育权方面,享有此项权利的公民人数是逐步增加的。第二,不同种类的权利不是同时实现的,而是错落有致的。如在教育权方面,大部分欧美国家和中国走的是"先经济、后教育"的道路:先满足公民的经济权利,然后再满足公民的受教育权利,而日本等国家则是"先教育、后经济",政府优先满足公民受教育权利,然后再满足公民的经济权利。另外在西方,马歇尔认为权利的实现分为"民事权利"(18 世纪)、"政治权利"(19 世纪)、"社会权利"(20 世纪)三个阶段。[1] 在 1949 年以后,中国的权利实现则是经历了"政治权利"(新中国成立初期公民就享有选举权)、"民事权利"(1986 年《民法通则》才实施)、"社会权利"(20 世纪 90 年代社会保障制度才逐步建立)三个阶段。这两种情况就是本文所言的"差(权利主体逐步扩大)序(权利种类逐步实现)格局"。

公民权利的享有和实现,与近现代民主政治的发展进程应当是同步进行的。从公民主体意识、身份、地位和诉求上讲,两者几无二致。民主政治的存在和运行是需要一定条件的。王沪宁认为民主政治的条件分为前提性条件和运转性条件,前者包括主权国家、社会一体化、社会成员具备理性等;后者包括:(1)物质条件——地理条件、物质设施等;(2)经济条件——能够保障社会成员基本生活水平和基本福利的经济制度;(3)法制条件;(4)智力条件——社会整体的教育水平、社会成员对社会发展各个方面的认识水平;(5)心智条件;(6)安全条件。[2] 显而易见,在历史发展进程中这些条件不仅制约着民主政治的运作和实现,也制约着公民权利的享有和实现。

需要进一步讨论的问题是,上述条件中,哪些或哪种是更为主要、更为关键的制约条件(因素)?联系到本文的主题,问题就是:为什么权利主体逐步扩大,不同种类权利的实现循序渐进是一个普遍现象?为什么中外立法(不同性质的国家的立法)都曾对这一现象普遍确认?反复出现的问题,就要从规律上找原因。马克思说:"无论是政治的立法或市场的立法,都只是表明和记载经济关系的要求而已。"[3]"权利永远不能超出社会的经济结构以及由经济结构所制约的社会的文化发展。"[4]深入探究每个时期权利实现中的差序格局,不难发现,都与当时的经济条件密切相关。

(一)公民权利实现的平等与否根本上取决于经济条件。20 世纪 50 年代末期,"莱纳和利普塞特提出了'一个国家经济状况愈好,它维系民主制度的可能性愈大'的假说,得到不少证据支持。许多研究者曾用经验数据检验经济财富与民主化之间的正相关性并得到了证实。博伦和杰克曼曾经使用 1960 年和 1965 年两个年度的政治指标对100多个国家的民

---

〔1〕 刘海年主编:《〈经济、社会和文化权利国际公约〉研究》,中国法制出版社 2000 年版,第 5 ~ 6 页。

〔2〕 王沪宁:《民主政治》,三联书店 1993 年版,第 120 ~ 128 页。

〔3〕 《马克思恩格斯全集》(第 4 卷),人民出版社 1958 年版,第 121 ~ 122 页。

〔4〕 《马克思恩格斯选集》(第 3 卷),人民出版社 1972 年版,第 12 页。

主制度的相关因素进行过全面的研究,他们发现,'经济发展水平对政治民主有重大影响……'"[1]这些调查结论同样可用于解释形成公民权利实现差序格局的原因,即丰衣足食的人才有时间和精力去做一个热心实践自己法律权利的公民。富庶的社会产生健全的权利,健全的公民才能行使健全的权利。[2]

美国法学教授布莱克也揭示了公民财产与其享有权利之间的相关性。他指出,财产少的人拥有的法律也少,在大多数社会中,妇女和儿童的财产少于男子的财产,因此保障妇女和儿童权利的法律也较少;黑人聚集区和贫民窟的法律也按比例地比白人聚集区和城市郊区的法律要少;工业化社会的法律多于不很发达社会的法律。总之,法律随人口贫富比例变化,物质境况较好的人们,无论个人、群体、社区或社会,总是有更多的法律。[3] 布莱克还指出:"人们很久以来就认识到比较富有的人在法律上的优势。在各个国家里,法律的普遍精神是有利于强者而不利于弱者,法律帮助那些拥有财产的人反对没有财产的人。这种烦恼扰人的现象是无法避免的,也是毫无例外的。"[4]具体而言,较多财产拥有者在如下方面具有实现权利的优势:

第一,富者在实现政治权利方面具有优势。法律是统治者(社会中的统治阶级,或者称为强者、执政者)意志和利益的体现,立法者常常运用立法手段将自己的利益诉求转化为法定权利,用法律规范形式确认自己的政治经济优势地位。这就是立法不平等的实质和基本功能。在现实中,富者在实现被选举权方面具有优势的现象并不罕见。现代民主选举是一种竞选活动,经济实力是基础。因此,竞选必然表现为富者之间的竞争。近年来,随着中国"让一部分人和地区先富起来"政策的实施,一些地方亦出现了"富而为官"的情况。据笔者调查,某县的763个行政村中,"富而为官"者超过250人,另一个县有62%的村干部是"富而为官"。类似的情况,在中国各地都不同程度地存在着,在经济相对发达地区还有继续发展的趋势。

第二,富者在实现经济、社会、文化权利方面具有优势。经济、社会、文化权利的核心价值是平等,其目的在于最大限度地减少两极分化,实现人与人之间的结果公平。但是,这类权利是否能成为宪法保护的公民基本权利,是否具有可诉性,在学界有争论,在不同的国家亦有不同的处理方法。其原因在于这类权利与公民政治权利有所不同,后者称为消极权利,强调国家的不作为并且能够进入司法程序,获得司法保护和救济,而前者称为积极权利,其实现要求国家积极主动承担给付、服务和干预职能,没有国家各种资源的提供,这类

---

〔1〕 西摩·马丁·利普赛特、宋庆仁、约翰·查尔斯·托里斯:《对民主政治的社会条件的比较分析》,仕琦译,载中国社会科学杂志社编:《民主的再思考》,社会科学文献出版社2000年版,第74~75页。

〔2〕 戚渊:《论公民权行使的条件》,载龚祥瑞主编:《宪政的理想与现实——宪法与宪政研究文集》,中国人事出版社1995年版,第103页。

〔3〕 [英]布莱克:《法律的运作行为》,唐越、苏力译,中国政法大学出版社1994年版,第23页。

〔4〕 同上书,第13页。

权利就难以实现。鉴于经济、社会和文化权利的实现有更强的条件要求和依赖性，因此联合国大会通过的《经济、社会和文化权利国际公约》第2条明确规定，各个缔约国对该公约承担的义务之一，是“采取步骤，以便用一切适当方法，尤其包括用立法方法，逐渐达到本公约中所承认的权利的充分实现。”[1]这类权利的实现是一个“逐渐达到”的渐进过程，主要取决于两方面的因素，一是国家的政治理念是否愿意承担此项责任，二是国家的经济资源是否能够承担此项责任。由于有的国家的政治理念排斥经济、社会和文化权利作为法定权利，而将之视为社会福利，这就在主观上制约了此类权利的保障和实现；由于各国在一定时期内经济资源、物质力量有限并且分布不均，这就使国家承担保障经济、社会和文化权利的职责面临着物质基础的制约。

在上述制约条件不变的情况下，穷者的经济、社会和文化权利的实现是不确定的，甚至是困难的。穷者能否充分实现受教育权、就业权、社会保障权、医疗健康权等权利，在很大程度上只能取决于自己的经济条件，而不是国家的权利救济。但是，富者由于具有雄厚的经济实力，经济、社会、文化权利的实现自然是不成问题的。美国经济学家萨缪尔森承认：“今天，较低层的或工人阶层的父母常常无法负担把他们的子女送给商学院或医学院所需要的费用——这些子女就被排除在整个高薪职业之外。”[2]中国面临同样情况。以教育为例，各地义务教育发展非常不平衡。国家教育行政部门根据各省、市、自治区义务教育发展的不同水平，将全国划分为一、二、三片地区。1998年统计的“普及九年义务教育”人口覆盖率表明，“一片地区”包括京、津、沪等沿海省市，达到96.4%；“二片地区”包括晋、冀、豫等中部及川、陕、渝等部分西部省市，达到81.87%；而“三片地区”包括蒙、贵、滇、藏等西部省区，仅达到42.26%。[3] 这种格局几乎标明地区的富庶程度与受教育权的落实呈正相关关系。总之，富者在权利的实现方面具有优势，而穷者则处于劣势。这种现状是不合理的，但眼下人们不可能仅凭主观意志加以整体改变。

（二）由于财政实力制约和经济发展需要，国家在一定阶段只能确认公民收入差距的合理性经济发展不平衡规律必然带来一部分地区和行业部门先富起来，使一部分人先拥有行使权利的物质基础。每个人主观条件的差异，也决定了人们的贫富不均。市场经济是注重能力的经济，在市场竞争中，即使是大家都处在同一起跑线上，由于家庭背景的不同、天赋的不同、受教育条件的不同、文化技术水平的不同等，都导致人们在生产活动中地位的不同，从而带来收入的差别。马克思指出：“只有毫无历史知识的人才不知道；君主们在任何时候都不得不服从经济条件，并且从来不能向经济条件发号施令。”[4]因此，公民能否在立法上实现平等，绝不是立法者可以随心所欲决定的，至少要受如下两个因素的制约：

---

[1] 中国社会科学院法学研究所编：《国际人权文件与国际人权机构》，社会科学文献出版社1993年版，第11页。

[2] [美]保罗·A. 萨缪尔森、威廉·D. 诺德豪斯：《经济学》，中国发展出版社1992年版，第1252～1253页。

[3] 《半月谈》（内部版），2001年第12期。

[4] 《马克思恩格斯全集》（第4卷），人民出版社1958年版，第121～122页。

第一，受财政实力制约，国家对公民经济、社会和文化方面权利的救济是有限的，不可能采取平均主义的态度。对公民的政治权利的实现，国家可以采取消极的态度，即不要去干预。但对公民的经济、社会和文化方面的权利的实现，国家则需要采取积极的态度，即主动给予救济。显然，救济范围的广狭和救济程度的强弱，不能不受制于国家的财力。

第二，国家总是按照有利于经济发展的标准，对自己认为能够维护经济发展的群体的权利给予优先保障。为什么近代西方国家在早期都不实行普选制，而把选举权仅赋予有较多财产和较高文化的男性公民？因为“有恒产者有恒心”，拥有一定财产的人才怕社会发生动乱而丧失财产，才盼望社会稳定而守住财产。让这些人享有选举权和被选举权，不愁制定不出稳定社会秩序、促进经济发展的法律。只是当社会富庶了，相对贫穷的人少了，政权巩固了，才会实行普选制。关于这一点，只要看一看当年美国费城制宪会议上那些代表的发言就一清二楚了。〔1〕

为什么中国目前不能做到城乡居民在立法上享有完全平等的权利？这是因为中国是一个尚未完成现代化的发展中国家，城乡差别依然存在，农民在总人口中居于多数。在选举权问题上，如果城乡都按同等比例选代表，农民代表无疑多于工人代表，人民代表大会就可能变成农民占多数的代表大会，这就从根本上违反了中国宪法上规定的人民民主专政的国体。另外，在工业化进程中，工人阶级是推动先进生产力的力量，农民阶级则是一般生产力的体现者，后者最终要转变为前者，这是各国现代化的一般规律。在尚未实现工业化之前，要让所有人都获得并实现相同的权利，是不现实的；即使国家的综合国力明显提高了，有条件为每个公民经济、社会和文化权利的实现提供平等的立法保障，由于公民行为能力的个体差异性，也不可能完全平等地享有实然权利。解决城乡权利差异问题的最终途径是发展经济，消除城乡差别。“消灭城乡之间的对立，是社会统一的首要条件之一，这个条件又取决于许多物质前提，而且一看就知道，这个条件单靠意志是不能实现的。”〔2〕

总之，权利实现中的差序格局，是受经济发展规律制约的，具有历史的必然性，任何国家都是无法超越的。权利实现中的差序格局，是和现代法治追求权利平等性、普遍性的价值目标相冲突的。这种冲突的根源在于现代法治和市场经济的对立统一关系。权利实现的差序格局说到底是由市场经济决定的。市场经济要求的是形式（机会）平等，并不要求实质（结果）平等。它以拉开人与人的差距为自身存在的前提条件，没有差距就没有市场经济，我们不能只看到现代法治与市场经济相统一的一面，而看不到其对立的一面。现代法

---

〔1〕 参加会议的代表大都主张有财产的人才能当选议员，其中汉密尔顿的话最有代表性：“所有社会都分成少数派和多数派。少数派包括富人和出身名门之士，多数派包括人民大众。人民的呼声向来就被说成是上帝的呼声，然而，尽管人家引用而且信奉这一格言，事实上这并不是真理。人民总是扰攘不安的；他们很少判断或正确做出决定。因而应该使少数阶级在政治上享受特殊的永久的地位。他们可以阻止多数阶级的骚动，同时因为他们不能在变革上获得利益，他们可以始终维持政治的修明。”参见查尔斯·A.比尔德：《美国宪法的经济观》，商务印书馆1984年版，第135页。

〔2〕 《马克思恩格斯选集》（第1卷），人民出版社1972年版，第57页。

治追求公平,市场经济追求效率,公平应当在效率的基础上实现,我们不能为了未来才能实现的权利普遍性、平等性价值目标,而牺牲现实的市场经济的特性。理想引导现实,但不能代替现实。不是社会以法律为基础,而是法律以社会为基础。

解决应然权利与实然权利、法定权利与实然权利的冲突,根本依赖于经济的极大发展,而不是法学家的一场启蒙运动和立法者的一番变法。一部人权史告诉我们,每一次权利理论的重大冲突,每一次权利实现的质的飞跃,无一不是经济的巨大进步所致。我们渴望早日实现所有人的权利的平等,但这取决于经济的发展和综合国力的提高,而不仅是我们的良好愿望。

(原载于《中国社会科学》2002 年第 5 期)

司法民族主义(1922—1931):司法的政治参与、进程与意义

江照信*

一、前　　言

中国目前正在进行司法全面的自主改革与创新,作为现代法律体系形成时期的民国史应该值得学者与改革者的注意,可如何借鉴民国的历史又会成为一个问题。就民国司法史而言,民国建立之后的10年司法进程,也就是由1912年孙中山先生所盛赞的"司法革命"始,至1921年年底的第一次首都法官大罢工。[1] 这一个10年是一个由清末变法以来司法激进意识形态主导下的司法积极主义时期,而其最终的结果却是以法官罢工止。司法革命没有促进政治反过来去又伤了司法本身。第一个10年,让专家司法[2]的理想主义不得不开始淡出民国的历史进程。进入20世纪30年代居正司法时期(1932~1948年),政治家进入民国司法,从而有20世纪30年代由政治家所发起的法律文化建设运动,即由司法界主导的重建中华法系论潮。[3] 至少由进程上可以看出,民国司法是一个价值理念、制度设计与

* 江照信,山东大学法学院副教授。

〔1〕 所谓罢工一事,是指"北京司法界呈总请假书:北京高等地方审检四厅,以俸给不能依时支发,所有检察推事书记等,于十一月十九日呈递总请假书"。详细论述,参见江照信:《由司法革命到法官罢工:民国司法进程问题(1912~1921)》,载《北大法律评论》(第15卷·第1辑),北京大学出版社2014年版,第174~197页。

〔2〕 在民国司法进程中,若以人物为视角进行考察,则我们很容易看到专家司法与政治家司法两种司法核心人事群体的存在。前者以法律专家知识为基础,司法进程中大致体现为司法制度的内部设计与改良上。专家司法时代,又可以认为是一个立宪派司法时代。后者则以政治经验为推进司法改革的前提,司法进程中体现出强的司法政治化的趋势。政治家司法时代,可以视为辛亥派司法时代。具体观点与论证,参见江照信:《中国法律"看不见中国":居正司法时期研究(1932~1948)》,清华大学出版社2010年版,第一章第一节;江照信:《民国没有反沈派:立宪派司法与辛亥派司法》,载《法制史研究》2013年第24期。

〔3〕 参见江照信:《中国法律"看不见中国"》,清华大学出版社2010年版,第四章关于"建立中国本位新法系论潮"的论述。

实践各层面冲突与回应所形成的转型格局。因此,我们研究民国的司法历史,仅注意于裁判进程或者司法的制度转型是不够的。我们需要注意于司法在政治与社会中的参与角色及功能问题。[1]

民国司法史,虽然时间比较短暂,但在这短暂的时期之内,曾经发生司法意识形态上的巨大转变。这样的转变,表现在历史进程中,就是本文将要论证的司法民族主义时代(1922~1931年)。这个时期至少发生了二次首都法官总罢工,其中最高法院与总检察厅也共同参与一次罢工;司法部也发生过三次罢工。[2] 这样的一个司法界,反而在政治参与方面,更加激进与猛烈,司法党化因而才会成为"司法改良之方针"[3],因为在那个时刻只有司法政治化,才可能实现司法的重建与出路。经历了10年司法政治化历程的民国司法界,才真正与清末修律所促成的司法进程划清界限,即司法改良不再成为废约运动必然的一部分,从而又让后来中国的司法界具有了特殊的现代性特征。无论如何,司法政治化在民国历史情境中的发生与扩张是一例改革者绕不开的史鉴。

本文正文分为5个部分:第一部讲述民国司法的历史进程为何会与英国大宪章有了意义上的联结,为何民国在20世纪20年代以主权为导向的司法民族主义会尽力推动司法政治化进程的。第二部分写作的主要目的在于表明,因为华盛顿会议介入民国司法进程,司法渐进主义意识形态写入条约,同时因司法在政治中的角色提高而促生司法民族主义运动。民国建立以来司法与政治之间的对立关系因此而变。第三部分、第四部分,将详细说明司法民族主义者是如何解构清末以来司法改良与废约运动之间的关系。这两部分会分别梳理司法民族主义运动的两个阶段:清末司法意识形态的终结(1922~1926年)与司法新意识形态的确立(1927~1931年)。第五部分结论。我的基本观点就是这个持续10年的司法时期是一次完整的司法政治化进程,特征鲜明,其意义就是开启了中国司法真正独立自主的改革进程。由此之后,我们才能谈及中国司法自己的发展模式设计、选择与文化建设问题。正是因为司法政治化在其起点上对于中国司法改革的深刻意义,所以,我们在理解司法改革的历史及改革的顶层设计之际,需要认真对待司法与政治之间的关联。

二、民国司法意识形态:大宪章、主权与民族主义

关于民国时代民族主义的认识,我赞成这样一种观点:"在中国漫长的革命时代,民族

---

〔1〕 关于司法在政治与社会中的角色与功能的理论视角,参见 Diana Kapiszewski, et al., *Consequential Courts: Judicial Roles in Global Perspective*, Cambridge University Press, 2013。

〔2〕 20世纪20年代初发生密集的首都法界大罢工,法官检察官集体罢工分别发生在1921年、1926年。司法部大罢工发生在1923年、1925年、1926年。参见江照信:《法律民族化运动:以民族主义解读民国司法史》,载《复旦法律评论》(第3辑),法律出版社2016年版。

〔3〕 参见王宠惠:《今后司法改良之方针(一)》,载《法律评论》1929年第6卷第21期。

主义的'日益高涨'或许是唯一固定不变的因素。……其他的运动与意识形态有消长,但民族主义无处不在。……中国民族主义似乎具有这样一个特征,即它容忍对于变化多样的政治权威的相应变动的政治忠诚,对于中国作为民族国家的情感却持久不会改变。"〔1〕按罗志田的观点,"民国朝野皆不断提出修约以回收主权。这表明中国人已逐渐接受西方思维,注重国家的主权和领土完整远胜于往昔的'国体'。"〔2〕在主权这一问题上,民国的司法界具有明显的民族主义特征。民国的司法界致力于"让法院成为一个民族主义者","民族主义作为一种爱国的政治"〔3〕因此进入司法进程。我们理解民国司法的进程,需要注意这样一种司法民族主义〔4〕的意识形态。

1915年,纪念英国大宪章诞生七百周年的那些法律人都在颂扬大宪章"为后世顶礼膜拜竞相仿效""赢得至高声誉并受到国际认同"〔5〕。大宪章作为一种"条约",象征了制宪者各方的利益与妥协,"体现了一个为后来人不断强调的原则,即宪章包含不得改变的根本法律。"〔6〕我们注意到,在这些纪念文字中,中华民国的临时约法成为大宪章影响力扩展于东亚的一个好例子:

"现在世界的东方,我们看到中华民国的……1912年宪法。在这一宪法文本上,我们看到一种远比拉丁文大宪章更加古老的文字;但当我们了解这些文字的意义之际,我们意识到自由大宪章的原则已经传入这一神秘而古老的天朝大国,令亿万民众心领神会。"〔7〕

因为有了作为根本法的临时约法,民国共和建国因此与大宪章建立起一种联系。尽管在那个时刻,民国的政治状况又让人们不会在意大宪章对于民国是否真正具有实质的影响力。

1921年,华盛顿会议召开,确立尊重中国主权与改革中国内政为先的"华盛顿会议精神"〔8〕,大宪章又一次与民国的历史进程联系起来。美国参会代表之一参议员奥斯卡·安

---

〔1〕 James Townsend,"Chinese Nationalism",*The Australian Journal of Chinese Affairs* 27,1992,pp. 97 – 130.

〔2〕 参见罗志田:《帝国主义在中国:文化视野下条约体系的演进》,载《中国社会科学》2004年第5期。

〔3〕 Jonathan Parry, *The Politics of Patriotism: English Liberalism, National Identity and Europe*, 1830 – 1886, Cambridge Univeristy Press,2006,p. 37.

〔4〕 关于司法民族主义,我的基本看法是:在对待现代国家与文化认同两个民族主义基本问题上,民国的司法进程可以创生出强大的民族主义运动。事实上,没有司法界以国家主权为导向的民族主义,民国司法进程中的司法革命、文化建设运动根本就没有可能发生,因而我们根本就无从谈司法的制度进程以及司法的政治与社会影响力了。谈民国史情境中的法律改革,民族主义是没有办法超越的。参见江照信:《法律民族化运动:以民族主义解读民国司法史》,载《复旦法律评论》(第3辑),法律出版社2016年版。

〔5〕 Henry Sherman Boutell,"The Seventh Centenary of Magna Carta",*Georgetown Law Journal* Ⅲ,1915,pp. 49 – 50.

〔6〕 Faith Thompson, *The First Century of Magna Carta: Why Persisted as a Document*, Minneapolis: Minnesota University,1925,pp. 3 – 15.

〔7〕 Henry Sherman Boutell,"The Seventh Centenary of Magna Carta",*Georgetown Law Journal* Ⅲ,1915,p. 61.

〔8〕 参见罗志田:《帝国主义在中国:文化视野下条约体系的演进》,载《中国社会科学》2004年第5期。

德伍德(Oscar W. Underwood)[1]认为:“华盛顿会议给予了中国一个大宪章(*a Magna Carta*)。各国再次承诺尊重中国主权,因各国既已订约,则任何国家都难以置此公约而不顾。”[2]。

中国在华盛顿会议上当时却被国内舆论多认为“根本失败”[3],领事裁判权不适时宜成为中国代表团误国的主要表现之一[4]。而且,“华盛顿会议上中国虽颇有所获,但已不能满足高涨的民族主义情绪。”[5]尽管中国代表团的表现难尽如人愿,按在华盛顿会议期间担任中国代表团技术专家威罗璧(Westel W. Willoughby)[6]所言,华盛顿会议所处理的远东太平洋地区政治问题,几乎全部关乎中国的事态,对于中国而言,这是一项“伟大的胜利”[7]。即使按罗德尼·吉尔伯特(Rodney Gilbert)相对刻薄的看法,华盛顿会议上“所带来的心理效果是,中国不再有被侵略之忧,而且在中国人看来,中国的内在价值应赢得世界的承认。”[8]在当时的历史情境中,中国的主权、民族主义与大宪章就这样产生了意义上的联结。换句话说,华盛顿会议给予中国的大宪章,令中国国内以主权为中心的司法民族主义运动具有了国际法意义上的正当性。

按照学者在英国大宪章订立七百周年之际所作的解读,大宪章订立的最初目的“并非在于合法性与进步(legality and progress),而是基于阶级利益而谋求反抗与无政府主义(reaction and anarchy)。”[9]我们看到,尤其在于无政府主义这一点上,英国大宪章与民国所看重的“华盛顿会议精神”,意义似乎是相悖的。但考虑到当时华盛顿会议上的民族主义者(包括王宠惠、罗文幹为代表的司法人物)以主权为导向,借助华盛顿会议起而“反抗”基于不平等条约建立的体系,我们能够了解当时的司法人物实际参与为中国创造一种新的根本法原则。我的看法是,对于根本法的追求,在民国除了制宪努力之外,还有以主权为导向的司法民族主义运动。

华盛顿会议后的司法十年时期,给我们留下了一段史实,让我们能够深度理解主权、司法与宪法之间的关系,或者说理解废约运动、法律民族化运动与制宪运动之间内在的关联。

---

〔1〕 奥斯卡·安德伍德是来自阿拉巴马州的参议员,华盛顿会议美国代表之一。

〔2〕 Frederick Moore,“The Far Eastern Settlements of the Conference of Washington”,*Proceedings of the American Society of International Law at Its Annual Meeting*(1921 - 1969),Vol. 16(April 27 - 29,1922),34.

〔3〕 参见罗家伦:《我对于中国在华盛顿会议之观察》,载《东方杂志》1922 年第 19 卷。同样观点见之于《东方杂志》第 19 卷 1 ~ 3 号各种文章。

〔4〕 参见周守一:《华盛顿会议小史》,中华书局 1922、1931 年版,第 325 ~ 326 页;何思源:《华盛顿会议中的山东问题之经过》,载《东方杂志》第 19 卷第 2 号,第 54 ~ 65 页。

〔5〕 参见罗志田:《帝国主义在中国:文化视野下条约体系的演进》,载《中国社会科学》2004 年第 5 期。

〔6〕 威罗璧在华盛顿会议召开期间以美国约翰霍布金斯大学政治学教授任中国代表团技术专家,始终于会议中服务于中国,因而对所有涉及中国的会议记录都能有所把握,对于中国在华盛顿会议上的情况能够作出充分准确的描述。

〔7〕 Willoughby,*China at the Conference a Report*,p. 336.

〔8〕 Rodney Gilbert,*What's Wrong with China*,London:John Murray,Albemarle Street,W.,1926,pp. 272 - 273.

〔9〕 Sir P. Vinogradoff,“Magna Carta,C. 39. Nullus Liber Homo,etc.,” in Henry Elliot Malden(ed.),*Magna Carta Commemoration Essays*,1917,p. 79.

正是在这一意义上,民国司法因而具有了与清末变法及民初司法革命截然不同的激励因素与历史情境,因而我们循此思考民国司法进程的问题。

三、华盛顿会议:以主权为导向的司法民族主义

民国最初十年的司法改革进程,有一个明确的特征就是法律与政治的对峙与隔阂,这方面的史实尤以民国元年司法革命与随后的政治会议为代表[1]。其实早在政治会议开幕之前,就有“近日忧时之士,顾虑司法前途之危险,以为将与立法机关遭同一命运。”[2]政治会议后,《庸言》报发表题为“哀哉司法!”的时评,称“今日司法之为人诋斥,亦已至矣!”[3]在民国的那个时刻,我们看到了司法立宪派为应对政治激变而发生的一次司法论潮。主旨不外乎梁启超当时所言的,“吾辈今当司法界四面楚歌之时,而婴城困守,惟有坚壁清野,力保子城,处处当以此精神行之”。[4] 我们看到,章宗祥有“法官代法受过”之论,[5]董康因而有《匡救司法刍议》。[6] 董氏文字精神与主张为梁世超所接受整合而为司法改良十论。[7]

我们需要注意一点,即司法是一个主权问题。在政治会议上,不论行政如何攻击司法,因为司法具有“为收回领事裁判权之预备”[8]的政治功能,令司法仍能维持增长的劲头。可以代表这种增长势头的一个例子是司法讨论会的成立。1915年,司法部与外交部联合组织成立了司法讨论会[9],讨论“关于司法改良一切重要事项,以为收回领事裁判权之预备”。按我的理解,曾服务于北京外交使团并担任过会审公廨法官的田夏礼(Charles Denby Jr.)为中国所拟的渐进废除领事裁判权的计划[10]以及伍廷芳论中国司法之前途,正是有这种历史与制度的情境,因而又令司法更与主权问题纠缠在一起。托马斯·密勒(Thomas

---

〔1〕 参见江照信:《由司法革命到法官罢工:民国司法进程问题(1912~1921)》,载《北大法律评论》(第15卷·第1辑),北京大学出版社2014年版,第二、三部分论述。

〔2〕 参见春岳:《读律》,载《庸言》1914年第2卷。

〔3〕 黄远庸:《哀哉司法》,载《庸言》1914年第2卷。

〔4〕 按余绍宋注:此数语为先生当时宗旨。参见梁启超:《致越园吾兄书》(1913),载丁文江,赵丰田编:《梁任公先生年谱长编初稿》,上海人民出版社2009年版,第446页。

〔5〕 参见章宗祥:《关于司法问题之谈话》,载《庸言》1914年第2卷。章氏时任大理院院长。

〔6〕 参见董康:《匡救司法刍议》,载《庸言》1914年第2卷。

〔7〕 参见梁启超呈文附注:“右呈文多採同僚意见。内所采者今大理院长董君康、今福建高等审判厅长林君蔚章条议为多。启超附注。”参见梁启超著《饮冰室文集》,中华书局1936年版,第33页。又如梁启超所言“我仅部务为难,我尚不怕。昨日辞职时,尚有一条上诸总统,言改良司法十事,将来虽不能尽行采用,或可采用一部。我虽辞职,将来继任者必为司法界极有经验之人,对于我之政见,亦必采用若干,又可深信者也。”参见梁启超:《致越园吾兄书》(1913),载丁文江,赵丰田编:《梁任公先生年谱长编初稿》,上海人民出版社2009年版,第443页。

〔8〕 参见《司法机关之前途》,载《庸言》1914年第2卷。

〔9〕 参见《司法讨论会章程十条》,载《司法公报》1915年第49期。

〔10〕 该计划的内容大致为首先经由外国法律专家的帮助之下制定中国法律,同时在中国创建法律学堂,并聘任外国教授与讲师,法学博士,而且要创建一些特别法院,在其中有中外法官同时主持审理涉及外国人的所有案件。参见Thomas F. Millard, *China Where It Is Today and Why*, New York: Harcourt, Brace and Company, 1928, pp. 116-117。

Millard)就这项田夏礼计划曾与“中国的布莱克斯通”(the Blackstone of China)[1]王宠惠交流过,包括王氏在内几乎所有知晓这一计划的人均对此计划并没有多少批评。这种共识,又可以司法讨论会的成立与伍廷芳论司法改良文为代表。

因此,我们需要注意伍廷芳当时是如何论中国司法改良及其前途的。这篇文章实际与梁启超改良司法文字承前启后,一脉相承,而在理论上复又为司法进程争取正当性,对内对外以确立立宪派意识形态为主旨。按伍廷芳:

统观数年来司法界之成绩,其筹备不可谓不周,效果亦不可谓不良。惟是,事务纷繁,诸待整理未着手者,固应先后办理,已着手者,亦须逐渐进步,俾臻美备。中国仿行西制,亦犹华人初穿西服,然非衣袴短长不称,即硬领过高,或领结歪斜,逮经验稍多,即不难逐渐修改,举动合度。仿行西法之初,往往过或不及,或当改不改,或不当改而改。无论何项制度,莫不皆然,固不独司法一端已也。衣履有不合,既不难鉴于躯体之不舒渐次修改,而旁观之友人,亦当善意指导,不当加以轻薄之讪笑。吾国行政司法制度,取法欧西之际,或有不当,在吾国当力图进步,在人亦当善为诱导,不作冷眼之旁观,不为讥刺之论议,是则所望于邻国者也![2]

就立宪派司法总体的进程而言,政治会议之后的制度转型,以梁启超“紧缩主义”司法为原则,以田夏礼计划与伍廷芳“司法改良‘西服论’”为代表,民国司法进程自意识形态方面实开启了一个新的民族主义建构历程,这与民国初建而乍现的司法革命迥然有别。这一意识形态的再建,在制度上首先体现为司法讨论会的成立,其次则是法权讨论委员会的成立。1920年,司法部会同外交部又成立法权讨论委员会,会长为王宠惠[3]。事实上,至1928年“裁撤”[4]前,南京国民政府成立后一年,北京政府法权讨论委员会仍开会讨论“收回法权问题”。[5] 显然,因为法权讨论委员会的存在,20世纪20年代司法的进程,在当时的民国乱局中创造出独特的政治活力。大致而言,在华盛顿会议召开之前,中国实际上对于如何进行司法改良及收回法权已经很有组织与思想上的准备,这又在制度上与思想上为华盛顿会议后的“大宪章”司法时代奠定了基础与历史连续性。至1921年法官罢工之前,

---

〔1〕 引语出自郑天锡。参见Tien-Hsi Cheng, “The Development and Reform of Chinese Law”, in *Current Legal Problems* 1, 1948, p. 184.

〔2〕 伍廷芳:《中国之司法改良及其前途》(译大陆报临时增刊伍秩庸博士原著,陆守经译),载《司法公报》1915年第49期。

〔3〕 参见《法权讨论委员会条例》,载《司法公报》1920年第127期。

〔4〕 参见《法界消息:要闻十一则》,载《法律评论》1928年第235~260期。

〔5〕 参见《法界消息:要闻十七则》,载《法律评论》1928年第235~260期。全文如下:“北京法权讨论会发出通知约会长汤漪、委员王荫泰(时任司法总长)、姚震、江庸、余启昌,顾问张耀曾、赵欣伯等于三月二十四下午五时在该会开会。闻系讨论收回法权问题云。”

在司法界,存在一个积极努力的立宪派司法的人事集合,但在制度与政治上仍然没有机会与可能找到突破。因此,司法界大致对领事裁判权的废除只能持渐进的法律系统内部改良的态度。清末中外新约签订以来的20年司法进程也正是朝着这个方向进行的,这不论民初司法革命是如何表现的。

1921年10月,就在华盛顿会议开幕之前,《学林杂志》发行了《太平洋会议号》专刊,司法界以梁启超为代表提出"中国名流"看法〔1〕。在领事裁判权问题的主张方面,以修订法律馆两任总裁江庸、罗文幹意见最为代表。按江庸观点,即"我国宜主张附期限撤废领事裁判权"〔2〕。罗文幹观点与江庸同,而进一步的观点则在"主权"的理解上面:"在吾国人,以应之主权为要,争得主权,无论分期收回,或为条件之救济,但求无损主权。"〔3〕上引两人观点,我们可以认为它们不外乎是一种司法渐进主义的立宪派表达而已。因为存在这样一种人事团体与以主权为导向的民族主义意识形态,加上华盛顿会议召开之前司法立宪派共识的迅速达成,华盛顿会议中国代表团在废除领事裁判权方面相对准备得足够充分,这也是为什么领事裁判权反而成为华盛顿会议关于中国问题的主题的原因所在。事实上,立宪派司法观点实际主导了中国代表团〔4〕主张,并左右华盛顿会议中方的建议案。最明显的原因莫过于华盛顿会议中国代表团的组成〔5〕,如按胡适日记所言,"亮畴(王宠惠)此次在美京大有功,远在施肇基、顾维钧二人之上,这是不可没的。"〔6〕

华盛顿会议召开后不久,王宠惠便向远东问题总委员会正式提出取消各国在华领事裁判权的建议案。尽管该建议案非常简短,但我个人认为,这是对于立宪派司法意识形态及司法十年总结的代表性文字之一。基本主张即如王宠惠所言:"余谨以中国代表团之名义,请求到会各国于一定期间后,取消领事裁判权。同时,中国代表团复建议到会各国,定期派遣代表与中国协商渐行改革,最后取消领事裁判权之计画,以便于上述期间内实行。"〔7〕尽管王宠惠建议案显示出在中外新约签订二十年,民国建国十周年后,王宠惠此时对于废约

〔1〕 参见《学林》杂志,1921年第1卷第2期。《学林》杂志之出此举,原因大致可以北京大学周龙光教授所作《国民对于华盛顿会议应研究之问题》一文开首的文字得起大概:"吾国内讧不已,国事蜩螗,一言国政,士君子无不避之唯恐不及。……(在华盛顿开一会议)……国人群相惊讶,或喜或忧,争起图谋,一反其对于内讧之冷度,空气为之紧张者,盖皆视此会议为关系于吾国者至重大也。"

〔2〕 江庸:《我国宜主张附期限撤废领事裁判权》,载《学林》1921年第1卷第2期。其文作于1921年9月18日。

〔3〕 罗文幹:《外国人在中国制领事裁判权及会审权》,载《学林》1921年第1卷第2期。

〔4〕 中国代表团组成:委员王宠惠、副委员郑天锡、专门委员石志泉、林行规、秘书林彪、刁敏谦、梁敬錞、陈斯锐、向哲濬。参见《调查治外法权委员会报告书(英汉对照)》,*Report of The Commission on Extra-territoriality in China*[*Anglo-Chinese edition*],Shanghai:The Commercial Press,Ltd.,1926,p.9。

〔5〕 参见李绍盛:《华盛顿会议之中国问题》,台北,水牛出版社1973年版,第241~247页。代表团中法律人物列表如全权代表王宠惠,大理院院长(前司法部部长);顾问罗文幹,司法部修订法律馆副总裁;专门委员郑天锡司法部修订法律馆纂修;汉译股长郭云观司法部修订法律馆纂修。

〔6〕 胡适1922年4月1日日记。参见胡适:《胡适日记全集(三)》,曹伯言整理,台北,联经出版社公司2004年版,第490页。

〔7〕 王宠惠建议案原文,参见周守一:《华盛顿会议小史》,中华书局1922、1931年版,第229~232页。

毫无信心可言。该建议案提出的十五日后,华盛顿会议即就中国领事裁判权问题达成决议案,决定“各国政府应组织一委员会考察在中国领事裁判权之现状……庶各国得用渐进或者其他方法放弃各国之领事裁判权。”[1]而关于这一决议,实际与司法立宪派整体上的期待存在一种默契。

华盛顿会议之所以可以被认为为当时的中国订立了“大宪章”,最主要的原因还是会议所产生的《九国公约》[2]及其对中国主权的尊重,而“主权”思想正是司法民族主义者们在当时的历史语境中最为重要的意识形态。从这一意义上说,针对民国司法的进程而言,华盛顿会议之所以有中国“大宪章”的产生,原因无非在于司法民族主义者对于主权的力争(以王宠惠建议案为代表),以及因此而来对于“大宪章”的信奉,如1922年王宠惠组阁时,“用华盛顿会议的决议案作大政方针的根据,这个内阁可叫作‘华府会议善后的内阁’。一切政策都可包在这个大题目里。”[3]换句话说,司法民族主义者实际借助于华盛顿会议为民国司法进程确立了继续努力的一个根本法。

在这里,我们还需要注意费正清的观点,即门户开放一开始作为政治而非法律政策而出现,只有到了1922年它才成为对于各方均有约束力的法律原则,九国公约乃是放大版的门户开放政策之法典化[4]。这一转变的一个副产品对于民国司法的进程却是至关重要的。也就是说,华盛顿会议对于民国法律人的意义在于其所包含的尊重中国主权完整原则成为一种法律原则,因而中国的废约运动正式具有了法律上的依据,这也是为什么可以认为1922年以华盛顿会议为标志,中国开始了一个“大宪章”司法的时期。

需要注意的是,按尊重中国主权四项原则的提出者伊莱休·鲁特(Elihu Root)所言,华盛顿会议签订关于中国问题的各种条约的目的,只是“赋予中国各阶层与各政党的人民一个有益的激励因素(a helpful incentive),以此建立稳定而有效的政府,因此方能充分拥有国际法给予民族国家大家庭成员的权利与自由。”[5]路特的这一观点实际上说明了华盛顿会

---

〔1〕 参见 *Resolution Regarding Extraterritoriality in China*, Adopted by the Conference at the Fourth Plenary Session, December 10, 1921. 该决议案英文,参见 Willoughby, *China at the Conference a Report*, pp. 381 – 383。中文译文参见周守一:《华盛顿会议小史》,中华书局1922年版,第232 ~ 234页;李绍盛:《华盛顿会议之中国问题》,台北,水牛出版社1973年版,第103 ~ 104页。引文文字稍有改动。

〔2〕 《九国公约》全称为《九国间关于中国事件应适用各原则及政策之条约》(英文“A Treaty Between All Nine Powers Relating to Principles and Policies to Be Followed in Matters Concerning China”)。该公约内容及评价,中文著作,参见周守一:《华盛顿会议小史》,中华书局1922年版;李绍盛:《华盛顿会议之中国问题》,台北:水牛出版社1973年版;英文著作,可以参见 Willoughby, *China at the Conference: a Report* (1922); *Foreign Rights and Interests in China*, Revised edition, Baltimore: The Johns Hopkins University Press, 1927。

〔3〕 按胡适1922年9月22日日记。参见胡适:《胡适日记全集(三)》,曹伯言整理,台北,联经出版社公司2004年版,第807 ~ 808页。

〔4〕 John King Fairbank, *The United States & China* (Fourth Edition), Harvard University Press, 1979, pp. 322 – 323.

〔5〕 Elihu Root (President of the Society), “International Law At the Arms Conference”, *Proceedings of the American Society of International Law at Its Annual Meeting* (1921 – 1969), Vol. 16 (April 27 – 29, 1922), 1 – 12.

议并没有实质解决中国的问题,这正印证了梁启超所言的“原则无用”[1]。而民国司法界之所以要接受其为“大宪章”,无论华盛顿会议决议其他部分内容为何,在追求以废除领事裁判权确立主权这一问题的决议上,这本身就是民国立宪派司法界第一次在国际舞台上表达其司法成就与理念,因而借助于国际公约而确立其渐进主义司法改良的意识形态。我们可以认为,立宪派事实上通过华盛顿会议而确立起其意识形态对于中国司法进程的主导角色。这一角色的牢固,并未因为国民政府的建立而中断,这也是为什么辛亥革命人物只有在20世纪30年代“九一八事变”后才可能有机会进入司法中枢[2]的原因之一。

正因如此,民国司法在华盛顿会议后的十年进程可以视为一个完整持续的时期。在这十年中,因为存在大宪章作为一种政治较力的根本法而与民国司法进程之间产生的意义上的联系,“大宪章”成为这个司法时代的限定词,司法与政治之间的关系发生了根本的变化。这个司法十年的进程,我们因此可以称为民国司法的“大宪章运动”时代。

四、司法大宪章运动(1922~1926年):告别清末司法意识形态

我们先来看一看1926年司法考察报考[3],就会发现报告书中实皆众所周知之事实,而又可说明五年中,中国司法实无长进也。这反过来又反映出对于考察司法,司法界本不抱希望。至少存在一个事实,就是至1926年所谓中国“新式法院”由中央到地方各级,包括地方分庭在内,总共只有139,而“法院长官及推事”只有862,检察官只有425[4]。也就是说,民国司法15年的进程,至1926年只养成了1287名司法官。按江庸借《法律评论》发刊时所言,“我国司法现状吾人亦自知未能为外人所满意”[5]很明显,司法立宪派无实力增进制度转型进程,而唯有在意识形态上用功了。

1923年至1926年,司法界尽管对于司法考察的结果并不抱有希望,但这无碍于司法界对于“大宪章司法”的极力遵从。以至于司法部在“国际法团仍无来华确期”的情况下,“因各国派员来华调查司法之举,将次实行,若不先期从事改良,将来不免贻笑外人”,因而将要召集全国司法会议[6]。甚至连“因欠薪过久”而发生的首都法官集体罢工都需要“追调查

〔1〕 参见梁启超:《纵谈诸重要问题》,载《学林》(第1卷·第2期)。其文作于1921年9月15日。

〔2〕 参见江照信:《民国没有反沈派:立宪派司法与辛亥派司法》,载《法制史研究》2013年第24期。关于立宪派司法人事解体及辛亥派司法人物核心形成部分的论述。

〔3〕 参见《调查治外法权委员会报告书(英汉对照)》,*Report of The Commission on Extra-territoriality in China* [*Anglo-Chinese edition*],Shanghai:The Commercial Press,Ltd.,1926,p.9。

〔4〕 参见1926年编制《中国新式法院地点及法官员缺一览表》,载《调查治外法权委员会报告书(英汉对照)》,*Report of The Commission on Extra-territoriality in China* [*Anglo-Chinese edition*],Shanghai:The Commercial Press,Ltd.,1926,pp.270–279。

〔5〕 参见江庸:《闻考察司法委员缓期来华敬告友邦》,载《法律评论》1923年创刊号。

〔6〕 参见《法界消息——要闻六则——法部将召集全国司法会议》,载《法律评论》1924年第45期。

法权委员参观法院后”[1]才会进行。因此,大宪章运动时代的司法又带上了独有的特征,这也就是为什么会出现了20世纪20年代十年“司法改良”的运动。

关于调查治外法权委员会迟迟成立而最终仍然成立并考察中国司法的史实,[2]我们需要注意:第一,按照1902年中英条约、1903年中美条约、中日条约明文规定,中国“改良司法制度”,而外人“皆能满意时,即预备放弃领事裁判权”。也就是说,中国改良司法制度成绩如何多取决于外人之否满意,这里大致又显示出司法进程之无论激进抑或缓进均不能左右废约进程的无奈状态。第二,至于应否废止领事裁判权,是该委员会“所不能决定者”,因而该委员会之“考察”司法成为立宪派借以总结司法进程并为未来重新设立废止手段与途径的大好机会。这也就是为什么中国社会与政治对于司法考察“殊形失望”,而司法界却于此之后生机更为活跃的原因。以事后的观点来看,司法考察后,立法院之立法运动、司法院之强势[3]均是司法民族主义者在20世纪20年代围绕华盛顿会议所设想的进程与途径。

我们还需要注意,调查治外法权委员会于华盛顿会议后用了五年时间才能组成。更严重的问题在于这一考察中国司法“旅行团”,委员“依旅行表全部旅行者”只有3人[4]。按其行程,在中国考察却满打满算只有1个月零6天,且仅限于由哈尔滨至杭州的东部区域31所法院[5]、16所监狱、看守所34所。一个月有30天的时间,加上旅途耗费的时间与精力,我们大致能够想象出所谓“考察”的情形,而这种事实令随后举行的21次委员会会议,无论结果如何,都不会令人有令人满意的期望。事实上,在调查法权委员会定期出京考察的日子里,中国的司法是这样的情形,“法部无人主持”,“江庸代法部筹款”,“法界会议决议推举王宠惠以法律馆总裁资格为法界领袖,所有一切对外交涉均请王氏负责进行。”[6]结

〔1〕 参见《法界消息——要闻十则——京师法界三日总请假》,载《法律评论》1926年第3卷第32期。

〔2〕 参见《调查治外法权委员会报告书(英汉对照)》,*Report of The Commission on Extra-territoriality in China* [*Anglo-Chinese edition*], Shanghai: The Commercial Press, Ltd., 1926, p. 3。

〔3〕 这种强势典型表现在王宠惠所提的“今后司法改良之方针”,如其所言“从前司法事业,从一方面观之,不过仅具雏形;从他方面观之,实则同一赘疣。……是以法官党化,实为目前首应注意之点。”参见王宠惠:《今后司法改良之方针(一)》,载《法律评论》1929年第6卷第21期。

〔4〕 1926年5月10日至6月16日,3位委员分别来自法国、英国、荷兰(包括郑天锡在内,总共只有7人按旅行表走满全程),另外部分旅程者三国委员分别来自美国、比利时、意大利,其他六国则如日本、丹麦、挪威、葡萄牙、西班牙、瑞典委员压根就没有离开北京参加“旅行”。从这一点上,我也大致可以看出本次“考察团”或者“旅行团”对于中国司法是否真正关注。参见《调查治外法权委员会报告书(英汉对照)》,*Report of The Commission on Extra-territoriality in China* [*Anglo-Chinese edition*], Shanghai: The Commercial Press, Ltd., 1926, pp. 287-289。

〔5〕 具体包括高等厅7所、地方厅13所、地方分庭一所、哈尔滨特别法院两所、外国法院及会审公廨5所,以及大理院、京师高等审判厅、京师地方审判厅。参见《调查治外法权委员会报告书(英汉对照)》,*Report of The Commission on Extra-territoriality in China* [*Anglo-Chinese edition*], Shanghai: The Commercial Press, Ltd., 1926, p. 287。

〔6〕 参见《法界消息:要闻八则》,载《法律评论》1926年第3卷第45期。

果是,调查法权委员会旅行团报告书所作中国司法令人“均属满意”[1]的概括意见,没有令司法界高兴起来,也不会令司法界因此而有任何更好的期待。

尽管调查治外法权委员会报告书对于中国法权问题并没有任何实质的解决,我们需要注意,立宪派司法人物正是以本次“调查”为契机,重建了自身的意识形态。这种意识形态再造,集中表现在王宠惠在调查中国法权委员会期间所发表的3份文件上:1.《中国委员对于在中国治外法权现在实行状况之意见书》(1926年3月);2.《中国委员对于治外法权现在实行状况之补充意见书》(1926年4月);3.《中国委员宣言书》(1926年9月)。

按“现在实行状况意见书”结论部分:

“领事裁判权及其他在中国治外法权现时之一切情况,不啻于以独立国之主权中发生无数独立国之主权,实于中国主权损伤甚大。……今日之中国与七八十年前之中国情势变迁。为尊重设置之本意及谋求中外亲善起见,实不得不将治外法权废除也。”[2]

按“现在实行情况补充意见书”,王宠惠基本观点:“在开始与外国交通时,中国政府对于外人管辖权之放弃视为无足轻重;在今日若欲强令已经觉悟之国民,仍持囊日之态度,殆属不可能之事也。”[3]

按考察告竣之日王宠惠所作“中国委员宣言书”:

“近廿年来,中国政府以深挚之诚意,不挠之毅力,对于中国法律、司法制度及司法行政极力改良,中国因此切望享有治外法权各国,对于即行放弃其国人所享受之治外法权一事认为适当。乃调查法权委员会一位按中国现状,未便即时为撤消之建议,中国对此殊形失望。”[4]

在制度上而言,以1921年至1926年发生密集的五次司法罢工(两次首都法界集体总罢

---

〔1〕 按旅行团报告书:“(甲)法院 根据旅行团询问所得之答复,并证以各个人之观察,新式法院之审判似于当事人包括刑事报告人而言予以陈述全案之机会;法官与检察官似具有智慧与经验且熟谙法院适用之法律及程序,加以对于所判案件能为最深重之研究;当事人常有律师代表,但律师甚少参与直接讯问证人。盖直接讯问证人多由审判长为之;所参观之法院,其组织与实用之程序甚有统系,似与委员会在北京审查之法令相符;法院卷宗之保管似甚妥善,但欠相当保护之设备以防火险或者盗窃之虞,尤以田契之保管为然;法院之建筑与设备均殊满意,且间有特别足称者。(乙)监狱与看守所 本旅行团所参观之新式监狱与看守所,虽其状况与设备程度不一,大致均属满意。监所之建筑与规则颇属一致且有系统。总而言之,依本旅行团之感觉,最近之新式监狱,用以监禁外人不能谓为不合也。”参见《调查治外法权委员会报告书(英汉对照)》,*Report of The Commission on Extra-territoriality in China* [*Anglo-Chinese edition*], Shanghai: The Commercial Press, Ltd., 1926, p. 291。

〔2〕 参见《调查治外法权委员会报告书(英汉对照)》,*Report of The Commission on Extra-territoriality in China* [*Anglo-Chinese edition*], Shanghai: The Commercial Press, Ltd., 1926, pp. 307-309。

〔3〕 Ibid., 313-314.

〔4〕 Ibid., 314-315.

工与三次司法部职员罢工)为标志,法权考察后的司法部也已失去能力继续推进司法。司法考察报告及王宠惠3份文件,大致表明了以废约与主权独立为目的所进行的激进主义与渐进主义司法改良模式在民国均已经进入死胡同。

按照托马斯·密勒对于"考察"中国司法这一做法的观点,他认为:在1925年,那时的中国希望立即废除治外法权。中国政府领导人愿意有序而体面地与外国进行磋商,但必须是由中国决定要做什么。外国考察委员会在1926年会合之际,中国国情已经发生大变。中国年轻的政党并不太在意考察委员会的报告,他们坚持华盛顿会议中国代表团所主张的立场,而且更有甚之,他们不承认外国政府有权来决定这一问题,因而也不会为任何外国委员会的报告发现所约束。"那些进步的中国民族主义者,尤其是那些积极分子,希望考察报告书会对于中国不利。他们确信中国废除治外法权的真正机会在于采取单方面行动,因而他们更希望列强所采取束缚中国的政策,因而会助长中国的民族主义。"〔1〕

威罗璧此时对于中国的观察与托马斯·密勒毫无二致,他也认为到了1925年,这些关于治外法权的渐进主义建议在提出之初是可行的,但此后,随着中国民族主义运动的发展,中国的进程已令那些提议不可能付诸实践。〔2〕 正是在这一意义上,王宠惠在调查治外法权委员会报告书上的声明成为一个转折点。

我们还需要注意托马斯·密勒司法考察报告书发表后为我们所提供的一个观察:"华盛顿会议所思考的是一个渐进的过程,当时会议各方假定给予中国二三十年的时间以完成转变。但华盛顿会议所刻画的路线现在已经不为中国的民族主义者所满意。"〔3〕1922年的华盛顿会议规定任何国家不得利用中国内乱而谋取一国私利。这在一定程度上可以说,华盛顿会议所制定的"大宪章",使中国此后十年之间很大程度上只是内忧而无外患,这正有助于司法主权建设进程的完整性。按托马斯·密勒:"很明显,外人对于中国之立场自此后更受中国对于国内时局之心理反应的影响,而非受外人思虑所左右。重要的问题在于,列强致力于实施华盛顿会议公约的努力是软化还是激化了中国仇外之情绪,而这是否会激发民族主义者起而抗争。我认为,外国使团一味观望静候新的中国政府产生的做法,中国人心领神会,因而不再执意谴责外人修约之迟缓。"〔4〕

无论如何,至1926年考察中国法权委员会报告书公布之后,大致也就宣布了清末以来

〔1〕 Thomas F. Millard, *China Where It Is Today and Why*, New York: Harcourt, Brace and Company, 1928, pp. 116–120.

〔2〕 Willoughby, *China at the Conference: a Report* (1922); *Foreign Rights and Interests in China*, Revised edition, Baltimore: The Johns Hopkins University Press, 1927, p. 686. 原文如下:"(the participation of the foreign judges could be gradually lessened until the Chinese judicial system would be entirely freed from extraterritorial elements.) These suggestions appeared to the author, at the time they were made, to be feasible. Since then, however, the nationalistic movement in China has made such progress that, as the author has come to recognize, they are not practicable."。

〔3〕 Thomas F. Millard, *China Where It Is Today and Why*, New York: Harcourt, Brace and Company, 1928, p. 116.

〔4〕 Thomas F. Millard, *China Where It Is Today and Why*, New York: Harcourt, Brace and Company, 1928, pp. 207–208.

"改良司法"与收回主权之间必然联系这一进程的终结。但在另一方面,虽然立宪派司法"渐进主义"意识形态因为司法考察报告书而归于沉寂,但司法界同时又因为考察报告书而作出政治意识形态上的转型。司法考察后,华盛顿会议所支持的民国主权建设运动,不仅促使民国在二十年代末三十年代初出现了一个"宪法时刻"[1],而且促动司法政治化进程并产生出一个制度再建的高峰期,即王宠惠所言的司法"积极时期"[2]。

五、司法大宪章运动(1927~1931年):司法新意识形态的确立

事实上,我们可以认为华盛顿会议及大宪章司法为民国创造出来两个宪法时刻:一在于以孙中山"修临时约法"[3]与梁启超"磕头求赏宪法"[4]所提供的意识形态为标志,因鉴于中国"久沦为无法之国",南北对于"促宪"[5]出现共识。暂不论立宪程序及合法性如何,无论当时"筹款制宪"还是"贿选制宪"[6],所谓曹锟宪法只是这样一种宪法时刻的及时利用而已。第二个时刻则在于20世纪30年代,国民政府成立后,政治统一,也即主权与行政实现完整,国民政府在立法运动与司法制度新创之后,以制宪终结以华盛顿会议为标志的大宪章司法时代。若不论制宪背后的政治冲突及后来的"九一八事变",此刻制定的宪法至少标志着一个统一的中国在后袁世凯时代再次确立起来,中国作为独立主权的国家在国际法层面上所具有的合法性由此而确立。

我的理解是,1926考察司法运动后5年(1927~1931年)是"大宪章司法"不可分割的一个时期,因为政治上的统一与行政上的完整本身就是华盛顿会议为中国所规定的"宪章"义务。在这五年中,政治统一与行政完整为国家确立起国际上的合法性,相应又确保了中国司法自主或者说单方面废约的合法性[7]。在制度上,这明显表现在司法院成立[8]、立法

---

〔1〕 按阿克曼观点,"宪法时刻,除非及时利用,否则稍纵即逝。……革命行为产生的能量与宪法颁定进程可以产生一种整合的效果,宪法文本因此可以成为国家身份的一种强大的政治符号,而非是逻辑混乱的又一次表达而已。" Bruce Ackerman, "The Future of Liberal Revolution", in Vicki C. Jackson; Mark Tushnet eds., *Comparative Constitutional Law*(Second Edition), Foundation Press, 2006, pp. 303-304.

〔2〕 参见王宠惠:《困学斋文存》,台北,图书委员会1957年版,第68~70页。

〔3〕 参见孙文:《中国之革命》,载梁启超等:《晚晴五十年来之中国(1872~1921)》,龙门书店1968年版,第69~72页。

〔4〕 参见梁启超:《哀求议员》,载《梁任公近著》,台北,文海出版社1923年版,第322页。

〔5〕 引语出自黎元洪。参见刘楚湘:《癸亥政变纪略》,中华书局2007年版,第74~75页。

〔6〕 参见刘楚湘:《癸亥政变纪略》,中华书局2007年版,第74~398页。更为具体的内容,敬请参见吴宗慈:《中华民国宪法史》,东方印刷局1923年版。

〔7〕 王世杰论收回上海公共租界的观点可以代表这样一种趋势:"单从法律的见地说,吾国……尽可以单方的立法行为为收回手段,并无修改条约或取外人同意之必要。"参见王世杰:《上海公共租界收回问题》,太平洋书店印行1927年版,第6~7页。

〔8〕 参见:《司法公报》第47号,司法院秘书处1929年11月30日印行。

运动[1]、上海特别法院成立[2]、中华民国训政时期约法之制定、公布废除领事裁判权国民政府令等事实上面。在此期间,王宠惠"最大之抱负"[3]就在于不平等条约之废除,其司法意识形态足以影响此间司法进程。大宪章运动第二个5年里,表现在王宠惠与罗文干的密切合作上,司法意识形态因而能够维持连续性与稳定性。这种意识形态的稳定性与连续性可以王宠惠、罗文干致条约研究会说帖为代表:

"外国领事裁判权行于国内与国家主权不能相容,夫人而知之。……我以亚洲最大之邦,依然有领事裁判权之存在,致贻半主权国之诮,可耻实甚。惟各国在我国取得此项权利也已七八十年,久假不归,已不知非其所应有,若无各项准备,仅恃折冲樽俎,冀其拱手让回,在势有所不能。"[4]

正是因为王宠惠、罗文干已经有如此的共识,因而王宠惠在其对于"司法之新规划"中,可以明确主张"我国无论如何应断然宣告取消领事裁判权"。[5]

需要注意,正是因为存在司法"大宪章"的原因,使立宪派司法意识形态及人事在进入1927年后的前五年中,依然成为司法的主流。这种存在,与当时国民政府是如何推广"进司法于党化"[6]无关。关于这种看法的原因,我们可以来看向哲濬的观点。[7] 向氏于外国委员考察中国司法时曾协助王宠惠任中国代表团秘书、而于二十年代末任司法行政部秘书。向氏在此期间反复强调大宪章司法时代民国司法进程的连续性与自主性,如其所言:"近十余年来,司法改良之说,甚嚣尘上。""我们改良司法并不是对于外人,以此为取销领事裁判权的条件。我们改良司法是自动的不是被动的……(外人却)以我国改良司法为取销领事裁判权的条件。"[8]所谓"近十余年来",指的正是大宪章司法时代。而且所谓"近十余年来,司法改良之说",即立宪派20世纪20年代初期的司法思潮所形成的智慧,明确为大宪章时代第二个五年的制度建设所承袭,这种连续性并没有受到政治的变迁而阻隔。事实也正是如此。

---

〔1〕 内容可参见郑天锡所作文章 Tien-Hsi Cheng,"The Development and Reform of Chinese Law", in *Current Legal Problems* 1, 1948, p. 184。

〔2〕 关于特别法院史实,参见《司法公报》第54号,司法院秘书处1930年1月18日印行;《司法公报》第63号,司法院秘书处1930年3月22日印行。

〔3〕 引语出自胡汉民。参见《法界消息——要闻:南京司法部长王宠惠就职纪》,载《法律评论》1927年第6期。

〔4〕 参见我国台湾地区外交档案,典藏号020000036821A。

〔5〕 参见《法的新讯:王宠惠对于司法之新规划》,载《革命法学》1929年第3期。

〔6〕 参见王宠惠:《今后司法改良之方针(一)》,载《法律评论》1929年第21期。

〔7〕 参见《司法公报》第47号,司法院秘书处1929年11月30日印行;《司法公报》第50号,司法院秘书处1929年12月21日印行;《司法公报》第57号,司法院秘书处1930年2月8日印行。

〔8〕 《司法公报》第57号,司法院秘书处1930年2月8日印行。"特载司法院施政报告司法改良"(司法行政部秘书向哲濬于1930年1月23日在中央广播无线电台报告)。

按司法院所拟改良司法计划书,"近十余年来,司法改良之说,亦尝熟闻之矣。……所以此次改良方针,不注重于期限而注重于能先行者实行之,盖为事实求是计也。[1] 按向哲濬所提供的数据,1926年地方审检厅全国合计有64所。在训政时期开始的前两年内,筹设县法院1367所,各省商埠、旧府治、州治及商务繁盛或靠近铁道的县,一律在两年内筹设地方法院,从第三年起,把已经设立的县法院逐渐改为地方法院,预定到训政时期第六年,全国各县具有地方法院一所[2]。在这里,大宪章司法的第二个时期,实际上又复活了民国元年司法革命时代的司法计划书[3]。我们需要注意,在司法革命的时代,那一司法激进主义时期的代表人物之一正是大宪章司法时代的核心王宠惠。我们或许可以这样理解,在领事裁判权已不再成为司法改良直接动力的时候,可能又为司法积极主义提供了一个契机,这令司法的进程又呈现出激进的状态。但需要注意,此时的激进状态已不再是司法改良本身的设计与进程问题,而是表现在政治进程中司法的政治参与,这典型表现在王宠惠司法院时代司法党化的制度化努力方面,以至于最高法院成为地方党务发展的重心。[4]

同样按照向哲濬所呈现的数据,至1929年年底,中国司法在制度上存在的事实是,"现有最高法院一所,高等法院28所,高等法院分院32所,地方法院106所,县法院及地方法院分院、地方法院分庭207所,总共有各级法院374所。"[5]从数量上讲,大宪章司法的后5年虽然增长明显,但这一增长对于偌大的中国而言,只能说明司法在制度上仍无保障。这又说明了为何在1929年至1930年,司法院郑重其事地组建收回法权筹备委员会"讨论筹备关于收回法权事宜"[6],考察司法时代中国代表团成员如郑天锡、徐维震、向哲濬、梁敬錞以及民初立宪派司法主力如钱泰、胡祥麟等均为委员[7]。尽管领事裁判权与中国司法改良问题已经分离,大宪章司法时代的主要使命即"废除领事裁判权",并未因此而搁置。但在思想

---

〔1〕 参见《司法院工作摘要报告书》,载《司法公报》1929年3月1日。

〔2〕 参见《司法公报》第50号,司法院秘书处1929年12月21日印行。"司法行政部施政报告扩充全国法院及监狱之计划"(12月5日司法行政部秘书向哲濬在中央广播无线电台演讲之讲稿)。

〔3〕 参见《司法院工作摘要报告书》,载《司法公报》第32号,1929年8月17日。"特载司法行政部训政时期(六年)工作分配年表 筹设全国各级法院"(年表备考部分)。试比较元年司法计划书,也即法律史上第一个司法五年计划(1914~1917年),与训政时期司法六年计划书内容。按元年司法计划书,五年在全国设置二千个司法机构,每年至少成立五分之一,至第五年,一律完成。第二,预计五年计划完成时,法官逾四万人,狱官将及二千人。参见《许总长司法计划书》,载《司法公报》第3期,1912年12月15日,第3~8页。

〔4〕 按最高法院童杭时报告:最高法院内之有党部,开始于民国十七年秋间。"迨二十年征求预备党员,二十一年预备党员均成为正式党员,总计在本院以内之党员,已由六人增至一百二十余人,其增加党员人数之速率,为本市各机关之冠。"参见居正署:《三年来之最高法院》,南京"最高法院"1934年版,第148页。

〔5〕 参见《司法公报》第50号,司法院秘书处1929年12月21日印行。"司法行政部施政报告扩充全国法院及监狱之计划"(12月5日司法行政部秘书向哲濬在中央广播无线电台演讲之讲稿)。

〔6〕 参见《一周间国内外大事述评》,载《国闻周报》1929年第6卷第38期;《司法公报》第32号,司法院秘书处1929年8月17日印行。

〔7〕 收回法权筹备委员会成立于1929年9月27日。参见司法院秘书处印行:《司法公报》第38号,1929年9月28日;第39号,1929年10月5日;第40号,1929年10月12日;第41号,1929年10月19日;第68号,1930年4月26日。

意识形态上沿袭立宪派渐进废约主义的思路,只不过此时这种渐进的主义仅适用于废约问题上,而已不再约束于司法的进程。

事实上,中国整体政治及法律的进程[1],司法整体上的制度推进[2],尽管在司法考察后的确存在种种的问题[3],但随着法律的陆续颁布、司法院的建立、特别法院的成立、以及司法改良计划的推行,民国司法进程的确出现了一个积极发展的时期。我个人的观点是,因为在中央层面存在王宠惠与罗文榦的稳定人事组合,也就意味着在这个5年之中,尤其在中央政府权威整合确立的过程中,立宪派司法意识形态因而得以机会真正付诸实施。但同时因为政治与行政上的变化,而令司法进程中出现新的因素。我的看法是,考察司法后的5年是大宪章司法时代的完成期,标志就是以政治与军事上的统一而出现的中国主权与行政上的完整,因而进入1930年,出现了一个司法民族主义者的宪法时刻。相应地,中国出现了两个宪法性文件,一个是《管辖在华外国人条例》,另一个是《中华民国训政时期约法》。

按《管辖在华外国人实施条例》:

> 中国自受领事裁判权以来,已届八十余年,国家法权,不能及于外人,其弊害之深,无庸赘述。领事裁判权一日不能废除,即中国统治权一日不能完整。兹为恢复吾固有之法权起见,定自民国十九年一月一日起,凡侨居中国之外国人民,现时享有领事裁判权者,应一律遵守中国中央政府及地方政府依法颁布之法令、规章。[4]

对于国民政府这样的做法,按照时任国民政府顾问托马斯·密勒的观点,在1931年中国之所以能够宣称"领事裁判权在中国的终结",理由就在于:那时"世界情势对于中国就领事裁判权采取果决的行动尤其有利。……世界情势给予中国区自主决定修约进程的机会并不会永久存在。我想,世界上没有任何一个务实的政治家会认为中国竟至于不起而利用他们的机会。"[5]

在大宪章司法的第十年,管辖在华外国人实施条例案的公布,意味着"领事裁判权在原则上已经废除"[6],这与华盛顿会议公约正相呼应,中国第一次以法律的形式宣称主权。而

---

〔1〕 参见谢振民:《中华民国立法史》,张知本校,中国政法大学出版社2010年版。

〔2〕 参见汪楫宝:《民国司法志》,台北,正中书局1954年版。

〔3〕 参见《余绍宋日记》中的描述:"1928年2月26日 李君办、胡啸云自南京特来相访……两人谈南京司法部事,至可慨叹,盖紊乱之甚,且无一人有心肝也。言亮畴(王宠惠)被制于人,固意料中事。1928年7月5日邵竹琴来,谈及近日法院改组事甚滑稽。诸秉权者何曾为民生疾苦设想,闻之可叹!1929年8月13日郑烈荪来,久谈,以新立法院分院数处,苦无好法官。"参见《余绍宋日记》(第5册),第250、288、560、643~634页;《余绍宋日记》(第6册),第79、138、167、315页。

〔4〕 参见中华民国国民政府外交部编印:《管辖在华外国人实施条例案》,特第一号(民国二十年),1931年;司法院秘书处印行:《司法公报》第53号,1930年1月11日。

〔5〕 Thomas F. Millard, *The End of Exterritoriality*, Shanghai: The A. B. C. Press, 1933, pp. 85 – 102.

〔6〕 Ibid., pp. 78 – 81.

这一主权的法律宣称,正是华盛顿会议为中国制定"大宪章"的目标所在。

此外,我们也需要注意大宪章司法时代所促生出的第二个宪法性文件《中华民国训政时期约法》。无论训政时期约法内容及实质如何[1],大家很容易忽视的一面就在于它的产生在法律意义上的推动力是华盛顿公约,也就是1920年代的司法大宪章。至少在这个意义上,当时的政府之所以急于颁布宪法性文件,很重要且合法的目的在于履行"大宪章"义务,以便对外实现主权。另一方面需要注意者,在于训政时期约法以三章的内容对于地方制度的规定[2],就是对于孙中山护法时代的遗产(废临时约法)的回应,同样最终解决了华盛顿会议上"大宪章"之所以产生所存在的根本问题,即主权与国家合法性问题。换句话说,民国二十年,中外新约(以1902年中英新约为代表)签订三十周年,中国终于实现了法律意义上的主权独立。

概言之,十年司法民族主义运动的意义,就在于从意识形态以及宪政制度上为中国的司法独立奠定了政治基础。正因为司法民族主义、大宪章与民国制宪运动之间的这种内在联系,我们可以视为这个时期所产生的新意识形态就是一种宪法民族主义[3]。在这一点上,美国在建国时期民族主义、宪法、与司法之间的这种联系,启发我们去思考民国司法的进程是否同样发生类似的联系。按纽迈耶(R. Kent Newmyer)对于马歇尔所持宪法民族主义的描述,"'美利坚民族主义乃是马歇尔胸怀的唯一信念,滋养这一信念是马歇尔一生的志愿。'的确,在马歇尔公务生涯中,几乎处处都与这一主旨相关。无论是敌是友,即使后来的新政时期最高法院也是一样,都将马歇尔视为一种带有神秘色彩的建国英雄(nation-building hero)。作为一个宪法民族主义者与建国者,马歇尔支持变革,事实上他在引领方向。"[4]当然,因为人物、制度、与历史情境的不同,宪法民族主义虽然会有不同的形式与结果,但对待现代国家与文化认同两个民族主义基本问题上,民国的司法进程同样可以创生出强大的宪法民族主义运动,大宪章司法时代正是由此而来的结果,并因此凸显出我们中国人自己在法律领域中的"建国英雄"。[5]

在很大程度上可以说,中国司法的主权独立真正始于1931年,代表性的史实就是前面所提到的2个宪法性文件。这一种意义上的司法独立对于建国时代的中国而言是影响深刻的。20世纪30年代,民国在制度上逐渐形成大司法院模式[6]以及发生文化上的法律民族

---

〔1〕 争议最大者莫如约法第85条将约法解释权归之于国民党中央执行委员会。

〔2〕 即第三章训政纲领、第六章中央与地方权限、第七章政府之组织。

〔3〕 有关宪法民族主义的观点,参见 Hannis Taylor,"Constitutional Nationalism",*American Law Review* 41,1907.

〔4〕 参见 R. Kent Newmyer, *John Marshall and the Heroic Age of the Supreme Court*, Baton Rouge: Louisiana State University Press, 2001, pp. 267, 270 – 272, 316 – 321, 467。

〔5〕 关于宪法民族主义理论解释民国司法进程的适当性,详细论述敬请参阅江照信:《法律民族化运动——以民族主义解读民国司法史》,载《复旦法律评论》(第3辑),法律出版社2016年版。

〔6〕 所谓大司法模式,就是指司法院同时具有裁判、行政与立法权力的制度设计,这与目前以裁判权与司法审查权为重心的台湾地区现行制度明显差别。

化运动,中国出现了一次由政治家所发动的法律文化建设运动,也即重建中华法系论潮。[1] 所有这一切,只有经历了以主权为导向的司法民族主义运动后的中国才是可能发生的。

六、结　　论

我的观点是华盛顿会议后的司法民族主义时代是一个完整的司法政治化时期:司法进程的重心在主权,司法无论在人事上还是制度进程上,都具有明确的连续性与稳定性,因而基于华盛顿会议的因缘而具有大宪章司法的意义。我们知道,清末以来的变法,以中英、中美、中日新约为标志,以改良中国司法为废除领事裁判权的条件,民国司法进程的头十年即一直视此为司法意识形态。立宪派司法无论在意识形态上还是在制度进程上,都以此为目标。这一个十年,以司法革命始之而以司法罢工终,司法改良进程受挫。因而,立宪派司法界意识上出现激烈的回应,而华盛顿会议上对于中国主权的强调,实际上第一次以"大宪章"的形式解构了中国改良司法与废除领事裁判权之间的必然联系,也正以此为契机,民国司法进程发生了在意识形态与制度的两个层面上的变革。简言之,大宪章时代,实际上是一个中国走向司法自主的时代。一旦我们具有了对于中国司法政治化起源的这种认识,相应就能够容易解读民国法官罢工的历史情境与司法党化为何会制度化的,也就容易理解大宪章为何与中国的司法民族主义是联系在一起的。

我们知道,废约运动与制宪运动是民国法律史进程中不可分割的两个方面。因为司法废约自始既已产生的关系,司法与制宪之间相应确立起内在的联系,因而我们理解民国司法进程时,不可避免会思考人物"政治家格度"(Statesmanship)[2] 与制宪运动对于司法所产生的影响。在20世纪20年代"护法运动"的尾声,承接"西南议宪"[3] 之后,省宪运动"风靡一时"[4] 是当时政治与法律乱局中一种特别令人注意的现象,后来国民政府制宪[5] 又成为法律进程的主流。我的看法是,20世纪20年代中央与地方两种制宪运动之外,同时存在一种以华盛顿会议为契机所形成的"大宪章"运动,而且后者足以为前两者的进程提供意识形态与进程上的动力,又为对两者立下了约制。正是在这样的历史情境中,司法进程与社会及政治的发展发生密切的联系,而又因为"大宪章"对于司法进程发生的关系,令司法在20世纪20年代中与制宪可以具有同等重要的社会与政治意义。

大宪章运动十年,改良司法与领事裁判权关系之消解,正为后来辛亥派人物入主司法

---

〔1〕 参见江照信:《中国法律"看不见中国"》,清华大学出版社2010年版,第四章。

〔2〕 参见罗家伦:《我对于中国在华盛顿会议之观察》,载《东方杂志》1922年第19卷第2号。

〔3〕 参见王世杰:《比较宪法》,上海书店出版社1989年版,第725~730页。

〔4〕 同上书,第725、730~736页。

〔5〕 有关进程的描述,参见谢振民:《中华民国立法史》,中国政法大学出版社2010年版;吴经熊、黄公觉:《中国制宪史》,商务出版社1937年版;张知本:《中国立宪故事》,台北,大中国图书公司1966年版。

所发起的文化建设运动,奠定了意识形态与制度上的基础。法官罢工之前十年惨淡的专家司法时代,经由华盛顿会议后十年的司法民族主义运动,司法对于政治的参与进入一个积极时期,此后辛亥派政治家进入司法完全成为司法政治化顺理成章的结果。这样结果的深层意义就是司法与政治之间的对抗与隔阂,演变为交流与妥协的关系,这对于民国整体上艰难的政治与司法进程两者都是有利的。大宪章司法10年,尽管进程上不如人意,但因为结果上的成功,而令司法政治化进程对于中国的20世纪司法史而言意义非凡。

(原载于《清华法学》2017年第1期)

法的发现与证立

焦宝乾*

受到科学哲学上相关研究的启示，法的发现与证立之二分逐渐被法学家引入到法学领域，并且成为法律论证理论的一个重要理论基础。法的发现与证立之二分对于法律论证理论具有十分重要的理论意义，从某种意义上说，它规定了法律论证所要研究和考察的范围。同时，也正是因为这种哲学的影响，法律论证理论被认为是源于分析哲学或者从知识属性上被定性为分析学。

一、哲学上的发现与证立之二分

关于发现与证立之二分，最早的思想萌芽可以追溯到古希腊的亚里士多德。亚里士多德很早就注意到直觉在发现科学知识中的重要意义。在《后分析篇》中，亚里士多德提出，"科学知识和直觉总是真实的；进一步说，除了直觉外，没有任何其他种类的思想比科学知识更加确切"；"可以推知，不可能有关于原始前提的科学知识，又因除了直觉外没有任何东西比科学知识更为知识，了解原始前提的将是直觉——这个结论也是从下述事实推知的：证明不可能是证明的创始性根源，因而也不可能是科学知识的科学知识。因此，如果它是科学知识以外真实思想的唯一种类，直觉就是科学知识的创始性根源"。[1] 尽管如此，亚里士多德还是将科学知识的产生看作逻辑证明的过程，而实际上没有看到"科学发现"。"科学发现"真正受到重视，并成为科学哲学的注意焦点，是随着科学革命而发生的。

20 世纪对科学革命作哲学反思的逻辑实证主义者，基于极端的经验主义立场提出了"发现的过程"(context of discovery)和"证明的过程"(context of justification)，意图将科学

* 焦宝乾，曾在山东大学法学院(威海)工作，现任浙江大学光华法学院教授、博士研究生导师。

〔1〕 亚里士多德：《后分析篇》100b7－9、100b12－14。

发现排除在科学哲学的研究视野以外。[1] 这一区分对逻辑经验主义的科学认识论的方法具有重要意义。它主张,将各种理论和各种假设的产生和出现进行模拟的因素归于发现的过程,这种因素可能包括创造性才能、宗教信仰、研究经验所养成的性情、想象等;将下列因素归于证立的过程:这种因素确定着各种理论和假设的真值性和可接受性,包括经验检测、一致性、丰富性、简单性、范围等。[2] 通过区分证立与发现,逻辑经验主义者希望避免将因果性问题跟规范性问题相混淆。然而夸大这一区分的性质,使我们对那种在人类实践中起作用的理性概念的重要特征产生误解。[3] 由此可见,哲学上发现与证立的区分体现了人们对科学性的追求。

具体说来,这一区分首次由德国哲学家赖欣巴哈在20世纪上半期将其引入科学哲学领域,后来又被维也纳学派进一步阐发。赖欣巴哈指出:"我们强调说,认识论不可能关心前者,而仅关心后者;我们表明,科学分析不是针对实际思维过程,而是针对知识的理性重建。"[4]发现与证立之区分,是赖欣巴哈在分析理性重建这个概念时提出来的。在为经由猜测引导科学发现的方法进行辩护时,他批判了某些哲学家对此的误解:他们误解了这种关于发现的心理描写,误以为它证明了从事实引导到理论不存在逻辑关系。由此认为,假设—演绎方法是不可能得到逻辑解释的。在赖欣巴哈看来,"这些哲学家没有看到通过猜测而发现他的理论的科学家要到他看见他的猜测为事实所证明之后才把他的发现呈示给别人。"[5]

人们长期认为,发现是心理学研究的对象,只有证明(justification)才是科学哲学—方法论应该关注的。甚至直到1950年代,西方还有不少科学哲学家仍然认为,科学哲学或科学方法论的任务应当是分析和证明业已形成的科学知识。至于这种知识的起源和科学发现

[1] 根据学者的总结,与这对词类似的还有:动机(motivation)与证立(justification)、发现的过程或脉络(process or context of discovery)与效力的过程或脉络(process or context of validity)、心理的过程(psychological process)与逻辑的过程(logical process),See Bengoetxea, Joxerramon, *The legal reasoning of the European Court of Justice: towards a European jurisprudence*, Oxford: Clarendon Press, 1993, p. 112);发现(discovery)和证立(justification)、发现的脉络(context of discovery)和证立的脉络(context of justification)、心理学说明的过程或脉络(psychological process/context of explanation)和证立的过程(context of justification)、决定的过程(process of decision)和证立的逻辑(logic of justification)、目的(motive)和理由(reason)、司法判决制作的心理学(psychological of judicial decision-making)和对法律判决的证立(justification of a decision)、对判决的探索过程(heuresis of decision)和对判决的证立过程(process of justification), See Bruce Anderson, "*Discovery*" *in legal decision-making*, Kluwer academic publishers, 1996, p. 32)。在此,过程(process)和脉络(context)的意义和用法实际上是一样的。不过,不同的学者通常各自有不同的用词习惯,如美国法学家Wasserstrom一般用的是process而非context。process或context可以译为"过程""脉络""前后关系""语境""范围"等,而justification有被译作"证明""正当化""辩护""证立""证成"。除引用已发表的译文著作外,本文将context of discovery和context of justification译为"发现的过程"和"证立的过程"。

[2] Martin P. Golding, "Discovery and justification in science and law", in Aleksander Peczenik et al. (eds.), *Theory of legal science*, D. reidel publishing company, 1984, p. 297.

[3] Larry W right, "Justification, discovery, reasonandargument", *in Argumentation* 15, 2001, pp. 97 - 104.

[4] 沈铭贤、王淼洋:《科学哲学导论》,上海教育出版社2000年版,第105页。

[5] [德]赖欣巴哈:《科学哲学的兴起》,伯尼译,商务印书馆1983年版,第178页。

的过程，则应当是心理学家、社会学家所要研究的问题，因为科学发现是跟科学家个人的心理特征与其相应的社会环境因素相联系的。赖欣巴哈认为："把假设—演绎方法神秘地解释为一种非理性的猜测，这是由于把发现的前后关系（context of discovery）和证明的前后关系（context of justification）混为一谈而产生的。对于发现的行为是无法进行逻辑分析的，可以据以建造一架'发现机器'，并能使这架机器取天才的创造功能而代之的逻辑规则是没有的。但是，解释科学发现也并非逻辑学家的任务；他所能做的只是分析所与事实与显示给他的理论（据说这理论可以解决这些事实）之间的关系。换言之，逻辑所涉及的只是证明的前后关系。而通过观察事实证明一个理论的正确则是归纳理论的主题。"[1]在批判上述观念的基础上，赖欣巴哈提出了哲学上这一著名的区分。

其实，类似的区分在其他哲学家的理论中也有体现。比如，发现的逻辑和证明的逻辑，在某种意义上就是罗素所说的熟而知之者和述而知之者。证明的逻辑能够运用语言表述。发现的逻辑虽然不能用语言充分表达出来，但发现的过程作为一种意会过程，常常迸发出极大的创造性。因此，方法论研究应当把发现纳入自己的视野。英国哲学家波兰尼认为，人类的知识分为两类。通常被说成知识的东西，即用书面语言、图表或数学公式所表达的东西，只是其中的一种；而非系统阐述的知识，例如我们对正在做的某事所具有知识，是另一种形式的知识。前者叫作言传知识，后者叫作意会知识。英国哲学家赖尔在《心的概念》一书中，提出了区别两类知识范畴的一种有用分法：知道如何（Knowing how）和知道是何（Knowing that），很好地说明了发现和辩护的关系。[2] 知道是何，是一种可以明确表述的知识，证明的逻辑就属于这种知识，常以劝告、程序和常识规则的形式出现，目的是对科学活动过程作出明白无误的解释。知道为何，则是一种无法明确表述的知识，认知者心里明白，但讲不出来。发现的逻辑属于这种知识。

不过，最近的科学哲学家对这一区分的可行性进行质疑，尤其是科学史研究领域（如库恩、费耶阿本德、拉卡托斯、霍金、布朗等）。[3] 批判主要来自两个方面：其一，不可能存在"发现的逻辑"。如科学哲学家波普即否定科学发现的逻辑。在现代科学革命时期，科学发现展现出极为丰富的图景，因此，那种纯粹的逻辑描述实在显得苍白无力，而与科学发现的实际相去甚远。波普在其成名作《科学发现的逻辑》一开始即断然否定书名所指的东西。没有任何逻辑可用于对知识进行研究或发现新知识。

其二，在重要的情形下，是接受还是拒斥某一理论的决定并不完全是作用于所谓客观

---

[1] [德]赖欣巴哈：《科学哲学的兴起》，伯尼译，商务印书馆1983年版，第178页以下。

[2] 刘大椿：《科学活动论、互补方法论》，广西师范大学出版社2002年版，第364页以下。关于科学发现和科学证明的区别，参见沈铭贤、王淼洋：《科学哲学导论》，上海教育出版社2000年版，第106页以下。

[3] See Bengoetxea, Joxerramon, *The legal reasoning of the European Court of Justice: towards a European jurisprudence*, Oxford: Clarendon Press, 1993, p. 112.

的标准,它也部分地取决于心理学、社会学与文化学的因素。[1] 如库恩本人即曾谈道:“我甚至似乎也可能已经违反了‘发现的范围’(context of discovery)和辩护的‘范围’(context of justification)这个当代非常有影响的区分。”[2]库恩所拒绝的是这一区分本身。就像反对逻辑实证主义,库恩反对存在有对接受或者拒绝科学理论的标准所进行的这么一种研究,这种研究完全独立于导致上述接受或者拒绝的心理学、文化学和社会学的因素。因此,抛弃一种理论而接受另外一种理论无法通过证明(by proof)来解决。库恩由此主张发现与证立二分甚至无法构成一个有说服力或有用的科学方法的理想模型,理论选择无法通过证明来解决,科学共同体的理论接受机制取决于说服和修辞,很可能就不受逻辑分析的影响。[3]

还有学者认为,发现和证立之区分实际上是相对的或不那么分明的。如刘大椿认为,知道是何并非在任何情况下都必不可少。人们并非不学语法、句法就不能说话、写文章。从事科学活动,不能把主要精力集中在规则和明确的步骤上。没有一个伟大的科学发现是按照现成的方法或程序作出的。因此,轻视辩护和拘泥于辩护都是不恰当的。承认发现的逻辑,还有一个充足的理由。随着研究的深入,人们懂得,发现和辩护间的区别是含混不清的,并不像乍一看那么分明。在实际研究中,发现不仅是心理事件,至少部分还是辩护和信仰,因为只有已经被辩护了的东西才是发现,所以发现应当包含在辩护中。发现和辩护之间没有一道鸿沟,它们正在逐渐接近。当前科学哲学发展的一个重要趋势是,既探讨证明的逻辑,也探讨发现的逻辑。发现和辩护之间即使有差别,也只是程度上的差别。[4]

二、法学上的发现与证立之二分

美国现实主义法学和欧洲自由法运动大体上均在20世纪上半期出现,这两种理论均表现出跟法律论证理论旨趣截然相反的研究倾向。在德国,随着利益法学转向后来的评价法学,出于顾虑司法者将其个人的价值判断取代法律的价值判断,出现了后来的法律论证理论。[5] 从发现与证立二分这一主题的角度来看,需结合德国以施米特为代表的决断论来研讨法律论证理论。因为,在大陆法系法学谱系中,传统的科学方法论由于涵摄模式对法律解释学的支配,从而视论证理论“没必要”,而决断论则强调法律决定的非理性主义,从而视

[1] Martin P. Golding,“Discovery and justification in science and law”, in Aleksander Peczenik et al. (eds.), *Theory of legal science*, D. reidel publishing company, 1984, p. 297. 值得注意的是,科学哲学中社会和历史因素的纳入也是法律论证理论兴起的重要思想背景。

[2] [美]托马斯·库恩:《科学革命的结构》,金吾伦、胡新和译,北京大学出版社2003年版,第7页。

[3] Martin P. Golding,“A note on discovery and justification in science and law”, in Aulis Aarnio and D. Neil Mac Cormick(eds), *Legal Reasoning*, Vol. Ⅰ, Dartmouth, 1992, p. 120.

[4] 刘大椿:《科学活动论、互补方法论》,广西师范大学出版社2002年版,第366页以下。

[5] [德]卡尔·拉伦茨:《法学方法论》,陈爱娥译,商务印书馆2003年版,第2页以下。

论证理论为“不可能”。[1]

(一)现实主义法学

法律形式主义者轻视法律解释的重要性。现实主义法学则认为,那种传统的演绎式的理论模型必然无法正确描述具体案件中法院实际上的判决过程。这是因为这种演绎理论没能:(1)考虑到没有任何两个案件事实可能是相同的;(2)认识到人的特性之运作是一种重要的,虽然并非一个演绎过程;(3)意识到不存在事前的法律规则来拘束法官。[2] 作为对法律形式主义的反动,法律现实主义倾向于忽略法律证立的问题,甚至有时将法律判决的制作简化为人们所谓的司法“美食学”——判决就是法官早上吃了什么的问题。

现实主义法学家以为,在判决过程中,直觉和预感是在该特定个案中正确解决办法的关键因素。那种将法律之个案适用描述为该案件已经被预先决定,是一种常见的误导人的观点。这是因为真正的判决过程是直觉性的而非演绎性的。哈奇森说:“法官是根据感觉而非判断力,直觉而非推理来作出裁断。”[3]卢埃林认识到事实因素在司法判决中的重要性,非常注重司法中的情境意识(Situation sense),主张“问题—情境之思考”(Problem situation thinking)和依“情境法则”(Law of situation)构筑法律,将法律适用于事实其实是司法机关一项极其重要并且具有创造性的职能。[4] 卢埃林的方法论对美国统一商法典产生了直接的影响。如其中第1-102条规定:本法应被灵活解释适用,以促进其基本目的和政策的实现。卡多佐法官亦曾谈道:“我已经讨论了一些因素的力量,法官公开宣称这些力量有助于形成他们判决的形式和内容。尽管这些力量很少为人们完全意识到……但是,仅承认它们的力量并没有穷尽这一题目。在意识的深层还有其他一些力量,喜爱和厌恶、偏好和偏见、本能、情感、习惯和信念的复合体,这一切构成了一个具体的人,而无论这个人是诉讼者还是法官。”[5]

弗兰克也认为司法判决的过程并非逻辑分明。不过,弗兰克并没有单独将预感或直觉当作司法判决中的决定性因素。他主张司法判决过程中的法官的个性是理解案件判决的方式的关键。依弗兰克的现实主义法学,法律是不确定的、不明确的并且受制于无法估算的变化。在心理学上,法官裁判的过程很少从某个前提出发由此得出结论。司法判决往往是以后推的方式从试探性表述的结论作出的。正是这些直觉或刺激而不是规则或原则使

---

[1] 张钰光:《“法律论证”构造与程序之研究》,载 http://datas.ncl.edu.tw。

[2] Richard A. Wasserstrom, *The Judicial Decision: Toward a Theory of Legal Justification*, Stanford, Calif.: Stanford University Press, 1961, pp. 21-22.

[3] Martin P. Golding, “A note on discovery and justification in science and law”, in Aulis Aarnio and D. Neil MacCormick (eds.), *Legal Reasoning*, Vol Ⅰ, Dartmouth, 1992, p. 295.

[4] [美]约翰·戈蒂德:《〈统一商法典〉的方法论:现实主义地看待〈商法典〉》,徐涤宇等译,载吴汉东主编:《私法研究》(第2卷),中国政法大学出版社2002年版。

[5] [美]本杰明·卡多佐:《司法过程的性质》,苏力译,商务印书馆1998年版,第105页。

法官来正当化其判决。这些偶然性的因素取决于法官的特定人格特性。归根结底,正是法官的这种个性、偏好和习惯决定了法律是什么。弗兰克以为对法律确定性的期盼是一种“恋父情结”,因而主张人们要从这种情结中走出来。弗兰克心目中“完全成熟的法律家”形象乃是无须某种外在权威,具备批评性的头脑并依据社会进步来发展法律。

还有一种观点认为,法官对案件事实的情感反应才真正决定了所得出的最终结论。同样地,司法意见书中援引的法律规则并非决定该案件的标准,它们不过是表现法官偏向于某特定判决的某种语言工具。〔1〕

与上述各种观点相应的是,有3种关于法律判决过程的替代性建议:一是直觉是法官决定案件的一个过程;二是个性也是决定性的;三是法官依其情感或偏好进行判决。〔2〕

20世纪上半期的欧洲“自由法运动”过程中也有不少类似的观点。自由法运动也强调审判过程中的直觉因素和情感因素,并要求法官根据正义和衡平去发现法律。〔3〕 如彼德拉日茨基就提出一种“直觉法律”(intuitive law)的理论。德国法学家伊赛认为,法官的判绝不是对法律的演绎,而是一个意志活动,一个决定。是非感总是在判决之前,逻辑的证立只是随后发生,在证立中存在一个将去如何证明的思维。〔4〕

(二)施米特的决断主义

德国思想家施米特的决断主义(Dezisionismus)跟当今以论辩商谈为主要理论旨趣的法律论证理论截然相反。施米特的理论从思想渊源上可以追溯到尼采关于“解释先于意思”之真理虚无论见解。〔5〕

早期施米特的思想跟后来不同。在《法律与判断:法律实践问题研究》(1912)中,施米特还带有新康德主义法学色彩,把法律秩序描绘成动力性的静态系统,随时整合实际政治冲突导致的偏离;司法判断不是主权者意志的奴仆,而是由法律规范训练出来,按规范形式行事的自主的法官。〔6〕 但是,到后来,施米特转而对上述立场的批判:“施米特同时对新康

---

〔1〕 Richard A. Wasserstrom, *The Judicial Decision: Toward a Theory of Legal Justification*, Stanford, Calif.: Stanford University Press, 1961, p. 21.

〔2〕 Ibid., p. 22.

〔3〕 [美]E. 博登海默:《法理学——法律哲学与法律方法》,邓正来译,中国政法大学出版社1999年版,第143、145页。

〔4〕 [德]阿图尔·考夫曼、温弗里德·哈斯默尔:《当代法哲学和法律理论导论》,郑永流译,法律出版社2000年版,第169页。不过,考氏又从解释学的角度对此予以反思。提出“解释学的先见”只是一个非理性的是非感的东西吗?随发生的证立是表面的吗?考氏以为,是非感是一门具有正确先见的技艺。其实,考氏是从哲学解释学上恢复了是非感作为先见在司法中的正当性。

〔5〕 裴程研究表明,所有奉行“意思先于解释”的传统解释学皆为自然科学符合论真理观的产物,因为其解释的最终目的在于“正本求源”,力图使解释结论符合独立自足的原意。直至尼采提出“解释先于意思”的真理虚无论,局面才得以改观。参见裴程:《从保尔·利科的本文解释理论看解释学的发展》,载《中国社会科学》1990年第3期。转引自朱庆育:《意思表示解释:通过游戏而实现》,载《清华法学》(第1卷),清华大学出版社2003年版,第111页。

〔6〕 刘小枫编选:《施米特与政治法学》,上海三联书店2002年版,第9页。

德派的法理学及其规范思想进行了激烈的批判,因为规范思想将整个的国家变成一个空虚的和形式的关系网,而国家在这个关系网上只是一种‘加标点’(Zurech nengspunkt)。”[1]这些批判主要体现在后来出版的《政治的神学:主权学说四论》(1922)一书中。[2] 依赖于韦伯的法律社会学,施米特将凯尔森的法律实证主义竖为攻击的靶子。《政治的神学》指责理性化的科学世界观把自然看作功能系统,通过技术的力量操纵这个系统的规则,必然会清除法律秩序中法官个人极为重要的人格作用,使政治制度在宪制上成为短视的政治形式,最终会耗尽现代国家的主权力量。[3]

颜厥安认为,在施米特的理论中,决断主义跟规范主义和具体秩序思想相对立。“而这一组分类,主要是针对‘法秩序’(Rechts Ordnung)这一概念而来的。所谓的规范主义(Normativismus),就是将法秩序这个概念的重点,放在‘法’的这一边,并且将‘法’了解为抽象的实证法律规范的集合。因此法秩序,就是实证法规范秩序。而所谓的具体秩序思想(konkretes Ordnungsdenken)则是将重点放在秩序这一边,而且是法律所依附的既存具体宇宙、教会、文化、社群或国家秩序。”而第三种思想模式,即决断主义是:“任何法效力与价值的最终基础都可以在一个意志作用,也就是一个决断中发现,这个决断作为纯粹的决断,创造了‘法’,而且这个决断的‘法拘束力’(Rechtskraft)无法从决断规则(Entscheidungs Regel)中推导得出。”[4]施米特宣称任何法律秩序均基于某种决断,该决断乃构成这种秩序的不可化约的和活跃的政治基础。该决断从下述意义上是基本性的:它不仅是某种司法决断或者议会多数制定某一法规之决断,也是关于法律秩序之性质的决断。[5] 这一思想模式是以某种具有人格性的意志为后盾,来作为法效力的基础,作为法秩序拘束力的最终来源。施米特以为这一思想模式来源于霍布斯。对于施米特来说,这种决断者即主权者。正是通过主权者的意志决断,来避免混乱和无秩序,并形成法律和秩序。[6]

施米特的上述理论适应了纳粹德国当时的官方需要。实际上,早在第二次世界大战的准备时期,施米特就已成了拥护希特勒德国的世界征服计划的重要法理学理论家。[7] 基于此决断论,在司法中,帝国法官作为元首在法律领域的政治军队,致力于实现政府首脑和纳粹党的愿望。司法界鼓吹法官应以一种“健康的偏见”来处理案件,“作出符合纳粹法律秩序与政治领导阶层的价值判断”。[8] 这是因为,“法官身份是从领袖身份产生出来的……

〔1〕 [匈]卢卡奇:《理性的毁灭》,王玖兴等译,山东人民出版社1997年版,第591页。

〔2〕 《政治的神学:主权学说四论》实际上并非神学论著,而是法理学论著,带有很强的论战性(矛头主要指向实证法学代表人物凯尔森的规范法制论和无政府主义者巴枯宁的国家消亡论),在论战中阐发了著名的“主权决断论”。参见刘小枫编选:《施米特与政治法学》,上海三联书店2002年版,第11页。

〔3〕 刘小枫编选:《施米特与政治法学》,上海三联书店2002年版,第43页。

〔4〕 颜厥安:《规则、理性与法治》,载《台大法学论丛》第31卷第2期。

〔5〕 David Dyzenhaus, *Legality and legitimacy*, Clarendon Press, 1997, p. 41.

〔6〕 颜厥安:《规则、理性与法治》,载《台大法学论丛》第31卷第2期。

〔7〕 [匈]卢卡奇:《理性的毁灭》,王玖兴等译,山东人民出版社1997年版,第599页。

〔8〕 陈林林:《“正义科学”之道德祭品——极权统治阴影下的法实证主义》,载《中外法学》2003年第4期。

谁要想……把二者割裂开来,谁就是企图利用司法的帮助来彻底改变国家。"[1]

(三)迈向法的发现与证立之二分

其实,20在世纪上半期以前,无论是各种形式的演绎论还是规则怀疑主义的观点均主要是描述性的。关于法律推理的规范性观点与法学作品在此时期非常少见。正如Wasserstrom所论:"无论是基于对逻辑判决过程的批判,还是在建议替代那种关于判决案件的现实主义或社会学方法方面,都严重缺乏某种明晰性。"[2]法律现实主义运动的效果,只是摧毁了原有的概念主义的范式,而未提出任何取代其原有地位的任何主张。所以,后来的理论倾向于在批判现实主义法学的基础上,提出某种规范性的理论主张。因为,人们已经无法在现实主义法学描述性的理论框架内将裁判结果予以正当化。阿列克西认为:"我们是否可以由此得出结论说:作出裁判者的评价(尽管其不可在主体间得到检验)起着决定性的作用,而这些评价也许可以在社会学或心理学上得到解释,但却不能(在逻辑上)加以证立?这个结论,就它牵涉法官的法律发现活动的正当性和以讨论规范问题为己任的分析的科学品性而言,至少还不是我们所期望的。"[3]

法律现实主义否认某一司法判决成为依据某种涵摄模式予以证立的判决的可能。从此来看,法官得出某一结论的过程无法被重构为一种演绎性论证。它并非从作为前提的一般规范出发,得出一个作为结论的个别规范。依法律现实主义,这证明了作为实践推理的演绎模型无法适用于司法判决的证立中。但人们不止一次地提到法律现实主义的这种结论,乃是基于一种错误的解释。阿根廷法学家Bulygin评价说,现实主义在此犯了如下的错误:将逻辑学跟心理学两个层次相混淆。一种是前提中提到的规范与判决中确定的最终法律结论之间的逻辑关系,另一种是法官的心理学上的因果动机。[4] 求助于一种类似的模型,Atienza指出现实主义的错误在于混淆了发现的过程跟证立的过程:"一件是前提或者结论得以确立的过程,另一件是前提或者结论被予以证立的过程。"[5]

较之美国现实主义法学家弗兰克(J. Frank)和哈奇森(J. Hutcheson)的司法直觉理论,利益法学方法在对法权感的实践助产和理论还原上,都显得更为具体和系统。即便如此,依陈林林之见,"无论是个案剖析,还是整体校验,利益法学方法都无法满足方法论上的可操作性、可预测性和确定性的要求,它并不能成为一种独立的或自足的法学方法,因此,也就不能担保判决之合法性与正当性。勉力为之,就难免露出方法论上之盲目飞行的尴尬形

---

[1] [匈]卢卡奇:《理性的毁灭》,王玖兴等译,山东人民出版社1997年版,第598页。

[2] P. Wahlgren, *Automation of Legal Reasoning: a Study on Artificial Intelligence and Law*, Kluwer law and taxation publishers, 1992, p. 54.

[3] [德]罗伯特·阿列克西:《法律论证理论——作为法律证立理论的理性论辩理论》,舒国滢译,中国法制出版社2002年版,第17页。

[4] Cristina Redondo, *Reasons for Action and The Law*, Kluwer Academic Publisher, 1999, p. 152.

[5] Ibid., p. 153.

迹。”为避免此尴尬，在根据利益衡量得出结论之后，他尚须开启并完成一个论证结论之合法性与正当性的阶段。[1] 类似地，针对如上伊赛的观点，恩吉施亦不能赞同，他并不否认上述是非感等非理性因素在法官发现判决中一直可能起某种作用，不过他认为伊赛的学说是纯文化中的心理学至上论，这一学说忽视了规范性逻辑的特殊问题。“在这一点上，决定的发现和决定的证立不是对立的，这个对法官提出的任务意指：发现通过制定法而证立的决定。”恩吉施这里实际上提出了法的发现与证立之二分的观点。[2]

芬兰法学家阿尔尼奥认为，任何法律判决都可以很不同于它被发现的方式事前以三段论的形式进行书写。正是从此意义上，内部证立独立于发现的过程。然而尤其是在疑难案件中，人们总是质疑该推论的前提。在此情形，该前提本身需要予以争辩。按照弗罗布斯基的术语，这是外部证立的任务。“内部证成的各种形式并不是要求复制做出裁判（决定）者之实际进行思考的过程。必须在发现的过程和证成的过程之间作出一个清晰的区分。”因为跟决定的证成相关的是，引入什么样的方式来支持决定者所作出的决定。[3]

上述内部证立的形式有时会被批判为没有充分考虑到“事实与规范之间的交互作用”。对此颜厥安认为：“其实在各个层次解明构成要件之概念内涵时，当然也要充分考量事实关系的影响，不过这并不影响内部证立的逻辑结构。也就是说，重点在于是否充分而完整地进行对法学判断之证立，而不在于这个裁判事实上是透过何种过程发现的。在经验中也显示，往往一个法学上之判断‘先有结论，再找理由’，这些结论也常常是透过直觉产生。但是只要这个结论可以经由逻辑严谨的步骤加以证立，当初这个结论是如何产生的并不重要。因此，阿列克西特别指出，‘发现的过程’（Prozeβder Entdeckung）与证立的过程（Prozeβder Rechtsfertigung）应当加以区别。虽然后者会影响到前者，但在法律论证理论中主要关心的当然是证立的过程，而非发现的过程。”[4]

佩策尼克则看到，法律推理的复杂性，乃是关于其正确性的评价的哲学争议的理由。这个正确性的问题跟证立的问题一样。“证立”被界定为就某一结论给出充分理由。但何种理由应被视为充分？这是个规范性的问题。这些问题属于所谓的证立的过程。人们必须将其跟在所谓发现的过程所提出的描述性问题相区分。何种因素导致法律争议的某种给定结果？哪些理由实际上被视为有说服力？对于法律家来说是充分的理由，对于道德

---

〔1〕 陈林林：《方法论上之盲目飞行——利益法学通盘置评》，载 http//www. Chinalegaltheory. com/homepage//ArticleShow. asp? ArticleID = 10512004。

〔2〕 ［德］恩吉施：《法律思维导论》，郑永流译，法律出版社 2004 年版，第 52 页。

〔3〕 Aulis Aarnio, *Reason and authority: a treatise on the dynamic paradigm of legal dogmatics*, Aldershot, Hants; Brookfield, Vt.: Ashgate/Dartmouth, 1997, p. 197.

〔4〕 颜厥安：《法与实践理性》，允晨文化实业股份有限公司 1998 年版，第 152 页以下。阿列克西以为，“作出裁判者的思考必定导致某种证成，其与上述形式相吻合。当然，这并不是说证成过程的要求对发现过程不产生反作用。”参见［德］罗伯特·阿列克西：《法律论证理论——作为法律证立理论的理性论辩理论》，舒国滢译，中国法制出版社 2002 年版，第 284 页。

家、政治反对者或者哲学家等或许是不充分的。后三者可能要求对于法律家理所当然的前提予以证立。法律结论、司法判决等此类的因而也要予以证立。[1] 基于此,佩策尼克区分出语境充分的法律证立和深度证立。这种对法律推理之目标、理由、方法、概念以及结论的评价构成裁判的核心。[2]

与上述规范性的研究进路相反,法律现实主义则贬低了法律判决制作的客观性。作为对法律现实主义这一观点的回应,法学家依循着科学哲学上的思想,就发现的过程和证立的过程做出了区分。如上主要考察了大陆法系法学家的相关观点。在英美法系国家,从理论谱系上,这一区分首先被美国法学家 Wasserstrom 提出。[3] 在他看来,这一区分有助于说明,司法判决中强调演绎的法学家和像弗兰克这样的法学家之间的分歧。Wasserstrom 将哈奇森和弗兰克的作品视为是对演绎理论的两种没有得到发展的理论替代,"将对演绎理论的批判立足于认为做出判决的关键因素是'感觉、情感、主观经验或者无法分析的个人偏好'是错误的。"[4] Wasserstrom 解决了关于法律现实主义回应形式主义的问题。在他看来,现实主义者是在攻击一种十分粗糙版本的形式主义。对 Wasserstrom 来说,要紧的是,判决如何被予以证立。Wasserstrom 介绍了这样一位科学家:他发现一种对癌症提供完全免疫力的疫苗,由此来阐发和支持他在法律领域关于发现和证立的区分。这位科学家"向科学界宣称他无意间发现了这种特殊的化学成分……在一张张纸片上写下 1000 种可能的化学成分,把这些纸片做成很大一顶帽子,随意的从中取出一张。"这一活动是个发现的过程,但这种疫苗是否有效还不知道。下面的问题就是科学家的主张事实上能否得以成立。这种疫苗必须从经验上加以验证,确定其是否对人在抗癌方面具有免疫力。通过建构发现和证立这两种分析类型,Wasserstrom 试图调和法律现实主义和形式主义之间的争论。[5] 在当今法学家当中,麦考密克对法的发现与证立之区分的论述是最完整和最具说服力的。[6] 麦考密克对于证立过程的阐述可被视为 Wasserstrom 对法律现实主义者方法论和结论回应的确认和发展,这代表了一种得到发展的形式主义和实证主义的研究视角。麦考密克肯定了 Wasserstrom 关于发现和证立的区分。"促使法官认为一方而非另一方胜诉跟另一个问题截

---

〔1〕 Aleksander Peczenik, *Coherence, truth and rightness in the law*, in *Law, In terpretation, and Reality: Essays in Epistemology, Hermeneutics, and Jurisprudence*/edited by Patrick Nerhot, Dordrecht; Boston: Kluwer Academic Publishers, 1990, p. 291.

〔2〕 Aleksander Peczenik, *On law and reason*, Dordrecht; Boston: Kluwer Academic Publishers, 1989, p. 44.

〔3〕 Martin P. Golding, "Discovery and justification in science and law", in Aleksander Peczenik et al. (eds.), *Theory of legal science*, D. reidel publishing company, 1984, p. 297. Richard A. Wasserstrom, *The Judicial Decision*, : *Toward a Theory of Legal Justification*, Stanford, Calif. : Stanford University Press, 1961, pp. 21 – 22.

〔4〕 Bruce Anderson, "*Discovery*" *in legal decision-making*, Kluwer academic publishers, 1996, p. 11. 不过, Anderson 以为, Wasserstrom 对弗兰克的描述过分简化了弗兰克的观点,理由是, Wasserstrom 主张个性特点引起了直觉,并且是影响法官所做判决的唯一因素。相反,弗兰克主张规则和原则同样影响到直觉的产生。

〔5〕 Bruce Anderson, "*Discovery*" *in legal decision-making*, Kluwer academic publishers, 1996, pp. 13 – 14.

〔6〕 Ibid. , p. 34.

然不同,即是否考虑了好的正当理由来支持一方而非另一方。”他将发现过程的研究跟法律现实主义者相系,在他看来,“后者研究了‘促使法官认为一方而非另一方胜诉’,而将证立的过程系于对‘好的正当理由来支持一方而非另一方’的研究。”〔1〕麦考密克由此具体考察了两种类型的法律证立,即初级证立与次级证立。Anderson 认为,〔2〕麦考密克的理论可被视为对关于法律的功能和作用的自由民主所提出的挑战与问题的一种应对方式,即如何限定司法裁量权,维持司法与立法的权力分立。因为直觉被认为是任意的、非理性的、无法预期的和主观的,因此,法律现实主义者对直觉的讨论威胁到法治的模式。麦考密克的论述描述和规定了在发现法律的过程中如何保留或者应当如何保留任意的、非理性的因素,以及不系统的、无权的(unauthorised)司法判决如何或者应当如何予以限制。

另外,还有其他英美法系国家的学者也认可此种发现与证立之区分。如波斯纳认为,法律寻求的是合理性证明的逻辑不仅是或主要不是发现的逻辑。〔3〕孙斯坦也主张:“不管怎样,判断心理(导致作出决定的内在过程)和法律中的公开求证过程之间存在一定差异。对法律推理进行描述并不是想揭示司法心理——这一任务应当由传记作者来完成——而是想了解律师和法官如何进行公开求证的(这不可避免地带有评价特征)。”〔4〕

不过,也有人认为,上述区分亦非绝对,而是具有相对性。一如在科学哲学上,发现与证立之区分实际上亦并非截然分明。在法律实践中,法官通常会预期其判决过程的证立问题。因此,实际上并非总是可能明确区分法律裁判过程中的这两个阶段。但是,这并不意味着在法律理论上不能做这种区分。当对某一法律判决的法律证立的性质进行分析和评价时,即得予以区分。“评论者联结这两种过程对司法活动进行综合分析,将会弱化这一区分的重要性,尽管这一区分从分析上说来依然有效。”〔5〕

另外,甚至还有人否定法律中发现与证立之区分,如英国法学家 Anderson 认为,作为对法律形式主义和法律现实主义的回应,当今法学家在发现和证立之间作出了“严格”的界分。但他对这种发现与证立之二分的观点提出质疑:“我将首先考察当今关于法律推理的论述当中,是怎样被法律证立的过程的研究所充斥,从而误解和忽略了‘真实的’对判决制作过程。……通过法律现实主义的直觉在判决制作过程中的阐述和法律实证主义关于发现与证立二分的对比,我认为,在主张发现与证立是独立的过程,以及公开的法律证立构成法律推理的重要方面之前,应该对司法判决制作的‘实际’过程予以认真研究。”〔6〕Anderson 认为,在法律理论家当中,法律现实主义者在谈论导致“直觉”“预感”的“困惑”与“沉思”

〔1〕 Bruce Anderson, “*Discovery*” *in legal decision-making*, Kluwer academic publishers, 1996, p. 16.

〔2〕 Ibid.

〔3〕 [美]波斯纳:《法理学问题》,苏力译,中国政法大学出版社 1994 年版,第 572 页。

〔4〕 [美]凯斯·R. 孙斯坦:《法律推理与政治冲突》,金朝武等译,法律出版社 2004 年版,第 112 页。

〔5〕 Bengoetxea, Joxerramon, *The legal reasoning of the European Court of Justice*: *towards a European jurisprudence*, Oxford: Clarendon Press, 1993, p. 121.

〔6〕 Bruce Anderson, “*Discovery*” *in legal decision-making*, Kluwer academic publishers, 1996, p. 2.

时,他们最近似地描述了发现的过程或者"真实"判决制作过程。而现代法律理论家在进行发现与证立的区别时,实际上忽略了"真实的"判决制作过程,因而主张对判决的公开证立构成法律推理的关键一环。学者Halttunen也认为,在法律语境中,实际上是无法在发现和证立之间予以区分。令人满意的证立即等同于发现的过程。自然地,该问题的核心在于,在此语境下的"发现的过程"的准确意思是什么。[1] Zenon Bankowski批判了那种将发现和证立截然两分的观点。他首先从术语上对"发现"一词的合理用法进行了分析,简言之,"发现"就是通过了相关检验的事情。进而他认为,发现与证立并非截然两分的两个过程。用他的话说:"发现无法独立于证立:人们无法将二者分开,发现包括了证立的活动。"发现与证立有着内在的关联是因为,被视为发现的东西部分上决定于发现的程序,而后者反过来又取决于在此特定情景下所采取的证立的程序。[2]

总之,尽管存在一定的不同看法,科学哲学上关于发现与证立之二分的观点在法律中毕竟还是获得了不少法学家的承认并且成为法律论证理论的一个基本观点。

三、法律中发现与证立之二分的根据和意义

法律领域中发现与证立之二分存在一定的解释学上的依据。随着近年来本体论转向后的解释学理论和语言哲学大规模的进入传统的法律解释理论,法学研究的基本范式和话语被深刻地改变了。如果说原本被掩盖的那种司法中的主观因素在20世纪上半期的现实主义法学和自由法运动过程中被人从心理学和社会学层面上被揭示出来,那么当今的解释学在哲学的高度上深刻地揭示了这一主观因素存在的正当化与合法性。问题已经不再是对司法活动中所存在的主观活动一味地予以揭示和抱怨,而是对此现实存在的价值判断进行正当化。假使有人怀疑其主张的正确性,则其必须就其主张说明理由,仅诉诸法感是不够的。如拉伦茨所论:"因为这是他个人的感觉,别人可能有相同的感受,也可能没有。没有人可以主张他的感觉比别人的确实可靠。仅以法感为基础的判断,只有对感觉者而言是显然可靠的,对与之并无同感之人,则否。因此,法感并非法的认识根源,它至多只是使认识程序开始的因素,它促使我们去探究,起初'凭感觉'发现的结论,其所以看来'正当'的原因何在。"[3]在此背景下,学者主张"在敞开的体系中论证"。法律适用的整个过程开始普遍被区分为法律发现的过程与法律证立的过程。前者关涉发现并作出判决的过程,后者涉及对判决及其评价标准的确证。一如科学哲学上区分所谓科学发现和科学证明。

更重要的是,法律领域中发现与证立之二分乃是以哲学上相关区分为依据。直觉、偏

---

〔1〕 Rauno Halttunen, "Justification as a process of discovery", *in Ratio Juris*. 13, 2000, pp. 379-391.

〔2〕 Bruce Anderson, "*Discovery*" *in legal decision-making*, Kluwer academic publishers, 1996, p. 21.

〔3〕 [德]卡尔·拉伦茨:《法学方法论》,陈爱娥译,商务印书馆2003年版,第5页。

见和价值这些因素很可能会影响法官就法律问题做出判决的过程,但所有这些均属于发现的过程,而决不损于司法裁判的客观性。因为跟现实主义法学家相反的是,司法过程的客观性存在于证立的过程中。[1] 换言之,存在于法官支持其结论所给出的“合理化”当中。关键之处在于,所给出的理由是否足以确立这种结论,而非这种结论是否是直觉、偏见或者价值立场的产物。

发现的过程与证立的过程之区分这一几乎是科学哲学上的正统学说,究竟是否适用于司法判决制作的“客观性”的问题?美国法学家戈尔丁认为,发现的过程与证立的过程之区分,在法律领域应当如在科学领域一样进行区分。这样就预设了法律领域和科学领域的决策具有可比性。科学的客观性隐含于证立的过程当中,因为真理或可接受性的标准独立于科学家本人的个人偏好和价值。同样地,法学家回应弗兰克的观点乃是将司法判决的客观性置于司法证立的过程当中,亦即,法官支持其判决结论的合理化当中。在弗兰克看来,司法价值评断,不管明示与否,均为个人价值的表现。然而,这种观点是自相矛盾的,某种价值是个人的并不意味着它也不被其他人广泛接受。主张价值评断构成司法意见的组成部分,这一点很重要,因为司法证立也是社会证立的一种形式。[2] 戈尔丁认为:“科学的客观性存在于证立的过程,因为真理或可接受性的标准(实践检验、一致性、丰富性、简单性以及范围等)是不依赖于科学家的个人偏好和价值的。类似地,对弗兰克祛神秘化(demythologization)所作的回应将司法决定的客观性置于司法证立的过程,即法官支持自己的结论时所给出的‘合理化’。关键的问题在于所给出的理由对于确立结论是否合适,而不在它们是不是预感、偏见或个人价值前提的产物。”[3]可见,即使某种价值判断介入到司法决定当中,那么它也并非作为法官的个人偏好而介入的。重要的是,支持这一结论的理由使得并且能够成为该法官所处的法律共同体当作合法的前提予以接受,或者说,这种价值判断对于其所适用的共同体具有某种意义。“一项司法判决的检验标准甚至不在于它达到的效果,而在于为证明其正当性而提出的论据的质量。”[4]戈尔丁也指出:“科学的发现和法律的说理两者结构上的差异,来指出法律说理不能适用科学发现之逻辑;法律说理不是在抽象中作说理,它是一种法官尝试使其判决正当化,并对败诉的一造和受其判决影响的社会大众说理的过程,因此法律说理应是社会说理的一种形式,其强度与社会上所能接受的法律论点和法律命题所决定。”[5]

当今不少法学家如 Wasserstrom、Bankowski 均在科学与法律之间进行过类比,并由此

〔1〕 Martin P. Golding,“Discovery and justification in science and law”, in Aleksander Peczenik et al. (eds.), *Theory of legal science*, D. reidel publishing company, 1984, p. 297.

〔2〕 Ibid., pp. 113, 122.

〔3〕 Ibid.

〔4〕 [美]简·维特尔:《战后关于制作司法判决的美国法学》,载《法学译丛》1984 年第 5 期。

〔5〕 廖义铭:《佩雷尔曼之新修辞学》,唐山出版社 1997 年版,第 315 页。

来阐明和支持其在法律领域发现和证立二分的观点。比较而言,麦考密克提出了一个更具说服力和明晰的关于科学与法律的类比,并用在分析发现和证立的区分。麦考密克运用科学上对发现与证立的理解,来阐明与支持法律领域中发现的过程与证立的过程之间的区分。在法律中,律师向法官提出的各种主张类似于科学家的"洞见闪念"(flashes of insight)。然而,这些洞见闪念必须予以证立。因为它们可能正确,也可能错误。或许因为当时波普的理论很走红,麦考密克采用了波普对科学发展的说明,来更深入地发展这种类比。麦考密克在波普式的科学与法律之间的对比涉及两个方面的类比:一是发现与证立之一般区分可在科学与法律上找到;二是科学检验是用于法律证立的一种模式。[1] 麦考密克在波普式的"科学证立"和"次级法律证立"之间进行类比,以说明和支持其对"次级证立"中的"检验"的分析。"正如科学证立涉及检验某一假设针对另一假设,并且排除检验无效的,法律中的次级证立则涉及检验几个彼此竞争的可能的裁判,并且排除那些不符合相关检验的部分。"[2]通过科学与法律的这种类比,科学在学术共同体中的声望有助于增进和提高麦考密克对发现与证立论述的说服力,并且将证立确定为法律推理过程中的重要一环。[3]

其实,在西方法学史上,关于"法律发现"之观念和用语也是由来已久。西方法理学上法的"发现说"认为法官的职责乃是宣告和解释法律,而不是制定法律。其代表人如科克、霍尔、培根及布莱克斯东等。[4] 哈耶克的"未阐明的法律",即隐含在整个规则系统以及该系统与事实性行动秩序的关系之中,而并没有得到明确的规定。[5] 这种规则即得由法官去"发现"而非"创造"的。科学哲学上所讲的"发现"跟法学上的"法律发现"之概念当然有性质上的根本不同。显然,法学知识的性质不具有像基于科学发现的知识般的确定性。波斯纳认为:"认识论基础更不稳固的领域诸如法律所产生的一般知识在可靠性上可以与科学知识相比,那就是一个错误。在很大程度上,法律得不到,至少还没有得到科学的方法,科学知识是通过这些科学方法创造出来的……"[6]从此意义上,川岛武宜所提倡的科学的法律学,尤其是他终生所探究的法律解释的科学性,力图把法律的正当性建立在关于客观法则的科学真理上,也许仅是一种理想化的追求。

"法律发现"乃是法律方法论上的一个常见概念。不过,人们对这个概念理解上不尽一

---

〔1〕 Bruce Anderson, "*Discovery*" *in legal decision-making*, Kluwer academic publishers, 1996, p. 37. 然而, Anderson 认为,麦考密克主要关注第二种类比,即在科学检验和法律证立之间的。他并没有详细检验发现的过程。

〔2〕 Ibid., p. 17.

〔3〕 Ibid., p. 103.

〔4〕 [美]E. 博登海默:《法理学——法律哲学与法律方法》,邓正来译,中国政法大学出版社1999年版,第554页。

〔5〕 [英]弗里德利希·冯·哈耶克:《法律、立法与自由》(第2、3卷),邓正来等译,中国大百科全书出版社2000年版,第77页。

〔6〕 [美]波斯纳:《法理学问题》,苏力译,中国政法大学出版社1994年版,第86页。

致:[1]一是法律产生的方式;二是法律获取,即法官在哪里去寻找适合个案的法源及法律规范的活动;三是与法律适用有本质区别的一种法律应用活动;四是与法律适用无本质区别的一种法律应用活动。传统的并且迄今依然可能处于支配地位的观点是将“法律适用”与“法律发现”视为具有本质上的不同。所谓“法律适用,是当拟判断的案件已经被规定在可适用于绝大多数案件的法律时;这时所进行的只是一种‘单纯的包摄’”。而发现则是少数的例外,“当对拟判断的案件找不到法律规定,而这个法律规定是依照‘法律秩序的计划’必须被期待时”,所进行的才是法律发现。考夫曼认为,通说所称的“法律适用”只是法律发现的一种情形;后者是上位概念。[2] 郑永流将此二概念作为一种平行关系,并将其分别对应于法律判断形成的推论模式和等置模式。

如果上述概念在法学中长期以来即已存在,人们早已耳熟能详,那么“发现的过程”和“证立的过程”之二分观点在法学中的出现无论如何只是后来的事情。尽管这种二分观念的确立也经历了一个发展过程,甚至至今还存在一些不同的看法。但是哲学上发现与证立二分的观点的确在法学领域中得到了认可和运用。

这一区分对于理解司法裁判过程中法律论证的作用十分关键。因为它提出了评价法律论证规格的标准。判决作出的过程固然是一个心理过程,但也正因如此,在现代社会它也成为另一种研究的对象。无论判决是如何作出的,为使其判决能被人接受,法官必得对其法律解释予以充分阐明,由此确证其裁判的正当性。而法律论证即关系到这种确证的标准。在法律论证理论中,法的发现和证立之二分也正是把握法律论证含义的核心,没有这种二分,法律论证的概念就难以成立。这被认为是法律论证理论从分析哲学那里拿来的法宝。有些学者称此区分为创造——评价(invention appraisal)。这一划分的意义就在于:首先一个假设(hypothesis)被给出,然后有一个从这个假设(H)推出的观察报告(observation)被判断为真,那么这个假设(H)将成立,从而就可以说,这个 H 就可以解释支持它成立的观察报告(O),这是科学理论上的划分,与波普的试错过程有些相像。司法过程中,也大致有这样的划分,只是在支持 H(在法学中它是结论 R)的观察报告中,问题可能比较复杂,它不仅仅是一个法律 L 和事实 F 的问题,在他里面还有一个价值 V 的问题,这被 Golding 称为 R——L 模式。[3]

上述两个阶段的区分,对于确立那种评判法律论证性质的各种标准,十分重要。出于对那些基本因素的考量,法官有义务使其判决正当化。这并不意味着,他们有义务去对发现正确判决结果的过程及其在此过程中起一定作用的(个人)灵感予以洞察。因此,研究法律论证的合理性涉及那些跟证立的过程中提出的各种观点相关的要求,而非那些跟(发现

[1] 郑永流:《法律判断形成的模式》,载《法学研究》2004 年第 1 期。

[2] [德]亚图·考夫曼:《法律哲学》,刘幸义等译,台北,五南图书出版公司 2000 年版,第 70 页。

[3] 夏贞鹏:《法律论证引论》,载陈金钊、谢晖主编:《法律方法》(第 3 卷),山东人民出版社 2004 年版,第 303 页以下。

的过程中)作出判决的过程相关的要求。[1] 判决的过程是一个心理的过程,而这是另一门学科研究的主题。[2] 无论这些判决是如何作出的,法律论证只研究涉及法官使其判决正当化所虑及的各种标准。总之,通过上述法的发现与证立之二分,法律论证的范围和目标等基本理论要素大体上就确定下来。一如当年奥斯丁的“法理学范围之界定”,法律论证理论亦经由此二分确立了自身的研究范围。

(原载于《法学研究》2005 年第 5 期)

---

〔1〕 Eveline T. Feteris, *Fundamentals of legal argumentation, a survey of theories on the justification of judicial decisions*, Kluwer academic publishers, 1999, p. 10.

〔2〕 如蔡墩铭:《审判心理学》,台北,水牛图书出版事业有限公司 1971 年版。

中国梦蝶，自喻适志与！

[韩]金永完*

一、庄周梦为蝴蝶

庄子通过蝴蝶之梦体验了主体自我的“物化”现象。《齐物论》关于蝴蝶之梦的具体记载如下：

“昔者庄周梦为蝴蝶，栩栩然蝴蝶也，自喻适志与！不知周也。俄然觉，则蘧蘧然周也。不知周之梦为蝴蝶与，蝴蝶之梦为周与？”。

庄子的蝴蝶之梦在文学、哲学等诸多领域里被广泛地引用，是一个极具象征性的梦。本文很可能开了引用庄子之蝴蝶梦的法学论文的先河。那么，庄子通过“象征性符号”——蝴蝶想要表达什么呢？就像熊铁基所指出的一样，庄子的核心思想为逍遥游、齐物论和精神自由、万物齐平以及顺乎自然等，[1]庄子的蝴蝶梦中也象征性地凝聚着这些核心思想。那么一般人接触“庄子蝴蝶梦”的瞬间会想些什么呢？也许很多人的脑海中会浮现出庄周“物化”为蝴蝶，自由自在地飞来飞去的美丽场景。实际上，很多学者也描述了如同蝴蝶一样尽情享受自由的庄子。例如，“庄周梦蝶决然不同蝴蝶的自适自得，是庄周心境恬然的变形表现”[2]；“在此梦中，庄子试图通过梦为蝴蝶，且梦而不醒，呈现觉的自由、自得的状态”[3]；“既有自由自在、无拘无束、物我齐一的思想之寄托”[4]；“在幻觉的切身体验中，作为主体的庄周在梦境里与蝴蝶融为一体。蝴蝶的栩栩然自喻适志同时又是庄周自我的栩

---

* [韩]金永完，山东大学法学院教授。

[1] 熊铁基等：《中国庄学史》，湖南人民出版社2003年版。

[2] 阮忠：《庄子之梦及其生命哲学》，载《松辽学刊》（社会科学版）1993年第1期。

[3] 陆建华：《庄子梦之解析》，载《河南教育学院学报》（哲学社会科学版）2012年第2期。

[4] 蒋振华：《〈庄子〉梦寓言——中国梦文学的开山鼻祖》，载《求索》1995年第3期。

栩然自喻适志"[1];"'蝴蝶梦'直到如今象征美丽和自由"[2];等等。笔者着眼于此,将"中国梦"与"庄子的蝴蝶梦"相结合,就中国人权事业的新发展阐述自己的见解,特别是围绕着自由权问题进行阐述。

其实,在庄子之蝴蝶梦中,庄子除了自由以外,还象征性地暗示着平等。"物化"为蝴蝶的庄子,主体与客体浑然一体地达到物我一体的境地,因此,物我之间的关系化为平等状态。"庄子通过这一梦境暗示了超然于现实达到精神自由的人生观以及人与物之间的平等关系,其本质则是物化"。[3] 本文虽然也探讨平等问题,但会更重视自由,以使自由与平等在中国得以均衡。

那么,何谓真正的自由?有人主张,充满着苦难的庄子的人生最终通过死亡获得了真正的自由和解脱。例如:"生不过是苦役,死反而成了真正解脱"[4],"'死'是摆脱'人生之累'的唯一途径"。[5] "死亡是平等的,无君于上,无臣于下;死亡也是永恒的;天地为春秋;死亡也是自由的,无君无臣,无四时之拘束。这'死'其实就是审美的境界,是自由,是永恒,是平等,是齐万物之后的逍遥梦境"。[6] 这样,"庄子以梦解读生命的有限和短暂,解读生命由有限和短暂所产生的焦虑,试图以觉来解除梦的苦痛,让生命呈现从容、自由的境界,可是,觉未尝不是梦;庄子以托梦表达生命的无用及其价值,表达生命本是苦难的存在,死亡方是苦难的解脱。因此,生命之大觉、生命之无用远不及生命的死亡,死亡才是生命最后的彻底的解脱"。[7] 庄子在梦中"物化"为蝴蝶。按庄子本人的解释,"物化"意味着"天地与我并生,而万物与我为一"。"物化"最一般的意义在于"万物的自然变化",而"物化"的一种特殊意义是"梦中主体化为外物",而且"物化"有时专指"人的死亡"。[8] "在庄子看来死是人最终的归宿和彻底的物化,即死何复求生,一旦求生则必然为生所累。表面上看反映了庄子浓厚的厌世思想,实际上庄子是借此批判了人生之累和人生的不自由,贯穿的是对纯粹的自然精神的向往,所谓生亦自然,死亦自然"。[9]

笔者并不否定这种深奥的哲学思维,但本文将要论述的自由指的不是"死者"的自由,而是"生者"的自由。一般来讲,宪法所承认的基本权利是为了保障"活着的"公民之基本权利而存在的,而"死人"的基本权利只能在"死者的尊严"等极为局限的情况下得以承认。并且,如果我们将人的死亡进行过度美化的话,那么被独裁者动员而牺牲的人的死亡也会变

---

[1] 史博琦:《浅析"庄子之梦"》,载《科教纵横》2013年中旬刊。

[2] 张兰花:《论庄子之梦的文化地位》,载《商丘师范学院学报》2005年第3期。

[3] 史博琦:《浅析"庄子之梦"》,载《中国科技投资》2013年第11期。

[4] 刘伟安:《论庄子的蝴蝶梦——人生在梦幻中超越》,载《台州学院学报》2005年第1期。

[5] 蒋振华:《〈庄子〉梦寓言——中国梦文学的开山鼻祖》,载《求索》1995年第3期。

[6] 林美强:《游走在梦与美之间——〈庄子〉中四个寓言与梦境精神》,载《名作欣赏》2013年第8期。

[7] 陆建华:《庄子梦之解析》,载《河南教育学院学报》(哲学社会科学版)2012年第2期。

[8] 刘文英:《庄子蝴蝶梦的新解读》,载《文史哲》2003年第5期。

[9] 史博琦:《浅析"庄子之梦"》,载《中国科技投资》2013年第11期。

得合理化,甚至导致他们死亡的独裁者的行为也会得到称颂,这是为古今中外的历史所确认的事实。死亡可能是一种对苦难人生的忘却、解脱或者一种彻底的物化。对于这种极为深奥的哲学思维,可能在宪法学领域需要加以限制,以保障世界人民的人权和各国公民的基本权利。

二、自由与平等

在此,我们探讨一下关于自由与平等之力学关系。在英国革命到法国大革命这一时期内,自由与平等之概念一直是西方思想家们讨论的热点话题。法国大革命在思想家们高举自由、平等、博爱的旗帜下得以开展,法国《人权宣言》明确了自由与平等为基本人权。自由与平等是西方近代以后的主流价值理念,是随着社会经济结构的变化而形成的。自由与平等之间存在一定的张力,所以同时保障和实现这两个相互矛盾的东西是难以做到的。但是,西方资产阶级革命发生的时候,资产阶级之所以同时提倡和保障自由与平等,是因为资产阶级革命的主要目的在于打破封建专制:提倡"自由"为的是打破"专制",而提倡"平等"为的是打破政治上的"封建等级制度"。然而,资产阶级革命以后,自由与平等在经济领域里开始相互矛盾,资产阶级思想家们在经济方面未能实现他们曾经承诺的自由与平等。因此,他们脱离经济领域,只能在政治领域赋予了些权利。[1] 换言之,在资产阶级革命时期趋势浑然一体的"自由"与"平等",随着时间的流转拉开了距离,呈现出明显的矛盾。这样,在自然状态下有机统一的自由与平等之间的协调关系,只能停留在了近代思想家与早期的资本主义自由经济实现过程中的暂时论证上。因此,对于平等的要求也转移到了对于经济平等的要求上。这是怎样缩小贫富差距,实现财富与利益的平等分配的问题。[2] 由此可见,西方一百余年的社会正义论始终围绕着自由与平等之矛盾而展开,即要么是牺牲个人自由而实现社会平等,要么是甘于不平等而保障个人自由的问题。[3]

西方自由主义民主更为重视自由价值,所以平等被解释为"自由的平等""机会的平等"以及政治领域的"形式平等"。为了自由,可以牺牲平等,这可以说是一种"消极的个人自由"。自由主义民主的理念基础为个人主义和自由主义,个人的自由和权利是自由主义民主的核心价值。[4] 自由原则是在个人不干涉他人自由的前提下,发挥自己的才华与努力才能够获得财富的,这只能导致贫富差距;贫富差距会导致新出生的一部分人从开始就处于

---

〔1〕 王玉灵、郑冬芳:《三种民主观两种性质判断——基于自由和平等视角下的分析》,载《学术探索》2012年第1期。

〔2〕 方广宇:《自由和平等是相容的么?——以柯亨与诺齐克之争为例》,载《福建论坛》(社科教育版)2011年第6期。

〔3〕 同上。

〔4〕 王玉灵、郑冬芳:《三种民主观两种性质判断——基于自由和平等视角下的分析》,载《学术探索》2012年第1期。

不平等的状态。起点上的不平等可能再次限制一部分人以自己的才能和努力改善自身处境的自由。[1]

对于这种现象,平等主义者主张"只是表面上的自由或者法律字句上的自由远远不够,这只不过是表面上的平等而已,为了实现实质性的平等需要实现经济平等"。自由主义者所说的政治民主是"政治权利的平等",但"权利永远不能超出社会的经济结构以及由经济结构所制约的社会文化的发展"。[2] 马克思主义将以"平等"价值为核心内容的"社会主义"当作基本出发点,去寻找自由的路径。平等是社会主义最基本的原理。许多社会主义者提出了各种不同的"平等方案",以对抗自由主义自由所带来的困境,并且他们认为这才是对自由主义进一步的发展以及对自由和平等原则的彻底实现。马克思主义认为,社会主义是资本主义社会和共产主义社会之间的一个过渡期,它不但包含自由平等的价值原则,也是社会发展的历史必经阶段。它与资本主义制度相独立,并且可以成为替代资本主义制度得更为高级和先进的社会形态。马克思主义的社会主义民主所追求的是消灭阶级差别,在政治、经济和社会领域里没有阶级差别的相对平等。民族的阶级性是马克思主义民主的核心观点。[3] 中国是以马克思列宁主义思想为基调,采取"中国特色社会主义"的国家,与重视自由的西方资本主义国家相比,更为重视平等并为此大力实施社会福利政策。

下面,我们从第三代人权理论的角度探讨一下中国的自由与平等问题。

三、第三代人权理论与中国的人权

第三代人权理论——区分人权理论是1972年由法国法学家卡雷尔·瓦萨克(Karel Vasak)提出来的。依瓦萨克,第一代人权是法国大革命时期被提起来的,其目的在于保障公民的自由,因此其重点被放在公民从国家的专横统治中不受不当的侵害。第一代人权思想来源于掀起启蒙运动思潮的古典自然法学说。这些公民权利和政治权利的目的在于限制国家权利,所以这被认为是一种"消极的权利"。第一代人权在国际法上集中体现在1966年联合国第二十一届大会通过的《公民权利和政治权利国际公约》。第二代人权是在19世纪末到20世纪初在社会主义运动的影响下得以形成的人权理论,它对资本主义自由竞争造成的弊端进行了批判,对第一代人权的个人主义、自由主义进行了反省。以保障经济、社会和文化权利为主要内容的第二代人权,其目的是使公民实现均等的福利,为此要求国家积极介入,所以被称为"积极的权利"。第二代人权在国际法上集中体现为1966年联合国第

---

〔1〕 方广宇:《自由和平等是相容的么?——以柯亨与诺齐克之争为例》,载《福建论坛》(社科教育版)2011年第6期。

〔2〕《马克思恩格斯选集》(第3卷),人民出版社1972年版。

〔3〕 王玉灵、郑冬芳:《三种民主观两种性质判断——基于自由和平等视角下的分析》,载《学术探索》2012年第1期。

二十一届大会通过的《经济、社会和文化权利国际公约》。第三代人权随着第三世界的兴起而出现，它对第三世界价值观和西方世界自由主义进行了修正，且与由此出现的社群主义及各种发展理论、现代化理论等思想合为一体，构成了第三代人权的思想来源。民主主义思潮，尤其是民族自决观念对此发挥了很大的作用。第三代人权以全球相互依存的现象为背景，主张“连带关系权利”，其主要内容为和平权、发展权、卫生环境权及人类共同遗产权。第三代人权与人类为了共同生存而面对的各种重大问题相联系，而这些问题只能通过国际合作才能得以解决，所以第三代人权又被称为“连带的权利”。第三代人权在国际法上体现于《关于人民和民族自决权的决议》(1952 年)、《给予殖民地国家和人民独立宣言》(1960 年)、《关于发展权的决议》(1979 年)以及《发展权利宣言》(1986 年)中。[1]

第一代人权的权利主体是作为个体的公民。从权利性质的层面来看，第一代人权重视个人权利的天赋性，强调作为人具有的公民权、自由权、人身权等权利是无论如何也不能被剥夺的。从权利客体的层面看，第一代人权所指向的是个人的公民权利和政治权利，主要是为了保障个人的经济自由和政治地位的平等，其实质是竞争。因此，这是对等级制度和专制的斗争，是对竞争这个问题的号召。从人权理论背景的依据来看，第一代人权是立足于古典自由主义和自然法理论而发展起来的，强调权利的天赋性、个人的普遍性及至上性。[2]

中国现行《宪法》(1982 年《宪法》)关于第一代人权的规定如下：(1)选举权和被选举权(第 34 条)；(2)言论、出版、集会、游行、示威的自由(第 35 条)；(3)宗教信仰自由(第 36 条)；(4)人身自由(第 37 条)；(5)人格尊严及保护(第 38 条)；(6)住宅权(第 39 条)；(7)通信自由和秘密权(第 40 条)；(8)公民对国家的监督权(第 41 条)。中国现行《宪法》基于过去宪政历史的经验，响应对社会主义民主和法治建设的需求以及公民对人权保障的渴望，规定了这些公民的基本权利。

第二代人权的权利主体仍然是个人，但这里的个人不局限于第一代人权所指的具有公民身份的个人，还包含着社会、经济和文化生活中的个人。因此，国家被赋予通过福利政策推进个人的经济、社会和文化权利的义务与责任。从权利性质的层面来看，第二代人权中的个人概念来自社会，为了保障个人权利首先要把个人权利的社会条件加以改造，所以第二代人权带有浓厚的权利集体性和社会性。从权利客体的层面来看，第二代人权所指的是经济、社会和文化权利，而个人作为经济生活、社会生活和文化生活的参加者，享有社会发展在这些领域里所带来的各种好处的权利，社会也要因此提供保障。而这些带有强烈的福利主义色彩的权利要求解除竞争所带来的权力垄断现象，因此，国家应当发挥强力的调节作用，在社会、经济和文化等领域里确保不同社会成员之间的权利平等。从人权的理论背

[1] 胡欣诣：《三代人权观念：源流、争论与评价》，载《泰山学院学报》2011 年第 4 期。

[2] 叶敏袁：《“第三代人权”理论特质浅析》，载《中山大学学报》(社会科学版)1999 年第 4 期。

景和根据来看,第二代人权以社会主义思想和福利国家政策为其理论依据,强调社会成员在经济、社会和文化权利方面的平等对社会发展的重要性。[1]

中国现行《宪法》所规定的有关第二代人权的条款如下:(1)公民的劳动权利和义务。“国家通过各种途径,创造劳动就业条件,加强劳动保护,改善劳动条件,并在发展生产的基础上,提高劳动报酬和福利待遇。国家对就业前的公民进行必要的劳动就业训练”(第42条)。(2)劳动者的休息权。“国家发展劳动者休息和休养的设施,规定职工的工作时间和休假制度”(第43条)。(3)企业事业组织的职工和国家机关工作人员的退休制度。“退休人员的生活受到国家和社会的保障”(第44条)。(4)年老、疾病或者丧失劳动能力的公民从国家和社会获得救济的权利。“国家发展为公民享受这些权利所需要的社会保险、社会救济和医疗卫生事业。国家和社会保障残废军人的生活,抚恤烈士家属,优待军人家属。国家和社会帮助安排盲、聋、哑和其他有残疾的公民的劳动、生活和教育”(第45条)。(5)公民受教育的权利和义务。“国家培养青年、少年、儿童在品德、智力、体质等方面全面发展”(第46条)。(6)公民进行科学研究、文学艺术创作和其他文化活动的自由。“国家对于从事教育、科学、技术、文学、艺术和其他文化事业的公民的有益于人民的创造性工作,给以鼓励和帮助”(第47条)。(7)妇女在政治的、经济的、文化的、社会的和家庭的生活等方面享有同男子平等的权利。“国家保护妇女的权利和利益,实行男女同工同酬,培养和选拔妇女干部”(第48条)。(8)“婚姻、家庭、母亲和儿童受国家的保护。禁止破坏婚姻自由,禁止虐待老人、妇女和儿童”(第49条)。(9)华侨的权利保护。“国家保护华侨的正当的权利和利益,保护归侨和侨眷的合法的权利和利益”(第50条)。从这些条款我们可以看出,中国现行《宪法》相当重视第二代人权所提出的诸多内容。这是因为第二代人权是在社会主义思潮、社会主义革命和反殖民运动高潮时期形成的,它是在第三世界国家和社会主义国家团结一致,与西方国家进行斗争的过程中得以确立的。中国于1997年10月27日签署了《经济、社会及文化权利国际公约》,并在2001年2月28日,第九届全国人大常委会第20次会议批准了该公约。[2]

第三代人权的权利主体包含着个体、群体、社会、民族和国家等。这些权利主体能够享有的权利很多样,包括民族自决权、发展权、和平权和环境权等。集体当然包含个体,但集体毕竟不是个体,这是第三代人权的重要特征之一。从权利性质的层面来看,第三代人权认为真正的人权保障不能光依靠第一代人权和第二代人权来实现。在战争、不发达或者环境被破坏的情况下,人权的普遍实现是不能做到的。这样,第三代人权将视野放在世界范围的国际重大问题的解决上,所以这包含个人权利,但还包含超越个人的权利。从权利客体的层面来看,第三代人权所指向的是具有全球性意义的和平权、发展权、食物权以及环境

[1] 叶敏袁:《“第三代人权”理论特质浅析》,载《中山大学学报》(社会科学版)1999年第4期。

[2] 贺鉴:《论中国宪法与国际人权法对三代人权的保护》,载《法律科学》(西北政法大学学报)2010年第2期。

权,但其实质是对战争的反对,是对国家间不合理的政治、经济秩序及工业化发展所带来的环境污染的反对。这反映着遭遇战乱破坏而未能实现经济发展的第三世界国家的要求。而且,第三代人权超越了之前的两代人权局限于个人和国家双向维度的层面,着眼于全球化的发展趋势,强调国家间的自律和他律,特别是通过国际合作解决全球性问题的重要性。所以,与第三代人权相联系着的不仅有个人和国家间,还有国家和国家间、国家和国际组织间的权利和义务。第三代人权与社会主义思想、社群主义、发展理念及现代化理论融合在一起,其理论背景极为复杂,具有多元性特征,具有倡导一种集体权利的倾向。〔1〕

在中国宪法中,对于第三代人权直接规定的明文条款是难以找到,但也有与其有关的一些条款。例如,第三代人权所强调的有关民族自决权的条款散见于宪法序言中的关于反帝国主义、反封建主义、反殖民主义、反霸权主义的阐述、关于中国台湾地区问题的阐述、关于少数民族权利的规定(第4条)和宗教团体和事务不受外国势力支配的规定(第36条)。有关发展权的规定可以在如下诸多条款中得以确认:第4条(民族政策)、第19条(教育事业)、第20条(科技事业)、第21条(医疗、卫生与体育事业)、第22条(文化事业)、第42条(劳动权利和义务)、第45条(获得救济的权利)和第46条(受教育的权利和义务)。"中国处于社会主义初级阶段"也可以说属于发展权的内涵。《宪法》第8条(集体经济)、第9条(自然资源)、第10条(土地制度)的规定也隐含着对自然财富以及资源的权利。此外,有关人道主义及世界和平主义的内容也可以在序言中找到。〔2〕

除上述有关第三代人权的规定以外,中国与第三代人权也有一定的相似之处,其理由如下:

首先,第三代人权虽然同时强调人权的集体权利性和个人权利性,但其基本思维路径是个人权利和集体权利的统一,甚至与个人的"人权"相比,"国权"更为得到重视。这一点是受到西方国家的批判的,因为这种思维路径与西方个人主义的"先个人后集体"这个思路相违背,而且国家有时可能会以"集体"或者"国家"的名义来压迫公民的基本权利。〔3〕虽然如此,第三代人权在重视人权集体性这一点上符合强调"先集体后个人"的中国权利路径,而且对在国际社会中与第三世界国家及发展中国家齐声主张集体权利的中国来说,排斥第三代人权理念的理由不会有很多的。众所周知,一些社会主义国家和发展中国家的政府及学者们支持集体人权,中国既是社会主义国家也是发展中国家,因此具有强而有力支持第三代人权的条件。

其次,第三代人权同第一代人权和第二代人权相比,带有很少的政治色彩。瓦萨克指出西方的产业国家更为重视公民权利和政治权利,而社会主义国家更为强调经济、社会和

---

〔1〕叶敏袁:《"第三代人权"理论特质浅析》,载《中山大学学报》(社会科学版)1999年第4期。

〔2〕贺鉴:《论中国宪法与国际人权法对三代人权的保护》,载《法律科学》(西北政法大学学报)2010年第2期。

〔3〕叶敏袁:《"第三代人权"理论特质浅析》,载《中山大学学报》(社会科学版)1999年第4期。

文化权利的实现;第三代人权涉及人民在社会生活中的诸多基本权利要求,所以缺乏政治色彩。由此可见,第三代人权理论与更为重视实现经济、社会和文化权利的中国主张相比,没有太大的背道而驰之处。

再次,第三代人权可以说是人权理论上的一种重大发展,通过此理论我们可以更为辩证地看待个人与集体、道德与政治间错综复杂的关系。这对于当代中国努力构建和谐社会,创造一个人与人之间、个人和集体之间和谐共生的良好的权利法治生态具有借鉴意义。[1] 第三代人权所指向的和谐共生理念与当代中国社会所倡导的和谐社会具有共同点,所以中国与第三代人权理论可以起到相互促进的作用。

最后,法国大革命的口号为"自由、平等、博爱(兄弟爱)",如果我们将第一代人权的核心理念总结为"自由",将第二代人权的核心理念总结为"平等",那么,作为第三代人权的"连带性"中心理念可以说是"兄弟爱"的现代表现。第一代人权与第二代人权是国家试图通过法律的强制措施来实现;相反,第三代人权是以社会伙伴,即个人、社会、国家、公、私组织以及国际共同体的连带责任为前提,大家一起联手展开的。中国自古以来重视五洲四海同胞的伙伴关系,"四海之内皆兄弟也"以及洪秀全的《太平天国印书·天朝田亩制度》中的"天下一家""无处不均匀,无人不保暖"等说法都明显地表示着人民之间的"兄弟爱"。洪秀全的思想虽然受到基督教的影响,但他活动的时期和地区仍然也是中国历史的一个组成部分,这是我们不能否认的事实。还有,1954 年 5 月 29 日中华人民共和国和印度共和国《关于中国西藏地方和印度之间的通商和交通的协定》以及 1955 年在印度尼西亚万隆召开的亚非国际会议中被周恩来提出来的"和平共处五项原则",也与第三代人权所主张的内容有一定的共同点。由此我们不难看出第三代人权与中国主张的人权内容之间存在的相似之处。

到此,笔者阐述了第三代人权的问题,其实这不是为了介绍第三代人权理论的内容及其同中国的关联性,而是为了再次反刍第三代人权之前的两代人权之辩证关系。如上所述,作为社会主义国家的中国,为了实现象征"平等"的第二代人权,致力于扩张作为第二代人权具体内容的经济、社会和文化权利。关于第三代人权与中国之间的相容性如上所述。那么,我们重新回到被象征为"自由"的第一代人权理论,作为其具体内容的公民权利和政治权利包括生命权、人身自由权、私有财产权、追求幸福的权利、反抗压迫的权利、选举权、被选举权以及言论、出版、集会、结社等政治自由,果真植根于中国宪法现实中了吗?对此,有人会主张:"中国为了实现以平等权为核心理念的第二代人权一直努力着,也为了实现第三代人权与第三世界国家通力合作着呢!";"我们中国在探讨第二代人权和第三代人权,你们西方国家还停留在第一代人权问题上,倒要批评中国吗?"然而,我们不能忘记自由(第一代人权)与平等(第二代人权)不是处于历史的先后关系,它们不是过时与先进的关系。就

---

〔1〕 胡欣诣:《三代人权观念:源流、争论与评价》,载《泰山学院学报》2011 年第 4 期。

像美国学者唐纳利指出的一样，如果从生物学上的“代”的观点来看，因为下一代是由上一代而生，所以上一代必然先于下一代而存在。同样，第一代人权的公民权利和政治权利必然先于经济、社会和文化权利而存在，经济、社会和文化权利亦必先于第三代人权而存在才对。如果从技术上的“代”的观点来看，新一代技术代替过时落后的上一代的技术。那么，这意味着第二代人权比第一代人权更为先进，所以第二代人权可以代替第一代人权；第三代人权比第二代人权更为先进，所以第三代人权可以代替第二代人权。[1]“第一代人权——第二代人权——第三代人权”，这不意味着后代人权可以代替前一代人权，或者实现后一代人权的期间不需要去考虑前代或者后后代人权。相反，这些人权是需要同时实现的。因此，我们不能以中国已经走过了第一代人权（自由）时期（应该说没有经历过这个历史阶段）而实现着第二代人权（平等）这种错误的逻辑为由，主张中国不需要再为了保障中国公民自由和政治自由而努力。其实，资本主义国家一方面重视第一代人权，另一方面也为了实现第二代人权中的平等与福利，愿意接受和实施社会主义的因素。例如，《德国基本法》第30条第1款宣布社会国家原则，即“德意志联邦共和国为民主、社会之联邦国家”。《韩国宪法》虽然没有关于社会国家原则的明文规定，但韩国宪法学界将社会国家原则看作韩国宪法基本原则之一，即把它看作国家在维持资本主义自由市场经济的同时还要补充个人界限的一种补充性原则。自由与平等间应该怎样保持协调关系这个问题，无论在资本主义国家还是在社会主义国家，都属于需要解决的重大课题。因此，社会主义国家虽然为了实现集体平等而奋斗，但也需要为了实现个人自由而倾注努力。“第一代人权——第二代人权——第三代人权”这不意味着互相代替，第三代人权是为了补充第一代人权和第二代人权而被提出来的。

四、社会公正与自由、平等

本文从西方自由主义的观点、马列主义的立场以及第三代人权理论的角度，探讨了自由与平等的问题，通过本文的分析我们可以确认的是，西方自由主义内在的难点在于：是否必须在自由与平等之间做出一种价值选择？这两者之间如何保持平衡？自由与平等都是自由主义承诺的价值目标，做出两者择一式的决断是极为困难的。[2]我们可以确认的另一点是，西方自由主义倾向于尊重自由，而社会主义一般着重于平等。我们还不能忽略西方发达国家一般没有经历过殖民统治，而发展中国家大部分都经历过殖民统治的苦痛这一

〔1〕［美］杰克·唐纳利：《普遍人权的理论与实践》，王浦等译，中国社会科学出版社2001年版。转引自胡欣诣：《三代人权观念：源流、争论与评价》，载《泰山学院学报》2011年第4期。

〔2〕张二芳、柴晓霞：《唯物史观视阈中的自由和平等关系探析——兼论20世纪西方学者关于自由与平等关系的争论》，载《科学社会主义》2010年第5期。

点;前者有着重保障个人权利的倾向,而后者比较重视集体权利。[1] 中国作为一个社会主义国家,也作为经历过西方列强侵略和支配的发展中国家,与其他国家相比更为重视集体平等。

那么,我们如何能在一个社会内让自由与平等保持平衡并得以实现呢? 目前,在全世界只有极少数国家采取社会主义路线的情况下,笔者认为中国既然决定了走这样极少数国家采取的路线,而且创制了适合于中国国情的“中国特色社会主义”,那么就应该找出更为符合中国国情和更为恰当的自由与平等协调问题的解决路径。如果想立足于马克思主义找出自由与平等间协调问题的解决方法,我们首先要把“社会公正”确立下来,因为“社会公正”是自由与平等的合题(Synthese)和辩证统一。社会公正是对社会的权利和义务的合理配置,其具体内容之实现方式总是反映着社会历史条件下的特定物质生产方式,这也反映着人们现实的、具体的社会关系,与自由平等有着必然的关联性。作为人类所追求的基本理念和价值的自由与平等应当互为前提,处于互相补充的关系,社会公正可以说是自由与平等的合题(Synthese)和调节器,通过其作用才可以实现自由与平等之间的相对平衡。通过社会公正,自由与平等互为目的、互为条件,自由理想在现实中存在,平等的现实遵循自由理想。在这样的关系中,自由的最终意义可以体现人和社会发展的方向与归宿,平等的现实基础标志着人们社会生活中的公平与合理。[2]

社会公正虽然很重要,但我们还需要再次确认以下事项:即作为自由与平等之合题(Synthese)的社会公正,一方面为了平等适当地限制自由,防止不平等无限制地扩大而超过其合理界限;另一方面为了自由适当地允许不平等。需要注意的是,我们应该反对平均主义式的结果绝对平等。社会共同体需要维持争而不乱的秩序,使各方都得到一定的满足。在社会现实生活中,我们不能脱离人们自由与平等之现实程度和水准而抽象地探讨社会公正问题,也不能脱离自由与平等之间矛盾的具体状况而讨论社会公正问题。[3] 我们虽然保障社会主义式的平等,但我们不能认为每个人都具备无差别的选择的能力和行动的能力。社会主义社会公正应当承认人和人之间天赋和后天形成的差别。虽然如此,我们也应当尽量防止差别的无限扩张与两极分化。社会主义的本质要求我们同时解决发展生产力和两极分化的问题,达到自由与平等间真实有效的辩证统一。[4] 我们可以说,只有这样做才可以在社会公正方面比资本主义国家做得更好。

我们重新回到“庄子之蝴蝶梦”。今天,我们就像庄子之梦中的蝴蝶一样,自由地飞行

---

〔1〕 胡欣诣:《三代人权观念:源流、争论与评价》,载《泰山学院学报》2011年第4期。

〔2〕 张二芳、柴晓霞:《唯物史观视阈中的自由和平等关系探析——兼论20世纪西方学者关于自由与平等关系的争论》,载《科学社会主义》2010年第5期。

〔3〕 马俊峰:《自由与平等——形式与实质的矛盾及其解决》,载《哲学动态》2012年第2期。

〔4〕 张二芳、柴晓霞:《唯物史观视阈中的自由和平等关系探析——兼论20世纪西方学者关于自由与平等关系的争论》,载《科学社会主义》2010年第5期。

在自由与平等、第三代人权理论和中国的人权状况及社会公正的领域中。假如这只蝴蝶的生境为西方资本主义世界，象征“自由”的“右翼”会用很大的力气肃肃其羽，而象征平等的“左翼”的力度可能会比较弱一点。假如这只蝴蝶的栖息地为社会主义国家，象征“平等”的“左翼”的力度会比象征自由的“右翼”更强壮一点。笔者希望中国人民就像蝴蝶一样能享有自由的滋味，但这并不意味着自由权大大超过中国至今打下来的平等权基础，以防再次失去自由与平等之间的平衡。如果自由权与中国人民享有的平等权在同一个程度获得扩张，社会公正得以确立，象征着平等与自由的左右两翼就可以在保持均衡的状态下自由自在地飞翔在美满公正的社会中。

五、中国梦蝶，自喻适志与！

我们再次回到本文的主题，将庄子“蝴蝶梦”与习近平提出来的“中国梦”联系在一起，整体地总结一下其人权意义。就像鲜开林和刘状璟所指出，“中国梦的内核价值指引实现人的自由发展、平等、社会公正以及社会法治。……实现人的自由发展是中国梦的内核价值要求。每个人的自由发展与每个人的平等发展的自由是内在统一的。……中国梦的价值内核就是要通过公正把自由和平等两种价值有机统一起来，更好地克服和消除贫富两极分化和平均主义“大锅饭”的两种片面极端，使社会对各种资源和价值的分配走向合理合法，使人们的劳动交换走向合情合理。……法治是实现自由平等公正价值的有序方式。法治是实现公正的制度化形式，公正是法治的价值内容和规制”。[1]

庄子梦中“物化”为蝴蝶，飞舞花间，是那么的快乐，那么的逍遥自适，是因为他达到了一种“物我一体”“物我两忘”的境地，在此梦境中他忘掉了人生中的一切苦难，“物化”为“自由”本身。然而，实际上置身于战国时期的庄子的人生负荷是那么的沉重，他的内心沉浸于悲剧意识。我们不能只通过蝴蝶外在的轻盈的、翩翩飞舞的情景来判断它的形象，也应看出凝聚在蝴蝶飞舞中的痛苦人生体验和对理想人生境界的向往。“物化”为蝴蝶的庄子无忧无虑，从容自然，自由自在地飞来飞去的场景，穿越了漫长的历史打动了后代数以千百万人的心，是因为庄子在梦境中获得自由、达到解脱的形象象征着深厚的人生意蕴。《梁山伯与祝英台》的故事穿越了悠久的岁月，一直打动着全体中国人民的理由不尽如是。因人生之路上横亘着的无数障碍物和束缚人的桎梏而承受痛苦的男女哀切之爱情，终升华为一对蝴蝶，自由自在地飞来飞去，这样悲哀而美丽的场景使中国人民心甘情愿地与蝴蝶“物我一体”，超脱于人间的一切沉重负荷与桎梏。人生的沉重痛苦超越时空打动了人们的心，只是很遗憾他们未能生前合而为一。我们需要在生前实现每个人的小梦想，还需要看到中国梦逐日实现的过程。

---

〔1〕 鲜开林、刘状璟：《中国梦的价值指引》，载《学习习近平总书记系列讲话》2014年1月5日。

现代中国的千百万人民在集体平等的基础上,体验了一定的经济平等。但是在另一个方面,我们也许还需要考虑在集体平等的美名之下被埋没的个人自由,特别是虽有卓越的能力但被埋没在平等之中而不能发挥自己能力的无数的个人。虽无能但依靠平等制度而稀里糊涂地与其他人一起混日子甚至"成功"的那些人,很可能感觉不到有能力而"失败"的人们的苦衷。宪法上虽有规定,但得不到实际保障的各种政治自由等权利,今后还需要逐步加强其保障的程度,以实现更为完善的宪法现实。中国实现的经济平等,使千百万的人民能吃饱面包,而且是大面包,温饱问题早已解决。但愿中国宪法上有关人权的条款也凝聚共产党、国家领导人和全体人民的智慧,发挥更大的力量,得以完善实现,因为人权条款不能仅成为一个"大面包"(绣花枕头)。就像徐友渔所指出,"经济平等只是掩盖政治不平等的口号,它并不是权力垄断的原因,也不是人们丧失自由和权利的原因"。[1]

习近平总书记2012年11月在参观"复兴之路"展览时说:"我以为,实现中华民族伟大复兴,就是中华民族近代以来最伟大的梦想"。他还强调,"实现中华民族伟大复兴的中国梦,就是要实现国家富强、民族振兴、人民幸福"。"中国梦"反映着当代中国人民通过过去历史的经验来领悟对未来的想法与决心。"中国梦"是作为国家的中国的梦,也是每个中国人的梦,归根到底是全体中国人民的梦。庄子的蝴蝶梦也是中国人民的梦,是愿意摆脱人生之桎梏,"物化"为蝴蝶,无拘无束地飞翔的全体中国人民的梦。

庄子蝴蝶梦的宗旨在于"齐物"。"齐物"有三个层次:(1)具体地"齐周蝶",即庄子和蝴蝶虽然是完全不同的事物,但在梦中庄子"物化"为蝴蝶—"不知周之梦为蝴蝶与,蝴蝶之梦为周与?";(2)特殊地"齐梦觉",即"梦中所见为幻,醒觉所见为实,不能梦醒颠倒,以幻为实"—"方其梦也,不知其梦也",梦中总是"自以为觉,只是觉而后知其梦也";(3)一般地"齐物我",即物与物易于相互打通,而人与物难以达到"物我一体"的境界,但庄子却彻底做到"吾丧我",达到了"物我一体"的境界。一旦达到了"齐物我"的状态,自然就可以达到"齐万物"的状态。一旦自我与外物之间的界限得以打通,自我就与外物合二为一了。如果人们不是通过自我看外物、看自身、看万物,而是从"大道"看外物、看自身、看万物,那么天地万物包括主体自我在内,都不过是大道的产物和表现。[2] 希望中国人民体验"齐周蝶""齐梦觉"以及"齐物我"的梦境,与自由达到"物我一体"的境界,飞翔在辽阔的自由空间中。中国不但要用第二代人权核心思想的集体和经济平等的"左翼",还要用作为第一代人权精髓的个人权利和政治平等的"右翼",通过社会公正得以辩证合一,保持平衡,栩栩然飞翔在社会主义大家园中。如果中国人在"中国梦"中"物化"为自由,从"保障人权"这个"大道"看天地万物包括自我在内,那么,我们就可以自由自在地四处遨游,用自由和平等这平衡的两翼飞翔在保障人权的公正社会中。这个时候,中国人民会切身感受保障人权的滋

---

〔1〕 徐友渔:《关于自由和平等的当代思考》,载《云南大学学报》(社会科学版)2003年第3期。

〔2〕 刘文英:《庄子蝴蝶梦的新解读》,载《文史哲》2003年第5期。

味,法治社会也得以建设,“中国梦”终于得以实现,即“中国梦为蝴蝶,栩栩然蝴蝶也,自喻适志与!不知中国也”。

（原载于中国人权研究会编:《中国梦:中国人权事业的新进展》,五洲传媒出版社 2015 年版）

法对人类价值的承载功能

李道军*

每一个社会都有它自己的必然会通过法律制度力图实现的目标反映出来的价值指向。任何一个社会的和谐、稳定得以形成和定型的内力无疑是各该社会中全体或绝大多数社会成员附加在各该法律制度之上的价值。这些价值是与人们遵循、维护或者违背、破坏各该法律制度时所可能获得的利益与惩罚成正比的。无论法学家、法律家还是政治家总是希望法能够被人民信仰从而具有神圣的权威,如果法既没有权威也不被人民信仰的话,就会使社会失去了对法治的追求和信心。而法被信仰、有权威的前提必须是符合人类的基本道德与价值共识。因此,千百年来,不管人们是否明确地提出了这一概念,但都从未停止或中断过对它的孜孜以求。因为"价值问题虽然是一个困难的问题,它是法律科学所不能回避的"。〔1〕"在法律史的各个经典时期,无论在古代和近代世界里,对价值准则的论证、批判或合乎逻辑的适用,都曾是法学家们的主要活动。"〔2〕"任何值得被称为法律制度的制度,必须关注某些基本价值。"〔3〕虽然法律并不是完全奠基在价值观的基础上的,但法律对人类基本价值和价值共识的尊重和接受乃是其获得权威性的前提。法对人类价值的承载功能主要体现在其对秩序、自由、公平、正义、博爱等人类价值的关涉方面。

一、规范社会秩序

现实中,人们为了达到自己的目的,获得更多的利益、更多的自由、平等、安全等,都需要法定的秩序安排。事实上,在现实社会之中,法要限制人们相互间的非理性行为,避免彼

---

* 李道军,山东大学法学院教授。

〔1〕[美]庞德:《通过法律的社会控制——法律的任务》,沈宗灵、董世忠译,商务印书馆1984年版,第55页。

〔2〕同上。

〔3〕[美]E.博登海默:《法理学法哲学及其方法》,邓正来译,华夏出版社1987年版,作者致中文版前言。

此的互相攻击,就必须首先确认一种能够为各社会主体理解和认同的秩序架构与秩序规则。从政治学的观点来看,法正是我们用有组织的社会的力量来规范个人、团体和国家机关行为,并对违反既定的社会政治安排和利益配置现状的行为加以禁止或进行补救与惩罚的社会控制系统。一切法律,无论其内容或形态上有何种差异,其基本出发点是为人们和睦相处、满足人的基本要提供规范安排,保障社会安定与和谐的目的。从人性的角度讲,人类的本性是发展自己而又贪得无厌,人人都要求生存、要求自由、要求过好的物质生活和精神生活,这是由人的生理的和心理的自然属性所决定的,是人的一种本能,也是社会进步的原动力。人们之有所追求,归根结底是为了满足自身的各种需要和利益,人们的追求的也就是要保住已有的并取得更多的东西。人对权力和财富的欲望也是无止境的,而权力和财富事实上总是有限制的。因此,人类总是处于竞争和斗争之中。除非受到某种程度的限制,绝大多数人的行为都受私利驱使,他们将会追逐自己的目的,需要时牺牲他人也在所不惜。然而,人并不是孤立地生活在世界上的,人和人之间,群体和群体之间,个人、群体与社会之间,存在着各种错综复杂的社会关系。人就是生活在各种复杂的社会关系之中。既然人不是脱离各种社会关系而孤立地存在,就必然存在人与人之间的各种利益。[1] 矛盾与冲突产如果社会没有法律之类的公共规则可供依循,人们的行为将是盲目的,政府的行为也将会是任性与随意的。而如果人类的贪心和偏私达到不受某种一般的、不变的原则所约束之时,社会将陷千无序与混乱之中。人类正是着眼于这种弊害才确立了法律,并同意以此约束自己,因为法律这种“一般的规则是不会被敌意和偏爱、不会被对于公私利益的特殊看法所改变的”。[2] 当然,法律建构规范化秩序的终极取向是要满足包括政治社会的稳定需要、普通民众的安全需要和广泛主体间交往的适度需要在内的各种需求,亦即对各社会主体各类实有和应有利益的维护、保障和尊重。正是各社会主体间利益的冲突使法及社会环境有序化成为必要。法规范本身不是目的,法的完备有效也不是目的,甚至整个社会本身也不是最终目的,社会的有序运行和法的秩序取向只是为了作为主体的人的各种需要的满足和各种应有利益之实现的一个必需手段或途径。法治社会运行的过程也是人们实现其应有利益的过程。法定秩序之意义就在于,各社会主体应有利益的实现需要有序化的社会,没有良好的合乎理性的法定秩序,任何社会主体的应有利益不可能安全稳固地实现。

二、宣彰基本自由

自由首先是一个不被干涉的制度性事实,同时又是作为一种价值理想而存在的。作为

---

〔1〕 李步云:《社会主义人权的基本理论与实践》,载李林主编《当代人权理论与实践》,吉林大学出版社1996年版,第4页。

〔2〕 [英]休谟:《人性论》(下册),关文运译,商务印书馆1980年版,第572~573页。

一种基本的人类价值,进入法律领域,自由便外在地表现为一系列的权利,即在法定秩序的框架范围内,各社会主体基于理性和良知处置其人身及财产等各项利益和实施一定的行为。例如,当通过法律建构社会秩序时,确立秩序与自由关系,即通过法律将对主体自由的肯定和限定的程度,干预自由的合理性限度或者自由的合理法定界限确立下来,就显得尤为重要。现实世界里,人们必须同意依照他们自己设定的约束来管理自己,否则他们就会丧失自由的现实。就法定自由而言,到底法对自由的肯定和限定到什么程度才合适,即法保障自由的合理性限度或者自由的合理法定界限如何呢?这是一个很有争议的问题,实际上也是一个价值冲突问题。自由是法的价值目标,但同时法又必须严格规定自由的界限,否则自由就是不现实的;合理的法定界限不是外在地限制自由,而是现实的法的自由所内含着的题中应有之义,即是说基于自由本身的要求应当限制自由,"为自由本身而限制自由"。〔1〕 而既存的自由与法定秩序之间的不断冲突问题以及自由价值本身的人身自由、表达自由、行为自由等诸项构成相互之间冲突问题,例如,表达自由可能和其他公民免于偏激宣传、歪曲报道及淫秽描写的自由相冲突,个人的自由可能与国家的安全等社会利益发生冲突,思想自由与行为自由之间也会发生冲突,〔2〕这些都在时刻提醒我们应当由法来确定社会主体自由的合理界限乃至各项具体自由的明晰界限。"法的基本功能之一就是协调这些冲突,使各个目标都能最大限度地在社会中得以实现。"〔3〕纵观人类的历史进程,不难发现,虽然思想家们对"自由"的范围可能有多大,应该有多大,意见并不一致,却都在自由不应该漫无限制上达成共识,"因为他们体认到:人类诸多目的与活动,不会自动地趋于和谐,同时,无论他们信从什么学说,因为他们对其他目标,诸如正义、幸福文化、安全,以及各种程度的平等,持有极高的评价,所以他们愿为其他的价值而限制自由。"〔4〕他们也普遍认为,个人自由应当有一个无论如何都不可侵犯、不可逾越的小范围,但人类自由行动的范围应当由法来限制。作为社会的一部分,人们享有自由的程度以及所受束缚的限度与其所处的具体社会形态、具体国家状况、具体发展阶段和水平,一句话,与其所生活的各种社会生活条件密不可分。自由作为一种总是与改变和发展事物的原貌、推进利益的重新划分与配置的力量结合在一起的价值,在将各社会主体之间产生的推进社会变迁的力量控制在传统的既定力所能许可的范围内的同时,明显存在一种对不涉及他人与公共利益或对他人与公共利益有利的社会主体行为的放任抑或鼓励的倾向。当然,自由也不仅意味着个人拥有选择的机会并承受选择的重负,而且还意味着他必须承担其行为的当然后果,接受对其行动的

〔1〕 [英]Isaiah Berlin:《自由四论》,台北,联经出版事业公司1986年版,第232页。

〔2〕 为解决这些冲突,20世纪70年代以来,美国最高法院的大法官们曾提出所谓"优势自由"说,其基本意思是:某些由宪法保障的自由应该看作比其他自由更为基本,因此要比其他不太基本的自由处于较优的地位。实际上就是说这些自由应该视为宪法的根本价值,在发生冲突的时候,必须凌越次级自由之上。参见[英]Dennis Lloyd:《法律的理念》,台北,联经出版事业公司1984年版,第153~154页。

〔3〕 叶船:《论自由对法的决定性意义》,载《学习与探索》1998年第4期。

〔4〕 [英]Isaiah Berlin:《自由四论》,台北,联经出版事业公司1986年版,第232页。

评价结论。

三、体现社会公平

法不仅能够体现公平，而且应是公平、公正的守护神。公平本身是法的一项实质性价值，公平是由传统的、伦理的、政治的、文化的和公众心理等诸方面对实现效率最大化设置的外部条件之一，公平本身包含着事实公平和价值判断公平两个层面——前者是制度安排和操作过程的客观公平，而后者则是在各社会主体主观判断中被广泛认定是公平的。作为一个伦理范畴，公平存在于一切平行社会关系的要求中。不过，通常情况下，在法律体系下，公平更多地存在千或被运用千实体法则之中，成为一种确定态的制度安排的评价基准。公平还是以共同的价值观为基础的，指一定社会对人的生存、发展等基本条件的共识，是社会秩序和社会制度赖以存在的道德基础；公平不仅仅局限于经济领域，它涉及财富的占有，收入的分配，权力和权利的获得，声望和社会地位的状况，享受教育的机会，职业的选择，社会保障与救济等等；公平也不仅指社会福利的配置结果，〔1〕更重要的是指发展机会和条件的公平。公平问题的实质，是如何处理社会经济中的各种利益关系。〔2〕 当公平被充任一种历时态的评价基准时往往被称为公正。在法的运行程序过程之中的个案对待方面，公正更强烈地被要求、被呼唤。在人类的观念层面上，公正总是相对的，变化发展的，没有永恒的公正，这是因为，社会多元利益关系是在进行不断的博弈和调整的，而利益博弈的均衡也是不断演进和调整的，即在复杂的社会关系中，多数人之间的利益博弈关系并不是一次性的，更多情况下人们的利益博弈是多次重复进行的。因而从博弈论的角度来看，法律制度的形成实际上就是行为主体、利益主体经过多次重复博弈逐步确立起来的，反过来说，也只有体现多元利益主体重复博弈的相对均衡的正式法律制度才是相对公正和优良的法律制度。实际上，在立法所确认、保护或限制的各种社会行为以实现相对公正的背后，都是利益的客观存在。立法的价值正是在于通过对社会主体的复杂多元的利益关系的调整，使之达到一种相对的博弈均衡状态。因而可以说，公正实际上就是利益的协调与平衡，是通过博弈形成的一种均衡。与公平同时被强调的还有一种重要价值，即效率。效率之所以成为法的重

---

〔1〕 据中国劳动和社会保障部提供的官方数据显示，到目前为止，中国享有医疗卫生保障的人只占 15%，85% 的人没有医疗卫生保障，或者说是“没有靠得住的医疗卫生保障”，这足以表明，中国至少在卫生分配方面就还很不合理，其公平性太差。参见“中国科学家人文论坛”——中国工程院院士、美国科学院医学部外籍院士巴德年 26 日在北京人民大会堂举行专题报告会上所做的题为《中国公共卫生系统面临的挑战》的报告。

〔2〕 按照公平的初始含义，一个人在社会交往关系中给予别人的越多，他从别人那里得到的也应当越多，对他人有较多的付出，就要从他人那里多取一些作为报酬。因为，人们的利己倾向使他总是试图保持“账目”的收支平衡。如果我们在交换中投资相同，付出的代价也一样，那么，他们就期望着相等的利润。如果一个人在互动中投资较多因而有较大的风险，他就有权得到一份能够反映他的投资较多的较大的报酬。在与别人交往过程中，人们指望他们得到的报酬与他们的代价和投资成比例，而且往往追求最大限度地扩大利润，提高效率。参见［美］克特 · W. 巴克：《社会心理学》第四章，南开大学社会学系译，南开大学出版社 1984 年版。

要价值,主要是由于它能够为实现公平最大限度地提供物质的和技术层面的支持。就行政程序法来说,公平与效率是行政程序设计的两大基本价值。当偏好以效率为核心设计程序时,效率优先,程序的设计简便、经济,会赋予行政机关以较大的自由裁量权,处处都在保障行政应急性原则的实现;而当偏好以公平为核心设计程序时,公平优先,程序的设计细致、周密,会赋予公民以较多地了解有关情况的知情权、阐述自己观点的表达权,会更多地体现着对公民权益的尊重、关怀和维护。在不同时期、不同国家,在程序设计中对这两大价值指标的整合和融解总是会分出轻重与主次,而且法即使在公正地适用时也难以做到绝对的公平。比如,近代化过程中的经济立法总是在迎合着那些有产有业的人的需要和利益,而合同法和商法表面上对每个人来说似乎都是很公平的,都是尊重和反映了社会公众的普遍要求,但实际上任何法律部门都主要是在维护制定规则、实施规则的集团的利益。而当个人利益与社会公共利益、国家利益发生冲突的时候,利益的衡量和取舍通常在不同的时空背景下也会有所不同。我们认为,就是在承认难以达到绝对公平的同时,以最大限度地主观努力最大限度地接近绝对公平——包括在实体规范方面于利益分配的平均主义和分配实际中收入分配差距悬殊之间寻求共生点和平行线,在执法和司法程序规范方面于利益衡量之中判定各冲突利益之间能够共容的适当分解轨迹——从而使公平又得以反向担纲成为效率价值的评价基准和一项法的实质价值。

在近代以来的西方社会,以英美国家为代表,长期将程序公正确定为司法公正的核心内涵。他们不相信会有不出自程序公正下的公正裁判,他们认为不建立在程序公正上的判决,绝对是不可信的,因为,司法本身是个事实证明和法律选择适用的过程,因此,程序主持人(司法官)严守程序和保持公正立场是保证这一过程获得充分审究和剔除偏见的基本前提。换言之,只有过程公正,才能通往结论公正,评价判决是否合理,不能从判决本身自证,而应从过程推断。程序的公正包括两个方面:其一,裁判必须严格依据法定的程序进行,不得随意限缩或修改司法程序,因为一套现存的司法程序,往往都是以往的大最司法历史经验的总结。其二,程序主持者——法官——的公正。法官是程序的主持人,他的事业比一场球赛或一场棋赛严肃得多,因此更应维护公正立场,不能有任何一点倾向性。因此,各国都确立了回避制度,要求与案件有利害关系的人回避审理。同样,法官的个人素质和品德,在西方人的经验中,也被认识到是影响公正立场的重要因素,是考察法官公正性的重要条件,所以,他们普遍地非常重视法官的素质保障,并建立了严格的法官选拔和任免制度,以确保法官是在才智上超群、在品格上高尚的人。一个有污点的人没有资格担任法官,有了污点的人当然也要失去法官的资格。美国学者克莱门斯·巴特勒斯认为,在法官对案件的判决中,许多因素都产生着影响,包括个人的、法律的、政治的、制度的以及财政的等。首先,法官的社会、经济背景、学习法律的法学院、他们在法庭的工作阅历、审理过的罪犯人数、对待各种犯罪的态度、对被告的情感如何等都共同影响着法官的判决。“有些法官在审判案件时主观、任性甚至虐待狂似的滥施刑罚,真是声名狼藉。由于年迈或生理、心理上的变态,一些法官对被控犯有某类犯罪的被告一律判处最高刑。被告的辩护律师总是尽量避开习惯于判处最高刑的法官。如果不幸案件落入这类法官手中,律师便作好上诉准备,因为他们知道,上诉法官较有同情心,因而有可能撤销初审法院的判决。”其次,法官是政治性生物,其判决的作出受到各种外界信息的影响。公众希望把犯人从社会上清理出去的呼声很高,而监狱人口的增长恰恰表明法官听到了这种要求严惩的呼声。再次,辩诉交易、判前调查报告以及制度的某些能量之类的制度因素的影响是显而易见的。辩诉交易在使案件通过刑事法庭而得以解决这一方面是有用的。如果更多的被告要求正式审理而不想“达成交易”,那么法庭的交易将因无法进行而终止。但是,辩诉交易可以减轻指控,可以把本来应判处监禁的判处缓刑。最后,法官在作出判决时还考虑到有关财政经济因素,诸如谁将从判决中受益?它的执行需要多少经费?谁来支付这些费用?这些费用的支付是否得不偿失?一个判决的得失怎么与另一个相比较?由一种判决取代另一种判决能否节约经费?[1] 在这些方面,处处折射出公平与效率的关联。

四、作为正义化身

正义是人类在共同生活和相互影响的现实社会中,基于个人、家庭、阶层、集团、国家的包含物质生活的要求、精神生活的要求在内的一定的共同需要而导致产生的评价标准。凡符合这些标准的就是正义,凡违反这些标准的在实体上说就是非正义。正义的认同直接根源千人们在物质和精神上有各不相同的欲望和要求的本性与人的理性。作为一种利益划分与配置的合乎理性的比例关系,正义形成和发展必然存在某种客观的必然性。人类在征服自然、改造自然和社会的过程中,由个体结合为群体,形成小则家庭、大到国际社会,从而产生出各种社会关系,正义正是保证这种关系存在与运作的价值准则。所以,正义既是人类实践活动的客观需要,也是人类社会关系演进的必然结果。因此,在几乎所有的法学流派及法学家那里,正义都是一个不曾被忽略的范畴;在任何法律制度中,正义都是一个不可或缺的要素。尽管体现程度有所差别,而且由千人们对它的看法,因人、因地、因时有所不同使实体的正义不足以单独作为法律的基础。但“正义这个概念在任何想要存在下去的法律制度中都必须起很大的作用。因为如果人们感到法律是正义的,他们总是愿意服从”。[2]

---

〔1〕 [美]克莱门斯·巴特勒斯:《矫正导论》,孙晓雳、张述元、吴培栋译,中国人民公安大学出版社 1991 年版,第 68~69 页。

〔2〕 [英]G. D. 詹姆斯:《法律原理》,关贵森、陈静茹等译,中国金融出版社 1990 年版,第 24 页。

在任何政治与社会变迁中,总是会造就出一些属于这个特定时代的新的正义理想,[1]而且这种正义理想必然是符合历史事实,它通过有识者的洞见和抽象过程与逻辑阐释可以转化为人们的行为的直接启示。正义之所以成为法律的根本价值,首先是基于其目的在千调整各社会主体之间的社会关系,它强调的是属千各社会主体的东西应当保障其得到,由正义所保障的利益决不受制千政治的交易或社会利益的权衡。在这样的原则之下,社会的每一成员都被认为是具有一种基于正义,或者说基千自然属性的不可侵犯性。如果在一个实际运行的法律体系中,对在个人之间的基本权益的分配和保障没有任何任意性,事实上的社会秩序使各种对社会生活利益的冲突要求之间形成一种恰当的平衡,那么这个社会秩序在总体上就是正义的。[2] 其次是由于在一个法治化的国度里,正义从权力层面到社会层面对社会发展起着强有力的评价和推动作用,不正义的法律被拒绝认可为法,所谓“恶法非法”;在许多场合,正义甚至直接被吸纳为法源的一部分,被采用来填补法律空白和作为纠正法律失误的力量,社会正义经常被作为法律解释的基准。事实上,法本身也在呼应着正义的召唤,实施着正义的要求,代表着正义的力量。比如,在实现分配正义方面,法通过把指导分配的正义原则法律化、制度化、并具体化为权利与义务、权力与责任,实现对资源、社会合作的利益和负担进行权威性的、公正的分配。在实现平均正义方面,法通过规定对违法犯罪行为的制裁和惩罚、对于善行应该给予褒扬和激励来表达正义观念、恢复和达成社会心理的平衡。在这一过程中,法还要为和平地解决纷争提供规则和程序,并确保类似案件类似处理,同样的情况同样对待,也就是实现法律面前一律平等。

五、张扬博爱情怀

博爱作为18世纪法国资产阶级革命时期所提出的政治口号,其基本含义乃是指无差别地爱一切人,即人人彼此相爱。而作为一种对人类关系的理想状态的追求,早在古代社会就已经出现。比如,在我国,西周时期就有“怀保小民,惠鲜鳏寡”[3]思想,春秋战国时期,更出现了“仁”与“兼爱”理念。“仁”是孔子为代表的儒家人文精神的核心,[4]所谓“己所不欲,勿施于人”,“仁者爱人”,“泛爱众”,倡导人人孝敬祖先,尊敬父母,亲爱兄弟,诚待朋

〔1〕 比如,弗里德曼认为:“对于正义的一般价值之追寻在个人福利、社会福利、集体生活自由以及其他事物的领域里要比在自然法的外衣之下所作的更有成果……再也没有比东方跟西方应合力设计出法律行为的一般原则更重要的。”参见W. Friedmann:《法理学》,杨日然等译,台湾司法周刊杂志社1985年版,第390页。罗尔斯也指出,通过建立满足这样的假设的实体正义制度,在社会中强者与弱者之间、富人与穷人之间就有可能达成一种制度下的和谐:“地位较好者的利益改善着地位较差者的条件,即使情况不是这样,也能够被调整成这样。”参见[美]约翰·罗尔斯:《正义论》,何怀宏、何包纲、廖申白译,中国社会科学出版社1988年版,第83页。

〔2〕 [美]约翰·罗尔斯:《正义论》,何怀宏、何包纲、廖申白译,中国社会科学出版社1988年版,第3页。

〔3〕 《尚书·无逸篇》。

〔4〕 儒家人文精神涉及面非常广泛,仁、义、礼、智、信、忠、孝、诚、恕等,无不包含在内。

友,和睦邻里,与人为善;反对苛政,要求官员与官府“修已安人”“博施济众”“使民以时”“动之以礼”;反对滥用权力,以随意的态度使用民力。“兼爱”是墨子为代表的墨家思想的基石。墨子身处诸侯混战、社会动荡、百姓苦难的时代,看到“相爱”的缺失是社会祸患的根源,所谓“当察乱何自起?起不相爱。臣子之不孝君父,所谓乱也……若使天下兼相爱,国与国不相攻,家与家不相乱,盗贼无有,君臣父子皆能孝慈,若此,则天下治”。[1] 在他看来,“天下兼相爱则治,交相恶则乱”,因而极力主张“兼相爱、交相利”。再如,在西方,《圣经》中有“你要爱主和爱你的邻舍”“你要终生爱主并真心彼此相爱”之类的劝谕。在英国的托马斯·莫尔和意大利的康帕内拉等早期空想社会主义者那里也曾经描绘过人类互不欺凌、彼此相爱的和谐图景。大革命时期的法国资产阶级启蒙思想家和革命家从人道主义立场出发,将博爱与自由、平等一起写在了资产阶级革命的旗帜上,并成为后来资本主义各国社会立法的理念基础。然而,如果我们考察人类文明的历史进程,其实不难发现,真实画面上,人类时时处处面临诸多共同的冲突和挑战,发生在人与人、人与社会、人与自然、不同的人类文明之间的冲突直接影响着人类的生存和发展。为应对这些冲突和挑战,人类必须宽容和仁爱,谋求达致和衷共济、多元互补、共存共荣,以宽容和开放的心态,包容他人、社会、自然、文明依其自身的特性所获得的存在和发展,必须怀有对自然、社会、他人的责任意识和爱人爱物的仁爱精神。没有宽容、没有仁爱的社会,失去的是和谐和稳定,存在的必然是仇恨和破坏。人类要进一步文明和发展,就应有更多的宽容和仁爱。而宽容和仁爱正是博爱的核心。现代世界范围内的社会立法,特别是社会保障和救济方面的立法以及自然与环境保护方面的立法,无不体现和负载着人类“博爱”的理念和精神。在现代社会,在相当大的程度上,是否贯穿和贯彻这种“博爱”的理念和精神,正在成为衡量一个国家和社会法治进程的基准和判断各该社会的法律是否正义的标尺。

(原载于《山东大学法律评论》2004 年卷)

[1] 《墨子·兼爱上》。

略论中国古代司法公正保障制度

林　明*

中国古代(主要是封建时代形成的)司法公正保障制度是封建法治的重要组成部分。综观中国历史上一些开明的思想家和统治者都懂得暴虐速亡的道理,懂得运用政权和法治的强制力,特别是力图通过封建法治的良好贯彻及司法公允来达到维护统治阶级整体利益和稳定统治秩序的目的。怎样保证封建法律的实施,从司法审判方面解决冤滥或畸轻畸重的痼疾,在符合他们根本利益的前提下,实行司法公正,这是历代封建统治者比较关心的问题。尽管从本质上看,这些制度的实施只是"依法"实现了封建法律本身的维护等级和专制的职能,我们仍然可以积极评价它在形式上、法理上的意义以及在古代司法实践中所起到的某些积极作用。

一

中国封建时代的司法公正保障制度是随着统治经验的积累、国家组织机构和行政管理体制的完备以及封建法律儒家化的完成,在长期的司法实践中逐渐建立和完备的。这些制度既有自己特定的内涵,又相互交错、紧密有机地联系在一起,形成一个制约或监督体系,来共同保证封建国家司法机器的运转,并起着执法公允、避免冤滥的作用。

(一)法官责任制

统治阶级经过长期的司法实践得出一个结论:"虽有贞观之法,苟无贞观之吏,欲其刑善,无乃难乎?"[1]就是说有善法而无善吏,很难实现执法公正。因此明确规定法官在审判上的法律责任,用法律手段来杜绝徇私枉法的行为和不负责任的审判作风,这是古代吏治

* 林明,山东大学法学院教授。

〔1〕 白居易:《论刑法之弊》,《白居易集》卷六五。

中的关键内容。早在西周《吕刑》中就有为惩治典狱官贪赃枉法、受财卖放而制定的“五过之疵”条文，典狱官犯有一条便与犯人同罪。秦汉律中开始将司法官的违法行为及有关罪名规范化，如秦律中处刑不当失轻失重的“失刑”罪、罪当重而故轻判或罪当轻而故重判的“不直”罪、应论罪而故意不论或减轻情节故意使犯人逃脱制裁的“纵囚”罪等。汉律还将受赇枉法、见知故纵、故不直、鞫狱不实等行为根据罪行性质，规定了不同的刑罚。以“慎刑”标榜的唐律，将司法责任制进一步法律化和系统化，主要包括：(1)司法官在审讯中应仔细考察被讯对象的言辞、表情和陈述的理由，反复进行比较验证，弄清事实和案情，如确需拷讯，应与有关人员会同拷讯，违者，杖六十。(2)司法官断案必须严格依据律、令、格、式正文断罪，如不引用而致断罪有出入者，事属故意，以故意出入人罪论处；事属过失，则以过失出入人罪论处。(3)严禁出入人罪，即禁止把无罪断为有罪、轻罪断成重罪。出入人罪可由各种情况引起，受赃枉法是最主要原因，因此对贪枉，唐律既有总则性的规定，也有对官吏在执法过程中可能出现的各种受赃枉法(或不枉法)行为所做的详细而恰当的具体规定。出入人罪无论故意或过失都要承担法律责任。(4)为防止司法官因亲属或仇嫌关系而故意出入人罪或避免徇私而错判，还规定了法官的回避制度。宋朝的法官责任制又增加了遵守办案时限的责任。办案时限依案件轻重难易和受理机关的级别，分别大、中、小三类，规定有不同时限，超时限者，司法官吏应负法律责任。

援法断罪是法官责任制的组成内容之一，也是封建统治者为防止法官任意性的权力行使及罪刑擅断而作的法律规定。西晋刘颂最早较明确地提出了要按照成文法律定罪量刑的“罪刑法定”原则：“律法断罪，皆当以法律令正文；若无正文，依附名例断之。其正文、名例所不及，皆勿论。”[1]此后北魏也规定律无正条，须准旁章以定罪，无旁章者皆不论。北周宣帝还发布过“决狱科罪皆准律文”的诏令。隋朝在司法判决书中，要求详细抄录所适用的律文，“诸曹决事，皆令具写律文断之。”唐律如前所述，规定“诸断罪，皆须具引律令格式正文，违者笞三十。”唐以后率皆仿此。

历代强化法官责任制的原因很多，如渲染德治慎刑的需要、封建吏治的需要、督励法官公正执法以缓和社会矛盾的需要等。通过法律来制约官吏的执法行为，确实能在一定程度上避免司法审判中畸轻畸重的现象，可有效地惩治那些任意罗织罪名的司法官吏，从而实现统治阶级的上述需要。从历史上看，法官责任制实行的比较好的朝代，往往是政治开明、法制完备之世。

(二)录囚复审制

录囚是封建时代由皇帝或依皇帝诏令，委派各级司法机关、监察机关、行政机关及专差官吏，对监狱在押犯进行审录复核，讯察决狱情况，对狱政管理状况进行监督检查，以平反

---

〔1〕 陆心国：《晋书·刑法志注释》，群众出版社1986年版。

冤狱、纠正错案、督办淹狱、宥减轻系的制度。最早见于正式记载的是在西汉,汉书曾记载了汉武帝时青州刺史隽不疑的录囚事例。皇帝亲自录囚则始于东汉,此后魏、晋、隋、唐等朝均有君主亲自录囚活动的记载,如唐太宗“亲录囚徒,闵死罪者三百九十人,纵之还家,期以明年秋即刑。”[1]录囚至唐代改称为“虑囚”,并逐渐经常化。至于中央和地方上级长官实行定期录囚,也是从汉代开始的。汉武帝规定州刺史“巡行所部郡国录囚徒”;郡太守于每年秋冬派遣干练廉正官员到所属各县,“案讯诸囚,平其罪法”,并以此作为考核郡县行政长官政绩的内容之一。南北朝时期各朝普遍推行特使察囚制度。淹狱是封建时代普遍存在的问题,或是疑狱不决,或是久系不讯,酷暑严冬,狱内人满为患。因而对淹狱的督办成为唐宋时期录囚的一项重要内容。《唐六典》载:“若禁囚有推决未尽留系者,五日一虑。”宋太宗在位时规定“长吏每五日一虑囚,情得者即决之”,后改为“诸州十日一虑囚”[2]。至明清则无官吏定期录囚的制度,而代以秋审、朝审时由中央有关官署会审、复审重罪案的办法。

录囚制度能够在封建社会长期存在与沿袭,是与其实际功能分不开的。通过录囚对监狱在押犯进行审录复核并在此基础上对在押犯进行平反纠错,有助于提高审案质量,减少冤狱;通过录囚对淹滞未决案进行督办,对狱政状况进行监督和检查,可以改进狱政管理,防止案件的滞留延宕,便于及时发挥司法镇压的职能;通过录囚来检查和督励下级机关的审判活动,考核郡县行政长官的政绩,有利于改善司法状况;对非死罪犯人的减等及轻罪犯的原宥,还能借此宣扬统治者的所谓“仁政”。此外,随着皇权的加强、监察制度的完备,在录囚制中充分体现了监察的特性,监察机构常以遣官参与录囚的形式在司法监督方面实施权力。

(三)御史监察制

古代监察机关作为皇权的耳目之司、“监制百司”的吏治工具,受到统治者的高度重视,其职权也比较广泛,如兼理审判、督察百官、纠举失职等。作为封建国家监督法律执行的机构,历代御史都兼有审判权。汉代的御史台以及掌纠察京师百官及所辖附近各郡的司隶校尉,巡察地方的部刺史等,均有部分的审判权。唐代御史台负责监督大理寺和刑部的司法审判活动,此外还直接参与审理重大疑难案件和受理有关行政诉讼案件。宋朝是司法审判监督机制较为完备的一个时期。在司法审判系统内部,它有一套上下左右的驳议规定,凡录问或复核之官,对鞫狱不当的原审官有驳议之责;对“当驳”而“不能驳正致罪有出入”的,都要承担法律责任。在审判系统之外,也有一套专门机构对司法审判实施监督,如京师所设“纠察在京刑狱司”。南宋改为“提点京畿刑狱”,就是“以省冤滥”的机构。中央御史台

[1] 《新唐书·刑法志》,中华书局1972年版。
[2] 《宋史·刑法志》,中华书局1972年版。

也负有对滥用职权徇私枉法的司法官吏进行"劾奏"之权。为加强地方司法的监督,曾增置御史台推勘官作为皇帝的特遣官员分赴各地审理要案,返京后要向皇帝直接汇报案件处理的情况。明清的监察机关是都察院,不仅有权监督刑部的审判和大理寺的复核,且有权直接审理部分案件,并参与三法司的会审活动。

封建时代监察机关与职权机构的不断扩大,一方面反映了统治者对督察官吏忠于职守、充分发挥国家机构效能的重视;另一方面,司法审判活动关系到封建法制的落实、黎民百姓的切身利益,影响着社会安定。而监察机关参与审判活动,实行司法监督,对于纠弹官吏在审判中的不法行为等方面确实起了重要作用。

(四)申诉与死刑奏报制

为纠正冤错,历代都有一些通常程序和特殊程序的申诉及请求重审的制度,如秦汉时的"乞鞫"制、宋代的"翻异别勘"制、"理雪"制等。非常程序的诉冤又称"直诉"。封建时代是要求逐级上告申诉的,对直诉有非常严格的限制,但在特殊情况下,仍可直接越级向上甚至向朝廷申诉冤屈,如"登闻鼓"制。晋代已有设置登闻鼓的记载。北魏时"悬登闻鼓,人有穷冤,则挝鼓。公车奏其表"。唐律规定,击登闻鼓,上表申诉,有关官吏应受理。不即时受理"加罪一等"。宋代还专设登闻鼓院,受理击鼓申诉案件。明代设登闻鼓厅受理冤抑词讼,《明会典》载:"凡民间词讼,皆需自下而上,或府州县省官及按察司官不为伸理,及有冤抑机密重情,许击登闻鼓,监察御史随即引奏。"清代登闻鼓设在通政司内,黎民击鼓申诉,如被认为确系冤抑,由通政司处理。这种在朝堂外设鼓以待有冤屈者击鼓直诉的制度,自晋至清一直沿用,是古代对不许越级上诉限制的补救措施。邀车驾上表申诉也是一种直诉形式,唐以后均有此制。唐代还实行过"匦函"制,武则天垂拱年间,为收受黎民投书申诉冤屈,检举官吏犯法以及进谏等,曾专设匦使院,置四个铜匣于朝堂,名曰"匦",其中设在西面的一个为白色,称为"伸冤",受纳诉状,"怀冤负屈,无辜受刑者投之",并设有理匦使处理诉状。

死刑奏报制度始于魏晋南北朝时期。当时各朝都规定了严格的死刑复核制度,魏明帝时下诏:"廷尉及天下狱官,诸有死罪具狱以定,非谋反及手杀人,亟语其亲治,有乞恩者,使与奏。"[1]到南朝刘宋和北魏年间,则无例外地规定"诸州国之大辟,皆先谳报乃实行"。隋朝定为三复奏。唐代规定决死刑,在京师为五复奏,在诸州为三复奏,并规定,死刑的执行应在复奏批准下达三日后执行,不待复奏报下而决者,流二千里。其后各朝复奏次数虽有变更,但均实行死刑复奏制。这一制度的确立及实施,主要目的是加强皇帝对司法审判的控制,同时也是慎刑精神的一种表示。

---

〔1〕《三国志·魏书·明帝本纪》,中华书局1972年版。

(五)法司会审制

中国古代的会审制度可以表现出两个特点:一是行政兼理司法审判权。历代虽设有专门的审判机构,但监察、行政机关也可以审理案件,主要是对诏狱、疑狱的会同审理,表现出司法权与行政权既相互独立又相互渗透的特点。二是通过会审来作为宣扬统治者"慎刑恤罚",渲染其"仁政"的一种重要方式。我们主要还是从公正司法的角度来看会审制度。

古代的会审制渊源,可资参考的是《礼记·王制》中关于殷、周时期狱讼审判程序的记载。一个重大案件从立案到庭讯到判决,须经过史、正初审后上交司寇复审,最后由国王在三公或六卿的参与下作出裁决。《周礼》中的"三刺"也具有会审的性质。至唐代,会审制得到进一步完备。唐代的三个主要法司大理寺、刑部、御史台,一般情况下分别工作并相互制约监督,但遇有特别重大案件,则由大理寺卿会同刑部尚书、御史中丞共同审理,叫作"三司推事",这是最早正式设立的会审机构。明清的会审制度在取代录囚制的基础上更为完备,发展成每年的朝审、大审、秋审、热审等制。除三法司外,九卿、五府、科道、通政司、司礼监、宗人府等机构各从不同的职能和侧面参与审录。如明代在中央专门设"三法司"的联合审判组织,由刑部、大理寺和都察院组成,对重大或疑难案件会同审理,称为"三司会审"。再有特别重大案件,则由三法司会同各部尚书及通政使共同审理,即"会九卿鞫之,谓之圆审"。清朝改称"九卿会审",并在明代的朝审制上,发展成为秋审、朝审和热审三种形式,分别复审各省上报的斩绞监候案件和刑部判决的案件以及京城附近的死刑案件。在清朝,秋审被称为国家"秋谳大典",受到特别重视。统治者试图通过这样一种隆重、烦琐而"严肃认真"的程序,来表示重视民命,慎刑执法。实际上,明清较为发达和完善的会审制度,是封建社会晚期皇权控制的审判制度日趋完备的表现,同时这种方式的实施,能够对各级司法机关的活动实行检查和监督,除纠正冤错外,也有助于封建法律的统一适用。从慎刑角度来说,通过这样一种方式,有些死囚因此而获生路,如经过秋审或朝审的死刑案件除情实奏请执行外,其余缓决、可矜、留养承祀等情况,均可免于死刑。

二

中国封建社会之所以能够形成这样一套独特而完备的机制,大致有以下几个方面的基本原因:

第一,调整、缓和社会矛盾,建立并维护相对稳定的社会关系和社会秩序的需要。在中国封建社会,各个阶级、阶层、利益集团之间在经济关系、政治关系方面存在复杂而尖锐的利害冲突,封建法律在实施过程中需要兼顾和协调各方利益关系。当然,首先是明确的保护本阶级的利益。早在奴隶社会就公开规定社会成员在司法中的不平等地位(周礼中明确提出"礼不下庶人,刑不上大夫"),以特权法和等级法为特征的封建法更是将保护贵族官僚在法律上享有的特权作为重要任务。在司法制度中的表现,汉代有“上请”之制;从魏律开始,历代法典中皆有保护贵族官僚享有不受一般法律或司法机关约束,以致最终不受法律制裁的所谓“八议”制、“官当”制等特权宽待制度。这些制度的实行就使得贵族官僚更全面地获得了凌驾于法律之上的特权,更加深了广大人民的苦难。东晋成帝时,庐陵太守羊聃“动辄杀人,简良一案,冤杀一百九十人”,“有司奏聃罪当死”,因景献皇后是他祖姑,属于议亲,竟免除死刑。南梁武帝时实施八议制度以“敦睦九族,优借朝士,有犯罪者皆讽群下屈法申之”,而“百姓有罪,皆案之以法”。因此,“是时王侯子弟皆长而骄蹇不法”“或白日杀人于都街,劫贼亡命,咸于王家自匿。”[1]这会对封建社会秩序造成某些损害。加之封建法的残酷性、专横性及有罪推定、秘密审讯和刑讯逼供等制度也经常地、自然地导致贪赃枉法、徇私枉判、贿赂公行、酷吏惨剧、狱政黑暗、淹囚滞狱等司法冤滥现象的发生。而这些现象的经常发生又是进一步成为政治腐败、社会内部矛盾激化和人民群众反抗的基本原因,如果听任封建司法制度处在这样一种暴虐无序、酷滥而无制约、放纵而无规则的状况下,必然极大地损害和动摇封建统治基础。因此,怎样把巩固统治集团内部的统一,将他们的特权加以法定的限制,与稳定封建社会基础更好地协调起来的问题,引起了一些开明政治家和思想家的关注。他们提出并利用封建法治来调整、缓和社会矛盾,实行并依靠某些制度作为一种制衡和自我调节手段,使司法审判在不危及皇权和统治阶级特权的前提下实现执法公正。而司法公正保障机制就是通过长期司法实践总结出的一套行之有效的补救措施。

第二,封建法律作用的内在要求。从我国历史上看,“法”字从其产生的含义来说就有“平之如水,从水”,即公平的意思。古人曾经给法下过许多定义,其中有一些就涉及法的客观性和公正性,认为法律应该是公平、正直的,如同尺寸、绳墨、度量衡一样,应当作为衡量人们行为的客观准则。在执法方面,法家主张的有法必依、赏罚公正、刑无等级、法不阿贵思想,儒家的“宽猛相济”“允执其中”“刑罚不中,则民无所措手足”思想,墨家的“刑法正”“不杀不辜,不失有罪”思想等,都产生过深远的影响。再如,封建社会早期的司法官所以称为“廷尉”,也是有特定含义的,所谓“廷,平也。治狱贵平,故以为号”。这个名称本身便具有执法公正平允的要求。上述都反映出人们很早就将法与公平等概念等同认可。它说明法作为一种社会规范,一种调整整个社会关系的基本行为规则,其作用就不仅是按照统治阶级的要求把被统治阶级的活动和利益控制在许可的范围内,同时更需要用法来调整本阶级内部的各种关系,解决本阶级内部各个成员之间、个别成员与阶级整体之间的矛盾,这就要求至少在统治阶级内部相对执法公正,以及为稳定社会秩序进而在全社会成员中“依法”(这个法已经是等级法、特权法)实现司法“公正”,就能更有效地维护封建统治阶级的根本利益。

第三,儒家传统“慎刑”思想的影响。中国古代司法公正的一个主要内涵就是防止“冤

[1] 《隋书·刑法志》,中华书局1972年版。

滥”,其对应的观念就是儒家一贯倡导的“慎刑恤罚”思想。慎刑是指用刑慎重不滥,最初见于《尚书·舜典》“惟刑之恤哉!”意即考虑到刑罚可能滥用失当,量刑时要有悯恤之意,使刑罚轻重适中。《尚书·大禹谟》也记载了夏商时期一条为后世所传诵的刑事政策原则:“与其杀不辜,宁失不经。”这都可以认为是中国古代慎刑思想的渊源。西周初年开始修正了殷商的神权法思想,提出了将“德”运用于法治活动方面以“明德慎罚”。即无论立法、司法都必须崇德。审理案件,施用刑罚,要慎重行事,公允执法。“明德慎罚”的核心在于主张德刑并用,侧重点在于“慎罚”,反对冤滥。西周已将慎罚思想贯穿到司法中去。如区别对待犯罪,最早提出区分过失(眚)与故意(非眚)、偶然(非终)与惯犯(惟终)等刑罚原则。据现存最早的刑法典籍文献《尚书·吕刑》篇的记载,吕刑在刑法原则、刑罚的运用和诉讼审判方面提出了一系列的慎刑主张,如“有旨无简不听”(虽有犯意而无事实,则不认为是犯罪);罪行有疑,则应“阅实其罪”,讼辞必须经过验证,未核实者不能论罪;罪疑从赦原则;法官断罪定刑须慎重,要依照刑书条文和判例细加斟酌,以求严宽适中,并规定了“五过之疵”的法官责任制。总之,司法必须慎重,用刑力求做到“中”正,是《吕刑》反复强调的一个主题。

西汉中期之后,儒家学说在政权的影响下成为整个社会的思想意识和最高准则,同时也成为封建时代法的灵魂。儒家强调的“德主刑辅”“为政以德”主张及其推崇的反对滥杀、主张“仁政”的“慎刑”思想,都对封建司法制度产生了重要影响。例如,新儒学的奠基者董仲舒极力主张“先德后刑”“大德小刑”,并把这种思想纳入他的神学目的论范畴,借助阴阳清暖之说来阐释德主刑辅的关系。一代明君李世民仍奉行“德礼为政教之本”,主张法律应宽平简约,特别对于死刑与肉刑的运用,更须持审慎态度,他曾多次表示:“死者不可复生,用法务在宽简”,“人命至重,一死不可复生”。在司法审判方面,从死刑的判决到推勘、复核,都规定了严格的程序,包括首创法律史上的“九卿议刑”制度和死刑执行前应向皇帝请示的“五复奏”制度等。唐宋以后,封建社会进入衰落时期,统治者开始撕毁以往“仁政”的温情面纱,连理学大师朱熹都主张严刑镇压反抗。但是朱熹主张执法“从严”,不等于主张“滥刑”,相反,他也十分强调慎刑:“狱讼……系人性命处,须吃紧思量,犹恐有误也。”他的完整提法是“以严为本而以宽济之”。“宽”,就是“罪之疑者从轻”,“惟此一条为然耳”[1],如此执法,才能既杜绝“纵弛”,又避免“滥刑”。明代正统法律思想代表人物丘,通过对儒家经典中刑罚观点的归纳和对前人论述的总结,进一步阐发了慎刑恤狱理论。他认为“圣贤之经典,其论刑者千言万语”,都发端于《尚书·舜典》中的“钦哉钦哉,惟刑之恤哉”这九个字,这是“后世帝王所当准则而体法”的刑罚原则。[2] 他还具体提出了“治狱必先宽”“罪疑从轻”“免不可得而后刑之、生不可得而后杀之”“遇有疑狱,会众详谳”“论罪者必原情”,反对使用“惨刻之刑”和逼供等较有价值的司法审判观点。

---

〔1〕 法学教材编辑部:《中国法律思想史资料选编》,法律出版社1983年版。

〔2〕 丘濬:《大学衍义补·总论制刑之义》。

上述这些关于慎刑与慎重执法的思想观点在封建时代是有影响和具有代表性的。其中虽然没有也不可能从根本上揭示出封建制度是司法黑暗及一切罪恶的根源,但都多少从历史与社会现实及统治需要的出发点上,从以民为本的思想角度,认识到司法公正和谨慎用刑,是保持政治清明、长治久安的重要一环。其中有很多观点,通过儒家思想对法律的影响和指导地位,通过各种经律互用的方式,逐步成为封建法制中的重要组成部分。

中国古代保障司法公正的制度从建立、存在到完善的史实,能够在一定程度上反映出古代统治者为维护自身统治而注重法治、施惠于民的某些积极因素,反映出古代法制从幼稚到成熟、从野蛮到文明的发展历程,对当时黑暗社会的肆无忌惮的司法专横起到了一定的限制作用。同时作为中国古代法治和诉讼审判制度的有机组成部分,研究这套制度的发生和存在,不仅可以加深对中国传统法律文化特征及其历史价值的认识,而且对于我们今天的司法改革也不无借鉴和启示的意义。

(原载于《法学论坛》2000 年第 5 期)

权利本位

——市场经济发展的必然要求

林　喆*

一、一个基本的理论前提

讨论法律权利问题必须有一个出发点："法律权利应该是什么"，其次才能考察"法律权利实际是什么"。显然，对于第一个问题的解答必须基于这样一个基本的理论前提，即承认法律应该是人类社会各种关系的内在规律性的认识结果。关于法律的客观性问题，马克思仅在《论离婚法草案》《第六届莱茵省议会的辩论（第三篇论文）》和《黑格尔法哲学批判》这三篇文章中至少有七处提及。[1] 这些论述可以归结为：(1)现行法律应该是立法家有意识活动的产物，它所反映的是精神关系的内在规律——客观事物的本质。因此，事物的法的本质不应该去迁就法律，而是法律应该去适应事物的法的本质。当观察者不是观察事物的本质，不是把法当作独立的对象而是离开法，将人们的注意力引到自己的理性中去时，就会产生违背法的本性的不合理的后果。(2)这样，立法者就不是去制造、发明和创立法律，而是努力去揭示和表述法律。立法者应该是一个自然科学家，他的观点应该反映事物内在规律发展的必然性。当他的立法活动只是出于个人的主观聪想，或个人的行为违反法律的客观精神时，便在事实上违背了事物的本质，这是一种极端的任性，而任性是不能被提升为法律的。在立法者偏私的情况下不可能有公正的法官，此时的法律只能是自私自利，法官只是在表达法律的自私自利。(3)法律的客观规律性使法律不是意志的等同物。意志不等于，也不应该代替法律，它的作用恰恰在于发现和拟定客观的反映事物本质的法律。(4)要使法律对调整对象所作的确定具有科学性，就应该使法律成为人民意志的自觉表现，即它

---

* 林喆（1953～2015年），原任中央党校教授、山东大学法学院博士研究生导师。

〔1〕 参见《马克思恩格斯全集》（第1卷），人民出版社1956年版，第163、178、183、184、185、316、395页。

应该同人民的意志一起产生并由人民的意志所创立。(5)由于立法权的政治性质以及国家权力的影响,任何问题只有成为政治问题时才会受到重视,因此法律同社会需要一样,被要求从政治上即从整个国家的观点和特定问题的社会意义上考察。这样,法律便被赋予了一种形式的、同自己以外的其他力量(社会现实内容)相对抗的意义。这是现实国家只作为政治形式存在的必然结果。

这里,马克思十分明确地将法律应该是什么与法律实际是什么,将法律与意志严格地相区别。他揭示,在应有的意义上,法律是客观的、科学的、与意志不同的一种必然性的产物。意志只是法律制定和实施所借助的力量,并不能成为法律的本质。如果说法律有意志的成分,那也应该是代表着社会生产力发展进程的意志,人民的意志;但就实有法律(现行的私有制法律)而言,它难以摆脱政治和国家权力的影响。于是,在法律中便始终存在理想与现实、客观与任性两种内容或力量的对抗。

从法律应该是人类社会的各种关系的内在规律的科学反映这一点出发,就必须承认法律权利应该是一种客观地体现这种规律的权利。基于这一前提,我们才有可能对经济生活中的权利现象展开深入的研究,揭示法律权利及权利本位对于市场经济发展的理论的和实践的价值。

二、权利的需要——市场经济中权利现象的本质分析

人的需要内在且殊多,在满足需要的生产活动中,劳动者的行为带有一种功利的性质,他所生产的物品是他直接的、利己需要的物化。他的需求量为他生产的尺度,需要的界限为生产的界限,他的权利要求随同生产界限的变化而确立内容。当生产物仅用于满足他直接消费的目的时,其权利要求含有相对单纯的内容:(1)他应该有生产某种能满足自己一定需要的物品的权利;(2)他应该有运用一定的生产工具和组织人力去进行这种生产,并按某种适当的标准对它们的消耗给予补偿的权利;(3)他应该有占有、使用、处分自己劳动成果的权利。如果这些权利要求不以某种形式得到确认,劳动者满足需要的生产活动便难以有效地进行,他的利益的实现就只具有偶然性。但是,只要劳动者的生产行为能在特定的环境中借助于群体或社会的伦理道德规范的力植和习惯势力继续下去,即只要他的权利要求能以某种道德权利和习惯权利的形式存在,它们就并不必然地表现为一种对法律权利的需要。这一点在自然经济和简单劳动中表现得尤为突出。

在市场经济活动中,生产的目的不再是满足自己直接消费的需要,而是用于交换作为满足某种需要的手段。商品交换有其内在的特点。首先,商品交换是一种特定的权利交换。交换行为以交换者双方占有的商品为中介,它们是满足他们需要的手段和媒介。随着占有物的相互转移,商品持有者所扬弃的是他与某种商品之间的个人关系;放弃对某一占有物的所有权,目的是得到对另一占有物的所有权,交换的目的通过权利的交换而实现。

如果商品持有者的所有权是不明确的,或者双方不居于平等地位,不是平权主体之间的等价交换,而是一方迫于另一方的权力和压力不得不放弃自己对所有物的权利,或者进行不等价的交换,那么交换行为便难以实施。

其次,商品交换是一种追求利益的活动,交换的目的是利益的最大化。一方面,一方的需要必须通过相应一方占有的等价物的交换而满足,每一种需要只有在对除自己之外其他交换者有意义和效用,即需要只有指向对方的等价物,并且自己用于交换的商品同样成为满足对方需要的等价物时,它才是有价值的,能够被满足的。另一方面,双方对等价物的需要是为了从中获得自己的商品所不能提供的更多的利益。有利可图使商品持有者视交换方式和交换环境为利益实现的必要条件。如果商品持有者不能自主地决定生产什么和怎样生产,交换什么和怎样交换,那么就会由于缺乏可供交换的等值物和适宜的交换环境而使交换行为不能发生。

再次,商品交换是对商品持有者劳动本质、劳动状况、社会地位和生存环境的综合反映。在交换中,商品持有者不断地展现并证实着自己的人格、需要的尺度和劳动的价值。交换行为成为他与社会相联系的一种经常的和带有某种必然性的形式,生产活动具有广泛的社会意义,每一次交换的结果都是对某个特定时期主体状况的评价,它直接影响到商品持有者生产行为和交换行为的调整。倘若商品持有者不能参与社会的其他活动,不能调整自己的生产行为和交换行为,那么他的交换行为便难以摆脱交换范围和方式本身的狭窄性或局限性,交换结果将始终难以使他满意。

市场经济改变了产品的存在方式、生产的目的和主体的活动范围,使劳动者权利要求的内容日趋复杂:他不仅应该有生产商品的种种权利,而且还应该有进行等价交换的权利。后者主要包括:(1)他应该有在市场上以自己的商品交换其他商品或等价物的权利;(2)他应该有要求这种交换依据独立意志、平等互利和自由选择的原则进行的权利;(3)他应该有维护自身利益的权利,包括除财产权之外的其他权利(如债权、人身权利、知识产权)的享有,它们常常成为商品持有者可能居于平等地位进行交换的重要条件。

市场经济发展的内在要求是平等的权利主体和能按商品等价规律交换的环境。商品持有者只有作为平权主体居于平等的地位才能够进行商品的等价交换,而也只有现实的法律制度承认这种平等地位,等价交换才可能实现并持久地进行。市场经济的这一要求及权利于其中的重要意义,使商品持有者诸多需要中包含对法律权利的需要。[1] 他的权利要求不能再仅借助于旧有的道德和习惯的力量维系,而必须以普遍的规范化形式将它们固定下来并赋予它们以某种强制力。市场经济的存在和发展客观上需要国家或立法者对商品持有者的权利要求予以法律确认,建立起以权利为本位的法律制度和法律秩序。

生产权利和交换权利的法律化,即法律权利的确立,表明了国家对商品持有者特定行

〔1〕 参见林喆:《法需要范畴初探》,载《当代法学》1989年第3期。

为的合理性的认可,同时也派生出相应的义务要求:权利行为的有效性必须以支付一定的利益,即以履行一定的义务为代价。在市场经济活动中,商品持有者的权利是受限制的,生产中的组织、消耗补偿、所有以及交换的内容、方式和环境等都不能超越权利的合理界限。这里权利和义务的关系是明确的:对商品持有者来讲,生产和交换的目的是赢利,而不是丧失自身的利益,履行某种义务是为了保障自己生产和交换权利的享有;权利的合理界限以义务为保障,但义务只是权利实现的手段。倘若情况相反,生产和交换首先是基于某种义务,即权利的享有以义务的履行为前提和目的,那么在这种经济活动中,商品持有者行为的性质便将发生微妙的也是根本的变化:他的需要只是他人需要的外化形式;他所追求的利益在尚未获得之前就必须被预先支付部分或全部;他只有先成为他人利益的生产者对他人负责,才能再成为自己利益的生产者对自己负责。这种前景足以使任何一个商品持有者在尚未获得某种权利之前便放弃对它的需要,倘若他能够自由选择。

以劳动者的义务为主导的经济活动显然违背了市场经济的内在精神,它的实践后果之一是法定权利与实在权利的分离。在人类历史上,它的弊端曾以一种极端的形式——权利的异化出现,在西方自由资本主义制度中表现得淋漓尽致,其启示发人深省。

三、权利的异化——政治国家中权利状况的法理批判

市场经济在本质上与权利范畴相联系。资产阶级在反封建的过程中,建立了一种与市场经济在形式上相适应的完全平等的社会关系,并通过法律权利和义务的调整将这些关系确定下来。资产阶级的法律承认商品生产者作为独立的私有者而存在,公民在法律面前人人平等以及经济活动中等价交换的原则,但同时又在生产关系内部承认了资本主义奴役制的合理性,以及无产阶级与资产阶级在市场经济生产中事实上的不平等。这便促成了以劳动者的义务为主导的整个生产过程。其后果是权利的普遍异化。

就法哲学意义而言,权利的异化是特指奴役制度中的一种极端的和特有的现象,即主体活动所必需的权利结构中的各种构成要素(权利主体、权利客体、权利与义务关系)作为主体之外的一种异己力量独立存在,并与主体相对抗。在私有制条件下,政治国家中权利的异化主要反映在两个领域:经济生活中与劳动异化相伴随的权利异化,以及政治生活中由法律的偏私所引发的权利异化。它们的直接产物是阶级特权。

从经济领域内的权利异化现象来看,它通过三种形式表现出来:(1)权利主体本身的异化。在劳动力的交换市场中,形式上各权利主体——工人与雇主之间的关系是平等的:作为平权主体各方自由地将自己的商品进行等价交换。工人享有把自己的劳动力当作商品出卖的权利,而雇工享有把他人的劳动力当作商品买进的权利。两种权利实现的原因在于,劳动力是工人工资和雇主无偿占有剩余价值的唯一来源。如果双方不进行这种交换,工人将无法生存而可能饿死。商品交换一开始,在形式平等的关系背后便隐藏着更深一层

的依附关系。与其他商品的不同之处在于,劳动力的支付并不随市场活动结束,而必须通过生产中被实际使用的过程逐步兑现。权利的异化始足于这里:权利主体作为一个整体是不可分割的,但是现在他(工人)则被分作两个部分,即他自身及蕴藏于他自身的劳动力,后者随交换而成为另一权利主体(雇主)所有权的客体。这里针对同一个劳动力却出现了两个权利主体,一个权利主体(工人)只是在形式上占有它,却没有权利使用和处分它,而另一个权利主体(雇主)虽然在形式上不占有它,但有权任意使用和处分它,他可以决定使用这些劳动力的方式(时间、地点、条件),并通过这种支配权控制前一权利主体(工人)本身的活动。这就是说,当工人出卖了自己的劳动力之后,并没有退出交换领域,他的生产活动只是交换活动的继续,是在履行一种契约义务。尽管他依然享有自由决定是否继续出卖自己的劳动力,订立新的契约的权利,但是他的权利主体的身份发生了变化。本来市场经济活动的主体是劳动者,应市场经济要求而确立的生产过程中的法律权利的主体也应该是劳动者,但是现在工人作为生产活动的实际主体只是形式地占有自己的劳动力,而生产活动的形式主体(雇主)却实际支配着工人的劳动力。这样,法律权利实际上不是赋予工人的,而是赋予“站在劳动之外”的雇主的。于是每一项法律所确定的形式平等的权利都分裂成两个部分,对工人来讲,它只是一种抽象权利——应有权利,对雇主来讲,它才是一种具体权利——实在权利。另外,随着劳动异化的全面展开,作为交换物的劳动力越来越成为一种外在于权利主体(工人)之外的一种异己力量,它支配着他的其他活动(如机体的某些生理活动和精神活动)。工人在书实上成为保障雇主权力行使的一种手段,权利主体成为一种义务主体。

(2)权利客体的异化。对于工人来说,他与生产资料和他的产品之间不存在某种所有权的关系,他不能通过自己的劳动占有外部的感性世界,物不是他的,他不是生产属于自己的商品而是为他人生产。作为一个享有生存权、自由权、劳动权、财产权等权利的主体,尽管他的这些权利大多是一种对世权,但就一个具体的劳动过程而言,这些权利客体的内容本来是丰富的、明确的,现在它们却日益贫乏而含糊,主要以货币和生活资料的形式存在。在剩余价值规律的作用下,工人创造的财富越来越多,他用于维持自身生命的资料则越来越少,这使他对雇主的依附性增大。劳动力的出卖成为一种终身的契约。工人在生产中不断地耗费自身的力量,又不断地创造出与自身相对抗的异己力量。权利客体不再是主体肯定和检证自己人格独立的手段,而成为否定主体人格的一种力量,它以日益模糊的内容和对抗的方式反衬出主体权利的丧失。

(3)权利与义务关系的异化。由于主体与自己的劳动力、劳动资料和劳动成果的分离,生产的性质也发生变化。原先劳动是主体肯定自己和自由发挥体力、智力的一种活动,是对物的权力的实现过程,而现在主体自己的体力、智力和个人生命成为不依赖于也不属于他的并反对他的活动。主体不是在为自己生产某种权利,而是在生产某种义务,义务支配着他的劳动权利和生存权利,主体的劳动权利行使的目的是体现义务,他只要停止这一履行义务的劳动,就将失去他从劳动成果中获取部分生活资料以便生存下来的权利的享有,他的其他各种权利也都依赖于这一义务履行的过程(范围、质量、结果)。他的义务不再成为他权利的一种合理的界限,而成为一种外在于权利并凌驾于权利之上的一种异己的力量统摄着权利,它使劳动本身成为主体"自我损失"和"无权的表现"。[1]

雇佣劳动制度中权利异化现象反映出政治国家中法律制度对权利实惠和义务负担的分配在事实上的不平等,从形式上等价交换中所导致的利益如此不对等,这是剥削阶级法律的偏私,它与政治生活中的权利异化现象紧密联系在一起。它们的直接后果是资产阶级特权的存在。所谓特权就是将普遍权利变为特殊权利,它是对大多数人的权利的一种剥夺。从这一意义上讲,资本对于工人的剥削实际上就是资本对工人权利的剥夺。

市场经济发展到资本主义时期,当它的存在顽强地表现为一种私有财产制度时,它便陷入了这种矛盾中:它的存在和发展有赖于所有权的具体化,即生产者对于生产资料、生活资料的普遍的实际的占有,但是这种所有权的私人化在具有阶级偏见的法律制度的调整下并没有普遍地发生在生产者那里,而是发生在非生产者中,它造成了财富聚敛和财产贫困的两极分化,激发劳动异化和权利异化,结果又限制了市场经济的正常发展。因为既然商品生产的主体是劳动者,那么生产的规模、质量、速度主要取决于主体的劳动状况,商品交换的成效也主要依赖于由生产者所决定的商品质量,而主体的劳动状况又往往与他所处的生产关系的结构密切相关。当主体与生产资料、劳动成果相分离,陷于一种权利的贫困或义务性雇佣劳动状态时,他的生产活动显然缺乏一种激励机制,而当生产资料和劳动成果为他所有,他能以权利主体的身份自由地使用和支配它们时,他才可能具有独立的自我意识,以所有者的身份组织生产和交换活动。这种生产关系内部事实上的平等反映在制度上,就是从事商品生产的各种所有制成分及所属的各个生产者必须享有真正平等的政治权利和经济权利,居于平等的法律地位。而现行的法律体系又必须以保障劳动者的权利为宗旨,这才是市场经济健康而迅速发展的基本前提。

市场经济的这一内在矛盾客观上要求一种新的合理的经济结构及与这一结构相适应的法律制度和法律秩序,以使权利和义务的分配尽可能地公正和合理,使权利体现出一种客观的普遍性,即使它成为体现法的客观精神的、适应市场经济发展内在需要的普遍权利,而不是使它成为少数人的权利——特权。资产阶级的思想家和政治家们后来逐步自觉或不自觉地意识到了这一客观要求,并力图通过资本主义经济结构自身的发展来解决这一矛盾,这就导致了资本主义的股份制、工人参加生产管理和福利制度的出现。前者体现了资本主义所有制和所有权发生了重大变化,而福利制度则体现了社会财富(生产成果)的再分配。这些制度的出现在一定程度上缓解了劳动异化和权利异化。但从目前来看,远未从根本上解决二述矛盾。

---

〔1〕《马克思恩格斯全集》(第42卷),人民出版社1979年版,第38页。

四、权利的分配——社会主义制度中权利体系的目标取向

法律权利体系应该是适应市场经济客观发展规律的科学体系,应该是商品生产者内在的权利需要的物化的结果。然而,任何法律权利都不能超出社会经济结构及受其制约的社会文化发展。这样,在理想的权利体系与现实的权利体系之间有一段或长或短的距离。人类社会的发展规律之一是,人们既不因为某一模式在逻辑上是合理的而在实际生活中难以实施,就不将它作为一种理想的社会制度在理论上提出它;也不因为某一模式在现时的经济结构中存在但在理论上是不合理的,就不斥责它为一种邪恶而在实践中去否定它。正是这样,各种社会制度才能相继取代,各种理论才能彼此补充、修改或否定。当社会主义以一种崭新的社会制度否定了剥削制度,从而为市场经济的发展提供了一种更佳的生存环境时,它的法律制度应该也必须揭示一种保障这一生存环境的科学的权利体系。

社会主义市场经济对于权利体系的要求是:首先,这种权利体系应该承认商品生产的过程是一种人的生产、人的自我价值实现的过程。由于生产者诸多权利的享有是他进行生产的前提,只要这些前提不具备,生产就只能是一种义务性的生产,权利异化现象就难以消除。因此,权利的分配应该立足于对商品生产者主体地位(平等、独立、自主)的确认,使他具有真正独立的人格。经济体制改革就是对主体各种权利的重新调整和分配。当法律否定了经济活动中国家和企业之间纵向型的命令与服从的行政依附关系,而代以横向的平权主体的法律关系,承认生产资料为商品生产者所有权的客体内容之一,允许它进入流通领域;强调两权分离,肯定责任承包制和股份制时,其意义是深远的,它表现出现行法律对于权利与商品经济关系的重新认识。

其次,这一权利体系应该承认商品经济活动是一种追求利益和满足需要的过程。权利分配的重要内容是正当利益的选择和各种利益之间的协调。利益的存在显然需要相应的义务为保障和手段,但是权利并不是因义务而派生的某种利益,而是在诸多利益的限制下对正当利益的一种权衡和选择。这种提法并非对选择论和利益论的调和。当代西方法理学在权利问题上的这两种论点十分引人注目,其争论的焦点在于,权利究竟是一种自我选择的结果,还是因他人义务而获得的利益。尽管两派的论证过程各有其合理之处,它们分别注意到了权利主体的主动性及权利和义务的关系,但无法互相否定,都不能作为权利概念及权利与义务关系的科学解答。其缺陷在于,如果权利是一种自我选择,那么权利的分配标准应是普遍的,机会是均等的(谁都有机会优越于他人),但分配的结果却是特殊的、不均等的(优势者显然比没有优势者获得更多的权利)。如果权利是一种因义务而产生的利益,那么它便成为义务的一种附属物,在不履行义务的情况下就没有权利的存在。这实际上是否定了法定权利作为公民应有权利的意义,而实践中法定权利却不因实有权利是否存在(主体是否实际享有某种权利)而消失。

在西方法理学史上，黑格尔谈及权利问题时曾提出权利的自由说。但他认为，具体的自由是私人（家庭和市民社会）与普通（国家）两种利益体系的统一。一方面，依据市物的客观发展，私人利益的独立和完善先于国家利益；另一方面私人利益又不得不依附于国家利益，将它作为自己的内在目的。这种违反事物内在本质的关系是一种外在必然性的关系。在这种情况下，个人具有了国家特质，他只不过是"国家的个人"，他所享有的权利范围依他对国家所尽的义务来界定唯有个人牺牲（独立和任性的主观目的），国家才给予他一种权利，使之在尽职履行义务时得以追求主观目的。这样在君主制的主权内，各特殊领域的目的和行动方式实际上都受着整体目的的规定和支配，它所依据事物发展的必然性保持着自身的特殊性，但在普遍利益的不断限制下又不得不返回实现整体目的的轨道中。在紧急情况下，主权有责任牺牲合法的特殊环节以拯救国家。

当黑格尔小心翼翼地将资产阶级的权利要求以晦涩的语言建构于他的法哲学体系中时，他只能提出一种以义务为本位、国家利益至上的权利观。对此，马克思批判道：黑格尔的缺点不仅在于他以一种头足倒置的唯心主义方式论及了个人、团体与国家之间的关系，而且在于他所谈及的主权概念是不明确的，如果他从作为国家基础的现实主体出发，就没有必要神秘地把国家变成主体，把构成国家本质的主权当作某种独立的存在物。在私有制下，国家与社会团体及公民个人的关系是一种对立的关系，一种难以调和的利益关系，这种关系因国家官僚机构的形成而成为法定的、固定的对立，它反映出"特殊领域的私有财产和利益反对国家的最高利益——私有财产和国家之间的对立"。[1] 这一对立唯有在以作为人民存在的环节——民主制国家中才能消除，此时的国家制度表现出它的本来面目——人的自由产物，即人民的自我规定、特殊内容和特殊存在形式。马克思强调，应当避免将社会作为一种抽象的概念与个人对立起来，将国家利益视为一种高居于个人和群体之上的存在物。

社会主义制度中的权利分配对利益的选择和权衡基于这样的原则：（1）选择的出发点是商品生产的主体——个体利益和群体利益，兼顾国家利益的根本目的应该回归到个体和群体利益上；（2）法定的抽象权利通过商品生产者个体权利的确认而成为具体权利；（3）这些具体权利应该是对合理的、正当利益有限制的选择结果。

改革的成果之一是，社会主义市场经济的发展突破了利益群体一体化的旧有模式，促成社会利益多元化结构的形成。法律参与利益的重新组合中，以权利和义务的分配肯定或否定各种利益群体的需要，反映着社会各群体之间的利益冲突，而权利分配中的选择表现出现行法律对于社会各利益群体的需要的一种评价。

再次，社会主义市场经济中权利体系的价值取向首先应该是社会经济效益的提高。市场经济运行的优化在于商品生产者之间的竞争，权利的分配为这一竞争提供了必要的手段和环境。竞争需要平等的权利，而权利就基本性而言只在于使用同一的尺度。对于彼此相异的个

---

〔1〕《马克思恩格斯全集》（第1卷），人民出版社1956年版，第305页。

体来讲,由于他们各自智力、体力或所承担的社会负担(义务)上的差异,[1]当被以同一种尺度去计量,即享有同一种权利时,实践的后果只能是导致各自所获得利益在事实上的不平等。也是在这一含义上,马克思认为,依按劳分配原则所享有的平等权利仍然属于不平等的权利范畴,权利要体现利益的平等,对它的分配就不应当是平等的,而应当是不平等的。

针对平等权利的分配中实际存在的不平等现象,罗尔斯曾以"补偿原则"和"差别原则"作为具体解决的方法。其思路是保证社会中所有成员事实上的平等,就必须设想他们在起点上的平等。具体地说,一方面为每个人提供真正的同等机会,社会必须更多地注意那些天赋较低和出生于较不利的社会地位的人们,即按平等的方向补偿由于偶然因素而造成的利益获取上的倾斜;另一方面,必须改变社会基本结构目标,使整个制度结构不再强调社会效率和专家治国的价值,而使先天有利者只有在改善那些不利者的状况条件下,即在帮助不利者之后才能得益。[2] 这种社会成员相互分享各自命运的措施,其实只是以牺牲一种平等(权利分配上的形式平等)达到另一种平等(所谓事实上的平等),而后者只是一种虚构状况。事实上社会无论如何发展,权利不管怎样分配,个人之间的发展状况都不可能绝对等同,特殊总难与普遍划一。况且利益本身的张力很大,它是一个社会各种状况的综合反映,各种利益之间的差异并不必然导源于权利分配上的不均等。在商品交换中交换本身是冒风险的,双方等价交换的结果完全可能造成实际利益上的差异。罗尔斯正义模式的结果只能是以牺牲社会经济效益来达到难以实现的社会公平,以权利和义务的两极分化(优势者拥有较多的义务,而劣势者拥有过多的权利)来实现道德正义,这显然与市场经济发展的要求相悖。退一步说,即使有实践的可能,那也将是基于社会物质财富的极大丰富。在这一点上,马克思的论点是正确的。他指出,即使在社会主义阶段,权利的不平等状态也是不可避免的。

这确实给市场经济中的权利分配带来困境:形式上的平等分配不断地造成事实上的不平等,依同一种法律权利而获得的利益在两个生产能力不同的企业那里,显然是不同的。少部分人先富起来的重要条件之一是他的先决条件(个人素质和生存环境)方面的优势,而不平等的分配又不断激发实际生活中的种种不平衡心理和道德谴责。法律对于生产效益高的企业或地区给予更多的权利常常引发生产效益低的企业或地区的普遍的不满情绪。社会秩序的稳定需要一种内在的平衡剂,权利的分配自然不可能面面俱到,求得各利益群体之间的绝对公平,它只能以能否促进社会经济效益的提高作为自己的价值取向。市场经济发展的要求是:权利体系应该鼓励商品生产者以自身的实力在平等的地位上通过竞争去获得更多的利益,权利的分配应该注意使体制改革的每一项成果都以法的形式固定下来,

---

〔1〕 这种义务的履行常有力地冲淡或减弱主体从某种权利中所获得的利益,从而在两个不同的主体那里导致不同的效果。如按劳分配的权利在两个主体那里,可能因他们各自所承担的赡养义务的内容不同而被不同程度的减弱。这里,我们看到了权利和义务与利益之间的另一层关系。

〔2〕 罗尔斯:《正义论》,中国社会科学出版社1971年版,第95~96页。

使之具有普遍合理的形式。例如,承包制和股份制的推行,使企业追求职工收入最大化的行为成为企业的基本行为,法律应及时肯定这种行为在社会主义初级阶段时的合理性,使它成为企业的一种法律权利,而不是斥责他为一种短期行为,这对于提高企业经济效益和促成新的经济体制的形成是有益的。

另外,权利的分配又应该充分地考虑到社会的普遍公平愿望。在经济活动中,道德原则虽然不是决定的因素,但它常以一种特有的方式和力量影响着经济利益的分割。当马克斯·韦伯称"一个社会的伦理道德是既定的;任何一种类型的经济如果要求人们具有一种与这个伦理道德相违背的民族精神,那么这种经济将不会发展"时,其含义是相当深刻的。然而,当权利的分配兼顾效益和公平两种因素时,权利体系的设立便突破了法理的意义,并且含有了伦理的意味,即它既是一种利益的确认,又是一种道德的评价。

最后,这一体系应该是以权利为本位的体系。这里,"权利本位"的含义是特定的,〔1〕就商品生产者而言,在他的权利与他的义务关系中,权利居主导地位,义务由权利而派生,只是实现权利的手段。就法律制度而言,以赋予公民和社会团体的权利为首要的目的,义务的版行只是在围绕着保障权利的前提下才成为必要和合理,才具有价值。商品经济的发展客观上要求法律以公平地分配社会权利,保障公民追求自由、平等的理想为调整社会各种利益群体关系的前提,使个人和群体享有更多的权利,而不是从义务的履行中丧失或失去一些基本的权利。

值得提出的是,当人们强调不能以应有代替实有时,恰恰忽略了也不能以实有代替应有。正如不能因为历史上曾有过几千年的剥削史而肯定私有制在目前应该是一种唯一的、合理的存在形式,社会经济结构应该以私有制为主导。同样,不能依据以往法律制度的历史而推导义务为本位的法律制度的恒定性,而不去顺应市场经济的要求,以权利本位取代之。我们不能一方面肯定资本主义法律制度与社会主义法律制度的本质区别以及前者权利体系的阶级偏私性;另一方面又自觉不自觉地否定在社会主义条件下建立反映法的客观性的权利体系的必要性和可行性;更不能将马克思对资产阶级在正义、自由、平等问题上所表现出的理论与实践分离的批判绝对化,以此否定这种矛盾在社会主义条件下有解决的可能。

权利本位是市场经济发展的必然要求。尽管建立以权利为本位的法律体系目前困难重重,但作为一种理论的探讨,应该也完全有必要研究科学的权利概念和完善的权利体系,其意义并非仅将它作为对现行法律制度的一种参照,因为即便是理想,只要是出自客观的要求,它终将能够成为一种现实。

(原载于《法学研究》1992 年第 6 期)

---

〔1〕 这一点已为我们多次重申,郑成良曾就权利本位的特定含义作了精彩的论述。参见郑成良:《权利本位说》,载《政治与法律》1989 年第 4 期。

清末民初民事习惯调查的勃兴与民间规范的式微

马建红*

由政府组织的大规模的民商事习惯调查,起源于清末修律期间,这一过程由于清廷的覆亡而中断。辛亥革命后,经过一系列的政治纷争,大局初定,法律编订工作进入中华民国北洋政府的议事日程,出于审判机关司法实践的需要,从 1918 年年初开始,新一轮大规模的民商事习惯调查兴起,仍然是由于社会的纷扰和政局的动荡,这次的调查最终也是无果而终。直到北伐结束,国家实现了初步的表面上的统一,南京国民政府开始系统地编纂部门法典,对前清及北洋政府时期民商事习惯调查资料的整理和编订达到了高峰,并以此为基础,最终制定了"中华民国民法",该法典也由于对先进的民法理论的吸收和对传统习惯的保留,被誉为 20 世纪中国制定的最好的一部法律。为什么从清末修律时期兴起的大规模民商事习惯调查,会在 20 世纪上半叶方兴未艾?大规模民商事习惯的调查,对民间规范究竟意味着什么?作为法典化时代的立法者,对于民间传统习惯究竟应该采取一种怎样的态度?对这些问题进行深层次的研讨,不仅可以帮助我们理解国家法与民间规范之间的关系,而且对我们今天制定具有生命力和持久性的法律,会提供更多有益的启示。

一、国家法与民间规范浑然天成的时代

对民商事习惯的调查始于清末修律期间,那么在晚清修律之前,为什么没有民商事习惯调查?是政府不作为还是无需作为?要回答这个问题,就必须对此前的法律状况和法官裁判的依据做一个大致的了解。

---

* 马建红,山东大学法学院副教授。

(一)规制“细故”规则的多元化

整合人际关系的规范,取决于其运作的社会基础,费孝通先生的“乡土中国”,为我们提供了一个适当的入口。富于地方性特色的乡土社会,是一个熟人社会,“从熟悉里得来的认识是个别的,并不是抽象的普遍原则。在熟悉的环境里生长的人,不需要这种原则,他只要在接触所及的范围之中知道从手段到目的间的个别关联。”[1]人与人之间关系的调整,主要依赖于自发地生长于其间、为大多数成员所认可并熟知的特殊性较强的礼俗习惯,而非官方制定的普遍适用的法律。在熟人社会中,民间规范的调整是常态,国家法的进入是例外。从民众的角度来看,在安土重迁的乡土社会中,对礼俗习惯的遵循,为人们之间的行为提供了一个情理兼具的预期,反过来,这种预期又促进了人们遵循礼俗习惯的自觉性。从国家的层面来看,承认并依赖礼俗习惯的效力,并不意味着国家权力的退出,相反,将民众的事情交由民众处理,既可以节约行政管理的成本,又可以集中力量对付异己的力量,增强统治的效能。这种统治方式是一种利弊权衡后的最优选择,而非放弃或放松自己的管理领地。因此,在传统社会中,基于乡土熟人社会形成的礼俗习惯和民间规范,是国家法天然的组成部分,不仅为乡土的民众所熟知和遵守,也为官方所认可并且是地方官处理纠纷的准据。

在晚清变法改制前,中国并没有独立的民法概念,当然更没有完备的民法典,律文中类似于民法的户婚条文,枝节散漫,并不完全。在1907年一份由民政部奏请厘定民律的折子中,谈到中国古代的“民法”状况,认为“中国律例,民刑不分。……历代律文,户婚诸条,实近民法,然皆缺焉不完。”调整民事法律关系的规则,更多地散见于地方志、官府通例、官绅牧令书和民间习惯等中。这与黄仁宇先生所谓的中国大历史包含一种大而化之的精神[2]相契合,政府对社会无力或无意去实现“数目字上”的管理,乡村民间秩序的稳定与和谐,不是靠“技术上的”设计精细的民法典来完成,表现在与民众日常生活休戚相关的“户婚、田土、钱债”等“细故”,主要靠包括民间习惯在内的一套规则来规范,民间俗谚“官从政法,民从私约”可以为其佐证。可以说,民间规范与国家律例典章浑然一体,自发地生成,又被自然地适用,它们深植于民众生活中,发挥着有效控制社会的职能。

清代的民事生活规范,既体现在律典中,更蕴含于其他的民间习惯或社会规则中,呈现出多元化的特点。大清律例虽然总体上以刑为主,但也包含有一定数量的民事规范,只是它们不以授予民事权利为主,而以禁止某种行为并规定违法之后的惩戒和处分为主。在大清律例中,有关民事的条文多集中在“户律”篇内,而户律中与民法更为切近的又主要体现在“户役”“田宅”“婚姻”“钱债”章中,与现代民法中的继承、物权、婚姻家庭及债权相类。除了律典中的这些规范外,民众生活更多的是受家法族规、行会规程和地方习惯的约束。

---

〔1〕 费孝通:《乡土中国 生育制度》,北京大学出版社1998年版,第11页。

〔2〕 黄仁宇:《万历十五年》,三联书店1997年版,第280页。

在中国古代,宗法血缘关系对社会生活的许多方面具有强烈的影响,宗法与政治的高度结合,造成了家国一体、亲贵合一的特有体制,为了治理的便利,国家认同族长、家长的治家之权,继北宋以来逐步完善的家法族规,对家族成员的效力得到进一步加强,至前清时期,“家法的形式也日趋多样,调整的范围几乎涉及族内生活的一切领域,如族籍、尊卑秩序、财产关系、婚姻关系、祭祖祀宗、窃资赌博等”,而官府也“承认族长对族内成员的管理权和惩治权”。[1] 在家法族规之外,行规在工商业的管理方面发挥着重要的作用。中国向来重农轻商,所以律典中对工商业的规定要少得多,其原因在于政府把具体管理工作留给了工匠及商人们的协会去做。这些协会就是人们通常所知的“行”。行会具有维护成员利益、解决成员之间的纠纷等职能,“行规明确禁止在没有先送会馆法庭进行裁决的情况下,擅自告官。”官府也承认行规对其成员的效力,“在官府,行规被援用,并被看作具有权威性,地方官也会向行会征求意见,甚至还把越过行会的案件发回行会裁决。”[2]在依据血缘或职业形成的群体或组织之外,自然形成的乡村社区,即前述乡土社会的秩序的维持,主要依靠民众的自我辖制和自我管理,支撑这种自治的基础规范则在于自发形成的民间习俗。作为乡村精英的士绅,生活在民间,由于对久居其间的乡土及风俗民情了然于胸,当他们依据本地习惯,以调处的方式解决纷争的时候,裁决的结果更容易为当事人所接受。在乡土社会中,家法族规、行会规程及民间规范,比之正式的律例典章,更容易得到人们的遵行,作为统治者,只要这些规则不与国家所倡导的礼治秩序相悖,不至于危及社稷安全,当然就会允许其存在,可以说,这些综合的民间规范,本身就是国家法的天然的组成部分,对于与自身一体的规则,既无须调查,也不必调查。

由此可以看出,在清末变法改制前,规制“细故”的规则是多元的,“一个社会的法律制度,仅是支撑社会秩序的许许多多制度网络——道德、习俗、公约、教育及其他——中的一个,各有自己的惯例、规则与制裁措施,也难以估计它们分别对维护社会秩序所做出的贡献。”在中国,“法律制度在实现这些职能方面所承担的份额与支撑社会秩序的其他制度相比,很可能要小一些。”[3]宗族、行会及地方乡土社会中的民间秩序的维持,习惯所承担的份额则要大得多。

(二)司法实践中解决“细事”纠纷规则的多元

清代的“民事”争讼案件表述为“细事”。对于“细事”的范围,黄宗智认为并不是纯粹的民事纠纷,而是包含有两个部分,“一个是国家法典以处理刑事为基本概念的延伸:细事即那些涉及相对小或轻刑罚的违法行为。另一个是社会应该自我管理和协调的意识形态

---

〔1〕 张晋藩:《中国法律的传统与近代转型》,法律出版社1997年版,第116页。

〔2〕 [英]S.斯普林克尔:《清代法制导论——从社会学角度加以分析》,张守东译,中国政法大学出版社2000年版,第119页。

〔3〕 同上书,第163页。

的延伸。'细'的纠纷应该由社会自身用其调解机制解决,国家不必一定介入。"[1]关于后一种意义的"细事"的处理,由于国家采用主要由社会自我管理和协调的态度,争讼的双方,主要以游移于民间和官方并以调处息讼为主导的机制来解决,所以"民不举,官不究"就成为一种常态,并且即便在"民举官究"的情况下,官吏的裁决也多在法律的范围内依据地方习惯作出,这就为民间规范的运用提供了广阔的空间。

清代州县官在审断"细事"时的依据究竟是什么的问题,在近年来的法史学界也是聚讼纷纭。黄宗智根据对宝坻、淡新和巴县等一批清代州县司法档案的分析,认为清代的民事纠纷"要么让庭外的社区和亲族调解解决,要么就是法官听讼断案",而州县官的任务"即是依据法律和实情作出是非分明的判决",得出了"清代的审判制度是根据法律而频繁地并且有规则地处理民事纠纷的"[2]结论。与此相反,以滋贺秀三和寺田浩明为代表的日本学者则认为,清代州县的审断实际上是一种"教谕式的调解",国家法律在其间并不显得特别重要,只不过是"情理的大海上时而可见的漂浮的冰山。"不唯如此,甚至还认为"很难把习惯或'习惯法'作为清代审判中的一种法源"[3]。这两种截然相反的结论,都不约而同地否定了民间规范在清代州县审判中的地位。事实上,我们用当时的官吏的自述,可以给这两种结论打开一个缺口,光绪时代的方大湜曾言,"自理词讼,原不必事事照例。但本案情节,应用何律和例,必须考究明白。再就本地风俗,准情酌理而变通之,庶不与律例十分相背。"[4]"原不必事事照例",说明自理词讼案件的审断是可能"照例"的,即法律肯定是法官依据的标准,而"就本地风俗,准情酌理而变通"则又承认了风俗习惯也是法官审断案件应该考量的因素。由此可知,律例和风俗习惯在清代的司法实践中,都是不可或缺的。对不同文献在不同语境下的解读,得出的结论可能会有所不同,不过结论的正确与否,可能取决于我们选取的侧面和角度,这就像我们在打开一扇窗的时候,看到的是一种风景,而另一个人从另外一扇窗以为看到了不同的风景一样,其实只是同一风景的不同侧面而已。我们的研究不应是在打开这扇窗的时候关闭另一扇窗,而是要从不同的窗户中综合风景的全貌。

具有国家法性质的律例典章和构成民间规范的家法族规、乡规民约、行规习俗等,形成了有清一代规制"细事"的综合性的规则体系,也是官府处断民事争讼的准据,其中那些分散在各地并不需要被刻意强调的民事习惯,在这一规则体系中起着基础性的作用,它们涵盖民间生活的方方面面,无论是受其规制的民人,还是适用这些规则的官府,都对其耳熟能详。正因为这些习惯浸润于人们的生活中,对其适用过程中的效力也无异议,当然也就无须调查。事实上,在一个不善于从"数目字上管理"的乡土社会中,并没有国家法和民间法

〔1〕 黄宗智:《法典、习俗与司法实践:清代与民国的比较》,上海书店出版社2007年版,第23页。

〔2〕 黄宗智:《清代的法律、社会与文化:民法的表达与实践》,上海书店出版社2001年版,第106、209页。

〔3〕 [日]滋贺秀三等:《明清时期的民事审判与民间契约》,王亚新、梁治平编,法律出版社1998年版,第36、64页。

〔4〕《平平言》卷二,"本案用何律例须考究明白"63b。

或习惯法的划分。我们今天所谓的民间法或习惯法,是在西方法观念进入之后才产生的概念。民事习惯只有在需要得到国家认可方能发挥作用的情况下,才有必要对其进行调查。“法典化”这一异己力量的出现,结束了民间规范与国家法浑然天成的时代,而这也标志着中国法制“现代化”航程的开启。

二、民法的法典化与民事习惯调查的勃兴

综观20世纪上半叶从晚清政府开始的民商事习惯调查,到南京国民政府时期调查报告录的整理和发布,无不与民法典的编纂、制定有关。这种从古代社会“人从私契”的模式,到法律对民事生活的全盘统摄和规制的转变,反映了国家在“技术上”制度设计的强化,原来国家法与民间规范浑然一体的状况无以为继,在旧有维持秩序的规则中,筛选出可资利用的民事习惯,就成为制定法典的前提条件。

(一)预备立宪背景中的清末民商事习惯调查

清末最早提出民商事习惯调查,是在清廷宣布预备立宪之后。晚清时期的政治精英多认为编纂法典乃实行宪政的基础,如时任法部尚书的戴鸿慈提出“编纂法典,乃预备立宪最要之阶级也”,而法典的编纂不可能一蹴而就,其“先事之预备”就需从“调查习惯”[1]处着手。大理院正卿张仁黼更是直截了当地提到“一国之法律,必合乎一国之民情风俗”,中国的法律,户婚、田土等事项,亦列入刑法之中,“刑法与民法不分,尤为外人所指摘”,不过,民商法的修订,“皆当广为调查各省民情风俗所习为故常……此则编纂法典之要义也。”[2]

晚清的仿行宪制,出于“规制未备,民智未开”的考虑,设置了“预备”这一环节。预备的切入点在于“研究”,“研究之要,不外……调查中国各行省政俗,以为更张之渐。”[3]作为清末实行宪政中枢机构的宪政编查馆,其主要职能是“编制法规,统计政要”,而这两项职能的行使都离不开调查,所以要“随时派员分赴各国各省实地考察,并得随时咨商各国出使大臣及各省督抚代为调查一切”。由于调查事项繁多,所以在1907年,奕劻等奏请“饬各省设立调查局”,使其“掌调查本省一切民情风俗并所属地方绅士办事与民事商事及诉讼事之各习

---

〔1〕《法部尚书戴鸿慈等奏拟修订法律办法折》,载故宫博物院明清档案部编:《清末筹备立宪档案史料》(下册),中华书局1979年版,第839~842页。

〔2〕《大理院正卿张仁黼奏修订法律请派大臣会订折》,载《清末筹备立宪档案史料》(下册),中华书局1979年版,第833~836页。

〔3〕《庆亲王奕劻等奏请改考察政治馆为宪政编查馆折》,载《清末筹备立宪档案史料》(上册),中华书局1979年版,第45页。

惯”。[1] 在清廷“令各省设立调查局”的上谕中,要求就各省民情风俗按照立宪需求“随时将调查各件咨报”宪政编查馆。作为负责法典编纂工作的修订法律馆,藉此谕令,在各省调查局的协助下,完成与民商法相关的民商事习惯的调查任务,“馆中修订各律,凡各省习惯有应实地调查者,得随时派员前往详查。”由此可知,此时的民商事习惯调查,并非单独的事件,而是编订法典以仿行宪制的预备工作的组成部分。

修订法律馆从1908年起开始了民商法律编订的准备工作。一年后,修订法律馆在上奏的筹备立宪已办结事宜中,包括“拟订《亲属法草案》第三章至第七章,拟订《承继法草案》第二章至第六章,拟订《商法总则草案》,拟调查民事习惯问题,拟调查商事习惯问题。”[2] 具体的调查情况,则在1910年上奏的“编订民商各律照章派员分省调查折”中有所反映。该折总结上年法律馆曾奏派翰林院编修朱汝珍调查有关商律的事宜,而朱汝珍也不负重托,遍历直隶、江苏、安徽、浙江、湖北、广东等省“博访周谘,究其利病,考察所得多至数十万言”,使法律馆对各省商情有了全面了解。因为认识到“民商各律,意在区别凡人之权利义务而尽纳于轨物之中,条理至繁,关系至重,中国幅员广阔,各省地大物博,习尚不同,使非人情风俗洞彻无遗,恐创定法规必多窒碍”,为此,修订法律馆拟选派馆员分往各省,“将关系民律事宜详查具报”,[3] 为民商法的起草提供参考,全国性的民商事习惯调查活动也藉此展开。为使调查活动能卓有成效,法律馆还特别制定《调查民事习惯章程十条》,具体规定了调查内容,如“各处乡族规家规,容有意美法良,堪资采用者,调查员应采访搜集”;“各处婚书、合同、租券、借券、遗嘱等项,或极详细或极简单,调查员应搜集各抄一份”;“各处如有条陈,但不溢出于民法之范围,调查员均可收受,报告本馆,以备采择。”[4] 由于有这样详尽而大规模的调查,在1911年修订法律馆将民律草案前三编呈览上奏的奏折中,就有“求最适宜中国民情之法则”的“编辑宗旨”一项,其中所涉“凡亲属、婚姻、继承等事,除与立宪相背酌量变通外,或取诸现行法制,或本诸经义,或参诸道德,务期整饬风纪,以维持数千年民彝于不敝。”[5] 只是该民律草案上呈之时,辛亥革命业已发生,正在开议的资政院第二届常年会,并未来得及对其进行审议,局势已发生了不可逆转的变化,所以清末的民律草案,究竟会在社会上引起怎样的反响,自然也就不得而知,但晚清政府进行大规模的民商事习惯调查,其开创之功却是不容抹杀的。

---

〔1〕《谨将臣馆奏设各省调查局办事章程缮具清单》,上海商务印书馆编译所编纂:《大清新法令》(第4卷),商务印书馆2011年版,第529页。

〔2〕《修订法律馆奏筹办事宜折并单》,载《大清新法令》(第7卷),商务印书馆2010年版,第44页。

〔3〕《修订法律大臣奏编订民商各律照章派员分省调查折》,载《大清新法令》(第8卷),商务印书馆2010年版,第17页。

〔4〕《法律馆通行调查民事习惯章程文附章程》,载《大清新法令》(第8卷),商务印书馆2010年版,第66页。

〔5〕《修订法律大臣俞廉三等奏编辑民律前三编草案告成缮册呈览折》,载《清末筹备立宪档案史料》(下册),中华书局1979年版,第913页。

(二)北洋政府时期司法实践催生的民商事习惯调查

辛亥革命后,新生的中华民国临时政府虽发布附条件《暂行援用前清法律令》,但由于前清时的民律草案并未经过法律程序议定颁行,所以临时参议院开会议决,民事案件应"仍照前清现行律中规定各条办理"。其背后的原因,则在两年后由大理院以判例的形式作出解释,"前清现行律虽名为现行刑律,除刑事部分外,关于民商事之规定,仍属不少,自不能以名称为刑律之故,即误会其为已废。"这就是我们所熟知的"现行律民事有效部分。"在清政府于1910年颁行的《大清现行刑律》这一过渡性法律中,包含有部分民事性质的法律(前清所谓的"细事"),对纯属民事性质的,规定不再科刑,而非纯属民事性质的,则照旧处罚。从袁世凯任临时大总统开始,直至1929年"中华民国民法"颁行止,残缺的现行律民事有效部分,一直是北洋政府时期的实质民法。这并不是说北洋政府不重视法制建设,事实上,军阀的统治虽更多地依赖于武力和权谋,但号称中华民国的北洋政府,毕竟脱胎于清末的预备立宪,又经民主共和观念的熏陶,这一时期的政权还是很注重法制建设的,虽然时代并没有给法制发展提供一个和平的秩序和环境。从有条件承认前清法律的有效性作为过渡,不至于由规范缺失而引发过度的无序即可以看出这一点,而并不完善的立法机关,也在尽力发挥着为共和国制定规则、为司法机关的运作提供法律准据的作用。从民国成立到1918年,法典编纂机构从法典编纂会、法律编查会到修订法律馆,虽几易其名,但编纂法典的努力则是一贯的。只要有法典的编纂,就必然会涉及对法典和民事习惯关系的协调,也必然会再次涉及民事习惯调查的问题。不过,这次民事习惯调查是由地方上司法机关的工作人员推动的。

1917年6月,奉天省高等审判厅厅长沈家彝,呈请北洋政府司法部"创设民商事习惯调查会",呈文中阐述创设调查会的原因,"奉省司法衙门受理诉讼案件以民事为最多,而民商法规尚未完备,裁判此项案件,于法规无依据者多以地方习惯为准据,职司审判者苟于本地各种之习惯不能尽知,则断案即难期允惬。习惯又各地不同,非平日详加调查不足以期明确,厅长有鉴于此,爰立奉省民商事习惯调查会。"[1]奉天省高等审判厅所面临的问题绝非个案,对于当时民国各省审判机关来说是一种普遍现象。在北洋政府司法部的批文中,也对此给予认可并支持设立调查会,1918年1月,北洋政府司法部草拟的"通令各省高审厅处仿照奉天高审厅设立民商事习惯调查会"训令,经司法总长江庸核定后,于2月1日发往各省区,"民商事习惯调查事务遂至通告全国。"从某种意义上说,奉天省的呈文"实民国时代举行民商事习惯调查之发轫。"[2]

与清末民商事习惯调查只是整个仿行宪制过程中的一个子项目不同,民国北洋政府的

---

〔1〕《民商事习惯调查录》,民国北洋政府《司法公报》第242期。

〔2〕参见单豫升:《民商事习惯调查录·序》,载《民商事习惯调查录》,民国北洋政府《司法公报》第242期。

民商事调查,专为“民商法典编订”而进行,此次调查在中央由司法部负责,而专司其事的机构是修订法律馆,在地方上,作为专门机构的民商事习惯调查会附设于各高审厅。根据北洋政府司法部的要求,各省区民商事习惯调查会制定了会章、调查规则和编纂规则。从这些规章制度来看,调查会的调查员由各地方上的推事、检察官充任,实际上即为具体的办案人员。所调查习惯的范围虽各省之间有所出入,不过均大抵围绕审判而进行,如“京兆师民商事习惯调查会调查规则”中,规定应调查习惯的范围,包括“民商事之习惯业经审判上采用者;虽未经审判上之采用而已成为一种习惯者;足证民情风俗之一班者。其认为不良之习惯或有违反公益者亦应列入报告附加说明。”[1]在另外一些地区,习惯调查之范围则明显大得多,如在“直隶民商事习惯调查规则”中,要求调查的内容包括:“由裁判上发见者;由裁判外发见者;因于地域如南北东西四乡各种习惯有差点者;因于社会如农工商各种社会习惯不同者;因于历史上或天灾兵变,事实相沿致生各种习惯之不同者;各地方社会缔结文契,互具行规及关于继承手续并亲族婚姻各种书类可证明各习惯者;足证民宜土俗之一斑者。”[2]在编纂规则方面,则一般是根据民律和商律的目次进行编录。由于此次调查目的明确,职司人员专业,调查规章制度较为齐全完备,因此,从 1918 年到 1921 年,民商事习惯调查取得了丰硕的成果,由施沛生、鲍荫轩等共同整理、编纂而成之《中国民事习惯大全》,于 1924 年由上海法政学社出版,其编纂的目次依民律分为“债权”“物权”“亲属”“婚姻”“继承”“杂录”六编,是大陆法系国家民法典编纂的一般分类方法。据《司法公报》中“司法部整理民商事习惯分期编印预告”载,北洋政府司法部拟将所有民商事调查资料分 13 期刊出,内容将涵括各省区民商事习惯调查报告文件清册、前清时代之继承习惯、商事习惯、民情风俗及民国时代之民律总则习惯、物权习惯、债权习惯、人事习惯及商事习惯等。遗憾的是,《民商事习惯调查录》仅刊出一卷,整理民商事习惯资料仅出两期,北洋政府即告瓦解,整理、编纂民商事习惯调查资料之事也无果而终。

1925 年至 1926 年,参照前清民律草案及各省区调查的民商事习惯,修订法律馆完成了民律总则、债、物权、亲属、继承各编的草案。这一民律草案是在《大清民律草案》的基础上修订而成,其修订理由之一,正如曾任修订法律馆总裁的江庸所言,“前案多继受外国法,于本国固有法源,未甚措意。如民法债权篇于通行之‘会’,物权篇‘老佃’、‘典’、‘先买’,商法于‘铺底’等全无规定,而此等法典之得失,于社会经济消长盈虚,影响极巨,未可置之不顾。”尽管如此,在这个民律草案中,总则编、物权编、债权编的变更都较少,亲属、继承两编中也只是加入了现行律中的民事有效部分及历年大理院的判例。由于大理院在司法实践中非常重视对民间习惯的援用,对“律无明文”“确有习惯事实”“为该地所普行,当事人均共信为有拘束其行为之效力”且“不违背善良风化、公安秩序”的习惯,皆赋予法律的效力,

---

〔1〕《民商事习惯调查录》,民国北洋政府《司法公报》第 242 期。

〔2〕同上。

使民事习惯的生命力得以延续。只是再逢政局的变故,该民律草案也未能成为正式的法典,其间所体现的民事习惯的影响力也就无从彰显。

(三)中华民国民法对固有民商事习惯的吸纳

南京国民政府成立初期,因无统一适用的民法典,司法机关在民事案件的处理上,仍沿用北洋政府时期的民事法规和判例,也沿用民间习惯。同时设立法制局,负责草拟及修订各项法律。1929年,国民政府立法院成立,采民商合一的编纂体例,开始民法典的起草工作。1929年至1931年,民法总则、债、物权、亲属和继承五编,分别编纂并次第颁布施行。为了配合民法典的制定,南京国民政府也很重视对民商事习惯的调查整理。1930年5月,司法行政部对前北洋政府司法部所汇编的《民商事习惯调查录》中有关民国时代的民事习惯部分进行了修订,编辑出版了《民事习惯调查报告录》。民法典的编纂和民事习惯调查报告录的编订同时进行,从法规条文中,我们可以了解法典对习惯的吸纳情况。

从总体上看,中华民国民法追随世界民商法发展的潮流,仿照西方国家尤其是瑞士的立法例,采民商合一的编纂体例,仿效德国的五编式结构,在立法原则上,强调社会公益之注重,国民经济之适合,体现了法律社会化的趋势和社会本位的宗旨,是一部"很现代"的法典。不过,民法典对一些反应中华民族传统特色的习惯也给予保留或发展完善。如物权编中对"典"权的确认,即直接源自习惯,"我国习惯无不动产质而有典","典之习惯远胜于不动产质",[1]因此,在民法典中,对典权做了专章规定。再如,亲属关系中对因注重伦常秩序而特别强调的"辈分"概念的援用;家庭制度方面,由于"家"为我国数千年来社会组织之基础,一旦从根本上推翻,恐窒碍难行,对社会产生强烈的影响,因而仍保留家制,但要注重于强调家长的义务,并且明定家长不论性别,"庶几社会心理及世界趋势两能兼顾",这种规定应属于对习惯改造基础上的"适用"。对于这样一部法典,虽不无疏漏可议之处,但"就法论法,不论在立法技术或内容方面,均称完善"。[2] 该法对"固有民法传统的继承和保留"是得此好评的重要原因之一。

三、"国进民退":民间规范式微之原因

笔者在上文不厌其详地对清末民初民商事习惯调查勃兴的情况进行了梳理,我们似乎可以得出结论,认为民间规范在法典中得到了最大限度的保留。其实不然,在大规模的民商事习惯调查的背后,虽然体现了立法者在某种程度上对民间习惯的尊重,然而,随着民事制度的法典化,其客观的后果却是民间规范在规制民众生活方面的式微,与清末变法改制

---

〔1〕 谢振民编著:《中华民国立法史》(下),中国政法大学出版社2000年版,第772页。

〔2〕 王伯琦:《民法总则》,台北,正中书局1979年版,第18页。

前相比,民间规范的适用范围和效力,都出现了大幅度的萎缩。这种“国进民退”表面上的悖论,其实反映着二者之间的一种正相关关系。

(一)民商事习惯调查的西方化语境

如前所述,晚清变法改制前的中国社会,民间规范与国家法浑然一体,共同承担着规制和整合社会的职能,甚至正是那些所谓的民间规则、非正式的或非官方的制度,在维护社会秩序方面发挥着更为重要的作用,而律例的适用反而经常是一种例外。一方面,在以宗法血缘、职业共同体或乡土邻人关系形成的熟人社会中,依循长期以来自发生成的、得到人们普遍认可的规范,形成了一种“较少法律的秩序”,乃至“无需法律的秩序”[1]。在这样的秩序中,民事习惯不必调查,也无需调查,但它们却无处不在,渗透、弥漫且浸润于人们日常生活的方方面面,发挥着甚至法律也无法企及的功能。另一方面,作为国家法的律例典章,其实也是中华民族特有的民情风俗的反映,二者并无悖谬扞格之处。然而,“西方帝国主义扩张的同时也带来了西方的法律制度,尤其是欧洲大陆形式主义法律,使中国帝制时期的法律制度及其思维方式受到了挑战。”这个时期的中国政治家和知识分子普遍深切地感到,我们的法律制度也落后于西方,“西方民族国家变得强大首先是因为它们的法律体系,而日本明治时期对西方的法律和制度的引进,则解释了为什么日本能够在甲午战争中令人震惊地击败中国。”[2]这种对中国法律制度落后的“认定”,促使晚清政府在变法改制中,法文化和法制度均出现了西方化的转向,在“参酌”西法、模范列强的法典编纂过程中,如何措置特色鲜明的民情风俗的问题日渐凸显。可以说,正是在移植异质的西方法文化的语境中,才有了对民情风俗的重视,才有了对民商事习惯的调查。

清末最初引起人们讨论民情风俗重要性的事件,是修律时于 1906 年由修律大臣沈家本、伍廷芳等奏进的《刑事民事诉讼法》。由于该法引进了完全与中国礼教民情相悖的陪审制度、律师制度及新型的证据制度,遭到了朝臣迹近一致的反对,也引发了著名的礼法之争。作为礼教派的意见领袖,张之洞在 1907 年签出的驳议意见中,提出制定法律“必须将中国民情风俗,法令源流,通筹熟计,然后量为变通,庶免官民惶惑,无所适从”,所以制定的新法须“期于民情风俗无一阻碍而后可。”[3]清廷藉此曾谕令修律大臣等,要“参考各国成法,体察中国礼教民情,会同参酌,妥慎修订”。[4] 我们知道,促成晚清政府修律的原因之一,即是英、美、日、葡等国提出的有条件放弃治外法权的承诺,因此,结合前引戴鸿慈和张仁黼的主张,我们不难看出,清末时期的法律精英们无不以参酌西法、制定法典以收回治外

---

〔1〕 这里借用埃里克森的著作名称来说明中国古代社会秩序生成的状况。参见[美]罗伯特·C. 埃里克森:《无需法律的秩序——邻人如何解决纠纷》,苏力译,中国政法大学出版社 2003 年版。

〔2〕 [美]黄宗智:《过去和现在——中国民事法律实践的探索》,法律出版社 2009 年版,第 158 页。

〔3〕《遵旨核议新编刑事民事诉讼法折》,载《张之洞全集》(第 3 册),河北人民出版社 1998 年版,第 1772 ~ 1799 页。

〔4〕《清实录·德宗景皇帝实录》(第 8 册),中华书局 1987 年影印本,第 661 页。

法权为旨趣,只是当依据西方法治精神制定的法典呈现在面前时,才发现与中国民情风俗之间的隔阂是如此巨大,以至于不仅会影响新法的推行,甚而至于还可能颠覆中国人纲常伦理的立国之本。因此,要使新法典“推行无碍”,就必须无违于民情风俗,发端于清末的民商事习惯调查,实在是一种迫不得已的考量。

民国北洋政府时期的民商事习惯调查,虽发轫于奉天省高等审判厅的呈文,但终究是因“民商法规尚未完备”,使职司裁判者于法无据时只能以地方习惯为准据而致,民商事习惯调查的最终目的,仍然是为了民商法典的编订。关于这个时期的立法背景,有一个经常被我们忽略的因素,那就是关于治外法权的收回。第一次世界大战后,虽然有巴黎和会上中国主权任人裁制的惨痛经历,不过,随着国际形势的变化,北洋政府也适时提出了收回治外法权的要求。在1921年年底召开的华盛顿限制军备会议上,各国对中国代表提出的取消领事裁判权的要求虽没有同意,但也表示“将中国司法体系达到法律科学的水平作为放弃治外法权的先决条件”[1]。大会议决由各国派员来华调查司法,北洋政府遂饬令修订法律馆积极编纂民刑各法典。虽然中国治外法权委员会的调查主要侧重于狱政改良等方面,但也间接促进了法典的编订。正是在这个大背景下,于1925年至1926年完成了民律各编草案。前清民律草案、调查各省民商事习惯及各国最新立法例,构成了该民律草案的渊源。与“五四运动”以后全方位的反传统相适应,法律的西化,已呈不可逆转之势,民商事习惯的调查虽然轰轰烈烈,但也不过只是整个西化语境中的组成部分而已。

从立法的原则、理念到参与法律起草的人员、程序及法律的历史渊源等方面来看,南京国民政府时期的立法可说是北洋政府工作的延续,甚至可以说是在继续完成前任未竟之事业。师法大陆法系国家的民商立法,编辑整理民商事习惯调查报告录,借鉴前清及北洋政府时期民商律草案的经验,是当时南京国民政府制定民商事法律的基本程序和方式。以大陆法系尤其是以德国法为范本的原因,国民党立法首脑人物胡汉民有最简洁的阐释,“他认为在大陆法那里,法典对于习惯有至上的权威;普通法则立足于习惯的形式化,这种制度下,先例甚至优先于成文法。中国则正因其习俗之落后”,需要以法典来对落后之习俗进行改良,故当然要选择大陆法系模式。[2]

从20世纪初开始,中国社会确曾发生了很大的变化,以往纯正而简单的乡土社会,随着改革开放而一步步向较为复杂的乡土与工商交叠的社会过渡,而从清末以来的各种性质的政府,主导了并希望能够引导这种变化,传统社会曾经融为一体的规则体系已不敷适用,所以从晚清政府开始,借鉴和移植西方的法律制度与理念,以此来型塑一种全新的生活,就成为法律变迁的基本趋势。而颁行法律无疑是执政者建立秩序体系的主要方式之一,当仿行宪制及后来的民主共和成为一种具有压倒一切的强势语境后,编纂西式的法典遂成为潮

[1] [荷]冯客:《近代中国的犯罪、惩罚与监狱》,徐有威等译,江苏人民出版社2008年版,第129页。
[2] [美]黄宗智:《过去和现在——中国民事法律实践的探索》,法律出版社2009年版,第158页。

流,原有传统社会中自发长成的包括民间规范在内的规则体系,逐步蜕变成一种可资利用的民情风俗。因此,正是晚清以后不断开始的西化,催生和强化了民商事习惯调查活动,而民商事习惯调查的方兴未艾,实为民间规范式微的发端。

(二)民商事习惯调查"方式"的局限与民间规范的式微

清末民初的民商事习惯调查,可谓系统、全面而又详尽。根据眭鸿明《清末民初民商事习惯调查之研究》一书的总结,认为清末的民商事习惯调查具有一些值得关注的特色,如制定了详尽的调查项目,调查"大都由修订法律馆拟定调查问题,颁发各省调查局及各县",各省县调查人员依据拟定的问题搜集各地习惯,然后造送答复清册于修订法律馆。而各省的调查则在修订法律馆设计的问题框架内,根据实际情况,制定出较为详尽的具体调查项目及问题。调查结果强调多数习惯与少数习惯的兼顾,而实地调查的方式,则为其真实性提供了保证;问答体的体例也有助于实现调查的目的等。在民初北洋政府时期的调查中,则既有实施调查的组织和规章制度,也有相应的经费保障,陈述体的形式则有利于对各地习惯的归纳与整合。[1] 调查的内容方面也颇为广泛,涉及民情风俗、绅士办事习惯、民事习惯、商事习惯及诉讼事习惯等,几乎囊括了和民商事相关的所有的规则及纠纷解决机制,最后形成的卷帙浩繁的报告书、清册等资料,足以证明清末民初民商事调查成绩之可观。

不过,设计再完美的调查问卷、再完备的调查程序,也不可能穷尽所有的民事习惯,或全面、客观地记录和反映调查结果。调查问卷的设计,带有立法者的主观意向是毫无疑问的。哪些方面的民事习惯可能进入调查者的视野,取决于立法者对法律的理解。从晚清开始的法典编纂,都以西方法为摹本,法典所应涵括的内容,甚至编目次序、篇章结构,均为模仿而来,比如从民律草案到民法典,都是按照总则、债、物权、亲属、继承当来分编,民事习惯的调查也依总则习惯、物权习惯、债权习惯、亲属习惯、继承习惯等来进行,而中国传统的"细事"及与其相关的争讼解决方式,完全是一套截然不同的体系,非但原则精神不同,就连名词概念术语也有相当大的差异。这种立法思路框范下的调查问卷,注定了那些与法典不相契合但又真正为中国所独有的部分,可能就因无法进入调查者的视野而被忽略,即便在调查中对此有所涉猎,也会因其与西法的差异而被束之高阁。正如前述民国时期负责法典编纂的江庸的分析,本国固有法源中的"会""老佃""典""先买""铺底"等,就很难入立法者的"法眼"。这种情况虽在后来的法典编纂中得到部分纠正,一些习惯在民法典中得到体现,并为该法典赢得好评,但也从一个侧面说明,在西方法典编纂模式中进行的民商事习惯调查,自然会汰洗掉一些民间规范。

另外,调查地域范围的广狭、被调查者的身份及其对习惯的了解程度以及表述的准确程度,陈述体例调查报告的客观性,调查过程中可能遇到的多数习惯或少数习惯、行之有效的习惯还是已经过时的习惯,调查员对其结果的甄别、选择的依据是否统一,甚至调查人员

---

〔1〕 参见眭鸿明:《清末民初民商事习惯调查之研究》,法律出版社2005年版,第40~70页。

的责任心等,这些因素都可能对民事习惯的调查发生或多或少的影响,使民间规范在调查过程中被无意地克减。

(三)民事习惯被纳入法典过程中的式微

民商事习惯调查的最终目的,是为了使制定的法典能与民情风俗相契合,不至于在实践中窒碍难行。所以,即便是那些已经进入"调查报告录"中的民商事习惯,也只有被立法者吸纳并通过立法程序得到"认可"后,成为法律条文,才能上升为"国家意志",才有可能发生效力。例如,在清末,修律人员对民事习惯不可谓不重视,工作部署不可谓不周详,程序不可谓不严格,调查结果不可谓不丰硕,然而,"在编纂法典草案的过程中,由于时间极为仓促,立法者未及时对调查所得的大量民事习惯进行深入分析,民事习惯对民律草案的影响微乎其微,整部民律草案主要是由外国民法与中国制定法及儒家经义、道德拼合而成。"〔1〕表面上,热热闹闹的民事习惯调查,对民律草案的编纂几乎没有产生任何直接的影响。

至于北洋政府时期的民律草案和南京国民政府的民法典,虽然注意了对民商事习惯的吸纳,不过,在新的意识形态下对这些习惯的修正和改造,也造成了民间规范在质的方面的式微。在民法典的制定过程中,确立了"民法所未规定者依习惯,无习惯或虽有习惯而法官认为不良者依法理"的总原则,体现了对民商事习惯的尊重与认可,但其"依习惯"的前提是"民法所未规定者",如果民法已做了规定,法律当然有适用的优先权。从当时的一些立法宗旨或说明中,我们可以看出立法者对习惯的态度,实际上是在一种大的原则框范内经改造后形成的。1928 年完成的民法亲属和继承两编草案的编订说明中,提及"期应党国急切之需要,主张不敢稍涉偏矫,惟求切合社会上现实之要求,复不为传统因袭观念所束缚",依据"承认男女平等""奖励亲属互助而去其依赖性"的大原则,对与此相背之"成例"和"旧习"进行整理改造。比如,随着平等观念的传播,从民国以来男女平权就具有了无可辩驳的"政治正确"性,反映在民法典中,就是规定男女享有平等的财产继承权。在继承法草案原附说明中,有这样的阐释,"我国旧习不认女子有继承之权,亲生之女,非其父母特别给予,不许对于遗产上主张任何权利。……此草案关于承继一切事项,均采男女机会均等主义。亲女无论已未出嫁,对其父母之遗产,均有继承之权,与子男毫无二致。"〔2〕这是在批判的基础上,对乡土社会中继承习惯的摒弃与颠覆,法典的编纂其实并未采纳已知的民间习惯,而是用来贯彻新的意识形态,达到"移风易俗"的目的,这是民间规范式微的最彻底的表现。

在 1929 年公布并施行的《民法总则》中,其立法理由的说明书中专门系统地陈述了"习惯适用之范围",认为"我国幅员辽阔,礼俗互殊,各地习惯,错综不齐,适合国情者固多,而不合党义违背潮流者亦复不少,若不严其取舍,则偏颇窳败,不独阻碍新事业之发展,亦将

〔1〕 张生:《清末民事习惯调查与〈大清民律草案〉的编纂》,载《法学研究》2007 年第 1 期。

〔2〕 谢振民编著:《中华民国立法史》(下册),中国政法大学出版社 2000 年版,第 751 页。

摧残新社会之生机,殊失国民革命之本旨。此编根据法治精神之原则,定为凡民事一切须依法律之规定,其未经规定者,始得援用习惯,并以不背公共秩序或善良风俗者为限。”[1]也就是说,民事习惯能否被纳入法典,取决于其与党义、潮流、公共秩序或善良风俗之间的契合程度。因此,从条文上看,民法是保留了一些民事习惯,但最终体现在文本中的这些“习惯”早已不复旧时模样。可以说,民事习惯调查体现了法典时代立法者对传统的尊重,但并不代表民间规范适用范围的扩张,相反,每一次调查之后的每一次法典编订,都会蚕食民事习惯适用的范围,是另一种意义上的“国(家法)进民(间规范)退”。

四、余　　论

民间规范曾经与国家法浑然一体,进入法典化时代后,随着民事习惯调查的勃兴却日渐式微,这中间有其必然而又无奈的理由。清末以来,主要以国家立法的形式调整民事关系,已然成为社会和法律发展的不可逆转的主流趋势。在此,我们不是为民间规范的萎缩大唱挽歌,而是如何措置民间习惯的问题本身值得特别关注。“民事习惯是一种法律事实,它反映民间社会固有的交往方式,无论修律者对其主观好恶如何,都应该在一定限度上遵从它。”[2]回望我们20世纪的民事立法史,如果在上半叶民间规范只是式微,那么在下半叶,民间习惯存续的空间则几近于无。在今天的民商事立法中,取法英美抑或取法欧陆的争论不绝于耳,却难得听到有对民间规范应否遵从的论辩,更遑论对民事习惯的挖掘和调查。尽管如今的社会早已从熟人型的乡土社会,逐步转向陌生人型的城镇工商社会,但成就中国人特征的民间交往传统依然留存于民间,如果在立法中不能顾及民间习惯的存在和影响,或者是对长期以来形成的习惯进行盲目的改造,势必会造成法律被架空的尴尬。“国民党1930年的民法采用了德国民法的男女继承权平等原则,但是,在实际运作中,新法律并没有在农村实施”,“国民党时期的法庭在农村的司法实践中,普遍只承认儿子的继承权”。[3] 这种情形在我们今天的乡村生活中并不陌生,任何有农村生活经验的人,对此都很了然,而在司法实践中,法官也只能以调解的方式来规避法律的刚性规定。也许,在这个日新月异的时代,我们应调适国家立法与民间习惯的关系,使二者能合理共生,因为“法律的生命或持久性实来自有选择性地吸收一些更能合乎时代需要的风习。”[4]民间规范的式微并不可怕,可怕的是对民间规范的冷漠和无视。

(原载于《政法论丛》2015年第2期)

---

〔1〕 谢振民编著:《中华民国立法史》(下册),中国政法大学出版社2000年版,第755~756页。

〔2〕 张生:《清末民事习惯调查与〈大清民律草案〉的编纂》,载《法学研究》2007年第1期。

〔3〕 [美]黄宗智:《过去和现在——中国民事法律实践的探索》,法律出版社2009年版,第6页。

〔4〕 柳立言:《宋代的家庭和法律》,上海古籍出版社2008年版,前言第4页。

法学的入径与法律意义的创生

——论哲学诠释学对中国法学与法治的可能贡献

齐延平*

在本文中,笔者将"哲学诠释理论的被关注"作为中国法学史和法制史中的一个典型事件,将其置放于中国学术传统的现代化转换和中国法制传统的法治化变迁这一当下背景中,分析其已经彰显和未来可能的学科建构意义和制度建设价值。

一、超越主客体对立的哲学诠释学

真理与方法是一切学科安身立命的基础,是一切学科最终的归宿。而现代哲学的发展则为这一问题提供了一个全新的视角和别具一格的入径。哲学诠释学就将人类思维的触角延展到了前所未有的高明而精微的境地。诠释学的发展经历了两次革命性的转变,一是从古典诠释学到一般诠释学的转变,二是从一般诠释学到本体诠释学的转变。当代法国著名诠释学家保罗·利科曾指出:如果从古典诠释学向一般诠释学的转变是文献考据问题从属于基本方法论,是一次哥白尼式的革命,那么,从一般诠释学到本体诠释学的转向是方法论问题从属于基本本体论问题,则是第二次哥白尼式的革命。〔1〕 在文艺复兴时期,圣经、罗马法大全、亚里士多德的著述作为古典文化的载体得以复活。这些文本被视为绝对真理,借助于以文法学、修辞学、辩证法〔2〕为基础的形式主义的思维方式重现异彩。其中尤值得一提的是辩证方法的导入导致了法条释义的深化和拓展,这也意味着法解释的方法和技术

---

* 齐延平,山东大学兼职特聘教授。

〔1〕 转引自[美]成中英主编:《本体与诠释》,三联书店2000年版,第298页。

〔2〕 文法学,是关于拉丁语的文法规则及关于拉丁文学的文献学理论;修辞学则主要是关于论题发现的规则——特别是法庭辩论的设问及讨论整理的规则;辩证法是学问的论证及素材整理的规则。参见梁彗星:《民法解释学》,中国政法大学出版社1995年版,第17页。

已为人们所自觉认识,并开始独立于被解释的对象。但是,这一时期的法解释学在相当程度上还属于法律解释经验的范畴,有关法律解释的理论虽初露端倪,然"并不表现为一种纯粹世俗和自主的知识系统"[1],它是被合融于神学和人文解释传统与实践之中的。

西方文明史推至近代,由笛卡尔开启的近代哲学的研究重点从古希腊罗马时期的本体论问题转向认识论问题,主客体关系作为基本的认识范式为人们所把握和运用。在这种拓展了的人类理性知识背景上,理解与解释的问题凸显了出来。最终由19世纪的德国哲学家施莱尔马赫和狄尔泰成就了普遍诠释学大统。施莱尔马赫提出了有关正确理解和避免误解的普遍诠释学理论,狄尔泰则试图在普遍诠释学理论基础上为精神科学方法论奠定诠释学基础。在这种解释学传统中,法解释学作为普遍诠释学的具体运用,日益从神学和人文解释传统中独立出来,成为以世俗的法律,尤其是成文法为对象、借助于自然科学的方法和思维范式、以完成对法律规范含义的阐明为宗旨的独立学科。特别是在工业化革命的突飞猛进过程中,欧陆各国法典日益完备,出现了独尊国家制定法的现象,与对自然科学的规律与技术规则的崇拜相呼应,形成了对法律逻辑自足性的崇拜,法律解释的形式逻辑技术(主要是文义解释和体系解释)获得了全面发展。至19世纪末20世纪初,源自德国潘德克吞法学的概念法学终于占据了世界法学帝国的中心地带。

哲学史进入20世纪又发生了一重大转向,即由近代注重主客体关系的研究转向对主体认识活动的内在机制以及认识与语言表达之间具体关系的探讨。就哲学的主导观念而言,如果在近代哲学中占主导地位的是绝对性、必然性、普遍性、抽象性、本质性和确定性,那么在现代西方哲学中占主导地位的则是相对性、或然性、特殊性、具体性、现象性、概率性和模糊性。[2] 在这种哲学话语变迁背景中,侧重方法论和认识论研究的传统诠释学也转变为侧重本体论研究的哲学诠释学(或曰本体论诠释学)。[3] 此学术流向由海德格尔发动,由伽达默尔展开。海德格尔通过对存在的时间性分析,把人的理解与诠释活动放到此在世界的大框架中,将理解视为人的整个生存活动的一部分,人的理解就是人的生存活动的历史性展开。理解只有在"此在"的时间性结构中才能获得"本真"的解释。这样,海德格尔就将诠释学的历史性质、人文性质、精神性质融汇到了一起,由此而迥异于近代的所谓科学的、实证的诠释路向。伽达默尔秉承海德格尔的学脉,进一步将诠释学由精神科学的方法论提升到了哲学诠释学层面。他指出:"我们所探究的不仅是科学及其经验方式的问题——我们所探究的是人的世界经验和生活实践的问题。"[4] 哲学诠释学不是一门关于理解与解释的

[1] 梁治平主编:《法律解释问题》,法律出版社1999年版,第8页。

[2] 郑杭生主编:《当代西方哲学家思潮概要》,中国人民大学出版社1887年版,第5页。

[3] 一种观点上的张力不仅于理论建构的横切面上是必要的,在学术史的纵向切面上,我们也可以发现这种张力的存在。古希腊、古罗马时期侧重主体研究,近代侧重方法论研究,现代又向本体论研究回归。人类智慧或许只有在这种纵横张力的作用下才能存在,才能成长。

[4] [德]伽达默尔:《真理与方法——哲学诠释学的基本特征》,洪汉鼎译,上海译文出版社1999年版,第6页。

技艺学,其主旨也不在于编制描绘一套指导精神科学研究的规则程序,而是将思维触角伸向了人类一切理解活动得以可能的基本条件,即"试图通过研究法学的入径与法律意义的创生和分析一切理解现象的基本条件找出人的世界经验,在人类的有限历史性的存在方式中发现人类与世界的根本关系"。[1] 可见,哲学诠释学要解释的是先于主体理解行为的问题,是哲学本体论层面上的问题。

自近代始西方社会逐渐进入了技术理性与规则理性霸权化的时代,泛科学主义的逻辑实证充斥了一切人文社科领域,学术的精神性情与人文关怀日渐枯萎、衰竭。正是针对这种情形,哲学诠释学发起了总批判。海德格尔认为一切诠释活动奠基于先在结构之中,诠释在本质上是通过先行具有、先行见到、先行掌握而起作用的。[2] 在伽达默尔看来,不但被理解被解释的对象是历史形成的,而且理解主体、解释主体本身也是被历史所限定着的。因此,理解不能仅被认为是一种主体对客体的行为,而须将理解主体本身放置于过去与现在的对话过程中才能实现被理解对象的意义。理解本身是开放性的逻辑结构,开放性意味着问题性,问题性是精神科学的本质属性。

从狭隘的传统主义、现代主义、科学主义中拯救人类是哲学诠释学的终极关怀。在此意义上的法解释学就具有了法学或法治意识形态的意义。由一般诠释学到哲学诠释学是人类思维经过技术与规则理性洗礼后由外向内的自我认识回归。被提升到哲学诠释学层面的法解释学与方法论解释学明显不同。就研究对象来说,方法论解释学的研究对象主要指向具体的法律规范,是关于法律解释的规则、方法与技艺,而哲学解释学关注的重点则是如何在法律解释过程中超越主客体二元对立为理解与解释设置的界限。自近代始,人类文明突飞猛进,但与之相伴而生的工业化的消极后果也纷至沓来。特别是两次世界大战对人类造成的深重灾难,极大地刺激了人们对人类理性之下的更具本能性的情感意志等非理性因素的关注与思索。社会的种种病变与变态行为,迫使哲学重新反思"人的存在意义、人的价值与尊严、人的责任感与自由、人受社会和技术发展的摧残"[3]等由主客体二元截然对立及主客体关系倒置引发的种种社会问题。"在西方近代,追求方法扬弃本体是文化的主流但也是其危机。一个科学理性的西方社会将消除人文而只有科技,将失落道德而只有法律,将忘怀理解而只有知识。"[4]从哲学诠释学对当下世界的隐忧中我们分明能够感应到其对我们日渐仰赖的科技与法制的深切的人文关怀和深度思考,它并不是要一般地否定科学理性与规则理性,而是要通过沟通科学与人文、理性与情性、知识与价值、真理与方法为人类思想的发展与生存环境的改善提供一个更为广阔的平台和可能的导引。所以笔者认为,在哲学诠释学表面解构性的背后存在极为深刻的建构性。

---

〔1〕［德］伽达默尔:《真理与方法——哲学诠释学的基本特征》,洪汉鼎译,上海译文出版社1999年版,第6页。

〔2〕［德］海德格尔:《存在与时间》,三联书店1987年版,第184页。

〔3〕郑杭生主编:《当代西方哲学家思潮概要》,中国人民大学出版社1887年版,第3页。

〔4〕［美］成中英主编:《本体与诠释》,三联书店2000年版,第6页。

二、沟通科学理性与人文精神的法学入径

哲学诠释学的凸显在西方标志了人文主义对科学主义的纠偏与入驻,或曰标志了科学主义与人文主义的合流。但当下中国学术的任务却内涵了对科学主义与人文主义的双重追求。西方学术的问题是面对强大的知识理性与科学方法如何重铸人文精神;中国学术的问题是面对知识理性、科学理性与人文精神的双重匮乏如何解决“理性与情性、知识与价值、真理与方法的平衡问题”。[1] 在这一背景下,哲学诠释学应在何限度内被中国学术界所关涉就是一个非常值得关注的问题,其对中国法学学者意识形态的形成、对中国法学学术精神传统的改造与开新必将产生深远的影响。

中国传统学术虽然乏知识理性与科学方法,但却不乏主客体融通与本体追问精神。梁启超先生曾指出,中国学术自公元1000年始至公元1600年是“道学”统治的时期,道学的主旨就是将儒家思想建立在形而上学——玄学的基础之上。孔子所开的儒家思想传统本来是远“性与天道”而近实践精神的,但由于佛法的挑战,儒家传人出于自卫的需要,开始了对儒家思想的玄学改造,一路向着明心见性走去。“无事袖手谈心性,临危一死报君王”[2] 成为当时学人人生意境的真实写照。明亡清兴之际,学者深感道学伪妄之弊,有济世情怀的儒家弟子开始放弃“得君行道”的上行路线,转而采取了“移风易俗”的下行路线。[3] 学术呈现了“厌倦主观的冥想而倾向于客观的考察”及“排斥理论,提倡实践”的潮流。[4] 梁启超先生梦想中国学术史藉此两点扩充蜕变,在其身后“再开出一个更切实更伟大的时代”来。他的梦想显然是受了民国时期西学东渐、学术界异彩纷呈局面的鼓舞但他的梦想并未成真。西方列强的入侵及连年不断的内战打乱了中国社会独具自身特质的演进路线。在内忧外患、经济凋敝、政治黑暗的背景上,学术意欲独辟蹊径而前行是根本不可能的。中华人民共和国成立后,战争思维未能及时向建设思维转换,学术最终于“文化大革命”中魂飞魄散了。

中国法学理论研究长期定位于为国家重大事件提供奉迎服务上,呈现着无根性、鄙弃实践及独断主义倾向。这或许是“其在知识上殊少贡献,其在智力上殊少挑战”[5] 的原因所在。无根性倾向是指法学界的学术原点迷失问题。古人云:“名不正,则言不顺;言不顺,

---

〔1〕 [美]成中英主编:《本体与诠释》,三联书店2000年版,第6页。

〔2〕 梁启超:《中国近三百年学术史》,东方出版社1996年版,第5页。

〔3〕 余英时先生从儒家与专制制度一般关系的考察入手,通过对明清之际的民间社会组织、富民论、公私观、组事例的考察,得出了明清儒家“绕过专制的锋芒,从民间社会开辟新天地”的结论。参见张辉:《关心“形而下”》,载《读书》2000年第4期。

〔4〕 梁启超:《中国近三百年学术史》,东方出版社1996年版,第1页。

〔5〕 这是赵晓力在为苏力的《法治及其本土资源》一书(中国政法大学出版社1996年版)而作的序言中,对中国法学学术作出的看似平淡朴素而实则一针见血的判断。

则事不成。”一门学术能够成其为学术的前提是它必须有一个智识上的、文化上的、精神上的原点。该门学术日后的发展可能与该原点相去甚远，甚而至于发生了理念的突变、流向的逆转，但它们仍然会借助于文化的延续规律、学术的传承理路及知识谱系的血缘切近感与文化原点紧密相连。即使它已不再直接从此文化原点获取成长的养料了，它也必须不断地从此文化原点获取归宿感和生存感。法学就其学科本体来看，屈然足从西力文化中成长起来的科目，是西学东渐的科目，因而法学界与传统文化决绝的态度在当下的中国也就较其他人文科学强烈得多。[1] 中国的法学学术必须在批判旧的学统的基础上来建构，但彻底背弃中国传统文化的法学学术努力能成功吗？[2] 承载着中华文明荡游了数千年的儒家传统文化真的变成了“无枝可依的游魂”了吗？[3] 我们鄙弃一种文化的迂腐与我们能否摆脱它的规制是两回事。乡土中国在民主与法治方面已取得了世界瞩目的进步，但这种进步主要是社会自身演进的结果还是法学界学者理论启蒙与推动的结果呢？[4]

鄙弃实践倾向意指中国法学学术在中国一发萌就不可避免地沾染上了浓重的道学学统习气。“法学是一应用性的学科”这一共识本身就标明它应有较其他人文学科更强烈、更自觉的实践关怀。我们这里所指的实践并不仅指法律实务，更是指整个社会实践，即整个行动着的社会。我们这里所主张的实践关怀，是主张一种学术态度，一种学术立场，一种学术视野，而非一种学术成果模式。这种态度即梁启超先生所倡导的少冥想多考察之意。[5] 学术鄙弃实践考察，是一种缺乏学术良知和学术责任的表现。关怀社会实践的学术态度并不是要以“形而下”的“器”取代“形而上”的“道”，而是指无论是“器”的制作还是“道”的筹划都要有实践关怀，对二者不能简单地妄断轻重。在践履的意义上，前者的直接价值大些；在文化的积累与人文的养成方面，后者的直接价值大些。

独断主义指向法学界的一元化学术的专制与形而上学知识的傲慢。学术独断主义从对“真理一元论”的迷狂和“真理独占”的霸权心理出发，自视自己的观点是唯一正确的观点，是最正统的观点，是具备“君临天下”资格的观点。学术独断主义在哲学上连接着对真理的绝对崇拜。奠基于对自然科学定律深信不疑基础上的近代哲学一直致力于寻找世界

---

〔1〕 这种决绝态度背后的根据显然是赵晓力所批评的那种知识等级秩序。有的学者习惯于将中国传统与西方文明进行“平面化差异的时序化处理”，从而进行优劣高低的判断。这种研究作为一方法进路是无可厚非的，但若作为世界观而秉持恐怕就大成问题了。

〔2〕 徐显明教授针对学界对毛泽东法律思想研究日渐稀落的状态发出的慨叹“数典忘祖，历为我族文化不齿”显然并不仅是对学术界“人走茶凉”陋习的抨击，更为重要的也许是基于其对中华文化特质不浸流俗的平和沉思。参见徐显明：《人民立宪思想探原》，山东大学出版社1999年版，序。苏力先生在其专著《法治及其本土资源》的自序中曾断言：“真正的贡献，只能产生于一种对中国的昔日和现实的真切和真诚的关怀和信任。”

〔3〕 张辉《关心“形而下”》，载《读书》2000年第4期。

〔4〕 苏力教授曾指出：“一个民族的生活创造它的法制，而法学家创造的仅是法制的理论。”参见苏力：《法治及其本土资源》，中国政法大学出版社1996年版，第289页。在日常生活中我发现，无论是普通民众还是身为法律家的法官基本上是不太关心法学家的理论著述的，而这却没有影响他们在实践中获得关于法律的知识与智慧。

〔5〕 梁启超：《中国近三百年学术史》，东方出版社1996年版，第2页。

万物的绝对基础、绝对真理。黑格尔就意图用绝对观念构造一个绝对真理的思辨体系。法学研究中的独断主义断掉的不仅是独断者的学术品格与学术良知,更为重要的是,它会彻底窒息法学的生命力和创造力。学术不追求权威,但学术界一定会产生权威。不过真正的权威一定不是独断主义者,真正的权威也一定不能取代学者的自我判断与自我反思能力。“如果权威的威望取代了我们自身的判断,那么权威事实上就是一种偏见的源泉。”[1]

一种鄙弃自存于其中的文化传统、鄙弃活生生的人类实践、奉行独断主义的学术注定是无“学”之术。此种学术由于是以“否认及取消以理解为主体、以融合为主流的中国文化具有的丰富真理性”[2]为前提的,因而是与当今学术流向背道而驰的,也是根本不可能拥获真正理性的知识与科学的方法的。哲学诠释学为中国法学传统学术精神的变革与开新提供了新的途径。

哲学诠释学首先要解决的是理解与解释何以可能的问题。这就为我们矫正法学学术的发展与承继传统文化之间的关系提供了恰当的分析工具。在启蒙的时代,传统往往是被作为启蒙思想的对立物而存在的,启蒙者也往往将思想的突破性进展寄望于与过去的彻底决裂上。而伽达默尔却认为应该给予传统要素以权利,传统和理性之间并不存在绝对的对立。“我们其实是经常处于传统之中,而且这种处于绝不是什么对象化的行为,以致传统所告诉的东西被认为是某种另外的异己的东西——它一直是我们自己的东西,一种范例和借鉴,一种对自身的重新认识,在这种认识里,我们以后的历史判断几乎不被看作为认识,而被认为是对传统的最单纯的吸收和融化。”[3]20世纪各种各样的革命已使我们过于陶醉于革命的浪漫之中而不能自拔了。虽然战争与文革已离我们远去,但我们仍生活在革命的逻辑和幻想之中。我们坚信我们已经摆脱了传统,进入了现代社会,其实这是一种假象。托克维尔曾指出,法国大革命的成就远较他们预期的要小,他们仍不知不觉从旧制度中继承了大部分的感情、习惯和思想。[4] 我们很久以来已经坚信我们自己已经无所不能,我们坚信我们自己已经拥有了主宰自己命运的能力,我们坚信我们可以自由地谱写属于自己时代的历史了,可以为所欲为地描绘法治蓝图、拟定法治方案了。哲学诠释学的反思对我们来说是最好的清醒剂。

哲学诠释学是一种批判性理论,这就为法学学者拥获反思与批判能力的必要性提供了生存意义上的理论说明。反思——批判是人文学科的基本功能模式。反思——批判意识与能力的强弱是测定人文学科生命力旺盛与否的重要标尺。反思能力具体表现为提出问题的能力,批判能力具体体现为解决问题的能力。一个学科的学术水平首先取决于该学科提出问题的能力。有价值的问题的提出和产生是一个学科实现突破性进展的前提。如果

---

[1] [德]伽达默尔:《真理与方法——哲学诠释学的基本特征》,洪汉鼎译,上海译文出版社1999年版,第358页。
[2] 转引自[美]成中英主编:《本体与诠释》,三联书店2000年版,第3页。
[3] [德]伽达默尔:《真理与方法——哲学诠释学的基本特征》,洪汉鼎译,上海译文出版社1999年版,第361页。
[4] 参见苏力:《法治及其本土资源》,中国政法大学出版社1996年版,第4页。

一个学科没有问题可言或提不出有价值的问题，这个学科就没有生命力了。人文科学的逻辑本质就是一种关于问题的逻辑。法学理论界由于长期受单一的本质论、绝对论抽象论、规律论、必然论思维模式的锤炼，提出问题的能力受到了极大的抑制。如果非要承认人文学科研究对象有自然科学意义上的客观性、规律性、必然性，那么这些性质也不过是人类通过语言的建构、通过逻辑的连接人为制造的结果。如果不能在掌握这些特性、理解这些特性时，又能自觉抵制由这些特性所构筑起的认识屏障，法学研究者的理解力就会丧失，其解释的合理性就会受到致命的打击。

哲学诠释学针对传统解释学建立于技术与规则崇拜、主客体对立、成文法逻辑自足、解释结论客观唯一性提出的反思意见极大地拓展了法学研究的视野，彻底拆除了原本被传统知识谱系限定了的限制法理论发展的认识樊篱。哲学诠释学的意图并不在于要一般性地否定近代人类理性传统及其发展所积累的知识本身，而是要突破近代知识传统的封闭状态，为人类智慧的发展提供更开放的机会，提供更多的可能。真理的必然性、普遍性、抽象性、本质性、绝对性如果缺失了其对偶的或然性、特殊性、具体性、现象性、相对性的有效制约就会变真理为谬误；科学主义如果受不到人文主义的应有制约必然会导致专制与独断，哲学诠释学思想的引入，无疑是一剂化解这种本质主义、独断主义的解毒剂。在这种思想的滋润下，已边缘化了的或然性、特殊性、具体性、现象性、相对性等知识意识才能获得有效增长，才能达致对理性绝对主义的有效缓解和对科学专制主义的有效制约。在这种制约的有效状态下，学术霸权与学术独断才能得以知识体制性根治，学术宽容与学术平等才能得以知识伦理的有力支持。如是，知识的多样性、思想的多元性才能呈现。

三、开放性的法律与法律意义的创性

法律解释的过程是法律意义的创生过程，亦即法律价值的实现过程。在当下的中国，不管是作为人文养成性质的哲学诠释思想，还是作为职业技术性质的方法论解释知识，显然仍局限于学术区域内，它要实现与制度体的互动还需要时间与媒介。法律解释在中国社会从理论到实践及从实践到理论的互促化运动进程无疑会成为中国法治化进程的“晴雨表”，因为动态意义上的法律解释本身就是法治的内构过程，或者说就是法治过程本身。

哲学诠释思想从根本上反思了已成定势的理解与解释的前提。一向被认为是阻碍正确理解的传统、权威和偏见，变成了理解之可能产生的前提条件。“在任何情况下都必须从过去与现代的连续性中去考察过去——而这正是法律学家在其实际的通常工作中所做的。”[1]中西方法律理念、法治信仰源远流长、长盛不衰，民族传统是其主要原因，但职业法律家维护法律连续性、保持法律传统性的自觉也无疑是至关重要的。历史愈久远的传统对

〔1〕［德］伽达默尔：《真理与方法——哲学诠释学的基本特征》，洪汉鼎译，上海译文出版社1999年版，第15页。

正义的说明力愈强,人们愈益认同,愈易接受,人们从中获得的信仰力量也越大,其对共同体的统一与稳定功能也就越强。每一个民族,特别是每一个拥有自己特定文化传统的民族,必定有自己的可以追溯的文化原点,其生存能力的大小,文化进步的快慢,均取决于这一文化原点涉过历史的千山万水传递过来的民族文化生命因子的裂变能量的大小。传统是我们进行理论论证和法律推理所需的不证自明的命题的一部分。法律不仅要与国际接轨,而且要与民族精神接轨。法律是传统的记载,传统是法律的生命力源泉。法国诠释学家保罗·利科曾赋予了“原创事件”极高的诠释学意义,他认为诠释就是对原创者(如论语的作者孔子、美国《独立宣言》的起草者杰斐逊)的思想与信念的传递,如果没有对原创事件的诠释就不会有形象的重塑与更新,一个社会就会丧失凝聚力。[1] 哈耶克曾经指出,在一个传统和惯例使人们的行为都可以预期的社会中,强制力可以降到最低限度。[2] 今日中国法治之不兴,在较宽泛的含义上完全可以置换为中国法律解释活动的缺席,而法律解释活动缺席的主要原因,则是由我们自觉地与过去绝情、与传统裂变所致。没有了过去,也就没有了今天进行理解和解释的前提;没有了传统,也就没有了今天进行创新和发展的基础。就中华民族这一历史悠久、文化积累丰富的共同体而言,她的任何民族行为或整体行动都不可能背离自己的历史与传统,都不可能不从自己的历史传统中寻找根据和信仰,甚至借口(诚实的或虚伪的)。对当下中国的法治建设而言,法律移植是十分近捷、可行和必要的。但移植本身不足以构成中国法治建设的主题,中国当下的特定时代主题只能是这些移植来的法治构件与中国文化营养基的契合过程及各制度构件在中国文化生态圈中的相互磨合过程。

哲学诠释思想将法律解释提升到了民主与法治建设的中心地带。在哲学诠释学的背景下,法的解释活动就是法官通过对民族精神、文化传统及人类共性的科学理性的理解,创生法律意义,达致社会共识,从而实现法律对社会的凝聚价值。支撑人类现代社会理想和现代社会制度的法治并不能够自动形成一个功能自足、作用协调的制度系统。每当司法难题呈现在人们面前时,法律解释就是不可避免的了,虽然法律解释的意义并不仅仅体现在司法难题的解决之中。[3] 当民意与法理各执一词的时候,进行卓有成效、严密巧妙的法律解释就成为现代社会在掩盖人类理性的局限与人类意志的情绪化困境的前提下走出困境的最体面的方法。每当精力旺盛、喜好讼战的美利坚民众掀起对法律的抗争浪潮时,最高法院的法官们做的工作往往就是不厌其烦、不厌其累地制作一篇篇语词精美、结构严谨、内容丰满的法条解释辞。通过对循规蹈矩的法律规范的谨慎地、讲求逻辑地“维护”(实质可能是修改)以平息民众的情绪;通过对热情奔放的民众情绪的礼貌地、讲求策略地“同情”

---

〔1〕[美]成中英主编:《本体与诠释》,三联书店 2000 年版,第 338 页。

〔2〕参见苏力:《法治及其本土资源》,中国政法大学出版社 1996 年版,第 10 页。

〔3〕在一个民主与法治运行良好的国度中,司法难题的意义是远远超出该个案本身的。特别是当某一司法个案引起社会普遍关注时,此个案事实上就变成了各种社会权力新一轮分配的代号,变成了各种社会制度新一轮调整的代码。

(实质可能是批评)以缓解对法律的信仰危机。可见,在法律解释的过程中,民主的神圣与法治的伟大都受到了良好的照顾。在这个过程中,法律解释活动所完成的不仅是对个案的处理和对民主与法治系统的功能补充、环节润滑、肌体活化,同时也是一个以法的本真意义征服人的过程,是一个使法律由规则符号而意义化的过程。

哲学诠释学意义上的法律解释意欲超越客观主义、主观主义各自局限而创生法律的意义。客观主义与主观主义的关系问题是法律解释中的哥德巴赫猜想。对二者的不同取向反映不同法律解释者的法律世界观。客观主义认为法官判案的唯一依据是已成立的法律,其使命就是忠实地理解法律原意,然后进行逻辑推理,最后得出唯一正确的判决结果。在客观主义者那里,"文本意义的自主"是一个至关重要的命题。比如贝蒂就认为处在诠释学规则体系顶端的就是文本意义的自主。解释者只是发现文本作者的意见,解释者的立场束缚性是诠释学的综合因素。[1] 主观主义与自由法学、批判法学有着血脉渊源。对主观主义者而言,规范的不确定性是一个关键命题,自由法学、批判法学正是从此命题出发展开对法律的客观性、确定性攻击的。客观主义与主观主义论争的真正价值并不在于最终的结果(也不可能有最终的结果),而在于论争过程本身。正是二者的相互冲突刺激着人们对法律深层意义的探寻,正是二者的相互激荡在维系着法律秩序的存在与进化。但是人们如果想在二者关系上有所提升,就必须借助于新的理论模型。哲学诠释学向我们展示的思想就为我们的超越提供了可能的资源。伽达默尔指出:"我们的思考阻止我们用解释者的主观性和要解释的意义的客观性去划分诠释学问题。这样一种划分办法来自一种错误的对立,而这种对立是不能通过承认主观性和客观性的辩证关系而被消除的。在规范的功能和认知的功能之间作出区分,就是分割那种显然是一体的东西。法律在具规范应用中所表现的意义,从根本上说,无非只是事实在本文理解中所表现的意义。"[2] 伽氏的这种诠释思想其实与中国的传统司法理念志趣相投。中国传统精神注重元融汇通、主客一体。因而传统司法一直未开出主客对立的法律思维与法律实践模式。这既是我们的负担,也是我们的资源。我们完全没有必要(也许没有可能)从主客对立出发上实现主客二元理性,我们完全可以(也许必须)从主客一体出发去达致。西法的问题是如何在主客对立中融入主客一体智慧以中和对立,重建人文价值;中国的问题却是如何在主客一体中植入规则质料以催生理性,实现制度的现代化转换。

当下中国法治的实况可用"飞碟状"来表示。其义是指:一是外来——无根性,民主与法治还没有真正融入中国的文化生态圈中,仍处在被中国文化排异的状态;二是单薄——无体性,它还没有形成环环相扣的制度有机体,没有形成可被人们体验的质感性,仍处在若隐若现的状态;三是飘浮——无主性,它还没有与中国的社会实践有效连接,仍处在与中国

〔1〕[德]伽达默尔:《真理与方法——哲学诠释学的基本特征》,洪汉鼎译,上海译文出版社1999年版,第676页。
〔2〕同上书,第399页。

社会井水不犯河水的状态。导致这种局面的原因之一,就是法律解释——这一使法律规则符号意义化桥梁——的缺席。没有足够丰富、开放的法律解释实践活动,就没有足够深度的法律意义。我们缺乏的不仅是知识理性与科学方法,更重要的是缺乏一种对法律的开放性理解。古为"祖宗之法不可变",由是窒息了中华法系的生命力和创造力;近则通过"砸烂式"革命彻斩了中华法律传统之命根,由是导致了中国法治的无根状态。在一个封闭的知识体系中,法律解释被边缘化为一种工具、一种辅助性的工作方法是不足为怪的,因为法官自身就是一种工具。唯有过去与现在、传统与现代、情感与理性、道德与法律、意志与规则、精英与大众、保守与灵活开始了负责的对话与交流,才能从根本上和实体上结束法治的无根、单薄、飘浮状态,法律才能由抽象而具体、由静止而行动、由符号而意义,法治才能逐步拥获自己的理念根据、制度实体和生存质感。所以,我们对法律解释的关注并不仅在于其提高法官的司法水平的意义有多大,我们更关注其在法治应有结构中的能动意义,关注其在今天和未来的社会制度构造中的世界观意义。

在我们将法律解释理论纳入中国背景中予以理解之前,必须时刻牢记其研究志趣的转向所连结的时代背景。法律解释问题在西方文化中有一个"视域融合"的作用机制问题,而及于中国恐怕还有一个"区域融合"的问题需要认真对待。〔1〕 以法解释学为典型形态的西方解释学研究对象和趋向的转变并不仅是西方学术传统中一次意义重大的理论深化和拓展行为,这一事件同时也是人类智慧的又一次提升的开端标志。我们也只有在自觉地置身于西方的过去与西方的现在、西方的文化传统与西方的当下问题对话过程中,才能最大限度地避免对这一事件的误读和歧解。当我们考虑到我们在解读西方知识谱系与传统时的功利动机时,我们就会发现保持这种知识背景时序划分上的学术自觉十分必要。正如成中英教授指出的那样,西方社会为了解决其内部的种族、社会和宗教矛盾而带动了宗教的理性化和权力政治的法律化,从而构筑了一个以理性分析与科学综合为主流的世界,科学方法是这一世界发展的最后成果,因而本体论诠释学在西方面对的问题是如何重拾人文的问题,而中国文化是以理解为主体、以融合为主流精神的,它缺乏的是如何在科学上赶上西方,因而中国面对的问题是如何建立科学方法又不丧失原有的理解伦理与价值。〔2〕 成中英教授对中西社会的比较分析可谓精辟入理,然而他对中国当下面临的问题的诊断却过于乐观了。在当下的中国,不仅科学精神因未经近代理性传统的系统训练而极度匮乏,就连原本是文化优势的人文精神亦因长期自虐而丧失殆尽了。所以,中国社会当下的问题与任务与西方社会当下的问题与任务是不同的。虽然我们不认为我们必须重新退回到近代,但是近代理性高扬的启蒙运动毕竟是现代化一个不可缺少的前提性环节,因此今日中国在面对

---

〔1〕 陈弘毅先生曾经指出,西方法则学和哲学思潮都是在相当成熟的资本主义宪政国家的社会文化背景下和法制实践的环境中诞生的,而我国国情与世界大不相同。

〔2〕 [美]成中英主编:《本体与诠释》,三联书店2000年版,第3页以下。

后现代主义思潮时更应保持清醒的头脑,更应对中国特定的时空背景予以自觉的关注。[1]就常规的支撑西方法治大厦的框架而言,不能不说仍是由一系列法律解释技术规则构成的方法论程序;程序是法治的生命仍是一面不倒的旗帜。方法论解释学不仅为法学理论的构筑提供着技术可能,而且依赖着人们对规则的确信和对逻辑的崇拜为法律意义的创生提供不可或缺的确定性与正当性证明。

(原载于《中国法学》2001 年第 5 期)

---

〔1〕 关于此问题,季卫东先生与苏力先生有非常发人深思的对话。参见季卫东:《面向二十一世纪的法与社会》,载《中国社会科学》1996 年第 3 期;苏力:《后现代思潮与中国法学和法制》,载苏力:《法治及其本土资源》,中国政法大学出版社 1996 年版,第 268 ~ 291 页。

《联合国残疾人权利公约》中的合理便利

——考量基准与保障手段

曲相霏*

在联合国目前所有核心国际人权公约中，唯一一个明确规定了合理便利[1]概念的是《联合国残疾人权利公约》（United Nations Convention on the Rights of Persons with Disabilities，CRPD，下文简称《残疾人权利公约》或《公约》）。[2]《公约》不仅将合理便利作为一个关键概念给予定义，[3]并且规定"不提供合理便利构成歧视"从而将提供合理便利置于"平等和反歧视"的法律原则之中，缔约国"确保"提供合理便利的规定也被誉为《公约》中最重大和最有用的规定。[4]

---

* 曲相霏，曾在山东大学法学院工作，现任中国社会科学院国际法研究所研究员。

〔1〕《公约》中文文本中的合理便利对应着英文文本中的"reasonable accommodation"。但是严格而言，"便利"与"accommodation"从词义上讲并不是恰当的对应词，这两个语词也都不是《公约》理念的最佳表达。其实，中文中的"合理调适"与英文中的"reasonable adjustment"不仅相互对应，也非常明确地体现了《公约》的精神和理念，更为适当。但是《公约》已经通过和生效，现在所能做的就是对《公约》的措辞给予符合《公约》本意的清晰解释。值得注意的是，2012年10月残疾人权利委员会对中国《首次履约报告》提出的《结论性意见》的中文作准文本使用了"合理照顾"来对应英文中的"reasonable accommodation"，这是不恰当的，应予纠正。本文除在直接引用原文时尊重原文的表达方式，在中文行文中统一使用《公约》中文作准文本采用的合理便利这一表达。

〔2〕2006年12月13日该公约及其任择议定书经第61届联合国大会通过，2007年3月30日开放给各国签署，2008年5月3日正式实施。截至2015年10月23日，该公约有160个签署国和159个缔约国，其任择议定书有92个签署国和88个缔约国。载 http://treaties.un.org/Pages/ViewDetails（last visited October 23，2015）。《公约》的英文版本使用的是"persons with disabilities"，只在引用《关于残疾人的世界行动纲领》（World Programme of Action concerning Disabled Persons）时使用了"disabled person"。《公约》的中文版本使用的是"残疾人"。中国法律法规通用"残疾人"。本文引用《公约》及相关法律法规文献资料时，使用原文称呼。在其他情况下，视行文方便同等使用"残疾人""残障人士""身心障碍人""障碍人""障碍者"等称呼。

〔3〕Gerard Quinn and Charles O'Mahony，"Disability and Human Rights：A New Field in the United Nations"，inC. Krause and M. Scheinin（eds.），*International Protection of Human Rights：A Text Book*（Turku/Abo：Abo Academi UnivErsity Institute for Human Rights，2nd revised edn，2012），p. 269.

〔4〕Rosemary Kayess and Philip French，"Out of Darkness into Light：Introducing the Convention on the Rights of Persons with Disabilities"，（2008）8（1）Human Rights Law Review，pp. 1 – 34.

中国是《残疾人权利公约》的缔约国。在中国所批准或加入的国际人权公约中,《残疾人权利公约》直到今天仍然具有独特性,因为中国不仅推动并在一定程度上领导了《公约》的起草和通过,〔1〕位列《公约》的第一批签署国之中,〔2〕更在批准《公约》时没有作出任何保留,〔3〕这在中国批准或加入的人权公约中是唯一的。〔4〕为了与《公约》保持一致,中国在批准《公约》之前还迅速修订了《中华人民共和国残疾人保障法》(下文简称《残疾人保障法》)。〔5〕然而,也许是因为当时人们对《公约》中合理便利所涉及问题的广泛性和基本性没有足够重视,《残疾人保障法》在修订时只是在个别条文中规定了若干为残疾人提供"便利"的要求,〔6〕既没有使用合理便利概念,也没有关于合理便利的概括性规定。〔7〕在中国目前的规范性法律文件中,唯一明确规定了合理便利的是2015年4月21日教育部和残疾人联合会联合发布的《残疾人参加普通高等学校招生全国统一考试管理规定(暂行)》(下文简称《规定》)。〔8〕但是该《规定》不仅法律效力级别低,而且仅涉及普通高等学校招生全国统一考试这一事项。而合理便利则不仅是残疾人权利保障的手段,还涉及财产权和经济自由等受宪法保障的公民基本权利,涉及教育、就业、医疗、交通、居住等生活的方方面面,合理便利的全面实施不仅会给普通社会生活带来影响,还会给司法活动带来新的挑战,在中国的法律体系中只有基本法律才能承担得起规定合理便利的任务。

2010年8月30日,中国根据《公约》第35条关于缔约国提交报告的规定,向联合国残

〔1〕 Gerard Quinn and Charles O' Mahony, "Disability and Human Rights: A New Field in the United Nations", inC. Krause and M. Scheinin (eds.), *International Protection of Human Rights: A Text Book* (Turku/Abo: Abo Academi UnivErsity Institute for Human Rights, 2nd revised edn, 2012), p. 275.

〔2〕 中国在《公约》开放签署日当天(2007年3月30日)就签署了《公约》。2008年6月26日全国人大常委会批准了《公约》。2008年8月31日《公约》在中国正式实施。

〔3〕 美国到目前仍未加入该《公约》,而加拿大、澳大利亚等西方发达国家在批准或加入《公约》时也都作了保留。

〔4〕 包括《残疾人权利公约》在内,目前联合国共有9大核心国际人权公约,中国已经批准或加入了其中6个,而在批准或加入时中国没有作出任何保留的目前还只有《残疾人权利公约》这一个。《公约》不仅受到中国的欢迎,它还赢得了世界性的赞誉。在《公约》的开放签署日,有82个国家签署了《公约》,创下了联合国的历史纪录,这使《公约》成为联合国历史上在开放签署日获得最多签署国的公约。当日还有44个国家签署了《公约》的《任择议定书》,牙买加还直接批准了《公约》。除了在开放签署日获得最多签署国,《公约》还创下了其他若干个第一:它是人类进入21世纪后通过的第一个国际人权公约;是联合国第一个开放给区域一体化组织(regional integration organizations,如欧盟)签署和批准的人权公约;在联合国历史上第一次由受公约直接影响的人士积极有效地参与到公约的制定过程中,大量残疾人和残疾人组织在《公约》制定过程中发挥了重要作用;是联合国历史上磋商和制定速度最快的《公约》,从联合国大会决定设立"拟订全面的综合的保护和促进残疾人权利和尊严的国际公约特设委员会"(Ad Hoc Committee,下文简称"特设委员会")来考虑制定公约的问题,到《公约》获得通过,仅用了5年时间。

〔5〕 2008年4月全国人大常委会对1991年《残疾人保障法》进行了修订,以符合《公约》的要求。

〔6〕 例如第25条、第50条、第56条等。

〔7〕 尽管全国人民代表大会常务委员会法制工作委员会编写的《残疾人保障法释义》一书,将合理便利纳入了关于《残疾人保障法》第3条"基于残疾的歧视"的解释中,但该书并不是中国的法律渊源。参见信春鹰主编:《中华人民共和国残疾人保障法释义》,法律出版社2008年版,第15页。

〔8〕《残疾人参加普通高等学校招生全国统一考试管理规定(暂行)》,载新华网:http://education.news.cn/2015-05/15/c_127804329.htm,最后访问日期:2015年9月3日。

疾人权利委员会提交了《首次履约报告》(Initial Report of China),[1]2012 年 10 月残疾人权利委员会对中国的《首次履约报告》提出了《结论性意见》(Concluding Observations)。在该《结论性意见》中,委员会在肯定中国为履行《公约》所作出的努力和所取得的成就的同时,也对中国提出了一系列建议,其中一条建议就是关于合理便利。委员会表示中国法律还没有关于合理便利的明确规定,在为残疾人提供合理便利方面存在不足,建议中国“在法律中加入对合理便利的定义”,并且“该定义应反映《公约》中的定义,涉及在特定案例中在超越一般性无障碍问题之外应用必要和适当的修改与调整。”委员会还建议中国“应确保在法律中明确承认,拒绝提供合理便利构成基于残疾的歧视。”[2]

基于上述背景,本文试图从学理上考察分析《公约》中合理便利的内容、特征、判断标准和保障手段等基本问题,研究探索其对中国的挑战和可能产生的影响,为中国的履约和完善残疾人权利保障作准备。

一、合理便利的要素:哪些便利? 何为合理?

在起草《公约》时,合理便利这一概念在国际法上尚未得到充分定义,许多国家对其存在着理解上的模糊甚至误解。起草《公约》的过程也是合理便利概念逐渐明晰的过程,[3]《公约》最终文本对合理便利定义如下:

> “‘合理便利’是指根据具体需要,在不造成过度或不当负担的情况下,进行必要和适当的修改和调整,以确保残疾人在与其他人平等的基础上享有或行使一切人权和基本自由”。[4]

虽然合理便利的定义十分清晰,但是合理便利究竟包括哪些具体内容、哪些便利是合理的哪些便利是不合理的、判断合理便利的方法和工具是什么等问题,《公约》无法一一作出详尽规定。本文将结合各国关于合理便利的法律和实践、《公约》起草过程中的讨论以及联合国残疾人权利委员会在处理个人来文时所给出的意见,对“合理”和“便利”分别予以分析,以廓清合理便利可能涵盖的范围和内容。

---

[1] CRPD/C/CHN/1.

[2] CRPD/C/CHN/CO/1.

[3] Ad Hoc Committee on a Comprehensive and Integral International Convention on the Protection and Promotionof the Rights and Dignity of Persons with Disabilities, http://www. un. org/esa/socdev/enable/rights/adhoccom. htm (last visited October 11,2015).

[4] 其英文表述如下:“Reasonable accommodation means necessary and appropriate modification and adjustments not imposing a disproportionate or undue burden, where needed in a particular case, to ensure to persons with disabilities the enjoyment or exercise on an equal basis with others of all human rights and fundamental freedoms”。

(一)合理便利中的便利

在《公约》草案第一版给出了合理便利的定义之后,[1]在《公约》起草的过程中,代表们对"便利"的内容即进行必要和适当的"改造和调整"并没有产生实质性的分歧。这一方面是因为"便利"比较易于理解和表达,没有造成误解;另一方面是因为《公约》草案中的"便利"与已有的各国法律和实践所支持的"便利"在内容上并无二致。不过,由于《公约》将合理便利置于"平等和反歧视"的原则之中,并且对"便利"涉及的范围和领域没有作任何限制,《公约》中的"便利"和已有的各国法律和实践所支持的"便利"相比,更为广泛和全面。

1. 便利的广泛性和全面性

合理便利是在就业领域反歧视的过程中发展起来的,长久以来在某些国家以及欧盟,为残疾人提供合理便利的法律义务仍然主要局限于就业领域。在《公约》起草过程中,特设委员会成员普遍认为,需要使合理便利的概念"既宽泛又灵活"(both general and flexible),以确保它易于适应不同的领域。[2]《公约》所规定的"便利"从一开始就是开放性的,没有任何特定领域的限定,不仅渗透于残疾人的教育、就业、医疗等日常生活的方方面面,并且渗透于所有环节和所有程序步骤之中,这使《公约》中的合理便利前所未有地全面和广泛。

除了没有特定领域和事项的限定,《公约》中"便利"的广泛性和全面性也能从下列几个方面体现出来。

第一,提供合理便利的场所。《公约》所要求的提供合理便利的场所,不仅包括公共场所、工作场所、公寓住宅、学校医院等常规场所,还包括监狱、拘留地等这些特殊场所。《公约》第14条第2款规定,"缔约国应当确保,在任何程序中被剥夺自由的残疾人,在与其他人平等的基础上,有权获得国际人权法规定的保障,并应当享有符合本公约宗旨和原则的待遇,包括提供合理便利的待遇。"2014年4月残疾人权利委员会处理的来自阿根廷的来文,就涉及缔约国为接受刑事监禁的残疾人的医疗康复和日常生活提供合理便利的义务。委员会根据《公约》第14条第2款指出,缔约国有义务对拘留地点加以改造,采取相关措施作出充分、合理的调整,确保来文当事人能够与其他囚犯同等进入监狱的各种设施并使用监狱提供的各种服务,确保被剥夺自由的残疾人能够自主生活,并能够在拘留地点充分参与生活的方方面面。[3]该事例反映了《公约》所包含的"便利"的全面性和广泛性。

第二,合理便利的权利主体即需要者。《公约》所保障的合理便利并不只限于残疾人本人,即不仅残疾人本人可以基于自己所面临的障碍而提出合理便利的要求,与残疾人有关联的其他人(通常为残疾人的家属)也可以基于残疾人的特殊需要而以其自己的社会身份

---

〔1〕 http://www.un.org/esa/socdev/enable/rights/ahcwgreporta7.htm(last visited June 11,2015).

〔2〕 http://www.un.org/esa/socdev/enable/rights/ahc3.htm(last visited December 24,2014).

〔3〕 CRPD/C/11/D/8/2012. http://tbinternet.ohchr.org/_layouts/treatybodyexternal/TBSearch.aspx?Lang=en&TreatyID=4&DocTypeCategoryID=6(last visited June 18,2015).

和名义提出合理便利要求。这是因为“基于残疾的歧视”往往不仅涉及残疾人本人,还涉及与残疾人有关系的非残疾人,例如职场上需要照顾残疾子女的妈妈们。[1] 残疾人权利委员会在针对西班牙的结论性意见中就明确要求西班牙将残疾基础上的保护扩展到与残疾人有关联的人或事等领域。[2] 中国立法部门组织编写的《中华人民共和国残疾人保障法释义》一书也规定,“禁止基于残疾的歧视”所保护的对象“除了残疾人以外还包括与残疾人有联系的人或组织,如残疾人的配偶、残疾人的亲属、残疾人的照料者、残疾人的同事、残疾人的工作单位、残疾人的供养和托养机构、残疾人组织等”,对上述对象的歧视都属于“基于残疾的歧视”。[3]

第三,合理便利的义务主体即提供者。《公约》对提供合理便利的义务主体也没有作任何限定,这使任何社会主体都可能成为提供合理便利的义务主体,这种不列负面清单的方式大大增加了提供合理便利的可能性。为行文方便,这一规定的合理性将在下文关于合理便利的保障部分再予以分析。

2. 便利的分类

尽管《公约》中的“便利”十分全面和广泛,但我们仍然能够通过分类的方式将“便利”的内容具体化。从目前各国的法律和司法实践来看,[4] 合理便利中的“便利”既包括各种物质性便利,又包括各种非物质性便利。在具体个案中,便利可能同时包括物质性便利和非物质性便利。

(1)物质性便利

物质性便利是指物质方面的“修改和调整”。例如在就业领域,根据《美国残疾人法案》,雇主有义务对工作环境进行改进或调整,以使残疾雇员可以完成关键的工作内容,或使残疾雇员可以和类似情形的非残疾雇员一样“平等享有雇用的利益和权利”。为达到这个目的,雇主应设法使现有的、供雇员使用的设施也能够方便残疾雇员进入和使用,必要时雇主应添加或改造设备装置。[5] 《以色列残疾人平等法》规定,在就业领域为残疾人提供的物质性调适不仅包括“工作场所内的设备调适”,还可以是“工作场所的调适”。[6] 这意味着可以为残疾雇员选择其他适合的“工作场所”,例如居家工作或单独安排一个安静的工

---

〔1〕 *Coleman v. Attridge Law and Steve Law*, European Court of Justice, Case C – 303/06, Opinion of the Advocate GeneCouncil Directive(EC)2000/78. Establishing a General Framework for Equal Treatment in Employment and Occupation 2000. 31 January 2008.

〔2〕 See conclusion Observation of the Committee on the Rights of Persons with Disabilities: Spain, UN doc. CRPD/C/ESP/CO/1, 19 October 2011, para. 19.

〔3〕 信春鹰主编:《中华人民共和国残疾人保障法释义》,法律出版社 2008 年版,第 15 页。

〔4〕 美国是最早规定合理便利的国家,美国的实践也为其他国家提供了参照,目前各国对合理便利的规定呈现出相似性,其中菲律宾的法律规定更是与美国的基本相同。因此本文在分析合理便利的要素时将主要以美国为例来予以说明,辅之以其他国家的相关情况。

〔5〕 Americans with Disabilities Act of 1990(ADA), Sec. 12111. Definitions.

〔6〕 Israel's Equal Rights for People with Disabilities Law, 5758(1998).

作间。1995年的《英国残障歧视法案》第6段第3分段也规定,雇主为有身心障碍的雇员提供的物质性便利包括“对经营场所进行调整”和“分配其去不同的工作场所”。[1]

根据个案的具体情况,物质性便利包括的内容其实非常广泛,甚至五花八门。例如,在美国的一个案件中,由于有残疾人住户对某些化学物质过敏,法院根据《美国公平住宅法案》判令住宅的负责人要采取适当措施,例如,撤走可能导致该住户过敏的地毯,或停止使用某些涂料或杀虫剂。[2] 在此案件中,对地毯、涂料、杀虫剂等进行的调整,就属于环境和场所方面的物质性便利。再如,根据当事人的特定需要,为视力障碍者提供纸质盲文材料或阅读器,为身体障碍者提供拐杖或轮椅,都属于物质性便利。

(2)非物质性便利

为残疾人提供的非物质性便利是指对通常的、一般性的程序、规则、政策、标准、要求、期限等非物质性要素作出调整,或为残疾人提供人员方面的特别协助。从目前各国的立法和法律实践来看,非物质性便利比物质性便利更为复杂多样,涉及的方面也更广泛。

例如,在就业领域,《美国残疾人法案》要求雇主提供的非物质性便利包括:对申请工作的程序进行改进或调整,使适格的残疾求职者可以获得被雇主考虑的机会;为残疾雇员调整工作内容,提供兼职工作或修改工作日程,重新分配到空缺的岗位,适当调整或修改考试、培训材料或政策以及其他类似的便利。[3]

在住房领域,根据《美国公平住宅法案》,据不完全统计,已经在实践中得到肯定的非物质性便利,包括:为需要导盲犬的视力障碍人或其他需要动物陪伴或辅助的残疾人改变“禁止宠物”规则;[4] 为具有行动障碍的残疾人预留最近距离的停车位而改变“先到先停”规则;在禁止非住户使用洗衣房的社区,允许无法自己去洗衣房洗衣的残疾人由其朋友、家人或助理帮助其使用洗衣房;为需要助理留宿以完成日常照顾的残疾人改变禁止非住户留宿的规定;在申请住房的程序中为听力障碍者提供免费的手语协助;因身心障碍而需要提前结束租期改换住房的残疾人不得被视为违约,并应优先获得需要的住房;因精神障碍而打扰了其他住户或违反住宿规则的精神障碍人,可以先行治疗,在此治疗期间不得被驱逐;[5] 等等。

1995年的《英国残障歧视法案》第6段第3分段也详细规定了雇主为有身心障碍的雇

---

〔1〕 The United Kingdom's Disability Discrimination Act of 1995.

〔2〕 *Roe v. Housing Authority of the City of Boulder*, 909 F. Supp. 814, 822 – 23 (D. Colo. 1995). http://www.accessiblehousing.org/rights/accommodations.asp (last visited on March 23, 2015). *Radecki v. Joura*, 114 F.3d 115 (8th Cir. 1997). http://www.accessiblehousing.org/rights/accommodations.asp (last visited March 23, 2015).

〔3〕 ADA. Sec. 12111. Definitions.

〔4〕 28 C.F.R. §36.104, http://www.accessiblehousing.org/rights/accommodations.asp (last visited March 23, 2015).

〔5〕 *Roe v. Housing Authority of the City of Boulder*, 909 F. Supp. 814, 822 – 23 (D. Colo. 1995), http://www.accessiblehousing.org/rights/accommodations.asp (last visited March 23, 2015).

员提供便利时可能采取的一些步骤和措施,其中多项内容涉及非物质性便利,包括“将身心障碍人的一些工作职责分配给其他人;转移该身心障碍人去填补一个已有的空缺岗位;调整工时;允许身心障碍人旷工以进行康复、评估或治疗;给身心障碍人提供培训或安排其接受培训;修改指令或参考手册;修改测试或评估程序;提供监督指导。”[1]以色列的《残疾人平等法》规定,在就业领域为残疾人提供的非物质性调适应包括“工作要求的调适,工作时间、招聘测试、引导培训和工作实践的调适”。[2]

综上所述,根据个案的具体情况,非物质性的便利可能是简化的求职程序,提供给智力障碍人的简单易懂的工作指示、单独安排的轮班时间(如灵活的、可选择的工作时间,非全日制工作时间)、[3]降低的工作指标、改变了的工作方式和工作内容(如可安排从事简单重复性的工作)、特别的人员辅助等,难以尽述。上文提到的 2015 年 4 月 21 日中国教育部和残疾人联合会联合发布的《规定》列举的大部分便利都属于非物质性便利,[4]该文件还规定,招生考试机构应在保证考试安全和考场秩序的前提下,根据残疾考生的残疾情况和需要以及各地实际,为残疾考生提供“其他必要且能够提供的合理便利”,这使为残疾人考生提供其所需要的电子试卷也成为可能。

联合国残疾人权利委员会处理的第一份来文就是关于《公约》中的合理便利的。2012 年 5 月,残疾人权利委员会对这份来自瑞典的来文作出了处理意见。[5] 来文当事人是一位患有慢性结缔组织异常症的残疾人,为了防止病情恶化,其唯一的康复手段是水疗,但其身体状况使其难以离开住所前往医院或其他康复机构。如果该当事人要继续在该社区生活,在其住所建造一个水疗池是对其最有利的选择,也几乎是唯一的有效选择。但按照政府的相关城市发展规划,其住所所在的区域不允许进行这样的扩建,法院也没有支持当事人的请求。残疾人权利委员会认为,水疗池对保障该来文当事人的健康权至关重要,建筑规划本身也为改动留下了空间,该改动也不会为缔约国带来“过度和不当负担”,因此缔约国应

---

〔1〕 The United Kingdom's Disability Discrimination Act of 1995.

〔2〕 Israel's Equal Rights for People with Disabilities Law.

〔3〕 London Underground Ltd. Vs. Edwards(1997)[1997]IRLR157.

〔4〕 例如,为考生提供现行盲文试卷;提供大字号试卷;免除外语听力考试;优先进入考点、考场;考点、考场配备专门的工作人员(如引导辅助人员、手语翻译人员等)予以协助;允许视力残疾考生携带答题所需的盲文笔、盲文手写板、盲文作图工具、橡胶垫、无存储功能的盲文打字机、台灯、光学放大镜、盲杖等辅助器具或设备;允许听力残疾考生携带助听器、人工耳蜗等助听辅听设备;允许行动不便的残疾考生使用轮椅、拐杖,有特殊需要的残疾考生可以自带特殊桌椅参加考试;适当延长考试时间,等等。该文件同时也规定了一些物质性便利,例如设立环境整洁安静、采光适宜、便于出入的单独标准化考场;考点、考场设置文字指示标识、交流板等;配设单独的外语听力播放设备;提供能够完成考试所需、数量充足的盲文纸和普通白纸。参见教育部、残疾人联合会:《残疾人参加普通高等学校招生全国统一考试管理规定(暂行)》。

〔5〕 截至 2015 年 6 月 19 日,联合国残疾人权利委员会已经接受了 8 项来文。其中两项来自瑞典,两项来自匈牙利,英国、德国、巴西和阿根廷各一项。匈牙利的两个案件,一个是关于视障者使用自动取款机;另一个涉及匈牙利智力障碍者关于选举权的来文则仅关注第 12 条及第 29 条。

当为当事人提供该合理便利。[1] 该事例中残疾人权利委员会认为缔约国应当为当事人提供的“便利”,就是一种非物质性便利。

(二)合理便利中的合理

《公约》并不要求义务主体为残疾人提供所有便利而只要求提供合理便利,“合理”是《公约》中合理便利的一个关键要素。无论什么“便利”,只有当它是“合理”的时候,义务主体才负有提供的义务。根据《公约》,“合理”包含四个标准:第一,有效(effective);第二,必要(necessary);第三,适当(appropriate);第四,“不造成过度或不当负担”(not imposing a disproportionate or undue burden)。

1. 合理即有效(effective)

《公约》文本并没有直接提出“有效”标准,但是《公约》指出合理便利应当根据“具体需要”。“有效”的便利必定是针对当事人的“具体需要”从而能够产生预期效果的,也只有能够针对当事人的“具体需要”而产生预期效果的“便利”才算得上是“有效”的“便利”。可见,“有效”既是“便利”的特征,也是“合理”的标准。例如,一位视力障碍者参加考试,考试院为其提供了盲文试卷,但该视力障碍者实际上并无使用盲文的能力,那么提供盲文试卷的做法就没有针对该视力障碍者的“具体需要”,不能产生使其实质性参加考试的效果,因此,提供盲文试卷的做法就构不成“便利”,更遑论合理便利。

2. 合理即必要(necessary)

《公约》在规定合理便利时,明确指出合理便利是根据具体需要“进行必要和适当的修改和调整”。可见,“必要”和“适当”是“合理”的标准。

在美国1995年的桑德案(Vande Zande v. State of Wisconsin Department of Administration)[2]中,法院认为,即使一项便利是有效的且不会产生很多费用,但如果提供该便利不是必要的,雇主即不必提供。该案原告请求雇主为其修改办公楼厨房的水池和台面,以便利其使用。但法院审理后认为,雇主没有义务为有身心障碍的雇员提供跟其他人绝对相同的工作环境,该案原告可以使用雇主承诺为其安装的厨房搁板,并使用浴室里的水池,因此法院认为雇主没有必要为原告修改办公楼厨房的水池和厨房台面。

本文认为,桑德案判决值得肯定的一点是,其确认了雇主没有义务为有身心障碍的雇员提供跟其他人绝对相同的工作环境。按照合理便利的原理,提供合理便利在更多时候正是要求义务主体为当事人提供不同的条件和环境。不过,本文认为,该案原告所要求的便利(得到合适的厨房台面和水池)并不因为雇主已经承诺要为其提供厨房搁板和其可以使

---

[1] CRPD/C/7/D/3/2011, http://tbinternet. ohchr. org/_ layouts/treatybodyexternal/TBSearch. aspx? Lang = en&TreatyID = 4&DocTypeCategoryID = 6(last visited June 18,2015).

[2] *Vande Zande v. State of Wisconsin Dept. of Administration*,44 F. 3d 538(7th Cir. 1995).

用浴室的水池就失去了必要性。在该案中,雇主只是为原告提供了一种关于合理便利的选择。而在《公约》起草过程中,特设委员会第三届会议工作组的意见明确指出,工作组原则上认为不应当强迫一个人接受任何特定的合理便利,尽管工作组广泛同意如果存在一系列合理便利,并且每一个便利按规定又是合理的,那么个人无权根据个人喜好去选择其他便利。[1] 该案涉嫌强迫原告接受雇主所提供的特定的一种便利。不过,该案雇主是否应当按照原告的要求修改厨房水池和台面的高度,仍然需要按照判断合理便利的基本方法来进行综合考察。如果原告的要求是合理的,不会导致不合比例的负担,则雇主应当尊重原告的意愿,按照原告的要求来修改台面和水池。

3. 合理即适当(appropriate)

《公约》明确规定“适当”也是“合理”的标准之一。上文提到的1995年美国的桑德案也提供了关于什么是“适当”的一个例子。该案原告要求雇主允许其居家办公。但在雇主为原告提供办公场所的合理便利之后,原告即可以在办公室工作,因此居家办公首先不具有特别的必要性。另外原告的主要工作为秘书工作,完成其大部分工作都需要团队合作,为保证工作质量还应当接受必要的监督,因此,法院认为该案原告居家工作是不适当的,雇主没有义务为原告提供居家办公的便利。[2]

2007年英国的拉蒂夫案(Project Management Institute v. Latif)[3]提供了关于“适当”的另一个例子。拉蒂夫是一位接受过会计训练的盲人,她要求项目管理协会(Project Management Institute)允许她在一台配置了她的屏幕阅读软件(scree-reading software)的电脑上进行职业考试,但项目管理协会按照其针对盲人候选人的已有的标准程序,只同意为拉蒂夫提供阅读器,同时可以延长其考试时间。该案判决认为,项目管理协会在为拉蒂夫提供合理便利方面是失败的,因为其提供的便利对拉蒂夫而言并不适当(proper)。

现实生活十分复杂,不同的人所面临的障碍可能千差万别。即使所面对的障碍是相同或相似的,不同的人也可能有不同的习惯和偏好。对一个人有效且适当的便利,对另一个人就未必同样有效和适当。因此,在具体个案中,究竟哪种便利是必要的、适当的,应该经由合理便利的提供者与需要者双方通过对话来沟通和协商,合理便利的义务主体尤其要尽可能地尊重权利主体的偏好和习惯,综合考虑各种相关因素。

4. 合理即不造成过度或不当负担(not imposing a disproportionate or undue burden)

提供合理便利是否应当以“不造成过度或不当负担(不合比例的负担)”为限,在《公

---

[1] http://www.un.org/esa/socdev/enable/rights/ahc3.htm(last visited December 24,2014).

[2] *Vande Zande v. State of Wisconsin Dept. of Administration*, 44 F.3d 538(7th Cir. 1995).

[3] *Project Management Institute v. Latif* [2007], Industrial Relations Law Reports 579. 转引自 Anna Lawson, Reasonable Accommodation in the Convention on the Rights of Persons with Disabilities and Non-Discrimination of Employment: Rising to the Challenges? In O'Mahony, C & Quinn, G(eds.), *The United Nationas Convention on the Rights of Persons with Disabilities: Comparative, Regional and Thematic Perspectives* (Belgium: Intersentia, 2015)。

约》起草的过程中代表们产生了分歧。例如,欧洲残疾论坛(European Disability Forum,EDF)、世界盲人联盟(World Blind Union,WBU)、全球精神治疗使用者和幸存者网络(The World Network of Users and Survivors of Psychiatry,WNUSP)都认为,“不合比例的负担”是一个很困难的概念,它有可能被用来进行歧视,公约应该限制提供合理便利的例外。[1] 国家人权机构组织也建议删除“不合比例的负担”,认为这样义务主体就没有借口不履行其义务。[2]

从经济分析的视角来看,为身心障碍人提供某种便利在很多情况下确实要给提供者带来一定的经济负担,尽管许多便利设备或措施同时也能够为非身心障碍人带来方便,而且从长远来看,有了这些便利之后身心障碍人也能够创造更多经济价值,但是提供者为此要承担的经济成本毕竟是客观存在的。此外,为身心障碍人提供合理便利所付出的经济成本还涉及受宪法保护的财产权和契约自由,而如果提供合理便利将导致提供者承受巨大经济负担,甚至影响到企业的正常运转,那又将造成新的社会不公。因为从社会公平的角度来看,身心障碍人在社会中所遭受的许多障碍都是历史上形成的,移除这些障碍的义务也应当由整个社会来承担,不应当要求某一个义务主体,如雇主或学校来独自承担。所以提供合理便利应该作为一种临时补救措施,或者是特殊情况下的一种有益补充,这种临时补救措施或有益补充不能要求提供者代替整个社会来承担责任,而应当以不给义务主体带来过度的负担为限,过度的负担可以成为义务主体免责的理由。

从《公约》起草过程中的背景材料来看,当时联合国考察的十多个国家以及欧盟在规定提供便利的义务时,也都对“便利”作了“合理”“不造成过度或不当负担”这样的限定。在各国立法中,“过度或不当负担”的具体表达方式包括:“过度负担(undue burden);过度的、不正当的、不合理的困难(undue, unjustifiable or unreasonable hardship); 不合理的破坏(unreasonable disruption);不合理的要求(unreasonable requirement);不正当的、不合理的或重大的花费(unjustified,unreasonable or significant costs)”;等等。[3] 《公约》最终采纳了限定条件,只有“不造成过度或不当负担”的便利才是《公约》支持的合理便利。本文认为这是一个折中的考虑,也是一个公正的决定。

---

[1] UN Convention on the Rights of People with Disabilities,Third session of the Ad Hoc Committee-Daily summary of discussions related to Article 7, http://www. un. org/esa/socdev/enable/rights/ahc3sum7. htm (last visited December 24, 2014).

[2] Ibid.

[3] Department of Economic and Social Affairs, "The Concept of Reasonable Accommodation in Selected National Disability Legislation" (A/AC. 265/2006/CRP. 1), http://www. un. org/esa/socdev/enable/rights/ahc7bkgrndra. htm (last visited December 24,2014).

二、合理便利的判断方法:综合各种相关因素根据比例原则进行个案衡量

《公约》没有明确指出判断一项便利是不是合理便利的具体方法。比较各国的法律和实践、《公约》的背景材料和残疾人权利委员会的实践,可以得出如下一些结论:

(一)坚持"特定个案情况下的合理性"

各国在规定合理便利时,都坚持"特定个案情况下的合理性",[1]即判断一项便利是否是合理的,必须、也只能结合该特定个案中的各项因素进行考察,除此之外别无他法。例如,美国联邦平等就业机会委员会1999年3月发布的、旨在澄清提供合理便利义务的就业指南就特别强调,在判断一项便利是否构成"过度困难"时,不能"一刀切"地作决定,而应考虑与特定雇主提供特定便利的成本或困难相关联的资源和环境等各项要素,根据特定个案的具体情况作判断(on a case-by-case basis)。

(二)运用比例原则进行衡量

各国在考察合理便利时,都用潜在的比例原则来衡量这些便利或调适可能影响到的所有相关主体的权利、利益和负担。[2]

1. 成本/收益的经济分析是基本的衡量工具,但一定的经济成本是义务主体不能拒绝的

成本/收益的经济分析方法是考察合理便利的一个基本的、重要的分析工具,在某些领域(如住宅领域)的个案中甚至是一个决定性的工具。[3] 需要明确的是,提供者为提供合理便利而付出一定的经济成本是合理便利所内含的要求,合理便利所排斥的只是会造成过度负担的成本。爱尔兰关于合理便利的曲折的立法实践提供了一个说明这个问题的例证。1996年的《爱尔兰就业平等法案》要求雇主为雇员或申请者提供合理便利,但是爱尔兰最高法院认为,尽管该法案的目的是值得颂扬的,但是不能要求雇主承担本来应该由社会整体承担的责任,该法案侵犯了雇主享有的宪法上的财产权和经济活动的自由。[4] 该法案因此不得不进行修改,之后的1998年《爱尔兰就业平等法案》在第16(3)(c)项作出新的规定:

---

〔1〕 Department of Economic and Social Affairs, "The Concept of Reasonable Accommodation in Selected National Disability Legislation" (A/AC. 265/2006/CRP. 1), http://www. un. org/esa/socdev/enable/rights/ahc7bkgrndra. htm (last visited May 1, 2015).

〔2〕 Ibid.

〔3〕 HUD v. Ocean Sands, Inc., HUDALJ 04 - 90 - 0231 - 1 (September 3, 1993), http://www. accessiblehousing. org/rights/accommodations. asp (last visited March 23, 2015).

〔4〕 Re Article 26 and the Employment Equality Bill (1997) 2 Irish Reports 321.

如果提供一项便利给雇主带来的成本支出超过“微不足道”(a nominal cost)的程度,这项便利就不能被视为“合理”。该法案第34(3)项还进一步规定,如果不允许进行某种区别对待的结果是成本的显著增加,那么该区别对待就不构成歧视,不违反法律。[1] 爱尔兰的这一做法受到欧盟的反对,《2004年就业平等法案》最终用“不合比例的负担”取代了“微不足道”这一标准。

正如加拿大索品卡法官(Sopinka J.)在一起雇佣案件中明确指出的,过度(undue)一词的使用表明,一定的经济成本和困难是雇主在提供合理便利时应当接受的,只有当成本和困难达到过度的程度时,才可以成为雇主不提供便利的理由。[2] 美国1995年的一个案件判决也明确指出:“合理”意味着并不要求义务主体“尽最大可能的努力”,因此考虑成本是必要的,不管雇主多么强大、多么具有经济实力,雇主为提供便利所付出的成本都不应和提供便利所带来的好处极端不成比例。[3]

根据《美国残疾人法案》,判断一项便利的花费时,需要考虑的因素包括但不限于:所需便利的性质及要花费的成本;机构实体中可用于提供合理便利设施的所有财政资源;机构实体的所有资源的总量;等等。[4] 美国联邦平等就业机会委员会1999年3月发布的就业指南还特别指出,雇主应该确定从外部例如国家康复机构获得相关资金以帮助其支付合理便利的成本的可能性;雇主还应当考虑退税额或税收抵免的资格,并应确定员工是否愿意支付可能会造成不当负担的部分成本。澳大利亚人权和平等机会委员会认为,关于雇主的花费,应当考虑可识别的净成本或收益(net costs or benefits),或者对雇主可能产生的整体影响,而不是简单的直接成本或预付成本或总成本(direct or upfront or gross costs)。在考量成本时应当考虑下列一些因素:直接成本;因雇佣残疾人及进行相应调整所可以取得的任何税收抵消、补贴或其他经济收益;与提供或将要提供给情况相似但没有残疾的员工的设备或设施相比,为残疾员工提供的合理调适将增加多少额外的成本;等等。[5]

2. 综合考察个案中的各种相关因素,而不仅仅是经济考量

《美国残疾人法案》还规定,如果设定的标准是与工作相关的和必要的,并且是残疾人无法通过合理便利来达到的,那么该标准可以作为对抗歧视指控的辩护。[6] 该法案同时规定,在判断合理便利时,除了考虑经济成本,需要考虑的因素还包括:与雇佣人数有关的机

---

〔1〕 Ireland's Employment Equality Act of 1998.

〔2〕 *Central Okanagan School District No.* 23 *v. Renaud* [1992] 2 S. C. R. 970.

〔3〕 Vande Zande v. State of Wisconsin Department of Administration[42 44 F. 3d 538(7th Cir. 1995).]

〔4〕 ADA. Sec. 12111. Definitions.

〔5〕 Department of Economic and Social Affairs, "The Concept of Reasonable Accommodation in Selected National Disability Legislation" (A/AC. 265/2006/CRP. 1), http://www. un. org/esa/socdev/enable/rights/ahc7bkgrndra. htm (last visited May 1, 2015).

〔6〕 ADA. Sec. 12113.

构实体的商业规模；便利设施的数量、类型与地点；机构实体的工作方式，包括它的组成、结构以及劳动力的功能；该机构实体的地理位置；便利设施与所涉机构实体的行政或财政关系；便利设施对环境的影响；等等。[1] 另外，如果一个机构实体能够证明，改变其政策、实践或程序包括高等教育（中学后教育）的学术要求等，将从根本上改变其商品、服务、设施、特权、优势或涉及的场所等的性质，或将导致不恰当的过分的负担，则可以不做改变。[2] 根据《美国残疾人法案》，提供合理便利也不应当给身心障碍人本人或其他人造成健康或安全方面的直接威胁。当然，判断是否会构成某种直接威胁，需要根据医学标准，考虑潜在风险和危害的性质、严重程度、发生的可能性和紧迫性等一系列要素。[3] 如果提供某种便利极有可能将会导致某些严重后果，则提供这种便利就不是合理的。

在加拿大，提供一项便利是否将导致"不当负担"也取决于很多因素，健康、安全和花费都应当纳入考虑。在决定雇佣关系中提供某种"便利"是否构成"不当负担"时，加拿大的法院曾考虑了如下一些因素：金融成本、对集体协议的破坏、对公众服务的中断、其他员工的风纪斗志、劳动力和设备的可替换性、雇主的行动规模（可能涉及雇主承担成本和改变劳动力的能力）、安全、对雇主的商业运行的干扰、总体经济环境。在决定教育系统提供某项便利是否构成"不当负担"时，法院则考察了下列一些因素：提供该项便利所需的金融资源，该便利对其他学生将产生的影响（包括程度和种类），该便利对教育程序和教育规划的影响，以及该便利对教职员工和其他学生包括其他有身心障碍的学生可能产生的其他不寻常的风险。[4]

三、合理便利的特征

（一）合理便利的个人化

合理便利的基本特征是它的个人化，即它针对的是具体个人的具体需求，是为满足特定个人的特定需求而设计和提供的。从人权原理来看，合理便利反映了人权保障的更高层次。人权具有普遍性，但如果人权保障不能考虑到每一个特定的具体的人维护其尊严的特定需求，则人权的普遍性就得不到体现。因此，真正的普遍人权必定是能落实到每一个具体的人，能满足每一个特定的人保障其尊严的特定需求。[5] 而提供合理便利比起其他人权保障手段来说，更着眼于人的多样性，更贴合每一个个体人的特定需要，更个人化，也因此

---

〔1〕 ADA. Sec. 12111. Definitions.

〔2〕 ADA. section 12201(f) and ADA. Sec. 12182.

〔3〕 ADA. Sec. 12113. Defenses(b).

〔4〕 Department of Economic and Social Affairs, "The Concept of Reasonable Accommodation in Selected National Disability Legislation" (A/AC. 265/2006/CRP. 1), http://www.un.org/esa/socdev/enable/rights/ahc7bkgrndra.htm (last visited May 1, 2015).

〔5〕 参见曲相霏：《人权离我们有多远——人权的概念及其在近代中国的发展演变》，清华大学出版社2015年版。

更能体现人权的普遍性。从已有的法律规范和法律实践来看,合理便利的个人化表明:一个人就可以提出合理便利的要求。[1] 只要一个人有某种需要,就可以向义务主体提出提供合理便利的要求,合理便利也可以只为一个有需要的人提供。

(二)合理便利的协商性

合理便利的个人化决定了合理便利的协商性,即提供者应当为需要者提供什么样的合理便利,应当由双方经过协商来确定。合理便利的需要者应当向提供者提出清晰的要求,提供者应当充分尊重需要者对合理便利的意见,在不造成过度负担的前提下满足其需要。例如,美国的公共政策方针(the public policy guideline)明确规定,提供给个人的便利应当是建立在个案情况基础上的经过雇主和雇员互动的同意。[2]

(三)合理便利一般要求提供者尽积极义务

提供合理便利一般需要提供者采取具体的积极行动,做出上文所述各种物质性或非物质性的调整。要求提供者采取积极行动一般都直接规定在各国关于合理便利的定义之中,例如,《加拿大公平就业法》(Employment Equity Act)就直接要求义务主体积极行动。《公约》在规定合理便利时也明确指出义务主体要“进行必要和适当的修改和调整”,这也表明提供合理便利一般而言是一项需要采取积极行动的义务。也正因如此,提供合理便利才需要以不给义务主体造成“过度或不当负担”为条件。而传统的反歧视大多只要求义务主体尽不作为的消极义务,故传统的反歧视不需要考虑是否会造成“过度或不当负担”。

(四)合理便利要求提供者根据需要者的具体情况提供“区别对待”

合理便利的一个重要特征就是,它要求提供者根据需要者的具体情况,提供区别对待。这一点也使合理便利与传统的反歧视手段有了显著区别。传统反歧视无论是消除直接歧视还是消除间接歧视,目的都是实现“同等对待”(identical treatment),即确保任何群体都不会因为群体的特殊性(如性别、种族、宗教信仰等)而受到区别对待。而提供合理便利的义务则恰恰相反,它要求义务主体充分考虑权利人的特殊需求,并针对这一特殊需求提供区别对待或优待(more favorable treatment)。[3] 忽略个体的需要,一味地坚持同等对待并不

---

〔1〕 黄奝:《合理便利概念的浅析》,载《反歧视评论》(第1辑),法律出版社2014年版。

〔2〕 Department of Economic and Social Affairs, “The Concept of Reasonable Accommodation in Selected National Disability Legislation” (A/AC. 265/2006/CRP. 1), http://www. un. org/esa/socdev/enable/rights/ahc7bkgrndra. htm (last visited May 1, 2015).

〔3〕 Waddington, Lisa, Reasonable Accommodation: Time to Extend the Duty to Accommodate Beyond Disability? (May 20, 2011). NTM|NJCM-Bulletin, Vol. 36, No. 2, pp. 186 – 198, 2011. Available at SSRN, http://ssrn. com/abstract = 1847623 (last visited June 19, 2015).

会带来真正的平等,反而会使不平等变得更加严重。因此,个体的特殊需求应当被考虑,并且应当采取适当的措施满足这些需求,以避免个体因自身的需求无法得到满足而面临障碍。[1]

(五)合理便利应建立在提供一般性无障碍设施的基础之上或作为其临时补充

2012年10月残疾人权利委员会对中国《首次履约报告》提出的《结论性意见》明确指出,合理便利的定义"涉及在特定案例中在超越一般性无障碍问题之外应用必要和适当的修改与调整。"[2]委员会的这一意见表明,合理便利的提供应当建立在已经为身心障碍人提供了一般性无障碍设施的基础之上。一般性无障碍设施是通用设计,而合理便利涉及在特定案例中针对特定身心障碍人的超越了一般无障碍设施的需要,或者在无障碍设施得不到的情况下,提供必要的和适当的便利。这表明,并不是有了完善的无障碍设施之后,身心障碍人就不需要再提出合理便利的要求。因为无障碍设施是一般性的,面向所有人的,而每个身心障碍人所承受的损害不同,在受教育、工作和生活中所面对的问题也可能不同,其需求就可能有差别,合理便利就是在已经提供了无障碍设施的前提下,再为有需要的个人提供个性化的便利。当然,如果无障碍设施本身就是缺乏的,则身心障碍人就不得不提出更多的合理便利要求。

四、合理便利的保障

(一)缔约国保障合理便利的义务

合理便利最早出现在雇佣领域,并且很长一段时间内主要局限于雇佣领域。在美国、加拿大等国的法律和司法实践中,雇主最早被要求承担提供合理便利的义务。随着合理便利理念的逐渐发展,合理便利也逐渐扩展到教育、医疗、住宅、餐饮、娱乐、交通等领域,提供合理便利的义务主体也从雇主扩展到学校、医院、住宅所有人和管理人以及其他提供公共服务的部门,但比较而言,雇佣就业领域仍然是各国要求提供合理便利的一个主要领域,雇主仍然是提供合理便利的主要义务主体。

各国国内法关于合理便利的立法和实践也表明,政府和私有主体在法律上都承担着直接提供合理便利的义务,尤其在公共医疗、公共教育等领域,政府更是合理便利的直接提供者。不过,对私有雇主来说,其公司或机构的性质和规模(包括雇员的人数),往往对提供合

---

〔1〕 Stephen L Darwall, Equal Freedom: Selected Tanner Lectures on Human Values (University of Michigan Press 1995); Fredman (n 46). 参见黄裔:《合理便利概念的浅析》,载《反歧视评论》(第1辑),法律出版社2014年版。

〔2〕 CRPD/C/CHN/CO/1.

理便利构成一个限制条件。例如,《加拿大公平雇佣法》第4条规定,该法适用于联邦服务机构、皇家公司、与联邦政府的工作和业务有关联或其管辖下有100或更多员工的私营部门雇主。[1]《美国残疾人法案》把雇员人数达到15人(某些特殊情况下达到25人)作为需要提供合理便利的门槛。[2]《美国康复法案》则只约束联邦政府机构和受联邦援助或与联邦有合同关系(并达到一定的金额)的雇主和机构。[3]

在《公约》通过之前,国家本身并没有促进合理便利的义务。特设委员会第四届会议明确提出国家对提供合理便利应负有确保性责任,[4]即《公约》虽然并不要求国家自己直接提供全部合理便利,但国家有责任积极行动通过立法、行政、司法等一切可能的手段和措施,确保为身心障碍人提供合理便利。简言之,根据《公约》,缔约国对合理便利承担着三种不同性质的义务:

第一是直接提供合理便利的义务。例如《公约》第27条(工作和就业)明确规定缔约国应当"在公共部门雇佣残疾人",从《公约》第24条(教育)、第25条(健康)等相关条文也可以推导出缔约国在向公众提供医疗、教育、交通等公共产品和公共服务时有义务为身心障碍人提供合理便利。

第二是"确保"其他社会主体为身心障碍人提供合理便利的义务。《公约》第4条(一般义务)、第5条(平等和不歧视)、第14条(自由和人身安全)、第24条、第27条等一系列条文都明确规定缔约国"确保"向身心障碍人提供合理便利。前文提到,《公约》没有对提供合理便利的义务主体作任何限定,没有像上述有些国家的国内法那样设置提供合理便利的私有主体应达到的规模等门槛条件。本文认为,这里可能有三方面的考虑:一是《公约》作为国际人权法规范的是缔约国的义务和责任而不是其他私有社会主体的行为,因此没有必要直接针对这个问题作出规定;二是从《公约》力图促进提供合理便利的精神来看,《公约》不对提供合理便利的义务主体列负面清单、作硬性限制的做法,可以大大提高提供合理便利的可能性;第三也是最重要的,就是《公约》关于提供合理便利以"不造成过度或不当负担"为条件的规定,实际上完全能够吸收关于雇员人数、公司或机构的性质和规模等一系列考量因素,没有必要再作硬性的门槛规定。基于同样的理由,《公约》实际上没有对合理便利的义务主体作出任何其他限制。根据《公约》可以推导出如下结论:合理便利的义务主体是非常广泛的,任何可能与身心障碍者产生联系的主体都有可能成为合理便利的义务主体。换句话说,《公约》实际上要求缔约国将合理便利的义务主体扩展到所有相关的人和组织,在某些特殊情况下也有可能包括个人。所有这些社会主体都由国家来确保其直接承担提

---

〔1〕 http://laws.justice.gc.ca/eng/acts/E-5.401/page-3.html#docCont(last visit May 1,2015).

〔2〕 ADA. Sec. 12111(5).

〔3〕 Section 504 of Rehabilitation Act.

〔4〕 UN Convention on the Rights of People with Disabilities Fourth session of the Ad Hoc Committee-Daily Summary, http://www.un.org/esa/socdev/enable/rights/ahc4sumart03.htm(last visited May 1,2015).

供合理便利的义务。

第三是促进合理便利的义务。提供合理便利的义务是一项“即刻的义务”,即要求提供者即刻行动来提供合理便利。这一点也使合理便利与无障碍有了区别,无障碍建设只能根据社会的发展水平按计划逐渐进行。但是,合理便利的水平也要受到客观条件的限制,与社会的发展程度相关。《公约》第 4 条规定,“缔约国承诺确保并促进充分实现所有残疾人的一切人权和基本自由,使其不受任何基于残疾的歧视”,为了实现这个目的,缔约国承诺“应当采取一切适当措施”。《公约》第 5 条又规定,“为促进平等和消除歧视,缔约国应当采取一切适当步骤,确保提供合理便利”。例如缔约国可以为合理便利提供财政补贴、培训专业人员或提供关于合理便利的专家支持、发展出更多样、更灵活的就业模式等,这些都可以大大提高合理便利的水平和效果。

(二)缔约国确保提供合理便利的具体措施

“确保提供合理便利”是缔约国对保障合理便利承担的三项重要义务中的一项,为了履行这一义务,缔约国至少应当采取下列两大措施。

1. 在法律中明确规定合理便利

前文提到,联合国残疾人权利委员会在审议中国的《首次履约报告》后提出的《结论性意见》中,建议中国“在法律中加入对合理便利的定义”。[1] 在法律中明文规定合理便利对于保障合理便利具有积极意义。虽然传统的消除歧视(尤其是消除间接歧视)的手段和方法在一定程度上也能够达到提供合理便利的目的,但是,传统的消除歧视与提供合理便利之间还是有显著的区别。首先,按照传统的反歧视理论,义务主体只要做到不加深、不巩固或不强化已经存在的不平等就可以了,换言之传统的反歧视法律一般只要求义务主体尽消极义务。其次,传统的消除歧视的手段和方法一般只被用来回应群体的平等权诉求,而提供合理便利则并不需要具有相同或相似特征的所有人都具有这种便利需要。最后,二者之间的最大区别是,传统的反歧视手段和方法追求的目的仍然是实现“不同的人得到相同的对待”,而提供合理便利追求的目的则是“给不同的人以与其要求要适应的不同的对待”。尽管传统的反间接歧视的概念经过发展,已不再强调形式上的相同,但其根源和本质仍是“实现不同群体之间的相同对待及群体之间的平衡”。也就是说,传统的消除间接歧视要求

〔1〕 CRPD/C/CHN/CO/1.

一个人所受到的待遇与他自身的特殊特质或其所属群体的身份认同没有关系。[1] 而提供合理便利却要求一个人所受到的待遇(提供合理便利)与他自身的特殊情况(可能与他所属的群体的情况一致,也可能与他所处的群体的情况不完全一致)密切相关。

不过,合理便利与传统的反歧视手段和方法的这些区别,随着反歧视理论的发展,已经变得不这么清晰了,在今天传统的反歧视理论已经能够包容某些合理便利的要求。例如,1992年的《澳大利亚残疾歧视法案》并没有明确规定"合理调适"(reasonable adjustment),只是在第6段规定了"间接歧视"(indirect discrimination),要求"消除对身心障碍人不利的不合理的要求"。而澳大利亚人权和平等机会委员会在解释该法案时明确指出,该法案"毫无疑问要求提供合理便利"。[2] 加拿大也是在平等和反歧视的框架中为身心障碍人提供合理便利,埃尔德里奇案就是一个典型案例。该案判决认为,当政府提供一项普遍的利益时,必须采取积极措施消除障碍,让身心障碍人与他人同样享有该利益,以实现实质平等,在该案中消除障碍就表现为要为听力障碍者提供手语服务。[3] 英国伦敦地铁公司案(London Underground Ltd. v. Edwards)也在消除歧视的框架中为当事人提供了合理便利。[4] 可见,消除歧视发展到今天已经可以包含提供合理便利的要求。或者可以说,提供合理便利是传统反歧视手段与方法的新发展。[5] 合理便利只在传统反歧视的基础上更进一步,在一般化的提供无障碍设施的基础上更进一步,从而直接针对特定个人的多样化的需要。

不过,虽然消除歧视的手段发展到今天,从理论上来讲已经可以包含提供合理便利的要求,在一些国家的实践中也起到了提供合理便利的作用,但是对大多数国家来讲,在法律中规定合理便利仍然具有必要性,因为法律的明确规定可以避免反歧视理论和实践的不确定性和不统一性,使提供合理便利具有明确的法律依据,尤其对于反歧视理论和实践都还

---

[1] Anna Lawson, *Disability and Equality Law in Britain: The Role of Reasonable Adjustment*(Hart Publishing Limited, 2008)(n 26); Sandra Fredman, "Equality: A New Generation?", (2001)30 *Industrial Law Journal* 145. Dagmar Schiek and others, *Cases, Materials and Text on National, Supranational and International Non—Discrimination Law*(Hart 2007), p. 35. Marianne Gijzen, Selected Issues in Equal Treatment Law: A Multi—Layered Comparison of European, *English and Dutch Law* (Intersentia 2006), p. 39. Sandra Fredman, "Disability Equality: A Challenge to the Existing Anti-Discrimination Paradigm?", in Anna Lawson and Caroline(eds.), *GoodingDisability rights in Europe from theory to practice*(Hart Publishing 2005). Lisa Waddington and Anna Lawson, "*Disability and Non—Discrimination Law in European Union, An Analysis of Disability Discrimination Law within and beyond the Employment Field*" (European Union 2009). 参见黄裔:《合理便利概念的浅析》,载《反歧视评论》(第1辑),法律出版社2014年版。

[2] Department of Economic and Social Affairs, "The Concept of Reasonable Accommodation in Selected National Disability Legislation" (A/AC. 265/2006/CRP. 1), http://www. un. org/esa/socdev/enable/rights/ahc7bkgrndra. htm (last visited May 1,2015).

[3] *Eldridge v. British Columbia*(*Attorney General*) [1997], 3 S. C. R. 624.

[4] 伦敦地铁公司案(London Underground Ltd. v. Edwards)(No. 2)的判决指出,根据常识,女性比男性更多地承担照顾未成年孩子的责任,地铁公司的新轮班方案将使单亲母亲难以在照顾未成年孩子的同时继续胜任其工作,因此构成对女性的间接歧视,地铁公司应当根据爱德华兹女士(Ms. Edwards)的特别需求而为其单独安排轮班时间,这相当于要求地铁公司为爱德华兹女士提供合理便利。参见 *London Underground Ltd. v. Edwards*(1997)[1997]IRLR157。

[5] Christine Jolls, "Accommodation Mandate", *Stanford Law Review* 223, Vol. 53, No. 2(Nov. ,2000), pp. 223 – 306.

处于起步阶段的国家而言,在法律中明确规定合理便利更具有理论和现实意义。

有观点认为,提供合理便利需要资源投入,需要积极作为,合理便利作为欧美立法传统之下的一个个体色彩浓重的概念,依赖于司法审判来推动义务主体的主动行为,与中国残疾人权利保障的发展路径不同,中国的残疾人权利保障立法更强调整体环境的改善,强调集体权利的实现。[1] 对合理便利的这种担忧不无道理,但同时也应当辩证分析。提供合理便利的确在大多数情况下是一项积极义务,客观上需要根据可利用的资源来逐渐实现。但是,我们也应当看到相反的一面。第一,《公约》要求提供的是"合理"便利而不是所有便利,"合理"意味着不能超出可利用的最大资源,超出可利用的最大资源的便利就不是合理便利。第二,在"提供合理便利是提供可利用的资源范围之内的便利"这一前提下,"提供合理便利"也包括"行动的义务"和"结果的义务"两个方面。只要特定残疾人在特定情况下所需要的便利是合理的,相关义务人提供该合理便利的"行动的义务"就是即刻的,就应当是立即生效的(immediately effect)。这意味着提供者要马上在合理时间内采取行动,尽管特定残疾人获得该便利的结果可能需要一段时间才能达成。第三,如前所述,便利包括物质性的便利和非物质性的便利,提供合理便利实际上并不一定都需要较大的资源投入。而且,在有些特殊情况下,相关方只要不反对、不作为,残疾人就可以得到其所需要的便利。第四,合理便利作为一个与特定个人的特定正当需要相关联的概念,正是要补足一般性无障碍措施的不足,也只有在相关方拒绝提供合理便利的情况下,才可能需要司法审判机关的介入。除了司法审判机关的介入,也还有一些非司法机构或准司法机构能够提供同样的功能。因此,合理便利尽管是一个英美法传统中孕育出来的个人色彩较重的概念,在其他地域并非没有生根发芽的可能。在一定意义上,国际人权法的功能之一就是普及这些具有超地域性的概念和理念。

2. 在法律中明确规定拒绝提供合理便利构成歧视并应承担相应的法律责任

将拒绝提供合理便利的行为认定为歧视,是目前国家保障合理便利的一个十分重要的法律手段。《美国残疾人法案》《英国残障歧视法案》《欧盟平等就业条例》都作了这样的规定,加拿大 1999 年的梅奥瑞一案也明确提出,若无合理的理由,拒绝提合理便利构成法律所禁止的歧视。[2] 《公约》是国际人权法中第一个提出"拒绝提供合理便利构成歧视"的,这一做法在《公约》起草过程中也引起了分歧。有一些成员认为《公约》应主要用来约束缔约国,因此不应强制缔约国在其相关国内立法中使用合理便利这一概念,也不宜把私人实体没有提供合理便利的行为定性为违反不歧视原则。[3] 《公约》没有采纳这一观点。本文认为《公约》的做法是值得称许的。国际人权法确实是用来约束缔约国的,但这并不妨碍国际

---

〔1〕 参见李敬:《〈残疾人权利公约〉中的不歧视原则》,载《反歧视评论》(第 1 辑),法律出版社 2014 年版。

〔2〕 *British Columbia(Public Service Employee Relations Commission)v. BCGSEU* [1999] Supreme Court Judgments 26274,[1999]3 SCR 3. Ibid 54.

〔3〕 http://www.un.org/esa/socdev/enable/rights/ahc3.htm(last visited December 24,2014).

人权法规定缔约国反歧视的具体手段。

(三)合理便利的证明责任

在关于合理便利的证明责任方面,各国立法、法律解释和司法判例都支持“谁主张,谁举证”的基本原则,即把证明“过度或不当负担”的责任分配给了应当提供合理便利的一方,而权利主体即身心障碍人则有责任证明其所要求的便利或调适是合理的。[1] 例如,《欧盟平等就业条例》(EC Employment Equality Directive of 2000)第10条规定,个人认为受到不平等待遇时,法庭或其他主管机构应“确保由被告证明其未违背平等待遇原则”。[2] 美国和加拿大的案例法还显示,尽管合理便利的概念适用于不同领域和基于不同原因的歧视,但适用的标准并不相同。在与身心障碍有关的案例中,提供合理便利的义务适用很严格的审查标准,只有在极少数情况下义务主体才可以以“过度的负担”为免责理由。[3]

五、总结与反思

(一)合理便利的正当性基础

前文提到,合理便利涉及财产权和契约自由等宪法性权利。尽管合理便利本身即附带着自我限制条件,以不给提供者“造成过度或不当负担”为限度,但毫无疑问的是,提供合理便利在很多情况下需要提供者承担超出“微不足道”的负担,通常是一定的经济成本。合理便利的正当性基础是什么,合理便利如何通过合宪性审查,是合理便利理论需要解决的一个根本问题。

本文认为,人权主体的转型、人权内容的扩张、人与人之间的连带关系的强化以及财产权的社会义务理论等,都为合理便利的正当性提供了支持。私有财产神圣不可侵犯和契约自由在古典人权理论中占据至关重要的位置,19世纪初制定的《法国民法典》体现的正是这种人权理论。20世纪以后,自由主义人权理论的缺陷开始逐渐得到修正,人权主体开始从抽象的理性主体向现实的具体的多样化的人转化,儿童、老人、身心障碍人这些最初被自由主义人权理论忽视的人现在被承认为是人权的主体。人权主体的转型带来了人权内容的

---

〔1〕 Department of Economic and Social Affairs, “The Concept of Reasonable Accommodation in Selected National Disability Legislation” (A/AC. 265/2006/CRP. 1), http://www. un. org/esa/socdev/enable/rights/ahc7bkgrndra. htm (last visited May 1,2015).

〔2〕 Council Directive (EC) 2000/78 Establishing a General Framework for Equal Treatment in Employment and Occupation 2000.

〔3〕 Waddington, Lisa, Reasonable Accommodation: Time to Extend the Duty to Accommodate Beyond Disability? (May 20,2011). NTM | NJCM-Bulletin, Vol. 36, No. 2, pp. 186 - 198, 2011, available at SSRN, http://ssrn. com/abstract = 1847623 (last visited June 19,2015).

扩充,“社会权利”开始登上人权的舞台,成为“民事权利”和“政治权利”的补充。[1] 而“社会权利”的保障往往需要社会财富的再分配,需要对财产权予以限制。与此同时,人与人之间的社会连带关系也越来越得到正视,其所内含的财富的社会连带关系带来了财产权理论的新发展。由于财富的获得不再完全是个人自我奋斗的产物而是在社会连带关系中产生的,尤其是一些人的生存和发展可能严重依赖于其他人的财产,财产权开始被认为附带着社会义务,从而也不再是绝对的了。财产权的社会义务理论起源于德国,《魏玛宪法》第 153 条第 3 款是该理论的最好表达:“所有权负有义务,财产权的行使要以公共福祉为目的。”这就要求财产权应当为了维护社会正义和公共利益而自我限缩,“在个人张扬其财产自由的同时,应使其财产亦有助于社会公共福祉的实现,也就是能够促进合乎人类尊严的人类整体生存的实现。”[2] 财产权负有社会义务,因此可以对财产权进行某些限制,并且可以不予补偿,因为这种限制是对一切相关财产的普遍限制,不同于征收征用等特别限制,征收征用等特别限制必须予以公正补偿。合理便利对提供者的财产权和契约自由的限制,可以被视为财产权的社会义务的一种体现。换言之,提供合理便利的义务是所有财产权的所有者都承担的不需要特别补偿的普遍社会义务。

20 世纪 70 年代联合国和平与人权司司长卡雷尔·瓦萨克提出连带权理论,他认为连带权是基于人类的博爱和必不可少的连带而产生的人权,这些权利只能通过社会所有参与角色的共同努力才能实现。[3] 在现代社会里,过群体生活是人们所需要的也是人们难以摆脱的,人们因此互相依赖、互相影响。每个社会主体都可能既是提供者,又是接受者。只有所有社会角色都承担起一定的社会责任,人的尊严才能得到更好的保障。这也是要求所有社会主体普遍承担提供合理便利义务的正当性所在。

尽管因为财产权承担着社会义务因此可以要求财产权在得不到特别补偿的前提下受到限制,但是对财产权的这种限制本身也必须受到严格限制,应当由法律来明确规定,并且不能过度,否则就是对财产权的侵犯。这就是为什么合理便利应当由基本法律来规定并且必须通得过比例原则的考量。

(二)合理便利对中国的挑战及其可以发挥的积极作用

中国是《残疾人权利公约》的缔约国,并在一定程度上推动了《公约》的制定和通过,有义务履行《公约》关于合理便利的规定,联合国残疾人权利委员会也已经明确建议中国“在法律中加入对合理便利的定义”,这就对中国立法提出了挑战。而如果中国在基本法律中

---

〔1〕 关于人权主体转型与人权内容扩张的系统分析,参见曲相霏:《人权离我们有多远》,清华大学出版社 2015 年版,第一章、第三章。

〔2〕 张翔:《财产权的社会义务》,载《中国社会科学》2012 年第 9 期。

〔3〕 参见卡雷尔·瓦萨克:《人权的不同类型》,张丽萍、程春明译,载《法哲学与法社会学论丛》(第 4 辑),中国政法大学出版社 2001 年版。

明确规定了合理便利,那又将给整个社会带来新的挑战,因为合理便利的实施几乎涉及所有社会主体,尤其是就业、教育和公共服务等领域的社会主体。另外,由于不提供合理便利即构成歧视,具有可诉性,这又将不可避免地又给司法机关带来新的任务和新的挑战。

在美国、加拿大等国的实践中,合理便利已经被证明是一项比较有效的反歧视工具。它在给中国带来挑战的同时,也将对推动中国的残疾人权利保障发挥非常积极的作用。前述的教育部和残疾人联合会联合发布的《残疾人参加普通高等学校招生全国统一考试管理规定(暂行)》已经使一些残疾人从中受益。[1] 中国多年来推行的按比例安排残疾人就业制度和残疾人就业保障金制度在实践中遭遇了一系列问题,已经引起了人们对这两项制度的反思。[2] 在此情况下,无障碍建设和提供合理便利给我们提供了新的思路和方法,例如,政府可以用这些年来节余的大量残疾人保障金为合理便利提供财政补助,从而推动残疾人的就业。实际上2015年9月9日印发的《残疾人就业保障金征收使用管理办法》也为这一做法提供了法律支持。[3] 总而言之,加快对合理便利的研究、立法和实施具有十分积极的意义。

(原载《政法论坛》2016年第2期)

---

〔1〕《残疾高考生连出黑马 残疾考生应享合理便利》,载人民网:http://xj.people.com.cn/n/2015/0629/c188521-25402787.html,最后访问日期:2015年8月23日。

〔2〕相关综述参见曲相霏:《〈残疾人权利公约〉与中国的残疾人权利保障》,载《法学》2013年第8期。

〔3〕该《管理办法》第三章"使用管理"部分明确规定,残疾人就业保障金可用于"补贴用人单位安排残疾人就业所需设施设备购置、改造和支持性服务费用。补贴辅助性就业机构建设和运行费用。"《关于印发〈残疾人就业保障金征收使用管理办法〉的通知》,载财政部官网:http://szs.mof.gov.cn/bgtZaiXianFuWu_1_1_11/mlqd/201509/t20150914_1458276.html,最后访问日期:2015年5月20日。

从要件识别到变量评估:刑事司法如何破解“定性难题”

桑本谦*

一、问题的界定

如果某个违法行为既像此罪又像彼罪,则即使案件事实清楚、证据确凿,司法机关也可能拿不准该以何种罪名立案、起诉或定罪,此时司法实践就会遭遇“定性难题”。[1] 除了在此罪和彼罪之间模棱两可,“定性难题”有时还会表现为在出罪和入罪之间左右为难。譬如,侵权和犯罪就不是泾渭分明的,虽然广义上的侵权包括所有的犯罪,但具体到某个侵权行为是否构成犯罪,司法机关内部也屡有分歧。以下几个真实的案例可以让我们对“定性难题”先有个直观的了解。[2]

案例1:盗窃还是侵占?

犯罪嫌疑人洪某为某超市雇员,负责卖货收银,该超市在工商局登记为个体工商户。在长达3个半月的时间里,洪某利用职务之便,采取虚增电子支付收入(微信、支付宝、银联)套取现金的方式非法获利8万余元。该案破获后,检方拟以盗窃罪起诉,但有异议主张该案构成侵占罪。

案例2:诈骗还是无权处分?

犯罪嫌疑人黄某谎称其受某市烟草局委托管理一片海水养殖区域,受害人信以为真,

---

* 桑本谦,曾在山东大学法学院工作,现任中国海洋大学法学院教授、博士研究生导师。

〔1〕 这里所说的定性难题不包括“法条竞合”的情形,同样是一个违法行为符合两种犯罪的构成要件,但后者不存在定性难题。

〔2〕 这几个案例都是检察机关公诉部门提供的,情节略有删减。

遂同意与黄某签订租赁合同,黄某因此非法获利3万元。检方拟以诈骗罪起诉,但有异议认为主张该行为不构成犯罪,属于民法上的无权处分。

案例3:抢劫还是寻衅滋事?

某日凌晨1点左右,犯罪嫌疑人蓝某在某餐馆吃饭后打算拒付餐费,受害人(餐馆老板)发现其意图后便尾随其后。蓝某打算逃跑又恐受害人穷追不舍,遂用酒瓶猛击其头部后逃出餐馆。受害人被击倒后立即起身紧追,跑出约800米将犯罪嫌疑人追获并将其制服,还夺下了其手中一把水果刀。随后报警,警方赶赴现场后将犯罪嫌疑人抓获。经法医鉴定,受害人头部构成轻微伤。检方拟以抢劫罪起诉,但有异议主张构成寻衅滋事罪,且情节显著轻微,不构成犯罪,可移交公安机关以治安管理处罚。

这几起案件都不复杂,司法机关的纠结全在"定性难题"。案例1中的犯罪行为既像盗窃又像侵占,犯罪嫌疑人作为超市雇员负责卖货收银,此工作性质算不算为受害人"代管财物"就成了争点,这是区分盗窃和侵占的法定要件。案例2中的违法行为当然属于无权处分,但同时还完全满足构成诈骗罪的所有法定要件,司法机关如何定性事关行为人入罪出罪。案例3中的违法行为确实具备抢劫罪的外观,以暴力取财和以暴力逃债理论上没什么不同,但该行为也同时满足构成寻衅滋事罪的法定要件,该案的定性同样事关入罪和出罪,只要被定性为寻衅滋事,以"情节显著轻微"论处就不算过分。

为何司法实践屡屡遭遇"定性难题"?说来话长,但若追根溯源,与其说问题出在实践环节,倒不如说指导实践的理论本身就先天不足。通过对犯罪行为分门别类,进而归纳总结不同犯罪的具体特征,传统刑法学创造出一套以构成要件为核心的理论体系。在这个理论体系中,每一种犯罪各自对应一组构成要件,因而刑事司法实践的核心技术就是"要件识别"——面对一种具体的违法行为,司法机关先根据法定要件去判断这种行为是违约、侵权、行政违法还是刑事犯罪;构成犯罪的,则同样需要根据法定要件去判断该行为构成哪种犯罪。尽管这种司法模式可以顺利解决大部分案件,但若一个违法行为同时符合或贴近两种犯罪的构成要件,就难免出现"要件失灵",定性难题正是要件失灵的结果。

要件失灵了,不是还有教义吗?话虽这么说,传统刑法学也确实含蓄地承诺,刑法教义足以应对要件失灵,甚至为了凸显教义的功能和地位,还干脆用"教义"冠名了理论——不过,"刑法要件学"要比"刑法教义学"更加名副其实。且不说教义本身的实战能力尚待严格检验,即使教义确实顶用,在其供给和需求之间也存在大量缺口。就处理前文所列的那几个案子而言,刑法学教义又在哪里呢?总不至于把"刑法公正""校正正义"或"罪刑相适应"之类的"终极杀器"祭出来吧?祭出来又有何用?

缺乏坚实的底层逻辑,任何刑法学理论在应对争议案件时都难免尴尬处境。必须承认,没有哪种法学理论可以消除司法实践中所有争议,毕竟法律问题涉及太多的主观评估,不可能有足够的数据来矫正并统一人们的认识,但是,争议的底线和范围仍可作为评价理论优劣的重要指标。[1] 如果争议的范围太广,且底线太低,那么理论指引司法实的能力就难免遭到质疑。坦率地说,我之所以怀疑传统刑法学理论的功能和质量,不是因为前文所列的案例引发了争议,而是因为这些争议实在是不够档次。

不仅争议的级别太低,争议的质量也不高。争议双方使用同一套理论支配的技术流程,却并未形成真正的交锋。正反双方都用要件识别的套路来论证自己的观点,但在相互反驳时却都说不出个所以然。有争议很正常,真理越辩越明,但若每个人都觉得真理站在自己一方,却不能解释别人为什么错了以及错在哪里,辩论就出不了共识,争议的解决最终还要依靠某种权力因素。

这是否意味着传统刑法学理论本身缺乏论证的力量,无力把争议双方收敛或聚合到同一个轨道?无论确认还是排除这种可能性,都需要一个理论比较的视野。对于刑事司法如何破解定性难题,本文主张从“要件识别”转向“变量评估”。一旦要件失灵,就无须在要件含义或行为性质上继续纠结,而应该探寻隐藏于要件背后的底层刑法逻辑,并在此基础上,评估决定犯罪预期损失和刑罚威慑水平的各种变量,尤其是破案率和作案成功率,进而根据评估结果去定罪量刑。从要件识别到变量评估,当然会牵涉理论视野的切换,法律经济学是变量评估的理论支撑。

但这个主张肯定会招致各种质疑。法律人会说,破案率和作案成功率从来不是刑法上任何犯罪的构成要件,它们至多是量刑的酌定情节,无论如何也不可能影响定罪。更何况,没有任何证据显示立法者在制定刑法时,慎重考虑了破案率和作案成功率的因素,倘将其作为定罪量刑的依据,就难免主观臆断之嫌。

为了澄清上述质疑,本文将在第二部分论证,破案率和作案成功率既可以是量刑的基础,又可以是定罪的依据。作为刑事法律制度的两个内生变量,破案率和作案成功率在刑法制定之初就已渗透进犯罪构成和刑法教义之中。第三部分致力于从历史维度揭示破案率和作案成功率进入犯罪构成和刑法教义的过程,涉及刑事法律制度的起源和演变,且在解码道德直觉之余,还会对传统刑法学理论做一番知识考古。

二、变量评估与定罪量刑

发生于2006年的许霆案曾轰动一时,该案一审以盗窃金融机构罪判处许霆无期徒刑,不仅引爆了舆论,而且引发了大量学术讨论。但对于一审判决量刑畸重,公众、媒体以及法

---

〔1〕 科学是规范认知的一个制度性体系,其特点是具有征服反对性见解的力量。总体来说,越是接近于科学的领域,其争论就会基于越多的共识。所以波斯纳认为,科学趋向于合流,而道德哲学趋向于分流。参见[美]波斯纳:《道德与法律理论的疑问》,苏力译,中国政法大学出版社2001年版,第60页。

律人等各个圈层都不缺少共识,难题在于如何说理。为了给许霆开脱罪责,法律人提供的理由五花八门,却无一条经得起推敲。[1] 该案二审最终适用《刑法》第63条"特殊减轻"改判许霆5年有期徒刑,其依据却仅仅是权威学者提出的许霆"主观恶性不大""违法程度较轻""责任程度较轻""期待可能性有所降低"等表面化的理由。[2] 在传统刑法学的理论框架中,说理和论证也只好到此为止。这起被称为"教科书式"的轰动案例,其实并未真正发挥教科书的作用。

套路化的措辞抓不住要点(这些措辞差不多可以适用于所有从轻或减轻处罚的场合),要为许霆开脱罪责讲出过硬的理由,就必须分析许霆的作案方式。首先,许霆作案成功纯属巧合,利用自动取款机在升级过程中发生故障而恶意支取现金,虽被定性为盗窃金融机构,但事先看来,这种作案方式的成功率几乎为零。其次,许霆使用自己的银行卡和自己设定的密码并在监控录像下完成作案,这种作案方式的破案率接近100%。实际上,在警方介入之前,商业银行通过查询账户就已经破获了案件,精准锁定了犯罪嫌疑人。而如果许霆按银行通知的要求将现金悉数返还,银行就不会报案,这起轰动案件也就根本不会发生。

那么,"作案成功率几乎为零"且"破案率接近百分之百"意味着什么?首先,犯罪的预期损失相当于犯罪的实际损失和作案成功率的乘积,所以,如果一种犯罪的作案成功率极低,就意味着这种犯罪的预期损失很小,即使减轻甚或免予处罚,也不至于导致犯罪失控。[3] 其次,刑罚的威慑效果相当于惩罚严厉程度和破案率的乘积,所以如果一种犯罪的破案率很高,则无须严厉的惩罚就足以阻止犯罪。[4] 将以上两个理由加总,就足以解释为什么许霆案可以在法定刑以下减轻处罚。这起案件非同寻常,如果盗窃金融机构的罪犯都采用许霆的作案方式,则不仅司法机关额手称庆,金融机构也可以高枕无忧了。刑法专家之所以认定许霆"主观恶性不大""违法程度较轻"以及"责任程度较轻",其深层依据就是许霆的作案方式显著区别于同类犯罪。在做出如上判断之前,刑法专家的道德直觉已经下意识地评估了这种特殊作案方式的破案率和作案成功率,但在"知其然而不知其所以然"的情况下,刑法专家没办法把其中的道理表达出来。

---

〔1〕 为了给许霆开脱罪责,法律专家提供了各种理由。包括:(1)银行有过错,甚至认为银行有引诱犯罪之嫌,更甚者认为银行应该向许霆道歉;(2)金融机构不应受到特殊保护,因为"法律面前物物平等";(3)自动取款机未必属于金融机构;(4)司法应该告别"算数司法"和"机械司法";等等。关于这些理由的分析和批评,参见桑本谦:《传统刑法学理论的尴尬——面对许霆案》,载《广东商学院学报》2009年第5期;氏著:《理论法学的迷雾》,法律出版社2015年版,第109~119页。

〔2〕 参见张明楷:《许霆案的定罪与量刑》,载《人民法院报》2008年4月1日版;陈兴良:《许霆案的法理分析》,载《人民法院报》2008年4月1日。

〔3〕 关于作案成功率和犯罪实际损失如何影响犯罪预期损失的函数关系,参见 Steven Shavell,"Deterrence and the Punishment of Attempts",*The Journal of Legal Studies* 19,1990,pp. 435-466。

〔4〕 关于惩罚概率和惩罚严厉程度如何影响刑罚威慑效果的函数关系,参见 Gary S. Becker,"Crime and Punishment:An Economic approach",*Journal of Political Economy* 76,1968,pp. 169-217。本文所说的"破案率"只是惩罚概率的近似值。

1. 描述

变量评估在许霆案中的应用价值如何?貌似可以影响量刑,但还不至于影响定罪,毕竟这两个变量从来不是法定的构成要件,甚至不是法定的量刑情节。但其实不然,定罪和量刑之间并没有严格的界限。刑法之所以需要把犯罪分门别类,就是为了设计出有针对性的量刑方案,如果所有犯罪的量刑方案完全一致,那么理论上就没有区分犯罪的必要。试想,倘若在修订刑法时,立法者把许霆的作案方式——利用自动取款机的故障恶意支取现金——从盗窃金融机构中单列出来,另立新罪,那么破案率和作案成功率就从仅仅影响量刑变成了可以直接影响定罪。刑法之所以没有为此另起炉灶,只是因为这种作案方式太罕见了,千年等一回,与其另立新罪,还不如经最高人民法院核准更能节省刑事司法的制度成本。[1]

但把侵占从盗窃中分离出来就意义重大了。盗窃显然是比侵占更古老的犯罪,期初侵占是被包括在盗窃之中的,[2]直到法律决策者发现,作为盗窃罪的一个子集,侵占是非常特殊的,无论其犯罪嫌疑人为受害人代管财物,还是持有受害人的遗忘物或埋藏物,都很容易被锁定,破案率接近百分之百,通常受害人依靠自己的力量就能破获案件,所以决定将这类特殊的盗窃单列出来,另立侵占罪名。难怪在汉语中“特殊”和“另类”是同义词。但是请注意,将侵占从盗窃中分离出来的原因,不是犯罪嫌疑人为受害人代管财物或持有受害人的遗忘物或埋藏物,而是因为这类犯罪的破案率接近百分之百,受害人无须警方的介入就可自破案件,因此可以适用自诉程序。

既然如此,刑法为何不把“破案率极高”直接规定为构成侵占罪的法定要件?答案当然是操作性障碍。法官自由裁量权的过度扩张,各种风险都很大——司法的难度和成本上升,法律的激励信号模糊不清,枉法裁判和徇私舞弊也会乘虚而入。[3] 为了解决操作性障碍,立法者只能将实质性要件形式化处理,“破案率极高”因此被具体化为几种特定情形——代管受害人财物、持有受害人的遗忘物或埋藏物等。但这只是侵占最常见的表现,列举不能穷尽,侵占罪的外延一直是开放的。不仅如此,形式化立法的先天不足是法律因此趋向于破碎化,被要件割裂之后的法律难免产生缝隙和重叠,只要某个违法行为恰好发生于法律的缝隙地带或重叠地带,要件失灵就会引出定性难题。一旦要件失灵,继续纠结要件就没什么意义了。司法机关应该回到原始的实质性思路,需要分析作案方式并预测犯

---

〔1〕 这里涉及两种成本之间的权衡,另立新罪可以提高法律的精确性,但会产生修改法律和实施法律的制度成本;但不立新罪需经最高院核准,这也会产生额外的司法成本。关于法律精确性和实施成本之间利弊权衡的经济学逻辑,参见 Louis Kaplow,“Economic Analysis of Civil Procedure”,*The Journal of Legal Studies* 23,1994,pp. 307–401。

〔2〕 虽然侵占罪萌芽于罗马法,但直到19世纪才与盗窃罪分离。在中国古代,侵占一直被包含在盗窃罪之中,直到1911年《大清新刑律》才正式规定了侵占的罪名。

〔3〕 关于法律的形式合理性的经典论述,参见富勒:《法律的道德性》,郑戈译,商务印书馆2007年版,第40~111页。其经济学逻辑,参见 Louis Kaplow,“Economic Analysis of Civil Procedure”,*The Journal of Legal Studies* 23,1994,pp. 307–401;桑本谦:《法理学主题的经济学重述》,载《法商研究》2011年第2期。

罪后果,而评估破案率和作案成功率则是其中的关键。

在前文列举的案例1中,司法机关的内部争议集中于,犯罪嫌疑人作为超市收银员,其工作性质算不算为"受害人代管财物",但在要件失灵的条件下拿法律概念来做文章是注定无果的,回到原始的实质性思路需要评估破案率。至于破案率高到何种程度才构成侵占?这个问题不难回答。司法机关只需懂得——正是由于侵占罪的破案率远高于盗窃,刑法才对前者规定了很轻的处罚,并且正是由于受害人无须借助警方的力量而自破案件,刑法才将侵占列入告诉才处理的自诉案件——答案就显而易见了:当破案率高到受害人只需紧靠自己的力量就能大致准确地锁定犯罪嫌疑人的地步,就可以认定为侵占。根据这个逻辑,案例1的关键,就不再是犯罪嫌疑人作为超市收银员的工作性质,而是受害人雇佣的收银员数量。如果受害人只雇用了一名收银员,那么当雇主发现超市现金账目出现异常时,就可以基本确定犯罪嫌疑人非此人莫属。

刑法上的自诉案件兼具侵权和犯罪的特征,实际上处于两者之间的过渡地带。当司法机关难以区分一种违法行为是犯罪还是侵权的时候,同样可以通过评估违法行为的破案率来解决定性难题。如果破案率逼近甚或达到100%,通常可以认定为侵权而非犯罪,因为破案率是区分侵权和犯罪的一个重要变量。如果一种违法行为的破案率逼近或达到100%,无须警方介入受害人就能自破案件,法律就可以将起诉和举证的任务全部交给受害人承担,国家的职责只是提供一个裁断是非的法院,这种处理案件的方式就是民事司法。相反,如果破案率很低,非警方介入不可,则立案、侦查、起诉、举证、审判以及强制执行等各个环节的责任就要全部由国家承担,这种处理案件的方式就是刑事司法。从法律经济学的角度,法律之所以需要区分犯罪和侵权,并设置两套不同的司法程序,就是为了发挥私人和国家各自在社会控制方面的比较优势,从而最小化社会控制总成本。[1] 这是民刑分界的主要原因,并且这种解说远比传统法学上的"民刑分界论"更有说服力。[2]

案例2中的违法行为当然属于无权处分,至于是否构成诈骗,则需另当别论。虽然《刑法》上规定的诈骗罪要件包括"虚构事实或隐瞒真相",但却不是所有虚构事实和隐瞒真相的行为都构成诈骗。生活中的绝大多数谎言都是合法的,交易双方在讨价还价的过程中也经常信口开河甚或瞒天过海,非但不会构成犯罪,有时甚至连违约或侵权都算不上。[3] 虽

[1] 以下文献为区分私法和公法提供了基本的经济学框架,参见 Gray Becker and George J. Stigler, "Law Enforcement, Malfeasance, and Compensation of Enforces", *The Journal of Legal Studies* 3, 1974, p. 1; Donald C. Keenan and Paul H. Rubin, "Criminal Violations and Civil Violations," *The Journal of Legal Studies* 11, 1982, pp. 365 – 377; William M. Landes and Richard A. Posner, "The Private Enforcement of Law," *The Journal of Legal Studies* 4, 1975, pp. 1 – 46; A. Mitchell Polinsky, "Private versus Public Enforcement of Fines," *The Journal of Legal Studies* 9, 1980, pp. 105 – 127。

[2] 传统法学上民刑分界有很多论点,一个比较全面的介绍,参见于改之:《刑事犯罪与民事不法的分界:以美国法处理藐视法庭行为为范例的分析》,载《中外法学》2007年第5期。

[3] 广告法会区分虚假广告和夸张描述(例如欧莱雅的广告语:"你值得拥有!"),尽管严格意义上两者都是谎言。合同法上关于赠与承诺撤销权的规定,也同样意味着撒谎或心口开河并不承担法律责任。

说诈骗罪要件中还有“以非法占有为目的”,但虚构事实和隐瞒真相通常都有“占有”的目的,至于占有是否“非法”,这本身就涉及定性难题,且包含着循环论证。当要件失灵时,评估破案率可以帮助我们区分欺诈和诈骗。如果破案率接近100%,受害人可以自破案件,就通常可以定性为民事欺诈;而如果破案率很低,非警方介入不可,就只能定性为诈骗罪。

当然,通过评估破案率来区分欺诈和诈骗并不总是灵验。明知自己无力偿还却通过虚构事实或隐瞒真相的手段骗取他人借款的行为,即使破案率高达100%,也仍可以被定性为刑事诈骗,而不只是民事欺诈。这里的关键在于,虽然受害人有能力自破案件,但却不能通过民事赔偿追回全部损失。刑事制裁是阻止违法行为的最后法律手段,如果侵权法能够内化所有的违法损失,理论上刑法就没有存在的必要。[1] 但由于种种障碍,侵权法无力内化所有的违法损失,行为人缺乏偿还能力是破案率太低之外的另一个障碍,对于明知自己缺乏偿还能力而实施的欺诈,只有刑事制裁才能产生足够的威慑。但案例2中的违法行为则完全不属于上述情形。只要烟草局发现其海滩用地被他人处分,就可以自破案件而无须警方介入,破案率逼近100%,且在正常情况下,两个受害人(承租人未必是)都可以通过民事诉讼追回全部损失。因而无论在哪种意义上,该案都无须以诈骗罪论处。

除破案率之外,刑事司法实践还应关注作案成功率。由于犯罪的预期损失相当于犯罪一旦成功造成的实际损失与作案成功率的乘积,所以作案成功率影响罪行轻重,作案成功率越高,罪行就越重,惩罚也越重,反之亦然。企图用巫术杀人之所以不构成任何犯罪,就是因为这种作案方式没有成功的可能。[2] 此外,很多犯罪都以“国家工作人员”的特定身份为要件,是因为如果没有国家工作人员的身份,其作案成功率就几乎为零。

法律经济学视野中的犯罪类似于一种职业选择,一个人之所以选择犯罪,是因为在他看来,犯罪比从事其他合法职业能带来更高的收入。[3] 作案成功率意味着犯罪如同其他职业一样都是有门槛的,如果某种身份是越过犯罪门槛的必要条件,那么把这种特定身份规定为犯罪的构成要件,司法机关就可以轻而易举地把绝大多数人排除在犯罪嫌疑人的范围之外。有时年龄就是一道犯罪门槛,有很多犯罪是未成年人望尘莫及的,法律之所以对16岁以下的未成年人豁免大部分刑事责任,除了那些众所周知的原因,还因为绝大多数犯罪门槛是未成年人无法跨越的,但暴力犯罪的门槛较低,所以当14~16岁的未成年人从事暴力犯罪的时候,刑罚就必须及时跟进。

很多刑法条文、教义和构成要件隐含了对破案率和作案成功率的双重评估。刑法对蓄

---

〔1〕 参见[美]大卫·弗里德曼:《经济学语境下的法律规则》,杨欣欣译,法律出版社2004年版,第341~361页;William M. Landes and Richard A. Posner,“The Private Enforcement of Law,”*The Journal of Legal Studies* 4,1975,pp. 1–46.

〔2〕 这种情形在传统刑法学理论上被称为“行为不能犯”,其经济学解释,参见Steven Shavell,“Deterrence and the Punishment of Attempts”,*Journal of Legal Studies* 19,1990,pp. 435–466。

〔3〕 贝克尔最早表达了惩罚相当于给犯罪定价的观念,参见Gary S. Becker,“Crime and Punishment:an Economic Approach”,*Journal of Political Economy* 76,1968,pp. 176–178。

谋犯罪的处罚之所以比对冲动犯罪更加严厉,主要是因为前者的作案成功率更高且破案率更低;[1]刑法对又聋又哑的人犯罪之所以比对普通人犯罪的处罚更轻,主要是因为前者犯罪的作案成功率更低而破案率更高。类似的情形是,相对于普通罪犯,累犯和惯犯因为犯罪经验丰富、作案技术高超所以其作案成功率较高而破案率较低,这是对累犯从重处罚的许多原因之一。[2] "人身危险性"和"主观恶性"的概念也隐含了对破案率和作案成功率的评估。人身危险性更大的罪犯,通常是作案成功率更高、破案率更低且一旦作案成功就会造成更严重后果的罪犯;"主观恶性"的概念通常用于衡量罪犯的犯罪意图,那些犯罪意图更强烈的罪犯,愿意为犯罪支付更高的成本,因此其作案成功率更高,且破案率更低。受害人过错会提高罪犯的作案成功率或者降低其破案率,因而只要受害人能够避免过错,作案成功率就会降低且破案率会提高,这是受害人过错之所以能成为对罪犯从轻或减轻处罚的理由之一。

2. 解释

前文的分析暗示了,早在刑法诞生之时,破案率和作案成功率就已渗透进犯罪构成和刑法教义之中,成为刑法的两个内生变量。但要进一步论证这个观点,就涉及刑法的整体架构——预设目标和技术路线,为了实现预设的目标,制度设计要努力探索出最优的技术路线。

刑法的主要功能是威慑犯罪(deterrence),即所谓"惩一奸之罪,而止境内之邪",[3]通过少量惩罚释放威慑信号,就能打消潜在罪犯的犯罪动机;[4]刑法的次要功能是剥夺犯罪能力(incapacitation),被处以监禁或死刑的罪犯,即使还想继续犯罪,也是有心无力了。[5]威慑的对象是不特定的潜在罪犯,剥夺犯罪能力的对象是已被处罚的特定罪犯。但无论是威慑还是剥夺犯罪能力,都是为了阻止未来的犯罪。已经发生的犯罪,其损失属于沉没成本。

尽管提高威慑水平可以减少犯罪的数量,但威慑不是无成本的,无论提高惩罚的严厉程度,还是提高破案率,都要增加威慑的社会支出。两种成本此消彼长,因而最优威慑的均

---

〔1〕 Richard. A. Posner, "An Economic Theory of the Criminal Law", *Columbia Law Review* 85, 1985, pp. 1193 - 1231.

〔2〕 关于累犯应被从重处罚的其他原因,参见[美]波斯纳:《法律的经济分析》,蒋兆康译,法律出版社2007年版,第325~326页。

〔3〕 《韩非子·六反》。

〔4〕 关于威慑理论的开创新文献,参见 Gary S. Becker, Crime and Punishment: an Economic Approach, *Journal of Political Economy* 76, 1968, pp. 169 - 217。后续的威慑感知理论,参见 W. William Minor and Joseph Harry, "Deterrent and Experiential Effects in Perceptual Deterrence Research: a Replication and Extension", *Journal of Research in crime and Delinquency* 19, 1982, pp. 190 - 203。

〔5〕 关于剥夺犯罪能力的最优模型,参见 Steven Shavell, "A Model of Optimal Incapacitation", *The American Economic Review* 77, Papers and Proceedings of the Ninety-Ninth Annual Meeting of the American Economic Association, 1987, pp. 107 - 110。

衡点定位于两种成本在边际上相等的位置。[1] 但这只是泛泛而论,要实现最优威慑的宏观目标,刑法的技术路线是对犯罪分门别类,重罪重罚,轻罪轻罚。[2] 但如何衡量罪行的轻重却需要清晰的尺度并涉及一套精致的算法。

刑法是一个面向未来的激励机制,虽然惩罚发生于犯罪之后,但阻止犯罪(无论是威慑还是剥夺犯罪能力)的力量却是作用于犯罪之前而非犯罪之后。在潜在罪犯看来,定罪量刑是个概率性事件,因而刑罚的威慑效果相当于惩罚严厉程度和惩罚概率的乘积。[3] 而在立法者看来,作案成功也是个概率性事件,因而犯罪的预期损失相当于犯罪的实际损失和作案成功率的乘积。[4]

只要分清事先和事后,就得承认定罪量刑的基础是犯罪的预期损失而非实际损失,之所以需要考虑实际损失,是因为后者是影响前者的一个变量。[5] 风险不见得会导致损失,但风险一定会产生预期损失。一种行为只要事先看来足够危险,即使事后没有造成任何实际损失,也可能被视为犯罪,如未遂犯或危险犯;[6] 相反,一种行为哪怕事后看来损失惨重,只要发生概率很低,也可能不被视为犯罪或只被视为轻微的犯罪,比如过失犯。两种极端情形都可以统一在犯罪预期损失的尺度上,作案成功率从趋近于零到趋近于100%就界定了一个可过渡的频谱。

因而所谓“罪刑相适应”,更准确地表达应该是“刑罚威慑水平与犯罪预期损失相适应”,但当我们说“罪刑相适应”的时候,意味着将惩罚严厉程度这一变量从威慑水平中分解出来,于是作为决定威慑水平的另一个变量——破案率——就被用去评估罪行轻重了,这种变换相当于分子上一个乘数变成了分母上的一个除数,可以解释为什么越是难以侦破的

---

〔1〕 关于最优威慑的非技术的介绍,参见[美]罗伯特·考特、托马斯·尤伦:《法和经济学》,施少华等译,上海财经大学出版社2002年版,第384~390页。

〔2〕 关于跨类别的犯罪的边际威慑,不同于Shavell的模型,参见Wilde, L. L. “Criminal choice, nonmonetary sanctions, and marginal deterrence: a normative analysis”, *International Review of Law and Economics* 12, 1992, pp. 333-344。

〔3〕 贝克尔的模型描述了惩罚概率、惩罚严厉程度和刑罚威慑效果之间的函数关系,参见Gary S. Becker, “Crime and Punishment: an Economic Approach”, *Journal of Political Economy* 76, 1968, pp. 172-180。

〔4〕《刑法》第61条关于量刑的一般原则规定,量刑需要综合考虑“犯罪的事实、犯罪的性质、情节和对于社会的危害程度”,尽管这个表达由于概念之间的交叉重叠而显得有些模糊,但至少明确了,量刑不能单纯考虑犯罪的实际损失。

〔5〕 计算犯罪的预期损失,还需要减去犯罪的产出,许多犯罪是有产出的,比如复仇会威慑挑衅,诈骗会减少愚蠢,如果产出足够大就会产生犯罪的阻却事由,如紧急避险或正当防卫。此外,在贝克尔的意义上,犯罪所得也是犯罪产出的组成部分,如盗窃所导致的社会成本主要是防控犯罪的社会成本,而犯罪所得不属于社会成本,而只是受害人的私人成本。社会成本是社会财富的真正减少,私人成本只是社会财富的转移。

〔6〕 Steven Shavell, “Deterrence and the Punishment of Attempts”, *The Journal of Legal Studies* 19, 1990, pp. 435-466. 为什么有些危险行为属于犯罪而有些危险行为只算是侵权?一个非常重要的区分标准仍然是破案率。私藏枪支是犯罪,而私养一只老虎却是侵权,根本区别不是危险和伤害的大小,而是前者很隐蔽,而后者却是暴露的,无须警方介入,受害人(通常是邻居)通过民事诉讼就可以排除妨害。如果一种行为一旦引发事故就会损失惨重,但只要事故概率足够低,也可能不被视为犯罪,或只构成轻微犯罪,前者如建造核电站,后者如过失犯罪。关于区分危险犯和危险行为的理论分析,参见Steven Shavell, “Deterrence and the Punishment of Attempts”, *The Journal of Legal Studies* 19, 1990, pp. 456-457.

案件或难以被抓获的罪犯被认为罪行越重。[1]

罪行相适应原则有两个功能,一是在预算约束下最大化威慑的产出(相当于犯罪的减量),这类似于农民根据土地状况和农作物价值在不同地块上投入不同数量的化肥,以最大化农作物产出。二是使刑法保持一种边际威慑——这是一种以轻罪取代重罪的激励,可以让犯罪更加理性,防止"一不做二不休"。[2]

如果抢劫和盗窃都可以实现"非法占有"的犯罪目的,那么刑法对抢劫规定更重的处罚,就可以激励潜在罪犯尽可能选择盗窃而不是抢劫来实现犯罪目的。虽然抢劫给受害人造成的实际损失未必比盗窃更大,但之所以会受到更加严厉的处罚,是因为抢劫会伴随着人身伤害的危险,增加的处罚对应于人身伤害的预期损失。入户盗窃之所以比一般盗窃的处罚更重,是因为入户盗窃比一般盗窃更可能转化为抢劫,增加的处罚对应于盗窃转化为抢劫而增加的人身伤害的预期损失。入户抢劫之所以比一般抢劫的处罚更重,是因为入户抢劫的作案成功率更高,且给受害人造成更大的恐惧和更高的人身伤害风险。受害人面对抢劫只有四个选项:一是对抗,二是不作为,三是顺从,四是逃跑。只有逃跑成功,受害人才可免于伤害。而面对入户抢劫,受害人几乎完全丧失了逃跑的选项。受害人面对抢夺的状况就好得多,只要不选择对抗,就至少可以免于人身伤害。[3]

回到案例3,虽然行为人确实造成了人身伤害,但事先看来,这种违法行为给受害人造成人身伤害的风险却远低于一般的抢劫。行为人的目标明确,仅限于强吃"霸王餐",受害人很容易避免人身伤害。但抢劫的受害人却要面对完全不同的风险,即使乖乖地把财产交出来,也不见得就能避免人身伤害,因为抢劫的目标是未知的,且存在信息不对称——即使受害人已经交出全部财产,抢劫犯仍可能误以为使用暴力还能获得更多的财产。虽然案例3中的违法行为完全满足抢劫罪的所有构成要件,但面对抢劫和强吃"霸王餐",受害人控制人身伤害风险的能力截然不同。就作案目标明确而论,强吃"霸王餐"的行为更接近于抢夺,事后的暴力事件则纯属偶然。

刑法规定,犯盗窃、诈骗或抢夺的,如遇受害人反抗而使用了暴力,就会从原罪转化为抢劫,并比照抢劫定罪量刑(《刑法》第269条)。但前文的分析可以让我们看到,从受害人

---

[1] 设惩罚的严厉程度(实际损失)为Y,惩罚概率为$P1$,犯罪的实际损失为X,作案成功率为$P2$,则"罪行相适应"可以被描述为$Y=f(X)$的函数,在一定区间内是个正比例函数。令$YP1=XP2$,则$Y=\frac{XP2}{P1}$,但实际上,由于死刑封顶,惩罚的严厉程度不可能与犯罪的预期损失呈线性增长,因此$Y=f(X)$在平行于横轴之前更接近于一个对数函数。当然目前还没有任何一个数学函数可以精准描述罪与罚之间的正向关系。

[2] 斯蒂格勒最早提出"边际威慑的概念",参见George J. Stigler,"The Optimum Enforcement of Laws",*Journal of Political Economy* 78,1970,pp. 526-536。此外,沙维尔讨论了早期贝卡利亚和边沁的观念,Steven Shavell,"A Note on Marginal Deterrence",12 *Int'l Rev. L. & Econ*, 1992,p. 345。关于"边际威慑"的正式论述,参见David D. Friedman and William Sjostrom,"Hanged for a Sheep:The Economics of Marginal Deterrence",*Journal of Legal Studies* 22,1993,pp. 345-366。

[3] Richard A. Posner,"Killing or Wounding to Protect a Property Interest",*The Journal of Law and Economics* 14,1971,pp. 201-232.

控制人身伤害风险的尺度,抢劫不同于转化型的抢劫,抢劫受害人的人身伤害风险在事先看来不仅是完全未知的,而且是难以控制的,而在转化型的抢劫中,受害人的人身伤害风险至少在转化之前是可控的,或者说,受害人有能力控制原罪转化为抢劫的风险。在这个意义上,对于转化型的抢劫,与其以抢劫罪论处,不如以原罪加故意伤害数罪并罚。

上述分析表明,受害人控制伤害风险的能力可以影响犯罪预期损失,也可以影响作案成功率,并最终影响定罪量刑。法律对蓄谋犯罪的处罚之所以比对冲动犯罪的处罚更重,除了前文讨论的原因之外,还因为面对蓄谋犯罪,潜在受害人很难控制风险。但面对冲动犯罪就完全不同,冲动犯罪通常涉及受害人的挑衅,因此只要潜在受害人约束自己的行为,就能有效控制伤害风险。

在某种意义上,“即兴犯罪”比蓄谋犯罪和冲动犯罪更加危险。曾轰动一时的药家鑫案就属于“即兴杀人”。受害人被药家鑫撞伤之后只是记下了他的车牌号,绝不可能预料到这种正常反应居然会被杀人灭口。一个人要想活得安全,可以不惹事,不生非,小心谨慎约束自己的行为,以避免卷入某个仇杀或情杀。但若遇到药家鑫这种罪犯,这些防范措施就会全部失灵,死神从天而降,事先毫无征兆。正是由于即兴杀人的风险最不可控,所以才会给人们造成最大的恐惧。药家鑫案之所以引来一片喊杀之声,未被媒体和学界阐释清楚的原因就在于此。[1]

三、演 化 分 析

从要件识别到变量评估,之所以被认为是刑事司法应对要件失灵、破解定性难题的必由之路,是因为诸如破案率和作案成功率之类的变量属于刑法的内生变量,在刑法制定之初就已渗透进刑法条文、教义和犯罪构成之中。但较真的法律人仍可能提出质疑说,没有任何证据表明立法者在制定法律时使用了经济分析的方法。确实,从有限的资料记载中,人们更容易发现立法者热衷于谈论的,是那些诸如“良知”“刑法公正”或“校正正义”之类的概念,而不是破案率、作案成功率以及作案可能性等决定刑罚威慑水平或犯罪预期损失的变量。

虽然回应这个质疑很容易,简单粗暴的方式是只需表明,法律经济学的解释力是独立于法律决策者的清醒意识的,[2]例证俯拾皆是。甚至可以加上一个类比说:星体不懂物理学,并不妨碍物理学解释星体的运动。但要认真回应这个质疑,却必须讲清楚法律和道德直觉以及法学理论之间的历史关联,而这意味着下文将尝试的工作具有知识考古的性质,

---

〔1〕 关于药家鑫案的一个完全不同的解释,参见苏力:《是非与曲直——个案中的法理》,北京大学出版社 2019 年版,第 97 ~ 134 页。

〔2〕 经济学的解释力独立于经济活动参与者的清醒意识,参见波斯纳:《法律的经济分析》,蒋兆康译,法律出版社 2007 年版,第 32 ~ 33 页。

并需要借助一点进化论。

1. 法律与道德直觉

法学是个古老的学科,但法律的历史却比法学更古老。强调“法律先于法学”的事实,并不是要否认法学对于指引或优化法律决策所有拥有的功能,而只是表明,对于完成法律决策(包括立法、司法和执法)而言,专业化的法学知识不是必需的。但随之而来的问题却是:在缺乏专业化法学知识的条件下,法律决策者如何保证其决策质量?问题的另一面是:仅靠专业化的法学知识,立法者就能创造出伟大的法典吗?

人类最终拥有如此复杂精致的法律制度简直是个奇迹。卢梭很早就意识到,法律的复杂性超出了人类理智所能达到的极限,他曾感慨说:“要为人类制定法律,简直需要神明。”〔1〕20世纪中叶,哈耶克从生物学那里获得了启发——既然像生命有机体和生态系统这等复杂精致的结构可以独立于任何强大的心智,法律的起源与演变未尝不可以借助进化的力量。〔2〕而只要进化的力量介入其中,只需时间足够长,历经无数次试错、检验和淘汰,简单粗糙的法律制度就能逐渐趋于复杂完备。当然不能无视人类心智在其中发挥的作用,但从结果上看,心智的功能也只是加快了制度进化的速度或缩短了制度进化所需要的时间。

制订法律通常会有一大堆人合作贡献他们的智力,但绝大多数法律都有自己的前身,因此立法其实不那么费事——无须从头做起,并非平地起高楼,只是旧房翻修、添砖加瓦而已。“法系”的概念描述了不同法律的亲缘关系,其间的遗传和变异都清晰可辨。考古学家提供的最早成文法样本是《汉谟拉比法典》,它是3700多年前巴比伦国王汉谟拉比在位时颁布的,因被刻在一个两米多高的石柱上而得以幸存至今。虽然这部法典早已死亡,但它在保护人身和财产、维护社会秩序以及处理纠纷等许多方面体现出的法律智慧却至今存活,并已扩散到世界各地。制度基因可以像生命基因一样永垂不朽,尽管它们的载体已经或即将前仆后继地走向死亡。

很早就有人注意到文化的遗传现象,还专门给文化的遗传因子取了一个名称叫“模因”(meme),对应但有别于“基因”(gene)。〔3〕但法律制度不同于一般的“文化”,其遗传因子和生命有机体的遗传因子很难区分,反而不如混为一谈,干脆就叫作“制度基因”的好。举个例子说,法典中的许多条文体现了“以牙还牙”(Tit for Tat,下文简称TFT法则)的逻辑,但若往前追溯,作为抑制种群内部冲突、促进共生关系的一个制度性的遗传因子,〔4〕TFT法

〔1〕[法]卢梭:《社会契约论》,何兆武等译,商务印书馆1982年版,第50页。

〔2〕[英]哈耶克:《致命的自负》,冯克利译,中国社会科学出版社2000年版,第73~100页。

〔3〕理查德·道金斯阐述了一套完整的关于模因的理论,参见[英]理查德·道金斯:《自私的基因》,卢允中译,中信出版社2012年版,第213~228页。

〔4〕可以理解为一段信息编码,一组指令的集合。既可以存储于基因体现为生命体无意识的本能,也可以存储于大脑体现为生命体有意识的思考。

则早在亿万年前就已经广泛扩散于陆地、海洋和天空的生物圈，或者说，只有那些操控生命体的行为恰好遵循了 TFT 法则的基因，才能在种群中成功扩散并繁衍至今。[1]

制度基因的历史比法律更古老，法律的历史比人类更古老。看看我们的近亲黑猩猩或倭黑猩猩的群居生活，就能大概知道，在人类尚未成其为人类之前，就已经生活在一个有秩序的群体之中了。[2] 自然选择留给了我们的祖先一笔丰厚的制度遗产，文明的进程因此不必从零起步。那些作为文明支柱的社会规则，非但不一定表达成文字，甚至无须人类有意识地遵守。

人类的心智也是进化的产物，对于塑造大脑的认知结构，自然选择肯定发挥了基础性的作用。[3] 只要 TFT 法则对于促进合作和抑制冲突的功能不可替代，那么这个制度因子就不难从基因编程进入大脑认知，而这意味着 TFT 法则可以从动物本能演变为人类的道德直觉（不管是有意识的还是无意识的）。而在缺乏专业化法律知识的条件下，只要立法者依靠其道德直觉制定法律，TFT 法则就顺理成章地进入了法律条文。《汉谟拉比法典》就是一个贯彻 TFT 法则的成文法样本。[4]

立法者很可能不清楚 TFT 法则的功能和制度逻辑，但只要存在进化的压力，且有足够长的时间，理解就不是正确选择的前提。[5] 蚂蚁不懂积分学，却能根据太阳移动的轨迹和角速度找到回家的直线；亚马孙河的射水鱼不懂抛物线运动，更不懂光线在水中折射的物理学原理，但仍能将喷水准确射中空中的飞蛾。同样，TFT 法则被真正解码不过 30 多年的时间，[6] 至今仍被广泛误解，[7] 但几千年来人类的法律制度却似乎从未在这个问题上犯下致命的错误——也许曾经犯过错误，在漫长的人类制度文明史上，不排除曾有个别立法者拒绝接受 TFT 法则，但进化的压力会让他们制定的法律成为失败的变种，而失败的变种最终会消失得默默无闻。

TFT 法则的制度生命力可能超出人们的想象，虽然现代刑法早已废止了同态复仇，但

---

[1] 罗伯特·赖特对此做过一个简洁而全面的介绍，参见[美]罗伯特·赖特：《非零和时代》，于华译，中信出版社 2014 年版，第 277～292 页。

[2] 参见[美]弗朗斯·德瓦尔：《黑猩猩的政治》，杨芊里译，上海译文出版社 2014 年版。

[3] 这与哈耶克的信条——不是人类理性创造了社会秩序，而是社会秩序创造了人类的理性——颇有相通之初，参见[英]哈耶克：《致命的自负》，冯克利译，中国社会科学出版社 2000 年版，第 15～20 页。

[4] 且看《汉谟拉比法典》的几个条文。第 196 条：挖去别人眼睛的人也要被挖出眼睛；第 197 条：打断别人骨头的人也要被打断骨头；第 199 条：挖出奴隶眼睛或是打断奴隶骨头的人要赔偿奴隶价格的一半；第 200 条：打掉同等地位者牙齿的人将会被敲掉牙齿。

[5] 人类对于制度性知识只能做到“知其然而不知其所以然”，这个观点是哈耶克的立论基础之一。参见[英]哈耶克：《致命的自负》，冯克利译，中国社会科学出版社，第 19～22 页。但实际上，在哈耶克完成其著述不久，法律与经济学运动兴起，二三十年之间就基本揭示了全部法律制度的底层逻辑。

[6] 1984 年，罗伯特·艾克赛尔罗德解释了为什么合作与秩序可以发生在一个没有公共权力的群体之中，这是对霍布斯提出的“无公共权力则无秩序”的正式的理论回应，尽管在此之前，生物学家、人类学家和社会学家都对霍布斯的见解提出了反例。参见 Robert Axelrod, *The Evolution of Cooperation*, Basic Books, Inc., 1984。

[7] 例如，电影《甘地传》的海报上有一句话：An eye for an eye only ends up the whole world blind。

它演化出的各种制度变体却存活至今,且相当繁盛。合同法中的相互制约、担保法中的抵押和留置、刑法中的正当防卫和罪刑相适应,以及其他法律允许的各种形式的自救行为等,细看都能辨识出TFT法则的影子。[1] 虽然国家垄断了暴力的使用权,但检举、告诉以及作证等许多法律制度的设计,仍然会利用受害人的“报仇心切”甚至“睚眦必报”。[2] 在科幻小说《三体》里,不计代价的复仇天性被作者描述为人类抵御和威慑强敌入侵的主要心理驱动力。半个多世纪以来,也正是这种野蛮的心理驱动力支撑了核威慑的恐怖平衡。

在博弈论中,TFT策略在既定的囚徒困境的环境中被定义为:“玩家(player)在第一个回合选择合作,而在后续的每一个回合选择对手在上一个回合选择的策略”。如果对手在上一个回合选择合作,TFT玩家则以合作奖赏合作;如果对手在上一个回合选择背叛,TFT玩家则以背叛惩罚背叛。TFT策略的最大本事,就是能迫使对手与自己合作,如果两个玩家都执行TFT策略,就会自始至终互利共赢。[3] 虽然TFT策略素以简单透明著称,但若仔细分析,会发现其制度内涵相当丰富。TFT玩家可以是诸如基因、细胞、病毒、蜂群、公司、国家之类的任何生命体或生命系统,但下文我们只讨论玩家是个体人类的情形,这意味着玩家拥有了意识、情感以及某种程度的记忆和计算能力。

只要TFT策略在群体中扩散到一定范围,就会形成鼓励合作、抑制背叛的TFT法则,它可以指引或规范个体的行为。合作应该受到奖赏,对手应以合作奖赏合作;背叛应该受到惩罚,对手应以背叛惩罚背叛。奖赏与惩罚会分别激发正面和负面的情感(喜悦和愤怒),情感和理智结合在一起就形成了道德评价。于是合作、奖赏合作以及惩罚背叛都演变为一种义务,与之相应的背叛以及拒绝奖赏和拒绝惩罚都算是违反了义务。此外,由于背叛既是一种违法行为,也是一种惩罚手段,所以虽然TFT法则禁止背叛,但若对手背叛在先,作为惩罚手段的背叛则是合法的。对应于本文的主题,下文只讨论背叛与惩罚的问题。

(1)TFT法则会区分背叛的程度,虽然其标准尺度是背叛给对手造成的预期损失,但在最简单的模型中,背叛的程度可以用背叛次数来衡量,一次背叛与两次背叛、多次背叛属于不同程度的背叛。按照TFT法则,背叛的次数与惩罚的次数相等。TFT策略的含义是“以一牙还一牙”,而不是“以两牙还一牙”或“以一牙还两牙”。换言之,无论是“以眼还牙”还是“以毛还牙”,都违背了TFT法则。由此,我们看到了罪刑相适应原则的雏形。惩罚不是无成本的,更严厉的惩罚成本也更高,因此需要更强烈的惩罚动机;愤怒可以强化惩罚动

---

〔1〕 关于TFT法则贯穿法律制度的经济分析,参见Donald Wittman:“Punishment as retribution”,*Theory and Decision* 4,1974,pp. 209 – 237。威特曼认为当代刑法的许多特点都反映了TFT法则。

〔2〕 [美]波斯纳:《正义/司法的经济学》,苏力译,中国政法大学出版社2002年版,第220页。

〔3〕 在艾克赛尔罗德设计的著名的计算机博弈模拟竞赛中,“以牙还牙”策略大获全胜——它其实没有赢下任何一场竞赛(至多和对手得分一样高),但却赢了全局。计算机竞赛模拟的是一场生态竞争,“以牙还牙”在各种博弈策略中脱颖而出,意味着执行这一策略的生命体会获得自然选择的青睐。只要“以牙还牙”策略能够最终覆盖整个种群,那么任何两个生命体相互合作的局面就会出现在一个没有公共权力的环境中。参见Robert Axelrod,*The Evolution of Cooperation*,Basic Books,Inc. ,1984。

机，这意味着背叛的程度越高，对手的愤怒也要更强烈。因此在进化过程中，那些能让自己的愤怒程度与对手背叛程度相适应的玩家，更可能赢得生态竞争的优势。

(2)在信息不对称的条件下，假定背叛行为被对手识破的概率是50%，那么TFT法则就只能演化为“以两牙还一牙”，因为有多少背叛被识破了，就有同样多的背叛被隐藏了。[1] 由于更难以识破的背叛必然会激起对手更强烈的愤怒，所以识破概率会影响我们对背叛行为的道德评价——如果难以被识破的背叛是狡猾的，那么容易被识破的背叛就显得光明磊落。将识破概率与惩罚的严厉程度关联起来，就可以为背叛者创造一个类似边际威慑的激励——如果背叛是既定的，那就应该鼓励对手提高背叛的透明度。但这同时意味着惩罚也必须是光明磊落的，而TFT法则的优势之一就恰恰在于，作为一个惩罚方案，它是简单透明的，释放出的激励信号清晰而稳定。[2] 由此，我们看到了形式正义的雏形。

(3)在重复博弈的条件下，一组玩家会相互统计对手背叛的次数和频率，以便准确预测对手背叛的概率。惯于合作但从不或只偶尔背叛的玩家，会被对手标记为“好玩家”，而惯于背叛但从不或只偶尔合作的玩家，则会被对手标记为“坏玩家”。当用“好坏”评价一个玩家的时候，意味着从对玩家行为的描述转向了对其心智的描述，这同时也是从事实判断上升为了价值判断。反过来看，价值判断就是对事实判断的模糊处理，描述心智就是对描述行为的模糊处理，价值判断和心智描述最终都可还原为对行为和事实的统计形态。好玩家偶尔背叛之所以很容易被宽恕，而坏玩家偶尔合作也依然要被谴责，其原因就是两者都属例外情形，不至于大幅度改变（而只会微调）对该玩家的行为的统计结论以及对其未来行为的预测。[3] 说到家，关心过去还是为了面向未来。

(4)假定背叛表现为一个过程，行为自始至终需要经历一段时间，那么一组玩家就会相互观察对手的背叛过程。如果过程中的行为与背叛的结果相左，背叛就更可能被认定为“无心”（过失）；如果过程中的行为与背叛的结果吻合，背叛就更可能被认定为“有意”（故意）。区分故意和过失的实质性理由同样是统计学意义上的，在过失的情形下，背叛结果的出现是偶然，而在故意的情形下，背叛结果的出现是常态。同样是背叛，为什么故意要比过失更需要严惩？答案同样是为了面对未来——与严惩过失相比，严惩故意可以阻止更多的

[1] 从惩罚的角度来看，这是合乎逻辑的，因为惩罚的严厉程度必须与识破概率呈反比例关系才能让威慑效果保持稳定；从背叛的角度也同样合乎逻辑，如果识破概率是50%，那么识破一次背叛就意味着还有一次背叛被隐藏了。究竟是背叛者太狡猾还是惩罚者太愚蠢？这是分不清楚，也没必要分清楚的问题。

[2] 在艾克赛尔罗德设计的计算机模拟竞赛中，Downing策略远比TFT更加精于算计且深谋远虑，它通过评估对手合作和背叛的概率来决定自己的选择，在每个回合都力图最大化自己的长期收益，但Downing却并不比TFT的表现更出色。对此，艾尔赛尔罗德评价说：“一个人复杂到不可理解是很危险的。”参见Robert Axelrod, *The Evolution of Cooperation*, Basic Books, Inc., 1984. pp. 34－35。

[3] 霍姆斯就认为，随着法律的进步，刑事责任会更多被视为一个行为问题，而不是意图问题。参见［美］霍姆斯：《普通法》，冉昊等译，中国政法大学出版社2006年版，第45～57页。

背叛。[1]

(5)假定背叛依赖于一个行为方案，执行背叛的方案不见得出现背叛的结果，因而背叛成功只是概率性的，并且如果不同的背叛方案会导致不同的背叛成功率，那么对手就会对不同的背叛方案区别对待——那些成功率更高的背叛方案会受到更严厉的惩罚。而对于那些背叛成功率很高的行为方案，在背叛结果尚未出现时，对手就可能要先下手为强。由此我们看到“危险犯”的雏形。

上述对于TFT法则的分析，实际上描述了与刑法相关的人类道德直觉的起源和演化，同时也是对道德直觉解码的过程。解码这些道德直觉，无须校正正义或自然法之类的概念，甚至无须故意、过失以及动机好坏之类的概念，而只需背叛可能性、背叛成功率、背叛频率、识破概率、背叛程度等衡量背叛预期损失的变量，道德评价的绝对尺度就是背叛的预期损失。相反，在无力解码道德直觉的时候，反而需要借助校正正义或自然法之类的概念去描述或指称道德直觉。[2]

至于人类的道德直觉有多少成分属于基因编程，又有多少成分属于大脑认知，这个问题并不重要，重要的是道德直觉本身的功能和逻辑。基因和大脑都是强大的数据处理器，而人类的道德直觉，说到家就是一个算法，这个算法致力于用合理的惩罚去阻止未来的背叛。那些在进化过程中恰好捕获到了最优算法的个体和群体，争取到了生态竞争的优势——这与那些操控蚂蚁或射水鱼行为的基因如果恰好吻合了物理定律和数学逻辑就能有效扩散是一样的道理。算法的合理性与执行算法的生命体(包括基因、细胞、生物有机体乃至整个社会)是否有清醒意识和计算能力没有关系。

在缺乏专业化法学知识的条件下，立法者只能依靠道德直觉去制定法律。但即使仅仅依靠道德直觉，立法者也能制定出一部比较完备的“复仇法典”(参见《汉谟拉比法典》)，复仇法典的基础性逻辑就是TFT法则。霍姆斯很早就说法律起源于复仇，[3]这的确是个相当敏锐的洞察。

2. 法律与法学知识

从博弈论语境切换到法律语境，合作就可以延伸到所有合法行为(除非合作双方会损害第三方的利益)，背叛就可以扩展到所有违法行为(除非对手背叛在先)。刑法起源于国家力量介入法律决策之后，虽有国家意志渗透其中，但还不至于摆脱原始复仇法典的色彩，

---

〔1〕 霍姆斯对故意犯罪与提高惩罚严厉性的关系做出了开创性讨论，尤其集中于犯罪故意与犯罪可能性之间的关系，参见 Oliver Holmes Wendell, Jr. *The Common Law*, Mark DeWolfe Howe, editor, Boston: Little, Brown, 1963, pp. 52 – 62。与本文类似的一个博弈分析，Ariel Rubinstein, “An Optimal Conviction Policy for Offenses that May Have Been Committed by Accident”, *Applied Game Theory*, pp. 406 – 413。

〔2〕 前文的分析实际上是借助了博弈论的分析工具重述，并矫正了16~18世纪欧洲论坛上社会契约论关于自然状态中的社会规则的分析和描述。

〔3〕 [美]霍姆斯：《普通法》，冉昊等译，中国政法大学出版社2006年版，第2~4页。

毕竟人们(包括法律决策者)的道德直觉变化不大,更何况作为算法的道德直觉也远未失灵。[1] 主流的道德直觉对于法律决策构成了强大的约束,在没有明显收益的时候,法律不能冒然冲撞人们的道德直觉。

除了道德直觉,法律决策者还能进行理性思考——这是模拟后果来做出选择的一种计算能力。但如前文分析所表明的,道德直觉和理性思考的算法是基本一致的,对于做出某个特定的决策,道德直觉更多通过自然选择来划掉失败的选项,而理性思考则更多通过模拟后果(最终也是模拟自然选择)来划掉失败的选项,两者的区别主要是个时间问题。[2] 人类拥有了理性思考的能力之后,自然选择的速度就加快了,但还不至于替代自然选择,毕竟人类的思考能力是有限的。只要发现道德直觉、理性思考和自然选择的算法基本一致,我们就只需关心法律决策的功能和逻辑,而无须考虑究竟哪种力量起了多大的作用。

刑法的发展趋势,是犯罪被分得越来越细,区别对待的依据越来越多。省略历史细节之后,我们可以粗略想象一下刑法的发展过程。为了制定合理的惩罚方案,法律决策者首先会根据行为和后果区分不同的犯罪。例如,“偷”有别于“骗”,更不同于“抢”。同样是抢,但“抢劫”应该区别于“抢夺”,“侵占”也应从“盗窃”中分离出来。随着犯罪被越分越细,缝隙和重叠就会层出不穷,于是需要设立打补丁的犯罪,比如“寻衅滋事”。除了区分行为和后果,法律决策者还要考虑罪犯的主观心理状态,需要分辨“故意”与“过失”、“蓄谋”与“冲动”,还要区分有无“认识错误”、是否“真心忏悔”等。此外,立法者还要斟酌罪犯和受害人的状况。比如儿童、精神病人、残疾人和有特定身份的人犯罪,就不能和身心健全的普通成年人犯罪一概而论;同样,如果强奸罪的受害人是幼女或盗窃罪的受害人是金融机构,就不能与一般的强奸和盗窃等量齐观。[3]

上述区分会让我们不由自主地想象出一张表格,表格的横向是各种类别的罪名——诸如杀人、放火、强奸、抢劫、盗窃、侵占之类;表格的纵向是区分不同犯罪的依据——包括行为主体、危害行为、犯罪对象、危害结果、因果关系、阻却事由以及期待可性能等。传统刑法学理论主要在表格的纵向发挥想象力。把这些区分依据模块化,就出现了“四要件”或“三层次”之类的犯罪构成理论。但这张表格仍然是“犯罪构成理论”基本框架,传统刑法学的主要工作就是把表格填满。

请注意,刑法先于刑法学,世上先有刑法,后有刑法学。面对一部现成的刑法,理论家有两条研究路径。一条是揭示刑法的底层逻辑,将所有犯罪的分类依据还原为决定犯罪预期损失的各种变量,至少要解码人类的道德直觉,毕竟这是最初的立法依据。但由于这条

---

〔1〕 关于矫正争议的大量哲学讨论就是重要的验证,例如,John Rawls,“Two Concepts of Rules”,*The Philosophical Review* 64,1955,pp. 3 –5。

〔2〕 [英]理查德·道金斯:《盲眼钟表匠》,王道还译,中信出版社 2012 年版,第 45 ~78 页。

〔3〕 区分受害人,是因为某些犯罪受害人(如幼女或金融机构)更容易受到侵犯,或一旦受到侵犯其损失就更大,归根结底还是受害人不同会导致犯罪的预期损失。

路径难度很大,尤其在"演化博弈"的观念诞生之前肯定是走不通的,而摆在眼前的一条捷径却充满了诱惑,那就是通过填充犯罪分类表来描述不同犯罪的行为、后果、目的、动机、犯罪意图、主体、客体、人身危险性以及受害人等各个方面的状况。从一种犯罪中发现的共同点被整合在一起,就变身"刑法分论"中不同罪名的构成要件;从所有犯罪中发现的共同点被整合在一起,就变身为"刑法总论"中犯罪构成理论。

那么,如何评价传统刑法学理论的质量呢?首先要承认它的功能,对于指导定罪量刑,传统刑法学理论至少在统计学意义上具有合理性——如果过去发生的某一类犯罪都体现出某些共同点,那么未来发生的同类犯罪体现出这些共同点的概率就很高,因而,将体现出这些共同点的未来犯罪认定为同类犯罪,就通常不会犯错误。举例而言,如果过去发生的盗窃罪都是以隐蔽手段侵占别人的钱财,那么未来发生以同样手段侵占别人财产的行为被定性为盗窃,就通常不会犯错误。生物学也有同样的逻辑,如果已知的所有昆虫都长着两对翅和三对足,那么如果未来发现某个未知动物也有同样的形态,就大致可以断定这种动物是昆虫。[1]

但概率性的推测总会有例外。以隐蔽手段索侵占他人财产未必就是盗窃(如受害人是自己亲属的情形),盗窃也未必使用隐蔽手段(尤其在监控摄像普及之后)。同样,长着两对翅和三对足的动物未必是昆虫(尽管目前还没发现),昆虫也未必都有两对翅和三对足(有些昆虫就是无翅的或只有一对翅)。但只要诸如此类的例外数量稀少,就不至于破坏大局。但两相比较的区别却显而易见,生物学家从来不会把两对翅和三对足视为昆虫的"构成要件",但法学家却会把"隐蔽手段"和"非法占有"视为盗窃罪的构成要件。[2]

传统刑法学之所以无力应对要件失灵,就是因为要件失灵属于例外情形。回避被道德直觉、理性思考和自然选择共同支配的刑法底层逻辑,是这种理论的先天不足。无论刑法总论中的犯罪构成,还是刑法分论中的构成要件,都只是以一种简单、生硬、随机的方式组合在一起的。貌似一种完整的理论,细看则是残垣断壁。而与此同时,决定这些要件的变量以及不同变量之间的函数关系却被掩盖了。

这种情形不仅导致了刑法概念体系的混乱不清,而且割裂了彼此之间的关联。比如,"犯罪行为"和"犯罪情节"如何区分?"危害后果"和"社会危害性"是怎样一种关系?"人身危险性"和"社会危害性"是两个相互独立的衡量标准码?如果不是,两者之间如何换算或如何解决重叠的部分?"违法性"和"该当性"又是怎么回事?如何解决逻辑上的循环论证?"非法占有"可以作为一个要件吗?"故意"和"过失"之间界限分明吗?如果不是,两

〔1〕 可以通过外表形态的典型特征去识别昆虫,但不能断定诸如"三对足、两对翅"之类的特征为昆虫专有,考虑到世界上还有大量未知物种,尤其是浮游生物,所以只能说"三对足、两对翅"对于识别昆虫具有统计学意义上的合理性。

〔2〕 这种思维方式曾经导致立法错误,例如,2013年关于行为人不知道幼女实际年龄而发生性关系不以强奸论的司法解释,参见苏力:《司法解释、公共政策和最高法院——从最高法院有关"奸淫幼女"的司法解释切入》,载《法学》2003年第8期。

者之间如何过渡？“认识错误”属于过失的一种，与其他过失又有什么区别？“主观方面”和“客观方面”有因果关系吗？如果有，那么“主客观相统一”岂不是把因果关系给掩盖了？[1] ……诸如此类的问题实在太多了。如今刑法学（其实是整个传统法学）的概念体系像极了牛顿之前的物理学（那时还叫“自然哲学”）的概念体系，其中充满了歧义和混乱，而且难以度量。

对比一下“生物分类学”，传统刑法学理论的先天不足就暴露得更清楚了。最早的生物分类学是按形态分类，如中国古人就把动物分为虫、鱼、鸟、兽四个大类。[2] 想必达尔文最初看到三对足的无翅虫时，也曾犯过犹豫，这些虫子更接近于蜘蛛还是更接近于蝴蝶？类似的问题是，海豚更接近于鲨鱼还是更接近于猎豹？蚂蚁更接近于白蚁还是更接近于蜜蜂？生物分类学通过研究生物类群间的异同和异同程度来阐明生物间的亲缘关系、进化过程和发展规律，但要判断两种生物之间的亲缘关系，只看形态是靠不住的。生物分类学从古老的形态学发展到现代的分子生物学，其分类的依据也从外表形态转向更微观的标准，如染色体和血清反应等。[3] 于是我们知道了，海豚和猎豹的亲缘关系更近，虽然它更像鲨鱼，而蚂蚁和蜜蜂的亲缘关系更近，虽然它更像白蚁。三对足的无翅虫与蝴蝶而非与蜘蛛或蜈蚣的亲缘关系更近，因此被列入昆虫之中。

无论是以染色体为依据的细胞分类学，还是以血清反应为依据的血清分类学，相对于古老的形态学，都是“微观理论”（phenomenological theory）和“现象理论”（microscopic theory）之间的关系。科学研究经常从“现象理论”起步，然后被“微观理论”取而代之，相对于前者，后者有能力揭示更深层的因果关系，具有更强的解释力、精确性和整合能力，甚至可能更简洁。牛顿的经典力学相对于亚里士多德甚或伽利略的力学理论，就是微观理论和现象理论之间的关系，而当量子力学出现之后，经典力学就变成了一种现象理论。

传统法学和法律经济学同样是现象理论和微观理论的关系。在传统刑法学的框架中，犯罪的行为、后果、主观心理状态、主体、客体等都是分裂的，而法律经济学却把这些概念还原为决定犯罪预期损失和刑罚威慑水平的各种变量，从而将这些分裂的概念整合在一起。[4] 如过失和故意、蓄谋和冲动，都是分裂的概念，但经济分析却可以把它们整合进事故预期损失和事故预防成本的函数关系中，并通过作案可能性、作案成功率、破案率以及犯罪

---

〔1〕 牛顿将一些古老但却意义模糊的概念（如“力”“运动”，甚至“时间”）赋予新的含义，由此开启的物理学的新时代。这些概念变得可以量化，因此可以被用于数学方程。而在此之前，“运动”（motion）一词可以指代诸如“桃子成熟”“石头落地”“孩子成长”以及“尸体腐烂”等极其广泛的现象。参见［美］詹姆斯·格雷克：《信息简史》，高博译，人民邮电出版社2013年版，第5页。“能量”（energy）和“信息”（information）等科学概念也经历了类似的变化。

〔2〕 汉初《尔雅》就是这种分类，有“释虫”“释鱼”“释鸟”“释兽”等条目。

〔3〕 比对染色体为依据，产生了细胞分类学；以观测血清反应为依据，产生了血清分类学。相对于原始的形态分类学，都算是以微观理论取代现象理论的进展。

〔4〕 Stephen G. Gilles, “On Determining Negligence: Hand Formula Balancing, the Reasonable Person Standard, and the Jury”, *Vanderbilt Law Review* 54, 2001, pp. 813 – 861.

实际损失等变量去表征不同程度的犯罪预期损失。[1] 从要件识别到变量评估,类似于生物分类学从形态识别转向比对染色体或观测血清反应,倘若没有这种从现象理论到微观理论的转向,我们不可能发现强吃霸王餐的行为其实更接近于抢夺,尽管它看上去更像抢劫。

当然,传统刑法学理论并非一无是处,说它要被法律经济学取而代之也是言过其实。正如我们看到的,传统刑法学理论可以顺利解决大部分格式化的案件,那些典型的盗窃、抢劫、诈骗,根本无须变量评估,只需简单比对一下要件就足够了。就像我们教会儿童怎样识别那些典型的昆虫,如蝴蝶、蝗虫或苍蝇,通常只需数数翅膀和腿足就够了,用不着去比对染色体或者观测血清反应。

但"顺利解决"不等于"高质量解决"。不可否认,即使要件完全相同的两个案件,细节也是千差万别的,但在传统刑法学的理论视野中,要件之外的细节却仿佛被打上了马赛克。要解读马赛克之内的细节差异,法律决策者只能重新依靠他们的道德直觉。许霆案之所以引起轰动,不是因为法律指向的判决结果违背了这种犯罪的构成要件,而是因为判决结果严重冲撞了人们(包括法学专家)的道德直觉。

对此,刑法学教义能否会发挥些作用?只能说,作用很有限。对于个案而言,一条教义的指引功能也充其量相当于一个法条,并且它还像法条一样对事实进行条块分割,这意味着,即使刑法教义有助于缩小马赛克的区间,也是杯水车薪,毕竟细节是个无穷大。更何况马赛克被缩小的代价是增加了缝隙和重叠。

在马赛克的区间之内法律决策者可以自由裁量,而自由裁量的隐含义就是允许法律决策者根据自己的道德直觉来操作法律。然而,见仁见智,法律决策者的道德直觉不仅因人而异,而且很难与时俱进。受制于进化的速度,我们的道德直觉很可能还停留在农业社会、甚至狩猎采集社会、至多是工业社会的老样子,与信息时代社会变迁呈现出的加速度肯定难以完全合拍。

而如前文所述,道德直觉是一个算法,只有把这个算法解析出来,才能从基因操控的下意识层面提升到意识层面,从自在变成自觉,变成评价罪责轻重进而指引法律决策的规范性思考,从而补充、矫正乃至替代法律决策者的道德直觉,进而创造出一套可以交流的语言操作系统,将见仁见智的道德直觉收敛、聚合到同一个频道。

虽然法律人会说,受认知能力和成本的制约,变量评估的方法不可能做到精确,评估结果也会因人而异。但这个质疑似是而非,或者说,质疑的内容是对的,但却没有质疑的力量。方法和理论的优劣都是相对而言的,世界上没有哪种理论可以让法律决策变得高度精准、不差毫厘,有思路不等于捕捉最优,但有思路总比没思路好,因为没有思路会大大降低捕获最优的概率。且评估优于描述,把需要评估的变量解析出来,比之继续使用掩盖变量

---

〔1〕 关于故意和过失,参见 Steven Shavell, "Criminal law and the optimal use of nonmonetary sanctions as a deterrent", *Columbia Law Review* 85, 1985. pp. 1232 - 1262。

的描述性概念就算前进了一大步。如果变量评估做不到精确,那么那些充满了混乱和歧义的描述性概念岂不是更加离谱了？更何况,法律决策通常并不需要精确的评估结论,法律决策面对的难题通常只是“某种违法行为更接近于犯罪 A 还是更接近于犯罪 B”或者“处理某个案例应该采用方案 A 还是方案 B”,对应于此,变量评估通常只需分出个大小,因而方案评估通常只需要知道个好歹,就够了。

四、结　　语

对于如何破解司法实践中的定性难题,本文提出了用变量评估取代要件识别的方法来应对要件失灵,并以回应质疑的防御姿态论证了这种方法的合理性,其理论支撑显然是法律经济学。

虽然没有解码人类的道德直觉,但将法律视为致力于财富最大化的社会治理工具,并利用理性选择理论,法律经济学也照样揭示了法律的底层逻辑,两者算是殊途同归。只有法律的底层逻辑显现出来,那些被法条、教义以及要件分割的马赛克才可能彻底消失。法律决策者由此心明眼亮,更高的像素自然会呈现出一片清晰的视野。

多少有点意外的是,本文的讨论还可以为当下的一个学术热点,实际上已经演变为一场运动——“法律与人工智能”——提供一些启发。这场声势浩大的学术运动似乎遗忘了一个关键问题:如何为人工智能操作法律设计出一套算法?

如果考虑到被称为“涵摄”的三段论推理显然不顶用,号称利用了大数据的统计学算法又难免系统性偏差,就会发现,真正值得期待的,是将法律本身算法化,人工智能在掌握这套算法之后才拥有操作法律的能力。即使退而求其次,也至少需要设计出拥有“道德判断力”的人工智能,解码道德直觉的任务因此责无旁贷。但不管怎样,抛开法律经济学或演化博弈论去讨论“法律与人工智能”都是令人费解的。

想象一下,如果将来有一天,强大的人工智能能够替代人类去完成法律决策。只要信息科技和生物科技能把事实探知的所有障碍彻底扫除,人工智能就不必遵循证据法规则,也无须了解程序正义的观念。面对一种犯罪行为,它可以通过评估关键变量计算出罪行轻重,然后根据可描述“罪刑相适应”的一个单调函数直接做出处罚。定罪的环节就被彻底省略了,因为定罪的原始目标就是为了准确量刑,因而基于算法的量刑只要足够准确就可以取代定罪。[1]

这个变化是革命性的。那些识别不同犯罪的要件,区分不同犯罪的依据,以及描述不同犯罪行为、后果和主观意图的一系列概念,甚至包括不同的罪名,都会成为历史词汇。剩

---

〔1〕 这和柏拉图在《理想国》中对“哲学王”的想象颇有想通之处。在《法律篇》中,柏拉图之所以退而求其次地接受了法治,就是因为意识到社会不具备“哲学王”的信息条件。

下的只有评估罪行轻重的各种变量,如破案率和作案成功率。但这个革命性的变化不会让法律飞向天际,而只是把法律带回到它的起点——那个最原始的状态。

(原载于《交大法学》2020年第1期)

法律解释方法在指导性案例中的运用及其完善

孙光宁*

在中国法治进程不断深入的背景下，各种司法制度创新也层出不穷，案例指导制度就是其中之一。虽然并不像员额制、司法责任制那样与每一个法官直接相关，但是，案例指导制度也有着重要意义。例如，该制度被赋予的最大价值在于统一法律适用，这一点主要是依靠每个指导性案例中的“裁判要点”提供的直接规则来实现的。从指导性案例在裁判文书中被引用的现状来看，案例指导制度的实际效果并不理想。根据相关实证研究的结果，半数指导性案例从未被援引过，即使被援引的指导性案例在比例上也过低。[1] 造成这一情况的原因，除了指导性案例自身存在一定缺陷，还应当包括法官仍然不习惯于判例式的审判思维方式，对于参照指导性案例以及解释待决案件感到比较陌生。

针对以上原因，本文力图分析和揭示各种法律解释方法在已有指导性案例中的运用实践及其效果。所有指导性案例都经过了细致遴选，来源于司法实践的经典案件，蕴含着十分丰富的法律解释方法运用实践，甚至包括在法律规范比较模糊和缺失时的解释实践。对其进行分析能够使法官看到裁判结论的形成过程，更能够领会其中法律解释方法的运用，从而提升其业务素质和能力。这种素质和能力可以从更长远的角度保证司法裁判的质量，是案例指导制度能够发挥的间接价值。基于以上考虑，本文第一部分将首先分析具有优先地位的文义解释方法在指导性案例中的实践，关注其缺陷和不足之处。第二部分将分别考察其他几种主要法律解释方法在指导性案例中的运用，特别是运用之后产生的效果。在充分肯定指导性案例运用解释方法的基础上，第三部分针对其中的缺陷和不足提出相应的完善对策。

从 2010 年年底《关于案例指导工作的规定》开始，正式运行了七年多的案例指导制度

---

* 孙光宁，山东大学法学院（威海）教授、博士研究生导师。

〔1〕 郭叶、孙妹：《指导性案例应用大数据分析——最高人民法院指导性案例司法应用年度报告（2016）》，载《中国应用法学》2017 年第 4 期。

仍然处于初创阶段,2015年中出台的《〈关于案例指导工作的规定〉实施细则》已经从制度层面上进行了阶段性的总结和完善。要真正发挥指导性案例的实践价值,还需要技术层面上的相应提升。从案例指导制度的借鉴对象——先例制度的经验来看,外在制度的强制约束效果并不明显,通过研习案例中的解释方法和技术,反而是真正发挥案例作用的长久途径。从这个意义上说,案例指导的运行无须过分纠结于初创阶段中短期内的援引数量和比例,而更应当重视推动法官细致研习指导性案例,当然也包括其中法律解释方法的运用,这是一种授人以渔而非授人以鱼的进路。

一、文义解释在指导性案例中的普遍运用及其隐患

(一)"法律规定":文义解释普遍运用的集中表现

一般而言,大陆法系的法律解释方法主要包括文义解释、体系解释、历史(法意)解释、目的解释、合宪解释和社会学解释等。其中,文义解释方法的适用具有优先性,其他几种解释方法则合称为论理解释,在适用上并无绝对的位阶关系。[1] 英美法系司法实践的法条解释方法,主要包括字面解释规则、黄金规则和缺陷规则。[2] 其中字面解释规则与文义解释方法大致具有相同含义,都是强调从法律规范在一般语言文字中的通常含义中阐释其意义,减少对边缘和不常见意义的阐释。无论是从维护立法者权威,还是提高司法裁判效率来说,法官都应当首先使用文义解释方法来阐释法律规范的含义,并说明其与案件事实之间的关系。这一点对于指导性案例来说,同样适用。

在指导性案例中,文义解释方法的适用有多种表现形式。例如在正式文本中,各个指导性案例都专门设有"相关法条"这一体例结构,为形成裁判结论提供直接法律依据。更加突出的表现是在裁判要点和裁判理由中经常高频率出现"法律规定"这一关键词。法官在适用文义解释方法时,由于是从日常语言中的一般含义出发,无须过多阐释或者说明法律规范的含义,因此,在确定案件事实和引用法条之后,通常并不再进一步加深和扩展。从形式上看,似乎是法官并没有给法条作出任何解释。这种情况被学者称为"法治反对解释"的原则:法官对明确的法律条文必须无条件遵守,在解释中不能附加法官个人的意思。法官只能行使有限的创造权力,对法律文本已明确的含义,法官的解释就是认同。[3] 这一点与指导性案例对"法律规定"一词的适用形式是高度一致的:很多指导性案例的裁判理由在引

〔1〕 杨仁寿:《法学方法论》(第2版),中国政法大学出版社2012年版,第138页。

〔2〕 相关论述参见[英]赞德:《英国法:议会立法、法条解释、先例原则及法律改革》,江辉译,中国法制出版社2014年版,第212页以下。黄金规则是字面解释出现荒谬时寻求其他解释方法,缺陷规则也被称为目的解释方法,对立法的背景和原因进行充分考量。从这种范围界定可以看到,大陆法系的论理解释大致相当于英美法系中黄金规则与缺陷规则的总和。

〔3〕 陈金钊:《法治反对解释的原则》,载《法律科学》2007年第3期。

述“法律规定”(或者“法定”)之后,经常直接获得相应的解释结论,基本没有继续展开论述。从这个意义上说,文义解释的运用在指导性案例中一般表现为直接依据“法律规定”做出判断。[1] 截至2017年年底,最高人民法院共发布了17批共92个指导性案例,对所有这些指导性案例的文本进行统计后可以看到,“法律规定”一词共出现29次,由于指导性案例涉及多个部门法的众多关键术语,这一出现频次已经比较高了。

当然,除了直接表述为“法律规定”之外,文义解释在指导性案例中的适用表现还包括其简化用语——“法定”。除了直接援引相关法条作为依据之外,指导性案例的裁判理由中还经常提及与“法定”有关的关键词。对17批指导性案例进行统计之后可以看到,“法定”一词共出现131次,按照出现次数进行排列,比较靠前的关键词包括法定刑(35次)、法定代表(30次)、法定义务(8次)、法定程序(7次)、法定职责(6次)、法定条件(4次)、法定情形(4次)等。换言之,“法律规定”或者“法定”在每个指导性案例中平均出现1.74次。

指导性案例(尤其是其裁判理由部分)也普遍地遵守着文义解释的优先性,对能够直接阐述法律规范含义的状况,并不过多作出说明或者论证,也不涉及其他解释方法的使用。其背后的原因是多方面的。例如,借助立法者的权威,为裁判结果提供正当性修辞:现代法治国家中,立法者已经普遍被认为是主权的代表,其意志在民主社会中占据明显的强势地位,尤其是在大陆法系传统的国家中。“文义解释优先正是尊重议会或人民代表大会权威的体现。这一点是现代法治的基本要求。正是因为我们在探寻法治的实现途径,文义解释优先的原则才彰显出其存在的必要。”[2]从司法者自身的角度来说,直接援引法律能够减少法官个体判断所带来的风险,使其主观判断披上了法律的外衣,满足了形式合法性的底线要求。这一点对于法官保障有所欠缺的当下中国司法环境来说尤为明显:法官总是尽力减少甚至避免个人的判断,尽量寻求明确的法律规定作为裁判依据,对于任何可能产生歧义的法律规定都抱着怀疑和谨慎的态度,甚至“不敢越雷池一步”。

再如,指导性案例的裁判理由中强调“法律规定”,体现了对严格依法办事的重视和提倡。相比于其他多种多样的所谓司法创新制度,案例指导制度体现了司法活动的核心环节——审判,并意图对该核心环节有重要的推动作用。能够抵制(至少是忽视)各种法外因素,聚焦于司法的本职工作,这本身就具有一种“出淤泥而不染”的品质,在当前的审判工作中是特别值得推崇的。“最近20多年,我们看到的却是审判权持续弱化,审判权运行空间被不适当地压缩,人民法院缺乏应有的尊严,司法公正得不到应有的认可和维护:行政诉讼

[1] 直接表述“法律规定”包括:“当事人有权在法律规定的范围内自由处分自己的民事权益和诉讼权利”(指导性案例7号)、“该行为违反了《中华人民共和国道路交通安全法》等有关机动车管理的法律规定”(指导性案例19号)、“应当审查申请是否在法律规定的时效期间内提出”(指导性案例37号)、“违反了反不正当竞争法律规定和公认的商业道德”(指导性案例45号)、“根据法律规定,当事人对自己提出的诉讼请求所依据的事实有责任提供证据加以证明。”(指导性案例49号)、“宋某某主张对雷某某名下存款进行分割,符合法律规定,予以支持。”(指导性案例66号)、“该解释是萍乡市规划局在职权范围内作出的,符合法律规定和实际情况。”(指导性案例76号)等。

[2] 陈金钊:《文义解释:法律方法的优位选择》,载《文史哲》2005年第6期。

案件立案难、审理难、执行难；法院的民事判决经常得不到当事人自觉履行和有效执行；大量涉府执行案件执行不能、执行不力；针对法院的涉诉信访居高不下，法院疲于应对缠访、闹访、反复访、群体访；法院难以依法理直气壮地排除非法证据等。”[1]案例指导制度的出台能够在一定程度上推动司法公正的实现，具体表现就是在指导性案例中特别强调“法律规定”，进而使判决结果获得充分而坚实的论证，具备较强的说服力。在依法治国已经成为时代强音的背景下，依法办事得到了前所未有的强调，在司法领域中表现为对公正的孜孜追求。指导性案例在其正式文本总多次出现“法律规定”，就是对依法办事的具体体现。党的十九大报告中也指出：“社会矛盾和问题交织叠加，全面依法治国任务依然繁重，国家治理体系和治理能力有待加强。”要真正实现依法治国，就应当使依法办事成为常态。在司法领域中，就要自觉抵制法外因素的不当干扰，专门强调法律规范及其适用的普遍性、平等性。从法律方法的角度来说，也就是要尽量从法律规范的一般含义出发来解释法律规范与案件事实之间的关系。而且，文义解释对应着日常语言中的一般含义，更容易被社会公众所了解和认知，其在司法中的运用也更容易“让人民群众在每一个司法案件中感受到公平正义”，有利于树立和推进司法领域中依法办事的形象，更好地提升法治的权威性。

（二）文义解释普遍运用的隐患

虽然文义解释的优先性在学理研究和实务工作中都得到了充分肯定，但是，这并不意味着其在指导性案例中的普遍使用就应当获得全面肯定。从整体定位上来看，《关于案例指导工作的规定》第2条，指导性案例都是带有一定疑难色彩的案件。[2] 这些案件并非司法日常实践中经常遇到的普通案件，在多数情况下很难简单地直接运用文义解释完成确定判决结论的任务，而是经常需要借助于其他解释方法。如果文义解释方法占据着绝大多数指导性案例的裁判理由，那么，待决案件的法官就没有必要研习以及参照指导性案例了。从目前已有的指导性案例正式文本来看，径行适用“法律规定”而不做附带说明，表面上尊重了文义解释的优先性，但是在实质上却存在着不少隐患。

一方面，“法律规定”中的“法律”在范围上存在指向不明、甚至矛盾的因素，并没有在指导性案例的裁判理由中得到恰当的解释说明。现代司法的基本要求是依据确定的法律规范进行裁判，只有在少数特殊情况下才能够由法官进行补充。作为实践中的典型案件，指导性案例本应在这个方面做出表率，但是，实际情况并非如此。通过对已经发布的指导性案例中裁判理由部分进行分析可以看到，“法律规定”（包括“法定”）虽然经常出现，但是其

[1] 张文显：《全面推进法制改革，加快法治中国建设——十八届三中全会精神的法学解读》，载《法制与社会发展》2014年第1期。

[2] 《关于案例指导工作的规定》第2条规定：“本规定所称指导性案例，是指裁判已经发生法律效力，并符合以下条件的案例：（一）社会广泛关注的；（二）法律规定比较原则的；（三）具有典型性的；（四）疑难复杂或者新类型的；（五）其他具有指导作用的案例。”其中，（二）和（四）类型是特别难以单独依据文义解释确定裁判结果的。

范围却非常宽泛。其中的“法律”并非仅仅由立法机关所发布,而是广义的规范性文件。例如,在指导性案例中,一般法律、行政法规、地方性规章、司法解释等,都被援引作为法律依据。这种宽泛的“法律”范围本身就带来了一些不确定的因素,影响了“法律规定”的明确性。换言之,虽然借助了“法律规定”的表述,但是,其中“法律”的具体指向仍然有可能非常不明确。对“法律规定”所属的指导性案例进行细致分析(同时排除重复)之后可以看到,多数“法律规定”有比较明确的指向,但是仍有部分缺少明确的指向法条。具体情况请参见下列表格:

	直接表述“法律规定”的指导性案例编号	
	有明确指向的法条依据	无明确指向的法条依据
民商法指导性案例(含知识产权法案例)	19、23、24、33、45、50、66、72、75	49、82、83
刑法指导性案例	27、61	11、62
行政法指导性案例	5、77、90	69、76
国家赔偿指导性案例	—	43
执行类指导性案例	35、37	7

除了“法律规定”可能指向不明之外,如果在这些“法律规定”之间发生冲突,那么,这种冲突对司法实践会带来更加消极的影响。虽然有《立法法》能够处理部分规范性文件的冲突,但是,司法案件的复杂也远非单独依靠《立法法》就能处理。指导性案例中也有这样的例子:在指导性案例5号中,地方性法规和地方政府规章超越法律规定的权限设定了行政许可,行政机关以此为依据处罚了相对人。目前法院并没有享有严格意义上的司法审查权,而且原《行政诉讼法》又没有将抽象行政行为列入诉讼范围。在这种背景下,很多违法行政行为都以越权的抽象行政文件为依据,法官在处理这些具体行政行为的时候,必然面临如何对其依据进行评价的难题。指导性案例5号裁判理由的回答是:不予适用。这标志着参照规章中的“个案拒绝适用说”转向“普遍拒绝适用说”,即法院有权间接宣布行政规章无效,或者说,指导性案例5号扩大了法院在参照规章中的审查权。[1] 从这个意义上说,面对《立法法》缺失的直接规定,法官可以从该案例中获得一条解决类似案件的新思路。这也从侧面说明,裁判理由所依据的“法律规定”,在现实中还是非常复杂的,甚至需要多方论证才能够确定。但是,这种解释说明并没有在指导性案例5号的裁判理由中进行明确,对于冲突法律规范之间的矛盾并未提及解决方案,付诸阙如的论证虽然貌似强化了文义解释的优先性,却没有细致揭示裁判结果的形成方式。

单独使用文义解释方法,很难明确处理法律规范与案件事实之间的复杂关系。所有的

〔1〕 章剑生:《行政诉讼中规章的“不予适用”——基于最高人民法院第5号指导案例所作的分析》,载《浙江社会科学》2013年第2期。

“法律规定”都是对相关现象的抽象概括,在司法过程中与具体案件相结合时,必然存在抽象和具体之间的紧张关系。强调“法律规定”的文义解释能够产生说服效果的原因之一就在于其确定性,而以上紧张关系决定了不确定性的广泛存在。如前所述,“法律规定”在很多案件中并不明确,那么,实际的审判工作必然留给法官自由裁量的空间。特别是那些带有争议和疑难的案件,法官自由裁量的空间尤其明显,多数指导性案例都有这种特征。但是,由于法官并没有权力直接创造新规则,只能以现有的法律规范作为判决依据,将“法律规定”作为形式合法性的理由也就成为当然的选择。“律师和法官们并不喜欢被称赞为了不起的故事讲述者。他们竭力想使他们的法律故事尽可能不像故事,甚至与故事相反;事实的、逻辑上不证自明的、反对稀奇古怪的空想、尊重常规、似乎‘未经剪裁’的。”[1]但是,以上的论证思路仅是“基本法律神话”的一个版本,实际的司法过程并非如此清晰和明确,特别是带有疑难色彩的指导性案例。指导性案例中的“文义”,并不局限于法条自身,特别是在涉及存在法律漏洞的案件时,第2号、第7号、第15号、第23号、第29号、第33号、第59号和第67号等指导性案例已经充分说明了这一点。[2] “法律规定”仅表达了立法者或者法律文本自身的意志,而且这种意志在遭遇司法实践时经常表现出不明确或者不恰当,司法者不得不用这种有缺陷的“法律规定”作为裁判理由,其限度自然无法避免。如果单一的文义解释能够形成判决结果,那么,法官也无须耗费多余精力、冒着一定风险去适用其他解释方法。在运用论理解释诸多方法的过程中,法官并非按图索骥,遵循现成的法律解释方法适用顺序(当然,学术界也从未在这一问题上形成一致答案),而是有所侧重地选择某种解释方法,这种选择是由法官的业务素质和能力、具体的案情、涉案各方主体及其代理人,甚至整体法律架构和司法环境等多种因素共同作用的结果。虽然都是在名义上遵循着“法律规定”,但是,这种“法律规定”已经从纸面上走向现实中,其内涵和外延也都在司法程序中经历打磨和雕琢,才能最终成为判决书中的裁判理由。在案件事实与法律规范之间如此错综复杂的关系,即使在经过高度凝练和裁剪的指导性案例中,也并不能仅通过文义解释得到处理。

从以上分析可以看到,虽然文义解释强调明晰的“法律规定”,但是,法律规范自身及其与案件事实的复杂关系,都使指导性案例并不应当仅限于运用文义解释。否则,过度频繁使用文义解释,不仅会使指导性案例的裁判理由严重缺乏全面说理和论证,更会降低类似案件的法官研习以及参照指导性案例的积极性,进而影响案例指导制度的实际效果。质言之,所有的指导性案例都带有一定程度的疑难色彩,这一定位与适用于普通案件的文义解释方法之间存在“错位”关系。最高人民法院发布各个指导性案例并不是为了让法官了解

---

〔1〕［美］布鲁纳:《故事的形成:法律、文学、生活》,孙玫璐译,教育科学出版社2006年版,第37页。

〔2〕曹志勋:《论指导性案例的“参照”效力及其裁判技术——基于对已公布的42个民事指导性案例的实质分析》,载《比较法研究》2016年第6期。

普通案件及其文义解释的运用,而是为了展现多种解释方法在疑难案件中的运用,使后案法官领略和研习其中包含的司法经验和智慧。文义解释与普通案件的对位关系,不能简单照搬到对指导性案例的分析之中。否则将无法给后案法官带来智识上的扩展和提升,影响其参照适用指导性案例的积极性。从扩大和提升案例指导制度的实际效果来说,文义解释不应当成为指导性案例中主要体现的法律解释方法。虽然文义解释体现了依法办事的重视和提倡,但是,当法律规范与案件事实的涵摄或者联结发生问题时,文义解释自身是难以解决这样的难题的。案例指导就是专门针对此种问题所进行的制度设计,在指导性案例需要运用的多种解释方法中,文义解释最大的作用就是为其他解释方法的运用提供最大意义范围,也就是合法性的底线范围。这一点被学者形象地称为“文义射程”。要在这一范围中具体阐释和确定特定法律规范的含义,就需要综合运用其他法律解释方法,这一点在带有疑难色彩的指导性案例中表现得尤为明显。

二、论理解释在指导性案例中的运用及其效果

无论是大陆法系对成文法的推崇,还是英美法系中涉及法条解释,既有的法典或者法条都是司法者不能回避的裁判依据,也是最终判决结论的基本立足点。因此,文义解释或者字面解释都是首选的解释方法。如果文义解释是“就法论法”,那么,论理解释就是“法外求法”,是从法律规范之外的诸多因素出发,对案件事实所涉及的法条进行解释。在绝大多数普通案件中,法官直接运用文义解释就可以形成比较稳妥的结论,但是,在需要超越法律进行思考和裁判的案件中,文义解释并不能为案件提供优质答案。这一点在英美法系需要推翻先例时表现得尤为明显,在大陆法系的创新性判例中也是如此。虽然最高人民法院一再强调指导性案例并非先例或者判例,但是,众多指导性案例中所包含的创新规则因素,已经不可否认,甚至可以说是指导性案例的应有之义。否则,仅以裁判要点的方式提供抽象规则,这样的指导性案例与原有的司法解释,不仅神似而且形似,指导性案例也就失去了存在的制度价值。而大量引入论理解释,能够展示指导性案例的创新之处,为各级法官提供研习的样本和素材,也能够提升法官运用法律解释方法的能力和水平。质言之,论理解释才是指导性案例运用法律解释方法的重点,而众多指导性案例也已经展现了这一点。

(一)目的解释的运用及其效果

目的解释是从法律规范的目的出发,阐释模糊或者冲突规范的含义。目的解释的重要性已经受到了普遍肯定。在带有疑难色彩的案件中,法律规范所使用的语言文字,在结合其目的时能够得到更好的解释说明。“对法律解释适用这样一点:规范文本应当表达规范目的。法律规范的语言文本是一种运载工具,立法者借此公开他们所追求的规范目

的。……文本具有实现目的的服务功能。对法律解释而言,它是首要的辅助工具。"[1]即使在以罪刑法定原则来强调文义解释的刑法领域中,这一点也没有改变。德国刑法学者甚至认为:"解释方法之桂冠当属于目的论之解释方法,因为只有目的论的解释方法直接追求所有解释之本来目的,寻找出目的观点和价值观点,从中最终得出有约束力的重要的法律意思;而从根本上讲,其他的解释方法只不过是人们接近法律意思的特殊途径。"[2]据此,目的解释被提升到与文义解释同等,甚至更重要的位置上。

虽然学术探讨可以对特定法律规范的目的进行多角度深层次的挖掘,但是,对于处理具体案件来说,目的解释方法的运用却需要特定的"外在"依据获得明确,大致相当于对法律规范进行"客观目的探究"。[3] 这种外在依据也有利于限制法官滥用目的解释,毕竟对目的的解读带有强烈的主观色彩。对主审法官来说,进行目的解释时获得外在依据的最主要和最直接途径,是以成文法为代表的规范性文件。

在指导性案例中已经出现了相应的实践,指导性案例3号和11号论述了相应的法条目的;6号、8号则借助了法典目的形成判决。这两种目的都是在法典之中直接表述的。指导性案例4号和12号虽然没有直接引用法典,但是,这两个案例在裁判理由中的表述,与最高人民法院关于宽严相济刑事政策的司法文件高度类似,其实质也是以司法政策作为目的解释的依据。[4] 这些指导性案例在裁判理由部分虽然没有直接出现目的解释的字样,但是,在特定的法律规则并没有依据文义解释直接获得裁判结论的情况下,基于立法目的或者司法政策,阐释了涉案规则或者概念的内涵与外延,从而有效解决了争议问题。此外,还有一些其他指导性案例借助于法典中对于法律原则的直接规定,也达到了进行目的解释的效果。例如,在指导性案例2号中,法官在裁判理由中确认被告的行为"违背了双方约定和诚实信用原则",最高人民法院也认为:"该指导案例的发布……向当事人和社会宣传了合约应当自觉遵守和忠实履行的重要意义,有利于倡导自觉守法、诚实信用的良好社会风尚。"[5]这里,诚信原则就成为法官确定裁判结果所追求的目的之一,而诚信原则已经被各种民事法律所直接规定。再如,指导性案例64号的裁判理由认为:"电信业务的经营者作为提供电信服务合同格式条款的一方,应当遵循公平原则确定与电信用户的权利义务内容。"指导性案例72号的裁判理由认为:"尊重当事人嗣后形成的变更法律关系性质的一致意思表示,是贯彻合同自由原则的题中应有之意。"这些裁判理由都直接援引已经被法典直

---

〔1〕 [德]魏德士:《法理学》,丁晓春、吴越译,法律出版社2003年版,第322页。

〔2〕 [德]汉斯·海因里希·耶塞克、托马斯·魏根特:《德国刑法教科书》,徐久生译,中国法制出版社2001年版,第193页。

〔3〕 郑永流:《法律方法论阶梯》(第3版),北京大学出版社2015年版,第149页。

〔4〕 孙光宁:《目的解释方法在指导性案例中的适用方式——从最高人民法院指导性案例13号切入》,载《政治与法律》2014年第8期。

〔5〕 最高人民法院案例指导工作办公室:《指导案例2号〈吴梅诉四川省眉山西城纸业有限公司买卖合同纠纷案〉的理解与参照》,载《人民司法》2012年第7期。

接规定的法律原则作为目的解释的外在依据,能够发挥提升裁判结论说服力的效果。

特别需要指出的是,以上规范性文件中的立法目的、司法政策和法律原则,都是具体指导性案例在对其裁判结果进行论证时所使用的,而最高人民法院还通过一种特殊的方式直接表明了将特定案件遴选为指导性案例所追求的目的,其名称是《最高人民法院发布第X批指导性案例的指导意义》。[1] 这些文件用“旨在”的表述,对每一个指导性案例的遴选目的进行了精确的概括。对于意图适用目的解释的各级法官来说,不仅需要了解目的解释在每一个指导性案例中的运用方式,更要领会最高人民法院遴选该指导性案例的目的,因为后者能够有效支持法官在出现类似案件时更有把握参照指导性案例。

既然目的解释借助于规范性文件中的各种直接规定在指导性案例中大行其道,那么,后续的问题是:运用目的解释实现了何种效果。从宏观的角度来分析,目的解释的运用是加强了裁判结果的论证。从法律方法论运行的微观角度来说,目的解释的运用对特定指导性案例中的核心概念进行了扩张或者限缩。[2]

“法律文义所涵盖之案型,有时衡诸该规定之立法意旨,显然过狭,以致不能贯彻该规范的意旨,是故,显有越过该规定之文义的必要,以将其适用范围扩张至该文义原不包括的类型。……学说上称为‘目的性之扩张’。”[3]目的性扩张是运用目的解释之后形成的效果,在指导性案例中有不少表现。例如,指导性案例23号在界定“消费者”概念时,减少了对主观状态要件的要求。[4] 其裁判理由实际上扩大了这一概念的范围,使所谓“知假买假”的群体也被纳入消费者概念之中,满足了《消费者权益保护法》对消费者进行倾向性保护的目的。指导性案例29号则将“具有广泛社会认知的企业简称”纳入企业名称的概念之中,以更加宽泛的方式实现了保障公平竞争的法典目的。[5] 指导性案例40号则扩大了工伤认定中“工作场所”范围,也体现了保护劳动者的立法目的。[6] 与目的性扩张相反,目的

---

〔1〕 这些文件被集中收录在最高人民法院案例指导工作办公室编著的《中国案例指导》丛书中。参见胡云腾主编:《中国案例指导》(总第1辑),法律出版社2015年版,第11、85、153页;颜茂昆主编:《中国案例指导》(总第2辑),法律出版社2015年版,第11、97、184、243页等。

〔2〕 需要说明的是,传统法律方法论将目的性扩张和目的性限缩都作为漏洞补充的具体方式。但是,漏洞补充的很多具体方法与其他法律方法交叉过多,更应被理解为适用法律方法的一种情况,而非一种独立的法律方法。参见孙光宁:《漏洞补充的理论定位——法律方法论的视角》,载陈金钊、谢晖主编:《法律方法》(第10卷),山东人民出版社2010年版,第157页。因此,目的性扩张和目的性限缩与目的解释方法的关系更为密切,故将此二者引入目的解释的探讨和分析。

〔3〕 黄茂荣:《法学方法与现代民法》,中国政法大学出版社2001年版,第400~401页。

〔4〕 指导性案例23号裁判理由认为:“只要在市场交易中购买、使用商品或者接受服务是为了个人、家庭生活需要,而不是为了生产经营活动或者职业活动需要的,就应当认定为‘为生活消费需要’的消费者,……法律并未对消费者的主观购物动机作出限制性规定。”

〔5〕 指导性案例29号裁判要点1为:“对于企业长期、广泛对外使用,具有一定市场知名度、为相关公众所知悉,已实际具有商号作用的企业名称简称,可以视为企业名称予以保护。”详细分析,参见李友根:《论企业名称的竞争法保护——最高人民法院第29号指导案例研究》,载《中国法学》2015年第4期。

〔6〕 指导性案例40号的裁判理由认为:“‘工作场所’,是指与职工工作职责相关的场所,在有多个工作场所的情形下,还应包括职工来往于多个工作场所之间的合理区域。”

性限缩则缩小了特定概念的范围。例如,在指导性案例21号中,面对适用既有规定可能带来不正义、违反法律目的的情况,法官对特定规范的范围进行了限缩,实现了目的性限缩的效果。[1] 指导性案例33号对《合同法》第59条、指导性案例37号对《民事诉讼法》第239条、指导性案例53号对《物权法》第219条、指导性案例67号对《合同法》第167条也都进行了限缩性解释,分别对应着法条所追求的目的。[2] 无论是目的性扩张还是目的性限缩,并没有完全突破或者超越法律规范的文义射程,虽然某些解释结果处于规范文义的边缘地带。目的解释在指导性案例中的运用效果是,在突出法律目的的基础上,对部分法律规则的含义进行创造性的推演或者明确,甚至在特定情况下创造了新的规则。

(二)体系解释的运用及其效果

体系(系统)解释方法是将法律概念或者规范放置于整个法律体系的背景之下,结合上下文以及法律规范与相应其他规范之间的关系,对其含义作出说明。与目的解释相比,体系解释的依据是法律规则与其他规范之间的关系,而不是主观性、灵活性更强的法律目的,因此,体系解释更接近于文义解释,也备受司法实务工作者的重视。体系解释的出发点和预设前提是法律体系作为一个统一系统的内部协调性。“系统性论据居于法律学说的核心。因此,在解释某一制定法条款时,我们必须关注那些为理解这一条款而作出贡献的其他条款。”[3]即使在法律规范之间存在不一致或者冲突的情况,司法者依然可以通过法律规范之间的总体指向来选择解释法律规范的结论。从这个意义上说,《立法法》中所确立的解决规范冲突的规则,实质上就是体系解释的经验总结和具体体现。

在指导性案例中,体系解释也存在不少运用的情况。例如,指导性案例20号涉及专利权申请临时保护期内侵权行为的处理问题,该案裁判理由认为:“对于侵犯专利权行为的认定,应当全面综合考虑专利法的相关规定。”这就是直接对相关法条进行体系解释的直接表述,而该案运用体系解释的结果,则确认了法律漏洞的存在。最高人民法院对该案的解读也认为:“我国专利法对此没有明确具体的规定,最高人民法院在综合考虑专利法相关规定的基础上使用体系解释的方法在该案判决中解释出如下裁判规则……”[4]这一论述直接表明了体系解释的运用。类似的情况也存在于指导性案例21号中,法官在经过了对诸多涉案

---

〔1〕 黄锴:《“目的性限缩”在行政审判中的适用规则——基于最高人民法院指导案例21号的分析》,载《华东政法大学学报》2014年第6期。

〔2〕 参见曹志勋:《论指导性案例的“参照”效力及其裁判技术——基于对已公布的42个民事指导性案例的实质分析》,载《比较法研究》2016年第6期。

〔3〕 [瑞典]亚历山大·佩岑尼克:《法律科学:作为法律知识和法律渊源的法律学说》,桂晓伟译,武汉大学出版社2009年版,第31页。

〔4〕 最高人民法院案例指导工作办公室:《指导案例20号〈深圳市斯瑞曼精细化工有限公司诉深圳市坑梓自来水有限公司、深圳市康泰蓝水处理设备有限公司侵害发明专利权纠纷案〉的理解与参照——专利临时保护期内实施发明所得产品的后续使用不侵害专利权》,载《中国法律评论》2014年第1期。

法律文件的检索和审查之后，认为存在涉案行为并没有直接被明确调整，进而根据了立法目的作出了裁判结果。[1] 从以上的例证中可以看到，体系解释运用之后的效果之一，是发现相关法律对案件的核心问题并没有明确规定，或者即使有规定也非常模糊。这是存在法律漏洞的典型情况。

当然，体系解释在指导性案例中的运用结果，并非都是发现法律漏洞，也存在相反的情况。例如，指导性案例 8 号处理了公司僵局问题，其裁判理由部分针对《最高人民法院关于适用〈中华人民共和国公司法〉若干问题的规定（二）》（以下简称公司法解释（二））第 1 条的规定，分别从股东会、董事会和监事等方面进行论述，确认本案案情符合“公司经营管理发生严重困难”的情况；同时确认本案案情也符合《公司法解释（二）》第 5 条的规定，最终判决公司解散。[2] 可以说，指导性案例 8 号的裁判理由实质上是逐条梳理了《公司法解释（二）》的相关规定，运用体系解释方法形成了裁判结论。类似的情况也出现在指导性案例 27 号中，该案全面对比了《刑法》第 264 条、第 266 条和第 287 条的规定，并结合了部分比较刑法理论，细致区分了在网络环境中的盗窃罪与诈骗罪，对司法实务处理相关问题发挥了很好的参考提示作用。[3] 此外，指导性案例 61 号则以立法技术的名义，否定了法律漏洞的存在，并结合立法目的和法条文义形成了裁判结论。[4] 此类案件在运用体系解释之后，并没有确认法律漏洞的存在，而是对相关法律规范的相互关系进行了确认，进而形成裁判结果。

从以上分析可以看到，确认法律漏洞的存在和确定法律规范的含义，是指导性案例运用体系解释方法之后的两种基本效果。从数量和频率上来看，前一种效果占据明显优势，其原因仍然源于指导性案例创制规则的整体定位。在直接运用文义解释没有获得裁判结论时，法官需要对涉案的所有法律规范进行全面比较和分析，其结果分为肯定和否定两种。其一，如果此种分析能够形成肯定的结论，那么，基于相关法律规范就能够明确法律规范的含义。这是在普通案件中运用体系解释之后的通常情况，也即前述第二种效果。其二，如果比较和分析的结果并没有形成正面结论，反而确定了法律漏洞的存在，那么，后续的工作

---

〔1〕 指导性案例 21 号涉及的规范性文件主要包括：国务院《关于解决城市低收入家庭住房困难的若干意见》第 16 条、建设部等七部委《经济适用住房管理办法》第 8 条、《人民防空工程建设管理规定》第 48 条、《人民防空法》第 22 条、第 48 条。该指导性案例的裁判理由认为：“上述关于经济适用住房等保障性住房建设项目免收各种行政事业性收费的规定，虽然没有明确其调整对象，但从立法本意来看，其指向的对象应是合法建设行为。”详细分析，参见最高人民法院案例指导工作办公室：《〈内蒙古秋实房地产开发有限责任公司诉呼和浩特市人民防空办公室人防行政征收案〉的理解与参照》，载《人民司法》2014 年第 6 期。

〔2〕 《公司法解释（二）》第 5 条规定：“当事人不能协商一致使公司存续的，人民法院应当及时判决。”

〔3〕 最高人民法院案例指导工作办公室：《〈臧进泉等盗窃、诈骗案〉的理解与参照——利用信息网络进行盗窃与诈骗的区分》，载《人民司法》2015 年第 12 期。

〔4〕 指导性案例 61 号的裁判理由认为：“援引法定刑是指对某一犯罪并不规定独立的法定刑，而是援引其他犯罪的法定刑作为该犯罪的法定刑。刑法第一百八十条第四款援引法定刑的目的是避免法条文字表述重复，并不属于法律规定不明确的情形。”这里引述“避免法条文字表述重复”的立法技术，实质上就是基于对整个刑法文字表述体系的理解作出的体系解释。

则需要结合目的解释等其他方法进行实体上的补充和完善,也即前述第一种效果。而大多数指导性案例都带有疑难色彩,并非司法实践中普通的典型案例,当然也大量包括补充法律漏洞的情况。这一定位决定了其运用体系解释后形成的第一种效果明显多于第二种。质言之,在创制规则方面,体系解释经常成为指导性案例运用其他解释方法的必经阶段,而此后解释方法的运用更具有实体的决定意义。

(三)历史解释的运用及其效果

对于历史解释(法意解释),法律方法论研究中对确定其依据存在不同观点,一部分学者将其认定为是立法者在制定法律规范时追求的目的,另一部分学者则将其界定为法律规范自身的客观目的。这两种观点分别被称为主观解释论和客观解释论,也都存在各自的缺陷。对前者来说,通过"移情"的方式探寻立法者原意,在终极意义上无法彻底实现;后者又容易与目的解释过度混淆。[1] 无论何种界定,对于历史解释在司法过程中的具体操作来说,对历史沿革的各种立法资料进行汇总分析,是获得解释结果的主要方式。目前几乎每个国家都有《法律解释法》(Interpretation Act),其中的基本内容之一就是有关法律解释的基本规则。[2] 例如,《澳大利亚法律解释法》对引入外部资料解释法条,在15AB条中有着专门的规定,很多内容都涉及借助于法案通过之前的诸多材料进行历史解释。[3] 如果目的解释和体系解释主要是一种共时性分析,那么,历史解释则通过历时性探究来获得对法律规范含义的解读。

对于司法过程来说,裁判结果的形成都是要基于现行有效的法律规范,这成为历史解释直接进入裁判理由的巨大障碍,指导性案例也不例外。在目前所有指导性案例的裁判要点和裁判理由部分,在涉及对特定法律规范进行解释时,几乎没有对相关历史上各种立法资料进行引述的表现。造成历史解释"缺位"的具体原因可以从很多方面分析,例如立法资料难以全面获取;法官也不擅长或者没有精力搜索立法资料;立法资料没有被官方承认为正式法律渊源,在裁判文书中引述立法资料容易引起争议。从这个意义上说,仍然处于初创阶段的案例指导制度,对历史解释采取比较保守的态度也是可以理解的。历史解释强调分析立法资料,其目的是获知立法者在制定规范时的意志或者意图,进而基于这一意图确定现行规范的含义。

但是,这并不意味着历史解释在指导性案例中没有任何体现,最高人民法院将以往公报案例重新整理发布为指导性案例,就是历史解释方法运用的典型代表。形成这一结论的前提条件是将最高人民法院视为实质意义上的立法者。从比较视野的角度来说,其他国家

---

〔1〕 参见陈金钊等:《法律方法论研究》,山东人民出版社2010年版,第344~348页。

〔2〕 [美]赛德曼等:《立法学:理论与实践》,刘国福等译,中国经济出版社2008年版,第381~382页。

〔3〕 《澳大利亚法律解释法》,宁敏译,载梁慧星主编:《民商法论丛》(第11卷),法律出版社1999年版,第756~757页。

的判例制度中,最高司法机关都经常在实质意义上进行着"造法"的工作,这一工作的主要形式就是这些最高司法机关所作出的判例。换言之,作为实质意义上的立法者,最高司法机关进行立法或者造法的外在表现形式就是判例。这一点也被案例指导制度所借鉴和遵循,各种指导性案例中也包含着非常多的造法性因素,有学者将其称之为"造法型"指导性案例。[1] 对于最高人民法院的实质立法者身份,更加突出地表现在具有"准立法"性质的司法解释制度中。

从前述介绍可以看到,历史解释的具体操作方法是搜集原初立法阶段中的各种资料,而其精神内核则是探寻立法者一以贯之的稳定意旨。将公报案例重新发布为指导性案例,在这两个方面都符合历史解释的特点。一方面,最高人民法院对原来的公报案例进行了整理,但并非简单重复,而是将公报案例视为既有资料进行了重新编辑,形成了具有造法性质、同时兼具正式效力的新文本。但是,其他国家的判例制度中,最高司法机关的所有判决都直接成为既成判例,而案例指导制度却需要一个单独的发布程序,并且由最高人民法院完全垄断。这也是案例指导制度与判例制度在形式上的重大区别。实际上,绝大多数已有的指导性案例,都曾经被最高人民法院以不同形式发表过,更重要的是,根据《关于案例指导工作的规定》第9条,曾经刊登在《最高人民法院公报》上的案例,经过整理和筛选之后,也可以作为指导性案例发布。最高人民法院在发布第九批和第十批指导性案例的通知中,专门明确了这些指导性案例都是经过清理和编纂的原公报案例。

另外,将公报案例重新发布为指导性案例,能够突出最高人民法院对特定法律问题比较一以贯之的稳定态度。从表面上看,将公报案例再次发布为指导性案例,似乎有重复之嫌。但是,如果将最高人民法院视为公报案例和指导性案例的立法者,那么,以上重复发布则是一种对历史沿革中原有立法资料的重视,实质上正是历史解释的隐性运用。虽然这种运用并没有在某个具体指导性案例中得到直接体现,但是,却能够产生特殊的强调效果:最高人民法院在处理审判领域中的某些疑难问题时,从最初的公报案例到现今的指导性案例,其态度不仅没有改变,而且更加强调。相应地,地方各级法官在处理类似案件时,更应当参照最高人民法院的这种态度和意图。这也是指导性案例中运用历史解释方法所实现的效果。

例如,指导性案例38号为田某诉北京科技大学拒绝颁发毕业证、学位证案,刊登于《最高人民法院公报》1999年第4期。该案在当时引起了相当关注,成为国内经典行政诉讼案例之一。最高人民法院将该公报案例重新编纂为指导性案例,强调的核心内容至少有两个方面。其一,高校能够成为行政诉讼被告。在田某案发生的时候,行政诉讼被告的范围被基本限制在行政机关之中,高校能够成为行政诉讼的被告,对当时这种比较保守的范围界定是一个重大冲击,这也是该案能够引起社会广泛关注的一个主要原因。时至今日,很多

---

〔1〕 资琳:《指导性案例同质化处理的困境及突破》,载《法学》2017年第1期。

法院仍然以高校不能成为行政诉讼被告为由拒绝受理案件。将田某案确定为指导性案例，是对历史上特定资料的重新强调，是再次确认高校能够成为行政诉讼的被告，在实质意义上扩大了行政诉讼的受案范围，并且这种强调会借助于指导性案例"应当参照"的正式效力，转化为各级法院的具体实践。其二，正当程序原则的适用。对于田某案，最高人民法院在编辑裁判理由的措辞使用上发生了明显的变化。该案基本事实之一是，对于退学决定，被告没有直接向原告本人宣布和送达，并且允许原告提出申辩意见。对此，《最高人民法院公报》在重述裁判理由时表述为："忽视当事人的申辩权利，这样的行政管理行为不具有合法性。"[1]虽然当时专门整理此案裁判文书的公报编辑并没有了解和熟悉正当程序原则，但是，朴素的程序正义观念却支撑了这个没有直接法条依据的结论。面对同样的案件事实，指导性案例38号的裁判理由则表述为"为充分保障当事人权益，从正当程序原则出发，被告应将此决定向当事人送达、宣布，允许当事人提出申辩意见"。这里直接引述的"正当程序原则"是形成裁判结论的基本依据，却没有在判决书原文或者公报案例原文中出现。这种重复表述实质上是对历史上曾经出现至今仍有影响的案例再次强调，最终的效果是提醒各级法院在处理类似案件(尤其是行政诉讼)时进行参照。

(四)综合运用解释方法的两种融贯效果

除了以上几种基础的解释方法之外，指导性案例中可以分析出其他解释方法的运用。例如通过预测社会效果来反推裁判结论的社会学解释方法，在指导性案例4号和12号的裁判理由中以"维护社会秩序、化解社会矛盾"的措辞得以表现。通过对现有的指导性案例进行梳理之后可以看到，以上几种主要的法律解释方法在指导性案例中的适用还是非常广泛的。基本情况请参见如下表格：

法律解释方法	适用的主要指导性案例编号
目的解释方法	2、3、4、6、11、12、13、23、29、33、37、40、53、59、61、64、67、70、72、75、85、89
体系解释方法	8、10、15、18、20、21、24、27、32、35、58、60、63、68、81、87
历史解释方法	38、39、40、41、42、43、44、45、46、47、48、49、50、51、52

需要说明的是，某一个指导性案例可能适用了多个法律解释方法，例如指导性案例61号的裁判理由中就专门列出了"刑法的立法目的""法条的文意""援引法定刑的立法技术"，这三方面主要对应着目的解释、文义解释和体系解释方法。以上表格中只能列出特定指导性案例首要适用的解释方法。从以上几种主要法律解释方法的运用来看，裁判理由都借助于这些解释方法而得到了充分展示和说明，而且各种解释方法之间相互配合和支持，形成了两个层面上的融贯效果。

[1] 《最高人民法院公报》1999年第4期。

特定命题之间的融贯性(融贯关系、融贯效果)具有以下一些主要特征:(1)它在逻辑上是一致的;(2)它阐明了一种高度的或然性的一致性;(3)它阐明了很多在信念体系各组成部分之间的相对较强的推论性联系;(4)它是相对统一的,比如说,它没有分裂为相对没有联系的子系统;(5)它几乎没有包含无法解释的异常现象;(6)它提出了一种相对稳定的,到最后仍然是融贯的世界观;(7)它满足了观察的需要,这意味着它必须包含把一种高度的可靠性归因于数量合理的认识上自发信念的法律。[1] 简言之,具有融贯性的命题之间不仅不存在矛盾之处,而且能够通过相互支持和配合,加强对某一结论的论证效果。对于指导性案例运用诸多法律解释方法来说,我们可以发现这种运用形成了两个层面上的融贯效果:一种是个案层面上的,另一种则是类似指导性案例之间的,也即超个案层面的。

就个案层面上解释方法的融贯效果来说,指导性案例的裁判理由往往不限于使用某一特定的解释方法,而是综合运用了多种解释方法。例如,前文分析体系解释时提及的指导性案例 61 号,就使用了体系解释、目的解释和文义解释方法。同样使用这三种解释方法的还有指导性案例 32 号,其效果也是形成了融贯的解释论证系统。[2] 类似的情况也发生在指导性案例 18 号之中。[3] 造成这一效果的原因仍然在于指导性案例的疑难色彩:在依靠文义解释无法明确裁判结果的前提下,各种论理解释方法之间并无绝对的适用顺位,法官尽量使用多种解释方法,并依靠其共同指向的解释结论来加强说理和论证。

就超个案层面上解释方法的融贯效果来说,主要指的是一些比较类似的指导性案例之间存在共同的宏观指向。例如,指导性案例 4 号和 12 号在罪过情节、审判经过和裁判结果上都高度相似,其裁判理由中都涉及“化解社会矛盾”的指向。指导性案例 38 和 39 号针对的都是高等学校拒绝颁发学位证书或不授予学位决定的可诉性问题,加上指导性案例 22 号,这三个案例都指向了扩大行政诉讼受案范围的宏观结论,都属于在 2014 年《行政诉讼法》修改之前在司法实践中进行的政策性探索。[4] 此外,除了指导性案例 38 号直接论及正当程序之外,强调及时处理信息公开申请的指导性案例 26 号,以及强调具体行政行为应有明确法条依据的指导性案例 41 号,都属于以行政正当程序为归属的案件。相比于个案层面上解释方法之间的融贯效果,这些具有共同指向的指导性案例之间存在较弱的融贯效果。但是,其背后蕴含着最高人民法院希望地方法院予以参照的深层扩展效果,其影响力也更为长远。对于地方法院的法官来说,研习指导性案例不仅需要了解个案层面上诸多解释方法的运用技术,更要领会最高人民法院推崇的宏观指向,这样就能够在微观和宏观两个层

〔1〕 [瑞典]亚历山大·佩岑尼克:《法律科学:作为法律知识和法律渊源的法律学说》,桂晓伟译,武汉大学出版社 2009 年版,第 208 页。

〔2〕 宋保振:《法律解释方法的融贯运作及其规则——以最高院“指导案例 32 号”为切入点》,载《法律科学》2016 年第 3 期。

〔3〕 孙光宁:《末位淘汰的司法应对——以指导性案例 18 号为分析对象》,载《法学家》2014 年第 4 期。

〔4〕 王天华:《案例指导制度的行政法意义》,载《清华法学》2016 年第 4 期。

面上提升审判能力和素质。

三、法律解释方法在指导性案例中运用的完善方向

虽然指导性案例运用多种法律解释方法已经有了比较丰富的实践,但是,这并不意味着这种实践非常成功。从指导性案例被裁判文书直接参照的比例来看,整体参照率极低且所涉及的地域和法院层级都非常有限,原因之一就是指导性案例难以成为进行说理论证的实质理由。[1] 法律解释方法的运用水平是衡量指导性案例进行裁判说理的基础性因素之一,丰富全面、细致深入地运用各种解释方法,有利于提高指导性案例被认可以及被参照的概率,有利于发挥案例指导的制度效果。结合前述解释方法的运用实践,指导性案例需要继续完善的方向大致包括以下几个方面。

第一,降低或者淡化文义解释的运用比例,扩大论理解释的运用比例,强化指导性案例的造法功能。前文中已经提及,指导性案例应当是带有一定疑难色彩的案件,能够为各级法院提供审判疑难案件的思路或者结论。《关于案例指导工作的规定》第2条将指导性案例分为5类,还有学者列出了影响性案例、细致型案例、典型性案例、疑难型案例和新类型案例,无论何种案例都应当以创制规则为中心,否则只是具有示范意义而没有指导意义。[2] 例如,刑事指导性案例在裁判要旨方面缺乏指导性的主要表现有:(1)重复已有的司法解释;(2)案件并非实务中的疑难案件;(3)没有提出实质性的法律适用结论;(4)裁判结论及其论证有待商榷。[3] 要进行规则创制,就意味着单纯依靠文义解释无法形成最优答案,需要运用多种论理解释方法来完成证成裁判结论的任务。当然,这并不意味着文义解释应当被架空。本文第一部分已经论及,对于以“法律规定”的形式表现出来的文义解释,裁判理由应当细致说明相关法条依据,不能过于笼统和含混,对于其他论理解释也是如此。在这个方面,无论是案例的遴选,还是裁判要点和裁判理由的概括,都不尽如人意。其原因,一方面在于目前裁判文书说理仍然不够细致充分,造成了遴选中的困难;另一方面,最高人民法院在确定以及编纂指导性案例时,过于注重裁判结论以及由此而形成的裁判要点,相应地就忽视了解释和论证的工作,是授人以“鱼”而非授人以“渔”。虽然前文中分析了若干论理解释运用的实践,但是,裁判理由中的相关表述多是一笔带过或者语焉不详,各级法官除了获得一些略显突兀的结论之外,难以获知结论中解释方法的运用情况。对此,最高人民法院应当重视指导性案例文本的编纂问题,对其中涉及论理解释的情况,加强对其进行详细论述的自觉性,不仅在表述内容上更加丰富,还要有意识地突出特定解释方法的运用,甚

---

[1] 向力:《从鲜见参照到常规参照——基于指导性案例参照情况的实证分析》,载《法商研究》2016年第5期。
[2] 陈兴良:《案例指导制度的规范考察》,载《法学评论》2012年第3期。
[3] 林维:《刑事案例指导制度:价值、困境与完善》,载《中外法学》2013年第3期。

至不排除在裁判要点中专门强调。

第二,对比多种解释结论之间的差异,并细致说明取舍理由。前文提及,多种解释方法的运用形成了两个层面上的融贯效果,有助于形成个案结论以及类似个案的共同指向。但是,这并不意味着多种解释方法的运用总是能够获得融贯效果。从法律解释方法的体系角度来说,不同解释方法都是从司法实践总结概括出来,都是分析和解读法律规范的特殊视角,相互之间并无绝对正误之分,这也决定了论理解释方法之间无法有固定适用顺位。运用不同的解释方法,很可能会形成不同解释结论,在指导性案例裁判理由中的表现可以分为两类:(1)法官回应律师意见。法律解释方法具有工具属性,可以被所有法律职业群体使用。律师提出的意见,也是运用解释方法之后形成的结论。如果与法官意见产生偏差,那么,法官应当对此有所回应,指导性案例也应当在裁判理由部分有所表述。新修订的《刑事诉讼法》以及2016年出台的《关于深化律师制度改革的意见》都强调了庭审中律师意见的重要性,而且《〈关于案例指导工作的规定〉实施细则》第11条也规定了法官应当对律师关于参照相应指导性案例的意见有所回应。指导性案例3号、11号、13号、27号和63号,都在裁判理由中对辩护意见有所回应,是十分值得肯定的。但是,大多数裁判理由部分都没有如此。出于自身职业伦理,当事人的律师必然会提出指向不同结果的意见。法官应当有效回应这些意见,这也是推动审判中心主义的重要表现。指导性案例应当在这个方面成为表率,应当细致介绍法官对律师意见是否采纳的理由。(2)上级法院改变原审结果。在已有的指导性案例中,有近1/3的比例涉及改变原审结果的情况。在面对同样的法律规范时,不同解释结论的背后是多种解释方法的运用。但是,在指导性案例的裁判理由部分,最高人民法院只是提及了审理的最终结果和理由,对于原有的裁判结论并没有做任何评价与说明。这种行文方式固然是指导性案例的编写体例之一,[1]但是,也丧失了比较解释方法运用的机会。对于主审案件的法官来说,其裁判结论被上级法院修改,毕竟是一种比较消极的评价。如果能够细致比较不同审级中多种解释方法的运用,能够使下级法官更准确地理解上级法院所确定的解释结论,更能够使原初裁判结果获得肯定评价。其间接效果则是下级法官更有动力去研习指导性案例。已经有学界呼吁将合议庭中的法官不同意见写入判决书,[2]虽然目前全面实施的时机尚未成熟,但是,不同审级法院之间的差异意见,还是能够纳入终审判决理由之中的。这样也可以使后案下级法院明确相应解释方法的运用及其结论。总结以上两类情况,多种解释方法在指导性案例中的运用是"融贯有余,交锋不足",相应的完善措施是在裁判理由部分细致分析和全面评价不同解释结论之间的差异,帮助后案法官明晰案件的整体过程和结果。

第三,在具有共同宏观指向的指导性案例之间,强化其解释方法运用的共同目标。除

---

〔1〕 胡云腾、吴光侠:《〈关于编写报送指导性案例体例的意见〉的理解与适用》,载《人民司法》2012年第9期。

〔2〕 张泽涛:《判决书公布少数意见之利弊及其规范》,载《中国法学》2006年第2期。

了个案层面上的融贯之外,同类相关的指导性案例之间也会在解释目标上相互融贯。例如,指导性案例18号和40号同属劳动法案件,前者确认末位淘汰不能成为用人单位单方解聘的理由,后者则确认职工在本职工作中的过失,不影响其工伤认定。以上案件的核心问题,都没有在劳动法律法规中直接规定,属于法律空白或者漏洞之处。此时,法官的解释倾向就发挥了重要作用。这两个劳动法案件的最终裁判结果都有利于劳动者,但是在裁判理由的解释中却没有提及这一点。在涉及劳动法案件时,有利于劳动者是一种基础解释倾向,将其在指导性案例的裁判理由中直接表述,能够帮助法官正确处理劳动纠纷。[1] 再如,前文论及的行政法指导性案例中,在正当程序原则上,26号、38号和41号的解释结论分别强调了程序及时、允许申辩和程序形式合法等内容。全面的行政程序法尚未出台,而行政法治和社会现实都强烈需要行政行为遵循正当程序。在供需矛盾之中,指导性案例能够部分地提供正当程序原则的规则供给,但是需要在裁判理由部分予以明确。由于正当程序原则的内容非常丰富、单独的指导性案例难以全面涵盖,采用多个指导性案例分别强调其中部分内容,就成为最高人民法院比较现实的选择。这就要求最高人民法院对特定宏观指向(如正当程序原则)有整体理解和把握,并以此为标准遴选相应的指导性案例,同时,还要在裁判理由部分中以直接语言进行表述,使这些同类相关的指导性案例形成前后相继的融贯关系。目前,最高人民法院还没有完全达到以上要求,只是在部分指导性案例中孕育特定动向。为了使案例指导制度走向成熟并充分发挥积极作用,最高人民法院应当有意识地在以上方面努力。

第四,听取各方意见和建议,在完善遴选和编纂程序的基础上凸显解释方法的运用。《关于案例指导工作的规定》及其实施细则,对指导性案例的遴选和编纂程序进行了比较相近的规定,特别是后者专门增加了案例指导工作专家委员会。但是,指导性案例的遴选和编纂程序仍然主要是由最高人民法院案例指导工作办公室操作的。虽然法院系统之外的各界人士都可以推荐供遴选的指导性案例,但是,从已有的九十多个指导性案例来看,遴选来源全部是法院系统内部。更重要的是,虽然《〈关于案例指导工作的规定〉实施细则》中规定,对于需要进一步研究的备选案例,可以咨询相关机构和专家,但是却没有提及原审或者终审法官的意见。[2] 亲历性是司法的基本属性之一,直接审判案件的法官对于案件事实及其法律解释问题有超乎他人的理解,在研究备选案例时应当特别重视其意见。鉴于指导性案例的重要性,最高人民法院完全可以增加备选指导性案例的公示程序,即使只是内部公

---

〔1〕 比较典型的案例是“火车不是机动车案”:南京两级法院沿用《道路交通安全法》中的“机动车”定义,认定火车不是机动车,拒绝对在上下班途中被火车撞死的职工进行工伤认定。在该案中,参照有利于劳动者的解释倾向(或者立法目的)有利于得出正确结论。参见耿宝建:《法律要如何去解释——从〈工伤保险条例〉中“机动车”的解释谈起》,载《上海政法学院学报》2012年第2期;陈金钊:《拯救被误解、误用的法律——案说法律发现方法及技术》,载《法律适用》2011年第2期。

〔2〕 最高人民法院:《〈关于案例指导工作的规定〉实施细则》第7条:“案例指导办公室认为有必要进一步研究的备选指导性案例,可以征求相关国家机关、部门、社会组织以及案例指导工作专家委员会委员、专家学者的意见。”

示(包括案件原审人员),也可以增加专业观点及其对备选案例效果的预测。这种兼听则明的效果,比单独依靠案例指导工作办公室要更加稳妥和准确。此外,部分指导性案例公布之后,并没有产生预期中的积极效果。除了案件的实体结论可能有所偏差之外,裁判要点和裁判理由的具体行文和措辞也非常重要。从运用解释方法的角度来说,能够产生不同效果的论理解释,也需要借助于直接的言辞得以表达。例如,体系解释在确定存在法律漏洞时,可以表述为"经过对相关法律规范进行收集和整理之后,仍然缺失直接规定该问题的法条";运用目的解释明确法条含义时,可以表述为:"根据××法(或者××法××条)所追求的目的。"这些措辞都能够比较明显的突出法律解释方法的运用,使各级法官在接受创制规则的同时,提升解释和适用法律的能力,使指导性案例同时发挥短期和长期效果。这里特别需要强调的是裁判理由部分的编辑方式。由于裁判要点是高度浓缩概括的抽象规则,难以充分展现各种法律解释方法的具体适用,裁判理由部分则能够完成这一任务。最高人民法院可以充分利用裁判理由部分在篇幅上的优势,详尽论述如何阐释案件事实中所蕴含的规范意义,如指导性案例 61 号马乐案,在正式文本的裁判理由部分用分段的方式细致探讨了三种解释方法在案件中的运用,进而为得出裁判结论提供了有力支持。更重要的是,裁判要点与司法解释在内容和形式上都高度相似,甚至在功能上也可以相互替代。在案例指导制度运行的初期,通过强调裁判要点来扩大制度影响,是可以理解的。但是,长期过于强调裁判要点会遮蔽裁判理由部分的重要性,反而不利于案例指导制度的长期运行。因为裁判理由部分则是指导性案例所独有的,结合案件事实的分析和论证能够以生动直接的方式揭示各种法律解释方法的运用,对于提升研习者的思维水平和能力有潜移默化的深远影响。从这个意义上说,要凸显法律解释方法在指导性案例中的运用,裁判理由部分是重中之重,应当引起最高人民法院的特别关注。

第五,通过强调指导性案例的参照,激励各种解释方法的创造性运用。从正式规定的角度来看,案例指导制度缺乏有效的激励机制,法官没有足够的动力去研习和参照指导性案例,因为这需要消耗专门的时间和精力,还可能降低审判效率,甚至可能会引起更多争议。[1] 在缺乏明确强制性规定的背景下,裁判文书参照指导性案例仍然并非常态。相应地,指导性案例中运用解释方法的实践,也没有直接发挥应有的积极效果。最高人民法院应当对此充分认识,并在正式制度规定中寻求完善,激励各级法院参照指导性案例,研习其中解释方法的运用。这一点可以从两个方面具体展开:(1)案例指导制度自身,应当继续提升指导性案例的效力等级,并细化违反指导性案例的后果。《关于案例指导工作的规定》及其实施细则中,都强调了指导性案例不能作为裁判依据,只能作为进行说理和论证的理由,而且没有直接规定违反指导性案例的后果。这一效力界定明显过低,影响了法官参照指导性案例及其解释方法的积极性。从法律渊源的角度来说,指导性案例已成为司法裁判中基

〔1〕 李仕春:《案例指导制度的另一条思路——司法能动主义在中国的有限适用》,载《法学》2009 年第 6 期。

于附属的制度性权威并具有弱规范拘束力的裁判依据,具备"准法源"的地位。[1] 虽然此种效力位阶低于制定法和司法解释,但是仍然有相当的权威性。大陆法系的司法先例能够证实,判例的约束力问题随着司法实践的发展最终可以解决。[2] 从长远的角度来看,最高人民法院应当逐渐提升指导性案例的效力等级,使其能够名正言顺地进入裁判依据。相比于效力界定,细化违反指导性案例的消极后果,更能够从反面推动指导性案例的参照。目前只有部分来自最高人民法院的观点认为,对于应当参照而未参照指导性案例的,经上诉或者申诉后,上级法院会参照指导性案例改判或者发回重审。[3] 但是,这一点并未在正式规定上有所体现,最高人民法院应当在完善案例指导制度时对此重点考虑。毕竟,对于主审法官来说,避免改判或者发回重审是足够强大的反向激励。(2)案例指导制度应当与其他相关制度相互配合。"随着以审判为中心的诉讼制度、法官员额制和办案责任制等司法改革的逐步深入,对统一裁判标准、促进司法公正的要求和期待更为迫切,案例指导工作面临新的发展机遇,任务也更加艰巨。"[4] 例如,办案责任制,使法官需要获得更加全面准确的裁判依据,在面对疑难案件时也能够灵活运用解释方法进行妥善解决,参照指导性案例及其解释方法则有利于完成以上任务。再如,裁判文书说理,法官在裁判文书中回应关于参照指导性案例的意见,能够增强裁判文书的说理,这一点也得到了正式制度的确认。[5] 如果能够将指导性案例及其解释方法都予以吸收,那么,裁判文书的说理力度将大大增强。参照指导性案例,并非仅依靠案例指导制度自身,还有赖于司法制度之间的配合。对此,最高人民法院在创制或者完善其他司法制度时,可以将参照指导性案例作为重要内容。

四、结语:技术因素对制度运行的助推作用

在法治进程不断深入的背景下,各种制度的建构和完善不断涌现,要发挥这些制度的最大效果,还需要方法和技术因素的配合。就案例指导制度所主要借鉴的判例法(普通法)来说,在制定法规则残缺不全的背景下,依靠判例的不断积累依然可以推动规则的完善,由此推动法治的发展,其中的关键因素之一就是法官们不断运用各种解释方法。"古典普通法思想强调连续性(它可以根据先例和原则对连续性进行法律解释),而不是变化(它无法为变化找到特定的法律评价标准)。"[6] 案例指导制度已经初具规模,其效果仍然有待提升,改进措施之一就是强化其中法律解释方法的运用以及普及。凸显法律解释方法运用的

---

〔1〕 雷磊:《指导性案例法源地位再反思》,载《中国法学》2015年第1期。

〔2〕 张骐等:《中国司法先例与案例指导制度研究》,北京大学出版社2016年版,第164页。

〔3〕 张军:《充分发挥案例指导作用促进公正高效权威的社会主义司法制度建设——在全国法院案例工作会议上的讲话》,载胡云腾主编:《中国案例指导》(第1辑),法律出版社2015年版,第294页。

〔4〕 陈增宝:《让指导性案例成为公正司法重要参照》,载《人民法院报》2015年11月1日,第2版。

〔5〕 郭锋等:《〈〈关于案例指导工作的规定〉实施细则〉的理解与适用》,载《人民司法》2015年第17期。

〔6〕 [英]科特瑞尔:《法理学的政治分析:法律哲学批判导论》,张笑宇译,北京大学出版社2013年版,第27页。

指导性案例,不仅能够在实体结论上进行规则创新,还能够为后案法官展示结论的形成过程和理由,这样的研习过程不断反复,有助于法律思维水平的提高,进而对未来的审判活动产生积极影响。目前法官们已经习惯于基于抽象规则审理案件,对于如何运用指导性案例仍未有充分准备。法治进程的不断推进和深化,对司法者提出了更高的要求,单一的路径依赖对满足这一要求的作用十分有限。研习指导性案例解决疑难案件,已经成为必需。展示多种法律解释方法在指导性案例中的运行,有利于法官更容易地接受案例指导制度,能够为加速提升司法者素质和水平提供新路径。

如果将方法路径的意义扩展到整个法治进程中,那么,可以看到,很多纸面上非常美好的制度设计,在现实中却屡屡碰壁,原因之一就是缺乏具体落实的方法和途径。虽然方法和技术并非万能,但是,将其与制度运行相互结合则能够形成最大合力。法治宏伟蓝图的实现,不仅需要宏观的顶层设计,还需要微观的实施方案;不仅需要战略意义上的整体考量,也需要战术意义上的具体操作。充分发挥技术因素对制度运行的助推作用,不仅能够在完善的制度框架中锦上添花,也能在缺陷的制度背景下雪中送炭,是法治践行者不可忽视的重要方面。

(原载于《中国法学》2018 年第 1 期)

理性选择理论与法经济学的发展

魏　建*

一、前　　言

法经济学[1]是20世纪60年代在美国兴起的一门边缘学科。它是法学和经济学交叉的产物，特色就是用经济学的理论和方法研究法律问题。对法经济学最普遍的界定为"应用经济学的理论和方法来检验法和法律制度的形成、结构、演化和影响"[2]。但也存在分歧，有的侧重于研究法律政策制定过程中经济学的作用，有的侧重于研究与法律相关的经济现象，还有的侧重于关注综合的问题（如对公司治理的研究）。大致上可以将上述分歧分为广义和狭义两类：广义是指对社会中法律现象和经济现象之间的关系的研究，不仅从微观、具体层次上讨论二者之间的关系，而且从宏观、抽象的层次上说明它们之间的联系，如马克思关于经济基础和上层建筑关系的论述就属于此；狭义的是指20世纪60年代以后在美国形成的以芝加哥大学和耶鲁大学的一些学者为代表的当代法经济学，他们运用现代经济学的成果（主要是微观经济学的成果）研究法律体系下行为人的反应及其对资源配置的影响。这些研究又可以分为"实证"和"规范"两部分，前者是用经济学研究实际法律规则的效果，后者是用经济学选择最有效率的法律规则。[3] 无论是广义的理解还是狭义的理解，二者共同的观念是：对法律的理解不能仅局限于法律本身，而应该看到法律不过是社会生

---

* 魏建，山东大学教授、博士研究生导师。

〔1〕 法经济学有多种多样的称呼，如"法和经济学""法律的经济分析""法律经济学"等。在英文中已经获得公认的称呼是"Law and Economics"，直译为"法和经济学"，本文将其意译为"法经济学"，一是因为将"法和经济学"作为一个名词称呼一门学科，不太符合汉语的语言规范；二是为着重体现其中的经济学性质，因为它是"经济学帝国主义"最好的体现和最为深入的发展。

〔2〕 Rowley, Charles K., *Public Choice and the Economics Analysis of Law*, In Nicholas Mercuro (ed.), Law and Economics, Boston: Kluwer Academic Publishers, 1989, pp. 123 – 173.

〔3〕 Hovenkamp, Herbert, "Law and Economics in the United States: A Brief Historical Survey", *Cambridge Journal of Economics* 19, 1995, pp. 331 – 352.

活的秩序化。研究法律就是要反映出社会经济关系等赋予法律的规定性，揭示出法律“面纱”后面的东西。这是对法律进行经济学分析的基本出发点。

按照对法经济学的广义理解，法经济学的历史可以追溯得很远。亚当·斯密在《国富论》中就已经论述到了法律制度对价格体系的影响。[1] 从法学研究跨入经济学领域的马克思更对法与经济的关系有深刻的理解，他指出法律关系不过是社会经济关系的反映，法律所集中反映的是统治阶级的利益。这正是科学认识法律制度的首要前提。

美国制度学派的研究形成了法经济学的第一次浪潮。[2] 凡勃伦在激烈地批评边际主义经济学的基础上，强调制度对行为决策的影响和社会的利益冲突。[3] 康芒斯的《资本主义的法律基础》和《制度经济学》对后来法经济学研究具有重大影响。康芒斯认为经济学的主要任务就是探究决定一般经济秩序的合理规则的构成要素，他综合经济学、法学、伦理学以及实用主义哲学形成了他的制度经济学。

法经济学的第一次浪潮在20世纪三四十年代很快就衰落了。法经济学的真正勃兴是在20世纪60年代以后，Mackaay称之为法经济学的第二次浪潮。

20世纪60年代科斯受聘于芝加哥大学并担任1958年创刊的《法经济学杂志》的编辑。之后在“经济学帝国主义”的大背景下，在科斯等人的努力下，法律的经济分析被一般化，现代法经济学诞生。

在科斯之前的法经济学被波斯纳称为“老法经济学”，[4] 这一时期的分析主要集中在垄断等问题的研究上，还没有将其一般化。之后贝克尔的工作使经济学分析工具具有了普遍适用性。科斯在1937年发表了《企业的性质》一文，提出了“交易成本”概念。20世纪60年代科斯发表了法经济学的奠基之作《社会成本问题》，标志着现代法经济学的诞生。文中的思想被归纳为“科斯定理”。科斯不仅在理论上揭示出对法律进行经济分析的重要性，而且展示了对法律进行经济分析的方法，即交易成本方法。《社会成本问题》一文使法律的经济分析的一般化在方法上成为现实。

之后，卡拉布雷塞、阿尔钦的工作展现了在传统法学领域——侵权法、产权法进行经济分析的成果。由此吸引大批经济学家（如德姆塞茨）和法学家（如波斯纳）进入法经济学领域，尤其是芝加哥大学法学院的学者致力于法律的经济分析，成绩卓著，声誉鹊起，形成了法经济学中的芝加哥学派。20世纪70年代之后法经济学迅速发展，成为美国法学院的主流研究领域，同时法经济学也开始国际化。

然而早在20世纪70年代初期，芝加哥学派的法经济学就受到了质疑。在波斯纳将全部的经济分析归结到“效率”主题之下后，更是受到了来自各方面的批评和怀疑。有来自法

[1] Mackaay, Ejian, *History of Law and Economics*, http: www. Lawecon. lp. findlaw. com, 1999.

[2] Ibid.

[3] 凡勃伦：《企业论》，商务印书馆1959年版；《有闲阶级论》，商务印书馆1964年版。

[4] [美]波斯纳：《法律的经济分析》，蒋兆康译，中国大百科全书出版社1997年版。

学界的以德沃金(Ronald M. Dworkin)为代表的新自然法学派和以肯尼迪(Duncan Kennedy)为代表的批判法学派的批评,也有来自经济学界内部以萨缪斯为代表的制度学派和以拉兹(Mario J. Rizzo)为代表的奥地利学派的批评,以及法经济学内部芝加哥学派、卡拉布雷塞为代表的"纽黑文学派"和以威廉姆逊为代表的新制度经济学之间的相互批评。在批评与反批评的过程中,一方面以波斯纳为代表的主流法经济学[1]继续高举"效率主题"的大旗,不断完善及修正自己的理论,开拓新的分析领域;另一方面,批评者们也逐渐在形成系统的观点,发展成为法经济学中的新派别。

自20世纪80年代中期以来,法经济学进入了一个相对平稳的持续发展阶段。一方面,法经济学的影响日趋扩大。从事法经济学研究的学者越来越多,美国政府也要求对政府法令进行成本收益分析。法经济学已经成为当代西方法学研究中不可忽视的重要派别;另一方面,法经济学的内容也在发生重大变化:一是波斯纳等人为代表的主流法经济学在批评和质疑下对"效率主题"做了一些调整以增强假说的现实性和预测力,并且通过加强实证分析和运用新的分析工具(如博弈论的应用)的方式提高理论解释力;二是逐渐形成了一些非主流学派,如制度法经济学派、奥地利法经济学派等,他们已不再满足于对法经济学的批评,纷纷探索建立自己的分析体系。但由于除新古典经济学以外的经济学的成熟程度还不能为其对法律进行分析提供足够的工具,因此这些学派目前只是提出了一些基本的观念,离系统分析还有相当的距离。

法经济学是经济学帝国主义进行的最为深入的领域,综观法经济学的发展历程,尤其是在当代的发展历程,可以看出这实际上是一个理性选择理论的应用、深化和反思的过程,是经济学以理性选择为依托、深入法律领域中,对法律规则的形成以及既定法律规则下的行为反应进行分析。在这个分析过程中,既展现了理性选择理论的学术魅力,又暴露出了它的局限。因此,对法经济学在当代的发展轨迹进行评述,选择"理性选择理论"这个视角,不仅具有相当的学术高度,而且能够较为准确地把握法经济学的学术演变规律、对其未来的发展进行准确的预测,同时也能够检验"经济学帝国主义"的成败得失,为经济学的发展提供启示。

二、理性与理性选择理论

(一)理性

理性概念是一个多层次多含义的概念,是一个从核心逐渐向外扩展的概念体系。核心

[1] 主流法经济学主要是指由波斯纳领导的坚持"效率主题"以新古典经济学为理论观念和工具的法经济学,因此又称为新古典法经济学。有时也被称为法经济学的芝加哥学派,但这可能不太准确,因为科斯、施蒂格勒和波斯纳之间也有分歧。

层次的理性是纯粹的形式理性,认为人是其目的的理性最大化者,目的外生于决策过程,对实现手段的唯一要求就是它能使目的实现达到最大的程度,至于如何实现没有规定。形式理性是外延最大的理性,能包含在逻辑上符合手段与目的一致性的所有行为,是其他理性的基础。预期效用理论是更进一步的理性判断,是现代经济学广泛使用的理性假设。它依然认为目的外生于决策过程,强调行为与目的的一致性。但是,它:(1)将决策者的效用作为追求目标;(2)行为选择限定在能够实现效用最大化的行为上,决策者须比较不同行动方案产生的不同效用水平;(3)引入了不确定性,要求决策者比较不同概率分布下不同可选方案之间的预期效用;(4)最为重要的是,为使比较可以进行,要求效用函数具有通约性(Commensurability)、可传递性(Tansitivity)、占优性(Dominance)和偏好不依赖于选择程序的无关性。

自我利益最大化理论更进一步,将追求的目标限定在了决策者的自我利益上,[1]这可以追溯到亚当·斯密的"经济人"假设。自我利益最大化理论在经济学理论中使用的时间最长,也是最易被理解的理性假设,在"经济学帝国主义"中得到了最好的体现。

比自我利益最大化更进一步的是将追求目标限定在经济利益甚至仅是货币化收益上的财富最大化理论,它认为行动的唯一目标就是最大化行为人的经济利益。将追求目标限定为货币收益或转化为货币收益,虽可以避免人际效用比较的困难,能够更为准确地判断行为的行动选择,但同时也限定了理论的使用范围,非市场制度由于缺乏可以通约的计量单位使用这个假设就有困难。[2]

上述4个关于人类行为理性的假设,在内涵上,后一假设在包含前一假设内容的基础上加入了更多的限定,内涵越来越丰富。但同时外延却因内涵的增加而逐渐缩小,理论所能适用的范围越来越小。理性假设在经济学中的应用和拉卡托斯给出的科学进步规律具有一致性。财富最大化假设先得到广泛的应用,用以说明市场价格体系的运转,接着是自我利益最大化假设拓展了人们的追求目标,将非货币收益容纳进来,使经济学的解释力可以用以说明非市场制度的一些内容,之后则是预期效用理论的广泛使用,使理性假设的形式化程度更加加强,解释力更强。博弈论的发展就是明证,博弈论的一个基础就是预期效用理论。[3]

---

〔1〕 不过,在效用和利益之间进行严格区分,十分困难。如果认为利益与效用包含的内容一样广泛,预期效用理论和自我利益最大化理论就没有什么区别。但是一般的理解是认为自我利益最大化排除了利他行为,而预期效用理论中的目标追求则可以包含利他目标。参见张维迎:《博弈论与信息经济学》,上海三联书店、上海人民出版社1996年版。

〔2〕 Ulen, Thomas S., *Rational Choice Theory in Law and Economics*, Encyclopdia of Law and Economics, http: www. Lawecon. lp. findlaw. com, 1999.

〔3〕 Myerson, Roger B., "Nash Equilibrium and the History of Economics Theory", *Journal of Economic Literature* 37, 1999, pp. 1067 – 1082.

(二)理性选择理论

经济学中的理性选择理论实际上是自我利益最大化理性假设的规范表述,基本上等同于“经济人”假设,因此也可以将其理解为新古典的理性选择理论。其基本思想是:经济行为人具有完全的充分有序的偏好、完备的信息和无懈可击的计算能力和记忆能力,能够比较各种可能行动方案的成本与收益,从中选择那个净收益最大的行动方案。

1. 方法论上的个人主义

从个体出发理解个体存在其中的社会,认为是个体的选择决定了社会关系的内容和形式而不是相反,这是个人主义方法论的内在规定性。方法论上的个人主义是微观经济学的基础。理性选择理论表明进行选择的是决策者这个个体,是决策者在进行成本——收益的比较,并且只有经济行为人的自我利益最大化选择都得到实现时才能实现均衡,如果没有对经济行为人行为方式的判断,根本不可能建立和说明均衡。

2. “理性人”

一是行为人具有完全意志能力,能够保证其效用函数具有有序性和单调性。有序性保证行为人在不同行动方案下得到的效用是可以比较的。单调性则保证行为人能够在不同的效用之间判断出偏好程度的差异,并进行排列。二是行为人具有充分计算能力。即使存在不确定性,行为人也可以通过概率判断各种可能行动方案的预期效用,并比较它们之间的大小。三是行为人具有完全记忆能力,对影响决策的一切因素具有完全信息,尽管这个假设已经因为信息经济学的发展而被逐渐放弃,但它曾经是和依然是被批评的假设之一。

3. 环境不相关

环境不相关是理性选择理论对决策环境的基本要求,一是排除了历史对选择的影响,行为人过去的选择对将来的选择没有影响,选择只着眼于未来;[1]二是认为选择是孤立的,每个行为人是根据自己的效用函数及面临的约束单独决策,除非他人的选择影响了自己的效用函数,否则不考虑他人的决策,更不考虑自己行为对他人的影响(博弈论对此进行了突破);三是认为制度不相关,由于制度只是在远期影响行为人选择,并且不同行为人决策时基本上面临着相同的制度环境,因此,假定制度不变。

4. 均衡分析和效率价值观

均衡分析是理性选择理论分析决策人之间关系的基本方法。单个的决策者如果能够按照自我利益最大化的标准选择出最佳行动方案,仅是实现了个体在目标和手段之间的均衡,个人不再有激励选择其他行动方案。而如果社会要实现均衡,则必须是社会的每一个成员都实现了利益的最大化。是否存在这样的社会均衡状态以及如何实现是理性选择理

---

〔1〕 Korobkin, Russell B. and Ulen, Thomas S., “Law and Behavioral Science: Removing the Rationality Assumption from Law and Economics”, *California Law Review* 88, 2000, pp. 1051 – 1144.

论必须回答的问题。要实现社会均衡首先要使社会成员具有同一的社会追求目标,不在同一社会追求目标下的社会成员是无法达成均衡的。尽管自我利益最大化是每个成员的直接追求目标,但对利益的不同理解将使人们的追求产生分歧,如对公平的追求将不同于对效率的追求。基于个人利益最大化的资源配置效率是理性选择理论所假设的社会追求目标。

因此,理性选择理论不仅是效率价值观的体现者,更是其倡导者。理性选择理论所关注的就是同一目标——资源配置效率最大化下,不同行动方案(甚至不同目的之间)的比较,选择的标准就是行为人利益是否得到了最大化。理性选择理论认为众多行为人同时实现利益最大化状态就是理想地实现了最佳资源配置效率的均衡状态,是经济运行的追求目标。而行为人是自己效用实现水平的最佳判断者,利益最大化的实现必然建立在行为人同意的基础上,行为人也只有在自愿的基础上,在利益得到最大化时,才有维持均衡的激励,因此,理性选择理论认为允许行为人自主决策的自由市场价格体系是实现最佳资源配置效率的最佳途径,由此产生了效率价值观的引申观念——市场至上观。这种观念认为自愿谈判是实现效率的最佳途径,促进行为人之间的自愿谈判、减少阻碍谈判的交易成本应是制度建设的重要使命。

以上四个方面的内容共同构成了完整的理性选择理论体系。可能有的经济学家在运用理性选择理论时进行了某些方面的调整,但作为一个完整的理论体系它应当包括上述这些内容。

三、法经济学中的理性选择

前面我们判断说,法经济学在当代的发展实际上是理性选择理论在法律问题上的应用、深化和反思的过程。下面我们来证明这个判断。大致的过程是这样的:科斯的贡献在于将相互竞争的研究者吸引到了自己周围,《社会成本问题》一文指出了法经济学研究的未来领域和使用的方法,由此标志着现代法经济学的诞生。而科斯贡献的基础就是理性选择,他指出了人们是在按照交易成本的大小在选择法律制度。在科斯之后的谈判理论是对科斯贡献的进一步深化,同时也就是将理性选择理论应用于更广泛、更具体的法律领域。然而,在理性选择理论被更深入地应用的同时,人们也越来越感到其解释力的下降,缺乏应有的现实性。于是,人们开始反思理性选择理论,讨论在理性选择的界定上是否遗漏了什么。在反思中,人们发现实际上科斯贡献的本质就在于将原先被排除在外的制度因素重新纳入了理性选择的视野中。而博弈论则是具体化了被理性选择理论忽略的信息成本和对策成本。行为经济学和实验经济学所提出的理性选择的"反常现象",也揭示出存在不同于"理性选择"的决策过程。法律的博弈分析和行为法经济学相应而生。但反思并没有结束,因为"理性选择"还有进一步精炼的余地。

(一)一个基本的类比

将经济学应用于法律分析,首先遇到的问题就是要考虑法律规则下的行为人是否与经济行为人具有相同的行为方式。如果二者不具有共同性,经济学就不能应用于法律分析。法经济学是通过这样一个类比来使法律规则下的行为人具有与经济行为人一样的行为方式的,即将法律规则体系类比为市场价格体系。由此法律规则下行为人的行为反应就类似于市场中参与者的反应,都是根据既定的"价格体系"进行成本收益分析。法律规则和市场价格都构成了行为人不能左右影响选择产出的约束条件,系统的法律规则体系构成了不同行为的"隐性价格体系",因此可以确信法律规则约束下的行为选择和市场价格下的行为选择具有相同的机制。这样,通过将法律规则类比为市场价格体系,理性选择理论就有了广阔的用武之地,成为法经济学的理论基石。实际上认为法律规则下的行为选择与市场行为具有相同的性质是法经济学主要的理论创新和基本的理论支柱之一。这样就构建起了经济学进入法律分析领域的通道。

(二)科斯定理与谈判理论对理性选择的坚持与发展

1. 科斯的贡献和谈判理论

60多年前的法经济学分析尚没有找到对法律进行广泛分析的途径,没有明确法律的经济分析要达到什么样的目的。科斯《社会成本问题》提供了上述问题的答案,因而在法经济学中处于奠基位置。

科斯的第一个贡献就是通过阐述科斯定理表明法律具有的经济意义。他说"合法权利的初始界定会对经济制度的运行效率产生影响。一种权利的调整会比其他安排产生更多的产值"。[1] 在交易成本为正的现实世界中,立法和法官的判决活动就是比较不同权力赋予格局(制度)的产值,从中选择最大者,使权力界定给最有效率的使用者。效率应是法律活动的追求目标。这样,一方面,使经济分析具有了不同于其他法律分析的立足点,尤其是区别于以公平为基点的法律分析;另一方面,以研究资源配置为己任的经济学,今后不仅要研究价格机制的配置作用,更要研究法律制度对资源配置的影响。

科斯的另一个贡献就是表明如何对法律进行经济学分析,交易成本方法是科斯所提供的分析方法。法律制度的运行成本,不仅包括产权界定的成本,而且包括在法律框架下权利交易的成本。法经济学的目的就是要说明这些成本,并比较它们的大小,以寻求成本最小的制度安排。说明交易成本及其最小化的途径就说明了法律制度与资源配置之间的关系。这样法经济学就演变成为一种选择学说,主体根据最大化原则在不同的制度之间按照交易成本的大小进行选择,从而与主流经济学融合在了一起。

---

〔1〕 [美]科斯:《社会成本问题》,载《财产权利与制度变迁》,上海三联书店、上海人民出版社1994年版,第20页。

谈判理论是科斯定理细致化的结果。我们可以将谈判理论[1]的内容归结为：自愿合作是实现效率的最佳途径，但实际上存在诸多阻碍自愿合作的因素，因此，须克服阻碍谈判进行的因素，恢复效率，在恢复效率的诸途径中，又以能够促进当事人自愿合作的安排为最佳。谈判理论具体说明了合作的益处和阻碍自愿合作的交易成本的来源，为建立制度克服阻碍、促进合作提供了理论基础，同时也提供了评价标准。谈判理论实际上是揭示了在交易成本为正的世界中如何实现效率的问题。谈判理论将较为散乱的法律的经济分析统一到降低交易成本、促进自愿合作的宗旨之下，形成了法经济学较为完整的理论体系。

2. 科斯定理与谈判理论对理性选择理论的坚持与发展

(1)假设的基本一致

狭义科斯定理实际上是重新表述了福利经济学第一定理——在信息完全、竞争充分的前提下，市场经济将导致社会稀缺资源的帕累托最优配置。交易成本为零和信息完全、竞争充分代表的是一个含义。引入交易成本后，尽管交易成本影响行为人的行为选择，但行为人对交易成本的大小有足够的计算能力，能够准确判断交易成本的大小，并将之与行为收益比较，从而选择交易成本最小的制度安排。并且交易成本也不影响行为人效用函数，行为人依然保持效用的有序性和单调性，具有完全的意志能力。信息不完全和市场竞争不充分的影响虽也被纳入交易成本中，但依然是行为人可以判断和控制的因素，在根本上并没有改变完全理性假设。谈判理论尽管描述了一个双边谈判环境，但行为人在谈判中具有良好的意志力，对彼此的效用函数、策略选择以及阻碍达成合作解的因素都有完全信息，能够比较合作与不合作的成本收益以及计算阻碍因素造成的成本。这与理性选择理论的判断基本上是一样的。

(2)分析方法的一致

个人主义方法论是科斯定理和谈判理论观察社会的基本出发点，认为制度选择是行为人追求自我利益最大化的结果，是契约关系的结点。交易成本分析方法实际上就是成本——收益方法在制度分析中的应用，谈判理论中行为人也是在进行合作与否和如何合作的成本收益比较，分析的目的就是说明阻碍实现合作的因素及克服阻碍实现合作的途径，而合作就是谈判参与人之间利益最大化的均衡。个人主义方法论、成本——收益分析和均衡分析依然是科斯定理及谈判理论的基本分析思路。

(3)价值观念的一致

效率同样是科斯定理和谈判理论所阐释和弘扬的价值观念。科斯指出矫正外部性关

---

〔1〕 有关谈判理论的详细内容，参见魏建：《谈判理论：法经济学的核心理论》，载《兰州大学学报》(社会科学版)1999年第4期。

键是寻求一个最优的外部性水平,使其损害最小而收益最大。[1] 交易成本最小是制度选择的标准,是效率价值观的新体现。谈判理论继承和发展了科斯定理中自愿谈判是实现效率的最佳途径的思想,具体研究阻碍合作的因素,寻求交易成本最小化的路径。以波斯纳为代表的法经济学者们也以效率为基本价值观对法律制度进行了重新阐释。波斯纳就是运用卡尔多-希克斯效率标准前后一致地全面分析了几乎全部的法律部门,他强调"正义的第二种含义——也许是最普遍的含义——是效率"。[2] 在资源稀缺的世界中,对效率的追求,便是最大的正义。

(4)科斯定理和谈判理论对理性选择理论的发展主要体现在对决策环境不相关假设的突破上。交易成本概念的提出,将原先被理性选择理论排除在外的制度因素纳入进来,并且交易成本概念也可以容纳其他因素,如信息成本、对策成本等。这使理性选择理论放弃了制度不相关、信息完全、竞争充分等不现实的假设,理论解释力更强。从强调制度的重要性出发,环境不相关假设的其他方面也发生了变化。如诺思发现了"路径依赖"现象,从而意识到历史对未来选择的影响。[3] 不过,科斯对理性选择理论的发展尽管具有重要的意义,甚至可能发展到动摇理性选择理论的个人主义方法论的地步,但就科斯所使用的分析框架及其在法经济学中的应用而言,科斯的贡献,按照拉卡托斯的观点,仅是使理性选择理论发生一次"框架革命",而没有触及理性选择理论的"硬核"。

(三)法律的博弈分析对理性选择的坚持与发展

1.博弈论之前理性选择理论的缺陷

在博弈论之前的理性选择理论存在以下缺陷:(1)认为个人理性最大化行为必然导致社会最优结果。然而,经济运行现实一再向人们表明,个人或集团的最大化行为往往是其他人或集团的"福利"陷阱。(2)在信息完全的假设下进行理性选择。但信息不完全是现实世界的常态,理性选择理论对信息不完全状态的经济运行难以提供深入解释,尤其是在非市场制度中,如何发现与确定"价格"与信息是否完全密切相关,信息问题更为突出。(3)将理性选择的市场环境界定为完全竞争市场。但市场结构是复杂多样的,几乎不存在完全竞争的市场。更多的情况是市场参与者之间都存在一定的垄断力量,对策行为是市场参与者的常规行为。非市场制度的运行更不是完全竞争的,制度本身往往明确界定了市场的参与者及其相互地位。法律关系是这种关系的典型。在法律关系中,当事人都必须是明确的,他们之间的权利和义务也是明确的,每一方的行为都将影响他方行为也受到他方行为的影响,退出和进入都有明确的法律成本。很显然,在法律关系和以法律关系为基础构建起来

---

〔1〕[美]科斯:《企业、市场与法律》,盛洪等译,上海三联书店1990年版。

〔2〕[美]波斯纳:《法律的经济分析》,蒋兆康译,中国大百科全书出版社1997年版,第31页。

〔3〕[美]诺思:《制度、制度变迁与经济绩效》,刘守英译,上海三联书店、上海人民出版社1994年版。

的法律制度中,相互垄断是常态,这与充分竞争假设难以一致。

博弈论承认个人理性与集体理性之间的冲突,突破了信息完全和市场充分竞争的假设,将信息成本和对策成本纳入理性选择的影响因素中,扩大了理性选择理论的适用范围。正是由于博弈论具有这些突破,使它在法律的经济分析上具有更多的优势,法律的博弈分析正在逐渐取代谈判理论成为法经济学的主导分析范式。

2. 法律分析中博弈论的基本优势

(1)博弈论更适合于分析法律等非市场制度。博弈论所研究的对策行为与法律规则作用下的行为人的行为模式更相一致。对策行为的突出特点就是行为的决策不仅是自身约束条件函数,同时也是博弈他方行为的函数。而在既定的法律关系中,任何一方当事人的行动选择,既受到自身因素的影响,也受到其他当事人行为的影响。并且这一行为也将影响所有当事人的今后决策。因此将法律规则下行为人之间的行为互动归结为对策行为更加准确。博弈论是分析法律等非市场制度和非充分竞争市场的更恰当工具。

(2)博弈论承认个人理性与集体理性之间存在冲突。尽管博弈论承袭了新古典经济学的哲学基础,严格坚持了个人理性最大化的假设,但这个最大化是将其他参与人的决策考虑在内的最大化,由此博弈论解释与分析了个人理性与集体理性之间的冲突,不再认为这是一种不正常的状态,反而是认为均衡的实现要符合一系列严格条件才能达到,指出参与人之间的相互制约是人们选择不利制度和其长期存在的重要原因。

(3)博弈论提供了具体分析信息不完全状态的工具。信息经济学的主要内容就是借助于博弈论的方法分析非对称信息下参与人之间的对策行为。同时信息不对称也为个人理性与集体理性的冲突提供了解释。这些分析和解释使我们对市场制度和非市场制度的认识都有了极大进展。

(4)行为的均衡分析。博弈论坚持了理性选择理论的均衡分析思路,但它将均衡建立在行为均衡而不是价格均衡上,〔1〕行为的均衡而不是行为结果的均衡使博弈分析具有更广阔的视野,不局限于得到效率结果,并且博弈均衡是多头最大化下的均衡,不是单头最大化下的均衡。多头最大化均衡代表的是动态的均衡,具有更强的稳定性。更为重要的是博弈论认为博弈均衡是多重的,均衡不具有唯一性。这与现实决策时面临的不确定性和制度安排的多样性是一致的,从而那些在传统研究(如新古典经济学)中被认为是异常的现象,在博弈论中被认为是正常的。最后在寻求均衡的过程中,博弈论发现并综合了各种可能影响均衡的因素,如信息、习惯、道德、法律等,进一步说明了个人理性与集体理性之间的冲突,使其具有了整合多个学科、应用更为广泛的优势。

3. 博弈分析对法经济学的促进

博弈分析对法经济学的进步主要体现在与交易成本方法、谈判理论比较具有的先进

---

〔1〕 张维迎:《博弈论与信息经济学》,上海三联书店、上海人民出版社1996年版。

性上：

(1)博弈分析突破了市场本位。科斯等尽管强调制度选择的标准是交易成本的大小，但是在基本观念上，他们依然坚持“市场本位”，认为自愿交易是实现效率的最佳途径，即使在“市场失灵”的环境下，也不能就此认为政府干预就是比市场更好的选择。波斯纳的分析更是突出了“市场本位”，认为“效益最大化”是法律及其活动的主要价值追求。但是这种“市场至上”观念和以市场价格的一般均衡状态为标准来检验一切制度安排的做法受到了强烈的批评。以一种特定制度的标准来解释其他制度和作为其他制度的改革标准，显然是一种削足适履的做法。博弈论并非源于经济学，它是一种数学方法，可以作为多个社会学科的共同研究方法。博弈论着重强调行为手段对追求目的的适应性，是一种形式理性。在博弈分析中可以没有先验的价值判断。并且博弈均衡的达成有赖于参与人的价值判断，在存在多重均衡的状态下，价值判断的不同可以导致不同的均衡。[1] 因此，判断制度是否有效的标准不一定限于效率，也可以是效率之外的其他价值追求，如公平等。只要制度能使参与人的行为在追求价值目标的过程中保持了内在一致的效用(或预期效用)最大化，该制度就是有效的，不必坚持市场本位。

(2)博弈分析使交易成本更确定。科斯交易成本概念的外延并不确定，任何现象(特别是那些难以解释的现象)都可以笼统地归结为交易成本所致。谈判理论是交易成本的细致化，阻碍合作的因素就是各种各样的交易成本。博弈论进一步将研究重点放在对策成本和信息成本上。实际上信息不完全和对策行为是我们迄今所揭示的交易成本最主要来源，博弈论将这两种交易成本的生成源泉结合在了一起，通过数学工具的运用使分析更加严密和更具可操作性。

(3)博弈论在坚持个人主义方法论的基础上，包含进了整体主义的因素。个人主义方法论和整体主义方法论一直是主流经济学和以制度学派为代表的非主流经济学的重大分歧之一。制度学派认为主流经济学的分析是形而上学，不切合实际，只分析了人类行为的工具性(Instrumental values)，没有分析其礼俗性(Ceremonia lvalues)。[2] 他们强调影响经济行为决策的因素是多元的，应当用整体主义的分析方法来研究人类的行为模式。制度学派的批评和主流经济学在非市场制度分析上遇到的困难，证明了整体分析的合理性。但如何协调二者始终是个难题。博弈论在坚持个人主义的基础上成功地引入了整体分析的因素。博弈分析是从个人主义出发的，个人效用最大化是分析的起点，并且均衡的达成也是个人最大化行为的组合。但是博弈论中参与人的最大化行为是所有参与人最大化行为的函数，个人的函数中包含了整体的影响。最终均衡结果的生成也是全体参与人共同博弈的结果，而不是单个最大化行为的结果。并且制度和风俗习惯可以作为博弈框架构成对个体

---

[1] Schelling, T., *The Strategy of Conflict*, Harvard University Press, 1960.

[2] Bush, D. Paul., “The Theory of Institutional Change”, *Journal of Economic Issues* 21, 1987, pp. 1075 – 1116.

行为选择的约束。因此,制度学派强调的行为影响因素可以部分地包含进博弈分析框架中,实现个人主义方法论与整体主义方法论的初步融合。

(四)行为法经济学对理性选择的发展

1. 理性选择理论的"反常现象"

行为经济学和实验经济学都是从20世纪40年代以后发展起来的新兴经济学学科。它们的共同特点是:根据从心理学、实证观察以及行为实验中得到的经验材料全面检验了理性选择理论,发现了许多与理性选择理论不一致的"反常现象"。

(1)有限理性

行为经济学表明在许多情况下,行为人并不总能实现最大化,甚至也不追求最大化,不根据成本与收益比较,而是根据其他依据决策。当现实过于复杂或事物意义模糊时,人们就采取了多种不同于理性选择的决策方式,启示或偏见是这些决策方式的基础。对未来事件的判断,需要行为人在获知基础概率的基础上,再根据可得的特定环境下关于特定事件的信息调整基础概率,得出事件发生的判断概率。但是在利用信息对基础概率进行调整时,会产生误差。"启示"是指直接影响行为人决策的、行为人具有的、关于事件发生概率的片段性认识。〔1〕"偏见"则是使行为人的概率判断出现偏差的、行为人具有的认知特性。过于自信偏见说明的就是行为人总是认为自己的幸运概率高于平均的幸运水平,而倒霉的概率低于平均的倒霉概率。〔2〕并且人们的偏见一旦形成就具有自我加强性质,使行为人只按照自己的兴趣或已有的观念来解释这些信息,固执己见,不能客观地进行概率判断。启示和偏见虽使行为人的认知受到外界因素的影响而产生错误,但它们简化了决策过程,降低了信息收集和决策成本,使行为人在繁复的世界中可以决策,而不是一筹莫展。并且它们也确实是人们遵循的一些规律性的东西。

(2)有限意志

理性选择理论认为行为人对自己的效用函数有清醒认识,并能使之符合最大化要求,行为人具有完全的意志能力。但是行为人的效用不一定都是社会所认可和激励的效用,甚至与行为人自身的整体、长期效用也是相违背的,更多的情形是:一是某些短期、局部效用

---

〔1〕典型的就是代表性启示,即是行为人忽视基础概率并夸大事件表象和实质之间关系的认知趋势。著名的"银行出纳员"实验证明了这个趋势。被实验者被告之了一些关于一个女出纳员的好像她是一个女权主义者的代表性特征,被实验者根据这些特征判断该女性是(a)女银行出纳员;(b)活跃的从事女权运动的女银行出纳员。90%的被实验者选择了b。但他们忽视了女银行出纳员比从事女权运动的女银行出纳员多的事实,仅因为被告之的模糊信息进行了错误的选择。参见Korobkin, Russell B. and Ulen, Thomas S., "Law and Behavioral Science: Removing the Rationality Assumption from Law and Economics", *California Law Review* 88, 2000, pp. 1051–1144。

〔2〕在美国弗吉尼亚州申请结婚的居民中进行的一次调查表明,尽管人们知道几乎近一半的婚姻以离婚而告终,但认为自己的婚姻会出现这个结果的人几乎为零。参见Baker, Lynn A. and Emery, Robert E., "When Every Relationship is Above Average: Perceptions and Expectations of Divorce at the Time of Marriage", *Law and Human Behavior* 17, 1993, pp. 439–450。

成为主导效用,使行为人难以对自己的长期、整体效用进行控制。习惯、传统、嗜好、生理欲望都是暂时性的主导效用,极有可能不符合行为人的整体或长期效用的最大化,但却常常被行为人所优先选择,这和常说的"感情战胜了理智"是一致的;二是因为行为人同时具有多个效用目标追求而难以对它们进行排序,即多重自我。多重自我问题在跨时期决策上有充分的体现,未来本位的自我将和现在本位的自我产生冲突。行为人的意志力是有限的。

(3)有限自利

理性选择理论认为行为人追求的是自我利益,但是行为经济学显示:一是自我利益并没有得到追求,更多的情况是社会规范界定了行为人在社会中应当表现出来的行为。遵守社会规范,而不是追求自我利益是许多行为的选择依据。尽管有些遵守社会规范的行为可以解释为是为了实现自我利益,但也有许多不能如此解释。[1] 二是行为人追求自我利益以外的价值,如公平。"团体交换"[2]的实验就说明:(1)人们在最初是愿意为公共产品投资的,只是当投资受到他人没有投资的"惩罚"时,人们才开始减少自己的投资;(2)人们并不向理性选择理论判断的那样没有合作精神,公共产品的供给困境可能是太悲观了。公平地对待别人和被别人公平对待看来是人们的基本社会要求。

(4)环境相关

制度经济学已经证明制度是影响行为人选择的重要因素,博弈论证明了博弈对方行为选择的影响,行为经济学更深入的研究发现了一些与理性选择理论判断相反的证据。

框架效应(Framing Effect)指的是在不确定状态下,行为人的选择不仅与不同行动方案的预期效用有关,更与这些行动方案与基准点的偏离方向有关。[3] 根据基准点,当行动方案代表的是"收益"时,行为人是风险规避者,即在具有同样预期效用的确定性收益和风险性收益中,选择前者,而当行动方案代表的是"损失"时,行为人则成为风险爱好者,即在具

---

[1] 如贝克尔的研究表明歧视是不可维持的,因为市场的竞争压力会迫使厂商按照工作效率的高低来雇用工人,而不是他们的民族或肤色。但实际上种族歧视在许多企业和地区依然作为一种应当消除的社会规范存在着。参见[美]加里·S.贝克尔:《人类行为的经济分析》,上海三联书店、上海人民出版社1995年版。

[2] 实验是这样的:一群学生,每个人发给同样数目的货币。告诉他们可以全部、部分或零对一个名为"团体交换"的项目投资,每个人的投资额是秘密的。并且每个学生都被告之在投资完成后所有人(无论是否投资)都将平均分配投资收益,投资收益是实际的投资额乘上一个大于1小于全体学生人数的倍数,这样"团体交换"成为这群学生的"公共产品"。理性选择理论的判断是没有投资发生。但实验结果是:平均起来,学生们向"团体交换"投入了他们初始货币额的40%~60%。即使是经济系的学生参加实验,也投入了20%左右。实验重复进行的结果也表明:尽管投资比例随着重复次数的增长在下降,但没有降到零。并且实验者发现了一个有趣的"重新开始效应":每当宣布实验重新进行多少次时,下降的投资水平又回升到40%~60%,然后再逐渐下降。参见James Andreoni,"Why Free Rider?:Strategies and Learning in Public Goods Experiments",*Journal of Public Economics* 37,1988,pp.291-304。

[3] Kahneman and Tversky,"Prospect Theory:an Analysis of Decision Under Risk",*Econometrica* 47,1979,pp.263-292.

有同样预期效用的确定性损失和风险性损失中,选择后者。[1] 与此相一致的行为反应是禀赋效应(Endowment Effect)与现状偏见(Status Quo Bias)。理性选择理论认为只要不同物品给行为人带来相同效用,选择就是无差异的,不管行为人是否拥有这些物品。禀赋效应指出行为人对其拥有的物品比对其不拥有的同样物品有更高的货币评价,即人们对损失的评价要高于对收益的评价。现状偏见进一步指出行为人对于任何他认为的属于现状的东西都比那些被认为是不属于现状的东西有更高的评价,不论这些东西是不是由他所有。如森林所有者认为自己有权砍伐森林,但环境保护者同样也认为自己有权阻止砍伐,后者将森林及其风景视为属于现状的东西。

(5)个人主义方法论

尽管在行为经济学中,尤其是在实验中,行为人的个人选择依然是主要的观察和研究对象。但行为经济学已经表明,在面对复杂且意义不明的现实进行选择时,个人往往不是充分自主的选择主体,选择更多地受启示、偏见、历史以及社会规范的影响。行为经济学虽然没有直接反对理性选择理论的个人主义方法论,但个人决策的非自主性,已足以促使我们思考从个人角度出发理解社会是否是一个充分的角度,因为存在许多从个人角度理解问题而产生的理论困境,如囚徒困境。当然这些理论困境在多大程度上就是现实困境,还需要更深入的研究。对社会规范的研究已经成为法经济学研究中的一个热点,对法律的研究也是建立一个外生于行为人的但要作用于其行为选择的适当体系。这些研究都将与行为经济学一起使我们深入地思考个人主义方法论的适用性。

2. 行为法经济学

行为法经济学是在应用行为经济学和实验经济学成果的基础上形成的,目前它处于消化行为科学成果的阶段。学者们将行为法经济学谨慎地定位为:运用行为科学的成果更好地解释法律所追求的目标及实现这些目标的手段,提高法经济学的解释力和预测力。[2] 行为法经济学的内容:一是应用行为科学的结论,判断法律规则约束下行为人的反应,说明法律规则的效果,进而为选择法律规则提供依据;二是构造一个良好的法律环境,最大化地降低行为人理性受到的限制和影响。理性选择理论尽管不现实,但它毕竟说明了实现最优决策所需要的条件。行为法经济学的一个主要研究内容就是说明如何限制那些使行为人理性受限的因素发挥作用,使行为人能够最优决策。

---

〔1〕 在实验中,当要求行为人在获得240美元和以25%的概率获得1000美元之间进行选择时,84%的人选择了前者,尽管后者的预期效用(250美元)比前者还多10美元。而当被要求在损失750美元和以75%的概率损失1000美元之间进行选择时,87%的人选择了后者,但二者的预期效用是一样的。参见Kahneman and Tversky,“Prospect Theory: an Analysis of Decision Under Risk”,*Econometrica* 47,1979,pp. 263-292。

〔2〕 Jolls,Christine Sunstein,Cass R. and Thaler,Ri-chard,“A Behavioral Approach of Law and Economics”,*Stanford Law Review* 50,1998.

（1）克服有限理性

有限理性的生成因素：一是决策所需信息超出了行为人的处理能力，无法进行充分的成本——收益核算；二是行为人为一些因素所诱导，从而使成本——收益核算建立在了错误的基础上。行为法经济学与传统法经济学的差异就在于传统分析没有考虑这些导致理性有限的因素，因此得出的行为判断与现实不符，政策建议可行性不强。如对于过失侵权的分析。传统分析以"汉德公式"为基础，假定损害的发生概率为P，损害造成的损失为L，侵害人的预防成本为B，如果B > PL，侵害人没有过失，不承担责任；如果B < PL，侵害人有过失，承担责任。其中隐含的判断是理性的行为人在收益大于成本时应当支付成本，没有支付就违背了理性原则。公式中的概率P指的是侵害发生的实际客观概率，但是事后诸葛亮偏见指出在事件发生后人们往往高估事件的发生概率。[1] 而如果按照高估的概率进行预防，预防水平将超出社会最优水平，导致资源的浪费。更为关键的是，几乎都是在事故发生之后法律才介入追究责任的。事后诸葛亮偏见使我们对审判者认知判断的准确性产生了动摇，为责任规则的选择提供了更深入的依据。行为法经济学在许多方面都深化了传统分析的结论，细致了传统分析中所提出的框架。

（2）更为复杂的行为判断和规则选择

行为法经济学的行为判断建立在更为复杂的基础上，不将行为人的动机限定在最大化自我利益上，认为行为的产生有多种动因和机制，不是理性选择理论所描述的线性状态，因而扩大了法经济学的解释基础，能够说明一些传统分析所没有解释或难以解释的法律制度。如行为经济学表明公平也是行为人的追求目标，是内在于行为人的价值追求。在交往中，行为人不仅期待得到他人的公平对待，也被期望公平地对待他人。行为人的公平追求可以为许多被传统分析视为"反常"或"应改进"的制度，如对高利贷、价格敲诈、倒卖票证、出售人体器官、性交易等行为的禁止提供理论支持。因此在规则选择上：一是行为法经济学将有助于说明那些传统分析所不能解释的规则，二是即使是对相同的规则进行判断，二者也存在差异。

从总体上来看，行为法经济学还是很单薄的，行为科学所得出的结论还没有得到很好的消化，这些结论对于法律分析到底有哪些意义还在探索之中。并且行为法经济学虽然依据的是行为经济学提出的理性选择理论的"反常现象"，但它并没有将自己定位在替代理性选择分析的位置上。行为法经济学直接依据于理性选择的"反常现象"，比其他经济分析更直接地反思和检讨理性选择理论的不足，因而有更广阔的发展前景。

---

〔1〕 实验证明了高估的存在：实验要求两组人数相同的实验者根据汉德公式判断一家桥梁建筑公司是否对桥梁被洪水冲垮时造成的损害有过失。第一组被告之该桥梁实际上已经被洪水冲垮，损害已经发生。第二组没有被告之这个信息。结果第一组中57%的人认为桥梁公司有过失，而第二组只有24%的人认为桥梁公司有过失。也就是说在事后诸葛亮偏见的左右下，人们对偶然事故发生概率的判断大大提高了。参见Kamin，Kim A.，Rachlinski，Jeffrey J.，"Expost≠exante：Determining Liability in Hindsight"，*Law and Human Behavior* 19，1995。

四、理性选择的进一步精炼与法经济学的未来发展

当前科斯定理已基本上完成历史使命,它所开辟的研究领域已几乎被穷尽。谈判理论所形成的分析范式更是处在被淘汰的边缘,它的新古典经济学基础和市场至上价值观严重地束缚了它的进步。法律的博弈分析正是在谈判理论薄弱的地方有了突破,并逐渐发展成为新的分析范式。但是博弈分析也有缺陷:一是对策行为不完全是规则约束下人们的行为反应,已有证据表明对策行为假定扩大了人与人之间的对抗(如关于公共产品供给的实验证据);二是博弈分析较难用来分析法律的演变,因为博弈规则外生于参与者和博弈框架是博弈论的规定。结果是作为上述分析基础的理性选择理论在各个层面上都受到了挑战,随着行为经济学、实验经济学等研究所揭示的在有限理性、有限意志、有限自利和环境相关等方面证据的积累,理性概念迫切需要进一步的精炼。理性选择理论只有进一步地发展,才能保持其作为行为决策理论的基础地位。

(一)理性概念的进一步精炼

显然,未来的法经济学必须克服既有分析的缺陷,构建一个更加广泛和坚实的基础。因此精炼理性概念的基本要求就是,精炼后的概念能够将上述突破包含在内。理性概念精炼的渠道有两个:一是从内容上,二是从形式上。

1. 内容上的精炼

从内容上精炼,主要是确定理性概念中是否要限定行为的性质,是否要限定行为所追求的目标。从性质上看理性代表的是人类的理智行动,不受感情的支配。但实际上任何行动都是建立在一定情感基础上的,很难将理智与情感区分清楚。因此,经济学中的"效用"与"偏好"在价值和道德上都是中立的,既包括社会所希望的情感,也包括社会所反对的情感。即经济学中的"理性"是工具理性,不是认知理性,所以不应限定行为的追求目标。一般认为经济学的任务是如何在资源稀缺的条件下实现资源配置效率的最大化,但是这并不代表着资源配置效率的最大化是人们的最终目的。资源配置效率最大化只是实现社会福利最大化的手段,而什么是社会福利、什么状态才是福利最大化却不是经济学所能够说明的。因此,精炼理性概念的第一步是不限定追求目标的内容,使之可以容纳更多的价值追求,如公平,从而不将对法律的理解限定在效率的实现上,也不狭隘地认为法律体系是在建立类似于市场的"价格体系"。

更进一步,我们认为目标内容是社会和个人共同决定的。这样就可以将那些有限自利的"反常现象"包含在内。社会认同也是人类的基本生存动机之一。黑格尔甚至认为"为承认而奋斗"是更高层次的人类行为动因,只有人才追求荣誉这类东西,也只有对"承认"的追

求才使人和动物区别开来。[1] 在社会认同的要求下,行为人完全可以选择非自利的目标。社会规范实际上就是已经形成的社会认同标准,它可以外在于行为人,使行为人为获得认同而遵守它,也可以内化于行为人的目标追求中,行为人自觉地遵守它。公共产品的供给实验也表明行为人都希望自己被他人公平对待,但前提是自己公平对待他人,也就是“己所不欲,勿施于人”。

2. 形式上的精炼

从形式上精炼理性概念,则是将理性限定在“一致性”上,要求手段是最适合目的实现的手段。“一致性”是对行为人理智的最低要求,要求行为人具有这种选择能力或至少有追求一致性的内在心理趋势。这样,在理想状态下,行为人的认知能力能够认识到自己将要追求的目标和实现这些目标的手段,其计算能力能够计算不同手段的实现效率,其意志能力则能够实现目标之间的统一。也就是说,理性选择理论描述的是完美的理想状态,但由于它太过完美、太不现实而受到批评。“一致性”虽然依然具有理想色彩,但它已经放弃了绝大部分的框架假设,只保留了理性概念的核心。如果再放弃“一致性”的要求,那么理性概念根本就没有存在必要了。

当有限制性因素(如信息的不完全、偏见的自我加强等)时,行为的一致性就建立在了错误的基础上,不能达到理想状态。然而行为经济学所表明的理性选择理论的“反常现象”,并没有否定“一致性”追求。人们在任何时候都是力图使自己所选择的行动最适合目标的实现,这是人类行动选择的一个内在趋势。说它是一个趋势,就意味着人们在向着这个目标努力,它不一定都会得到实现。“有限理性”表明的是行为人不具有充分计算能力和足够的记忆力,但是这不代表行为人不再进行计算,而是说计算可能不全面,结果可能是不正确的,行为人依然在进行计算。[2] “有限意志”显示行为人不能形成有序的效用函数,在多重目标的冲突中,没有追求整体效用的最大化,而是追求了当前效用的最大化。但行为人毕竟是进行了最大化的追求,并且在多数情况下实现了当前效用的最大化,尽管行为人的效用选择是错误的(就其整体效用的实现而言)。“有限自利”则是表明行为人追求了自我利益之外的目标,追求也是在向着目标最大化的实现在努力。在“环境相关”中,框架效应实际上是人们最大化避免损失心理的反映,禀赋效应和现状偏见则表明行为人对其所拥有的物品和被其认为是属于现状的东西具有更高的评价,赋予了更高的价值。而这是一个不同于以往理论判断的新的成本收益核算基础,完全可以融入最大化框架中。

Korobkin 与 Ulen 认为将理性限定为“一致性”后,理性概念就太过宽泛了,因为任何行为在事后都可以解释为当时最适合的行动选择。[3] 但是如果我们在事前就确定了行为的

---

〔1〕 郑也夫:《新古典经济学“理性”概念之批判》,载《社会学研究》2000年第4期。

〔2〕 管毅平表述了同样的观点。参见管毅平:《经济学信息范式刍论》,载《经济研究》1999年第6期。

〔3〕 Korobkin, Russell B. and Ulen, Thomas S., “Law and Behavioral Science: Removing the Rationality Assumption from Law and Economics”, *California Law Review* 88, 2000, pp. 1051 – 1144.

追求目标，行为人的选择就可以"证伪"了。尽管我们不对行为人的目标进行限定，但这并不代表我们认为行为人的行动是没有目的的。相反我们认为，行为人的选择都是基于一定目标的选择，而且目标是先于行动而存在的。即使行为人有多重目标，因为认知能力的限制，行为人不能具体确定目标的追求顺序，行为人的行为选择也是在向实现这些目标的方向努力，而不是没有目标。习惯、传统、嗜好等使行为人的行为选择看起来好像没有目标，但实际上是目标已经隐含在行为中，行为人在过去的经历中已经设定了目标。尽管这个目标与当前行为人的目标可能不一致，但这只意味着行为人的目标选择是错误的，而不是行为人没有目标。

只要行为人的行动选择和所选择的目标相一致，即使目标错误，从"一致性"的标准来看也是"理性"的。经济学不对目标进行判断，只应着重目标和手段之间的"一致性"。"一致性"就是经济学要追求的目标，这是一个工具目标。这对非市场制度的经济分析的意义尤为突出。非市场制度的追求目标不是经济学所能说明的，将经济学应用于非市场制度的分析只能限于对非市场制度实现其目标的"一致性"进行判断。不能将工具目标与目的目标混同在一起，传统法经济学的一个失误就是混淆了二者，将效率解释观和效率价值观混在了一起，认为效率是法律制度的唯一追求目标。判断各种法律规则是否最适合实现它的目标，并不代表资源配置效率必然是法律的追求目标。如果法律追求效率，也只是追求工具意义上的效率，而不是目的意义上的效率。不同的法律制度有它自己的追求目标，不能将法律制度简单地类比于市场制度，以市场制度的标准和价值观来解释所有的法律制度。这一点与法律实证主义的思想是一致的。

（二）新理性选择理论

法律的经济分析是否会发展到完全放弃理性假设地步？当然不是。

一是竞争性理论的发育程度尚不足以取代理性假设。如果仅有对理性理论的批评，而没有发展出足以替代它的关于人类行为假设的理论，理性选择理论依然不会被抛弃。库恩的范式竞争理论已经表明了这个道理。[1] 二是如果放弃对行为与目的一致性的要求，我们将缺乏对人类行为的基本判断标准，所有的行为判断都不能得到证伪。纯粹理性尽管认为行动目的外生于行动方案的选择，因此任何行为在事后都可以解释为是在一定目的限定下采取的符合一致性要求的行动，难以进行证伪。但是行为的合理性都是由目的规定的，不同目的必然提出不同的行为要求，因此行为之间就可以基于目的的不同而进行证伪。而如果放弃一致性要求，则行为不仅事后不能证伪，事前也难以证伪。三是经济学的核心问题是选择问题，而选择必然与最优化联系在一起。研究的目的不仅要找到最优化的方法，更是要为现实经济运行提供政策指导。但经济运行的目标往往不是经济学本身所能够说明

〔1〕［美］库恩：《科学革命的结构》，上海科学技术出版社1980年版。

的,它们更取决于经济学以外的力量和研究。经济学的作为只限于根据目的进行手段评价,包括解释手段之间的冲突,以及目的(如短期与长期)之间的冲突,而不是对目的本身进行判断。所以关于人类行为的理性假设发展到纯粹形式理性的程度已经足以满足经济学的要求。

进一步从法经济学当前的发展趋势来看,理性概念也没有被放弃。博弈论中应用的理性概念已经是初步精炼后的概念,博弈参与人的追求目标并没有严格限定在自我利益上,尽管在多数情况下是这样假设的。参与人行为与目标的一致性是假设的核心,博弈的结果——博弈均衡不一定就是效率均衡;行为法经济学着重于明晰理性选择理论“反常现象”的法律分析意义,但如前所述,它并没有打算放弃理性选择理论,只是表明理性概念需要进一步地精炼;对社会规范的研究主要着重于如何将社会规范所具有的社会控制力量和法律制度的控制力量有机地结合在一起,社会规范基本上是与法律制度并行的研究对象,分析它的方法依然是理性选择理论。

再退一步讲,法经济学如果要保持其对法律进行经济学分析的规定性,也必须坚持理性概念“一致性”的内核,尽管理性选择不是经济学的全部内容,但如果放弃了“一致性”的要求,那么对法律的分析肯定不再是经济学分析。因此,可以判断说,法经济学未来的发展依然要坚持以理性选择理论为核心,只不过理性选择理论是以精炼后的理性概念为核心,放弃了那些辅助性的、不现实的假设,是一个“新理性选择理论”。它的内容总结起来主要包括:(1)目标选择先于行动的选择,行为与目标保持一致性;(2)行为人的追求目标虽然是外生的,但它是由社会和个人共同决定的。这是一个开放的理性选择理论,又是一个纯粹的工具性的理性选择理论,能够胜任制度分析的角色。根据法律制度在社会控制中的地位、其本身具有的性质、在法律体系中的角色来理解法律制度,而不是以市场制度为本位理解法律制度,也已经成为法经济学研究的主要趋势。但突破刚刚开始,相信在“新理性选择理论”的指引下,法经济学依然有广阔的发展前景。

(原载于《中国社会科学》2002年第1期)

“善治”视野中的国家治理能力及其现代化

魏治勋*

在当下的世界与中国，国家治理问题都是最重要、最核心的命题之一，美国学者福山将此类问题称之为“国家构建”(state-building)；它之所以重要，乃是因为“软弱无能的国家或失败国家已成为当今世界许多严重问题(从贫困、艾滋病、毒品到恐怖主义)的根源。”[1] 近代以来，法治在世界各国的普遍实施意味着，法律秩序已然将人的欲望正当化并以权利和自由的形式作为社会生活关系建构的基本机制，但同时也为国家治理制造了一个根本性困扰：这就是，人们权利和利益需求一旦被开放出来就势必会日渐扩展、趋于多元，于是如何进一步整合权利与利益需求并使之秩序化就成为现代国家的普遍难题。[2] 从中国当下的社会现实来看，处于社会转型期的中国，社会各种矛盾层出不穷，在此情势下，中共十八届三中全会业已明确将国家治理问题置于未来政治规划的核心位置。社会秩序问题的复杂化和当前的国家治理任务都迫切要求学术理论界为国家治理体系的建构和治理能力的提升提供新思维、新范式。因此，深入探讨国家治理能力的提升路径以助益于国家“善治”的达成，就成为必须予以解决的基本理论问题。

一、“国家治理”与“国家治理能力”概念的重构

自20世纪90年代以来，在先进法治国家，“治理理念占了上风，成为对旧式统治风格而言的一种前景光明的现代化。”[3] 这一判断带出有关治理问题的三个方面的智识贡献：其一，治理理念的背景与目的何在？其二，为什么治理从根本上讲是对“统治”风格的一种根

* 魏治勋，山东大学法学院教授、博士研究生导师。

〔1〕 Francis Fukuyama, “The Imperative of State-Building”, *Journal of Democracy* 15, 2004, pp. 17 - 31.

〔2〕 魏治勋：《法的“规范性稀薄化”及其历史谱系》，载《法学评论》2012年第2期。

〔3〕 [法]让-皮埃尔·戈丹：《何谓治理》，钟震宇译，社会科学文献出版社2010年版，“引言”第3页。

本性重构？其三，为什么治理的上位意味着一种“前景光明的现代化”？要回答这3个问题，都必须对当代国际社会流行的“善治”理念进行深入理解，并将对这3个问题答案的寻求置于“善治”的视野之下，我们才能够对上述问题的实质及其内在关联有一个基本的把握。

现代社会建构社会秩序的基本方式是以宪法和法律为主要手段的“统治”范式，它严格地将法律秩序的建构建立在国家和社会二元分立的基础之上，国家作为秩序建构或曰“统治”的唯一主体对作为“客体”的社会予以规则化调整，而构成社会之原子的个人与法人则必须遵从国家单向的调整并按照其内在的逻辑获得行为自由的保障和救济。但是，传统法治所遵从的这种单向度的统治范式在当今社会遭遇到了普遍的问题甚至在许多国家正面临失败的厄运：在所谓的法治先进国家，国家越来越无法满足公民不断膨胀的物质需求与政治参与的要求，国家被财政困境拖垮、政府频繁更迭正在成为西方发达国家不断重演的政治现实，这些法治先进国家正在变得“越来越不成功”；在广大“拉美化”国家，国家在物质上尚未发达、政治上尚未完全现代化之际，就已经被选票绑架，国家穷于应付选民需求的“民粹主义”取向不断遭到失败，却难以走出恶性循环；在广大的亚非发展中国家，却面临另一方面的难题，这就是：面对民主法治化的世界潮流，传统的专制或集权统治虽屡遭反对和批评，却很难迈出民主法治化的步伐，政治统治的现代化转型成为一个根本性难题。正是在这种意义上，“软弱无能的国家或失败国家”无论对发达国家还是发展中国家都是一个必须面对的普遍性问题。就此而言，当代世界各国面临的主要问题，就国家治理的角度而言，其根本原因都在于国家构建的失败或者不够成功、不再成功。正是在此意义上，福山断言：对单独一个社会以及对国际社会来说，国家的衰亡并不是通往理想国而是灾难的前兆。良好社会秩序的达成不需要什么都管的国家，但确实需要在有限范围之内具有必要功能的、强有力而且有效的国家。他指出，我们必须充分认识到公共权力的必要性——“集聚合法的权力并运用于特定目标，这是只有国家和国家集团才能做到的事情。这种权力既对本国实行法治是不可或缺的，也是在国际上维护世界秩序所必需的。”因此，现代社会寻求有秩序生活的根本出路在于，“我们毫无选择地只能回身去寻找主权民族国家，并且试图再次理解如何让国家强大、有效。”〔1〕

治理与“善治”正是针对国家的软弱无力和国家构建失败的问题而提出的有针对性的策略。按照学界公认的理解，治理与“善治”作为克服传统统治模式之问题的对应性策略，是1989年世界银行在概括非洲国家治理的糟糕情形时提出的评价性概念，其目的在于走出“治理危机”(crisis in governance)。在治理与“善治”的关系中，“善治”可以被看作治理的衡量标准和目标取向，所谓“善治”既是结果和目标意义上的“良好的治理”(good

〔1〕［美］弗朗西斯·福山：《国家构建：21世纪的国家治理与世界秩序》，黄胜强、许铭原译，中国社会科学出版社2007年版，第115页。

governance),所以在“善治”视野下理解治理的概念,即是将治理看作一种达成和服务于某种好的目标模式的国家构建过程和方式。正是在二者关系基础上,学者对治理(governance)作出了与统治(government)相比较意义上的界定:治理是指“在一个既定的范围内运用权威维持秩序,满足公众的需要。治理的目的是指在各种不同的制度关系当中,运用权力去引导、控制和规范公民的各种活动,以最大限度地增进公共利益。”[1]治理和统治的区别正在于治理虽然需要权威,但这种权威并非一定是政府,而统治的权威则必定是政府;治理是政治国家与社会合作、政府与非政府合作、公共机构与私人机构合作、强制与自愿协和,从而在双向的沟通和互动过程中实现社会公共事务秩序化的过程,它与统治模式中公权力运行的单向性具有明显的不同。因而,治理呈现出与传统统治模式明显不同的特征:治理强调的乃是使冲突或不同的利益得以协调并采取联合行动的持续过程,由此在规则基础上的多元互动、协调与合作的过程才是治理的核心所在,治理因之必然是以多元主体间的合作求得公共利益最大化为取向的,因而在逻辑上治理必定是以“善治”为导向,尽管在实践中可能由于种种原因并不必然导致善治。而作为治理之理想状态的“善治”,其“本质特征就在于它是政府与公民对公共生活的合作管理,是政治国家与市民社会的一种新颖关系,是两者的最佳状态。”[2]就此而言可以说,“善治是基于治理理论而衍生出来的理想目标,治理强调的就是公民对公共事务的参与和公私合作,没有公民的自愿参与,也至多是实现了善政而已。”[3]基于此,只有将治理置于善治的考量与限制之下,治理才是具有良好目标取向从而不会轻易坠落到传统统治困局中去,善治之于治理犹如宪法之于法律,前者构成了后者的价值评价标准和指导性原则。

那么,何谓“国家治理”?尤其是,在中共十八届三中全会决议同时使用“国家治理”“政府治理”“社会治理”三个概念的情况下,如何准确界定“国家治理”并与其他两个概念明确区分开来,并在此基础上清晰地处理好三者之间的关系?这一问题的解决,对于正确回答前面提出的三个问题亦具有基础性意义。从治理概念本身含义来看,治理总是意味着拥有公共权力的主体对治理对象的规制、调整和管理的行为。但是公共行政或公共政策学所理解的治理,其核心并不在治理主体针对治理对象如何发出其治理行为并达成治理目标。相反,公共治理的核心问题在于如何设计和构造作为治理主体的公共权力或者社会组织体自身内在结构,从而治理事业所关注的焦点不再是治理对象而是治理主体自身。治理意味着按照“善治”的要求重构治理主体和治理机制:通过吸纳社会组织与公民的广泛参与实现治理主体的多元化;通过治理权能的分化和转移实现多元主体的责任共担;通过治理方式的民主化重构实现治理机制和治理关系的根本转化,达致多元共治的和谐关系状态。

---

〔1〕 俞可平:《治理和善治:一种新的政治分析框架》,载《南京社会科学》2001年第9期。

〔2〕 同上。

〔3〕 胡仙芝:《从善政到善治的转变:“治理理论与中国行政改革”研讨会综述》,载《中国行政管理》2001年第9期。

那么,在此一视野下审视前述三个概念,则可以对其作出如下区分:"国家治理"的核心问题在于重构作为传统政治统治主体的国家——构成国家这一整体性公权系统的三大子系统都必须按照"善治"的要求予以重构,即福山所言的"国家构建";[1]"政府治理"的核心问题则是如何按照"善治"的要求重构行政系统,其实质是"政府再造"。[2] 就此而言,国家治理与政府治理的重心不在于治理对象而在于治理主体自身,"国家构建"和"政府再造"才是其焦点所在。而按照传统的理解,"治理"体现的是治理主体对治理对象的权力输出。在"善治"视野下,"社会治理"的概念则因为治理主体的重构而面临根本性的意义转换,不再存在绝对二元对立意义的治理主体与治理客体的划分,鉴于治理主体已获重构或再造,公共治理主体和公民之间毋宁是一种"主体间性"的交互关系,它们相互结合构成了多元主体双向互动关系意义上的自主性网络,于是社会治理过程在某种意义上转化为治理主体的"自我统治",多元共治成为社会治理的一个突出特征。

不过,新近兴起的与信息时代相适应的"整体性治理"(holistic governance)思潮也已对"矫枉过正"的治理理念提出了再纠正:因为,"无论是传统公共行政模式还是新公共管理模式都带来社会治理的碎片化和政权体系内部的分裂等一系列问题,面对许多社会问题,它们都无法提供最佳方案。"[3]于是,一种重新要求"从分散走向集中,从部分走向整体,从破碎走向整合"[4]的"整体性治理"新观念应运而生。对于志在建设现代化治理体系的中国等发展中国家而言,自然应当充分关注西方发达国家业已走过的治理之路及其经验教训,既不可过分迷信新理论、新范式而企望跳过现代化治理体系的建构阶段,更不能沉迷集权制的体制旧窠而拒绝改革,一个相对集中而吸收多元因素的民主、高效、开放的治理体系应当是当前治理体制改革的恰当选项。

经过上述分析与综合,我们可以重新定义一个"狭义的"有关治理的概念系列:国家治理和政府治理是社会治理的主体性条件,而社会治理则是通过国家治理和政府治理实现治理主体重构的基础上与社会达成的良好关系秩序的过程与方法。其中,国家治理与政府治

[1] 福山所言的"国家构建",就是"在强化现有国家制度的同时,新建一批国家政府制度。"其目标在于建设"在有限范围之内具有必要功能的、强有力并且有效的国家",以克服国家弱化和国家无能导致的灾难性后果。参见[美]弗朗西斯·福山:《国家构建:21世纪的国家治理与世界秩序》,黄胜强、许铭原译,中国社会科学出版社2007年版,"序"第1、115页。

[2] "政府再造大师"戴维·奥斯本认为,政府再造就是创造具有内在改革动力和企业家式思维的公共部门,即创建"自我更新的体制"。参见[美]戴维·奥斯本、普拉斯特里克:《再造政府》,谭功荣、刘霞译,中国人民大学出版社2010年版。在其另一著作中,他指出:"政府再造"就是"对公共体制和公共组织进行根本性的转型,以大幅提高组织效能、效率、适应性 以及创新的能力,并通过变革组织 目标、组织激励、责任机制、权力结构以及组织 文化等来完成这种转型过程。"参见[美] 戴维·奥斯本、彼德·普拉斯特里克:《摒弃官僚制》,中国人民大学出版社出版2001年版。按照国内学者的界定,"政府再造"就是现代意义上的政府改革,就是在国家与社会、政府与市场、政府与公众、政府与企业等诸多关系层面对政府治理观念、组织结构、运作方式的变革性调整。参见刘树信:《西方国家的政府再造及其启示》,载《理论探索》2003年第6期。

[3] 翁士洪、顾丽梅:《治理理论:一种调适的新制度主义理论》,载《南京社会科学》2013年第7期。

[4] 竺乾威:《从公共管理到整体性治理》,载《中国行政管理》2008年第10期。

理之间是公权力系统内部关系的重构,“国家构建”因此是一个包含“政府再造”在内的立法、行政、司法三大公权体系参考“善治”的标准与原则进行的重建,立法体系与司法体系的再造亦是其当然内涵。当然,广义的“国家治理”和“政府治理”,应当包含国家公权组织向社会输出其治理活动的部分。但是,在当下中国政治体制改革的语境下,“政府治理”或曰“政府再造”才是国家治理的核心问题和中心任务。原因主要有三点:其一,在国家治理的职能范围内,政府承担了绝大部分的治理任务。立法机关通过其立法行为为政府治理提供规范基础,并对其治理行为予以审查,而司法机关则对政府治理行为的结果予以过滤、纠偏和救济,是政府而不是其他公权机构才是治理任务和过程的主要承担者。从职能规模上看,政府构成了国家治理的中心,国家治理因此主要是政府治理。其二,从三大公共权力体系的具体性质来看,政府治理必然成为国家治理的中心环节。立法机关本质上是一个代表人民立法的民意机构,其自身性质和权力行使过程并不缺乏民主性和主体交互性,反而是以这种特性为其主要特征,这意味着立法体系的治理主要是一个完善而非重构或再造的过程。而司法机关及其权力行使的独立性、被动性、中立性以及司法过程的对抗性质,表明司法体系自身就是一个相对自足的以多元主体性的凸显为重要特征的系统,因而司法的再造主要是一个以完善其程序规则体系并进一步确保其职权独立性的过程。与之明显不同的是,行政系统的改革或曰“政府再造”却是一个治理范式的根本性转变,从其规模和性质的角度来看,“政府再造”之于当下的政府治理模式而言,无异于一场“自我革命”,一场从“统治”向“治理”转换的革命。其三,从当下中国政府改革的时代任务来看,“政府改革的主要目的,就是进一步理顺政府和市场、政府和社会、中央和地方的关系,更好地发挥市场、社会的作用,更好地调动中央和地方两个积极性,推动政府全面正确地履行职能,加快现代政府建设,努力促进经济持续健康发展、社会不断进步,不断人民群众的新期待、新要求。”〔1〕这表明,当下中国政府改革的主要思路就在于政府自身的“再造”,诚如李克强总理所言,“政府职能转变和机构改革是一场自我革命”。

与之相关联,关于国家治理能力的概念,应当主要从两个方面予以探讨:从重构国家治理体系的角度来看,国家治理能力意味着作为主要治理主体的国家改造自身体制、与社会组织和公民相结合共同建构自主性治理网络的能力,它本质上是一种治理主体自我重构的能力,而从国家治理体系能力输出的角度来看,国家治理能力表现为在体制和机制上获得重构的国家治理体系实施公共治理、达成治理目标的能力。前者表现为国家治理体系的一种自我改革再造的能力,后者表现为国家治理体系向具体的治理对象推行其治理意志的能力,这两种层次的能力对于致力于达成“善治”的现代国家而言都是必不可少的,国家治理体系自我改革和重构的能力构成了其强化输出能力、实现治理目标的基础和前提。由此,

〔1〕 李克强:《地方政府改革是一场自我革命:在地方政府职能转变和机构改革工作电视电话会议上的讲话》,载人民网:http://politics.people.com.cn/BIG5/n/2013/1108/c1024-23470814.html,最后访问日期:2014年1月7日。

国家治理能力就是国家通过自身制度构建打造强能力结构体系并据此向社会输出其治理举措、达成治理目标的行动力。打造强能力的国家治理体系是推进国家治理能力建设的基本目标所在。在现代民族国家条件下,为了完成秩序建构和权利保障的重任,“我们接受一个拥有强大的提取、渗透、规制和分配能力的国家——也就是强国家——的正当性”,[1]但国家自身必须改变,以适应“善治”的要求并有助于履行治理职责。

中共十八届三中全会明确地将“推进国家治理体系和治理能力现代化”作为深化政治体制改革的中心任务。[2] 国家治理体系的现代化,其核心要旨在于以现代治理理念重构公共权力,实现国家治理的范式转换,中心内容则是行政体系的自我再造,直接目标则是提升政府的治理能力,打造民主、法治、高效的现代行政体系,为国家的“善治”创造条件。鉴于政府治理的中心地位,国家治理体系与治理能力的现代化必须以“政府再造”和政府治理能力质的提升为主要内容和基本目标。

二、决定和影响国家治理能力的基础性要素

明确了国家治理能力的概念,就为探求国家治理能力的结构要素和衡量标准奠定了坚实的基础并明晰了思维路径。按照福山对国家治理能力的认识,国家治理能力是指国家在其治理职责的法定范围内“制定并实施政策和执法的能力特别是干净的、透明的执法能力”,他因此把国家治理能力称为“国家能力或制度能力”。[3] 那么,是哪些要素决定了国家治理能力的高低?有学者指出,“任何一个成熟的现代治理体系一定包含价值、制度、组织与机制四种要素。[4]”福山同样认为这个问题主要涉及国家概念中的四个方面:组织的设计和管理、政治体系的设计、合法性基础以及文化和结构要素。[5] 要对影响甚至决定国家治理能力建构的基础性因素的选取和考察,必须致力于发掘那些真正濡养和框定国家治理素养与强度的有形和无形的观念及制度构造。那么,内在地看,国家治理组织就是首要应予考虑的因素,组织的内在结构先在地决定着其外在其功能并有条件地转化为治理能力。从外部来看,在社会制度既定的情况下,一个国家特定时期的顶层设计无疑是决定国家治理体系发挥其能力的制度性、方向性与资源性硬约束;国家治理利益取向与过程的民主性或曰国家治理的合法性程度,则作为持久的基础性约束发挥着愈来愈显著的影响力并深刻

[1] [美]乔尔·S.米格代尔:《强社会与弱国家》,张长东、朱海雷等译,江苏人民出版社2012年版,第17页。

[2] 《中共中央关于全面深化改革若干重大问题的决定》,(2013年11月12日中国共产党第十八届中央委员会第三次全体会议通过),载《人民日报》2013年11月16日,第1版。

[3] [美]弗朗西斯·福山:《国家构建:21世纪的国家治理与世界秩序》,黄胜强、许铭原译,中国社会科学出版社2007年版,第7页。

[4] 唐皇凤:《新中国60年国家治理体系的变迁及其理性审视》,载《经济社会体制比较》2009年第5期。

[5] [美]弗朗西斯·福山:《国家构建:21世纪的国家治理与世界秩序》,黄胜强、许铭原译,中国社会科学出版社2007年版,第23~30页。

影响其治理效能。而历史地看,任何国家的治理都逃脱不了政治法律文化的"嵌套",而毋宁是以特定政治法律文化传统为视野的基于现实政治需要的"视域融合"过程,由此对文化及其作为其内核的主导性价值的考察必不可少。在此,让我们对塑造国家治理能力的上述四个要素稍作深入考察:

其一,国家治理的组织结构设计。其核心问题是以何种组织理论和组织理念去设计国家治理体系的主体结构。按照传统的组织理论,组织体系的设计和管理就是如何构建并管理好等级森严、纪律严明的官僚机构,即科层制的设计和管理问题。对于科层制的官僚组织结构在统治技术方面的优越性,马克斯·韦伯曾经作出精当的概括:"精准、迅速、明确、熟悉档案、持续、谨慎、统一、严格服从、防止摩擦以及物资与人员费用的节省,所有这些在严格的官僚制行政(尤其是一元式支配的情况)里达到最理想状态。比起任何合议制的、名誉职与兼职等形态的管理,训练有素的官僚表现——就上述所列要求而言——都显得更优秀。而且在复杂的任务里,支薪的官僚做事不但更精确,(在最后结算时)较之形式上不支薪之名誉人员的办事,往往还来得便宜。"〔1〕就此而言,"官僚制构造的拓展,乃基于其'技术的'优越性。"这种优越性,使"官僚制一旦确立,即为社会组织中最难摧毁的一种。官僚制乃是将'共同体行动'转化为理性且秩序井然的'结合体行动'的特殊手段。以此,作为支配关系之'理性组织化'的工具,就控制官僚制机构的人而言,官僚制一直都是种无可匹敌的权力手段。"〔2〕现代国家的行政体制完全是按照科层制的官僚制度模式组织起来的,即便是由民选代表组成的现代立法机关以及实行均衡对抗式庭审结构并通过正当程序追求裁判正义的司法机关,在其内部组织形式上,也普遍采用了科层制的官僚制度模式。可以说,垂直化的官僚制管理模式,一直都是现代国家统治的强固形式,"只要行政管理已彻底官僚化之处,支配关系的形态实际上即无从摧毁。"〔3〕但在当代治理理论视野中,严密的科层制却构成了国家治理体系的主要问题所在,科层制官僚模式内在地造成了当代国家治理的一系列主要问题:由于科层制官僚模式所导致的国家治理模式必然是集权的"权威体制",而"从权威体制的角度,中央政府权威需要以严密有效的组织制度和观念制度维护之,体现在权力、资源的向上集中,并通过中央政府政策指令在日常工作中的贯彻落实而延续和强化之,但从组织有效治理的逻辑来说,权力、资源和治理能力应该放在有效信息的层次上,即加强基层政府的能力,而这一思路与权威体制的基本原则相悖,产生了紧张和冲突。"〔4〕这就使采取官僚体制的现代国家在整体上并不能很好地发挥其治理能力因而限制了其治理效能;另一方面,在每一层级的治理组织内部,由于官僚体制过于强调自上而下的压制性的任务体制及其执行力,它就在很大程度上因其僵死性而抑制了具体制度创新和个体能动性

〔1〕[德]马克斯·韦伯:《支配社会学》,康乐、简惠美译,广西师范大学出版社2004年版,第45页。

〔2〕同上书,第65页。

〔3〕同上。

〔4〕周雪光:《权威体制与有效治理:当代中国国家治理的制度逻辑》,载《开放时代》2010年第10期。

的发挥。因而,在现代国家治理规模急剧扩张(在很大程度上与当代福利国家制度的推开和“反恐”安全形势的挑战密切相关)和治理任务空前繁重的条件下,仅依靠“技术治理手段”的改良已经无法解决“无力和失败国家”(Weak or failed states)〔1〕问题。在国家治理方面,紧迫地需要一场以“善治”原则导向的通过对国家治理体系的重构以提高国家治理能力的革命性变革。以作为其中心部分的政府治理为例,西方工业化国家业已成熟并趋于衰败的“韦伯式”官僚体制正处于被废弃、被新的治理模式所取代的过程中,但“对体制转换中国家和发展中国家而言,在追求政府部门最大经济效益的同时,必须重视建立一个可被预测的、属于全民的、正直的韦伯式官僚政府。”〔2〕也就是说,对行进在现代化路途中的中国和广大发展中国家而言,科层制的权威性的韦伯式官僚政府仍然是维护秩序和实现现代化目标所必需的,但同时必须在相当程度上克服官僚制的专制和僵化的问题。可选择的改革方略主要是:通过引入市场机制以限制国家权力的合理范围并提高其能力强度和效能;通过扩大官僚组织内部员工的平等参与权以激活其能动性和创造力;通过拓展广大公民对国家管理的参与度强化治理的民主性以增进国家治理的实践效果。经由上述多维模式过滤的国家治理组织结构,将是基本保留韦伯式科层制的内核但同时充分注入了民主性和沟通理性精神的、具有多元共治结构特性和组织形式的较为均衡的体制,既有助于发挥科层制的执行力优势,又有利于组织成员主体能动性和创造力的释放,这在客观上有助于形塑一个公民有效参与和监督制约公开化的运作机制。对于经常被诟病为傲慢、低效、贪腐形象的传统国家治理体系而言,新的组织结构模式将不仅大幅度提升其治理效能,还将赋予其前所未有的活力机制和清新形象。

其二,国家治理的顶层设计。我国自从在“国家‘十二五’规划纲要”中首次提出“顶层设计”概念以来,“顶层设计”就成为国家体制改革路径选择的关键词。但是对于什么是顶层设计,学者们却众说纷纭。在有的学者看来,顶层设计意味着“着眼于国家的长治久安,着眼于广大人民群众的根本利益,遵循增量改革的路径,着力打破阻碍改革与发展的既有利益格局,构筑公平正义的新利益格局”,〔3〕“顶层设计”即是从调整利益格局入手的改革路径设计。有学者明确指出,“改革的顶层设计,实际就是对未来中国改革的整体谋划,也是从人民的最高利益出发,站在国家的层面,对制约我国未来改革发展的全局性、关键性问题进行顶层判断,提出解决的整体思路和框架,以此作为规范各类具体改革的标杆,作为制定具体改革政策的依据,从而最大限度地化解改革的阻力,降低改革的风险,确保改革的顺利推进。”〔4〕吴敬琏认为,社会经济体制是一个巨型的系统,为了保证各个子系统之间的协

---

〔1〕 Francis Fukuyama,“The Imperative of State-Building”,*Journal of Democracy* 15,2004,pp. 17–31.

〔2〕 B. Guy. Peters,*the Future of Governing*:*Four Emerging Models*,University Press of Kansas,1996,P. 7. 中文版参见[美]B. 盖伊·彼得斯:《政府未来的治理模式》,吴爱明、夏宏图译,中国人民大学出版社2013年版,第6页。

〔3〕 陈家刚:《“顶层设计”之辩》,载《人民论坛》2012年第17期。

〔4〕 汪玉凯:《准确理解“顶层设计”》,载《北京日报》2012年3月26日,第17版。

调和互动，必须要有从上到下的顶层设计和总体规划，过去曾以“目标模式”名之。许多基层的制度创新，往往都能为整体改革提供重要的方向提示和实施经验，甚至本身就具有全局意义。为此应当热情支持，使顶层设计和基层创新更好地结合起来，协力推进改革。[1]就此而言，“顶层设计”的核心问题是国家治理体系的总体设计问题，它涉及主要包括治理目标模式的选择、治理机制的调整和治理方法的考量等重要内容，这与福山所言的“国家整体层面上（而不是各个组成机构）的制度设计”，可谓基本同义。概言之，顶层设计意味着“确立中国制度的经纬坐标，对中国巨大的体制、机制和制度进行现实定位、测量和评估，从提高制度效率的角度进行定性梳理和定量研究，以问题为导向倒逼改革。”[2]顶层设计之于中国国家治理体系重构的重要性，俞可平的论断可谓一语破的：“作为中央高度集权的国家，事关国计民生和民主法治的重大制度改革，事关社会政治经济的全局性制度改革，只能由中央决策层规划，由中央统一推动。没有中央的权威性支持，最出色的地方改革举措，也可能会事倍功半，甚至功败垂成。因此，‘顶层设计’”在中国有着特殊的重要性。”[3]顶层设计之于国家治理体系完善和治理能力建设的意义，主要体现在国家治理目标模式的选择、治理机制的调整和治理方法的转变三个方面：从治理目标模式的选择来看，选择国家治理的哪些领域作为改革突破口、建立何种模式的基本体制，实际上与国家在特定时期如何选取和确定其职能范围密切相关，且必然极大地影响其治理能力与效能的发挥。福山以横轴代表国家职能范围、以纵轴代表国家力量的强度考察世界若干国家治理能力的强弱后发现，那些治理能力弱的国家却管理着它管不了也管不好的极广范围的事务，而美国却属于另一类型，一方面其国家权力的职能范围相当有限，另一方面美国却是一个治理能力非常强的国家：“美国建立的是一套有限政府制度，在历史上就限制了国家活动的范围。在这个范围内，国家制定及实施法律和政策的能力非常之强。”[4]中共十八届三中全会在国家治理顶层设计上，强调“紧紧围绕使市场在资源配置中起决定性作用深化经济体制改革”，“紧紧围绕坚持党的领导、人民当家作主、依法治国有机统一深化政治体制改革”，“紧紧围绕更好保障和改善民生、促进社会公平正义深化社会体制改革”，改革开放以来市场化、法治化和民主化的改革进路就是中国改革的顶层设计的全面体现，核心价值体系、民生问题、党的领导体制和执政方式的改革亦应列入顶层设计的目标范围。市场化、法治化、民主化改革进路必定深刻国家治理的机制和方法，它意味着：其一，政治国家必须与市场适当分离，政治事务归国家，资源配置归市场，让市场机制对资源配置和价格形成起到基础性和决定性的

[1] 参见吴敬琏：《“顶层设计”的误读》，载《商周刊》2012 年第 11 期。

[2] 徐晓冬：《制度体系现代化：理论经纬和技术细节——宏观、中观和微观分层研究框架》，载《人民论坛》2013 年第 34 期。

[3] 沈刚：《政府创新需“顶层设计”和“基层探索”良性互动：访中央编译局副局长、著名学者俞可平》，载《经济》2012 年第 4 期。

[4] [美]弗朗西斯·福山：《国家构建：21 世纪的国家治理与世界秩序》，黄胜强、许铭原译，中国社会科学出版社 2007 年版，第 6 页。

作用,国家和政府必须加大简政放权的范围和力度,由是“以简驭繁”必须被视为“国家治理的首要定理”[1];其二,必须实现治理的法治化,它意味着必须将宪法、法律确认为是社会的最高权威,以控权制度的确立和国家法定权力与法律责任相统一制度的建立为基本前提,实现国家治理就向法治思维与法治方式的转换,并以之约束从立法到执法、司法、守法和法律监督的全过程,最终“使善法达到真治”;[2]其三,要实现治理的民主化,它要求根据民主的原则再造国家治理的主体结构并将民主商谈、民主参与、民主决策机制贯穿于治理活动的全过程,于是社会组织与公民的政治参与管道的开放和保障必须纳入治理法治的范畴,治理民主化就因此而“从根本上超越代议制民主体制的局限”而具有了“推进公共事务治理结构革命性变革的旨趣。”[3]治理体制、机制的变革带来的是治理思维和方法的更新:国家治理必须以宪法法律为规范前提、以法治秩序的达成为系统目标和思维取向,在法治前提下非命令性的协商、合作、服务、契约、劝告、疏导、自治与严格执法司法合理结合、互为表里,共同构筑起国家治理的创新方法系统。由此可见,中共十八届三中全会对国家治理“顶层设计”的确立不但开创了治理体系的体制改革,也能够促动治理机制、治理思维和治理方法的创化与更生,这对于当下中国的国家治理能力建设而言不啻一场新的革命。

其三,国家治理的民主合法性基础。治理的合法性基础既涉及治理的利益取向、治理过程的程序正当性,又必然地反映为治理后果的正义性。福山指出,“尽管历史上有许多形式的合法性,但在当今世界,合法性唯一真正的来源则是民主。”[4]自从近代民主政治发轫以来,国家治理的民主性程度就成为考量一个国家政治生活合法性的最重要指标。马克斯·韦伯在谈及近代德国的国家政治民主化的前途时曾指出,“这里存在的只有两个选择:要么,公民大众在一个徒具议会制统治外表的官僚制‘威权国家’中丧失自由权利,像一群家养牲畜一般被置于‘行政管理’之下,要么,公民作为共同统治者被整合进国家之中。”[5]韦伯的提示直至今天仍具有深刻的警醒意义,对一个致力于民族复兴与国家崛起的政府而言,选择前者可能会获得暂时的虚假的稳定秩序,但付出的代价将是整个国家和民族的未来,一如近代德国走过的历程所昭示的那样。基于此,致力于崛起与复兴大业的中国国家治理事业,必须毫不犹豫地将自己的合法性根基铸造于民主制度之上。于是,对于国家治理事业而言,“政治民主既是一种思想与价值,又是一种以民主制度为主要内容的国家形式;既体现为一种以权利、协商、自主和自治为关键词的社会行动,又体现一种对民主决策和科学决策加以特别重视的治理机制与治理结构。”[6]公民对国家治理行为的认同是国家

---

〔1〕 任剑涛:《国家治理的简约主义》,载《开放时代》2010年第2期。

〔2〕 徐显明:《论法治构成要件:兼及法治的某些原则及观念》,载《法学研究》1996年第3期。

〔3〕 何显明:《治理民主:一种可能的复合民主范式》,载《社会科学战线》2012年第10期。

〔4〕 [美]弗朗西斯·福山:《国家构建:21世纪的国家治理与世界秩序》,黄胜强、许铭原译,中国社会科学出版社2007年版,第26页。

〔5〕 [德]马克斯·韦伯:《韦伯政治著作选》,阎克文译,东方出版社2009年版,第106页。

〔6〕 林尚立:《政治建设与国家成长》,中国大百科全书出版社2008年版,第62页。

治理合法性的基本表征,而公民与社会组织参与国家治理的广度和深度亦即国家治理主体结构及其行为过程的民主化,就成为铸造合法性基础的不二选择。合法性形成的基本过程机制是,“在制度化成熟、民主化完善的国家政治生活中,社会成员通过或多或少的个体或集体参与行动,特别是他们的诉求通过政治体系的输入输出系统得以体现。社会成员经过如此反复的政治行为过程,就会日积月累地形成对此等政体的持续认同与认可。”〔1〕经此,充分民主化的国家治理其运作过程本质上被转化成为公民的“自我统治”。从根本上说,国家治理的民主合法性之所以有助于其治理能力的提高和良好治理绩效的达成,就在于这种治理范式必然内含对政治输出秩序的自愿性遵从。但民主必须受制于法治,才不致走向非理性的歧途:“只有在以‘法的统治’作为主导的价值系统的社会,组织才能获得理性统治形态。”〔2〕国家治理的民主化与法制化相结合,就从合法性与合理性两个层面较为彻底地解决了“公民不服从”的历史难题。

其四,政治法律文化传统与价值。此一因素主要涉及一个国家政治文化传统以及作为其意识形态核心的价值系统。文化的重要性在于,“文化提供了各种政治、经济、社会力量得以运行的背景;反过来,制度、社会关系或历史事件规定了文化得以显现自身的方式。”〔3〕政治文化传统与价值对国家治理体系及其能力的影响是多方面的,一个国家的政治文化传统、社会主流价值体系、社会规范体系都会对该国家的正式制度的供给与执行产生显著的影响,它们共同构成了国家政治法律制度的主要渊源,其质量高低在相当程度上决定国家治理体系主体结构的建构及其输出治理行为的质量和绩效。鉴于中国政治法律传统的历史断裂性,古代中国的政治法律传统对当今中国国家制度和治理模式的影响相比于西方政治法律制度居于次要地位,但仍旧不可小觑:古代中国的文官制度是现代官僚体制的直接渊源,且仍对当下国家治理体系的构造发挥主导性影响;在国家治理法治基础建设方面,“本土资源”取向仍然对于法治体系的建构和完善发挥显著影响,古代中国的政治法律文化遗产仍旧是立法、执法和司法判决不断回顾和汲取资源的重要历史库存。在这种情况下,当代中国的国家治理体系建构和治理能力的培育,必须善于向古代遗产汲取良性甚至中性资源。〔4〕 对当今中国国家治理体系构造和治理能力培育影响至深的政治法律文化传统和

---

〔1〕 丁志刚、董洪乐:《现代政治文化与民族国家治理》,载《新疆社会科学》2012年第1期。

〔2〕 [日]佐藤庆幸:《官僚制社会学》,朴玉、苏东花、金洪云译,生活·读书·新知三联书店2009年版,第61页。

〔3〕 P. R. Moody, Jr., Trends in the Study of Chinese Political Culture, The China Quarterly, September 1994, p. 740.

〔4〕 武树臣先生将中国法律文化遗产概括为三类:劣性、良性和中性。其中良性遗产主要有:朴素的唯物主义辩证法和无神论精神、“人治”与“法治”相结合的“混合法”样式和日臻纯熟的法律艺术。中性遗产主要包括:立足于社会总体利益的“集体本位”、行为规范的多元综合结构以及司法中的温情主义和统一完备的法律设施。而劣性遗产则是“亲亲”“尊尊”的差异性精神和“重狱轻讼”的专制主义色彩。从总体上看,良性遗产主要是形式性的,而劣性遗产则主要是价值性的,中性遗产则二者兼具。这样看来,对古代中国法律文化传统的汲取主要以良性和中性的形式性遗产为主,价值性遗产则因其与现代法治精神相悖而不足取。参见武树臣等:《中国传统法律文化》,北京大学出版社1994年版,第737~757页。

主要价值,乃是来自中国共产党在延安时期创立并长期主导中国国家治理事业的政法传统。[1] 政法传统作为一种将政治工作与司法工作融合为一体的、人民民主主义的治理范式,在特定历史条件下实现了把司法技术与权力组织网络结合在一起的独特政治效果,使中国共产党终于寻找到一种新的"权力技术",实现了对"以党的领导为前提、以政治目标的实现为目的、以司法工作手段的实现社会治理法制化的政治技术体系"成功建构。从此,中国人民在经历了长期的近代挫折以后,终于能够借助于这种治理技术而寻求到一种凝结国民、改造社会,从而实现现代化,最终走向民族独立和国家富强之路的政治组织手段,民族救亡历史重任的完成由此得以可能。在中国共产党领导全国人民治理国家、建设现代化的历史过程中,政法传统以及作为其当代形式的"政法体制",一直是中国国家治理体系的核心构造所在。那么,当下中国国家治理体系的重构和国家治理能力的培育以及国家治理事业的顺利推进,也必须将政法传统所蕴含的基本原则发扬光大:中国的国家治理事业必须始终坚持中国共产党的领导,国家治理体系必须服务于党的政治目标——民族复兴和国家崛起的"中国梦"——的实现;中国的国家治理事业必须坚持以政法传统所奠立的基本价值体系为基础,构筑起当代中国的社会主义核心价值观,它表现为层层相依的三个层次:中国国家层面的价值目标是富强、民主、文明、和谐,明确了我们要建设什么样的国家;中国的社会层面的价值目标是自由、平等、公正、法治,明确了我们要发展什么样的社会;中国个人层面的价值目标是爱国、敬业、诚信、友善,明确了我们要塑造什么样的个人。三个层面的价值目标实体化为三重主体的协调共进、有序发展,最终体现为民族振兴、国家富强、社会发展和人民幸福。[2] 可以说,历史文化传统的优秀遗产、历久弥新的政法传统及其生发、选择和固化的核心价值体系,是塑造并将进一步强有力影响中国国家治理能力和治理方向、形态的基础性要素。

需要特别指出的是,在塑造中国国家治理能力的影响因素中,中国共产党的领导绝非可以忽视的、可有可无的因素,而是居于统帅与枢纽地位的核心要素。从前述党的政法传统可见,它内含着党对国家治理事业的领导方式,经由老一代党和国家领导人的阐述而更加清晰化:"政法机关坚持党的领导,是由人民民主专政的国家性质和法律的阶级性决定的,离开了党的领导,政法工作就会出乱子。党对政法机关的领导,根本的是要通过形势决定决策来实现。党委对极少数案件的过问仅限于政策指导和组织协调,组织协调的目的是查清案情,而不是要求司法机关在实体和程序上执行党委的意志。"[3] 在新的历史条件下,绝不能淡化、软化党的领导,也不是一成不变地固守传统的领导思维,而是要在法治前提下"改变党对国家治理事业的领导方式"[4]:党领导方式应当实现从直接、具体的领导转向主

---

〔1〕 相关论述参见魏治勋:《司法现代化视野中的"马锡五审判方式"》,载《新视野》2010年第2期。

〔2〕 参见王淑芹:《国家、社会、个人:中国梦的价值主体》,载《光明日报》2013年4月10日。

〔3〕 刘松山:《彭真论党的领导与政法机关独立行使职权》,载《法学论坛》2013年第4期。

〔4〕 参见喻中:《改进党对法治建设的领导方式》,载《北京行政学院学报》2013年第1期。

要包括思想领导、政治领导、组织领导在内的宏观的、总体的、方向性的领导。无论国家治理的顶层设计、组织结构设计、民主合法性制度基础的奠立还是优秀政治法律传统的持续与改新、核心价值的培育和创化,都离不开党的领导。基于党在国家治理视野中的这种优越地位,党自身的改革对于整个国家治理体系及其能力的建设无疑是具有首要决定性的因素。

三、“国家治理能力”的基本构成及其现代化取向

影响与形塑国家治理能力的基础性要素虽然对国家治理能力的发育与发挥作用显著,但毕竟不是国家治理能力本身。那么,构成国家治理能力的有机成分是什么?或者说,国家治理能力包含国家治理体系在哪些制度性行为方面的能力?国家治理能力的构成也不同于国家的职能范围,国家治理能力应当是对国家在必要的职能范围内所有制度能力强度的类型化抽象。国内有的学者从系统论角度,按照国家提供有效制度供给秩序治理的功能的分类标准,将国家治理能力划分为三个构成部分:国家的制度形成能力、国家的制度实施能力、国家的制度调适与学习能力。〔1〕这是一种富有概括力的表述,但仍旧不够全面,在国家与社会多个层面突出强调制度创新和管理创新的情势下,不能忽视“制度创新能力”之于国家治理能力内涵的构成性意义,缺乏制度创新能力的任何国家治理体系都必然是缺乏活力的和没有前途的。在福山看来,国家制度能力主要包括制定和实施政策以及制定法律的能力,高效管理的能力,控制渎职、腐败和行贿的能力,保持政府机关高度透明和诚信的能力以及(最重要的)执法能力。福山强调,对于国家构建而言“最佳的改革路径是缩减国家职能范围的同时提高国家力量的强度”,〔2〕亦可见“改革力”或曰“制度创新能力”的重要性。基于此,笔者将国家治理能力具体解析为国家治理体系的制度形成能力、制度实施能力、制度调适能力、制度学习能力和制度创新能力 5 个方面的构成要素,〔3〕并从这 5 个方面审视国家治理现代化对其提出的基本要求。

首先,国家的制度形成能力是国家治理能力的基础部分,也是国家其他方面治理能力的重要规范前提。现代国家的治理以法治为前提和手段,而国家的制度形成能力则为这种

---

〔1〕 黄秋菊:《经济转型进程中的国家制度能力演进:中俄转型的比较政治经济学分析》,经济管理出版社 2013 年版,第 37 页。

〔2〕 [美]弗朗西斯·福山:《国家构建:21 世纪的国家治理与世界秩序》,黄胜强、许铭原译,中国社会科学出版社 2007 年版,第 16 页。

〔3〕 当然,也有学者从社会抽取能力、社会控制能力、社会规范能力和社会适应能力四个维度来定义国家行动能力或国家制度能力维度。在笔者看来,这种解析国家制度能力的方法是从外在视角即从国家能力输出而非从“国家构建”的角度进行的。参见郑红娥、刘健:《从制度能力与职能范围看新中国成立以来国家与社会关系的演变》,载《云梦学刊》2010 年第 4 期。还有学者将国家能力粗略地区分为对社会的统治与管理的能力和应对他国竞争与挑战的能力,这种区分即缺乏“善治”的视野,也未能从制度建构的视角入手分析。参见黄清吉:《论国家能力》,中央编译出版社 2013 年版,第 26~27 页。

前提提供规范基础。“唯有依靠制度,才能将权力整合至一个统一的治理通道中。”[1]对于一个现代国家而言,决定和影响其制度形成能力的主要因素是:其一,国家的目标偏好,它所反映的是国家在特定时期对其利益目标的设定和追求。任何国家都存在目标偏好问题,国家发展的不同时期和阶段,其目标偏好也有所不同甚至存在根本差异。当然也存在始终不变的一般性国家偏好,这主要是指国家对于维护自身统治稳定性的追求。从中国当下体制改革的顶层设计来看,通过体制模式的转换实现经济社会发展的现代化并维持政治的稳定性是现阶段中国的主要国家目标偏好,国家用于制度建设的相当多的资源将会集中于这一目标方向,这将有助于进一步培育国家在推进改革和维持稳定方面的制度能力。其二,社会的制度需求程度,深刻影响国家的制度供给。福山注意到,制度或制度改革的国内需求不足,是贫困国家制度发展的一个最大障碍,在这类国家出现制度需求的窗口期往往是社会危机或特殊情况状态。[2] 一般而言,社会对制度需求的敏感程度,根本上取决于这个社会的民主化程度和公民培育的水平。富有责任感的公民对于国家制度的发展需要以及自身权利保障的需求程度,往往会通过社会交往媒介作出较为理性的判断和表达,而民主化的发展又为公民的意见表达提供了正当化的渠道。于是,社会发展对制度的需求就能够较为顺利地上升为国家意志,并最终实现于国家的立法活动之中,以国家法律制度的形式固化下来,从而推动制度的形成与供给。其三,国家官员的素质及国家动员社会知识的能力,在很大程度上决定着国家的制度形成能力。国家官员构成了国家机构运作的基础,国家对社会制度需求的敏感度实则国家官员对社会变迁的反应能力,国家制度建设也必须通过官员来组织。同时,国家能否将社会主要精英团结在其麾下并投入立法、修法及其论证等制度发展活动中去,即国家对社会智慧的总体提取能力,决定其制度发展的效率和成色。其四,国家的自主性决定着国家制度形成能力的发挥力度。国家的自主性是指国家超越利益集团的压力或要挟自主地决定和形成法律制度和政策的自由度。任何国家都存在大量的利益集团和分立联盟,它们在很大程度上影响着国家目标偏好的选择和制度形成的方向,奥尔森通过对第二次世界大战后发达国家制度发展与经济增长情况的考察发现,发达国家的经济与社会在稳定中走向衰落的一个重要原因,就在于大量利益集团和分立联盟的冲突与博弈推动了纯粹的再分配性活动不断增长,最终导致社会生产和创新动力趋于衰竭。[3] 但对发达国家而言,由此导致的经济增长的停滞并不特别可怕,因为,发达国家的民主制度为其提供了较为充分的合法性。但对于大多数民主制度尚未建构完成的发展中国家而言,它们往往要借助于较高的社会发展速度来掩盖合法性的缺乏,一旦经济增长陷入停滞,则社会动乱就会如影随形,在这方面中国亦不例外。为此,应当通过民主化和法治化进程以公开合理的

---

〔1〕 李强:《“制度能力”体现执政能力》,载《人民日报》2011年7月27日,第4版。

〔2〕 [美]弗朗西斯·福山:《国家构建:21世纪的国家治理与世界秩序》,黄胜强、许铭原译,中国社会科学出版社2007年版,第35页。

〔3〕 [美]曼瑟·奥尔森:《国家的兴衰》,李增刚译,上海人民出版社2007年版,第71页。

民意表达来抑制特定利益集团对公共权力的控制和影响,确保国家对于制度形成的掌控力。

其次,国家的制度实施能力是国家治理能力的中心环节和客观化表现,在国家治理能力系统中居于显要地位。现代国家作为社会暴力的唯一合法垄断者,在推行和实施国家法律制度与政策方面具有天然的优势,从根本上克服了其他任何主体行为可能存在的"搭便车"问题,特别是对于市场和私人无法有效供给的公共产品问题上能够发挥稳定而有效的作用。国家通过其对社会资源的有效汲取而掌控的巨大财政力量,不但能够为社会的发展和秩序的形成提供有效的激励机制和惩罚机制,同时也能够为社会阶层中地位最不利者提供有尊严的基本生活保障。这就决定了,国家既是制度实施的最佳能动主体,又是现代社会、经济发展以及公民基本权利发展需求的责任主体,同时国家必须具有强能力才能够在全球竞争体系中获得优越地位。中国近代以来的历史遭遇提出的一个基本要求是,中国必须更好地实现现代化才能根本上克服"救亡"魔咒,救亡的全部压力在全球化语境下都转化为朝向现代化发展的"时间压力"。因此,对于与中国有同样历史遭遇的发展中国家而言,打造一个有着强大制度实施能力的国家体系就是走向民族复兴、国家富强的必然选择,"如果没有高效的执行机构切实加以落实,'顶层设计'即便有精致完美的规划方案,也不会形成广泛的社会实效。"〔1〕如前所述,在走向现代国家的征程中,有必要首先建构起强大的科层制国家体系以保证制度的执行力,但同时应注意通过汲取"国家构建"和"政府再造"的制度建设经验,努力建设有活力的"国家治理体系",避免发达国家曾经经历过的国家体制僵化的困境。这就要求将国家建构转换为与社会互动和"交换能量"的过程,因为,"现代国家管理活动的一个突出特征在于,政府不再像封建王朝那样是一个封闭的体系,不再是由家族血缘联系构成的王室或皇室亲族的统治体系。相反,它深植于社会之中并始终与社会保持'能量交换'(energy exchange)。这种巨规模交换的最直接的显现是,包括政党政治、选举系统在内的整个机制,都逐渐在主要西方国家建立起来。通过政党政治,外在于政府的人能够置换进政府或至少可以切近政府。相应地,已进入政府之人也能够被置换出来。透过社会利益集团(social interest group)的活动,外在于政府的统治阶级其他集团的政治观点能够影响整个统治阶级政治决定的制定。立法、行政和司法机构能够根据特定规则在相互之间实施检查与监控。"〔2〕其结果是,"所有这些都将现代治理打造成一个开放式过程。就政府过程而言,政府不再是'狭义的政府'——国家行政机构,而是'广义的政府'。概而言之,政府是国家机构的总体或总和,或者说它等同于通常指谓为'民治'的'权威'。"〔3〕国家所获得的合法性"权威"必然反过来会全方位地提升其制度实施效果,而这不过是其制度实

〔1〕 徐晓冬:《制度体系现代化:理论经纬和技术细节——宏观、中观和微观分层研究框架》,载《人民论坛》2013年第34期。

〔2〕 Zhu Guanglei, *Decision Making and Implementation: Interpretation of the Processes of the Chinese Government*, Foreign Languages Press Co. Ltd, Beijing, 2013. p. 3.

〔3〕 Ibid., pp. 3 – 4.

施能力的因果反射而已。由此证明了,“真正具备强大制度能力的国家绝非独断专行的国家,而是善于在与社会的协调互动中增强制度实施能力的国家。”〔1〕为此,国家必须在制度实施的民主化、法治化、公平化、透明化、程序化上迈出实质的步伐。

再次,国家的制度调适能力,是国家在面临内部需求和外部环境变化形成的压力条件下,通过各种较为温和的制度手段或制度形式,主动地推动法律制度和国家政策的变迁以适应社会经济发展形势和应对外部挑战的制度化能力。亨廷顿在《变动社会中的政治秩序》一书中将调适性列为衡量政治秩序制度化的指标之一,并将组织存活的时间、领导精英的继承以及功能的变化作为调适性的测量指标。〔2〕现代国家在其发展过程中,面临的“变动性”或曰不确定因素越来越多:一是经济增长不确定的压力。民众对社会福利水平的要求越来越高,没有较高的经济发展速度,国家就不可能维持其财政供给能力和转移支付能力,但经济发展的不确定性具有全球关联性,其风险并不是单个民族国家就能够决定和把握的。二是政治参与和个人权利发展不确定性的压力。当代社会由于权利意识的觉醒和国际比较的透明化,民众对政治参与度的要求和个人权利发展的需求都空前增长。但同时,社会阶层的分化和利益集团对国家政治生活的影响力的扩展,又必然导致民众享有的政治权利和个人权利的不均衡。而现代社会权利斗争的一个显著特征却是权利越是平等化,民众对哪怕稍微的不平等就愈加敏感和难以忍受。〔3〕更何况在许多发展中国家,广泛存在利益集团垄断政治生活、居民收入差距急剧扩大、基本权利屡遭侵犯的现象,群体性事件频仍、政治社会秩序不稳定随时挑战着国家能力的极限。三是人为与自然灾害的风险加大。气候变化、环境污染、饥饿、瘟疫、核事故、恐怖活动出现的频率加大,其不可预测性、不可控性和破坏性都空前增长,“风险社会”时代已然降临。现代国家面对众多的内部危机与外部挑战,唯一可以求助的就是强化自身的制度调适能力,以制度的力量凝聚国民意志、争取外部支持,才有可能在风险中实现平稳发展。国家的制度调适能力建设要求,在政治生活面向全民开放的前提下,法律制度和国家政策应当在获得人民知情和赞成的前提下,通过法定的程序予以合理修改不断实现“良性变迁”,制度变迁与社会命题(social propositions)之间关系的顺应性有利于有助于提高制度实践的弹性和适应性。迪克森(Bruce Dicson)区分了两种类型的适应性:“效能型适应”(efficient adaptation)源于治理主体目标的转变,通过推行组织机构改革和新制度、新政策的出台,使之在与外部的社会经济实践复杂互动中维持和实现自身地位或利益的现实主义取向的功能性调整,其目标在于提高治理效能。“回应型适应”(responsive adaptation)是治理主体在应对来自国内外环境压力

〔1〕黄秋菊:《经济转型进程中的国家制度能力演进:中俄转型的比较政治经济学分析》,经济管理出版社2013年版,第50页。

〔2〕参见[美]塞缪尔·菲利普斯·亨廷顿:《变革社会中的政治秩序》,李盛平、杨玉生等译,华夏出版社1988年版,第12~16页。

〔3〕参见[美]罗伯特·昂格尔:《现代社会中的法律》,吴玉章译,译林出版社2001年版,第167页。

时,所作的按照社会的需求改变治理体系的目标、体制、机制,以更为根本地满足广大人民群众不断变化的社会需要和政治期望的深层次调整。[1] 客观地讲,在改革进入深水区之后,国家治理体系的变革必须实现从"效能型适应"向"回应型适应"的转换,只有及时、主动、根本性地置换其内在观念制度与外在组织体制、机制,改革者才能够把握住历史的主动性而不至于沦落为被改革的对象。因而,治理体系的制度调适能力构成了其自身的生命线。制度调适能力是治理体系对自身提出的要求,它内含着:国家公权力机关必须进行一场内在的自我革命,一方面要切实克服官僚风气,充分发挥包括每一位公务员在内的主观能动性,调动起其参与决策、联系群众的积极性;另一方面也要充分向社会开放,通过听证、协商、座谈、论证、公开征求意见等形式积极吸收社会公众对政治决策的参与;国家工作人员必须时刻保持与人民群众与社会的血肉联系,保证国家机关对社情民意的充分了解;必须建立保证社会实情和群众意见真实有效地得到反映的畅通管道和处理机制,保证国家机构对社会舆情的及时准确的把握和判断;国家机关及其工作人员必须讲政治,必须保持政治敏锐度,对国内外政治经济和社会形势的变化及其基本趋向应当能够做出理性的分析与评估。所有这些,都是国家充分发挥其制度调适能力、顺应时势推动制度良性变迁,从而时刻把握国家治理方向主动性的必要前提。

复次,国家的制度学习能力。学习能力是国家的一种核心能力,是国家构建其软实力并发展其硬实力的重要基础。尤其对于当下的中国来说,欲要尽快建成现代化强国,实现民族复兴的"中国梦",不断地向制度发达国家学习是一条便捷的门径,而且在相当程度上也构成了制度创新的能力的基础,"作为一个现代民主建设历程很短、经验不足,而且文化传统悠久,国内情况多样的大国,中国的民主建设应该是一个制度学习和制度创新的过程。学习,就是学习世界上民主建设成功的经验和有效的制度;创新就是要在学习的基础上,结合本国、本地区的实际情况。建立起适合自身情况的制度。学习和创新是同步进行的,互相促进,缺一不可。"[2] 从理论上讲,任何国家的制度体系都不可能永远处于领先的位置,即使处于制度领先位置的国家,也不可能在制度的一切方面都是领先的。于是,任何国家和社会组织都需要不断地学习,学习构成了制度变迁和社会发展的重要动力机制。制度经济学的著名理论家诺斯非常重视学习在制度变迁中的突出作用,他将组织"从实践中学习"界定为一个组织通过重复互动而获得协调的技巧和发展出日常规则的过程。他认为,知识发展的方式塑造了我们对周围世界的认知,而这些认知又在引导我们对知识的追求;知识影响着我们如何解释、合理化和正当化这个世界,进而影响着人们形成制度、建立契约的成本。不仅如此,学习活动可以产生新的制度构想,进而成为制度变迁的起点。在一个充满

---

〔1〕 参见唐皇凤:《增强执政党调适性:中国政治发展的核心战略取向》,载《浙江社会科学》2013 年第 2 期。

〔2〕 北京远东太平洋经济研究中心国情课题组:《在制度学习和创新中改革政治体制》,载《领导决策信息》1998 年第 27 期。

不确定性的世界里，没人知道我们所面临问题的答案，而允许更多尝试的社会才最有可能经过一段时间后解决这些问题。[1] 制度学习对从根本上迅速提升一个国家的制度能力和治理水平是极其重要的，以至于有的学者肯认国家能力中最根本、最核心的能力就是国家的制度学习能力，并将之视为国家一切硬力量和软力量的终极基础。[2] 当然，制度学习的目的并不是模仿和照搬制度先进国家的制度体系，而是通过学习获得自主设计本国的先进制度的能力，最终是建立起发达完善的国家治理制度体系。中国近代以来社会发展的历程，充分证成了制度学习对于中国现代化实现的决定性影响。对于中国这样一个其传统文化根本上异质于现代化文化的国家而言，主动放弃自身文化优越性而向西方发达国家主动进行制度学习，这种态度本身就是一个伟大的转变。但中国自身的深厚且统一的文化传统在制度经济学派看来并非一个天然的劣势和负担。诺思非常关注文化在制度学习与制度变迁中的重要作用，文化的功用在于它是信息载体，生长在同一文化传统的人们共享所负载的信息，交易成本由此而降低。在此视角下回首审视我们的文化传统，我们发现：从积淀了数千年的传统文化到近代受西方文明冲击因而包含了新文化基因的近代文化，再到中国共产党领导下积累的社会主义新文化特别是制度领域的政法文化，“所有这些文化层次，或厚或薄，都是改革或制度创新所必由生长的土壤。”[3]一个重要问题是如何在现代化视野中、在我们所追求的发展目的之下，从已有的多层次文化传统中拣选、诠释和重构出适应于全新的国家治理事业的文化价值、文化制度和文化形式。国家制度学习能力的建设除了必须正确对待自身文化传统，关键举措是必须打造一个“学习型国家”和“学习型社会”，它有赖于国家规划和形成一套完善先进的学习网络和学习机制，在充分把握何为先进、如何才能先进的认识基础上，持续不懈地推进国家机关、公务员，以致全社会的学习制度建设。历史告诉我们，“那些在全球化过程中被边缘化的国家，常常不是因为地理位置偏僻，而是由于其制度体系缺乏竞争力。因此，我们常常可以看到在差不多相同的客观自然条件下，却因为制度导致巨大的发展差异。”[4]制度落后的首要原因就是制度学习能力的衰退，打造一个强大的制度学习能力，也就为国家的改革发展、为国家治理事业的发达铸就了最为坚实的基础。

最后，国家的制度创新能力。国家的制度创新能力在国家治理能力体系中居于枢纽地位：国家的制度学习能力需要转化为制度创新能力，才能够为国家治理提供有效的制度供给；国家制度调适能力的强弱在很大程度上同样依赖于其制度创新能力，国家要对新出现的政治经济社会变化适时作出体制性反应，其变革源泉主要求助于自身的制度学习和创新能力，而具体领域和具体程序方面的制度和机制创新，则能够推动制度实施能力的提升。因而可以说，“创新是一个国家发展的不竭动力，创新最重要的是制度创新。制度创新是改

---

〔1〕 李振：《制度变迁中的制度学习》，载《中国社会科学报》2012年12月7日，第B2版。

〔2〕 孙林：《全球化进程中的制度学习与国际权势变迁》，载《国际关系学院学报》2011年第6期。

〔3〕 汪丁丁：《制度创新的一般理论》，载《经济研究》1992年第5期。

〔4〕 杨明佳：《制度移植与发展中国家的政治发展》，载《湖北社会科学》2005年第11期。

革的红利之源,是根本性问题。”[1]解决制度落后和短缺的基本途径是以制度创新方式扩大制度的实际有效供给,制度创新构成了整个国家制度能力的中心环节。从制度创新的具体发生机制来看,制度创新主要通过影响制度变迁的两种模式发挥作用:[2]其一是“诱致性制度变迁”,指的是对现行制度安排的更新或者替代,主要通过某些个人或社会组织群体基于其自我发展的目的而自发地倡导、组织或实施,这种形式的制度变迁往往会引发自下而上的制度变革,社会或基层组织的自发性制度变革因而就可能具有全局性的意义。在中国,此类制度创新的典型之举是小岗村的土地包干试验,它直接引发了迄今未竟的中国农业社会经营模式的根本性变革。其二是“强制性制度变迁”,指的是政府通过政策、法规和命令强制性推行的制度变迁,此一模式是中国当代制度变迁的主导形式,中国的改革开放和法治建设都是政府推动型的自上而下的主动性变革。在此一模式的制度变迁过程中,政府的制度学习能力和制度创新能力相互融合在一起,不仅为中国的改革发展提供了源源不断的制度资源,并且这种变革方式本身业已内在地成为进一步制度变迁的重要推动力。在当今国家之间进行激烈的制度竞争的全球化时代,“制度决定国家的命运、文明的延续和民族的存亡。推进国家治理体系和治理能力现代化,立足点是中国制度体系的优化。”[3]而制度的优化依靠的则是通过国家强大的制度学习能力和制度创新能力不断供给优质的制度体系,因而国家的制度创新能力强弱在很大程度上直接决定着国家在国际政治经济竞争中命运。提高国家制度创新能力本身需要制度学习和制度创新,在这里,制度创新通过自我循环逻辑固化了自身并凸显出其本质重要性。正是在此意义上我们说,制度创新是中国国家治理能力建设的中枢命脉。制度创新是需要以创新型体制、机制和思维为基本前提的,而其起点则是政治经济法律制度的合法性危机,“合法性危机是变革的转折点。”[4]中国自 20 世纪 70 年代末期开始的改革不断走向深化并为制度创新提供了不竭的需求和动力,而持续不断的制度创新则有助于强化改革思维推动新一轮制度创新,由此形成一个良性循环,彻底打破中国历史长期形成的静态、守旧的制度惯性,为中华民族的伟大复兴开创顺畅的制度通道。

将国家治理能力的五种构成的基本取向予以概括化表述,我们发现,民主、法治、责任、交往、透明、有效、合法性等体现“善治”特性的制度要求,共同构成了国家制度能力建设现代化的主要内涵。其中,法治被认为是“推动国家治理体系和治理能力现代化的唯一途径。”[5]尽管此说有绝对之嫌,但法治之于国家治理能力构建的基础性作用确是不容置疑的。而“民

---

〔1〕 成思危:《制度创新是改革的红利之源》,载《人民政协报》2013 年 4 月 9 日。

〔2〕 关于“诱致性制度变迁”和“强制性制度变迁”及其与制度创新的关系,参见[美]R. 科斯、A. 阿尔钦、D. 诺思:《财产权利与制度变迁》,上海三联书店、上海人民出版社 1994 年版,第 384 页。

〔3〕 徐晓冬:《制度体系现代化 :理论经纬和技术细节——宏观、中观和微观分层研究框架》,载《人民论坛》2013 年第 34 期。

〔4〕 [美]利普塞特:《政治人:政治的社会基础》,刘钢敏、聂蓉译,商务印书馆 1993 年版,第 53 页。

〔5〕 徐晓冬:《制度体系现代化 :理论经纬和技术细节——宏观、中观和微观分层研究框架》,载《人民论坛》2013 年第 34 期。

主导向的公共选择”则同样被视为制度现代化的基本实现路径,其长效推进机制则有赖于“自由与民主的有机协同”。“交往”的制度价值在于,“一国制度的具体形态只能在各种主体相互交往的过程渐进性成型,是各种主体之间相互交往、相互作用和相互博弈的产物。”[1]相比之下,责任、透明、有效、合法性则对国家治理能力提出了制度质量的和实践绩效的测度标准,表征国家治理能力建设的应然努力方向。当然,自从现代化启动其开端以来,现代化就必然要展现为一个无止境的单向的历史过程,正如人类追求自由的过程从来就不会中止一样。在此一历史过程中,自由乃终极性的目标,民主则是这一过程的手段,“民主是共同体所有成员个体自由偏好的共同展示形式和社会实现路径,自由则是民主的活力内容和终极目的,当自由与民主两者高度统一时,我们就可以认为制度安排处于人性化发展的最优状态。”[2]在此意义的观照之下,一个民主的、法治的、公正的、廉洁的、高效的国家治理能力体系才真正是值得全体公民期待的。

四、小结:改革是构造强大国家治理能力的必由之路

中共十八届三中全会史无前例地提出“推进国家治理体系和治理能力现代化”的改革目标并将其提升至国家顶层设计的战略高度,这本身就意味着历史性的制度变革,可以说,“从统治、管理到治理,言辞微变之下涌动的,是一场国家、社会、公民从着眼于对立对抗到侧重于交互联动再到致力于合作共赢善治的思想革命;是一次政府、市场、社会从配置的结构性变化引发现实的功能性变化再到最终的主体性变化的国家实验;是一个改革、发展、稳定从避免两败俱伤的负和博弈、严格限缩此消彼长的零和博弈再到追求和谐互惠的正和博弈的伟大尝试。”[3]对于这样一场伟大的变革性尝试,中华民族每一分子都肩负着不可推卸的历史责任,这不仅基于国家治理体系建设自身需要社会组织和公民个人的积极参与,更是基于这种根本性的国家层面上的变革将深刻地影响每一公民的未来命运而言的,因为“推进国家治理体系和治理能力现代化”与民族复兴的伟大“中国梦”之间具有必然的内在联系,从而积极推动国家各项制度的改革,就成为构造强大国家治理能力的必由之路,也是中国真正走向复兴、强大的必由之路。

(原载于《法学论坛》2014年第2期)

---

〔1〕 徐晓冬:《制度体系现代化:理论经纬和技术细节——宏观、中观和微观分层研究框架》,载《人民论坛》2013年第34期。

〔2〕 俞宪忠:《制度现代化的演进取向与路径选择》,载《江海学刊》2012年第4期。

〔3〕 江必新:《推进国家治理体系和治理能力现代化》,载《光明日报》2013年11月15日,第1版。

从鲜见参照到常规参照

——基于指导性案例参照情况的实证分析

向　力*

一、问题的提出

2010年,《最高人民法院关于案例指导工作的规定》(以下简称《规定》)颁行,初步确立中国的案例指导制度。[1]《规定》第7条言明:"最高人民法院发布的指导性案例,各级人民法院审判类似案例时应当参照。"据此,指导性案例的功能定位于供人民法院办理类似案件参照,参照问题构成中国案例指导制度的核心问题。6年过去,中国案例指导制度初现端倪,最高人民法院迄今发布13批,共64件指导性案例。

梳理现有研究,对案例指导制度的介评、论证、建构、反思以及对指导性案例个案的分析已蔚然可观,但对参照问题的关注相对匮乏。[2] 对参照问题的现有研究集中于以下方面:从法律语言角度揭示"应当参照"在规范逻辑上的自洽性,[3]分析"参照"的特质、效力、

---

* 向力,山东大学法学院副教授。

〔1〕 同年颁行的还有《最高人民检察院关于案例指导工作的规定》(高检发研字〔2010〕3号)、《公安部关于建立案例指导制度有关问题的通知》(公法〔2010〕661号)。2015年5月,最高人民法院印发《〈最高人民法院关于案例指导工作的规定〉实施细则》(以下简称《实施细则》),对《规定》进行了充实、完善,是我国案例指导制度的最新发展。

〔2〕 参照题域的当前研究成果,主要包括:孙光宁:《反思指导性案例的援引方式——以〈关于案例指导工作的规定〉实施细则为分析对象》,载《法制与社会发展》2016年第4期;赵瑞罡、耿协阳:《指导性案例"适用难"的实证研究——以261份裁判文书为分析样本》,载《法学杂志》2016年第3期;郭明瑞、瞿灵敏:《指导性案例的参照效力与适用问题研究》,载《江汉论坛》2016年第2期;谢晖:《"应当参照"否议》,载《现代法学》2014年第2期;郭琳佳:《参照指导性案例的技术和方法》,载《人民司法》2014年第17期;于同志:《论指导性案例的参照适用》,载《人民司法》2013年第7期;孙国祥:《从柔性参考到刚性参照的嬗变——以"两高"指导性案例拘束力的规定为视角》,载《南京大学学报》(哲学·人文科学·社会科学)2012年第3期;冯文生:《审判案例指导中的"参照"问题研究》,载《清华法学》2011年第3期。

〔3〕 谢晖:《"应当参照"否议》,载《现代法学》2014年第2期。

技术、程序、与表达,[1]讨论案情相似性的判断、指导性案例的援用、指导性案例的排除适用,[2]从制度和技术层面研究指导性案例参照的完善。[3] 整体而言,既有研究注重从理论层面分析"应当参照"论题,侧重从应然角度探讨参照的具体规则和操作方法,未能在实然层面分析"实际参照"论题,缺乏对指导性案例实际参照的实证分析。[4] 此种状况使得司法改革者、制度的实践者与法学研究者均不清楚指导性案例从"应当参照"到"实际参照"的真实距离,更无从真实地评价中国案例指导制度的实际功能。鉴于此,本文以最高人民法院64件指导性案例的实际参照作为研究对象,旨在通过实证分析,客观描述指导性案例的实际参照境况,分析相关现象的成因和现实影响,并就案例指导制度的晚近发展对实际参照的意义进行评价,最终就指导性案例如何实现常规性参照提出管见。

二、实际参照现状

就指导性案例"实际参照"的文义而言,包含如下多种情形:情形一,法官审理待决案件时参照了指导性案例并将此种参照明确记录于判决书中;情形二,法官审理待决案件时参照了指导性案例但未在判决书中明确表明此种参照,但外界能通过特定事实判断法官实际参照了指导性案例;[5]情形三,法官审理待决案件时参照了指导性案例但未在判决书中表明此种参照,而且也无法通过特定事实确认参照行为的存在,此种参照通常发生在合议庭评议、审判委员会会议讨论、主审法官联席会议讨论、撰写审理报告、释明司法裁判、回应诉讼当事人及其代理人等司法审判的某一环节。上述情形中,情形一二的数据可通过阅读判决书收集,情形三的数据只能通过个案访谈和问卷调查收集。在全国范围展开个案访谈和问卷调查不切实际,本文的数据收集针对情形一二展开。

本项研究可利用的数据库包括商业途径的数据库和非商业途径的数据库,前者典型是北大法宝"司法案例"数据库,后者典型为中国裁判文书网。中国裁判文书网从2014年1月1日开始网上公布最高人民法院、所有高级人民法院和中级人民法院的裁判文书,以及部分省份的

---

[1] 冯文生:《审判案例指导中的"参照"问题研究》,载《清华法学》2011年第3期。

[2] 于同志:《论指导性案例的参照适用》,载《人民司法》2013年第7期。

[3] 郭琳佳:《参照指导性案例的技术和方法》,载《人民司法》2014年第17期。

[4] 相关实证研究主要有:赵瑞罡、耿协阳:《指导性案例"适用难"的实证研究——以261份裁判文书为分析样本》,载《法学杂志》2016年第3期;秦宗文、严正华:《刑事案例指导运行实证研究》,载《法制与社会发展》2015年第4期;邓矜婷:《指导性案例的比较与实证》,中国人民大学出版社2015年版;郑智航:《中国指导性案例生成的行政化逻辑——以最高人民法院发布的指导性案例为分析对象》,载《当代法学》2015年第4期;杨会、何莉苹:《指导性案例供需关系的实证研究》,载《法律适用》2014年第2期。

[5] 本文主要依据如下事实判断存在参照:其一,判决书原封不动的摘录了指导性案例的裁判要点或者裁判理由;其二,在诉讼当事人引述指导性案例的情况下,法官作出了与指导性案例一致的判决;其三,案件承审法官在撰写的案例注解中明确引证了指导性案例。

基层人民法院裁判文书,偏重于公布2014年之后裁判文书。相较而言,北大法宝数据库在收录种类、收录数量以及时间跨度上显著强于中国裁判文书网。[1] 为此,本项研究的数据收集依托北大法宝的数据库展开。考虑到当前法官和诉讼当事人引述指导性案例均不规范的现实,本项研究以"指导性案例"和"指导案例"作为检索词。[2] 为尽可能涵盖指导性案例被实际参照的各类情形,本项研究以上述检索词在北大法宝"司法案例"数据库进行全文检索而非标题检索。在案例收集的时间跨度方面,以第一批指导性案例发布的次日,即2011年12月21日,作为数据采集的时间起点,收集审结日期,始自该日截至2016年8月22日的各类案件。[3] 两次检索所获案件分别为687件和1037件,共计1724件。逐一检视上述案件,排除指导性案例及其遴选来源案件、重复收录案件以及不相关案件,[4]最终发现:指导性案例1号、[5]2号、[6]5号、[7]8号、[8]9号、[9]10号、[10]11号、[11]13号、[12]14号、[13]15号、[14]17、[15]22号、[16]23

〔1〕 参见赵彦:《司法裁判文书的网络检索路径》,载《学术交流》2015年第5期。

〔2〕 笔者曾尝试以指导性案例名称为关键词在北大法宝"司法案例"数据库进行全文检索,所获结果严重偏离现实,检索结果显示仅有指导性案例9号、24号涉及参照问题,仅有指导性案例24号被6个案件实际参照。

〔3〕 2016年8月22日为笔者最后修订本文时在北大法宝司法案例数据库所能检索到的最新案件的审结日期。

〔4〕 不相关情形包括,大量案例行文将《最高人民法院公报》发布的典型案例、高级人民法院发布的典型案例或者参阅案例均称为指导性案例。

〔5〕 实际参照指导性案例1号的案件,如下(囿于篇幅,本文仅列明案件字号):1-1(2014)梅民初字第3057号;1-2(2013)通中民终字第0532号;1-3(2015)珠中法民二终字第373号;1-4(2015)宁民终字第3770号。

〔6〕 实际参照指导性案例2号的案件如下:2-1(2014)乌勃民一初字第00089号;2-2(2011)寒民三初字第199号;2-3(2013)金义执异字第47号;2-4(2015)阜执复字第00004号。

〔7〕 实际参照指导性案例5号的案件为(2012)牟行初字第19号。

〔8〕 实际参照指导性案例8号的案件如下:8-1(2014)川民申字第1145号;8-2(2011)锡商终字第626号;8-3(2014)深中法涉外终字第134号。

〔9〕 实际参照指导性案例9号的案件为(2013)杭江商初字第33号。

〔10〕 实际参照指导性案例10号的案件为(2015)锡民终字第0835号。

〔11〕 实际参照指导性案例11号的案件为(2014)绵刑终字第225号。

〔12〕 实际参照指导性案例13号的案件如下:13-1(2013)东二法刑初字第1390号;13-2(2014)温龙刑初字第372号;13-3(2013)黔南刑一终字第38号;13-4(2015)渝二中法刑终字第00292号;13-5(2015)忠法刑初字第00020号。

〔13〕 实际参照指导性案例14号的案件如下:14-1(2015)后刑初字第262号;14-2(2015)后刑初字第239号;14-3(2015)后刑初字第255号;14-4(2015)后刑初字第237号。

〔14〕 实际参照指导性案例15号的案件如下:15-1(2015)莱城商初字第269号;15-2(2015)莱城商初字第270号;15-3(2014)莱中商终字第68号;15-4(2014)潭中民二终字第13号;15-5(2015)淄商初字第157号;15-6(2014)深中法商终字第1696号;15-7(2015)常商终字第262号;15-8(2015)常商终字第264号;15-9(2015)常商终字第302号;15-10(2014)石商初字第113号;15-11(2014)石商初字第112号。

〔15〕 实际参照指导性案例17号的案件为(2015)浙温商终字第2257号。

〔16〕 实际参照指导性案例22号的案件如下:22-1(2014)驻行终字第151号;22-2(2015)津高行终字第0050号。

号、[1]24号、[2]25号、[3]34号、[4]41号、[5]47号、[6]54号、[7]共19件指导性案例在122个案件中被实际参照。

在实际参照的绝对数方面,19件被实际参照的指导性案例占指导性案例总数的比例仅为29.7%;被实际参照3次以上的指导性案例数为8件,占指导性案例总数的比例仅为12.5%。就参照指导性案例的案件的省域分布而言,122件案件分布于21个省和直辖市,占我国省级行政区域总数的比例为65.6%。浙江、江苏、山东、上海4个华东沿海省份和广东省的法院参照次数远高于其余省份;河南、内蒙古两省法院的参照次数居中;其余各省的参照次数居末且彼此接近。[8] 进一步分析122件案件审理法院的层级可发现,基层人民法院审理的案件共41件,中级人民法院审理的案件共79件,高级人民法院审理的案件仅2件。而在中级人民法院审理的79件案件中,29件案件里对指导性案例的参照由一审法院

---

[1] 实际参照指导性案例23号的案件如下:23-1(2015)宁民终字第220号;23-2(2016)豫01民再95号;23-3(2016)粤01民终6599号;23-3(2015)穗中法民一终字第7644号;23-4(2016)粤01民终6599号;23-5(2015)郑民三终字第1986号;23-6(2016)京03民终7348号。

[2] 实际参照指导性案例24号的案件如下:24-1(2015)泰民三终字第22号;24-2(2014)鄂枝江民初字第01033号;24-3(2014)丰民初字第01485号;24-4(2014)沪铁民初字第278号;24-5(2014)商立二民申字第149号;24-6(2014)泰姜民初字第0943号;24-7(2014)泰中民终字第00827号;24-8(2014)沪一中民一(民)终字第2569号;24-9(2014)沪二中民一(民)终字第2094号;24-10(2014)扎民初字第2210号;24-11(2014)济民四终字第586号;24-12(2014)凉民初字第234号;24-13(2014)通中民终字第539号;24-14(2014)丽民初字第1402号;24-15(2014)浦民一(民)初字第2493号;24-16(2014)普民一(民)初字第1331号;;24-17(2013)东民一初字第514号;24-18(2014)普民一(民)初字第549号;24-19(2014)东民一终字第108号;24-20(2014)杭滨民初字第1014号;24-21(2014)浙甬商终字第474号;24-22(2014)马民二初字第00007号;24-23(2013)金民一(民)初字第2610号;24-24(2014)常民终字第736号;24-25(2014)浙绍民终字第1533号;24-26(2014)舒民一初字第00473号;24-27(2014)无民重字第00009号;24-28(2014)盐民终字第1803号;24-29(2014)佛中法民一终字第1918号;24-30(2014)浙金民终字第1551号;24-31(2014)济民四终字第892号;24-32(2016)浙07民终2749号;24-33(2016)冀05民终1516号;24-34(2016)粤03民终986号;24-35(2016)赣08民终79号;24-36(2015)沪二中民一(民)终字第2809号;24-37(2015)锦民终字第01134号;24-38(2015)鄂硚口民一重字第00002号;24-39(2015)鄂随州中民一终字第00214号;24-40(2015)沪一中民一(民)终字第1738号;24-41(2015)郑民三终字第277号;24-42(2015)浙嘉民终字第488号;24-43(2015)莱中民一终字第50号;24-44(2015)通中民二终字第101号;24-45(2015)沪一中民一(民)终字第504号;24-46(2015)肇中法民三终字第69号;24-47(2014)二中民终字第11536号;24-48(2014)宁民终字第3085号;24-49(2016)粤04民终字1399号;24-50(2016)豫10民终1046号;24-51(2016)浙09民终7号;24-52(2015)宁民终字第7481号;24-53(2015)沭胡民初字第01042号;24-54(2015)宜民一终字第01515号;24-55(2015)合民一终字第04222号;24-56(2015)郑民三终字第1807号;24-57(2015)洪民一终字第393号;24-58(2015)商民终字第986号;24-59(2015)长中民一终字第04179号;24-60(2015)滨中民一终字第342号;24-61(2015)常民四终字第137号;24-62(2015)浙杭民终字第1012号;24-63(2016)鄂0581民初330号;24-64(2015)杭萧民初字第5668号;24-65(2015)丽民重字第30号;24-66(2015)台黄民初字第1842号;24-67(2015)浦民六(商)初字第4301号;24-68(2014)丽民重字第32号;24-69(2014)闽民初字第4895号;24-70(2014)肇德法民二初字第325号;24-71(2013)鄂枝江民初字第02426号;24-72(2013)杭富民初字第2222号。

[3] 实际参照指导性案例25号的案件为(2014)浙甬辖终字第283号。

[4] 实际参照指导性案例34号的案件如下:34-1(2015)榕民初字第629号;34-2(2016)鲁01执异208号。

[5] 实际参照指导性案例41号的案件如下:41-1(2015)榕行终字第348号;41-2(2015)茂中法行初字第79号。

[6] 实际参照指导性案例47号的案件为(2015)泉民初字第218号。

[7] 实际参照指导性案例54号的案件为(2015)榕民初字第982号。

[8] 浙江、江苏、山东、上海、广东、河南、内蒙古各省份参照指导性案例的案件数量分别为16件、15件、12件、11件、12件、9件、9件。

主动作出,二审法院或是明确支持一审法院的参照,或是维持原判但并不就参照表明态度。换言之,122 件案件中由基层人民法院参照指导性案例的数量实际为 70 件。由此可以发现,有关参照的另一重要事实,对指导性案例的既有参照基本发生于基层人民法院和中级人民法院,二者参照频次基本持平。

上述分析表明,我国指导性案例处于一个鲜见参照的境地。具体表现为:其一,整体参照率极低,实际被参照的指导性案例不到 3 成,实际被参照三次以上的指导性案例仅占 1/10;其二,参照所涉省域有限,虽然 6 成省域有过参照行为,但参照次数为 10 次以上的省份仅 5 个;其三,参照多见于中级人民法院和基层人民法院,鲜见于高级人民法院,未见于最高人民法院。

三、鲜见参照的成因

案例指导制度运行仅 6 年这一时间因素无力解释上述鲜见参照现象,因为当前被参照频次最高的指导性案例 24 号,72 次参照中有 33 次发生于该案例发布的同年。对鲜见参照成因的探究,尚需从案例、制度、环境三个层面展开。

(一)指导性案例的"产品缺陷"

1. 指导性案例并非法律论证的权威理由同时也难成为法律论证的实质理由

实质理由是一种通过其内容来支持某个法律论断的理由,它的支持力完全取决于内容;权威理由是因其他条件而非其内容来支持某个法律论断的理由,这些条件中最重要的是来源。[1] 最高人民法院基于《人民法院组织法》第 32 条授权制定的司法解释构成法律论断的权威理由。《最高人民法院关于司法解释工作的规定》第 6 条列明司法解释的形式包括"解释""规定""批复""决定"四种,指导性案例不属于司法解释的一种形式,而是与之并列的一种规则提供方式。[2] 换言之,指导性案例不属于我国现行法秩序中认可的法律论断的权威理由。指导性案例能否作为司法中法律论断的实质理由,取决于法官对指导性案例确当性的判断。此种判断重点关注指导性案例对当事人争议的法律定性是否正确、对争议事项的法律适用是否准确、对裁判结果的论证推理是否透彻充分。

在法律定性方面,指导性案例 1 号将"跳单"行为定性为违约行为。该案所涉房屋买卖居间合同属于一种委托合同,《合同法》第 410 条对此种合同规定了任意解除权。"跳单"必

---

〔1〕 雷磊:《指导性案例法源地位再反思》,载《中国法学》2015 年第 1 期。

〔2〕 陈兴良主编:《中国案例指导制度研究》,北京大学出版社 2014 年版,第 23 页。关于司法解释与指导性案例的区别,参见雷鸿:《民事指导性案例研究:一个方法论的视角》,法律出版社 2013 年版,第 37 页。

然导致对在先居间合同的解除，这一行为应被定性为合同解除行为，而非违约行为。[1] 指导性案例27号涉及对行为人利用信息网络侵犯被害人财产的犯罪行为的定性，即究竟是构成盗窃罪还是诈骗罪。该案例的法律定性模式过于形式化，具有误导性。行为人利用信息网络侵犯被害人财产时究竟是构成盗窃罪还是诈骗罪，与行为人是否借助计算机程序、是否虚构可供交易的商品或服务没有必然联系。[2]

在法律适用方面，指导性案例2号适用了《民事诉讼法》第207条第2款，该款针对执行中达成的和解协议。然而，该案涉及的并非执行和解协议，而是上诉中达成的和解协议。后者乃我国立法的空白领域，指导性案例2号径直适用上述条款，殊值商榷。诉讼外和解协议作为私法行为，仍应适用《合同法》相关规则。[3] 指导性案例9号适用了《公司法》第20条第3款，该款规定了公司法人格否定制度。该案例涉及的法律问题是怠于履行清算义务是否构成滥用公司法人独立地位和股东有限责任？这得视情形而定，清算义务人仅怠于履行清算义务而没有其他损害公司债权人合法权利的行为，不能适用公司法人格否认制度让有限公司股东对公司债务承担连带清偿责任。该案例中，两被告从未参与过公司的经营管理，不存在滥用公司独立人格和股东有限责任的可能。仅依据其是清算义务人便适用《公司法》第20条第3款是错误的。[4]

在论证推理方面，对我国内地判决书的实证分析表明，判决理由仅占判决书总字数的28.0%，而我国香港特别行政区的相应比例则为50.36%。[5] 对刑事判决书的实证研究发现，判决书的论证推理存在重定罪说理，轻量刑说理；重主刑说理，附加刑完全不说理；重实刑说理，轻缓刑说理；重罪名选择说理，轻量刑幅度选择说理；说理方式格式化，缺乏个案特征等问题。[6] 指导性案例源自司法审判中的已决案件，判决书的论证推理缺陷会被指导性案例继受。以图尔敏模式揭示的法律论证六要素检视指导性案例的法律论证可发现，其通常具备主张、资料、凭证三个要素，但普遍缺乏限定、反驳和佐证三个要素。[7]

2. 指导性案例的司法续造增量非常有限

有学者根据《规定》第2条将指导性案例分为五类：影响性案例、细则性案例、典型性案

---

〔1〕 参见隋彭生：《居间合同委托人的任意解除权及“跳单”——以最高人民法院〈指导案例1号〉为例》，载《江淮论坛》2012年第4期。

〔2〕 参见王钢：《盗窃与诈骗的区分——围绕最高人民法院第27号指导案例的展开》，载《政治与法律》2015年第4期。

〔3〕 参见隋彭生：《诉讼外和解协议的生效与解除——对最高人民法院〈指导案例2号〉的实体法解释》，载《中国政法大学学报》2012年第4期。

〔4〕 参见高永周：《清算义务人承担连带清偿责任的法理逻辑——评最高人民法院指导案例9号案》，载《中南大学学报》（社会科学版）2014年第5期。

〔5〕 王培光：《香港与内地判决书法律语言的比较研究》，载《语言教学与研究》2006年第2期。

〔6〕 参见李琴：《刑事判决书量刑说理问题实证研究——以D法院97份刑事判决书为样本》，载《中国刑事法杂志》2012年第6期。

〔7〕 参见雷磊：《法律论证中的权威与正确性——兼论我国指导性案例的效力》，载《法律科学》2014年第2期。

例、疑难性案例、新类型案例。[1] 从对法律的增量发展角度检视，细则性案例、疑难性案例、新类型案例大体上属于对法律有增量发展的案例类型，典型性案例重在垂范后案，不一定产生增量。至于影响性案例，分类标准是案件的社会影响力，社会广泛关注的案件并不必然是具有法律发展意义的案件。在此意义上，细则性案例、疑难性案例、新类型案例在指导性案例中的构成比例在很大程度上决定了指导性案例的参照价值。以刑事领域指导性案例为例，现有的8个刑事指导案例裁判要点中阐述的规则，大多立足于度现行司法解释的重申，既没有突破成文法的规定，更没有对司法解释带来实质性的改变，使人不禁怀疑指导性案例是否有区别于司法解释的独立价值。[2] 此种状况在我国案例指导实践中并非个别现象。学者对《最高人民法院公报》自1985年创刊至2011年年底发布的834件案例的类型化统计表明，以案释法型案例占绝对优势，比例高达86%；新类型案件占7%；填补空白型案件占4%。[3]

3. 近半数指导性案例原审法院层级过低影响其司法权威

从原审法院层级角度分析指导性案例的来源分布，源自基层人民法院和中级人民法院的指导性案例数量分别为14件和16件，占指导性案例总数的比例为21.9%和25%，二者之和高达46.9%。这表明，基层人民法院和中级人民法院判决不仅被允许进入指导性案例行列，而且占据了现有指导性案例近一半份额。这一现状对指导性案例参照的现实影响在于，上级法院并不愿意参照被遴选为指导性案例的下级法院的判决。目前，高级人民法院仅在两个案件中参照了指导性案例，最高人民法院迄今未参照过一件指导性案例的事实便是明证。

4. 指导性案例的供给严重不足且显著失衡

当前指导性案例仅有64件，对广土众民的中国而言，如此稀少的案例供给尚不足以用杯水车薪来形容。[4] 这一数量不仅无法与普通法系汗牛充栋的先例相提并论，也无法跟大陆法系国家的判例数量同日而语。以德国为例，仅就刑事判例而言，德国联邦最高法院自1950年以来，每年都发布一卷《刑事审判判例集》，迄今已发布57卷共4300余件刑事案例。[5] 中国指导性案例数量不及各国判例之九牛一毛，一个重要的原因在于，前者是最高人民法院发挥主观能动性的人工产物，后者则是一国司法体系正常运转下的自然产物，生成模式上质的差异导致了量的天壤之别。就指导性案例在不同法律领域的分布而言，案例

---

〔1〕 陈兴良：《案例指导制度的规范考察》，载《法学评论》2012年第3期。

〔2〕 陈兴良主编：《中国案例指导制度研究》，北京大学出版社2014年版，第67页。

〔3〕 左卫民、陈明国主编：《中国特色案例指导制度研究》，北京大学出版社2014年版，第54页。

〔4〕 异常稀少的指导性案例数量对应的是无比庞大的案件数量。2015年，全国法院新收各类案件17,659,861件，审执结案件16,713,793件。《2015年全国法院审判执行情况》，载 http://www.court.gov.cn/fabu-xiangqing-18362.html，最后访问日期：2016年4月12日。

〔5〕 陈兴良主编：《中国案例指导制度研究》，北京大学出版社2014年版，第142页。

数量居于前列的法律领域依次为行政法、刑法、合同法、知识产权法。[1] 此种分布与法院实际审理的各类案件的数量分布严重不对等。[2] 指导性案例在案件数量庞大的民商事法律领域的供给不足,极大地降低了其参照率。

(二)案例指导制度的硬伤

1. 参照要求不具强制力且缺乏外在形式要求

现行立法并未就判例或案例的参照效力作出任何规定,也未授权最高人民法院创设案例指导制度并授权其规定指导性案例的参照效力。法官面对在法律效力上无法与司法解释等而视之的《规定》,缺乏主动参照的动力。同时,当前案例指导制度对法官偏离指导性案例裁判也无特别证立要求。法官作出一个背离指导性案例的判决时,几乎无须就不遵从指导性案例说明理由。此外,参照指导性案例缺乏援引形式要求。《规定》第7条仅提出“应当参照”,但并未明确参照的具体形式。加之“应当参照”停留于“参照”而非“依照”,法官有很大的裁量空间去决定是否参照指导性案例。

2. 参照指导性案例缺乏来自诉讼当事人的制约机制

指导性案例被参照理论上存在主动和被动两条渠道:一种为法官在审判中主动查询指导性案例,发现与待决案件类似的指导性案例后主动参照;另一种是诉讼当事人在诉讼过程中引述某个指导性案例以支持自己的诉讼行为,法官被动面对这一指导性案例,进而在认同当事人主张的情况下参照该指导性案例。由于指导性案例的参照要求不具有强制性,无从保证主动参照渠道的有效运行。当前仅有19件指导性案例在122个案件中被实际参照的事实证明了此点。对于被动参照渠道,如果不明确要求法官就当事人对指导性案例的引述作出回应并说明是否参照该案例的理由,基于审判效率的考虑以及对判决书固定写作套路的因循,法官在多数情况下都不会去考虑当事人的引述并进而被动参照指导性案例。笔者在数据统计的过程中发现,共有22件指导性案例[3]在130件案件中被诉讼当事人明确引述,占指导性案例总数的34.4%。其中,法官仅在18个案件中参照了当事人引述的指导性案例,实际参照率为13.8%。在一些案件中,即便一方当事人明确将指导性案例作为起诉或者上诉理由,另一方当事人在答辩意见中也就此进行了明确的反驳,法官仍未就当

---

〔1〕 上述四个领域的指导性案例数量分别为13件、12件、9件、7件,分别占指导性案例总数的20.3%、18.8%、14.1%、10.9%。

〔2〕 以2015年全国法院在各法律领域的新收案件数量为例,行政案件、刑事案件、民商事案件、知识产权案件的数量分别为299,765件、1,126,748件、11,044,739件、123,493件,占新收案件总数的比例分别为1.70%、6.38%、62.54%、0.70%。参见《2015年全国法院审判执行情况》,载http://www.court.gov.cn/fabu-xiangqing-18362.html,最后访问日期:2016年4月12日。

〔3〕 此类指导性案例编号分别为1号、2号、5号、6号、7号、8号、9号、10号、13号、15号、17号、19号、22号、23号、24号、25号、29号、31号、33号、34号、41号、46号。

事人引述和反驳作出任何书面回应。[1]

3. 指导性案例编纂缺乏一个纲举目张的编纂体系

当前指导性案例的公布,既不区分法律领域,也不区分法律问题,而是所有类型案例混杂一起按批发布。诉讼当事人和法官只有通览所有指导性案例,方能确保是否有与待决案件类似的指导性案例。目前仅有64件指导性案例,通览的工作量尚不繁复,待到将来指导性案例达至数百件甚至上千件时,类似指导性案例的找寻工作将成为一件异常耗时费力的工作。此外,此种未经体系化的指导性案例构成也会给未来指导性案例的遴选制造困难,极易造成案例遴选的重复和冲突。

(三)司法环境的不匹配

法官对指导性案例的需求主要基于如下两种动机:其一,提高裁判效率,减轻办案压力,参照指导性案例有利于格式化快速处理案件,避免独立思考耗费的时间与精力,以应对案件数量的压力;其二,提高裁判的认可度,降低职业风险,参照指导性案例可避免被发回重审或改判,有利于减少上诉、闹访给法官带来的巨大压力。[2]

1. 对指导性案例的参照并不能提高法官的裁判效率

我国法官在司法裁判中,习惯以法律条文为大前提,案件事实作为小前提,进行三段论式的逻辑推理,这是我国法官办理案件最常规、最高效、最得心应手的思维方法。对指导性案例的参照,需纯熟地使用类比适用和区别排除这两项司法技艺。前者指通过确定待决案件与指导性案例在关键事实和法律问题上相同或类似,从而可以参照指导性案例作出判决;后者指通过区分待决案件与指导性案例在关键事实和法律问题上的不同,从而在案件判决中排除对指导性案例的参照。这两项司法技艺与我国法官惯用的法律思维并不契合,只会加大其审案难度,增加其审案成本。当然,这并不说我国法官没有足够的素养和能力运用类比适用和区别排除的方法。事实上是,非不能也,乃不为也,无须为也。

2. 对指导性案例的参照并不能提高法官裁判的认可度

两审终审制将我国的四级法院体系分割为三组金字塔:基层人民法院——中级人民法院、中级人民法院——高级人民法院、高级人民法院——最高人民法院。每个法院为了免于判决过多受到上级法院的发回重审或改判,只会有动力去接受自身所属的那个金字塔的上级法院的指导性案例的约束。因此,《规定》构建的一元案例指导制度因现行审级制度而实质上趋于破裂。只要地方各级人民法院审理的案件不能上诉到最高人民法院,这些法院就没有动机去参照最高人民法院发布的指导性案例,地方判决即使明显违背指导性案例,

---

〔1〕 此类案件包括:(2014)深中法商终字第956号、(2014)浙杭商终字第1811号;(2013)赣民二终字第58号、(2015)浙杭商终字第543号;(2014)泰中民四终字第0459、(2015)漳民终字第573号;(2012)修民二初字第314号;(2015)梅中法民二终字第267号。

〔2〕 秦宗文:《案例指导制度的特色、难题与前景》,载《法制与社会发展》2012年第1期。

也没有机会通过上诉审得到最高人民法院的纠正。[1] 上述逻辑推演不周延之处在于,如果不仅只有最高人民法院,而是三组金字塔里的各个上级法院都主动维护指导性案例的权威,坚决纠正与指导性案例不一致的判决,那么下级法院基于提高其裁判的认可度的动机,便仍有动力去参照指导性案例。然而,前述实证分析表明,当前对指导性案例的参照主要发生于基层人民法院和中级人民法院,鲜见于高级法院,未见于最高法院。这从一个侧面说明上级法院缺乏维护指导性案例权威的主动性。因此,整体而言下述结论是适宜的:在法官们看来,对指导性案例的参照并不必然提高其裁判在上一级法院的认可度,不能因此减少被发回重审或改判的概率。

四、鲜见参照的现实意义及晚近制度应对

(一)鲜见参照的现实意义

从案例指导制度的设立初衷以及国人对指导性案例寄予的厚望角度评价,会当然地认为指导性案例鲜见参照这一事实是件令人失望的坏事。基于上述实证分析,笔者的结论刚好与之相反,指导性案例在当下中国鲜见参照并非一件坏事,其存在不仅合理且具有积极的现实意义。前述分析表明,是多种原因导致了鲜见参照这一结果:既有指导性案例内在的缺陷,也有案例指导制度的硬伤,还有司法环境的不匹配。这些因素共同体现了制度、时间、实践、环境对指导性案例参照的多向度制约。其中,真正具有司法审判指导作用的案例的供给匮乏是最为直接的原因。众因素的存在,决定了鲜见参照的必然性。如果指导性案例在当前并非鲜见参照,而是频见参照,那反倒是一件极为不正常的事。然而,鲜见参照的现实意义并不在于它是一个符合因果律的正常结果,而在于其在数量和频次方面的稀少使案例指导制度的运行风险被限制在一个很小的范围和幅度内。案例指导制度的运行风险不仅来自上文揭示的该制度的多处硬伤,还来自如下一些发现。

对指导性案例"原产地"分布予以统计可发现:现有指导性案例来自15个省级行政区域,仅占我国省级行政区域总数的48.4%。其中,从上海、江苏、浙江、四川、北京、山东、天津7个省级行政区域遴选的指导性案例总数为41件,占当前指导性案例总数的82%。[2] 此种地域分布的严重不均衡在影响指导性案例遴选的正当性的同时,也会影响指导性案例指导功能的发挥。中国作为一个地区发展严重不平衡的国度,发达省市案件类型和落后地区案件类型存在较大差异,即便是相同类型的案件,案件所涉因素也不可同日而语。以指导性案例1号为例,在上海发生的房屋居间合同纠纷,在纠纷数量、所涉标的、交易模式、市场规模等方面与西藏、新疆、青海等地发生的房屋居间合同纠纷绝不可相提并论。指导性

---

〔1〕 宋晓:《判例生成与中国案例指导制度》,载《法学研究》2011年第4期。

〔2〕 此处统计地域分布时,排除了原产于最高人民法院的14个指导性案例。

案例1号在多大程度上对上述省份的类似案件具有指导意义,殊值怀疑。

比较指导性案例发布日与其来源案件审结日的年份差距可发现,指导性案例的生成普遍存在较长时滞。目前仅有1件指导性案例的发布日与其来源案件的审结日同年[1];两年到三年的时间最为普遍,共有36件,占指导性案例总数的比例高达56.3%;最大的年份差距则长达11年。指导性案例遴选程序的科层式设置及伴随的烦琐、费时是导致上述时滞的主因。此种较长乃至很长时滞的存在,延缓了指导性案例指导功能的发挥,显著削弱了指导性案例在指导审判实践、统一法律适用、发展法律方面的时效性,甚至会使一些指导性案例因为时过境迁而丧失当初具备的指导价值。

此外,统计指导性案例来源案件审结日所属年份还可发现,来源案件的年份分布严重失衡,从2010年至2013年4年审结的案件中遴选的指导性案例总数为45件,占指导性案例总数的比例为70.3%。[2] 然而,从1999年、2003年、2004年、2005年、2007年审结的案件中仅各遴选了1件案件,占指导性案例总数的比例为1.6%,而连同1998年在内的之前年份、2000~2002年三年无一案例被遴选为指导性案例。这一事实表明,指导性案例的遴选机制存在很大程度的主观性和偶然性,因此也具有极大的遮蔽性。

鲜见参照的积极意义在于,它将上述不正常因素叠加从而产生无法估量的不利影响控制在了一个非常低的限度之内。如果将案例指导制度的运行比作一场正在进行的司法改革实验,鲜见参照这一事实显然说明该实验被控制在了一个仅产生最小实验风险的安全范围之内。这对我国的司法改革不仅无害,反而有利。

(二)鲜见参照的晚近制度应对

2015年颁行的《实施细则》旨在细化、充实《规定》,乃我国案例指导制度的最新发展。结合前文对指导性案例鲜见参照成因的分析,《实施细则》在如下方面对参照现状的改善具有不同程度的积极意义。

其一,细化了指导性案例的遴选条件,有助于提升案例遴选质量。《规定》所定条件过于宏观和政策性,未能提出具体的判断标准,《实施细则》第2条列举了6项遴选条件:认定事实清楚,适用法律正确,裁判说理充分,法律效果和社会效果良好,对审理类似案件具有普遍指导意义。

其二,正式确立指导性案例的规范结构,有助于提升案例编纂质量。《规定》并未涉及指导性案例的结构,最高人民法院曾于2011年岁末印发《关于编写报送指导性案例体例的意见》,[3]规定指导性案例的体例主要包括标题、关键词、裁判要点、相关法条、基本案情、裁

---

〔1〕 指导性案例4号"王志才故意杀人案"的发布日为2011年12月20日,来源案件的审结日为2011年5月3日。

〔2〕 从2010年、2011年、2012年、2013年审结的案件中遴选的指导性案例数量分别为8件、15件、10件、12件。

〔3〕 法研〔2012〕2号。

判结果、裁判理由7个部分。《实施细则》第3条对指导性案例规范结构的规定与上述"意见"基本一致,在内容上仅增加了"附注"部分。

其三,明确规定了参照的具体规则。《实施细则》第9条界定了"类似案例"的"类似"含义,其指在基本案情和法律适用方面与最高人民法院发布的指导性案例相类似,该条同时明确了参照的内容是"指导性案例的裁判要点"。第10条将指导性案例的可援引性限定为作为裁判理由引述而非作为裁判依据引用。第11条要求案件承办人员在办理案件过程中,应当查询相关指导性案例;在裁判文书中引述相关指导性案例的,应在裁判理由部分引述指导性案例的编号和裁判要点;对引述指导性案例作为控(诉)辩理由的,要求案件承办人员应在裁判理由中回应是否参照了该指导性案例并说明理由。

其四,建立案例指导制度运行的保障机制和激励机制。《实施细则》第13条提出最高人民法院建立指导性案例纸质档案与电子信息库,为指导性案例的参照适用、查询、检索和编纂提供保障。第14条要求各级人民法院对于案例指导工作中作出突出成绩的单位和个人,应当依照《法官法》等规定给予奖励。

在上述规定中,对鲜见参照现状改善最为有力的措施莫过于就参照提出了直接引述的形式要求,同时就参照建立了来自诉讼当事人的制约机制,此后但凡当事人有引述指导性案例的,案件承办人员须在裁判理由中回应是否参照了该指导性案例并说明理由。需要指出的是,《实施细则》将参照内容限定为裁判要点潜藏着较大风险。因为裁判要点的撰写者总结出来的裁判要点并不必然正确反映判决所适用的法律原则。裁判要点在形式上类似于抽象性规则,此种规则很可能与新的事实不吻合,同时很可能被法官进行简单的比照适用,而不去审慎考虑待决案件与指导性案例是否存在真正的类似性。[1]

五、鲜见参照到常规参照的嬗变

对判例的遵从,在成文法国家同样是一项维护法律稳定和实现司法统一的重要司法机制。我国正力图通过案例指导制度确立这一司法机制。前述指导性案例的"产品缺陷"、案例指导制度的硬伤以及司法环境的不匹配的现状,单凭《实施细则》之力无法改变。中国指导性案例由鲜见参照到常规参照的嬗变,寄望于案例、制度、环境三个层面的共同改进。此处,无意脱离本文实证分析的主旨而转向法律工程研究,仅基于前文的实证分析提出如下管见。

(一)指导性案例"产品质量"的改进

针对指导性案例的前述"产品质量"缺陷,须从如下方面予以改进。

---

〔1〕 参见薛军:《意大利的判例制度》,载《华东政法大学学报》2009年第1期。

其一，在指导性案例遴选时，以法律定性正确、法律适用准确、论证推理充分作为筛选备选案例的基本标准。对在上述三方面存疑的案例，即使属于典型性案例或者影响性案例，也不得将之遴选为指导性案例。

其二，将备选案例的司法续造增量作为指导性案例遴选的重要考量因素。只有那些续造法律、发展法律的指导性案例才最具有生命力，才会更多地被后案实际参照。在当前实际参照中一枝独秀的指导性案例24号，其高参照率与该案例在司法续造上的增量发展有极为重要的关系。2007年修订的《道路交通安全法》将道路交通事故责任基本归责原则由无过失责任原则回复到过错推定原则。[1] 该法第76条第1款第2项规定，“有证据证明非机动车驾驶人、行人有过错的，根据过错程度适当减轻机动车一方的赔偿责任。”由此开启了保险公司、机动车驾驶人以受害人个人体质对交通事故损害存在参与度为由主张减轻侵权人责任的抗辩。[2] 现行法律对该问题并无明确答案，属于法律规定比较原则的情形。法院对损伤参与度的认定存在很大分歧，出现了典型的“同案不同判”现象。指导性案例24号“裁判要点”旗帜鲜明的阐明：“交通事故的受害人没有过错，其体质状况对损害后果的影响不属于可以减轻侵权人责任的法定情形。”这对处理类似案件具有显著的指导功能，这是该案例被频繁参照的根本原因。

其三，降低基层人民法院和中级人民法院案例的入选率。指导性案例近半数原审法院层级过低这一局面的形成，很大程度上缘于我国两审终审的审级制度。最高人民法院在大多数时候都不是实质意义上的最高法院，它并无机会亲自审理基层人民法院和中级人民法院受理的初审案件中适合被遴选为指导性案例的案件，失去了通过这些个案来澄清和发展相关法律的机会。当最高人民法院发现这些地方人民法院对个案法律问题的澄清和发展道出了其想说而没有机会说出的“心声”时，它便会将此类案件遴选为指导性案件，使之具有超越个案和超越地区的法律价值，并以此推动全国法律适用的统一。[3] 在审级制度发生改变之前，最高人民法院需要有意识地提高其自身裁判案件以及高级人民法院裁判案件的入选率。

其四，在指导性案例的供给渠道方面，纠正案例遴选上的地域失衡、法律领域失衡、案件年份失衡以及案例发布存在的较长时滞，由当前四级人民法院构成的“混合供给模式”逐步向从最高人民法院判决中遴选指导性案例的“单一供给模式”转变。这是最高人民法院由一个名义上的最高法院向实质意义上的最高法院转变的必然要求，也是维护案例指导制度正当性并降低其制度风险的内在要求。最高人民法院拥有11个审判庭和2个巡回法庭，

---

〔1〕 参见杨立新：《我国道路交通事故责任归责原则研究》，载《法学》2008年第10期。

〔2〕 以“损伤参与度”为关键词，以“机动车交通事故责任纠纷”为案由在北大法宝司法案例数据库作全文检索，并将检索期间限定为自《道路交通安全法》(2007年修正)2008年5月1日施行至2014年1月26日指导性案例24号公布，检索结果显示共有245件机动车交通事故责任纠纷涉及“损伤参与度”问题。

〔3〕 宋晓：《判例生成与中国案例指导制度》，载《法学研究》2011年第4期。

11个审判庭共有法官183人[1],每年审理万余件案件。林立的审判庭、庞大的法官数量,加上合议庭组成的随机性,导致最高人民法院审判权的行使变得高度分散,从而无从保证其每年审理的万余件案件在司法裁判上做到协调一致。基于此,最高人民法院审理的案件不能当然的作为指导性案例,尚需经过审慎甄别。但是,最高人民法院“内部生产”的案例应逐步成为指导性案例的主要直至唯一供给源。

(二)案例指导制度硬伤的祛除

《实施细则》在一定程度上医治了案例指导制度的硬伤,未来尚需从如下诸方面进一步祛除该制度的硬伤。首先,应明确赋予最高人民法院指导性案例创制权,这是指导性案例成为法律论证权威理由的先决条件。此种赋权可通过在《人民法院组织法》第32条中增加最高人民法院有权遴选发布指导性案例的规定予以实现。其次,应建立偏离指导性案例报告制度和特别证立要求。法官拟对与指导性案例类似的案件作出不同于该指导性案例的裁判时,须将此案报告给其所在人民法院的审判委员会决定,在该院审判委员会同意此种背离时,承办法官应在判决书中就此种背离进行特别证立。再次,最高人民法院应制定指导性案例发布规划,编制年度发布规划和中长期发布规划,以此纠正指导性案例生成中出现的多种不均衡现象,同时保证案例供给的稳步增长。最后,应建立指导性案例参照数据库。《人民法院第四个五年改革纲要(2014-2018)》提出逐步构建符合审判实际和司法规律的实证分析模型,建立全国法院裁判文书库和全国法院司法信息大数据中心。在此背景下,最高人民法院应着手建立便于法官、律师、诉讼当事人以及学者检索、查阅的指导性案例参照数据库。

(三)司法环境匹配度的提升

针对司法环境的不匹配,首先应提升参照指导性案例在提高法官裁判认可度方面的权重。在中级人民法院——高级人民法院、高级人民法院——最高人民法院这两组“金字塔”里,上级法院应主动提升和维护指导性案例在司法审判中的权威,改变指导性案例参照鲜见于高级人民法院,未见于最高人民法院的现实境况。

其次,应为参照指导性案例从而提高法官裁判效率提供制度性支撑。实证研究表明,指导性案例提高办案效率的当前功能主要体现为资料价值,有助于司法人员能更有效地说服领导,而不在于使司法人员独立决断,缩短办案流程。领导意见在案件最终处理结果中发挥着关键性影响,指导性案例能否发挥作用,多大程度上发挥作用,具有较大的不确定

---

[1] 法官人数的统计基于“最高人民法院内设机构主要人员”介绍,载http://www.court.gov.cn/jigou-fayuanbumen.html,最后访问日期:2016年8月10日。

性。[1] 为此,须减少案件审理中的冗长报批程序,淡化案件审判管理中的“行政化色彩”,将审理类似案件应当参照指导性案例设定为司法审判业务中的明确操作规则。

最后,有必要在各级法院系统就指导性案例的参照进行针对性业务培训。实证研究揭示,被调查司法人员中,约有63%的人对案例指导制度是不了解的,仅有22%的人学习过“两高”发布的指导性案例。[2] 法院系统内的针对性业务培训,一方面可在法官中普及中国案例指导制度的相关知识,另一方面有助于训练法官参照指导性案例时所必需的类比适用和区别排除这两项司法技艺。

六、结　　语

本项研究,是对运行仅6年的中国案例指导制度的一个初步实证分析,此种分析聚焦于最高人民法院的案例指导制度及其指导性案例,旨在区分理论层面、规范层面和现实层面的案例指导制度,揭示该制度运行的真实境况及其负载的重要信息。这一区分和揭示的过程,一方面建立在识别各国利用判例实现司法统一和发展法律的共性上,另一方面立基于认识中国在其自身法治环境下利用指导性案例完善司法的个性上。对于前者,本文关注有关判例制度的司法共识、司法规律和司法经验;对于后者,本文关注我国司法制度的运行现状和司法活动的客观事实。回顾近代社会判例制度的发展史,判例法在英国的确立经过了数个世纪的演进,判例在欧陆诸国获得实质性遵从亦经历了漫长岁月的积淀。中国案例指导制度,由一隅微光到普照大地不可能一蹴而就。指导性案例鲜见参照的现状并非一件坏事,其存在既是可解释的,也是可接受的。在参照指导性案例所需各项条件相对齐备前,不应操之过急地去加速指导性案例从鲜见参照到常规参照的转变。罔顾实际地提高指导性案例的实际参照率极易导致对指导性案例裁判要点的机械适用,加剧案例指导制度的系统性风险,从而与“统一法律适用,提高审判质量,维护司法公正”的初衷背道而驰。中国的案例指导制度,尽管是以司法外权力而非自身的司法权威推动的制度[3],但该制度自其落地生根时,便逐渐获得自身的生长力和运行轨迹,逐步离心于司法外权力,转而去遵循各国判例制度共通的逻辑、原则以及哲学。假以时日,参照指导性案例将成为中国司法审判中一件习以为常的事。一个对中国案例指导制度实际参照题域精耕细作的时代正慢慢来临。

(原载于《法商研究》2016年第3期)

[1] 秦宗文、严正华:《刑事案例指导运行实证研究》,载《法制与社会发展》2015年第4期。

[2] 同上。

[3] 宋晓:《判例生成与中国案例指导制度》,载《法学研究》2011年第4期。

解释法律与法律解释

谢　晖*

解释法律与法律解释这两个概念,如果不是研究者咬文嚼字,则常人很难去认真理会其区别的。然而,对这两个概念而言,区别是重要的。其实,学术研究深入的重要标志之一,就是对看是相似甚至相同的概念作出必须的区分。在相似概念之间大而化之的做法,可以运用于特定情形下的实践,但不能运用于学术研究。就法学研究而言,就更应如此。这是由于和法学相关的社会实践总是与是非曲直的判断以及由此判断带来的人们利益的得失、荣辱的取丧等直接相关的缘故。就本文所要讨论的解释法律与法律解释这对概念来说,由于其既关涉相关的法学学理,也关涉相关的法律实践(特别是司法实践)。因此,对两者的必要学理解析与区分,意义将惠及多个方面。本文是我对这对概念及其相关问题的初步思考。

一、解释法律与法律解释:从哲学命题到法学命题

就学理的归属而言,解释法律是一人哲学性的学理命题,〔1〕而法律解释是一个法学性的命题。哲学与法学在层次和层面上的差别决定了解释法律与法律解释的层次高下和层面区别。下面我将通过对两个概念之含义的界定来说明他们的学理归属。

* 谢晖,曾在山东大学法学院工作,现任中南大学法学院教授、博士研究生导师。

〔1〕 当然,对这里的哲学一词也可当作法哲学的同义词。法哲学究竟应为法学的范畴、哲学的范畴抑或跨学科的范畴,这向来在学界存有争议。如黑格尔的法哲学,就是其哲学的组成部分;而庞德的法哲学,却是其法学的组成部分。我国有学者主张"法哲学……是介于哲学和法学之间并兼具二者属性的一种综合性、交叉性和边缘性学科。"参见吕世伦等主编:《法哲学论》,中国人民大学出版社 1999 年版,第 40 页。关于人们对法哲学不同看法的系统梳理,参见倪正茂:《法哲学经纬》,上海社会科学院出版社 1996 年版,第 667 页以下。

据我手头有限的资料，对解释法律与法律解释在义理上曾作过区分的是陈金钊先生，[1]他对两者作了三点区分，可以简要地归纳如下，即两者在解释主体上具有无限定性和有限定性（有无可以产生约束力的解释权）的区别；两者对法律进行解释时在思维方式上具有“任意性”与“非任意性”的区别；两者在解释“资格”上的区别，即前者具有“非职务性”，后者具有“职务性”。[2] 稍加分析，则不难发现，上述三点区分其实可以进一步归纳为两点，因为第一点区别与第三点区别所讲的事实上是一个问题的两个方面。我觉得，法律解释在主体上固然是有限定的，但解释法律未必就在主体上无限定。诚然，任何人有权对自己所理解的法律作出解释，但能够上升为学理意义上的解释法律，在主体上仍是有限定的；虽然，它不是职务行为，但应当是职业行为。同时，解释法律在思维方式上确实具有发散性，但不具有任意性，因为它至少要遵循一种学理化的关于思维方式的逻辑准则，总不能把常见的一些人对法律的“骂街”行为及其方式或者家长为了吓唬孩子而说“警察来了”之类的对法律的理解及其方式也看作是解释法律的方式。所以，解释法律在方法上应遵循起码的逻辑，即只有符合逻辑的方法才能为解释法律所“任意地”运用，从而成为解释法律的方法；反之，那种非逻辑的“方法”，既在功能上不能解释法律，也无法任意地用来解释法律。因为它无法达致解释法律所必要的学理要求，那么，究竟如何理解解释法律一词呢？

作为一个哲学命题和学理概念的解释法律，是指解释者根据一定的逻辑准则，对法律现象所赖以产生和存在的社会事实及该现象自身的实然、应然所作的说明性工作。之所以说它是一个哲学命题，首先在于，解释法律是要探求法律这一社会现象的根本性问题。那么，什么是法律现象的根本性问题呢？对此，不同的解释者可以开出完全不同的清单。但这并不妨碍我们对这些问题作出必要的假设。例如，法律究竟是如何产生的（它是随人类俱生的还是在某个时期由某个人设计创造的，抑或神灵给人类创造的）？为什么法律能给人类带来秩序？法律对人进行统治的力量究竟来自何处？离开法律，人类有无可能长久地维持秩序？如何衡量法律的合法性？法律与其他社会现象的关系是什么？如何理解法律的正义性？在何种意义上讲法律应是统一的，在何种意义上它又必须保持某种差异性？能否出现一种世界法？法律有没有本质？如有，它的本质应是什么？法律的未来是什么？它是否是永恒存在的……显然，不可能期望人们对这些问题作出一种所谓“科学”的解释，而只能作出一种“智慧”的解释。毫无疑问，科学是智慧，但智慧却不止科学。科学要求智慧必须是正确的，但众所周知，智慧并不一定强求什么正确。弄清在解释法律问题上的智慧

---

〔1〕 陈弘毅在《当代西方法律解释学初探》（《中国法学》1997年第3期）一文中，区分了“应用层次的法律解释学”和“理论层次的法律解释学”，但这种区分只是就西方法律解释学的情形所进行的学理归纳，而不是陈先生个人关于两者区别的意见。尽管如此，这种区分对本文的立论很有启发和帮助。梁治平在《解释学法学与法律解释的方法论——当代中国法治图景中的法解释学》（载梁治平编：《法律解释问题》，法律出版社1998年版，第87页以下）一文中，探讨了狭义的解释法律（解释学法学）问题，其思路与本文的观点有些接近。

〔2〕 参见陈金钊：《法律解释的哲理》，山东人民出版社1999年版，第41页以下。

属性,有助于进一步说明解释法律之为哲学命题。因为与科学相比,哲学本来就是智慧之学。虽然,作为一个哲学命题,解释法律并不以什么科学性来作为衡量标准,但这并不意味着解释法律不讲究逻辑。这就涉及解释法律之为哲学命题的第二个原因。

解释法律之为哲学命题的第二个原因,在于解释法律是一个需要用哲学方法来说明的过程,即它是需讲究逻辑的对法律的说明行为。言及此,或有人问:难道法律解释不需讲逻辑吗? 毫无疑问,法律解释需讲逻辑,并且在一定意义上讲,它更需讲逻辑。但我们在此是为了说明解释法律之为哲学命题,它所针对的主要是对法律的非逻辑解释。解释法律必须是符合逻辑的,不论其是哪种逻辑。因为作为智慧之学的哲学,从根本上讲,就是给人们提供一些认识事物、解释事物的智慧,这种智慧往往并不体现在精美的、中规中矩的、"正确的"结论上,而是体现在合乎规范的逻辑上。问题是,合乎规范的逻辑并不是唯一的,这就为解释法律者提供了可选择的逻辑标准。因此,解释法律者虽然要讲逻辑,但他对解释之逻辑理路的选取是完全自由的。所以,有人可以从教义学出发解释法律,有人可以从规范学出发解释法律,有人可以从社会学出发解释法律,当然,还有人可以运用解释学来解释法律。〔1〕 但无论人们选取哪种逻辑标准,解释法律必须讲究逻辑,否则,它就无法成为一个哲学命题。这明显地不同于在日常生活中人们对法律的解释。后者作为一种解释,并不一定要求讲究逻辑,特别是当人们的法律意识尚浅或在人们被动地接受法律的情形下,对法律的解释或者评论往往沉静理性不足,而激情有余。这时,激情便驱走了逻辑,牢骚便代替了思想。它当然不是作为哲学命题的解释法律。

解释法律作为一个哲学命题,当然要以哲理性地说明法律这一现象为目的。但是,如何才算对法律现象作出了令人信服的哲理性的说明? 事实上,就解释者而言,这是个见仁见智的问题,因为任何人不可能使其解释达到逻辑自足,或者结合前一点的论述,本来无所谓自足的逻辑;就解释的阅读者而言,能否通过阅读解释者的解释就明白法律的个中道理,这还涉及阅读者的理解角度、社会阅历、对法律的态度以及其理解能力问题等。因此,理解无非是一种再解释。此即所谓"解释的循环"。这就说明了,作为哲学命题的解释法律,没有一个"至确"的说明,不存在放之四海而皆准的解释。解释者的追求,就是求得在自己的立场上能够自圆其说而已。这也正是解释法律作为哲学命题的魅力所在。它肯定一切人对法律的合乎逻辑的、能够自圆其说的、能提升为哲理性的解释,但否定任何人垄断解释权。一般地讲,解释者对法律进行说明的方式有两种,其一是关于法律是什么的说明,即现实生活中的法律究竟应是什么? 除国家制定法外,民间法、宗教法等是否为法律? 因为对这些问题的不同回答,经常产生解释者的流派分化。其二是关于法律应当是什么的说明,即现实生活中的法律(特别是国家制定法)是否全能称之为法律? 如果持否定态度,那么,

〔1〕 刘星先生在其《西方法学初步》(广东人民出版社1998年版)一书中,谈到了西方法学对法的本体论、认识论以及价值论的多种解释理路,读来饶有兴味。

判断它们是否法律的标准是什么？由此便产生了解释之关于"法律是什么"的评价标准的分歧。[1]

弄清了解释法律的含义，再回过头来观察法律解释，我把它和解释法律相对地置于法学命题中。尽管人们已经对法律解释一词作出了截然不同的多种解释，[2]但为了说明法律解释之为法学命题，还是有必要作出我的界定。所谓法律解释是指有法律解释权的主体根据法定的解释权限和程序对国家制定和认可的法律（包括议会的法典式制定法和出自法官的判例法[3]以及国家认可的宗教法、民间习惯法等）以及有法律意义的事实（就判例法而言）按照一定的逻辑规则所做的通俗化、延伸化或限缩化的说明活动。

法律解释之为法学命题，首先在于法律解释所针对的是法律的具体性规定或与法律相关的具体事实（就判例法而言）。当然，对具体性的问题，也可以作出根本性的哲学解答。但问题在于，法律解释恰恰并不追寻这种根本性的哲学解答，它的基本目的，是要为法律实践、特别是司法实践提供一个可操作的具体化的规范标准。对于法典式制定法而言，法律解释是由于这种法律固有的缺陷（如它的一般性、僵化性、时滞性以及不可避免的漏洞等）的必然要求。因此，法律解释在此是对法典式法律之缺陷的一种补救措施。如果缺乏这一补救措施，法律的实践功能就可能要缩水，法律的社会价值就可能要走样，甚至法律就无法得到真正的实施，从而与立法者的初衷相悖。对于判例法而言，解释法律的基本需要在于前例与现例的在事实上并不总是相同之故。这就需要法官既要关注前例与现例之间在事实上有无区别，也要在此基础上识别前例的规范能否适用于现例。正是通过这一过程，法官不但对前例作出解释，且一旦决定不采用前例进行判决，而给出新判决时，法官还在造法。由此可见，如果解释法律是一个具有哲学学理性质的活动，那么，法律解释则是一个具体的法律适用性质的活动。对法律解释的学理概括，构成法学的重要内容，即法律解释学。

其次，法律解释作为一个法学命题，也讲究逻辑。但与解释法律相比较，法律解释的逻

---

〔1〕 按上述关于解释法律的分析，由梁治平主编的《法律的文化解释》（三联书店 1995 年版）、徐国栋撰著的《民法基本原则解释》（中国政法大学出版社 1993 年版）就属于解释法律的范畴；梁治平主编的另一本书《法律解释问题》（法律出版社 1998 年版）中苏力、郑戈、梁治平、刘星诸位的文章都属于解释法律的范畴。当然，以上只是就理论法学类书籍中带"解释"二字者而言。事实上，不带"解释"字样的理论法学书籍，毫无疑问都在解释法律之列。

〔2〕 例如，张志铭先生在其著述中罗列了有关法律解释的九种定义性文字；此外，张志铭本人也对法律解释作出了定义性说明，参见张志铭：《法律解释的操作分析》，中国政法大学出版社 1999 年版，第 12 页以下。陈金钊也对法律解释的含义作出了独到的解释，即法律解释既要解释规范，也要解释事实，参见陈金钊：《法律解释的哲理》，山东人民出版社 1999 年版，第 43 页以下。再如，就司法解释的概念，董皞先生在其论著中罗列了 8 种定义性文字，参见董皞：《司法解释论》，中国政法大学出版社 1999 年版，第 5 页以下。但可以肯定的是，人们所能罗列的，只是人们所看到的。

〔3〕 大多学者在讨论法律解释，尤其在说明法律解释的功能时，常常是针对成文法而言，从而把判例法剔除出法律解释的对象。事实上，对判例法照样需要解释。英美法系中对"前例"所进行的"区别技术"，特别是法官通过"区别技术"决定要么遵从"前例"，要么推翻"前例"的过程，其实就是对"前例"的解释过程。参见沈宗灵：《比较法研究》，北京大学出版社 1998 年版，第 289 页以下。不过，对判例法的解释与对成文法的解释是不同的，表现在前者只是对规范文本的解释，后者则不仅要解释法律，而且要解释事实。

辑具有相对的特定性。虽然,法律解释的具体方法是多样的,[1]但在基本的逻辑理路上,它所遵循的是法律的规定,它所要追问的是法律的原意,所以,多样的解释方法(哪怕是扩张解释和创造性补充)无非是向法律的原意更加靠近,即法律解释不能颠覆法律(在法典式成文法制度下,特别是法律解释不能违背现行法律的原意),而只能修补完善法律。即使在判例法制度下,当法官通过"区别技术",推翻前例,产出新的判例时,并不是在向一种法律制度叫板,相反,它通过特殊的方式维护整体性的法律制度,从而使法律更加具有实践的适用性。这就与解释法律在逻辑上形成了明显的两途。解释法律在任何一个法律面前并不显得唯唯诺诺,有时,它还表现得大声谔谔,根本不买任何法律的账(如法律虚无主义)。当然,大多数解释法律者,还是通过对法律之根本意义的追寻,肯定法律的现实功用。同时,由于法律解释在于法律的现实适用,因此,其所关注的一半是现实有效的法律,而对此时此地不具有适用性的法律,它可以在所不问。这当然也就限缩了其逻辑视界的拓展。

最后,法律解释最浅层次的功用在于使法律规定更显明白,使人们能够更好地、更准确地理解之。法律解释所要求的明白,与解释法律所要求的明白并不是一个含义。可以说,法律解释所要求的是一种具有"霸权"效果的明白效应和"至确"效应,即对法律解释之解释,任何人不能再进行法律解释意义上的循环解释(当然,对判例法的解释而言,也许是个例外,因为,当法官在审判中面对相关的诸多前例,选择其中可援引的、放弃不可援引的,或者干脆推翻所有相关的前例,从而作出新例时,事实上是对已经解释过的前例进行新的解释,因此,判例法就是可以循环解释的法,它是法律解释的不断积累。这既是判例法之优点所在,也是其缺陷所在)。法律解释即使不是最高的法律,但也应是最后的法律。所谓最后的法律,不是指在时间上的先后,而是指能否再继续解释。正是在这个意义上讲,我同意如下的观点:"应从法律解释概念中剔除非正式解释部分,法律解释就是有权的机关对法律意义的阐明。学理解释和任意解释只是解释法律的组成部分,而不属于法律解释。"[2]

二、解释法律与法律解释:基本的联系与区别

从上述对解释法律和法律解释之不同义理归属的论述中,我们不难发现解释法律与法律解释之基本的联系与不同。下面,我将进一步通过比较来具体地说明两者的联系与区别。解释法律与法律解释的一般联系可以总结为如下诸点:首先,一般来说,两者都是需要

---

〔1〕 关于法律解释方法之多样性,参见杨仁寿:《法学方法论》,中国政法大学出版社1999年版,第91页以下;梁慧星:《民法解释学》,中国政法大学出版社1995年版,第213页以下;张志铭:《法律解释的操作分析》,中国政法大学出版社1999年版,第90页以下;董嗥:《司法解释论》,中国政法大学出版社1999年版,第230页以下。应注意的是,上述论著中的有些论述不是法律解释的方法,而是解释法律的方法。这是由于我们长期以来并不注意划分解释法律与法律解释之故。

〔2〕 参见陈金钊:《法律解释的哲理》,山东人民出版社1999年版,第43页。

以法律为对象的。解释法律也罢、法律解释也罢,都需以法律为释义对象。虽然,一方面,解释法律还需解释法律所赖以存在的社会事实,但其目的是以对此种社会事实的解释来更好地解释法律;另一方面,两者在以法律作为对象时具有明显不同的内容要求(这在下文我对两者之区别的论述中将要详细提到),然而,这并不影响两者均需以法律为对象的亲缘关系。这一特点使两者与解释历史和历史解释、解释哲学和哲学解释、解释文学和文学解释、解释伦理和伦理解释以及解释宗教和宗教解释等职业化的社会活动加以区别。由于两者在释义对象上的"宏观"相同,使两者间有时可以发生一些转化现象。所谓转化现象是指,一方面,解释法律的一些方法和结论直接成为法律解释的根据;另一方面,当法律解释成为一种严格的职业时,有时也会产生解释法律的效应。

其次,两者都是对法律的说明性行为。解释法律是为了说明法律,法律解释也是为了说明法律。可见,两者在对法律的说明功能上出现了交叉和重叠。虽然,一方面,解释法律对法律的说明是义理性的,而法律解释对法律的说明是规范性的;另一方面,解释法律对法律的说明可能会产生人们对法律的多义性理解,而法律解释只能使人们更加单纯而准确地理解法律,但这并不能抹杀两者都是对法律的说明这一结论。同时,由于义理性说明对规范性说明一般地具有指导作用,而规范性说明对义理性说明又一般地具有参照作用,所以,作为义理性说明的解释法律和作为规范性说明的法律解释间有时并非丁是丁、卯是卯。两者间有时可能会合而为一,例如,古罗马一些法学家解释法律的结论,经皇权的允诺,直接成为法律;还有些国家,权威法学家解释法律的结论经允诺,演变成法律解释。

最后,两者都是一种理性的逻辑行为。[1] 每位解释法律者需从各自的视角出发,按一定的理性逻辑对法律作出说明,所以,解释法律必然是遵循理性逻辑的。在这一点上,法律解释并无二致。并且由于法律解释直接关乎人们对现行法律的理解和运用,所以,它更需要遵循理性逻辑,则是为了使人们更加了解法律的具体规定。如果解释法律或法律解释不遵循逻辑,那么,解释法律的效果只能产生人们在有关法律的思想上的混乱,而法律解释的效果则只能产生人们在有关法律的行为上的混乱。正是对理性逻辑的遵循,使以解释法律为己任的法学成为最讲究逻辑的学问,也使法律解释成为最讲究逻辑的法律实践。

解释法律与法律解释的具体区别可以归纳为如下诸点:第一,两者的行为性质不同。简单地说,解释法律是一种学理行为,而法律解释却是法律行为。如前所述,学理行为是用来探讨事物的义理的,而法律行为却未必遵循事物的义理。由于在法律当中,客观地存在善法和恶法的问题,所以,以尊重规则为前提的法律解释者必然会强调"恶法亦法"

---

〔1〕 这里的"理性"一词,并不是在理性主义和非理性主义对立意义上使用的。事实上,理性主义和非理性主义都遵循着理性逻辑。因此,即使一位非理性主义者要解释法律,也不能背反应有的理性逻辑,否则,就不构成解释法律,而可能成为对法律的胡说八道。

论。[1] 如果在法律解释过程中解释者对所要解释的法律是以恶法的名义而任意地篡改,那么,法律解释就纯粹是一种解释者的主观活动,从而丧失了基本的客观标准。特别是在奉行成文法的国家,更应强调解释者对法典的尊重,否则,法律解释的结果只能增加法律的模糊和混乱,而无法达致法律的清晰和透明。同时,也由于对成文法而言,一般说来,立法者和解释者是分离的,[2]相对于立法者的法律,法律解释活动就是对法律的具体化、明晰化,因此,法律解释是在规范层次贯彻立法者的法律。这就更进一步地决定了法律解释之为法律行为的属性。即使对判例法的解释,仍然要么通过解释创造新判例(立法活动),要么通过适用前例作出判决(司法活动),因此,并不妨碍法律解释是一种法律行为这一结论的成立。但是,解释法律却不同,严格说来,它不应当属于法律行为,[3]如果它受法律调整,也只能适用一种放任性和保护性的调整。[4] 正因如此,解释法律并不要求解释者要尊重法律,他可以是坚定的"法律至上"论者,可以是顽固的"法律万能"论者,也可以是彻底的"法律虚无主义"论者……但无论他们间观点如何相左,只要能够形成自圆其说的和法律相关的学理,就完成了解释法律之任务。可见,解释法律的学理行为属性。

第二,两者的主体不同。一般地说,解释法律的主体是以学者,特别是以法学学者为主,但法律解释的主体却以官方为主。在不同的法律解释体制下,法律解释的主体可以不同,例如,在有些时代和国家,只赋予国家有关机构以法律解释权;在另一些时代和国家,却赋予一些知名法学家以法律解释权,并且这种法律解释权与有关国家机构的法律解释权并行不悖。但是,这时,这些法学家具有御用的特征。因为究竟哪些法学家的解释可以作为法律解释,哪些则不能,仍然主要地是一种官方行为,而不是民间行为。因此,这种情况并不能否定法律解释的主体是官方的结论。但是,解释法律的主体却主要是学者,特别是法学家,因此,可以肯定的是,并非任何人都可以进行解释法律。固然,人人都可以对法律作出理解,甚至可以根据各自的理解对法律作出截然不同的解释和评价。但在这里,就应区分作为学理概念的解释法律和作为普通理解的解释法律。后者可以作为一种法律现象,供法学的研究者进行研究,即进行再解释,但它并不是作为学理概念的解释法律,不能纳入学

---

[1] 我国台湾地区法官杨仁寿先生在其著作中,以一位法官的身份强调了恶法亦法的道理。当然,其具体目的是说明法律解释者必须尊重现行法律。参见杨仁寿:《法学方法论》,中国政法大学出版社1999年版,第9页以下。

[2] 但事实并非总是如此。例如,在我国解释体制下,最有地位的法律解释者就是立法者(全国人大常委会),尽管其解释在实践中并非运用最广泛。关于中国的法律解释体制问题,参见张志铭:《法律解释的操作分析》,中国政法大学出版社1999年版,第220页以下。应说明的是,在最近的有关决定中,中国法律解释体制中的"检察解释"已被取消。

[3] 之所以强调"严格说来",是因为一方面,从法律调整的广义上讲,在现代法制条件下,解释法律之为解释者的权利,受法律保护;另一方面,从人类法制的宏观历史来看,在有些时代和有些地方,不能放任地解释法律,因此,解释法律不但受法律的调节,而且这种调节往往采取禁止性调节或制裁性调节。

[4] 我把法律调整方式划分为放任性调节和保护性调节(针对权利性规范及其行为)、禁止性调节和强制性调节(针对义务性规范、权力性规范及其行为)、制裁性调节(针对责任性规范以及违反义务的行为)以及奖励性调节(针对法律规定的符合公众道德的模范行为)四方面。参见谢晖:《法学范畴的矛盾辨思》,山东人民出版社1999年版,第320页以下。

理上解释法律的范畴。从这个意义上讲,解释法律的主体是特定的,只有训练有素的学者才可能成为解释法律者。从解释法律的历史来看,当法学家尚未形成独立的职业者时,解释法律的主体同时也是解释其他现象的主体。因此,对法律的义理性解释主要存在于一些"原典"文献中。但当法学家作为一个职业群体出现时,解释法律的主体主要是法学家。虽然,其他一些学者,特别是一些思想大家,如众所周知的马克斯·韦伯、哈贝马斯、罗素、哈耶克等都可以写出精深的解释法律的文献,但这时,一方面,他们已经有了法学家的名号;另一方面,他们是以所有社会现象为解释对象的,所以,当他们解释所有社会现象时必然要涉及对作为重要社会现象之法律的义理解释。不过他们之解释法律,毕竟不是专业。专业的解释法律者,只能是法学家。应注意的是,有时,法学家和官员(特别是法官)在职业上是合二为一的,他可能既是解释法律者,又是代表官方的法律解释者。这种个别情形的存在,并不能否定我对解释法律与法律解释之主体的一般划分。

第三,两者的对象(文本)不同。解释法律的对象既是古今中外的一切正式法律和非正式法律,也是这些正式法律和非正式法律所赖以存在的社会基础,而法律解释的对象只能是现实的并正在生效的国家正式法律。我在前面论述解释法律与法律解释的相互关联时,指出了两者的对象都需法律这一关联点。但具体说来,两者所关联的法律是大相径庭的。由于法律解释的现实功用性,它只能局限于对一个国家现行法律的解释。这包括如下四个方面的内容,即首先,法律解释只能以本国的法律为对象。一个主权国家的法律解释者不能以解释他国的法律为能是(也许,对需主权国家加入的国际法的解释是另一种情形,即未加入某条约的国家对该条约也可以作出否定性解释,该解释对国内有效。但就国际组织来说,它只能对本组织所制定的国际法进行解释,例如,联合国就不能解释欧盟的法律)。否则,要么自己的主权不稳,要么干涉他国主权。其次,法律解释只能以现行的法律为对象。如今天中国的法律解释者不能、也无必要就"唐律"进行解释。也许,法律解释者有时会涉及对古代法律和已失效的现代法中相关内容的引用,但其目的是更好地解释现行法律。再次,法律解释只能以国家正式法(包括国际法)为对象。民间的非正式法不应进入法律解释的视野。当然,由于相当大量的国家正式法来自民间的非正式法,也由于国家正式法有时并不能普适于全国的各个角落,因此,法律解释者会联系民间法对国家正式法作出解释,但这同样是为了对国家正式法作出更好的解释。最后,法律解释只能以法律规范为对象(在判例法中,法律事实也是法律解释的对象),而不能以整个法律现象为对象。如法律解释在解释"法律设施"时,所解释的只能是法律规范中所规定的法律设施的含义,至于实践中人们如何建造法律设施,法律解释可以在所不问。但是,解释法律在法律这一对象上就无所限制。首先,无论本国法、外国法,抑或国际法,无论现行有效的法还是已经失效的法,无论国家正式法还是民间非正式法,都可以纳入解释法律的视野,即都是解释法律的对象。其次,解释法律还需以一切法律现象(如法律规范、法律意识、法律行为、法律思想、法律组织、法律运行、法律设施等)为对象。最后,解释法律不仅解释法律现象,而且任何一种深入的解释法律活动,还需解释法律现象所赖以存在的社会事实与基础,即需解释与法律现象相关的社会事实(包括作为立法根据的社会事实和受法律所调节形成的社会事实)。一言以蔽之,当解释法律在以法律为对象时无所制约,泛指一切法律、法律现象以及与法律现象相关的一切社会事实;而当法律解释在以法律为对象时,却有严格的制约,它仅指解释者所能管辖的现行的国家正式法律和本国参与的国际法律(法律规范)。

第四,两者的方法不同。解释法律的解释方法是发散性的,它可以运用历史学、文化学、社会学、政治学、规范学,甚至自然科学的方法来解释法律,但法律解释的方法却要比解释法律的方法简单的多,虽然我在前文中也讲到其方法是多样的,但和解释法律相比较,它主要采用逻辑学、语法学、法律解释技巧学等方法。由于我国学者在学理上不大区分解释法律和法律解释,因此,在论述"法律解释"的方法时,往往是把解释法律的方法和法律解释的方法合二为一,都作为法律解释的方法。[1] 事实上,和解释法律的方法相比较,法律解释的方法要系统和细致得多,并且法律解释的方法具有明显的职业或专业特征。一般不从事法律解释的人,面对这些方法,也许不知所云。正是法律解释的这种独特性,使法律行业成为相对封闭的、不为外人所了解的一个行业。可以说,我国目前法学的封闭以及由此带来的所谓"法律人与知识分子的分离"现象,[2]就是受了法律解释方法的明显影响。也难怪人们把大量的法学教材称之为教材化的法条解释。而解释法律的方法虽没有法律解释的方法那样专业化,但它要比法律解释的方法宽泛得多。我把解释法律的方法(法学方法)划分为四个层次,即纯正的法学方法——规范分析方法;因规范分析之必要而引申的法学方法——解释学方法;法学借用的其他学科的方法——哲学分析方法、社会分析方法、文化分析方法、经济分析方法、政治(或政策)分析方法、自然科学的一些分析方法等;一切学问公用的方法——逻辑学方法、语法学方法、修辞学方法等。解释法律之所以会涉及如此之多的解释方法,是因法律在本体上涉及社会方方面面之故。[3] 可见,解释法律的方法并不特别强调专业性。还应说明的是,就两者之方法的关系而言,法律解释的方法完全可以为解释法律所运用,但相反,解释法律的方法未必能被法律解释所运用。

第五,两者的目的不同。解释法律的基本目的是表达解释者对法律的见解、立场以及系统的思想,其最终目的是有关法律的"意义探究";而法律解释的基本目的是使人们更好地理解、运用或者健全现行法律,其最终目的是维护现行的法律秩序。法律解释的目的只能是世俗化的,即使对国家所认可的宗教法的解释,并不是为了所谓神的奥义,而是为了维护神在人间的世俗统治。如果法律解释背离了这一目的,那么,即使它在法定权力上是有效的,但在社会运行上可能毫无效力。当然,这并不是说在法律解释当中不能体现法律的

---

〔1〕 例如,在杨仁寿书、梁慧星书、张志铭书、董皞书中,在论及法律解释的方法时,都有把法律解释方法和解释法律方法混为一谈之嫌。

〔2〕 参见梁治平:《法治进程中的知识转变》,载《读书》1998年第1期。

〔3〕 对此,在我正在撰写的《法律本体视野中的法学方法》一书中,将要进行详细的论述和交代。

某种“意义”,反之,优秀的法律解释必须体现出法律的意义。特别是在有些判例法的解释中,由于后面的判例建立在对先例的解释基础之上,因此,当判例上升为判例法时,其中常常蕴含了法律的深奥义理。一封高质量的判决书,其说理就是表达法律义理的论著。即使在成文法的解释中,能被称之为好的解释也应表现出法律的意义,而不能不顾法律的意义,就规范而论规范。不过,由于法律解释之目的的“先天”限制,它不可能也无必要以探讨法律的意义为最终目的,而只能以维护现行的法律秩序为最终目的。但是,解释法律作为一种学理行为,其目的就是对有关法律的意义阐释。可以说,一切学问皆为解释。人类学问的分歧,特别是有关社会问题的学问之分歧,无非是在寻求和运用不同的解释模式上的分歧。解释法律是人们表达其对法律现象之认识的唯一方法。也是法律现象的义理得以外现的唯一途径。尽管人们在解释法律时可以发散性地运用不同的方法,但这些方法可以被共同地归纳为解释方法。如果没有解释法律的行为,那么法律的意义有可能会湮没。由此不难发现,解释法律与法律解释之目的的差异。

第六,两者的效力(功能)不同。解释法律一般不具有正式效力,而法律解释则具有正式效力。通过前文中对解释法律与法律解释之概念的阐述可见,解释法律是解释者的一种自治行为和权利行为,而法律解释是国家化的一种正式行为和权力行为。解释法律无须任何人授权,而法律解释必须国家法律的正式授权。由此就产生了解释法律与法律解释在效力上的差异。作为一种国家化的行为,法律解释必然要追求解释的“霸权性”。若不具有此种“霸权性”,那么,法律解释就会失去意义。同时,由此也决定了,法律解释的这种霸权性,是法律解释之“合法性”的基本根据。具体地讲,法律解释的合法性有两个方面:其一是法律解释要针对国家现行的法律文本,其二是法律解释具有“霸权性”的解释效力。为什么法律解释必须有此种“霸权性”的效力?这是和前述法律解释的行为性质及目的相关的。但是,解释法律作为一种自治的行为,它不会自动地产生正式效力。同时,它一般并不必然形成“霸权”效应。不过,这并不意味着解释法律在任何情况下都不会产生正式效力,释放出霸权效应。就解释法律具有正式效力的条件而言,它的唯一根据是当权者的默许或公认。即当权者在多元的解释法律的理论中选择其中一种或多种来指导立法活动。但即使在这种情况下,解释法律与法律解释之效力范围还是有所不同,即解释法律的效力主要作用于国家的立法活动中,成为立法的指导思想。解释法律在执法和司法活动中的有效性是其在立法中有效性的自然延伸。但法律解释的有效性却主要体现在执法和司法活动中(如果不把法律解释看作一种立法)。就解释法律具有“霸权”效应的形成条件而言,一方面,当某种解释法律的成果被当权者采用时,其自然有了“霸权性”,这与前述正式效应无所区别;另一方面,当某种解释法律的成果被其他解释法律者普遍认同时,它也会形成“霸权”效应,但该效应只存于解释法律者之间,而不必然延伸到执法和司法活动。同时,这种“霸权”效应是无须强制力来推行的,这不同于法律解释的“霸权”效应,即当人们不认可法律解释的“霸权”地位时,可以用强制力来推行之。

由上述可知,解释法律与法律解释既有联系,又有明显区别。对这种联系与区别的论述,使我更进一步想到了有关法学的学理划分问题,特别是法哲学与法理学的关系问题。

三、解释法律与法律解释:关于法哲学与法理学

近年来,在我国法学发展的同时,法哲学也有了一定的发展。但是,究竟什么是法哲学,特别是它与一般法学(尤其是法理学)之间是什么关系,在这些最基本的问题上,我国法学界有截然不同的看法。[1] 笔者觉得,通过前述对解释法律与法律解释的区分,可以为我们进一步理解这一问题提供一个案例。

在本文第一个问题的论述中,我指出:解释法律是一个哲学命题,而法律解释是一个法学命题。因此,在那里已经寓含了解释法律与法哲学之间的紧密关系,也寓含了法律解释与法理学(法学)之间的逻辑关联。笔者以为,法哲学是思辨或反思的学问,而法理学是描述的学问。[2] 反思与描述的基本区别,在于反思更多地具有主观性,当然,它要以客观性为基础;而描述更多地具有客观性,当然,它并不排除运用主观思维之工具。法哲学的反思属性与法理学的描述属性与前述解释法律与法律解释的各自特点在逻辑上明显地具有某种相通性。解释法律与法律解释相比较,前者更多地具有主观性,即突出解释者个体对法律的理解;而法律解释更多地具有客观性,即解释者必须严格尊重法律文本的本来含义。由此可见,解释法律与法哲学一样,更多地具有主观性;而法律解释与法理学一样,更多地具有客观性。这种一般的关联还不足以说明两者各自与法哲学和法理学的关系。具体分析起来,则解释法律和法律解释两者各自与法哲学和法理学的内在逻辑关联,可以总结为如下诸方面:

第一,两者与各自所相关的法哲学、法理学间有相同的问题。任何一个概念都是为了回答人们提出的问题。当然,以概念为具体材料而构筑起来的学问更是为了系统地回答人们提出的问题。正是在这里,两者各自与法哲学和法理学间产生了内在的逻辑关联。解释法律与法哲学的共同性问题在于:它们都以回答法律的根本性问题为使命,即它们都是对法律之存在意义的追问。正因如此,所以,两者虽都以法律的根本性问题为问题,但都不仅就法律而解释法律,有可能会使思维境界全方位地扩展,从而更好地在和其他社会现象的比较中获得对法律根本性问题的认知。从此意义上讲,解释法律与法哲学也许主要是由法

---

[1] 关于法哲学及其研究对象在我国近年来的不同见解,参见严存生:《论法的理念》,载郑永流主编:《法哲学与法社会学论丛(二)》,中国政法大学出版社2000年版,第1页以下。我本人对该问题的看法,参见谢晖:《法思辨:法哲学的本质精神》,载郑永流主编:《法哲学与法社会学论丛(一)》,中国政法大学出版社1998年版,第69页以下;《法思辨的实践经验基础——观察法哲学与部门法学之关系的一个视角》,载郑永流主编:《法哲学与法社会学论丛(二)》,中国政法大学出版社2000年版,第62页以下。

[2] 参见谢晖:《法学范畴的矛盾辨思》,山东人民出版社1999年版,第320页以下。

学家完成的,但它们共同地并不具有行业的封闭性,从而使它们成为最有资格与其他的学问相交流的部分。所以,当法学家不懂得解释法律,也不懂得法哲学时,其学问只能是行业内部的,跨越行业,就失去了"业内人"了解的兴趣,从而使法学家只能面临着学问之边缘人的尴尬。相对而言,法律解释与法理学在问题上的共同性却不强调根本性,也许,它们也会遇到一些法律的根本性的问题,但对这些问题的根本性回答并非其使命。一般地说,它们所要回答的是法律的具体问题,并且这种回答明显地是为了促进对法律的认识和运用。因此,法律解释和法理学对法律的解答,可以被看成是法学和法律行业内部的行为,其使用也主要在这一行业内部。这恐怕是人们觉得法学与其他学科难以交流的重要原因之一。

第二,两者与各自所相关的法哲学、法理学间有相同的工具。不论作为特殊概念的解释法律和法律解释,还是作为学问体系的法哲学和法理学,都需要一定的分析工具。比较起来,解释法律与法哲学的分析工具大致相同。首先,两者在具体的分析工具上都是发散性的,即任何学问的特殊分析工具都可能被借用来解释法律,或成为法哲学的分析工具,只要这些分析工具对反思法律具有帮助。这同时也表明,虽然解释法律与法哲学的分析工具是发散性的,但这些工具要以能共同地反思法律为特征。两者在分析工具上的接近或相同,以及借用这种工具对法律所进行的反思性思考,是其在逻辑上相沟连的重要方面。法律解释和法理学在分析工具上的共同性体现在,除了对专门的工具性学问(如逻辑学、修辞学、语法学)的借助外,它们更倾向于在法律和法学的行业内部寻求分析工具,而一般地并不欣赏分析工具的发散性,也就是说,法律解释与法理学并不太注重借助其他学科的分析工具来说明法律问题。因此,在分析工具上,两者也具有行业内部的纯粹性。这是由于两者都是为了描述法律之故,即法律解释与法理学的分析工具,主要不以反思法律为功能,而以描述法律为功能。据上所述,凡是能够更好地反思法律的分析工具,更容易被解释法律和法哲学所共同地纳入;凡是能够更好地描述法律的分析工具,则更容易被法律解释和法理学所引用。

第三,两者与各自所相关的法哲学、法理学间有共同的使命。由于前述解释法律与法哲学所面对的独特问题,所以,它们两者主要以反思法律为使命。所谓反思法律是指,不仅要告诉人们法律是什么,而且要告诉人们法律应当是什么。即不仅要说明法律自身,而且要对与法律相关的价值问题作出估价和说明。人之为人,贵在其是能够思维和反思的动物。在面对法律时,只要人不愿异化为法律的工具,只要人企图在法律面前保持某种主动性,那么,仅说明法律是远远不够的。因为虽然有所谓永恒不变的自然法,但与人类直接相关的法律每每是人定法,是人的理性而非神或自然的理性。这就需要人们对法律作出任何形式的评说和批评。解释法律的法哲学的反思特征就提供了一种人们对法律的评说空间。从而给人们提供一个对法律的不仅是现象联系的思考,而且是有本质性的思考。因此,可以这样进一步界定解释法律与法哲学的使命:它们两者都是通过对法律的反思而批评法律,它们的使命就是法律评论和批评。这一使命的缺失,可能使人们在法律面前只会"歌德”,从而法律变得故步自封,人变得缺乏头脑。法律解释和法理学所面对的特殊问题,使它们主要以描述法律为使命。所谓描述法律,是指说明人们所面对的法律是什么,它们的实际效果是教给人们法律的现实内容,并使人们更好地理解法律、遵守法律,因此,它们无须去反思法律的利弊,去评说法律的得失(或至少这不是它们的主要使命)。所以,法律解释与法理学必须为法律而“歌德”,不过一个是针对现实有效的法律而“歌德”,另一个却是在整体上为法律而“歌德”。这一区别并不损及其使命的相同性。

第四,两者与各自所相关的法理学、法哲学间有类似的结论。在结论上的相类似性,也是解释法律与法哲学间、法律解释与法理学间相关联的重要因素。总体来说,如前文所述,解释法律与法哲学在结论上更多地具有主观性,能突出研究者和解释者自己对法律的理解、判断、见解和解释,因此,是“主观性”的结论。而法律解释和法理学在结论上更多地具有客观性,即它们并不特别要求突出研究者和解释者对法律的个性化的理解、判断、见解和解释,因此,是“客观性”的结论。具体地说,则解释法律和法哲学在结论上可以是五花八门的,站在这一立场,人们既可以完全拒绝法律,也可以成为法律的信徒,甚至奴仆。所以,在解释法律和法哲学那里,人们对法律进行解释或认知的自由度更大。这种自由的解释或认知,或许会产生人们关于法律的偏见,但也不乏片面的深刻。各种片面的深刻之综合,就可能形成一种全面的深刻。这正是解释法律和法哲学存在的最大必要所在。由于这一特点,所以,一方面,解释法律与法哲学更容易被归入学问领域;另一方面,两者具有明显的开放特征;此外,就其对法治的具体功能而言,它们更容易作用于“创建”法治的过程中,作用于对法治的完善活动。而法律解释与法理学则反对在结论上的五花八门,强调在关于法律的结论上的相对统一性。这是和两者追求对法律的客观性之认知相关的。因为法律的客观性,无论就整体性的法律而言,还是就某国现行的具体的法律而言,其客观性只能有一种,不存在所谓法律的多样的客观性。因此,法律解释和法理学在结论上相对地更为单一。从此意义上讲,一方面,法律解释与法理学更具有政策“科学”的性质;另一方面,法律解释和法理学更具有守成的特点;此外,就其对法治的具体的功能来讲,两者更能够支持一种现成的法律秩序,但也容易使法治秩序陷于僵化。正是由于解释法律与法哲学、法律解释与法理学各自不同的特点和功能,因此,对法治而言,它们都是必要的。

尽管解释法律与法哲学、法律解释与法理学具有如上的明显关联,但是,并不能说解释法律就是法哲学,也不能说法律解释就是法理学。原因有如下二端。

首先,解释法律与法律解释都直接指向一种行为,它们并不一定要求体系化的观点。而法哲学和法理学则是一种体系化的学问。因此,解释法律虽然关乎法哲学,但它并不一定就是法哲学。只有解释法律形成体系化的学问时才能称之为法哲学。正是在此意义上,我们可以说孔子、老子、庄子等思想家有法哲学思想,但不能说他们的学说就是法哲学。同样,法律解释虽然也关乎法理学,但法律解释并不就是、也不可能是法理学。在法律解释过程中也许会形成一些重要的法理学观点,但它不可能直接成为法理学。在这一点上,法律解释与法理学的关系,还不同于解释法律和法哲学的关系。即解释法律在体系化之后就形成法哲学,而法律解释无论如何体系化,都无法成为法理学。这是由于法律解释属于制度领域,它以现行法为对象;而法理学属于精神学问领域,它以一切法律为对象(在这里,法理学与法哲学找到了可相通之处)。

其次,基于前一点原因,可以认为,解释法律与法律解释是构筑法哲学与法理学的重要材料(当然,不是唯一材料)。对法哲学而言,没有解释法律的行为,就不可能达向法哲学之路。因此,解释法律对于法哲学是必须的材料、必要的过程。法哲学就是解释法律的体系化,或者体系化的解释法律。当然,这并不是说法哲学是解释法律之方法的堆积,而是说它是按照一定的方法解释法律时所形成的系统观点或系统的思想体系。总之,解释法律是法哲学的必要条件。这就不同于法律解释和法理学的关系。诚然,对于法理学而言,法律解释是重要的构筑材料,但这并不意味着法律解释对法理学而言也是必要条件。这是因为两者在对象上具有明显区别之故。法理学要寻求古今中外所有法律的共同性(哪怕是差异地存在的共同性)和客观性,而法律解释只关注现行法律的客观性。因此,法律解释虽然对法理学是如此重要,但它永远只能是法理学的材料,永远与法理学分属两途。

总之,通过对解释法律和法律解释这对不同的概念的阐释,不但能使我们对这两个概念本身之联系与区别有所体认,而且通过对它们的体认进一步地理解法哲学和法理学的差异,即为寻求法哲学与法理学的差异找到一个分析的工具和视角,或者找到了分析法哲学与法理学之关系,特别是其差异的个例入口。当然,自解释法律与法哲学更多的关联、法律解释与法理学更多的关联之中,也反过来进一步深化了本文所论述的主题:解释法律与法律解释,虽然看是相似,实则大相径庭。

(原载于《法学研究》2000 年第 5 期)

对中国古代法制研究中几个思维定式的反思

——兼论战国前法制研究的方法

徐祥民*

一

几乎所有的研究者都自觉不自觉地加给研究对象某种影响;研究对象也会加给研究者或大或小的影响。研究对象的并非主动施加的影响有时是难以逃遁的。中国的战国前法制似乎就是这样一种研究对象。在法律史学者看来,汉代法制是古代法制的典型,〔1〕唐代法制更是典型,〔2〕明代法制也是典型。〔3〕 这些典型反映了古代法制的一种范式,这种范式未必是研究者们关注的焦点,也不必是研究者直接得出的结论,但却留给他们极深的印象。这种印象是那样深刻,以至于不仅变成研究者们理解古代法制的基本知识和逻辑准备,而且对进一步研究古代法制发挥了心理引导的作用。这种范式和由以产生的对古代法制研究的心理引导,亦即宏观上的古代法制研究的思维定式主要包括以下三个方面。

(一)有法制必有法典

前述几个"典型"各有自己的法典:汉代有《九章律》,唐代不仅有传世的《永徽律》,而

* 徐祥民,曾在山东大学法学院工作,现任中南财经政法大学"文澜学者"讲座教授。

〔1〕 瞿同祖先生的《中国法律与中国社会》(商务印书馆1947年版)就对汉代着墨颇多。参见张建国先生的《帝制时代的中国法》(法律出版社1999年版)也以对汉代法的讨论为重点。

〔2〕 乔伟先生认为"唐朝的封建法律制度是我国封建专制主义法律制度高度发展的标志","达到了空前完备的程度"。参见乔伟:《唐律研究》,山东人民出版社1985年版,第1页。钱大群先生有"唐律系列研究"的五部著作出版,它们是《唐律译注》,江苏古籍出版社1988年版;《唐律论析》,南京大学出版社1989年版;《唐律与中国现行刑法比较论》,江苏人民出版社1991年版;《唐律与唐代吏治》,中国政法大学出版社1994年版;《唐律与唐代法律体系研究》,南京大学出版社1996年版。

〔3〕 杨一凡先生著有《明初重典考》,湖南人民出版社1984年版;《明大诰研究》,江苏人民出版社1988年版和《洪武法律典籍考证》,法律出版社1992年版等。尤韶华先生著有《明代司法初考》,厦门大学出版社1998年版等。

且还有《武德律》《贞观律》《开元律》等,[1]明代有《大明律》和《大诰》等。那些没有被笔者列为"典型"的王朝也各有自己的法典,如曹魏有《魏律十八篇》、晋有《泰始律》等,有的还有经过多次删修的法典,如《大清律》。[2] 即使是那些历史极为短暂的王朝也多有自己的法典,如隋王朝只历时三十八年,却也有《开皇律》等的建造;隋炀帝在位只有十四年,由其下令编纂的《大业律》也留在隋代的历史中。[3] 正是因为历代都有法典,人们在讨论法制的历史时便自然都把注意力集中在法典上。《清史稿・刑法志》在总结了"古先哲王"的"制刑之精义"后,对古代法制发展的历史做了如下的概括:

周衰礼废,典籍散失,魏李悝著《法经》六篇。流衍至于汉初,萧何加为九章。历代颇有增损分合,至唐《永徽律》出始集其成。[4]

笔者心目中法制的历史就是法典的历史。令笔者感到遗憾的是,由于"典籍散失",无法把这法典的历史追溯到商周。程树德先生的《律系表》也反映了他对中国古代法制历史的一般看法。他的《九朝律考》一书集中"搜罗唐以前散佚诸律",而且这"散佚诸律"和"唐以下""古律之存者"就是他所理解的"律学"的研究对象。[5]

法典法制的范式是战国以来法律制度的存在形式,然而,由于研究者们看惯了这种范式,一代又一代地追寻这种范式的制度流程,这种外在的法制范式便逐渐变成了人们内心的法制范式。有了这种虽未必明确的法典法制概念,研究者在涉及先秦法制时便同对待汉唐法制一样热衷于讨论法典,而寻找汉唐法典那样的先秦法律文件的尝试一再受挫,更反衬出人们对法典的钟情。沈家本先生的《历代刑法考》有"律令"九卷,其书中的排列顺序是从三皇五帝到唐宋元明,但他并不是先认识了"黄帝"或"唐虞"建造的某部法典,然后顺历史发展之流而下,一直展开到明王朝,而是因为汉唐宋元均有法典,为把"先入"的法典历史续写完整,故而在《九章律》之前到处寻觅多少与法典有些相像的词汇,诸如"彝""刑""辟"等。尽管实不知"彝""辟"为何物,亦不知"黄帝李法""唐虞"之"律"之有无,但沈先生仍宁信其有,宁信其为法典。他在《黄帝李法》条下引录了《管子・任法》《淮南子・览冥训》关于"黄帝之治",《汉书・胡建传》关于"黄帝李法"[6]的语句及若干注释后,加了如下按语:

唐虞以前,刑法无闻。《黄帝李法》仅此一条。《汉书・艺文志》不录其书,是全书亡矣。《管子》言"黄帝置法",《淮南》言"黄帝法令明",则其时之法律必已详备。《淮南》又言"神农无法制而民从",《路史・后记》云"神农氏谓赏在于成民之生,赏诚设矣,然不施于人而天

---

[1] 《旧唐书・刑法志》。

[2] 《清史稿・刑法志》。

[3] 《隋书・刑法志》。

[4] 《清史稿・刑法志》。

[5] 程树德:《九朝律考序》,载《九朝律考》,中华书局1963年版,第1页。

[6] 对《汉书》中本无标点的"黄帝李法",沈家本和今之出版者均以其为书名。在今人用现代的印刷术印制的沈氏著作中,黄帝李法是放在书名号之中的。

下化。谓政无有弃法而成治,法诚立矣,然刑罚不施于人而俗善。"是神农时非无制令,特设而不用耳。《路史》又言"太昊氏明刑政",《左传》郯子言"少氏设刑官"。太昊、神农、黄帝、颛顼并有刑官,《通鉴前编外纪》载之。有官必有法,特古时法令简质,不若后世之繁,书缺有间,不可考矣。[1]

"黄帝李法,仅此一条",本不足凭信,但沈先生对言及该"法"的有关著作却丝毫没有"托古"之疑。《汉书·艺文志》不见"黄帝"之书,沈先生不疑其无,而宁愿相信其"亡",并仅凭《管子》《淮南》的只言片语而断定黄帝时"法律必已详备"。《淮南》"神农无法制"的说法本已为没有尽头的法典史设定了一个起点,但沈先生却不愿接受这个设定。《淮南》的神农圣制无根无据,《路史》的神农颂词同样无验无凭,但沈先生宁愿相信其为真实。即使是清代的历史也足以证明无法律也可以有刑官,[2]但沈先生却做出了"有官必有法"的全称肯定判断,并由这个本身虚假的逻辑前提出发,依据太昊、神农有"刑官"的所谓记"载"而得出太昊、神农之时也有法的结论。

不独沈家本先生对三皇五帝有刑法的内心确信如此强烈,其他许多研究者也都对先秦法典的存在深信不疑。仅举数例,以资说明。

《尚书·伊训》有"制官刑,儆于有位"。商代的刑本有、劓、宫等种类,刑本来首先就是指刑罚,但宁汉林先生仅凭上述七个字,在没有其他任何直接佐证的条件下,宁愿把"制官刑"中的"刑"解释为"刑书",把"官刑"说成是"整顿官吏的刑书"或"渎职罪的治罪刑书",并认为此项法律"对后世的刑事立法具有深刻的影响",是"隋以后的刑律"中的"职制门"和"擅兴门"中的有关规定的"渊源"。[3]

杨鸿烈先生的《中国法律发达史》第二章虽命名为《上古——胚胎时期》,并指出夏商及其以前时期人们过着"部落生活","所有权制度尚未确立",[4]但他还是情不自禁地到这个"上古"的"胚胎时期"寻找"胚胎"形的法典。杨先生以"附录"的形式引录典籍中有关黄帝"法典"、唐虞"法典"、夏"法典"等"后人所依"的文字,[5]这或许表明他对这些出于后人的评述并非毫无疑窦,但他之所以引录这些并不十分可靠的评述,说明他也相信法制的历史就是法典的历史。因为商以前的法制是处于"胚胎时期",所以"法典"也便不那么成熟,以至于缺少十分清晰可靠的记录,而到了周代,法制的发展告别了"胚胎时期",于是乎便有了"成文法典"。[6] 就是说,杨先生虽没有像沈家本先生那样把法典的历史推到少昊时代去,

---

[1] 沈家本:《历代刑法考》(二),中华书局1985年版,第814页。

[2] 清世祖《大清律》"御制序文"云,大清"抚临中夏"以来,"人民既众,情伪多端,每逢奏谳,轻重出入,颇烦拟议"。这里所说的"拟议"就是包括皇帝在内的"刑官"在法律之外酌定罪与非罪、罪重与罪轻等。在大清王朝"律例未定,有司无所禀承"的条件下,"有司"并未放弃"刑官"的职责和权力。参见《清史稿·刑法志》。

[3] 李光灿、宁汉林:《中国刑法通史》(第2分册),辽宁大学出版社1986年版,第182~183页。

[4] 杨鸿烈:《中国法律发达史》,商务印书馆1933年版,第25页。

[5] 同上书,第30~32页。

[6] 同上书,第35页。

但他和沈先生却有相同的内心确信:法制的历史 = 法典的历史。

蔡枢衡先生精通音韵、训诂,在他的通假、转韵等方法的支持下,法典的历史进一步向历史的深处延伸。在他的著作里,不仅"远在黄帝时代,就已有了刑法典",而且可以说自有用文字写的历史以来都有刑法典。因为"五典、五礼、降典、士和彝,都是唐、虞刑法的名称",[1]所以其他的许多词汇或也可通假为刑法。在没有历史事实支持,只有可通假的词汇时,研究者内心深处的法典法制的范式便具有了决定性意义。

(二)实体规范是法制的核心

有法制必有法典的确信不仅指导研究者为寻找法典而努力,而且使研究者相信规定于法典之中的法律规范是法制的核心,也是法典的核心。这种定式指导研究者把研究法律规范、寻找法律规范当成最重要的任务之一。

《尚书·吕刑》就是甫侯(或称吕侯)所做的《吕刑》,[2]这篇《吕刑》是夏、商、周三代保存最完好的法律文件。但是,以往的研究者却不愿接纳它为周代的法律。沈家本先生的《律令考》不称《吕刑》,而称其为《周赎刑》,并将其内容归入专门考查刑罚制度的《刑法分考》。在他看来,《吕刑》更接近于刑罚制度,而不是他所需要的周代刑法。今天的研究者对《尚书·吕刑》的理解仍是颇多歧见。蒲坚先生对此做了总结:传统的看法认为《吕刑》是西周的法律形式之一,既是一部成文的法典,又是一部阐述中国古代法学理论的著作;有的则认为《吕刑》不是一部法典,而是一份关于适用刑罚的指示性文件;也有的认为《吕刑》不是一部刑法典或诉讼法典,而是中国古老的具有刑诉法性质的文献。

以上三种观点都没有痛痛快快地把《吕刑》接受为西周官方的法律文件。蒲坚先生认为:从《史记·周本纪》及今文《尚书》中《吕刑》篇来分析,吕侯受命所制《吕刑》是一事,今文《尚书》有一篇为《吕刑》又是一事。两个《吕刑》虽同名,却异实。前者是吕侯受命所制定的法典,后者是依据西周官方档案整理所遗存下来的历史文献。但是,二者又有密切的联系。《尚书·吕刑》篇吕侯制定法律后遗存的官方档案文献经后人整理保存在《尚书》中,成为其中的一篇。而作为法典的《吕刑》,其原件已失传,但其有关内容却由于《尚书·吕刑》篇得以保存下来。[3]

蒲先生对《尚书·吕刑》与吕侯所制之《吕刑》为两个不同的文件这一结论没有提供有说服力的论证。蒲先生的结论可能更为合理一些,但我们却难以相信蒲先生的结论比其所引述的三种观点更为接近历史的真实。那么,从沈家本到今天的研究者为什么都不情愿接受《尚书·吕刑》为周代"法典"呢?最重要的原因是《尚书·吕刑》不是法律规范,不符合

---

〔1〕 蔡枢衡:《中国刑法史》,广西人民出版社1983年版,第96~97页。

〔2〕 对此笔者拟另文详述。

〔3〕 张晋藩主编:《中国法制通史》(第1卷),法律出版社1999年版,第196~197页。

研究者们先入的法典必由规范组成的成见。因为《尚书·吕刑》包含当时人对法律和刑罚的认识,所以才有《吕刑》是“法学理论的著作”的评价;因为《尚书·吕刑》有关于适用刑罚的内容,所以才有《吕刑》是“关于适用刑罚的指示性文件”的解释;因为《尚书·吕刑》完全不像后世的法典那样具有明显的尺度、准则的特征,与当时的其他诰、誓等没有明显区别,故蒲先生才称其为“遗存的官方档案文献”的“整理”件。

张警先生在撰写关于商、周法制的著作时很费了一番寻找法律规范的工夫。他写道:《礼记·王制》中有一段关于刑法的记载,说:“析言破律,乱名改作,执左道以乱政,杀;作淫声异服,奇技奇器以疑众,杀……”《礼记·王制》一篇是汉文帝时博士诸生根据古代的制度而编写的,据说多半是殷代的制度。[1]

张先生明知这段文字为汉初博士所“编”,并非先秦原典,[2]但却仅用一个“据说”就轻易地把它们变成了“殷代的制度”。

在西周法制一节中,张先生列了“刑事法律规范”一目,但该目之下所见者却首先是“刑事政策”“刑名”等,不是法律规范,而其中所涉及的“世轻世重”“明德慎罚”等可称作法律原则,不好命为法律规范。张先生在这些内容上标目为“刑事法律规范”,足见其寻找周代法律规范之艰苦。张先生述及《尚书·费誓》“无敢寇攘,逾垣墙,窃马牛,诱臣妾,汝则有常刑”等语句后接着说:“(这些)虽是军令,普通刑法中也必有类似规定。”张先生在《尚书大传》中找到了“类似规定”:决关梁,逾城郭而略盗者,其刑膑;男女不以义交者,其刑宫;触易君命,革舆服制度,奸宄盗攘伤人者,其刑劓……[3]

不管这段文字是否可靠,张先生都相信其为周代法律规范,而且是比《费誓》的规定更为“详细”的“普通刑法”规范。[4]

(三)立法权是法制的前提,中央集权制度为法制的当然的后盾

汉、唐法制的基本流程是先有立法,再有司法,主要表现为御史及其工作的法律监督。这个流程的起点是由立法机关或有立法权的人赋予行为规范以强行性效力。以往的研究者之所以对寻找法典和法律规范那样执着,就是因为他们心目中的法制是以这种强行性效力为必备条件的,而他们所追寻的法律规范和包含法律规范的法典内含了这种强行性效力。按照这个定式,研究者把注意力放在寻找和解释立法权,包括寻找中央集权意义上的立法权和君王的专制权上。叶孝信先生在谈商代法制时说:商王掌握国家一切大权。国家大事由商王决定,王命即是法律。商王的裁判具有最高法律效力……商王盘庚在动员迁都

---

〔1〕 张晋藩主编:《中国法制史》,群众出版社1985年版,第23页。

〔2〕 此段文字的一部分出自《荀子·宥坐》,所不同的是《宥坐》重在列述“言伪而辩”之类的罪名,而《王制》在每一个罪名之后都紧跟着一个“杀”字。后者显然是根据成文法的语言习惯改“编”前者而成。

〔3〕 《周礼·秋官·司刑》郑玄注引《尚书大传》。

〔4〕 张晋藩主编:《中国法制史》,群众出版社1985年版,第40~41页。

的讲话中着重要求群臣"听予一人之作猷",即听从他的安排。他还说"用罪伐厥(其)死,用德彰厥善",说的是你们有罪恶的要处死,有功德的要表扬。类似这样的内容还不少,是商王拥有立法、行政、司法权的反映。

尽管叶先生比较客观地指出了"商王实力所及的主要是'王畿'之内直接统治的地区",而非天下,"在司法上商王虽是当然的最高司法裁判者,但其权只限于畿内,畿外则无力干预",但他还是把"立法、行政、司法大权"授予商王,并根据某种未曾实际演示的逻辑得出了"王命即是法律"〔1〕的一般结论。同样,在讨论"西周的刑法"时,叶先生也断定"以'誓'、'诰'、'命'等形式发布的王命具有最高法律效力"。〔2〕很明显,叶先生把寻找和叙述立法权,尤其是天子的立法权当成自己论述商周时期法律制度的重要任务,并希望按汉唐范式塑造商周法制。

尽管树立天子的无上权威会遇到诸多不好解释的难题,如周公在法制建设中的地位与成王的无上权力之间有着明显的冲突,但我们的研究者还是尽心尽力地寻找那时的立法权。周密先生相信,由"周公所制"的《周礼》"实际上具有法的效力",〔3〕尽管他从未证明过这种效力。他在说明奴隶制刑法是秘密法之后又说:

周王经常告诫其群臣说:"勿废朕命"。所谓"朕命"者,就是帝王的命令,一经作出,不能改变,就成了"金科玉律";且君无戏言,说谁有罪,谁就得受刑。不仅如此,就是早已死去的帝王所曾经说过的话,也是不得违反的。即所谓"赋事行刑,必问于遗训",就是说办理公事和适用刑罚,都应当遵循"朕命"和"遗训",不得违背。从"朕"即国家来看,"朕命"者就是国家的命令,当然它就具有法律的意义。当时的"朕命"当视为现行法或政策,故王的"遗训",类似"习惯法"或"判例",这些都具有最高的法律效力。〔4〕

在周先生笔下,"朕即国家"不仅是秦汉帝国的通理,在商周时代亦属于"颠扑不破"之例。他所解释的"朕命"在从商周到明清的漫长历史中未发生任何变化。尽管"习惯法"很难与"现行法"具有相同的法律地位,君王"说谁有罪,谁就得受刑"的表述也不足以说明法律的权威,但这些都可忽略不计,因为周先生要得出的结论只是或主要是"最高的法律效力"等。

二

以上三个定式对战国前法制的研究产生了消极的影响,尽管并不是所有的研究者都同时在同等程度上受这些定式的控制。这些不良影响主要表现为:

〔1〕 叶孝信主编:《中国法制史》,北京大学出版社1989年版,第18~19页。

〔2〕 同上书,第27页。

〔3〕 周密:《中国刑法史》,群众出版社1985年版,第73页。

〔4〕 同上书,第85~86页。

第一,按先入之见解释历史资料。法律史学家研究古代法制,尤其是战国前法制的任务之一是寻求当时的法律制度、概念、观念的本义,但许多研究者却轻易地加给战国前的制度、概念等以秦汉以来的甚至是当代的含义。

叔向批评子产所讲的"叔世作刑"的道理本来没有太多的歧义,但在蔡枢衡先生的笔下,叔世成了"朝代初期","作刑"变成了"增订刑法"。[1] 蔡先生之所以对叔世作刑做如此解,是因为只有把作刑解释为增订刑法,才能与黄帝、唐虞时代就有成文法的先入之见相一致。在先秦典籍中罚、刑等可做动词解的词汇常与具有规范意义的词汇相联系,如"殷罚有伦"中的"伦"、"罚蔽殷彝"中的"彝"等。这些词汇可以解为规则或原则等,但不必一定是法律规则。王国维先生曾把"周之制度典礼"概括为"民彝",并称这"民彝"是"道德之器械,而尊尊、亲亲、贤贤、男女有别四者之结体"。[2] 他没有说"彝"是法律或者刑法。杨鸿烈先生根据王国维先生的这一论断认定"周代是一个把道德伦理和法律混合的宗法社会",[3]但也没有把彝等同于刑法。而今天的研究者们为了完成先有法律规则,后有刑罚制裁的逻辑结构,便把彝等明确宣布为法或刑法。张警先生称殷彝为"殷刑法"、[4]马志冰先生说殷彝是"常法性质的成文刑书",是"成文法"。[5]

上述宁汉林先生对《尚书·伊训》"制官刑"中的刑的解释,一些先生对《吕刑》的解释等,都受了先入之见的影响。

第二,所谓书缺有间的借口妨碍了战国前法制研究的深入。以往的研究者在按照上述定式对战国前法制做了研究的尝试之后,得出的一般结论是缺乏资料。前引《清史稿·刑法志》,一句"周衰礼废,典籍散失"便把春秋法制史掀了过去。作者用这8个字说明了文献的缺少,也给他的述春秋而不详找到了理由。《汉书·刑法志》以"春秋之时,王道坏,教化不行"引出子产铸刑书,然后以叔向之非议及孔子师徒论刑数语结束对春秋法制的记述,最后又以"陵夷至于战国"一语转入战国后的法制。大概作者也是因缺乏他所需要的春秋法制资料才使用了"坏""陵夷"之类的词句。

文献"不足征"的苦恼也在今之学者著述的字里行间流露出来。"可以肯定,春秋时期的刑法史料比《左传》所保存的史料要多得多,因其失传,难以考证,只能就《左传》所保存的史料探讨春秋时期的刑法史。"宁汉林先生为此感到遗憾。[6] 杨鸿烈先生在考查春秋法典时也不无惋惜地说:"可惜这些原始的法典,(春秋时期'才有的法典')都不曾传下来,我们关于他们的内容,只好阙疑了。"[7]陈顾远先生在中国法制史研究中非常注意史料的可靠性

---

[1] 蔡枢衡:《中国刑法史》,广西人民出版社1983年版,第119页。
[2] 王国维:《殷周制度论》,载《王国维文集》(第4卷),中国文史出版社1997年版,第55页。
[3] 杨鸿烈:《中国法律发达史》,商务印书馆1933年版,第34页。
[4] 张晋藩主编:《中国法制史》,群众出版社1985年版,第22页。
[5] 郑秦主编:《中国法制史》,法律出版社1999年版,第11页。
[6] 李光灿、宁汉林:《中国刑法通史》(第2分册),辽宁大学出版社1986年版,第369~370页。
[7] 杨鸿烈:《中国法律发达史》,商务印书馆1933年版,第50页。

问题。他曾提出“推测之辞不可为信”“设法之辞不可为据”“传说之辞不可为确”的三不观点。正因为他重视资料,所以才对史料缺乏有更深切的感受。当他谈到春秋法制时,禁不住提起“秦皇之焚”“咸阳之火”“伪著之杂”〔1〕等令人心酸的事。

当研究者们说战国前法制史料缺乏时,他们在内心里是在陈述事实,但其客观结果却是为放弃对战国前法制的深入研究提供借口。〔2〕研究者们把理不清的头绪都归结为文献不足征,把战国前法制研究中最艰巨的任务都留给并不专门研究法制的考古工作者,将寻找揭开战国前法制秘密的金钥匙的希望寄予考古发现。

第三,用秦汉模式“构造”战国前法制。“考证”或许是历史学所具有的重要特点之一,然而,在古代法制研究定式驱使下的研究者对战国前法制的论述却更像是“构造”,即按照秦汉模式描述一部战国前的法制历史。这种构造或者借助于经研究者解释加工过的历史资料,或者发挥研究者的想象力的作用。研究者们构造的战国前法制的大致情形是:在统一的夏或商、周政权下,天子是立法权的握有者。他的话就是法律,且具有最高的法律效力。国家有专门的司法机关负责审判案件,且有以司寇或士为最高长官的司法机关系统。司法机关审理案件遵循由立法机关创制的法律,并且有义务遵循这些法律。与天子及其群官众吏相对的是民众。民众接受国家的管理,也包括司法管辖,并向以天子为代表的国家尽各种义务。司法机关依据其从天子那里获得的授权对臣民行使司法管辖权,其加给民众的罪名和刑罚都是由法律规定好的,它们不过是担当执行的任务而已。

这幅图画(以下称其为“构造法制”)与秦汉制度相差无几,所不同的只是在有些人看来,子产铸刑书之前的法律是秘密的〔3〕,而秦汉法律都是公开的。然而,这“构造”的历史并不是真实的历史。据笔者考察,夏商周时期并无统一的立法权和统一的立法。研究者们津津乐道的“皋陶之刑”“文王之法”“周公之礼”等既否定了统一的立法的存在,也否定了立法权的统一性。〔4〕

司寇被以往的学者称为司法机关。为这个判断所做的最有力的论证是司寇收取“诉讼

〔1〕 陈顾远:《中国法制史》,商务印书馆1934年版,第4~10页。

〔2〕 武树臣先生主编的《中国传统法律文化辞典》(北京大学出版社1999年版)所附《中国传统法律文化研究成果目录》,辑录了近百年来出版的法律史研究的著作,在中文类《断代法律史》一栏中,我们可以找到研究各个不同时代的法制的著作多部,但标名为春秋的只有董康于民国年间完成的《日本讲演录:春秋刑制考》。在中文类《民商法史、民族法史及其他》一栏中,除了研究春秋国际法的几本书,没有其他专门研究春秋法制的著作。

〔3〕 杨鸿烈先生依据英国学者梅因在其《古代法》一书中所做的“一切国家在未有法典以前,大都经过了一个秘密法时期”的判断,认为中国在春秋以前也经历了一个秘密法时期,而“子产是中国首先打破法律秘密主义的第一人”。参见杨鸿烈:《中国法律发达史》,商务印书馆1933年版,第50~51页。后来不少人接受这一结论。这一结论的可靠性是值得怀疑的。这个问题超出本文的主题范围,故不予分辨。

〔4〕 参见徐祥民:《战国前的多元立法权及其由来》,载《法制与社会发展》1999年第2期。

费”,或者叫“入金”,[1]亦即“取征”若干“寽”。[2] 然而在多篇出现了“取征”字样的钟鼎文献中却不见司寇之名,而是铸有其他官职或人员的称号,如《趞鼎》中“取征五寽”的是“司马”,《番生簋蓋》中“取征廿寽”的是“番生”,《𢦚簋》中“取征五寽”的是“司徒”。[3] 既然“取征”不是只有司寇才可以做的事情,便无法用“取征”来证明司寇是不同于其他职官(如司徒、司马等)的法官。如果“取征”者为法官的判断是成立的,那么结论只能是,不独司寇是法官,凡取征者皆法官,“主管全国大政”的官员也是法官。[4] 如果“主管全国大政”的官员以及司徒、司马等都是法官,再说司寇是法官的意义便不大了,因为它已经不是区别于其他职官的法官,已经没有特殊性。[5] 既然没有专门主管“刑讯诉讼”的官,当然也就不存在谁是法官,谁不是法官的问题,从而说司寇是法官也就成了多余的话。司寇是司法官的判断不成立,司寇是最高司法官的说法当然也无法成立。这样一来,构造法制中的以司寇为核心的司法机关体系也就不存在了。既然司法机关及其所属体系都是经不起推敲的,他们所担当的执法任务是否存在,以及司法机关与立法机关的关系是否存在,就都不是不证自明的。

甲骨文和先秦文献中有不少关于商周刑罚的记载,但研究者却没有足够的证据证明刑罚是法定的,是对司寇或其他司法机关有约束力的。不管是商代的“五刑”,还是周朝的“九刑”,我们都可以看到它们在文献中或甲骨文中的独立存在。不管是今人还是汉魏律学家们都无法给它们找到其所系属的法律规范,无法用充分证据证明它们是因为有某种法律规范的规定才获得生命力。周密先生在其著作中曾列举周代罪名28个。他的论述告诉我们,在这所有的罪名中没有一个是与可反复适用的真正可以称为法律的规范相联系的。[6] 罪名和刑罚是古代法律的要素,既然当时的犯罪和刑罚都与法律规范无关,那么,所谓立法权、法律体系、以司法机关为重要组成部分的法制体系的大厦也就坍塌了,或者根本无法建立起来。

三

人们总是运用已有的知识认识未知的世界,拿自己熟悉的事物鉴别知之不详的对象。

---

[1] 在《𩞁簋》注释中杨升南先生指出:“此讯讼罚取征五寽”连用,是“取征”若干“寽”为两造入金的确证。参见《中国珍稀法律典籍集成》(甲编·第1册),科学出版社1994年版,第304页。

[2] 《扬簋》注文云:“司寇:是掌刑法的官。……从铭文中有‘取征五寽’,知此司寇的职务以掌狱讼为主。”参见《中国珍稀法律典籍集成》(甲编·第1册),科学出版社1994年版,第302页。

[3] 《𢦚簋》原文为“司土”,司土即司徒。《中国珍稀法律典籍集成》(甲编·第1册),科学出版社1994年版,第307页。

[4] 《番生簋》注释云:“由此铭知地位如主管全国大政的番生亦负有审理诉讼狱案之任务。”同上书,第305页。

[5] 杨升南先生以及张亚初、刘雨两先生等已经注意到这一点。杨先生指出:“从金文记载看,西周的刑讯诉讼诸事,并无专官主管……这与《周礼》所讲的刑罚由专人管理的情况是有出入的。”同上书,第310页。

[6] 周密:《中国刑法史》,群众出版社1985年版,第86~91页。

这是人类在探究未知世界的过程中固有的思维习惯。然而,在由已知到未知的认识活动中,已知的有限性和相对的单一性不能包容丰富的甚至是无限的未知世界,往往造成认识主体把丰富的未知事物硬塞进单一的和有限的知识框中。定式方法就是以秦汉法制模式为已知的知识框,把战国前的事实上不知其是否与秦汉模式相同的法制在这个框中“对号入座”,“构造”成与秦汉模式相同的法制。在这种定式的影响下,学者们在战国前法制的研究中的基本思路表现为:

战国前法制 A　秦汉法制 a

战国前法制 B　秦汉法制 b

战国前法制 C　秦汉法制 c

……

这种研究思路运行的两端都是概念,即 A 概念与 a 概念通,B 概念与 b 概念对。研究者把近端概念的含义赋予远端概念,便实现了秦汉法制与战国前法制的“贯通”。沿着这个思路不仅可以把战国前法制中的各种现象都与秦汉法制一一对号,而且可以在不了解战国前法制的许多细节的情况下描绘出其法制的整体情状。因为秦汉法制是一个完整的法制系统,那诸多制度都与秦汉制度相对应的战国前法制也必有自己的完整的系统,而这个系统与秦汉系统大致相同,就像这个系统中的刑罚、规范等都与秦汉法制中的刑罚、法律大致相同一样。如果秦汉法制除了上述的 a、b、c 之外,还有 d、e 等,而在战国前的史料中没有发现与之相应的现象,研究者们也会给战国前的法制“构造”出与之相应的制度或规则 D 和 E 等,而把于史无证简单地归结为“典籍散失”“书缺有间”。前述一些学者关于战国前的最高立法权、最高审判权等的论述便属此类构造。

应当指出的是,在中国法制的环境中,受封建时代和现代中国法的样态的影响,在最初走进战国前法制这个连轮廓都比较模糊的领域时,按秦汉模式推测、“构造”战国前法制,是正常的,也是难以避免的。我们不能要求研究者对未知领域的最早的探索所采用的方法一定是正确的,做出的判断一定是无懈可击的。事实上,正是借助于“构造”、推测的方法,战国前法制的研究才取得长足的进步,人们对战国前法制的认识才越来越接近历史的真实。本文对“定式”思维所提出的批评正是用“定式”方法所进行的研究本身产生的成果,也可以说是学术自身的进步所导致的“自我否定”,如果学界前辈和同仁能接受笔者的结论,显然,按上述思路来研究战国前法制这个对今人来说在整体上不得不归于未知的领域是难以取得成功的。我们必须另寻出路。

西方学者所使用过的法人类学的方法用于探求战国前法制会比上述定式思维更有效。梅因(Henry Sumner Maine)的见解就是值得重视的。他说:

《十二铜表法》的公布并不能作为我们开始研究法律史的最早起点,这是毋庸多说的。古代罗马法典,是属于这样一类的法典,几乎世界上每一个文明国家都可以提出一个范例……毫无疑问,在这些法典的后面,存在许多法律现象,这些法律现象在时间上是发生在法典之前的。[1]

我们在春秋及其前代没有找到真正令人信服的法典,事实上包括郑刑书、晋刑鼎究竟是何物我们仍不确知,尽管围绕它们展开的讨论是那样的热烈。既然法律史工作者的任务并不只限于研究《十二铜表法》之后的历史,研究中国法律史的学者的任务也不必一定只写法典法的历史,那我们就不必对春秋法典和商、周法典孜孜以求。假定这些时期不存在法典,这些时期处于《十二铜表法》公布以前的时代,法律史工作者对这些时期仍有大量的工作要做。按梅因先生所说,就是研究法典后面的"法律现象"。我们既然不能断定春秋及其以前的法制历史是法典法的历史,或者做这种"断定"的根据不足,那就更应该研究这些时期的"法律现象"。也许这些时期的法制历史就是法典之外的"法律现象"的历史。如果结论是这样的,那么研究法律现象就不仅可以使我们真正认识这段历史,而且可以使无数法律史研究者免受古代法制研究定式的折磨。

美国法人类学家E. A. 霍贝尔先生在研究"初民的法律"时运用了"行为主义"和"经验主义"的方法,或者叫"功能的现实主义"的方法。他的一般认识是:"一切人类的法律都存驻于人的行为之中。它必须通过对人与人之间的交互行为以及各种自然力对他们的影响进行客观而认真的观察来加以辨明。"他及与他使用相同方法的学者相信,"法律的生命不在于逻辑,而在于经验",因而,他们所做的重要工作是"对社会各种制度进行经验的观察和解剖"。[2] 战国前的法制,尤其是商、西周、春秋法制毫无疑问要比霍贝尔先生讨论的"初民的法律"的发展水平高得多,但商、西周、春秋时期的法律,也必然地"存驻于"春秋人的"行为之中",战国前法律的生命也并非系于逻辑,它的存在和发展都决定于商周人和春秋人的经验,并留在他们的生活经历之中。因此,研究商周人和春秋人的行为,对商周和春秋时期"人与人之间的交互行为"等进行"客观而认真的"考察,尤其是对他们的"法律"生活进行细致的考察,便可使我们更多、更真切地了解战国前法制。

法人类学的方法说到底就是到生活中去寻找法律,从最简单的法律现象着手理解未知的法律制度的发生和发展,而不是向载于典籍的概念要结论。这种方法的出发点是"未知",而不是把研究者头脑中的模式先加给研究对象。其基本手段是观察,而不是训诂和比附,或者其他仅在文字上做文章的办法。按照法人类学的方法,我们对战国前法制的研究可以采取以下三个步骤:

第一,深入战国前人的"法律生活",考察那时的法律现象。这一步骤的任务是从各种社会现象中搜寻法律现象。我们无法像霍贝尔先生走进爱斯基摩人、切依因纳人等的生活那样,去体验战国前活的法律生活,但《左传》《国语》等先秦典籍记录下了商周人、春秋人的生活。只要我们认真检索,便会从中感受到春秋人的生活节律,发现他们生活中的法。梅

[1] [英]梅因:《古代法》,商务印书馆1959年版,第1页。

[2] [美]E. A. 霍贝尔:《初民的法律——法的动态比较研究》,中国社会科学出版社1993年版,第5~6页。

因先生不仅指引我们放下法典去研究“法律现象”,而且发现了法律史学者最应关注的法律现象——“地美士”(Themis)和“地美士第”(Themistes)。他认为,“这是一些最早期的概念”,它们所表示的并不是法律而是“判决”。[1] 战国前人的法律生活中当然也有判决,而且是远比梅因先生所指的那些更为成熟的判决。霍贝尔先生注意到初民社会的人与人之间的交互行为,战国前的人们之间、家与家之间、氏族与氏族之间、诸侯与诸侯之间也客观地存在最能反映当时法制原貌的交互行为。战国前还有其他许多法律现象,如盟、议刑、数罪、徇、暴尸等。我们的任务不是按照头脑中的某种模式先给出盟、议刑等概念的含义,而是发现作为具体事例的订盟活动、议刑活动等及它们所包含的道理,或如霍贝尔先生所说的“文化的基本前提”等。[2]

第二,对战国前的法律现象做类处理。偶然出现的现象不是法学研究的对象,因为只有反复出现的事物、规范、制度才具有法律意义。法律现象一定是类现象。对法律现象做类处理,就可发现具体的法律制度、法律规范、法制原则等。这项研究工作的基本思路是:

法律现象 A— – ※	制度甲	法律现象 a— – ※	制度乙
法律现象 B— – ※		法律现象 b— – ※	
法律现象 C— – ※		法律现象 c— – ※	
…… — – ※		…… — – ※	

这里制度甲或规范乙是通过横向的归纳发现的,不是通过古与今的纵向的比附构造出来的。这样发现的制度、原则、规范等客观地存在于古人的法律生活中,表现为古代历史中的活的法律现象。正因如此,我们通过这个途径发现的战国前法制不同于按照古代法制研究定式所构造出来的法制。例如,对战国前的具有规范意义的诰、命、誓等做类处理,会发现它们的基本存在形态是先例,其有效性以其合理性为前提,而不是因其出自某个特殊的主体而自然取得强行性效力。[3] 再如,刑罚也是一类法律现象,对这类法律现象做全面深入的探究会发现,它们与秦汉刑罚大不相同。它们不是以法律规范的要素的形式存在,而是独立于行为规范之外而被处理案件的主体所使用的惩罚手段。不仅如此,与秦汉刑罚相比,它们还具有非必行性、非规范性和半国家性等特点。[4]

第三,对战国前的各种法律制度做系统处理。这个步骤的工作是要把握战国前法制的整体形态和基本特征,析取其基本精神。受定式影响的学者曾向读者提供了一幅构造法制的图画,但这幅图画是不真实的。因为我们不可能在不了解事物的各个局部时就对其整体有准确的把握。我们今天还没有能力对战国前法制的整体形态及其基本特征等作出概括,

〔1〕 [英]梅因:《古代法》,商务印书馆1959年版,第2~3页。

〔2〕 [美]E. A. 霍贝尔:《初民的法律——法的动态比较研究》,中国社会科学出版社1993年版,第73页。

〔3〕 徐祥民:《战国前法的形式、生成及其时代特点》,载《吉林大学社会科学学报》1997年第6期。

〔4〕 笔者曾专门探讨过春秋时期的刑罚,发现了它们的若干特点。参见徐祥民:《略论春秋刑罚的特点》,载《法学研究》2000年第3期。

因为我们还没有对那时的法律现象做必要的类处理,甚至没有对那时的法律现象做足够仔细的考察。但可以确信的是,战国前法制的总体面貌不是按定式构造出来的那副模样。对战国前的法律形式、刑罚制度等所做的类处理已让我们发现,战国前法制与秦汉法制大不相同。需要对战国前的法律制度做系统分析,因为只有做好了这项工作,才可能充分认识和理解战国前法制,搞清楚战国前法制与秦汉法制的区别和联系。

法律史学界对中华法系的研究是关于古代法制的整体性研究。学者们在这项研究中发现了中华法系的诸多特点。[1] 但正像乔伟先生注意到的,学者们所讨论的中华法系实际上是与中国的封建专制制度相始终的。这个法系所指向的制度是"以李悝所编纂的《法经》为其开端的"。[2] 战国前的法制与战国以后的中华法系有区别。在对有关制度做充分类处理的基础上进行战国前法制的整体性研究,将会进一步丰富人们对"中华法系"的认识,因为这一研究成果很可能既对后来的中华法系的形成有直接影响,同时又可以使我们看到与秦汉法制大异其趣的另一法制类型。

(原载于《中国社会科学》2002 年第 1 期)

---

〔1〕 参见陈朝璧:《中华法系初探》,载《法学研究》1980 年第 1 期;张晋藩:《中华法系特点探源》,载《法学研究》1980 年第 4 期。

〔2〕 乔伟:《法治论》,山东大学出版社 1993 年版,第 56 页。

论紧急状态下限权原则的建构思路与价值基础

——以我国《突发事件应对法》为分析对象

张　帆*

一、问题的提出与限定

通常认为,当遭遇紧急状态的时候,公民的一些权利必须受到某种必要的限制。那么,哪些权利应当受到限制、哪些限制才称得上是必要等问题必须给予更为具体的回答。在法治国家的语境下,这些答案往往会转化为逻辑上相关的法律规则,以便为政府的行动和政策提供合法的指引。虽然规则更为具体、更为细致以及更具可操作性,但是,就一部制定法而言,如果缺乏一系列反映正确价值追求和立法精神的法律原则,即使规则被制定出来,它们也只是一堆缺乏"先导"和"灵魂"的死板指南,甚至对它们的严格执行还可能产生和预期相反的实践后果。

在我国2004年的《宪法修正案》中,我国《宪法》的3个条款同时写入"紧急状态"这一概念。或许是受限于基本法的定位,除了规定哪些主体有权决定和发布紧急状态之外,我国宪法对其余问题并无涉及。另外,原本人们有着更多期待的我国《紧急状态法》也中途夭折,被我国《突发事件应对法》(以下简称《应对法》)所取代。〔1〕 虽然突发事件可以部分等同于紧急状态,且《应对法》也始终强调对政府权力的规范,但是,在如何对待公民权利这一关键问题上,其相关条款要么涵盖面有限,要么仅为过于简单且松散的原则性规定。具体来说,这部法律存在如下不足。

首先,《应对法》缺乏对公民权利的足够重视。除了该法第1条和第11条提到了"保护人民生命财产安全"和"有多种措施可供选择的,应当选择有利于最大限度地保护公民、法

* 张帆,山东大学法学院副教授。

〔1〕 参见陈泽伟、王玉娟:《制定突发事件应对法的新意》,载《瞭望新闻周刊》2006年4月17日。

人和其他组织权益的措施”,以及第12条所规定的“财产被征用或者征用后毁损、灭失的,应当给予补偿”这三处与权利或权益有直接或间接关联的条款外,整个《应对法》再无任何与公民权利有关的表述。

其次,作为一部调整和规范突发事件应对关系的法律文件,《应对法》仅仅将突发事件视为一种客观的事实,忽略了其可能蕴含的规范性意义。例如,《应对法》的第3条规定:“本法所称突发事件,是指突然发生,造成或者可能造成严重社会危害,需要采取应急处置措施予以应对的自然灾害、事故灾难、公共卫生事件和社会安全事件。”换言之,在立法者看来,突发事件只是一种单纯的事实,是一种特殊的“社会生活状态”,其中包括自然灾害、重大事故灾害、严重传染病流行等“事实”或“状况”。然而,除了事实的维度之外,突发事件还理应拥有一种规范性的维度。虽然立法机关希望在法治的框架下应对这一事实,但他们却(在有意无意间)忽视了一个重要的问题——如果突发事件需要法律进行规范,那么它究竟会呈现出何等样貌?实际上,这种提问隐含了如下预设,即不同的规范进路和立法精神会促成不同规范面貌的突发事件。在这个意义上,“突发事件”其实发挥着一个解释性概念的功能。[1] 与此同时,对“突发事件”的不同规范思路和解释差异还会最终影响到看待公民权利的基本方式以及相关解决方案的设计。正是在这个意义上,突发事件之所以会成为一个难题,并不仅因为某些事实上的多变性或突发性,而是还源于其多样化的规范样态及背后复杂的政治与立法环境,或者简言之,源于其解释性特质所可能带来的实质分歧。

最后,从更深层次的角度看来,《应对法》其实在立法精神上忽视了(规范的)突发事件与公民权利之间的内在关联。由于立足于以公权力的快速施行以及合法有效地应对突发事件为宗旨,《应对法》其实采取了一种基于政府效能的单向思维模式:当遭遇突发事件时,政府应当如何才能快速有效化解危机。尽管政府的作用从来不容小觑,但正是基于这种立法思路,人们才能理解为什么整部法律中仅有三个原则性条款提到了公民的权利和权益,而在规则的部分几乎不涉及具体的或细节性的权利保护问题。

然而,如果将《应对法》视为一部以执法为最终宗旨的法典,那么,它就不应只是一部政治宣言,而是一个更具可操作性的行动指引。基于这一点,在遭遇紧急且多变的突发事件时,如果关键的应对之法中没有提示性、约束性或操作性的原则和规则的规范,很难想象执

---

〔1〕 在诸多的概念分类中,除了自然种类的概念(例如“老虎”)和标准型概念(例如“单身汉”),大部分政治和法律概念都发挥着一种解释性概念的作用。也就是说,人们虽共享这些概念,但对其理论内涵争论不休,尤其是针对它们所欲实现的价值存在理论分歧。在这个意义上,人们会形成诸多源自某一基本概念的观念(conceptions),它们是不同建构性解释的理论成果。笔者于本文中将主要立足于德沃金的意义上使用诸如“解释”“建构性解释”“解释性概念”等相关分析工具。限于篇幅和确保论题的集中,笔者于此不再详述这些概念及其理论基础和适用语境。参见 Ronald Dworkin, *Law' sEmpire*, Harvard University Press, Chapter Two; Justice in Robes, Harvard University Press, 1986, pp. 9 – 12; *Justice for Hedgehogs*, Harvard University Press, 2011, pp. 157 – 188。

法人员会在危急之中考虑甚至是保护普通公民的基本权利。[1] 即使他们真的这么做了,但仍是缺少"依法行政"这一理由和依据的支撑。换言之,他们对公民权利的保护更多的是基于道德而非法律。另外,虽然权力与权利的平衡经常被指责为难以落实、难以操作,但需要强调的一点是,该问题的关键不在于平衡是错误的,而是应当怎样才能更好地平衡。人们不能因难以化解平衡的理论难题而反推出平衡本身在实践中毫无必要。如果不讲平衡而一味强调权力的有效施行,或许效率是有了,但最终的效果可能并不理想。

如果以上分析可以被接受,就我国《应对法》而言,以下问题便不是突兀的或毫无意义的:在这部法律中,是否有必要设置与权利有关的法律原则?如果有必要,又该怎样建构这些原则?立法者又会遇到哪些难题呢?笔者于本文中的讨论将会围绕这些问题展开。不过,为了避免论题过于琐碎和分散,以下限定是必要的:本文将定位为一篇法理学论文,而非提出某种立法建议或草案设计。具体来说,现代立法机关之所以演化为一个大型的集合体,最主要原因就在于审议法案过程中必须要经过一系列复杂而充分的论辩和妥协程序。这既是对多元化与分歧这一现代政治实践的尊重,也是对民主价值的尊重。在这个意义上,一部法律的建构绝非依赖于某些学者说了什么(也许学者的学说可能会起到某种作用),也不是一两篇论文就能解决的。正是基于这一考虑,笔者于本文中无意设计或论证一两条原则性的条文草案,而希望在理论上探寻一些初步但或许有益的建构思路。另外,通过澄清围绕在突发事件与(公民)权利这两个概念之上的种种误解,笔者也希望为相关原则的立法实践扫清一些理论上的障碍。

二、有关紧急状态的不同立法模式

在正式聚焦限权原则之前,有必要解决一个最为基础的理论前提问题,即在突发事件中,讨论权利问题不但是可能的,而且是有意义的。因为根据某种解释进路与立法模式,突发事件可能会挤压甚至强势排除权利话语的存在空间。那么,权利问题有可能被安置于突发事件之中吗?或者说,在何种(经过解释的或规范的)突发事件中,人们讨论权利(限制)问题才不会是一个理论上的幻想?对这种问题的回答将构成以下所有讨论的起点。然而,为了行文的便利以及具有更大的理论包容性和适应性,除了涉及《应对法》的具体法条和所欲涵摄的具体情境之外,以下笔者将统一使用"紧急状态"来替代"突发事件"。

---

〔1〕 笔者于本文中研究的法律原则,主要是指那些指引执法人员的行政行为的原则性规范。基于指导对象——普通行为人与法律裁判(行政)机关或个人——的不同而划分法律原则的做法,既有的讨论已经较多。参见黄茂荣:《法学方法与现代民法》,法律出版社2007年版,第141页;陈景辉:《合规范性:规范基础上的合法观念》,载《政法论坛》2006年第2期;[德]魏德士:《法理学》,丁小春、吴越译,法律出版社2005年版,第60页。

(一)基于主权者的规范方案

在有关紧急状态的理论建构和制度设计中,大体存在两种主要方案,即基于目标的(goal-based)方案与基于权利的(right-based)方案。[1] 该两者的区别,并不只在于是否只重视目标或权利,而是源于对两个范畴之基本关系的不同表述。某一规范模式会赋予其中一个范畴最为重要的地位,并证明其他目标或权利是从属的或派生的。德沃金称其为"构成性"的(constitutive)立场,[2]我国学者则倾向于使用"本位"这个词汇。[3]

在很长一段时间里,对紧急状态的理解都遵循了一种基于目标的极端的理论方案,[4]即一种以利维坦式的主权者为绝对本位的方案。由于被认为会危及主权者或君主的统治,紧急状态的出现与否、是否严重等问题就需要由君主或少数几个主权者来判断和决定,而紧急状态权由此被认为是一种主权者的天然特权或习惯性权力,不能由法律加以限制。[5]许多西方经典作家都倾向于选择这种进路。例如,卢梭曾指出:"如果危险已经到了这种地步,以至于法律的尊严竟成为维护法律的一种障碍,这时候,便可以指定一个最高首领,它可以使一切法律都沉默下来,并且暂时中止主权权威。"[6]阿克曼将这种思路统称为"生存理性",因为"那些在危机时刻不能诉诸独裁的共和国一般将在严重情况发生时归于毁灭"。[7]

在现代法治国的语境下,不受法律约束的特权思想逐渐式微,紧急状态及其相关权力大多为各国宪法所规范。不过,那种基于主权者的绝对化思路却并未式微。德国《魏玛宪法》就是这样一个典型的例子。有学者指出,魏玛共和国之所以失败,重要原因之一就是《魏玛宪法》的缺陷,尤其是"帝王总统"的设置。[8] 尽管其初衷是建立议会民主制,但《魏玛宪法》采取了一种妥协形式,将议会民主与总统所代表的行政权威置于一套宪法之中。总统被赋予了独立于议会的权力,其中就包括了紧急命令权。由于这种妥协性,总统可能会演变为一个超级政治领袖,尤其当政党政治无法产生稳定的多数之时。事实上,兴登堡总统后来的确滥用了紧急命令权与解散国会的权力,并由此摧毁了国会的权威与人民对代议制民主与共和政体的信心。当然,总统对紧急权力的滥用,或许有其迫不得已之处,但人

---

〔1〕 See Ronald Dworkin, *Taking Rights Seriously*, Bloomsbury, 2013, pp. 205 - 214.

〔2〕 Ronald Dworkin, *A Matter of Principle*, Oxford University Press, 1985, p. 186.

〔3〕 参见张文显:《法哲学范畴研究》,中国政法大学出版社2001年版,第345~366页。

〔4〕 这意味着还存在其他一些"不那么极端的"理论方案。它们虽然不会强调权利的至上性,但不会完全无视权利的意义。

〔5〕 例如在英国的都铎王朝时代,就存在王室在非常时期、在国家危险或其他非常规状态下可以援用非常时期权力的习惯,例如,伊丽莎白女王在遭遇西班牙舰队的威胁时所采取的措施。转引自江必新:《紧急状态与行政法治》,载《法学研究》2004年第2期。

〔6〕 [法]卢梭:《社会契约论》,何兆武译,商务印书馆1997年版,第167页。

〔7〕 C. Rossiter, *Constitutional Dictatorship*, Princeton University Press, 1948, Preface.

〔8〕 参见[英]玛丽·福尔布鲁克:《德国史:1918 - 2008》,卿文辉译,上海人民出版社2011年版,第3~4页。

们无法否认的是,即使宪法在形式上规范了紧急状态,但只要一种利维坦式的思维进路依然处于主导地位,紧急状态及其相关权力就没有在实质上被约束或控制。

如果将紧急状态全部系于主权者一人或几个人,那么,权利问题就变得不重要了。由于紧急状态关乎主权者的生存,在他们那里,重要的不是民众的权利,而是他们自己的(或以自己为中心的小部分群体的)利益或特权是否受损。当然,如果在保有权力的同时能够保护民众的权利,主权者也会乐享其成,但在这个时候,权利仅仅是附带性的。如果选择这种视角,紧急状态与权利之间的关系就十分简单了:根据主权者的判断,紧急状态只要有可能(哪怕可能性很小)危及权力甚至生命,那么紧急状态就属于一种强势的取消条件。不仅是权利,其他任何可能冲突的利益都可能而失去一种受保护的地位。在这个意义上,不但紧急状态(及其所引发的限制措施)与权利之间可能存在严重的冲突与对立,而且任何有关权利的讨论都将失去意义,因为权利只是一个可以被随时“取消”的对象。

(二)基于权利的规范方案

除了前述传统进路之外,是否还有其他方案来规范紧急状态呢?布鲁斯·阿克曼(Bruce Ackerman)的“紧急状态宪法”(The Emergency Constitution)理论为此提供了一种智慧和有益的知识资源。通常认为,这一理论主要是针对一个现实问题,即如何去应对一场“恐怖主义的战争”,但从理论渊源上看,阿克曼其实在尝试回答一个经典悖论,即“林肯问题”:[1]如果在危机时刻不诉诸独裁,那么共和国一般将在严重情况发生时归于毁灭;[2]而政府若选择独裁,这些手段又会摧毁宪政国家的基本结构,因为“在危机或紧急状态下的政府不可能是立宪政府”。[3] 为了解决这一悖论,阿克曼认为,必须设计一种新的宪法框架,一方面允许行政机关采取措施来应对紧急状态,另一方面又可以避免对公民权利的永久限制。

对这一理论的详细讨论笔者将在之后展开,这里先给出两点评论性的意见。首先,阿克曼更新了紧急状态的规范基础。他敏锐地指出,传统成文宪法所规定的紧急状态是以“生存理性”作为宪法基本理念的,但是鉴于时代背景的转换以及问题自身的复杂性,对紧急状态的界定与规范应当让位于“重新保证理性”,即向普通民众保证,紧急状态仅是一个例外事件,无须过度担心与极端恐惧。[4] 那种传统的、启蒙运动所推崇的主权者必须被取代,普通民众应当成为紧急权理论必须重视的对象。其次,为了保证紧急权力不被滥用,阿

〔1〕 See Martin S. Sheffer, “Does Absolute Power Corrupt Absolutely?”, *Oklahoma City University Law Review* 24, 1999, pp. 233 – 303.

〔2〕 See C. Rossiter, *Constitutional Dictionary*, Princeton University Press, 1948, Preface.

〔3〕 Kenneth Wheare, *Modern Constitutions*, Oxford University Press, 1966, p. 138.

〔4〕 See Bruce Ackerman, “This is Not a War”, *Yale Law Journal* 113, 2004, p. 1871.

克曼主张将论证负担置于政府。阿克曼承认,一种"超级多数的投票机制"并不会自动发生作用,而是必须依赖于行政机关的积极作为,即持续不断地向国会提供真实的信息,尤其是让少数派得到信息。他建议在国会中成立一个监督委员会,迫使行政机关持续提供各种信息为自己行为的合法性提供理由。另外,由于总统需要在一段时间后再次获得授权,因此他就必须小心地行使其权力。如果他滥用紧急权力来行不法之事,或者无法说服公众和国会的议员,那么其权力就会被中止。

虽然上述观点没有直接涉及以权利为本位的问题,但这种立法思路却预设了权利的重要性。如果对紧急状态的规范必须要考虑到普通民众的诉求,那么,权利就不再是可有可无的,或者不再是一个可以被随意取消的对象。换言之,对于权利而言,紧急状态并非一种绝对的取消条件。用阿克曼的话说,如果我们"需要将紧急状态重新合理化",〔1〕那么就必须在法律框架中"重新保证"一点,即"该框架允许一种暂时的紧急状态,从而既能够让政府负责重新恢复的功能,同时对个人权利不至于造成长期的损害"。〔2〕 即使有人认为,这种看待紧急状态的方式只是一种"帽子戏法",也就是将之前放进去的东西——权利——又偷偷地拿出来,但毕竟不同于传统理解,在这种立法模式中,权利的位阶至少被提高了,或者说,权利可以与权力一起正式地平等对抗了。如果沿着这个思路走下去,一方面,人们可以继续设计具体的法律制度来实现这两者(权力与权利)的平衡;另一方面,人们也有可能进而讨论一个(元)理论问题:在(如此规范的)紧急状态之下,政府应当如何在原则上对待公民的权利。

总之,以上论述尝试扫清如下理论障碍,即紧急状态与权利(保护)之间并非总是相互对立的,前者也并非必然排除或挤压后者的存在空间。如果紧急状态不仅是一个单纯的事实,那么,通过某种建构性的解释,人们完全有可能将权利话语安置于紧急状态之下。正是在这个前提下,人们才有可能去讨论权利的限制或保护问题,或者说,权利问题才不会仅仅是一个幻想,而是一个真正有意义的、值得讨论或关注的问题。

三、设置限权原则的必要性:基于体系融贯性的论证

(一)设置限权原则之必要性的论证

尽管只是一种理论建构,且没有一部现实中的宪法是围绕紧急状态而设计的,但在本文主题内,阿克曼却(在有意无意间)指出了一种有益的方向,即宪法与紧急状态之间存在一种相互融贯(甚至是融合)的关系。在我国现有法律体系的框架下,如果承认《应对法》是宪法的下位法和对宪法的具体化,它就必须同我国《宪法》保持一种体系上的融

---

〔1〕 Bruce Ackerman, "The Emergency Constitution", *Yale Law Journal* 113, 2004, p. 1029.

〔2〕 Ibid.

贯性。

不同于很多法律法规,《应对法》的第1条并没有采用一个惯常的表述,即“根据宪法,制定本法”。不过,这种“疏忽”并不意味着该法与宪法无关。如果“每种法律必然属于一个法律体系”,[1]而宪法又是一个最根本的授权性规范,那么,由全国人大常委会制定和通过的《应对法》便自然被纳入我国的法律体系之中。另外,不同于民法等“目的中立”的私法,除了制定权的来源以外,《应对法》的具体内容其实都可以在宪法之中找到原始的或抽象的依据。正是在这个意义上,《应对法》是“目的依赖”的,或者说是“执行目的”的,其规范意义之一就在于将宪法的基本要求予以具体化,以便使其更具可操作性。

如果以上分析可以被接受,那么无论从立法上,还是从法律解释上,《应对法》都应当与宪法保持一种原则上的融贯性,即“证成立法机构所谓的权威所必须的政治原则,在判断立法机构颁布的制定法之意义时也应该得到全面贯彻”。[2] 在这个意义上,如果宪法中强调了对权利的保护或者对权利的限制,那么这一精神也理应在《应对法》中得到体现。然而,《应对法》并没有满足这种立法上的原则一贯性。首先,作为整部法律的总纲,该法的第1条明确提出了“保护人民生命财产安全”这一总体性要求。然而,即便不考虑该条的高度概括性和抽象性,“人民的生命和财产安全”也并不能全面涵摄公民的基本权利。毕竟在紧急状态下,可能受限的并不仅是生命与财产权利。例如,在紧急状态下,人们的言论自由权会受到限制吗?如果人们的言论自由权会受到限制,那么会受到何种程度的限制呢?人们会因其夸张的言论而受到制裁吗?其次,该法第12条要求“财产被征用或者征用后毁损、灭失的,应当给予补偿”,但这种方案也仅是事后的补救措施,即便有效,也并不充分。最后,该法第11条其实是比例原则的重述,即“多种措施可供选择的,应当选择有利于最大限度地保护公民、法人和其他组织权益的措施”。然而,这种方案过于简单了:一方面是因为它忽略了比例原则自身所隐藏的缺陷,并想当然地将其视为一种有效的解决方案;[3]另一方面是因为它放弃了一种努力,即放弃了探寻其他或许是更为精致与有效的法律原则的智慧征程。或许,当适用比例原则时,即使它自身没有问题,行政执法者们也可能把整体的法律实践“呈现为一件无原则的事情,因为它诉诸一条特殊的原则来为针对某些公民施加的强制提供辩护,而在拒绝给予另一些人以赔偿时又会拒绝这一条原则”。[4]

实际上,对于必要性问题,可资利用的理论资源众多,且选择切入的角度也不少,笔者的以上分析仅尝试从一般教义学的视角切入,并希望基于法律体系的内在融贯性来论证限权原则的必要性。如果这一问题已经解决,下一个就是选择何种法律原则的问题。由于解

[1] Joseph Raz, *The Concept of Legal System*, Oxford University Press, 1980, p. 1.

[2] Ronald Dworkin, *Law's Empire*, Harvard University Press, 1986, p. 166.

[3] 参见陈景辉:《比例原则的普遍化与基本权利的性质》,载《中国法学》2017年第5期。

[4] Ronald Dworkin, *Justice in Robes*, Harvard University Press, 2006, p. 53.

题思路必须依赖宪法的基本立场,人们必须首先回答以下问题:对公民的基本权利,我国宪法究竟持有何种立场呢?

(二)命名问题:“限权原则”还是“权利保护原则”

我国宪法并没有将权利保护置于一个绝对的排他性地位,而是体现了某种限权的思想。这一点可以从人权条款在宪法中的位置推知。在2004年的我国《宪法》修订中,“国家尊重和保障人权”被写入我国《宪法》,作为其第33条第3款被安置于“公民的基本权利和义务”一章。这种设计和安排随即引发了学术界的热烈讨论。尽管大家都同意“人权入宪”体现了党和国家对人权和公民权利的高度重视,但不同于许多“十分拔高的理解”,有学者就认为,从“人权条款”的位置及其与前后规范的逻辑关系来看,这个设计所宣示的宪法的价值取向是十分明确的:一方面,“尊重和保障人权的地位和重要性尚远不能与序言中的国家任务以及总纲中依法治国方略等内容相提并论”;另一方面,“保障人权并不是无限的,公民在享有宪法和法律规定的基本权利即获得人权保障的同时,还必须履行宪法和法律规定的义务”。[1] 如果这一论断可以被接受,《应对法》中的有关公民权利的原则性规范最好被表述为“限权原则”。如此建议的原因主要有两点:一是基于笔者于本文中提出的体系性融贯的要求;二是更加符合该法的立法用意和语词表述。这里笔者再对第二点稍加论述。《应对法》的第1条其实已经明确宣示了自己的立法精神和价值取向:在“保护人民生命财产安全”之前,立法机关强调了3项更为重要的实践目的,即“预防和减少突发事件的发生,控制、减轻和消除突发事件引起的严重社会危害,规范突发事件应对活动”。或许有人不同意这种目标排序所表达的重要性位阶,但即便抛开这一争议,无论是其第1条的原则性规定,还是后面诸多具体的规则性表述,不可否认的是,它们都共同预设了政府在应对突发事件中的主导地位和推动作用。换言之,“预防”“减少”“控制”“减轻”“消除”等诸多行动和措施的施行者都是政府和公权力机关(及其工作人员)。如果承认这一点,那么“限”字似乎更好地体现了政府的主体地位与基于政府主导的视角。尤其是在紧急状态下,政府必须对公民的某些权利给予某种必要的限制。也许有人会质疑道:“即便承认政府的主导性,‘护权’也未尝不可呀?政府难道不可以护权吗?‘限权’的思想会不会在实践中造成对权利的损害呢?”对此,笔者将作出以下两点回应(这两点回应也可以视为对“限权原则”之名的进一步证成)。

一方面,尽管古人强调“名不正则言不顺”,且笔者于本文中专门讨论命名问题,但在笔者看来,名称所实际体现的价值追求比名称本身更为重要。其一,任何正式的我国法律中都不会在每个法条之前添注一个括号以标明该条款的名称,因此无论是叫“限权原则”还是“护权原则”,其实仅为人们的使用和称呼便利,并不涉及任何实质的行为评价和合法性判

---

〔1〕 刘松山:《人权入宪的背景、方案与文本解读》,载《华东政法大学学报》2014年第5期。

断。其二,无论选择何种称谓,《应对法》都不应也不会削弱一个基本的价值追求,即对公民权利的持续保护。可以设想一下,如果政府行为的最终着眼点和行动"红线"不是民众的权利,那么任何"限权"原则的建构都是毫无必要的。在这个意义上,限权和护权其实是一个硬币的两面而已。其三,更为重要的一点,人们之所以会对"限权"之名感到担忧,主要是受制于一种传统的二元对立的思维模式。或许是因为思维的便利,人们通常仅会关注紧急状态(及其所引发的行政举措)和公民权利这两个极点之间的互动和冲突:要么是紧急状态威胁公民权利,要么是公民权利碰撞紧急状态。因此"限"字似乎必然预设了一种冲突和对立的状态。实际上,如果不把紧急状态视为一种单纯的事实,而是将它和权利都视为一种解释性的概念,那么,通过一种创造性的解释,人们就可以在一个更大的价值之网中实现这两个概念的融合。它们之间并非仅有冲突和对立,而是一对相互支持与关联的概念。

另一方面,如果选择"限权"之名,实践中可能会产生一种超范围的涵盖效果:限权(利)的同时也意味着限权(力)。众所周知,民法乃是护权之法的典型。以我国《民法总则》为例,无论是对私权保护的强调,还是将意思自治重归私法正统,抑或是对民事立法权的不断"上收",甚至包括对法源范围的扩大,无不显示立法机关在尽最大可能地尊重与保护权利。相反,公法调整人民与国家之间的关系,重在规范公权力之授予行使。如果任意扩大公权力的范围和法律依据(法源),将使公权流于恣意。由此,作为公法的一员,如果《应对法》中规定了限权原则,那么其所"限"之权实际上不仅包括权利,还应包括权力。换言之,虽然从政府视角出发,紧急状态需要对公民的权利有所限制,但如果将该法置于更大的法治语境之中,同时再考虑公法本身的功能性限制,《应对法》对公权力的限制也应属于题中应有之意。在这个意义上,限权与护权在此处同样一致,并无厚此薄彼的意味。当然,其中的关键之点在于:是否能够真正限权(力),必然体现在如何限权(利)的规范设计上。假设所有的权利都被限制,那么所谓的对公权力限制便成为一个空谈。那么,哪些权利必须被限制?哪些权利是根据情况才可以被限制?哪些权利根本就不能限制?选定具体的权利之后又当如何限制?所有这些问题自然是限权原则所必须重视的。

四、动态的限权模式及其价值基础

(一)《应对法》应选择动态的权利限制模式而非静态的权利清单

既然不是所有的权利都需要被限制,那么,在紧急状态下,哪些权利应当入选而哪些不必列入呢?通常的思路是制作一个清单,然后将必须予以限制或不能限制的权利分门别类地放进去。很多国家的宪法和有关国际公约都采用了这种思路。例如,1982年《葡萄牙共和国宪法》第19条第4款规定:"宣布戒严决不能侵犯生命权、人格完整、个人身份、个人的公民资格与公民权利、刑法的非追溯性、被告人的抗辩权及信仰自由和宗教自由。"《美洲人权公约》第27条规定,不得因紧急状态许可暂时停止下列权利条款的实施,包括法律人格权、生命权、人道待遇的权利、不受奴役的自由、不受有追溯力法律的约束、良心和宗教自由、家庭的权利、姓名权、儿童的权利、国籍的权利、参加政府的权利,以及暂时停止实施为保护这些权利所必要的司法保证。为了方便起见,这可以被称为"静态的权利清单模式"。

尽管静态的权利清单清楚、明白、便于操作,但这种思路的缺陷也是十分明显的。如果考虑到人类的理性有限,即使汇聚众多立法专家的立法机关也不能避免,制成一个令人满意的清单就成为一个极有难度的工作。如果基于一种权利保护的思路,那么即使多列一两个权利也不会造成严重的后果。如果选择相反的思路,则多入选一个权利,要么会造成一项本不该受限的权利受到损害,要么造成本不应施行的权力发挥影响。在紧急状态这一异常的突发情况中,以上后果就可能被迅速放大,甚至有不断恶化的可能。另外,受限权利的列举通常都由规则完成或者需要规则来配合,但是,规则本身的固化有可能让这种清单变得僵硬,以至于在实践中被"荒废"。[1] 如果立法者无法详细规定各种具体手段及其适用条件,当发生意想不到的危急情况之时,过于细节化的规定可能会阻止有效信息的获取。例如,在美国的反恐行动中,对于被监禁的恐怖分子,行政机关能够在多大程度上对其使用酷刑便是一个热议的问题。另外,如果将某些特殊的权力进行固化,那么行政机关便会尝试探寻其边界,甚至有可能进一步扩大这种权力。《魏玛宪法》便是这样的一个教训。[2]

为了避免上述难题,立法者可以选择一种动态的限权思路。笔者于本文中提到的"紧急状态宪法"理论就采用了类似的方案。阿克曼认为,当第一次恐怖袭击发生后,为了实现一种"重新保证"理性,防止恐怖袭击再次发生,某些行政权力——例如在无须遵守合理怀疑的标准的情况下,就拘留恐怖嫌疑分子40天至45天——是必须且适当的。然而,成千上万的无辜者将会被这些紧急性拘留权的罗网所捕获,因此又必须控制这些权力。由于反对以法院为中心的控制机制,[3] 阿克曼引入了一个"类似于自动扶梯那样"不断上升的"超级多数投票机制"。具体来说,当恐怖袭击刚刚发生时,国会中的代表仅以简单多数就能够宣告紧急状态,并授予行政机关广泛的紧急权力,但是,紧急状态及其权力只能持续40天到

---

〔1〕 传统上,"荒废"(desuetude)是一个英美法中有关公民违法的概念,其主要是指当人们已经相信政府不会再实施那些陈旧的、无法实施的法律规范,并对此产生信赖时,政府就不得再援引这些规则来禁止人民的行为。换言之,如果某一法条在法典中处于休眠状态,那么公民就有权不予遵守它们。参见 Alexander Bickel, *The Least Dangerous Branch: The Supreme Court at the Bar of Politics*, New Heaven: Yale University Press, 1986; Cass Sunstein, *Legal Reasoning and Political Conflict*, Oxford University Press, 1996。

〔2〕 See Richard Posner, *Not a Suicide Pac—the Constitution in A Time of National Emergency*, Oxford University Press, 2006; 参见黄俊杰:《法治国家之国家紧急权》,台北,元照出版有限公司2001年版,第100页。

〔3〕 阿克曼以"是松诉美国政府案"(Korematsu vs. United State)为例,说明司法与法院在控制总统紧急权力上的局限性。See Bruce Ackerman, "The Emergency Constitution", *Yale Law Journal* 113, 2004, p. 1029.

60 天。时间一到,行政机关将再次需要国会的授权,而这一次国会中必须有 60% 的代表同意授权,下一次则需要国会的 70% 的赞成票,并依此类推。除非是极端的紧急状态,否则,阿克曼认为,这种“自动扶梯”的机制将使紧急权力只处于相对短暂的时间,而紧急状态也在不断地走向死亡。〔1〕

以上方案源于紧急状态的一个基本特点即暂时性。在阿克曼的宪法设计中,国会代表需要每隔一段时间(如两个月)公开对紧急状态的存续进行投票。这就使得紧急状态总是暂时的。〔2〕 在每次投票前,大家都要讨论一个问题,即紧急状态是否还有必要继续下去。这种不断的反思会使延续紧急状态变得十分困难。如果最终需要上升到需要 80% 议员同意的程度,人们都会明白,立法机关不能再有所作为了,因为出现了真正紧急的状态,比如恐怖分子反复发动进攻并不断造成灾难性后果。

尽管阿克曼主要针对的是紧急状态的宣布与存废,且主要着眼于程序上的制约,但这种思路同样可以适用于限权原则的设计。例如,当第一次恐怖袭击发生后,为了防止再次发生类似袭击,同时为了防止民众的恐慌,行政权力可以采取一种“一揽子”的限制措施,将尽可能多的权利纳入限制清单,例如言论自由权、私有财产权以及前述在无须遵守合理怀疑的标准的情况下限制嫌疑人的人身自由权。之所以可以采用这种大范围的“一揽子”模式,主要出于两点考虑:第一,因为紧急状态的突发性与复杂性,行政机关及其工作人员难以在短时间内做出准确的判断,所以相对于仔细甄别所带来的不便(如高昂的时间成本),不如采取一种类似于一体授权的权利限制模式;第二,紧急状态是暂时的,且对实体权利的限制必须同时辅之以程序性的限制,例如那种“类似于自动扶梯那样”的有关宣告和解除紧急状态的程序。如果以特定的程序决定终止紧急状态,那么在极为有限的时间内对权利进行广泛限制的消极影响也是可控的。当然,如果决定延续紧急状态,则受限权利的清单必须予以收缩。一方面,政府已经对特定紧急状态的具体情况有所了解,从而可以有针对性地采取行政措施。另一方面,社会和普通民众也会根据紧急状态的特殊性采取适当的调整和自我保护方案。鉴于突发状况的冲击性已经减弱,就需要适时调整入选的受限权利清单。简言之,在紧急状态的第一阶段,所限权利的范围可以大一些,但随着紧急状态的延续,需要被限制的权利类型将会逐渐减少,这个过程应当从恢复某些最不能限制的极少数权利开始。

---

〔1〕 See Bruce Ackerman, *Before the Next Attack*, New Statesman Magazine, June 29, 2006; See Bruce Ackerman, “The Emergency Constitution”, *Yale Law Journal* 113, 2004, p. 1029.

〔2〕 在《约旦王国宪法》之中也可以发现一种暂时性的规定。该宪法第 94 条规定:“在国民议会闭会期间,经国王同意后,内阁有权就刻不容缓需要采取紧急措施的事项或为批准不容迟延的紧急开支而公布暂行法,上述暂行法在不违背本宪法规定的情况下具有法律效力。”参见朱福惠主编:《世界各国宪法文本汇编(亚洲卷)》,厦门大学出版社 2012 年版,第 927 页。

(二)动态的权利限制必须辅之以一种动态的双重论辩思维

与阿克曼将论证负担置于政府这一观点相适应,上述动态的权利限制必须同时辅之以一种动态的双重论证/论辩思维。这是该立法思路中同样重要的一点。例如,面对国民甲的反战言论,为了避免可能引发的动乱,处于战争状态的该国政府能否限制其言论自由权呢?除了在立法上必须做出一种暂时性的保证及相关的程序设计之外,政府还必须做好以下准备:考虑到行动成本,政府通常会在采取措施前提出一种在最大限度上有利于自己的解释。如果没有反对意见,具体措施便可以直接贯彻执行。不过,政府必须明白,一旦开始执行,它的解释并不处于绝对的、不可撼动的地位。甲完全可能做出相反的回应。例如,甲可以主张,言论自由权所保护的,乃是一个人真诚表达其政治信念,并通过这种表达来参与社会事务的资格。如果政府限制了自我表达,这种做法不但会侵犯他作为一个社群之平等成员的资格,而且还剥夺了他实现自我或完善自我的可能性。在这个意义上,政府没有任何理由来限制个人的言论表达。

如果感觉最初的解释太过薄弱,政府可以作出一个新解释,但这种做法将会显得之前的举措有些随意。它也可以继续增添理由来强化论证,但考虑到原始起点较低,后续的证明负担可能会很重。它还可以选择第三种方案,这是一种更为具象化、更为直观或更为形象的论辩方案,即求助于其他“同样重要的”权利。例如,当某地发生社会暴乱时,政府就有理由限制权利:你没有权利“打砸抢烧”,也没有权利用U形锁砸别人的头部,即使你认为这是一种自然的表达的方式,你也没有权利去做。在很多既往的案例中,通过这种较为形象的“权利对抗权利”策略,政府的论证负担通常可以大为减轻。

需要注意的是,一旦引入对立的权利,论证结构就可能因此而改变,尤其当出现权利分歧的时候更是如此。例如,人们可能质疑,那些对立的权利真的存在吗?如果的确存在,又如何证明它们之间是“同等重要的”呢?为了回应这些疑问,政府可以选择那种基于目标的方案,也可以求助于更为抽象的基于价值的论证。如果选择后者,政府方面至少要承担两项论证责任:其一,它必须建构一个独特的价值来为那些对立的权利做出支撑;其二,它还必须在两种价值之间进行比较,从而证明这些权利之间是“同等重要的”。当然,较之于原初的具体化策略,政府的论证负担被大大加重了。然而,与此同时,该原则论证的范围也在无形中被进一步拓展了。由于至少涉及两种价值,无论最后比较的结果如何,更多的道德价值被统合于一个论证结构之中。

尽管论证已经高度抽象,但相反的论辩却依然可能出现,因为不同的立场会把不同的价值视为“最基本的”。不过,争论的存在不意味着论辩会一直持续下去。对此,有必要区分强的论辩与弱的论辩两种论辩。所谓强的(积极的)论辩,主要是指论辩各方始终势均力敌,但缺乏必要的终结程序。其结果是,或者一方不得不承认论辩失败,或者始终无法得出最终结论。在学术讨论中,这种论辩始终是值得追求的。然而,在政治实践中,无终结的论辩却会使集体行动无法可能。通常,政治过程会选择一种弱的(消极的)论辩,即允许一方首先采取行动,并同时为该行动提供辩护,另一方则负责监督,随时准备启动反驳程序展开论辩。就紧急状态而言,消极论辩拥有极为重要的意义。

需要注意的是,之所以赋予政府必要的论证负担,主要是因为对预测性的挑战始终存在,并且基于政府的限制性理由通常会置于某种预测之上。当然,如果政府能够合理计算,例如限制反战言论可以拯救一个人、两个人或者更多人的生命或财产,那么问题就简单了。然而,在紧急状态下,这种计算是无法完成的。这并不是说不能进行某些统计(例如事后对死伤人员和被损害财产的统计),而是由紧急状态的性质——不确定性或难以预测性——所致。没有一个人,也没有一个政府可以对动乱的产生、发展和结束进行准确的预测。尽管政府必须竭尽所能去保护民众的生命与财产安全,但其也必须同时认识到一点,即"任何确定和消除动乱的原因而进行的努力……都是在探索、实验和错误中进行的。它必须在高度不确定的条件下作出决定"。[1] 正是在这个意义上,如果政府意图在一种不确定的状态下去限制某些权利,它就必须清楚地论证一点,即该项权利的施行与某些不利后果之间存在确定的因果关系。如果这种因果关系只是预测性的、可能的、不一定的,那么,政府就没有理由在权利问题上首先发起进攻。换言之,在进行权利的动态限制时,"慎之又慎"是贯穿始终的一条"红线"。

尽管以上论证主要是基于政府的视角展开的,但这种论辩的思路也适用于立法机关,尤其是在制定第二阶段、第三阶段,甚至第四阶段的权利限制清单的阶段。因为越是到了后续阶段,立法者需要列入的权利也就越少,因而对选择理由的论证或论辩负担也就越大。该阶段与第一阶段的唯一区别就在于论辩的对象不再是行政机关与普通民众,而是立法辩论中的党派或党团双方。

(三)政府对权利的限制并不必然与权利或自由相冲突

随着紧急状态的延续,权利清单的内容会逐级减少,动态的权利限制模式由此展现了一幅立体的、类似于金字塔的权利结构。金字塔的顶端保留了尽可能少的权利类型,它们都是应付紧急状态所必须予以限制或不能限制的。从理论上说,动态模型若想获得证成,人们必须首先解决两个难题。其一是立足于尊严的权利论证,因为它将所有权利均视为源于尊严这一基础价值,由此则形成了一种权利的平面图画。在这个意义上,权利选择就变得异常困难:要么全选,要么都不选。其二是更为严重的挑战,即如果认为政府对权利的限制始终或必然与民众的权利存在对立与冲突,那么在不同阶段选择不同的权利予以动态限制,要么是在欺骗,要么毫无意义。围绕第一个难题的讨论已经不少,并且也获得了部分共

---

〔1〕 Ronald Dworkin, *Taking Rights Seriously*, Harvard University Press, 1977, p. 202.

识,因此笔者在这里将重点关注第二个。如果必然冲突的观点是一种误解,那么限权原则的构建不但有着实践意义,而且有其存在的道德价值。限于篇幅,以下笔者将不会采用一种思辨的方法来逐步呈现基本观点,而是直接铺陈那些支持基本观点的理论预设、概念工具和论证步骤。

首先,需要做出一个理论预设。《应对法》是以政府主导为实践旨归,且政府的行为通常会具有强制性,因此,除了满足合法性的要求之外,政府的行动还必须具有某种正当性。如果权利选择在某种意义上可以被视为权利分配,或者在更广泛的意义上属于分配正义的一种,那么任何政府,除非它同意以下两条基本原则,否则都没有正当性:其一,它必须对自己主张拥有统治权的每一个人的命运给予平等的关心(简称平等关心原则);其二,它必须对每一个人自主决定如何让自己生活(中的某些东西)更有价值的责任和权利给予充分的尊重(简称个人责任原则)。[1] 由于没有任何政治中立的权利选择,政府的限制方案若要证明是正当的,都必须表明它是如何尊重这两条基本原则的。换言之,这些指导原则划定了一种公正的权利限制方案的边界。

其次,对权利的概念而言,笔者于本文中的讨论其实预设了一个分类:可限制权利与绝对保留权利。前者是指那些可以被政府限制的权利,特别是在紧急状态的第一阶段可以被迅速纳入限制名单的诸种权利类型。后者则强调了政府行为的界限,即无论怎样都不能予以限制的那些权利。这种分类将权利置于多元化的基础之上,而非某个单一的政治道德原则(如尊严)之上。[2] 例如,从个人责任出发,人们可以推出自治的权利,而后者又可以推出言论自由的权利。另外,从平等关心的角度来看,获得正当程序的权利和个人财产权就属于政府需要重视的那些权利。

基于上述理论预设和基本分类,人们就可以尝试去消除那种误解了。具体来说,如果政府对权利的限制始终或必然意味着对普通民众之权利的侵害,那么,无论选择动态的限制方案,还是静态的权利清单,其实都没有什么实质性的区别。如前所述,这属于一种外在的、两极对立的思维模式。就像两块石头一样,不是你撞我,就是我撞你。不过,如果可以将诸多政治和法律概念视为解释性的,且承认它们都是人为建构的概念,它们之间便会有相互融合的可能。当然,这里必然会涉及最基本的解释策略问题。为了更形象的说明这一点,可以用大家都熟悉的交通规则作为例证。在通常情况下,每位司机都有权利自由行驶,而且诸多交通规则的设置也就是划定了各人正常行驶的边界。然而,如果遇到突发情况,个体的自由行驶就必须要受到外在的限制,例如政府的限行措施或交警的现场指挥。即使那些外在的限制会使人感到不便,但没有一个理性的人会因此而抱怨,因为大家都会承认,政府对某些权利的限制其实是为了那些真正珍贵的权利——例如生命权——不受

---

〔1〕 Ronald Dworkin, *Justice for Hedgehogs*, Harvard University Press, 2013, p. 2.

〔2〕 参见[美]杰里米·沃尔德伦:《尊严是人权的基础吗?》,张卓明译,载《法治现代化研究》2019年第2期。

到损害。换言之,政府的限制行为可以获得道德辩护。这种一般的生活经验可以类比紧急状况下对权利的限制。鉴于紧急状态的突发性、复杂性以及可能导致的严重后果,同时也基于紧急状态的暂时性,政府的举措当然可以被置于优先的位阶。考虑到笔者于本文中提到的正当性原则,如果政府对权利的动态限制不能展示出对所有人的平等的关心,那么单独的个体也就无法判断并进而保护自己真正的、最宝贵的那些权利。就像税收那样,如果政府对你征税拥有正当的理由,其目的完全是能够真正保有那些不可被剥夺的东西,那么,税收就不再被视为对个人财产权的不当限制了。基于同样的理由,考虑到权利的多元化基础,人们可以对权利进行动态的分类,同时会基于紧急状态的不同情境设置不同的、动态的限制措施,其目的最终是保护那些最为核心的、不可限制的权利类型。

当然,哪些权利是最核心的,其本身也是一个解释的问题。由于解释性的进路是一种依赖价值的方案,而"每一种观念在创造安放合法性的本地磁场时会给不同的价值指定不同的重要性",[1]再加上人们必须尊重立法过程中的民主价值并同时承认立法辩论本身的复杂性,究竟选择哪些权利被列入绝对不可限制的清单,哪些权利属于一般性的限制性权利,这些问题最终都属于政治与立法实践问题,且不同国家的政治和历史传统也会影响到最终清单的制定。不过,这些实践差异的存在并不会掩盖以上讨论的理论价值。无论是否还有人坚持那种必然冲突的主张,也无论他们是否提出各种精致的论证方案,但始终不可否认的是,在理论上,人们的确可以找到一种权利限制与权利之间可以相容的可能性。这种可能性的存在就是动态的权利限制模式的价值基础。另外,就本文的目的而言,只要找到一种相容的可能性,上述那种必然冲突的观点就会被推翻。

五、结　论

笔者所欲解决的诸多理论问题都源于现有制度实践的不足,在《应对法》中,究竟有没有必要设置一些限制权利的基本原则?如果有必要,应当如何建构它们?在这个过程中,人们又会遇到哪些困难?通过理论化的反思,笔者的基本结论可以总结如下:基于法律体系的内部融贯性,《应对法》中必须认真对待普通民众的基本权利,并需要设置一种动态的限权原则。这些原则不仅可以有针对性地应对紧急状态的自身特质,彰显我国宪法看待权利的基本态度,而且能够满足现代法治对权利与权力之间相互平衡的期许。

需要再次强调的是,笔者撰写本文的根本目的在于解决抽象的理论难题。这一点在本文最后一部分的论述中尤其明显。实际上,很多实践难题和制度缺陷之所以会成为一个广

---

[1] Ronald Dworkin, *Justice in Robes*, Harvard University Press, 2006, p. 172.

受关注的问题,是因为背后往往存在了诸多理论上的难题亟待解决和澄清。因此,解决理论难题虽然不能直接有助于立法实践,但至少可以指出某些或许有益的方向。

(原载于《政治与法律》2020年第1期)

乡村司法与国家治理

——以乡村微观权力的整合为线索

郑智航*

近年来,“乡村司法”的概念越来越引起法学界的重视。尽管学者们对这一概念存在分歧,[1]但他们都试图用“地方性知识”“巡回审判”“炕上开庭”“剪裁事实”等关键性概念来建构一套具有中国特色的司法理论。这是当今法学学者理论自觉的一种体现。通过他们的研究,我们发现“法治论”和“治理论”是乡村司法研究的两种基本倾向。法治论的主要观点有:第一,应逐渐实现“司法特殊主义”向“司法普遍主义”的回归,改变乡村司法中由熟人关系而形成的差别对待原则。第二,应通过程序化解乡村社会差序格局所产生的“结构性利益冲突”。第三,应将新农民阶层中不同群体的利益表达渠道制度化,充分反映他们的利益诉求。第四,基层法官应当考虑具体个案后果和系统性结果的相对权重,化解个案后果与系统性结果之间的张力。第五,应当增加基层法官裁判方法的客观性。[2] 治理论则从吉尔兹“地方性知识”理论和福柯“微观权力”理论出发,认为乡村司法呈现治理化形态。这种司法治理化形态主要体现在以下几个方面:第一,基层法官在司法中往往遵循治理逻辑,强调司法的结果导向而非规则导向。第二,具体司法过程充斥着各种策略和权力技术,体现

---

* 郑智航,山东大学法学院教授、博士研究生导师。

〔1〕 例如,喻中认为乡村司法主要是指乡村干部的司法。参见喻中:《乡土中国的司法图景》,中国法制出版社2007年版,第18页。范愉认为乡村司法的主体包括基层法院(法庭)、司法所、法律服务所、人民调解组织等。参见范愉:《纠纷解决的理论与实践》,清华大学出版社2007年版,第389页。陈柏峰和董磊明认为除基层法院(法庭)以外,乡镇司法所、派出所、信访办、综治办、人民调解组织等都是乡村司法的主体。参见陈柏峰、董磊明:《治理论还是法治论——当代中国乡村司法的理论建构》,载《法学研究》2010年第5期。

〔2〕 参见杨力:《新农民阶层与乡村司法理论的反证》,载《中国法学》2007年第6期。姚建宗认为乡村司法研究理论中法治论立场的核心是“国家制定的法律体系在乡村社会和城市社会均应得到一体化遵行,尤其是在司法实践中应适用同样的纠纷解决态度、诉讼规则和结案方式,以保证法治的普遍性与统一性得到实现。”参见姚建宗:《乡村社会的司法治理》,载《人民法院报》2012年1月12日,第5版。

出一种简约化逻辑。[1] 第三,地方性规范在微观意义上常常(但不必然)占有竞胜地位,国家法律常常(但不总是)被规避。[2] 这两种理论对当下乡村司法具有一定解释力,但都没有充分重视乡村司法所要承担的政治功能以及应采取何种司法策略来完成这一功能。倘若不考虑法律的政治立场,或者更直接地说,不承认社会主义国家的法律在整体上依赖于政治,我们就不可能完全理解社会主义国家的法律。[3] 具体来讲,法治论从法律与政治完全分离的观点出发,以西方司法独立思想为基础建构乡村司法理论,却忽视了政治对乡村司法的实际影响。治理论虽然强调一种语境论的研究进路,考察乡村微观权力对乡村司法的影响,但往往从宏观层面对乡村司法的政治功能进行界定,缺乏中观与微观层面的把握。因此,本文试图将国家权力与乡村微观权力结合起来,探讨在国家权力与乡村微观权力相互交织与冲突的过程中,国家对乡村司法人员采取了什么样的控制手段,而乡村司法人员为了谋求生存又采取了何种司法应对策略,以此对乡村司法的实践过程与运行机制进行研究。为了方便分析,本文将乡村司法的范围主要限定为基层法官的司法。

一、乡村司法与国家权力下沉

中国共产党取得全国政权以后,最为紧迫的任务之一就是巩固政权、治理国家,而国家权力下沉到基层社会正是巩固政权和治理国家的首要前提。在他们看来,将国家权力下沉到基层,改变以往多元权力格局并存的局面,是建立一个合理化的、能对社会和全体民众进行有效动员与监控的政府或政权体系的基础。[4] 为实现这一目标,中国共产党通过土地改革、废除“六法全书”、贯彻婚姻法运动以及“整党”等活动将国家权力渗透至基层社会,改变了中华人民共和国成立前官僚化的正式权力与基层社会的非正式权力并存的格局,最终,地方政府及乡村干部通过代理方式实现了对乡村社会权力的垄断。[5] 然而,改革开放以后,国家行政权力上收,特别是农业税的取消,中国乡村社会出现了“乡政”与“村治”的矛盾与冲突,直接削弱了国家对乡村社会的动员和管理能力。在这种背景下,乡村司法受到了

〔1〕 司法简约化逻辑是黄宗智提出来的。他认为清代县令选择司法调解还是选择直接判决,其决定性因素是看他所采取的方式是否符合经济的原则。除此之外,这种简约化还表现为准官僚的任命、裁判方法以及文书簿记等方面的从简甚至从无。参见[美]黄宗智主编:《中国乡村研究》(第5辑),福建教育出版社2008年版,第1~23页。

〔2〕 参见陈柏峰、董磊明:《治理论还是法治论——当代中国乡村司法的理论建构》,载《法学研究》2010年第5期。

〔3〕 See Ignazio Castellucci, “Rule of Law with Chinese Characteristics”, *Annual Survey of International & Comparative Law* 13, 2007, p. 37.

〔4〕 在于建嵘看来,现代国家建构就是指现代化过程中以民族国家为中心的制度与文化整合措施、活动及过程,其基本目标是建立一个合理化的、能对社会与全体民众进行有效动员与监控的政府或政权体系。参见于建嵘:《抗争性政治:中国政治社会学的基本问题》,人民出版社2010年版,第176页。

〔5〕 中华人民共和国的成立摧毁了封建的社会秩序,国家通过“土改”等群众运动进行经济制度的改造和意识形态的动员,国家政治权力冲击甚至取代了传统的社会控制手段,地方政府及乡村干部通过代理方式实现了对乡村社会权力的垄断。参见于建嵘:《岳村政治:转型期中国乡村政治结构的变迁》,商务印书馆2001年版,第218页。

传统乡村宗族关系、习俗和秩序回潮所形成的多元的微观权力文化网络的影响。国家权力为了防止乡村多元的微观权力文化网络过分削弱其动员和管理能力,不得不给乡村司法提出一系列的政治任务。

(一)“乡政”与“村治”

党的十一届三中全会之前,国家全面控制和垄断乡村社会的生产、资金、物资、机会、权力和威望等,加上意识形态的强化和阶级斗争的威慑,农民必须与国家行动保持高度一致,从而形成了一种总体性社会。〔1〕 这种总体性社会导致的直接结果是国家权力彻底侵蚀了乡村的微观权力。1982 年 12 月,新修订的《宪法》规定乡、民族乡、镇设立人民代表大会和人民政府,实现政社分开。〔2〕 1983 年 10 月,中共中央、国务院发出《关于实行政社分开建立乡政府的通知》进一步明确了政社分设的思路。根据该通知,政社分设制度秉持的是政治与经济分开的思路,设立乡政权作为国家权力的“末梢”来巩固地方政权建设,设立人民公社来负责农村集体经济组织工作。与此同时,继续发挥村民委员会作为自治性组织的作用。这种思路在实质上承认了农村应当建立“乡政”与“村治”并存的二元权力格局,并通过自治方式动员村庄社会力量参与基层治理。然而,在政社公设过程中,地方具有较大的“操作空间”和灵活性。它们纷纷设立乡镇,其结果是建制乡规范较小无法起到一级政权的作用。这在客观上引起了“乡政”与“村治”的矛盾。1986 年,我国试图采取了撤乡并镇和简政放权方式来解决这种矛盾,但在具体的实践中却走了样,也未能实现扩大“乡政”权力的目的。赵树凯认为,中国误将手段当作了目的,因为撤乡并镇只是乡镇数量上的减少,而不是政府体制的根本转变。简政放权则陷入了“放权—收权”的摆动循环中。〔3〕 到了 20 世纪 90 年代中期,上级政府加强垂直化管理,县乡权力不断被切割。在财政分配格局中,地市挤压县,县级挤压乡镇,基层政府所要承担的责任很多,但没有相匹配的财政支持。在政府权力的配置方面,越来越多的部门被上级垂直管理,从而抽空了作为基层政府的乡镇所具有的管理职权。〔4〕 乡镇政权成为“悬浮型”政权。〔5〕 这在事实上削弱了乡镇权力对乡村社会

---

〔1〕 参见吴思红:《乡村秩序的基本逻辑》,载《中国农村观察》2005 年第 4 期。

〔2〕 1982 年 11 月 26 日,时任宪法修改委员会副主任委员的彭真在第五届全国人民代表大会第五次会议上作了《关于中华人民共和国宪法修改草案的报告》。在该报告中,他指出:“在中央的统一领导下,加强地方政权的建设。县级以上的地方各级人大设立常委会。省、直辖市的人大和它的常委会有权制定和颁布地方性法规。地方各级人民政府分别实行省长、市长、县长、区长、乡长、镇长负责制。这些规定同样适用于民族自治地方;改变农村人民公社的政社合一的体制,设立乡政权。人民公社将只是农村集体经济的一种组织形式。这种改变将有利于加强农村基层政权建设,也有利于集体经济的发展。至于政社分开的具体实施,这是一件细致的工作,各地要从实际出发,因地制宜,有领导、有计划、有步骤地进行,不要草率行事;我国长期行之有效的居民委员会、村民委员会等群众性自治组织的地位和作用,现在列入了宪法。”

〔3〕 参见赵树凯:《农民的政治》,商务印书馆 2012 年版,第 122 页以下。

〔4〕 同上书,第 142 页以下。

〔5〕 参见周飞舟:《从汲取型政权到“悬浮型”政权——税费改革对国家与农民关系之影响》,载《社会学研究》2006 年第 3 期。

进行动员与监控的能力,从而最终影响到国家权力向乡村社会的渗透。

国家权力受到削弱,乡村微观权力却大幅回潮。这种微观权力回潮的原因主要有以下几个方面:第一,以市场为导向的改革开放和再分配体系打破了村民对国家权力的依附机制,形成了行政领导下的权力等级序列与基于市场经济的财富序列并存的格局。[1] 这种基于市场经济的财富序列有助于乡村形成新的权威,并产生能人型的乡村治理模式。这种模式中的“能人”之所以具有个人魅力,在很大程度上源于其经济优势和带领更多村民致富的能力。[2] 第二,改革开放后的简政放权事实上造成了生产大队的名存实亡,村民之间生产生活互助的需求直接拉拢了他们之间的关系,增强了他们之间的社会关联。各种丧婚嫁娶等村庄公共活动以及政治活动的逐步宽松,使宗族功能得到重新发掘。[3] 第三,现代社会信息的沟通网络改变了传统集权体制下的知识与信息结构,打破了国家权力基于这种结构在乡村社会形成的权力垄断地位。[4] 第四,乡村流动性的增强,减弱了农民对土地和以土地为基础的自然乡镇的依附性,增加了农民局部反抗的可能性。

(二)乡村微观权力文化网络

乡村微观权力回潮给国家权力下沉带来了一定的阻力,而这种阻力并不能通过国家权力的强行介入而消解。本文试图从杜赞奇的“权力的文化网络”理论出发,在乡村微观权力关系中分析国家权力,并以此为基础来实现国家权力的下沉。[5] 具体来讲,中国当下乡村主要存在以下几种微观权力形态。

第一,宗族势力。中华人民共和国成立以后,族田、族产、祠堂等遭受没夺,族权也因而衰弱,但是,国家摧毁的只是宗族的象征符号(如祠堂、族谱等)。城乡分割的户籍政策、“画地为牢”的人口控制又在客观上强化了农村聚族而居的格局。因此,国家未能消除作为一

---

〔1〕 参见栗峥:《流动中的乡村纠纷》,载《现代法学》2013年第1期。

〔2〕 贺雪峰和何包钢认为,中国当下乡村治理可以区分为好人型、强人型、恶人型、能人型四种理想类型。好人型主要是指具有良好人品和人缘的人对乡村进行治理的模式。他们不愿随意用粗暴的手段去惩治任何一个村民,也缺乏让一般村民畏惧的个人力量。强人型是指性格强悍的人对乡村进行治理的模式。他们往往具有令一般村民畏惧的健壮身体、社会关系或暴烈个性,并敢于承担责任,敢于与村中不良倾向作斗争。恶人型是指私欲较重的人对乡村进行治理的模式。他们治村手段往往超过法律所允许的界限,最终引起民怨沸腾。能人型主要是指那些有特殊经营头脑和一技之长的人对乡村进行治理的模式。他们往往已在市场经济的大潮中率先发家致富。参见贺雪峰、何包钢:《民主化村级治理的型态——尝试一种理解乡土中国的政治理论框架》,载《江海学刊》2002年第6期。

〔3〕 参见张慧卿:《乡村民众的利益调整与秩序变迁》,合肥工业大学出版社2009年版,第149页。

〔4〕 吴爱明和董晓宇认为在信息社会中,上下级之间知识与信息的纵向联系、同等级层次之间的横向联系以及不同等级层次、不同隶属关系的知识与信息的斜向联系共同组成纵横交错的信息沟通网络。参见吴爱民、董晓宇:《信息社会政府管理方式的六大变化》,载《中国行政管理》2003年第4期。

〔5〕 在杜赞奇看来,国家政权与乡村社会的微观权力是一种互动关系,并且乡村社会的微观权力构成了国家政权运作和获得权威的基础。尽管杜赞奇是以1900~1942年华北农村为研究对象提出这一概念的,并且中国农村旧有的权力文化网络随着民族矛盾的加剧而被摧毁,但是,他的这一分析框架对当下中国仍然具有较强解释力。因为中国当下还处于“半熟人社会”,乡村各种微观权力还存在,并在一定条件下继续起作用。参见[美]杜赞奇:《文化、权力与国家》,王福明译,江苏人民出版社2006年版,第15页以下。

种客观存在的宗族。[1] 改革开放以后,国家权力在乡村社会出现一定程度的撤退,使曾被瓦解的宗族在部分乡村得到了重建。它们以"非正式治理者"的角色参与乡村的具体治理活动。[2] 尽管不同区域的宗族复兴情况不一致,[3]但曹泳鑫认为,中国当下的宗族势力正在从以下几个方面影响着乡村社会秩序的建构:一是宗族势力往往与地方政权结合在一起,有些地方甚至形成了党、政、族三位一体的权力结构;二是宗族代替个人参与乡村政治事务,影响了民主选举和村民自治的进程;三是宗族势力干扰党的路线方针政策的执行;四是族规宗约取代党纪国法,特别是宗族势力对农村婚姻生育的负面影响。[4] 从法律角度来讲,宗族势力除了对农民政治权利的实现产生影响外,还在纠纷解决过程中发挥重要作用。有学者指出,宗族和睦的处事原则可以在纠纷解决中平衡协调同宗族内部人员的关系。[5]

第二,乡村精英。随着市场经济席卷乡村社会,经济伦理和消费文化肢解着乡村社会的道德伦理,建立在经济基础上的"享乐文化"日益取代"奉献文化"。人们越来越向往那种以物质为基础的美好生活,谁有经济优势,谁就值得效仿,没有经济地位也就意味着话语权的丧失。特别是在村治过程中,有些落后的村组织向村里的有钱人借债来维持正常运作。此时,财富支配的逻辑体现得更为明显。这也在客观上促进了乡村精英的出现。这种乡村精英的出现又会反过来促进村治的发展,形成"富人治村"的格局,因为村民希望乡村精英能够带领他们更有效地使用村集体的经济资源来创造更多的利益。需要强调的是,当下乡村精英与传统道德精英奉行的村治逻辑是有一些区别的。前者更为强调村集体经济资源的利用,后者更为强调家庭内部关系的和谐;前者更为强调"事用钱摆平",后者更为强调"事用理摆平"。因此,从乡村选举来看,当下乡村精英往往凭借村庄经济未来发展的许诺来竞胜,而传统乡村精英往往凭借个人的道德涵养来竞胜。

第三,乡村混混。乡村混混的霸权是乡村社会权力文化网络的重要组成部分。依据贺雪峰的观点,乡村混混等灰色势力构成了乡村治理的隐性基础。乡村治理既不能忽视以正式制度和社会关系为核心的显性基础,也不能忽视这种隐性基础。[6] 在乡村社会,每个混混都与同类乡村混混之间保持松散的联合关系。他们既不像社会那样公然通过严密的组织来危害社会,也不按正常的社会生活方式来谋生,而是用灰色手段来谋取灰色利益。[7]

---

〔1〕 参见郭正林:《中国农村权力结构中的家族因素》,载《开放时代》2002 年第 3 期。

〔2〕 参见肖唐镖:《宗族政治——村治权力网络的分析》,商务印书馆 2010 年版,第 64 页。

〔3〕 例如,南方村落、宗族较为完整,成为主导村庄的主要力量;北方村落和宗族则出现碎片化趋势。

〔4〕 参见曹泳鑫:《中国乡村秩序和村政发展方面存在的几个问题分析》,载《中共福建省委党校学报》1999 年第 2 期。何清涟对当下中国农村宗法组织复兴进行的研究也说明了这一点。她认为即使在人民公社时期,宗族势力还是在一定程度上发挥了作用,很多农村的集体所有制实际上是同性宗族所有制,基层权力组织也被宗族化了。参见何清涟:《当代中国农村宗法组织的复兴》,载《二十一世纪》(香港)1993 年 4 月号,第 142 页。

〔5〕 参见杨华:《绵延之维——湘南宗族性村落的意义世界》,山东人民出版社 2009 年版,第 162 页。

〔6〕 参见贺雪峰:《私人生活与乡村治理研究》,载《读书》2006 年第 11 期。

〔7〕 参见陈柏峰、董磊明:《乡村治理的软肋:灰色势力》,载《经济社会体制比较》2009 年第 4 期。

这些人虽然会干些"偷鸡摸狗"的事,但一般不会在本村干,因为他们要在本村留下一个好名声,从而为以后的"行侠仗义"积累资本。一般而言,他们在乡村主要帮债主讨债要薪和处理一些日常的社会矛盾和纠纷,从而对乡村社会秩序形成一定影响。[1] 另一方面,乡镇为了对村治进行有力的监督与控制,往往会将乡村混混作为国家权力在乡村的代理人,千方百计地与这些混混交上朋友,取得他们的信任,并给予一定的利益回报,从而获取相关的情报线索。例如,有些地方的乡镇干部为了获取计划生育方面的信息,会充分利用乡村混混。他们提供一条重要情报线索,就可以得到罚款提成的10% ~50%。[2]

(三)乡村司法的政治任务

尽管宗族势力、乡村精英和乡村混混等乡村微观权力形态在一定程度上阻碍了国家权力的下沉,但是,有些权力形态对乡村社会秩序的形成仍具有一定积极意义。因此,中国当下乡村社会秩序的形成过程是国家权力与乡村微观权力相互沟通、理解以及在此基础上妥协与合作的过程。这也是中国基层法官需要承担的政治任务。具体来讲,乡村司法承担以下几个方面的政治任务。

第一,乡村司法必须承担国家权力向乡村社会渗透的政治任务。乡村微观权力回潮在一定程度上阻碍了国家权力下沉,减损了国家在基层社会的权威。因此,进一步加强基层政权建设,提高国家在基层社会的威信就成为一项重要的政治任务。司法权作为统治权重要一环,也应当承担起国家权力向乡村社会渗透的任务。2004 年《最高人民法院关于印发〈关于进一步加强人民法院基层建设的决定〉的通知》就指出:"加强人民法院基层建设是巩固党的执政基础、提高党的执政能力的必然要求。在推进依法治国方略,全面建设小康社会的进程中,基层人民法院打击犯罪、维护稳定、调处纠纷、化解矛盾水平的高与低、能力的强与弱、形象的好与坏,直接关系到司法权威的维护,关系到党和国家权威的维护,与党的执政能力的提高和执政基础的稳固息息相关。"就乡村司法而言,它必须通过基本的法律运作来确保国家在乡村社会具有绝对权威。我们以影片《马背上的法庭》为例。在该片中,法官老冯、书记员杨阿姨和大学生阿洛每次下乡进行办案时都会带上国徽。[3] 这是典型的法

---

〔1〕 栗峥认为在乡村借贷纠纷中,村民首要考虑的不是"选择怎样的方式解决纠纷是正义的",而是"解决的结果能在多大程度上对自己有利",即能够追回多少债务、能分多少。在实际的乡村社会中,这些混混通常只会在讨债要薪成功之后,才收取费用。并且,乡村混混讨债要薪要比国家正式途径更为有效。因此,债权人依仗混混追债就变成一种灵活的、投机式的低成本解纷方式。参见栗峥:《流动中的乡村纠纷》,载《现代法学》2013 年第 1 期。

〔2〕 参见杨华:《乡村混混与村落、市场和国家的互动》,载《青年研究》2009 年第 3 期。

〔3〕《马背上的法庭》以云南省宁蒗县法院的日常工作为故事原型。宁蒗县地处云南西北部的山区,山高路远,道路和经济条件很差,全县面积6000 多平方公里,人口 21 万,有 12 个少数民族。摩梭族还保持着母系氏族的社会形态。

院“送法下乡”。从本质上讲,“送法下乡”类似于费孝通所说的“文字下乡”,[1]强调将现代法律及其效力基础而存在的国家权威植根于乡村社会。但是,法官司法权力的运作受到了乡村微观权力的影响,基层法官不得不在国家制定法与民间法之间进行沟通。在沟通过程中,国家权力可能进行一定程度的退守,但前提是必须保证国家在乡村社会具有权威。这也是该影片自始自终都强调国徽闪耀的政治隐喻。尽管乡村司法可以对法律进行某些变通(如调解),但代表国家权威的符号(法官、国徽等)必须在乡村社会到场,从而宣示国家的存在。

第二,乡村司法必须承担起重塑国家权威基础的政治任务。在政社合一的政治经济体制下,村集体一方面拥有土地管理权,对生活资料进行再分配;另一方面又被国家权力所控制。村集体为村民提供社会福利和承担公益事业构成了国家权威的基础。[2] 政社分立后,市场经济席卷乡村社会带来的价值多元、村集体组织萎缩、农民对土地依附性减弱、国家基层政治合法性降低以及乡村微观权力回潮等诸多因素,致使控制资源不再是国家权威的唯一基础。人们越来越希望国家权威建立在马克斯·韦伯所说的“法理”的基础上,即国家权威也应当建立在合乎理性的法律规范对乡土社会进行有效管理的基础上。[3] 因此,政法体制统一领导下的乡村司法必须通过送法下乡的方式承担起重塑国家权威基础的任务,因为重塑国家权威基础是国家权力向乡村社会有效渗透的前提。

第三,乡村司法必须承担驯服乡村微观权力的政治任务。乡村微观权力有助于解决社会纠纷、建构乡村社会秩序,但也具有一定的局限性。例如,乡村微观权力在纠纷解决过程中,容易出现滥用私刑、宗族纠集、违背国家强行法、偏袒一方当事人等问题。因此,基层法院必须承担起驯服乡村微观权力的职能,将乡村微观权力的负功能降到最低。《人民调解法》规定:“基层人民法院对人民调解委员会调解民间纠纷进行业务指导。”这里的“业务指导”就具有驯服的意味,即要求将乡村微观权力的运作纳入现代国家权力的框架之下,以确保乡村微观权力的运作方向不会出现偏差。为了便于完成驯服任务,该法规定:“人民调解委员会调解民间纠纷,应当遵循下列原则:(一)在当事人自愿、平等的基础上进行调解;

---

〔1〕 费孝通认为,产于庙堂的文字并不是乡土社会需要的。文字不顾乡土社会的需要竟然下了乡,那肯定是出于庙堂和城市的需要。乡土社会的生活是自足的,但庙堂和城市的生活却不是,庙堂和城市需要乡土社会的东西做原料,或者是粮食、土地,或者是资源、人员,于是就下了乡来改造乡土社会以适应自己的需要。参见费孝通:《乡土中国 生育制度》,北京大学出版社1998年版,第12页。赵晓力也把“送法下乡”和“文字下乡”进行了类比。他认为,乡下人中不懂法的便被称为“法盲”,或者“农民没有法律意识”,意思当然是白长了脑袋,连法律也不懂。因此,需要“送法下乡”。参见赵晓力:《基层司法的反司法理论?》,载《社会学研究》2005年第2期。

〔2〕 参见张和清、古学斌:《重塑权威之下的善政格局》,载《人民论坛》2009年第9期。Jean C. Oi认为这种体制具有强烈的科层组织体制的色彩。国家资源的分配是自上而下的,下级与上级之间形成具有严重的依附关系,下级为了获得更多的资源,就必须对上级保持绝对服从和忠心。这也使统治权具有了权威。参见Jean C. Oi, *State and Peasant in Contemporary China: The Political Economy of Village Government*, University of California Press, 1989, pp. 133 – 135。

〔3〕 Leslie Green认为现代国家权威体现更多的是一种实践权威。它强调的是民众要怎样行动才是对的或者符合法律的,而不直接回答为什么要这样行动才是对的。参见Leslie Green, *The authority of the state*, Oxford University Press, 1988, p. 118。

(二)不违背法律、法规和国家政策;(三)尊重当事人的权利,不得因调解而阻止当事人依法通过仲裁、行政、司法等途径维护自己的权利。”

二、乡村司法的国家控制

为了防止乡村微观权力过分侵蚀司法权,确保基层法院实现国家权力下沉、重塑国家权威基础和驯服乡村微观权力形态这三项政治任务,国家权力对乡村司法进行了必要的控制。

(一)乡村司法考评机制

考评机制是一种有效监督和控制法院和法官因事后信息不对称而产生道德风险问题的重要手段。[1] 乡村司法考评机制主要包括上级法院对基层法院的考核和基层法院对基层法官的考核两种。但是,上级法院对基层法院的考核机制直接影响到基层法院对基层法官的考核机制。

笔者首先聚焦S省L市M县基层法院的绩效考评机制。该县地理位置相对偏僻,经济较为落后。L市法院对该县法院的考评包括审判业务,综合管理和内部、外部评价三个项目,分值分别为600分、350分、50分。就审判业务的绩效考核来讲,又分为审判工作、执行工作、涉诉信访处理督查工作、个案评查工作等具体内容。其中,结案率不低于90%的,得30分,每低1%减1分;民事案件调解、撤诉率不低于50%,得80分,每低1%减2分。上诉改判率(上诉案件改判数占一审结案数的百分比)的考核,满分为50分,每1%减3分;上诉发回重审率(上诉案件发回重审数占一审结案数的百分比)的考核,满分为50分,每1%减2分;再审改判率(再审改判数占基层法院生效案件总数的百分比)的考核,满分为50分,每1‰减5分;再审发回重审率(再审案件发回重审数占生效案件总数的百分比)的考核,满分为50分,每1‰减5分。涉法涉诉信访及督查联络工作的考核,满分80分。接访处理督查办公室对该市10个基层法院涉法涉诉信访及督查联络工作进行排序,位次第一名的得80分,每降低一个位次依次0递减3分。另外,还有一些加分和减分项目。尤其值得注意的是,受到同级新闻媒体负面报道的法院将被扣除6分。M县法院将L市法院对其考核机制平移到辖区内法官的考核上,并将每个法官获得的总分值作为年终确定考核等级、评奖评优和人事升迁的依据。该县还在考核中明确了“一票否决制”,一旦发生群体性涉诉上访和赴省进京上访,年终考评时法官就不能够被评为“优秀”。

---

〔1〕 参见艾佳慧:《中国法院绩效考评制度研究——“同构性”和“双轨制”的逻辑及其问题》,载《法制与社会发展》2008年第5期。在艾佳慧看来,中国法院系统的绩效考评制度具有“数目字管理”、各级法院考评“同构性”和同一法院考评“双轨制”等特点。绩效考评的“双轨制”不仅抑制司法比较制度能力的有效发挥,架空法院和法官独立行使审判权的制度基础,更在某种程度上催生了院长和庭长审批案件、审判委员会、上下级法院之间请示汇报等行政性审判制度。

在法院内部运行机制日益官僚化的趋势下，这套“数目字的管理”的考评机制直接约束基层法院的乡村司法活动，并对基层法官产生了强大压力。在L市法院和M县法院看来，当下中国乡村的法律纠纷往往具有较浓的感情色彩，情绪不稳定，对抗性强，易产生对抗和报复心理，属于情感难办的案件。在这种情况下，如何通过有效的方式将民众聚集起来以克服经济发展带来的民众脱离政治依附性的离心力就成了一项重要的政治任务。基层法院试图从乡村微观权力文化网络中寻找资源。调解与和解就是最重要的资源。因此，基层法院和基层法官的考核非常强调调解与和解等因素。倘若基层法官想要通过考核和进行升迁，就必须认真领会国家的整体司法动向，吃透考评机制，并积极按照考评机制的相关要求，采取合适的司法应对策略，避免扣分、努力加分。

（二）国家对乡村司法的规训

为了确保和督促乡村司法完成驯服乡村微观权力这一政治任务，国家权力要求乡村司法沿着国家既定方针、政策和目标来展开，并加强对乡村司法的规训，以防止乡村司法人员完全被乡村微观权力网络“俘获”。具体而言，国家对乡村司法的规训主要体现在以下几个方面。

1. 培训

培训在本质上是一种传播知识，潜移默化地改变人的思想和行为的活动。培训的内容和形式都会对人的未来行动产生一定影响。面对新形势下农村社会发展的现实情况，2005年12月31日，中共中央、国务院出台了《关于推进社会主义新农村建设的若干意见》。该意见指出：“加强农村法制建设，深入开展农村普法教育，增强农民的法制观念，提高农民依法行使权利和履行义务的自觉性。妥善处理农村各种社会矛盾，加强农村社会治安综合治理，打击‘黄赌毒’等社会丑恶现象，建设平安乡村，创造农民安居乐业的社会环境。”这为乡村司法进一步明确了方向，即在坚持法治的前提下进行农村社会综合治理。为确保乡村司法坚持这一方向，各地都加强了乡村司法人员的培训。就培训的内容来看，主要包括运用法律和政策，综合处置复杂事务，正确分析判断群体性、突发性、敏感性事件，加强组织协调，提高创新工作的能力等方面。在党和国家看来，“司法事业的人民性要求人民法院不仅要履行评判是非的审判职责，还要履行维护稳定、服务发展、促进和谐的保障职责；要求基层法官不仅要具有相应的裁判能力，还要具有较高的调解能力、处访能力等。因此，当前基层法官能力培养范围必须予以扩大，调解、处访等综合能力应纳入培训范围，以全面提高基层法官的司法能力和综合素质，不断适应基层司法事业健康发展之需要。”[1]为了强化这种

---

〔1〕 林操场：《民诉法修改背景下的基层法官培训》，载《人民法院报》2009年2月11日，第5版。

培训对乡村法官的规训作用,有的地方甚至将培训情况纳入法官考核体制之内。[1] 在笔者看来,法院的这种培训既不是一种以法律为核心的法律职业化培训,也不是一种以"地方性知识"为核心的法律简约化培训。在整个培训过程中,政治意识和大局意识具有重要地位,它们指导着乡村司法综合治理能力的运用。

2. 案件处理的控制

如果培训是国家权力对乡村司法在指导思想上的一种规训,那么案件审理中的控制则是对乡村司法的具体业务和过程进行的一种规训。改革开放以来,国家在权力下沉方式上试图实现从身体治理到技术治理的转变,部分国家力量也开始退出乡村社会。在这个过程中,以原有农村基层党支部为核心的社会控制体系趋于解体,党和国家在农村的影响越来越小。农民相互之间也没有了人民公社体制下的组织精神,更多的是注重自己的个体利益。因此,加强党在乡村社会基层堡垒作用、强化国家权力在基层社会的在场,就显得尤为重要。从本质上讲,乡村司法活动是国家权力在乡村社会进行技术治理的重要表现形式,因为司法权是国家主权的重要组成部分,国家正式权力能够积极处理社会纠纷和化解矛盾本身就体现了国家权力的在场。另外,乡村社会"迎法下乡"在一定程度上可以消解行政控制带来的一系列问题。因此,加强党和国家对乡村司法微观控制有助于人们在具体的微观生活世界中感受到国家权力在乡村社会的存在,也有助于确保乡村司法坚持法律现代化的基本目标。2006年最高人民法院下发了《关于人民法院为建设社会主义新农村提供司法保障的意见》。该意见从党和国家执政合法性的高度出发,分析了做好涉农案件审判工作的重要意义,并指出:"(乡村司法)要高度重视深入实际、深入基层、深入群众的现实意义,与时俱进地发扬和丰富'马锡五审判方式'的便民精神。大力加强巡回审判工作,特别是对交通不便的地方,以及农忙时节,要尽量下到当地,就地办案,力争起到审理一案、教育一片的效果。"为了加强对乡村司法的有效控制,该意见对涉农案件的立案、审判和执行工作都作出了规定。尽管这些规定是以《意见》的形式提出来的,但是,最高人民法院的地位和公共政策执行的"高位推动"模式会对乡村司法活动产生一定的约束力。除此之外,在政法体制下,政法委员会作为党委领导政法工作的职能部门,不仅负责政法工作的宏观指导,有时也会具体协调疑难案件。[2] 在具体的法律实践中,这种宏观指导和协调极有可能演变成政法委对法院司法过程的一种微观控制。政法委一旦发现乡村发生了"大案""要案"或"具有较大社会影响的案件",就会积极主动地介入到法院具体的司法活动中,从而控制案件处理的大致方向。

---

〔1〕 有的法院就提出严格落实培训考评机制,切实将法官参训情况作为对法官考评的重要标准,作为法官任职、晋级、续职的重要依据,对未参加培训或培训考核不合格的,取消任职、晋级或续职资格,形成培训、考核、任用"三位一体"的有效运行机制。参见林操场:《民诉法修改背景下的基层法官培训》,载《人民法院报》2009年2月11日,第5版。

〔2〕 参见侯猛:《"党与政法"关系的展开——以政法委员会为研究中心》,载《法学家》2013年第2期。

3. 人民法庭的标准化

人民法庭是乡村司法的重要场所,也是村民接触国家司法权的重要场所,因此,人民法庭具有重要的"权力符号"意义,建设的好与坏会直接影响基层民众对于国家司法权的认识。国家也试图以人民法庭建设为重要突破口来规范乡村司法活动,从而提高国家权力的威信。2002 年,最高人民法院出台了《人民法院法庭建设标准》。根据该标准的起草说明,人民法庭建设需要考虑建设社会主义法治国家的要求和中国审判工作正在与国际社会接轨这一现实,应当满足"功能齐全,设施完善,庄重实用,适度超前"的要求。在这一思想的指引下,基层法院一直在加强人民法庭的标准化建设,并一再强调法庭是国家司法活动的公共场所,是国家司法文明一种标志。2010 年,最高人民法院将人民法庭房屋建筑建设规模根据人员定员数分为三类。人员定员数在 11 人(含以上)执行一类标准,人员定员数为 5 ~ 10 人执行二类标准,人员定员数为 4 人执行三类标准(见表 1)。通过对人民法庭进行这种标准化建设,国家将基层司法纳入整个国家治理体系,以显示基层司法与其他司法一样都是国家权力的基本运作形式,应当同国家权力运作的目标保持一致。另外,人民法庭的标准化建设将更多原本在"田间坑头"处理的案件纳入人民法庭,由于人民法庭往往设立在镇上,距离自然村落较远,交通也不便利,这种空间上的转换和位移会增加乡村微观权力参与案件处理的成本,减弱乡村微观权力对基层司法的影响。更进一步说,国家通过对人民法庭这一"权力符号"的规范化来强调乡村司法需要承担起国家权力下沉这一政治任务。

表 1　人民法庭各类用房建筑面积控制指标(m^2)

用房名称 \ 建设规模	一类	二类	三类
审判用房	980	530	480
审判人员工作用房	250 ~ 400	110 ~ 200	100
附属用房	160	90	50
生活用房	280 ~ 390	160 ~ 210	90
合计	1670 ~ 1930	890 ~ 1030	720

(三)意识形态对乡村司法的渗透

加强意识形态渗透也是国家权力控制乡村司法的一种重要手段。按照德里克的理解,意识形态是"一种表达阶级利益或其他社会利益的系统的观念体系",[1]直接表征社会的政治结构,是社会占统治地位的阶级的政治话语系统和政治行为的思想预设和理性规

〔1〕[美]阿里夫·德里克:《中国革命中的无政府主义》,孙宜学译,广西师范大学出版社 2006 年版,第 35 页。

制。[1] 它以日常思维的“通俗逻辑”、生活行为的“道德核准”、共同价值的“庄严辩护”和大众心理的“普遍安慰”的形式渗入到具体的生活世界。换言之,意识形态是一种充满理想、充满实践诉求的精神生活,是理性意识与实践意识的交织、未来理想与现实律令的统一、思想解释与行为规范的融合、精神教化与榜样示范的一致,是集意、情、理于一体的社会精神,在认识与实践的统一中进行的活生生的表演。[2] 因此,加强意识形态对乡村司法的渗透有助于国家进行有效的统治。[3]

1. 口号和标语

口号和标语是意识形态的一项重要表现形式。利用简明的口号和标语开展宣传,进行意识形态教育一直是中国共产党传播政策、凝聚力量的重要手段。毛泽东评价到:“很简单的一些标语、图画和讲演,使得农民如同每个都进过一下子政治学校一样,收效非常之广而速。”[4]改革开放以后,中国共产党将进一步强化农村现代化作为社会主义现代化建设的一项重要内容,要求将农村纳入整个政权体系建设中,改变过去传统的、封建的农村格局。尽管通过一系列努力,中国在一定程度上实现了对农村的有效控制,但是,政府对农民的盘剥、农村经济发展的滞后和乡村微观权力的回潮在一定程度上动摇了农民对于社会主义现代化道路的信心。在司法领域,主要体现为国家正式法律制度与乡村微观秩序之间的冲突与矛盾引起了农民“秋菊式的困惑”和“山杠爷的悲剧”。特别是农民结构分化造成了乡村社会多元权力格局的出现,农协、行会、商会、合会、宗族、教会等民间组织迅速扩张。这些自发的非正式组织缺乏有效的制度安排,它们的权力作用范围与乡村司法交叉冲突,并且这些冲突还未能纳入国家法律的制度框架内,导致“长老”“族长”“首事会”等民间组织的首领与乡村法官享有基本平行的权力,甚至在特定语境里优位于乡村法官。[5] 为了防止乡村司法完全倒向乡村微观秩序,驯服乡村微观权力,很多基层法院提出了“建设现代化法院”和“建设数字化法院”的口号,并在法院、法庭、村委会以及靠近马路的墙壁上粉刷“加强法制宣传教育,提高全民法律素质”“举法治大旗,倡文明新风,走小康之路”“人人学法用法,个个懂法护法”“大力开展‘法律进乡村’活动,积极促进社会主义新农村建设”“以情动人,以理服人,以法育人”等口号和标语。这些口号和标语背后隐含的信息是现代民族国家的形成要求规则的统一和暴力的垄断,地方性规则在现代民族国家建构过程中需要逐步失去正统性地位。[6] 这为乡村司法建设指明了方向,即认真贯彻依法治国基本方略,为全面建成以现代化为基本特征的小康社会而努力。2004年最高人民法院印发的《关于进一步加

[1] 参见胡潇:《马克思恩格斯关于意识形态的多视角解释》,载《中国社会科学》2010年第4期。

[2] 同上。

[3] 邢贲思认为意识形态具有以下四个方面的功能:作为舆论的作用、作为思想上层建筑的作用、作为教育手段的作用和作为精神文明手段的作用。参见邢贲思:《意识形态论》,载《中国社会科学》1992年第1期。

[4] 《毛泽东选集》(第1卷),人民出版社1991年版,第35页。

[5] 见杨力:《新农民阶层与乡村司法理论的反证》,载《中国法学》2007年第6期。

[6] 参见苏力:《送法下乡——中国基层司法制度研究》,北京大学出版社2011年版,第140页。

强人民法院基层建设的决定》和2011年最高人民法院印发的《关于进一步加强新形势下人民法院基层基础建设的若干意见》都明确了这一点。[1]

2. 榜样和典型

国家权威不仅通过口号和标语所承载的较为抽象的价值灌输来控制乡村司法,还通过确立一套使这些价值得到形象体现的象征系统来实现这一目标。榜样与典型就是最重要的象征。魏长征认为,意识形态采取榜样和典型的形式要比采取说教的形式更为有效,因为榜样和典型的可感知性和可模仿性有助于人们接受。具体而言,意识形态话语结构的功能通过"倡扬—贬抑"这一政治社会化机制发挥出来,并为人们树立一些学习和效仿的榜样和典型。在学习与效仿过程中,官方意识形态渗透了人们的现实生活,社会意识也将在潜移默化中得到改变。[2] 近年来,中国司法系统在开展各项评比和树立典型活动中,尤其重视树立基层司法人员(特别是长期从事乡村司法工作的基层司法人员)的典型。[3] 对这些典型进行分析,我们发现他们都极为强调在乡村社会确立国家司法权的权威,并且从国家政权建设的角度来看待司法工作的重要性。在日常工作中,他们积极采取调解手段,实现法律效果与社会效果的统一。例如,被评为"全国优秀法官"的云南大理州南涧县公郎法庭庭长龙进品就带着国徽到乡村去办案。在官方意识形态里,树立政治意识,持之以恒地加强思想政治建设,确保司法工作正确的政治方向是开展所有司法工作的前提,乡村司法也不例外。就乡村司法而言,它位于国家权力的最末梢,也是国家政权建设最薄弱的一个环节。乡村司法能否坚持正确的政治方向会直接影响国家权力能否下沉到基层社会。因此,党和国家试图通过榜样与典型这一象征符号所折射的"倡扬—贬抑"的价值体系来影响和控制乡村司法者的价值选择,从而最终确保中国法律现代化的基本发展方向。

---

[1] 《关于进一步加强人民法院基层建设的决定》指出:"坚持依法治国基本方略,构建社会主义和谐社会,不断提高依法执政水平,是加强党的执政能力建设的重要内容。加强人民法院基层建设是巩固党的执政基础、提高党的执政能力的必然要求。在推进依法治国方略,全面建设小康社会的进程中,基层人民法院打击犯罪、维护稳定、调处纠纷、化解矛盾水平的高与低、能力的强与弱、形象的好与坏,直接关系到司法权威的维护,关系到党和国家权威的维护,与党的执政能力的提高和执政基础的稳固息息相关。各级人民法院要充分认识自己肩负的历史使命,进一步提高对加强基层建设重要性的认识。"《关于进一步加强新形势下人民法院基层基础建设的若干意见》指出:"基层人民法院是基层人民政权的重要组成部分。新形势下进一步加强人民法院基层基础建设,对于充分发挥人民法院职能作用,切实维护国家政权安全,深入推进三项重点工作,更好地为大局服务、为人民司法,维护良好社会秩序和法治环境具有至关重要的作用。"

[2] 参见魏长征:《意识形态话语结构:当代中国基层政治运作的符号空间》,载《中国人民大学学报》2010年第4期。

[3] 例如,2012年"全国优秀法院、全国优秀法官、全国法院办案标兵"评选表彰活动显示:85个"全国优秀法院"中,80个来自基层法院;100名"全国优秀法官"中,68名来自基层法院;200名"全国法院办案标兵"中,133名来自基层法院。

三、国家治理中乡村司法的基本策略

通过上文分析,我们发现乡村司法是在国家权力与乡村多元微观权力的双重作用下展开的。一方面,国家权力通过多种方式控制乡村司法,确保乡村司法坚持法律现代化这一整体方向;另一方面,既有乡村多元微观权力实际影响着乡村司法的开展,甚至在有些场合乡村司法人员必须得借助于乡村微观权力来进行司法活动。因此,乡村司法是在两种权力的夹缝中进行的,必须在国家权力与乡村微观权力之间寻找妥协与平衡。这意味着乡村司法不可能像法治论所主张的那样,建立在法律与政治完全分离基础上,也不可能像治理论所主张的那样,完全建立在“地方性知识”基础上。

(一)乡村司法中的组织和动员

从历史上看,中国共产党历来非常重视组织和动员对于国家权力下沉的重要意义。外国学者曾一度称新中国为“动员系统”和“运动政权”。[1] 司法机关在具体司法过程中也充分采用了组织和动员手段。我们以1951年“河南省长葛县人民法庭处理地主许可宽杀害耕牛案”为例。该案案情大致是这样的:许可宽是河南省长葛县石固区坡李乡郑村的一个地主。他不愿意国家没收其耕牛,遂将装有碎铁片的皮球塞进牛肚。耕牛分给群众一周左右就饿死了。群众从死牛肚中取出了皮球铁片,并怀疑是许可宽所为。人民法庭干部到该村听取群众意见,并协同乡干部预审,召集证人出庭对证。在预审过程中,人证、物证确凿,被告许可宽无法抵赖,当庭承认杀害耕牛的事实。预审后,该乡农会召开了全乡群众都参加的斗争大会。法庭当即接受群众控诉,扣押许可宽,并将初步处理意见提交区政府和县政府同意和批准。随后,法庭决定召开公审大会。在公审大会上,除坡李乡郑村群众参加外,全区各乡都派代表参加,并传唤各乡部分地主到会陪审。在公审中,由群众推选的代表正式提起控诉,报告地主许可宽杀害耕牛的经过。审判长略加讯问,被告对群众控诉事实供认不讳。审理完毕,法院正式提出处理意见:赔偿耕牛,并判处5年徒刑。[2]

在该案中,法院为了提高自身司法审判活动的公信力,充分利用控诉、公审大会等方式将人民群众组织到具体的司法审判过程中,使法院审判变为集体审判。这也就在事实上区别于国民党政府时期以职业化和专业化为主要特点的旧的官僚制审判方式,从而使人民群众感受到自己当家作主的地位。另外,人民群众也从这场审判中得到教育。人民法庭就地审判,较好地将法律条文与犯罪事实结合起来,深刻地教育群众。在此基础上,法院要求以

---

〔1〕 See Robert C. Tucker, “Towards a Comparative Politics of Movement-Regimes”, *The Americans Political Science Review* 55, 1961, pp. 281 – 289.

〔2〕 参见《河南省长葛县人民法庭处理地主许可宽杀害耕牛案简报》,载《中央政法公报》1951年第24期。

乡为单位,由干部组织群众讨论,然后,各乡派出代表向法庭汇报。法庭最后对被告作出正式宣判。会后群众反映:“人民法庭真能给老百姓办事。不这样,地主就不会老实,回去大胆干吧。”〔1〕

尽管中国当下乡村社会结构发生了巨大变化,但是,作为一种策略和手段的组织和动员技术仍然是国家权力下沉和渗透到乡村社会的重要手段,也是乡村司法人员在国家权力与乡村微观权力之间进行妥协与平衡的一项重要策略。换言之,乡村司法人员往往采取一些组织和动员技术,动员广大人民群众支持和执行党和国家的政策和法律。特别是在乡村社会的多元微观权力文化网络中,组织和动员微观权力参与司法对于司法目标的实现具有重要意义,因为宗族势力和乡村精英往往在乡村社会担任代理人的角色或起着纽带作用。这些微观权力的亲自参与,能够促进政策和法律以最为恰切的方式为人民群众了解和认知。〔2〕苏力曾经指出,人民法庭的法官几乎都强调在下乡办案时首先要找村主任、会计等,要让他或她陪着一块去找当事人。倘若没有他/她的陪同,陌生的法官在乡村是很难办案的。一位新近从学校毕业的法官第一次下乡办案,直接去找当事人,由于言辞过于教条和简单化,被当事人打了出来,眼镜都被打碎了。〔3〕乡村司法人员之所以需要动员和组织乡村微观权力参与司法活动,主要有以下几个方面的考虑:第一,宗族势力代表和乡村精英是地方性知识的主要载体。国家对乡村司法的目标控制迫使基层司法人员在处理案件时必须掌握案件本身和法律制度以外的一些信息,例如当事人的个性、脾气、家境等,而宗族势力代表和乡村精英往往对这些知识非常了解。基层司法人员对这些人员的组织和动员能够极大地节约信息搜寻成本。第二,这些微观权力本身就具有一定的解决社会纠纷的功能。就乡村社会纠纷的性质来看,主要是一些婚姻、借贷、土地使用、打骂等方面的案件。在传统社会,这些案件主要由宗族和乡村精英来解决。双方对于处理结果往往也容易接受,因为他们奉行的基本原则是“不要伤了和气”。因此,动员这些微观权力参与司法有助于当事人对处理结果的接受。第三,乡村司法本身具有重要的普法意义,组织和动员宗族势力代表和乡村精英参与乡村司法有助于他们在参与过程中了解国家的相关法律和政策,提升他们日后参与乡村治理的法治化水平。

笔者在调研中参与观察了这样一起交通事故赔偿分配案:一青年男子因交通事故去世,留下年轻的遗孀(下称甲女)、年迈的母亲(下称公婆)和一个幼子。由于赔偿金分配等原因,甲女与公婆之间产生不和,决定带幼子回娘家生活。公婆因无其他子女,请求留幼子抚养,以便将来为其养老送终。甲女拒绝,公婆在甲女离家时强行留下幼子,甲女诉至法院,法院判决该子由甲女抚养,要求公婆将其交还甲女,但公婆拒不执行。双方相持不下,

---

〔1〕 参见陈文琼:《论我国的大众动员型人民司法——一个“法律与文学”的视角》,载《广西师范大学学报》(哲学社会科学版)2009年第4期。

〔2〕 参见丁卫:《乡村法治的政法逻辑》,华中科技大学2007年博士学位论文,第155页。

〔3〕 参见苏力:《送法下乡——中国基层司法制度研究》,北京大学出版社2011年版,第34页。

女方申请强制执行。由于公婆一家对抗情绪激烈,法院无法执行。法院遂裁定改由公婆抚养该子。但是,甲女不服,率家人抢回孩子。公婆又申请强制执行。承办法官在无奈之下,来到村里,要求村主任去做双方的工作,并讲明未成年子女监护方面的法律规定。村主任将争议双方叫到村部,对双方进行训斥,说:"法官代表政府来帮你们处理问题,不管法院怎么处理,都是为了你们的小孩好,你们这样闹有点不识好歹,有点目无国法,而且对孩子也不好。你们一人让一步,孩子由甲女来照看,公婆周六、周日可以接回来。要是你们不同意,村将来就不给公婆去办'五保',村进行联营收西瓜时,就不收甲女家的西瓜。"最后,双方同意了村主任的意见。〔1〕

在该案中,基层法官显然动员了乡村精英权威来参与具体的司法活动。从结果上讲,该案的处理符合当下未成年子女监护的法律规定。但是,倘若没有乡村精英(村主任等)的介入,双方恐怕都难以接受判决。尽管村民们也知道法官是国家权力的一部分,但是,这种权力给他们带来的好处并没有村主任掌握的资源(办理"五保"手续和"联营收西瓜")给他们带来的好处那样直接。因此,村民们会让自己的"政治伦理"让位于自己的"生存伦理",即选择服从乡村精英的权威,而不是直接服从国家权威。基层法官在乡村司法的过程中,充分意识到并利用了这一点。

(二)司法的政治经济学

基层司法人员的职级较低,一个普通的民事案件很容易受到基层各种关系的掣肘。因此,基层司法工作的确难办。笔者在调研中,经常听到法官抱怨说:"基层巴掌大一点地方,找到人来说情并不是一件很难的事。有时,在同一起案件中,替原告说情的是县长,替被告说情的是书记。两个都得罪不起。你叫法官怎样办案呢?"尽管这种说法有点夸张,但是,基层法官的确面临职业生存的问题。他们为了生存,往往会选择一种实用主义应对策略,甚至在有些场合会采取一种"鸵鸟战术"。

1. 立案的政治经济学

根据陈柏峰和董磊明的分析,基层法院在乡村司法过程中,往往将那些依法审判就会与政府治理目标相冲突的案件,通过立案的政治经济学拒之在法庭外。对于自己难以控制社会效果的行政诉讼案件,基层法院也往往采取"选择性司法"的方式不予立案,尤其是在社会转型时期发生的一些高度敏感的案件。在基层法院看来,行政权力是最主要的国家权力,司法的主要目的是确保行政权力在乡村社会具有权威性。倘若法官在乡村社会过多地审查行政权的行使,就会具有"政治上的不正确性"。另外,法官与政府工作人员同处于干部体制内,在工作过程中需要保持"步调一致"。因此,基层法院在乡村司法过程中会尽量避免同行政权力进行正面交锋。另外,基层司法人员也会尽量避免与乡村微观权力正面冲

〔1〕 案例来源于笔者2013年5月在湖北省某市某派出法庭的观察。

突。一如上文所述,基层司法人员在某些场合还需要借助乡村微观权力来有效化解乡村社会的纠纷与矛盾。当这些乡村微观权力的行使者卷入纠纷和矛盾时,基层司法人员可能会对他们"睁一只眼、闭一只眼",尽量做到"大事化小、小事化了"。

2. 判案的政治经济学

基层司法人员在判案过程中也会运用政治经济学思维进行策略选择,即既保证司法活动在国家控制范围内进行,又保证司法活动能够被乡村微观权力所接受,从而确保基层乡村司法的生存空间。尽管中国在农村开展了以"送法下乡"等为表现形式的法律现代化建设,但是,重实体、轻程序的观念在绝大部分农村当事人心中根深蒂固,并且乡村社会的微观权力文化网络有时也会制约国家法律现代化的实现。在这些因素的合力影响下,农村当事人有时提出的诉讼请求合理但不合法。面对这种现实情况,基层法官往往会采取这种司法策略:对法定规则和程序进行某种变通,生产出"模糊的法律产品",并运用精致的"案卷制作术"对之进行合法律性的外包装。[1] 在此过程中,基层法官采取的"打擦边球"方式或"骑墙"方式,既能对乡村司法的国家控制进行回应,又能使司法权在微观权力文化网络中运作。例如,基层法官在乡村司法过程中会尽量使用调解方式处理案件,因为利用调解方式既符合基层法官绩效考核的要求,又符合乡村微观权力文化网络的要求。在强世功看来,村民一般只具有日常生活的知识或技术,缺乏法律知识或技术,而国家具有法律知识或技术,但缺乏村民的日常生活知识或技术。基层法官则同时具备法律知识或技术和日常生活知识或技术这两套知识或技术。[2] 因此,基层法官在乡村司法过程中往往会利用国家和村民之间的这种知识和信息不对称性来生产"模糊的法律产品"。此外,当基层司法人员遇到难办案件时,他们会向上级主动汇报和请示,从而将解决案件的风险转移到上级。

3. 判决执行的政治经济学

判决执行难是乡村司法经常遇到的一个重大问题。[3] 为了规制基层司法,各地出台的法官绩效考核标准也将判决的执行力作为一项重要指标。就具体的乡村司法而言,送达难、人难找、被执行的标的物难找、有协助义务的单位难找、当事人抗拒是判决执行难的重要原因。我们以寻找被执行人为例。乡村社会的被执行人为了不履行相应的责任和义务,往往会偷偷外出打工,作为非本村的司法人员要想掌握被执行人的藏身之地或回家时间是相当困难的。因此,司法人员在判决执行过程中,往往会主动依靠乡村微观权力(如乡村精英,甚至是乡村混混),特别是依靠村民委员会或村干部。当然,乡村司法人员也会为了同

---

〔1〕 参见杨柳:《模糊的法律产品——对两起基层法院调解案件的考察》,载《北大法律评论》(第2卷·第1辑),法律出版社1999年版,第208页以下;丁卫:《乡村法治的政法逻辑》,华中科技大学2007年博士学位论文,第155页。

〔2〕 参见强世功:《法制与治理——国家转型中的法律》,中国政法大学出版社2003年版,第256页。

〔3〕 就中国当下基层执行难案件的类型来讲,主要包括以下几类:第一类是交通事故损害赔偿执行案件;第二类是民间借贷执行案件;第三类是行政非诉执行案件;第四类是"农嫁女"纠纷执行案件;第五类是人身损害赔偿纠纷案件;第六类是雇员受害赔偿案件;第七类是刑事附带民事诉讼执行案件。参见莫国繁、黎静:《法院判决"执行难"现状、原因及对策研究——以基层法院的司法实践为视角》,载《法律适用》2009年第12期。

这些微观权力保持一种长期的关系，给予这些微观权力一定的好处。例如，司法人员见到他们时，往往会给他们香烟、茶叶等小恩小惠；当他们遇到法律纠纷时，司法人员会为他们提供一定的便利。甚至在有些时候，司法人员会直接采纳乡村精英的意见。[1]

（三）基层法官"身体在场"

从理论上讲，国家权力的运作至少可以分为身体治理、技术治理、德行治理三种类型。身体治理，强调国家权力行使者以保持机构或自身身体在场的方式对乡村社会进行治理；技术治理，强调国家权力行使者通过应用先进技术对乡村社会进行治理；德行治理，强调国家权力行使者以超越职业要求的思想、道德和品行要求为工作动力对乡村社会进行治理。[2] 就乡村社会治理而言，受各方面条件的限制，国家权力的身体还无法从乡村社会完全撤退出来，实现由"无所不在"的状态到"在其应在"的状态的过渡。作为国家权力代言人而存在的基层法官也不可能像西方法官那样"坐堂问案"。在具体的司法实践中，乡村司法者往往会坚持"身体在场"，主动到达纠纷现场，通过自己的举手投足、一举一动来改变纠纷当事人的看法。从这种意义上讲，乡村司法人员的"近"产生"亲"，"亲"产生当事人对司法人员的"敬"，从而增加了司法的可接受性。

除此之外，基层法官也会主动介入乡村社会的非纠纷领域。例如，基层法官会参与抗洪抢险、扶贫帮困、植树造林等活动。尽管这些活动具有一定的强制摊派性，但是，这些活动会拉近基层法官和村民的距离，普通民众也可以从这些活动感觉到司法人员带给他们的温暖，增加他们对于司法人员的感恩意识。基层法官会利用这些活动为日后解决法律纠纷积累资本。

四、整合乡村微观权力与国家治理

乡村司法在国家权力和乡村微观权力的二元夹缝中展开，并受意识形态的控制。这种意识形态控制在一定程度忽视了司法的技术治理特色，其实践结果是司法人员不敢判案。[3] 为了做到"案结事了"，实现"法律效果与社会效果的统一"，本应借助乡村微观权力的司法人员甚至转而倚重乡村微观权力，从而致使国家权力在基层社会的下沉受阻。因此，正确处理意识形态和乡村司法的关系，提升乡村司法的技术治理水平，并在此基础上整

---

〔1〕 苏力在《送法下乡》中提到，在一起收贷案的审理过程中，村主任竟然不同法庭庭长商量，就自作主张地免了400元的交通费和诉讼费，庭长并没反驳而是默许了。参见苏力：《送法下乡——中国基层司法制度研究》，北京大学出版社2011年版，第35页以下。

〔2〕 参见陈柏峰：《纠纷解决与国家权力构成》，《民间法》（第8卷），山东人民出版社2009年版，第156页。

〔3〕 在司法实践中，司法人员为了达到国家下发的一系列考核指标，往往会将本该判决结案的案件运用调解方式来结案，将本来只是较简单的案件提交到审判委员会或向上级汇报，等等。

合乡村微观权力是乡村司法必须面对的重要问题。

（一）意识形态与技术治理

在提升乡村司法的技术治理水平，整合乡村微观权力过程中，中国需要进一步处理好意识形态与技术治理的关系。戴长征认为，“意识形态话语为政治系统提供合法性的源泉。任何政治系统的维持都必须以人们对官方支配权（统治权）的认可为基础，人们对这种支配权是否认可、认可的程度如何，依赖于意识形态话语系统是否能提供充分的理由表明这种支配或统治权力的合法与否。”〔1〕就当下中国而言，经济发展、政治发展、社会发展以及法律发展促进了社会心态的成熟，乡村微观权力回潮又在一定程度上削弱了国家权力的合法性。这在客观上推动了中国共产党执政正当性由“目标合理性”转向“社会幸福合法性”（social eudemonic legitimacy）。〔2〕在此情况下，加强意识形态控制具有重要意义。但是，从功能上讲，司法活动是一门技术性的活动，是国家运用司法技术对社会实行的一种技术治理方式。它必须在符合司法基本规律的前提下去承担一定的政治功能。因此，中国要善于把司法意识形态的价值取向通过司法技术转化为具体个案中的权利义务配置方案，维护好、实现好、发展好涉农案件当事人的合法权益，从而增强农民群众对社会主义司法意识形态的实践认同、感情认同和理论认同，最终达到对法治的价值信仰。〔3〕从这种意义上讲，乡村司法的“治理论”在很大程度上忽视了司法的技术性，过多强调意识形态对司法的直接影响，导致乡村微观权力“包围”和“蚕食”了乡村司法权。然而，乡村司法的“法治论”过于强调司法的专业性和规律性，将乡村司法从乡土社会中抽离出来，导致乡村司法的运作无法满足群众需求，沦为形式主义而无法解决实质性问题。

（二）技术治理与乡村微观权力的整合

乡村司法需要运用司法技术转化的方式将国家意识所主张的价值取向渗透到乡村社会，防止乡村微观权力阻碍国家权力下沉。具体来讲，中国可以通过以下三种方式整合乡村微观权力，解决“乡政”与“村治”可能出现的矛盾。

第一，将某些乡村微观权力纳入人民陪审制的制度架构。中国建立人民陪审制的主要目的是实现司法的民主化、大众化。在司法过程中，法院通过人民陪审员获得一些“地方性知识”。因此，人民陪审制既为中国基层司法提供了司法知识，又有助于当事人对法院判决结果的接受。特别是自 2004 年第十届全国人大常委会通过《关于完善人民陪审员制度的

---

〔1〕 参见魏长征：《意识形态话语结构：当代中国基层政治运作的符号空间》，载《中国人民大学学报》2010 年第 4 期。

〔2〕 See Leslie Holmes, *The End of Communist Power: Anti-Corruption Campaign and Legitimation Crisis*, Polity Press, 1993, p. 15.

〔3〕 参见姚建宗：《乡村社会的司法治理》，《人民法院报》2012 年 1 月 12 日，第 5 版。

决定》以来,人民陪审制度已经成为中国基层司法的一项常规化制度,人民陪审员业已成为基层审判的一支生力军。[1] 就人民陪审员的条件而言,《关于完善人民陪审员制度的决定》规定:“担任人民陪审员,一般应当具有大学专科以上文化程度。”这一规定显然与《人民法院组织法》第37条的规定相冲突。该条规定:“有选举权和被选举权的年满二十三岁的公民,可以被选举为人民陪审员,但是被剥夺过政治权利的人除外。”其实,将乡村宗族权威人物、乡村精英等微观权力纳入人民陪审员的范围,既有助于基层法官获取“地方性知识”,实现国家法律与地方性知识的结合,又有助于这些微观权力在具体的司法过程中提升法律素养、增加法律意识。在这个过程中,基层法院可以通过仪式、服饰、培训、管理、补助等方式对这些乡村微观权力进行福柯意义上的“规训”,[2]实现对这些乡村微观权力的整合。

第二,乡村司法案件的分流。国家权力下沉到基层并不意味着国家权力机构在基层时时在场,而是应用先进管理技术对乡村社会进行有效治理。相应地,国家司法权威并非建立在法院对每起案件都进行审理的基础上,而是建立在所审理的每起案件都保证质量上。这意味着案件分流对于国家司法权威的建立具有重要意义。特别是近年来,农村社会的现代转型,纠纷和矛盾迅速增多,这给乡村司法带来了巨大的挑战。案件分流能够在一定程度上克服“案多人少”的矛盾。具体来讲,在乡村司法中,一部分案件由法院通过判决或调解来解决,还有一部分案件可交由宗族权威或乡村精英来处理。因此,乡村社会需要进一步加强乡村司法所和人民调解员制度的建设。在案件分流的标准上,法院应当审理刑事案件和行政案件,而普通民事案件应当坚持当事人自由选择的前提下,实行案件分流。一旦当事人选择了由宗族权威或乡村精英解决,法院一般不应当干涉。对于选择法院审理的案件,法院在司法过程中就应当具有主动权,并可以同纳入人民陪审员范围的宗族权威或乡村精英组成合议庭来进行审理。

第三,加强对乡村混混的治理。在具体的司法实践中,有些乡村混混是乡村司法人员的“线人”。他们为乡村司法人员提供一些信息,从而降低司法人员的信息搜寻成本。但是,这种做法是违背法治的,也给国家司法权带来了负面影响。因此,加强对乡村混混的治理是整合乡村微观权力的一项重要内容。近年来,基层政府加强了对乡村混混的治理,并出现了日常性的形式化执法和“严打”或“专项斗争”式的运动式治理两种策略。这两种策略都存在不足。为了克服这两种治理策略存在的问题,中国应当坚持一种“实质的依法治理策略”:一要将治理过程从之前的短期性变成日常性,让法治策略体现在治理的全过程;

---

〔1〕 李拥军:《我国人民陪审制度的现实困境与出路——基于陪审复兴背后的思考》,载《法学》2012年第4期。

〔2〕 福柯认为:“规训‘造就’个人。这是一种把人既视为操练对象又视为操练工具的权力的特殊技术。这种权力不是那种因自己的淫威而自认为无所不能的得意洋洋的权力。这是一种谦恭而多疑的权力,是一种精心计算的、持久的运作机制。与君权的威严仪式或国家的重大机构相比,它的模式、程序都微不足道。然而,它们正在逐渐侵蚀那些重大形式,改变后者的机制,实施自己的程序。”参见[法]福柯:《规训与惩罚》,刘北成等译,生活·读书·新知三联书店2007年版,第193页。李拥军认为,法院对人民陪审员在仪式、服饰、培训、管理、补助几个环节进行规训,从而使人民陪审员的平民性减弱、司法职业性增强。同上文。

二要建立高效有力、权责明晰的治理体系，并且这种体系需要对问题作出快速反应和调适。[1] 在乡村司法中，应当进一步推进非法证据排除原则的适用，坚决杜绝利用乡村混混来执行法律判决这类现象的发生。

（原载《法学研究》2016 年第 1 期）

---

〔1〕 参见陈柏峰、董磊明：《乡村治理的软肋：灰色势力》，载《经济社会体制比较》2009 年第 4 期。

Marcus Galdia, Lectures on Legal Linguistics

[英]Hanna H. Wei*

Lectures on Legal Linguistics provides a delicate, comprehensive and interdisciplinary examination of the long-standing relation or rather interrelation between language and law through critically analysing the theoretical foundations and material achievements of the relatively new discipline of *legal linguistics*, which is a subject concerning the technicalities of the creation and application of law with linguistic means in a variety of forms, including legislative drafting, legal interpretation, argumentation and translation. Covering all linguistic aspects of law in great detail, this volume presents legal linguistics not only as a branch of linguistics but more importantly as a theory of law itself through consistently demonstrating throughout the book a strong philosophical commitment by contrasting and combining theories and methodologies of diverse disciplines such as philosophical and linguistic pragmatics, analytical philosophy and various branches of legal theory to form its theoretical framework. Noting that no language of law functions outside the wider legal and socio-cultural context of its use, significant space has been dedicated not only to the historical evolution of various languages of law around the globe but also to comparative analysis of legal cultural diversity so as to identify the impact of cultural differences in the area of law on the legal language employed in various national contexts.

Despite being highly technical and, as the title itself suggests, taking the form of lecturing, this work is accessible and, due to its interdisciplinary nature, should be of benefit to people of various disciplines for diverse purposes, which may be demonstrated by considering its key findings and contributions. The first and perhaps most significant contribution of this book is, in

* 魏华,山东大学法学院教授。

fact, stating the obvious, namely that there is no law without language and there is no legal language without ordinary language, which sheds important light on how law ought to be taught both as academic discipline and practice. As Part 3 of the book shows, mainly from the perspectives of speech act theory and discourse theory, that legal argumentation and interpretation are linguistic operations, this calls for jurists, legal professionals and students to take law's linguistic foundations more seriously by having legal-linguistic education incorporated into regular curricula so as to enable systematic examination of how language functions technically and communicatively in juridical and other situations rather than focusing solely on what law says and why it says what it says.

Legal practitioners and students are not the only ones that may benefit from legal linguistic education. As Galdia himself has pointed out (p. 431), since legal rules are negotiated and agreed upon rather than impositions, and discourse about the content and meaning of law will transform into discourse about good governance, legal linguistics can enable more meaningful and rational participation of citizens in legal and social discourses.

The second contribution of this book that is worth highlighting is its consistent emphasis that the study of law ought to be interdisciplinary both in terms of theory and methodology. In Part 2 of the book, Galdia compares and contrasts legal linguistics with various other disciplines to show how they cut into the same subject from related yet very different angles and characterise law from related yet diverse perspectives. Together, these disciplines form parts of the same big family of legal science and the partition of tasks among them is not always undertaken with surgical exactness. This also explains Galdia's adoption of a broad conception of legal linguistics so as to not only capture legal language but also to recognise law as a social phenomenon.

This leads to the third and related central conclusion of the book that is worth highlighting, namely that legal discourse is not autonomous but rather embedded in broader social discourse. This challenges the legal positivist view that there exists an isolated, independent, legal language with a very specific legal rationality. What this would mean, as Galdia has expressly pointed out (p. 423), is that the future of legal language may well be perceived through the prism of ordinary language. By this, Galdia means that the rules governing the use of language in society and the rules according to which language is used in juridical institutions and situations could be harmonised in that legal professionals and non-professionals would be using ordinary language in communicative situations that are today dominated by legal language, and that laws, administrative acts, lawsuits and other legal activities could all be written or conducted in speech acts of ordinary, explicit, language, which, Galdia argues (p. 420), would enable the creation of laws of better quality and greater clarity.

A fourth contribution worth highlighting concerns future directions of comparative research in legal linguistics. The results of Galdia's comparative analyses conclude, seemingly paradoxically, that despite diachronic and synchronic cultural differences, the language of law seems to be uniform with a ubiquitous structure that does not differ much, and that behind cultural particularities, there exist the same operative legal-linguistic mechanisms. It is important that those conducting comparative research recognise this reality and strike the right balance between the general and the comparative aspects of the language of law in order to remain realistic and informative.

On the whole, *Lectures on Legal Linguistics* has successfully demonstrated that the legal-linguistic approach to explaining how law operates could have significant consequences not only for teaching and researching law as an academic discipline but also and especially for understanding and bettering law as a practice of adjudication. As Galdia himself has noted (pp. 427 – 428), while many of the legal-linguistic findings might have no chance of being implemented in social practice due to the ideological and structural constraints that have so far both limited and sustained legal science, as a normative academic enterprise in continuous development, legal linguistics does not aim at immediate realisation but rather functions to transfer normativeness and practical knowledge into the future.

[原载于 Discourse Studies, 2018, 20(5)]

宪法学与行政法学

行政诉讼范围的反思与重构

郝明金*

行政诉讼范围是行政诉讼制度的核心,也是行政诉讼法中争议最多的问题。随着我国加入WTO,行政诉讼范围问题又一次引起了人们的关注,要求扩大行政诉讼范围的呼声也更加高涨起来。借鉴世界上主要国家确定行政诉讼范围的通常做法,反思我国行政诉讼范围的缺陷,进而重新构建我国行政诉讼范围的基本框架,是解决这一问题的根本途径。

一、国外确定行政诉讼范围的一般做法

无论是英美法系还是大陆法系国家,在确定行政诉讼范围时主要有三种共通性做法:

1. 实行可以审查的假定原则。无论是英美法系国家还是大陆法系国家,在行政诉讼范围问题上实行的都是可以审查的假定原则,政府所有的行政行为都属于法院司法审查的范围,建立的是一种完整的司法审查制度。美国在经历了漫长的历史发展过程之后完成了从不予审查的假定向可以审查的假定原则的过渡,联邦行政程序法依照可以审查的假定原则对司法审查范围作了明文规定,以政府的行政行为接受司法审查为一般,不接受司法审查为例外,对司法审查范围基本上没有什么排除或排除甚少,即使有个别的排除,也由于法院对此采取限制性解释而失去实际意义。法国行政法具有鲜明的判例法特色,行政诉讼法的一些重要原则皆由判例产生,可以审查的假定原则也是通过一系列判例确立的。在德国,法律明确规定,一切未被联邦法律划归其他法院管辖的非宪法性质的公法之争议,均属于行政诉讼范围,也完全符合可以审查的假定原则。

2. 明确行政行为的定义,以确定行政诉讼范围。实行可以审查的假定原则之必然结果,是必须明确行政行为的定义,如果行政行为的定义不明确,行政诉讼范围不可能划分清

---

* 郝明金,曾在山东大学法学院工作,现任全国人大常委会副委员长、民建中央主席、中华职业教育社理事长、中央社会主义学院院长。

楚。这些国家都从对行政行为进行定义出发来确定行政诉讼范围。在法国,行政法院依据不同的标准通过判例确定行政行为的性质;在德国,《德国联邦行政程序法》第35条专门规定了行政行为的定义;美国对行政行为的定义规定得更为详细,《德国联邦行政程序法》第551条第13款规定了行政行为的定义,又分别在该条的第4、6、8、10、11各款对第13款提到的规章制定、裁决、许可、制裁、救济等各种类型的行政行为作了进一步的解释性规定,以便在司法审查实践中更易于理解和把握。

3. 概括式与列举式是确定行政诉讼范围的主要方式。可以审查的假定原则是对行政诉讼范围的概括式规定,肯定了法院对政府作出的所有行政行为进行司法审查的权力,这是确定行政诉讼范围及建立完整的司法审查制度所应当坚持的一般原则,不宜以列举式作出规定。与此相反的是,政府作出的一些行政行为不接受司法审查属于可以审查的假定原则的例外,是对原本属于司法审查范围的事项的一种排除,因此必须在有关法律中以列举的方式逐条作出明确的规定,或者以判例的形式予以确立,并有理论支撑或说明其正当理由。例如,《美国联邦行政程序法》第702条是对司法审查范围的肯定性概括,第701条第1款则是对司法审查范围的否定性排除;法国则属于后一种情况,不属于行政诉讼范围的例外情况由权限争议法庭和行政法院的判例予以排除,但它们所起的作用并无二致。

二、我国行政诉讼范围的反思

与西方主要国家相比,我国对行政诉讼范围的确定具有以下特点:

1. 实行不予审查的假定原则。我国在确定行政诉讼范围时实行"不予审查的假定原则",人民法院不享有对政府行政行为进行审查和监督的权力,不得受理任何行政案件,除非有明确的法律规定;人民法院可以受理行政案件以及可以受理哪些类型的行政案件完全取决于法律的规定,也有的学者把它称之为"司法审查法定原则"。[1] 关于行政诉讼法规定行政诉讼范围的立法原意,全国人大常务委员会原副委员长王汉斌在《关于〈中华人民共和国行政诉讼法〉(草案)的说明》中指出:考虑到我国目前的实际情况,因此对受案范围现在还不宜"规定"太宽,而应逐步扩大,以利于行政诉讼制度的推行。我国在确定行政诉讼范围时坚持了不予审查的假定原则,行政诉讼范围的大小完全取决于行政诉讼法及其他法律、法规的明确规定,在这项原则的指导下,我国建立的只能是一种不完整的或者是一种残缺不全的司法审查制度。

2. 行政诉讼之范围的多重限制。我国行政诉讼法对行政诉讼范围规定了多重限制。第一,具体行政行为的限制。与西方国家从行政行为出发确定行政诉讼范围的做法不同,我国行政诉讼法规定行政诉讼范围仅限于具体行政行为,抽象行政行为一开始就被完全排

---

〔1〕 甘文:《行政诉讼法司法解释之评论——理由、观点与问题》,法制出版社2000年版,第7页。

除在行政诉讼范围之外。《行政诉讼法》第2条规定:“公民、法人或者其他组织认为行政机关和行政机关工作人员的具体行政行为侵犯其合法权益,有权依照本法向人民法院提起诉讼。”第11条规定:“人民法院受理公民、法人和其他组织对下列具体行政行为不服提起的诉讼……”第二,人身权、财产权的限制。依照《行政诉讼法》第11条第1款的规定,人民法院只受理公民、法人或者其他组织因行政机关和行政机关工作人员侵犯其人身权、财产权提起诉讼的行政案件,公民所享有的其他权利受到行政机关具体行政行为的侵犯,不属于人民法院行政诉讼受案范围。第三,法律明确排除的限制。《行政诉讼法》第12条规定,人民法院不受理公民、法人或者其他组织对下列事项提起的诉讼:(1)国防、外交等国家行为;(2)行政法规、规章或者行政机关制定、发布的具有普遍约束力的决定、命令;(3)行政机关对行政机关工作人员的奖惩、任免等决定;(4)法律规定由行政机关最终裁决的具体行政行为。第四,法律规定的限制。在一般情况下,人民法院行政诉讼受案范围仅限于《行政诉讼法》第11条第1款规定的事项,除此之外,必须是在其他法律、法规中作出了明确规定,相对人可以提起诉讼的行政案件。

3. 确定行政诉讼范围的方式混乱。行政诉讼法使用概括式、列举式上的混乱,具体表现为:第一,《行政诉讼法》第2条是对行政诉讼范围的概括性规定,应包括所有的行政行为,不应只限于具体行政行为而将抽象行政行为排除在外。第二,《行政诉讼法》第2条对行政诉讼范围作了概括性规定,第11条第1款又逐一作了列举,违背了列举式只用于否定性排除的原则,是对列举式的滥用;从实际作用来看,使用列举式不可能把所有的可诉性具体行政行为都列举出来。第三,第12条第2项对抽象行政行为的排除是多余的,《行政诉讼法》第2条明确规定行政诉讼受案范围仅限于具体行政行为,不包括抽象行政行为,对抽象行政行为的排除存在逻辑性错误。有学者认为:从我国行政诉讼范围方式规定来看,既有大概括(第2条),又有小概括(第11条第1款),小概括中有明确肯定条款(第10条第1款前7项),又有不明确肯定条款(第11条第1款第8项),排除条款中有明确排除(第12条),又有不明确排除(第11条第2款)。[1]《行政诉讼法》第11条第2款规定,人民法院受理法律、法规规定可以提起诉讼的其他行政案件。有学者认为此款规定是对行政诉讼范围的完整补充,不妨称为“补充式”。[2] 我国《行政诉讼法》规定行政诉讼范围的方式就更混乱了。

我国《行政诉讼法》对行政诉讼范围的规定是特定历史条件下的产物,是由于对行政诉讼范围问题缺乏全面、正确的认识,在指导思想上过分强调对行政诉讼范围的“限制”和中国的国情所造成的。这种片面认识主要表现为:第一,认为法院不可能对行政机关作出的所有的行政行为都予以审查,司法审查应限制在一定的范围,对行政行为过多的进行审查,

---

〔1〕 苏斌:《谈行政诉讼范围》,载《中国政协》2002年第1期。

〔2〕 应松年:《行政法学新论》,中国方正出版社1998年版,第641页。

有干预甚至代替行政机关行使行政职权之嫌,这是世界各国的惯常做法,我国亦不能例外。我们且把这种观点称之为"通例论"。第二,各国的国情不同,对行政诉讼范围的限制也不一样。"各国行政诉讼制度允许具诉权者起诉之广狭,考虑到确保行政之灵活、法的安全性、避免滥诉所生之诉讼过量殃及司法之功能"。[1] 我们把这种观点称为"国情论"。在"通例论"和"国情论"思想的影响和指导下,我国在规定行政诉讼范围时实行不予审查的假定原则,出现限制过多、方式混乱、范围较小等问题,也就不奇怪了。

三、我国行政诉讼范围的重构

由于我国行政诉讼法规定行政诉讼范围在认识、观念、方式等方面存在根本性缺陷,难以在现有基础上进行扩充和改造。修改行政诉讼法,简单地把抽象行政行为或其他类型的行政行为纳入行政诉讼范围,只能暂时缓解目前所处的困境,并不能从根本上解决问题,在以后的实践中还会不时遇到新的问题,出现新的困惑。因此,彻底打破现有模式,重构我国行政诉讼范围的基本框架,建立一种新的完整的司法审查制度具有十分重要的意义。

1. 实行可以审查的假定原则

英美法系国家和大陆法系国家在规定行政诉讼范围时实行可以审查的假定原则,有其深刻的思想基础和历史背景,这些国家的宪制建立在三权分立学说的基础之上,实行国家立法权、行政权、司法权的互相分立、平衡与制约。我国不实行三权分立,人民代表大会制度是我国根本的政治制度,国家行政机关、审判机关、检察机关都由人民代表大会产生,对它负责,受它监督。虽然我国与西方国家的政体不同,但在我国实行可以审查的假定原则有充足的宪法、法律依据和重要的现实意义。

第一,实行可以审查的假定原则符合《宪法》第41条的规定。《宪法》第41条规定:"中华人民共和国公民对于任何国家机关和国家机关工作人员,有提出批评和建议的权利;对于任何国家机关和国家工作人员的违法失职行为,有向有关国家机关提出申诉、控告或者检举的权利……"如果单纯从规定行政诉讼范围的角度理解,《宪法》第41条使用的"任何"这一措辞有特定的含义,它实际上包括了各级国家行政机关和行政机关工作人员作出的所有的违法行政行为,都应当属于人民法院行政诉讼受案范围,它在内容上与可以审查的假定原则是完全一致的。而实行司法审查法定原则,对行政诉讼范围加以各种限制,违反了《宪法》第41条的规定。

第二,实行可以审查的假定原则是促进行政机关依法行政的需要。1999年《宪法修正案》增设的《宪法》第5条第1款规定:"中华人民共和国实行依法治国,建设社会主义法治国家"。依法行政是贯彻实施依法治国、建设社会主义法治国家这一宪法原则的关键。依

---

〔1〕 翁岳生:《行政法》,翰芦图书出版有限公司1998年版,第1019页。

法行政也称为行政合法性原则或行政法治原则，其基本内容是法律高于行政，行政机关行使行政权力、管理行政事务，都必须依法进行，不得违反法律的规定。依法行政是对行政机关的全面要求，是行政机关在任何时候、任何情况下都应当始终遵循的一项基本准则，行政诉讼是监督和促进行政机关依法行政的重要保障，如果行政机关有的时候要依法行政，有的时候可以不依法行政，行政机关的一些行政行为要接受人民法院的监督，另一些行政行为可以不接受人民法院的监督，这显然不符合依法治国和依法行政的要求。

第三，实行可以审查的假定原则是保护公民合法权益的需要。依照宪法有关规定，公民的合法权益因国家机关或者国家机关工作人员的违法失职行为受到侵犯而遭受损失的，有依法提起诉讼和要求赔偿的权利。行政诉讼的主要功能之一是保护公民、法人或者其他组织的合法权益免受违法行政行为的侵犯，并在受到侵犯造成损害时提供及时有效的司法救济。因此，凡公民合法权益受到违法行政行为侵犯的，当事人都有权提起行政诉讼。

2. 从行政行为出发界定行政诉讼范围

可以审查的假定原则将一切行政行为纳入了人民法院行政诉讼受案范围，行政行为成为确定行政诉讼范围的逻辑起点。行政行为之于行政诉讼的极端重要性，如德国学者所言："行政行为是行政实体法、行政程序法和行政诉讼法上的概念，三重归属并不意味着三分行政行为，而只是说明这三个领域之间的紧密联系，而这种联系也正是通过行政行为得以建立的"，"行政行为属于行政诉讼法"。[1] 我国行政法学界历来重视对行政行为的理论研究，也十分清醒地意识到行政行为的重要性，认为，"对于行政法律制度而言，行政行为的理论是各种行政法制度得以建立的基础，行政复议制度、行政诉讼制度与行政赔偿制度都是在行政行为理论指导下围绕着行政行为建立的"。[2] 但遗憾的是，学界对行政行为的理论研究并未考虑与行政诉讼的有机衔接，行政诉讼法规定的行政诉讼范围仅限于具体行政行为。实行可以审查的假定原则，就应从行政行为而非从具体行政行为出发来确定行政诉讼范围。

目前，国内学界与司法界要求把抽象行政行为纳入行政诉讼范围的呼声比较强烈，按照可以审查的假定原则，抽象行政行为应属于行政诉讼范围无疑，但是抽象行政行为的概念并非十分严谨。抽象行政行为是指行政机关针对不特定对象制定和发布普遍性行为规范的行为，又分为制定行政法规、规章的行为和制定和发布决定、命令等规范性文件的行为。前者又称为行政立法，它兼具行政行为和立法行为的一些特征，但其本质非是行政行为，而是立法行为，不属于人民法院行政诉讼受案范围。第一，立法权并非行政机关所固有，而是来自宪法和法律的授权。根据宪法的有关规定，全国人民代表大会是最高国家权力机关，行使国家立法权。国务院是最高国家权力机关的执行机关，具有社会公共事务管

〔1〕［德］哈特穆特·毛雷尔：《行政法学总论》，高家伟译，法律出版社2000年版，第203页。

〔2〕罗豪才：《行政法学》，北京大学出版社1996年版，第105页。

理职能,其主要特征是执行和管理。国务院及其所属的部委以及地方各级人民政府自身不享有立法权,国务院制定行政法规的权力来自《宪法》第89条的授权和法律的规定,国务院各部门在其权限内发布规章的权力来自《宪法》第90条的规定,省、自治区、直辖市以及省、自治区人民政府所在地的市和经国务院批准的较大的市的人民政府制定规章的权力来自地方各级人民代表大会和《地方各级人民政府组织法》第51条的规定。第二,行政立法遵循的是立法程序,而不是行政程序。这些程序主要有:听取意见制度。《立法法》第58条规定:"行政法规在起草过程中,应当广泛听取有关机关、组织和公民的意见。听取意见可以采取座谈会、论证会、听证会等多种形式。"起草审查制度。《立法法》第59条规定:"行政法规起草工作完成后,起草单位应当将草案及其说明、各方面对草案主要问题的不同意见和其他有关资料送国务院法制机构进行审查。"公布制度。《立法法》第61条和第62条规定:"行政法规由总理签署,国务院令公布。""行政法规签署公布后,及时在国务院公报和在全国范围内发行的报纸上刊登。"《立法法》第74条规定,规章的制定程序,参照《立法法》中有关行政法规的制定程序,由国务院规定。第三,行政立法受立法法的调整和监督。我国立法法对行政法规、规章的审查和监督作了相应的规定,该法第87条规定,行政法规、规章凡是具有超越权限的;下位法违反上位法规定的;规章之间对同一事项的规定不一致,经裁决应当改变或者撤销一方规定的;规章的规定被认为不适当,应当予以改变或者撤销的;违背法定程序等情形的,由有关机关予以改变或者撤销。《立法法》第88条还规定,国务院有权改变或者撤销不适当的部门规章和地方政府规章;地方人民代表大会常务委员会有权撤销本级人民政府制定的不适当的规章;省、自治区的人民政府有权改变或者撤销下一级人民政府制定的不适当的规章。这就完全排除了行政立法行为接受司法审查监督的可能性。

与行政立法行为不同,行政机关制定、发布其他规范性文件的行为在本质上是行政行为,应属于行政诉讼范围。其理由:第一,主体的广泛性。我国各级行政机关都有权对管理本行政区域的行政事务制定和发布决定和命令等其他规范性文件,国务院各部委所属局、司、办,省、自治区、直辖市人民政府及其所属厅、局、委、办,省会市和国务院批准的较大市的人民政府的所属部门,其他设区的市和不设区的市、县人民政府及其下属机关,乡、镇人民政府都可以成为其他规范性文件的制定主体。第二,目的的明确性。各级行政机关制定和发布其他规范性文件与履行行政管理职能有直接联系,主要目的是加大行政管理力度,提高行政管理效率,改善行政管理效果,针对行政管理的特殊情况,解决行政管理过程中出现的一些具体问题。第三,司法审查的必要性。由于制定其他规范性文件的主体十分广泛,又缺乏有效的监督制约,实践中存在随意性较大、越权情况严重、其内容违背法律、法规规定等问题,严重侵犯了公民、法人和其他组织的合法权益,违背了依法行政原则,因此,很有必要将其纳入人民法院行政诉讼受案范围,加强对它的审查和监督。

3. 采用科学的方式规定行政诉讼范围

以概括式、列举式相结合的方式规定行政诉讼范围是大多数国家的惯常做法,重构我国行政诉讼范围也应当采用这一更科学、更严谨、更合理的模式。

概括式是指依据可以审查的假定原则，肯定人民法院对行政机关所有行政行为有全面审查和监督的权力，与此同时也肯定了公民、法人或者其他组织认为行政机关和行政机关工作人员的行政行为侵犯其合法权益，向人民法院提起行政诉讼的权利。为此，需要对《行政诉讼法》第 2 条作出修改，把该条中的“具体行政行为”修改为“行政行为”，从行政行为出发来规定行政诉讼范围。其次，废除《行政诉讼法》第 11 条的规定，列举式只能用于否定性排除，不能用于正面列举，第 11 条第 1 款对属于人民法院行政诉讼范围的事项逐项列举不仅是多余的，也不可能完全列举详尽；第 11 条第 2 款更无存在的必要。

列举式是对属于人民法院行政诉讼范围的个别事项，基于某些特殊考虑或理由，采用列举的方式将其明确排除在行政诉讼范围之外。《行政诉讼法》第 12 条属于列举式排除，该条规定在方式上没有问题，但对其内容应逐项进行甄别，合理的保留，不合理的剔除。该条第 1 项规定的“国防、外交等国家行为”，主要是指国务院、中央军事委员会、国防部、外交部等以国家的名义实施的有关国防和外交事务的行为，以及有关国家机关宣布紧急状态、实施戒严和总动员等行为。世界各国都把国家行为或政治行为排除在司法审查范围之外，我国亦应如此。该条第 2 项规定的“行政法规、规章或者行政机关制定、发布的具有普遍约束力的决定、命令”等行为，其中，行政机关制定行政法规、规章的行为在性质上是立法行为，不是行政行为，本来就不属于行政诉讼范围，不存在排除的问题；行政机关制定、发布其他规范性文件的行为是一种行政行为，又无任何予以排除的正当理由，不应将其排除出人民法院行政诉讼受案范围。第 3 项规定的“行政机关对行政机关工作人员的奖惩、任免等决定”，主要是指行政机关作出的涉及该行政机关公务员权利义务的决定。笔者认为，国家行政机关与其公务员之间的关系是一种行政法律关系，行政机关对其公务员作出的奖惩、任免等决定虽然是一种内部行政行为，但毕竟属于行政行为的范畴，应属于行政诉讼受案范围。第 4 项规定的“法律规定由行政机关最终裁决的具体行政行为”，按照 WTO 司法审查原则的要求，行政机关不应享有最终裁决权，同样应受司法审查。

修改后的行政诉讼法关于受案范围可表述为：公民、法人或者其他组织认为行政机关和行政机关工作人员的行政行为侵犯其合法权益，可以提起行政诉讼。人民法院不受理公民、法人或者其他组织对国家行为提起的诉讼。

（原载于《行政法学研究》2003 年第 1 期）

走向法治政府：历史回顾、现实反思、未来展望

——写在中国行政法研究会成立三十周年之际

杨海坤*

1985 年，中国行政法学研究会在江苏常州成立，转眼之间已经走过了三十年历程。而这三十年，正是中国社会发生剧烈变革的过程，也是中国开始走向全面依法治国的过程。中国行政法学学者对于中国行政法治建设做出了不可磨灭的贡献。回顾三十年中国行政法学研究的过程，可以给我们很多启示，也会使我们增强信心；总结这笔财富，可以使我们在法治政府的道路上走得更好、更稳健、更成功。

一、中国走向行政法治、研究建设法治政府课题的起步

中国对行政法治研究的起始有其天时地利与人和的背景，这是总结中华人民共和国成立以来历史经验教训，特别是吸取“文化大革命”给国家和人民带来严重损害教训的成果；是拨乱反正、正本清源，尤其是改革开放之后人们对于行政法治建设渴望和期待的产物。中国行政法学研究会的诞生可以说是应运而生。

一国的行政法治与其国家的政治生活和宪法命运有非常密切的关系。国家政治清明、宪法昭著则有行政法治；政治混沌、宪法衰落则使行政法治荡然无存。回顾我国走向行政法治的历史过程，坎坷而又曲折，这与我国较长一段时间政治生活失常、宪法命运多舛直接相关。在相当长一段时期里，法律仅被看作一种阶级斗争和政治统治的工具，法律的存在和使用完全看其对阶级斗争是否有用、对政治统治是否有用而定，因此中华人民共和国成立后相当长时间里中国的法律稀少而其实施效果极其有限，无法保障人民的基本权利，以致无法阻止“文化大革命”这样的严重政治悲剧的发生。可以说，改革开放以前的

* 杨海坤，山东大学人文社科一级教授。

中国,根本没有树立起依法行政的观念和思想,更不可能提出建设法治政府这样的目标和理想。

1978 年党的十一届三中全会召开,标志着中国进入了改革开放的新时期,法制建设揭开了新的历史篇章。1982 年 9 月党的第十二次全国代表大会通过的新党章中明确规定:"党必须在宪法和法律的范围内活动"。1982 年 12 月全国人大通过的新宪法也庄严宣布:一切国家机关和武装力量、各政党和各社会团体、各企业事业单位都必须遵守宪法和法律,任何组织和个人都不得有超越宪法和法律的特权。这说明我国的民主法制建设在指导思想上实现了拨乱反正,开始了社会主义法制建设里程的重大历史转折。如果对 1982 年《宪法》的文本进行深入的历史解读,我们不难发现这部宪法是中华人民共和国成立以来最好的一部宪法,它所显示的民主法治精神正是对以往极端人治进行的反思与摆脱,明确宣示了包括政府在内的任何组织都不得有超越宪法和法律的特权,明确规定将一切机关都置于宪法和法律之下,作为国家重要组成部分的行政机关理所当然也必须遵守宪法和法律,这就为依法行政提供了最重要的宪法依据。值得一提的是,1982 年《宪法》认真对待了公民的权利,显示了对公民的权利和自由特别的关注,对公民权利做了更加具体的规定,特别是 1982 年《宪法》第 41 条为公民提供了申诉权、控告权和国家赔偿请求权等法律救济权利的具体的宪法依据,为解决行政纠纷,化解社会矛盾提供了重要的渠道,为以后构建行政复议、行政诉讼、行政赔偿等制度奠定了宪法基础。因此,回顾行政法学研究的历史,我们不得不感谢 1982 年《宪法》的诞生;没有 1982 年《宪法》精神的指引,就不可能有之后的行政法治建设的开端。正是在 1982 年《宪法》颁布之后,过去最被忽视的政府法治逐渐成为新时期法治的重点,随后才推出了建设法治政府的明确目标!

二、我国行政法治建设历程的简要回顾

回顾三十余年来中国行政法治路程可以看到我们已经取得了举世瞩目的成就,这里仅仅选择并解读几个最重要、最典型的法律和文件,就足以佐证我们取得的巨大成就,并从中获得启迪,增强信心。

(一)1989 年《行政诉讼法》制定的意义重大

我国行政法史上最值得大书特书一笔的是我国《行政诉讼法》的颁布和实施,它似乎"出人意料"地降临中国大地,尽管后来学者对这部法律有各种不同的评价,但丝毫不影响其对中国行政法治所起的不可磨灭的历史作用,而且随着历史的推移,这部法律在中国民

主法治发展史上的里程碑意义会更加显示出来![1] 美国学者埃尔曼曾言:“法律文化的重心和它发展的主要动力不应在由政府所设置的司法制度中寻求,而应见之于社会本身。”[2]也正如中国学者所言:“行政法制度变迁主要受制于由经济、政治、技术、观念等诸要素所组成的社会结构的约束,社会结构的变迁直接引致了行政法的制度变迁。”[3]中国社会深刻转型时期的迅速到来,实实在在开始给这部法律的诞生提供了深厚的土壤,也灌注了生命力。如果最初中国社会还有点被动地接受《行政诉讼法》出台,那么时至今日,中国社会对主动完善行政诉讼制度的渴求则越发强烈。一方面,市场经济体制的建立使人们的利益诉求空前高涨,维护权利的意识日渐觉醒;另一方面,社会的急速转型导致利益群体不断分化,各种矛盾与冲突泛起,要求行政诉讼制度做出及时回应,并实现其自身的制度的完善。

中国宪法制度与行政法治的进步在很大程度上离不开《行政诉讼法》的颁布和实施,同时中国宪法制度发展的曲折和行政法治进展的艰难,却又通过这部《行政诉讼法》在实施中的艰辛和困难充分表现出来。因此,检讨我国《行政诉讼法》的成就和困难,就是检讨我国宪法制度的进步和缺失,就是检讨我国行政法治的进步和不足。

2014 年对 1989 年《行政诉讼法》进行了重要修改,这是该法实施二十四年后的第一次修改。此次需要改主要针对该法实施中立案难、审理难、执行难的“三难”问题,从保障当事人的诉讼权利、完善管辖制度、诉讼参加人制度、证据制度、完善民事争议和行政争议交叉的处理机制、完善判决形式等许多方面进行完善。凡此种种,都标志着我国行政诉讼制度正趋向成熟,其民主性价值得到了进一步增强。修改后的新法已于 2015 年 5 月 1 日起实施,其修改后的效果将在实施后显现,人们需要进一步观察。但可以预见的是,通过各方面努力,尤其是通过行政审判个案裁判规则的日积月累,新《行政诉讼法》的诸多条款会得到更好的解释和落实。我国行政审判制度体系将更加完善,从而更好地满足国家治理体系现代化的时代需求。

(二)1996 年《行政处罚法》制定的意义不容忽视

行政处罚制度是一种严肃追究行政法律责任的制度。一般来说,法律责任可分为刑事法律责任、民事法律责任和行政法律责任。刑事法律责任和民事法律责任对一切公民都是同样适用的,而行政法律责任不同,它关乎行政法律关系双方当事人的不同的法律责任,其中对行政机关提出了特别严格的要求。《行政处罚法》颁布的显著意义在于它是我国行政行为法治化的起始样本。行政处罚在维护经济社会秩序中起着不可替代的作用。很难设

---

〔1〕 应松年教授曾经这样描述行政诉讼制度对于行政法学研究的意义:“如果没有行政诉讼,行政法学者今天讲的很多概念和原理恐怕都是纸上谈兵;甚至,没有行政诉讼这一源头活水,很多法律原则和原理根本不可能凭空产生。”参见何海波主编:《法治的脚步声》,中国政法大学出版社 2005 年版序言。

〔2〕 [美]埃尔曼:《比较法律文化》,贺卫方、高鸿钧译,清华大学出版社 2002 年版,第 200 页。

〔3〕 宋功德:《行政法的制度变迁》,载罗豪才主编:《行政法论丛》(第 4 卷),法律出版社 2001 年版,第 37 页。

想,如果没有行政处罚制度,很多领域的行政管理秩序将如何维护。然而在实践过程中,我国行政处罚中存在不少的问题,例如,处罚力度不足,不能对违法行为人起到警戒和教育作用,更难以遏止行政违法行为的蔓延。与此同时,滥用行政处罚权的情况也相当严重,乱处罚的直接后果是使公民、法人或其他组织的人身权、财产权遭受到严重损害。

第八届全国人民代表大会第四次会议通过的《行政处罚法》正是一部针对行政处罚不力和行政处罚权行使混乱的实际,规范行政处罚行为的法律,充分体现了依法治国、依法行政的精神,贯彻了民主、公正、参与等基本精神,对我国建设社会主义法治国家产生广泛的影响。《行政处罚法》规定的"处罚法定原则",意味着凡属法律禁止的行为,任何人、任何组织都不能做,否则就应无例外地要承担法律责任,受到法律制裁;任何国家机关要作出影响公民基本权利义务的行为,必须有法定依据,没有明确规定的,任何国家机关都无权作出此类行为,否则就要承担法律责任。《行政处罚法》的特别贡献是为我国行政程序法治化提供初始范本,它首次以基本法律的形式对行政程序作出完善的规定,《行政处罚法》将处罚程序分为决定程序和执行程序。决定程序又分为简易程序、一般程序和听证程序。在我国,听证程序被最早引入行政处罚程序,是我国在民主法制建设方面迈出的重大步骤;并宣布程序违法则行政处罚无效,其效果是使行政处罚违反法定程序者承担相应法律责任。

(三)2003 年《行政许可法》制定的效果十分久远

市场经济的本质是自由与公平,这是市场经济得以健康发展的前提。在市场经济背景下,人们可以自由地进入市场,自由地选择生产、消费、交换,这就使人与人之间的关系同自然经济占主导地位的封建时代相比有了相当大的变化,可以概括为从"身份到契约"的转变。为真正实现这一转变,就必须遏制行政权力对经济生活的不当干预,强调国家行政机关必须依法行政,而行政许可制度的改革是首先面临的问题。但我国以往行政许可的设定和实施却出现一系列问题,其中较为突出的是:行政机关从行业或地方利益出发,利用许可制度搞垄断,竞相设定许可制度,造成许可泛滥,使许可制度日益成为行政机关滋生腐败的温床;许可机关权限不清,多层次多部门许可形成新的官僚主义;许可标准混乱不统一,许可程序冗长烦琐;行政机关利用许可乱收费,许可证缺乏监督;等等。为此需要把行政许可权力关进制度的笼子里,不能让其吞噬市场经济。

2003 年,全国人大常委会制定和通过的《行政许可法》则意味着我国建设法治政府的进程向纵深发展,是我国行政法治建设的又一块重要里程碑。《行政许可法》的首要任务是限制政府规制人们社会生活和经济生活的范围:法律只允许对直接关系国家安全、公共安全、人身健康与生命、财产安全、有限自然资源的开发利用和有限公共资源的有效配置,直接关系公共利益的垄断性企业的市场准入等事项设定行政许可。即使是上述事项,凡通过市场竞争机制调节、行业组织和中介机构规范的自律性管理以及行政机关采用事后监督等方式能够予以规范的,也不得设定行政许可。法律通过限制行政许可事项的范围,一方面取消了大量的不必要的规制,还市场主体和公民个人以自由;另一方面将某些必要的规制转移给行业组织和中介机构实施,只保留少量的、真正属于"公共物品"范畴的行政许可由政府实施,从而促使政府职能转换和转移,促使政府从"全能政府"向"有限政府"转化。[1]

《行政许可法》确立了许可实施的公正、公平程序,在我国行政程序法的完善方面做出了新的贡献。例如,该法将公平、公正确定为行政许可的基本原则,规定行政机关对任何许可申请人应一视同仁,凡符合法定条件和标准的,均应平等给予获得行政许可的机会,不能厚此薄彼;行政机关审查行政许可申请,发现许可事项直接关系第三人重大利益的,应当告知第三人,申请人、利害关系人有权进行陈述和申辩,行政机关应当充分听取申请人、利害关系人的意见。《行政许可法》还规定了许多简便、快捷和方便申请人的许可方式和制度,在建设便民、高效政府方面做出了贡献。

诚然,《行政许可法》实施以来,也暴露了立法和执法中仍然存在许多问题。例如,有些政府部门不愿意放弃应该放弃的行政许可审批权,行政机关工作人员滥发许可证、发证后疏于监管现象比较普遍等等。本届政府致力于《行政许可法》的有效实施,进一步加强对行政许可制度的改革,推广"负面清单"制度等。由于行政许可制度改革涉及如何平衡自由与秩序之间的关系,涉及国家与社会、政府与市场的深层次关系,因此行政许可制度今后进一步改革的趋向值得关注。

(四)2004年《全面推进依法行政实施纲要》出台的特殊意义

在走向法治政府进程中,不得不提及2004年3月16日国务院常务会议通过的《全面推进依法行政实施纲要》(以下简称《纲要》)。《纲要》的显著特色在于使依法行政理念与依法行政制度相结合。按照构建法治政府的一般规律,只有培育与确立依法行政理念,并使这种理念转化为依法行政制度和融入依法行政实践,才能真正实现行政法治。同样,只有健全和完善依法行政制度,依法行政理念才能真正得以确立,并为依法行政实践提供理念指引和制度保障。[2]《纲要》首先从中外依法行政的实践中提炼出依法行政的基本理念,并在我国行政法治建设、依法行政实践中积累的丰富经验的基础上,对依法行政提出六个方面的具体要求,即"合法行政、合理行政、程序正当、高效便民、诚实守信、权责统一"。接着,《纲要》把依法行政理念转化为一系列具体制度,基本展现出一个以行政组织法、行政行为法和行政救济法为骨干的、三位一体的行政法制度体系,从而启动和激活整个依法行政的机制和体系,实现我国行政法制度向依法行政制度的跨越,最大限度地发挥出我国行政制度的整体活力。

---

[1] 祁建平:《论行政合法性原则与有限政府》,载《西北民族大学学报》(哲学社会科学版)2005年第5期。

[2] 袁曙宏:《法治规律与中国国情创造性结合的蓝本——论〈全面推进依法行政实施纲要〉的理论精髓》,载《中国法学》2004年第4期。

《纲要》最突出的贡献在于确立了我国建设法治政府的宏伟目标，使建设法治政府成为进入21世纪以来我国各届政府的奋斗目标。《纲要》确定了建设法治政府的内在标准：(1)行政管理体制健全完善，政府的经济调节、市场监管、社会管理和公共服务职能基本到位；(2)提出法律议案、地方性法规草案，制定行政法规、规章和规范性文件符合宪法和法律规定的权限和程序，充分反映客观规律和最广大人民的根本利益；(3)法制统一，政令畅通，法律、法规和规章得到全面、正确实施；(4)科学化、民主化和规范化的行政决策机制和制度基本形成，并得到有效实施；(5)高效、便捷、成本低廉的解决社会矛盾的机制基本形成，社会矛盾得到有效防范和化解；(6)对行政权的监督与制约制度和机制基本完善，行政监督效能显著提高；(7)行政机关工作人员，特别是各级领导干部依法行政的观念明显提高，尊重法律、崇尚法律、遵守法律的氛围基本形成，依法行政的能力明显增强。[1]《纲要》还明确了法治政府的外在维度，展现了建设法治政府动态的发展过程：(1)推动从全能政府向有限政府转变，要求实现政企分开和政事分开，政府与社会的关系基本理顺，充分运用间接管理、动态管理和事后监督管理等手段对社会事务进行管理；(2)推动从管制政府向服务政府转变，要求在继续加强经济调节和市场监管职能的同时，完善政府的社会管理和公共服务职能，充分发挥行政规划、行政指导、行政合同等方式的作用，逐步建立统一、公开、公平、公正的现代公共服务体制；(3)推动从封闭政府向阳光政府转变，要求行政机关在实施行政管理时，除涉及国家秘密、商业秘密或者个人隐私外，应当公开政府信息；依法保障行政相对人、利害关系人的知情权、参与权和救济权；(4)推动从权力政府向责任政府转变，要求行政权力与责任紧密挂钩，与行政权力主体利益彻底脱钩，实现权力与责任的统一；(5)推动廉洁政府、诚信政府和效能政府的建设，以不断适应建设法治政府的立体性和多维度要求。[2]

《纲要》作为我国第一部全面规划建设法治政府蓝图的纲领性文件，是探索法治规律与中国国情创造性结合的初始版本，是很值得我们纪念的。

(五)2007年《物权法》的制定对法治政府建设的有力推动

作为一部民法范畴的基本法律，《物权法》除了其基本的私法属性之外，还带有不少公法因素；这部法律除了对我国市场经济的发展具有显著意义之外，还对我国法治政府的构建也产生重要影响。[3]

《物权法》将宪法原则和精神具体化并直接予以落实，明显加强了国家及其政府在保护财产权，特别是保护公民财产权方面的责任，为国家公权力的行使和相对人的权利保障提

〔1〕 袁曙宏：《法治规律与中国国情创造性结合的蓝本——论〈全面推进依法行政实施纲要〉的理论精髓》，载《中国法学》2004年第4期。

〔2〕 同上。

〔3〕 杨海坤、张浪：《〈物权法〉对构建法治政府的积极推动和深远影响——从公法学角度透视》，载《江苏社会科学》2008年第1期。

供了具体的法律规范,使宪法确立的人权保障、私有财产保护、权力保障权利的原则和精神得以具体体现,使政府权力成为保护公民权利,特别是保护公民财产权最安全、最有效的保护伞。[1]《物权法》平衡了政府的"有限"与"有为",以其独特的路径丰富了我国法治政府建设的具体内容。它确立物权的排他性观念,以利于公权力"定纷止争"功能之外,还特别强调公权力应该依法充分发挥物的效用,使"物尽其用",从而激发人们创造财富的激情,更快更好地促进社会进步。[2]《物权法》的颁布对我国政府行为产生了深刻影响,它有助于政府及其公务员确立起对于物权的平等保护观念。它以更清楚的法律语言确定了公有制经济和非公有制经济法律上的平等地位,确立起公有财产和私有财产平等保护的物权制度。在某种意义上说,《物权法》具有纠历史偏差之功。因为长期以来,由于"左"的思想影响,私有财产保护观念被作为资产阶级思想核心加以批判,相当一部分国家工作人员头脑中对于私有财产权持有傲慢与偏见;在现实中,公民个体对于国家整体而言,处于弱不禁风的弱势地位,受到来自公权力的侵害比比皆是。因此,《物权法》的实施是一个长期艰巨的过程,该法有其特别深远的公法意义。

(六)2011年《行政强制法》的制定现实针对性极强

经过五次审议,第十一届全国人大常委会第五次会议于2011年6月30日通过了《行政强制法》,这部法的制定和颁布凸显了我国法治体系建设的艰难性,也显示了以改革开放为动力、以保护人民利益为宗旨进行立法创新的必要性。《行政强制法》迟迟出台的困难主要在于其立法内容涉及面广,非常敏感,必须以达到有效规范和控制行政强制权为目的。《行政强制法》的贡献就在于把行政强制权力关进制度的笼子,其重点在于防止行政强制权力被滥用。因为近年来,在城乡建设中由于征收拆迁引发的行政诉讼、行政复议,甚至非正常上访逐渐增多,部分地方政府在征收拆迁过程中由于未依法规范推进,以致频繁出现了危及社会稳定的群体性事件。因此,依法规范行政强制成为通过制度渠道和法律途径有效消解社会潜在纷争、为中国经济社会发展创造有利环境的重要立法任务。

立法难,执法更难。《行政强制法》的立法规范只是将行政强制纳入法制轨道的最初步骤,《行政强制法》的实施才是后面真正的重头戏,面对我国行政强制实践中的"散""乱""软"等诸多现象,面对行政强制行为背后涉及的各种利益纷争,面对某些行政机关对于行政强制行为的复杂心理和态度,注定了这部法的实施必定是异常艰难的。但有法总比没有好,当务之急首先要使广大干部群众掌握好《行政强制法》的基本原则,包括行政强制法定原则、行政强制适当原则、教育与强制相结合原则、行政强制禁止谋利原则和行政强制中的

---

〔1〕 杨海坤、张浪:《〈物权法〉对构建法治政府的积极推动和深远影响——从公法学角度透视》,载《江苏社会科学》2008年第1期。

〔2〕 同上。

权利救济原则。政府工作人员掌握了这些原则,就领会了《行政强制法》的精髓,就不会随意运用行政强制手段,就不至于随便动用行政强制侵犯公民权益,而群众真正掌握这些原则,他们就会理直气壮地维护自己的合法权益,就能善于行使自己在公权力行政强制过程中的陈述权、申辩权、申请复议权、提起行政诉讼权和要求国家赔偿权等权利。因此,用好《行政强制法》对于中国社会今后长期和谐发展具有深刻意义。

(七)对于制定统一行政程序法的认真讨论和准备

在走向法治政府的过程中,关于是否制定和如何制定一部统一的行政程序法的讨论,成为一个绕不过去的重要问题。在这方面,我国理论界和实务界已经作出了巨大努力。自改革开放以来,我国社会已经发生了翻天覆地的变化,行政程序法的法典化正面临着难得的机遇。国外的经验已经充分表明,市场经济的发展是催生行政程序法的基本动因。我国市场经济体制的建立不仅使经济发展有了更强的原动力,而且还促使人们的观念发生了深刻的变化,并以此带动了我国社会的整体转型:从传统的国家一元结构向国家与市民社会二元结构的转变,从身份社会向契约社会的转变。自 20 世纪 80 年代开始,我国行政机构改革、税收征管体制改革、价格决策机制改革、政务公开、行政审批改革等诸多行政改革相继展开,这些改革为行政程序法典化提供了契机。特别是近年来我国正在进一步转变政府职能,改进管理方式,推行电子政务,提高行政效率,降低行政成本,形成行为规范、运转协调、公正透明、廉洁高效的行政管理体制。据此可以推断,在我国高层的直接支持和推动下,未来的行政改革将在更大的范围内展开,因而我国的行政程序法制也将随之获得更多的社会支持,行政程序法法典化的社会基础将更加坚实。[1]

回首中国十几年来行政程序立法的进程,知识精英阶层的启蒙之功值得肯定。从积极宣传行政程序法的重要作用到全力介绍国外行政程序法的发展概况,从单纯的行政程序法理论研究到实际参与、影响国家的行政程序立法,我国的行政法学者做出了巨大的贡献。一方面,学者们继续为行政程序法典的诞生进行更为细致的实地调研和理论论证工作;另一方面,有些学者已经接受有关机关的委托或者自行着手行政程序法典专家试拟稿的起草工作。有了学者的热情参与和深入研究,我国行政程序法法典化的理论准备和舆论准备工作就有了充分保障。[2] 在这方面,地方和部门立法已经先行先试。2008 年 4 月 9 日,湖南省政府第四次常务会议审议通过了《湖南省行政程序规定》(以下简称《规定》),并于同年 10 月 1 日起正式实施,开了地方政府制定行政程序规章之先河。作为首部地方性行政程序规定,《规定》涵盖了行政程序的原则、行政主体、行政决策、行政执法、行政合同等一系列行

---

〔1〕 杨海坤、章志远:《现实基础与因应之策:中国行政程序法法典化之前瞻》,载《苏州大学学报》(哲学社会科学版)2004 年第 2 期。

〔2〕 同上。

政程序制度,对于促进湖南省责任型、法治型和服务型政府建设具有重要意义。《规定》体现了浓厚的民主色彩和公众参与的精神,是中国行政法治发展的重要有益探索,在《湖南省行政程序规定》出台之后,山东省等其他省份以及有些地方政府都对行政程序立法进行了有益的探索,有些中央政府部门和地方政府部门出于工作需要也不断出台行政程序方面的规章,所有这些立法尝试对于打造"阳光政府"、扩大公众参与、严格行政程序等具有重要探索意义。显然,在制定统一行政程序法问题上,应该特别提倡行政程序法理论研究的"本土化",这种"本土化"的追求实质上就是倡导一种对中国现实的关怀。我国行政法学界已经与立法、司法以及行政部门建立了良好的合作关系,因而各方可以携手进行调研,促使行政程序法的理论研究与实际运作真正实现良性互动,从而为我国行政程序法的法典化奠定坚实基础。[1] 对于中国统一的行政程序法的出台,应该抱着乐观其成的积极态度。

(八)2014年党的十八届四中全会《决定》对于法治政府建设新的里程碑意义

2013年,党的十八届三中全会通过了《中共中央关于全面深化改革若干重大问题的决定》,提出了完善和发展中国特色社会主义制度、推进国家治理体系和治理能力现代化的全面深化改革总目标。2014年,党的十八届四中全会通过了《中共中央关于全面推进依法治国若干重大问题的决定》(以下简称《决定》),提出了建设中国特色社会主义法治体系、建设社会主义法治国家的全面推进依法治国总目标。两个文件都提到了建设法治政府的问题,尤其是后一个文件,对于法治政府建设描绘了更加清晰的蓝图,提出了更加切实可行的具体步骤。

首先,《决定》把法治政府建设纳入中国特色社会主义法治实施体系。2011年,中国宣布社会主义法律体系已经建立,2014年,党的十八届四中全会宣布建设社会主义法治体系。从法律体系到法治体系,这一字之改,表明中国已经从静态的制度体系的完善走向包括立法、执法、司法、守法、法律监督等各个环节纳入法治轨道的全面努力,凸显出一种新型的完整的均衡法治观,而且表现出更强烈的公法之治精神,更加突出规范国家、政府、政党治理行为的精神。所谓社会主义法治体系,根据《决定》精神,至少包括完备的法律规范体系、高效的法治实施体系、有力的法治保障体系、严密的法治监督体系和完善的党内法规体系。其中,高效的法治实施体系与依法行政关系尤为密切。因为政府是执法主体,是法治实施体系最主要的载体。法律的生命在于实施,高效率的法治实施体系是法治体系的生命。在这个意义上来说,建设法治政府是建设社会主义法治体系成败的关键。

其次,《决定》更清晰地阐明建设法治政府的具体任务和举措。党的十八届四中全会决

---

[1] 杨海坤、章志远:《现实基础与因应之策:中国行政程序法法典化之前瞻》,载《苏州大学学报》(哲学社会科学版)2004年第2期。

定提出了建设中国特色社会主义法治体系、建设社会主义法治国家的六项任务，明确“深入推进依法行政，加快建设法治政府”为其中一项重要任务，把加快建设职权科学、权责法定、执法严明、公开公正、廉洁高效、守法诚信的法治政府作为依法行政实现的具体目标。其内容极其丰富，具体包括以下六个方面任务：

第一，依法全面履行政府职能。《决定》强调要完善行政组织和行政程序法律制度，推进机构、职能、权限、程序、责任法定化。这突出了“法无授权不可为”的公法控权原则，推行政府权力清单制度，坚决反对和纠正乱作为和滥用权力；同时也反对不作为，坚决克服懒政、怠政，坚决惩处失职、渎职。《决定》明确提出了推进各级政府事权规范化、法律化。这项工作实际上过去比较忽视，现在特别需要重视这项工作，具有紧迫性。

第二，健全依法决策机制。《决定》与以往文件相比，特别显著地把依法决策作为法治政府建设的重点，《决定》把近年来的行政决策法治化经验加以总结，把公众参与、专家论证、风险评估、合法性审查、集体讨论确定为重大行政决策法定程序，从而确保决策制度科学、程序正当、过程公开、责任明确。《决定》的创新亮点在于，提出了建立政府重大决策终身责任追究制度及责任倒查机制，这是总结过往经验教训的成果，也是预防决策严重失误以及错失时机决策、久拖不决造成重大损失的重要措施。

第三，深化行政执法体制改革。包括在重点执法领域推进综合执法、完善市县两级政府行政执法管理、严格实行行政执法人员持证上岗制度、健全行政执法和刑事司法衔接机制等重要措施。应当说，这些改革措施都具有很强的针对性，对于提高行政执法的科学性具有重要意义。

第四，坚持严格规范公正文明执法。《决定》提出了建立并严格执行重大执法决定法制审核制度、建立健全行政裁量权基准制度、全面落实行政执法责任制制度等，力图加强执法监督，防止和克服地方和部门保护主义，惩治执法中腐败现象的发生。这些措施也都具有极强的针对性和可操作性。

第五，强化对于行政权力的制约和监督。《决定》高屋建瓴，提出必须形成严密的法治监督体系。在这样的指导思想指引下，《决定》提出加强党内监督、人大监督、民主监督、行政监督、司法监督、审计监督、社会监督、舆论监督制度建设，努力形成科学有效的权力运行制约和监督体系，增强监督合力和实效的具体设想，并认为加强对政府内部权力的制约，是强化对行政权力制约的重点。其内容非常丰富，需要探索的问题也很多。

第六，全面推进政务公开。这项工作实际上早就初步展开，也有了一定的经验，但在实际中各种阻力依然很大，离民众要求的阳光政府仍有一段距离。《决定》强调坚持以公开为常态，以不公开为例外原则，推进决策公开、执行公开、管理公开、服务公开、结果公开。各级政府及其工作部门依据权力清单，向社会全面公开政府职能、法律依据、实施主体、职责权限、管理流程、监督方式等事项。规定政府信息公开越来越具体，将使这项具有民主意义的制度落到实处。

应当说,《决定》列举的任务明确而全面,也具有针对性,可以说抓住了重点和难点。总之,党的十八届四中全会《决定》专题研究全面推进依法治国重大问题,既是对历史经验的深刻总结,也是着眼未来的战略部署,必将有力推动我国法治政府建设并取得可期待的新的巨大进步!

(九)2015年新《立法法》将成为法治政府建设升级版的基石

2000年,我国就通过了《立法法》。《立法法》是规范国家立法活动的基本法,对于从源头上解决国家法治问题具有重要意义。15年来,该法发挥了很好的作用。但是,随着我国法治建设的进展,良法之治的问题越来越突出,尤其是党的十八届四中全会推出全面依法治国蓝图之后,《立法法》的修改摆上了议事日程。2015年3月,第十二届全国人大第三次会议表决通过了关于修改《立法法》的决定,这对于行政机关依法行政、建设法治政府具有特别重要的意义。修改后,该法第1条"立法目的"由原来的"建立和完善有中国特色社会主义法律体系"变为"完善中国特色社会主义法律体系",把提高立法质量放在首位。该法首先明确了我国立法权的根本归属,强调享有立法权的人大主导立法工作的体制机制,排除部门和地方利益对立法的干扰和不利影响,这对于保证科学立法质量具有明显效果。其次,该法清晰地表达了税收法定原则,将我国税收的专属立法权单列,明确税种的设立、税率的确定和税收征管管理等税收基本制度只能由法律规定,这对防止政府税收部门滥用征税权、防止公民财产权受到不法侵害、促进社会公平和谐具有直接的意义。再次,该法修改后明确设区的市享有地方立法权,体现了科学合理下放地方立法权的趋势,有利于推进我国地方政府社会治理的民主化、科学化、法治化;在授权地方立法权的同时,又对其立法权限做了必要的划定。又次,修改后的《立法法》在规范地方政府和部门规章性"红头文件"方面、规范两院制定司法解释等方面作出了更加明确的规定,这有利于我国法制统一、有利于宪法法律的实施。最后,新《立法法》对于长期以来存在的"一揽子立法"和"无限期授权"现象作出了有力的纠正,严格控制和规范我国授权立法。应当说,新《立法法》为推进国家治理体系和治理能力现代化在立法源头上提供了善治良机,为促进依法行政、建设法治政府提供了良好的立法资源,成为法治政府建设升级版的基石。

三、中国目前法治政府建设中遇到的困难和问题

毋庸讳言,中国行政法治建设时间不长,我们要走的路还很长,离建成真正为广大人民都能切实感受到的法治政府还有相当距离。目前中国建设法治政府过程中还存在种种困难,这种种困难是由复杂原因所造成的。首先,中国历史传统中的沉重的人治型文化包袱确实严重阻碍今天的法治建设进程。法治这个概念是法学的中心词,但历来存在争议,至于什么样的政府称得上是"法治政府",更是一个值得讨论的问题。国外行政法学家们对我

们讨论这个问题提供了有益的启示,例如,当年英国的戴西(A. Dicey)曾认为法治应当排除政府的专擅、特权,乃至宽泛的自由裁量,应当确保政府和人民一体服从普通法、受普通法院管辖,他是基于英国深厚的普通法传统和维护法院的崇高地位来讨论法治政府的。美国的古德诺(Frank Goodnow)认为行政法不过是宪法的补充和实施,从而法治只是对宪法的贯彻,这是因为美国拥有一部充满活力的成文宪法和强劲的司法审查体制。而德国的迈耶(Otto Mayer)把法治概括为法律拘束、法律优先和法律保留原则,他着重讨论的是立法与行政的关系。这些论点无疑对我们有启迪,中国传统法学中就缺少这样的法治思想,因此何谓法治政府,法治政府应该奉行哪些基本原则,考察法治政府建设有哪些指标体系等都相当缺乏中国本土的历史文化积淀,因此我们必须狠补现代法治思想这门课,并巧妙、周到、创造性地用于中国法治政府建设。

更重要的原因是我国现行体制中存在诸多弊病和缺陷,这些弊病和缺陷严重阻碍着我们实现法治政府建设目标。从行政体制内部来说,我们至少可以从职权法定、依法立法、依法执法、权利救济四个方面表现来检讨目前我国的行政法治实际情况,它与理想之间还存在很大差距。

1. 在职权法定问题上缺乏刚性。改革开放以来,我国一直在探索政府与市场、政府与社会的关系,在社会改革中进行政府自身的改革。但是政府职能在许多方面依然缺少明晰而刚性的法律约束、党政关系梳理不清、行政机构改革反反复复、行政机构设置和编制管理混乱以及行政职能法定化、规范化程度差等情况还严重存在。从行政机构法定角度来看,由于我国行政组织法尚不完善,行政机构的设置还没有清晰的规则,中央和地方层面的行政机构与事业单位、社会团体的关系并没有完全理顺;行政机构与事业单位、社会团体鱼龙混杂,甚至真假难辨。哪些公共职能应当由行政机关行使、哪些可以由事业单位或者行业协会行使,甚至哪些组织属于行政机关、哪些属于事业单位或者行业协会,还相当不明确;行政机构的人员编制无定数。虽然出台了有关机构编制的行政法规,中央到地方也有专门机构职掌编制管理,但实际职数仍被一再突破。从行政机关行为方式上来看,首先,不少种类的行政行为仍然缺乏实际的刚性的法律约束。从《行政许可法》的实施来看,遇到阻力重重,国务院一度曾通知保留211项"非行政许可审批项目",直到本届政府才痛下决心,要求一律撤销。但正如李克强总理所讲的,有些部门仍在暗中踩刹车,阻挡这项改革。再如,关于许多经济领域调控的法律缺乏具体规定。在近几年的房市调控中,变化太快,使人无法捉摸。党的十八届四中全会提出了政府权力清单的崭新课题,但究竟什么是权力清单,权力清单的法律地位如何,谁有权出台权力清单,谁审查权力清单,谁监督权力清单等问题还有待解决。这都涉及职权法定这个重要问题,如果不从根本上得到全面解决,行政权实际上依然得不到有效的法律控制,法治政府建设会成为一句空话。

2. 在依法立法方面存在困难。在中国这样一个各地存在千差万别的大国,又处于社会急速变迁的时代,规则的协调统一、制度的革故鼎新都不得不依赖国家机关的立法。而如何保障不同层级、不同性质立法的品质，满足规范体系的公开、确定、和谐等要求，则是一个严峻的挑战。[1] 2015年《立法法》的大修就是着手解决这些问题。新修订的《立法法》实际上不仅意味着《立法法》迎来了新版本，更重要的标志着中国行政立法也迎来了新阶段。以往法律解释制度很不健全，往往给行政部门留下随意解释的巨大空间，如何防止行政部门歪曲立法原意，僭越立法权，是目前遇到的棘手课题。新《立法法》对235个城市开放了地方立法权，意味着大量地方性法规和地方性规章将涌现，如何保证法治的统一性，保证这些地方性法规和规章的质量，就成为刻不容缓需要着手解决的新课题。又如，党的十八届四中全会《决定》提出了形成完善的党内法规体系问题，这些党内法规体系与行政法规、规章的分工与衔接问题，也是实践中会遇到的新问题。

3. 在依法执法方面问题更多。中国政府近年来强烈主张依法行政，但许多法律实施状况之差已成为社会共识，这就是党的十八届四中全会强调必须形成高效的法治实施体系的原因。目前许多政府官员还没有形成严格守法的习惯，部分行政执法领域还存在严重违法。例如，在农村土地征用、城市房屋拆迁、城市管理综合执法等领域，虽然不是完全没有法律，但那些法律往往没有得到遵守，而“专项整治”等运动式执法习惯依然在某些执法领域盛行。依法执法方面最后一个问题表现在行政系统缺乏严格、科学的行政违法责任追究机制。在理论上，我们有党内监督、人大监督、司法监督、审计监督、社会监督、舆论监督等制度设计，但是实际上并没有形成科学有效的权力运行制约和监督机制，没有形成合力和实效，纠错问责机制大多仍流于形式。

4. 在权利救济方面仍存在薄弱环节。首先，行政复议、行政诉讼等权利救济制度的实际公信力还很低，行政争议获得裁判的权利并没有得到普遍承认，人民法院对相关的法律和事实问题还不能完全自主裁判，以致司法判决的权威性没有充分保证。[2] 中央期望的行政复议成为解决行政纠纷主渠道问题需要解决，信访制度法治化还在起步阶段，行政诉讼制度的天然优势和作用尚未充分发挥出来。行政法治要求行政活动以法律为准绳，从实践的角度来看，重点在于对行政行为做出合法性的判断。法院与其他国家机构相比具有其天然优势，如相对超脱的地位，比较完善的程序，拥有受过最好法律训练的从业人员[3]等，但在我国语境下，这些要求目前很难实现。《行政诉讼法》的重大修改显然力图在这些方面有所突破，但目前来看实际效果很难充分显现出来，其深层次原因还需要深挖，其法律对策还需要周密考虑。

四、对我国建设法治政府、走向行政法治前景的展望

党的十八大提出了法治中国建设的目标，并提出法治国家、法治政府和法治社会一体

---

〔1〕 何海波：《行政法治，我们还有多远》，载《政法论坛》2013年第5期。

〔2〕 李维安：《从管理到治理的思想革新》，载《人民日报》2013年12月6日。

〔3〕 何海波：《行政法治，我们还有多远》，载《政法论坛》2013年第5期。

建设的思路,法治政府成为建设法治中国的主体工程。党的十八届四中全会《关于全面推进依法治国若干重大问题的决定》旨在具体实现这一目标。按照笔者的理解和思考,我们至少需要在以下几个方面加倍努力:

(一)从实现“四个全面”战略布局高度看待法治政府建设,并自觉把法治政府建设纳入“四个全面”的战略布局

“四个全面”即全面建成小康社会、全面深化改革、全面推进依法治国、全面从严治党。“四个全面”战略是在我国进入改革攻坚期所提出的具有极强针对性的战略思想和战略布局。从公法学视角来观察,“四个全面”战略同样也是社会主义法治国家理念的新突破,对于法治政府建设具有直接的指导意义。

第一,要站在全面建成小康社会高度看待法治政府建设。党的十八大把党的十六大提出的“全面建设”小康社会改为“全面建成”小康社会,形成了经济建设、政治建设、文化建设、社会建设、生态文明建设“五位一体”的总体布局。全面建成小康社会离不开法治政府所提供的制度资源、规范体系和程序装置。从这个视角分析,法治政府建设的根本目标就是坚持经济建设为中心,坚持“五位一体”的总体布局,发展先进生产力,实现科学发展,建成和谐社会,实现“中国梦”,它体现了在中国共产党领导下的人民政府全心全意为人民服务的根本宗旨。

第二,要站在全面深化改革、完善和发展中国特色社会主义制度、推进国家治理体系和治理能力现代化高度看待法治政府建设问题。改革与法治如车之两轮,鸟之两翼。党的十八届四中全会通过的《中共中央关于全面推进依法治国若干重大问题的决定》,被称为2013年党的十八届三中全会通过的《中共中央关于全面深化改革若干重大问题的决定》的“姐妹篇”,反映出依法治国与全面深化改革有着紧密的内在联系。党的十八届三中全会公报和决定指出,全面深化改革的总目标是完善和发展中国特色社会主义制度,推进国家治理体系和治理能力现代化。党的十八届四中全会公报和决定提出了建设中国特色社会主义法治体系、建设社会主义法治国家的全面推进依法治国总目标。可以看出,两个总目标之间具有内在联系,两个文件不可分割,这充分体现了依法治国为建成小康社会、落实全面深化改革顶层设计提供可靠保障。法治政府建设正是国家治理体系和治理能力现代化的标志和体现。

第三,要站在全面依法治国的高度看待法治政府建设问题。全面推进依法治国的总目标之一是建设中国特色社会主义法治体系。从建立和形成“法律体系”到建设“法治体系”,一字之变折射出全面推进依法治国的新思路。“法治体系”强调一个立体的、动态的、有机完整的体系,把立法、执法、司法、守法等各个环节都纳入其中,而“法律体系”一般理解为静态的制度体系。因此“法治体系”是“法律体系”的完善和实践,体现了一种新型的完整的均衡法治观。当下中国现实中执法问题最大,很多法律成为“豆腐法”,法律成为“纸老虎”

"稻草人""橡皮泥""棉花棒",藐视法律的情况比比皆是。因此,树立全社会对法律的尊崇和敬畏,怎样做到排除法外之"法"、严格执法就成为推进全面依法治国的重要问题。相应地,法治政府建设就成为全面推进依法治国的关键。笔者认为,政府作为行政执法机关,依法履行经济调节、市场监管、社会管理和公共服务等各项职能,处理好政府与市场、政府与社会的关系,是推进严格执法的基础和前提。

第四,要站在全面从严治党、依法执政、反腐败高度看待法治政府建设问题。中国法治建设的中心课题是"中国共产党如何领导中国人民实现依法治国"[1],因此,党和法治的关系是法治政府建设最核心的问题。党的领导是中国特色社会主义最本质的特征,是社会主义法治最根本的保证。亦即党要真正做到领导立法、保证执法、支持司法、带头守法。其中,保证执法直接关系到法治政府建设。在我国,绝大部分的法律、地方性法规和几乎所有的行政法规、行政规章的执法工作都是由行政机关来承担的。因此,行政机关是执法的最重要主体。党的十八届四中全会《决定》的最大亮点就是把依法执政视为对党的最重要要求,既要求党根据宪法法律治国理政,也要求党根据党内法规管党治党。中国政府是中国共产党领导和组织的政府,政府主要负责人都是由中共党员担任,因此依法执政是依法行政的前提,也是能否建设法治政府的前提。如果依法行政、建设法治政府是依法治国的关键,那么中国共产党能否依法执政在中国就成为能否依法治国的关键之关键。

(二)建设法治政府要理念优先,必须改变政府官员头脑中的官本位意识和义务本位意识,牢固树立起行政法治和人权保障相融合的先进理念

建设法治政府,首先必须在各级政府官员中普遍树立起行政法治理念和标准。一般认为行政法治由四个要素构成:其一,行政机关的任何职权的取得和行使,都必须依据法律规定,否则不得行使;其二,任何行政职权的委托及其运用都必须具有法律根据,符合法律的要求;其三,一切行政活动都不得与法律相抵触;其四,行政机关和公务员对于自己的违法行政行为必须承担法律责任,既包括行政机关的具体行政行为被撤销、变更的责任以及行政赔偿责任,也包括国家公务员因违法失职而应承担的行政处分责任和应引咎辞职责任等。[2] 根据法治行政的要求,行政机关及其公务员实施行政职权的行为,必须严格按照法律(包括行政实体法和行政程序法)的规定办事,不能越权,更不能滥用职权,无视法定程序。必须遵守法无明文不得为、法有禁止更不为的行政执法原则。如有违反将会导致行政行为的无效。只有树立起行政法治理念,政府官员才能正确对待公民的合理诉求,才能正确看待行政法上的权利救济制度。

建设法治政府、实行行政法治,管理者必须带头改变重义务轻权利的观念。中国传统

---

〔1〕 杨海坤、郝炜:《国家治理及其公法话语》,载《政法论坛》2015年第1期。

〔2〕 孙保卫:《社会主义市场经济建设与行政法治》,载《经济师》2002年第2期。

文化过于强调义务，而忽视权利。从理论上讲，官与民只是分工不同，没有高低贵贱之分。但是由于长期以来形成的错误观念和惯性的作用，有的政府官员至今仍然认为行政法治是依法对老百姓进行“治理”。他们只想让群众守法，成为老老实实的“守法者”；却从不想自己首先要守法，这可以说是官贵民贱思想余毒的典型表现，是极其错误的，必须坚决杜绝。

行政法治是国家治理体系的重要组成部分，必须把人权保障思想贯穿在法治政府建设全过程。行政法治是国家治理体系和治理能力现代化的重要组成部分，没有行政法治就根本谈不上国家治理体系和治理能力现代化。值得关注的是，人权保障应该并且必须贯穿在推进国家治理体系和治理能力现代化的全过程，必须贯穿在建设法治政府、走向行政法治的全过程。人权保障既是国家治理体系与治理能力现代化的基础和动力，也是推进国家治理体系与治理能力现代化的出发点和落脚点。没有人权保障作为基础和动力，不可能真正实现国家治理体系与治理能力现代化，不可能实现建设法治政府的目标。反之，如果不能实现和发展人权保障，推进国家治理体系与治理能力的现代化和实现法治行政也都失去其意义。推进国家治理体系与治理能力的现代化过程、建设法治政府的过程不但不妨碍人权保障，而且应该极大地推进人权保障。检验国家治理体系与治理能力现代化是否成功、检验是否建成了法治政府，最终要看人民权利和利益是否得到应有的保障和充分的发展。[1]

（三）要进一步理顺政府与公民、政府与社会的关系，将此作为改革和完善行政法律制度的抓手，全面准确有效实施行政法

在中国，要真正充分肯定市场在资源配置方面的决定性作用，要最大限度激活社会活力并增加社会和谐因素，其关键是理顺政府与公民关系。当前中国既处于发展的重要战略机遇期，又处于社会矛盾的凸显期，社会管理领域存在的问题不少。建设法治政府，必须以事关依法行政全局的体制机制创新为突破口，全面提高社会管理的科学化水平。我们应该从加强和创新社会管理高度，包括从依法行政高度，积极预防和妥善处理当前影响和困扰我国社会和谐稳定最突出的问题——社会安全事件（包括群体性事件）的发生。对于当前群体性事件内涵的认识，既不能简单地、静止地运用传统的两类矛盾及其转化学说来分析解释，也不能对具体事件简单地、形而上学地用合法还是违法来匆匆定性。在实际操作上，应该用辨证的、变动的眼光对群体性事件进行观察和分析，并采用动态的法治的方式进行预防和处置，尤其需要从社会管理创新角度、从公法治理角度来积极预防和妥善处理群体性事件。依法行政要求执法者改变执法思维、优化执法方式、提高执法水平，坚持法治原则是当前依法行政的关键，尤其需要克服各种以执法为名而实际违背法治原则的行为的发生，要克服各种非平等执法、选择性执法、寻租性执法、运动式执法、疲软性执法、滞后性执法等。行政执法过程必须融入民主、自由、平等、法治、人权等社会主义核心价值，做到法治

---

〔1〕 杨海坤：《人权保障是推进国家治理体系与能力现代化的基础和目的》，载《人权》2014 年第 3 期。

思维、法治方式和法治目标的相互促进。

(四)在实践方面,要特别关注当代中国新型城镇化过程中的依法行政

新型城镇化建设不仅是中国未来发展的根本动力之一,更关系到社会公平正义和政府法治。在党的十八大后,新型城镇化再度被提升为国家战略。与西方发达国家城镇化模式有着显著差异的是,政府在中国城镇化推进过程中发挥着至关重要的决定性作用。新型城镇化的主导者、引导者和推动者是政府。政府如何在承继传统城镇化发展模式经验基础上,严格按照政府法治的规范要求,充分运用法治思维和法治方式贯通城镇化建设过程中的每一个环节,破解传统城镇化发展困局,规制城镇化系统发展风险,创新新型城镇化发展模式,就成为当前亟待解决的问题。目前特别要关注以下两方面工作:

第一,要坚持依法保护农民利益,特别是规范和保护好农民土地权益。必须依法严防农民土地权益受损。要依法监督检查大拆大建过程中侵犯农民土地合法权益行为。认真细致地做好集体土地确权工作,从所有权和用益物权两方面保障农民物权和征收权益。建立科学合理的征地和拆迁补偿标准,在坚持同地同价原则基础上合理确定补偿标准。探索建立土地级差收益反哺机制,将土地收益中的资金以一定比例向被征地农民社会保障领域倾斜。在向被征地农民发放一次性补偿款的同时,及时将失地农民统一纳入城镇居民社会保障体系。建立健全征地拆迁领域法律救济机制,建立公检法和信访机关信息交流共享机制,进一步拓宽群众法律诉求渠道,从而降低社会维稳成本。[1]

第二,要进一步推进户籍制度改革,彻底破解户籍不合理管制。改革开放的深入,强烈要求破除将户籍作为社会资源分配的依据,还原户籍的地理标识和信息记录功能。2014年,国务院印发了《关于进一步推进户籍制度改革的意见》,取消了农业户口与非农业户口的区分,建立城乡统一户口登记制,这标志着实行了半个多世纪的“农业户口”和“非农业户口”二元户籍管理模式将退出历史舞台。但是应该看到,户籍制度改革的关键是利益分配,其目的是实现公共福利均等化。制定统一的户籍法律制度,实行全国统一的居住证制度是一个很好的开端,但剥离附加于户籍制度上的福利待遇则是一个复杂、艰巨的过程,户籍制度改革如果只是农民纸上身份的改变是远远不够的。因此今后一个时期,服务型政府的建设任务任重而道远。政府应进一步增大公共服务的投入,扩大公共服务的范围,改善公共服务的质量,政府要切实承担起提供社会公共产品的义务,并确保城乡居民真正实现普惠共享。

(五)进一步解放思想,为成功建设法治政府提供更科学的源于实践并指导实践的常新的行政法学理论

回顾中国行政法的发展道路,可以清晰地看到行政法学理论研究在行政法制度建设方

---

〔1〕 解其斌、刘艳梅:《国外以法治方式推进城镇化的经验对我国的启示》,载《理论视野》2014年第4期。

面的引领作用。其中,中国行政法学研究会作为组织和协调中国行政法学研究的机构,其作用功不可没,这是中国行政法发展的显著特点和优点。我国行政法学研究近年来取得许多崭新发展,包括聚焦国家重大法律修改展开的“立法行政法学”研究,聚焦最高人民法院公布的经典行政案例展开的“案例行政法学”研究,聚焦国家治理中的典型制度创新展开的“实践行政法学”研究,聚焦微观行政管理领域的制度运作展开的“部门行政法学”研究,以及聚焦两大法系代表性国家行政法最新演变展开的“比较行政法学”研究等,中国行政法学已经呈现出色彩斑斓的全方位的繁荣场面,而且我们可以当之无愧地说,具有中国特色的行政法学理论体系已经初步形成。但为实现全面建设法治政府这一主体工程,我国行政法学上还需要百尺竿头更进一步。

首先,要在行政法学基础理论研究方面推出新作品,进一步总结中国本土行政法治经验、提炼中国原创性的行政法学原理,推出更具中国特色、中国智慧的法治政府理论。

其次,在行政法制度实施研究方面推出新作品。法律实施已经成为行政法的时代主旋律,应当围绕统计数据、实地访谈、区域实验、案例样本等素材,对违反法治原则和精神的各种行政违法现象寻找原因,并提出行之有效的应对策略和方案,真正实现理论与制度运作之间的有机衔接,在研究方法上可以更多借助社会学、政治学、经济学等跨学科研究方法,进行更深入、更广阔领域的比较研究。

再次,在比较行政法学研究方面推出新作品,继续深入借鉴和吸收国外行政法治有益成果和经验,同时进一步加强国内行政法治建设成果和经验的交流,尤其是新生代行政法学者应当利用各自的外语优势,通过专题的精耕细作,深入探究域外制度的演进,形成比较法基础上的理论飞跃,为中国特色政府法治理论的发展提供更新鲜、更丰富的资料。

在纪念行政法学研究会成立三十周年之际,我们欣喜地看到,我国行政法学研究已经进入一个全面发展的新时期,宏观研究正在进一步突破,例如在方法论上,有学者提出了大数据时代行政法执法手段的更新问题;从中观和微观研究来说,研究课题色彩斑斓。仅就行政执法来说,需要紧迫研究的问题就很多,例如,行政执法全过程记录制度研究、行政执法公示制度研究、行政执法信息资源交换平台制度建设等,都需要深入地微观研究。目前中国行政法学界呈现了行政法解释论与立法论齐头并进、行政法总论与部门行政法共同关注,以及外国经验借鉴与中国问题意识并重的研究思路。[1] 可以预见,中国行政法学研究道路无限宽广,中国特色行政法制度发展前景无限美好。

[原载于《山东大学学报(哲学社会科学版)》2015 年第 5 期]

〔1〕 马怀德、朱智毅:《2014 年行政法学理论综述》,载《法制日报》2015 年 4 月 18 日。

央地关系视角下的司法改革:动力与挑战

姜 峰*

引 语

本文旨在对新一轮司法改革的背景、动力和前景提出新的理解。目前,学界多从法理视角观察司法改革,亦即将改革的各项措施同法理要求进行对照,来评判其是否与司法应有的独立性与专业性一致。基于该视角或又形成两种看法,一种偏于悲观,认为本轮司法改革如同前先前的一样,难以有实质性的推进,或拘泥于技术性修补而不免细小琐碎,或有悖于司法规律而"走了回头路",〔1〕其判断的依据是,在权力高度集中的体制之下,司法的独立性和专业性诉求过于理想化了。前两轮司法改革效果不佳,确为这种看法提供了支持。另一种看法偏于乐观,认为本轮司改的诸多举措符合司法规律的内在要求,改革者的强力推进能促进司法的独立和专业。但是,悲观者低估了本轮司改的动力,而乐观者忽视了改革措施的法理问题。

本轮司法改革的背景不同以往,它源于中央与地方关系失衡导致的公共治理危机,而非基于司法规律的一般要求所采取的主动变革,治理危机以巨量上访反映的社会矛盾为主要表现。一般而言,矛盾的根源易被归于地方民主过程的堵塞,即对公共权力的民意监控的缺失,但同样重要的,是治理危机背后中央与地方关系的失衡。我们将以 1994 年实施的分税制改革为例,探究央地关系与公共治理危机间的联系。从时间上来看,上访量的骤增与分税制的实施存在共时性。我们将遵循制度分析的方法,假定中央与地方部门虽同属一个国家机构体系,但也是具有各自利益的行为主体,它们之间存在紧张和博弈关系。我们把横向的"官民关系"和纵向的"央地关系"的相互影响作为分析的两条基本线索,来观察既

---

* 姜峰,曾在山东大学法学院工作,现任华东师范大学法学院教授。

〔1〕 参见徐昕等:《中国司法改革年度报告 2014》,载《政法论坛》2015 年第 3 期;徐昕:《司法改革的顶层设计及其推进策略》,载《上海大学学报》(社会科学版)2014 年第 6 期。

定制度是如何受强大的政策性力量左右而趋向萎缩的。

分税制及相关政策一方面加重了地方政府的财政压力,另一方面又为“土地财政”大开方便之门,成为社会矛盾多发的外部激励。但是,以人民代表大会制度为中心的地方政治机制堵塞,在规范政府权力上无能为力,同时法院也因受困于地方保护主义,难以通过司法审查修正官民关系,矛盾解决地方化的政治和司法机制运转不良,导致社会矛盾大量涌入上访渠道,迫使中央采取措施予以回应。但是,由于预期政治体制改革风险较大,司法改革便被视为回应危机的不二法门。基于此,通过司法来回应社会矛盾并借以修正地方官民关系,可能已成为新一轮司法改革的核心驱动力。但是,这种基于政治考虑而推动的司法改革,既会偏离一般的司法规律要求,也将可能使得法院难堪重负,削弱其独立、专业和稳定品质,长远来看反而有碍于司法改革既定目标的实现。

一、央地关系与社会矛盾

社会矛盾不仅是由于横向的官民关系恶化造成的,其背后也有中央与地方关系失衡的原因。在这一部分,我们将探讨公共治理危机背后的政策性因素。由于特定时段内的政策类型、效果、关系错综复杂,本文尝试将讨论集中于最具决定意义的方面。我们考察的一个政策节点,是 1994 年实行并产生深远影响的分税制改革。关注这一问题的原因在于,财税体制不只关涉经济问题,也是构造我国中央与地方关系的核心因素。

众所周知,在分税制改革之前,中央与省级政府实行“划分收支、分级包干”的“财政包干制”,在这一体制下,中央财政收入严重不足,其占全国财政收入的比重在 1984 年至 1993 年一直呈下降趋势,从约 41% 下降至 22%,制约了宏观调控和各项事业的发展。为了解决这一问题,中央痛下决心于 1994 年进行了分税制改革,与地方“分灶吃饭”。此一改革有效实现了中央财政收入占全国财政收入比重的提高,1994 年即上升至 45%,此后的年份一直维持在 50% ~60%。分税制为之后我国经济的快速增长和大规模城市化奠定了基础,一方面,中央凭借强大财力能够对经济生活进行更为有力的宏观调控;另一方面,在 GDP 考核增长压力下分税制激发了官员发展经济的活力,形成了“地方政府竞争”格局或“锦标赛模式”[1]。

分税制带来的主要问题,是没有改变中央和地方的事权划分格局。地方政府公共财政收入的占比,由 1993 年的 78% 急剧下降到 1994 年的 55%,之后一直维持在 40% ~50%,2014 年地方财政收入占比为 54%。财权上移的同时事权却下沉了,地方公共财政支出从 1993 年的 72% 上升到了 2014 年 85%。的确,中央对地方进行财政转移支付后本级财政支

---

〔1〕 参见冯兴元:《地方政府竞争》,译林出版社 2010 年版;周黎安:《中国官员的晋升锦标赛模式研究》,载《经济研究》2007 年第 7 期。

出大约仅占 15%,但由于转移支付重在平衡地区间公共服务,专项转移支付极不规范且使用效率低下,事实上并没有减轻央地财权与事权失衡问题的严重性。收入上中央集权、支出上向地方分权,导致了央地财权与事权的结构性失衡。[1]

失衡的央地关系在地方政府之间得到复制并且被放大了。有学者指出:"分税制改革是针对中央政府与省级政府之间的财权关系,但是省级政府在处理与下级政府的关系时也照搬了这种关系模式,层层分税。到了县乡财政,基本就没有什么税种了。"[2]由于中央对省级、省级对下级有强有力的人事权[3],并主要用经济指标考核官员,这就激励了地方政府的逐利冲动。[4] 在融资渠道有限的情况下,地方官员纷纷想方设法"开辟财源"。在分税制改革至 2006 年农业税取消的十多年中,捉襟见肘的乡镇政府主要靠摊派农民税费度日;[5]农业税取消后乡镇经济来源受到严重影响,转而强化了对超生者的社会抚养费征缴,对此人们形象地喻之为"省市吃土地,县乡吃肚皮"。由于地方滥用权力衍生的政治风险最终要由中央承担,央地之间的博弈也就不足为奇了:地方政府通过农业税搭车收费,中央最终废除了农业税;地方热衷于超生罚款,中央改罚款为征缴社会抚养费,意图通过财会手段控制地方;地方政府大搞房地产牟利,中央则通过出台诸多措施平抑房价;凡此种种,不一而足。

但是,在分税制改革的央地博弈中,中央同意地方政府保有土地收益,以换取地方对分税制的支持。之后我国的土地立法和相关政策,也为地方政府走上土地财政之路扫清了障碍。[6] 通过低价征收、高价出让土地,地方政府可以获取巨额出让金、与土地相关的税费,或以土地抵押进行融资。1994 年的分税制只是"多米诺骨牌"的第一张,2002 年的所得税分享改革以及土地招拍挂制度,进一步加重了地方对土地财政的依赖。全国的省级面板数

---

〔1〕 相关讨论,参见周飞舟:《分税制十年:制度及其影响》,载《中国社会科学》2006 年第 6 期。

〔2〕 张学博:《分税制、土地财政与官员晋升锦标赛》,载《科学社会主义》2014 年第 5 期。

〔3〕 这类似于传统社会的"中央治官、州县治民"模式。参见曹正汉:《中国上下分治的治理体制及其稳定机制》,载《社会学研究》2011 年第 1 期。

〔4〕 地方政府明显受经济利益驱动的现象,从早期乡镇企业到近年的土地财政都有表现,相关研究提出了诸如"地方法团主义""企业化的地方政府""公司化运作""发展型地方政府"等各具代表性的理论模型。关于"地方法团主义"参见 Jean Qi, "Fiscal Reform and the Economic Foundation of Local State Corporatism in China", *World Poliitcs*, Vol. 5, No. 1, 1992, pp. 99 – 126; "Role of the Local State in China's Transitional Economy", *China Quarterly*, Vol. 144, 1995, pp. 1132 – 1149。"企业化的地方政府",参见 Andrew G. Walder, "Local Governments as Industrial Firms: An Organizational Analysis of China's Transitional Economy", *American Journal of Sociology*, Vol. 101, No. 2, 1995, pp. 263 – 301。"公司化运作"参见赵树凯:《基层政府的体制症结》,载《中国发展观察》2006 年第 11 期。"发展型地方政府",参见郁建兴、高翔:《地方发展型政府的行为逻辑及制度基础》,载《中国社会科学》2012 年第 5 期。

〔5〕 县乡财政与农民负担紧密联系在一起,分税制对 20 世纪 90 年代中期以后趋于严重的农民负担问题负有责任。参见赵阳、周飞舟:《农民负担和财税体制:从县、乡两级的财税体制看农民负担的制度原因》,载《香港社会科学学报》2000 年秋季卷。

〔6〕 关于土地财政的宪法和法律依据,参见何代欣:《中国式土地制度与土地财政的形成》,载《中国行政管理》2013 年第 12 期。

据显示,土地财政占地方政府财政收入的比例畸高。[1] 对很多地方官员而言,税收收入维持常规支出,土地财政则满足建设用地、配套设施、税费减免、财政补贴等招商引资和城市化发展需要。在借土地增收和人事上对上负责的双重激励之下,形成了特殊的"地方支出政治",即地方官员被晋升所支配并以"收入最大化"作为施政准则,偏好投入那些能够直接增进GDP的公共项目,而不是在教育、社会保障等公共服务项目上"白白花钱"。[2]

现行土地制度使政府和市场在土地资源配置中的功能边界变得模糊,也强化了地方政府的"经济人"角色。按照《物权法》和《土地管理法》,征收农村集体土地的补偿主要以原土地用途收益为计算标准,这实际上将农地所有权从物权降格为债权,使征地补偿标准可以远低于招、拍、挂市场上的出让收入,征地和卖地之间的丰厚级差地租,被地方政府独占了。[3] 与此同时,征地争议的裁决机制也是政府主导的,《土地管理法实施条例》规定对补偿标准有争议的由县级以上地方人民政府协调,协调不成的由批准征用土地的人民政府裁决,征地补偿安置争议不影响征用土地方案的实施。因此,在那些依赖土地财政的地方,巨大的利益诱惑就容易使权力超越法律的边界,致使强征强拆、补偿不公引发的上访、静坐、示威、直接对抗等矛盾频频发生,不少研究成果显示,这类矛盾已经成为我国社会的主要矛盾。[4]

据统计,我国每年的上访多达400万~600万人次,[5]其中行政权力的不当行使是上访最主要、最直接的原因,而在影响社会稳定的诸多群体性事件中,征地拆迁引发的矛盾又占了多数。[6] 中央文件也承认这一点,2011年3月国务院原总理温家宝在第十一届全国人大第四次会议上作的《政府工作报告》特别提到,违法征地拆迁等引发的社会矛盾正在增多。2014年2月中共中央办公厅、国务院办公厅发布的《关于创新群众工作方法解决信访突出问题的意见》,也把征地拆迁列为信访高发的首要原因。这不过是集中反映地方政府行为方式的一个例子而已,那些导致地方官员行为变异的原因是同构性的,该文件中列举的诸多上访原因如征地拆迁、劳动和社会保障、教育医疗、企业改制、环境保护等,事实上都与财政压力下公共决策的扭曲有关。

作为社会矛盾的一种表现方式,上访突出反映了央地关系的结构性问题。上访是公民通过向上级部门申诉来主张权益的行为,它是在穷尽地方救济方式后的无奈之举,否则,鞍

---

〔1〕 孙秀林、周飞舟:《土地财政与分税制:一个实证解释》,载《中国社会科学》2013年第4期。

〔2〕 何艳玲、汪广龙、陈时国:《中国城市政府支出政治分析》,载《中国社会科学》2014年第7期。

〔3〕 娄成武、王玉波:《中国土地财政中的地方政府行为与负效应研究》,载《中国软科学》2013年第6期。

〔4〕 参见郑杭生:《中国社会发展报告2007》,中国人民大学出版社2007年版,第103页;李培林等:《中国社会和谐稳定报告》,社会科学文献出版社2008年版,第325页。

〔5〕 李广宇、王振宇:《行政诉讼类型化:完善行政诉讼制度的新思路》,载《法律适用》2012年第2期。

〔6〕 参见王春业、任佳佳:《从上访潮现象谈我国行政救济制度的完善》,载《学习论坛》2013年第11期;于建嵘:《从维稳的角度看社会转型期的拆迁矛盾》,载《中国党政干部论坛》2011年第1期;李保春:《我国土地财政现象若干思考》,载《财政研究》2010年第7期;文贯中:《市场畸形发育、社会冲突与现行土地制度》,载《经济社会体制比较》2008年第2期;等。

马劳顿而前途难料的上访是没有必要的。虽然上访制度在我国有其存在的历史和现实理由,但其本质上是地方诉求表达渠道堵塞的产物,是对当地官员的一种不满、申诉和公开挑战。〔1〕在上访者眼中,最没有"官官相护"嫌疑的是地处首都北京的中央政府,所以他们要"千方百计进京城"。因此,那种将上访视为执政者鼓励人民政治参与的"社会动员"方式的看法有些避重就轻。〔2〕众所周知,法治较为成熟的国家鲜有上访,官员都向法律而不是向上级负责,地方性的诉求表达渠道和司法制约足以预防、解决绝大多数纠纷,因此上访既不必要也于事无补。

尽管中央一直努力通过上访来解决问题,但大量上访群众涌到北京,无疑会给中央造成极大压力。

上访与截访的矛盾已经十分突出,严峻的"上访困局"迫使中央"创新社会管理方式"。2013年2月,国家信访局取消了对非正常进京上访的排名通报制度,改为"点对点、一对一"通报掌握情况,执行8年的信访排名制度终结,但这也没有从根本上遏制截访行为。国家信访局进一步改革考核机制,将信访事项的及时受理率、按期办结率、群众满意率作为重点指标,以推动社会矛盾及时、就地解决。2014年5月,中央开始禁止越级上访,也是力图将矛盾解决地方化。但是,由于地方官员财政困难和考核压力如旧,且司法的地方保护主义抑制了矛盾就地解决的渠道,所有这些措施都收效不大。信访制度改革仍在继续,但问题的解决已不能寄望于诉访分流之类的小修小补。

综上,地方层面的官民矛盾多发与公共政策引发的央地关系失衡存在明显的关联。分税制作为一个解释性的例子,反映了其所构造的央地关系在财政领域之外的政治后果,外部约束强化了对地方政府的反向激励,扭曲了官员的决策和行为方式,引发了大量的社会矛盾,而新一轮司法改革的最终目的,即希望以司法审判方式来回应丛生的社会矛盾。

二、"矛盾回应型"司法改革

对于滥用权力引发的社会矛盾,一般有两种制度方式应对——政治过程和司法过程。只有受到民意有效约束的官员,才怯于制造赤裸裸的侵权事件。基于域外的理论和实践,民众的参与使政府对公民的需求更敏感,公共决策更容易被社会接受。安德鲁·海伍德(Andrew Heywood)将政治过程的价值概括为参与性、回应性、合法性和自由。〔3〕政治过程

〔1〕 封丽霞:《上访困局中的各方境况》,载《人民论坛》2013年第22期。

〔2〕 关于上访的"社会动员"说,参见冯仕政:《国家政权建设与新中国信访制度的形成及演变》,载《社会学研究》2012年第4期;吴华钦:《从信访的三次高峰看信访制度的法治化改革》,载《法学评论》2015年第2期。有美国学者视信访为一种"政治参与",参见Carl Minzner,"Xinfang:An Alternative to Formal Chinese Legal Institutions." *Stanford Journal of International Law*,Vol. 42,No. 1(2006),pp. 151 - 165。

〔3〕 [英]安德鲁·海伍德:《政治学》(第2版),中国人民大学出版社2006年版,第196~197页。

的优势,因此在于防患于未然,避免官民矛盾发生,以及有效改善公共政策的绩效。反观我国当前的社会矛盾,从根本上是由于对地方官员的监督缺位造成的。回应社会矛盾的另一方式是司法过程,即通过对个案的司法审判来倒逼政府依法行事。从法治国家的经验来看,政治与司法的双重机制一般能够回应大多数社会矛盾,不至于使其溢出地方层面,上浮至高一层级的政府单元。

仅从规范层面来看,我国宪法和法律也提供了这样一个双重机制。就政治过程而言,人民代表大会制度设定了一个清晰的政治责任架构:各级人大由选举产生的人民代表组成,人大产生同级其他国家机关,这些机关对人大负责,人民代表对选民或原选举单位负责。同时,宪法和法律也承认每一层级国家机关有相对独立的人、财、事权。就司法过程而言,各级人民法院都拥有"独立行使审判权"的宪法地位,不受行政机关、社会团体和个人的干涉,法院只向同级人大负责,上下级法院之间只是审级监督而非领导关系。不难理解,如果政治和司法过程能够如宪法和法律所规定的那样正常运转,社会矛盾不太可能大面积发生。然而,现实情况是,这两种制度方式都没有发挥应有的作用。

首先,各级人民代表大会在人事、财政、监督等各方面的权力都运转不良。人事权最具决定意义,但无论是人大代表还是地方官员,都并非宪法和法律要求的那样由选举机制产生,人事选任机制不是横向的而是纵向的。例如,我国有较为中央集权的省级首脑任命机制,中央定期在各省之间轮调官员,以确保他们在央地利益发生冲突时与中央保持一致。[1]省以下官员的任命机制复制了这一模式。这样,"为了保住职位和获得升迁,地方官员更关注中央的旨意和上级的好恶,而不是利用已有的权力来造福桑梓和取悦选民"[2]。更值得关注的是,分税制之后出现了国家治理的"重新集权化",使处于治理体系底端的县乡政府面临较大压力,这既造成县乡政府与上级政府的紧张,也造成了县乡政府与基层民众的关系紧张。[3]

当官员用尽满足上级考核的正常手段,就容易滥用手中的权力,而同级人大对官员选任和监督权力的不足,使既定的横向责任机制和纵向关系机制的界限在"压力型体制"变得模糊了,这就导致以地方人大为中心的权力机制难以起到对社会矛盾的预防、吸纳、化解作用,矛盾于是上浮至中央层面。当中央成了最终的责任者,就格外凸显了央地关系的意义,以致没有中央的举措,很多问题都难于解决。央地关系失衡恶化了官民关系,官民关系恶化又强化了中央集权,慢慢地就难以分清何者为因何者为果,形成了互相激励又互相依赖的局面。

其次,司法审查机制——称为行政诉讼或许更为恰当——也没有实现其应有的监督功

〔1〕 Jeffrey Sachs, Wing Thye Woo and Xiaokai Yang, "Economic Reforms and Constitutional Transition," *Annals of Economics and Finance*, Vol. 1, No. 2, 2000, pp. 435 - 491.

〔2〕 喻希来:《中国地方自治论》,载《战略与管理》2002 年第 4 期。

〔3〕 赵树凯:《基层政府:体制性冲突与治理危机》,载《人民论坛》2014 年第 5 期。

能。与大量上访形成鲜明对照的,是近些年全国行政诉讼案件每年只有约10万件,占法院受案总量的比例始终在2%以内,这同民商、经济和刑事领域“案多人少”的格局极不相称。其原因不是地方政府“依法行政”水平提高了,而是许多行政纠纷根本没有进入诉讼过程,一些地方官员明确要求法院对某些行政案件不予立案,即使立案的也不许判地方政府败诉。〔1〕“立案难”是司法地方保护主义在作祟,因为尽管在宪法和组织法上法院向人大负责,并处于同地方政府平行的地位,但政府总能通过财政、人事等方式影响法院,以防止其“干扰”地方发展的“大局”。〔2〕对于那些涉及土地征收、房屋拆迁、计划生育等纠纷,法院既无法也怯于受理。司法地方保护主义不仅是政府控制法院造成的,也是上级政府借助同级法院来影响下级法院的结果,例如,在上下级法院的关系中,应有的行政诉讼业务监督已经虚化,上诉率、申诉率高与上诉发改率、申诉发回重审率、再审改判率低的现象并存。与此同时,违背司法规律的行政化监督却在不断加强,尤其在绩效考核和请示报告方面问题最为突出。

既然如此,为何不通过疏通地方政治过程回应问题?原因需要从政治体制改革自身的特征来理解。虽然政治体制改革是一个原则性的共识,但往往“牵一发而动全身”,并不可避免地涉及选举制度、立法程序、司法独立等多个方面,可控性方面的风险对于改革者而言是显而易见的,所以无论是执政者还是社会,对于政治体制改革一直是较为谨慎的。〔3〕与疏通政治过程牵涉面广、外部效应大等特点相比,司法改革具有某种天然的优势。首先,司法系统是封闭的,容易自上而下推行改革,因此司法改革的空间较大,可以试错、调整、中止甚至回转,改革的后果也具有内在性,其引发的风险主要是技术性的,不容易溢出体制而引发连锁反应。第二,司法过程具有专业性和程序性特征,对社会矛盾夹杂的情绪因素能够加以隔离、过滤和中性化,防止其过于社会化和政治化。最后,强化司法权力能够通过法律诉讼抑制行政机关滥用权力的冲动、促进政治过程的优化,这有利于削弱政治体制改革的压力并增强现行治理方式的效能和可接受性。

事实上,同样重要的是,司法改革所追求的法制统一及消除地方保护主义,不仅是维护社会稳定的需要,也是回应包括我国在转型时期面临的经济发展、社会公平等诸领域问题以实现“全面深化改革”的需要。这些问题与上访过程显示的社会矛盾在成因上具有同构性。我们看到,分税制既启动了地方经济的发动机,但其引发的“政府间竞争”也造成了诸多外部性问题,如重复建设、产能过剩、环境污染、地区不平衡,等。经济上的地方保护,也延伸到了司法领域——地方法院基于局部利益而争夺管辖权、选择性受案、有意混淆经济

〔1〕 叶赞平:《“民告官”为什么那么难》,载《同舟共进》2013年第10期。

〔2〕 左卫民教授认为我国基层法院的财政是“控制性”财政,预算必须通过政府及其财政部门才能向同级人大提交。政府对法院的外部控制并不仅表现为否决性质的权力,其还可以作出许多肯定意义上的资金分配决策。参见左卫民:《中国基层法院财政制度实证研究》,载《中国法学》2015年第1期。

〔3〕 参见赵树凯:《基层政府:体制性冲突与治理危机》,载《人民论坛》2014年第5期。

纠纷与经济犯罪的界限、滥用强制措施、拒绝区际司法协助等情况普遍存在。[1] 在社会领域,诸如城乡社会保障和公共服务的不均等、进城农民工子女入学难等地域歧视问题,也由于地方政府的财政自利、法院袖手旁观而难于解决。社会不公使群众意见不断积累,加重了转型时期的公共治理危机。

因此,不仅是上访问题,经济和社会领域的公共治理难题同样要求中央通过司法改革来做出回应。在这当中,促进官民关系法治化的行政诉讼具有非同寻常的意义。行政诉讼不仅意味着司法权对行政权的制约,也意味着中央权力对地方权力的有效监督,其维护中央权威、保证法制统一、协调地方竞争、调节资源配置的功能,有助于强化中央对地方立法与行政部门的监督和制衡,从而也有利于保障宏观调控的效果和国家法制的统一。通过审查地方政府行为和立法的合法性,行政诉讼可以遏制官员的自利行为,确保地方竞争在可控范围之内。[2] 例如,关于税收问题有学者指出,对处在经济转型期的中国来说,消除地方政府间的税收不当竞争现象,不能完全依赖上下级政府及其官员之间的制约和合作,而应通过设立专门的司法机构或者准司法机构,适当借助司法规制的手段来解决问题。[3]

三、司法改革的法理问题

司法地方保护主义的组织条件,是法院外部和内部的双重行政化。就外部而言,由于地方政府掌握着财政、人事等影响法院的手段,法院不得不与行政目标亦步亦趋。就内部而言,审判活动因为案件层层审批同样行政化了,上下级法院之间也从审级监督变成了事实上的业务领导关系。这两个方面的行政化是互为表里的,因此要消除司法的地方保护主义顽疾,就不能停留于司法运行机制的简单修补,而需要根本性、强制性的制度变迁。[4] 正如有学者所说的,本轮司法改革“第一次触动司法体制中最顽固、最困难的一部分,属于司法体制改革多年来难得一遇的攻坚战”[5]。由于司法改革事关“全面深化改革”战略的成败,中央推进改革的力度十分强劲。这从以下几个方面可以看出。

第一,1998~2007 年的第一轮司法改革和 2008~2013 年的第二轮司法改革,分别由最高法院和中央政法委推动,而本轮司法改革系顶层设计、顶层推进。改革以党的十八届四中全会文件形式发布实施,并由中央深化体制改革领导小组直接推进。在截至 2015 年年底中央深改组召开的 18 次会议中,有 13 次涉及司法改革,是涉及频次最高的议题。不但具有根本性制度改革方案,而且一些具体的改革措施,如禁止领导干部干预案件、立案登记制、

---

[1] 焦洪昌:《从法院的地方化到法院设置的双轨制》,载《国家行政学院学报》2000 年第 1 期。
[2] 王理万:《行政诉讼与中央地方关系法治化》,载《法制与社会发展》2015 年第 1 期。
[3] 徐孟洲、叶姗:《论地方政府间税收不当竞争的法律规制》,载《政治与法律》2006 年第 6 期。
[4] 马长山:《新一轮司法改革的可能与限度》,载《政法论坛》2015 年第 5 期。
[5] 陈瑞华:《司法改革如何才能做得更好?》,载《凤凰周刊》2015 年第 15 期。

法官薪酬单列、司法人员交往行为准则等,也由中央深改组直接发布实施。本轮改革的内容不但涉及7大方面、65项具体措施,且推出节奏密集而迅捷,中央还为司法改革制定了明确的"路线图和时间表"。第二,为了迅速推进改革,励精图治的改革者甚至不惜在某些方面尝试突破既有的制度框架,人、财、物省直统管、员额制、跨行政区法院、最高院巡回法庭等改革措施,在某种程度上都同现行组织法存在不完全一致的方面。这一点后文还将论及。

第三,改革的强力推进也表现在某些消极方面。改革者对各项措施之间的复杂关联和困难似乎估计不足。立案登记制和法院人财物省直统管两项措施的衔接,是一个较为典型的例子。由于涉及土地征收、房屋拆迁等地方政府滥用权力的行为存在"立案难",立案登记制旨在打开地方法院行政诉讼的大门,但是显然,扩大这类案件的受理范围和数量,势必使法院同地方政府的关系变得敏感而复杂,故应该在省直统管完成、法院获得较大独立性之后实施立案登记制。但实际情况是,省直统管改革尚未完成,立案登记制已经全面施行。最后,新一轮司法改革从方案论证、文件起草、地方试点等环节都处于秘而不宣的状态,试点法院在改革初期也讳莫如深、避而不谈,一些司法改革文件也存在未能及时公之于众的情况。[1] 这显然是为了避免过多的争论之累而使改革迅速推进。

司法改革的推进动力毋庸置疑,其值得关注的问题在于,通过诉讼方式直接回应社会矛盾以矫正官民关系的诸多改革措施,可能会背离司法规律的一般要求,这些要求涉及审判权的独立性、专业性、稳定性等基本价值。下面我们以本轮司法改革的几项关键措施为例简做说明。

首先,关于人财物省直统管。省直统管改革力图通过切断地方对法院人、财、物的供给联系,以消除地方保护主义的外部条件。这一措施的初衷毋庸置疑,但与我国宪法的规定并不一致。《宪法》第101条规定,"县级以上的地方各级人民代表大会选举并且有权罢免本级人民法院院长和本级人民检察院检察长",第128条规定,"……地方各级人民法院对产生它的国家权力机关负责"。这些制度设计赋予地方各级人民法院强烈的地方性,尤其是结合现行法院人事、财政管理体制来看,地方性更为显著。[2] 省直统管改革似乎要把法院的"地方性"等同于"地方保护主义"一并消除。但是,看一下各法治国家的情况,会发现法院的某种地方性并不罕见。"司法的地方性和地方化并不意味着地方保护主义"[3],其优点是法律实施能够顾及地方的民情和多样性。地方性甚至不是导向地方保护主义的方便条件。事实上,地方保护主义不是因为法院受人大控制,而是人大权力缺席纵容了地方政府对法院的控制造成的。法院院长的产生、法官的任免、司法经费的拨付等,都在同级政

---

〔1〕 参见李林主编:《中国法治发展报告(法治蓝皮书)2015》,社会科学文献出版社2015年版;马长山:《全面推进依法治国的战略支点》,载《当代世界与社会主义》2014年第5期。

〔2〕 王建学:《地方各级人民法院宪法地位的规范分析》,载《法学研究》2015年第4期。

〔3〕 李小萍:《论法院的地方性》,载《法学评论》2013年第2期。

府的控制之下,正是这一现实导致了司法权的地方化。保护主义所追求的,不是地方的整体和长远利益,而是急于晋升的地方官员的特殊利益。这样来看,问题的解决还是得依靠地方人大为中心的政治机制的正常化。总之,需要消除的是地方保护,而不是地方化。

中央对司法权的定位,是“司法权属于中央事权”,这样,省直统管只是因为中央统管的技术性困难而采行的折中方式。〔1〕但是这会带来新的问题,“省一级统管只是把控制权从一个机构转移到了另一个机构,在减轻地方控制的同时却让省的统一调控管理成为可能,它给以省为单位的竞争和地方保护提供了便利,因而会导致司法省内化以及承担更重的地方保护主义任务。这在经济问题上表现得更为显著,因为各省都有比较明确和直接的经济发展目标”〔2〕。高级人民法院的角色也可能发生变异,“省直统管对于高级人民法院摆脱地方化助益无多,相反在中央与地方权力博弈过程中,省级政府为加强对市县法院的干预而强化对高级人民法院的控制,进而加剧高级人民法院的地方化”〔3〕。

第二,关于司法责任制。该制度一般有两个目的:一是使法官自身保持廉洁,二是确保审判权能够独立行使。从责任的判定标准来看,法治国家的通行做法是“行为主义”的、构成法官责任的是枉法裁判、贪污腐败等“不当行为”,而单纯的裁判结果错误不构成追责事由。我们对错案的终身追责却是“结果主义”的——只要被证明是错案,都要追究法官责任。结果主义逻辑显示的实体正义观念是有问题的,它过分加重了法官的职业风险。审判活动具有特殊性,错案既可能出于法官的主观过错,也可能是法律制度自身的后果,如刑事审判为限制公权力、保障被告人权利的“疑罪从无”“排除合理怀疑”原则,实际上是允许裁判结果偏离实体真实的。尽管对法官的终身追责与司法规律的要求不符,但它与本轮司法改革的目的是一致的:设定如此严格的责任,有助于激励法官抵制来自院外和院内的干预,也能强化法院相对于地方政府的独立性,从而在回应社会矛盾和维护稳定中发挥作用。

第三,关于立案登记制。这一措施是基于“有案必立、有诉必理”的指导方针设计的,它直接体现了本轮司法改革的意图——扩大法院受案以将矛盾解决地方化。但是,它也同司法规律的要求短兵相接。首先,它忽视了司法权在现代国家权力体系中的特殊地位。法院只是按照法律来决定事物合法与否,而在合法界限内发生的争议,一般需要通过政策过程解决,这一过程为政府留下了裁量余地。从专业性的角度来看,由于目前很多矛盾具有历史原因和政策性因素,远远超出了法官的专业领域范围,而如果法官径直以法律设定的刚性标准作出裁决,则既难于满足“定纷止争”的政策性目的,又可能引发新的矛盾。基于此,只有确保司法之外的行政、立法等政治过程有效运作,将大多数矛盾化解在司法过程之外,才可与法院的正常功能相得益彰。法官职业的独立性与专业性都决定了司法既不可能,也

---

〔1〕 孟建柱:《深化司法体制改革》,载《人民日报》2013年11月25日,第6版。

〔2〕 李少文:《论司法中央化改革的困境》,载《探索与争鸣》2013年第4期。

〔3〕 廖希飞:《高级人民法院的职能——以行政审判为视角》,载贺荣编:《司法体制改革与民商事法律适用问题研究》(上),人民法院出版社2015年版,第38页。

不应该成为矛盾化解的主要手段,有限的司法资源只应用于那些具有法律性质的争议。其次,如前所述,立案登记制本应在人、财、物省直统管改革完成、审判权获得相对独立地位之后实施,否则骤增的行政诉讼将导致法院同地方政府要么变得对立,要么迫使法院策略性地回避问题。现实情况已经显示了这一问题,立案登记制已经于2015年5月1日全面实施,而省直统管改革迄今仍未完成,在一些省份仍处于试点阶段,这就直接把法院推向了一个案件骤增而又解决乏力的尴尬境地,2015年全国法院积案大幅增加或与此有密切的关系。

除此之外,本轮司法改革的一个不足,正如有学者指出的:其他国家如英国、德国、法国的司法改革,多依靠议会力量推动,因为代议机关在人事和财政上的责任机制更为清晰,而且能够直接反映社会需求的强度和变化,而在我国,全国人大迄今没有出台一个关于司法改革的文件。司改方案出台过程秘而不宣,也使公众参与和律师参与缺席,这就可能削弱改革的正当性并影响到措施效果。〔1〕

四、不堪重负的法院

以去除地方保护主义为目的的司法改革,既然源自重整央地关系的政治考虑,且回避通过激活地方人民代表大会机制来回应问题,就势必把法院推到矛盾解决地方化重任的最前沿,而无论这些矛盾是法律性的还是政治性的。因此,本轮司法改革是"矛盾回应型"的,它立足于期待法院替代政治过程的纠纷预防和化解功能,可能会加重其本已沉重的负荷——负荷既包括因受案量增加带来的"案件负担",也包括承担非司法功能而造成的"功能负担"。

案件负担沉重是一个老问题了。我国法院受理案件的数量已连续增长30余年,从1978年的61万件增加到目前的1200多万件,增长约20倍。在"诉讼爆炸"的同时,法官数量却没有相应增长,仅从1978年的6万人增加到目前的21万人。近些年诸多司法便民措施的推行、诉讼费的大幅降低等,也导致法院案件压力十分沉重。〔2〕新一轮司法改革没有对司法便民政策进行调整的迹象,反而有进一步强化的趋势。例如,由于一些行政纠纷因"立案难"而无法进入诉讼过程,中央对于推进立案登记制十分积极,这大大增加了地方法院特别是基层法院的案件量,而且行政诉讼案件尤其呈现骤增趋势。立案登记制在本轮司法改革中举足轻重,"有案必立、有诉必理"像一把铁锤,硬生生地砸开了法院的大门。在立案登记制实施的第一个月,全国法院的行政案件立案数量同比增幅221%,远高于法院案件

〔1〕参见陈瑞华:《司法改革如何才能做得更好?》,载《凤凰周刊》2015年第15期;江国华:《论司法改革的五个前提性问题》,载《政治与法律》2015年第3期。

〔2〕对相关问题的讨论,参见拙作:《法院"案多人少"与国家治道变革——转型时期中国的政治与司法忧思》,载《政法论坛》2015年第2期。

量总体29%的增幅。个别地方的情况更说明问题:2015年天津法院的行政案件数量同比增长752%,山西法院同比增长481%,上海法院同比增长476%。我们在调研中发现,一些法院2015年的积案相较往年明显增加,原因主要有两个:一是实行立案登记制后大量的新增案件让法院应接不暇,这些案件相当一部分涉及难于处理的征地、拆迁补偿纠纷;二是司法改革特别是员额制改革的不确定性,影响了法官的工作积极性,导致司法效率下降。

员额制改革也将因为大幅减少法官数量而加重法院的案件负担。上海市高级人民法院的一位资深法官撰文称:"人员分类定岗工作开展后,'案多人少'矛盾可能在一段时期内更加突出。"[1]矛盾会更多体现于基层法院,因为《人民法院第四个五年改革纲要》要求"进一步改革民商事案件级别管辖制度,逐步改变主要以诉讼标的额确定案件级别管辖的做法,将绝大多数普通民商事一审案件的管辖权下放至基层人民法院,辅之以加强人民法庭和诉讼服务中心建设,强化基层人民法院化解矛盾的职能"。基层法院的案件负担本来就重,这一措施将雪上加霜。管辖制度改革似乎再次印证了"权力上浮、责任下沉"的逻辑。此外,诸多改革措施也增加了大量新的行政事务,推动司法公开、判决书上网、全程录音录像等措施,使法院的事务性工作成倍增加。根据对山东、湖北、北京等地法院的调研,法官对此普遍反映强烈。

我国法院除了案件负担外,还面临沉重的功能负担,即在审判案件之外担负本应由政府和人大承担的矛盾化解责任。这一状况同样由来已久,并可能因新一轮司法改革而持续加重。20世纪90年代,在强调经济发展为中心的大环境下,法院被要求为地方经济"保驾护航"并直接参与招商引资活动,这是滋生司法地方保护主义的一个重要原因。[2] 在过去的十多年中,法院的非司法功能延伸到了维稳、民生等方面,一线法官被要求直接参与治安、截访、扶贫等任务。最令人堪忧的,是维稳、民生等行政目标直接、实质性地嵌入了立案、审判、执行过程,导致法院为地方利益而选择性立案,或为息事宁人、息诉罢访而不得不经常性地曲法裁判。以矛盾解决地方化为主要关照的新一轮司法改革,看来仍会在很大程度上延续这一态势。功能负担同案件负担一样,显示了司法权的行政化和工具化。

沉重的负担对司法赖以安身立命的独特品质正构成严重威胁。首先,它削弱了司法的专业性和独立性。法院的独立与专业依赖于适当的案件负担,但汹涌而至的案件使法官无暇业务提升,行政目标嵌入案件审理过程则直接削弱法官对理论、知识和规则的需求。由于必须屈从于地方的行政目标,法院独立审判的空间受到挤压,尽管这或许能维护一时一地的社会效果,长远来看则严重扭曲了法院不同于立法和行政机关的功能。其次,沉重的

---

〔1〕 郭伟清:《落实法官员额制全面推进人员分类管理改革》,载《人民法院报》2015年2月9日,第4版。

〔2〕 为求经济发展而展开的地方政府竞争也延伸到了司法领域,演绎为地方法院为当地经济发展和社会稳定服务的竞争,这表现在以个案裁判保障地方GDP增长,针对地方某项重点发展任务而出台专项司法服务文件等。参见高翔:《中国地方法院竞争的实践与逻辑》,载《法制与社会发展》2015年第1期。

负担损害司法的权威和公信力。如果案件负担只是占用了法官的时间和精力,那么功能负担直接嵌入个案审理过程则扭曲了法官的思维模式和行为方式,也导致了司法权威和公信力的衰退。事实上,过去十多年司法腐败的滋生也与司法权威的衰退相关。

第三,影响法官职业群体稳定。案件负担和功能异化致使法官压力大、责任大、尊荣感降低、职业前景黯淡,与法官待遇低的矛盾变得十分突出。堪忧的是,司法改革不但没有增强司法职业的吸引力,反而造成许多精英法官流失。据最高人民法院的统计,2015 年全国辞职的法官有 1000 多人。[1] 在过去的两年中,上海有三百多名法官、北京有五百多法官离职,江苏法院在 2014 年有二百多位法官离职,有些没有离职的,也竭力通过晋升、转岗而离开审判一线。流失的法官主要集中在基层法院,而且其中多数属于业务骨干。[2] 他们中的相当一部分,流向了其他政府部门。这一情况更令人忧虑,因为它说明流失并不都是因为待遇问题。这样,即使提高法官物质待遇,如果其他问题得不到解决,仍不能稳定法官群体。此外,改革措施加重了法官的工作负荷和责任,却没有同时提高法官独立审判的权力。这也使司法改革正面临新的窘境,例如员额制改革刚刚启动时,社会普遍担心入额竞争会非常激烈,但是在不少试点法院,由于预期待遇难以提高、终身追责加大了职业风险、审判自主权难以落实、案件负担大大加重等原因,法官入额积极性并不高,甚至出现入额报名不足、动员报名后虽参加考试但故意交白卷的情况。

法院案件负担和功能负担的加重,实际上与司法改革试图回应的治理危机有相同的成因,即央地博弈关系格局中的"权力上浮、责任下沉"规律。司法改革因回应社会矛盾的需要而会被强力推进,但在人事权纵向化的"压力型体制"之下,支撑司法的"中央事权"性质的财政负担却难以轻易从地方转归中央。沉重的司法负担,一方面削弱法院的独立、专业与稳定性,使其回应社会矛盾的效能进一步衰退——这不利于试图以司法过程替代政治过程和"全面深化改革"目标的实现;另一方面,将引起法院系统自身对司法改革的疑虑和消极应对,这将与央地博弈中的地方利益形成联盟,成为司法改革措施顺利落实的无形障碍。

五、优化央地关系与"规则确认型"司法

央地财权与事权的失衡,对基层官民关系的恶化起到了推波助澜的作用。说明这一点的意义在于,央地关系失衡不仅是一个财税体制的问题,而且关乎社会和政治稳定,它既是新一轮司法改革的发生背景,也是改革措施偏离法理要求的诱因。因此,我们可以更多地从改善央地关系入手,思考怎样有效地回应官民矛盾以及矫正司法改革的方向。本部分要说明的,也与这样两个问题相关:如何平衡央地关系以减少社会矛盾的外部激励,以及时下

[1] 陈海光:《法官应当勤勉敬业》,载《人民法院报》2016 年 5 月 7 日,第 2 版。

[2] 参见沈念祖:《流失的年轻法官》,载《21 世纪》2014 年第 3 期。

进行的司法改革能够为实现这样一个目标做些什么。

就第一个问题而言,令我们乐观的是,从公共行政和财政视角所做的比较研究已经提供了大量成熟的理论和经验。细致梳理这些理论和经验超出了本文的目的,不过概括来看,无论是在联邦制还是单一制国家,有三方面的共识值得我们认真对待:1.国家权力每一层级的事权、财权、人(事)权应保持平衡;2.央地关系以及地方各级政府间的关系,应当是法治化而非政策化的;3.专业而中立的司法系统在维持央地分权的刚性特征方面可以发挥重要作用。

首先,实现央地事权、财权、人权的平衡。党的十八届三中全会明确提出要"建立事权和支出责任相适应的制度。适度加强中央事权和支出责任,国防、外交、国家安全、关系全国统一市场规则和管理等作为中央事权;部分社会保障、跨区域重大项目建设维护等作为中央和地方共同事权,逐步理顺事权关系;区域性公共服务作为地方事权。中央和地方按照事权划分相应承担和分担支出责任。"这是一个正确的方向。2014年6月底,中共中央政治局通过《深化财税体制改革总体方案》,这一改革在2016年也已经全面启动。在事权划分的基础上,财权的分配不是太大的问题,但困难和挑战依然存在。按照我国现行宪法体制,国家权力体系分为中央、省、市、县和乡镇五级,而要在五级政治单元清晰地划分财权和事权,国际上并无成功先例,主要原因是复杂的政府层级会带来行政效能问题,在实行地方自治的国家,一般只划定两级地方政府。[1] 目前我国在这方面的探索,是通过"省管县"来减少财政层级、提高行政效率。另一个困难是,在目前宏观调控和财政收入两方面压力均较大的情况下,中央是否能够承担更大的支出责任。目前的财税体制改革,仍有重"分钱"而轻"分责"的色彩。虽然"营改增"是继1994年实行分税制以来最重要的财税改革,央地就增值税的分成方案也已尘埃落定,但事权和支出责任的划分仍然没有启动。由于这对于改善地方财政状况没有明显的助益,减税还可能造成地方财政紧张,以至于人们不免担心地方政府对土地财政的依赖可能会加重。[2]

除此之外,仅优化央地事权和财权尚不足用,这两种权力还应当同人事权相平衡。人事权维持纵向机制,则仍可能使事权和财权在纸面上的平衡安排落空,因为一时的平衡很容易被官员"向上负责、向下施压"的动机打破。过去社会矛盾从地方层面溢出而进入上访渠道,其实就是在向上级追责,这是由于人事权的纵向化造成的。责任机制的缺失,加之事权的混合和财权的制约,实际上是对地方政治机制的釜底抽薪,它使得地方人大处于无事可议、无财可用、无人可究的尴尬境地。一项对1000多名县委书记的实证研究准确揭示了这一问题的严重性。该研究发现,县委书记们普遍感觉到分税制改革后中央控制地方的力度越来越大,县级政府集"有限的权力""拮据的财力""无限的责任"于一身,已成为"权力

---

〔1〕 喻希来:《中国地方自治论》,载《战略与管理》2002年第4期。

〔2〕 傅光明:《营改增后须完善地税体系》,载《经济日报》2016年5月10日,第9版。

和功能不完整”“缺胳膊少腿”的政权。[1] 从理想的情况来看,只有各级政治单元在事权、财权、人权三方面均保持平衡,才能将目前集聚于中央的责任分摊至不同政治层级,但毋庸置疑,深化这个方面的改革需要更大的勇气和魄力。

其次,应当实现央地关系的法治化和制度化。当前我国央地事权与财权的失衡源于两个制度性缺陷:一是央地关系主要是通过政策手段而不是法律方式来调整的;二是中央政府在构造央地关系中居于主导地位。分税制改革之后,几乎所有的央地关系变化都体现了这两个特征。不通过刚性立法而是借助政策性调整,这种看似灵活的方式实则构成了央地关系走向平衡的障碍,而中央与省的关系在省以下政府间被复制,则凸显了问题的严重性。政策化导致央地之间、地方上下级政府间的博弈无序化。例如,分税制改革方案设计之初,中央并非没有考虑到财权上收之后对地方财政造成的压力,所以正式文件中罕见地对央地事权进行了划分。[2] 但是,中央的宏观调控需要、纵向化的责任机制、大量的共管事项等因素,很快打破了既定的事权界限,财权上浮、事权下沉的格局持续强化。

财税体制改革的难点之一在于,中央的主导地位固然有强化宏观调控的作用,但也弱化了地方政府的协商能力,这激励了地方政府的自利冲动向土地财政释放。我们也看到了,1994年分税制改革虽然有原则性的事权分配安排,但税权的中央集权化在那之后是不断加剧的。[3] 从目前的情况来看,中央对于改善地方财政状况采取的措施力度是有限的。2015年的新《预算法》为缓解地方财政压力提供了两个渠道:一是“省钱”,即要求地方政府通过全口径预算提高财政效率;二是“借钱”,亦即将长期以来变相存在的地方债合法化。当然,我们不能期待《预算法》对政府间的财政关系进行彻底重构。2016年是财税体制改革的启动年,作为改革“头炮”的证券交易印花税调整,或许已经显示了改革的基调。国务院宣布将证券交易印花税中央97%、地方3%的分成比例调整为全部作为中央收入。尽管证券交易印花税归中央在现代各国并不罕见,但这种由中央主导分税政策的做法,可能会成为一种持续存在的方式,尤其是在“保持现有财力基本稳定”的原则指导之下,恐怕很难有突破性的变化。归根结底,缺乏法律刚性约束将为央地博弈的即时化提供温床。如果中央“管”不住地方,引发的矛盾还会上浮到中央,如果地方被中央完全“管”住,地方利益就得不到保障。[4] 因此,央地责权划分需要法治化和制度化,这对于控制利益博弈的范围、深度和

---

〔1〕 肖立辉:《县委书记眼中的中央与地方关系》,载《经济与社会体制比较》2008年第4期。

〔2〕 参见1993年《国务院关于实行分税制财政管理体制的决定》(国发〔1993〕85号)。

〔3〕 叶姗:《税权集中的形成及强化——考察近20年的税收规范性文件》,载《中外法学》2012年第4期。中央对地方的转移支付制度也是一个例子,该制度的初衷是通过宏观调控实现地区间公共服务的均等化,实际效果却是激励了地方的“跑部钱进”动机。尽管中央对地方的转移支付总量不小,但由于效率低下,并没有解决地方政府特别是县乡政府的可支配财力不足问题。

〔4〕 在分税制改革实施之前的学术讨论中,就曾有研究指出:中央与地方事权关系又必须通过修宪作出明文规定,成为中央与地方权力来源的宪法依据,它们不应当是基于中央与地方在经济与政治利益上的讨价还价,而应当是基于制度化的权力分享。参见王绍光、胡鞍钢:《关于中国国家能力的研究报告》,辽宁人民出版社1993年版,第159~168页。

频度是必要的,正像有不少学者已经提出的,应当由全国人大制定《中央与地方关系法》来达到这一目的。

第二个问题是,构造这样一种良性的央地关系目标与正在进行的司法改革有何关联?从前面的分析可以发现,新一轮司法改革的内在目标,是以司法直接回应社会矛盾,这意味着司法在很大程度上替代政治机制的功能,其后果是使司改措施偏离法理规律,既加重法院的案件负担和功能负荷,也不利于司法改革既定目标的实现。因此,一个可以期待的方向,是让司法改革有助于一种刚性、平衡的央地关系的构建,其中也包括适当平衡央地之间的政策博弈能力。法治国家的经验表明,司法因其独立、专业、权威而适合担当央地纠纷的仲裁者。因此,通过中立的司法审查机制来限制政策调整方式,维持法定的分权安排,应当成为新一轮司法改革的重要目标。这一目标引领我们将目前的"矛盾回应型"司法改革转到"规则确认型"司法改革的方向上来。即使要求法院直接回应社会矛盾,它也不能导向使司法趋于行政化和工具化的方向。

纸面的分权不论如何精致,都不能确保在实践中得到遵循,责权分配的效果取决于是否存在刚性约束。从更为开阔的视角来看,应当把司法的作用置于整个国家权力的结构性安排中来看待。司法机制与政治机制应该互为补充,共同发挥规则确认功能。对此,法治国家一般采用两种机制:一是通过政治过程将利益竞争和政策博弈制度化、程序化。政治过程赋予各方平等表达诉求和影响决策结果的机会,当某项措施偏离制度规范时,政治过程的敏感性和回应性会允许、激励相关力量寻求纠偏。政治过程的价值还在于,从中央和地方不同层面为人权、事权和财权的真正平衡提供强劲动力,防止个人和部门利益掌控对"公共利益"的解释权。法治国家通常采用的第二个机制,是借助司法个案的审判来维护这种分权关系,这也正是本文讨论的落脚点所在。

总之,如果中央和地方国家机关的财权、事权、人权得到平衡的安排和维持,政治过程和司法机制正常运转则可能防患于未然,避免社会矛盾的大量发生。通过降低司法的案件负荷和功能负荷,可以给法院恢复其应有的独立、专业和稳定品质赢得时间和空间。不以"规则确认型"司法为目标推进司法改革,只能事与愿违地使司法部门陷入更加行政化和工具化的危险之中。

结　语

本文对分税制、赴京上访、社会矛盾及司法改革之间关系的分析是解释性的,因为这一领域尽管以财政问题为中心,但其反映的央地公共权力的运行特征是同构性的。大量上访与群体性事件显示的治理危机,既是地方人大权力衰微、政治过程不畅的结果,也与央地关系失衡对地方政府形成的反向激励相关。因此,回应当前我国面临的公共治理危机的思路是双重的:一方面,由于司法过程与政治过程本质上难以相互替代,怠于疏通政治过程将导致社会矛盾层出不穷，司法不但难堪越粗代庖之重负，其赖以安身立命的专业、独立和稳定品质也将岌岌可危，而一旦法院不成其为法院，司法改革回应转型期间高发社会矛盾的效果也将堪忧，公共治理将陷入政治过程与司法过程双重失灵的境地；另一方面，应从央地关系法治化角度反思司法改革的方向。只有将“矛盾回应型”司法转向“规则确认型”司法，使法院成为刚性法律规则的捍卫者，才能使政府和民众都能形成稳定的规则预期，从而有效防范社会矛盾的大面积发生。司法应担当维护央地关系法治化和制度化的角色，这也是党的十八届三中全会确立的“司法权属于中央事权”的应有之义。乐观的是，中央政府强大的人事权和政策执行力可以成为“全面深化改革”的政治资源，挑战则在于能否汇集智力资源以突破公共决策的效能“瓶颈”。当前颇为关键的，是通过推进以财政体制改革为中心的各项改革，进一步平衡央地之间事权、财权与人权的划分，削弱地方官员制造社会矛盾的财政激励。当然，从长远来看，只有激活以各级人大为中心的政治机制，才能为央地关系的平衡提供不竭动力，并从根源上减少社会矛盾的发生，由此宪法和法律规定的政治与司法机制才能各司其职、相得益彰。

（原载于《中国法学》2016年第4期）

法治国的宪法内涵

——迈向功能分化社会的宪法观

李忠夏*

1999 年《宪法》修改将“依法治国”写入宪法。修改后的《宪法》第 5 条第 1 款规定:“中华人民共和国实行依法治国,建设社会主义法治国家。”中共十八届三中全会进一步明确提出“推进法治中国建设”。中共十八届四中全会则提出了全面推进依法治国的总目标。这三者结合构成了中国法治国建设的总纲,《宪法》第 5 条第 1 款也因此成为中国法治国原则的表达。法治国的提出并非偶然,而是体现了中国国家建设的范式转型。要认清法治国建设在当代的意义以及未来应如何发展,就需将其嵌入中国国家建设和立宪观念转型的历史中,从近代以来社会演化的角度反思法治国原则的功能、规范意涵以及“八二宪法”的价值基础。

一、清末民国的立宪政治:政治系统的重塑与扩张

从清末立宪到新中国成立再到法治中国的提出,这一立宪进程所实现的范式转型可以纳入卢曼的“社会演化”理论中加以观察。[1] 总体而言,这一路径经历了从上/下分层的社会结构向功能分化的社会结构的演化。在上/下分层的社会系统中,社会各子系统并非平行关系,而是某一个系统占据中心,与其他社会子系统构成了“等级差异”。[2] 这种分层社会的共性是“贵族制”,它会形成一个社会“上层”以及维护该等级的政治权力结构、道德和

---

* 李忠夏,山东大学法学院教授、博士研究生导师。

〔1〕 费正清将中国近代立宪归纳为“挑战—回应”的国家变革模式,虽然这一模式可以解释中国发生变革的原因,但未能解释在“挑战”之后中国社会结构自身独特的演化进路,参见[美]费正清、赖肖尔主编:《中国:传统与变革》,陈仲丹等译,江苏人民出版社 2012 年版。

〔2〕 N. Luhmann, Die Gesellschaft der Gesellschaft, Suhrkamp, Frankfurt am Main 1997, S. 685.

宗教观念,社会资源的分配都围绕"上层"展开并对其他社会子系统(如经济系统)产生决定性影响。[1] 在功能分化的社会系统中,社会各子系统实现了运行上的闭合,独立承担不同的功能,具有自身运行的"符码",是"自创生"的系统。功能分化意味着,"统一的视角——在该视角之下系统和环境的差异得以分化——是功能,功能使整个系统充满了分化而出的系统(而不是其环境)"。[2] 对于功能分化的社会而言,其关键词是平等,子系统之间相互并行,通过相互之间的"结构耦合"实现整个社会的共生演化。根据卢曼的理论,社会系统的演化主要通过变异、选择、稳定化这三重要素来实现,[3] 从而实现"不可能之可能化"。[4] 稳定化的社会系统会因为"复杂性的突变"[5] 而打破,社会系统因而面临各种"选择",系统在多重可能性之间选择其中之一,并使可能性变为"现实",形成路径依赖,从而再度实现系统的稳定化。

中国自清末立宪至今,就属于传统上/下分层的社会结构逐渐被打破并慢慢向功能分化的社会系统演进的转型期。中国社会结构的变异是从政治系统开始的,"外来的侵略"成为政治系统结构调整的诱因,并因此产生了追求国家独立及富强的心理意识,[6] 进而对政治系统的结构变化产生了激扰,刺激政治系统做出新的选择。立宪属于政治系统的自我反思,是政治系统为应对社会变异(中国传统社会超稳定结构被打破)而做出的选择,但"立宪是个筐,什么都能往里装",所以立宪这一选择又衍生出更多选择,由此带来复杂性的提升。清末以来的立宪,一方面打破了传统中国的政治结构,试图通过立宪规训皇权或政治权力,从"民"的角度建构政治统治的正当性,逐步实现政治民主化;另一方面又体现了转型期的特点,即守旧与革新的力量并存。"守旧"表现在,即使革命推翻旧王朝之后,仍有一种力量试图延续传统上/下分层的社会结构,如清末民初的"虚君共和""开明专制"论及"保教立国"的构想;"革新"则表现在一种彻底变革式的政治思维,但这种政治结构的重新塑造,也会因为外忧内患的局面以及追求国家主权、独立、富强的意识,而导致政治系统在自我反思过程中的内在扩张,并试图形成新的上/下分层结构。

政治系统的内在扩张与立宪形成了两种不同的演进力量,并构成了内在的紧张。政治系统试图维系上/下分层的社会结构,但立宪却反其道而为之,试图从政治系统中分化出独立的法律系统,重塑政治系统,并对政治系统的扩张产生制约。在卢曼看来,近代宪法的功能,主要是为了防止政治系统的扩张,维系"社会系统的功能分化",是政治系统与法律系统

---

〔1〕 关于上/下分层社会中资源的集中,同上书,第708页。

〔2〕 同上书,第746页。

〔3〕 同上书,第425页以下。

〔4〕 同上书,第413页以下。

〔5〕 同上书,第415页。

〔6〕 关于"救亡"和"富强"的心理意识,参见李泽厚:《中国现代思想史论》,东方出版社1987年版,第7页以下;王人博:《宪政的中国语境》,载《法学研究》2001年第2期。

的“结构耦合”。[1] 托依布纳则更进一步,认为宪法具有防止所有社会子系统内在扩张的功用(如防止自由主义观念下经济系统和经济权力的内在扩张)。[2] 所以,近代宪法与社会系统的功能分化具有内在的关联性,而“维系社会系统的功能分化”,在现代语境下不仅具有社会学上的描述意义,也具有一种规范上的指引作用。政治系统的扩张与立宪的分化趋势之间的内在紧张,构成了近代中国的演化主线。

清末立宪以来政治系统的重塑与扩张,很大程度上体现在国家观念的变迁、制度设计和政治实践中。中国近代的国家观,从传统以儒家伦理秩序为依托的“天下”观念,转向了以国民、国土、国家权力为要素的民族国家观,[3]并衍生出近代主权的观念。国家的语义逐渐从儒家伦理这种宗教—伦理系统中摆脱出来,国家的正当性不再立基于传统的儒家伦理和等级秩序,而是转向立宪及其根基“自由”或“民权”,在人民与国家之间建立起正当性的联系,[4]由此产生了自由与主权、人民与国家之间关系的现代性问题。[5] 在近代国家的建构中,个体自由、社会秩序与国家主权是整合的三个面向。[6] 概括来说,中国近代立宪过程中的纷争主要围绕下述问题进行:如何从个体出发实现国家的整合,即实现“国家统一意志的形成”。中国近代的国家建构基本上可归为个体、人民和国家三重面向:个体追求自由,人民追求共存和意志整合,国家追求主权独立。这三者之间呈现出一种独特的关系,自由、意志整合和富强被融入一个有机的整体框架之中,并呈现出一种“有机主义”的国家理论面向,也就是说,国家是目的,个体的权利、人民的意志都围绕国家统一体和国家主权的形成展开。

就个体层面而言,在近代语境下,自由具有双重意涵:一是具有自身内在目的性的自由,二是具有促进社会共同体之能力的自由。在近代中国,谈及自由主要取向后者,这构成了中国独特的自由主义路径,即忽略自由的自然性和先于国家性,而服膺于国家,或者说,希望将个体自由融入国家主义之中。自严复开始,中国的知识分子就试图将个体的自由与

---

〔1〕 N. Luhmann, Das Recht der Gesellschaft, Suhrkamp 1995, S. 69f.

〔2〕 参见[德]贡塔·托伊布纳:《宪法的碎片:全球社会宪治》,陆宇峰译,中央编译出版社 2016 年版,第 86 页以下。

〔3〕 梁启超曾言,“有国家思想,能自布政治者,谓之国民。天下未有无国民而可以成国者也”。参见梁启超:《新民说·论国家思想》,载《饮冰室合集》(第 6 卷)(《饮冰室专集之四》),第 16 页。

〔4〕 虽然康有为、梁启超等人一直试图在中国传统的民本思想与近代的民权之间建立一种联系,且这种努力直到今天依然存在,但传统中国的民本思想毕竟与现代性价值存在根本不同。关于康有为的“以儒变法与以儒为教”,参见[美]萧公权:《近代中国与新世界:康有为变法与大同思想研究》,汪荣祖译,江苏人民出版社 2007 年版,第 74 页以下。

〔5〕 对此,张君劢在《国家为什么要宪法》一文中有很清晰的描述,国家的目的即为保障人民的“生存和自由”。参见张君劢:《宪政之道》,清华大学出版社 2006 年版,第 135 页以下。

〔6〕 在霍布斯的国家理论中,保障自由的理性自然法与作为利维坦的国家主权之间存在内在紧张,而理性自然法中也衍生出个体不受限制之自由(自由主义、功利主义之主张)与社会共同体秩序之间的内在紧张,由此形成个体、秩序与主权这三者之间的内在紧张。参见 Vgl. F. TÖnnies, Thomas Hobbes: Leben und Lehre, 3. Aufl., Stuttgart-Bad Cannstatt 1971, S. 196ff。

集体能力糅合在一起。[1] 当然,中国近代也有"以自由为本"的自由主义主张,但即使如胡适、高一涵等自由主义者,在个人与群体、国家关系上,也未完全忽略群体,而是致力于实现一种平衡。[2] 这使中国近代的自由追求呈现出独特的态势:急于在伦理层面摆脱传统束缚,而与立宪主义相吻合,而当个体自由与集体利益和国家利益相冲突时,又需让位于集体和国家。

具体到制度设计,近代诸多次立宪中所规定的基本权利,虽然也具有"防御国家权力"的品性,但更多是体现"社会正义"和"积极权利"的一面,而非纯粹的自由权。基本权利主要是国家之内的自由,而非先于国家的自由,[3]国家保护的非不受限制的"工商自由",而是具有社会属性的个人自由,强调人在群体中的生存与共存;[4]"人民"而非个体成为基本权利主体;为实现"民治",需要对人民进行"改造"(新民),人民被赋予更高的道德义务,强调个体在群体中的义务,必须"开民智",改造"国民性",[5]内守私德、外遵公德,才能实现民主之理想;人民之范围必须符合"革命建国"之需要,区分"敌我"。[6] 在人民层面,强调"积民成国",重视个体集合为人民,这就需要摈弃个体中的私利倾向。在"革命"的民主共和呼声下,动员人民之力量、实现人民意志的整合成为中国近代立宪的主旋律。要动员人民,就首先需要界定什么是"人民"。关于人民之整合,存在几个关键要素:(1)对"人民"的伦理道德要求,"集人成国,个人之人格高,斯国家之人格亦高;个人之权巩固,斯国家之权亦巩固"。[7] (2)以民族主义方式整合人民。清末所倡导的民族革命就具有此种意义,"种族革命"在当时是为了达到救国的政治革命目的。后来,梁启超转变态度,认为种族革命

---

〔1〕 史华兹认为,《原富》中的经济自由和斯宾塞的"利己主义"符合严复的观念,寄望通过个人自由而实现社会有机体的整体发展,但穆勒的个体自由却不同,并非为实现群之幸福,而是具有个人的内在目的性。参见[美]本杰明·史华兹:《寻求富强:严复与西方》,叶凤美译,江苏人民出版社2010年版,第37页以下、第88页以下。汪晖则认为,严复对"公心"的追求与个体自由并不抵牾,并未如史华兹所分析的,是对自由主义的歪曲和误解。参见汪晖:《现代中国思想的兴起》(下卷·公理与反公理),生活·读书·新知三联书店2008年版,第835页以下。

〔2〕 参见张宝明:《多维视野下的〈新青年〉研究》,商务印书馆2007年版,第211页以下。

〔3〕 这一有关自由的思路对中国近代的制宪也产生了相当影响,比如有学者突破"天赋人权"的范畴,认为人民权利发展的新趋势应从消极保障扩展到积极保障,顺应经济民主的趋势。参见王子兰主编:《中国制宪问题》(又名《五五宪草之研究》),中国印书馆1946年版,第22页,而"总理遗教"中关于人民权利也认为,"国民党之民权主义与所谓'天赋人权'者殊……而求适合于现在中国革命之需要。盖民国之民权,唯民国之国民乃能享之"。参见吴经熊、黄公觉:《中国制宪史》,商务印书馆1937年版,第680页。

〔4〕 张君劢将个人自由与社会公道结合在一起,认为社会主义与个人自由主义缺一不可,"一切政制上之社会公道与个人自由,如鸟之两翼,车之两轮,缺一不可者也"。参见张君劢:《宪政之道》,清华大学出版社2006年版,第85页以下、第91页。

〔5〕 关于先"立人"而后"立国"的功利思维,梁启超曾言,"苟有新民,何患无新制度,无新政府,无新国家"。参见梁启超:《新民说·论新民为今日中国第一急务》,载《饮冰室合集》(第6卷),中华书局1989年版,第2页。

〔6〕 比如,在授予人民权利时,"必不轻授此权于反对民国之人,使得藉以破坏民国"。参见吴经熊、黄公觉:《中国制宪史》,商务印书馆1937年版,第680页。

〔7〕 陈独秀:《一九一六年》,载《青年杂志》(1卷·5号),1916年1月15日。

"实不可以达政治革命之目的者也",[1]而要求改弦更张。至孙中山提出"五族共和",则在认识上更进一步,但目的无非也是增强社会的动员和整合能力,实现革命。所以,在当时,保皇和革命、立宪与共和、排满与种族融合这些争论的背后,都有一种"整合社会力量"的考量在内。(3)人民的整合需要人民具有能力,因此需要对人民加以适度的引导。康有为提出"君主立宪",梁启超提出"开明专制",其目的均是以中国传统的皇权整合各派力量,引导立宪,实现共和,而20世纪30年代出现的"民主还是独裁"的争论,[2]也是此问题的延续。至于"训政"的提出,也是通过权威引导人民意志之整合的一种方式。(4)在经济政策和土地政策等方面,提倡"节制资本、平均地权",借鉴国家社会主义的经济模式,[3]强调国家经营[4]和国家干预,关注民生和平民的生存,建构"社会本位"的基本权利体系,[5]其目的也在于激发底层民众,动员人民的力量。

在国家层面,国家与人民的整合在一定程度上具有同质性。在清末,梁启超曾经为实现君民共治的妥协而提出"主权在国"的观念,[6]之后,"主权在民"虽得到广泛接受,但是这种"国家主义"的影响仍无处不在。这种观念认为,国家固然要以人民意志为依归,却自有其"国性"或者说"国家人格"。国家包含国民、领土与主权三要素,国民之自由和意志是其中之一,如果在领土和主权面临威胁时,则国民自由和民主意志需进行退让。所谓国家主义,就是"以'国家利益'为前提,以'全民福利'为依归,以'爱国'为最高的道德,以'自卫'为和平的原则;排除内外的暴力,保存固有的'国性';要求领土的统一,主权的独立,国民的自由,以完成'国家人格'"。[7] 这表明,在国家与社会、民众意志冲突时,以国家为优先,当民主不利于国家之整合时,则需以独裁取代之。这种将国家置于民主之上的做法,是将民主视为各种私利之集合,忽略其公意属性,认为只有通过国家方可压制私利的冲突,夸大了国家的"公意"性,割裂了人民与国家之间的正当性关联。这种观念的负面效应是,某种程度上将政府与国家混同,国家主义沦为政府主义,"理想国"蜕化为集权的政府,从而使国家主义成为独裁的工具。

在近代中国的国家建构中,一方面引入自由、民权、立宪等观念,将家庭、婚姻、文化、政治等从传统的儒家伦理秩序中解放出来,在社会层面产生了功能分化的潜力,自由民权的

---

〔1〕 梁启超:《申论种族革命与政治革命之得失》,载《饮冰室合集》(第2卷)(《饮冰室文集之十九》),第16页。

〔2〕 这一争论的源头是国民党实行"训政",最开始在胡适与蒋廷黻之间展开,之后则形成了蔓延知识界的大讨论。参见智效民主编:《民主还是独裁——70年前一场关于现代化的论争》,广东人民出版社2010年版。

〔3〕 参见吴经熊、黄公觉:《中国制宪史》,商务印书馆1937年版,第682页以下。

〔4〕 孙中山指出,"中国实业之开发应分两路进行,(一)个人企业、(二)国家经营是也"。参见孙中山:《建国方略》,载《孙中山选集》(上卷),人民出版社2011年版,第227页。

〔5〕 关于近代立宪中"财产权的社会化",参见聂鑫:《财产权宪法化与近代中国社会本位立法》,载《中国社会科学》2016年第6期。

〔6〕 参见章永乐:《旧邦新造:1911—1917》,北京大学出版社2016年版,第106页以下。

〔7〕 胡国伟:《国家主义通释》,载《醒狮周报》第183期,1928年4月14日,第10页。关于中国现代国家主义思潮的德国谱系,参见高力克:《自由与国家:现代中国政治思想史论》,浙江大学出版社2016年版,第299页以下。

观念、新文化运动以及商品经济和民营经济的不断发展,都为社会系统的功能分化提供了基础;另一方面,又试图将自由、民权与国家整合在一起,建立强有力的政府,防止因个人自由而导致无政府主义,基本权利的保护必须与政治统一体的建构协调起来,这些不可避免地导致了某种程度上的"国家主义"倾向,并因而导致政治系统在重塑之后的内在扩张。从清末到民国,中国的国家建构一直处于个体自由与强力国家的内在紧张当中,政治系统的内在扩张导致新的上/下分层的结构开始出现。政治实践中,民国时期在宪政体制下所出现的各种复辟、独裁、政治权力的集中,都体现了政治系统的扩张趋势,国民党的训政以及"党—国"体制也是试图通过一党的政治建构形成新的政治上层。换言之,近代立宪以来有关国体、政体结构的不断调整,就是为了适应政治系统的内在扩张,并同时维系个体自由、政治权力(治权)与人民权力(政权)之间的平衡。[1] 所有这些都体现了政治系统内在扩张与近代立宪所蕴含的社会系统功能分化趋势之间的内在矛盾。这一内在矛盾带来了选择的多样性,既可以通过政治系统全面扩张的方式得以解决,也可以通过迈向社会系统功能分化的方式得以解决,新中国初期的选择偏向于前者。

二、理想化的人民民主国家:个体、社会与国家的同质化

中国在近代转型中遭遇了政治系统的内在扩张与立宪的功能分化趋势之间的紧张。传统的以儒家伦理为基础的社会结构与"内圣外王"的传统,在向民主政治转型时,会遇到个人生活方式、社会价值伦理、民主政治运作模式以及经济交往方式的层层变革。与传统政治相配套的社会经济、伦理和组织结构发生了根本变化,而新的国家组织模式虽然在形式上通过宪法确立起来,但缺乏相互配合的组织结构,这一转型期自然会遭遇各种内在紧张,而内忧外患的政治局面又进一步放大了这些内在的紧张。可以说,中国近代遭遇到两方面的整合困难——从个体向人民的整合,从人民向国家的整合——由此构成了个体、人民与国家之间的内在紧张。

"社会主义"国家理论的出现正是为了解决上述紧张关系。中国自古就有建构一种"大同世界"的理想,而社会主义理论则与之具有相通性,[2]但又不只是"一个美丽的梦",[3]而

---

〔1〕 关于政权与治权的区分与制约,参见孙中山:《三民主义》,载《孙中山选集》(下卷),人民出版社2011年版,第821页。关于国体的演变,参见林来梵:《国体概念史:跨国移植与演变》,载《中国社会科学》2013年第3期。关于政府体制、立法院、国民大会等制度建构与政治情势的关系,参见聂鑫:《近代中国宪制的发展》,载《中国法学》2015年第6期。

〔2〕 梁启超认为,马克思主义中含有世界大同的理想。参见张朋园:《梁启超与民国政治》,上海三联书店2013年版,第164页。

〔3〕 梁启超后来认为,大同世界"犹如一个美丽的梦,难以实现"。参见张朋园:《梁启超与清季革命》,上海三联书店2013年版,第19页。

是兼具了现实操作性,因而在近代中国极具吸引力。[1] 从民国之初社会主义思想传播到1949年新中国成立,社会主义理论在中国经历了逐渐演进的过程,最终融合马克思主义、苏联经验与中国现实,形成了新中国的建国方案。

中华人民共和国成立初期的主要目标是摆脱贫困和国家富强。摆脱贫困关涉从个体向人民的整合,涉及"五四"运动以来对社会平民的关注,也与大同社会的理想一脉相承。孙中山的三民主义最开始也具有社会主义的精神,其经济领域的民生主义虽然一直摇摆不定,但起初却具有社会主义的元素。[2] 关注社会底层的民生是近代中国人民整合的前提,也是近代中国对民主的一种理解。社会主义从进入中国开始就追求"庶民的胜利",或者用阿伦特的话来说,"从贫困中解放优先于自由立国",[3]这也是新中国的立国之基。国家富强则是近代中国一直念兹在兹的目标。这包括经济上的富裕和政治上的强大,是维系国家主权和统一的根本所在,也是从人民的统一体向国家统一体整合的过程。新中国的成立,就是希望将这二者能够结合到一起,既实现社会正义,又实现国家强大。

上述两个目标的实现,需要理论的建构和现实的改造。首先,在人民的整合上,需要真正关注民生,动员平民的力量,以底层民众为核心展开,使之构成人民的主体,由此与马克思主义中的"无产阶级"概念连接到一起,并将"无产阶级"提升为一个具有道德内涵的概念,使之具有统一的意志性,以此与资本家、小资产阶级、地主、富农等对立起来,最终建立起无产阶级的统治。而在无产阶级的范围上,中国创造性地将之从工人阶级扩大到工农联盟。其次,在国家富强问题上,经济上需快速实现工业现代化,这就需要国家加强对经济的控制,而在工作重心由农村转移到城市以后,农村的改造就开始配合实现工业化;在政治整合层面需要实现政治上的高度统一,从而实现国家的政治决断力,这就需要民主整合偏于国家统一体的建构,在个体、社会、国家之间实现利益的同质化(人民的同质性),解决个体、社会、国家之间的内在紧张。

正是基于这两个目标,中华人民共和国成立后开始了从新民主主义向社会主义、从《共同纲领》向"五四宪法"的过渡。虽然这一过渡在建国理论和宪法基础上具有本质的跳跃,但其中却具有一脉相承性,在现实层面更具有自然的衔接性,仍属于"革命建国"的范畴,或者说,从新民主主义向社会主义的过渡,是新中国成立的内在逻辑的体现。新民主主义所要解决的是在分裂的国家中实现统一,所以其立场是团结和联合,而不是改造,[4]这也是当时国家整合的需要。新民主主义既立足现实,又具有向社会主义过渡的趋势,为之做准备,

---

〔1〕 比如戴季陶认为,它是"一个时代精神"。参见季陶:《世界的时代精神与民族的适应》,载《星期评论》第17号,1919年9月28日。

〔2〕 关于三民主义思想中的"国家社会主义"要素,参见吴经熊、黄公觉:《中国制宪史》,商务印书馆1937年版,第682页以下。

〔3〕 [美]汉娜·阿伦特:《论革命》,陈周旺译,译林出版社2011年版,第122页。

〔4〕 参见[美]胡苏珊:《中国的内战:1945—1949年的政治斗争》,启蒙编译所译,当代中国出版社2014年版,第308页以下。

具有动态的过渡性。新民主主义的政治是“各革命阶级联合专政”(国体)和“民主集中制”(政体),[1]经济是“节制资本”和“平均地权”。[2] 在新民主主义阶段,人民是各阶级的联合,敌人是帝国主义、官僚资本主义和封建主义,资本家、小资产阶级、地主和富农都是联合对象。相应地,在经济政策上,新民主主义“不禁止资本主义的私有经济,也不禁止‘不能操纵国计民生’的资本主义生产方式”,土地为农民私有,但同时存在国内经济和合作经济,可以说多种所有制并存。[3]

中华人民共和国成立后,新民主主义的各项政策都开始加快朝社会主义方向发展,其原因主要是《共同纲领》所确立的新民主主义路线内存紧张关系以及国家快速工业化的急切需要。

首先,新民主主义这种公私兼顾的国家—社会结构难免引起公私之间的冲突,比如私人资本与公有经济之间的竞争。对这一问题,刘少奇曾指出,“这些资本主义成分,即使在新民主主义社会制度下,也必然要与国家经济及合作社经济发生竞争。这种竞争,愈到后来就愈加激烈,并将继续很长的时期……这就是新民主主义与旧民主主义或旧资本主义的矛盾,就是资产阶级和富农与无产阶级及其他劳动人民的矛盾。在这个矛盾上所发生的竞争,首先就在经济上表现出来”。[4] 实践中,对与“国家经济和合作经济”展开竞争的私有经济,则逐步加以限制。“为了繁荣经济,新民主主义国家是容许私人资本的存在的,但是私人资本主义的本身却带着一种反动的倒退的性质。它不断地在侵蚀国家经济的一部分剩余生产物;它不断地在侵蚀合作经济,而使后者从新民主主义国家控制之下脱离出来,转回到资本主义的道路去。因此,新民主主义的国家经济与合作经济必须对私人资本主义经济作尖锐的斗争,但是,这种斗争并不是阻止私人资本之发展,更不是否定私人资本之存在。”[5]虽然“允许私人资本主义经济的发展”,但“对于带有垄断性质的经济,则逐步地收归国家经营,或在国家监督之下采用国家资本主义的方式经营。对于一切投机操纵及有害国计民生的经营,则用法律禁止之”。[6] 这种既允许私人资本主义经济存在又要与之斗争的内在矛盾形势,最终促使新民主主义快速转向了社会主义。

其次,虽然新民主主义具有很强的立足现实并渐进过渡的特性,但新中国成立之后所遇到的主要问题是“国家快速工业化”以及围绕这一目标所制定的赶超战略。“新民主主义的基本国策,在它的初期阶段,是以土地改革与国有化政策为中心的。土地改革是为了消灭封建剥削,发展农业生产力,改善农业生产关系。国有化政策则是为了消灭帝国主义与

---

[1] 毛泽东:《新民主主义论》,载《毛泽东选集》(第2卷),人民出版社1991年版,第677页。

[2] 同上书,第678页。

[3] 同上书,第678页以下。

[4] 刘少奇:《论新民主主义的经济与合作社》,载《刘少奇论合作社经济》,中国财政经济出版社1987年版,第6页以下。

[5] 许涤新:《新民主主义的经济》,生活·读书·新知三联书店1949年版,第97页以下。

[6] 刘少奇:《关于新中国的经济建设方针》,载《刘少奇选集》(上卷),人民出版社1981年版,第428页。

官僚资本主义的经济剥削，加速完成工业化，以达到‘发展生产、繁荣经济、公私兼顾、劳资两利’的总目标。”[1] 而一旦“发展生产”与“公私兼顾”之间存在内在紧张，公私兼顾就要让位于发展生产了。新民主主义虽然允许国家与私人合营的国家资本主义以及多种所有制并存，但实践中已经开始向国有化方向发展，并有条不紊地进行资本主义的工商业改造。“党中央当时设想，再用三年到五年时间，将全国私营工商业基本上引上各种形式的国家资本主义轨道”。[2] 但是，1953 年之后，这个设想就被打破了，“其原因，主要是‘一五’计划着手实施后，大规模经济建设进一步引发了市场供不应求的紧张状况，迫使我们不得不采取统购统销一类的政策措施，从而一步一步地加快了对资本主义工商业的改造进程”。[3]

基于上述两方面的原因，新民主主义的“公私兼顾”就无法继续了，要解决发展生产过程中公私之间的内在紧张，就需要进一步的社会革命。首先，随着从公私兼顾向社会主义公有制的转变，需要进行资本主义的工商业改造，逐渐消除私人资本主义经济。相应地，在经济模式上，为配合赶超战略和公有经济，需采取全面的计划经济，并模仿苏联计划经济的道路，形成了若干与之相互配套的制度理性。[4] 为实现国家对计划的全面掌控，就需实现政治对所有领域的全面渗透，从而保证整个社会的高度同质化，以及由此产生的超强社会动员能力。农业集体化运动就是国家权力渗透至农村的表现，是为了汲取农村的剩余以用于工业化建设。[5] 在土地政策上，土地改革“平均地权”实现农民私有之后，自 1951 年开始就展开了农业集体化运动，从互助组到合作社(低级社和高级社)再到人民公社的跃进，是农村基层组织结构的根本变化。[6] 通过这种方式，农村的剩余得以集中以供工业化发展，农民的利益通过集体与国家绑定在一起，再加上城市中私人资本的改造，最终实现了对“人民”的无产阶级化改造。[7]

这一内在紧张也反映在“五四宪法”的文本中。“五四宪法”一方面，保障资本家、农民、个体手工业者的生产资料所有权(第 8 条第 1 款、第 9 条第 1 款、第 10 条第 1 款)，另一方

---

[1] 陶大镛：《新民主主义经济论纲》，北京师范大学出版社 2002 年版，第 245 页。

[2] 薄一波：《资本主义工商业全行业公私合营》，载薄一波：《若干重大决策与事件的回顾》(上册)，中共党史出版社 2008 年版，第 291 页。

[3] 同上。

[4] 如国有化、农业集体化、重工业优先发展战略、低价格、低工资等经济手段以及各种政治运动。关于赶超战略及其配套制度，参见林毅夫等：《中国的奇迹：发展战略与经济改革》，格致出版社、上海三联书店、上海人民出版社 2014 年版，第 22 页以下。“三反”“五反”等运动不仅具有政治和思想层面的效果，还具有重要的经济效力，大大加强了政府对私营企业的控制，从而使新中国真正具备了进行计划经济发展的实力。参见［美］R. 麦克法奈尔、费正清编：《剑桥中华人民共和国史》(上卷・革命的中国的兴起・1949—1965 年)，谢亮生等译，中国社会科学出版社 1990 年版，第 82 页。

[5] 参见周其仁：《农村改革：国家与土地所有权关系的变化——一个经济制度变迁史的回顾》，载周其仁：《改革的逻辑》，中信出版社 2013 年版，第 102 页以下。

[6] 关于人民公社的形成，参见薄一波：《农村人民公社化运动》，载薄一波：《若干重大决策与事件的回顾》(下册)，中共党史出版社 2008 年版，第 511 页以下。

[7] 关于无产阶级的普遍性，参见［以］阿维纳瑞：《马克思的社会与政治思想》，张东辉译，知识产权出版社 2016 年版，第 45 页以下。

面，又明确要对之进行逐渐改造。“五四宪法”第8条、第9条、第10条都体现了这一思路，鼓励农民和个体手工业者展开“生产合作、供销合作和信用合作”（第8条第2款、第9条第2款），对“富农经济采取限制和逐步消灭的政策”（第8条第3款），“对资本主义工商业采取利用、限制和改造的政策”（第10条第2款），“禁止资本家的危害公共利益、扰乱社会经济秩序、破坏国家经济计划的一切非法行为”（第10条第3款），并“禁止任何人利用私有财产破坏公共利益”（第14条）。宪法文本体现了社会主义的“过渡性”〔1〕及其中的内在紧张，而现实则全面走向了公有化、计划经济（第15条）和赶超战略以巩固“国家的独立与安全”的道路。〔2〕

在政治领域，《共同纲领》第1条对国家性质的规定（“中华人民共和国为新民主主义即人民民主主义的国家，实行工人阶级领导的、以工农联盟为基础的、团结各民主阶级和国内各民族的人民民主专政”），在“五四宪法”第1条中被简化表述为“中华人民共和国是工人阶级领导的、以工农联盟为基础的人民民主国家”。如果《共同纲领》在制定时尚以政治协商为基础，“中国人民政治协商会议一致同意以新民主主义即人民民主主义为中华人民共和国建国的政治基础，并制定……共同纲领”，那么到“五四宪法”时，则从政治协商转向了人民民主专政的社会主义改造，这与经济领域中从公私并存向公有制改造的趋势相符。

可以说，新中国成立后延续了近代中国立宪以来的基本思路：欲实现国家之整合必先改造社会，欲改造社会又必须改造个体，从而将国家整合推向极致，实现了新的以无产阶级和政治系统为中心的上/下分层结构。如果近代中国对社会整合和国家建构的追求，是在道德层面上为个体树立私德与公德以利于群，则新中国成立之初就是在思想、生存条件、经济方式、政治立场等各个方面实现个体和社会的改造，进行阶级改造，实现人民的同质性，并在此基础上建构政治统一体，以配合国家的整合和赶超战略。个体、集体与国家的利益，最终以偏于国家整合的方式实现了同质化。以基本权利为例，《共同纲领》和“五四宪法”中都有基本权利的相关规定，但当时的基本权利并非“防止国家侵犯”的防御权和主观公权利，而是延续人民民主的建国思路，具有国家建构和政治整合的作用。〔3〕这一思路直到“八二宪法”制定之时仍在延续。彭真曾指出，“宪法修改草案关于公民的基本权利和义务的规定，是《总纲》关于人民民主专政的国家制度和社会主义的社会制度的原则规定的延伸。我们的国家制度和社会制度从法律上和事实上保证我国公民享有广泛的、真实的自由和权利。……我们是社会主义国家，国家的、社会的利益同公民的个人利益在根本上是一致的。

〔1〕关于“五四宪法”的过渡性，参见韩大元：《“五四宪法”的历史地位与时代精神》，载《中国法学》2014年第4期。

〔2〕1954年《宪法》第15条规定：国家用经济计划指导国民经济的发展和改造，使生产力不断提高，以改进人民的物质生活和文化生活，巩固国家的独立和安全。

〔3〕关于我国公民基本权利和义务的“社会主义性质”，参见吴家麟：《论我国公民的基本权利和义务》，载张友渔等：《宪法论文集》，社会科学文献出版社2003年版，第122页以下；于文豪：《“五四宪法”基本权利的国家建构功能》，载《环球法律评论》2015年第2期。

只有广大人民的民主权利和根本利益都得到保障和发展,公民个人的自由和权利才有可能得到切实保障和充分实现"。[1] 此时的基本权利所防范的,也主要是"组织和个人"而非国家,公民基本权利的行使也不能危及社会和国家的利益,必须受其他公民合法利益、社会公益和国家利益的内在限制,并对社会和国家利益的形成有所助益。这仍然是一种"利于群"的政治形成思维(消极和积极地维系共同体的存续),也就是一种"人民塑成"和政治统一体的建构思维。

三、法治国的范式转型

中国近代立宪突出了人民整合和国家整合的一面,而相对忽略了法治国的一面,这使中国近代的立宪最终酝酿成为一场运动。自近代立宪以来,中国基本延续了一种上/下分层的政治建构方式:以人民的同质性为前提,实现统治者与被统治者的同一性,以卢梭所言"公意"为旨向。[2] 在此基础上,强调一个社会必须要有"凝聚力"和"共善",否则不足以形成社会和政治统一体。以"公意"为基础的国家建构,发展到极端就会导致轻程序、重决断,轻多元、重一体,轻代议制、重专政的后果。"民主"不是私利互相倾轧的代议制民主和政党政治,而是对公意的发现。[3] 在政治统一体中,公意存在的现实基础是具有同质性的人民,"生存"是政治共同体的首要之善,[4]"缺少这种同质性的国家是反常的",[5]政治就是"区分敌我",处理与异质者之间的冲突。中国近代的立宪主义运动,包括新中国的立宪运动,由此演变为人民意志整合的政治运动,发展到极端,就需要国家对社会的全面干预,政治系统决定了整个社会系统(包括经济、道德、文化、法律等诸系统)的运作方式。以追求民主立宪为目标的革命,反而走向了民主立宪的反面。其结果便是,中国近代虽然制定了实定宪法,但在实定宪法之外仍然有一个"客观规律"作为政治整合和动员的原则,或者说超实定的、高于实定宪法的"宪制"在发挥作用。实定的宪法只是民主政治的"确认书",而无力对之产生约束,政治系统在重构之后又实现了对整个社会系统的全面宰制。

---

〔1〕 彭真:《关于中华人民共和国宪法修改草案的报告》,载《彭真文选:1941—1990》,人民出版社 1991 年版,第 442 页以下。

〔2〕 "只要有若干人结合起来自认为是一个整体,他们就只能有一个意志,这个意志关系着共同的生存以及公共的幸福……它的准则是光辉而明晰的;这里绝没有各种错综复杂、互相矛盾的利益。"参见[法] 卢梭:《社会契约论》,何兆武译,商务印书馆 2010 年版,第 131 页。

〔3〕 在卢梭看来,"公意" 是客观先定的,"公共福利到处都明白确切地显现出来,只要有理智就能看到它们"。参见[法] 卢梭:《社会契约论》,何兆武译,商务印书馆 2010 年版,第 131 页。

〔4〕 对卢梭来说,"国家……最主要的关怀就是要保存它自身"。参见[法] 卢梭:《社会契约论》,何兆武译,商务印书馆 2010 年版,第 37 页。关于国家的"自我保全",参见 C. Schmitt, Verfassungslehre, 9. Aufl., Berlin 2003, S. 22。

〔5〕 参见[法] 卢梭:《社会契约论》,何兆武译,商务印书馆 2010 年版,第 231 页。

(一)改革:从上/下分层走向功能分化

由于新中国成立之后的“建国”思维在某种程度上带来了各种各样的问题,这就需要对整个国家的发展逻辑进行彻底地扭转,即改变“政治系统覆盖一切”的国家思维,逐步实现社会各子系统从政治系统的分出。具体到实现社会主义的路径选择上,就是改变新中国成立以来通过“更先进的社会主义生产关系的形式来推进生产力”[1]的发展模式。在胡绳看来,新中国成立后长期流行一种错误的观点,即“既然社会主义公有制生产关系是先进的、优越的,那么它一经形成,就该维持不变,依靠它就能不断提高社会生产力;如果生产力不能向前发展,那就必须把公有制生产关系搞得更‘先进’”。[2] 如果新中国成立之初是通过改变生产关系来促进生产力,[3]那么1978年之后的改革则是通过生产力的发展带动生产关系的自然变革。在邓小平看来,“社会主义的原则,第一是发展生产;第二是共同富裕”,“社会主义的本质,是解放生产力,发展生产力,消灭剥削,消除两极分化,最终达到共同富裕”。[4] 对生产力与生产关系之间关系在认识上的改变,改变了对“社会主义”的理解,并带来了一系列环环相扣的制度改变:首先,不再强行追求公有制的唯一建构,而是回到“公私兼顾”和“多种所有制并存”。其次,既然允许个体经济和私营经济的存在和发展,则允许社会中存在对私利的追求,并逐渐确立对私有财产权的保障。“私利”的存在,导致国家着力建构的铁板一块的公有体制被打破,个体、社会与国家的利益也开始出现分化,以需求为导向的市民社会开始从政治领域中分出,并从中孕育出介于国家与个人之间的社会公共领域。经济的发展不再通过国家管控一切的计划来实现,而是通过利润激发个体、私营经济乃至国有企业的活力,这就需要变计划经济为市场经济,并同时增加社会的自由度。如果中华人民共和国成立之初是试图通过国家对资源的集中实现经济的快速发展,那么改革之后则是通过激发社会内在的活力和自由度,促进整个国家的发展。原来因社会发展规律而取消任何自由发展空间和试验性措施[5]的发展方案,就需要发生彻底改变,市场取代了计划,自由取代了管制。经济系统的运作逐渐从政治系统的运作逻辑中分离出来,以独立的价格体制的建立为标志,逐渐建立起自身的“符码”,市场经济的建立、国企改革、私营经济的发展、价格双轨制的打破、宏观调控的逐步限缩,以及2004年修宪对私有财产权的强调,

---

〔1〕 胡绳:《什么是社会主义,如何建设社会主义》,载《胡绳全书》(第3卷·第1辑),人民出版社1998年版,第212页。

〔2〕 同上。

〔3〕 中华人民共和国成立初期,毛泽东认为,“生产关系的革命,是生产力的一定发展所引起的。但是生产力大发展,总是在生产关系改变以后。……首先造成舆论,夺取政权,然后解决所有制问题,再大大发展生产力,这是一般规律”。参见毛泽东:《读苏联〈政治经济学教科书〉的谈话(节选)》,载《毛泽东文集》(第8卷),人民出版社1999年版,第131页。

〔4〕 邓小平:《在武昌、深圳、珠海、上海等地的谈话要点(1992年1月18日—2月21日)》,载《邓小平文选》(第3卷),人民出版社1993年版,第373页。

〔5〕 A. Honneth, Die Idee des Sozialismus, Suhrkamp Verlag Berlin, 2015, S. 85ff.

都是经济系统分出过程中的努力。

经济系统的分出意味着个体、社会与国家利益的分化。这首先表现为农民个体利益的分出。“包干到户”和家庭联产承包责任制,就是从政社合一的人民公社中分化出农民个体的利益。随着土地使用权可以流转(1988 年修宪),土地价值的升值,又分化出农村集体附着于集体土地之上的财产利益;[1]个体经济、私营经济的存在和发展,也使个体逐渐从计划经济时代的单位体制中脱离出来,并成为具有独立人格的自由主体,个体的利益从国家中分离出来。个体、社会与国家利益的分化,使人民的无产阶级化改造以及与阶级身份绑定在一起的利益分配不再成为可能,人民不再是同质化的人民,而是具有多元利益和自由人格的人民。政治统一体的建构无法再依赖于同质化的人民意志的塑成,也无法通过主权之代表和政治决断来发现“公意”或者客观规律,而是需要通过政治民主程序的重塑,以及以宪法为统领的法律系统的有效运行,来建构政治的正当性。

(二)法治国的范式转型:法律系统的功能分出

改革的核心是“以经济建设为中心”,由此逐步实现了经济系统的分出,并进而促动了法律系统的分出,二者几乎呈同步发展的趋势。不过,之前的改革毕竟未完全迈入法治国的范式,而是处于革命与法治两种范式之间,在促进经济发展方面经常通过政策的方式推动,尤其在改革初期,“良性违宪”现象更是比比皆是。随着改革的深入,政策的推进逐渐依赖私营经济兴起之后所产生的社会内在推动力,对法治的需要也与日俱增。随着个体私益的出现并逐渐多元化,个体私益的保障、个体与个体之间的冲突、个体利益与国家利益之间的冲突,无法再仅通过政治化的方式加以解决,而需要通过实定法建立起一个稳定的“规范预期”,并通过独立的法院系统保证法律的运行,否则市场中的交易规则就无法建立,以契约为基础的市场也难以真正建立。另外,因为个体利益从国家利益中分化出来,保护个体免受国家侵犯的需要也就顺理成章地产生了,由此产生了对行政诉讼和宪法基本权利的需求。这也要求一个独立于政治系统的法律系统能够自主运行,并有效发挥作用。

从中国近代立宪的经验来看,自主法律系统的分出是“国家建构”理念转变的结果,宪法也从一体化的政治民主整合的工具和“确认书”,变为承担特定的社会功能:(1)对政治统一意志的形成提供法律上的规范框架,这一规范框架同时具有塑成与限制的双重属性;(2)为转型之后的中国多元化社会和市场机制提供一个具有稳定规范预期的法秩序。在中国,法律系统分出的标志是 1999 年《宪法》修改,将“依法治国”写入《宪法》。修改后的《宪法》第 5 条第 1 款规定:“中华人民共和国实行依法治国,建设社会主义法治国家。”这个条款的诞生,是改革以来中国社会转型的内在结果,也是中国告别革命建国逻辑的宪法转型,具有里程碑的意义,而“法治中国”的提出更是为改革指明了方向。

---

[1] 参见李忠夏:《农村土地流转的合宪性分析》,载《中国法学》2015 年第 4 期。

法律系统的分出意味着法治国作为宪法原则在中国逐渐确立,法治国原则从民主政治中剥离出来,与民主原则一起构成了今天中国宪法实施的两个支柱性要素。民主原则为政治的正当性提供源源不断的动力,着力于形成政治统一意志,塑成国家权力,成为人民与国家之间衔接的程序链条;法治国原则将国家权力的塑成纳入规范框架,并对之加以限制,从而构成“民主的界限”。[1]

(三)迈向功能分化社会的宪法观:奠基/限制的双重功能

从社会系统理论的角度来看,近代宪法的功能在于维系社会系统的功能分化,这使宪法一方面具有塑成社会子系统的奠基性功能(如权力之于政治系统、财产权之于经济系统),另一方面又具有防止任何社会子系统内在扩张的限制功能,从而防止社会系统的功能分化受到威胁。这一特点尤其体现在政治系统与法律系统的关系之中。

传统宪法的功能在于控制国家权力,宪法中的权力分立与基本权利都为此目的服务。由于宪法固有的控权使命,而且第二次世界大战之后各国在国内国际威胁方面都有所缓和,紧急状态不复出现,导致了不受限制的主权理论逐渐从宪法学中退出,第二次世界大战之后的宪法理论也主要以法教义学的方式围绕基本权利部分展开。然而,在国家与社会日渐融合的今天,个体、社会需求的实现都离不开国家的参与,在国际局势仍暗藏玄机的今天,完全抛弃主权理论也操之过急,这就需要法律系统与政治系统的相互配合。一方面,功能分化社会背景下的宪法不能仅满足于对国家权力加以控制,更应该发挥人民民主的作用,为国家权力的建构、运作、国家对社会的积极参与提供正当性基础,也就是政治的民主化。另一方面,政治系统的民主化运作虽然可以为国家提供正当性基础,却无法彻底防止主权的绝对化、国家权力的滥用、多数人的暴政、民意的反复无常以及政治决定的任意,因此需要从法律系统的角度对宪法中的权力分立加以规范化,形成权力运行的“稳定化预期”,防止政治系统对其他社会子系统的宰制,进而与基本权利一道担负起维系社会系统功能分化的使命。政治民主化与法律实证化之间的分化与勾连,构成了今天功能分化社会的典型特征,并防止法律系统因“稳定化规范预期”的功能而陷入“价值空洞”的困境。

就此而言,我们看到的不仅是宪法之政治化的一面,也不仅是宪法之法律化的一面,而是政治化之宪法与法律化之宪法既相互独立又相互制约与依赖的图景。在各自系统内部依循自有的逻辑展开,但各自困境的解决又需要其他系统提供支持,从而在宪法之内形成“人民民主与法治国”的双重变奏,而其背后则是政治系统与法律系统的功能分化、运作封闭与交互依赖。在此意义上,当代宪法就不只是单方面的政治化或者法律化的宪法,而是维系政治系统与法律系统功能分化并实现其“结构耦合”的宪法,从而不仅维系了政治系统

---

〔1〕 E.-W. BÖckenfÖrde, Demokratie als Verfassungsprinzip, in: Isensee/Kirchhof(Hrsg.): Handbuch des Staatsrechts, Bd. II: Verfassungsstaat, 3. Aufl., C. H. Beck, Heidelberg 2004, Rn. 92ff.

的运作空间并扩展了国家权力的施展空间,[1]同时也通过对政治权力的规范化约束,扩大了个体与社会的自由度以及基本权利的实现范围,但又能防止自由的无度导致其他社会子系统的扩张。[2]

由此可见,政治民主的整合与法治国构成了今天宪法运行的两个核心要素。[3] 有学者将此界定为宪法实施的双轨制,[4]这实际上是对宪法双面沟通政治系统和法律系统的一种描述。不过,双轨制并未指出如何保障宪法的两种实现方式并行不悖并互相影响,也就是宪法在政治系统和法律系统各自封闭独立运作以及相互之间施加影响方面所产生的勾连作用。或者说,宪法在今天要想真正发挥其作用,就须以社会系统的功能分化为前提,而宪法的有效实施也有助于促进和维系社会系统的功能分化,尤其是其他社会子系统对政治系统的分化。[5]

从社会系统功能分化的角度来看,中国近代自立宪以来就念兹在兹的国家政治能力,需保留给政治系统中的民主意志整合来实现。一方面,需要通过政治组织架构实现国家的决断能力,实现自上而下的政策贯彻能力,在宪法和组织法所确定的权限框架范围内,尽可能地实现国家作为"组织化的决断和效应统一体"[6]的政治功能,提高行政决断的效率与能力。对此,中国在改革后围绕政治组织的运行形成了一整套以政党—代表为核心的有效的机制,[7]并且在政治组织运行方面越来越重视严格按照宪法和组织法的规定,尽管仍不时存在宪法规定的空白或者违反宪法之举。另一方面,市民社会的逐渐形成,也在个体与国家之间形成了一个"公共领域",这与政治民主化的趋势相结合,向下需要将个体意见提升为市民社会的公共意见,向上则需要通过特定的程序和机制为政治决定提供正当性基础,这使国家的政治组织结构不能仅仅是冷冰冰的官僚体系运作,而是需融入民主的参与:通过非正式的沟通渠道形成理性的公共意见;通过正式的、制度化的民主程序使之成为国家的决定。就此而言,宪法的法律面向可以为民主政治提供保障,例如,其中面向法治国原则的基本权利条款可以为市民公共意见的形成和表达提供宪法基础;又可以对民主化政治所产生的权力形成制约,保障个体独立存在的意义。

中国自1978年以来的社会转型与分化促进了法律系统的分出以及功能的独立,而法律系统的分出反过来又进一步为社会系统的功能分化提供了保障机制。宪法在法律上的运

---

〔1〕 在卢曼看来,"政治权力的'法律化'尽管首先看上去是对恣意的限制,但同时还是对权力运用的巨大扩展"。参见N. Luhmann, Zwei Seiten des Rechtsstaates, in: Conflict and Integration: Comparative Law in the World Today. The 40th Anniversary of the Institute of Comparative Law in Japan, Chuo University, Tokyo 1988, S. 500。

〔2〕 关于宪法对于社会子系统的构成/限制功能,参见[德]贡塔·托伊布纳:《宪法的碎片:全球社会宪治》,陆宇峰译,中央编译出版社2016年版,第17页以下、第86页以下。

〔3〕 C. Schmitt, Verfassungslehre, 9. Aufl., Berlin 2003, SS. 22, 200.

〔4〕 参见翟国强:《中国宪法实施的双轨制》,载《法学研究》2014年第3期。

〔5〕 参见李忠夏:《基本权利的社会功能》,载《法学家》2014年第5期。

〔6〕 H. Heller, Staatslehre, in: ders., Gesammelte Schriften, Bd. III, Leiden 1971, S. 339ff.

〔7〕 参见刘刚:《政治代表概念的源流——兼论我国宪法的代表结构》,载《中国法律评论》2016年第4期。

作(以合宪性审查为基石),其本质是对民主政治(尤其是大众民主和代议制民主)的一种塑造、规训和制约。而宪法在政治上的运作,则可以为法律系统的运作提供政治民主的动力,保障民主政治的充分展开,并防止法律系统的价值空洞。总之,宪法通过政治系统的运行实现"组织化的决断",从而实现宪法中关于组织权限等具体规定,其中党的决议、各项政策的制定和层层传达、组织化的政治机制起到了至关重要的作用;通过法律系统以法律化的方式实施宪法,比如对立法、行政和其他政治决定的合宪性审查以及合宪性解释等。但是,宪法实施的"双轨"并非割裂运行,而是经常纠缠在一起,在改革时期,仍然存留大量政治之轨逾越法律之轨的现象。双轨之间并不平衡,一个真正封闭的法律系统尚未完全建立,这就需要对宪法中的法治国原则进行规范上的阐释:通过法治国原则的践行,逐步实现法律系统的真正分出,并实现对政治系统的制衡;通过宪法这种"结构耦合"的形式,形成政治与法律既并行不悖又相互制衡和"激扰"的局面。

四、宪法中的法治国原则:功能的双重性

梳理中国近代立宪的历程可以发现,法治国的任务在于建立封闭的法律系统,实现"稳定化的规范预期"。从社会系统功能分化的角度,宪法的功能主要有:(1)维系社会系统的功能分化:对社会子系统的塑成起到奠基作用,又限制社会子系统的内在扩张,尤其防御政治标准对整个社会系统的宰制;(2)实现法律系统的封闭运作(形式法治国);(3)为法律系统提供价值基础并将环境中的"价值"转化到法律体系之中,使之辐射至整个法律系统,维系法律系统的融贯性(实质法治国)。〔1〕 宪法中的法治国原则有助于后二者的实现。

(一)法治国的双面性:从形式到实质

"法治国"一词源于德国,最早产生于18世纪向19世纪转型之时。其产生之初与民主并无直接关联,而是来自德国早期受理性自然法影响的国家思维。〔2〕 在德国,法治国的概念经历史的演进逐渐"形式化",〔3〕也就是最大限度地剥离"法"本身的实质内涵,而只具有对国家权力加以限制的功能。这一概念的限缩,在德国从君主制向民主制过渡的转型期具有重要意义:一方面,法治国具有进步意义,将君主纳入法治国的轨道中,使其必须恪守法律,防止权力的任意和"私人统治";另一方面,法治国与民主原则剥离,又具有保守意涵,它

〔1〕 参见李忠夏:《宪法教义学反思:一个社会系统理论的视角》,载《法学研究》2015年第6期。

〔2〕 E.-W. BÖckenfÖrde, Entstehung und Wandel des Rechtsstaatsbegriffs, in: ders., Recht, Saat, Freiheit, Suhrkamp, Frankfurt am Main 2006, S. 144.

〔3〕 法治国原则的形式化最先由施塔尔(Stahl)提出,但施塔尔的法治国之上仍由一个"道德王国"支配。同上书,第152页。

不问国家的实体价值和目的,只问国家是否“依法而建”,[1]这对“君民共治”现状的维系起到了重要作用。法治国原则的“形式化”,最终演变为形式法律与实质法律之争,并在魏玛时期演变为国家法上的“方法与方向之争”,其争论点就在于“法”的实体价值之争。由此争论延伸,德国最终形成了今天对于法治国原则的理解,即兼具法治的形式性与实体性,其实体价值内涵来自于实定的宪法。通过宪法,可以防御政治系统等其他社会系统的直接冲击,又可将环境中的“价值”或“决定”转换到法律系统中,并对整个法律体系产生辐射影响。

在中国当前语境下,需要改变的是近代立宪以来重政治整合、轻法治国的路径,实现国家从政治建构向法治国的发展逻辑转型。中国要想实现从改革范式向法治国范式的变迁,需要从法律系统分出的意义以及法律系统在现代社会中的功能定位角度加以反思。改革以来,中国社会转型的主要特点是“由公及私”及至公私并存:经济领域从单纯的公有制转向多种所有制并存,允许个体经济、私营经济存在;政治领域放松对个体的公共或体制约束;社会领域允许私人利益存在,不再偏执地强调公德。[2] 与之相应,原来全权式的“国家”在诸多领域逐渐退却:首先是国家在经济领域的退缩(国企改制、私营经济的发展、公共财产范围与功能的萎缩);其次是国家在社会领域的让步,国家权力不再渗入社会各个方面。通过纯粹的政治方式凝结政治统一体、维持社会秩序的年代一去不返后,就需通过法律来填补空白。私利的存在慢慢开始形成黑格尔所言以需求和私利为导向的“市民社会”:在市民社会中,私利之间易发生竞争与冲突,于是需要市民社会内部的法律秩序(民法典)处理私人在市场交易中的冲突;市民社会中的私益从国家利益中分出,因而容易受到国家的干涉,尤其在改革之初,国家经常通过宏观调控等方式对私营经济进行限制,这就需要建立起个体防范国家的法律机制。

相应地,自改革以来,国家显示出双面性:国家是与社会二元对立意义上的国家,即国家作为“必要之恶”的存在,这是国家需要加以限制的自由主义视角;国家又具有公共性,宪法中“社会主义”的定位就是其体现,通过国家的公共性对市民社会中的私利加以适度限制。国家的双重面向构成了法治国的双面性:法治国的形式面向和实质面向。形式法治国的目的是建构一个独立且封闭的法律系统,实现法律系统在现代社会中的功能,即建立起稳定的规范化预期;实质法治国的目的则是从人的社会性角度对形式法治国的自由主义面向进行适度的纠正,为法律系统提供价值基础,从而在法律系统封闭的基础上,实现与其他社会子系统的结构性联系。

---

〔1〕 E. -W. BÖckenfÖrde, Entstehung und Wandel des Rechtsstaatsbegriffs, in: ders., Recht, Saat, Freiheit, Suhrkamp, Frankfurt am Main 2006, S. 168.

〔2〕 道德成为个体内在的约束,与法律这种外部约束相互配合,形成法律系统与道德系统的分化与耦合,由此构成依法治国与以德治国共存的图景,而不是恢复传统的“以礼入法”,使道德侵入法律。这也是“法安天下、德润人心”的要义所在。

(二)法治国的宪法意义及其实现

就形式法治国而言,其作用一方面在于建构、规范和防御国家权力,另一方面在于建立稳定的规范预期,因而形式意义上的法治国要求权力分立、完备的立法体系、法律的明确性与安定性、法院的独立性、行政的合法律性、法律保留以及针对公权力的法律救济和国家责任体系的构建等。[1] 最重要的是,形式法治国的确立是为了树立一种国家观念,即国家"立基于法并通过法而正当化"。[2] 这就要求摒弃超实证的宪法观念,回到实定的宪法本身,以宪法文本为基础建构国家权力及其运行规范。中国自改革以来,从制度到学术都朝向形式法治国的方向有极大的发展,如法院独立审判地位在宪法上的确认、[3]行政诉讼的建立、立法体系的完善等,但在法的明确性与安定性方面仍有欠缺。最高人民法院的司法解释和指导性案例制度,虽然在法的安定性和"同案同判"的道路上有所进步,但法院对行政法规、地方性法规、规章和规范性文件并无实质的审查权,只有微弱的"不予适用"权,而全国人大常委会的释宪权和违宪审查权也并未启动,这导致中国的规范审查存在"多元多轨"问题,并且最终的审查权仍然处于政治轨道,而未进入法律轨道。法律系统的分出和封闭运行仍任重而道远,从国家组织法角度在制度层面构建法律系统的封闭性,也是未来宪法学亟须解决的重要课题。

就实质法治国而言,其目的是通过宪法为整个法律系统提供价值基础,因而实质法治国主要通过宪法对立法的约束以及基本权利的规范化表现出来,[4]进而在宪法文本之内凝练宪法的价值内核(基于宪法文本的宪法理论)。法治国中的形式与实质要素之间并不冲突,毋宁说,形式法治国是法治国的核心要义,实质法治国是建立在形式法治国的基础之上,在实现稳定化规范预期的功能基础上实现法律系统的开放性。实质法治国是对传统法律实证主义的修正,但并未脱离法律实证主义对实定法权威的尊重,是在实定宪法的框架秩序之中寻找"价值秩序"。

实质法治国观念面临的最大问题是,法的实体性价值来自何处。如果不谨慎处理,就会陷入"价值的僭政"。对此问题的回答,不能从一个客观的、外在于实定法的"价值位阶"入手,而只能从宪法的功能入手。实质法治国的功能有二:一是防御性;二是价值引入以及

---

〔1〕 E. Schmidt-Aβmann, Der Rechtsstaat, in: Isensee/Kirchhof (Hrsg.): Handbuch des Staatsrechts, Bd. II: Verfassungsstaat, 3. Aufl., C. H. Beck, Heidelberg 2004, Rn. 18.

〔2〕 G. Leibholz, Strukturprobleme der modernen Demokratie, Karlsruhe 1967, S. 168f.

〔3〕 关于法院审判独立原则的确立与发展,参见韩大元:《论1954年宪法上的审判独立原则》,载《中国法学》2016年第5期。

〔4〕 E. Schmidt-Aβmann, Der Rechtsstaat, in: Isensee/Kirchhof (Hrsg.): Handbuch des Staatsrechts, Bd. II: Verfassungsstaat, 3. Aufl., C. H. Beck, Heidelberg 2004, Rn. 19.

价值辐射。前者在于防止以宪法为根基的法律系统变成“内容空洞”的规范,[1]从而沦为政治权力的附属;后者在于将社会系统中的变化通过选择机制引入宪法。[2] 由于社会子系统各有其自身的建构性“符码”以及基于该符码的价值决定,为了维系社会子系统各自的独立存在和功能发挥,就需要在宪法层面抑制某一个社会子系统的扩张,基于宪法的权力分立、总纲中的国策条款和基本权利等建立起一个价值平衡的结构,从而维系“社会系统的功能分化”。

实质法治国的两方面功能体现了一个主权国家在目的、任务和价值方面所存在的结构性,即寓于相对恒定性与变动性之间。对于前者,应尽可能结合文本规范、一个国家的历史经验以及现代性的基本价值形成一个抽象的内核,使其具有相对的恒定性,如德国“自由民主的基本秩序”、《德国基本法》第79条第3款所规定的不可修改的诸原则。对于后者,则应该保持一定幅度的变动性,使其具有与社会情势和观念变化相适应的能力,这就需要通过特定的机制将政治方面的公共政策、社会道德伦理观念的变化、经济决策等反映到法律系统当中。这一转换一方面通过立法过程得以实现,另一方面通过宪法中的基本权利条款所构筑的“客观价值秩序”得以实现,从而在立法具体化与通过基本权利的合宪性审查(立法的政治民主过程与违宪审查)之间形成一个政治结构上的平衡。

(三)“八二宪法”的实质价值基础:公私二元的社会主义初级阶段

对“八二宪法”中法治国原则的诠释,不仅应结合文本进行形式方面的法治国建构,还需要对之进行实体价值的提炼。如果结合“八二宪法”的文本、历史与经验,则中国近代立宪主义经历了个体、社会与国家同质化向个体、社会与国家利益分化的国家观念转型,偏于群体建构的国家主义与理想社会主义的思维转向了公私并存的社会主义初级阶段。这一特征既区别于奉行保障个体自由,即可实现社会秩序的自由主义和功利主义思维,又区别于以牺牲个体为代价、通过生产关系的社会主义公有制改造实现社会主义的理想。以公私二元为基础的规范结构也与社会系统功能分化的趋势相吻合,其目的在于,在宪法层面建立一个动态平衡的结构,防止任何一个在宪法层面具有建构或维系社会子系统功用的价值凌驾于其他价值之上,威胁社会系统的功能分化。

社会主义初级阶段的公私并存特征,集中体现于现行《宪法》第6条第2款,“国家在社会主义初级阶段,坚持公有制为主体、多种所有制经济共同发展的基本经济制度,坚持按劳分配为主体、多种分配方式并存的分配制度”。公私二元成为“八二宪法”的价值属性。社会主义原则(体现国家根本属性的“社会主义”原则和体现公私并存的“社会主义初级阶

---

〔1〕 对实证主义“内容空洞”的批判,参见 H. Heller, Die Krisis der Staatslehre, in: ders., Gesammelte Schriften, Bd. II., 2. Aufl., Tübingen 1992, S. 15f。

〔2〕 参见李忠夏:《宪法教义学反思:一个社会系统理论的视角》,载《法学研究》2015年第6期。

段”条款)、民主原则(体现权力正当性的人民民主专政和民主集中制原则)、法治国原则(“依法治国”条款)以及以“人权”条款为基础的基本权利体系,共同构成了“八二宪法”价值内核,[1]形成了“八二宪法”公私二元的规范结构。

在“八二宪法”的规范结构中,体现“公”属性的规范主要包括:(1)政治权力结构中的“公”,即国家权力的民主基础,体现为《宪法》第1条第1款的“人民民主专政”、第2条第1款的“中华人民共和国的一切权力属于人民”、第3条第1款的“民主集中制”原则。这反映了中国近代立宪以来在国家建构上的两个显著特征:民主与国家能力,一方面将国家的正当性建立在民主程序基础之上,另一方面又致力于国家权力的集中,实现国家的强大,以维系国家主权。在近代中国立宪之初和新中国成立初期,都试图通过对个体和全社会的塑造实现权力的整合与集中,而“八二宪法”则将国家建构限缩在政治系统之内,并发展出具有中国特色的政治权力组织和运行模式。(2)经济领域中的“公”,即社会主义公有制,体现为《宪法》第6条第1款的“生产资料的社会主义公有制”、第7条的“国有经济”、第8条的“农村集体经济”、第9条的“自然资源国家所有”、第10条的“土地国家所有”、第12条的“社会主义公共财产”等条款。通过“社会主义公共财产”和“公有制”,“八二宪法”维系了其社会主义的特征,并承担起“共同富裕”、公共服务、公共给付等职能。(3)国家政策中的“公”,即“八二宪法”总纲第19~26条所规定的在发展教育、医疗、文化艺术、计划生育、精神文明建设、环境生态保护、社会保障制度等事业中的国家义务。这也是一种公共事业的体现,旨在发展社会和环境生态领域的“公共性”。(4)基本权利中的“公”。基本权利本为保护个体免受国家公权力侵犯而设,但中国的基本权利从一开始就具有浓厚的公共属性。一方面,中国宪法中的基本权利设立之初不是为了保障个体先于国家的“真正基本权利”,[2]而是基于人的社会性,维系个体在社会共同体中的立足、社会共同体中人与人之间的共存(使基本权利具有辐射性的社会属性),以及基本权利对于人民民主和国家建构的作用。如前文所述,基本权利的这一功能扎根于中华人民共和国成立和制定宪法的历史之中,这使“八二宪法”中的基本权利延续了社会凝结和国家整合建构的功能,并体现于《宪法》第51条中,“中华人民共和国公民在行使自由和权利的时候,不得损害国家的、社会的、集体的利益和其他公民的合法的自由和权利”。另一方面,中国宪法中的基本权利在弱势群体权利保障和社会权方面均有规定,如宪法关于弱势群体的物质帮助权以及对妇女、儿童等特殊群体的基本权利保障,与《宪法》第14条第4款“国家建立健全同经济发展水平相适应的社会

[1] 陈端洪曾总结中国宪法的“五大根本法”,但这五大根本法更多强调政治决断一面,而忽略“八二宪法”在经历变迁之后所拥有的“人权保障”以及“公私二元”的价值层面,并且其归结五大根本法的目的在于为改革时期政治决定违反五大根本法之外的“宪法律”提供基础。参见陈端洪:《论宪法作为国家的根本法与高级法》,载《开放时代》2010年第3期。

[2] “真正的基本权利”由施米特提出,仅限于那些先于国家而存在的自然权利。参见 C. Schmitt, Verfassungslehre, 9. Aufl., Berlin 2003, S. 22,第164页以下。

保障制度”联系在一起，构成了一个类似于德国“社会国原则”的社会保障制度和特殊群体的社会基本权之救济。基本权利中大量的“国家保护义务”(如第46条第2款国家在受教育权保障方面的义务、第42条第2款国家在创造劳动就业条件方面的义务、第43条第2款国家在发展休息和修养设施方面的义务等)，为基本权利的行使创造各种主客观条件，以促进其实现。

“八二宪法”规范结构中的“私”体现为：(1)经济领域中的“私”，如《宪法》第11条规定的“个体经济、私营经济”、第13条规定的“私有财产权”，这些规定促进了个体和社会利益的分出，并因此逐渐形成一个以追逐“私利”为核心的市民社会领域，促进了私法体系的形成与完善。(2)基本权利的“私”。中国宪法中的基本权利虽然具有社会凝结、整合国家的功能，但随着私益的分出，使基本权利保障个体私益免受国家公权力侵犯的功能得以不断凸显，2004年“国家尊重和保障人权”条款写入宪法，以及“私有财产权”的宪法修改，是一个水到渠成的结果。“人权条款”入宪在某种程度上意味着“八二宪法”中基本权利的意义变迁，即从社会凝结和国家建构的意义转向宪法基本权利的“防御权”这一最基本的属性。当然，基本权利的防御权属性也并非为了保障个体的“先验权利”，而是为了保障个体能够在社会和国家的共同体中维系自身的存在，进而以此为基础融入社会共同体当中。

公私二元并非相互割裂的存在，而是构成了今天中国宪法条款“一体两面”的双重属性。以基本权利为例，在公私二元的规范结构中，可以分离出今天中国宪法基本权利的三重面向：个体保障的意义、社会凝结的意义、国家建构的意义。首先，通过基本权利防御权属性的确立，确立个体在国家中拥有一个自主决定的私领域(如《宪法》第13条的私有财产权)。其次，通过人与人之间共存的内部视角和社会主义原则的外部视角，对基本权利的私属性加以限制，如私有财产权的社会义务，〔1〕并通过基本权利之于私人之间的效力将基本权利的价值辐射至个体之间，在个体之间的社会关系上形成公共性，防止私主体自由的任意行使，造成对其他个体基本权利价值的贬损。最后，通过基本权利中的“政治参与权”(言论、集会、选举权等)，使得政治权力结构中的民主参与成为可能，构成了社会公共领域形成和国家政治整合的程序保障。这三者之间构成了一种个体、社会与国家之间的动态平衡和制约，既能保证社会与国家中个体存在的独立意义，又能保证社会秩序和国家建构的形成。凭借基本权利的三重功能面向，一方面可以通过基本权利防止政治系统对全社会的宰制以及其他社会子系统的内在扩张，维系社会系统的功能分化；另一方面，可以形成一个寓于个体与公共之间的基本权利结构，并通过基本权利保护范围、限制、客观价值秩序以及价值权衡的个案决定和解释变迁，而将社会的变化传递到法律系统中，使宪法变迁背景下的整个基本权利体系成为实质法治国的价值来源，并保持某种程度上的恒定性与可变性(对社会

〔1〕 如财产权的社会义务，参见张翔：《财产权的社会义务》，载《中国社会科学》2012年第9期。

变迁的适应性),其中所体现的中国性,则构成“法治中国化”这一法治个别模式的基础。[1]

由此可见,在“社会主义初级阶段”基础上形成的“公私二元”的基本秩序(民主、法治、“社会主义”和“人权条款”)构成了“八二宪法”具有相对恒定性的价值核心。而围绕公私二元的价值核心所形成的规范结构,体系化地构成了“八二宪法”变动性的基础,使之可以根据社会情势的变化在公私之间进行价值选择——既可以通过宪法所确立的政治民主程序进行价值决定,又可以通过对“八二宪法”规范的宪法解释进行价值选择,从而在政治民主过程与合宪性审查之间形成一个动态的平衡机制,使社会环境的变化反映到法律系统中,并通过立法的具体化、宪法解释和合宪性解释等方式辐射至整个部门法体系。

五、结语:功能分化社会的宪法学转型

通过上文分析可以发现,中国法治国范式的建构,就是摆脱百年立宪以来的误区,使法律系统从政治系统中分化出来并真正承担起“稳定化规范预期”的功能。今天,法律系统分出的意义逐渐凸显,宪法勾连其他社会系统与法律系统的功能也逐渐凸显,国家的政治面向则需越发严格地受到宪法的限定。可以说,今天中国的立宪面临着双重任务:(1)保障人民民主,在宪法的权力规范框架内最大限度地实现民主的参与性,最大限度地实现国家的政治能力;(2)规范并限定人民民主,通过宪法中的法治国面向对民主政治进行限定,防止代议民主的无序与多数决所带来的弊端。前者强调宪法在政治系统中的运作,后者强调其在法律系统中的运作,这构成了今天中国宪法实施的双重机制:民主政治过程与合宪性审查。二者之间的功能界分、最大限度地双重实现以及互相制衡,是今天中国宪法所面临的最大课题。

与中国的立宪主义转型相呼应,中国宪法学也在1978年以来的近四十年中逐渐转型,向强调“宪法法律化”的一面前进。首先,在研究方法上,实现了从阶级分析的方法向规范方法的学术演进,自20世纪90年代宪法学界开始倡导的宪法解释与“规范宪法学”便是这方面的典型努力。直至今日,宪法学领域的“方法论之争”在某种程度上便是中国立宪以来问题意识的延续:政治宪法学更加侧重国家建构的一面,规范宪法学则更加侧重其法律属性的面向;政治宪法学仍延续改革的逻辑,而规范宪法学则尝试从改革范式演进到法治国范式之中;政治宪法学仍在实定宪法之外寻找“活的宪法”“不成文宪法”或者“中国宪政模式”,而规范宪法学则将宪法学建立在宪法文本基础之上。其次,在具体问题领域也朝向“宪法法律化”的方向前进。自20世纪80年代开始,中国宪法学界便开始大规模地讨论“违宪审查”制度。2001年的“齐玉苓案”更是提供了一个契机,它所引发的“宪法司法化”之争体现了在机制上实现宪法法律化的努力。但是,基于中国现实的特殊性,“宪法司法

〔1〕 参见林来梵:《法治的个别化模式》,载《环球法律评论》2014年第1期。

化"的命题很快便转为更为深入地结合中国宪法文本和权力结构而进行的"宪法适用中国路径"的探索,合宪性解释作为中国语境下"曲线行宪"的解决方案应时而生,并引发了新一轮讨论的热潮。最后,在基本权利的研究中,逐渐转向基本权利的规范效力及其可实现性,逐渐确认了基本权利的"双重属性",并明确国家公权力作为基本权利的义务主体。在基本权利辐射至私人领域的功能方面,也通过"客观价值秩序"和"第三人效力"的引介,结合中国宪法进行了深入的体系分析,并在此基础上开始探讨宪法与民法以及与其他部门法的关系。

今天,中国宪法学经历了短暂的"方法论之争"后,基本开始朝向具体问题的探究,并越发深入与细致,一个以宪法解释为基础的宪法学共同体正在缓慢而艰难地形成,并开始逐渐从基本权利领域转向对国家组织法的研究。结合上文所述的立宪转型,或许仍需进一步探讨的是:宪法在功能分化社会中的实现(政治系统与法律系统的双重实现)以及宪法在维系社会系统功能分化、防止其他社会子系统内在扩张中的作用(具体到基本权利的社会功能研究)。这主要包括:(1)宪法在政治系统中的最大化实现,也就是在国家组织法层面(横向权力关系与央地关系的两个维度)对中国"人民民主"的运行和"民主集中制"的结构进行深入分析,探讨在中国共产党—全国人民代表大会的"政党—代表"二元结构下中国政治权力组织和运作的模式:如何促进民主参与,实现政治民主过程的良性运转,以及如何在规范框架下实现政治整合的能力和决断力。(2)宪法在法律系统中的实现。这需要从法律系统分出的角度,探索在现有国家权力结构的范围内,如何在制度上保障法律系统的封闭性,进而探讨最高人民法院的功能定位以及最高人民法院与全国人大常委会释宪权之间的权力平衡。(3)宪法作为沟通法律系统与其他社会子系统的"价值中转站"和"控制阀"功能的实现,即如何将社会系统的环境变化转换到法律系统中,需要结合宪法变迁、"八二宪法"的文本以及今天中国的社会现实进行进一步的细致探讨。(4)在基本权利领域,在引介国外理论的基础上,应尽可能地实现基本权利话语的中国化,结合基本权利作为沟通社会环境与法律系统"价值纽带"的功能,探讨基本权利在"八二宪法"中的功能和意义,进而形成基于中国宪法文本的"基本权利体系",以之作为具体基本权利研究的学术基础。

(原载于《法学研究》2017 年第 2 期)

构建我国行政审判“参照”惯例制度

柳砚涛*

在不少以大陆法系国家为代表的法治发达国家,关于先例约束、遵循先例、遵从习惯等悠久的历史传统和厚实的理论基础,早已催生了较为完善的“依惯例裁判”的制度与规范体系。如1907年《瑞士民法典》第1条第2项开宗明义:“如本法无相应规定时,法官应依据惯例。”在我国,鉴于行政法法源一般仅限于成文法或制定法,所以尽管行政与司法实践中存在大量惯例适用的事实,但理论与制度设计上并未涉及惯例在行政审判中的地位。

面对社会生活层面代代相传、广大百姓乐于奉行的风俗习惯,以及行政执法机关长期养成、官民共守的“惯行”,尤其是近年来惯例的司法适用率不断提升所形成的对审判依据体系的“倒逼”态势,行政审判规范与制度体系不能再继续对惯例视而不见、置若罔闻了。那么,我国当下行政诉讼立法有无惯例功能的规范依据和制度“抓手”?惯例在诉讼中的功能究竟是“依据”还是“参照”?如何构建惯例的司法审查适用机制?诸如此类的问题亟须理论上率先给出答案。

一、惯例进入行政审判依据体系的价值分析

(一)有宪法、法律和司法解释依据

我国《宪法》第4条第4款关于各民族“都有保持或者改革自己的风俗习惯的自由”、第4条关于“中华人民共和国各民族一律平等”的规定,为惯例借助“自由”和“平等”进入审判依据体系提供了权利基础和原则依据。

法律层面,《行政诉讼法》中至少有5个可以纳入惯例的制度“抓手”:第一,第5条“以法律为准绳”中的“法律”、第6条“对行政行为是否合法进行审查”中的“法”、第70条第3

* 柳砚涛,山东大学法学院教授,博士研究生导师。

项“违反法定程序”中的“法”等，完全可以将惯例作为不成文法涵盖进去，因为这里的“法”并未限定为制定法；第二，第70条第5项、第6项中的“滥用职权”“明显不当”中完全可以涵盖“违背惯例做法”的内涵；第三，第64条规定，人民法院认为有关规范性文件“不合法”的，“不作为认定行政行为合法的依据”。言外之意，合法的规范性文件可以作为“依据”，其中包括载于规范性文件的惯例；第四，第98条规定：“外国人、无国籍人、外国组织在中华人民共和国进行行政诉讼，适用本法。法律另有规定的除外。”这就为法律“另行规定”国际惯例作为审判“依据”预留了制度空间，而目前这方面的规定越来越多，如《海商法》第268条第2款、《民用航空法》第184条第2款均规定“可以适用国际惯例”；第五，《行政诉讼法》第63条与《最高人民法院关于执行〈中华人民共和国行政诉讼法〉若干问题的解释》（以下简称《若干解释》）第62条规定行政审判“依据”“参照”“援引”“引用”时，并未限定相关规范的“法部门性”，即行政审判依据中包括其他部门法，而大量关于遵从习惯、惯例的规定均出现在行政法之外的其他部门法，如《民法通则》第7条的“尊重社会公德”，〔1〕第142条第3款的“适用国际惯例”，《物权法》第85条的“处理相邻关系”“可以按照当地习惯”，第116条第2款的“法定孳息”“按照交易习惯取得”，《合同法》第22条、第26条、第60条、第61条、第92条、第125条、第136条、第293条、第368条等条款中的“交易习惯”，《民族区域自治法》第10条的各民族“都有保持或者改革自己的风俗习惯的自由”，《非物质文化遗产法》第16条的尊重调查对象的风俗习惯，《驻外外交人员法》第8条和第46条的“尊重驻在国的法律和风俗习惯”，《人民武装警察法》第21条的“尊重公民的宗教信仰和风俗习惯”，《人民警察法》第20条的“尊重人民群众的风俗习惯”，《戒严法》第29条的“尊重当地民族风俗习惯”，《监狱法》第52条的“少数民族罪犯的特殊生活习惯”，《消费者权益保护法》第14条的“民族风俗习惯”，《旅游法》第10条的“民族风俗习惯”等，这些规定均为人民法院裁判行政案件“按照”“尊重”“适用”习惯和惯例提供了法律依据。既然《行政诉讼法》第63条明文规定行政审判应以“法律”“为依据”，而前述“法律”均认可了惯例的法律地位，那么，为何关于行政诉讼的司法解释，尤其是最高人民法院《关于审理行政案件适用法律规范问题的座谈会纪要》（法〔2004〕96号，以下简称《座谈会纪要》）中对惯例只字不提。

司法解释层面，《若干解释》第62条第2款规定，行政审判可以“引用合法有效的”“其他规范性文件”，这实质上已经肯定了惯例的“参照”地位，因为“行政规范性文件本身只是行政惯例和法律原则的载体”〔2〕，大量惯例见之于规范性文件当中是不争的事实，该规定实质上已经涵盖了惯例在行政诉讼中的“参照”地位，本文只是本着裁判依据一致性的考虑，为载于规范性文件之外的其他行政惯例和非行政性惯例争取“同例同命”而已。

---

〔1〕 受苏联影响，我国《民法通则》第7条未使用“公序良俗”的字样，但民法学界一般认为，本条中的“‘社会公共利益’相当于‘公共秩序’，‘社会公德’相当于‘善良风俗’”，且有学者认为“公序良俗”作为民法基本原则在司法实践中有直接适用性。参见梁慧星：《民法总论》，法律出版社1996年版，第45页。

〔2〕 叶必丰：《行政法与行政诉讼法》，武汉大学出版社2008年版，第51～52页。

(二)惯例早已作为行政行为依据

作为长时间以来由实践中的“多事多案”而非“一事一案”养成、遵循、延续下来的“惯行”,惯例早已“出现在一定时期内统治者及其公务员作出的裁决、宣言及习惯做法中”,[1]已经具有了跨事件、跨程序的反复适用效力,并作为具体行政行为的重要依据,正所谓“行政之尊重先例”乃是“不可否认之事实”。[2]

我国古代早有“据彼事以为此事之标准”的制度史实,并有“比系以律文之比附为重,例则以已有之成事为主”[3]的制度配置,这些制度瑰宝对惯例进入我国当下审判依据体系有积极的借鉴意义。早在2001年公安部三局对广东省公安厅户政管理处的请示答复(公治[2001]60号)中就明确指出:“姓名登记机关在办理姓名登记时就不应漠视业已获得明文认可的惯例”。此后“依惯例行政”已成行政之常态,并催生了惯例功能的规范确认,很多地方和部门制定的规范行政自由裁量权的“办法”“条例”“规定”等均对遵从习惯和惯例作了规定。

既然实践中存在将惯例作为依据的大量行政个案,那么一旦这些个案行为进入诉讼阶段,人民法院就必须对这些“依据”“表态”,尤其在被诉行为的合法性只有惯例支持时。

(三)有利于保持行政与司法“依据”的应然一致性

如果行政依据惯例,而司法对惯例的地位与功能不予明确,就会破坏行政与司法依据的应然一致性。域外确立先例、惯例、判例制度的初衷之一在于“增强法律之内的连续性、稳定性”,[4]这就必须确保行政与司法“依据”在形式上的连贯性和标准上的一致性,不少大陆法系国家为防止行政陷入“武断和反复的”境地,大多将惯例作为“辅助性法律渊源”及“成文法的补充”,无论行政还是司法一直都是“习惯做法同法律规则同时在起作用”。[5]

行政与司法秉承标准一致性和依据连续性的理性在于,如果行政机关信守“先例”“惯例”,而法院尊奉“判例”,且相互之间都不尊重或承认对方的“例”,就会割裂法律依据的连贯性和法律精神的一致性。作为蕴含同一种理性的“例”,无论是行政惯例还是司法判例,都是法律精神的外在呈现,执法抑或司法机关必须相互尊重或承认。国家尤其是立法机关有义务创造不同系统内先例、惯例、习惯的拘束规则和相互承认机制。

---

[1] [法]莱昂·狄骥:《宪法学教程》,王文利等译,辽海出版社、春风文艺出版社1999年版,第31页。

[2] 参见林纪东:《行政法》,台北,三民书局1980年版,第84页。

[3] 参见陈顾远:《中国法制史概要》,商务印书馆2011年版,第86页。

[4] See Frank A. Schubert, *Introduction to Law and the Legal System* (*Seventh Edition*), Houghton Mifflin Company, 2000, p. 231.

[5] [法]莱昂·狄骥:《宪法学教程》,王文利等译,辽海出版社、春风文艺出版社1999年版,第32页。

(四)借此将惯例纳入司法审查范围

无论行政诉讼中是否给惯例以某种“名分”,它实质上一直都在约束着行政机关和部分相对人,如果它在本质上属于“善例”倒也合乎“良法之治”的要求,但如若属于“法规窒碍难行”或“迁就官僚体系之便宜行事”〔1〕之类的“恶例”,如我国婚姻登记中出现的单日办理离婚、双日办理结婚、“七夕节”不办理离婚等,不仅对相对人不公平,而且破坏了规则体系的严肃性和公平正义氛围。“监理”的最好途径就是融入“法治”环境中,而“法治国意味着对行政尽可能司法化”,〔2〕故纳入司法审查体系便成为惯例的“宿命”。

在我国,理论上已有学者依据“举轻明重”原则,从规章也应依法接受司法审查推断出效力更低的惯例的可审查性,〔3〕尽管这种对于“举轻以明重”的“新解”值得商榷,但其肯定惯例的可审查性无疑具有积极意义。笔者认为,制度层面完全可以仿效已存行政诉讼一并解决相关民事争议制度、一并审查相关规范性文件合法性制度,建立“参照惯例”或“一并审查惯例合法性”制度,将惯例纳入“适用性”或“附带性”审查范围,这既合乎行政诉讼最大限度保障合法权益的立法目的,确立行政诉讼认可“善例”摒弃“恶例”的积极功能,也便于拓展和穷尽“一事一案”的辐射效应,使惯例借“个案”之机获得认可和效力拓展。

(五)可以借此弘扬法文化

惯例源于法文化,同时也是法文化的外在表现形式,较早提出文化定义的人类学家泰勒认为“习惯”是“文化或文明”的组成部分。〔4〕 在亚洲、欧洲和非洲的许多国家,“行政惯例也取决于其各洲的文化”,究其缘由,“行政惯例是行政人员的行为模式在文化上的一种表现”。〔5〕 我国台湾地区有学者主张行政惯例生成于“行政作用萧规曹随”,〔6〕强调的仍然是某种修为的“惯行”和文化的传承。可见,认同惯例的诉讼地位就等于认同法院藉惯例弘扬法文化的积极功能。

我国尽管也存在习惯、法律、文化相互交融、促进、传承的历史与现实,尤其在制度上有西周的“事”、战国的“类”、秦朝的“廷行事”、〔7〕汉代的“决事比”、〔8〕唐宋元的“例”、明清

---

〔1〕 马秀如、董保城:《从会计内控与行政惯例探讨首长特别费》,载《月旦法学》2008 年第 156 期。

〔2〕 [德]奥托·迈耶:《德国行政法》,刘飞译,商务印书馆 2002 年版,第 64 页。

〔3〕 参见尹权:《论行政惯例的司法审查》,载《法律科学》2008 年第 1 期。

〔4〕 参见[英]泰勒:《原始文化》,蔡江浓编译,浙江人民出版社 1988 年版,第 1 页。

〔5〕 See M. A. Omolaja, "Administrative Practice in Nigeria: Implications for National Development", *Economic Analysis* 42, 2009, pp. 53 – 64.

〔6〕 马秀如、董保城:《从会计内控与行政惯例探讨首长特别费》,载《月旦法学》2008 年第 156 期。

〔7〕 有学者认为,目前尚难确认“廷行事”具有司法先例的效力。参见刘笃才、杨一凡:《秦简廷行事考辩》,载《法学研究》2007 年第 3 期。

〔8〕 也有学者将“比和故事”统列为汉魏晋的“司法先例”。参见王志强:《中英先例制度的历史比较》,载《法学研究》2008 年第 3 期。

的“比附判例律例并行”“既有成案足依,似可照复”[1]等“依例行事”的典范,但迄今为止少有学者论及如何通过惯例来弘扬法文化,尤其是如何发挥人民法院在这方面的积极功能。法院从来都是法文化的创造者、传承者,可以通过“抑恶例、扬善例”来净化法文化环境,所以任何一个理性的行政诉讼制度设计都不应在审判依据体系中拒绝惯例,而应将惯例纳入司法审查范围,利用法院针对规范与规则合法性的判断权和取舍权,以“抑恶扬善”的姿态“过滤”惯例,发挥法院在甄别、传承惯例文化和法文化方面的正向功能。

(六)法院可以藉此发挥平等权保障功能

惯例与平等原则之间有着天然的契合点,亦即“同情同处”和平等对待。平等原则在形式上意味着“相同的东西应受相同的对待”,“根据分类隶属同一范畴的人,为了某一特定的目的,就应该受相同的处遇。”[2]惯例的旨趣恰恰在于通过因循“前车之辙”,以实现“同处”和“平等”的理想样态。违背惯例必然侵犯平等权,这已是域外理论与制度公认的规则,如德国有学者直接将惯例表述为“偏离即构成违反平等要求的习惯”,[3]足见惯例与平等之间的“亲密”关系。

鉴于“法治也含有类似情况类似处理的准则”,[4]所以作为法治保障机关的法院理应将惯例作为“同情同处”的衡量工具,以防行政机关“对两个在主要方面相同的案件作出两种截然不同的裁决”[5]。惯例与平等、法治原则之间的契合为法院借助惯例保护平等权提供了契机,这在修改后《行政诉讼法》将“可诉权益”由人身权、财产权拓展至涵盖平等权等“其他合法权益”的前提下变得更加切实可行。但可惜的是,尽管修法后实行了“立案登记制”,但针对或者涉及平等权的行政案件仍然很少,如何挖潜和拓展“平等权之诉”成为行政诉讼制度“新亮点”,这一点在平等权屡受侵犯的社会大背景下显得尤为重要。将惯例引入行政诉讼过程,会为公法上的平等权提供必要的司法保障,也能使法院真正成为维系平等的“天平”。

(七)人民法院有遵从惯例的历史与现实

人民法院对于习惯、惯例的尊重肇始于民商事审判,行政审判尽管起步较晚,但在遵循习惯、惯例方面大有后来居上之势。“中国裁判文书网”上公布了不少“涉惯例”行政裁判文书,其中涉及人民法院认同并依据资金物资科学管理惯例、拍卖惯例、合同惯例、拆迁工作

---

〔1〕 王志强:《中英先例制度的历史比较》,载《法学研究》2008年第3期。

〔2〕 [英]丹尼斯·罗伊德:《法律的理念》,张茂柏译,新星出版社2005年版,第94页。

〔3〕 参见[德]汉斯·J.沃尔夫、奥托·巴霍夫、罗尔夫·施托贝尔:《行政法》(第1卷),高家伟译,商务印书馆2002年版,第260页。

〔4〕 [美]约翰·罗尔斯:《正义论》,何怀宏等译,中国社会科学出版社2009年版,第186页。

〔5〕 参见[美]伯纳德·施瓦茨:《行政法》,徐炳译,群众出版社1986年版,第574页。

惯例、行业惯例等裁断案件，这一事实对本应引领实践的理论与制度设计形成“倒逼”态势，要求我们必须加紧明确惯例在行政诉讼中的地位与作用。

法院遵从习惯的历史与现实为法院通过“个案”认可惯例奠定了坚实的基础。尽管法院认可只能使惯例获得“个案”效力，并通过“指导性案例”获得“相同个案”的“参照”作用，但一则根据当下行政实践做法，凡是法院承认效力的惯例，行政机关会很配合地作为执法参考或甚至依据；二则随着指导性案例制度向判例制度的演进，法院通过“个案”赋予惯例“他案效力”甚至“普适效力”并非遥远。

二、为何只能“参照”而非“依据”惯例

面对我国当下关于“按照”“尊重”“适用”习惯、惯例，以及“参照规章”“引用合法有效的规章及其他规范性文件”等规定，惯例应当以何种身份和功能融入行政审判依据体系？笔者认为，由于惯例有行政惯例与非行政性惯例之分，且有“事实”与“规则”两种存在形式，所以行政诉讼中的惯例地位与功能不能一概而论，处在“规则”层面的惯例功能只能是“参照”而非“依据”。

在此，有必要首先厘清何为“参照”，缘由有二：一是《〈最高人民法院关于案例指导工作的规定〉实施细则》（以下简称《实施细则》）第10条将“参照”的内涵界定为“将指导性案例作为裁判理由引述，但不作为裁判依据引用”。这与行政法学理论上普遍将“参照”解读为“先审查，后依据”和《若干解释》第62条关于“引用合法有效的规章及其他规范性文件”的界定发生冲突。二是“惯例”之“例”在汉语中有两种不同的含义：“用来帮助说明或证明某种情况或说法的事物；从前有过，后来可以仿效或依据的事情。”[1]前者意为“用以说服”，后者寓意“据以行事”，那么，“参照惯例”应采用“裁判理由引述”的“说理”还是“裁判依据引用”的“依据”模式？笔者倾向于后者，理由如下：

第一，保持行政诉讼制度内涵的一致性。既然规章与规范性文件的“参照”内涵已经确定为“先审查，后引用或依据”模式，那么以规范性文件为载体的惯例自然涵盖于该模式内，而本着平等性、一致性及“同例同命”的原则，其他非以规范性文件形式存在的行政惯例和非行政性惯例也应套用该模式。

第二，防止裁判依据缺位，避免将行政判决置于“无据而判”的窘境。惯例本来就是为了弥补法律空白而扮演了行政行为“依据”的角色，担当了支持行政行为合法性的重任，如果不将其视为“依据”加以引用，就抽掉了被诉行为的法律基础。经过审查认定为合法有效的惯例，本质上就是法的载体，尽管不具有法的形式但却有法的实质，将其作为裁判依据完全符合“以法律为准绳”的实质要求。相比之下，指导性案例的“参考”“指导”作用“并不表

〔1〕刘振铎、何文祯主编：《现代汉语多功能词典》，东北朝鲜民族教育出版社1994年版，第611页。

现为它对判决理由的实质性支持,而是对判决理由的强化和稳定",尽管"当下正在起着事实上法源之作用",[1]但鉴于"依据一个案件裁判另一个案件"并不具有足够的正当性,所以其既非理论上公认的法源,也非制度设计中的裁判依据。实质上,即便承认先例、判例,真正具有法律价值的也仅限于附于"例上"或隐于"例中"的原理、原则,"当援引一个案件作为先例时,要从中导出一项规则或原理。正是这种规则或原理,而不是前例的事实本身,适用于待决案件。"[2]至于"例"本身或构成"例"之事实,只不过是裁判规则或依据的"载体"。

第三,指导性案例的本质是具有代表性的"个案",仅具有"个案既判力",[3]这与惯例系由多个"个案"累积、"看齐"所形成的规则不同,已有"指导性案例"只能作为"同情同处"的"理由引述",取意为"因为要与已有个案保持一致,所以如此裁判",而本质上属于"规则"的惯例所解决的是"相同个案"的"依据"问题,因而"参照惯例"的实质是"经审查,惯例合法有效,应当作为被诉行为依据和裁判依据"。修改后《行政诉讼法》第64条和《最高人民法院关于适用〈中华人民共和国行政诉讼法〉若干问题的解释》(以下简称新《若干解释》)第21条也明确规定,规范性文件不合法的,人民法院"不作为认定行政行为合法的依据",后者还附加了"并在裁判理由中予以阐明"的内容。这里"不作为……依据"的对应概念就是"作为依据",包括载于规范性文件的惯例在"合法有效"的情况下,就是"认定行政行为合法的依据",或干脆说就是"裁判依据"而不仅仅是"裁判理由"。而且,必须注意两点:一是这里并未仿效前述《实施细则》第10条,附加"但不作为裁判依据引用"的限制,而此处的"并在裁判理由中予以阐明"恰恰是"依据"的"说理装置"。二是该规定对合法有效规范性文件的"引用说"给出了确定含义,有学者将《若干解释》第62条"可以在裁判文书中引用合法有效的规章及其他规范性文件"中的"引用"解释为"可以作为裁判文书理由部分的依据,但不能作为裁判结论部分的依据",[4]新法和新《若干解释》实质上赋予包括惯例在内的规范性文件"裁判理由依据"和"裁判结论依据"两种可能性。至于《座谈会纪要》中关于"人民法院可以在裁判理由中对具体应用解释和其他规范性文件是否合法、有效、合理或适当进行评述"的内容,旨在肯定人民法院对规范性文件的"评价权",并非将规范性文件的功能领域限定于"裁判理由中",进而否定其"裁判结论依据"地位。

"参照"而非"依据"惯例裁判的主要原因有:

---

[1] 参见章剑生:《作为行政法上非正式法源的"典型案件"》,载《浙江大学学报》(人文社会科学版)2007年第3期。

[2] See John Kaplan Robert Weisberg and Guyora Binder, *Criminal Law*: *Cases and Materials*, Aspen Publishers, 2004, pp. 11 - 12.

[3] 参见曹士兵:《最高人民法院裁判、司法解释的法律地位》,载《中国法学》2006年第3期。

[4] 参见廖希飞:《论行政规定在行政诉讼中的效力》,载《行政法学研究》2011年第2期。

（一）与已有制度设计保持一致

之所以“参照”而非“依据”惯例裁判，意在与当下相关制度设计保持一致：一是尽管《行政诉讼法》第6条规定的“合法性审查”可以将包括惯例在内的非制定法源涵盖在内，但在第63条仅确认了法律、法规的“审判依据”地位；二是2004年国务院《关于全面推进依法行政实施纲要》将“合法行政”之“法”限定为“法律、法规、规章的规定”；三是《座谈会纪要》也秉承了制定法或成文法理念；四是《若干解释》第62条第2款通过“引用合法有效的”“其他规范性文件”的规定，已将内含于规范性文件的惯例纳入了行政审判“参照”体系，为保持制度一致性，只能秉承“制度比对”和“适度延展”的精神给非以规范性文件形式存在的惯例以“同等待遇”，因为一旦出现“同例不同命”的制度设计和实践，不仅影响“审判参照体系”的一致性，而且破坏了平等原则。

值得注意的是，按照本文开头列举的关于“按照”“适用”习惯、惯例的法律规定，“依惯例裁判”在不少单行法领域已经具备了形式合法性，而且，随着法律条文主义观念逐渐式微和非制定法源司法直接适用性呼声的不断升高，在制定法缺位的情况下直接“依惯例裁判”并不遥远，尤其是将一些人们共知、共信、共守的惯例作为处事断案依据完全合乎实质合法性要求。

（二）惯例并非绝对属于“民意”和“法意”

行政惯例是长期行政实践的一种“惯行”，所以本质上是一种行政意志而非立法意义上的“人民意志”和“法意”，如此便没有作为审判依据的资格；既为行政意志，就应套用当下制度设计中关于“参照”和“引用”合法有效的规章和规范性文件的既定模式。

非行政性惯例大多源于民间习惯，是人们共知、共信、共守的“惯行”，尽管其可能接近，甚至就是“民意”，但在我国当下审判依据体系只认同制定法的背景下，只要未被有权机关通过“制定”或“认可”程序予以“法律化”或司法确认，就不能取得审判依据资格。

（三）“事实”层面的惯例不具有规则性和适用性

在诉讼中，“规则”可以进入审判依据体系，而“事实”只能归于“查证”“推定依据”的范畴，那么，惯例本质上究竟属于“事实”抑或“规则”？对此，学界主要存在“事实说”与“规则说”两种主张。笔者认为，积累、养成惯例的“个案”或“个例”属于“事实”层面，“个案”“个例”和“先例是规则的法律渊源”，〔1〕而“被在某一问题上一致的诸多先例一再重复而明确地确定下来”〔2〕的“惯行”或“规律”则属于“规则”。

---

〔1〕 See Carleton Kemp Allen, *Law in the Making*(*Seventh Edition*), the Clarendon Press, 1964, p. 270.

〔2〕 [英]鲁伯特·克罗斯、J. W. 哈里斯:《英国法中的先例》，苗文龙译，北京大学出版社2011年版，第13～14页。

尽管法律规则与事实之间没有"令人明白的标准","永远不能自行划清界限",[1]甚至有观点认为"在法律和事实之间作出区分是不可能的",[2]但可以确定的是,惯例在行政诉讼中兼具"事实"和"规则"两种样态:作为"事实"(practice),其主要表现为"已知的事实",是推定和司法认知的前提,蕴含"依惯例推定待证事实存在"之意;作为"规则"(convention),其本质上属于若干情况相同处理相同的"后案"向"前案""看齐"养成的"规律","构成行政机关一贯行为的规律",[3]是行政行为的"依据"和行政审判的"参照",蕴含"依惯例要求相对人为或不为某种作为或不作为"的行政意蕴和"参考惯例进行裁判""依据合法有效的惯例裁判"的诉讼价值。

(四)惯例与法之间仅具有部分"同质性"

作为由"事实链"集成的"规律"和"规则",惯例蕴含两种"与法同质"的元素:规则和经验,但惯例并不就是法,因为:

第一,作为"规则",惯例隐于由"相同个案"构成的"事实链"当中,以"个案"为基础的"同案"和"类案"养成了"依例行事"的规则,要求遇到类似的情况必须遵从以往做法,向"前例"看齐,而这恰好符合法的旨趣,正如英国的一位皇家法律顾问所言,"你在同样的案例中要同其他人保持一致,否则,我们就不知道法律是什么。"[4]但惯例不能恒定地符合"人民意志性"的标准,且其中的行政惯例毋宁是"行政之惯行"或"行政意志"。

第二,作为"经验",惯例堪称"基于经验的规则",[5]与法律之间没有质的差异,不仅"法律的概念和公式是从先例到先例成长起来的",[6]而且"法律制度现在是也一直是纯经验的"。[7] 但惯例仅系长期"养成"的"惯行",没有经过"国家制定或认可"程序,正如德国学者哈特沙伊克(Hatschek)教授称之为"法之前阶"(Vorstadium des Rechts),[8]在"惯例法律化"之前,尚不具备作为"依据"的资质,只有通过司法审查获得"参照"的机会,借此破解"一项习惯在获得司法判决支持之前就不是法律"[9]之遗憾。

---

〔1〕 参见[美]伯纳德·施瓦茨:《行政法》,徐炳译,群众出版社1986年版,第600页。

〔2〕 [英]鲁伯特·克罗斯、J. W. 哈里斯:《英国法中的先例》,苗文龙译,北京大学出版社2011年版,第242页。

〔3〕 参见柳砚涛:《论行政惯例的价值及其在我国的制度化路径》,载《当代法学》2013年第5期。

〔4〕 See Frederick Pollock, *A First Book of Jurisprudence*, Macmillan and co., limited, 1911, p. 317. 转引自梁治平:《英国判例法》,载《法律科学》1991年第1期。

〔5〕 参见[美]博拉·斯通:《政策悖论:政治决策中的艺术》,顾建光译,中国人民大学出版社2006年版,第294页。

〔6〕 [美]本杰明·卡多佐:《司法过程的性质》,苏力译,商务印书馆2009年版,第26页。

〔7〕 [英]赖特勋爵:《判例》(上),张志铭译,载《比较法研究》1991年第4期。

〔8〕 参见陈新民:《公法学札记》,中国政法大学出版社2001年版,第191~192页。

〔9〕 [英]鲁伯特·克罗斯、J. W. 哈里斯:《英国法中的先例》,苗文龙译,北京大学出版社2011年版,第187页。

(五)我国并不具备西方国家“依惯例裁判”的历史传统和现实条件,先以“参照惯例”作为过渡

在大陆法系,古罗马时期的习惯被视为人民意志的体现,这与萨维尼所言“民族的共同意识(the common consciousness of the people)乃是法律的特定寓所”如出一辙,“法律首先产生于习俗和人民的信仰(people faith)”,[1]这种“人民意志”和“共同意识”使习惯实质上取得了法源地位。英美法对于习惯的认同缘于征服不列颠之后统治的稳定性,统治者从遵循习惯中获得了民心和社会安定,自然会赋予习惯以极高的历史与法律地位。

我国悠久的历史文化传统中尽管也有丰富的“乡土资源”,并演进为当下独具特色民间法、习惯法,但因长期受到成文法理念和法律条文主义影响,新近几年兴起的“理念法”“软法”“民间法”也主要停留于理念或理论层面,诉讼制度设计层面难觅习惯、惯例的踪影,查遍整个民事诉讼法条文竟无习惯、惯例的片言只语,行政诉讼相关规范条文中更是难觅惯例踪影,所以尽管存在不少法院“尊重”惯例判案的“个例”,但始终未养成“依惯例判案”的司法传统。如果先实验性地确立行政审判“参照”惯例制度,可以促进惯例的成文化、体系化和公信力,使一直“暗中”发挥作用的惯例获得应有的“名分”,不仅为不成文法源成为审判依据“打前站”,也为“实质法治”环境的营造和“实质合法性”标准的构建积累经验和引领观念,同时也给当下行政与司法实践中参照、借鉴、比照惯例的若干个案“一个说法”。

三、“参照”惯例的实质要件:合法有效

将“合法有效”设定为参照惯例的实质要件,一则可以将已有“参照”“引用”合法有效的规章及其他规范性文件制度模式普遍适用于非以规范性文件形式存在的行政惯例和其他非行政性惯例;二则也顺应了我国司法针对行政规定、行政政策、行政意志的一贯态度,即先审查其合法有效性、后决定是否依据。

(一)“合法”的基本要求

有学者将惯例“合法性”的要求仅仅界定为“不应与现有的成文法相冲突”一项,[2]该标准与惯例“填补法律空白”功能定位极不相符,既属法律空白,就少有与成文法抵触的情形;既然“遵从惯例”的前提是“法无规定”,那么构建惯例合法性审查标准必须紧紧围绕是否实质合法而非是否抵触上位法或成文法,主要涵盖三方面内容:

---

〔1〕 参见[德]弗里德利希·卡尔·冯·萨维尼:《论立法与法学的当代使命》,许章润译,中国法制出版社2001年版,第9页。

〔2〕 参见温泽彬:《论行政惯例的背景、价值与现状》,载《政治与法律》2010年第6期。

第一,是否具有实质合法性,即是否合乎法的精神、价值、目的、原则、原理等“理念法”,是否符合理性,因为赋予惯例、习惯、先例以“以权威性和效力”的只能是“隐藏于其后或超越于其上的某些东西”,〔1〕这里的“某些东西”就是惯例所蕴含的基本理性,这也是人们对惯例共知、共信、共守一贯性的前提。丹宁勋爵将“行政惯例的非理性”视为“官僚主义最好的挡箭牌”,其结果是迟滞法律的发展,而要“避免这种命运”,“行政惯例就不应该成为一种‘非法的科学’,而应该成为一种法律的科学”。〔2〕 这里的“法律的科学”仍然指向行政惯例的实质合法性,这也是将“恶例”排除在审判“参照”体系之外的应然标准。

在没有可资比对的“条文法”和“理念法”的情况下,其他善良价值也是惯例实质合法性的评价标准,如在美国李纳什布尔诉布鲁宁案中,最高法院认为,田纳西州所采纳的“系统惯例”“应被视为该州的法律”和“视为合法的法律渊源”,因其属于该州“公共政策”的反映,〔3〕从而将“公共政策”作为了惯例合法性判断的“参照物”。

第二,不得与法律抵触。既然惯例的形式正当性源于填补法律空白,这一定位寓意一旦在某一个问题上出现惯例与法律并存的局面,惯例就应让位于法律,因为“习俗惯例既不能废止法律,又不能违反法律”,一旦出现惯例与法律并存且不一致的情形,“法律使习俗惯例完全陷于无效,以使之从属于自己。”〔4〕

第三,将惯例的“合理性”纳入“合法性”范畴。“合理性”是“合法性”的内核,也是不少国家认定惯例有效性的前提,如在英国,“习惯必须是合理的”,〔5〕美国法院认为“合理性乃是某一惯例的有效条件之一”。〔6〕 将惯例的“合理性”纳入“合法性”在不少域外国家的制度意义并不大,因为“合理”与“合法”均属于法院的审查范围,因而法院在审判过程中很少关心有关问题究竟属于“合理性”抑或“合法性”范畴。

但在我国,囿于悠久的“重制定法、轻理念法”传统,在域外能被“理念法”涵盖的合法性问题,在我国大多只能划入“合理性”范畴,而人民法院在行政诉讼中只能审查合法性问题,这就使得“合法性”与“合理性”的界分变得十分必要。有学者认为,“法院的司法权无限扩大至适当性审查的强度,对惯例进行合法性和适当性的全面审查。”〔7〕其中关于“适当性”审查的观点值得商榷,因为我国当下实证法已经确立了行政诉讼合法性审查以及规范性文件“不合法”的附带性审查制度,故笔者认为在《行政诉讼法》刚修改、一味地呼吁“修法”并

---

〔1〕 参见[美]E. 博登海默:《法理学:法律哲学与法律方法》,邓正来译,中国政法大学出版社1999年版,第431页。

〔2〕 [英]丹宁勋爵:《法律的训诫》,杨百揆、刘庸安、丁健译,法律出版社1999年版,第329页。

〔3〕 参见孔祥俊:《法律规范冲突的选择适用与漏洞填补》,人民法院出版社2004年版,第109页。

〔4〕 [法]莫里斯·奥里乌:《行政法与公法精要》(上册),龚觅等译,辽海出版社1999年版,第62页。

〔5〕 参见[美]E. 博登海默:《法理学:法律哲学与法律方法》,邓正来译,中国政法大学出版社1999年版,第472页。

〔6〕 同上书,第470页。

〔7〕 参见尹权:《论行政惯例的司法审查》,载《法律科学》2008年第1期。

不可行之时，能否利用当下制度的“合理张力”，用“理念法”将惯例的合理性、适当性纳入“合法性”范畴。在此，惯例是否“合理”就是是否合乎“理性”“事物之本性”和“理念法”，其实质仍然是“合法性”。据此可以实现法院对惯例是否合法与合理的全面审查，也免得司法实践中过分纠结于某个惯例问题究竟属于合法性抑或合理性范畴。

（二）“有效”的基本要求

既非绝对而恒定之“民意”，惯例为何“有效”？其实质合法性源自何处？该命题事关惯例作为审判参照的正当性基础。尽管主流观点倾向于惯例必须经立法确认和法官认可才能够成为法源，且在英国，习俗惯例一旦得到法官承认，便可以“与法律同起同坐”，“带有法律的名称”，即“Common Law”。〔1〕但是，法官只是对既存惯例的效力予以“认可”而不能赋予其效力，那么惯例效力究竟来自何处？对此，学界主要有“平等说”“国家承认说”“法官确认说”“确信说”等多种观点，前三种学说均有难以自洽之处：“平等说”只注重惯例的外在形式，因为平等只是惯例效力的外部表现而非效力源头，“一视同仁”只赋予惯例以正当性，并不赋予惯例效力；“国家承认说”和“法官确认说”只解决了惯例的外因和外在效力，只是对惯例内在效力的“承认”，没有重视国家之所以赋予其法效的内因和“原动力”。

笔者赞同“确信说”，与源自《查士丁尼法典》的格言“与全体有关者必得全体同意”“服从源于同意”同理，惯例的效力应当来源于承认与遵从，同意产生效力，服从实现效力。应松年、何海波教授认为，“当一种惯例积年累月，行之久远，化于内心，积淀成民间习惯，政府就需要尊重和考虑。”〔2〕这里的“化于内心”实则“确信说”的别样表述。尽管是一种“规则”和“惯行”，但“按照唯一的理智来说，并没有任何东西其本身是正义的”，既非“正义”和“民意”，就不能强制人们服从，正所谓“习俗仅仅因为其为人所接受的缘故，便形成了全部的公道；这就是它那权威的奥秘的基础了。”〔3〕当然，系于惯例的这种“确信”和“同意”有不同理由，或者缘于因“惯行”所生的“从众”心理，或者基于对传统做法的信赖而将习惯“推定为法律”，〔4〕或者“当事人确信这种习惯应成为法律”，〔5〕或者基于“系统先例”在人们心中产生的“一般的法律确信”，〔6〕或者“每当面对同样的情形都采取一种同样的对待方式时”所产生的“一种常规、一种惯性的常规”，〔7〕在哈耶克看来，“这种行动的常规性并不是命令或强制的结果，甚至常常也不是有意识地遵循众所周知的规则的结果，而是牢固确立

〔1〕［法］莫里斯·奥里乌：《行政法与公法精要》（上册），龚觅等译，辽海出版社1999年版，第88页。
〔2〕应松年、何海波：《我国行政法的渊源：反思与重述》，载《公法研究》2004年第1期。
〔3〕［法］帕斯卡尔：《思想录》，何兆武译，商务印书馆1995年版，第138页。
〔4〕参见［美］约翰·亨利·梅利曼：《大陆法系》，顾培东、禄正平译，知识出版社1984年版，第26页。
〔5〕［德］哈特穆特·毛雷尔：《行政法学总论》，高家伟译，法律出版社2002年版，第62页。
〔6〕参见［德］魏德士：《法理学》，丁小春、吴越译，法律出版社2003年版，第110页。
〔7〕［法］莱昂·狄骥：《宪法学教程》，王文利等译，辽海出版社、春风文艺出版社1999年版，第31页。

的习惯和传统所导致的结果。"[1]这些都是"同意"的内因和惯例具有法效的"原动力"。

据此,行政审判过程中对惯例进行适用性审查时,人民法院必须查明行政机关是否对该惯例履行了提示、释明义务,相对人是否基于知情和自愿而服从;如不知情,则应征询相对人是否认同并追认该惯例;如果查明惯例适用源于"强制",那么就必须进一步审查"强制"的正当性,鉴于惯例的"填补法律空白"的功能,此处"正当性"只能从公益、秩序以及"理念法""事物之本性""事物之本质"中去寻找。

总之,"有效"并非仅指行政机关将惯例作为办案依据,而且包含相对人自愿接受惯例拘束的意蕴,即"必须被有关的权利同类视为有约束力的法规范",[2]因为惯例既非通过立法程序征集民意制定,也非行政双方基于合议商定,所以其有效性不能单纯基于"强制",只能源于自愿服从,而这又源于其内心确信(opinio necessitates),即"人们是否普遍认为它是正确的"。[3]

四、"参照"惯例的程序要件

(一)惯例的适用性审查不以原告申请为前提

行政审判参照惯例不宜仿效当下规范性文件的合法性审查与行政诉讼一并审理相关民事争议制度中的"申请-附带"审查模式,这会限制司法监督的主动性和广泛性,应给人民法院"主动审查"留有"一席之地"。据此,如果人民法院认为有必要,尤其当惯例的合法性为解决争议所必需时,完全可以借"本诉"之机进行主动审查。理由如下:

第一,当惯例已经作为被诉行为依据时,其合法性已经在"本诉"的射程范围之内,这一点与行政诉讼一并解决相关民事争议不同,后者实质上是与行政诉求相关联的另一个独立的"诉",本着"不告不理"的原则不能由法院自主启动审查程序。

第二,如果被诉行为仅依据惯例,别无其他依据,那么不解决惯例的合法性,就不能准确判断被诉行为的合法性。因而,惯例的合法性就成为被诉行为合法与否的"先决问题",对此,域外通常做法是"合并到诉讼案件本身管辖权内","以保持诉讼案件管辖权的完整"。[4]

第三,按我国当下关于行政诉讼审理范围的制度设计,原告的诉求仅为司法审查的"诱因"行为,法院的审理范围并不受制于诉请范围,"全面审查"制度对惯例的审查同样适用,惯例审查并非必然与利害关系人申请审查捆绑在一起。

---

[1] [英]弗里德利希·冯·哈耶克:《自由秩序原理》(上),邓正来译,生活·读书·新知三联书店1997年版,第72页。

[2] 参见[德]汉斯·普维庭:《现代证明责任问题》,吴越译,法律出版社2000年版,第290页。

[3] 参见[德]卡尔·拉伦茨:《德国民法通论》(上册),王晓晔等译,法律出版社2003年版,第17页。

[4] 参见马怀德主编:《行政诉讼原理》,法律出版社2003年版,第25~26页。

第四,行政诉讼既是“救济法”也是“监督法”,人民法院借原告寻求救济之机,对行政施以最大范围和限度的审查监督,将监督范围和“个案”效能最大化,符合诉讼经济原则。

(二)参照惯例说明理由制度

无论对惯例采取服从抑或拒绝的态度,都必须说明理由,因为对于“命题的真实性要求或有效性要求越是能够得到很好得证明它们就越是具有合理性”,[1]一些罗马法系的国家甚至要求法院将某种习惯当作一种法律规则加以实施以前,“必须要附有法律意见或必要意见”。[2] 当惯例不成立,或者行政机关不能证明其属于惯例,或者尽管属于惯例但对本案不适用,或者与法律规定相抵触或违背法律精神,法院拒绝适用时,更需要说明理由。尤其在当代法治环境下,“说理”尤其是“拒绝+说理”模式是“一个正常的理性人(a reasonable person)能够接受的标准”,[3]更是一个国际上公认的理性规则,正如TRIPs第41条第3款所规定的,“对案件实质问题的决定,最好采取书面形式并说明理由(shall preferably be in writing and reasoned)”。

我国当下构建惯例适用说明理由制度正当性主要体现在:第一,是增强判决说理性的必然要求,也是法官释明义务的当然组成部分,便于使裁判文书由“权力的宣言书”升华为“理性的阐释者”;第二,在当事人提出、陈述和主张适用惯例的情况下,说理是增强判决“回应性”和“可接受性”的重要举措,也是“保有其人格尊严”的最低要求;第三,是落实正当法律程序的必然要求,也是法院“判断权”的本质使然,无理由的判断实属“妄断”,法院在行使选择判断权时必须履行说理程序。

(三)不予参照后的纠正措施

对于不符合合法有效要件的惯例,人民法院不应仅停留于不予参照并说明理由,而是应进一步通过某种途径予以纠正。这一做法的正当性主要体现在:

第一,“不予参照”仅具有“个案效应”,亦即就本案而言该惯例不能成立或不予适用,否定了“本案适用”并不能够杜绝“他案适用”,个案否定与惯例的普适性和辐射效应相比可谓“杯水车薪”,所以法院必须采取必要措施防范“恶例”效应蔓延。

第二,争取个案诉讼效应最大化已成审判制度改革的重要内涵,“一并审理”“附带审查”等制度设计的根本目的就是挖掘“一案一诉”的最大潜能,在化解“个案”的同时一并解决包括惯例在内的相关规范、规则、依据的效力问题,践行诉讼经济原则。

---

[1] [德]尤尔根·哈贝马斯:《交往行为理论:行为合理性与社会合理化》,曹卫东译,上海人民出版社2004年版,第9页。

[2] 参见[美]E.博登海默:《法理学:法律哲学与法律方法》,邓正来译,中国政法大学出版社1999年版,第470页。

[3] 参见刘东亮:《什么是正当法律程序》,载《中国法学》2010年第4期。

第三，规范的属性判断、选择适用是法院审判权的当然内涵，但该项权力的“上限”并不限于“不予适用”，域外不少国家已开始将其延展为“纠正”“推翻”等面向“普适用效力”的措施。如在美国，“尽管意识到遵循先例原则在司法程序中发挥的重要作用”，但当“随着时间的推移被证明是不公正或不明智时”，“最高法院仍会毫不犹疑地将其推翻”。[1]

纠正有两种可能途径：第一，通过司法建议促成惯例的废止、修正和完善，即“间接纠正”。事实上，修改后《行政诉讼法》第64条规定，人民法院认为相关“规范性文件不合法”，在不作为“依据”的同时，“并向制定机关提出处理建议”，这里就包括已经“融入”规范性文件的惯例。当下需要做的是，将非以规范性文件形式存在的惯例、非行政性惯例和人民法院主动审查的惯例也纳入“处理建议”的范围。

第二，赋予“认为不合法”以普遍适用和反复适用效力。前述法条已经将人民法院对规范性文件附带审查的否定性结论界定为“认为不合法”，但这里的“认为”不应“隐于”法官心里，而应“外显于”裁判文书，基于“法无规定不可为”的权力法则，这里的“认为不合法”的实质就是“确认违法”。无论“认为”还是“确认”，均产生“既判力”，其内含的“禁止矛盾”意蕴理应产生普适性和反复适用效力。总之，如何让法院的“认为不合法”或“确认违法”起到阻止“恶例”继续有效的作用，应当成为行政法学界思考的命题。

五、当下审判实践中适用惯例的个案问题透视

笔者以“行初字 行终字 惯例”为关键词，对2014年1月1日至2015年6月30日“中国裁判文书网”公布的行政裁判文书进行搜索，查到约124个带有“惯例”字眼的判决，其中绝大多数判决均为当事人主张适用惯例，而法官未予表态，约有30个判决中法官裁判时涉及惯例，这些“涉惯例”认定主要存在下述问题：

第一，忽视了惯例填补法律空白的功能，甚至以惯例代替法律。如有判决认为，两个生效判决“均已经把‘零凤贞村民小组’作为一个诉讼主体，故遵循历史惯例，本院仍将其作为一个诉讼主体，但不认同其集体经济组织资格”。[2] 历史地看，“习惯产生资格”只是在法律覆盖面不足情况下偶尔出现的产物，如法国行政法院在1907年2月22日的“法布尔判例”中承认从1456年开始运转的工会协会的法律地位，因为“我们的行政法承认建立在远古习惯基础上的资格”，[3]但在我国当下制度设计已将“法律赋予”作为诉讼主体资格取得必要途径的前提下，由两个判决形成的所谓“历史惯例”能否生成诉讼主体资格，值得商榷。

第二，对于当事人陈述并主张适用的惯例，法院多数情况下不予表态，使惯例的合法性

---

〔1〕 State v. Maidwell, 137 Idaho 424, 50 P. 3d 439(2002).

〔2〕 参见广西壮族自治区南宁市中级人民法院(2014)南市行一终字第15号行政判决书。

〔3〕 [法]莫里斯·奥里乌:《行政法与公法精要》(上册)，龚觅等译，辽海出版社1999年版，第88页。

和裁判价值在判决中"难觅踪影",不仅使判决失去了起码的"回应性"和"说理性",而且会抽掉被诉行为依据,使其成为"无本之木"。

第三,对涉案惯例究竟系"事实"抑或"规则"层面不加甄别。如有判决认为,"按惯例平时都是将邮件等东西送来后放在门卫固定地方……证实……邮件均由门卫签收……应视为有效送达"〔1〕,这里的"门卫签收"属于惯例事实,但并非案件事实,也非惯例规则,本应适用"证据证明"规则,却在无法律依据的情况下错误地适用了"依据惯例推定事实"规则。

两种意义上的惯例在诉讼中的地位、审查强度与标准、举证责任等均不相同,"依惯例推定事实"和"依惯例认定处理"本来就不是同一属性的问题,前者应遵循事实认定规则,后者则应遵守法律适用规则,所以,审判过程中必须首先明确个案中惯例的性质和功能。

第四,混淆了惯例成立与有效之间的界限。如有判决认为,"工作惯例,应当是在长期工作中形成的习以为常的工作方式,各相关人员对此均应明确无异。现宏远公司对此予以否认,故所谓工作惯例仅为李某单方陈述而已。"〔2〕作为一个客观存在,惯例是否成立绝不依赖于个别人的承认与否,当事人承认与同意应为惯例"有效"而非"成立"的条件。

第五,不同"惯例"之间的效力位阶亟待厘清。如有判决认为,"尽管打印出来的印章为黑色且与东城机动大队答辩状公章不完全一致,但……也符合目前北京市在交通执法中统一的工作惯例。"〔3〕尽管1979年和1993年《国务院关于国家行政机关和企业、事业单位印章的规定》以及1999年《国务院关于国家行政机关和企业事业单位社会团体印章管理的规定》均未对公章的颜色作出规定,但按惯例国家机关应当使用红色印章,当这个"大惯例"与个别执法行为中用黑色印章的"小惯例"相遇,应当如何选择适用?当下关于惯例位阶问题的探究主要聚焦于法与惯例之间的效力高低,忽视了惯例相互之间的效力位阶。

第六,在缺乏法律依据的情况下,将惯例作为推定的前提。如有判决认为,"本案中陈某平申请办证的行为应被认定为代表《土地使用权有偿转让合同》的双方当事人申请办证,这与实践中房地产买卖一般由购买方委托房地产经营者代为办理变更登记手续的交易惯例一致。"〔4〕此案存在依据惯例推定"办证代理"事实的情形。在缺乏法律依据的情况下,惯例不能产生"司法认知"的效力,不能以惯例取代证据和案件事实,更不能替代当事人的法定举证责任,尤其是,《最高人民法院关于行政诉讼证据若干问题的规定》第68条关于"司法认知"的规定中并无"依据惯例推定的事实"的情形。

第七,不少判决在认定某种事实或做法时,仅以"不符合行业惯例"〔5〕"不符合惯例"

〔1〕 参见江苏省苏州市中级人民法院(2014)苏中行终字第00278号行政判决书。

〔2〕 参见浙江省嘉兴市中级人民法院(2014)浙嘉行终字第11号行政判决书。

〔3〕 参见北京市第二中级人民法院(2014)二中行终字第302号行政判决书。

〔4〕 参见广东省肇庆市中级人民法院(2013)肇中法审监行再字第3号行政判决书。

〔5〕 如山东省滨州市中级人民法院(2015)滨中行终字第9号行政判决书中的认定。

“根据香港有关法律及惯例”[1]“根据……城乡建设规划许可的行规、惯例和常理”[2]“按照拍卖惯例”[3]“根据拆迁工作惯例”[4]等一语带过，至于涉案惯例是什么、涉案事实或做法为什么不符合惯例、该惯例是否与法律抵触等，均不加说明。无论作为一种“事实”抑或“规则”，惯例都必须具有明确性和确定性，因而无论庭审还是裁判文书都必须首先公开展示和准确表述惯例，之后才能进行“惯例事实”的真实性审查和“惯例规则”的合法性审查。

第八，人民法院认同、依据惯例时，绝大多数均采用“拿来主义”，不加分析、评价、判断、说理而直接采信和适用，使惯例实质上取得了审判“依据”的地位，如“按照企业规定和惯例”[5]“符合行政执法的惯例”[6]“按照当地分山漕不过漕、岌不过岌的惯例”[7]“根据我省的司法惯例”[8]等认定，这既与人民法院作为司法机关只能依据通过立法程序上升为“法意”的“民意”进行裁判的法治精神相悖，又与当下实证法关于行政审判依据法律、法规等规定不符。

上述问题产生的主要原因有二：一是当下尚无成熟的惯例适用理论，为数不多的研究成果也未能对司法实践起到应有的参考指导作用；二是目前明显缺乏针对惯例诉讼地位、功能等问题的法律规定，惯例适用在我国当下尚处于有实践无制度、实践催生制度的境地。在无法可依的情况下，人民法院探索性地适用惯例并出现诸多问题在所难免，这同时也警醒行政法学理论与实务界，是时候考虑惯例适用的立法设计问题了。

六、修改完善与“参照”惯例相关的法律制度设计

为将惯例融入当下审判依据体系，现行法律制度设计应作如下调整：

第一，修改《行政诉讼法》第53条和第64条，将惯例纳入“一并请求审查”和“向处理机关提出处理建议”的范围。

第二，在《行政诉讼法》第63条中增加第4款：“人民法院审理行政案件，对于法律、法规、规章没有规定的，参照合法有效的惯例。”

第三，修改《若干解释》第62条第2款，确认惯例的审判参照地位：“人民法院审理行政案件，可以在裁判文书中引用合法有效的规章、规范性文件和惯例。”同时明确：“惯例不得与法律、法规、规章相抵触，行政惯例不得与上级行政机关制定、发布的规范性文件相

---

[1] 参见浙江省杭州市中级人民法院(2014)浙杭行终字第332号行政判决书。

[2] 参见广西壮族自治区防城港市中级人民法院(2015)防市行终字第14号行政判决书。

[3] 参见浙江省高级人民法院(2015)浙行终字第1号行政判决书。

[4] 参见上海市第二中级人民法院(2015)沪二中行终字第111号行政判决书。

[5] 参见山东省济宁市中级人民法院(2014)济行终字第432号行政判决书。

[6] 参见山东省青岛市中级人民法院(2014)青行终字第478号行政判决书。

[7] 参见湖南省永州市中级人民法院(2014)永中法林行终字第14号行政判决书。

[8] 参见江苏省宿迁市中级人民法院(2013)宿中行赔终字第0003号行政赔偿判决书。

抵触。”

第四，修改《最高人民法院关于行政诉讼证据若干问题的规定》第68条，将“按照惯例推定的事实”纳入“司法认知”的范围，并设定“当事人有相反证据足以推翻的除外”的“免证”解除条件。这实际上认同了惯例的“事实”面向，确立了“依惯例事实推定案件事实”规则。

第五，在《行政诉讼法》“涉外行政诉讼”一章中恢复修法前第72条的规定，确认有条件地“适用国际条约”，借此使惯例有条件地取得审判“依据”的地位。

出于为参照惯例奠定司法实践和司法解释基础的考虑，取意于姜堰市人民法院2007年颁行的《关于将善良风俗引入民事审判工作的指导意见（试行）》，笔者认为，可以考虑先选择几个地方法院试点性地制定《行政审判中应用惯例的指导意见》，为条件成熟后由最高人民法院进一步制定《关于行政审判中具体应用惯例若干问题的规定》积累经验。

相关立法作出上述调整和对本文所述惯例适用问题相应规定外，还应对惯例确认制度、惯例公布制度、针对惯例成立与合法的举证责任制度、参照惯例的技术问题等作出明确规定。在此之前，学界应当对这些问题进行深入的理论探究和铺垫。

（原载于《中国法学》2017年第3期）

论“不予适用”：一种消极的司法审查

——以《行政诉讼法》第63条和第64条为中心的考察

马得华*

引　言

2014年修订的《行政诉讼法》首次明确规定了公民对规范性文件的附带审查请求权和法院审查判断权。其第53条规定，公民认为行政行为依据的规范性文件不合法的，可以一并请求法院对该规范性文件进行审查。第64条规定，法院经审查认为规范性文件不合法的，不把规范性文件作为认定行政行为合法的依据，并向制定机关提出处理建议。与原《行政诉讼法》相比，这两个条款是巨大的进步，但是由于第53条明确排除了规章，因此似乎可以得出这样的解释：法院只有权不予适用规范性文件，无权不予适用规章，遑论地方性法规和行政法规。本文认为这一解释是错误的，它误将公民请求审查的范围等同于法院适用法律的规则，其实它们是两回事。公民有无权利请求法院审查规章和法规是一回事，法院有无职权审查规章和法规是另外一回事。

法院适用法律的规则体现在《立法法》第五章“适用与备案审查”和《行政诉讼法》第七章“审理与判决”。《立法法》只规定了法的效力位阶，却没有明确规定“下位法的规定抵触上位法规定的，应当适用上位法”。而《行政诉讼法》将规章规定为参照，将地方性法规和行政法规规定为依据，似乎它们不可被审查和不予适用。[1] 新《行政诉讼法》关于审查规范性文件的规定再次加深了这种印象。本文认为，法的效力等级隐含了“上位法优于下位法”的适用规则，当下位法抵触上位法之时，法院有权不予适用抵触上位法的下位法，这一职权

* 马得华，山东大学法学院副教授。

〔1〕 自治条例和单行条例也是行政审判的依据，考虑到它们与地方性法规存在明显区别，本文暂不讨论它们的不予适用，留待另文讨论。

是审判权必然隐含的权力,不以当事人请求审查为前提,也无须中止案件的审理或向有关机关请示。

本文第一部分从新《行政诉讼法》有关规范性文件的规定中抽象出不予适用模式及其特点,给出了法院有权不予适用抵触上位法的下位法的一般理由,并比较了不予适用模式与备案审查模式的区别和联系。第二部分分别回答了不予适用规章、地方性法规和行政法规可能面临的独特问题。第三部分回答了为什么地方法院不予适用下位法常常遭到地方人大的过激反对。第四部分描述和总结了最高人民法院关于上下位法冲突的多个批复及指导性案例5,发现最高人民法院一贯支持不予适用模式。第五部分指出不予适用模式的边界,法院不可以直接依据宪法作出裁判、拒绝法律的适用,但可以在裁判理由部分援引宪法,尽最大可能对法律作符合宪法的解释。

一、“不予适用”模式及其特点

实践中,不但具体行政行为可能侵犯公民合法权益,抽象行政行为,特别是数量众多的规范性文件也会侵犯公民合法权益。由于规范性文件具有反复适用的普遍效力,因此,其带来的侵害比具体行政行为尤甚。多年来,行政法学界一直主张将规范性文件纳入法院的受案范围。修改后的《行政诉讼法》允许公民在提起行政诉讼的同时一并请求法院审查规范性文件,回应了学者们的诉求,保持了与《行政复议法》的一致性。从性质上看,它属于附带性审查,只能在对行政行为提起诉讼的同时一并请求审查,不允许公民直接就规范性文件提起行政诉讼。同时,修改后的《行政诉讼法》还明确允许法院审查规范性文件的合法性,不把非法的规范性文件作为行政行为合法的依据,并可向制定机关提出处理建议。

本文以法院审查规范性文件并拒绝适用的规定为基础提出“不予适用”模式,主张法院有权审查各类规范,对抵触上位法的下位法不予适用,不但可以对规范性文件进行审查、不予适用,也可以对规章、地方性法规和行政法规进行审查并不予适用。不予适用只具有个案效力、不具有一般效力,法院无权撤销或改变下位法,从而属于消极的、有限的司法审查。

基于讨论的必要,本文首先澄清两个可能的误解。第一个误解是,只有规范性文件、规章、地方性法规、行政法规等进入法院的受案范围,或者法律明确规定可以附带性审查,它们才可以被审查并不予适用,否则法院无权审查和不予适用。这一观点误解了行政诉讼的“受案范围”和“法律适用”。从《行政诉讼法》的结构来看,第二章规定“受案范围”,第七章规定“审理和判决”。采用结构解释的方法,“受案范围”解决的是法院可以受理哪些案件的问题,“审理和判决”解决的是法院如何适用法律规范的问题,它们是两回事。[1] 即使法律在受案范围部分没有明确规定可以附带性审查规范性文件,法院也可以依职权审查规范性

〔1〕 参见强世功:《立法者的法理学》,三联书店2007年版,第182~185页。

文件并不予适用。因此,本次修改《行政诉讼法》,与其说法院获得审查和不予适用规范性文件的权力,不如说公民获得请求法院审查规范性文件的权利,法院基于法律适用规则本来就有权审查规范性文件,此次修改只不过将这一隐含的权力明确表达出来。

事实上,最高人民法院早已要求各级法院审查规范性文件。《最高人民法院关于执行〈中华人民共和国行政诉讼法〉若干问题的解释》(2000 年)第 62 条第 2 款规定:“人民法院审理行政案件,可以在裁判文书中引用合法有效的规章及其他规范性文件。”请注意,规范性文件只有“合法有效”才可以被引用,而法院只有首先进行审查才可以判断规范性文件是否合法有效。2004 年《最高人民法院关于审理行政案件适用法律规范问题的座谈会纪要》,规定“规范性文件不是正式的法律渊源,对法院不具有法律规范意义上的约束力。但是,人民法院经审查认为被诉具体行政行为依据的具体应用解释和其他规范性文件合法、有效并合理、适当的,在认定被诉具体行政行为合法性时应承认其效力”,而且法院还可以在裁判理由中对“规范性文件是否合法、有效、合理或适当进行评述”。与 4 年前的规定相比,最高人民法院的要求更加明确和强硬,它首先原则上否定规范性文件对法院的约束力,然后允许法院对规范性文件进行审查,只有经审查认为合法合理的才承认其效力。可以说,法院对规范性文件的立场是原则上不予适用,例外情况下可以适用。2015 年最高人民法院发布《关于适用〈中华人民共和国行政诉讼法〉若干问题的解释》第 21 条规定:“规范性文件不合法的,人民法院不作为认定行政行为合法的依据,并在裁判理由中予以阐明”。如果最高人民法院 2004 年的规定明确允许法院审查并引用合法有效的规范性文件,其中隐含了法院不予适用不合法的规范性文件的权力,那么 2015 年的司法解释则将这一隐含的权力更加明确地表达出来。

第二个误解是,《行政诉讼法》将规章规定为审判的参照,将地方性法规和行政法规规定为审判的依据,而规范性文件既不是参照也不是依据,因此,法官只能对规范性文件不予适用,而不能对前三类规范不予适用。本文认为,《立法法》规定的法的位阶制度为法院审查规章、地方性法规和行政法规提供了制度基础,法院据此有权不予适用上述各类规范。《立法法》第 87 条至第 95 条,对各类规范的效力进行了规定。但是,《立法法》的一大遗憾是没有明确规定“下位法的规定抵触上位法规定的,适用上位法的规定”。作为对比,《立法法》第 92 条规定同一机关制定的“特别规定与一般规定不一致的,适用特别规定”;“新的规定与旧的规定不一致的,适用新的规定”。这两条适用规则可以简化为法理学中所说的“特别法优于一般法”和“新法优于旧法”。如果《立法法》明确规定“行政法规、地方性法规的规定抵触法律规定的,适用法律的规定”,或者更一般地规定“下位法的规定抵触上位法规定的,适用上位法的规定”。那么,也许法院会更加名正言顺地审查规章、地方性法规和行政法规。《立法法》没有明确规定这一适用规则,并不意味着法院没有权力适用这一规则,法的位阶制度隐含了法院审查和不予适用下位法的权力。

应当注意的是,《立法法》并非没有考虑到下位法抵触上位法的情形,也提供了处理机制,即备案审查制度,由全国人大常委会撤销抵触法律的行政法规和地方性法规,并允许有权机关提出审查要求和其他主体提出审查建议。但是,遗憾的是,全国人大代表人数多、会期短,缺乏备案审查的专业人才,全国人大常委会同样受制于上述因素,所以无法对法规进行全面彻底的审查,只能有选择性地进行。[1] 这就带来地方性法规和行政法规抵触上位法但未被撤销的风险。

尽管《立法法》没有明确规定“上位法优于下位法”,只是规定“上位法的效力高于下位法”,但是我们认为,后者隐含了前者,难道让法院适用抵触上位法的下位法?何况《立法法》也没有明确规定当下位法抵触上位法时法院应当中止案件的审理等待其他主体进行裁决,只有同位阶的规范之间不一致并且不能确定如何适用时法院才需要中止案件审理。事实上,法院拥有专业化的知识,又有双方的辩论和说理,更适于担当发现和审查法规抵触法律的角色。如果抵触法律的规章、地方性法规和行政法规未被撤销,法院可以在审查之后不予适用,向这些规范的制定机关提出司法建议,也可以通过最高人民法院向全国人大常委会提出审查要求,这些规范的最终命运留待《立法法》规定的备案审查制度决定。

事实上,“参照”规章本来就隐含了审查和不予适用的权力,而“依据”也并非绝对安全的,根据“上位法优于下位法”的适用规则,法院也有权审查并不予适用抵触上位法的地方性法规和行政法规。从而,“参照”与“依据”之间的区分已没有绝对意义。本文第二部分将在“上位法优于下位法”这一理由之外,分别论证作为“参照”的规章的不予适用,以及作为“依据”的地方性法规和行政法规的不予适用。

当然,规范性文件与规章、地方性法规、行政法规在不予适用方面存在明显的区别。规范性文件属于行政行为,地方性法规和行政法规属于立法行为,而规章属于“准立法行为”。因此,对它们的审查也应有所不同。另外,对规范性文件的审查和不予适用法律已有明确规定,对规章、地方性法规和行政法规,法律没有明确赋予公民提出审查请求的权利。但是,根据前文提到的“受案范围”与“法律适用”的分离,法院有权根据“上位法优于下位法”的法律适用规则审查规章、地方性法规和行政法规是否符合上位法并决定是否不予适用,只是公民无权就它们提出审查的请求。

综上,本文提出的“不予适用”模式,与备案审查机关的撤销或改变模式一起,构成我国二元违法审查模式。[2] 前者可称作法院“不予适用”模式,后者可称作备案审查模式。

(1)从性质上看,法院不予适用模式属于消极的司法审查,奉行“不告不理”原则,只有当事人提起诉讼涉及上下位法规定不一致时,法院才会审查下位法是否抵触上位法并不予适用;备案审查模式既包括被动审查,也包括主动审查,主动审查不以审查请求或审查建议

---

〔1〕 参见乔晓阳主编:《〈中华人民共和国立法法〉导读与释义》,中国民主法制出版社2015年版,第311页。

〔2〕 强世功教授也提出二元审查模式,即司法审查模式和立法审查模式,他主要是从主体进行的划分。这一区分的不足是备案审查并非只由立法机关进行,行政机关,如国务院也可以进行审查。因此,本文选择使用备案审查模式。参见强世功:《立法者的法理学》,三联书店2007年版,第190~196页。

的存在为前提。

(2)从行为处理上看,法院对于抵触上位法的下位法只是不予适用,而不撤销或改变下位法,有学者将此特点称作“选择适用”。[1] 如果予以细致分析,可以类型化为“不予适用下位法”与“选择适用上位法”,前者只是消极地不予适用下位法,后者则是积极地选择适用上位法。本文之所以没有将不予适用模式称作选择适用,是因为当下位法抵触上位法之时,法院不是选不选择的问题,而是应当、必须适用上位法。因此,不予适用模式也可称作“应当适用上位法”模式。备案审查模式则是否定下位法的资格,消灭其效力或改变其内容。

(3)从法律效力看,“不予适用”模式只具个案效力,仅对本案有效,下位法并不丧失约束力,在其他案件中法院仍有可能适用下位法;备案审查模式则具有抽象的、一般的效力,下位法将失去约束力。

不予适用模式和备案审查模式也有共性,有共同的审查标准。关于“下位法与上位法规定不一致”的标准,散见于我国《宪法》《地方组织法》《立法法》《监督法》。具体来说,对于行政法规,全国人大常委会可撤销同宪法、法律“相抵触”的行政法规。对于地方性法规,全国人大常委会可撤销同宪法、法律和行政法规“相抵触”的地方性法规,同样采“不抵触”标准。对于规章,国务院可撤销或改变“不适当”的部门规章和地方政府规章,可称作“不适当”标准。对于规范性文件,采用的也是“不适当”标准。因此,概括地说,我国备案审查机制根据权力主体(人大与政府)、权力性质(立法权与行政权)和权力高低(上下级人大、上下级政府)的不同,按照行政法规、地方性法规和规章、规范性文件等两种不同类型采用了双重标准,行政法规和地方性法规采用“不抵触”标准,即合法性原则,审查力度较浅(宽松审查);规章和规范性文件,采用“不适当”原则,不但审查合法性也审查合理性,审查力度较深(严格审查)。“不予适用”模式可以参照上述标准,对不同类型的规范采用不同的审查标准,判断下位法是否抵触上位法,并决定是否不予适用下位法。法院对于行政法规和地方性法规也应采用宽松标准,给予高度尊重;对于规章和规范性文件采用严格标准,给予低度尊重。

法院不予适用模式与备案审查模式可以形成良性互动。基于司法活动的专业性,法院可以在个案中审查下位法并不予适用,同时可以向制定机关提出处理建议,从而启动备案审查模式。备案审查机关拥有撤销或者改变的权威性,可以一般性地、终局性地消灭抵触上位法的下位法的效力,维护法制统一。

二、规章、地方性法规、行政法规的不予适用

(一)“参照”规章与不予适用

规章也可以不予适用,但它与规范性文件的不予适用存在明显区别。《行政诉讼法》修

[1] 参见孔祥俊:《论法官在法律规范冲突中的选择适用权》,载《法律适用》2004年第4期。

改过程中，不少学者建议，法院可以一并审查规章和规范性文件，但是，立法者考虑到规章在《立法法》中已有规定，其存在的问题可由备案审查制度解决，因此修改后的《行政诉讼法》未规定公民可以一并请求审查规章。〔1〕但是，公民无权请求法院审查规章和法院依职权审查规章是两回事，法院可以基于“上位法优于下位法”的适用规则审查规章是否合法、有效并决定是否适用。

首先，规章虽然规定在《立法法》中，但是它的地位并不稳固。2000年《立法法》制定之时，规章是否可以规定在《立法法》中就存在巨大的争议。不少学者认为规章属于抽象行政行为，不是立法，不应当规定在《立法法》中。也有学者认为，规章在实践中起到了规范作用，应当规定在《立法法》中。〔2〕最终，《立法法》采用了折中的方法，规定法律、行政法规、地方性法规、自治条例和单行条例的立改废“适用本法”，而规章的立改废“依照本法的有关规定执行”。可见，《立法法》对规章和法律法规进行了有意的区分，采用了双重标准，规章准确的定位应是“准法”。应当注意，立法者之所以将规章规定在《立法法》中，不是为了将规章提高到与法律、行政法规等并列的地位，而是为了解决规章在现实中存在的诸种问题。事实上，认为备案审查可以解决规章存在的问题过于乐观了。一方面，备案审查机关存在队伍建设不充分、“案多人少”的现实困难；另一方面，在没有诉讼的前提下抽象地审查规章是否违法具有相当的难度，必然事倍功半。

其次，“参照”规章本身就隐含了审查和不予适用。1989年《行政诉讼法》对规章和法律、行政法规、地方性法规、自治条例和单行条例作了区分，将规章规定为行政审判的“参照”，将法律、行政法规、地方性法规规定为“依据”。什么是依据，什么是参照呢？立法者选择语词一定有其目的，不会随意选择。因此，我们需要考虑立法者意图。王汉斌在关于《中华人民共和国行政诉讼法（草案）的说明》中指出，关于规章是否作为裁判依据，存在正反两种观点，争论不下，最终决定：“对符合法律、行政法规规定的规章，法院要参照适用，对不符合或不完全符合法律、行政法规原则精神的规章，法院可以有灵活处理的余地。”〔3〕但是，用“灵活处理的余地”解释“参照”只是用一个不确定概念解释另外一个不确定概念，并没有让我们理解参照的确切含义。当然，王汉斌的说明也有一定的指导作用：只有符合上位法的规章才可以参照适用，而法院只有经过审查才可以作出判断，而且，我们可以解读出隐含的含义——不符合上位法的规章不能适用，因为如果还要适用，那就与依据没有区别了。罗豪才教授也认为，“参照”不同于“依据”，其本身包含着一种授权，法院可以适用，也可以不适用，“这实质上是对抽象行政行为的间接审查……赋予了人民法院对是否适用规章以一定限度的裁量权”。〔4〕江必新教授也认为，参照规章意味着法院有权审查规章的合法性，

〔1〕参见袁杰主编：《中华人民共和国行政诉讼法解读》，中国法制出版社2014年版，第146页。

〔2〕参见乔晓阳主编：《中华人民共和国立法法讲话》（修订版），中国民主法制出版社2008年版，第278页。

〔3〕王汉斌：《关于〈中华人民共和国行政诉讼法（草案）〉的说明》。

〔4〕罗豪才、湛中乐主编：《行政法学》（第2版），北京大学出版社2006年版，第486页。

法院无权撤销或改变规章,但可以拒绝适用不合法的规章。[1] 因此,我们认为参照规章隐含着法院审查和判断规章是否合法有效以及不予适用的权力。

综上所述,所谓"参照"规章就是可以适用,也可以不予适用,如果"参照"不包括不予适用,那么就没有必要区分参照和依据了,规章就成为依据了;也没有必要区分合法有效的规章和不合法的规章了,应当所有规章都要适用。所以,尽管《行政诉讼法》把规章作为行政审判的"参照",即法院的审查标准之一,但是,这一标准本身也是可以被法院审查的,只有合法有效的规章才可以适用,不合法有效的规章法院可以不予适用。

(二)"依据"地方性法规与不予适用

"参照"与"依据"的对比表明,"参照"隐含着法院审查和不予适用规章的权力。那么,"依据"就是安全的吗?地方性法规和行政法规如果与法律相抵触,法院还要将其作为行政审判的"依据"吗?法院是否应当首先审查地方性法规和行政法规是否与法律相抵触并可以不予适用与法律抵触的地方性法规和行政法规?如前所述,法的效力等级和"上位法优于下位法"为法院审查和不予适用行政法规和地方性法提供了制度基础。因此,"参照"与"依据"之间的区分也就不存在了。

本部分将回答不予适用地方性法规面临的正当性难题。并非所有学者都主张法院可以审查地方性法规。例如,章剑生教授尽管认为法院可以审查行政法规,但是反对法院审查地方性法规。这一观点的基本立场是:同级法院由同级人大产生并需向同级人大负责,法院无权审查同级人大制定的地方性法规。[2] 在实践中,法院对地方性法规的审查常常招致人大的强烈反应。例如,河南沁阳法院曾经在一起案件中认为《河南省产品质量监督条例》与《行政处罚法》的规定不一致,从而不予适用《河南省产品质量监督条例》而适用《行政处罚法》。河南人大专门召开主任会议,指出"沁阳市法院在判决书中公然认定地方性法规违法、无效,这不是一个小问题,这是涉及我国根本政治制度的大问题……对于沁阳市人民法院的这种做法,倘若听之任之,后果将不堪设想"。[3]

本文将地方法院审查地方性法规难题称为中国的"反多数难题"。所谓"反多数难题",是美国学者对司法审查正当性的追问,即非由选举产生也不对选民负责的大法官为何有权推翻议会制定的法律。无数美国学者皓首穷经试图解决这一难题。在中国,这一难题更难回答。毕竟,美国法院不需要对国会负责,而在中国,法院不但由人大产生还要对人大负责。那么,中国法院审查人大制定的地方性法规的正当性何在呢?暂不考虑最高法院审查

---

〔1〕 参见江必新:《试论人民法院审理行政案件如何参照规章》,载《中国法学》1989年第6期。

〔2〕 参见章剑生:《依法审判中的"行政法规"——以〈行政诉讼法〉第52条第1句为分析对象》,载《华东政法大学学报》2012年第2期。

〔3〕 自南、凡夫:《法规大还是法院大——关于沁阳市法院否定地方性法规效力的调查与思考》,载《人大建设》1998年第6期。

全国人大及其常委会制定法律的问题,本文关注地方法院审查地方性法规的问题。笔者认为,法院审查地方性法规的根本理由是法制统一原则以及“上位法优于下位法”。当下位法的规定抵触上位法的规定时,法院应当适用上位法的规定,排除下位法的适用。这并不是说同级法院高于同级人大,而是说全国人大高于地方人大,法律的效力高于地方性法规。这不但没有违反人民代表大会制度,相反,这是拥护和支持人民代表大会制度的体现。地方人大及其常委会也不得违反全国人大或者全国人大常委会制定的法律。

当下,法院审查地方性法规又有了两个新的背景,正当性变得更强。背景之一是地方立法权“下放”,2015年《立法法》修改赋予设区的市地方立法权。《立法法》修改前,只有49个较大的市拥有地方立法权;《立法法》修改后,又有235个设区的市获得地方立法权。[1]尽管《立法法》将设区的市的立法权限定在“城乡建设与管理、环境保护、历史文化保护”三个领域的事项,并规定这些立法需要经过省、自治权的人大常委会的批准,但是这些预防性程序并不能保证地方立法不抵触法律和行政法规。从49个市到284个市,地方立法权的急剧扩容为法制统一带来了极大的风险。传统的备案审查无法从容地确保法制统一,应当强化司法对地方性法规的审查,通过司法维护法制统一。

另外一个不容忽视的背景是司法权“上收”。本轮司法改革的一个重要理论支撑是把司法权作为中央事权,目的是“去地方化”,防止司法地方主义。“我国是单一制国家,司法权从根本上说是中央事权。各地法院不是地方的法院,而是国家设在地方代表国家行使审判权的法院。”[2]司法权是中央事权,而不是地方事权,这一定性解决了地方法院必须服从地方性法规的问题,为地方法院审查和不予适用地方性法规扫清了障碍。如果地方法院必须服从地方性法规,那么,可能的后果是架空全国人大及其常委会制定的法律、破坏法制统一。推动省以下法院、检察院人财物统一管理,将法院与地方适当分离,为法院独立行使审判权只服从于法律创造了条件,也为法院审查地方性法规创造了条件。

(三)“依据”行政法规与不予适用

《行政诉讼法》明确规定法院审判行政案件依据行政法规,似乎法院没有不予适用行政法规的空间。从司法实践来看,法院也鲜有审查并不予适用行政法规的案例。例如,《城市流浪乞讨人员收容遣送办法》长期以来被认为与《宪法》和《立法法》的规定不一致,但是法院几乎从未在审判中不予适用。值得注意的是,的确有法院在司法实践中审查并不予适用国务院的行政法规。例如,在上海东兆化工有限公司诉上海市工商行政管理局静安分局行政处罚案中,法院认为,《安全生产法》与《危险化学品安全管理条例》规定的处以罚款的幅

〔1〕 参见乔晓阳主编:《〈中华人民共和国立法法〉导读与释义》,中国民主法制出版社2015年版,第311页。

〔2〕 人民日报评论员:《加快深入司法体制改革——五论深入学习贯彻习近平同志在中央政法工作会议重要讲话》,载《人民日报》2014年1月22日,第2版。

度不相一致,静安工商分局在作出处罚时,应适用高位阶的法律规范。[1] 在本案中,法院指出国务院行政法规和法律之间存在不一致,并态度鲜明地认为应适用高位阶的法律,这是一个值得载入法院史册的案例,是不予适用模式的完美体现。

前文已述"上位法优于下位法"是法院不予适用行政法规的一般理由。本部分将分析并回答不予适用行政法规的独特难题——国务院的职权立法。如果国务院的立法权限可以不以法律为前提,那么,它就不存在抵触法律问题,从而法院无法不予适用。

国务院制定行政法规与部委制定规章不同,规章必须有上位法依据,遵循"依据"原则,是否与上位法抵触相对而言明显一些。国务院制定行政法规既可以遵循"依据"原则,还可以在职权范围内制定,此时判断行政法规是否与法律相抵触就有一定的难度。《宪法》第89条规定了国务院的职权范围及"根据宪法和法律""制定行政法规"的权力。《立法法》对《宪法》第89条进行了细化。学界常争论国务院制定行政法规的权限,或采"依据说",或采"职权说"。根据全国人大常委会法工委乔晓阳对2000年《立法法》和2015年修改的《立法法》的说明可以看出,立法者最终采用了折中的方式,因为"依据说"失之于窄,"职权说"失之于宽。折中模式一方面认为,行政法规可以对法律进行细化,此时以法律存在为前提;另一方面,行政法规还可以在职权范围内立法,此时不需要以相关法律存在为前提。[2] 这时,如何判断行政法规抵触法律呢?

首先,即使行政法规的"依据"原则可以做更加宽泛的解释也不得抵触法律,因为法律的效力高于行政法规。另外,专属立法权也对行政法规进行了限制。如果国务院在职权范围内的立法涉及全国人大及其常委会的专属立法权,那么除非存在全国人大或其常委会的授权,否则行政法规是无效的。即使与专属立法权无关,国务院也只能就行政管理事项制定行政法规,不得抵触法律的相关规定,尤其是不得违反法律的目的和原则。抵触常常被狭义地理解为与上位法的具体规定不一致,事实上,从各国司法审查经验来看,原则和目的才应当是审查的主要标准。例如,美国联邦最高法院多以"正当程序原则"和"平等保护原则"为标准宣布国会立法无效。

其次,人民代表大会制度表明,法院无须向政府负责。《宪法》第3条第3款规定:"国家行政机关、审判机关、检察机关都由人民代表大会产生,对它负责,受它监督。"可见,法院和行政机关均由人大产生并向人大负责,法院不需要向行政机关负责。行政机关制定的行政法规、行政规章和行政规定,不具有也不可能具有约束法院的效力。[3] 如果国务院制定

---

〔1〕 转引自章剑生:《依法审判中的"行政法规"——以〈行政诉讼法〉第52条第1句为分析对象》,载《华东政法大学学报》2012年第2期。

〔2〕 参见乔晓阳主编:《中华人民共和国立法法讲话》(修订版),中国民主法制出版社2008年版,第220~221页。更深刻的讨论,参见王建学:《国务院的立法权之争》,载韩大元主编:《共和国六十年法学论争实录》(宪法卷),厦门大学出版社2009年版,第305~324页。

〔3〕 参见蒋惠岭:《司法学视角下的新行政诉讼法述评》,载《法律适用》2015年第2期。

的行政法规对法院具有当然的约束力,法院必须按照行政法规裁决案件,那么司法权就相当于向行政权负责了,《行政诉讼法》立法目的之"监督行政"就成为空话。

最后一个理由是对宪法条款的文本解释,让我们重新理解《宪法》第126条"法院依照法律规定独立行使审判权"的规定。这一规定源于1954年《宪法》第78条"人民法院独立进行审判,只服从法律"。从1954年《宪法》文本整体脉络来看,这里的"法律"是狭义上的法律,不包括"行政法规、地方性法规"。因为1954年《宪法》明确规定全国人大是唯一立法机关,有权制定法律;全国人大常委会无权制定法律,只能制定法令;国务院根据宪法和法律规定行政措施。我们必须假定立宪者是在同一个意义上使用"法律"这一概念的,它不包含法令和行政措施,否则整个《宪法》文本就将处于逻辑混乱。因此,1954年《宪法》第78条的解释结果是,法院只服从"法律"——狭义的法律。从1954年《宪法》到1982年《宪法》,国家立法权发生了重大的变化。鉴于全国人大代表人数众多、会期短,无法完成立法工作,《宪法》开始赋予全国人大常委会立法权,同时赋予国务院根据宪法和法律制定行政法规的权力。可见,即使是1982《宪法》也明确区分了法律和行政法规,两者不是同一概念。因此,我们有理由认为,《宪法》第126条的规定是指法院依照狭义的法律规定独立行使审判权,不包括行政法规。《行政诉讼法》将行政法规作为审判依据甚至有违宪嫌疑。[1]

三、地方法院的选择与规避

面对下位法与上位法的抵触或者冲突,地方法院是如何实践的呢?本文将法院的实践大体上分为三种类型:一是中止案件审理,等待有关机关裁决;二是决定适用上位法并宣布下位法无效;三是适用上位法但不宣布下位法无效。[2] 第一种类型属于法院诉诸外在权威决定法律的含义和适用,从法院独立行使审判权来看,法院应当自己决定法律适用问题而不能等待其他主体来确定。如果法院一遇到疑难案件就报请有关机关裁决,那将大大加重其他机关特别是人大的工作强度,拖延案件审判并有逃脱审判责任的嫌疑。即使一审法院错误地适用了法律,天也塌不下来,还可以由二审法院或者启动再审程序来纠正。第二种和第三种类型在实践中存在较多,是本文关注的重点。第二种类型是法院直接宣布下位法抵触上位法或者无效,可以描述为"自己决定,大胆表述"。这常常引起人大的激烈反对,近年来已经出现多个这样的案例,本文将选取两个典型案例进行分析。第三种类型是更加普遍的做法,法院直接适用上位法但不宣布下位法无效,也不指出下位法违反或者抵触上位

---

〔1〕 参见刘松山:《宪法监督与司法改革》,知识产权出版社2015年版,第194页。

〔2〕 黄金荣研究员的近作对地方法院的实践作了精致的类型化处理,值得关注。他将地方法院的处理分为四种类型。其中第一种和第四种类型属于法院直接适用抵触上位法的下位法,本文没有讨论这一情况,因为这种做法属于法律适用错误,它现实存在但不值得提倡。第二种类型和第三种类型本文已有论述,本文并对第二种类型作了更加细致的分类。参见黄金荣:《法院对上下位法冲突处理规则的适用及其限度》,载《环球法律评论》2016年第2期。

法,这种做法可以描述为“自己决定,小心表述”。法院的策略情有可原,既保全了人大的面子,也保证了法官自身的安全,但是却不符合法院判决书加强说理的要求,不利于当事人了解胜诉或者败诉的理由,也不利于上级法院的监督。

(一)法院“自行决定,大胆表述”

1998年,甘肃酒泉中院在一起行政案件中判决:《甘肃省产品质量监督管理条例》“有悖于”《行政处罚法》的规定,“不能作为处罚的依据”。这一大胆表述引发甘肃人大强烈反应,被指责“是一起全国罕见的审判机关在审判中的严重违法事件”,“根本无权超越审判职权,认定已经生效的法律、行政法规、地方性法规无效。”[1]甘肃人大的理由是,地方性法规是行政诉讼的依据,法院只能予以适用而不能审查其合法性。前文已述,当作为依据的地方性法规与法律或者行政法规抵触或者冲突时,法院应当适用上位法而不能适用地方性法规。尽管酒泉中院在本案中使用的语言是下位法“有悖于”上位法和“不能作为处罚的依据”等并不明显刺激和挑衅的语言(与法官回避处理下位法相比,属于大胆表述),但依然引发甘肃人大的强烈反应。报纸在报道该案的时候使用的标题是“法院岂可非议人大法规”[2],恰好反映了法院在处理下位法违反上位法时面临的窘境。

另外一起典型案件是河南洛阳种子案,本案被称作“2003年末最热点法治事件”。李慧娟法官在判决书中宣布:《河南省农作物种子管理条例》作为法律位阶较低的地方性法规,其与《种子法》相冲突的条款“自然无效”。这一表述给李慧娟本人及所在的洛阳市中级人民法院带来巨大的麻烦,河南省人大常委会办公厅要求河南省高级人民法院对洛阳市中级人民法院作出严肃处理,洛阳市中级人民法院也拟撤销李慧娟的审判长职务,免去其助理审判员资格。洛阳市中级人民法院院长王伯勋认为,法官宣布地方性法规无效是“不妥的”,法官应当“直接适用上位法,对法律冲突予以适当回避”。[3]

《河南省农作物种子管理条例》违反《种子法》的规定是确定无疑的,争论在于由谁来宣布或者撤销。不少学者认为,应当由河南人大或者全国人大常委会予以撤销,而不应当由法官宣布无效和撤销。实践中的难题是,河南人大或者全国人大常委会并未撤销《河南省农作物种子管理条例》,此时法院该如何处理呢?难道法官等待相应人大予以撤销然后再作出判决?不要忘记,法律具有滞后性,全国人大及其常委会每出台一部新法或者修改一部旧法都可能会把下位法置于抵触上位法的境地。低位阶的旧法抵触高位阶的新法是常

---

〔1〕 参见王宏:《法院岂可非议人大法规》,载《人大建设》2001年第1期;李希琼、王宏:《法院废了人大法规?》,载《中国经济时报》2000年9月4日。

〔2〕 当然,也有学者认为甘肃人大的做法是不合适的。姜明安针对这一新闻报道专门写作一篇小文,支持法院判决,主张法院有权适用上位法,但姜明安并未对法院是拒绝适用下位法还是可以同时宣布下位法无效作出论述。参见姜明安:《司法权威不立,法治焉存》,载《法制日报》2000年11月5日。

〔3〕 参见韩俊杰:《河南李慧娟事件再起波澜》,载《中国青年报》2004年2月5日。http://zqb.cyol.com/content/2004-02/06/content_813990.htm,最后访问日期:2016年4月20日。

见现象,而不是例外。法官无须中止案件审理,可以在个案中不予适用抵触上位法的下位法,但无权撤销下位法。李慧娟的判决书,并未撤销下位法,仅仅使用了“自然无效”这样的表述,但此举也被认为过于大胆。

(二)法院“自行决定,小心表述”

聪明法官的做法情有可原。法官与其他人一样都属于理性人,趋利避害是人性使然。更多的法官会像王院长所建议的那样,回避规范冲突,直接适用上位法。秘诀是“打死也不说”。这种做法足够圆滑和安全,既在实质上遵循了上位法又不会得罪下位法的制定机关,更不会给法官带来风险。但是,这种聪明的做法有巨大的弊端——除了法官自己,其他人根本不能知晓法官是否认为下位法抵触了上位法。如果李慧娟直接适用了《种子法》,不宣布《河南省农作物种子管理条例》无效或者不一致甚至从头至尾不提及该条例,那么河南省人大会做何反应呢?最大的可能是,河南省人大根本就不会知道这个案件,更不会产生后面一系列的反应。但从实质上看,河南省人大常委会的地方性法规被拒绝了,只是未被言明。

采用调查问卷的方式,就法官是否遇到法规冲突并如何处理进行调查,由法官自己披露主观心理将是合适的研究路径。彭亚楠的研究就是这样一种尝试,他对某中级法院法官处理规范冲突案件进行了问卷调查,得出的结论是:法官的常规做法是“不宣布下位法无效,也不指出下位法抵触或违反上位法,也不指出下位法与上位法规定不一致,而是直接适用上位法”。他将此一常规做法描述为“自行判决”“谨慎表述”。〔1〕本文为了与前一种模型做对应,称之为“自行决定”“小心表述”,回避处理下位法难题。法官自行决定,说明要求法官逐级请示的规定被规避了,大多数法官并没有中止案件等待裁决,而是径行适用上位法。法官之所以谨慎表述、回避宣布下位法无效,是因为立法并没有授权法院撤销抵触上位法的下位法以及法院相对于立法机关和行政机关的弱势。这是一种“温柔的抵抗”,尽管法院不大声宣布,但实质上排斥和拒绝了下位法。

综上所述,法院宣布下位法无效甚至只指出下位法与上位法冲突、抵触或者不一致都可能导致其他机关的不满,聪明的做法是直接适用上位法而不提及下位法。其实,当法院直接适用上位法之时,下位法就被不予适用了,只是法院没有明确说出而已。这是一种隐形的不予适用。从实质正义来看,法院直接适用上位法具有合法性,不属于法律适用错误。但是,法院不提及下位法也不说明下位法是否以及如何抵触上位法属于一个瑕疵。这种做法不符合法院裁判书充分说理的要求,也不利于提高法院裁判的公信力。因此,从法院充分说理的角度来看,法院应当在裁判理由部分明确指出下位法与上位法的不一致,并决定

---

〔1〕参见彭亚楠:《“自行判决”、“谨慎表述”——对某中级法院法官处理法规冲突案件的实证调查》,载《法学》2007 年第 3 期。

适用上位法,不予适用下位法。

四、最高审判机关暧昧立场

当地方人民法院面临如何处理规范冲突的时候,最高人民法院的立场是什么呢?最高人民法院有没有履行自己的职责,给予地方人民法院指导和帮助呢?通过梳理最高人民法院发布的解释和意见、给予地方法院的一些批复、特别是最高人民法院2012年公布的指导性案例5,可以得出这样的结论:最高人民法院一直在允许甚至鼓励各级人民法院适用上位法而非下位法,这一点尤其体现在指导性案例5中,符合"不予适用"模式。

(一)关于规范冲突的司法解释

2000年最高人民法院《关于执行〈中华人民共和国行政诉讼法〉若干问题的解释》第62条第2款规定:"人民法院审理行政案件,可以在裁判文书中引用合法有效的规章及其他规范性文件。"法院引用合法有效的规章必然蕴含着法院审查和判断规章是否"合法有效"的权力,而且此处规章和规范性文件是同时出现的,法院也可以审查和判断规范性文件是否合法有效。新《行政诉讼法》则只明确允许法院审查和判断规范性文件是否合法有效。

2004年最高人民法院发布《关于审理行政案件适用法律规范问题的座谈会纪要》,该纪要规定:"下位法的规定不符合上位法的,人民法院原则上应当适用上位法……经判断下位法与上位法相抵触的,应当依据上位法认定被诉具体行政行为的合法性。"该纪要尽管不是司法解释,但它对地方各级法院的审判实践具有重要的指导意义。它明确要求法院在下位法抵触上位法时适用上位法,这同样蕴含了法院审查和判断下位法是否抵触上位法以及不予适用下位法的权力。值得注意的是,该纪要不仅对"参照规章"进行了说明,还扩张到下位法抵触上位法问题。这已经超越了《若干问题的解释》的立场,具有普遍适用的意义。下位法已经不局限于规章了,也包括地方性法规和行政法规。

(二)关于规范冲突的重要批复

本部分包括但未完全涵盖所有的批复,而是挑选了较为典型的两个批复。最高人民法院一个较早的批复是,1993年发给福建高院《最高人民法院关于人民法院审理行政案件对地方性法规的规定与法律和行政法规不一致的应当执行法律和行政法规的规定的复函》。该复函认为:人民法院审理行政案件,对地方性法规的规定与法律和行政法规的规定不一致的,应当执行法律和行政法规的规定。该复函普遍性地确认了法院不予适用地方性法规的权力,具有重要的象征意义。

最高人民法院关于李慧娟案件的批复是另外一个重要的批复。当河南省人大指责洛阳中院和李慧娟法官之时,最高人民法院于2004年3月30日作出了《关于河南省汝阳县种子公司与河南省伊川县种子公司代繁合同纠纷一案请示的答复》，该答复指出：人民法院在审理案件过程中，认为地方性法规与法律、行政法规的规定不一致，应当适用法律、行政法规的相关规定。在答复下发的第2日，河南省人大常委会就废止了《河南省农作物种子管理条例》。[1] 最高人民法院的答复对于李慧娟来说无疑是雪中送炭，支持了李慧娟的实质判断。当然，这一答复并未如李慧娟在判决书中所写的下位法因为抵触上位法“自然无效”那样强硬。该答复使用的语言更为缓和——“不一致”。我们似乎可以从最高法院的答复中得出这样的结论：法官在判决书中可以表述下位法与上位法的规定“不一致”，但不能写“无效”。更为重要的是，我们必须认真对待最高法院答复的规范依据。该答复引用的是《立法法》第79条和《最高人民法院关于适用〈中华人民共和国合同法〉若干问题的解释（一）》[以下简称《合同法解释》（一）]。《合同法解释》（一）是最高人民法院自己作出的解释，因此，从理论上来讲，该解释并不构成该答复的强硬理由。根本性的理由是《立法法》第79条，也就是法律位阶条款，它也是《合同法解释》（一）背后的理由，根据这一条款最高人民法院要求法院应当适用法律和行政法规，排除地方性法规和规章。

（三）指导性案例5

指导性案例制度是我国法院、检察院和公安机关为了统一下级机关对于法律的理解而产生的。最高人民法院是审判机关发布指导性案例的唯一机关，其目的是统一各级人民法院的裁判尺度，实现同案同判。2010年11月26日，最高人民法院发布《关于案例指导工作的规定》，根据这一规定，各级人民法院在审判类似案件的时候应当参照指导性案例。学者们对指导性案例有无效力以及效力大小依然分歧不断。[2] 但是，类似情况，类似处理是正义的基本要求，各级人民法院应当比较手头案件与指导性案例，如果发现它们在重要方面具有评价的类似性，那么应当按照指导性案例的要求判决。2012年4月9日，最高人民法院发布了指导性案例5号，该案例触及地方各级人民法院在审判中不可避免遇到的法规冲突问题，具有重要的指导意义。

指导性案例5的基本情况是，鲁潍（福建）盐业进出口有限公司苏州分公司不服苏州市盐务管理局行政处罚及行政补偿，苏州金阊区法院分析后认为该案涉及《江苏省〈盐业管理条例〉实施办法》是否符合《行政许可法》和《行政处罚法》问题，于是向苏州市中级人民法院请示，苏州市中级人民法院和江苏省高级人民法院也认为存在法律适用问题，最终向最高人民法院请示。2011年1月17日最高人民法院作出《关于经营工业用盐是否需要办理工业盐准用证等请示的回复》。2012年4月9日，最高人民法院将该案例作为第二批指导

---

〔1〕 参见谭平：《种子官司引发的法律风波》，载《法治周末》2004年4月8日。

〔2〕 参见刘作翔：《案例指导制度的定位及相关问题》，载《苏州大学学报》2011年第4期；胡云腾、于同志：《案例指导制度若干重大疑难争议问题研究》，载《法学研究》2008年第6期；雷磊：《指导性案例法源地位再反思》，载《中国法学》2015年第1期。

性案例发布。该指导性案例的裁判要点有三：

要点1：盐业管理的法律、行政法规没有设定工业盐准运证的行政许可，地方性法规或者地方政府规章不能设定工业盐准运证这一新的行政许可；

要点2：盐业管理的法律、行政法规对盐业公司之外的其他企业经营盐的批发业务没有设定行政处罚，地方政府规章不能对该行为设定行政处罚；

要点3：地方政府规章违反法律规定设定许可、处罚的，人民法院在行政审判中不予适用。

应当注意，最高人民法院的《回复》与指导性案例5中的裁判要点存在重要差异。最高人民法院给江苏法院的《回复》只包括要点1和要点2，不包括要点3。要点3是最高人民法院在将该案件遴选为指导性案例时增加的，这一变化值得我们深思。如果要点1和要点2是针对本案案件事实，要点3则具有脱离案件事实反复适用的特点。甚至可以认为，要点3才是最高人民法院想要表达的指导意见，它指导地方法院：如果地方政府规章违反法律规定设定行政许可和处罚，人民法院不予适用。这一要点既和前面提到的多个司法解释一脉相承，也和最高人民法院颁布的诸多批复一致。随着人大主导立法的逐步推进，最高人民法院应当谨慎发布司法解释和答复，应逐步过渡到通过发布指导性案例的方式指导法院不予适用抵触上位法的下位法。

指导性案例5涉及的是省级政府规章抵触法律是否适用的问题，而在要点1中，却提及地方性法规不能设定新的行政许可。这一细节值得我们重视，恐怕不能认为最高人民法院提及地方性法规是无心之举，它为未来法院不予适用地方性法规提供了可能。如果在另外一个案件中，某地方性法规违反法律规定设定许可和处罚的，法院有可能参照指导性案例5排除地方性法规的适用。[1] 当然，得出这一结论还有新的理由，即指导性案例5背后的理由不只是原《行政诉讼法》第52条和第53条（新《行政诉讼法》第63条），而是《立法法》第79条。

从该案的判决书来看，法院在判决理由部分援引了原《行政诉讼法》第52条和第53条，以及《立法法》第79条。这两个法条分别可以得出地方政府规章不予适用的结论。第一，原《行政诉讼法》第52条和第53条，分别规定了行政审判法律适用的“依据”和“参照”。如果以此区分作为指导性案例5的规范依据，那么只有规章才是法院不予适用的对象，法院无权对地方性法规不予适用。第二，《立法法》第79条规定了法律的位阶，如果法院的判决理由是第79条，那么当规章和地方性法规甚至行政法规抵触法律时，法院可以不予适用。换言之，法院的两个裁判理由在涉及规章时可以得出同一个结论，但是在涉及地方性法规和行政法规之时，就会产生两个不同的结论。笔者认为，最高人民法院的《答复》表明指导性案例5的理由主要是《立法法》第79条，从而不予适用可以适用于地方性法规和行政法

〔1〕参见沈岿：《指导案例助推垄断改革——以指导性案例5号为分析对象》，载《行政法学研究》2014年第2期。

规抵触法律的情形。[1]

“依据”只是要求法官在裁判案件之时应当适用法律、行政法规和地方性法规而不能完全拒绝,但是,一旦作为依据的法律、行政法规和地方性法规之间存在冲突。根据上位法优于下位法的适用规则,法院应当适用上位法而非下位法。这恰恰是《立法法》第79条的规定。原《行政诉讼法》第52条应当和《立法法》第79条结合起来理解:一般来说,法院应当适用法律、行政法规和地方性法规,但是如果行政法规或者地方性法规违反法律,那么法院应当适用法律而非行政法规或者地方性法规。此外,从法律结构来看,第79条规定在《立法法》的“适用与备案”部分,这里的适用不应当仅仅针对立法者,也应当针对法官,这是法制统一性的要求。

上述结论也得到最高人民法院的认可,最高人民法院案例指导工作办公室的法官发表的关于指导性案例5理解与适用的文章坚定地指出:法院拥有法律规范的“选择适用权”,应当按照上位法优于下位法的适用规则,判断和选择所应适用的法律规范。如果下位法的规定不符合上位法,法院原则上应当适用上位法。[2] 法律规范选择适用权属于本文所说的“不予适用”。准确地讲,选择适用并不具有“选择性”,而是必须适用上位法。除了必须适用上位法,难道法院有权选择抵触上位法的下位法?

五、“不予适用”模式的边界:法律不能不予适用

任何理论均有其适用的语境和条件,本文提出的不予适用模式亦是如此。它不适用于法律违反宪法的情形。如果法院认为法律违宪,法院不得径直适用宪法、拒绝法律的适用。为此,我们需要重新理解《宪法》关于独立审判的规定和法学界关于“宪法司法化”的争论。《宪法》第126条规定“人民法院依照法律规定独立行使审判权”。“依照法律”包括依照宪法吗?如果包括宪法,那么法院是否可以径直适用宪法不予适用法律?如果法院无权依照宪法裁判,而法院又必须依据法律进行裁判,那么如何解决适用法律和法律必须服从宪法的两难呢?这就涉及近年来我国法学界讨论的“宪法司法化”问题。

2001年的“齐玉苓案”被称作中国“宪法司法化第一案”,最高人民法院针对该案所做的《关于以侵犯姓名权的手段侵犯宪法保护的公民受教育的基本权利是否应承担民事责任的批复》激发了法学界关于法院是否有权适用宪法的激烈争论。不论这一案件是否属于真正的宪法案件,也不论法院是否有权适用宪法,这一案件对于厘清法院和宪法之间的关系以及宪法解释和法律解释的概念具有重要意义。有学者诉诸《宪法》第126条为法院适用

〔1〕 参见张旭勇:《“不予适用”的依据与参照适用范围——最高人民法院指导案例5号评析》,载《浙江社会科学》2013年第1期。

〔2〕 耿宝建、姚宝华:《指导案例5号〈鲁潍(福建)盐业进出口有限公司苏州分公司诉江苏省苏州市盐务管理局盐业行政处罚案〉的理解与参照》,载《人民司法》2012年第15期。

宪法提供规范基础。例如,韩大元教授主张,只有宪法和法律才能赋予法院审判权,宪法又是审判权的首要来源,因此法院"依照法律"必然包含遵循宪法的原则。[1] 童之伟教授则持相反的观点,主张该条款中的"法律"不包括宪法,否则法院将拥有援引和依据宪法进行裁判的权力,而这种权力又必然以法院具有违宪审查权为前提,显然违反了我国的人民代表大会制度。[2] 刘松山教授也持反对立场,认为无论是1954年《宪法》的原意还是1982年《宪法》的原意都明确区分宪法和法律,《宪法》第126条中的"依照法律"只包含法律不包含宪法。[3] 笔者认为,可以在两个维度上区分法院和宪法之间的关系,从而理解《宪法》第126的规定,化解两方学者的对立。一个维度是审判权来源,法院审判权的确来源于宪法和法律的授权,难以想象没有宪法根据的审判权来源,但是,宪法是审判权的来源并不等于宪法也是法院的裁判依据;第二个维度就是裁判依据,《宪法》文本明确使用了"宪法"和"法律"两个概念,而且常常并列使用,《宪法》也将解释宪法的权力赋予全国人大常委会,因此,《宪法》第126条中的依照法律不包括宪法而只包括法律,法院无权将宪法作为审判案件的依据。2008年最高人民法院废止"齐玉苓案"的《批复》也表明,最高法院无意在案件中适用宪法。

事实上,法院对宪法的适用至少可以区分为三种含义。第一种含义是违宪审查意义上的宪法适用,当事人发现据以适用的法律存在违宪嫌疑之时,请求法院判决法律违反宪法。第二种含义是作为裁判依据的宪法适用,法院依据宪法作出裁判,但不宣布法律违反宪法。第三种含义是,作为裁判理由的宪法适用,法院在裁判理由部分援引宪法,功能是为适用某一法律条款提供理由,法院直接依据法律作出裁判,而不是直接依据宪法作出裁判。第一种含义的宪法适用对于我国法院来说是最遥远的,"齐玉苓案"的批复也没有依据宪法宣布法律无效。[4] 第二种含义的宪法适用对于我国来说也是相当困难的,法院无权直接依据宪法作出裁判。"齐玉苓案"的批复停止适用表明了这一点。本文主张,第三种意义上的宪法的司法适用是有存在可能的,法院无权适用宪法并不等于法院无权援引宪法。地方法院的实践也提供了佐证。在"齐玉苓案"之后,地方法院依然存在援引宪法的案例,但这些案例是在裁判理由部分援引宪法,而不是在裁判依据部分援引宪法。[5] 法院援引宪法的目的不是直接依据宪法作出判决,而仅作为选择某一具体法律的理由,法院还是直接依据法律作出判决,即使在判决理由部分删除对宪法的援引也不影响法院的裁判。这种援引是一种功

---

〔1〕 参见韩大元:《以〈宪法〉第126条为基础寻求宪法适用的共识》,载《法学》2009年第3期。

〔2〕 参见童之伟:《宪法适用应依循宪法本身规定的路径》,载《中国法学》2008年第6期。

〔3〕 参见刘松山:《宪法监督与司法改革》,知识产权出版社2015年版,第187~191页。

〔4〕 参见强世功:《"宪法司法化"的悖论》,载《中国社会科学》2003年第2期。强世功将"宪法司法化"区分为"违宪审查"和"司法判断"两种含义,并认为即使法院无权进行违宪审查,至少可以在没有法律和法规的情况下援引宪法以保护公民基本权利。他忽略了作为裁判理由的宪法援引。

〔5〕 参见邢斌文:《法院如何援用宪法——以齐案批复废止后的司法实践为中心》,载《中国法律评论》2005年第1期。

能有限的援引,但对于我国法院来说是一种极有价值的实践。通过援引宪法,可以让当事人感知到宪法对于保护权利的重要作用,从而树立起对宪法的尊重和信赖。它并没有排除法律的适用,相反是为了强化对法律的适用。

本文提出的"不予适用"模式,只是强调法院依据法律排除行政法规、地方性法规及规章等下位法的适用,而不包括直接依据宪法裁判排除法律的适用。理由一,如前所述《宪法》第126条中的依照法律是狭义上的,不包括宪法。理由二,法院不予适用法律的实质是对立法权的监督,而法院要对全国人大及其常委会负责。理由三,全国人大及其常委会的立法权目前并未得到充分发挥,从《立法法》的最新修改也可以看出,加强人大对立法的主导作用是一条重要原则。因此,通过司法监督全国人大和全国人大常委会的必要性不足。这一点与美国完全相反,美国的司法审查是建立在立法权膨胀、需要控制基础之上的。如马岭教授所言,"我国的人大不是权力泛滥而是太疲软,在现阶段人大最需要的是扶持而不是制约"。[1] 理由四,《立法法》第99条只规定了有权主体或者其他主体可以针对行政法规和地方性法规等提出审查的要求和建议,而没有规定可以针对法律提出审查的要求和建议。因此,笔者认为,《宪法》和《立法法》对法律是否违宪,以及谁来审查和判断法律违宪采用了极为审慎的态度,只有全国人大可以撤销或者改变全国人大常委会制定的不适当的法律。如果最高人民法院确实发现存在法律抵触宪法的嫌疑,此时该当如何呢?本文认为,《立法法》提供了两种途径。第一种途径是,最高人民法院可以依据《立法法》第14条和第26条,向全国人大或者全国人大常委会提出修改法律的议案,建议修改法律解决法律违宪问题;第二种途径是,依据《立法法》第45条的规定,提请全国人大常委会解释法律,由全国人大常委会作出合乎宪法的法律解释,排除抵触宪法的法律解释。无论哪一种途径,法院都需要等待全国人大常委会在修改法律或者解释法律之后适用法律或立法解释。

法律违反宪法并非一目了然,更非黑白分明。法官适用法律的时候还可以解释法律,努力获得符合宪法的解释结果。法律解释学的研究已经表明,法官在个案中对法律的理解和解释是不可避免的,法官不是孟德斯鸠所说的只是单纯说出法律的嘴巴、没有自己的意志。[2] 相反,法官对法律的解释必然伴随价值判断,由于宪法是根本大法,因此无论法官得出多少种解释结果,都不得适用违反宪法的解释结果。近年来,学者们逐步从关注违宪审查意义上的司法适用转移到对法律的合宪性解释上来,希望通过合宪性解释得出符合宪法的法律解释。[3] 这是一种务实和可行的转向。法律解释的最高境界,不是生硬无情地得出法律违反宪法的解释,而是通过高超技艺将法律解释得更好,只要还有可能,就要避免得出违反宪法的解释结果。只有当无论如何无法得出符合宪法的解释结果之时,法院才可以诉

---

〔1〕 马岭:《"齐玉苓案"批复废止"理由"析》,载《法学》2009年第4期。

〔2〕 参见[德]考夫曼:《法律哲学》,刘幸义等译,法律出版社2004年版,第73页。

〔3〕 参见张翔:《两种宪法案件:从合宪性解释看宪法对司法的可能影响》,载《中国法学》2008年第3期;黄卉:《合宪性解释及其理论检讨》,载《中国法学》2014年第1期;王锴:《合宪性解释之反思》,载《法学家》2015年第1期。

诸全国人大或者全国人大常委会解释法律或者修改法律。

结　论

本文提出的“不予适用”模式,是一种消极的、有限的司法审查,法院只在个案中拒绝适用抵触上位法的下位法(包括行政法规、地方性法规、规章和规范性文件),而不撤销或改变它们,因此没有侵犯备案审查机关的撤销权或改变权;它不拒绝狭义的法律的适用,只是不予适用抵触法律的下位法,因此恰恰是通过司法维护法律的权威。不予适用模式与备案审查模式一起构成我国二元违法审查机制,共同保障法制统一。

“不予适用”模式将《立法法》中法的效力位阶隐含的“上位法优于下位法”适用规则明确表达出来。为了保障地方法院审查和不予适用抵触上位法的下位法,建议《立法法》明确规定,“规章、地方性法规、行政法规抵触上位法的,适用上位法的规定”。

“不予适用”模式对《行政诉讼法》第63条规定的“依据”与“参照”作出了重新解读。根据“上位法优于下位法”的适用规则,规章、地方性法规和行政法规在被适用前都必须经过审查,可以不予适用。从而它们都是参照,只有法律才是依据,法院不可不予适用。再结合《宪法》关于法院依照法律规定独立行使审判权和三大诉讼法关于“以事实为依据,以法律为准绳”的规定,建议《行政诉讼法》第63条作如下规定:“人民法院审理行政案件,依据法律,参照行政法规、地方性法规和规章。”为贯彻“上位法优于下位法”的适用规则,建议第64条明确规定:“人民法院在审理行政案件中,经审查认为规章、地方性法规、行政法规抵触上位法的,不作为认定行政行为合法的依据,并向制定机关提出处理建议。”为鼓励公民等主体提起审查请求,建议第53条明确规定:“公民、法人或者其他组织认为行政行为所依据的规范性文件、规章、地方性法规、行政法规抵触上位法的,在对行政行为提起行政诉讼时,可以一并请求对其进行审查。”

(原载于《环球法律评论》2016年第4期)

比例原则的宪法地位与规范依据

——以宪法意义上的宽容理念为分析视角

门中敬*

一、问题缘起与研究旨趣

比例原则是德国公法学界发展出来的理论,最早源于德国警察法,尔后通过对一般警察权的限制而成为德国行政法上的"帝王条款"。《德国基本法》制定出台以后,通过第1条和第20条将比例原则升格为一项宪法原则,成为涉及人权的公权力之"目的和所采行的手段之间,有无存在一个相当的比例问题"[1]。如今,虽然尚未有哪一个国家的宪法对"比例原则"作出明文规定,但学理上普遍认为该原则已被不少国家或地区的宪法所肯认,如《加拿大宪章》第1条之"宪章上开列的权利与自由,只服从在自由民主社会中能够确凿证明正当的并且由法律规定的合理限制",《日本宪法》第13条之"全体国民都作为个人而受到尊重。对于谋求生存、自由以及幸福的国民权利,只要不违反公共福利,在立法及其他国政上都必须受到最大的尊重"等。[2]

将行政法上的比例原则升格为宪法原则,意味着扩大了其规范和约束的对象,即从对行政权的要求扩张到一切国家权力,包括立法权和司法权。故而一般认为,宪法意义上的比例原则是调整国家权力和公民个人权利之间关系时应坚持的一项基本准则,泛指国家权力行使要妥当、必要、均衡、不过度、符合比例,不得对公民个人权利造成非法侵犯。[3] 与此

---

* 门中敬,山东大学法学院(威海)教授、博士研究生导师。

〔1〕 陈新民:《德国公法学基础理论》(下册),山东人民出版社1997年版,第36~37页。

〔2〕 参见余凌云:《行政自由裁量论》,中国人民公安大学出版社2005年版,第59页;许玉镇:《比例原则的法理研究》,中国社会科学出版社2009年版,第113页;李念祖:《案例宪法Ⅲ(上)——人权保障的内容》,台北,三民书局2006年版,第4页。

〔3〕 参见郝银钟、席作立:《宪政视角下的比例原则》,载《法商研究》2004年第6期。

同时,将比例原则升格为宪法原则,还意味着其在宪法上具有规范上的依据,如学者范剑虹在总结欧盟和德国比例原则的内涵和渊源时,即将传统行政法上的(广义)比例原则"三个方面的含义"扩展为"四个方面的含义":(1)符合宪法(Verfassungs legitimitaet);(2)有效性(Geeignetheitsgebot);(3)必要性原则(Frforderlichkeitsprinzip);(4)狭义上的比例原则(Grundsatz der Verhaeltnismaessigkeit i. e. S.)[1]该含义显明地表达了宪法上的比例原则与行政法上的比例原则之另一重要差别,即除了前述规范和约束的对象不同之外,还在于"符合宪法"这一点上。

那么,何谓"符合宪法"? 如果从纯粹实证主义的立场出发,"符合宪法"即宪法已经(直接或间接地)规定了"比例原则"。这就导出一个比例原则的宪法规范依据问题。也就是说,如果要认定比例原则是一个宪法原则,那么就应当找寻其在宪法上的根据。但是,如此尚不能回答,为什么比例原则(应该)是一项宪法原则而不仅是行政法的一项基本原则,在研究比例原则时,更涉及比例原则的(应然的)实质正当性即宪法地位问题。由此,比例原则的宪法地位及其根据问题,乃是研究宪法上的比例原则的一个基础且重大的理论问题,而这恰是本文的研究旨趣所在。

目前,国内学者尤其是大陆学者对于比例原则的宪法地位及其根据的研究,尚处于初始阶段。从笔者目前查阅到的文献资料来看,对比例原则的宪法地位的研究基本属于空白。针对比例原则的宪法根据的研究,大都是直接借鉴引用我国台湾地区学者的观点,或者认为源自法治国原则,或者认为源自基本权的内在要求。而对比例原则在1982年《宪法》中的规范依据问题,更是众说纷纭,尚存有较大争议。为此,本文拟从比例原则的前述两个重要理论问题出发,以宪法意义上的宽容理念为指导,探讨比例原则的宪法地位,并在分析有关比例原则的宪法根据诸学说的基础上,寻求比例原则在我国1982年《宪法》上的规范依据,以及在必要的限度内说明其在我国宪法上的适用空间。

二、实质正当性:比例原则的宪法地位问题

比例原则的宪法地位问题,实际上是一个"宪法意义上的比例原则"的实质正当性问题。依一般的学理见解,正当性包括形式意义上的正当性(形式正义)和实质意义上的正当性(实质正义)两个层面。前者是从纯粹实证主义的立场出发而有的认识,寻求的是形式上的规范依据,亦即在以宪法为"最高层级"的法律层级构造体系中,比例原则作为宪法原则需要有宪法规范的支撑。但是,如果过于推崇此等观念,就会摒弃宪法规范的实质正当性而走入实证主义的泥潭不能自拔。所以,在探讨比例原则的形式正当性,即宪法规范

〔1〕 参见范剑虹:《欧盟与德国的比例原则——内涵、渊源、适用与在中国的借鉴》,载《浙江大学学报》(人文社会科学版)2000年第5期。

依据之前,首先应当解决第二个层面的问题即实质正当性问题。此乃首先应当说明的一点。

那么,宪法意义上的比例原则的实质正当性是什么?如前所述,将行政法上的比例原则升格为宪法原则,主要涉及将其规范和约束的对象从行政行为扩大到立法行为等其他国家行为。那么,将比例原则的调整对象扩展到立法行为等其他国家行为,是否具有正当性呢?

对此,曾有学者明确反对将"比例原则"从行政法升格为宪法领域并约束立法者。如德国学者 Ernst Forsthoff 认为,"比例原则"是刻印在警察法中的原则。这表明"比例原则"同警察权一样是在比较狭窄的领域内有效的原则。因此,如果"比例原则"也约束以概括性形成为使命的立法者(与警察当局不同),将会造成行政法与宪法的混同,从根本上改变"比例原则"的性质。[1] 但是,将比例原则从行政法原则升格为宪法原则,并不意味着行政法就具有宪法的地位或者说与宪法相混同,因为宪法作为最高法,除了为行政法提供规范依据外,还为其他部门法提供规范依据。并且,比例原则升格为宪法原则而约束立法者,恰能说明宪法与行政法之重大区别。诚如青柳幸一所言,"比例原则"也约束立法者既不混同行政法与宪法的性质,也没有改变作为国家权力制约原理的"比例原则"本身的性质。[2]

要想搞清楚此问题,首先应当知晓:为什么在诸多国家中,《德国基本法》率先将比例原则升格为宪法原则?为此,日本学者青柳幸一曾指出:"除基本法第 1 条第 3 款的条文之外,还可以举出以下两个背景。一个背景是德国基本法中的法治国家理论,即它不仅仅限于形式上的法治国家——法律国家,而且也意味着实质性的法治国家——正义的国家。另一个背景是出自纳粹独裁的教训,在一段时期内复活了自然法论。从正义论和自然法论特别是法哲学研究中的超实定法原则找到了'比例原则'的思想渊源。"[3] 在这其中,"(实质的)正义"就成为支撑该理论的一个"阿基米德支点"(Archimedean Point)。

可是,将比例原则升格为一项宪法原则,在某种程度上是与自然法上的自然正义思想相背离的。因为,"在自然法时期,由于认为所有的政治统治权力都是为了保护或贯彻前定的、非现世人所制定的普遍性之法而行使的,因而,此等权力基本上只是执行的性质,统治者并不被认为是实际的主权者。严格说来,并无得以自行制定规范的现世权力存在,因此要求统治者合比例性地行使权力的思想其实并没有发芽生长的土壤。"[4] 而且,就古典政治哲学的自然正义(Natural Right)的传统而言,共同体的善(一种自然正义的观念)优先于个人权利(Natural Rights),由此是不可能(像今天这样)从基本权的本性中推演出比例原则

〔1〕 参见[日]青柳幸一:《基本人权的侵犯与比例原则》,华夏译,载《比较法研究》1988 年第 1 期。
〔2〕 同上。
〔3〕 同上。
〔4〕 蔡宗珍:《公法上比例原则初论——以德国法为中心》,载《政大法学评论》1999 年第 62 期。

的。但是,倘若这样,那也就不会存在什么“共同体的善”这一政治哲学命题了,因为保障基本权就是共同体的善——共同体唯一的善。

但是,一个共同体并非全然是一个法律共同体(以基本权为“阿基米德支点”),它还是一个伦理共同体、政治共同体或宗教团体。因为,很多因法律规定而误认为是法律方面的问题,实际上并非单纯的法律问题,同时也是政治问题、伦理问题或宗教问题。〔1〕在多数情形下,人权价值对于宪法而言亦只具有相对的正当性,尤其是在基本权所涉问题并非单纯的法律问题的时候。以“死刑存废”为例,人们不能因为生命权是一项固有的基本权而完全否定剥夺生命权的正当性,也不能因为公共利益的必需而完全认可剥夺生命权的正当性。而且,由近代自然法哲学提供思想渊源的比例原则,一旦成为实证法系统的一个组成部分,同样会面临同其他法律规范类似的问题——实证法体系的“封闭性缺陷”,这也是为什么会有学者反对将比例原则作为法律适用的唯一的宪法基准的根本缘由。如日本的奥平康弘教授就曾对与明显性原则相结合的比例原则观点提出批评,他认为这比美国的“个别比较衡量论”还“包藏着更多问题”:第一,对一切限制人权的立法允许完全同一的手段;第二,以赤裸裸的一直线式的“合宪性推定”为大前题;第三,与形式上的法治主义相对应,仅限于将比例原则这一法律适用上的条理——警察权界限的法理作为唯一的宪法基准。〔2〕

很显然,就法律及其适用的系统(将其看作一个系统,是想说明人们期待通过法律手段解决任何此类问题)而言,在很多情形下保持法律系统的“开放性”是必要的,因为社会在发展,构成法律的概念和据此形成的价值观念在变革。所以,在法律系统内除保持相对固定的部分外,总是有些概念、规则或原则会发生变化,要维持这样一种变化的正当性,人们只能采纳一种解决方案:一个独立的审判机关和一套程序原则来解决问题。因为,在纯粹的法学研究和法律实务中,人们不可能扩及其他,而只能根据法律所拟定的规则行事。所以,当某种法律冲突发生的时候,实证主义者往往会强调按照某一个既定的规则行事,而这需要非常明确的价值位阶和层级结构才能实现。

可见,将比例原则升格为宪法原则,是规范宪法发展的一个重要标志,也是人权理论向前发展的一个重要“分水岭”。从宪法意义上的宽容理念来看,国家(权力)与公民(权利)的关系是宪法学的一个基本范畴,而基本权(或言基本权利、基本的权利、基本人权、宪法权利等)则是型构这一范畴的核心概念。〔3〕既然宪法是以“规范国家权力、保障人民自由权利”为核心,那么宽容如果具有宪法上的意义,就应当是“用来拘束国家,特别是作为国家干预人民自由权利行事依据之一”。〔4〕此种观念必然意味着导出以下结论:宽容是基本权利

〔1〕相关论述请参见门中敬:《宪政宽容论》,商务印书馆2011年版,第259~262页。

〔2〕参见[日]青柳幸一:《基本人权的侵犯与比例原则》,华夏译,载《比较法研究》1988年第1期。

〔3〕参见门中敬:《宪政宽容论》,商务印书馆2011年版,第223页。

〔4〕李震山:《多元、宽容与人权保障——以宪法未列举权之保障为中心》,台北,元照出版有限公司2005年版,第74页。

的内在要求，并因宪法的基本权保护之属性而成为宪法的核心理念。国家权力对基本权利的限制要适度、必要且符合狭义比例的要求，已然内含着对基本权利的"尊重"之意义，而这是与宪法意义上的宽容之"尊重与认可他人的自由和权利"的内涵相一致的。除此之外，比例原则体现现代宽容的意义还表现在公民对基本权利和自由的尊重上。这也是为什么在德国比例原则被适用于民法的缘由。比如，在债法中解释诚实信用的一个德国判例，就运用比例原则（相当于狭义的比例原则）来解释公民权利的行使违反善良风俗："假如对方的不利因素的增长与所追求的利益根本不成比例，（那己方为此）使用的手段就是违反善良风俗"。〔1〕

因此，就比例原则的要求而言，无论是将其作为基本权限制的限制（国家行为的限制），还是作为对基本权的限制（公民行为的限制），都契合了现代宽容的理念，亦即体现了对他人的思想、观念和行为的尊重与认可。也就是说，将比例原则升格为宪法原则——使之具有宪法地位，既符合规范宪法的发展要求，也符合宪法意义上的宽容理念的内在要求。

三、形式正当性：比例原则的宪法规范依据

比例原则的形式正当性是一个以什么为根据来承认其在宪法上的地位问题，即实然的形式正义问题。域外学界对此形成了不同的学说。这些学说大体上可分为派生说和独立说两种。派生说将"比例原则"看作其他宪法规范或宪法原理的构成要素。派生说又可以进一步分为法治国原理说、"基本权的本质性内容"说、平等原则说、恣意禁止说等。主张独立说的学者认为，"禁止超过适量"不是其他宪法原则的构成要素，而是作为宪法指令部分的独自要素。〔2〕以下将分析说明，这些学说都是在规范宪法的范畴里面所做的学理解释，但也都在某种程度上契合了宪法意义上的宽容理念之内在要求。

（一）派生说

1. 平等与禁止恣意说——比例原则是平等原则的内在要求。平等原则说是在德国长期的平等权司宪中形成的一种较为成熟的理论，用以判断立法上的差别待遇有无合理的基准，其核心在于禁止恣意。其中，（广义）比例原则（适当性原则、必要性原则和狭义比例原则即均衡性原则）以其严谨的释义学结构和高度的可操作性，构成了平等权保障体系中最为重要的环节。〔3〕

平等原则说容易被误解为与形式意义上的法治国原则发生关联。形式意义上的法治

〔1〕 范剑虹：《欧盟与德国的比例原则——内涵、渊源、适用与在中国的借鉴》，载《浙江大学学报》（人文社会科学版）2000年第5期。

〔2〕 参见［日］青柳幸一：《基本人权的侵犯与比例原则》，华夏译，载《比较法研究》1988年第1期。

〔3〕 参见蔡宗珍：《公法上之比例原则初论——以德国法的发展为中心》，载《政大法学评论》1999年第62期。

国原则追求的是一种“形式平等”,即一种资格或机会上的平等。这种平等“并不问站在现实起点上的具体的‘人’是否具有对等的前提条件,更不问自由竞争之后的结果是否平等,其实质乃是保障人人享有的自由权利(人权)。与其说它是平等的观念,不如说它是自由的观念”〔1〕。形式平等是一种“无差别”的平等,可能成为“不宽容的源泉”,因为这样的观念和原则必然意味着否定平等赖以存在的人权基础以及人的多样性之事实。由此宪法原则导出的平等(保护)原则,虽然符合宽容理念的要求,但也有可能导致社会整体意义上的不平等和不宽容的状况,唯一能够对其进行纠偏的是实质平等。所以,虽然形式平等是符合宽容的内在要求,但绝对的形式平等同样会葬送平等本身,正如过度的自由会葬送自由本身一样。因此,按照宪法意义上的宽容理念的要求,就应当允许某种合理的差别对待,以实质平等的主张来弥补形式平等的不足,并最终维护宪法所确立的法治秩序。同样地,差别对待可能会出现侵害平等的问题,应当防止其恣意妄为。

平等原则说将比例原则看作平等原则的内在要求,强调“合理的差别对待”之实质平等诉求,因而需要比例原则来作为判断是否合理差别对待的一个基准。而就禁止恣意说而言,它实际上是对形式平等和实质平等的双重限制。因此,平等原则说和禁止恣意说在本质上是相同的,前者由于其含义的模糊不清而容易造成某种误解,而后者虽然较能反映比例原则的真实意义,但也有以偏概全之缺憾。故本文将上述两种学说合并称为“平等与禁止恣意说”。

平等与禁止恣意说虽然在防范立法恣意方面会发挥重要作用,但并没有涉及基本权本身的问题。也就是说,在将比例原则适用于基本权保护的过程中,平等与禁止恣意说的理论虽然可以在防范立法归类中的“恣意”方面发挥作用,但却无法解决基本权在行使过程中与其他基本权的冲突问题。因为,不同的基本权注定是不同的。而且,由于平等问题并不涉及国家组织权限,故而该说自然无法就国家组织性事项的争议发挥作用。

2.“基本权的本质内容”说——比例原则是基本权利的内在要求。基本权的本质内容说是德国另外一种较具影响力的学说。该说认为,比例原则来自基本权本质的内在要求,其根据(规范依据)是《德国基本法》第19条第2款,即基本权利之实质内容绝不受侵害。按照该条款之规定,比例原则升格为宪法原则的意义在于,对基本权利的限制提供了“实质内容不得侵害”的限制。我国有学者据此认为,比例原则是对基本权的限制之限制,具有认定和补充基本权利的功能。〔2〕

将比例原则看作基本权本质的内在要求,强调的是权力(或权利)行使的界限,目的在于保障基本权。换言之,在不得已损害到基本权的时候,应将损害降低到最小的限度(不能侵害到基本权的实质内容),此乃该说的核心意义之所在。但此说也存在问题,完全以基本

〔1〕 门中敬:《宪政宽容论》,商务印书馆2011年版,第241页。

〔2〕 参见姜昕:《比例原则的理论基础探析——以宪政哲学与公法精神为视角》,载《河北法学》2008年第7期。

权为其逻辑的基点,必将限缩权力行使的空间。事实上,在概念上将比例原则看作"国家权力行使的正当性要求"与作为"基本权利的限制之限制"之间是存在逻辑上的差别的。前者只是意味着国家权力行使的正当性,并不问其保护的对象是基本权还是公共利益,而后者则意味着国家权力行使的对象是基本权。虽然在理论上两者可能存在一致性——公共利益全然由每个人的基本权利构成,但公共利益的复杂性及其不确定性以及个人基本权可能游离于公共利益之外的情形,往往会破坏这种"一致性"。

按照法释义学上的公法理论,公法的核心功能并不是局限于划分个人与国家间的权限范畴,毋宁是在达成私人利益的均衡并就私人利益之冲突作成裁决以化解冲突。由此形成两种关系,一是公共利益与公共利益以及个人利益的冲突,二是无法为公益适当吸纳之个人(第三人)利益与行为人利益的冲突。前者为了使个人不至于沦为国家支配的客体以及基于对基本权的尊重,要求防御国家以公益之名而对其行过度(不合比例)侵害,后者要求对冲突之个人利益进行兼顾和调和。[1] 所以,比例原则的适用并不仅针对国家权力的滥用,也针对私人权利的不正当行使。而基本权利的本质内容说恰恰能够涵盖这两个方面的问题,既针对国家权力的行使,也针对个人基本权的行使,从而能够方便地解决平等与禁止恣意说的缺陷——只对国家权力的行使提出符合比例原则的要求,这只是基于一个早已由孟德斯鸠论述过的经验判断:权力总是会被滥用。

虽然如此,将基本权本质的内在要求看作比例原则的根据仍然存有以下问题需要解决:第一,由于没有一个国家的宪法规定一个基本权利的位阶秩序,当两个基本权的实质内容发生冲突时,该如何运用比例原则解决冲突?第二,如同平等与禁止恣意说,基本权的本质内容说同样无法就组织性事项的争议发挥作用。

3. 法治国原理说。法治国原理说强调了法治国家原理与正义的结合,要求侵犯基本权的国家行为"正确程度"的"比例原则"将会与法治国家原理结合起来。[2] 其构成直接约束立法者的主要观念,被普遍认为产生于有关约束每个权力的《德国基本法》第 1 条第 3 款、第 19 条第 4 款、第 20 条第 3 款以及第 28 条第 1 款第 1 句的各种规定的总和。这些条款可分别成为平等原则说、禁止恣意说和基本权实质内容说的根据。因而,该说可视为一种综合性的学说。

我国学者普遍认为,比例原则以宪法为背景,是实质意义的法治国原则之下的具体原则。如我国台湾地区学者黄异认为,"实质意义的法治国原则,是指国家之存在应符合正义。而比例原则正是从法治国原则中演绎出来的";[3] 于安教授认为,比例原则并不是成文法律明文规定的一个法律原则,而是联邦宪法法院根据宪法的基本原理引申出来,它从法

---

〔1〕 参见翁岳生主编:《行政诉讼法逐条解释》,台北,五南图书出版公司 2002 年版,第 71 ~ 73 页。

〔2〕 参见[日]青柳幸一:《基本人权的侵犯与比例原则》,华夏译,载《比较法研究》1988 年第 1 期。

〔3〕 黄异:《行政法总论》,台北,三民书局 1992 年版,第 79 页。

治国原则和基本权的基本要求或实质精神出发，以实质性规则特有的伸缩性和广泛适用性，解决法治国原则运用中的大量实际问题，使成文法制度难以避免的法律漏洞得到弥补，缺陷得以克服，从而使法治国原则更具有普遍意义，能够在社会生活中得到更深刻更广泛的应用；〔1〕学者姜昕认为，比例原则是法治国原则内含的一个具体要求，是评价国家公权力行为是否符合实质正义、公平理念的一个标准，是法治国家题中应有之义；〔2〕郝银钟、席作立认为，比例原则存在和发展的合理性根据在于契合实质意义的法治国理念和体现了宪制国家公权力的配置及其运行规律的客观要求，其内在精神始终追求对人的尊严及其权利的终极性关怀。〔3〕法治国家原理说实际上是在国家行为合法性的基础上，对国家机关（包括司法机关）和私人提出的更高要求。该学说表现在个案中，包括国家与私人间的关系、国家机构间的关系和私人间的关系。如果所采取的行为（包括公民的个人行为）不符合比例原则便是"违法"的。

但是，由法治国原则导出比例原则，或将比例原则看作法治国原则的具体要求，并非如学者们所言是从实质意义上的法治国原则予以观察，而应当从形式意义和实质意义两个层面的法治国原则予以观察。以公民的基本权之间的冲突为例（不涉及公共利益的情况），比例原则的运用也是形式平等的内在要求，比如前面曾提及的债法中解释诚实信用的判例即是。

可见，将比例原则的宪法规范依据看作法治国原理，是一种综合性且明智的观点。但法治国原理说也存在问题，法治国原则的含义通常是模糊而不确定的，除非对它进行具体化，以适合于宽容理念的内在要求。正像德国判例所指出的那样，法治国原则意味着"国家权力的行使应受限制，国家的存在应符合正义"。可是，正义的问题乃是一个自然法的问题，比例原则如果从法治国原理和正义的结合中导出，如前所述，就必然意味着它排斥"个人权利优先于共同体的善"的观念，并将由人权观念所建立的实证主义的法律系统打破。而这恰是《德国基本法》试图构建一个由人性尊严（因其含义的一般性和抽象性而更加接近正义的观念）统领的、全新的、区别于近代宪法的《基本法》之缘由。

（二）独立说

独立说是德国学者P. Lerche主张的学说，认为"禁止超过适量"不是其他宪法原则的构成要素，而是作为宪法指令部分的独自要素。〔4〕认为比例原则的核心是"禁止超过适量"，即保持一种"合理的差别"和"适度的平衡"，其运用的实际结果则是一种"平衡的状态"。

在传统的宪法理论中，人们往往会将基本权利绝对化，会将平等原则绝对化，亦会将法

〔1〕 参见于安：《德国行政法》，清华大学出版社1999年版，第31页。

〔2〕 参见姜昕：《比例原则的理论基础探析——以宪政哲学与公法精神为视角》，载《河北法学》2008年第7期。

〔3〕 参见郝银钟、席作立：《宪政视角下的比例原则》，载《法商研究》2004年第6期。

〔4〕 参见［日］青柳幸一：《基本人权的侵犯与比例原则》，华夏译，载《比较法研究》1988年第1期。

治国原则绝对化。因为,人们总是喜欢价值的单一性和绝对性,以便为自己的行为提供价值指导,否则人们就可能陷入弗洛伊德所言的"文化里的不舒服"。但是,社会现实却总是在告诉人们,单一化或绝对化的价值虽然是个人人格独立的标志,但人格化的价值总是偏颇的、有缺陷的。当我说"这是对的",而别人说"那是对的"的时候,就会遇到解决冲突的现实困难。法律规则同样如此,它总是一而再地告诉人们,哪种行为方式是正确的而哪些是错误的。法律的复杂性让一般的社会民众难于适从,不知如何做起。在某些微观的法律规则层面,人们很容易接受或理解这些规则,但对于法律原则或价值的理解就不是那么容易了。当你试图去问身边的朋友(即便是法律工作者)某个法律原则的含义时,会发现每个人给出的答案通常与他(她)的生活经验有关。所以,在一般的实证法那里,你是很难发现这种"适度平衡"的,不管是作为价值载体的法律原则,还是具体化法律原则的法律规则,都具有"单一指向"的人格化特征。

如若要让每个人都修正自己人格化的价值观念而使大家和平共处,那就必须取得某种妥协——一种价值相对化的处事方式,而这从根本上来说与(实证)法律的通常要求是相违背的。这也恰是一般法律命令所不具备的特质。所以,禁止超过适量也只能通过某个参照系(这往往由法律所确立的层级构造确立)获得其规范依据,虽然可以通过程序的"法律天堂"来寻求这种均衡,但毫无疑问的是,即便是程序价值也无法逃脱实体价值的依托,正如阿列克西宪法权利适用的比例原则也是以宪法权利规范结构理论和原则的定义为前提。这也能够说明,为什么德国联邦宪法法院的判例会强调"这个法治国原理不应包含任何具有宪法地位的命令或禁令,但需要在适应实态方面具体化"〔1〕。可见,独立说在规范宪法学的进路里,全然抛弃已经建立起的宪法规范体系,在理论上还是难以站得住脚的。

四、比例原则在现行宪法中的规范依据及其适用空间

关于比例原则在我国现行宪法中的规范依据,向来众说纷纭。如有的学者提出,中国宪法条文中的比例原则条款是《宪法》第 51 条的"中华人民共和国公民行使自由和权利的时候,不得损害国家的、社会的、集体的利益和其他公民的合法的自由和权利"。〔2〕另有学者提出,我国《立法法》第 6 条的"立法应当从实际出发,科学合理地规定公民、法人和其他组织的权利与义务、国家机关的权力与责任",体现了宪法比例原则的精神。〔3〕还有学者认为,我国《宪法》第 5 条规定的社会主义法治国家原则可为比例原则的宪法基础。〔4〕为此,需要借助前面的分析,进一步探求比例原则在我国现行《宪法》中的规范依据及其适用

---

〔1〕 [日]青柳幸一:《基本人权的侵犯与比例原则》,华夏译,载《比较法研究》1988 年第 1 期。
〔2〕 参见姜昕:《比例原则研究——一个宪政的视角》,法律出版社 2008 年版,第 174 页。
〔3〕 参见陈新民:《中国行政法学原理》,中国政法大学出版社 2002 年版,第 42 页。
〔4〕 参见马怀德主编:《行政法与行政诉讼法》,中国政法大学出版社 1989 年版,第 53 页。

空间。

(一)比例原则是否可由“平等条款”导出?

我国现行《宪法》虽然通过第33条第2款规定了“平等权原则”,但对该款的解释一直存有争议。无论是从传统的观点还是从修宪的背景来看,我国1982年《宪法》所确立的平等只是“法律面前的平等”而非“法律上的平等”。[1] 在没有释宪机关作出正式的解释之前,在形式上恐不能认为该条款之规定与“法律上的平等”具有相同的含义,自然不能通过该条款导出实质平等和合理差别对待的要求。既然如此,由现行《宪法》第33条第2款就无法导出宪法上的比例原则而约束立法者。

这种平等观是与1954年《宪法》以来的历部宪法之“议行合一”的制度设计是相符合的。进言之,是与人民代表大会制的权威性及其潜在的论点——人民代表大会制定的法律是完全正当的——之上的。但是,即便人民代表大会制定的法律具有正当性,法律在运行过程中也会存在与社会现实相冲突的一面(由法的安定性所决定),而这必然带来法律的合宪性问题。所以,单纯根据我国现行《宪法》第33条第2款即武断地认为宪法上的平等原则只是“法律适用上的平等原则”,可能也是有失偏颇的。[2] 因为,2000年制定出台的《立法法》第6条规定了“科学立法原则”,即“立法应当从实际出发,科学合理地规定公民、法人和其他组织的权利与义务、国家机关的权力与责任”。科学立法原则的含义虽然模糊不清,但一般认为其已经包含了“禁止立法恣意”的意思在里面,体现了比例原则的精神。

所以,《宪法》第33条第2款及其相关法的规定可以导出宪法上的比例原则。如此一来,正如前面的分析指出的那样,比例原则就可以在平等与禁止恣意方面约束立法者。

(二)比例原则是否可由“社会主义法治国家”导出?

法治国家之要义在于国家权力应受约束和限制,以保障人权。我国现行《宪法》通过1999年《宪法修正案》将“依法治国,建设社会主义法治国家”写入宪法后,如前所述,被有的学者认为是提供了比例原则的宪法规范依据。

但是,现行《宪法》的这一规定似乎并不能像《德国基本法》那样导出比例原则。因为,法治国原理包含着一些基本的要素在里面。既然现行《宪法》规定的是“法律适用上的平

---

[1] 在笔者能够查阅到的宪法读本中,一般将《宪法》第33条第2款解释为3个方面的含义,即公民平等地享有宪法和法律规定的权利、平等地履行宪法和法律规定的义务、受行政机关和司法机关的平等保护。蔡定剑先生在其《宪法精解》一书中指出,“公民在法律面前一律平等”是从1954年《宪法》第85条“中华人民共和国公民在法律上一律平等”演变而来的。1975年《宪法》和1978年《宪法》取消了这一内容。而现行宪法则表述为“公民在法律面前一律平等”。在修改宪法的过程中,很多委员都提出1954年《宪法》的表述“法律上一律平等”,不仅包括了法律实施上的平等,同时也包括了立法上的平等,这显然是有悖于立法原意的。参见蔡定剑:《宪法精解》(第2版),法律出版社2006年版,第241~242页。

[2] 参见门中敬:《平等权原则与宽容》,载《现代法学》2011年第3期。

等”,那么从体系解释的角度来看,“社会主义法治国家”就意味着一种“形式上的法治国家”观念而非“实质意义上的法治国家”观念。况且,现行《宪法》第51条“中华人民共和国公民在行使自由和权利的时候,不得损害国家的、社会的集体的利益”之规定,显然是将公民权置于“国家的、社会的、集体的利益”之下,并不存在权衡两者的余地,因而也无法导出“比例原则”之“均衡性的要求”。

况且,从现行宪法之体系性规定来看,《宪法》第5条第1款之规定并不一定能够说明我国现行《宪法》已经将依法治国原则确立为一项宪法原则。进一步来说,即便是能够解读为宪法原则,也只是停留在形式法治国原则的层面上,并无实质法治国原则的含义在里面。因而,比例原则自然无法全然由“法治国原则”予以导出。

(三)比例原则是否可由“基本权利规定”或“人权条款”予以导出?

我国现行《宪法》对公民基本权利的规定,可以说具备了现代宪法之基本权规定的特点,即对消极权利和积极权利都作了比较全面的规定。[1] 但如前所述,我国现行《宪法》虽然对公民积极权利做了比较全面的规定,但这些规定因未涉及“侵害保留”而无法体现出基本权的本质要求。所以,现行宪法之基本权利的规定是无法为比例原则提供宪法规范依据的。

有学者试图通过目的解释的方法、以“权利义务的对称性”说明我国《宪法》第33条之“国家尊重和保障人权。任何公民享有宪法和法律规定的权利,同时必须履行宪法和法律规定的义务”规定包含了比例原则的内涵。根据《宪法》第33条第3款“国家尊重和保障人权”可导出适当性原则;《宪法》第33条第4款“任何公民享有宪法和法律规定的权利,同时必须履行宪法和法律规定的义务”可解释出比例原则中“必要性原则”的内涵;均衡性原则要求在多个保护人权的价值上作出取舍,过程上体现为多个权利保护在性质上或程度上的考虑,要在多个符合妥当性原则检验的方案中选择最为合理的一个,最后仍可归结为公民与国家权利义务的对称性。因此,《宪法》第33条第3款与第4款组合起来的:“国家尊重和保障人权。任何公民享有宪法和法律规定的权利,同时必须履行宪法和法律规定的义务”可共同释出“法益相称性”子原则。[2] 这种解释,显然有牵强附会之嫌疑。因为,权利义务一致性在法理上虽然具有整体性的意义,但在规范宪法学的进路里面,权利义务的一致性并不能解决权利与权利、权力与权利的冲突之现实问题,两者间是存在重大的逻辑差别的。

---

〔1〕 近代宪法与现代宪法的一个重要区别在于,近代宪法仅规定消极权利而不规定或较少规定积极权利,而现代宪法则是在实质法治国原则的引领下,对积极权利做了较为全面的规定。德国基本法一改《魏玛宪法》之全面规定积极权利的做法,将基本权统摄于“人性尊严原理”之下,是为调和积极权利之规范性不足的折中方案。

〔2〕 参见翟翌:《比例原则的中国宪法规范基础新论——以宪法第33条为中心》,载《新疆社会科学》2012年第5期。

但是,"国家尊重和保障人权"之规定内含"尊重"与"保障"的双重含义在里面,"一是表明国家对人权的基本立场和宪制理念的提升,即以人权的实现为国家权力运作的价值取向,而不再单纯地追求社会秩序的稳定性;二是国家权力要受到合理的限制,防止国家公共权力对人权的侵犯,从而从国家根本法的角度约束公权对人权的侵害"[1]。这显然体现了宪法意义上的宽容理念之内在要求。从宪法精神和体系解释的视角来看,该条款既然处于基本权利规定的统领地位,那也就意味着该条款可视为对《宪法》第51条的一种纠偏行动。但据此是否可视其为比例原则提供了宪法规范依据,目前恐无法据此予以明确地确定下来。

不过,在2004年《宪法修正案》将行政征收和征用条款写入《宪法》后(第10条第3款和第13条第3款),意味着在我国宪法上已经确立了公私利益平衡的原则,可谓在公民财产权保护领域契合了宽容理念的内在要求。[2] 这两个条款表明,我国宪法已经明确规定了国家权力在行使时应当受到比例原则的限制,亦即公权力对公民财产权的限制必须以公共利益为前提(或必须)。虽然"可以"的表述方式与"必须"尚存有一定的意义差别,但也意味着在权衡公共利益与个人财产权的问题上,并没有将公共利益置于至高无上的地位。换言之,这两个条款为公共利益的维护与基本权利的保护提供了可资解释和运用比例原则的空间。但这两个条款能否扩展到所有的公民基本权利呢?这是一个值得解释者思考的一个问题。如果是的话,那么也就意味着我国宪法已然通过2004年宪法修正案确立了宪法意义上的比例原则。不过,从我国《宪法》第51条的规定来看,显然并不能推出这样的结论。因为,如果说国家利益属于最高的绝对的公共利益,那么该条宪法规范之社会利益和集体利益高于个人利益的规定,自然就明显地限缩了比例原则的运用空间。

综上,将行政法上的比例原则升格为宪法原则,是现代人权理论和规范宪法的发展之要求,符合宪法意义上的宽容理念和宪法的实质正义。也就是说,将比例原则作为宪法的一项基本原则是具有实质正当性的。我国现行宪法虽然并未如《德国基本法》《日本宪法》《加拿大宪法》那样可以由某一或某几个宪法规范条款予以导出,但现行《宪法》第33条第3款以及《立法法》第6条可有限度地为比例原则提供宪法规范依据。尤其是在2004年宪法修正案将第10条第3款和第13条第3款写入现行宪法以后,在私有财产权的保护上可视为已经确立了比例原则的宪法规范依据,并为比例原则在宪法上的适用提供了空间。但需要指出的是,现行《宪法》第33条第2款和第51条的存在,明显限缩了比例原则在宪法上的适用空间。

(原载于《法学论坛》2014年第5期)

---

〔1〕 焦洪昌:《国家尊重和保障人权的宪法分析》,载《中国法学》2004年第3期。

〔2〕 参见门中敬:《含义与意义:公共利益的宪法解释》,载《政法论坛》2012年第4期。

我国监察机关的宪法定位

——以国家机关相互间的关系为中心

秦前红*

一、引　言

为了贯彻和体现国家监察体制改革的精神，为监察委员会的成立提供根本法依据，第十三届全国人大第一次会议通过的《宪法修正案》，就国家监察委员会和地方各级监察委员会的产生、性质、地位、人员组成、任期任届、领导体制等内容进行了规定。〔1〕若以修正案的篇幅为视角来观察，可以发现此次通过的《宪法修正案》共有21条，其中11条与监察机关和监察权相关，特别是在《宪法》第三章"国家机构"中增设了"监察委员会"一节。这一方面彰显了国家监察体制改革事关重大，唯有通过宪法修改才能为改革提供充分的正当性基础，并使改革得以实质性推进和深化；另一方面表明国家监察体制改革以及因此为之的宪法修改，对此前宪法体制的影响同样颇为重大。此般影响集中表现为将监察权形塑为一种此前宪法规定之外的权力类型，继而使监察委员会成为一个新的权力单元和系统。〔2〕本文以为，国家监察体制改革作为事关全局的重大政治体制改革，机构与职能的整合乃是改革的主要方法论。此过程中新机构的设立及旧机构的撤销，实质上皆是国家监督权重新配置的外在表现形式，而监察机关和监察权即为权力重新配置的结果。因此，如何认识此一新设立的国家机关和新出现的国家权力，便成为一个无法回避的理论和实践问题。

国家监察体制改革开展至今已一年有余，理论上其实有不少关于监察机关定位和监察权性质的讨论：首先，就监察机关的定位而言，有论者将其法律性质定位为行政机关、司法

---

* 秦前红，山东大学兼职讲席教授。

〔1〕 王晨：《关于〈中华人民共和国宪法修正案（草案）〉的说明（摘要）》，载《人民日报》2018年3月7日，第6版。

〔2〕 参见林彦：《从"一府两院"制的四元结构论国家监察体制改革的合宪性路径》，载《法学评论》2017年第3期。

机关或是政治机关;[1]亦有论者认为监察机关乃是被宪法授予国家监察权的新的国家机构。[2] 而改革者则认为监察机关实质上就是“反腐败工作机构,是政治机关,不是行政机关、司法机关”。[3] 其次,就监察权的性质而论,有论者认为新的监察权既非行政权,也非司法权,而是一项独立的国家权力,这是新监察体制的标志性特色;[4]监察权是立法权、行政权、司法权之外的第四权力,该权力就是监察权;[5]亦有论者基于改革实践中监察机关履行的监督、调查和处置职责,认为监察权具有行政权和专门调查权的二元属性;[6]还有论者着眼于机构与职能整合的改革思路,认为国家监察体制改革本质上是既有政治资源的再整合、再分配,由此使监察权呈现为一种复合性权力的样态。[7] 可以发现,与此前的行政监察机关和行政监察权有别的是,国家监察机关因改革而具有的宪法机关的地位,国家监察权亦由此成为一项宪定权力。如此一来,有关监察机关定位和监察权性质的讨论,在相当程度上便成了一个宪法学问题。

构造国家权力和保障公民权利乃是现代宪法的核心功能,甚至说宪法的首要功能和内容即在于构造并限制国家权力,[8]现代立宪国家通常基于一定的原则来构造国家权力和组织国家机构。在我们国家,该原则表现为人民代表大会制度的政体及民主集中制的国家机构组织原则。国家监察体制改革以及由此而来的宪法修改,无疑丰富和发展了人民代表大会制度和民主集中制原则,这集中表现为人民代表大会下“一府两院”的国家机关构架演进为“一府一委两院”的构架。监察机关在宪法所预设的“轨道”上行使着监察权,并在权力行使过程中与其他国家机关产生关联。就此层面而言,若欲在宪法层面认识监察机关的定位及监察权的性质,很大程度上需借由监察机关与其他国家机关间关系的讨论,主要有监察机关与权力机关,监察机关与司法机关,监察机关与行政机关,以及上级监察机关与下级监察机关四对关系。

二、监察机关与权力机关的关系

(一)民主集中制:产生、负责及监督

民主集中制乃是普遍适用于执政党和国家政治生活的一项重要原则,且有着颇为丰富

[1] 参见迟方旭:《对界定监察委员会法律性质的思考》,载《中国社会科学报》2018年1月16日,第8版。

[2] 参见刘茂林:《国家监察体制改革与中国宪法体制发展》,载《苏州大学学报》(法学版)2017年第4期。

[3] 《国家监察体制改革试点取得实效——国家监察体制改革试点工作综述》,载《人民日报》2017年11月6日,第1版。

[4] 陈光中、邵俊:《我国监察体制改革若干问题思考》,载《中国法学》2017年第4期。

[5] 张建伟:《监察至上还是三察鼎力——新监察权在国家权力体系中的配置分析》,载《中国政法大学学报》2018年第1期。

[6] 参见郑曦:《监察委员会的权力二元属性及其协调》,载《暨南学报》(哲学社会科学版)2017年第11期。

[7] 参见徐汉明:《国家监察权的属性探究》,载《法学评论》2018年第1期。

[8] 秦前红主编:《新宪法学》,武汉大学出版社2015年版,第8页。

的指向和内涵。中国共产党在全国执政以后,把这种原则和制度运用于政权建设,在国家机构中实行民主集中制的原则。[1] 我国现行《宪法》第3条规定了民主集中制原则,并将其作为一项国家机构的组织原则,该原则成为国家机关产生及相互间关系运行的遵循和基础。此项原则的核心内容有三:一是在人民与权力机关的关系上,遵循由人民选举产生并监督权力机关的原则;二是在权力机关与其他国家机关的关系上,遵循由权力机关产生并监督其他国家机关的原则;三是在中央和地方国家机构职权划分上,遵循在中央统一领导下发挥地方主动性和积极性的原则。当然,民主集中制原则的具体内容并非一成不变,自"五四宪法"规定国家机关"一律实行民主集中制"以来,该原则在宪法上的含义其实是自始变化和发展的,特别是1982年《宪法》对该原则的内容予以具体化。[2] 同样地,在国家监察体制改革的背景之下,监察机关被纳入宪法规定的国家机构体系当中。为此,宪法上的民主集中制原则亦需随之修改完善,以便为监察机关的产生,以及其与其他国家机关间关系的运行确定根本法意义上的遵循和依据。正是基于此种考量,《宪法修正案》第37条增加了监察机关"由人民代表大会产生,对它负责,受它监督"的规定。

由此可知,监察机关与权力机关在宪法上的关系至少有以下三层含义:其一,权力机关的宪法地位高于监察机关。我们国家"按照宪法确立的民主集中制原则、国家政权体制和活动准则,实现人民代表大会统一行使国家权力",[3]并"在这个前提下,明确划分国家的行政权、审判权、检察权和武装力量的领导权"。[4] 依此逻辑,国家监察体制改革过程中所进行的机构与职能整合,以及由此而生的监察机关与监察权,同样是在"人民代表大会统一行使国家权力"的前提下进行和展开的。甚至可以说最高国家权力机关基于现实需要创设出了监察权,并根据分工负责、功能适当等原则将该权力配置给了监察机关。其二,监察机关由权力机关产生,即监察委员会主任由本级人大选举,副主任和委员则由本级人大常委会任免,对此《宪法》和《监察法》皆有较为详细的规定。但需注意的是开发区监察机关(监察委员会或是派驻监察机构等)的产生和设置问题,因为诸如开发区、新区等通常只设有履行行政管理职能的管理委员会等机关,而未设置相应的权力机关。因此,如何在此类地区产生和设置监察机关便成问题。对此,实践中有在开发区设立监察委员会,并由省级人大

---

〔1〕 参见《中共中央关于加强党的建设几个重大问题的决定》,载中共中央文献研究室编:《十四大以来重要文献选编》(中),人民出版社1997年版,第959页。

〔2〕 参见肖蔚云:《新宪法对民主集中制原则的发展》,载肖蔚云:《论宪法》,北京大学出版社2004年版,第264~266页。

〔3〕 习近平:《在首都各界纪念现行宪法公布施行30周年大会上的讲话》,人民出版社2012年版,第7页。

〔4〕 乔石:《在首都各界纪念人民代表大会成立四十周年大会上的讲话》,载乔石:《乔石谈民主与法制》(下),人民出版社、中国长安出版社2012年版,第430页。

根据省级监察委员会主任提名,任免开发区监察委员会主任的做法。[1] 此般开发区监察委员会及其组成人员的产生方式,在很大程度上致使该地区(开发区)监察机关的法律地位变得模糊不清。因为现行《宪法》和《监察法》皆未规定开发区可设立监察委员会,且按此方式产生的开发区监察委员会亦非《监察法》当中的派驻或派出的监察机构。其三,监察机关对权力机关负责,权力机关监督监察机关。这其实是一个“一体两面”的问题,因为监察机关对权力机关负责,即体现为权力机关对监察机关的监督,而监察机关接受权力机关的监督,亦表现出监察机关对权力机关负责。例如,监察机关向权力机关报告工作,既是监察机关向权力机关负责的表现,亦属权力机关监督监察机关的表现。具体而言,我国现行《宪法》明确规定了罢免与免职这一监督方式;《监察法》在此基础上规定了人大常委会听取本级监察委员会专项工作报告,组织执法检查,人大代表及人大常委会委员提出询问或质询的监督方式。此外,相较于“一府两院”而言,监察机关对权力机关负责,以及权力机关监督监察机关的方式并不包括向人大作年度工作报告,《宪法》和《监察法》皆未对此进行规定。[2] 但理论上对此问题乃是不乏争论的。[3]

(二)权力机关如何根据《监督法》监督监察机关

如上所述,现行《宪法》和《监察法》就权力机关监督监察机关的问题进行了规定,但只明确规定了4种具体监督方式,即罢免与免职,听取专项工作报告、执法检查、询问与质询,且未规定此四种监督方式如何在实践中展开。显然,新成立的监察机关“位高权重”,对其的监督须足以防止“过犹不及”。[4] 无论是国家监察体制改革的具体实践,抑或是《监察法》皆注重对监察机关的监督制约,其中即包括权力机关的监督。不过,与权力机关对“一府两院”的监督类似,由于各级人大一年通常只开一次会,不可能对“一府两院”的工作施以经常性的监督。按照《宪法》的规定,对“一府两院”工作实施经常性监督的职权通常是由人大常委会来行使的。[5] 同样地,权力机关对监察机关的监督,在很大程度上亦需由各级人大常委会来实施。而各级人大常委会实施监督的法律依据主要是《各级人民代表大会常务

---

〔1〕 例如,根据《海南省人民代表大会常务委员会任免海南省监察委员会副主任、委员暂行办法》第7条的规定,海南省人大常委会根据省监察委员会主任的提名,决定任免海南省洋浦经济开发区监察委员会主任,海南省洋浦经济开发区监察委员会副主任、委员的任免则参照该办法执行。参见《海南省人民代表大会常务委员会任免海南省监察委员会副主任、委员暂行办法》,载《海南日报》2018年1月22日,第A2版。

〔2〕 对于我国现行《宪法》和《监察法》未就监察委员会向人大报告工作,实践中的理由是监察委员会承担的反腐败工作具有特殊性,调查过程涉及大量党和国家秘密,涉及国家安全和国家利益,事关重大,保密要求高,不宜在人大会议上公开报告。参见王丹:《聚焦监察法草案 党性和人民性的高度统一》,载《中国纪检监察报》2018年3月10日,第2版。

〔3〕 参见曲相霏:《国家机构“报告工作”的宪法分析——兼论监察委员会“报告工作”问题》,载《北京联合大学学报》(人文社会科学版)2017年第2期。

〔4〕 参见童之伟:《对监察委员会自身的监督制约何以强化》,载《法学评论》2017年第1期。

〔5〕 乔晓阳主编:《〈中华人民共和国各级人民代表大会常务委员会监督法〉学习问答》,中国民主法制出版社2006年版,第14页。

委员会监督法》(以下简称《监督法》),如此一来,各级人大常委会如何根据《监督法》监督监察机关便成殊值探讨的问题,即《监察法》规定的监督方式是否适用于各级人大常委会对监察机关的监督?该问题的探讨又可引申出两个更为具体的问题:一是《监察法》规定的各级人大常委会对监察机关的监督方式,是否可适应《监督法》规定的监督程序?二是《监察法》未规定,但在《监督法》当中有规定的监督方式,各级人大常委会是否可将其运用于对监察机关的监督?对于以上问题,理论上其实已有所谈论:如有论者认为《监察法》规定的各级人大常委会听取和审议专项工作报告的监督方式,便可适应《监督法》的相应规定。〔1〕还有论者认为,现行《监督法》规定的对"一府两院"的监督方式大多可以适用于监察机关。〔2〕

本文以为,无论是基于各级人大常委会作为权力机关的宪法地位,还是为了防止监察权的滥用,都有必要明确《监督法》规定的监督程序和监督方式得适用于监察机关,亦即各级人大常委会运用《监察法》规定的监督方式之时,得适用《监督法》规定的具体程序,以及各级人大常委会可运用《监督法》规定的监督方式对监察机关实施监督。理由主要有二:一是由于当前的《监察法》同时"扮演"监察机关组织法、监察活动程序法等"角色",以至于该部法律难以就所有问题进行详细的规定,其中即包括各级人大常委会如何监督监察机关的问题。《监察法》当中虽有规定听取专项工作报告,执法检查,询问与质询等监督方式,但却未规定这些监督方式如何在实践中运作。而《监督法》作为一部就各级人大常委会监督工作进行的专门立法,其中就监督的方式、程序和内容皆有着相当具体的规定。二是《监察法》虽未明确规定规范性文件备案审查、特定问题调查等监督方式得适用于监察机关,但这无疑是各级人大常委会作为权力机关的应有之义,同样也能通过监督进而防止监察机关滥用权力。例如,监察机关在工作中制发的决议、决定等规范性文件,亦应报相应的人大常委会备案,相应的人大常委会得对其进行是否符合《宪法》和法律的审查。这其实也是开展合宪性审查工作的需要。当然,欲使《监督法》规定的监督程序和监督方式得有效运用于权力机关对监察机关的监督,尚需对《监督法》进行相应的修改。

(三)监察机关如何监督具有人大代表身份的公职人员

在国家监察体制改革过程中,曾有关于监察机关可否监督人大代表问题的讨论。有论者以国家机关自律权等为根据,认为对"人大代表、人大常委会委员的职务违法违纪行为,应当由其所在国家机关追究相应的责任,而不宜由监察委员会追究责任"。〔3〕亦有论者指出,各级人大机关工作人员属于公职人员之范畴,并表明需对此处的"人大机关工作人员"

〔1〕 参见陈光中、姜丹:《关于〈监察法(草案)〉的八点修改意见》,载《比较法研究》2017 年第 6 期。

〔2〕 姜明安:《国家监察法立法的若干问题探讨》,载《法学杂志》2017 年第 3 期。

〔3〕 胡锦光:《论监察委员会"全覆盖"的限度》,载《中州学刊》2017 年第 9 期。

作广义理解,认为其不仅包括人大工作人员,还包括人大代表,[1]由此认为,人大代表亦属监察之对象。还有论者认为,虽然监察机关可对人大代表进行监察,但应建立一定的防范和隔离措施,防止监察机关通过对人大代表的监督,形成对人大及其常委会的实质监督。[2] 本文以为,监察机关可否监督人大代表的问题,乃是一个颇为复杂的论题,绝不可一概而论。特别是该问题还与监察机关与权力机关之间的关系相涉,因为权力机关即是由人大代表所组成的。具体来说,鉴于我国人大代表构成等因素,该问题的可能解答如下:

其一,考虑到我国兼职代表制的现实,不加区分地认为具有人大代表身份的公职人员皆可免予监察,无疑是不切实际的,这将有碍于反腐败工作的正常开展。曾有论者指出,当前我国各级人大有95%以上的人大代表为兼职代表。[3] 因此,对于此类人数甚众的兼职代表而言,人大代表之身份于其而言其实只是一种"兼职",在此之外,尚有其"主业"和"本职"工作,其中便有被纳入监察机关监察对象的职业,如国有企业管理人员等。故而,对于此类具有人大代表身份的公职人员,[4]其亦得成为监察机关监督之对象。

其二,监察机关在监督具有人大代表身份的公职人员时,亦须注重《宪法》和法律对人大代表的特殊保障。在现代民主国家,为保障议员个人的安全与自由,均给予其在言论、身体等层面的特殊保障。[5] 我国现行《宪法》第74条亦规定了全国人大代表在人身层面的特殊保障,即非经全国人大会议主席团或全国人大常委会许可,不受逮捕或刑事审判。而《全国人民代表大会和地方各级人民代表大会代表法》(以下简称《代表法》)更是在第四章专门就代表执行职务的保障问题进行了规定。因此,监察机关在监督具有人大代表身份的公职人员时,也应当遵守《宪法》和法律中有关人大代表特殊保障的规定。例如,《监察法》中的留置措施自然属于《代表法》第32条所规定的"法律规定的其他限制人身自由的措施",是故监察机关在对具有人大代表身份的公职人员采取留置措施时,无疑应当履行相应的许可或报告手续。

其三,不具有公职人员身份的人大代表,是否得成为监察机关的监督对象?该问题在理论及实践上皆是不乏争论的,例如,在"拉票贿选"事件中,不具有公职人员身份的人大代表收受他人贿赂的行为,是否构成刑法上的受贿罪?以及不具有公职人员身份的人大代表,欲当选上级人大代表时向他人行贿的行为,是否构成刑法上的行贿罪?对此类问题,理论上存在截然相反的观点,其论争的焦点在于人大代表的职务是否属于"公职",以及其职

---

[1] 参见蔡乐渭:《国家监察机关的监察对象》,载《环球法律评论》2017年第2期。

[2] 马怀德:《再论国家监察立法的几个主要问题》,载《行政法学研究》2018年第1期。

[3] 参见郝铁川:《循序渐进完善人大代表制度》,载《法制日报》2015年10月13日,第7版。

[4] 例如,十三届全国人大代表共2980名,其中党政领导干部代表有1011名,占代表总数的33.93%。参见李小健、王博勋:《2980名十三届全国人大代表的代表资格全部有效》,载《中国人大》2018年第5期。

[5] 参见王世杰、钱端升:《比较宪法》,商务印书馆2010年版,第271~273页。

务行为是否属于“从事公务”?[1] 在既有的实践中,此般行为有被认定为破坏选举罪的做法。[2] 很显然,若认为可构成刑法上的受贿罪,便由此可成为监察机关的监督对象。本文以为,对于不具有公职人员身份的人大代表而言,即便其利用人大代表的身份从事违法活动,亦不宜认为可由监察机关负责监督,而应将此委以人大及其常委会通过内部纪律惩戒的形式追究责任,或是根据《代表法》的规定对相关的人大代表予以罢免或暂时停止执行代表职务等。当然,若构成职务犯罪之外的刑事犯罪的,如破坏选举罪等,亦不可免予刑事追诉和刑事责任的承担。

三、监察机关与司法机关的关系

(一)“互相配合,互相制约”的宪法原则

如何理解监察机关与司法机关之间的关系,同样关涉对监察机关定位和监察权性质的认识。现行《宪法》第127条第2款为此关系的处理确定了“互相配合,互相制约”的原则,即监察机关在办理职务违法和职务犯罪案件时,应当与审判机关、检察机关互相配合,互相制约。《监察法》第4条第2款重申了该原则,并将其视为监察工作的基本原则之一。[3] 因此,有关监察机关与司法机关之间关系的探讨,亦应当围绕此项原则来展开。具体来说,此一原则其实有以下三层含义:一是监察机关与司法机关互相配合,如根据《监察法》第47条第1款的规定,对于监察机关移送的案件,检察机关应当依照《刑事诉讼法》的规定,对被调查人采取强制措施。二是监察机关与司法机关互相制约,如根据《监察法》第47条第4款的规定,检察机关若认为监察机关移送的案件,有《刑事诉讼法》规定的不起诉的情形,经上级检察机关批准,则依法作出不起诉的决定。三是正确处理配合与制约的关系。其实在国家监察体制改革之前,审判机关、检察机关和公安机关之间同样是根据《宪法》和《刑事诉讼法》等的有关规定,形成“分工负责,互相配合,互相制约”的关系。对其中“配合”与“制约”的关系,理论上有两种不同的认识,如有论者认为有必要“废止互相配合的表述,凸显制约的本体性地位”;[4]还有论者认为,应根据不同情形来处理二者的关系,即当涉及干预公民基本权利时,则应突出互相制约的关系,而在与基本权利无涉的场合,则应强调各主体间的配合。[5] 本文以为,鉴于现有权力配置与运行的实践,监察权的实际位阶已然高于审判权和检察权,故而为避免监察权的滥用进而保障公民基本权利,无疑更应强调监察机关与司

---

〔1〕 参见王芳:《破坏选举罪中“贿选”若干法律问题探讨》,载《中国刑事法杂志》2014年第6期。

〔2〕 例如在“衡阳贿选案”当中,部分参与行贿的人大代表便以破坏选举罪追究刑事责任。参见湖南省岳阳市中级人民法院(2014)岳中刑二终字第74号刑事判决书。

〔3〕 参见李建国:《关于〈中华人民共和国监察法(草案)〉的说明》,载《人民日报》2018年3月14日,第5版。

〔4〕 左卫民:《健全分工负责、互相配合、互相制约原则的思考》,载《法制与社会发展》2016年第2期。

〔5〕 孙远:《“分工负责、互相配合、互相制约”原则之教义学原理:以审判中心主义为视角》,载《中外法学》2017年第1期。

法机关之间的制约。不过,实践中所呈现的却是对“互相配合”的过分偏重,以至于“互相制约”被不合理漠视。[1] 这极易致使检察机关的审查起诉和审判机关的独立裁判沦为形式,并出现所谓的“监察中心主义”现象,进而致使大量“冤假错案”出现,有碍于公民基本权利的保障和国家刑事法治的建设。

(二)检察机关审查起诉的实质化

在不同的阶段,监察机关与司法机关互相制约的关系各有特点。如在起诉阶段,检察机关应居于主导地位,行使审查起诉的职能,而在审判阶段,审判机关则应居于主导地位,对检察机关提起的公诉,从事实和法律等各个方面进行全面审查,[2] 从而形成“以审判为中心”的刑事诉讼格局。据此,监察机关与检察机关互相制约关系的实现,在很大程度上需借由检察机关审查起诉的实质化。但是,考察《监察法》的立法经过可以发现,在立法之初或许并未注重审查起诉的实质化,这尤其体现为《监察法草案(征求意见稿)》第45条的规定,即该条规定检察机关在依法作出不起诉决定之前,尚需征求监察机关的意见。如此规定无疑有碍于检察机关在履行审查起诉职责时进行独立判断。不过,在《监察法草案(二审稿)》以及全国人大最终审议通过的《监察法》当中,皆删除了这一妨碍审查起诉作用发挥的规定。[3]

在国家监察体制改革过程中,检察机关查处贪污贿赂、失职渎职的职能整合至监察机关。原本由检察机关对职务犯罪进行“自侦、自捕、自诉”的“同体监督”格局发生改变,这其实也是进行国家监察体制改革和制定《监察法》的主要原因之一。[4] 如此一来,若将职务犯罪案件的审查起诉职能整合至监察机关,或是检察机关审查起诉职能趋于形式化,便会致使监察机关内部出现同样的“同体监督”问题。需要说明的是,检察机关审查起诉的实质化并非一个新问题,在公安机关与检察机关互相制约的关系中,同样需要实现审查起诉的实质化。因为权力不合理的配置和分工,极易致使对效率的重视“湮灭”了对权力滥用的担心。[5] 例如,在国家监察体制改革实践中,人们往往过分重视监察机关与司法机关的协调

---

〔1〕 例如,山西省便制定了《省委政法委统筹指导政法机关支持配合监察体制改革试点工作意见》。参见师长青:《根本在加强党对反腐败的统一领导》,载《中国纪检监察》2017年第13期。

〔2〕 参见陈光中、徐静村主编:《刑事诉讼法学》,中国政法大学出版社2015年版,第80页。

〔3〕 在《监察法草案(征求意见稿)》征求意见的过程中,有的全国人大常委会委员、部门和地方提出“征求监察机关意见”属于内部工作沟通,建议《监察法》不作规定,于是删除了该条款。参见孟亚旭:《留置24小时内应通知单位家属》,载《北京青年报》2017年12月23日,第A3版。

〔4〕 第十二届全国人大常委会副委员长李建国在第十三届全国人大第一次会议上,就《监察法(草案)》作说明时便指出:“检察机关对职务犯罪案件既行使侦查权,又行使批捕、起诉等权力,缺乏有效监督机制”。参见李建国:“关于《中华人民共和国监察法(草案)》的说明”,载《人民日报》2018年3月14日,第5版。

〔5〕 陈晓枫:《中国宪法文化研究》,武汉大学出版社2014年版,第466页。

衔接,[1]而漠视了审判权和检察权对监察权的制约,乃至于监察权存在被滥用的风险。

(三)审判中心主义的重申与监察中心主义的防范

在相当长一段时期内,侦查中心主义是我国刑事司法公正的主要掣肘之一。因为以侦查为中心的刑事诉讼构造,乃是造成诸多"冤假错案"的关键因素。缘于此,中共十八届四中全会审议通过的《中共中央关于全面推进依法治国若干重大问题的决定》才明确提出"推进以审判为中心的诉讼制度改革"。很显然,侦查中心主义出现的缘由众多,其中颇为关键的原因便是公安机关在现实权力格局中的地位要远高于审判机关和检察机关,以至于后者难以对前者形成实质性的制约和监督。如有论者指明的那般,"公安机关负责人在党政体系中往往占据要津,有时甚至超越法院院长、检察院检察长之上"。[2] 观乎国家监察体制改革的既有实践,虽然反腐败合力得以形成,但监察权亦随之增大。加之监察机关与执政党的纪律检查机关合署办公,地方各级监察机关负责人由执政党同级纪律检查机关负责人担任,由此使监察机关在现实中的地位要远高于审判机关和检察机关。如此一来,审判机关和检察机关是否能对监察机关形成实质制约,进而是否能够避免监察中心主义的出现便成不无疑问之事。

虽然在国家监察体制改革过程中,原本行使职务犯罪侦查权的主体业已由检察机关转隶至监察机关,职务犯罪侦查权亦在相当程度上为调查权所替代,但这并不妨碍审判中心主义原理和制度的继续适用。概言之,在处理审判机关、检察机关与监察机关之间关系的时候,仍然需要重申审判中心主义,并防范可能出现的监察中心主义。对此甚至有论者认为,需要建构出宪法法律地位和实际地位皆高于监察机关的审判机关。[3] 当然,与上述审查起诉的实质化问题一样,审判中心主义在监察案件中的重申亦并非新问题。故而,在司法体制改革过程中,有关以审判为中心的诉讼制度改革的理念和具体措施,同样可以适用于监察机关。此外,对上述问题《监察法》同样是有所注重的,如该法第 33 条规定监察机关收集的证据应与刑事审判中证据的要求和标准一致,并重申了非法证据排除规则在监察案件中的运用。[4] 但是,由于与执政党纪律检查机关合署办公的监察机关同时履行执纪、执法和职务犯罪调查的职责,而在不同职责履行过程中,证据客观性、合法性和关联性的标准

---

〔1〕 例如,曾有报道指出,2017 年 1~8 月,北京、山西、浙江三省(市)检察机关共受理监察机关移送案件 219 件 281 人,其中仅有 2 件 3 人退回监察机关补充调查,且在达到审查起诉标准后再次移送;已提起公诉 76 件 85 人,法院审结 20 件 23 人。检察机关办理监察机关移送案件审查批捕、审查起诉平均用时仅 2.7 天、22.4 天,远少于法律规定的 14 天、45 天。参见李鹃:《如何形成高效顺畅的体制机制——在做好"纪法""法法"衔接上下功夫》,载《中国纪检监察》2017 年第 23 期。

〔2〕 张建伟:《审判中心主义的实质内涵与实现途径》,载《中外法学》2015 年第 4 期。

〔3〕 童之伟:《国家监察立法预案仍须着力完善》,载《政治与法律》2017 年第 10 期。

〔4〕 不过实践中所呈现的可能是另一番景象,比如在山西省运城市中级人民法院召开的全市刑事法官学习培训上,便强调要强化配合意识,认真审理好监察机关侦办的每一起案件,非法证据的排除要谨慎、要报告。参见谭畅、郑可书、阚纯裕:《监察之道:要规范行使,受有效制约》,载《南方周末》2017 年 11 月 2 日,第 2 版。

其实有所不同,这其实为非法证据排除规则的运用造成了困难。

四、监察机关与行政机关的关系

(一)不受行政机关的干涉

民主政治的监察官应当是独立的。[1] 此前行政监察机关在行使监察职权时虽有一定的独立性,如《行政监察法》第3条规定行政监察机关依法行使职权,不受其他行政部门、社会团体和个人的干涉。但置于行政机关内部的行政监察机关,独立监察职能的发挥无疑是“大打折扣”的。鉴于此,国家监察体制改革才基于监察权独立行使的改革理念,将监察权从行政权当中“剥离”出来。[2] 加之行政机关公职人员乃是监察机关之监督对象,而监督者应独立于被监督者,于是更需使监察机关和监察权独立于行政机关和行政权。为此,我国现行《宪法》第127条第1款及《监察法》第4条第1款规定:“监察委员会依照法律规定独立行使监察权,不受行政机关、社会团体和个人的干涉。”因此,监察机关职权行使不受行政机关干涉,乃是宪法上监察机关与行政机关互相关系的主要面向之一。再者,所谓“独立行使监察权”及“不受行政机关干涉”其实需要借由具体的制度设计来实现的,机构设置的独立其实只是其中的一个方面,当然党政合署办公的体制于监察机关的独立性也是有所裨益的。除此之外,诸如经费独立、人事独立、办案独立等也是监察权独立行使的重要内容。

正是基于以上思路,有论者认为当前的预算管理体制乃是不利于监察机关独立行使职权的。因为根据我国《预算法》第23条和第24条的规定,中央预算、决算草案乃是由国务院负责编制的,县级以上地方各级预算、决算草案则是由本级地方人民政府来负责编制。这将造成监察机关在财政体制上依附于行政机关,进而不利于监察机关独立开展反腐败的监督、调查和处置工作,尤其是在针对行政机关工作人员履行监察职责的时候。[3] 为此,有论者建议在国家监察体制改革中借鉴香港廉政公署的经验,即廉政公署财政经费是由行政长官在政府预算中另立单项支拨的。[4] 因此可以通过预算制度的相应调整,实现监察机关预算的单独编制。不过,监察机关的预算“受制”于行政机关,看似有碍于监察机关独立行使职权,但不可否认,这其实也是行政机关制约监察机关的重要方式之一。例如,在美国,总统对官僚机构控制权的来源之一,即为总统向国会递交预算建议。[5] 当然,行政机关虽可通过编制预算草案等方式,对监察机关施以必要的制衡,但此类方式的运用不得妨碍监

---

〔1〕 [法]孟德斯鸠:《论法的精神》(上),张雁深译,商务印书馆1961年版,第53页。

〔2〕 秦前红:《监察体制改革的逻辑与方法》,载《环球法律评论》2017年第2期。

〔3〕 王旭:《国家监察机构设置的宪法学思考》,载《中国政法大学学报》2017年第5期。

〔4〕 赵心:《香港反腐制度设计对内地国家监察体制改革的借鉴研究》,载《理论月刊》2017年第8期。

〔5〕 [美]托马斯·戴伊、哈蒙·齐格勒、路易斯·舒伯特:《民主的反讽:美国精英政治是如何运作的》,林朝晖译,新华出版社2015年版,第336页。

察权的依法独立行使。

(二)与执法部门互相配合,互相制约

监察机关与行政机关在宪法上的关系,除表现为监察权行使不受行政机关干涉之外,还包括"互相配合,互相制约",即根据现行《宪法》第127条第2款和《监察法》第4条第2款的规定,监察机关在办理职务违法和职务犯罪案件时,应当与执法部门互相配合,互相制约。不过尚需说明的是,此处的"执法部门"指向为何,可能还涉及对上述《宪法》和法律条文的解释和理解。因为在全国人大及其常委会制定的法律当中,此前仅有极少数的法律使用了"执法部门"的表述。[1] 在此次宪法修正和《监察法》制定之后,较为权威的解释认为,此处所言之执法部门是指公安机关、国家安全机关、审计机关以及质检部门、安全监管部门等行政执法部门。[2] 由此可见,现行《宪法》和《监察法》当中的执法部门指的主要是行政机关中的执法部门。同时,由于相关规定并未使用"行政机关"或"行政执法部门"的表述,是故并不限于行政机关中的执法部门,亦即此处"执法部门"的范围要广于行政执法部门。因此,由《宪法》和《监察法》的上述规定可知,监察机关与行政机关中的执法部门也有"互相配合,互相制约"的关系。其中"互相配合"如《监察法》第24条第3款规定的"监察机关进行搜查时,可以根据工作需要提请公安机关配合",而"互相制约"主要是指配合需要依法进行。[3] 当然,互相制约应当是监察机关与行政执法部门之间关系的核心要旨。

(三)行政监察职能的不完全整合

在国家监察体制改革过程中,行政监察职能整合至新设立的监察机关。为此,《宪法修正案》第46条和第51条删去了国务院领导和管理行政监察工作,以及县级以上地方各级人民政府管理本行政区域内行政监察工作的规定。此外,《监察法》第69条亦规定,原本的《行政监察法》亦在《监察法》公布施行的同时被废止。在此需要注意的是,根据此前《行政监察法》的规定,行政监察职能具有全面性和综合性的特点,即行政监察包括执法监察、效能监察和廉政监察等具体内涵。[4] 如此一来,便出现以下需要回答的问题:上述执法监察、效能监察和廉政监察是否皆由行政监察机关整合至新设立的监察机关?若皆已整合,是否

---

〔1〕 例如,《旅游法》第83条第2款规定:"县级以上人民政府应当组织旅游主管部门、有关主管部门和工商行政管理、产品质量监督、交通等执法部门对相关旅游经营行为实施监督检查";再如,《海关法》第5条第2款规定:"各有关行政执法部门查获的走私案件,应当给予行政处罚的,移送海关依法处理"。

〔2〕 中共中央纪律检查委员会中华人民共和国监察委员会法规室编写:《〈中华人民共和国监察法〉释义》,中国方正出版社2018年版,第65页。

〔3〕 例如,浙江省监察委员会主任刘建超在接受采访时便指出,"公安机关对我们也有监督的。一个案件下来,技术侦查、通缉、限制出境等就要得到公安机关的配合,监察机关自身不具备这些执法的权力。有配合同时就有制约,比如采取这些措施合不合法,公安机关有公安机关的考虑。"参见谭畅、郑可书:《"我无权单独对一个案子拍板"——专访浙江省监察委员会主任刘建超》,载《南方周末》2018年3月15日,第5版。

〔4〕 参见马驳:《服务党和国家工作大局——纪念监察机关恢复组建25周年》,载《中国监察》2012年第13期。

与监察机关之“反腐败工作机构”的定位不相符合？若并未全部整合，那剩余的监察职能究竟有几何，以及是否仍然有必要存在？若仍然存在或仍有必要存在，则应由何主体来行使？

本文以为，由行政监察机关整合至监察机关的职能主要是廉政监察职能，因为无论是国家监察体制改革的实践或是《监察法》的规定，皆是将监察机关形塑为专司反腐败职能的机关，或谓之为专门的反腐败工作机构。例如，根据《监察法》第1条和第3条的规定，国家监察立法的目的之一即为“深入开展反腐败工作”，同时“开展廉政建设和反腐败工作”亦为监察机关的重要职责。当然，执法监察和效能监察在功能意义上仍有存在之必要，但至于此二职能由何主体行使，有论者认为可“强化执法监察和效能监察职能”，并“在机构上整合行政监察和审计机关，组建监审合一的行政监督机构”。[1] 即组建和成立新的机构来履行执法监察和效能监察职责。不过，执法监察与政府法制部门及督查监查部门的相关职责存在交叉，效能监察则又与政府绩效考核、行风评议部门的职责有重合。[2] 这其实限缩了行政监察机关履行执法监察和效能监察职能的空间。鉴于实践中的此般现状，可在功能主义层面保留执法监察和效能监察职能的同时，将此二职能交由政府办公机构、政府法制部门等相应的行政机关来行使。

五、上级监察机关与下级监察机关的关系

（一）宪法上国家机关的领导体制

以上主要是以国家机关横向间的关系为视角，讨论我国宪法上监察机关的定位及监察权的性质。同时，监察机关内部的纵向关系，即国家监察委员会与地方各级监察委员会，上级监察委员会与下级监察委员会之间的关系，亦是我国《宪法》的重要内容。在我国现行《宪法》规定的国家机构当中，纵向的关系主要有两种表现形式：一是领导与被领导的关系，如在国务院与地方各级行政机关之间，上级行政机关与下级行政机关之间；[3] 在最高人民检察院与地方各级人民检察院之间，上级人民检察院与下级人民检察院之间。[4] 二是监督与被监督的关系，即在最高人民法院与地方各级人民法院，上级人民法院与下级人民法院之间。[5] 根据我国现行《宪法》第125条第2款的规定，监察机关内部也是领导与被领导的关系，即作为最高监察机关的国家监察委员会领导地方各级监察委员会的工作，上级监察

---

〔1〕 刘峰铭：《国家监察体制改革背景下行政监察制度的转型》，载《湖北社会科学》2017年第7期。

〔2〕 罗亚苍：《国家监察体制改革的实践考察和理论省思》，载《理论与改革》2017年第5期。

〔3〕 我国现行《宪法》第108条规定：“县级以上的地方各级人民政府领导所属各工作部门和下级人民政府的工作”；第110条第2款规定：“全国地方各级人民政府都是国务院统一领导下的国家行政机关，都服从国务院”。

〔4〕 我国现行《宪法》第137条第2款规定：“最高人民检察院领导地方各级人民检察院和专门人民检察院的工作，上级人民检察院领导下级人民检察院的工作”。

〔5〕 我国现行《宪法》第132条第2款规定：“最高人民法院监督地方各级人民法院和专门人民法院的审判工作，上级人民法院监督下级人民法院的审判工作”。

委员会领导下级监察委员会的工作。

国家机关内部究竟以何种原则来调整其纵向关系,其实乃是由诸多因素共同决定的:例如,国家结构形式,单一制下国家机关纵向关系多趋于领导或监督的体制,而在联邦制下则多为彼此独立的关系。再如,国家机关所行使权力的特性,如果行政权的管理关系存在官僚层级的服从性,司法权则是非服从性的权力。[1] 因而行政机关纵向之间通常为领导关系,而审判机关则多为监督关系。再如国家机关预期的功能,如我国的检察机关作为法律监督机关,维护国家法制统一是其核心功能和任务。检察机关必须通过行使检察权,维护国家法制的统一。而要完成这一任务,在上级检察机关与下级检察机关之间,特别是最高人民检察院与地方各级人民检察院之间,如果没有保证统一和高效运作的领导与被领导关系,是不可思议的。[2] 此外,此种纵向关系的调整原则亦是处于不断变化和发展过程中的,比如我国1975年《宪法》确立的检察机关领导体制是监督与被监督的关系,但在1979年《人民检察院组织法》制定过程中,为了保证检察机关对全国实行统一的法律监督,便把检察机关上下级关系由原来的监督关系改为了领导关系。[3]

(二)上下级监察机关间领导与被领导的关系

根据我国现行《宪法》和《监察法》的规定,上下级监察机关间的领导体制是领导与被领导的关系。在国家监察体制改革之初,全国人大常委会审议通过的《关于在北京市、山西省、浙江省开展国家监察体制改革试点工作的决定》亦规定:“监察委员会对本级人民代表大会及其常务委员会和上一级监察委员会负责,并接受监督。”有论者据此认为监察机关内部是一种“更接近政府内部的纵向关系,而与人民检察院内部的纵向关系有一定差别”。[4] 监察机关缘何采用领导与被领导的领导体制,在很大程度上是由国家监察体制改革的目标所决定的,即改革的根本目的就是加强党对反腐败工作的统一领导。[5] 而惩治腐败工作又必须始终坚持在党中央的统一领导下推进。[6] 如此一来,自然要求加强国家监察委员会对地方各级监察委员会的领导,上级监察委员会对下级监察委员会的领导。同时,监察委员会并非司法机关,监察权的运行状态基本上是行政性的而非司法性的,故而在组织体系上更强调上下级监察机关之间的服从性,[7] 也就是领导与被领导的关系。此外,由于监察机关与执政党纪律检查机关合署办公,故而纪律检查机关的领导体制也在很大程度上决定了

---

[1] 参见孙笑侠:《司法的特性》,法律出版社2016年版,第11页。

[2] 《彭真传》编写组:《彭真传》(第4卷),中央文献出版社2012年版,第1319页。

[3] 彭真:《关于七个法律草案的说明》,载《中华人民共和国第五届全国人民代表大会第二次会议文件》,人民出版社1979年版,第101~102页。

[4] 姜明安:《国家监察法立法应处理的主要法律关系》,载《环球法律评论》2017年第2期。

[5] 钟纪言:《赋予监察委员会宪法地位健全党和国家监督体系》,载《中国人大》2018年第5期。

[6] 参见李建国:《关于〈中华人民共和国监察法(草案)〉的说明》,载《人民日报》2018年3月14日,第5版。

[7] 参见马岭:《论监察委员会的宪法条款设计》,载《中国法律评论》2017年第6期。

监察机关的领导体制，纪律检查机关领导体制的改变同样会作用于监察机关的领导体制。

相较于行政机关和检察机关内部的纵向关系而言，监察机关虽同样为领导与被领导的关系，但在监察机关内部，此种领导的程度其实要远强于行政机关和检察机关内部。一是因为在人民代表大会制度之下，上述三机关皆是一种双重从属负责的体制，既横向层面需向同级权力机关负责，纵向层面还要向上级机关负责，但监察机关纵向层面的从属性其实要强于横向层面的从属性。二是由于执政党纪律检查体制改革要求强化上级纪委对下级纪委的领导，如腐败案件的查办要以上级纪委的领导为主。〔1〕因而与纪律检查机关合署办公的监察机关，其领导体制中上下级间的领导关系亦将随之强化。

六、余　　论

为了以法律的形式固化国家监察体制改革的成果，并为各级监察机关的成立提供宪法依据，此次宪法修改为国家监察体制作了颇多的宪法设计，对监察机关作为国家机构在人民代表大会制度中的地位，以及监察机关与其他国家机关间的关系进行了规定，特别是在《宪法》第三章“国家机构”中增设“监察委员会”一节。一般说来，国家机构是国家为实现其职能而建立起来的国家机关的总称。〔2〕在人民代表大会制度的根本政治制度和民主集中制的国家机构组织原则之下，人民代表大会统一行使国家权力，各国家机关之间分工负责，实现决策权、执行权、监督权既有合理分工又有相互协调。〔3〕在现行《宪法》对国家监察体制所进行的宪法设计当中，监察机关同样与其他国家机关之间有“分工负责，互相配合，互相制约”的关系。此般国家机关间宪法关系的设计，一是基于专业化分工的考量，从而配置给不同国家机关以相应的职权；二是欲借由互相之间的制衡，以期达致防止权力滥用之目的。因此一个部门的权力不应由另一部门行使，一个部门不应对另一部门施加强制性的影响。〔4〕依此逻辑，我国现行《宪法》和《监察法》在规范层面为监察机关与其他国家机关予以权力分工和划定权力行使界限的同时，亦需防范在实践层面监察机关的职权行使对其他国家机关形成实质上的强制性影响。唯有如此，才能使宪法上对监察机关定位和监察权性质的设计不至于沦为“具文”。

再者，本文虽然是基于《宪法》和《监察法》的相关规定，以国家机关相互之间的关系为中心，讨论了我国宪法上的监察机关和监察权。但不可否认，此般讨论其实并未能客观全面地揭示监察机关和监察权的“全貌”。诚如美国著名政治学家和法学家的古德诺所言：

〔1〕 参见《中共中央关于全面深化改革若干重大问题的决定》，载《中国共产党第十八届中央委员会第三次全体会议文件汇编》，人民出版社2013年版，第61页。

〔2〕 何华辉：《比较宪法学》，武汉大学出版社2013年版，第237页。

〔3〕 习近平：《在首都各界纪念现行宪法公布施行30周年大会上的讲话》，人民出版社2012年版，第7页。

〔4〕 参见[美]汉密尔顿、杰伊、麦迪逊：《联邦党人文集》，程逢如、在汉、舒逊译，商务印书馆1980年版，第290页。

"政府体制的特点不仅由法律制度决定,同样也由法外制度决定。与仅能提供法律框架的法律相比,法外制度对政治体制产生的影响更大。"〔1〕因为国家机构体系中的监察机关与执政党纪律检查机关合署办公,虽然可以促使执纪与执法得以有效衔接,但其实对监察机关的定位和监察权的性质也产生了很大程度的影响。例如,上下级监察机关之间领导与被领导的领导体制,即可视为是以执政党纪律检查机关领导体制为原型的。同时,中央纪委副书记、国家监察委员会副主任的肖培在就《宪法》增写监察委员会有关内容答记者问时亦表明:"监察委员会作为行使国家监察职能的专责机关,与党的纪律检查机关合署办公,既是党的机构,又是国家机构"。〔2〕 于此层面而言,对监察机关定位和监察权性质的考察,亦需注重权力运行的实际轨迹,特别是纪检监察合署办公的体制。

(原载于《中外法学》2018 年第 3 期)

---

〔1〕 [美]弗兰克·古德诺:《政治与行政——政府之研究》,丰俊功译,北京大学出版社 2012 年版,第 3 页。

〔2〕 姜洁:《以宪法为遵循健全党和国家监督体系——中央纪委副书记肖培就宪法增写监察委员会有关内容答记者问》,载《人民日报》2018 年 3 月 11 日,第 8 版。

“构建一个由人管理人的政府”

——论麦迪逊作为“宪法之父”的两种身份

田　雷*

一部宪法的命运，不仅取决于制宪者的个人奋斗，还要看历史的行程。写在羊皮卷上的宪法条款无论包含多少慎思和明辨，仅凭一纸空文是无法延续千秋万代的，伟大的制宪者心存敬畏，他们所能确知的唯有自己并非全知全能，历史的进程中还潜伏太多无法预见的偶然和强力。

若是可以穿越回费城宪法会议结束时，我们会看到这样一幅场景：在一众代表志得意满，款步走出独立厅时，一位青年人显得特别扎眼，只见他若有所思，收拾着多日来整理的会议记录，会场上唇枪舌剑，他却在奋笔疾书，把辩论实录记在了一张张两次对折、分成四页的大纸上，走出会场时，仍步履沉重。多年之后，他在活着时就获得“宪法之父”的称号，而在费城当年，这位名叫詹姆斯·麦迪逊的弗吉尼亚人只有36岁，但今天要讲费城故事，一时间无论多少英雄豪杰，他麦迪逊却是风云际会之中最亮的星。

美国史的权威学者曾这样论及“宪法之父”在政治文化中的意义：麦迪逊是“最伟大的现代立法者”，北美诸邦在1787年宪法会议上实现了合众为一的建国伟业，当建国先贤步入费城独立厅时，美国历史也就迈入了“麦迪逊时刻”。[1] 但若是如此，他在属于自己的历史时刻又为何忧愁呢？新宪法墨迹未干，他胸中还没有为万世开太平的气吞山河，10天前，提笔给远在大西洋彼岸的杰斐逊写信，介绍了新宪制蓝图的轮廓，麦迪逊却看不到希望：“即便获得采纳，这个方案既无法有效回应全国性的目标，也不可能防范地方性的祸

---

* 田雷，曾在山东大学法学院工作，现任华东师范大学法学院教授、博士研究生导师。

〔1〕 Jack Rakove, *Original Meanings: Politics and Ideas in the Making of the Constitution*, New York: Vintage Books, 1996, pp. 35–36.

端……"[1]由此可见,宪法会议所给定的"方案",并不等于麦迪逊初心所画的蓝图。由此细节开讲麦迪逊和美国宪法的故事,不是要将宪法之父请下"神坛",而首先是要让研究者警戒,历史进程大多并非如理论般平顺、丝滑或优雅,一部美国宪法两个半世纪,其旋律并不是从一个胜利走向另一个胜利,沟壑、困顿和曲折一路走来,随处可见。我们做研究,"抽象"虽无可避免,但每做新论,还是要重新回到历史的和政治的语境,勘探某些在抽象过程中被拉直压平的褶皱,通过"陌生化"而实现某种"重新发现"。

一、语境:"我活得比我自己还要长"

从麦迪逊出发来理解美国宪法,首先是一个跨学科的方法共识。罗伯特·达尔在提出多元民主模型时,就给美国政体加上麦迪逊的冠名,在初版于 1956 年的名著《民主理论的前言》中,他精读《联邦党人文集》第十篇,召唤着"麦迪逊式的民主";[2]若干年后,戈登·伍德虽然呼吁"重新发掘历史中的麦迪逊",但他所代表的建国者史学者仍同意达尔们的选题方向:"根据许多政治理论家,理解麦迪逊,就是理解美国政治。"[3]2017 年,新一代的法学家菲尔德曼出版大部头的麦迪逊专论,开篇就点明了麦迪逊研究的意义:"如果说美国宪法是一种全新的政府物理学,那么麦迪逊就是它的牛顿或爱因斯坦。"[4]以上所引,不过是在政治学、历史学和法学之间蜻蜓点水,放在这里,只是为了确证一个也许不证自明的问题:要形成一幅关于美国宪法的完整拼图,那就必须找到安放麦迪逊的版块,也不妨说,麦迪逊是美国宪法发展的第一颗纽扣,这颗扣子若没有对准位置,整件衣服当然就不可能穿上身。

麦迪逊成年后身高只有 1 米 63,但瘦小的他却可以说浑身上下都是宝,在英文世界,是专业学者和通俗作家用之不竭的资源。说一点个人体会,选择麦迪逊这个题目,当初是要备好讲述美国宪法的第一节课,但未曾想到却陷入一张无边无际的阅读之网,以麦迪逊为枢纽不断向外扩展。过去数年,我多次动笔,但结果却无一例外都是放弃,原因不是难为无米之炊,恰恰是材料庞杂线索枝蔓却又难以割舍。看上去是线索千万条,"历史中的麦迪逊"浑身上下都是抓手,只要抓住其中任何一点,即可大做文章,但为什么到了我这里却写不下去,说到底还是过不去自己这一关。在经历漫长的写作预备阶段之后,我脑海中已经

[1] Letter from James Madison to Thomas Jefferson (Sept. 6, 1787), in *James Madison Writings*, New York: The Library of America, 1999, p. 136.

[2] Robert Dahl, *A Preface to Democratic Theory*, Expanded Edition, Chicago: The University of Chicago Press, 2006, pp. 4 – 5.

[3] Gordon Wood, *Revolutionary Characters: What Made the Founders Different*, New York: Penguin Books, 2006, p. 156.

[4] Noah Feldman, *The Three Lives of James Madison: Genius, Partisan, President*, New York: Random House, 2017, p. xi.

有了一个复杂的、立体的三维麦迪逊,但我动笔后所能呈现出的,却是一个简单的、平面的二维肖像。由此导致的结果就是,当一个“麦迪逊”在初稿中隐约成形时,我脑海中的那个“麦迪逊”就现出真身,他才是那个真实存在,而我笔下的只是一个“纸片人”,如果真要写,这些的纸片麦迪逊还能写出许多。原来,我始终只是在空谈语境,却缺少方法,一个让麦迪逊在文章中立起来的方法。

以上所絮,不只是诉苦。试问哪个在宪法史上绕不过去的人物,不是语境千万重,横看成岭侧成峰?但为何麦迪逊尤其难写,从没有哪个人物让我如此屡败屡战,不可能只是材料太多无法取舍,一定是我切入麦迪逊的方式却让麦迪逊成为不可说的题目。如前所述,之所以要写麦迪逊,是因为他是“宪法之父”,是美国宪法这件衣服要扣的第一颗“纽扣”,这一特殊历史地位,一方面,构成麦迪逊作为宪法史选题的意义;另一方面,可能也是导致他在宪法史上“不可说”的根源所在。问题就在这里,构成我们认知之前提的,是麦迪逊设计了美国宪法,而在制宪之后,他又不断返回这部法典,增补它、阐释它、解释它,为之,一位36岁的年轻人用尽了往后余生。简言之,围绕这部被叫作“宪法”的政治文件,麦迪逊始终在创制,在做事,在实践中解决层出不穷的问题。但他在投身这些宪法行动时,手头上可没有什么普遍的宪法理论或者先进的宪法模式做指导,麦迪逊知道他们制定了这部宪法,但“宪法”到底是什么,在现实政治中要如何用,又有什么用,他们说不上来,最多只能摸着“宪法”过河。说到底,他们只是给这一份建国文件起了个宪法的名字,从此宪法有了书名号——如我们今天在宪法课上讲,1787年《美国宪法》是人类历史上第一部成文宪法,但费城之前,制宪者即便读过法律,学院里也不可能有宪法这门课。没有意识到这一点,动辄就总结麦迪逊的宪法方法论,就把宪法学做的太后现代了。

正因如此,在宪法所搭建的舞台上,麦迪逊一定享有后来者不再可能的自由,因为他不仅设计出宪法,还在解决现实问题的过程中摸索着宪法解释的方法论,也在释宪斗争中奠定了如何理解宪法的认识论。打个比方,他不但是宪法舞台上最亮的星,还身兼导演和编剧,甚至连制片人和投资方也是他。由于麦迪逊同美国宪法秩序是如此浑然天成地交织在一起,他的一言一行,既是立宪,也是释宪,还能说是通过释宪而立宪,那些原本在宪法学教科书中好不容易辨析清楚的概念,到了麦迪逊这一章就要被悬置起来。准确地说,是从一开始就没有必要做辨析,因为只有在麦迪逊之后,如何讨论宪法这样的认识论问题才有意义。这样发掘出的“历史中的麦迪逊”,却成了宪法理论的黑洞,原本井然有序的理论体系到此处就被折叠起来,不光是现成的概念、学说和理论,甚至就是我们思考宪法的方法和模式到了立宪时刻都是无效的,要忠实于这个“历史中的麦迪逊”,宪法学者就会失去自己的语言,“入境”后却成为说不出话的异乡人。简言之,麦迪逊在宪法史中之所以绕不开,是因为他是这部成文宪法的立法者,但写作麦迪逊却极困难,甚至几乎不可能,就在于他还是今日宪法学之认识论的立法者。这么说,本文选题很成功,选择了一个重要到写不出来的题目。

故此,本文努力的方向也就是选题所设定的极限之所在。在发掘“历史中的麦迪逊”时,最大的理论自觉就是要首先忘记理论,对麦迪逊,观其行并听其言,由这些散落在历史进程中的言行片段去组合出麦迪逊心中的宪法世界。换言之,我们必须紧紧抓住麦迪逊是如何理解他自己的,而不是我们需要一个什么样的麦迪逊,然后打扮出一个完美的他。首先,要理解政治家惯于以言行事,而非毫无头脑地强求言行一致,在此意义上,麦迪逊是如何表达、论证以及想象他自己的,构成了最真实也最有信息量的材料。从学理上理解麦迪逊,关键是收集麦迪逊的宪法“自白”,用麦迪逊来注解麦迪逊,合并同类项之后,那些在他宪法世界中一以贯之的东西就是我们所要找的麦迪逊宪法。

既然把握麦迪逊的关键在贯通,那么此前关于麦迪逊的研究存在什么问题,也就一览无余了。所谓“宪法之父”这顶帽子,预设着美国立宪是在 1787 年费城毕其功于一役的,因“父”之名义,我们忘记了麦迪逊当年只是一位 36 岁的年轻人——事实上,他一辈子无儿无女,不是任何人的父亲。“宪法之父”四个字当之无愧,但又过滤掉太多,仿佛费城之后就不再有宪法史可言,整部宪法的剧本在费城就已写就,自此以后,演员在舞台上所能做的,只是对既定剧本做风格不同之诠释。但回溯“历史中的麦迪逊”,这位有为青年一直活到 1836 年,自 1787 年开始,前方还有他自己都想不到的往后余生。也就是说,费城会议一朝分娩,麦迪逊没有撒手不管,这部写在羊皮卷上的宪法如何应对波谲云诡的美国建国初政治,“宪法之父”仍监护着它,走过半个世纪之久。今天即便号称要由麦迪逊出发来理解美国宪法,这起初的半个世纪也被粗暴地折叠起来,似乎所有的教义都在《联邦党人文集》第十篇中一言以蔽之了。但写作此篇时,麦迪逊还不到 37 岁,我们怎么可能从这么一篇文献中就学习了麦迪逊伟大光辉的一生呢,常识就告诉我们不可能,正如外国友人要研究毛泽东与现代中国,如果翻来覆去只读《毛泽东选集》打头的几篇,当然不够,很容易断章取义。“贯通”在历史研究中往往是说起来容易,但做到却极难。

就本文的写作而言,美国宪法史上最大的一个“偶然”,可以说是麦迪逊活到了 1836 年,他在那一年的 6 月 28 日辞世,按后来者林肯在葛底斯堡演说中所确定的“纪年法”,再有一周,麦迪逊就能见到《独立宣言》暨美国建国的六十周年庆。麦迪逊生于 1751 年,一生谨慎,君子不立危墙之下,但无论如何,85 岁的高寿在当时只能说是上帝赐给的,是死生有命的偶然,是不期而至的漫长人生。更何况,麦迪逊原本就是国父群中的异类,他身材瘦小,是个标准的文弱书生,自新泽西学院毕业后,还曾在自家农场做过一段时间的待业青年。1772 年冬,在一封写给昔日同学的信中,麦迪逊这样写道:“过往数月,我总得到某种自觉的暗示,不要期盼着健康或长寿的人生。”[1] 但最终,别的人都死了,麦迪逊还活着,自 1828 年起,他就是费城会议唯一活在世上的代表。在任何一部麦迪逊传记中,作者几乎无一例外会引用他年逾八十后的一封信:“在活过了如此众多的我的同代人之后,我不应忘

[1] Letter from James Madison to William Bradford(Nov. 9,1772),in *James Madison Writings*, p. 3.

记,我可能被认为活得比我自己还要长。"[1]要理解这一"偶然"在美国宪法史中的意义,我们只要做一反事实推理的设定:若是麦迪逊在费城会议结束后即暴病身亡,或者林肯竟活到85岁——那将是1894年,在那个平行宇宙内,美国宪法的历史进程一定会有大不同。好的宪法理论,应基于整全的宪法史观,但宪法史观却不能简单屏蔽掉各种"bug",而应认真对待"偶然",视其所以并观其所由。

美国革命在1776年爆发,就像故事里讲的那样,麦迪逊的人生因之改变,政治赋予他的人生以意义和方向,自此后脱胎换骨,开启了以政治为业60年的漫长一生;如果以1787年立宪为新征程的起点,那么麦迪逊也陪伴这部由他创制的立国文献长达半世纪——来自"父亲"的陪伴,是最大的"监护";即便是从他两任总统届满而回乡务农的1817年起算,麦迪逊还有接近20年退而不休的晚年,一个他想也未必敢想的人生"长—尾"。1827年,在麦迪逊进入退休的第二个10年后,他在信中竟然发出如此感慨:"真相就是,自卸任以来,我竟然发现自己的时间是如何不由我支配,为当年所少有。"[2]别忘记,法国人托克维尔访美是在1831年,新大陆让这位旧世界来客印象尤其深刻的,就是政治冲突往往化为法律问题而得到息事宁人,按照这个判断,麦迪逊的晚年会有多忙,就可想而知了——每当宪法争议山雨欲来,时人就会想到这位已经走到人生边上的宪法之父,他人在还是不在,事关新宪法如何介入政治。鉴于此,就应意识到,麦迪逊在退休后的某些"私人"信件,如他在1820年前后就马歇尔法院而回复斯宾塞·荣恩的三连发,1830年就国会内陆基建权写给国务卿马丁·范布伦的答复,甚至是写于去世前一年的《致我的祖国》,在宪法史上的分量都未必亚于《联邦党人文集》中的麦迪逊篇章。反过来说,只读《联邦党人文集》,就以为取得麦迪逊之真经,那才是只猜中了开头,却压根没搞清楚结局在何处。[3] 精彩的通常都留在后头:宪法学者惯于将1803年马伯里诉麦迪逊奉为美国宪政的历史起点,但我们是否要一路向前,看到马歇尔法院在1819年作出美国银行案的判决后,麦迪逊就宪法解释方法而同首席大法官进行了激烈却不失礼貌的探讨;杰斐逊去世后,麦迪逊受人之托忠人之事,在1830年前后为杰斐逊代言,挫败了年青一代抬杰斐逊为南方独立之父的阴谋,甚至他的宪法故事在他身后仍在继续,为什么麦迪逊在其有生之年迟迟不肯出版费城笔记,非要等到过世后才公诸世人呢?若没有麦迪逊"活久见"这个偶然,以上点滴及其所组织起来的美国早期宪法史就要另当别论,要"重写",在此意义上,麦迪逊的人生塑造着美国宪法如今所绽放出的种种性格。

---

[1] Letter from James Madison to Jared Sparks(Jun. 1,1831),in *James Madison Writings*,p. 858.

[2] 转引自 Jack Rakove, *James Madison and the Creation of the American Republic*, New York: Pearson Longman, 2007, p. 215。

[3] 在比较宪法的思考,"连贯"也有意义。邓小平在审定《邓小平文选》第3卷时曾讲:"我主要看能不能连贯起来","不成熟的东西,连贯得不好的东西,解释得不清楚的东西,宁可不要",参见中共中央文献研究室编:《邓小平年谱》(一九七五一九九七),中央文献出版社2009年版,第1360~1362页。

通俗历史作家大卫·斯图尔特曾写作《1787年之夏》,讲述费城会议制宪者在近4个月闭门会议上的喜怒哀乐,之后不久他又出版《麦迪逊的天才》,在行文至"告别"这最后一章时,作者这么写道:"麦迪逊的去世,标志着美国诞生的完结。"[1]这句话很短,却意味深长,之所以耐人寻味,在于它压缩了时间,过去、现在和未来三个维度在这个短句子里交错在一起:现在,麦迪逊离开了我们,随他一起远去的,是一段已成既往的美国诞生的历史阶段,继之而起的则是新的历史时代,未来就在前方。本文也力求这么做,论文有篇幅限制,故此不可能用编年史的体例来铺陈麦迪逊的宪法,而要充分调动谋篇布局的能动所在,用"穿越"的方式来压缩时间,打破自然时空的规定,不再对麦迪逊进行分期断代,以此重新发掘并呈现出那个空有宪法之父的名号但却消失于宪法史中的"麦迪逊"。

二、制宪:"在构建一个由人管理人的政府时"

"在构建一个由人管理人的政府时"(In framing a government which is to be administrated by men over men),语出麦迪逊执笔的《联邦党人文集》第五十一篇。[2] 在这句话之前,麦迪逊究天人之际,提出遍数整部文集立意最深远的问题:"而政府,若不是对于人性之最深刻反思,又能是什么呢?"——"若人人都是天使,那么政府就不再是必需的。而若是由天使来统治众人,则对政府的种种控制,无论外部还是内部,都不再必需。"这样的文句至今读来仍光彩夺目,故此后世学者在解读时往往盯住"人管理人",由此自然过渡到第51篇的主旨"分权制衡"。这样的解读当然没错,只是就本文的目标而论,它太正确了,放之四海而皆准,我们要从这种普遍人性论的思考往下沉,如伍德所言,"无论他有再多的创造和原创,我们也必须时刻牢记,麦迪逊既不是在讲给我们听,也不是说给古往今来……他的世界不是我们的世界。"[3]理解这句话,就要意识到《联邦党人文集》是政治文宣,旨在动员民众起来支持新宪法,故而不仅是言论,还是政治行动。麦迪逊所言的"构建……政府",构成了整部文集以及麦迪逊世界的核心诉求。我们是"制宪者"(framers),我们通过这部宪法所做的,是要"构建政府"。这种创制进行时的心态,渗透在整部文集的字里行间,体现出制宪者们以言行事的精神气质。

由此可解析出麦迪逊作为宪法之父的两个身份。第一个身份为我们所熟悉,也是麦迪逊同他的费城兄弟们制定了美国宪法,这部宪法在现实中有其对应的实物,它书写在羊皮卷上,看得见,也摸得着。第二个身份却隐藏在宪法史的材料中,他们不仅起草了这么一部宪法,还以自己的举动在人类历史上发明了成文宪法,由此是对一种新政治科学的身体力

〔1〕 David Stewart, *Madison's Gift: Five Partnerships That Build America*, New York: Simon & Schuster, 2015, p. 333.

〔2〕 Alexander Hamilton, James Madison, & John Jay, *The Federalist*, Cambridge: Harvard University Press, 2009, p. 341.

〔3〕 Gordon Wood, *Revolutionary Characters: What Made the Founders Different*, p. 156.

行。关于这一身份的背景,宪法学教科书往往一笔带过:1787年《美国宪法》是人类历史上第一部成文宪法,但这种轻描淡写实在压缩了历史进程的太多展开。发明成文宪法,也就是说麦迪逊们首创了一种新的政治方法:将政治生活所要依据的根本规范,凝聚在一部事先写成的成文法典里,以之组成新政府,构建新的政治秩序。作为首创者,他们只是这么做了,因为这么做为政治所必需,但这么做到底意味着什么,在迈出第一步之后又能怎么走,第一部成文宪法的制定者注定没有宪法的使用说明书可参考。换言之,《宪法》这本书在现实政治中到底怎么打开,怎么读,这种方法论的问题在制宪者那里是高度可塑的,麦迪逊愿意怎么读,他就可以怎么读,只能在干中学,舍此之外别无他法。在宪法之前,又谈何宪法学呢?一切只能视乎政治生活所需以及所必需,在政治生活中摸着"宪法"往前走,如麦迪逊在首届国会的同事詹姆斯·杰克逊所言,"我们的宪法,如同初次下水的一艘航船,正停泊在码头;她将如何去回应舵手,还未可知。"[1]在"未可知"时,如何"摸"宪法,麦迪逊如同在一张白纸上作画。话糙理不糙,在麦迪逊的世界里,你说宪法是个什么东西,它就是个什么东西,这是第一部成文宪法诞生之初的方法论。而麦迪逊作为宪法之父的第二重身份,所指的就是在宪法于1787年诞生之后,他还"养育"这部宪法,直至1836年。麦迪逊的另一位国会同事约翰·维宁也曾说过:"有些时候,宪法如同敏感的盆栽,哪怕是最温柔的触碰,叶片也会回缩,还有些时候,宪法如同挺拔的橡树,雷打不动",[2]简言之,宪法之初如同幼儿,需要父亲的陪伴同照顾,麦迪逊长达半个世纪对这部宪法的监护,不仅规训出一部成文法典的性格,也是在护宪的政治过程中,学者所追求的方法论及其认知系统才缓慢出现,然后才成其为问题的。

在本部分,我们走近这个常言道的"宪法之父",这个麦迪逊具体而生动,主要活跃在费城会议前后,代表作是写于这一历史时期的《联邦党人文集》,而把那个形象模糊不清,在新宪法生成后却神奇般地消失于学者视野的麦迪逊,留给文章的下一部分。在考察宪法之父的第一重身份时,我们抓大放小,既然这部宪法意在"构建政府",那么问题就是,它所创设的,到底是一个什么性质的政府。

在美国政治文化中,费城会议乃是妇孺皆知的"奇迹",原因无他,就是因为美国宪法成功了——更准确地说,各种迹象都表明它不应该成功,但结果却成功了。[3] 费城会议来自各邦的代表共55名,坚持到9月闭幕的有42名,其中在宪法草案上签名的是39名,会议全程对外保密,可以说,直至麦迪逊的笔记实录在1840年出版前,费城会议在普通美国人眼中

---

〔1〕 转引自 Fergus Bordewich, *The First Congress*: *How James Madison*, *George Washington*, *and a Group of Extraordinary Men Invented the Government*, New York: Simon & Schuster, 2016, p. 15。

〔2〕 转引自 Jonathan Gienapp, *The Second Creation*: *Fixing the American Constitution in the Founding Era*, Cambridge: Harvard University Press, 2018, p. 1。

〔3〕 "奇迹说",参见 Catherine Drinker Bowen, *Miracle at Philadelphia*: *The Story of the Constitutional Convention May to September* 1787, New York: Back Bay Books, 1986。

始终笼罩在一层无知之幕下。之所以得名"宪法之父",是因为构成会议辩论之基础的,是麦迪逊经过深思熟虑后拿出的"弗吉尼亚方案"。所谓"麦迪逊时刻",就是说费城会议一开幕,代表们就走进了由麦迪逊及其宪制蓝图所设定的议程——它并不是全然开放的,也不可能从一地鸡毛的零碎开始谈。而麦迪逊的方案当然不是拍脑袋想出来的,早在 1786 年年初,他就博览由杰斐逊从大西洋彼岸寄来的两大箱书,整理出"关于古代和现代邦联的笔记"。对于麦迪逊在此阶段为宪法会议所作的智识预备,菲尔德曼教授如此评价:"麦迪逊并没有发明比较宪法研究……但就所知存在过的所有邦联,系统地去发现让它们运转起来的关键要素,麦迪逊的这份文件可说是前无古人的。"[1] 由此足见,麦迪逊的宪制探索存在于一个悠长的"跨大西洋"智识谱系内。[2]

但问题是,麦迪逊只能设定开始的基调,却无力决定辩论的结果。所以才有了文章开头那个忧伤的年轻人,一点也没有宪法之父应当有的样子,过去百余天的辩论虽起始于他的蓝图,著名的"弗吉尼亚方案",但最终,他认为自己是一个失败者,自己的方案并没有被全盘接受。原本按麦迪逊所设,各邦在新的国家政治中应当按人口来分配代表权,结果就在大妥协中给抹掉了。更麻烦的,也是让新宪法命运未卜的,还有原本作为新宪法所"绝对必需的",现在却遭遇阻击,被挡在文本之外。费城会议结束 1 个月后,在一封落款于 10 月 24 日的长信中,[3] 麦迪逊向远在大西洋彼岸的杰斐逊道出了他心底深处的怕:宪法草案有一个致命的缺失,就是未赋予新国会对各州立法的否决权。用麦迪逊写在信中的话来说,"在我看来,这样一种对各邦的制约是必需的,目的有二,第一,为了防止对整体权威之侵犯;第二,为了去除各邦立法中的不稳定和不公正。"国会之否决权,事关宪制之全局,麦迪逊紧接着将它上升为"由整体而对部分的制约",断言若没有这种制约,"我们的系统就包含着国中之国的罪恶"(imperia in imperio)。[4]

在宪法史中的麦迪逊是什么样子?根据《联邦党人文集》,浮现在眼前的麦迪逊一定是一位建国长者,但若继续勾连麦迪逊这一年私人通信的暗线,那么我们可以"侧写"出另一个麦迪逊,在《联邦党人文集》中不曾显现的悲观青年。他之所以对"国会否决"有如此深沉的爱,根源于他此时对各邦立法乱象的发自内心的怕,故此,国会否决权,也即经由代表全体的新国会去节制作为部分而存在的各州,就成为这个麦迪逊的心头执念。当年 4 月 16 日,费城会议开幕前,麦迪逊从纽约写信给华盛顿,商讨"制宪"大业并陈述他所志于的"某种中间立场"(middle ground),信中就曾说过,"在所有可能之情形中,对各邦之立法法案的

---

〔1〕 Noah Feldman, *The Three Lives of James Madison: Genius, Partisan, President*, p. 75.

〔2〕 关于麦迪逊这一代的智识世界,尤其是其中的"跨大西洋"交流,参见美国建国史中的"意识形态学派"的作品,例如,Alison LaCroix, *The Ideological Origins of American Federalism*, Cambridge: Harvard University Press, 2010。

〔3〕 Letter from James Madison to Thomas Jefferson (Oct. 24, 1787), in *James Madison Writings*, pp. 142 - 158.

〔4〕 Ibid., p. 146.

某种否决,在我看来,乃是绝对必需的”。[1] 对国会否决权爱之越深,说到底还是因为麦迪逊对其意欲制约之对象的怕,关于这一点,我们还能参考他为费城会议准备的另一份文件《联盟政体之诸罪》。[2] 这里没有必要逐一重述麦迪逊编号列出的罪状12条,但其中占据最大篇幅的是他所诊断的各邦立法四宗罪,分别为“繁多”“易变”“不公”和“无能”。[3] 如此连贯起来,国会否决权在麦迪逊的蓝图中原本是枢纽之所在,现在,既然“绝对必需的”被关在宪法大门外,那么新宪法所创制的政府就没有摆脱邦联的致命伤,“国中之国”的危险仍未得根除。读麦迪逊10月的那封信,他说得很清楚,在任何社会,即便“最高权”说不上必要,但“至少,一种控制权是必需的”,如此才能避免局部对整体的侵犯。[4]

应当指出,上文所引麦迪逊的信件、笔记和论文,当然谈不上什么独家材料,在各种版本的麦迪逊选集中都有收录,在网上随处可见的“建国文献”辑录里,也都是核心文本。按照美国本土的史学标准,这些材料并无新意可言,不过是最起码的“传世文献”。但就本文写作而言,自觉以中国学者的立场来研究美国宪法,在宪法学视野内纳入这些此前被认为同司法无涉的政治文献,某种意义上就是在发掘“出土文献”。以建国者之间的私人通信为例,既然是私人的,那就意味着在一定时期内它们是秘密的,世人轻易不可知,但它们出自历史创造者的手笔,也可以想见终有一日会作为建国档案而公之于世。[5] 我们现在能想到的,麦迪逊当然心知肚明,所以他很可能会在私人信件内留下某些一时不可对人言的思考。试想,麦迪逊致杰斐逊的长信落款于10月24日,而他后来收入《联邦党人文集》作第十篇的文章最初刊于纽约报纸,是在11月23日,两篇文章写于同时,却诉诸不同读者,一私一公,私文件吐露出的爱与怕,就会折射出老材料的新意义。将《联邦党人文集》第十篇带回这个此前被隐藏起来的语境中,我们就能对该篇为什么主打“大国共和”有更贯通也更透彻的理解:大国之意,即麦迪逊所讲的“扩展疆域”,就在于广土众民的社会可以实现派系间的均势,小社会里三五成群,就能将私利写入立法,但大国派系林立,要结成多数派就并非易事,这就是麦迪逊所言的以共和之方式去救治共和之病症。[6] 这样公私兼顾地理解麦迪逊,那让他统一起来的就是目睹各邦立法怪现状后的宪制反思,他对各邦立法暴政责之越深,就对国会否决爱之越切,它之所以绝对必需,就在于为制约地方派系立法所必需,这种由整体对局部的制约,构成了麦迪逊宪制蓝图的关键环节。

故此,若把美国宪法之制定概括为在原则与妥协之间,就意味着麦迪逊未能将他头脑中的蓝图完全变现,去世前两年,麦迪逊在信中交代,宪法是“许多脑袋以及许多双手的作

[1] Letter from James Madison to George Washington(Apr. 16,1787),in *James Madison Writings*,p. 81.

[2] Vices of the Political System of the United States(Apr,1787),in *James Madison Writings*,pp. 69 – 80.

[3] Ibid. ,pp. 74 – 80.

[4] Letter from James Madison to Thomas Jefferson(Oct. 24,1787),in *James Madison Writings*,p. 146.

[5] 参见 Jonathan Gienapp,*The Second Creation*:*Fixing the American Constitution in the Founding Era*,p. 287。

[6] 参见赵晓力:《以共和反对民主:〈联邦论〉解读》,载《清华法学》2010年第6期。

品",[1]由此导致一个我们后来者回望历史时难以觉察的宪制难题,一种创始者且当事人才能体验出的悖论。当他们以一部成文法典的形式勾勒出政府骨架后,他们却不知道这个经由集体妥协而成的创制究竟为何物——他们不知道自己创造了什么,只知道自己创造的不是什么。也就是说,在现有的政治词汇中,制宪者找不到对应的概念来表达新政府,做得出来,却说不出来。这种"说不出来"的体验,恰恰在麦迪逊的笔下表现得最清楚。我们读《联邦党人文集》第三十九篇,在这篇思考如何落实即将展开之"政府蓝图"的文章中,麦迪逊在最后以"所以说"(therefore)给出了一整段的结论:

> 所提议的这部宪法,严格说来,既不是一部国家宪法,也不是一部联邦宪法,而是两者的组合。就立宪根基而言,它是联邦的,而不是国家的;就政府常规权力的根源而言,它部分是联邦,部分是国家的;就常规权力的运转而言,它是国家的,不是联邦的;就权力的延伸程度而言,它又回到联邦,而不是国家性的。最后,就增补修正案的权力模式而言,它既不全是联邦性的,也不全是国家性的。[2]

确实难住了"宪法之父",即便到文末必须下结论时,麦迪逊还是不知道如何"简言之"。我们在这里无法进入麦迪逊此篇结论的实体,只要抽出文字的表述:"既不是……也不是";"是……而不是";"部分是……部分是";"既不全是……也不是全是",我们反而能轻易下个结论,"宪法之父"在写作时一定很纠结,虽然在语法上几乎穷尽了可能的逻辑和表达,但他还是没法痛快地下结论。读《联邦党人文集》,首先要理解它写作的语境。从一开始,这部书就不是学术逻辑的产物,也不是学者研究联邦党人宪法思想课题的结项成果,严格来说,麦迪逊不是在写书,写作此篇时,他压根不知道将来会有"The Federalist Papers"这部文集,恐怕也很难想到,不用多久,他就要同合作者汉密尔顿分道扬镳——当然更无所谓文章被翻译成中文,有了个《联邦党人文集》的中译名。如果我们倒推历史,联邦党人制定了一部联邦宪法,写作了《联邦党人文集》,由此启动了新的联邦政府,一切看起来都如此顺理成章,一环紧扣一环,历史大势浩浩荡荡。但问题是,姑且不论麦迪逊此时到底算不算联邦党人,在最初刊于纽约报刊的麦迪逊文章中,"宪法之父"可从来没说过这是一部纯粹的联邦宪法。认真对待麦迪逊所言,在给新宪制定性时,他选择了"既不是……也不是……"这种双重否定的表达,以不下结论的方式下结论。"两者的组合",也就意味着这是一种结合"国家性"和"联邦性"的混合宪制,在麦迪逊时刻,新宪制是一种联邦已过但国家未满的中间状态。

也是在这里,潜伏着阅读《联邦党人文集》的最大陷阱:在为争取新宪法的斗争中,恰恰

---

〔1〕 转引自 Gordon Wood, *Revolutionary Characters: What Made the Founders Different*, p. 157。

〔2〕 *The Federalist*, p. 252.

没有《联邦党人文集》意义上的“联邦党人”,非要一分为二,那时只有主张革新的宪法之友和坚持现状的宪法反对派,而非联邦党人和反联邦党人。在历史脉络中,联邦党人只是在新宪制上线之后才在斗争中成长起来,同联邦党人相爱相杀的,是由杰斐逊和麦迪逊组织起来的民主共和党。由是观之,“反联邦党人”更多是一种政治上的拟制,是在历史后视镜里的“追封”。翻阅原文,当麦迪逊提到“联邦”(federal)时,他所指的恰恰是作为现状的“邦联”(confederacy),在围绕宪法草案而展开的政治辩论中,“联邦”同“邦联”,这两个现如今在宪法学理上可做非此即彼之辨析的概念,在当时的政治话语中却是混用的,都是对《邦联条款》下“各邦联盟”之法权结构的定性,也是新宪法要打破的现状和予以变革的宪制结构。只是由于宪法会议上不得不的妥协,最终形成的宪法草案又是新与旧之间的混合。旧的仍有留存,“邦联”/“联邦”的基础并没有全盘推翻,根据麦迪逊的蓝图,国会两院原本均应各邦人口多少来分配代表名额,但出炉的方案却是一个标准的妥协:众议院的代表权按人口来分配,参议院则实行各州无论大小代表权平等的原则。制宪所要追求的,是走向“国家”,只是受制于政治引力,这个跨越并不彻底,新宪法文本所创制的,压根不是宪法反对者以之大做文章的黑暗体制,即一个纯粹的、融各邦为一体的国家政府。

若是用“合众为一”[1]来概括美国制宪建国的过程,那么此时只能说迈出了“合众”这一步,而在合众之后的联合体到底是什么,麦迪逊时刻的宪法并没有提供答案,只能说它越过了联邦/邦联,但尚未走到单一共和国的底站。故此麦迪逊判定新宪制是国家和联邦的组合,说穿了,宪法到底创制了什么,“宪法之父”也说不出来,他的词典里就没有这个词。提前剧透一下,新宪法所出的这道难题,不仅青年麦迪逊回答不上来,即便到了1830年,新宪法转眼经历四十余载的磨砺,麦迪逊还在答复丹尼尔·韦伯斯特的信中这样写:“合众国的政府系统,就其起源来说是史无先例的,就其结构来说是异常复杂的,就其某些特征来说又是如此怪异,以至于在描述这个系统时,政治词汇无法提供足够特定且合适的术语,而只能求助于事实的诸般详述。”[2]翻阅晚年麦迪逊的通信,在答复新一代小读者的宪法问题时,麦迪逊不断重提宪制之不可定义只能描述,“应当想到的是,合众国政府作为一个新事物(novelty),一个复合体(compound),没有任何一个技术性的术语或名词可适用于它,而且旧词语必须用出新意义,视乎语境或者情境事实所做之解释。”[3]年轻的历史学家吉因艾普就提醒我们这种实践先于表达的问题,“激进的创新——就是当美国人重构他们的宪法世界之时所释放出的那种——就会把语言,就其本质而言是贫瘠的,抛在后面。”[4]读他对晚年麦迪逊更详细的引述,我们只有一个感慨,即便走到人生边上,“宪法之父”仍保持着如初见宪法当年的那种追问和好奇。

---

〔1〕 参见刘晗:《合众为一:美国宪法的深层结构》,中国政法大学出版社2018年版。

〔2〕 Letter from James Madison to Daniel Webster(May 27,1830),*https://founders. archives. gov/about/Madison*.

〔3〕 Letter from James Madison to Nicholas Trist,(Dec. 1,1831), *https://founders. archives. gov/about/Madison*.

〔4〕 Jonathan Gienapp,*The Second Creation:Fixing the American Constitution in the Founding Era*,pp. 328 - 29.

简言之,忠实还原麦迪逊在历史进程中的思考,则新宪法既然是在"创制",也如序言所示"我们人民……特制定本宪法",那么它就不会是原有邦联一成不变的延续,但这场由"羊皮卷宪法"所发起的变革也不可能斩断过去,新瓶里仍然装着一些旧酒,新宪制于是呈现为国家和联邦的混合。到了《联邦党人文集》第五十一篇,麦迪逊就把新宪制称为"复合共和国"(compound republic),区别于全部权力由中央政府来行使的"单一共和国"(single republic)。[1] 在麦迪逊的思维中,新宪制必须有能力以整体节制部分,故此国会否决权成为这位年轻人的心头执念,但所谓的"合众为一"此时也只能走到这一步,至于这个合众而成的"一"到底是什么,答案一定是开放的,宪法作为剧本未作定论,取决于宪法生成后的政治发展。而现在,宪法之友所能承诺的,就是这个"一"并不是全体各邦一盘棋,不是要切割历史而将各邦融为一体,既然新宪制保留了"联邦"的要素,那就不可能是反方所忽悠的"合并"(consolidation)。在当年 4 月写给华盛顿的信中,麦迪逊的立论前提就是"考虑到将整体合并为一个单一共和国(simple republic)既不可能,也非恰当,我将追求某种中间立场……";[2] 到了 1819 年,马歇尔首席大法官也在美国银行案的判词中回顾建国当年,"即便是政治梦想家,也不会疯狂到这个地步,竟会想着要打破将各邦区分开来的边界,将美国人民混合为一种共同民众(one common mass)。"[3] 由是观之,"合并"是制宪当年不可触碰的红线,它仅见于反联邦党人的修辞攻势。

如此,在概括此次制宪的创制成就时,就要基于两个认识论的前提,也即新宪法之正反双方都承认的共识。第一条是不改不行,各邦"不联合起来,就是死路一条",如麦迪逊在 10 月长信中告知杰斐逊的,"要珍视且保存各邦之联合体,看起来是整个会议真诚且共同的愿望";第二条就是不可乱改,合众为一并不意味着抹去历史所形成的各邦身份。新宪制也就存在于两条红线所确立的端点之间,故此为麦迪逊所言的"中间立场"——"既能支持国家权力在适当范围内的至高无上,同时又不会排除地方性的权威,只要它们可以做到在所辖管区内有所作用"。[4] "道可道,非常道","宪法之父"说不出他创制出的是什么,只知道它不是什么,以不下结论的方式做结论,而接下来他要做的,就是在实践宪法的过程中理解宪法。

三、释宪:"意图不可能取代已确立的解释规则"[5]

读《联邦党人文集》第十四篇,麦迪逊写道:"这难道不是美利坚人民的光荣——虽然他

〔1〕 *The Federalist*, p. 342.

〔2〕 Letter from James Madison to George Washington(Apr. 16, 1787), in *James Madison Writings*, p. 80.

〔3〕 McCulloch v. Maryland, 17 U. S. 316, at 403, (1819).

〔4〕 Letter from James Madison to George Washington(Apr. 16, 1787), in *James Madison Writings*, p. 80.

〔5〕 转引自 Alison LaCroix, The Constitution of the Second Generation, 2013 *University of Illinois Law Review*, 1775, at 1785, (2014)。

们对从前和其他民族的观念给予了适度的敬意,但却没有盲目崇拜古代、习俗、抑或名义,且任由这种盲信推翻基于自身良性感知所推演出的建议,自身处境所成就的知识,自身经验所提炼的教义?”由此该篇的结论是,“他们实现了一场在人类社会编年史上前无古人的革命。”〔1〕在宪法草案尚待各邦人民批准的关头,《联邦党人文集》里的麦迪逊壮怀激越,同汉密尔顿并肩护法。于是问题就来了,为什么新宪法刚生效,就在华盛顿第一届总统任内,原本如同总统之左膀右臂的两位,在汉密尔顿提出设立国家银行的议案后,却上演了一出令后来者众说纷纭的决裂戏呢?通说认为,改变的是麦迪逊,他不再是那个为中央集权正名的联邦党人,而摇身变为主张从严解释新宪法的州权派,投身杰斐逊的怀抱,携手组建起民主共和党,正因如此,建国史就有所谓“两个麦迪逊”的问题。〔2〕姑且不论这问题是否成立以及如何解,麦迪逊同汉密尔顿在宪法投入使用后的第一个回合就决裂为敌,这一基本事实只能说明一点,无论新宪法是多么伟大的成就,它也只是如万里长征之第一步。如前所述,既然这是人类政治社会的第一部成文宪法,那宪法如何用,当然没有现成的教科书可参照,更何况,新宪法又在字面上绘制了一幅不可说的政府蓝图,这种从源头即植入的妥协,就会造成一部宪法各自解释的路线斗争。故此,新宪法虽然已经写在羊皮卷上,“依宪治国”四个字说起来简单,但如何“依”,又如何“治”,“宪”是什么,“国”又是什么,没有一个有现成答案,麦迪逊本人也全无规划可言。他所能做的,就是摸着宪法介入政治,由此也开启了对宪法认识论的某种“立法”。但一开始,如同麦迪逊在1789年6月所讲,“我们身处一片荒野,没有一个脚印可以为我们指引方向”。〔3〕

我们正在做前人从来没有做过的事业,故此极其光荣伟大,但也因此身处荒野,无枝可依。不仅是徒法不足以自行,也不仅是宪法如何司法化,在“依宪治国”四个字中,在指导“依”和“治”的方法论之前,还有关于“宪”和“国”的本体论。新宪法在起草时可没有附赠生效后如何使用的手册,不仅是麦迪逊,即使是华盛顿此刻也面临着如何做总统的难题。《美国宪法》第2条创设了总统及其所领导的执法分支,华盛顿众望所归,当选首任总统,问题在于条文不过是剧本的角色人设,载明了总统的任期、选举方式和职权范围,但总统一旦上线,进入角色后要如何“做”,第2条只有一句“他负责使法律得以忠实执行”。对于人类历史上的第一位总统来说,如何“做”总统这种前人从未做过的事,《美国宪法》第2条共四款,所能提供的指示恐怕还赶不上送他“如履薄冰”四个大字。华盛顿看着宪法中的“President”,大概就像中国人初遇这个英文单词,把它翻译成“伯理玺天德”没错,但译成“总统”也可以,无可无不可,华盛顿的书架上不可能有“教你如何做总统”这样的书。这么说并不是我们凭空脑补伟人的心思,1789年3月,即将就职总统前一月,华盛顿就从自家弗

---

〔1〕 *The Federalist*, pp. 84 – 85.

〔2〕 Gordon Wood, *Revolutionary Characters*: *What Made the Founders Different*, pp. 141 – 172.

〔3〕 转引自 Fergus Bordewich, *The First Congress*: *How James Madison*, *George Washington*, *and a Group of Extraordinary Men Invented the Government*, p. iv。

农山庄写信给麦迪逊:“关于作为首席执法官(Chief Magistrate)的适宜风格,无论是意愿或意图,我都要服从公众之欲求和期待,但在当事人就职前,最好要知道公众期待些什么。”[1]这样看来,华盛顿在任上的一举一动,不仅是在做总统,而且是在塑造总统宪制。如历史作家谈到建国初,“总统职位仍是一个进行时的作品”,[2]我们也可以认为,制宪会议结束了,新宪法得到人民批准也生效了,但宪法如果说有时态,那既不是一般过去时,也不是现在完成时,而仍在进行时之中。说得再简单些,只要制宪者仍在人间,那么制宪会议就是曲终人不散,制宪者如何解释宪法,某种意义上就是制宪的延展或持续。

华盛顿是如何“做”总统的,麦迪逊就是怎样“摸”宪法的。作为这部成文法的设计师,麦迪逊当然比任何人都更清楚,新宪法对某些问题作出了决议,构建了新政府得以起航的码头,但反过来说也同样成立,即它只规定了自己所能规定的,成文宪法只是光线微弱的灯塔,在其射程以外,全是掌舵者伸手不见五指的黑暗,对于这些看不见的领域,宪法文本是保持沉默的。麦迪逊在《联邦党人文集》第三十七篇也有类似比喻:历史上曾存在过的邦联体,其作为先例所提供的指引只是灯塔之光而已,“只能做出警告,哪些航路不可涉足,而无力提供引导,应当走哪条路。”[3]新宪法在逻辑上也是如此,它能取得共识的仅限于它不是什么,而至于它是什么,却是一道怎么回答都不为错的多选题。谁都知道路在脚下,但要迈出步子的是麦迪逊。也是在第三十七篇中,他在新宪法尚未生效前就已意识到解释的必要性:“所有新法,无论执笔者有多么卓越的立法技艺,且经历了最充分和最成熟的审议,或多或少仍是语义含混,或模棱两可的,必须要通过一系列具体的讨论和裁决,新法的语义才能得以澄清并成型。”[4]简言之,语言就其本质而言是模糊的,故宪法要在具体的政治场景内越辩越明,而我们下文讨论麦迪逊的宪法解释,重点不是从教义学上解析具体争议或者示范操作方法,而是要揭示教义学未予认真对待的认识论前提。请回答,宪法学教科书上列举的解释方法,那些为教义学奉为金科玉律的东西,到底是从何而来的?如果以下讨论说明了什么,那就是这些被认为具有指导意义的方法论,恰恰是在宪法辩论过程中形成的,不存在先于具体解释的抽象方法论,正是在疑义相与析的漫长过程中,一部宪法同它的解释方法才得以相互理解,最终和解为我们学者所提炼出的方法论。在此意义上,宪法解释方法不可能放之四海而皆准,而必定是内生于具体的历史进程和政治场景,从混沌一步步走向秩序。

正因如此,我们讲麦迪逊如何解释宪法,一定要有学理上的觉醒,并不是要在宪法解释

---

〔1〕 转引自 Fergus Bordewich, *The First Congress: How James Madison, George Washington, and a Group of Extraordinary Men Invented the Government*, pp. 79 – 80。

〔2〕 Fergus Bordewich, *The First Congress: How James Madison, George Washington, and a Group of Extraordinary Men Invented the Government*, p. 80.

〔3〕 *The Federalist*, pp. 228 – 229.

〔4〕 Ibid., pp. 231 – 232.

方法的谱系中找到个安放麦迪逊的位置。他在方法论上处在哪家阵营,这种教义学的问题不值得探讨,因为这不是麦迪逊的问题,只是宪法学者的问题,如果学者愿意,他们可以变戏法似地变出无数个麦迪逊,把宪法解释方法装扮得法影斑斓。站在麦迪逊的立场上,宪法解释的问题归根结底只有一个,就是如何处理他和这部宪法的关系,面对着新生的宪法,他如何摆正自己作为"宪法之父"的位置,做学理化的表达,就是宪法解释应当如何安顿制宪者的原意。在现代宪法理论的版图内,这属于原旨解释的领地,但制宪者同宪法解释到底是什么关系,恰恰指向原旨主义所无法回答之重。原旨解释近年在美国司法领域内兴起,原因是保守派要去制约宪法解释的自由派作风,逻辑如下,既然宪法解释成了"大法官说了算",那么就用制宪者的原意来约束法官,因为原意是凝结在制宪史中的,所以就是用历史形成的不变来约束当下的变动不居。但问题是,原旨是什么,于今人来说是要在建国时代的宪法档案中动手动脚,但对麦迪逊来说,他在费城会议上怎么说,就是原旨,他怎么"编辑"会议记录,也是原旨,他晚年在信中给年青一代谈革命生涯和人生经验,还是原旨,一句话,他麦迪逊就是原旨本旨,是运转中的原旨打字机,只要他活着,原旨就处在某种躁动不安的青春期。不仅原旨是什么,甚至更前置的,原旨在哪里,解释宪法是不是一定要原旨主义,凡此种种,从逻辑上都可以在麦迪逊的头脑中构成一个内循环。换言之,即便麦迪逊亲口承认自己并非原旨主义者,他是怎么想的,同宪法解释没半点关系,但在我们这里,研究麦迪逊就意味着对原旨主义作为宪法文化的某种承认。

1830年,麦迪逊在答复时任国务卿马丁·范布伦的信中写道:"我意识到宪法文件必须自己能说话,而意图(intention)不可能取代已确立的解释规则(established rules of interpretation)",〔1〕这个论断,来自两代政治家之间的对话,可以说凝练了麦迪逊在解释宪法时最基本的问题意识。虽然他就是行走的宪法原旨——若非如此,一位国务卿,背后站着新一代的军功总统,何必要就宪法问题,求教于一位八旬老人呢?但他所要做的,恰恰是要在自己的有生之年去驯服"原旨"这个猛兽,只要这个原旨本旨一息尚在,那任何挟原意以令宪法的政治力量都难过麦迪逊这一关,但问题是,这个原旨的肉身总有要去见杰斐逊的一天,故此驯服原旨就要依托宪法实施之初形成某些制度,即麦迪逊给后来者说的"已确立的解释规则"。那问题就是,麦迪逊所言的这些解释规则究竟是什么,它们又是如何确立的?简言之,麦迪逊是如何为宪法解释"立法"的?在下文中,这个为宪法解释确立法则的麦迪逊,虽然自由穿越在历史进程中,但却是在理论面向上统一起来的"宪法之父"。

首先别弄错,麦迪逊所要做的是驯服原旨,并不是要把制宪者的意图抛到九霄云外。既然是要驯服,也就预设意图在宪法解释中首先应当是在场的,只不过未经雅驯的原旨往往过于凶猛,尤其是在建国者春秋正盛的岁月,活原旨一不小心就可能将幼弱的宪法取而

〔1〕 转引自 Alison LaCroix, The Constitution of the Second Generation, 2013 *University of Illinois Law Review*, 1775, at 1785, (2014)。

代之,故而才要立规矩,使这个原本桀骜不驯的猛兽变得温良些。1791 年 2 月,在汉密尔顿提出设立国家银行的报告后,麦迪逊认为联邦政府在新宪法框架内仅有"列举出"的有限权力,无权做银行立法,他在国会发言中提道:"在有争议的案件中,文件之当事方的想法,如若可以由整理适宜证据而得出,就是一种适当的引导。"[1] 如他所述,"当事方的想法"当然指的是某种意图,但如此匆匆带过还是留下许多问题未回答。首先,谁才是宪法这部文件的"当事方",是参加费城会议的宪法起草者,还是各邦分别召开的批准会议,抑或是宪法开篇即召唤的"我们人民"? 麦迪逊这时留了个悬念。其次,到底什么才构成可用于证明意图的"适宜证据",麦迪逊也没说清楚。最后,造句遣词时,麦迪逊用了"meaning",而不是"intention",也可知他此时对"原旨"解释只有模糊的想法,还谈不上清晰的意图。

到了华盛顿总统的第二任期,1796 年 4 月,当《杰伊条约》的拨款问题进入国会后,麦迪逊在众议院辩论中回答了"谁的原旨"这个问题,他既否认自己可以为费城会议之全体而代言,也当仁不让于师,反对华盛顿总统援引费城会议日志的解释策略:

> 对于制定我们宪法的那些人,无论应当致以何种敬意,但在解释这部宪法时,这些人的认知(sense)从来都不能成为神谕的指引(oracular guide)。宪法这部文件出自他们之手,但那时的宪法不过只是一种蓝图的草案,一部没有生命的文件,直至人民发出声音,通过各邦之宪法会议,才为这部文件注入了生命和效力。所以,如果我们想要透过宪法文件之表面而探索它的含义,我们所要搜寻的,并不是费城会议,它只是提议了这部宪法,而在于各邦的宪法批准会议,是它们认可并批准了宪法。[2]

这段话,麦迪逊国会生涯的"伟大发言"之一,[3] 同《联邦党人文集》第四十篇间隔近十年,却遥相呼应,道出麦迪逊最内核的宪法观:宪法的正当性来自人民自己的同意,而人民在制宪时刻要发出自己的声音,是以"各邦之宪法会议"为喉舌的。于是,本体论决定了解释论。宪法文件的当事方,就是各邦分头召集的宪法批准会议——新宪法之所以拿掉"草案"二字,按照正文第 7 条的规定,本就基于一个"九邦新造"的建国过程。[4] 故此,原旨在哪里? 不在单数的费城会议,而在复数的各邦宪法会议。也就是说,在"宪法之父"看来,这部宪法之诞生可以分为两个阶段,首先是费城会议提之以草案,而后由人民以所属各邦为组织单位进行审议并批准。若无人民的同意,费城宪法就止步于一部草案,一纸空文而已,

---

〔1〕 转引自 Jack Rakove, *Original Meanings: Politics and Ideas in the Making of the Constitution*, p. 352。

〔2〕 Speech in Congress on th Jay Treaty(Apr. 6, 1796), in *James Madison Writings*, p. 574.

〔3〕 Noah Feldman, *The Three Lives of James Madison: Genius, Partisan, President*, p. 403.

〔4〕 参见田雷:《第二代宪法问题:如何讲述美国早期宪政史》,载《环球法律评论》2014 年第 6 期。

如詹姆斯·威尔逊所言,宪法会议“可自由提出各种方案”,却“无权做任何结论”。[1]

如是我们就可以理解麦迪逊为何如此安排手中笔记:每当宪法争议风波起,从来不乏要麦迪逊公开他的费城笔记的请求,这种举动所传达的,当然也是一种泛原旨解释的心态和策略,但麦迪逊却一再婉拒,在一封写于1821年的信中,他声称要在去世后才会出版会议笔记,“或者至少……等到宪法已经在实践中得到了周全的安顿,且任何对制宪进程之争端的信息不会被用于不适当的表达”,因为在解释宪法时,费城会议的辩论和决策“没有任何权威性”,其价值不过是满足要追溯政治制度源流的“值得感佩之好奇心”。[2] 不是说真理是越辩越明吗?那为什么不抓住与会代表尚在世的时候,大家现身对质说法,不仅满足国人的求知欲,也为后世的宪法解释确立起不可易的准据——这不正是原旨主义在当代美国大行其道的原因吗?当代学者一眼望穿,为什么麦迪逊却看不透呢?为什么非要在身后才出版费城笔记呢?小人之心的解读是他要自己的版本死无对证——已经坐实,麦迪逊晚年“编辑”过留存在手中的笔记,[3]但这样恶意揣测麦迪逊之心,恰恰不符合他对宪法会议的冷处理。既然反复强调费城那些事担当不了解释宪法的神谕,那麦迪逊也没有必要为此在其中动手脚。

等什么?麦迪逊说得很清楚,他在等一个还未到的时机,等待这部宪法经由实践的磨炼而得到“周全的安顿”,继续用“宪法之父”这个比喻,他要守护着这部宪法在实践中不断成长。麦迪逊这位“父亲”,不是凡是派:凡是费城会议的指示,都要始终不渝地遵循,而是实践论者,以“实践”作为检验解释宪法的主要标准。待这部宪法得以安顿,也等到了制宪者一代从舞台谢幕,届时,原旨也就谈不上“家长意志”,而成为在历史进程中凝结成形的“实践”。可以看到,在麦迪逊的宪法世界内,凡是为“实践”所检验的,甚至可以推翻此前由原旨所指令的,他在美国银行议题上的态度反转就是最好的例证。如前所述,1791年,众议员麦迪逊力主国家银行不在国会的权力清单内,自此分歧后就迅速同汉密尔顿走向决裂,但为何到了1816年,总统麦迪逊却签署了为银行续期的国会法案,他手中的否决之笔哪去了?《美国宪法》第1条关于国会立法权的规定一字未变,但当年的违宪为何变为合宪,“宪法之父”就能如此任性吗?又过了15年,1831年,长者麦迪逊在答复新一代政治家海因斯的信中对此有过自辩:“但即便是这里,前后不一致只是明显的,却不真实。”[4]此言又怎讲,为什么眼见却不为实?从抵制银行的国会领袖(1791年)到签字续期的战后总统(1816

---

〔1〕 詹姆斯·威尔逊1787年6月16日在费城会议上的发言,参见[美]詹姆斯·麦迪逊:《辩论:美国制宪会议记录》,尹宣译,译林出版社2014年版,第120~121页。

〔2〕 转引自Richard Arnold, How James Madison Interpreted the Constitution, 72 *New York University Law Review*, 1997, p. 280。

〔3〕 Mary Sarah Bilder, *Madison's Hand: Revising the Constitutional Convention*, Cambridge: Harvard University Press, 2015.

〔4〕 转引自H. Jefferson Powell, The Original Understanding of Original Intent, 98 *Harvard Law Review* 885, at 940, (1985).

年),麦迪逊人到晚年(1831 年)又是如何让两个自我相互和解的?

首先,麦迪逊承认,他对宪法文本的“抽象意见”并未变,仅看他私人之初心,国会仍无权设立国家银行。但他也亲自见证,国家银行自 1791 年起开始运转,长达 20 年的存续得到“整个国家及其所有地方权威的完全默认”,“这一系列权威的论断,审慎、稳定、且全体一致,足以构成证明,公意(Public Will)推翻了个人的意见”。〔1〕 翻译一下麦迪逊这句话,若国家银行是违宪的产物,那何以华盛顿签署了银行法案,杰斐逊在其任内会坐视不理,各州也未曾起来抵抗联邦暴政,银行机构的持续存在,且得到共和国内所有公共权力的默许或合作,证成了麦迪逊在信中大写的“公意”两个字。在 1826 年写给法国友人拉法耶特的信中,麦迪逊也表达过这种小我要服从大我的解释论:“我感到,作为一个公共人,自己并没有自由为了私人的意见,牺牲所有这些公共考量。”〔2〕

但麦迪逊在这里并不是推定存在即合理,或强权即公理,国家银行当然也不是“良性违宪”逻辑上的存在。共和国内“公意”或“民意”(public opinion)应如何凝聚且运转,是麦迪逊研究中的一个大题目,值得专门撰文,在此姑且不论。〔3〕 但实践出先例,先例成惯例,惯例得到公共权力之许可或默认,最终也就在历史进程中凝聚成公意,由于原旨只是制宪者个人的意图,故此在宪法解释中应当让位于凝聚了公意的先例,仅就宪法解释规则而言,这是在晚年麦迪逊的信件中不断出现的论述。自 1826 年杰斐逊辞世之后,新一代的激进州权派开始兴风作浪,他们将无法开口说话的杰斐逊奉为理论教父,而在麦迪逊同他们的论战中,围绕着如何阐释杰斐逊政治遗产的问题,〔4〕“实践论”得到了系统的阐释,宪法解释规则如何确立,至此已成政治斗争的利器。1828 年,麦迪逊将卡尔霍恩的废止学说斥为“新异阐释”(novel construction),这样的标新立异不可能“经得起……漫长且普遍之实践的滔滔浪潮”。〔5〕 1830 年,他在信中提出宪法解释所要首先考虑的三要素,位列第三的就是“宪法早期、审慎且连续的实践”,它所要压制的,是“因世事之刺激,且因党派或个人浮沉而变幻的阐释”。〔6〕

要理解麦迪逊驯服原旨的良苦用心,困难根源于时移世易:在宪法解释方法的谱系中,原旨主义之兴起,追求的是以制宪者原意作为法官的紧箍咒。也就是说,在学者的逻辑中,原旨主义同“活宪法”构成了逻辑上的对立两极。〔7〕 但回到麦迪逊所处之时空,“原旨”反

---

〔1〕 转引自 Richard Arnold, How James Madison Interpreted the Constitution, 72 *New York University Law Review*, pp. 288 – 289, (1997)。

〔2〕 Ibid., p. 289, (1997).

〔3〕 参见麦迪逊在 1792 年发表于 *National Gazette* 的系列政论文,参见 *James Madison Writings*, pp. 492 – 532。

〔4〕 “杰斐逊记忆的看护者”,参见 Drew McCoy, *The Last of the Fathers*: *James Madison and the Republic Legacy*, Cambridge: Cambridge University Press, 1991, p. 130。

〔5〕 转引自 Richard Arnold, How James Madison Interpreted the Constitution, 72 *New York University Law Review*, p. 290, (1997)。

〔6〕 Ibid.

〔7〕 Jack Balkin, *Living Originalism*, Cambridge: Harvard University Press, 2011.

而是最能动的活宪法，正如他对盲从《联邦党人文集》的批评，“务必要记在心间，它的作者们有时候可能受制于辩护的热情。”[1]设想一下，回到1791年，当众议员麦迪逊就银行争议论述宪法解释规则时，他也许会想到数年前以普布利乌斯这笔名写的小文章，发表在当时纽约邦的报纸上，但如果认为他有法律责任去遵从其中的观点，那就是我们这些后来者不讲道理了。最后引用麦迪逊在1819年的论述来结束本部分的讨论，出自麦迪逊答复弗吉尼亚法官斯宾塞·荣恩的信件，所点评的是数月前由马歇尔法院判决的美国银行案：

> 这样的情形势必会发生，在宪法诞生时也有所预见：在解释宪法这部文件所必定要使用的字和词时，尤其是涉及存在于联邦和地方政府之间的立法的那些文字，难题以及意见之分歧时常会出现；如要这些宪法文字的含义得到明晰且确定，可能必需要一段常规的实践过程(regular course of practice)。[2]

四、尾声：“各州之间的共同体……必得永续”[3]

1831年，人到八十，麦迪逊终于见到了这个“活得比自己还要长”的尾声，但世界依旧不太平。

在这出以成文宪法为剧本的戏码中，所有的表演者，都存在于由宪法所塑造的剧场内。[4] 人在剧场，麦迪逊虽然是宪法文本的编剧，早期联邦政治的导演，但舞台帷幕拉开时，他并没有选择做台下的看客，事实上他也没得选择，他是一个演员，必须登场，必须参与到这部宪法“早期、审慎且连续的实践”。当后来者向他请教费城会议那些事的时候，他首先要做的，是分清楚什么是“我”，什么是宪法，即前文所阐释的“意图”不可取代为实践所检验的“解释规则”。今人理解麦迪逊，最大的盲区就是从《联邦党人文集》起，但却不知所终，始终没有把麦迪逊安放在漫长的建国时刻中，但做到贯通理解并不太难，只要看看麦迪逊晚年是如何忆当年的。就本文所论，麦迪逊人生尾巴上的私人文件，就理解《美国宪法》而言，丝毫不亚于他在《联邦党人文集》中的篇目。非要向麦迪逊授予“宪法之父”的头衔，那它不是1787年的最佳新人奖，而是1831年的终身成就奖。

这一年，距离美国革命爆发已有55年，宪法也经历了44年的“实践”，自1828年佐治亚州的小威廉·菲尔去世，麦迪逊就是费城会议活在世上的唯一代表。也是这一年6月，麦迪

[1] 转引自H. Jefferson Powell, The Original Understanding of Original Intent, 98 *Harvard Law Review* 885, at 936, (1985)。

[2] Letter from James Madison to Spencer Roane (Sept. 2, 1819), *James Madison Writings*, p. 735.

[3] Advice to my Country (1834), in *James Madison Writings*, p. 866.

[4] Jonathan Gienapp, *The Second Creation: Fixing the American Constitution in the Founding Era*, p. 326.

逊在信中写道:“我可能被认为活得比我自己还要长。”[1]一个月后,7 月 4 日,他的继任者詹姆斯·门罗也告别人世,继承了杰斐逊和亚当斯的光荣传统,4 位总统,竟有 3 位在国庆日挥别国人,死的光荣,且一而再再而三,成就了后来者在讲述建国史时不可不仰望的“奇迹”。11 月,在答复众议员艾德华·艾弗雷特的信中,麦迪逊发出一番“回望昨天剧场深不见底”的感叹:仿佛“重返那些时光和场景,身在其中,我经常是一个演员,从头到尾都是一位观察者,但现在讨论我们宪法的目标和文义时,却基本遗忘了它们”。[2]

麦迪逊这么讲,包括他也在以自己的方式参与“奇迹”的叙事,“加强已环绕在宪法会议头上的英雄光环”,[3]并不是要释放出 1787 年建国者的“原旨”,而是要告诫新一代生在星条旗下的美国公民,不要忘记宪法的初心所在。如他在 1790 年同杰斐逊的辩论中所言,“故去者所做出的改进,构成了生者所要担当的债务”,[4]政治共同体生生不息,根源于代际的宪制对话和传承。1834 年,麦迪逊把建国一代的创制,即后来者要担当的债,写在《致我的祖国》这篇政治交代之中:“我最确信的,也是发自内心最深处的建议,就是各州之间的共同体必须得到珍视,必得永续。”似乎到此处,所有的一切都准备就绪,历史在等待着一个“林肯”![5]

“大多数国家的幼儿期,要么被深埋在沉默中,要么就披上神话的外衣……美利坚合众国的根源和开端,包含着我们子孙后世不应被剥夺的教义:而幸运的是,从来没有过如此的建国案例,每个有意义的事件都得到如此精准的保存。”[6]就本文而言,麦迪逊前面所说的“幸运”,恰恰构成了作者的一种“不幸”,首先就是读不完因此无法穷尽的材料。如前所述,选择以麦迪逊为题,作一篇宪法学论文,但写不下去的痛苦最终说明一个悖论:“宪法之父”的身份,意味着活在历史中的麦迪逊构成了宪法学理的“黑洞”,故此本文开篇也就指出,研究麦迪逊,最大的理论自觉就是不读《联邦党人文集》,忘记宪法学教科书上所讲的一切——唯有如此,才能看见“历史中的麦迪逊”。

但作为一篇史学论文,即便到此为止,也只写了作者所能掌握、理解且表达出的“麦迪逊”,冰山一角绝非一句谦辞。想写的很多,但却发现没写出来的更多。麦迪逊同汉密尔顿如何从战友变为政敌,《联邦党人文集》的作者为何十年后却写出《弗吉尼亚决议》,构成内战前州权派不断诉诸的经典教义?1812 年战争后,总统麦迪逊切身感受到内陆基建的必要,但为何在做总统的最后一天否决了国会的授权法案,此举极富象征意义,让新一代政治家如亨利·克莱大失所望?在杰斐逊 1826 年去世后,他又是如何“照看”杰斐逊的历史遗

〔1〕 Letter from James Madison to Jared Sparks(Jun. 1,1831),in *James Madison Writings*,p. 858.

〔2〕 Letter from James Madison to Edward Everett(Nov. 14,1831),*https://founders. archives. gov/about/Madison*.

〔3〕 Jack Rakove,*Original Meanings:Politics and Ideas in the Making of the Constitution*,p. 5.

〔4〕 Letter from James Madison to Thomas Jefferson(Feb. 4,1790),in *James Madison Writings*,p. 475.

〔5〕 关于林肯和美国早期宪法秩序,参见田雷:《释宪者林肯:在美国早期宪法史的叙事中“找回林肯”》,载《华东政法大学学报》2015 年第 3 期。

〔6〕 转引自 Jonathan Gienapp,*The Second Creation:Fixing the American Constitution in the Founding Era*,p. 287。

产，在同南方州权派的辩论中守护着“被遗忘的建国世界”?[1] 人到晚年，他是如何答复国务卿马丁·范布伦的求教，在宪法解释问题上指导平民军功总统杰克逊的？又是如何同年轻朋友讲述制宪当年往事的？甚至人终曲不散，当麦迪逊夫人向国会出售费城笔记时，约翰·卡尔霍恩又是如何跳出来反对，一如麦迪逊当年主张国会就此事无权立法，历史重演于华盛顿这喧嚣城中？以上种种，本文只是简单地掠过，只能说一篇文章不可能穷尽麦迪逊，这位在世界上走过85年的伟大人物，“他出生在18世纪的中叶，当时距离乔治三世登基还有十年，一直活到维多利亚女王时代，还在1834年同女王通过信。这个男孩，生而为乔治二世的臣民，去世时是安德鲁·杰克逊之共和国的公民。”[2]本文到此结束，在麦迪逊的材料中同“他”相遇，也如同麦迪逊同“宪法”相互成就的政治生涯六十年：

“一切都是熟悉的，一切又都是初次相逢；一切都理解过，一切又都在重新理解之中。”

（原载于《清华法学》2019年第6期）

---

〔1〕 Drew McCoy, *The Last of the Fathers: James Madison and the Republic Legacy*, p. 119.

〔2〕 Drew McCoy, *The Last of the Fathers: James Madison and the Republic Legacy*, p. xiv.

美国的行政立法听证制度探讨

汪全胜*

行政立法程序中的听证是指行政立法主体在公布行政规范性法律文件之前,应当告知利害关系人有表达意见、提供证据的机会以及行政立法主体听取意见、接受证据的程序所构成的一项法律制度。在行政立法程序中确立听证程序是行政立法民主化的重要标志,它客观上为社会公众评价行政立法的内容提供了一个机会,同时也使行政立法主体在众多意见的基础上集思广益,避免行政立法的不合理性,从而为其实施提供一个良好的社会基础。本文对美国的行政立法听证制度作一简要考察。

一、美国行政立法听证的法律根据:正当法律程序

美国法源于英国法,美国"正当法律程序"(due process of law)则可追溯到英国的普通法原则以及英国的1215年的《自由大宪章》。《牛津法律大辞典》解释正当法律程序时指出:"按照法律规定,对受控者的合法权利加以保护的一种法律程序。正当程序概念根基于英国普通法,并明文规定在1215年的《自由大宪章》第39条中。该条规定:国王允诺'任何自由人不得被逮捕、监禁、侵占财产、流放或以任何方式杀害,除非他受到贵族法官或国家法律的审判'。以后,这一条被解释为要求陪审团的审判……"[1]《美国宪法修正案》第5条规定:"未经正当法律程序不得剥夺任何人的生命、自由和财产。"《美国宪法修正案》第14条又规定:"任何州不得未经正当法律程序而剥夺任何人的生命、自由和财产。"——可见,正当法律程序,不仅适用于联邦政府,而且也适用于各州政府。根据美国最高法院的灵活解释,正当法律程序不仅适用于司法程序,而且适用于行政程序。现代美国法学家彼得·哈伊指出:"正如《权利法案》中的许多方面已合并在第14条修正案的正当程序条款中从

* 汪全胜,山东大学法学院(威海)教授、博士研究生导师。

〔1〕[英]戴维斯·M.沃克编:《牛津法律大辞典》,邓正来译,光明日报出版社1998年版,第273~274页。

而约束了州一样……由于在司法上已合并到宪法第5条修正案的正当法律程序条款中，因而也约束了联邦立法。”[1]这当然也包括联邦的行政立法。根据美国学者的解释，正当法律程序有两种要义：程序性的正当法律程序和实质性的正当法律程序。“程序性的正当程序（procedural due process）一般是指法律赖以实施的方法。程序性的正当程序对怎样行使政府权力加以限制；而实质性正当程序（substantive due process）对行使政府权力做什么加以限制。程序性正当程序同法律的程序有关，而实质性正当程序同法律的内容有关。程序性正当程序主要限制行政部门和司法部门，而实质性正当程序主要限制立法部门”；“实质性正当程序是指，一项‘不合理’的法律，即使是恰当地通过了，恰当地施行了，仍是违宪。”[2]行政听证制度是正当法律程序在行政领域的最基本的要求，它包括通知（notice）、听证（hearing）及理由之陈述（statement of reason），意即行政机关在作出对公民个人权利或财产有不利影响的决定时，应及时通知当事人，必须听取当事人的意见，给当事人充分陈述自己立场和观点的机会，并使当事人获知作出该决定的理由。由此，听证制度对行政机关来说，是履行其宪法上的义务；对公民来说，是行使其宪法上的权利。行政听证制度在美国是宪法规定的正当法律程序的具体内容，因此，它是直接来源于宪法的程序制度，其效力高于一般法律规定的程序规则。然而行政听证制度不仅适用于具体行政行为，而且还应该适用于抽象行政行为。特别是随着行政立法权的出现，对行政立法权设立听证制度有没有必要成为美国争论的一热点问题。

美国是实行三权分立制度的国家。《美国宪法》第1条第1项就规定：本宪法所授予的各项立法权，均属于由参议院和众议院组成的合众国国会。美国多数学者认为，行政机关是依法律成立的机关，它与设立它的法律之间如同公司和它的章程之间的关系一样，并不具有制定法律规范的当然权力。行政机关拥有的制定行政法规、规章的权力来源于立法机关的委任，这种被委任的权力与立法机关自身的权力有根本不同。立法机关行使固有的立法权，拥有全部的立法权。受委任的权力必然是从属性的权力。行政机关行使的立法权只能是从属性的立法职能，要受到授权法的限制。尽管如此，“今天，国会和州立法机关的立法与行政立法相比，真是小巫见大巫。《美国联邦登记》始于1935年，它的卷帙已经大大超过了法律的总和。行政规章的总数多得令人吃惊。1947年《联邦登记》就有45,420页。但是，要查核全部联邦法规，必须查阅《联邦法规汇编》，它有127卷，65,249页，5000万字，相当于圣经的70倍，莎士比亚全集的60倍。”[3]然而，“听证是美国公民根据宪法正当法律程序所享有的权利，效力高于行政法上所规定的程序规则，行政法上的程序规则必须符合宪

---

〔1〕［美］彼德·哈伊：《美国法律论》，沈宗灵译，北京大学出版社1997年版，第25～26页。

〔2〕［美］詹姆斯·M.伯恩斯、杰克·W.佩尔塔森、托马斯·E.克罗宁：《民治政府》（中译本），中国社会科学出版社1996年版，第211～212页。

〔3〕［美］伯纳德·施瓦茨：《行政法》（上册），徐炳译，群众出版社1986年版，第238页。

法上的正当法律程序标准。"[1]从以上看来,美国行政立法兼有行政和立法的特征,因而它必须遵从正当法律程序的两种要义的要求。舆论和法学界认为行政立法权的膨胀有可能造成对公民的合法权利和利益的潜在威胁,因此要求行政听证范围扩大,以致该制度成为1946年美国联邦行政程序法典的核心。值得注意的是美国的正当法律程序所保护的利益的概念正在不断扩大,传统理论认为受正当法律程序保护的利益仅指普通法所保护的权利,其他由政府所提供的利益一直被认为是行政机关的"特权",然而,许多判例导致这些"特权"变成了法律上可以主张的权利。在美国,一方面正当法律程序适用范围爆炸性地扩大,另一方面导致行政立法听证程序具有更大的灵活性,"正当的法律程序是一个灵活适用的程序,只要求某种形式的听证,不要求固定形式的听证。然而任何一种听证形式,必须包含正当法律程序的核心内容:当事人有得到通知及提出辩护的权利,是否具备这两种权利是区别公正程序和不公正程序的'分水岭'。"[2]由此可见,正当法律程序构成了行政立法听证的核心内容以及其法理基础。

二、美国行政立法的听证方式及规则

1946年的《美国联邦行政程序法》对行政立法程序中的听证制度作了规定,听证程序主要有两种,即正式听证程序和非正式听证程序。但近些年在立法实践中又形成了混合听证程序。不同的听证程序都遵循着相同的价值目标与意旨,都是行政立法主体在从事立法时给予利害关系人表达意见与建议的机会,也即为利害关系人提供一个事前防范的权利保障。由于这个目的,无论正式听证程序、非正式听证程序还是混合听证程序,都遵守一般的规则,例如,知悉所立之法案的内容;以不同的方式对所立之法案表达意见和建议;行政机关借鉴与吸收这些意见和建议等。

正式听证程序(Formal Hearing Procedure),在美国又被称为"审判式听证程序",其一个显著特点在于其"准司法化",即行政机关仿照法院的审讯程序,进行提交证据和反询问证人的听证程序。根据美国的《联邦行政程序法》第553条规定,法律规定必须根据行政听证后的记录案卷制定的规章适用正式听证程序。正式听证程序要求行政机关以听证记录作为制定规章的依据,从而妨碍了行政机关在制定规章中的自由裁量权,所以这种听证程序受到了美国社会的广泛指责。正如伯纳德·施瓦茨先生所指出的:"它使立法程序禁锢于正式的拘束衣之内。这种拘束衣则是为截然不同类型的程序而设计的。法官友善地称食品、药品和化妆品法为'可怕的样板'。此法所规定的程序如此烦琐,以致严重地影响了行

[1] 王名扬:《美国行政法》,中国法制出版社1995年版,第383页。
[2] 同上书,第410页。

政机关为了保护公众而制定新规章的能力。”[1]因此在今天的美国,行政机关很少运用正式听证程序制定规章,除非授权法明确规定“必须根据行政机关审讯后的案卷制定的规章”的情况下,才能适用该程序。

非正式听证程序是相对于正式听证程序而言,在非正式听证程序中,行政机关具有较大的自由裁量权。一般法律没有明确规定行政机关在行政立法中必须进行听证,而只是希望行政机关尽可能做到这一点,“有些福利项目,如退伍军人救济制度,差不多完全依赖于非正式的和非对抗的程序。”[2]从美国法律规定和法律实践来看,法律要求行政机关为利害关系人提供机会,通过各种途径对规章进行评论,但法律极少强迫行政机关必须这样做,在听证方式上,行政机关可以选择它认为恰当的方式听取利害关系人的陈述和反驳意见。只要法律没有其他特殊的规定,利害关系人则随时可以通过口头或书面形式向行政机关提供意见和建议。

在美国20世纪七八十年代,听证程序中已产生了一种混合程序。混合听证程序,是指行政机关在制定规章时采用通信、舆论评论、口头评论、会议评论以及听证等公众参与方式听取意见。由于正式听证程序和非正式听证程序各自具有无法克服的弱点,而混合程序则可以弥补这二种听证程序各自的缺陷。美国行政立法实践中混合听证程序遵行以下规则:

第一,透露有关情报。行政机关制定有关各种管理标准的规章,应利害关系人的请求,应透露有关确定这些标准的方法、根据的材料。法院认为,这种透露对于保障公正和司法审查都是必要的。

第二,解释运用案卷材料的目的、理由。行政机构制定规章,有时根据的材料是达几万页或几十万页的案卷,而其运用的只是其中的某些材料。在这种情况下,如果相对人提出要求,行政机构要解释自己运用某些材料和不运用某些材料的目的和理由。

第三,答复相对人的评价意见。规章草案或草案主要内容公布后,行政机构对于相对人提出的评价意见,如果在之后正式制定的规章所附简要说明中难以解释明白,要单独给予相对人以答复,法院也可责成行政机构予以答复。

第四,禁止单方面的接触。例如,行政机构制定一个规定取得广播电视播放许可证条件的规章,如果规定某些条件,可能使某些申请者失去取得许可证的机会,而规定另外一些条件,则可能使另外一些申请者失去机会,在这种情况下,行政机构不得与这些申请任一方事先单方面接触。

第五,对质。在制定规章征求意见过程中,如果出现某些重要争议,需要当事人进行当面口头辩论才能澄清事实,得出准确结论时,行政机构应召集双方当事人进行对质,但此种

〔1〕[美]伯纳德·施瓦茨:《行政法》,徐炳译,群众出版社1986年版,第151页。

〔2〕[美]欧内斯特·盖尔霍恩、罗纳德·M.利文:《行政法和行政程序法概要》,中国社会科学出版社1996年版,第103页。

对质往往限于特定问题,以避免全面审判式听证(正式听证)造成的耗费和时间耽搁。

三、美国行政立法听证的功能及意义评价

立法(无论是行政机关的立法还是立法机关的立法)听证制度设计的重要价值在于它所体现的一系列的功能。“立法听证的优越性,特别是公众性(公开性)的听证,一直受到美国立法者的称赞。倡议听证制度的人坚持认为,它提供了一种‘发现事实’,‘听取多方面意见(利益派别的意见)’,教育公众关于法案的规定以及它们可能的结果,并且让立法者知悉‘人民的愿望’。”[1]在现实的美国行政立法实践中,立法听证制度的设计也确实发挥了重要的作用。

第一,传播信息的功能。美国学者戴维·杜鲁门把听证的功能与目的归结为三种,就第一个目的,他指出:“传播信息的一种方式。这些来自不同实际存在的或潜在的利益集团的信息有技术方面的也有政治方面的。”[2]立法从信息学的角度来讲,就是决策者在广泛收集信息的基础上进行决策的行为。信息是决策者进行决策的依据,信息的质和量影响或决定着立法决策的质和量,开明的立法者应该广泛地、多渠道地收集不同的信息,从中加以辨别与筛选。实行立法听证,无疑给立法者开通了一条广泛收集信息的渠道。在立法听证过程中,经由各方陈述意见、辩论和举证,可以使立法主体获得许多新的资料并了解一些具体事实,从而基于这些信息和事实作出正确的决策,也是制定良法或公众比较容易接受的法的途径。

第二,立法宣传的功能。戴维·杜鲁门认为“它是一种宣传渠道,通过它使公众有所知悉,并且使得它的某些内容部分地得到巩固和强化。”甚至认为:“在某一种措施的形成过程的某些方面,实际上,听证的首要功能在于它们的宣传价值。”[3]不可否认,设立立法听证是一种有效的宣传手段。在听证过程中,广大人民群众的积极参与,其实也是立法主体的立法法案的宣传教育过程。对立法主体而言,立法听证实现了立法的民主化;对广大人民群众而言,不仅实现了自己意愿的真实表达,而且还进一步了解所立法案,提高了自己的法律意识,增加了对法案的认同感,从而使行政机关所立之法能得到广大群众的自觉遵守。

第三,协调利益的功能。美国的立法无论是行政机关的立法还是立法机关的立法、无论是州的立法还是联邦立法,都会或多或少地受到各种利益集团的干预和影响。“立法政策常常是利益集团斗争的中心。”“利益集团通常积极寻求既定政策的例外规定(特殊规定)

---

〔1〕 William. J. Keefe, Morris. S. Ougl, *The American Legislative Process*, Fitth Edition, Prentice-Hall Ins, 1985, p. 206.

〔2〕 Ibid., p. 207.

〔3〕 Ibid.

或者使得某一种政策破产或者阻碍一般政策的产生。"[1]立法从其体现的社会关系来说,它实质上是各种利益关系的分配、界定和协调。"为了给予不同利益和力量以制度性的表白途径,及使利益冲突达成某种程度的共识,现代民主国家均设立法规听证制度,以公共的理性的沟通途径来化解冲突。"[2]所以,实行立法听证能够延缓立法主体迅速作出决策,使法案能在充分审查及广泛讨论的情况下,逐步协调各种不同的政治立场和各种不同主体的利益关系,使法案内容为大多数人能接受,从而为法规的实施与实现创造条件。

第四,安全阀的功能。戴维·杜鲁门把听证的第三个功能与目的归结为"它提供一种准仪式的手段来调节利益集团之间的分歧以及通过一种安全阀来减轻或消除干扰。"在立法过程中,特别是在涉及利益集团之间有重大分歧的法案制定过程中,可通过听证程序来消除分歧和立法中的障碍。罗思也认为"听证至少、也许是最大的优越性就是它作为'安全阀'的功能。"他并且举例来说明这一点:"如果一个粗野的革新者、有怪诞成见的人,但只要允许他发表意见,他通常就满意了。因此立法机关应忍受一会儿委曲。如果压制他,迟早他会爆发的。"[3]一个法案的产生,也许会经历很大阻力,有时还会因为有强大的压力集团的阻挠而流产。设立立法听证程序,在立法过程中,就将一些矛盾充分暴露出来,并提出一些解决方案,为立法的顺利进行以及所立之法能够得到很好的遵守创造条件。

尽管行政立法听证制度的设计有一定的价值,但是美国很多学者甚至参加立法的人都不一定认为其是一个有效而公正的模式,"对其严重的指责是其对误导、非代表性的观点、偏见以及骗言问题的处理。"罗思在其著作《立法程序》一书中,就评价道:"通过听证所得到的证言的价值与通过听证所获得的其他信息一样都是不确定的。而证言则更加危险,因为不正确的信息能够改正,但是对证言却没有办法检验。"[4]另外听证活动增加了立法成本,浪费了过多的时间,造成行政机关的低效率,并且产生了不确定的结果。然而,不可否认听证程序所存在的诸多价值。在今天的美国的行政立法中,尤其是在美国联邦重大的行政立法中,很少有不经过听证程序而出台的法案。

四、美国行政立法听证适用范围

《美国联邦行政程序法》第553条、第556条和第557条仅规定了行政机构制定规章的正式和非正式听证程序,混合听证程序不是《美国联邦行政程序法》规定而是在立法实践中形成的,实际上是上述两种程序的变通和结合,在实践中,大多数规章制定适用上述三种程序,但是行政机构另外还有一些规章制定不适用所有上述三种程序,我们称之为行政立法

---

〔1〕 William. J. Keefe, Morris. S. Ougl, *The American Legislative Process*, Fitth Edition, Prentice-Hall Ins, 1985, p. 207.

〔2〕 罗传贤:《行政程序法基础理论》,台北,五南图书出版公司1993年版,第188~189页。

〔3〕 William. J. Keefe, Morris. S. Ougl, *The American Legislative Process*, Fitth Edition, Prentice-Hall Ins, 1985, p. 207.

〔4〕 Ibid.

听证程序的排除事项。在《美国联邦行政程序法》第553条的规定以及行政立法的实践中，一般来说，有以下例外情况：

第一，有关行政机构行使军事和外交职能的规章。

排除这种规章的听证程序的理由是保密和迅速行动的需要。但是对于军事和外交领域特别涉及私人权益的规章，不能以保密和迅速行动为借口，完全排除公众的参与。例如，外交领域有关公民出国签证或移民事项的规章，即不能完全排除听证程序的适用。

第二，有关行政机构内部管理和人事的规章。

排除这种规章适用听证程序的理由是内部管理的人事问题不涉及相对人权益，当然这种"不涉及"只是指"不直接涉及"。特别是某些行政机构的内部办事规则，甚至直接涉及相对人权益，有时也要求行政机构采取一定的参与程序。

第三，有关社会救济、社会福利以及公共财产、信贷拨款和合同事务的规章。排除这类规章适用听证程序的根据是权利（Right）和特权（Privilege）的传统区分。按照这种传统区分，权利（如生命权、财产权、人身自由权、言论自由权等）是天赋的，是公民固有的，行政机关不得任意剥夺或侵犯，而特权（如领取各种救济金、各种补贴、取得许可证与政府签订合同等）是行政机关赋予的，是政府对私人的赏赐。因此，政府可以任意给予也可以收回，而无须遵守法定程序，但是这种"权利"与"特权"的传统区分在现代已经受到批评，在实践中，这种排除已大大受到了限制。

第四，解释性规章和有关对政策、行政机关组织、程序和工作制度方面说明的规章。

《美国联邦行政程序法》第553条第2款b项规定"除非法律规定必须发布通告或举行听证会外，本条不适用于：1. 解释性规章，关于政策的一般声明、机关组织、程序和工作制度方面的规章"。排除解释性规章适用听证程序的根据是，这类规章不直接影响相对人利益。

第五，行政机构认为其制定采用听证程序不现实、不必要和有悖于公共利益的规章。

同样，《美国联邦行政程序法》第553条规定"机关有正当理由认定（并将此认定和简要的理由说明载入所发布的规章之内）关于此事的通告和公共程序是不切实际、没有必要或有悖于公共利益的"可以不发布通告或举行听证会。《美国联邦行政程序法》规定这一排除，是考虑到有些规章需要及时迅速地颁布，否则将造成严重后果，而采用听证程序则会造成迟缓，影响规章制定目的的实现；有些规章涉及的是明显的、无争议的、公认的问题，采用听证程序不仅无必要，反而造成耽搁和浪费。对于这些理由，行政机构只要自己已经确认，就无须采用听证程序。但在规章最后公布时，须在所附简要说明中解释这些理由，给法院提供司法审查的根据。如果行政机构不在规章正式文本后面附理由说明，或法院认为其理由不适当，可以宣布相应规章无效。

第六，当事人放弃听证权利的。听证是当事人的一项权利和自由，当事人既可行使，也可放弃。当事人没有在法定或合理期间内主张听证的，视为放弃听证。

我国尽管存在一些立法程序，但有关立法听证程序的内容却是空白。现有的各种立法程序不能有效地规范各种主体(如各级权力机关和行政机关的立法权)的立法行为,不利于建立和完善我国的法律体系。因此借鉴与吸收美国的行政立法听证制度中合理的内容对我国的法制建设有很重要的意义。

(原载于《行政法学研究》2001年第3期)

论宪法与国际法的互动

王德志*

一、宪法理念融入国际法治建构

在全球化和区域一体化的进程中,各国的法律之间以及国内法与国际法之间是相互渗透和相互影响的,其中,宪法与国际法的相互作用和相互影响成为法学学科发展的显著特征。第二次世界大战以来,宪法为《联合国宪章》《世界人权宣言》等重要国际法文件的制定提供了启发和参考,并通过国际法宪法化建构的路径融入国际法制建构。例如,《联合国宪章》的序言开宗明义:"我联合国人民同兹决心,欲免后世再遭今代人类两度身历惨不堪言之战祸……议定本联合国宪章,并设立国际组织,定名联合国。"宪章以"人民"的名义立法,这种表述形式与美国宪法的序言如出一辙,《美国宪法》序言写道:"我们合众国人民,为了建立一个更完善的联邦……特制定美利坚合众国宪法。"这并不是一个无缘的巧合,从《联合国宪章》立法史料来看,其"序言的第一句'我联合国人民'是根据美国代表吉特斯立夫的提案通过的,她只是照'美国宪法'序言略微修改了一下。"[1] 根据苏联学者的研究,国内宪法还影响到《联合国宪章》的宗旨、创始会员国地位的确立等问题,他们认为:"斯大林宪法"对《联合国宪章》的第一条所用词汇的影响是很明显的,该条款是以苏联代表团的修正案为基础的。在《联合国宪章》的制定会议上,苏联代表团还以其宪法为依据,论证了乌克兰和白俄罗斯的创始会员国地位。[2] 同样,宪法也是《世界人权宣言》起草的基础性资料,在《世界人权宣言》的起草过程中,秘书处汇编的"世界各国的宪法"是人权委员会的主要参考

* 王德志,山东大学法学院教授、博士研究生导师。

〔1〕 [苏联]C. B. 克里洛夫:《联合国史料》,张瑞祥等译,中国人民大学出版社1955年版,第93页。

〔2〕 同上书,第78、83、99页。

文献,许多国家提交了他们的宪法和其他一些国内立法,供起草委员会参考。[1] 从《世界人权宣言》的起草过程来看,其中的社会、经济和文化权利主要来于国内宪法的三个方面:其一,苏联宪法,“在联合国人权委员会第一次会议上,苏联把其 1936 年宪法的主要观点加以阐述,要求《世界人权宣言》应该写入人民的经济社会和文化权利”。[2] 其二,到 20 世纪 40 年代后期,社会保障在联合国会员国中已经变得很普遍,尤其是北欧国家,“这些国家中超过 60% 的国家提交给秘书处的宪法摘要,提到了秘书处文本专门规定的对失业、事故、残疾、疾病和衰老的保障”。[3] 其三,《世界人权宣言》第 27 条规定的文化权利,是以智利向美洲国家法律委员会提交的建议为基础的,在人权委员会的讨论过程中,还收到沙特阿拉伯、玻利维亚、巴西、乌拉圭、南斯拉夫宪法中有关文化权利的条文文本。[4]

在国际法发展的历程中,宪法的最显著影响是为国际法的发展提供了方法论的启发和灵感,从而形成了国际法宪法化建构的发展思路,出现了“国际法宪法化”的法律现象。关于国际法解释方法,被广泛运用的“默示权力”或“暗含权力”理论,就是从宪法学理论中移植而来的。所谓国际组织的暗含权力,是指“组织构成文件或类似条约规定的明示权力以外而为实施组织宗旨与职能所必需的权力,也是行使明示权力所必需的或至关重要的权力。”[5] 该理论广泛运用于《联合国宪章》、国际贸易法、WTO 组织法、欧盟法的解释,起到了扩大国际组织权限的作用,使国际法不断适应复杂变幻的局势。而“默示权力论”发源于美国联邦最高法院的“麦卡洛克诉马里兰州案”,是目的论方法运用于宪法解释的产物,其在国际法中的初步实践,则是 1949 年国际法院在赔偿案中的咨询意见。国际法学者认为,美国联邦最高法院的“麦卡洛克案”与国际法院的赔偿案件,对于宪法解释和发展具有相似性,解释方法在宪法建构中从原始意图到非解释主义,在条约法中从严格的文本主义到出现的目的论方法,是一个连续的过程。[6]

国际法学者还把国际组织的创始条约作为“宪法”来解读,把宪法标准作为这些国际法部门发展和完善的方向,提出了“国际共同体宪法”“世界贸易组织宪法”等新构想,从而在国际法学界掀起了一股全球宪治的研究热潮,在国际法下产生了“国际宪法”这一新领

---

〔1〕 提交的宪法有 5 个欧洲国家(法国、冰岛、波兰、苏联、南斯拉夫),13 个拉丁美洲国家(玻利维亚、巴西、哥斯达黎加、古巴、墨西哥、尼加拉瓜、巴拿马、巴拉圭、多米尼加共和国、厄瓜多尔、危地马拉、洪都拉斯、乌拉圭),以及中国。参见[瑞典]格德门德尔·阿尔弗雷德松、阿斯布佐恩·艾德:《〈世界人权宣言〉——努力实现的共同标准》,中国人权研究会组织翻译,四川人民出版社 2000 年版,第 471 页。

〔2〕 李世安:《美国与〈世界人权宣言〉》,载《武汉大学学报》(社会科学版)2001 年第 4 期。

〔3〕 [瑞典]格德门德尔·阿尔弗雷德松、阿斯布佐恩·艾德:《〈世界人权宣言〉——努力实现的共同标准》,中国人权研究会组织翻译,四川人民出版社 2000 年版,第 473 页。

〔4〕 同上书,第 594 页。

〔5〕 饶戈平、蔡文海:《国际组织暗含权力问题初探》,载《中国法学》1993 年第 4 期。

〔6〕 See Blaine Sloan, “The United Nations Charter as a Constitution”, 1 *Pace Y. B. Int' l L*, 1989, pp. 61 – 123.

域。[1] 国际法的宪法化解读涉及《联合国宪章》、国际贸易法、欧盟法、国际人权公约等诸多领域,首先是《联合国宪章》的宪法化。国际法学者认为,《联合国宪章》具有"宪法品质",在最近几十年的运行中,其"宪法性倾向"逐渐确立和强化。它作为一个国际组织的"组成条约",建立了常设机构并规定了他们的运作规则,宣告了国际社会的基本法律原则,提供了当今国际法的宪法框架,这一文件应被当作"国际共同体的宪法",以便与其他条约区别开来,彰显其在战后国际法中的重要性。[2]

其次,WTO 协议宪法化。国际法学者认为,WTO 协议将"立宪主义"的各项基本原则运用到政府的贸易政策上,将传统上属于各国国内问题的对外贸易政策"宪法化",一方面更好地保护了个人的贸易自由,另一方面规范和控制着国家贸易管制权力,发挥着世界贸易宪法的作用。最具有代表性的是 E. – U. 彼德斯曼的观点,他认为:"关贸总协定有时候便被称为多边贸易体系的'宪法',因为关贸总协定是在国内贸易壁垒的自由化、各国国内贸易法律和政策的协调、国际贸易争端的和平解决等方面具有可无限期持续的一些一般性规则的唯一一部世界范围的协定。……发挥着重要的'国内宪法功能',并且提供了一种途径,用于把各国政府的广泛任意决定性贸易政策权力予以'宪法化'"。[3]

再次,欧盟基础条约的宪法化。从欧洲经济共同体到欧洲联盟,欧洲一体化的法治进程呈现出欧盟法宪法化的特点,在宪法化的框架下,不断完善由欧洲议会、欧盟委员会、欧洲法院等机构所构成的欧洲治理架构,以经济一体化为开端,不断融入防务、司法、外交、金融、权利保障等新功能,构建欧洲公民身份并赋予其选举权利,充分展现了宪法在超国家共同体建构中的作用。国际法学者指出,宪法化已成为欧盟研究的热门词汇,在学术文献和政治评论中提到宪法化的情况不断增加,宪法化通常被用来描述欧洲法律一体化的过程,欧盟宪法化深刻地影响了欧盟的法律制度和欧盟各成员方的法律制度,欧盟法优先效力(supremacy)原则和直接效力(direct effect)原则以及司法审查制度的确立在很大程度上国家化了共同体义务,并在共同体层面引入了服从习惯和对法治的尊重。[4]

最后,国际人权法宪法化,包括国际人权公约的宪法化和区际人权公约的宪法化。国际法学者认为,国际人权体系自身已经成为一种宪法,从而形成了保护基本权利的国内和国际两个宪法体系,人权体系自身可以被描述为一种宪法化的国际法制度。被称为"国际权利法案"的《世界人权宣言》《公民权利和政治权利国际公约》和《经济、社会及文化权利

---

〔1〕 参见王秀梅:《国际宪政思潮的兴起与国际法"宪法化"趋势》,载《法律科学》(西北政法大学学报)2011 年第 2 期。

〔2〕 See Bardo Fassbender, "The United Nations Charter as Constitution of the International Community", *J. Transnat' l L* 36 Colum, 1998, pp. 529 – 616.

〔3〕 [德]E. – U. 彼德斯曼:《国际经济法的宪法功能与宪法问题》,何志鹏、孙璐、王彦志译,高等教育出版社 2004 年版,第 295 ~ 297 页。

〔4〕 See Berthold Rittberger and Frank Schimmelfennig, "The Constitutionalization of the European Union", *Routledge*, 2007, p. 2.

国际公约》与国内权利法案相比较,从时间来看,两者都是1945年之后建立的,都是对第二次世界大战前和第二次世界大战中人权受到的大规模侵犯作出的及时回应。从整体来看,三大国际人权文件中的人权内容与大多数现代宪法中的权利基本相同。国际人权公约本质和内容上包含固有的宪法属性,其首要功能就是明确政府如何对待其人民的界限,这是一种核心的宪法功能。在至上性方面,人权法的"超实在法的"或者先在的并且独立的规范效力,将人权条约同其他条约区别开来,最重要的人权法中,其核心内容已经具有了强行法的效力和高级法的地位;在稳定性方面,已经获得强行法地位的少数的核心人权实际上是难以修改或废止的。总之,国内权利法案和国际权利法案有着相当多的相似性,这些人权文件至少满足了可以被当作是国际宪法(或类宪法)的某些条件。[1]

在区际人权公约的宪法化方面,《欧洲人权公约》是走在前列的。国际法学者认为,从定义上来看,成文宪法组成了一个新的法律体系,建立了一个新的权力体系,这一体系受到新的法律体系结构的管理,同时它在这些权力体系内分配权力。如果一项条约建立了一种国际结构和实质标准,以及监控或促进这种标准的程序,那该条约也是宪法意义上的。与宪法的标准相适应,通过第11号议定书,《欧洲人权公约》建立了一种关于宪法司法的体系,这一体系确立了基本权利,同时提供对于这种权利的司法保护,因此《欧洲人权公约》是"宪法性"的,是一个跨欧洲的宪法司法体系,也在各个国家范围内拥有着不同的效力。与此同时,欧洲人权法院也向着一个跨国宪法法院的角色而迈进,它的权力、制定法律的能力以及在法律和政治体系上的影响,都可以同大多数国家的宪法法院相比较。欧洲人权法院拥有"结构上的司法至高性",这一法院拥有充分的权力去解释公约权利,同时监督《欧洲人权公约》在国家法律体系中的运行情况,实质性地审查所有主要的在缔约国内发生的有关权利的宪法争论,同时也引导国家如何修改它的立法和实践,以此来适应公约的规定。[2]

国际法学者把宪法作为国际组织法的解释框架和建构方向,从而把宪法的原则和精神如民主原则、公权力制约、基本权利保障、合宪性审查等融入国际法的解释和建构之中,提出了国际法发展的新理念和新方案,影响着国际法的理论和实践。在联合国内部治理结构方面,德国著名学者哈贝马斯主张,为了使《联合国宪章》发挥"世界宪法"的作用,必须加强其民主性和代表性,"联合国大会的组成,一方面是世界公民的代表,另一方面是来自成员方民主选举之议会的代表;联合国大会将首先作为立宪会议而召集,随后采用一种永久的形式——在一个致力于专门功能的世界组织之已确定的框架内,作为世界议会,联合国大会将是意见和意志形成之各种过程的场所,这些意见和意志形成过程涉及全球内政应当参

---

〔1〕 See Stephen Gardbaum, "Human Rights as International Constitutional Rights", *EJIL* 19(4), 2008, pp. 749-768.

〔2〕 See Alec Stone Sweet, On the Constitutionalisation of the Convention: The European Court of Human Rights as a Constitutional Court, Faculty Scholarship Series. Paper 71(2009).

照的跨国正义原则。"[1]为了监督安理会决议和行动的合法性,有学者借鉴宪法学中的违宪审查制度,提出了建立"国际违宪审查制度"的构想,主张由国际法院对安理会决议是否符合《联合国宪章》进行审查,并作出安理会决议合法或者违法以及效力如何的认定。同时主张把宪法学中的违宪审查原则,如案件性原则、政治问题不审查原则、安理会决议有效推定原则以及安理会决议合法性解释原则等,移植到安理会的司法审查制度之中。[2]

国际法宪法化建构的范例则是欧洲联盟的形成与发展,欧洲一体化的推动者把宪法框架作为加强成员方之间深度合作的法律工具,把"欧盟宪法"作为欧盟基础条约的发展方向,运用宪法理念构筑欧盟组织内部的关系,以及欧盟组织与成员方之间的法律关系,使国际组织法的宪法化建构,随着2004年《欧盟宪法条约》的出台而达到一个新高潮。《欧盟宪法条约(草案)》使用了"宪法"的名称,在条文中也使用了"本宪法"(this constitution)的表述方式,把《欧盟基本权利宪章》纳入条约,"这与世界上绝大多数国家的宪法具有极大的相似性",[3]被学者们称为"宪法性条约"和"条约性宪法"。[4] 该条约的起草和批准程序也具有浓郁的宪法特征。从制定程序方面看,宪法条约的起草没有采用国际条约的制定和批准程序,而是采用了类似于国内宪法的"制宪程序",成立了欧洲未来大会(制宪会议),该制宪会议具有广泛的代表性,并且采用了民主化的工作方式,比如根据不同议题成立工作小组,设立网站刊发大会的辩论意见,搜集成员方公民的建议和评论等。[5] 在宪法条约的批准程序方面,法国、西班牙采用全民公决这种批准宪法生效的方式。《欧盟宪法条约》虽然在2005年法国、荷兰的全民公投中被否决,但是随着2007年的重启谈判,其核心内容被《里斯本条约》所继承。2009年生效的《里斯本条约》与之前的《欧盟宪法条约》保持着相当高的连续性和一致性,被称为"简化版的欧盟宪法条约"。[6]

二、国际法推动宪法权利保障

国际法对宪法的影响主要体现在对宪法权利保障制度的推动和发展,推动宪法权利法案的制定和权利清单的完善,并且作为一种解释性资源,被运用于宪法解释之中。20世纪80年代以来,各国宪法的制定、修改以及内容框架,越来越多地受到国际因素的影响,国际

---

〔1〕 See Jürgen Habermas, "The Constitutionalization of International Law and the Legitimation Problem of a Constitution for World Society", *Constellations* 15(4),2008. pp. 444 -455.

〔2〕 参见熊安邦:《论联合国安理会决议的司法审查》,武汉大学2012年博士学位论文。

〔3〕 蔡高强:《欧盟宪法条约对国际法的发展与超越》,载赵海峰主编:《欧盟宪法条约与欧洲法的新发展》,哈尔滨工业大学出版社2008年版,第41页。

〔4〕 李济时:《从宪法性条约到条约性宪法——欧盟宪法的进步与局限》,载《当代世界社会主义问题》2005年第4期。

〔5〕 参见戴轶:《宪法乎? 条约乎? ——对〈欧盟宪法条约〉的法理学分析》,载《欧洲研究》2005年第2期。

〔6〕 高仰光:《欧盟距离"同一个欧洲"还有多远? 德国联邦宪法法院里斯本条约案判决的法律分析》,载《中国人民大学学报》2011年第1期。

法在塑造和强化国内宪法的权利规范方面发挥了重要作用,通过接受和吸纳国际人权法来加强国内宪法对于基本权利和自由的保障,成为宪法发展的一个显著特征,《世界人权宣言》《公民权利和政治权利国际公约》和《经济、社会和文化权利国际公约》等国际人权法文件,成为宪法中权利规范创新的重要来源。虽然,将人权公约直接纳入批准国的宪法或法律中并不是履行公约义务的必要方式,但是,许多国家仍然选择了人权法内国化和本地化的路径来履行保障人权的国际义务,把权利保障的国际标准融入国内中来。具体表现在,许多不成文宪法的国家制定了成文化的"权利法案",弥补了宪法结构中权利清单的缺失。为了承担《公民权利和政治权利国际公约》的义务,新西兰议会制定了《1990 年新西兰权利法案》,完善了新西兰宪法的内容,弥补了《1986 年新西兰宪法法案》中权利保障的缺陷。1982 年的《加拿大权利与自由宪章》取代了原来法规性质的《人权法案》,成为加拿大宪法的组成部分,使权利法案的规范基础实现了从普通法律到高级法和最高法的转变。该宪章产生的动力虽然不是来自《公民权利和政治权利国际公约》的履行,但是从宪章草案的提出及其实质性条款来看,显然受到公约的诸多影响,并且,在该宪章的制定过程中,"支持者和批评者的许多论点都是基于该国履行其根据公约承担的国际义务的责任"。[1] 在英国,为进一步加强《欧洲人权公约》保护的权利和自由之效力,其议会制定了 1998 年《人权法案》,把公约权利融入英国宪法之中,成为法定权利的来源,首次在国内法律体系中建立了一个全面的权利法案,而且与其有关的欧洲人权法院判例法必须单独或与其他法律依据一起在国家法院被考虑,对包括法院在内的"公共当局"的行为和决定具有直接适用性,使《欧洲人权公约》在英国具有了"影子宪法"或"代理权利法案"的功能。

通过对人权公约的吸纳和借鉴,丰富宪法的权利条款,成为许多国家基本权利规范发展的立法选择。例如,南美国家的许多现代宪法规定的人权保护条款借鉴自国际上的和区域性的人权条约,主要是《公民权利和政治权利国际公约》和《美洲人权公约》,以试图全面地解决并纠正在南美的军事独裁国家发生的司空见惯且最令人发指地对公民权利和政治权利的侵犯。有学者把南美宪法借鉴人权公约分为两种情况。第一种情况是吸纳了人权条约精神的宪法条款,这些宪法条款是受到了国际人权条约框架的影响,集成了许多核心权利、核心思想,但缺乏实质内容来使其像其他的条款一样充实丰富。第二种情况反映的不仅是公约的精神,同时也包括对于国际人权公约的引用,这些宪法的效仿甚至超过国际条约的范围和广度。国际条约明显渗入国家宪法,作为宪法权利的内容和范围的模型,宪法条款包含大部分的国际公约和美洲公约列举的权利。[2]

现代非洲国家宪法中的许多规定,特别是那些承认和保障人权的规定,也受到国际人

---

〔1〕 W. S. Tarnopolsky, A Comparison Between the Canadian Charter of Rights and Freedoms and the International Covenant on Civil and Political Rights, 8 Queen's L. J. p. 211(1982 – 1983).

〔2〕 See Janet K. Levit, "The Constitutionalization of Human Rights in Argentina: Problem or Promise?". *J. Transnat'l L* 37 Colum, 1998, pp. 281 – 355.

权法律文件和标准的影响。例如喀麦隆宪法的序言规定“保证忠诚于《世界人权宣言》《联合国宪章》《非洲人权和民族权宪章》以及所有相关的并经正式批准的国际公约中所记载的基本自由”。但是,这并不会使这些法律文件成为国家法律的一部分,它们也不能在宪法解释中单独使用。与之不同的是,贝宁宪法的序言中引用了这些国际法文件,并且说明这些国际法文件的规定“是本宪法和贝宁法律的一个组成部分”,第40条规定国家有义务向公民讲授宪法、《世界人权宣言》《非洲人权和民族权宪章》《非洲人权和民族权宪章》附于贝宁宪法的附录部分。

除了宪法制定和修改的路径,国际法还通过宪法解释的方式影响着权利规范的运行,作为一种解释性资源丰富着宪法规范的内涵。许多国家在宪法审判和宪法解释的说理过程中,广泛引用国际公约或者国际法院判例等国际法资料,把这些资料作为“有拘束力的权威”或者“有说服力的权威”,用以形成或者加强判决书的观点。从宪法对国内法院是否有援引授权的角度来看,国内宪法判决引用国际法资料可以分为三种类型。

其一,宪法明确要求国内法院在解释宪法基本权利规范或者权利法案时,通常使用国际法,特别情况使用国际人权法。如《葡萄牙共和国宪法》第16条第1款规定:“宪法和法律中有关基本权利的规定,应依照《世界人权宣言》进行解释和理解。”《南非共和国宪法》第39条规定:“在解释权利法案时,法院、法庭(1)应当促进强调基于人格尊严、平等与自由的开放与民主社会的价值观;(2)应当考虑国际法;并且(3)可以考虑外国法。”

其二,虽然没有明确的宪法授权,还是出现了法官使用国际条约解释宪法条款的情况。许多加拿大最高法院的判决,都有意识地使用国际人权条约来解释加拿大的人权宪章,在解释宪法时,尽可能地符合国家的国际义务,这种国际人权义务,不仅包括宪章保障的权利内容的解释,还包括解释的构成和实质性目标,即可以在这些权利上确定的限制性条件,以此作为协调宪法与国际人权公约关系的解释性规则。〔1〕有一些宪法对国际合作抱以积极态度,例如战后联邦德国的宪法,要求德国宪法法院坚持“向国际保持开放”的原则,尽管德国法院本身就是极具影响力的,但是它在解释宪法权利时,仍然把《欧洲人权公约》中所规定的原则列入考虑范围之内,至少在不减损对于权利保护的水平的程度。〔2〕

其三,美国、澳大利亚、以色列等国家,对于许可解释宪法时采用国际条约的做法是相当有争议的。例如,在美国,国际人权条约方面只有极少的批准记录,至今仍然拒绝批准核心国际人权公约,联邦地方法院裁定《联合国宪章》的人权条款不是自动执行的,也不授权给任何原告任何可以在法院行使的法律权利,《世界人权宣言》只是一个目标和期望在未来

---

〔1〕 See Yuval Shany, How Supreme is the Supreme Law of the Land? Comparative Analysis of Influence of International Human Rights Treaties upon the Interpretation of Constitutional Texts by Domestic Courts, 31 Brook. J. Int'l L. 372(2005 -2006).

〔2〕 See Gerald L. Neuman, Human Rights and Constitutional Rights: Harmony and Dissonance, 55(5) St. L. Rev. 1898 (2003).

逐步实现的声明,因此不能用来宣布国家法律无效。[1] 在宪法裁决中,美国联邦最高法院对于国际人权条约的援引,是在微弱的比较法分析的框架内进行的,而不是出于尊重国际义务的原则。[2] 以至于有学者担忧:"如果国际人权法不能直接引用,不能间接融入美国宪法中,美国最终会因这种自我强加的隔离而导致缺陷,并且美国宪法在国外的影响将会减少,可悲的导致美国在迅速发展的国际人权法律中是孤立的"。[3]

国内宪法裁判对于国际法及其判例的援引和使用,在20世纪90年代以来呈现出逐渐上升的趋势,成为当代合宪性审查和宪法解释的新特点。在非洲,"青少年诉国家案"中,津巴布韦最高法院援引《欧洲人权公约》以及《非洲人权和民族权利宪章》第5条的规定对津巴布韦宪法进行解释,并最终认为体罚违反了《津巴布韦宪法》第15条第1款的规定。在"伊弗雷姆诉帕斯托利案"中,坦桑尼亚高等法院援引《消除对妇女一切形式歧视公约》《公民权利和政治权利国际公约》和《非洲人权和民族权利宪章》的有关规定,判定禁止妇女出售部族土地的有关习惯法不符合坦桑宪法中所规定的平等权和不受歧视权。[4] 1995年6月6日,在"国家诉T.麦克万亚尼和M.姆楚努案"中,南非宪法法院认为《南非刑事诉讼法》第277条第1款第1、3、4、5、6项违宪,普通刑事犯罪死刑得以废除。在本案判决中,南非宪法法院认为不管是有约束力,还是没有约束力的重要国际法,都可以作为解释的根据,并认为:"国际协议和国际习惯法为评价和理解宪法第三章规定提供了参考,例如联合国人权委员会、美洲人权委员会、欧洲人权法院及适当的判例、特别机构(如国际劳工组织)的报告等,都可以为正确解释特殊规定提供指导。"[5]

美国联邦最高法院开始在21世纪初的一系列判决中,频繁引用外国法和国际法资料来解释宪法中的规范。在2002年的"阿特金斯诉弗吉尼亚案"中,斯蒂文斯大法官援引"世界共同体"及其普遍废止对于智障人士施以处决的先例,认为对于智障者适用死刑属于《美国宪法第八修正案》禁止的"残酷且异常"的刑罚;2003年的"格鲁特尔诉博林杰案"和"格拉茨诉博林格案",在两起涉及美国大学招生纠偏行动的案件中,金斯伯格大法官引用《消除一切种族歧视的国际公约》中的规定;同年,在最高法院裁定得克萨斯州同性恋鸡奸法案违宪的"劳伦斯诉得克萨斯案"中,肯尼迪大法官援引了欧洲人权法院的一项类似判决来反驳"鲍尔斯诉哈德威克案";2005年的"罗帕诉西蒙斯案"在认定"判处未成年人死刑"是否构成"残酷的刑罚"的问题上,肯尼迪大法官引用了世界"各文明国家"的法律以及联合国的

---

〔1〕 See E. H. C., The Declaration of Human Rights, The United Nations Charter and Their Effect on the Domestic Law of HumanRights, 36(8) Va. L. Rev. 1059 - 1084(1950).

〔2〕 Yuval Shany, supra note 23, 367.

〔3〕 Richard B. Lillich, "The United Constitution and International Human Rights Law", *Harv. Hum. Rts. J.* Vol. 3, 1990, p. 53.

〔4〕 参见朱伟东:《国际法与非洲国家国内法的关系》,载《西亚西非》2005年第5期。

〔5〕 王奎:《南非的死刑废除:历史、根据与特征》,载《西亚西非》2006年第9期。

《儿童权利公约》作为依据。[1]

在通过宪法修改和宪法解释塑造宪法权利保障制度的同时，国际法特别是国际人权法在宪法中的地位和效力也得到加强。许多国家宪法赋予国际条约以超法律地位或者宪法地位。所谓超法律地位，即低于宪法而高于国内普通法律的地位，如《法国宪法》第 55 条规定："国际条约或协定经正式批准或认可，自公布之日起其有优于法律的效力，但以条约或协定对其他成员方的适用为限。"《阿尔巴尼亚共和国宪法》第 122 条中规定："依法批准的国际条约比与其冲突的法律优先适用。"有的国家宪法区分了普通条约和人权条约，并赋予人权公约以宪法地位，如《阿根廷宪法》第 75 条第 22 项规定："《美洲人的权利和义务宣言》《世界人权宣言》《美洲人权公约》《经济、社会、文化权利国际协定》《公民权利和政治权利国际公约》及其授权协议、《防止及惩治灭绝种族罪公约》《消除一切形式种族歧视国际公约》《消除对妇女一切形式歧视公约》《禁止酷刑和其他残忍、不人道或有辱人格的待遇或处罚公约》《儿童权利公约》，以上国际条约的条款在充分发挥效力时，具有宪法效力，与本宪法第一部分的任何章节不矛盾，且应被视作对本宪法所明确的权利和保障的补充。"再如，《巴西联邦共和国宪法》第 5 条第 78 款第 3 项规定："有关人权的国际条约和公约，如经国会两院分别投票，并由两院议员各 3/5 以上通过，其效力相当于宪法修正案。"《荷兰王国宪法》第 94 条规定："王国现行的法律规范如果与具有普遍约束力的条约规定或国际机构的规定相抵触，不予适用。"

国际法地位的提高与加强，又进一步改变着宪法的规范结构。随着国际化进程的加速，国际法、国际组织在全球治理中的作用的日益凸显，完善有关国际法、国际组织和国际法关系的宪法规范成为国家宪法的重要议题，与之相关的规范在国家宪法中的比重不断加大，在许多国家甚至成为继国家组织规范、基本权利规范之后的第三类重要宪法规范。涉及国际法的宪法规范在内涵上更加丰富，在形式方面更加具体。在内容方面，第二次世界大战以来的宪法不但规定国际法的制定机关和程序，以及国际法在国内法中的地位和效力，还规定国际习惯法或者公认的国际法原则与准则在国内法中的地位和效力；不但确认国际法规范的地位和效力，还规定国家与国际组织的关系，国际关系的一般原则，以及为了国际和平与合作，对国家权力的限制和国家权力向国际机构转移等问题。在立法技术方面，一些国家宪法为"国际法"或者"国际关系"设立专章或专节，如《西班牙王国宪法》第三节"国际条约"、《法国宪法》第六章"国际条约与协定"、《比利时宪法》第四编"国际关系"等。欧洲一体化的进程极大地影响着其各成员方的宪法变迁，欧盟基础条约的发展经常引起成员方宪法的修改，以便及时调整和完善国家与欧盟组织的关系，有关国家与欧盟关系的规范成为成员方宪法的重要内容，如《联邦德国基本法》第 23 条、《法国宪法》第十五章"欧洲联盟"、《奥地利宪法》第二章"欧盟"等。

---

〔1〕 参见刘晗：《宪法全球化中的逆流：美国司法审查中的外国法问题》，载《清华法学》2014 年第 2 期。

三、基本权利保护的宪法与国际法司法架构

在欧洲一体化的紧密型法律框架中，宪法与国际法的相互渗透和影响下，形成了基本权利保护的宪法与国际法双层司法架构。随着1998年《欧洲人权公约第十一议定书》的生效，欧洲人权法院享有了对于个人申诉的非选择性强制管辖权，缔约国的个人、非政府组织和个人团体在用尽国内救济手段的情况下可以向欧洲人权法院起诉，缔约国不得以任何方式妨碍该项诉权的有效行使，从而在国际法中建立起类似于宪法的基本权利保护机制，形成了国家层面的宪法保护与国际法层面的公约保护的相互衔接。由于《欧洲人权公约》规定了比许多成员方的宪法更丰富的权利目录，在“公约权利”与“宪法权利”的非重叠部分，可以为案件当事人提供国内宪法所不能提供的权利保障。例如，《欧洲人权公约》第6条规定了在刑事和民事案件中得到公正审判的权利，这种审判必须是由法律确定的独立而公允的裁判机关在合理期间内进行公正而公开的听证。通过欧洲人权法院有关“公平审判”特别是“合理期限”的案例，如“萨拉梅克诉奥地利案”“德尔科特诉比利时案”“杜兹马蒂奥诉西班牙案”“博马丁诉法国案”“桑迪利诉意大利案”“麦基诉意大利案”等，可以看到不同国家的当事人受到欧洲人权法院的权利保护，而“公平审判权”在奥地利、比利时、西班牙、法国、意大利等国家宪法中并没有明确的规定，当事人通过公约的个人申诉程序而享有了超国家的权利保护。

在基本权利保护的双层框架中，由于欧洲人权法院有权对国内法院审理的案件——包括宪法法院审理的案件进行审理，从而使公约保护机制凌驾于宪法保护机制之上，形成了对国内宪法裁决的司法控制。从欧洲人权法院的司法实践来看，它也乐于以“公约权利”为基准审查宪法法院的判决是否符合公约的标准。例如，在“杜兹马蒂奥诉西班牙案”中，欧洲人权法院审理了西班牙宪法法院的判决，认为西班牙宪法法院对于案件的审理持续了“七年零九个月”，这无法解释为是在“合理的期限内”，另外，人权法院还认为，由于宪法法院的一名法官卷入了征用法令的制定，这必然会影响宪法法院对该法令的审查意见，但西班牙宪法法院并未采取适当措施使该名法官回避或者是排除这一不公平的因素，影响了普通法院对该案的公平审判，违反了《人权公约》第6条的规定。[1] 在“内米兹诉德国案”中，人权法院否定了把“私人生活”与职业和商务活动、家宅和商务住宅进行绝对区隔的观点，认为对私人生活的尊重必须在一定程度上包括与他人建立和发展关系的权利，而人们正是在他们的工作过程中，才拥有了一种有意义的机会来发展与外部世界的联系。《人权公约》第8条要求各国保障对住宅的尊重，而关于什么是一个人的住宅，人权法院采用了一种宽泛的观点，认为“它可以包括一位职业人员的事务所；或者违反了规划批准的被用作住宅的大

---

〔1〕 参见万鄂湘主编：《欧洲人权法院判例评述》，湖北人民出版社1999年版，第157页。

篷车地点”。[1] 在“卡洛琳诉德国案”中，人权法院的判决对于德国法院之后审理类似案件产生了影响，德国联邦法院摒弃区分绝对公众人物与相对公众人物的做法，应用了一个分级保护的概念，以与公众利益的关联性来审查每一个具体案件，并以逐案审查的方法分析被公开的个人信息所处的具体情境，考察信息中是否存在客观公共利益。德国联邦宪法法院没有明确适用联邦法院的分级保护概念，却明确提及以信息中的公共利益为平衡相关当事人利益冲突的主要规则。[2]

不但国际法层面的公约保护机制挑战了国内宪法法院或者宪法委员会的权威，在国内法层面，由国内法院所进行的以《欧洲人权公约》为基准的“合公约性审查”，与宪法法院以宪法为基准的“合宪性审查”，也形成并存和竞争的局面，影响国内合宪性审查机制的运行。许多《欧洲人权公约》的成员方把该公约纳入国内法之中加以实施，使公约成为国内法院可以直接使用的法律。《欧洲人权公约》被纳入后，在成员方的国内法律体系中拥有不同的地位。根据各国的宪法和判例法，可以分为三种情况，第一种情况为法律地位，即公约的地位低于宪法，与国内法律的地位相同，如联邦德国、意大利等；第二种情况为超法律地位，即公约的地位低于宪法但高于法律，如法国、瑞士；第三种情况为宪法地位，即公约的地位与宪法相同，如荷兰、奥地利。

因为《欧洲人权公约》在一些国家具有超法律地位或宪法地位，以公约为基准的“合公约性审查”，成为许多国家法律法规审查的重要形式，使成员方立法、行政权力的运行除了接受国内宪法的约束，还要接受《欧洲人权公约》的规范。“合公约性审查”在有的成员方独立存在，有的则与宪法法院的违宪审查并存，也可以分为三种情况。

其一，有的国家不存在对于法律法规的“合宪性审查”，却存在对于法律法规的“合公约性审查”。如《荷兰王国宪法》第 94 条为法律法规的“合公约性审查”奠定了基础。同时，在荷兰“法律的神圣不可侵犯观念”依然很强。第 120 条规定：“法院无权审查议会法令和国际条约的合宪性”。根据这些规范，法院可以审查与宪法中人权规定相冲突的第二性的立法（由低一级的公共机构所颁布的立法），但是不应该以宪法为基准审查由议会所立的相同性质的法律。然而，法院却可以国际公约为基准，审查与具有直接效力的国际人权公约法条相冲突的议会法案，如果国内立法条款与国际人权条约不一致，法院不应该在案件中适用违反公约的规定。

其二，“合宪性审查”与“合公约性审查”并存，审查权由宪法法院统一行使。在奥地利，由于《欧洲人权公约》及其附加议定书是奥地利宪法法律的一部分，宪法法院也有权审查联

---

〔1〕［英］克莱尔·奥维、罗宾·怀特：《欧洲人权法原则与判例》（第 3 版），何志鹏、孙璐译，北京大学出版社 2006 年版，第 307 页。

〔2〕参见曾丽：《论人权保护对人格权发展的推动作用——以卡洛琳诉德国案中〈欧洲人权公约〉推动德国隐私权发展为例》，载《学术探索》2012 年第 9 期。

邦或州的法令是否违反斯特拉斯堡法律。[1] 根据《匈牙利宪法》规定，匈牙利宪法法院处理审查立法是否符合宪法，还要审查立法是否符合国际条约。此外，保加利亚、拉脱维亚、阿尔巴尼亚、列支敦士登等国宪法也对宪法法院的“合宪性审查”与“合公约性审查”作出明确规定。[2]

其三，“合宪性审查”与“合公约性审查”并存，但是“合宪性审查权”由宪法法院行使，而“合公约性审查权”由普通法院行使。在法国，其宪法委员会拥有对于法律法规的合宪性审查权，同时，《法国宪法》第55条为法律的“合公约性审查”提供了宪法依据。但是宪法委员会在1975年1月15日的“终止妊娠案”的裁决中，拒绝行使“合公约性审查权”。从法国的司法实践来看，“合公约性审查权”是由其最高法院和最高行政法院行使的，其最高法院在1975年的判例中确认了条约对于其生效后通过的法律具有优先的效力，最高行政法院则在1978年的判例中承认了条约对于其生效前通过的法律具有优先的效力，在1989年的判例中又进一步确认：无论是在国际条约生效之前还是生效之后通过的任何国内法律都不得与国际承诺相违背。[3] 在比利时，宪法法院拥有对于法律法令的合宪性审查权，但没有权力审查与“欧洲人权公约”直接冲突的联邦和地区立法的权力，因为这个权力是普通法院和最高行政法院享有的。2004年比利时最高上诉法院在“Vlaams Blok”案中宣称，诸如《欧洲人权公约》这样有直接适用性的条约优于宪法。[4] 根据该项裁决，他们有权审查与具有直接适用性的条约相冲突的立法，并且应该防止执行与条约条款相冲突的法律。由于普通法院本身没有审查与宪法相冲突的联邦和地区立法的权力，如果争议一方在开庭前声称一个立法侵犯了宪法，该法院必须将此事提交宪法法院求得一个初始裁决。

“合公约性审查”在一些国家发挥了本国宪法所不能发挥的作用，甚至取代了宪法对于议会立法的控制作用，以至于一些荷兰学者认为，欧盟法和《欧洲人权公约》才是荷兰真正意义上的“宪法”，欧洲人权法院才是荷兰事实上的宪法法院。[5] 在法国，“合宪性审查”与“合公约性审查”并存，造成了宪法委员会与普通法院的竞争关系，因为每三项行政判决中就有一项实施了合公约性审查，人权公约的条款与宪法的基本权利规范的大部分内容又是重合的，有学者甚至认为：“合条约性审查”似乎已经成为违宪抗辩的替代物，通过违宪抗辩途径进行的合宪性审查在此时就显然多余了。[6] 在比利时，普通司法管辖权的平行控制体系以公约为基准的审查，与宪法法院以宪法为基准的审查也形成竞争关系，因为《欧洲人权

---

〔1〕 See Helen Keller & Alec Stone Sweet, *A Europe of Rights*: *The Impact of the ECHR on National Legal Systems*, Oxford University Press, 2008, p. 326.

〔2〕 参见胡建淼主编：《世界宪法法院制度研究》，浙江大学出版社2007年版，第290、616、425、604页。

〔3〕 参见李晓兵：《法国宪法实践中对国际条约的合宪性审查》，载《政法学刊》2008年第2期。

〔4〕 See Helen Keller & Alec Stone Sweet, supra note 34, 246.

〔5〕 参见程雪阳：《荷兰为何会拒绝违宪审查——基于历史的考察和反思》，载《环球法律评论》2012年第5期。

〔6〕 参见王建学：《从“宪法委员会”到“宪法法院”——法国合宪性先决程序改革述评》，载《浙江社会科学》2010年第8期。

公约》与宪法条款有相当多的重叠，当事人习惯性依赖于宪法条款和条约条款来控诉侵犯人权的行为，这使最高上诉法院和宪法法院在它们各自的解释国际条约权力上关系紧张。这在“Vlaams Blok”案中尤为突出。此案援引了《欧洲人权公约》第 10 条和第 11 条，以及《比利时宪法》第 19 条、第 26 条、第 27 条，并且因此需要宪法法院作出一个初始裁决。但最高上诉法院拒绝了这个请求，它认为《欧洲人权公约》高于宪法，宪法不能够比《欧洲人权公约》更限制表达自由、集会和结社。因为解释和适用《欧洲人权公约》的权力首先属于普通法官，并且在本案中宪法不能提供比《欧洲人权公约》更多的保护，这就没有理由去要求一个初始裁决。因此，实际上，最高上诉法院利用《欧洲人权公约》高于宪法的这种地位，使自己的地位高于宪法法院，这使两家法院的关系更加剑拔弩张。[1]

四、宪法概念从宪法学向国际法学的移植

在国际法宪法化的方法论导向下，国际法学者把宪法概念从宪法学移植到国际法学，从国家治理层面移植到国际治理和超国家治理层面，对宪法概念进行了重新解读和建构。据国际法学者考证，英国学者菲德罗斯于 1926 年首次在国际法意义上使用“宪法”一词。菲德罗斯认为，国际法的“宪法”是那些调整共同体的基本秩序的规范，即共同体的结构、组织以及职能分配。[2] 这种从公共组织的角度解读宪法概念的逻辑思路，被后来的国际法学者继承并发扬光大，他们在对宪法概念进行比较研究的基础上对宪法概念做了扩大化解读，“以指称那些建立了国际组织（这些国际组织具有它们自己的立法权力和行政管理权力）的多边条约；也用来指称国际组织的或者一般国际公法的实体性、长期性基本规则（例如国际法的创设、改变和执行方面的基本规则，国际法律主体以及国际法律责任方面的基本规则）”。[3] 然而，这种概念移植却使宪法概念的内涵和外延发生了重大变化，因为宪法学视野中的宪法是一国的人民制定或者同意的、以权利保障和权力制约为价值导向的国家根本法，主要调整国家公权力组织内部的关系，以及国家机构与公民个人之间的权力和权利关系，而国际法学视野中的宪法，则是由国家或者各国政府之间制定或者同意的法律，用以规范国家之间的权利和义务关系，以及成员方与国际组织的关系、国际组织内部的关系。国家宪法与国际宪法在法律形式、制定主体和程序、价值导向等方面均有不同。从法律形式上看，国家宪法一般是通过一个单一法律文件表现出来，至少在成文宪法的国家是如此，即使在不成文宪法的国家，那些被称为宪法性法律的文件，也遵循着统一的法律逻辑，按照

---

〔1〕 See Helen Keller & Alec Stone Sweet, supra note 34, 251.

〔2〕 See Bruno Simma, “From Bilateralism to Community Interest in Internatioual Law”, *The Hagne: Recueil Des Cours*, Vol. 250, 1994, p. 21.

〔3〕［德］E. -U. 彼德斯曼：《国际经济法的宪法功能与宪法问题》，何志鹏、孙璐、王彦志译，高等教育出版社 2004 年版，第 295 页。

规范国家权力和保障基本权利的要求而一体化了宪法的各项职能。而在国际法领域,国际法的碎片化特征导致国际宪法的分裂和分散,难以用单一文书捆绑起宪法的各项职能,使国际法中每一部被称为宪法的文件,"只是有关机制的'部分宪法',而非持续行使公权力的全面框架","宪法化进程只发生于不同的部门机制中,而没有达至于整个国际社会"。[1]

尽管国际组织法的宪法化建构一直以宪法学的要求为标准,但国际法的宪法化进程中仍然面临诸多需要攻克的"瓶颈",这些"瓶颈"同时也构成国际宪法继续前进的方向。首先是人民制宪权理论的要求。在宪法学理论中,宪法本质上是一国的人民制定或者同意的对于政府的授权法,"国民制宪"是宪法正当性的基础性理论,"全民讨论"或者"全民公决"成为多数国家制定宪法或者修改宪法所普遍采用的程序。而国际法的制定或者修改显然难以满足这一程序性和主体性要求。《联合国宪章》虽然以"人民"的名义立法,但其实是国家之间的协议,欧洲基础条约的制定和修改虽然不断扩大个人的直接参与途径,但仍然难以摆脱"民主赤字"的先天缺陷。

其次,国际法学者主要从"组织法"的角度界定宪法的概念,试图解除宪法概念与国家之间的逻辑捆绑,强调宪法概念不是必然的与国家组织联系在一起。在国际法的论述中,国家只是公共权力的一种组织形式,除了"国家层面"的公共组织,还有"超国家层面"的国际组织,以及"亚国家"层面的如联邦制国家的州或者邦的政府机构,因此,除了传统的国家宪法,还可以存在超国家层面的宪法如 WTO 宪法,以及"亚国家"层面的州宪法或邦宪法。但是,上述建构宪法概念的国际法思路与宪法学的逻辑思路还是有距离的。因为人类社会有公权力组织的历史可谓源远流长,从国家层面来看,就有从奴隶社会的公共组织到封建社会的公共组织,再到近现代社会的极权主义和法西斯主义的公权力组织,甚至一切专制和暴政的社会都有发达的公共组织和相应的组织法,如果单纯从组织法的角度定义宪法概念,就会把专制和极权的组织法纳入宪法之中,从而湮没宪法的价值内核。

最后,一些国际法学者也认识到人权保障对于国际法宪法化建构的重要性,并且把加强人权保障作为国际法发展的重要方向,试图把人权保障提高到国际法宗旨和基本原则的高度。但是,这种理论上的"拔高"与国际法的现状并不相符。例如,一些国际法学者把《联合国宪章》称为"人类共同体的宪法",但是《联合国宪章》是否与国内宪法一样,把尊重和保障人权置于基本原则与核心价值的地位呢?显然不是。甚至《联合国宪章》中的人权条款第 55 条和第 56 条是否为成员方创设了法律义务,在国际法学界还是有很大争论的。一派学者以联合国与其成员方采取的共同人权行动,以及国际法院的立场等为论据,认为宪章的人权条款为成员方创设了法律义务。[2] 但也有学者不同意上述观点,认为宪章的人权

〔1〕 Christian Walter, "Constitutionalizing International Governance-Possibilities for and Limits to the Development of an International Constitutional Law", *German Y. B. Int' l L*, 2001, p. 194.

〔2〕 参见朱晓青:《欧洲人权法律保护机制研究》,法律出版社 2003 年版,第 29 页以下。

条款“不是要现在遵守人权(这种权利无论如何未明确规定或列举),而是为将来履行义务而努力;语言的含混也许给国家留下在履行义务的速度和方法方面以广泛的自由裁量权”。〔1〕 反对的观点还认为,从宪章的文字结构来看,这种人权义务只是一种国际合作的义务,并且,“促进”对于人权的尊重和“尊重”人权的意义也不相同,前者是把尊重人权作为争取实现的目标,后者则是应立即履行的义务。两者在时间或程度上也是有显著区别的。通观宪章的各个人权条款就可以发现,在谈到尊重人权时都加上了“促进”“激励”“助成”等词语,都是把“尊重人权”作为争取实现的目标。因此,如果说宪章规定了“尊重人权”的义务,是不完全符合宪章文字的。如果说宪章为会员国规定了“保护人权”的义务,那就更缺乏宪章的根基了。〔2〕

国际法学者把 WTO 协议称为“世界贸易宪法”,但是,人权保障在世界贸易法中是否具有核心地位呢?答案是否定的。正如国际法学者所言,“从多边贸易体制的基本目标及其设定的基本原则看来,它关注的是自由贸易及效率价值,人权价值在多边贸易体制中顶多处于一种例外的地位”。〔3〕 WTO 协议虽然保障权利和自由,但却是有选择性的与贸易发展有关的自由,主要是贸易自由和经济自由,而被世界贸易法学者所推崇的这些自由特别是贸易自由,却不在国内宪法的权利清单里,或者在大多数国家,贸易自由不是一项“宪法权利”,而只是一项“法律权利”。美国联邦最高法院在第二次世界大战以后的一些案例中,虽然对国会和政府干预财产权行使的措施,采用过严格审查标准以保护经济自由,但是很快便被宽松审查标准所代替,实际上是赋予了政府干预经济活动更大的自由裁量权。虽然少数国家,如 1874 年《瑞士宪法》第 31 条规定贸易与工业自由,但是却“由于随后的那些宪法修正案而在相当大的程度上失去了其宪法意义;后者授予联邦政府以广泛的任意决定性权力,使其在没有联邦立法司法控制的情况下引入或者维持非关税贸易壁垒”。〔4〕 与此同时,国内宪法所保障的基本权利与自由,如生命权、人身自由、信仰自由、参政权、社会权等,也不在 WTO 协议的考虑范围之内。比较国家宪法与国际贸易法,有一项权利是两者所共同保障的,那就是私有财产权,但是保障的理念和标准却不相同。为了追求经济全球一体化和经济效率的最大化,国际贸易法需要“将公民个人的选择自由和财产权利最大化”,〔5〕但这却是宪法学所不能认同的,因为在国内宪法中,“财产权的内容应与公共福祉相适合”(《日本宪法》第 29 条),“财产权负有义务,其行使应同时有利于公共福祉”(《德意志联邦共和国基本法》第 14 条),个人行使财产权不得损害国家的、集体的和社会的利益,以及其

〔1〕 [英]M. 阿库斯特:《现代国际法概论》,汪暄、余叔通、朱奇武、周仁译,中国社会科学出版社 1983 年版,第 87 页。

〔2〕 参见李鸣:《〈联合国宪章〉人权条款的法律义务问题》,载《中外法学》1993 年第 6 期。

〔3〕 李春林:《国际法上的贸易与人权关系论》,华东政法学院 2004 年博士学位论文,第 26 页。

〔4〕 [德]E. -U. 彼德斯曼:《国际经济法的宪法功能与宪法问题》,何志鹏、孙璐、王彦志译,高等教育出版社 2004 年版,第 502 页。

〔5〕 同上书,第 477 页。

他公民的合法权利与自由,国家为了公共利益的需要,可以依照法定程序和条件对个人财产进行征收或征用。即使在国际人权公约中,财产权也不是一项不可克减的"无条件权利",而是一项"有条件权利",国家可以为确保某些利益而限制这一权利。[1] 所以,以贸易自由为最高价值的 WTO 协议与国内宪法的价值追求还是有差距的。

从内容、结构、功能和价值等方面来看,在国际法的分枝中,与宪法的性质最为相似的是国际人权法。但是,国际人权法作为"国际宪法"又会遇到法律效力等方面的问题。首先,享有人类权利大宪章美誉的《世界人权宣言》,被许多学者认为是一部政治性宣言或"一个道德性文件",[2]因为其制定程序采用的是联合国大会决议的形式,而联大的决议按照宪章的规定属于建议性的,没有法律效力。[3] 其次,《公民权利和政治权利国际公约》和《经济、社会、文化权利国际公约》是对成员方具有法律约束力的国际文件,但是却不能在国际法的体系中具有最高法律效力。如国际法学者所言:"人权价值仅仅是由国际人权体制所追求和实现的一种制度单元价值,相对于其他制度单元价值来说并未取得类似国内社会中的宪法优先性"。[4] 在国内法中,宪法具有最高法律效力,与宪法相抵触的普通法律无效,宪法中的基本权利规范也是具有最高法律效力的法规范,而在国际法的体系中,却很难说国际人权公约的效力高于国际贸易法或国际海洋法。最后,国内宪法是规范和约束国家权力运行的法律,不但要规范地方权力运行,还要规范中央权力的运行。国际法理论虽然受到宪法的影响,试图按照权力制约原理建构国际组织的权力结构,但是,国际法中的权力制约主要强调的是对于成员方权力行使的制约,如国际贸易法理论主要强调的是对于成员方对外贸易权力的制约,而对于国际组织自身的权力制约问题重视不够。这一现象在国际人权法领域同样存在,正如学者指出的,由于国际法领域国家主体的合意模式仍然占据统治地位,国际人权并不约束国际组织和国际法所构建的国际治理机构。这些组织和机构不是人权条约的缔约方,而通常是该条约的产物。这一点当然是对宪治模式的明显限制,使全球人权体系与国内权利法案相区别——因为权利法案的首要功能是约束所构建的政治机构。[5]

五、学科互动对中国宪法学发展的启示

宪法与国际法的互动产生了学科交叉的新课题,如宪法理念融入国际法体系后对于国

〔1〕 [英]克莱尔·奥维、罗宾·怀特:《欧洲人权法原则与判例》(第3版),何志鹏、孙璐译,北京大学出版社2006年版,第6页以下。

〔2〕 [瑞典]格德门德尔·阿尔弗雷德松、阿斯布佐恩·艾德:《〈世界人权宣言〉——努力实现的共同标准》,中国人权研究会组织翻译,四川人民出版社2000年版,"序言"第6页。

〔3〕 李鸣:《〈联合国宪章〉人权条款的法律义务问题》,载《中外法学》1993年第6期。

〔4〕 李春林:《国际法上的贸易与人权关系论》,华东政法学院2004年博士学位论文,第8页。

〔5〕 See Stephen Gardbaum, supra note 13,767.

际法发展的影响，国家宪法与国际宪法在概念上的联系与区别，国内权利法案与国际权利法案的关系，国家机构的组织原则对于与国际组织的可借鉴性，“暗含权力论”从宪法解释方法到国际法解释方法的嬗变，国际法中的等级制度与国内法中的效力等级，国家宪法裁决中援引国际法规范的不同模式及其对宪法解释理论的发展，国际法在各国的宪法地位和效力，以公约为基准的“合公约性审查”与以宪法为基准的“合宪性审查”的关系，等等。对于这些交叉学科的课题，目前主要是由国际法学者从国际法角度进行研究，还没有引起宪法学的充分关注。而在国际法使用宪法概念之前，宪法这一范畴主要是在宪法学领域使用的概念。宪法概念从宪法学到国际法学的嬗变，需要引起宪法学者的关注，需要从宪法学的角度研究宪法概念的这种移植和变迁，对宪法内涵和外延的影响，以及对传统的国家主权、民主理论的挑战。

国际法与宪法的相互渗透和影响，极大地改变了国家宪法的运行环境和状态，使宪法从国家疆界下的封闭式运行，渐趋于国际法影响和约束下的开放式运行，宪法运行环境和状态的变化，要求宪法学研究方法的与时俱进，宪法学者在研究一国宪法的过程中，不能再局限于国内法的狭隘视野，而是应该放置于国际大环境下，在比较宪法的研究方法中，从国家宪法之间的比较上升为国家宪法与国际法的比较，才能把握宪法的本质和规律。特别是在欧盟之类的一体化法律框架中，欧盟基础条约的制定和修改成为其成员方宪法变迁的主要动力，欧盟成员方宪法法院的违宪审查对象也由原来的国内立法，加入越来越多的条约审查，欧盟法的直接效力和最高效力原则影响到国家宪法的实施。在 Stork、Geitling、Sgarlata 等案件中，德国和意大利等国家的当事人认为欧洲共同体的行为侵犯了成员方公民的基本权利，从而引起国家宪法法院与欧洲法院之间的争论。[1] 欧盟法与国家宪法的关系如学者所言，“是紧密交织和相互依存的，在不参考另一方的情况下，一方不能被阅读与充分理解”，[2] 因此，只有在宪法与欧盟法的互动关系中，才能把握欧洲国家宪法的时代特征和法律内涵。

在传统的宪法理论中，宪法的作用通常停留在国家治理的层面，通过规定国家的根本制度和任务，规定国家机构的组织原则和体系以及公民的基本权利与自由，从而为国家治理提供合法性依据，保证了国家法制体系的统一。而国际法宪法化的建构思路，则把宪法价值从国家治理提升到超国家治理层面，为宪法参与全球治理的法制建构打开了大门。全球治理包括国家治理、超国家治理和次国家治理等不同层面。宪法在国家法制体系中的作用和价值已经毋庸置疑，宪法理念在区域一体化法制体系形成中的统一与整合功能也初露端倪，为国际组织治理机制的优化提供了崭新的思路。当代中国宪法学应该积极参与全球治理的法制建构去，深入研究宪法在国家共同体、超国家共同体、次国家共同体形成和发展

---

〔1〕 参见张辉：《论人权对欧盟法优先性的影响》，载《武大国际法评论》2007 年第 2 期。

〔2〕 Ingolf Pernice, “Multilevel Constitutionalism in the European”, *European Law Review* 4, 2002.

中的法制整合功能，对国家公权力、国际公权力的制约功能与合法性功能，对民族融合、文化融合的促进功能，以及对不同文化和文明的包容功能，为构建人类命运共同体作出自己的贡献。

为了积极参与全球治理的法制建构，我国宪法需要对国际关系的一般原则、与国际组织的关系、国内法与国际法的关系等问题作出全面、系统的规定。在国际关系原则方面，我国1982年《宪法》在序言中规定了以和平共处五项原则为核心的处理国际关系的一般原则。2018年《宪法修正案》，又把习近平新时代中国特色社会主义外交思想写入宪法修正案，即“坚持和平发展道路，坚持互利共赢开放战略”，把“发展同各国的外交关系和经济、文化的交流”，修改为“发展同各国的外交关系和经济、文化交流，推动构建人类命运共同体”，进一步丰富和完善了我国宪法的基本原则。在国际条约与协定的缔结和批准方面，我国宪法在中央国家机关的职权中，规定了相关国家机关的职权和程序：国务院同外国缔结条约和协定；全国人民代表大会常务委员会决定同外国缔结的条约和重要协定的批准和废除；国家主席根据全国人民代表大会常务委员会的决定，批准和废除同外国缔结的条约和重要协定。参考当今世界多数国家宪法的做法，我国还应该对国际条约与协定以及国际习惯法在国内法中的地位和效力作出明确规定。在国际法的地位方面，应当明确规定我国批准生效的国际条约与协定以及公认的国际法准则，是我国法律的有效组成部分，把我国同意的国际法规范接受为国内法；在国际法的效力方面，应当总结我国适用国际法方面的一贯立场与做法，并把我国的一贯立场与做法提升到宪法层面予以宪法化，使之具有更高的稳定性和连续性。国际法学者的研究表明，“中国一系列法律、法规、行政决定和司法解释有关适用条约的规定表明，我国在条约与国内法关系问题上采取的是‘优先适用条约规定’的一般立场”。[1] 根据我国立法和司法的一贯立场，我国宪法应当赋予国际条约与协定以及公认的国际法准则低于宪法而高于法律的地位，在维护宪法最高法律地位与效力的前提下，赋予国际法在与普通法律、法规冲突的情况下优先适用的效力，可以在《宪法》中规定：“中华人民共和国缔结或者参加的国际条约与协定以及公认的国际法准则，同法律有不同规定的，适用该国际条约、协定、国际准则的规定，但中华人民共和国声明保留的条款除外。”

（原载于《中国法学》2019年第1期）

〔1〕 古祖雪：《治国之法中的国际法：中国主张和制度实践》，载《中国社会科学》2015年第10期。

政府权力重构论

肖金明*

任何社会的经济体制的变化,都意味着政府职能的转变、政府权力的重构和政府权力与社会权利(社会自由)关系模式的重塑。党的十四大将社会主义市场经济确定为我国经济体制改革的新的目标模式,这是理论和观念上的重大突破。在实践中,社会主义市场经济体制的形成和发展,有赖于政府职能的转变,以及建立在政府职能转变基础上的政府权力的全方位重构。政府权力在弱化、分化、转化、强化、净化和法制化的全方位重构中,将与社会权利(社会自由)重塑新的关系模式,以适应社会主义市场经济发展的要求。

一论政府权力弱化

所谓政府权力弱化,是指在社会主义市场经济体制形成和发展过程中,弱化或取消部分政府权力以重新确定政府权力与社会权利(社会自由)之间的合理边界。政府权力重构呈现出由强化走向弱化的基本趋势。

在传统计划经济体制下,在"大政府,小社会"关系模式的运转中,社会、企业的积极性和创造性被抑制,平均主义取代了社会公平,权力经济排斥经济规律的作用。在资源浪费、效益低下的状况下,整个社会经济缺乏生机和活力。要恢复社会经济的生机和活力,须转变政府权力与社会权利(社会自由)原有的关系模式,这意味着要赋予社会以更广泛的权利和自由,使政府权力由强化走向弱化。

在政府权力弱化问题上,"社会主义经济是市场经济"这一命题为我们开阔了眼界,理顺了思路,由计划经济向市场经济转轨,必须在转变政府职能基础上实现政府权力弱化,以重新确定政府权力与社会权利(社会自由)的合理边界。

* 肖金明,山东大学法学院教授,博士研究生导师。

政府权力弱化是一个十分复杂的问题。首先,政府权力弱化不是全面弱化政府权力,而是在政府职能转变基础上政府权力重构的基本走向。不能将政府权力弱化简单地理解为取消或弱化政府权力。政府权力弱化甚至不排斥部分政府权力的强化,政府权力的强化和政府权力的弱化一样,都是为了适应政府职能转变和社会主义市场经济发展的需要。其次,从实质上讲,政府权力弱化是为了合理确定政府权力与社会权利(社会自由)的边界,重塑政府权力与社会权利(社会自由)的关系模式。恩格斯指出:“权威与自治是相对的东西,它们的应用范围是随着社会发展阶段的不同而改变的。”[1]政府权力与社会权利(社会自由)构成一对范畴,从某种意义上讲,它们形成“此长彼消”的对应关系。在传统计划经济体制下,政府权力全面强化而社会权利微弱,从而形成“大政府,小社会”的关系模式。社会主义市场经济新体制要求重塑政府权力与社会权利(社会自由)关系模式,合理确定政府权力与社会权利的边界,使两者在平衡中共同促进和发展,充分发挥它们在社会主义市场经济体制形成和发展过程中不能互为替代的作用。最后,凡在传统计划经济体制下设置而阻碍社会主义市场经济体制建立和运转的权力,应当予以弱化或取消。例如,在计划经济向市场经济转变的过程中,资源配置的方式进行了彻底的改变,人、财、物原来多由政府计划分配,现在由市场来配置。很多过去需要政府审批的,需要政府给指标的,需要政府核准的,现在都放开了,政府权力也受到了限制,特别是对人、财、物的审批权力大大削减了;再如,社会主义市场经济要求政府由“无限政府”(万能政府)走向“有限政府”,“有限政府”必须精干高效。因此,政府权力应因事因职能而设置,传统计划经济体制下因人设事而设置的权力,亦应予以取消。

二论政府权力分化

所谓政府权力分化,是指在社会主义市场经济体制形成和发展过程中,中央政府与地方政府权力的合理配置。政府权力分化表现为政府权力由集权走向分权的过程。

计划经济与行政集权相一致,市场经济则与行政分权相统一。政府权力分化,即政府权力由集权走向分权,是计划经济向市场经济转轨过程中的必然现象,是社会主义市场经济体制形成和发展的然要求,是政府权力重构的重要表现。对政府权力分化全面、正确的理解应包括如下几个方面:

首先,政府权力分化是指行政分权,即中央政府和地方政府权力的合理配置,它不同于“权力下放”。计划经济体制下的“权力下放”在弱化行政集权程度方面存在局限性,与市场经济相适应的政府权力分化,更能促进行政民主化进程,从根本上克服传统集权行政的弊端。

---

[1] 《马克思恩格斯选集》(第2卷),人民出版社1972年版,第553页。

其次,政府权力分化应以事权划分为前提。凡属全面性事务,涉及全国利益者,应由中央政府统一管辖。如外交事务、国防事务、货印、度量衡、行政区划等地方性事务,涉及地方利益者,应由地方政府自主管辖。如地方经济建设规划、文化、教育、卫生、环保等事务,还有一类事务,超出地方政府管辖范围,但不涉及全国利益,应以中央政府为主,由中央政府和地方政府共同管辖。如三峡工程、黄土高原水土治理等。行政集权走向行政分权必须建立在事权划分基础上。如社会主义市场经济推动下的税制改革,在明确的事权划分基础上建立起分税制,实际上就是中央政府与地方政府权力合理配置的一个典型例子。

最后,在传统计划经济体制下,由于缺乏法制的界定和保障,“权力下放”曾导致地方政府功能急剧膨胀,增强了地方利益扩张意识和地方利益垄断意识,出现了中央政府宏观调控能力减弱,地方行为短期化,以致出现“上有政策,下有对策”的局面。因此,在与社会主义市场经济要求相适应的政府权力重构中,必须防止地方主义和分散主义倾向,使中央政府与地方政府权力关系不再处于一种随意性的“人治”状态,而形成一种较为稳定的、合理的、规范化的中央政府与地方政府权力划分格局。

三论政府权力转化

所谓政府权力转化,是指在社会主义市场经济体制形成和发展过程中,部分政府权力转化为社会权利、企业权利。政府权力转化表现为一个由权力转化为权利的过程。

在传统计划经济体制下,政府运用权力和计划致力于经济的微观管理。政府直接经营管理企业,企业完全隶属于政府,企业的基本目标是完成和超额完成政府下达的计划指标。企业自身没有独立的利益要求,缺乏自主经营的权利,不具有独立的人格。企业和企业之间的经济关系主要不是由经济规律来调节,而是由政府通过政策、计划和行政命令来确定和调整的,带有明显的权力性质。

改革开放以来,我们越来越认识到经济规律在经济发展中的作用,强调市场机制在调整经济关系方面的作用。十多年来经历了由计划经济到以计划调节为主、市场调节为辅再到有计划的商品经济的改革过程,在计划与市场的结合中不断增大市场调节的比重,逐步弱化经济关系的权力性质,并从扩大企业自主权入手,强调政企分开,试图使企业成为自主经营、自负盈亏的经济实体。但由于经济体制改革一直处于量的状态上,“放权让利”又是一个比较模糊、随意性很大的概念,难以从根本上理顺政府与企业的关系,企业一直无法摆脱政府权力的束缚,企业的自主经营权难以真正落实。

党的十四大确定以社会主义市场经济体制作为经济体制改革的新的目标模式,这是一个质的飞跃。社会主义市场经济有三个基本要素,即作为市场竞争主体并具有法人地位的企业、在政府调控下对资源配置起基础性作用的市场体系和适应社会主义市场经济发展的宏观调控系统。社会主义市场经济体制的形成和发展，要求企业摆脱政府权力束缚，增强自主性，赢得独立人格，独立自主地走向市场经济大舞台，参与公平竞争。

如前所述，企业经营机制转换必须与政府职能转变并行，企业自主经营权的落实必须同政府权力重构同步。换句话说，政府职能转变与企业经营机制转换、政府权力重构与企业自主权的实现相互关联。政府职能不转变，政府权力不在重构中转化，企业自主经营权就无法落实，企业经营机制就难以转换。在传统计划经济体制下，政府作为国有资产的代表者和管理者，与行政管理者身份结合在一起，运用行政命令手段直接经营管理企业，经营管理企业是政府的一项重要职能和权力。在社会主义市场经济体制下，政府不再承担微观管理职能，应当还经营管理权于企业。企业拥有自主经营权是企业具有独立人格的主要标志，经营管理权应当成为企业法人的一项基本权利。很显然，在计划经济向市场经济转轨过程中，必然伴随政府经营管理企业的权力向企业自主经营权利的转化，这是适应社会主义市场经济发展要求的政府权力重构的一个重要侧面。由权力转化为权利的政府权力重构，将减弱经济关系的权力色彩，增强经济关系的权利性质。正是在这个意义上，我们称计划经济是权力经济，而市场经济是权利经济。

政府权力转化是政府权力由强化走向弱化的重要途径。如前所述，政府权力弱化不是政府权力的简单弱化或取消，被弱化或取消的这部分政府权力实际上已经和将要转化为社会权利、企业权利。对政府权力转化的理解应当包括以下几个方面：首先，计划经济向市场经济转轨，“这就不可避免地要从过去那种庞大的政府机构转变为小政府。小政府的概念意味着政府向民间，中央向地方转移权限”[1]。如果中央向地方转移权限是政府权力分化的表现，那么，政府向民间转移权限就是指政府权力转化。政府权力转化为社会、企业权利，不同于过去政府对企业的“放权让利”。“放权让利”在落实企业自主经营权方面存在局限性，经常陷入收与放的恶性循环。只有以政府权力转化取代“放权让利”，才能使企业成为市场经济舞台上独立自主的市场竞争主体，实现其自主经营、自负盈亏、自我发展和自我约束。其次，政府权力不是铁板一块，它包括两个基本层面，即行政管理权和国有资产管理权。这两个层面上的权力特征不同，运行规律也有差异。政府权力转化要经过两个环节，一是权力分离，二是权力向权利转化。必须首先将国有资产管理权同行政管理权分离，然后才能在国有资产管理权这个层面上有选择地、不同程度地实现权力向权利的转化。转化如果不建立在权力分离基础上，就容易受到行政管理权集中性的影响，导致“权力——权利”的双向转化，使政府权力转化失去现实意义。最后，政府权力转化涉及一个深层次的问题，即建立现代企业制度，通过产权界定、股份制等措施，使企业拥有独立财产权。企业自主经营权的实现必须建立在企业独立财产权基础之上。

---

〔1〕［韩］金泳三：《开创二十一世纪的新韩国》，东方出版社1993年版，第78页。

四论政府权力强化

所谓政府权力强化,是指在社会主义市场经济体制形成和发展过程中,强化部分政府权力以适应转变后的政府职能的需要。政府权力强化是政府权力重构的一个重要侧面。

在社会主义市场经济体制形成和发展过程中,政府权力弱化是政府权力重构的基本走向,但这并不排斥部分政府权力呈现强化趋势。相反,部分政府权力必须强化,以适应新的政府职能的需要。强化部分政府权力,如行政立法权、经济宏观调控权和社会管理权,是社会主义市场经济发展的必然要求。

首先,适应政府经济立法职能的需要,强化行政立法权。传统计划经济体制带有明显的权力色彩和"人治"的特点,而社会主义市场经济则呈现出鲜明的权利性质和法治特征。计划经济向市场经济转轨,在一定意义上可以视为一个由人治走向法治的过程。在这个过程中,建立和健全市场经济法律体系,成为培育和发展社会主义市场经济不可分割的组成部分。世界银行《1991 年世界发展报告》指出,"市场经济不能在真空中运转——它们需要只有政府才能提供的法律与规章制度体系。"这个法律与规章制度体系应当包括如下部分:一是市场主体法律。现代市场经济形成的必要条件之一是要有自主经营决策并独立承担盈亏责任的市场主体,这就需要制定和完善公司法、国有企业法、集体企业法、私营企业法、外商投资企业法等,赋予不同所有制性质的企业以大致相同的法律地位和权利,使其都能参与公平竞争。二是市场体系法律。现代市场经济形成的必要条件之二是商品生产和生产要素能够在全社会范围内自动流动,配置到效益优化的地方和用项组合上去,这就需要建立各类市场,如资金市场、劳务市场、技术市场、信息市场、产权交易市场等,相应地要制定有关各类市场的法律法规。为保证市场体系合理、有效运转,应制定市场运行规则及其管理的法律制度,如反不正当竞争法、合同法、反垄断法、产品责任法等。三是市场宏观调控法律。现代市场经济形成的必要条件之三是政府对市场的宏观调控,这就需要制定与政府各经济管理部门宏观调控行为有关的法律法规,如统计法、审计法、物价法、税法、工商行政管理法等,还要制定政府宏观调控市场经济运行及克服市场消极作用的法律法规,如计划法、投资法、银行法、货印法、外汇管理法等。很明显,在社会主义市场经济体制形成和发展的过程中,有关市场经济方面的立法任务是十分繁重和紧迫的,国家立法机关难以独自承担如此繁重而紧迫的立法任务。因此,政府法制工作具有特别重要的意义。政府根据法律或授权进行立法活动,是当今社会的普遍现象。在社会主义市场经济体制形成和发展过程中,政府的经济立法更为必要,适应不断加强的政府经济立法职能的需要,在政府权力重构的实践中必须注意强化行政立法权。

其次,适应政府经济宏观调控职能的需要,强化宏观调控权。市场经济并不绝对排斥政府权力和计划的作用,和反,社会主义市场经济的健康发展有赖于政府的宏观调控。市场经济具有一些自身难以克服的缺陷,如市场经济过于短视,难以反映出长远性的社会需求,容易导致市场主体的短期化行为;市场经济具有自发性的特征,易于引发市场内部许多垄断性因素,从而破坏公平竞争,造成市场混乱和无序市场经济存在一定的盲目性,容易误导市场主体的经济选择行为,造成不必要的资源浪费等。市场经济的短视性、自发性和盲目性,对市场经济的长期发展起着破坏和阻滞的作用。现代市场经济的长期发展需要一个强有力的政府,这个政府主要不是去控制市场机制的运行动力,而是通过“第二次调节”去克服市场机制的自身弱点和其他因素对市场机制运行可能造成的障碍。在社会主义市场经济体制形成和发展过程中,政府应承担如下宏观管理的基本职能,即创造和维持正常的市场运行和竞争秩序;保证社会总需求和总供给间的平衡状态引导和保持产业结构的合理化,促进资源优化配置。适应上述政府宏观调控经济职能的需要,在政府权力重构实践中,必须强化政府的宏观经济调控权。

最后,适应政府社会管理职能的需要,强化社会管理权。在社会主义市场经济体制形成和发展过程中,政府应特别注重强化其社会管理职能。随着社会主义市场经济的日益成熟和发展,政府的主要精力将不再放在经济发展的具体目标上,政府关注的经济目标不再是经济发展速度、产量和产值,而是通货膨胀率、失业率等最具敏感性的社会指标。政府作为社会管理者,理当对各类各项社会公共事务高度负责,更加关注社会目标。社会目标大致包括三个体系:一是社会公平目标体系,主要是保护公平竞争和以赋税手段矫正收入分配不公,限制贫富差距;二是社会稳定目标体系,主要是通过中央银行控制货币发行量,抑制通货膨胀和保证充分的社会就业;三是社会保障目标体系,主要是由政府实现一定程度的社会福利,组织社会公益事业,推行退休、养老、残疾人的社会保障制度,维护社会治安,保护自然环境等。政府各项社会目标体系的确定和政府社会管理职能的加强,要求在政府权力重构实践中强化社会管理权。当然,政府由以经济目标为己任转变为以社会目标为己任,不是一蹴而就的,有一个逐步过渡的过程。在这个过程中,政府维持社会公平、稳定、保障的社会管理职能将逐步加强,与此相适应,政府的社会管理权也将逐步强化。

五论政府权力净化

所谓政府权力净化,是指在社会主义市场经济体制形成和发展过程中,加强对政府权力的监督和制约,防止和清除政府权力的专横和腐败。政府权力净化是政府权力重构的一项基本内容。

政府权力腐败现象产生的原因是多方面的,过去我们大多将其归因于私有制,社会主义国家消灭了私有制,但却没有根除权力腐败现象,因为政府权力还会受封建遗毒的影响和资产阶级腐朽思想的侵蚀。实际上,政府权力腐败现象还与一定的经济体制存在相关性。在传统计划经济体制下,政府权力腐败以官僚主义为基本特征。传统计划经济体制赋予政府以无限的权力，使其对外能够凌驾于社会之上，无所不能，无所不为，社会权利根本无法平衡政府权力，这就难免要产生政府权力的专横爹对内形成“大一统”的管理格局，自上而下严格的指令性计划，封闭的管理模式，强制性的政策规定，使政府管理工作陷入僵化、呆滞，缺乏生机和活力。社会主义市场经济体制与官僚主义腐败现象是不相容的。社会主义市场经济呼吁理性政府，呼吁民主、平等、公平和竞争，要求政府廉洁高效，强调社会权利与政府权力的平衡发展。实际上，计划经济向市场经济转轨，必然带来人们观念上的更新和变化，平等观念、竞争观念、公平观念、效率观念不断深入人心，这对传统计划经济体制下形成的官僚主义、裙带关系和特权现象将产生一定程度的冲击。发展社会主义市场经济对净化政府权力具有深远的意义。

但是，社会主义市场经济新体制不是短期内能够形成的，计划经济向市场经济转换的过程是缓慢和艰难的。在经济体制转换过程中，由于体制转换不可能一步到位，旧体制不可能即刻消失，新体制不可能在短期内建立和完善起来，新旧两种体制就会产生摩擦和碰撞，再加上改革在不同层面的衔接上不可能完全吻合，不同领域的改革又难以同步，就必然出现某些脱节、失控、空隙和漏洞，使各项指标、配额的分配、审批、许可证管理、物价管制等政府用于管理或行政干预的权力带上了“含金量”，产生了附加利润或附加成本。追逐附加利润和避免附加成本，在经济学上称为“寻租活动”。企业为避免附加成本，争取附加利润，就要找关系，还要给好处，送贿赂，通过不正当手段买通主管部门和官员。这就不可避免地要产生以权谋私、权钱交易等腐败现象。可见，计划经济向市场经济转换，在一定程度上冲击了以官僚主义为基本特征的政府权力腐败现象，为政府权力净化提供了契机和动力，这仅是一个方面。从另一个方面来看，以权钱交易为主要特征的政府权力腐败现象却在经济体制转换过程中得以滋生蔓延。所以，在社会主义市场经济体制形成和发展过程中，政府权力净化成为政府权力重构中的一项长期性、战略性的任务。

在社会主义市场经济体制形成和发展过程中，政府权力腐败现象滋生蔓延，容易使人产生误解，以为政府权力腐败与市场经济存在必然联系，将政府权力腐败现象归因于社会主义市场经济。而实际上，政府权力腐败与不成熟的市场经济相联系。市场运行缺乏必要的规则，政府权力进入市场，破坏公平竞争秩序，“设租”“寻租”现象盛行，致使政府权力在运行中失去平衡，出现以权谋私、权钱交易等腐败现象。

如前所述，政府权力净化是一项长期性、战略性的任务。从经济体制角度讲，加强社会主义市场经济建设，促进社会主义市场经济体制的日益完善和成熟，防止政府权力进入市场，堵绝在“设租”“寻租”背后的私有化潜流，为政府权力净化创造良好的经济环境从政治体制角度看，在社会主义市场经济体制形成和发展过程中，消除权力腐败现象，须加强与社会主义市场经济相适应的社会主义民主与法制建设，建立和完善有效的政治监督和制约机制。强化立法权对行政权的监督，加强司法权对行政权的制约，使以权力监督、制约权力机制行之有效；同时，必须明确人民权利、社会权利与政府权力的监督、制衡关系，建立以权利监督、制衡权力机制,并使之切实有效。

六论政府权力法制化

所谓政府权力法制化,是指在社会主义市场经济体制形成和发展过程中,排除政府权力及其运行过程中的“人治”因素,以法律界定与政府权力相关的各种权力(权利)边界,并以法制促进、保障和规范政府权力的简化、分化、转化、强化和净化过程。政府权力重构是一个法制过程。

政府权力法制化是社会主义市场经济的根本要求。在社会主义市场经济体制形成和发展过程中,政府权力法制化表现在三个方面:

首先,必须以法律界定政府权力及其运行过程。政府权力的有效性应当建立在其合法性基础之上:凡政府权力均为法定权力,没有法律依据的政府权力都属无效权力;政府权力在其运行过程中不得超越法定范围和背离法律精神,越权行为和滥用权力行为均为无效权力行为政府权力的运行必须实现法定程序化,违反法定程序的权力行为亦属无效权力行为。

其次,必须以法律界定与政府权力相关的各种权力(权利)边界。政府权力(主要是其中的行政权力)具有极大的扩张性和侵略性,这些特性在传统计划经济体制下表现得尤为充分,它忽视立法权的权威,轻视司法权的独立,藐视公民权的尊严,突破各种权力(权利)边界,混淆各种权力(权利)关系[1],排斥民主、公正和自由。崇尚民主、公正、自由的社会主义市场经济体制要求以法律界定与政府权力相关的各种权力(权利)边界,以实现国家政权的有序性和政府权力与公民权利、社会权利边界的合理性。在社会主义市场经济体制形成和发展过程中,应特别强调政府权力与社会权利的边界问题。在经济领域,政府权力无限的作用使社会权利的作用微不足道,而社会权利作用的增强则意味着政府权力作用要受到限制。传统计划经济体制下的政府权力庞大而社会权利微弱,边界过于靠近社会权利一端,而且边界模糊,缺乏法制的界定和保障,仅存的一点社会权利也会为政府权力突破边界而侵没。社会主义市场经济要求广泛的社会权利和高度的社会自由,这就需要合理确定政府权力与社会权利之间的边界,实现权力(权利)边界法制化,以保证政府权力与社会权利的制约平衡关系,使两者在社会主义市场经济体制形成和发展过程中相互制衡、共同发展,发挥各自应有的作用。

最后,必须以法制促进、保障和规范政府权力弱化、分化、转化、强化、净化过程。适应社会主义市场经济发展要求的政府权力重构,涉及方方面面的利益调整,存在很多障碍和

〔1〕 在我国,立法权与行政权构成监督与被监督关系,行政权与司法权构成相互制约关系,行政权与公民权构成相互制衡关系。参见肖金明:《行政权力关系论》,载《文史哲》1993年第5期。

阻力,需要法制的促进、保障和规范。(1)政府权力弱化,意味着机构、人员精简,许多部门利益将化为乌有。既得利益者是政府权力弱化的最大障碍。为避免伴随政府机构“精简—膨胀—再精简—再膨胀”的政府权力“弱化—强化—再弱化—再强化”的非良性循环,必须以法制排除政府权力弱化的障碍,推动政府权力弱化的进程。(2)政府权力分化,涉及中央政府与地方权力的合理配置和利益的重新调整,权与利的配置与调整必须实现法制化。只有以法制促进和保障政府权力分化,才能最大限度地降低由于行政权力的集中性而导致的行政分权的艰难程度。(3)在缺乏法制的界定和保障时,与权力相比较,权利是弱者,由权利转化为权力容易,而由权力转化为权利则难。在社会主义市场经济体制形成和发展过程中,政府权力向社会权利转化特别需要法制的促进和保障。实践证明,政府权力转化为社会、企业权利以实现企业自主经营权的进程呼唤着法制。(4)政府权力强化需要法律的规范,因为政府权力自身具有扩张性,如果不用法律规范政府权力的强化过程,政府权力强化有可能发展成为政府权力扩张。部分政府权力的强化如果发展成为政府权力的全面扩张,就会断送社会主义市场经济的前程。(5)政府权力净化是一项系统工程,要靠教育,更要靠法制。只有加强廉政法制建设,依法严厉惩治权力腐败,才能保证政府权力的永久净化。

(原载于《文史哲》1994 年第 6 期)